上海社会科学院文学研究所
成立四十周年学术文选

以文培元
四十载

荣跃明 主编

上海社会科学院出版社

序

2019年，是新中国国庆70周年，也适逢上海社会科学院文学研究所建所40年。对一家专事文学文化研究的科研机构而言，这是一段伴随时代变迁而发展进步、在回应现实要求中不断走向成熟的历程。40年前，改革开放全面启动，开创了中国特色社会主义现代化建设新征程。上海社会科学院文学研究所有幸诞生于彼时，在追逐时代大潮、与社会主义现代化国家建设和中华民族伟大复兴同呼吸、共命运中，分享、见证和参与了这一伟大历史进程。

40年来，几代学人在文学所工作、学习和研究，以辛勤劳动、思想智慧和丰硕成果，共同开创、营造文学所学术立所、服务社会和资政育人的良好学风与学术传统。40年来，一批批学有专长、造诣精深的老学者、老专家因年龄原因陆续离退休；也不断有年轻学人进所工作，接力前辈开创的事业，在老一辈学者专家传帮带下奋勇争先、成长成才。至今，文学所40岁以下的科研人员已占全部科研人员的一半以上，其中已有90后青年学人。

文集集结的文章，绝大部分是本所几代学人在不同时期已经出版、发表过的学术论文。编辑出版这部文集，并不企求展现文学所整体学术研究的前沿性，却可以从中窥见40年来文学所在研究领域和方向上不断拓展和深化的学术发展脉络，特别是可以让读者从中感受到时代发展与文学所学术研究之间的内在联系和互动；也不是为了表彰和评价每位作者的学术成就，每人一篇文章，实难全面准确地呈现作者个人的学术能力和水平，毋宁说，大家用这样的形式来表达对于文学所难以言表的一种情感。

编辑出版文集庆祝建所40年，这一形式本无新意，但集中体现了文学所几代学人——无论是在职的还是离退休的，或曾经在文学所工作现另有高就的——对40年过往的珍惜和对未来的期许，期待在下一个十年或在更长远的未来，文学所有更好的发展。文集所承载的情感，虽由个体汇集而成，却又超越了个体，是文学所这一集体40年发展积累的时间标记，也是几代学人薪火相传、聚力奉献学术事业的象征。

2019年，是新中国从站起来到富起来并迈向强起来的重要年份，也是文学所走过了40载，在新时代的召唤下开始新征程的新起点。"四十而不惑"，无论是对个体还是集体，都意味着应当具备堪当大用的成熟，同时也提醒并时时激励着我们，这种成熟本质上也是一种责任，即一家学术机构对于学术发展和社会进步应当具备的使命担当和自觉意识。

本所同事王光东副所长、郑崇选研究员、袁红涛副研究员、陈凌云博士、常方舟博士等为本文集编辑花了不少时间，做了大量工作，在此表示感谢。

是为序。

荣跃明
2019年8月10日

目 录

荣跃明　序 \ 1

文学研究卷

王道乾　《琴声如诉》译后记 \ 3
徐俊西　新时期"文化小说"漫论 \ 7
陈伯海　"原创性"自何而来
　　　　——当代中国文论话语构建之我思 \ 14
邱明正　《上海文学通史》绪论 \ 25
王文英　论夏衍戏剧艺术的创新 \ 35
蒯大申　维柯与朱光潜美学 \ 45
王光东　"乡土世界"文学表达的新因素 \ 54
徐培均　再论淮海词 \ 61
钱鸿瑛　试论"词无达诂" \ 71
潘庆舲　梭罗：崇尚人与自然和谐的先驱
　　　　——纪念梭罗诞辰一百九十周年 \ 77
瞿世镜　《意识流小说家伍尔夫》再版后记 \ 83
夏咸淳　小中翻奇的空间艺术
　　　　——明代园林美学片论 \ 86
吴国璋　"跨越"与"吸取"
　　　　——对"理论与现实的巨大反差"的思考 \ 96
许豪炯　试论《华抱山》的史诗艺术特征 \ 102
徐文茂　陈子昂"兴寄"说新论 \ 109
孔海珠　中国左翼文学的产生 \ 118

戴　翊　从表现和参与的真诚到体验和探究的执著
　　　　——王安忆论 \ 129
丘　峰　生命意志与艺术激情
　　　　——赵丽宏散文的艺术踪迹 \ 138
孙琴安　中国评点文学的性质、范畴、形式及其他 \ 145
潘颂德　鲁迅的诗论 \ 154
陈青生　上海"新潮社"及其文学活动 \ 161
陈惠芬　"文学上海"与城市文化身份建构 \ 170
任一鸣　《奥兰多》颠覆英国传记传统的书写策略 \ 181
张炼红　"幽魂"与"革命"：从李慧娘鬼戏改编看新中国文艺实践 \ 191
刘　轶　《青囊奥语》坤壬乙"巨门""文曲"初解 \ 204
董德兴　大潮涌动中的艺术嬗变
　　　　——对近二十年来小说的精神审视 \ 211
郑祥安　个人化写作与"另类"小说的困惑 \ 217
许国良　历史的回声
　　　　——读《新学伪经考》 \ 222
朱生坚　人类困境的情怀
　　　　——西蒙娜·薇依《〈伊利亚特〉，或力量之诗》读解 \ 228
朱　红　人物品藻与戏谑娱乐：唐代"题目"源流考 \ 240
饶先来　东西文明对话背景下的生态文学批评 \ 251
袁红涛　宗族村落与民族国家：重读《白鹿原》 \ 260
王　毅　"俳谐"考论
　　　　——以诗词为中心 \ 270
贾艳艳　概念与经验之间的叙事困境
　　　　——对小说创作现状的一种思考 \ 281
李艳丽　晚清俄国小说译介路径及底本考
　　　　——兼析"虚无党小说" \ 291
许　蔚　文学的魔力：《西游记》的度亡意涵与仪式功能 \ 300
常方舟　数字媒介时代的网络文学批评现状及出路 \ 308
曹晓华　晚清改良新戏和女学的互动
　　　　——以《惠兴女士传》和《女子爱国》为中心 \ 317
狄霞晨　钱基博与近代文学观念转型
　　　　——以《现代中国文学史》"文"篇为中心 \ 327
朱恬骅　西蒙栋"技术美学"评析 \ 335

文化研究卷

姜 彬	从"古歌"看古代婚姻制度的演变	\ 345
叶 辛	论中国知青上山下乡运动的落幕	\ 361
陈圣来	现代语境与国际表达中的中国文化考问	\ 371
荣跃明	我国文化体制改革当前进展和未来趋势	\ 380
徐清泉	海派文化发展的主要特征及时代向度	\ 389
朱鸿召	中国现代化进程中的几个文化问题	\ 400
武振平	围棋方法初论	\ 409
张履岳	规律：自然、社会、人文	\ 420
刘景清	《啊！摇篮》的导演构思	\ 434
花 建	"一带一路"战略与我国文化产业的空间新布局	\ 442
蔡丰明	中国民间伦理习俗及其文化价值	\ 451
叶中强	城市空间与晚清上海叙事 ——从《王韬日记》到《海上花列传》	\ 459
巫志南	当前推进我国文化政策创新的思考	\ 471
包亚明	场所精神、城市文脉与文化地理学	\ 477
陈占彪	从工作到做工 ——论职业神圣感与劳动创造性的丧失及"工作"的变异	\ 485
郑崇选	焦虑中的性别与都市想象 ——以《上海漫画》和《时代漫画》为中心的考察	\ 496
吴文娟	世界先进文化的内涵与我们的吸收	\ 506
黄江平	"风俗志"编写的体例、特点及其民俗观 ——以《上海府县旧志丛书》和《上海乡镇旧志丛书》为例	\ 516
沈习康	江南游风初探	\ 525
任 明	"文化折扣"理论的提出与应用 ——跨文化视野中的电影研究	\ 533
毕旭玲	"石佛浮海"神话与上海地域形象建构	\ 541
王海冬	崇明海上丝绸之路文化旅游政策的路径借鉴 ——日本文化资源与旅游开发政策研究	\ 550
冯 佳	当代图书馆重要实践问题的理论探索 ——公共图书馆与其他业态融合发展的思考	\ 558

刘　春	是枝裕和："看见"看不见的力量 \ 565
张瑞燕	拉丁美洲中国文学传播现状与市场分析 \ 571
钱泽红	美国大都会艺术博物馆的多元投入机制研究 \ 584
陈亚亚	如何实现社区信息服务均等化与性别平等 ——基于上海东方社区信息苑的调研 \ 595
盛　韵	被背叛的英国知识人 ——文化冷战中的《文汇》杂志 \ 601
曾　澜	跨层级认同：汉族族群身份的情境性研究 ——以江西傩艺人族群身份问题的艺术人类学解析为例 \ 607
陈凌云	博物馆文创产品的价值、设计方式和原则 \ 616
王　韧	论中国基督教版画对朝鲜时代中后期绘画的影响 ——以申润福作品为例 \ 624
程　鹏	旅游民俗学何为：建设旅游民俗学的基本理论问题研究 \ 631
陈云霞	基于社会融入视角的上海农民工文化消费状况研究 \ 640
张　昱	国际博物馆专业人员培养及管理体制初探 \ 653
杜　梁	从"轴心都市"到"多元宇宙"：超级英雄电影的空间图景建构 \ 662

编后记 \ 669

文学研究卷

《琴声如诉》译后记

王道乾

玛格丽特·杜拉原姓多纳迪厄(Donnadieu),1914 年 4 月 4 日出生于印度支那。她的父亲是数学教师,母亲是小学教师。她在西贡读中学,在童年时期虽然也曾回到法国,但为时甚短;到十八岁后,她才回到法国,入巴黎法学院、政治科学院读书,还曾专修哲学和数学,获得法学学士、政治学学士学位。1935 年至 1941 年,任法国殖民部秘书。第二次世界大战爆发后,投身反法西斯德国的抵抗运动。1945 年至 1955 年,一度参加法国共产党。后来玛格丽特·杜拉成为职业作家。

玛格丽特·杜拉 1943 年开始发表小说《厚颜无耻的人》,此后相继发表小说约有十六七种以上,还有许多剧本、电影剧本、电视剧等。她的电影剧本《广岛之恋》(1960)使她闻名世界;《英国情人》(1967)获得 1970 年易卜生奖。玛格丽特·杜拉开始创作之时,正当第二次世界大战法国存在主义文学和此后新小说派兴起的年代,她的创作兼有上述两种文学潮流的某些共同特点,带有时代的印记,自是不难理解的。所以法国有的评论家说她的作品属于存在主义一派,这是与在她的作品中对于人的内在本质的探索有关;另一些评论家又将她归于新小说派,常常将她与米歇尔·比托尔、阿兰·罗布-格里耶、克洛德·西蒙等新小说派作家相提并论,如批评家克洛德·莫里亚克曾说罗布-格里耶写的是"物"包围下的人,玛格丽特·杜拉小说中展现的世界,与许多法国现代小说作品所描写的内容有相似的方面,如写西方现代人对于自身存在意义的发掘,人在一定社会条件下深切感受到内心空虚,人与人难以真正沟通,处在茫茫的等待之中,找不到一个生活目标,复杂的爱情关系,爱情似乎可以唤起生活下去的欲望,但是爱情也无法让人得到满足,潜伏着的精神危机一触即发,死亡的阴影时隐时现,如此等等。这位女作家的文学主题大体也是如此。

杜拉最早的作品《厚颜无耻的人》、《平静的生活》(1944)、《太平洋大堤》(1950),在艺术上以至在内容上在许多方面承袭弗朗索瓦·莫里亚克、于利安·葛林这些老一辈作家的传统,似乎是有迹可寻的。如《太平洋大堤》,背景写印度支那南方,一个法国女人和她的子女向海洋争夺一块贫瘠土地的斗争,本来骨肉之间在向大自然的斗争中应是同心协力、心心相连的,但小说写的是在这场互助求生、休戚与共的搏斗中人与人的疏远分离;作为对空虚、苦闷生活的抵制,一个妹妹对一个哥哥发生隐蔽狂热的感情,哥哥找到一个女人走了,这个孤独的少女空空留下,站在大路边上,面对着可怕的现实,陷于毫无希望的等待之中。杜拉小说中几乎所有的人物都是处于等待之中的。她的一个写得很长的短篇《工地》,只写一男一女两个人物,没有什么情节,自始至终写这两个人物在等待,他们彼此相互窥伺,追忆往事,仿佛他们知道他们一定要相遇,一直处于一种期待之中,写得十分细腻,但同时又写得闪闪烁烁,人物内心意识活动在迷迷蒙蒙状态下得到充分展示,通篇都是如此。另一部小说《广场》(1955),也写两个人物,一个旅行商贩和一个年轻女佣,这两个人物也在等待之中。等待什么?希望着什么?这一男一女坐在街头广场小花园的椅子上在谈话,全篇几乎就是写这种语意不明但又有着某种寓意的日常生活的对话,对话中似乎暗藏着许多故事,人物在倾诉他们自己的生活,发出内心的呼叫……篇幅较长的长篇小说《直布罗陀海峡的水手》(1952),写一个男人在意大利海滨度假,孤寂无聊,遇到一个独身富家女人,她正在寻找她过去曾经爱过的一个水手;两人相遇,共同寻找那一去不复返、不可能再行寻获的过去——爱情;一无所获,两人从此怅然离去。《塔尔基尼亚的小马》(1953),与上一部小说同属一个类型,也写海滨度假,写了五个人物,阳光与烈酒把人搞得疲倦无力,好像时间已经终止,人的真实存在也化为乌有。小说写了许许多多小事件,没有一个一以贯之的情节,却写了五个人物的遇合,各自都有所期待,又都落了空。从《直布罗陀海峡的水手》这部作品开始,这位女作家走上了自己独创的创作道路,使自己的小说别具一色,从其他流派的作品区别开来了;这是有目共见的,后来也为人们所承认。对于她的作品的评价似乎正在与日俱增。总之,杜拉小说的气氛、人物大致都是这样,作家笔下着力点染的是人的思想、情感、复杂的意识活动,一般小说中的纠葛、叙述、描写几乎都从她的小说中被排挤出去,这是现代法国小说艺术共有的特点;但人物形象依然真实地鲜明地站在那里,她的小说仍然有力量唤起阅读者的情绪反应。

1958 年发表的小说《琴声如诉》[①]被看作是这位女作家的代表作。法国批评家克洛德·戴尔蒙认为法国现代小说有如一片荒凉的沙漠,在这样的情况下,杜拉的《琴声如诉》给小说创作打开了一条新路;他说杜拉这部作品使人想到普鲁斯特和麦尔维尔。这是这位批评家在 1958 年当杜拉这部小说出版时提出的看法。玛格丽特·杜拉这部小说发表后,她作为法国现代最重要作家的地位已经奠定。

法国另一位批评家亨利·埃尔认为小说《琴声如诉》写的是"不可能的爱情"。小说主人公安娜·戴巴莱斯特是外省海滨城市一家企业经理的妻子,每星期五带孩子到一位女钢琴教师家中去上钢琴课。女教师所住的公寓大楼下面有一家咖啡馆。小说开始,小孩在上钢琴课,楼下咖啡馆中发生一桩情杀案,一个男人开枪打死他所爱的女人;下课以后,安娜看了咖啡馆出事地点现场;不知是什么力量促使她第二天又到这家咖啡馆来,遇到一个蓝眼睛的青年,两人攀谈起来,谈话自然是从昨天发生的杀人案开始的;自此以后,两人似曾相识;安娜带着孩子又几次来到这家咖啡馆与那个男人相会,继续谈话,不停地喝酒。安娜和那个男人肖万谈话中所谈的杀

[①] 这部小说的题目原文为 Moderato Cantabile,中译没有照这个音乐术语直接译出。改译的题目不甚好,而且不大恰当,姑妄译之。

死自己的爱人的男人和要求自己爱人对自己心上打一枪的女人不过是借他人的酒杯浇自己的块垒罢了。亨利·埃尔说："安娜在同他谈话当中,自己就变成了另一个女人,从她自己所属富有的资产阶级社会中逃出去,从对她冷漠无情的丈夫那里挣脱出来了。从某种情况看,她'包法利夫人'化了。如果继续发展下去,她就将是由于爱而被杀死的女人(这种爱她是未曾经历过而又是她所向往的),而引诱她的、她也准备去爱的肖万就将是杀人的凶手。但是,在这样的情况还没有出来之前,她清醒过来了:她没有带孩子,又一次去看望肖万,吻了他——他们都知道,仅此一吻即可,他们的爱情告终,从此永别。一场风波到此结束。"埃尔说这种不可能的爱情有各种原因。肖万是安娜的丈夫的工厂的工人,阶级不同,使他们的爱情成为不可能;在小城市里,搞得满城风雨,压力太大,是另一个原因;还有,安娜所爱的那个孩子难以割舍;如此等等。埃尔认为他们的爱情的主要障碍在于安娜所要求的那种"只有在死亡中才可以得到绝对的爱情、疯狂的爱情"。这种所谓"绝对的爱情"观念不论是对批评家、作家甚至作家笔下的人物来说,正因为它产生于空虚、可厌、人与人相隔绝的现代资本主义社会,所以是不可能的。小说所包含的悲剧性主题是有社会依据的,因此作品在很大程度上是有现实性的。

　　这部小说名为长篇,按照我们的习惯看,似乎是一个中篇。写得简练,摒弃传统小说的故事情节以及叙述和描写,甚至不惜写得干巴巴,对话很多,对话也是日常生活式的、一般性的、似乎不动声色的,小说似乎没有写完等等,这正是人们对这位女作家所称道的风格特色之所在。小说写有十五位客人的晚宴场面,的确写得十分精彩。其间运用蒙太奇手法,不难看出,作家通过语言时态变化加以表现,了无痕迹,恰到好处。批评家克洛德·鲁瓦说杜拉这部小说有如匈牙利作曲家贝拉·巴尔托克"重写的包法利夫人",正像小说所用的题目那样,让我们想到音乐,"像歌唱一样的中板的种种变调、和声与和弦构成小说的基本内容"。但是说玛格丽特·杜拉像新小说派作家那样,把小说写得干巴巴、冷冰冰,作家的眼光冷得像照相机镜头那样,鲁瓦不同意这样的意见。他认为:"在这部写得精练、准确的作品中,我看到的恰恰是感情、人的感性,还有某种被有意压下去的、发自内心的痛苦的痛彻肺腑的真正美的彻悟。书中所写的,正是一位头脑冷静的作家在理性控制下写出的理性所不理解的种种事理。"

　　人们从这部小说中不妨注意一下杜拉笔下人物的对话。这种对话赋予语言一种暗示力量,带有一种与人物内心活动相一致的节奏,使小说中人物与人物之间存在着几乎无法表达而又在心中反复纠结、难分难解的某种关系,主要是感情关系、爱情关系,通过这样的中介环节,得到表现,因此形成小说特有的气氛。这种情况几乎在她的每一部作品中都可以看到。不要以为这位作家写的对话是什么戏剧性的铿锵有力的高谈阔论;相反地,发自人物内心的这种有时暧昧又仿佛独白似的十分精确的语言,同设置在人物四周的景物等等互相搭配组合,这就构成小说的空间和无限的时间过程,还包括人物未曾表露于外的复杂深隐的意识活动。人物之间的意识活动,互相交流,互相纠结,彼此影响,有时外化表现为外在环境的各种光色变化,外部的人与物又反射到人物的内部世界和情绪波动之中,互相映衬,就像这样一个具有现实性的形象世界呈现在读者面前,历历可见。在杜拉的小说作品中,故事情节和景物描写被压缩到最低限度,有时无异是具有象征性的道具似的东西,各有各的位置,各有各的意义,不可任意更动增减。场景设置往往也是很少的,有限的。她的小说篇幅一般都不长,像1962年发表的《昂代斯玛先生在午后》原书封面上印了Récit(故事)字样,这似乎是纪德的传统。文章虽不属枯淡艰涩一路,但是非常精练,辞简而意深,虽然不时有生涩特异的词句穿插其间,但文气常常是婉约曲折,富于表情,是写得很好的散文。在篇幅限定的范围内人们看到的只有一两个人物:小说的主人公。

　　前面说到"等待""期待"是杜拉小说中经常出现的主题,但是等待也因人而异,期待也各有不同内容。杜拉小说大多写的是爱情,但题材又是多种多样的,不仅仅是写爱情,还写其他各种感情、各种关系。杜拉笔下的七情六欲并不是什么抽象之物,处在不同社会地位,不同的人物关系,他们的情绪、意念、意识的波动也大异其趣。杜拉的小说《昂代斯玛先生的午后》,在一定意义上说,说它是写等待未始不可,说它是写父女之情,也算切题。内容比题目要丰富得多。

　　小说主人公昂代斯玛先生已有七十八岁高龄,是一位从社会战场上抽身退下带着自己晚年最后一次结婚生下的唯一爱女来到某处山村养老待终;小说虽然只写他在一个夏季下午在山上新为女儿购置的房产前等待一个工程承包人前来商议为他女儿在这山间别墅修建露台的事,同时也等他女儿上山来接他下山,仅仅几个小时时间;但就在这短短时间限度内,埋藏在这个老人内心深处千万种记忆,特别是那些富于情感色彩的往事陈迹,如同沉渣泛起,让人们看得清清楚楚。尽管这位身肥体大、衰老不堪的富有资产者一心想念的只是对他独女的深情厚爱,要为她把整个一座山也买下来据为己有,但在这种对女儿的爱里面,依然可以让人寻绎出私有制古老传统威力无穷的支配力量:财产继承权。作家在这部小说里对夏日阳光在一个下午的变化不知写了多少笔,夕阳虽好,黑夜也不远了:昂代斯玛先生这一天下午复杂的内心活动,衰老之年忽明忽暗的意识、记忆、情绪的起伏,面对着山中光影交错与生死嬗替,全篇描写烘托的似乎就是一种无限的"惆怅",一个活够了的私有者所面临的布满暗影的前景。

(王道乾译《琴声如诉》,浙江人民出版社1982年版)

新时期"文化小说"漫论

徐俊西

自从"寻根文学"思潮一度以它喧沸的声浪和光怪的身影掠过中华大地以后,所谓文化意识的觉醒便成了新时期文学创作和理论批评中的一个热门话题——尽管至今人们对它们的评价仍褒贬不一:褒之者视为文学"迈向世界的第一步"和"审美领域的新起点",贬之者斥为作家"疏离现实"和"把玩古风"的旧思潮与消极心态的表现;但不管怎样,作为一种引人注目的文学现象的存在,这种"文化热"的出现还是有它深刻的社会原因和审美动机的——从社会原因来看,正像有些同志所说,每当人民处于伟大的社会变革的转折时期,在改造现实和奔向未来的同时,往往便会产生一种回顾历史和留恋传统的心理倾向。特别是当大量引进和渗透的异质文化与传统文化发生冲撞的时候,这种想从历史文化的积淀中寻求人们行为方式和心理机制的旧依托和新支点,以便更自觉有效地进行纵向继承和横向移植的文化抉择就是不可避免的了。而从审美角度上看,随着改革开放的深入发展,人们审美意识的深化和多样化的追求,必将导致文学创作中所谓"多方位"、"全息性"文化观念的加强。因为我们知道,对文化背景的广角审视和对文化生态心态的多层次开掘,无疑将有利于审美创造的丰富性和多样性的实现。

正因为这样,我们对新时期文学创作中出现的各种文化—文学现象及时地、不断地加以批评和描述,就是有益的和必要的了。

一

在我们进入具体的文化审美批评之前,往往总是要碰到范畴学上的一个难题,即一般地说,文化作为人类创造的全部物质文明和精神文明的总和——凡是经过人类本质力量观照作用的一切自然现象和社会现象,都可以称之为文化。而文学艺术作为这种广义的文化现象之一,区别于其他文化现象(诸如哲学、社会学、宗教学、心理学、民俗学以及政治、经济、法律等)的主要特征,正在于它是人类文化这一"复合物"(泰勒)的整体反映的最完整最直接的"肖像"和"模型"。换言之,即一般的文学形态总是以文化这一复合整体"同形同构"的形式出现的,所以凡文学都是文化形态的直接的、综合的表现,因而按理说也就不复存在什么"文化小说"和"非文化小说"的区别了。因此要想把文化小说从一般的小说类别中区分出来并加以单独的研究和观察,那就首先必须对文化小说中的"文化"这一概念的内涵和外延作出具体明确的界说,使其和上述那种广义的无所不包的"大文化"概念有所不同。

关于这一点,从人们一般所说的新时期文化小说的创作实际来看,这种区别往往表现在如下两个方面:

一方面,从外部形态来看,所谓文化小说所表现的往往是有别于一般的社会生活和客观现实的那些富有民族特色和区域特色的乡土民情、遗风异俗以及由此构成的独特的文化景观和文化氛围,亦即像丹纳在他的《艺术哲学》中所强调的那种纯直接影响人民的行为方式和审美创造的"自然气候"和"精神气候"一类的东西。对此我们可以称之为"文化—生态"环境,而那些着重表现这种环境的小说则可以称为"文化—生态"小说。

另一方面,从内部形态来看,文化小说所揭示的人物性格和心理特征与一般的小说或心理小说也有所不同,它并不只仅着眼于对人物的性格、心理作一般的个性特征的刻画和描写,而是在自觉的文化反思的基础上,把它们放在整个民族文化积淀的整体结构中加以凝练和展现,从而使之比一般的性格心理描绘具有更加深厚稳固的历史感和种族感,以至往往可以成为人们剖析国民性和民族性的审美原型——对此我们可以名之曰"文化—心态"小说。

有了以上的区分和界定,下面我们可以循着这样的思路分别从"文化—生态"和"文化—心态"这两个不同的类别来对新时期的文化小说进行具体的评述了。

二

如前所说,既然"文化—生态"小说主要是指那些以富有民族或地域特色的传统风习和乡土民情等外部文化特征为直接表现对象和审美对象的小说创作,那么它便和已往的乡土文学和风俗小说一样,在主要的艺术特征上常常不是对现实人生作整体的把握和表现,而是把艺术地再现某种特定的文化景观和文化习俗作为自己定向的审美追求;在表现方式上,则往往以对文化—生态的"仿生型"描绘来代替对社会生活的典型刻画,其结果便像人们所说的,它呈现在我们面前的已是所谓"人类种族精神史的模型",而不再是什么社会生活的完整图画了。

当然,作为新时期文化小说的一种,我们这里所说的"文化—生态"小说和以往的乡土文学和风俗小说也是既有联系又有区别的;而且正是从这种联系与区别中,可以见出它的特有的艺术风格和时代内容。

首先,顾名思义,传统意义上的乡土文学和风俗小说往往把自己的文化视野的审美意象局限在对乡土文化的眷恋和再现上。这无论是以往沈从文、废名等人清幽闲逸的怀旧之作,抑或是当今汪曾祺、刘绍棠等人明丽清新的风情小说,他们的文化意味大多不外乎寄怀于故土人情,流连于山川锦绣。与此相比,新时期文学创作中以贾平凹、古华、韩少功、王安忆、李杭育等人为代表的文化小说的创作家们,其文化视野和审美意境则要阔大深远得多。这不仅表现在对当前发生在我国的伟大变革浪潮的热情呼唤和投入上,而且更表现为对中国和世界的巨大时代落差深切感受和领悟上。因此不难发现,他们的文化意识的觉醒与其说是出于对乡情风俗的眷恋和偏爱,还不如说是由于对民族命运的关注和思虑。由此,不论是贾平凹的商州风情还是韩少功的楚湘文化,都无不联结着改革的风云和时代的印迹;而人们从李杭育笔下的那些"渔佬儿"和王安忆作品中的"文化仔"身上,也不难发现传统的文化基因和现代生活的浪潮之间的深刻的内在联系和冲突。至于像古华的《芙蓉镇》、张炜的《古船》这样及一些"寓政治风云于民情图画、借人物命运演乡镇生活变迁"的作家作品,其审美倾向有别于一般的乡土风俗小说就更不待言了。

其次,如前所说,新时期"文化—生态"小说的作者们由于在激荡的时代大潮面前对民族文化传统所普遍感受到的危机感和失落感,所以在他们的作品中便常常不约而同地表现出一种明显的忧患意识和批判色彩。这就和乡土文学的那种以表现对故土人情的美好情思和热情赞颂的艺术风格相反,它不管是对传统文化风习的展现,还是对现代生活方式的揭示,都是以一种深沉的历史眼光和冷峻的批判态度来对我们的民族精神和民族风格进行严格的审视和重塑的。这表现在具体的艺术方法和艺术风格上,便使它具有了一种凝重深远的哲理意味和所谓荒诞、审丑等艺术内涵。因为在总体的审美特征上,倘若过去曾经有人把自然隽永的乡土文学称为民族风习的"集体抒情诗",那么现在对于潜沉深厚的"文化—生态"小说就难怪有人要叫它做人类精神积淀的"历史博物馆"了。这里我们不妨以汪曾祺的《大淖记事》和贾平凹的《鸡窝洼的人家》作一比较,以说明这二者在文化意识的历史内涵和审美意味上的差异。

在《大淖记事》中,作者无论是对故乡湖光水色和人情物态的文化环境描写,还是对巧云和十四子忠贞爱情的歌颂,其审美意向主要表现为对乡风民习的热爱和对纯朴人情的赞美,由此它在给人以浓郁的生活气息的强烈的情感色彩的艺术感受以外,对于文化生态的内在结构和潜沉意识,则并无更深的开掘和审视。《鸡窝洼的人家》则不同,作品中所有那些关于黄土高原上农民生态环境的展现——回回与禾禾这两对家庭的离异和重新组合所揭示出来的传统道德观念和现代人生价值的冲突,古老的重义轻利的行为规范和农村商品经济发展所引起的不安和骚动,以及其他种种科学文明和愚昧保守、纯朴善良之间的情感冲撞……其创作意图显然并非是一般意义上的对乡风民俗的赞美和欣赏,而是通过对这些有形无形地制约着人们的生存方式和行为方式的文化生态的展现和批判,以达到"彻底改造民族精神,建立崭新的文化形态"的审美目的。

还有,正是出于这种对整个民族文化传统的反思和忧患意识,新时期"文化—生态"小说的一个引人注目的特点,就是曾一度对人类的所谓原初经验和原始文化形态表现出极大的热情和兴趣。其中为那些神游于太古洪荒,凝思于穷乡僻壤所谓的"寻根文学",便是这方面的典型表现。

我们知道,在近几年出现的"文化热"中,"寻根文学"是一个争议最多的文化—文学现象。其所以会引起争议,我们当然不能不注意到它自身在诸如创作动机和文化见解等方面所存在的缺陷和问题(这点我们留待下面再说);但作为新时期文化,小说中的一种最具特色和影响的文学类型,通过对它的社会价值和审美特征的客观冷静的审视和剖析,无疑将有利于我们对这一时期的整个"文化—生态"小说的认识和评价。

"寻根文学"既以寻根作为自己审美创造的主旨,因此注重表现所谓原始蛮荒、古风野俗的文化生态就不能不成为它艺术追寻的显著特征。关于这一点,从当今正在我国流行的神话原型批评的观点来看,通过对所谓原始意象和原型生态的艺术显现来唤醒现代人"沉眠的社会记忆"和潜在的生命力量,不仅对于深刻认识民族的文化本性,激活深厚的民族精神具有重要的认识价值和审美价值;而且对于文学创作本身,也几乎是唯一的意象源泉和情感源泉。正因为如此,我国的一些"寻根派"的作家和评论家们便像忽然发现了新大陆一样,把文艺创作中的文化寻根和神话批评视为"认识民族自我"和使中国文学"走向世界"的必经之路。当然,对于这样的文化观念和艺术主张是否正确和正确到何种程度,还可以进一步讨论;而且从现有的创作成果来看,真正能够做到像原型学派所宣扬的那样,把人类精神文明的"化石"复活成为富有生命力和创造力的审美形态的成功之作也尚不多见。但公正地说,由于不少作者在一定程度上做到了把对原初文化的情感想象和对现实生活的真切感受有机地融合起来,所以在有限的艺术实践中能够给人们新鲜的生活参照和审美体验的文艺作品也还是时有所见的——特别是当代作品中所表现的那种"苍老遗传"的文化形态在作者自觉的当代意识的观照下显示出巨大的时代反差时,这种古朴粗犷的审美境界就往往包孕了一种深沉睿智的历史内容和现代品格了。而在艺术形式方面由于"寻根"文学在表现那些超感官的原始经验和原初生态时常要借助于更多的想象夸张、神奇怪诞以及其他所谓陌生化、魔幻化等表现方法和手法,所以便往往给人以荒诞不经和扑朔迷离的美感经验。这些虽然一时还得不到更多人的欣赏和承认,但作为审美活动中多元互补的一种有着广泛影响的文艺思潮和文学流派,其独特的认识价值和审美价值仍是不容忽视的。

最后,当我们在评述新时期文化生态小说的总体审美特征时,自然还不能不注意到近几年来城市"文化—生态"小说的发展。这方面只要我们一提到陆文夫的"小巷人物",邓友梅的"京畿轶事",刘心武的"四合院家族"和冯骥才的"天津卫传奇"等文学文化现象,我们面前立即就会呈现出一派生动的关于新的"市井文学"的斑斓色彩。而且和前面所说的情形一样,由于新的文化意识和审美意识的渗透,这种新的城市"文化—生态"小说和以往的"市井文学"也有着明显的区别和发展。这主要表现在:一方面,从文化观念来看,由于新时期的城市"文化—生态"小说是在我国拨乱反正和改革开放的大的文化背景下产生的,所以和新时期的整个文学创作思潮相应,也渗透着一种深刻的历史反思和人生忧患的现代文化意识——即透过那些庸常拉杂的表面的世俗人情和市廛风习,往往揭示着更加深广的文化历史和民族命运的审美内涵。陆文夫在《围墙》中围绕小小的围墙重建工程所描写的各种"方案"之争,显然并非只是表现了一般的市民生活和所谓的改革和反改革的社会命题,而是在更为深广的层次上揭示了民族文化的惰性心理和凝滞状态给社会进步带来的阻力和危害。同样,刘心武的《立体交叉桥》中所表现的各种错综复杂的家庭矛盾和社会弊端,也并不只是一般意义上的反映城市病和市民疾苦的."问题小说",在这些立体交叉的生活矛盾和众生相背后,正隐伏着某种民族心理和国民性的潜流。

另一方面,在表现形式和表现手法上的"多样化"和"现代化",也是新时期城市"文化—生态"小说的一个明显特征。这里不仅像冯骥才的《神鞭》《三寸金莲》等富有荒诞怪异色彩的非现实主义的小说创作和传统的艺术方法有了很大的不同,而且即以基本仍然遵循着现实主义创作原则的邓友梅、刘心武、陆文夫、王蒙等人的城市生态小说来说，其中无论是结构方式、语言叙述和情感表达等，都在借鉴和吸收西方现代派文艺的表现方式和手法方面，作出了许多有益的探索和创造，这方面近年来人们已经谈论的很多，无须赘述。

三

在我们即将由"文化—生态"小说转入对"文化—心态"小说的评述之前，有一点是应当不言而喻的，即这里所说的文化"生态"和"心态"小说的分别，正像我们有时所作的"心理小说"和"非心理小说"的区别一样，只是为了分析和描述的需要在特定的意义上相对而言的。因为我们知道，无论在现实中还是在艺术创造中，都不可能存在什么内外隔绝和心身分离的绝对的人生状态。而上面所说的表现外在文化风貌的"文化—生态"小说和表现内在文化心理的"文化—心态"小说的不同，自然也只能是一种相对的总体的审美把握和艺术追求。

既然如此，那么对这种以揭示深层的民族文化心理和情感结构为主要艺术定势的"文化—心态"小说的总体审美特征又应当如何认识和表述呢？

如果像上面所说的那样，"文化—生态"小说在表现对象上要受到直接表现表层文化现象的限制，那么对于"文化—心态"小说来说，就不再存在这种限制了。因为我们知道，作为民族文化的最基本、最核心的人们的心理素质和情感素质并不是只表现在某种特定的、外在的文化形态上的，而是通过长期的"种族记忆"（或曰"集体无意识"）渗透到民族生活的一切领域和一切方面，包括当前现实生活的一切最隐微和最活跃的方面。这样，从表现现实的深度和广度来说，"文化—心态"小说几乎可以从任何不同的生活形态和文化矿层中去开掘与展现。从这个意义上说，有人认为文学创作中文化意识的加强并不意味着要人们都去表现什么古风异俗和原始蛮荒的生活现象和自然现象，而它最丰富、最生动的体现仍在人们的现实之中，这自然是正确的。也正因为这样，我们才可以认为，像《红楼梦》中关于钗、黛和宝玉的爱情心理的描绘，《儒林外史》中对于范进和严监生功名利禄心态的剖析，以及鲁迅作品中诸如狂人、阿Q和祥林嫂等人国民性的透视，都应该被看成是最好的文化心态的表现；而在新时期的文化小说中，像王蒙的《活动变人形》、陆文夫的《井》、阿城的《棋王》、张炜的《古船》、郑义的《老井》和王兆军的《拂晓前的葬礼》等，也都可以算作这方面的代表作。而这类小说之所以能够表现出较强的文化意识和文化形态，显然并非依仗着对某种表层文化现象的描绘，而是取决于对人物深层文化素质的开掘和揭示。例如《棋王》中王一生的文化审美价值决不在于他的表面的弈者身世和一般的性格特征，而在于潜藏在这些身世和性格背后的那种"出世又入世"、"无为亦有为"的独特的民族文化心理和儒道合流的文化传统。同样，《拂晓前的葬礼》之所以在众多的表现我国农村社会生活的作品中不同凡响，也正因为在它的主人公田家祥身上突出地凝聚着中国农民所特有的那种坚韧固执、机智狡黠和猜忌专横的传统文化素质，从而使他的认识价值和审美价值有可能大大超出于一般农村干部的典型形象之上。此外，像倪吾诚（《活动变人形》）的庸碌无为，四爷爷（《古船》)的老谋深算,孙旺泉(《老井》)的倔强忍受等,在作者自觉的文化反思和现代意识的作用上,也都无不渗透着中华民族的善良和卑劣、文明和愚昧、坚强和孱弱的奇特的文化基因和心理积淀。而这一切,作为民族文化的心态的典型表现,对于帮助人们从深层的心理素质和情感结构方面去认识和把握社会变革的内在机制,自然是有它特殊的认识作用和审美意义的。

但是也应该看到,新时期的"文化心态"小说除了上述这些建立在正常的、明显的生活经验和情感经验基础上的具体的、真实的创作样式以外,还存在着另一种来自于人们的精神活动的"幽暗深处"的抽象的、虚幻的表现形式。关于这一点,荣格在他著名的文艺心理学论文《心理学与文学》中曾把它称之为"心理的"和"幻觉的"两种不同的艺术创造模式,认为前者来自人类生活中生动而又明显的部分,属于意识经验的"能被理解的范围";后者则根源于超越人们生活明显部分的原始经验,是一种"在每一方面都超出人类的感觉和理解力所能掌握的范围之外"的集体无意识。按照这样的分类,我们便可以把诸如莫言、马原和残雪等人的"文化心态"小说归之于后面这一类。这方面的作品虽然因其"高度个人化的经验"和抽象虚幻的表现形式而难于为人们所接受和赏识,但是透过那些象征寓意和魔幻变形的表现形式,我们仍可以从中发现许多具有一定普遍性和包容性的文化心理和审美情绪。因而作为新时期"文化—心态"小说的一种,它的出现也为我们提供了多样化的创作途径和审美经验,并已在一定范围内引起了人们的兴趣和重视。

四

综上所述,对于新时期文学创作中这种方兴未艾和众相纷呈的文化意识的觉醒和文化文学的繁荣,人们一时众说纷纭,褒贬不一,这是完全正常的和可以理解的。对此我们除了应该采取多样的批评方法和审美视角对其进行深入细致的描述和阐释以外,对于那些带有普遍性和倾向性的文化观念和创作理论问题,则应该站在历史的和美学的高度加以不断的研究和探讨,以便引导今后的文化小说创作沿着更加健康和更加深入的方向前进。而这方面,我以为至少有如下几个问题是值得从事文化审美批评的同志进一步认真讨论的。

首先,文学是人学,"人是文化的动物"(卡西尔),因此较之其他意识形态,文学和文化的关系应该受到特别的关心和重视,这是理所当然的。但是也应该看到,对于以整个社会人生(包括人化了的自然)为自己的认识对象和表现对象的文学创作,我们这里所说的文化背景和文化现象只是多种审美视角和参照系统中不可或缺的一种,而并非全部——按照苏联 M.C.卡冈教授文学系统论的批评观点,文艺反映出世界的整体性特征决定它的审美功能必须从以下五个方面的关系中加以观察,即"艺术—自然""艺术—社会""艺术—人""艺术—文化"和"艺术—艺术"。而且就其与整个人类社会生活和其他意识形态的关系来看,文学和文化的关系不仅不是唯一的,也并非是最重要的。因为它还必须要受到不同社会形态的政治、经济和哲学的更为直接的影响与制约。由此如果我们在强调文化因素在文学创作中的重要地位和特殊作用的同时,又走向另一个极端,即把它说成是决定创作成败或衡量其审美价值的唯一标准和原因,那就未免又陷入另一种褊狭和片面。而这种褊狭和片面近年来无论是在创作实践或创作理论上，都是有所表现的。例如由于受西方神话原型理论批评的影响，那种过分强调原型模式的本源作用，认为原始意象和原始文化基因是决定当前文艺创作乃至人们的一切思维方式和生活方式的唯一观点，也是并不鲜见的。其实如前所说，借鉴原型理论批评中的某些文化价值观念和相对主义的实证方法，把现代人与他们的原始根源联系起来加以观照，这对于启迪人们的心智和良知，纠正过去文艺批评中的直观反映和阶级决定论等机械唯物主义的方法观点，不能说是没有益处的；但是当这种借鉴变成为对"原始生命力"的盲目崇拜和追求，似乎当前的一切文学创作只有"投身到人类本性的原始混沌中去"才有意义，这就显然是不正确的了。因为这样做的结果势必会引导作家自觉或不自觉地走上"文化万能"的非历史主义的道路。

其次，与此相关，在我们从过去的忽视传统到现在的重新发现传统的历史转变中，还有一个如何正确认识和表现传统文化与现实变革之间的关系问题。总观新时期文化小说的创作理论与实践，无论从创作动机或创作效果来看，应该说其立足现实和面向未来的总的方向和目标还是明确的；而且许多文学创作的实践也已证明，正是这种植根于我国当前伟大社会变革实践的现代眼光和现代意识，才使新时期文学创作中的文化主题被提到了一个新的历史高度，并在一定意义上获得了人们称之为"心理领域的改革文学"的声誉。但是从另一方面看，和上述的崇古慕俗的审美倾向有关，有些作品往往把传统中的愚风陋习当成了包医百病的"祖传丸散"来展览和崇敬，以致使人感到他们不是激励人们从愚昧向着文明迈进，而是"由文明向原初形态回归"。然而我们知道，这种所谓返祖心理和回归意识，如果说在当代西方社会还多少反映了人们对过度发达的科学文明所带来的暴殄天物和人性异化的不安和厌倦，那么在我国当前正在为改革贫穷落后面貌而努力加速进行现代化建设的今天，就看不出有什么真正的现实基础和社会意义了。

再有，由于人类文化积淀具有包蕴着整个种族乃至全人类的共同经验和本质力量的普遍性和稳固性的审美特征，因此新时期不少文化小说的作家便往往注重于通过对传统文化生态、心态的描述来达到揭示人类共同本性和共同经验的审美追求。应该承认，近年来文学创作中的各种对"人的文化本质和生存方式"的执著的寻求和表现，对于克服以往单一指向的创作倾向和批评模式是有积极作用的。但是如果这种追求表现失之过当，以致把它当成一种脱离社会历史实践的、自我封闭和自我完善的超稳态的文化结构，那就既不符合社会发展的客观实际，又不利于文学创作的审美实践了。其结果，则往往会使我们重新陷入前人长期不能自拔的历史的困顿和人性的迷茫。所以无论从艺术的实践还是从社会的批评来看，文化意识的加强还必须以文化观念的正确为前提——只有把自己巍峨绮丽的艺术文化的宫殿建立在坚实深厚的历史唯物主义的基础上，才能使它变得稳固凝重，不可动摇，否则，偏离人类社会发展的客观轨迹，凌空高蹈，就势必会失去历史的依凭，而导致创作的失落感和失重感，这显然是那些立志于想要通过文化审美的开掘来实现其"推动历史前进"和"重铸民族自我"的作家艺术家们所应当避免的。

(原载《当代作家评论》1998年第2期)

"原创性"自何而来

——当代中国文论话语构建之我思

陈伯海

"当代中国文论话语构建"这个大题目,原非以我之寡闻浅见所能回答的,何况我的专业是古代文学,似乎更无必要介入这一论题。不巧的是,我在从事古典文学研究之余,兼带搞一点古文论,近年来古文论界争议甚多的如"失语症""古代文论的现代转换"等时时进入我的眼帘,并引起我的兴趣。我关注这场争议达十年之久,内心积累了不少疑问与想法,很想找个机会倾吐一下。而这些年来的观察与思考,又使我深深感到"失语症"之类并不单纯是古文论领域的问题,它还牵连到整个文论话语的构建,且只有将其放置在当代中国文论乃至文化构建的大背景下,才有可能做出比较合理的判断与推论。这样一来,便把我引进了自己不熟悉的领地去作探索,显得有点胆大妄为,好在我不求建树系统的理论,只不过借此表达个人的一点观感,以请各路方家解惑赐正。

一、"失语症"一说之"失"与"得"

为便于切入问题,让我们从曾为多方聚焦的"失语症"一说谈起。

众所周知,"失语症"的提出已有十多年历史。此说产生后,反响相当热烈,赞同者不少,反对者更多,而赞同与反对内部又各有不同说法,真可谓异论蜂起,迄今尚难平息。对于这番鏖战,本人采取的是壁上观,未明确表过态。一则不想惹是生非,生怕卷入口舌笔墨之争,会耗掉我剩余不多的生命与精力;二则亦有难以率然表态之感,即既不能旗帜鲜明地予以支持,又不想干脆了当地给以否定,我认为这是一个颇足玩味的话题,或可从中引发出一些耐人思考的东西来。

平心而论,"失语症"的提法在我看来确有欠妥之处,它不是一个科学的命题。因为以往一百年来我们民族在思想文化建设上所面临的困惑,主要出自社会转型(由前现代向现代社会演进)所带来的话语转型(由传统话语向现代话语方式转变),其间涉及传统思想与现代思想、外来资源与本土资源、实践经验与理论升华等多方面的纠葛,总的取向是要尝试促进古今中外各种理念与文化形态在当代中国社会土壤中的磨合与会通,以形成适应现时代需要的民族新精神、新话语。在这一变化过程中,不可避免地会有得有失,但决不是笼统地用一个"失语"便足以概括了的。"失语症"的提法之所以受到众多诘难,跟它未能正视话语转型的积极意义和全部复杂性,当是分不开的。

然而,这并不意味着"失语症"的提出纯属"伪命题"。在学术论争中,常见有人匆忙宣判不合自己心意的论题为"伪命题",这不是一种好习气。"伪命题"指的是全然虚假、毫无意义的话题,属空洞无物的文字游戏。有些论题提法片面,甚至包含错误,但若是反映着某些值得注意的动向,能够从中提炼出具有一定真实内涵的问题来,便不宜一概斥之为"伪"而任情放逐。"失语症"之说亦复如此。为要取得耸人听闻的效果,它以放言高论的姿态表见自己,其代价是在相当程度上丢失了科学的谨严性,以至招来一系列诟病。不过只要不怀偏见的话,我们自不难发现,在它那故作惊人之态的外衣下,含藏着某种实在的针砭意向,即对于当代理论建构中盲目追随外来话语、相对忽略自我创新的严重不满,而这一不满并非无的放矢。

我们说过,当代中国文论话语的构建是在话语转型的过程中实现的。转型之前,我们有一套传统话语,那就是我们的古代文论,它是一种非常富于民族特色的理论话语,是置身于世界各民族之林亦不会丧失其独立品格的话语。近代以来,随着中国社会的急遽变革,这套话语因难以适应变革的需求而遭受冷落,先进的中国人汲汲于"别求新声于异邦",大量引进外来话语(主要是西方话语),从而推动了话语转型。这一转型既然是凭借外来话语的驱动和支撑而开展起来的,就不可避免地要打上追随、效法外来文化的特定印记,并因此而同自己本有的传统拉开了距离。以这样的方式来构建当代中国的理论话语以至整个文化形态,其好处是能较为迅速地赶上时代步伐,不失时机地实现话语的现代转换,弊端则在于容易失落自身的主体性,让"他者"牵引并掩蔽了"自我"。不幸的是,这一弊病在当代中国理论话语的构建中亦有所显现,特别是在把"建设"、"创新"当作"跟风"、"趋时"的潮流中表露尤为鲜明。所以,一个世纪下来,当我们于世纪之末回顾这一百年来的行程时,不免会惊讶地发现,尽管我们的理论话语已经得到全面更新,但填塞于其中的"新"的成分大多(不是全部)出自外来资源,很少有我们自己的理念创获,这不能不说是一大缺憾①。原创性的不足,意味着话语转型并未能最终完成,这是我们在进一步讨论如何构建当代中国理论话语时所必须面对的事实。

如此看来,"失语症"一说的意义,恰在于用尖利乃至夸张的方式挑开了近现代中国社会变革进程中话语转型滞后的现象,以对世人起一种刺激与警醒的作用,一笔抹煞其现实的针对性是不客观也不公正的。当然,在揭示这一征象时,它的许多论断有失分寸。比如将整个当代理论界的现状一例归结为"失语",便犯有以偏概全、夸大"病情"的错误。而为了给"失语"找寻病因并开设处方,它又将祸源追始于现代化转型中的向西方学习,更以"改弦更张"、"回归传统"作为治疗病症的不二法门,这些都有可商榷之处。但不管怎样,"失语"一说尖锐地触及我们民族

---

① 按:据传国外某政要曾言及,中国的崛起只不过是经济实力的增长,不用担心其成为超级大国,因为中国对现时代人类思想没有贡献出什么东西。不管说这番话的动机是什么,仍足引起省思。

话语转型过程中原创性不足之弊,应该承认是符合实情且切中病痛的,值得我们认真检视。为此,如何跳出对"失语"一词的纠缠,深入到其底里去探讨当代中国理论话语构建的方向与途径,把握话语转型的基本规则和操作方法,来给"原创性不足"的毛病准确把脉与处方,当成为理论界同人共同追求的目标所指。

二、"话语转型"中原创性不足的原因何在

"失语症"的提出为我们挑明了当代中国话语转型中原创性不足之病,但它将"病因"归咎于向西方学习,则显然属于"误诊"。以我们这样一个"后发现代化"民族的生存条件而言,身受外部环境的沉重压力,不得不争取在较短时间内赶上世界前进步伐,而自身原有现代化因素的积累又明显欠缺,在这种情况下,"向西方学习"实在是唯一的出路。实际上,也正由于我们打开了封闭的国门,大胆走向世界,广泛吸取外来文化中一切可利用的资源,方能够促使固有的民族话语逐步实行并继续不断地实行着向现代话语的转变,这应该是一个不争的事实。那么,为什么转型中又会产生某种程度上"失语"的弊病呢?一则,从学习到自创本身需要有一个接受、消化以至改造出新的过程,这期间出现各种盲目吸收、消化不良甚至胡乱更张的症候自属难免,不能一看到这类现象便大摇其头,轻易加以否决。再一点,也是更为重要之点是,引进的外来资源必须同本土基因相结合,以求得在新的环境里重新生成和推陈出新。这层意思又关涉到两个方面的问题:其一是外来资源须与本民族的生活实践相沟通,以争取在民族生活的土壤中扎下根子;其二是它还要同民族的思想与文化传统相交汇,始便于锲入民族心灵的深处,并转化为民族喜闻乐见的话语形态。总之,有了这两个结合,而不是双重脱节,外来的"他者"才有可能"存活"于本土,并顺理成章地转化为民族"自我"的血肉构成,这亦便是话语创新的关节所在了。

对于上述两重关系,前一方面的结合,即外来话语须与民族生活实践相沟通,似乎不存在任何疑义,原则上大家都认同,可实际操作上并不尽然,这跟我们引进外来文化时的特殊境遇和由此而产生的急功近利心态是分不开的。回顾20世纪的整个历程,当世纪之初,国门已然洞开,引进资源以西方列强为主,且偏于自然科学及政治、经济之类实用性社会科学,较少顾及人文方面,显然和那时人们学以致用、救亡图存的意向紧密相关。"五四"新文化运动后,人文成果的输入有所扩大,但终不及实用性知识受人重视,"科学至上"的观念仍牢不可破。到世纪中叶,受政治形势变化的影响,对西方开放的大门基本关上了,转向朝苏联"一边倒",出现了另一波的引进。而后又由于高扬"批判帝修反"的大旗,割断了这一联系,直至世纪末尾始重新进入开放。这样一种忽放忽收的态势以及重实用轻人文的倾向,自是大时代剧烈动荡的显影,难能苛求,但它所造成的后果,必然会使我们走向世界的步调变得促迫而凌乱,引进外来资源也常是"捞到篮里便是菜",顾不上细加择别与加工,更难以精心考虑如何结合民族生活实践而给予合理消化和应用了。

即以新时期以来的情况说,鉴于前段时间里的闭关自守、贻误战机,这个阶段的引进工作是空前大量且全方位的,对于我们过去缺乏了解的西方现代思潮更其如此。引进大大开阔了我们

的眼界,增添了我们对世界的知晓程度,也为我们构建当代中国理论话语提供了更为丰富的资源,成绩无疑是巨大的。但要看到,西方现代思潮尽管品类繁多,新变迭起,而其内部实际上仍是有序生成,也就是说,每一种理论话语的产生皆有自身的历史渊源和现实的针对性,忽略了这些方面,就不可能对它作出正确的解读。然而在引进时,因受急功近利心态支配,人们往往等不及将其来龙去脉梳理清楚,便匆忙地加以发挥和运用,这就不可避免地会出现误读、误释以至误用,既离开了它的本意,更容易导致对民族当下生活实践的扭曲。比如说,20世纪80至90年代间,西方马克思主义思潮进入我们的视野,一时间译介"西马"、引用"西马"理念成为热潮,这当然是件好事。可引用来干什么呢? 我们都知道,"西马"理论话语在西方属激进思潮,"西马"理论家继承了马克思的批判精神,对西方工业文明社会及其市场经济形态给予多方面的揭露和批判,有助于增进人们对资本主义腐朽面的认识。但若脱离"西马"思潮所产生的环境,机械搬用它的一些话语施加在我们的现实生活上,不加分析地使之与当前正在发展着的现代化工业文明及市场经济对号入座,则必然会引向对我国改革、开放事业的质疑与否定,某些"新左派"人士正是这么做的。这件事表明,原本非常激进的流派,到我们这里有可能蜕变为极端守旧的思想,难道不该引起人们的警觉吗? 再比如,90年代开始,文化保守主义倾向在大陆学界逐渐占据上风,一改往昔以激进主义为主导的局面,这当然有其深刻的历史动因,姑且勿论。我们看到的是,在谈论文化问题时,一些学者着重引述西方文化保守主义者的言论,用以证明保守主义所要保守的,其实是由西方市民社会所孕育出来的自由思想传统,它区别于激进主义路线的,只是不赞成用激烈变革的手段来打乱现存秩序,而主张以渐进调适的方式来维护和推进自由传统,这样将更有利于自由精神的承传与贯彻。此说言之成理,但我弄不明白的是,那毕竟是西方的情况,跟我们有什么相干? 在我们这里,市场经济尚未发育周全,市民社会根本没有建立,也不存在那种自由思想传统,此时此刻来倡扬文化保守主义,其所要保守和所能保守的究竟会是什么呢①? 于此看来,引进外来资源固然极其重要,而引进后的结合国情思考、应用亦十分必要,简单移植和机械搬用常要导致对文本与国情的双向遮蔽及严重歪曲,只有在充分理解所引进的对象并正确把握其与民族生活实践的内在关联的基础上,才能使外来资源真正转化为本土财富,成为构建当代中国理论话语的重要凭借。

现在再来考察第二方面的关系,即外来话语与民族传统相结合的问题,这个问题的看法上其实是颇有分歧的。在许多搞当代理论研究的人看来,借取外来资源是为了解决当前现实中的问题,故而外来话语与本民族生活实践的结合非常必要,至于与民族传统的结合则不那么吃紧。他们虽然不反对在当代中国理论话语中适当吸收一点传统的因子,却并不把传统的参与视以为构建新文化的不可缺少的环节,这只要看当前出版的一些文论和美学著作大多致力于在马克思主义与西方现代文艺思潮之间做会通工作,却很少关注吸纳传统思想及其理论资源,即可概见

---

① 按:我不赞成文化保守主义,并不意味着主张激进主义。在我看来,20世纪的革命动荡造成了激进与保守两种思潮的明显分流与激烈碰撞,而今进入建设的时代,应该有条件超越激进与保守之争,将文化转型的方针与策略提到一个新的层面上来重加认识。这个问题说来话长,兹不具论。

一斑。与此相呼应的是,古代文论界的学者们也多半对传统与现实的结合持怀疑和否定态度,在他们看来,研究古文论就是研究古文论,把古文论本身弄清楚了,就算达到目的,完全没有必要考虑与当代生活接轨的问题。还有人认为,古代文论与西方文论属异质文化,不具备可通约性,所以古文论的现代转换根本上是行不通的。这形形色色的意见,集中到一点上,便是传统不必要亦不可能参与当代文化的运作,换言之,中西古今之间的对流不可行。这一思想障碍实质上已构成当代中国学术创新发展的一个瓶颈,需要多化点气力来加辨析,让我们从古今不同的角度上分别开展讨论。

所谓站在今天的视角看问题,是指从构建当代中国理论话语的需求出发,看传统的参与是否成为必要条件,这个问题对不同性质的学科来说,答案会很不一样。在自然科学方面(特别在其知识原理上),民族传统乃至民族生活条件的差异或许是不重要的,因为大家面临的是同一个自然界,很容易形成相同的认知状态,国外先进的科学理论拿到我们手里,便会自动转化为我们自己的思想资源,故从来也不听说要搞什么中国化的牛顿力学或民族特色的爱因斯坦相对论。相比较而言,社会科学便有所区别,作为其研究对象的社会制度与社会生活在不同民族之间是很有歧异的,于是引进的外来理念必须经受本民族生活实践的考验,在两相结合与融通中才能转化为民族自身的理论构建。上个世纪里我们的政治领导人在这方面下了功夫,先后产生出孙中山的"三民主义"、毛泽东的"新民主主义"和以邓小平为代表的"有中国特色的社会主义"三大理论体系,标志着中华民族在社会科学上的重大创新,这一创新过程至今仍在衍续之中。至于人文学科则又有其自身的特点。人文学科的对象是"人",尤其是人的精神世界和价值理念。这种精神理念的养育固然离不开社会环境制约,同时也脱不了文化传统的浸润,时代心理与民族心理在每个人身上都打下深刻的烙印,且相互交织一起(现实环境里即有传统积淀),难能分判开来。为此,人文学科上的外来理念就不仅要同本土的生活资源相结合,更须同民族的思想文化传统相交会,才能真正渗入本民族的心灵深处,而融贯于民族血液之中。关于这一点,我们只要看现代西方人如何珍视与崇扬他们固有的"两希"传统(古希腊罗马文化和希伯来文化精神),尽可能地利用传统话语资源为其现代文明体系提供有力的思想支援,便可悟得其中奥窍所在。而当今亚非拉地区的许多民族(如印度、阿拉伯世界、南美洲一些国家等),也在尽力发掘他们各自的传统精华,用以与西方世界进行对话,争取通过对话、交流来重建其具有民族特色的新文化,为什么我们不抓紧这方面工作,反而要对传统的参与当代运作抱有这样那样的疑虑心态和挑剔眼光呢?

还可以从另一个角度,即古文论学科自身发展的方向,来探讨传统参与当代理论建设的必要性和可能性。大家知道,古文论的传统是在我们民族几千年历史积累中逐渐形成的,但古文论作为一门学科,却迟至20世纪方始建立并得到定名。在这之前,它不称作"古文论",而叫做"诗文评"(《四库全书总目》中即列有"诗文评"一栏),这意味着它是一种当代性的评论,是活生生的文学批评。情况确实如此,我们的先辈正是通过所从事的"诗文评",来介入他们那个时代的文学运作的。不光唐人评唐诗、宋人评宋诗属于当代批评,即使是明清人评唐宋诗,亦不是为了单纯"考古",乃是要给自己时代的诗歌创作确立规范(有所谓"宗唐"与"宗宋"之争),这仍是一种当代性的评论,而我们的文论传统便是立足于这一活生生的态势以得到不断的充实和完善的。进入 20 世纪以后,形势发生了变化,不但文学形态有了新变,批评话语也完全更新了,原有的"诗文评"不再被人直接引用,它成了历史的陈迹,成了文化遗产,于是有了"古文论"的称呼。"古文论"者,已经埋入故纸堆的文论话语也。如果它长久停留在这种过去状态之中,那它就只能作为"古董"供人把玩,而不成其为活生生的理论资源,更不会具有自我发展的生命力。因此,若要使我们的民族传统得到延续和更新,就必须让它从封闭的、已然完成的状态中解脱出来,重新面向现实,面向当代文化的运作。一旦这样做了且行之有效的话,古文论也就不再定格为"古文论",它会以多种形式进入当代中国文论话语的构建,成为整个当代文论的有机组成部分,就好像中医尽管渊源于古代医学,因其继续应用于临诊处方,便不称之为"古医",而承认其为与"西医"相并列的民族现代医学学派一样。古文论作为一门理论学科(不仅是历史遗产),也只有在面向现实,参与当代文艺创作、批评和理论构建的开放态势中,使自己演变为"中国文论",才会有持续生存和发展的远大前程[①]。

然则,古文论向中国文论的演变(即所谓"现代转换"或"创造性转化"),究竟有没有可行性呢?这又涉及不同时代、不同民族的文化形态是否具备可通约性的问题了。依我之见,世上万事万物之间,差异固然是普遍存在的,而共通亦不能不说是普遍存在的,因为万事万物皆处身于同一个世界之中,它们要相互依存和相互转化,若完全不具备可沟通处,那简直成了不可思议的事。同样道理,文化形态在古今中西之间确有很大差异,但文化是人所创造的,"文化即人化",虽然不同时代、不同民族乃至不同个体的人在心性与外貌上都会有所区别,而"人同此心,心同此理"的古训仍不可否弃。古今中外的人既然皆称之为"人",他们之间便不会有绝对的不可通约性;否定了这一点,必然导致否认人和人的相互交往与相互理解的可能性,而人类社会的存在亦将发生疑问。把这个观点具体应用到文论话语的建构上,一方面,我们得承认,古文论与现代文论(其话语资源多出自西方)在话语形态上确有重大差别,以至难以将两者随意拼合到一起而不显得突兀与生硬;但另一方面,我们又会发现,传统文论话语中所蕴含着的那种天人合一、群己互渗的超越性生命境界追求,那种对生命本原的直觉感悟式的审美体验方式和诗意言说方式,以及视文学文本为饱和着多种生命内质的有机结构与生命形态等,均可通向现代人的生存状况与生命体验,且恰恰是现代文论话语系统(连同作为其根底的西方文论话语系统)所相对缺略的。西方人由于有强大的理性思维作支撑,自古以来便习惯于将文艺看成是认知世界的手段,所谓"模仿"说、"再现"说、"人生图画"说、"百科全书"说皆由此而来(我国"五四"后的现实主

[①] 对待我国文论传统可以有两种不同的态度和做法,一是仅视之为历史遗产而进行清理工作,再一是着眼于活用资源以求得推陈出新,我曾借取冯友兰谈中国哲学时所用的"照着讲"与"接着讲"这对范畴来分别概括。两种做法都是有意义的,就具体研究者而言,自可个人性分选择自己喜爱的研究方式。但若咬定只有前者才是"真学问",后者必然堕入"野狐禅",则我期期以为不可,因为任何一种学术的发展都是在一代又一代学人"接着讲"(儒学正是如此)的过程中实现的。"古文论"要向着"中国文论"升华,舍"接着讲"外别无他途。

义文论继承的正是这一脉),在如何运用文艺形式反映世界、摹写人生世相上,提出过不少精辟的意见,而于激发人的生命体验及感悟方面则不免有所不足。18—19世纪之交兴起的浪漫主义和更晚出现的种种非理性思潮,则将文艺活动的重心转向自我表现,个人的生命体验得到了凸显,却又将个体与群体、自我与他人、内在生活与外在生活乃至单一主体与整个对象世界截然分割开来和对立起来,亦容易造成文艺蜕变为一己情怀乃至无意识心理的宣泄工具,而丧失其感通社会和感发生命的巨大功能。在这种情况下,发扬我们民族自身的传统,使之参与当代中国文论话语的构建,将理性的肯认与生命的关爱,自我的实现与超越境界的追求相互结合,以形成现代人更为完整也更为充实的生命体验和审美体验方式,岂不是非常有意义的事吗?传统本身有着不仅属于过去亦且属于未来的成分,这正是它能够跨越历史以通向现实甚至通向未来的保证。古文论现代转换之所以可能,关键也就在于其所蕴有的生命内核足以穿越时空以贯通古今(当然需要剥离由历史环境加于其上的种种杂质),而在生命理念相沟通的前提下,话语形态的转换与整合则属于操作层面上的问题,虽尚有困难,总还是好解决的①。

以上从原则上讲明了外来与本土、传统与当代相结合的重要性,这既是话语转型过程中原创性不足的根本原因,而亦是构建当代中国理论话语的方向所在。有了这个方向,便可以进而讨论具体的方式方法,也就是如何实现文论话语创新构建的途径。

三、怎样才能构建有创新意识的文论话语

当代中国文论话语的构建要走上创新之途,先在条件是要确立其所依据的本根;以传统为本还是以当代为本,是一个基本的分界线。按照"失语症"的逻辑,"失语"源于追随西方、脱离传统,则克服"失语"的弊害就必须改换门庭,回归传统,亦便是以传统为本位来构建当代文论,或者说,是以传统文论为"母体"来吸收和综合外来资源,以形成具有民族气质的当代中国文论话语。此说看来很有诱惑力,它为我们展示出一幅高扬民族大旗,在自身传统主导下生成新话语体系的动人图景,其注重原创自是不言而喻。但我们在感动之余,不免会产生疑问:如果传统真有那么大的能量,即依托其为"母体"便足以生发出新的理论话语来,则当年的"失语"又从何而来?依常情度之,"失语"之"失",不正缘于单凭传统不足以应对世变吗?而今世变更为急剧放大,"回归传统"又如何能保证不会再次面临"失语"的尴尬局面呢?文论话语总是面对活生生的文学现象来进行言说的,而文学现象又必然是人的现实生命活动的反映。传统与现代之间固然存在着互渗互动的关系,但传统毕竟不能代替现实,更不能主导现实,它反倒要在面向现实和参与现实之中,使自己得到切实的承传与逐步更新。据此而言,构建当代中国文论话语自不能立足于传统,而只能立足于当代,唯有"当代"才足以构成其本根。

---

① 按:原属古文论的基本范畴如"意象""意境"等,现已进入当代文论,没有理由认为其他一些范畴如"感兴""情志""神韵""风骨"等,一定不能为当代文论所接纳。话语形态的转换生成须经过现代阐释与应用(说详后),但更主要的还当是话语中体现的精神实质被当代所吸收,这才算古文论为当代文论建构所能作出的最大贡献所在。

需要说明的是,所谓立足当代,是指当代生活,而非现有的理论话语。当代生活即现时代中国人所处的生存状况、所从事的实践活动及由此而生成的生命体验,它是一切文艺现象得以发生的本原,构建理论话语也不能脱离这个本原。现有的各种文艺作品和理论话语,若能在一定程度上呈现出当代中国人的生存、实践与体验,自可用以为理解本原的参考,但决不能取代本原。之所以要强调这一点,是因为好些学界人士在否定以古文论为"母体"的同时,一力主张在现代文论话语的基础上建设当代文论,理由是一百年来中国现代文论的发展已初步形成了外来资源与本土国情相结合的新经验,当可沿此方向继续向前。这个说法自有一定的道理,我们不能不正视一个世纪以来中国文论家在开创民族现代话语中所付出的艰苦劳动和所取得的重要成果,决不可轻易抹杀。尤其是一些天才思想家善于从时代生活潮流的深处提炼出关系到民族命运且具有真正原创性的话题来,深刻地影响到中国现代文学与文论的走向,如鲁迅为代表的新文学开创者们喊出"改造国民性"的口号,为"五四"启蒙运动的出现创造了前提,又如毛泽东延安讲话中所阐发的知识分子与人民群众相结合的问题,对整个革命文艺运动有着持久的指导意义。这些理念的产生皆足以显示现代文论思想的巨大创获,确能为理论话语的进一步发展开辟道路,不过由此不也证实了理论创新的源泉来自现实生活,并不能单纯以原有的理论话语为依托吗?

中国现代文论话语之所以不能当作本根,还因为从总体上看,它尚未构建起成熟的理论形态,不足以支撑起一整套新的话语系统。这不光指前面说过的现代化话语转型过程中存在着盲目追随西方和有意疏离民族传统的倾向,亦包括其自身所可能具有的创新成分大多停留于经验层面,真正上升到理念高度仍有明显的不足。即以革命文学运动中谈论最多的文艺与政治的关系来看,以往多宣扬"文艺为政治服务",而今则表示不再采用这一提法,改提"文艺为人民服务,为社会主义服务",这当然是领导人审时度势所作出的政策调整,有积极意义。但政策意味着什么呢?不就是经验的表述吗?从经验事实出发,过去强调"为政治服务"有其必要性,现在不提这个口号亦有其合理性,不过这都只是经验层面上的概括,至于上升到理论层面,这个关系问题究竟应该怎样把握(是文艺为政治,还是政治为文艺,抑或两相为甚至两不为),才算具有普遍涵盖性呢?这自是理论界所需钻研并予以回答的问题,可惜的是,在"不提"的说法出来之后,大家感受到思想解放的欢快,而问题似乎随即烟消云散,再也引不起人们的兴趣。许多积累多年的话题,在大形势发生变化后,往往就这样被打入冷宫,无人理睬,其实并不全在于这类话题已然过时,不再有任何讨论价值,乃是因为它们长期以来仅停留于经验事象的领域,未能从中抽绎出带有普遍原则性的理论思考来,故而经验一起变化,话题便会显得过时。而实际上,过时的只限于当下的经验,并不包含其中蕴有的普遍原理。就拿刚才举到的文艺与政治关系的例子来说,革命年代与当前和平建设时期在这个问题的具体处理上当然有了改变,但不论怎样变,文艺与政治关系本身,或者更延伸一步看,文艺活动中审美与功利之间的关系问题,依然是客观存在着的,属理论探讨中经常碰到且绕不过去的一个基本议题。远的不去说它,即如近段时间在文艺学界炒得很热火的"审美意识形态"之争,除了在"意识形态"概念的界定上费了不少口水外,其核心理念的歧异所在,不就是文学功能上审美与功利的关系①,以及作为其背景渊源的文艺与政治的关系问题吗？在这样一个重大的逻辑支点上,几十年下来,迄今尚未形成比较明确而周全的理论概括,能说我们的现代文论话语已经有了成熟的观念内核和完善的话语形态了吗？总之,不论是古代文论、现代文论或引进的西方及其他民族的文论,都只能为我们提供话语资源,而不能以之为构建当代中国文论话语的本根。本根仍然是当代中国人的生存状况和生命体验（当然要放在全球现代化浪潮的大背景和中国历史未来发展的前景下加以观照和体认）,也只有立足于这一当代人的生命活动与实践需要且对之进行认真、深入的反思,才有可能找到事关重大的理论话题,进而构建出真正富于原创性的理论话语来。

这样说,并不等于把古今中外的话语资源看得不重要了,事实上,在确立本根之后,最要紧的便是构建话语,而新的话语形态不可能凭空产生,它只能来自既有话语资源的综合加工。然则,面对不同的话语资源,我们又该如何进行选择与综合呢？在这个问题上,我主张走兼收并蓄之路,即无需定格以哪一种话语资源为主流,只要看它是否适合于言说当代中国的社会文化生活与文艺现象,且能从原则高度上来把握事物的发展趋向,不管其出自古代或现代、东方或西方,均可不拘一格地加以吸纳和引用。这里不存在什么"中体西用"或"西体中用"的问题,而是"中西古今互为体用",或者说,立足于当代中国之"体",古今中外的话语资源皆为其所"用"。而"用"的关键则在于用"活",即通过活用各方资源,以促使其实现从原有话语向着新的话语的创造性转化,这也便是话语创新之途了。

那么,要怎样才能做到活用资源呢？我以为,首先一点是要打破其固有封闭的思想体系,让话语资源向着当代中国人的生存状况与生命体验开放,同时也就意味着向着其他话语系统开放,在这不断开放自身并参与新的话语运作的情况下,特定话语资源方有可能解脱其原有的意义纠葛,突破其既定的思想封界,使自身得到激活。我曾以中国诗学传统中的"诗言志"为例来说明这个问题。"诗言志"的命题被朱自清先生称作中国诗学的"开山的纲领",在诗学传统中影响十分深远。这个命题在今天究竟还有没有意义呢？按朱先生的考释,"诗言志"的"志"特指古代宗法社会关系下与政教伦常相关联的怀抱,故"诗言志"的涵义便是要求诗歌表达诗人的这种襟怀,以起到巩固社会政教伦常的作用②。这样看来,这个命题似乎已经死了,现代社会不再保留宗法关系,谁还需要诗歌来起到巩固宗法礼教人伦的作用呢？"五四"以后的新文学家大多回避这个命题,宁愿引后起的"诗缘情"来解说诗歌的功能,便是出于这种考虑。然而,至50年代,当老诗人臧克家以《诗刊》主编的身份,请毛泽东主席为《诗刊》题辞时,毛主席欣然命笔,写下的赫然正是"诗言志"三个大字。难道毛主席的用意是要今天的诗人去宣扬已经过时了的宗法伦理吗？当然不是。他是对"诗言志"的命题作了比较宽泛的理解,即不去死扣其与宗法社会的特定关联,而注意发扬其中所包孕的诗歌与社会人生相结合的精神。我们知道,人的思想感情有

---

① 按:意识形态一般具有社会功利性,而审美则往往被看成是超功利的,故争议中会出现"是意识形态就不属于审美,是审美即不能归入意识形态"之说,可见不解决好这个关系问题,考察文学艺术的性能会显得摸不着边际。

② 参见朱自清《诗言志辨》,《朱自清古典文学论文集》上册,上海古籍出版社,1981年,第194—195页。

偏于私人化的一面,亦有倾向社会化的方面,两类情感都有权利在文学作品里得到表现。作为革命领袖,毛主席当然更为重视文学与广阔社会生活的联系,他希望诗人用自己的歌唱来参与社会的改造和建设,这正是他选择"诗言志"一题的理由。而当他这样做的时候,他实际上已经对原有命题做了推陈出新,即略去其在特定历史环境下所形成的具体和特殊的涵义,采取其所可能具有的一般与普遍的意义,并使其面向当代生活开放其自身,从而突破了传统思想体系的羁绊,得以引发及生成新的意义内涵,这也就是话语资源的活用了。而经过这一活用,"诗言志"的命题便不仅能通行于古代,亦且能进入当代,特别是它用以为核心并着力标举的那个"志",作为与社会人生息息相关的诗人襟抱,一种与群体、与他人休戚与共的思想情怀,在现代文论以及西方文论中似还找不到完全相对应的概念,则"诗言志"一题的进入当代文论话语构建,不就带有某种原创的意味了吗? 至于古代传统中围绕着"诗言志"而展开的各种论题,如"志""情"关系、"志""气"关系、"心""意"关系、"意""象"关系以及直陈言志、比兴喻志、感物吟志,以意逆志等,便也有可能一并随着进入当代文论视野,于是文论话语的构建亦将更其充实且丰富了。

活用资源的第二个方面,是让不同的资源在相互接触与相互交流的过程中开展思想碰撞和话语对释,由此而达到双向超越与综合创新。我们说过,一种话语资源在其自身系统之内,通常是相对封闭、自成一体的,一旦打破限界,向着新的生活源泉开放,则必然会发生彼此间的对接与互动,并经常引发思想碰撞和话语对释。这是一件大好事,因为只有在碰撞中始能发现新的话题,也只有通过有效的对话交流,方足以构成新的话语形态。怎样才算是有效的对话呢? 据我看来,那就是一种"对释",或者叫"互释",即不同话语传统之间的双向阐释和互为阐释,这是针对以往习见的单向阐释而提出来的。上个世纪 60—70 年代之交,台、港及海外比较文学界出现了一种阐发研究的模式,即以西方理念来诠解中国古代文学与文论传统,虽常令人有耳目一新之感,然亦不免产生"以今律古"、"以西范中"的弊端,其结果往往成为以我们的事象材料来证成西方现有的理念,除了表明西方理念具备更大的普适性以外,对既有理论思维的成果并未能增添任何新的成分,这显然不是一种有效的对话方式。真正有效的对话不应该是单向阐释,应该是双方对释和互释,而这种对释与互释又须以双重视野下的双向观照为前提,即既要用现代意识(包括全球视野)来观照和把握古代传统,亦要从传统自身出发来反观外来及现代文论中的理念,在这样一种循环往复的交流过程中,便有可能达致充分的对话与共同提高,新的话语形态亦将于此得到生成。为说明这个道理,我所举出的最简明易晓的例子,便是中西文论中有关美和形象关系的探讨。在西方审美传统里,美与形象历来不可分割(美学即称作"感性学"),"美在形象"的理念牢不可破。而考之于中国传统的审美经验,固然亦有讲文采、习藻丽的一面,但那并不代表主流意识,相反,从《老子》书宣称"大音希声,大象无形"[①],直到唐人标榜"义得而言丧""境生于象外"[②],以及"象外之象,景外之景""韵外之致""味外之旨"[③]之类鼓吹来看,我们的先

---

① 《老子》第四十一章,引自张松如《老子说解》,齐鲁书社,1987 年,第 272 页。
② 刘禹锡《董氏武陵集纪》,引自瞿蜕园《刘禹锡集笺证》卷一九,上海古籍出版社,1989 年,第 517 页。
③ 见司空图《与李生论诗书》《与极浦书》诸文,引自《司空表圣文集》卷二、卷三,《四部丛刊》本。

人更为看重的是一种超越性的追求,即超越形体层面的观感,以跻于精神境界的体悟。借用西方"美在形象"的理念作比照,或可将我们的经验归之于"美在对形象的超越",这并非古人的原话,乃是两种话语系统经碰撞后所引发出来的对美与形象关系的新认识,是"对释"与"互释"所导致的话语更新。而有了这一更新后的思想与言说,又可藉以同西方固有的"美在形象"的理念作比较,看这两个不同的命题各自的根据何在,相互间是否还存在内在的联结与推移、转化关系,于是话题更可深入开展下去。这类例子尚多,不胜枚举。我相信,像这样的一种对话方式,不仅对于构建当代中国文论话语来说是切实可行的,其于促成东西方不同民族文化传统的互补互动,当亦不失为有力的凭借。

纵览中国社会与文化话语转型的历程,走的是一条由"失语"到"借语"、由"学语"到"创语"、由"杂语"到"通用语"、更由"民族话语"到"全球话语"的发展道路,而今我们面临的正是传统话语、现代话语和各种外来话语"杂语并存"的局面。"杂语并存"为我们提供了众多的话语资源,亦便是为理论创新创设了大好条件。但要看到,"杂语并存"还不是我们所要追求的最高目标。如果仅满足于不同话语的合法存在,却不企图给予沟通或尝试综合,那只能是各说各的,谈不到一块去,又怎能形成我们时代的创新话语呢?构建当代中国理论话语,需要考虑由"杂语"向"通用语"的过渡。必须说明的是,提倡这一过渡,并不意味着要取消各种话语资源。"通用语"并不是一种"标准语",构建当代中国理论话语也绝非要定于单一的话语形态。"通用"之"通",首在于沟通话语资源与当代生活的内在联系,使理论话语真正进入当代中国人的生命体验,这才有可能为不同话语系统之间的对话交流构筑起可靠的平台。"通用"之"通",也包含着通过话语之间的对释与互释,以达到一定程度的综合,以形成足以"弥纶群言"的创新话语,这也就是能体现现时代精神的民族话语新形态了。这一新的话语形态将通过传统的现代化、外来的本土化和一个多世纪以来实践经验的理性化三者相结合而建成,而由于构建过程中各家所倚重的话语资源有所区别,用以言说的对象亦存在差异,故构建而成的新话语也必然具有多元的姿态,其共通处只在于通向时代生活和民族生活,通向对话交流与综合创新。也只有广泛建立起这种新型的民族话语,我们方能有效地言说我们自己的新生活与新经验,并以我们的创新思维成果奉献于世界各国人民,从而使民族话语真正进入全球话语的有机构成和整体运作之中,以实现民族文化的伟大复兴及其对人类思想文明的有效推进。

(原载《文史哲》2008 年第 5 期,《新华文摘》同年第 23 期全文转载,编入本书时略有文字修润)

《上海文学通史》绪论

邱明正

上海是个海。两千年前,当三晋、齐鲁、秦楚文化已日臻繁荣,而现上海中心市区却仍在滔滔大海中沉浮。七百年前,当《诗经》、楚辞、汉赋、唐诗、宋词、元曲先后统领中国文坛之际,上海才刚刚置县,上海地区还是个初开垦的文学滩涂。可是峰回路转,风云变幻,到了近现代,上海却突然两度飙升为全国的文化中心和文学中心,真是"沧海桑田"啊!可是上海这个"沧海"又何止变成"桑田"?近代以来,上海依然是个"海",不过已由茫茫沧海演变为经济繁荣之海,文化昌盛之海,精英荟萃之海,文学激流汹涌之海!人们早就在思索:上海文学剧变的渊源何在?轨迹如何?它有哪些特征?它在中国文学中处于何种地位?它的剧变给予我们什么启示?这些正是我们撰写这部通史所要追索的问题。

一

上海文学的发展同上海地区社会、经济、文化发展尤其是上海城市地位的历史变迁几乎是同步的,走过了一条由全国文学的边缘逐步走向中心以至成为全国文学中心、中外文学交流中心的曲折长路。如果对这条长路做一个粗略的概括,它大致经历了古代的发轫期,近代的兴盛期,现代的高潮期和当代的更新期。

文学发展总以经济发展为基础,更以经济形态的变更为动力,上海近代、现代和新时期文学的突飞猛进就是以新经济为拉力的。但是文学发展并不以经济为唯一要素,它是经济、政治、文化、科技、地域、人口和文学自身的承传、创新、文学精英的汇聚以及文学运行机制的变革等要素综合作用的结果。文学发展同经济发展并非都是平衡的。早在五千年前的马家浜文化、崧泽文化时期,上海地区便已形成以农业、渔牧业、手工业为主的生产方式,在此后的良渚文化、马桥文化、吴越文化时期,上海地区的经济并不比中原地区落后。但是在那杳渺的先秦时代,由于上海地处海隅,远离经济、政治、文化中心的中原地带,所以在这里很难寻觅到文学的踪影。这里或许曾经散落过闪光的文学贝壳,却终究没有发现像《诗经》、楚辞那样的明珠,甚至连那想必流传过的民谣、传说也被冲积的泥沙和历史的尘埃湮没了!两汉以后,上海地区的文化有了长足的发展,民风也由先秦的"好武"渐变为"尚文",直到出现了文化积累深厚的世家大族,上海文学才开始崭露头角。萧统编选《文选》时曾选录了华亭人陆机、陆云的诗赋文章三十一篇,"云间二陆"就成了上海文学史上第一对灿烂的双子星座。可惜这仅是昙花一现。从隋唐到宋元,上海所属的江南地区经济发展速度已高于北方,但是后发的农业经济却无力引发上海文学的质变。这一时期上海只出过一些三四流的作家,倒是外地著名作家如唐诗人皮日休、宋诗人梅尧臣、王安石,元诗人赵孟頫、杨维桢等人曾到上海地区寓居、游历,给上海文学平添了几分亮色,但终究没有形成堪与中原文学媲美的大气候。

到了明代,上海古代文学曾出现了第一次繁华景象。这首先得力于商品经济这一新经济形式的刺激以及与此伴随的内外航运的发达,而市镇、人口的骤增,文化教育事业的兴旺,更为上海文学的发展和对外文化交流奠定了基础,也为文学造就了士人、市民阅读大众。有明一代,上海地区第一次涌现出一大批本籍文人,袁凯、陆深、何良俊、宋懋澄、陈继儒、李流芳、黄淳耀、陈子龙、夏完淳和科学家徐光启、书画家董其昌等,都在全国享有盛誉。同时,政治风云也为明代上海文学的发达提供了契机。宋元以来,北方战乱频仍,而上海远离战火,又山清水秀、稻香鱼肥,成了文人学士理想的隐居避难之所,明代著名作家陶宗仪、高启、唐顺之等都曾寓居上海。这些新移民的到来既繁荣了上海文学的创作和评论,更带来了中原文化、江浙文化的新声,使上海文学同外地文学开始逐渐融为一体。这是上海地区为中国古代文学奉献著名作家最多的时代,也是文学思潮最活跃的时期,明代文坛盛行的"经世致用"论与"独抒性灵"论之争,"文必秦汉、诗必盛唐"的摹古论与重"天真""本色"的创新论之争,"师心"与"师天地"之争以及雅俗之争等等,在上海都有其重要的代表人物。正是这些本籍作家与外来作家的汇聚,文艺思潮与文学创作的齐头并进,共同构筑了明代上海文坛的盛况,使上海文学由中国古代文学的边缘开始迈开了走向中心的步伐。但是到了清代早中期,由于清王朝大兴文字狱和一度实施海禁,阻塞了对外文化交流,禁锢了文人学士的思想言路,文学上的个性思潮和经世致用的实学思潮均日趋萎靡,经学、宋明理学占了上风,而考据学在上海的盛极一时则是这种风气转变的直接反映。其时上海的"云间诗派""云间词派"虽曾活跃一时,并曾奉献出王鸿绪、钱大昕、王鸣盛、陆锡熊、王昶等闻名全国的训诂学家、编纂大家和"学者型诗人",但文学创作尤其是文学理论批评毕竟要逊于明代。

如果说上海古代文学是上海文学的发轫,是隶属于吴越文化、江南文化的地域性文学,只能算是"上海的文学",那么当上海正式开埠以后,上海文学便跨入了它的新时代,进入了它的兴盛期,其性质、特征、地位都发生了剧变:由以农业乡镇文学为主体的文学演进为初具工商业城市特色的近代型文学;由封闭半封闭的"上海的文学"突变为内向辐辏、外向辐射、多元复合、锐意创新、引领潮流的"上海文学";由全国文学的边缘飙升为无与伦比的全国文学中心。这种剧变是上海城市经济的猛进和近代大都市的确立、城市人口的剧增和市民社会的孕育、政治风云的变幻和多种社会力量的角逐、对本土文化的张扬和对外来文化的吸纳、社会观念的嬗变和文化思潮的更新这五大新要素综合作用的结果,而它的直接催生剂则是文学观念的裂变、文学运动的交替、文学精英的汇聚、文学受众的扩大和文学运行机制的革新、文学出版业的发达、文学市场的发育。

近代的上海是集工业、金融、贸易为一体的全国经济中心,是中国近代化起步最早、程度最高、人口最多的特大城市。与此相应,上海的文人学者也呈几何级数增长,初具近代意识的文学精英大多集中在上海。这些都为上海文学的突进提供了得天独厚的物质条件、人才资源和人文环境,而市民社会的孕育、文学市场的兴盛和大众阅读心态的变易,又为文学提供了广大的读者群。上海并非全国政治中心,但这里有全国设立最早、面积最大的租界。这种中央政府鞭长莫及的租界所产生的"缝隙效应",在客观上为各种政治派别、新潮人物提供了张扬自己和相互角逐的自由空间,实际上这里已成为除北京之外的准政治中心或主要政治论坛。前有改良主义的先驱龚自珍、魏源、冯桂芬、王韬等人在这里发轫,后有改良主义的主将康有为、梁启超、黄遵宪、谭嗣同等人在这里宣传变法,倡导文化"变逆""道器俱变""三界革命",从而将中国改良主义文学推向了高潮。接着又有民主主义的先驱陈去病、柳亚子、高旭、苏曼殊、章太炎等人在这里结社、兴学、办报,提出了民族爱国主义的文学主张,并和同光体等复古思潮展开了论战。与此同时,中国传统美学的终结者刘熙载、况周颐,初步将中西美学加以融合的王国维、蔡元培等人也在这里著书立说,对上海文学乃至全国文学的发展起了承前启后的作用。这一时期是文学价值观、本质论、功能论、文体论、风格论变革最剧烈的年代,文学已开始逐步世俗化、市民化,由传统的载道工具演变为宣传社会变革和休闲娱乐的手段,历来的"经世致用"观被赋予了启迪民智、改良群治的内蕴,文学的作者已由士大夫文人逐步转化为初具近代意识的新型知识分子,文学的对象已由以往的士大夫开始转向市民大众和面向市场,文学样式、范畴已由诗文的一统天下演化为小说、戏剧的登堂入室和报章文体等新文体的诞生,文学风格也由"中和""温柔敦厚"转向个性的张扬、自我的表现和嬉笑怒骂皆成文章,而文学语言则由言文分离开始转向言文统一……这一切都是率先在上海兴起,然后逐步推向全国的。

经济、政治、文化的新格局,文学观念的新变和人才的集聚,必然导致文学创作、评论、翻译、出版的繁荣和文学运行机制的变革。上海率先打开了门户,成为西学输入中国的主要通道,上海输入的西书和创办的报刊、出版机构均占全国之首,中国最早的出版机构、翻译机构、中文杂志、中文报纸、文学期刊,近代最早最具影响的文学社团海上文社、南社和新剧团体春阳社、春柳社等等都率先诞生或主要活动于上海,堪称中国近代小说代表作的四大谴责小说《孽海花》《官场现形记》《二十年目睹之怪现状》《老残游记》都是在上海出版的,而风行一时的"政治小说"和多如牛毛的"鸳鸯蝴蝶派"小说则更是上海的特产。文学报刊出版业的发达和文学市场的兴旺,还催生了报刊出版的独立经营机制和稿酬制的建立,滋养了大批以写作、编辑为生的职业作家,生活方式的改变使他们有可能逐步摆脱外力的掣肘,张扬自己独立的人格和自由的意志。这一切都表明上海近代文学的繁荣兴盛乃是时势使然,同时也表明到清末民初,上海实际上已在无形中成为当时全国文学的中心。

"五四"以后,上海文学又一次发生了质变,迈进了它的高潮期和产生巨人巨著的时代。这种新变的现实基础当然首推上海城市领先于全国的现代化进程和现代都市文化的发育。此时的上海不仅成为仅次于伦敦、纽约、东京、柏林的世界第五国际大都会,成为全国集工业、贸易、金融、交通、电讯为一体的多功能经济中心,成为全国现代形态的文化中心和现代型文化产业、精英知识分子、工人大众、市民社会的集中地,而且成为新兴社会力量、新质社会革命、现代文学观念剧变的发源地和各种政治势力、社会思潮、文学思潮相互较量的前哨。外国势力、军阀势力、国民党政权都在这里构筑它们的文化堡垒;各种民主主义、自由主义者也在这里掀起他们的文学运动;而这里又恰恰是中国共产党的诞生地,马克思主义的传播枢纽,现代文学革命、革命文学的大本营。这一切都为上海文学的腾飞提供了难得的机遇,并构成了上海文学新一轮更高层次的多元复合的发展态势,终于在二三十年代又再度成为全国文学中心。即使到了抗日战争、解放战争时期,上海文学虽然失去了"中心"的地位,但也依然激荡着这种强势的余波。

上海现代文学作为全国文学中心的主要标志,可概括为五个中心的确立和五大功能的发挥。

(一)五四新文学、左翼文学中心,起着文学观念、文学创作的导向作用。五四以后,中国文学观念所发生的新的质变和裂变,大多滥觞于上海。一方面,随着新民主主义革命的发起和深入,中国无产阶级革命文学及民主主义文学在上海现代文学中占了主导地位,五四时期"文学革命"的呼声,20年代写实主义、浪漫主义和"革命文学"思潮,三四十年代的左翼文学、抗战文学、孤岛文学,解放战争时期的反独裁、反内战文学,以及它们所激起的重大论争和创作实践,都是首先在上海发起,都反映了中国现代文学中文学思潮、文学观念的深刻变革。另一方面,西方文学的输入和民族矛盾、阶级矛盾的激化以及文化产业、文化市场、市民社会的成形,使自由主义、现代主义文学和都市文学、市民通俗文学乃至"民族主义文学"、汉奸文学,也纷纷以上海作为他们的主要阵地。这些在上海形成和相互角逐的文学思潮、流派,对全国文学观念、文学创作的变异都起了正负两方面的导向作用。

(二)中外文学交流中心,起着内向辐辏外向辐射的聚散作用。这种地位、作用在近代便已初具规模,到现代更为显著,无论是马克思主义文学理论,西方文学思潮,还是外国文学作品,文学创作方法、形式、技巧、流派,大多先在上海传播、借鉴、移植、运用,再传往外地乃至全国。上海成了中外文学的交汇点,学习西方现代文学思潮、形式、手法的大学校,发挥了中外文学交流的枢纽功能和动力泵作用。

(三)文学人才中心,起着文学精英的聚合作用。上海从未"引进"过作家,但是上海的文学生态环境是个巨大的磁场,无论是鲁迅、郭沫若、茅盾、夏衍、田汉、丁玲等左翼作家,巴金、叶圣陶等民主主义作家,还是徐志摩、林语堂等自由主义作家,李金发、戴望舒等现代主义作家,张恨水等通俗文学作家,张爱玲等都市文学作家,以及陈独秀、周扬等文学理论家,朱生豪、傅雷等文学翻译家,这些中国现代文学中的一流作家、重要作家大多集中在上海。尽管他们的政治态度、文学观念不尽相同,但他们在民族独立、社会进步、民主自由上找到了契合点,遂至求同存异,一致抗敌,掀起了浩浩荡荡的新文学运动,以至各种倒退的文学力量无法和他们抗衡。他们来自各地,抗战爆发后又分赴各地,成为各地的文学骨干。

（四）文学社团、流派、报刊、出版中心，起着文学运行机制变革的示范作用。中国现代文学中的主要社团如文学研究会、创造社、太阳社、朝花社、南国社、中国左翼作家联盟等等，主要文学流派如为人生而艺术派、自我表现派、浪漫派、新月派、论语派、现代派、唯美派、九叶派、新鸳鸯蝴蝶派等等，主要文学报刊、出版机构和书店，如《新青年》《小说月报》《创造月刊》《语丝》《新月》和商务印书馆、开明书店、生活书店等等，几乎都集中在上海，而且这些社团、流派往往同报刊、出版、书店融为一体，使上海成为全国文学书刊的出版基本和中心市场。其时，全国重要作家的主要作品大多在上海首发和率先上市，即使抗战爆发后，上海的文学社团、报刊、书市也依然持续强劲的势头。文学社团、流派、报刊出版、书市大量集中于上海以及它们的相互竞争、相互吸纳，不仅导致了文学创作的空前繁荣，题材、主题、形式、风格的多样化和文学理论的新建构，而且推动了文学的市场化和文学运行机制的进一步现代化，成为全国的典范。

（五）文学消费中心，起着文学批评鉴赏的定向作用。上海现代文学绝非"亭子间"文学，它是面向全国、面向世界、面向大众、面向市场的。这里不仅有最强大的作家阵容和最繁盛的文学市场，而且有最强大的评论队伍和有较高鉴赏力的阅读大众。各种文学作品乃至各门类的艺术作品往往先在上海"一朝鲜"，然后才"走遍天"。正因为上海成了文学出版传播消费中心，上海文学批评鉴赏无形中起到了定向定位作用，所以许多并未在上海长期寓居的重要作家如老舍、曹禺、沈从文、钱锺书等也选择在上海首发他们的主要作品，然后再传播到各地。

上海现代文学不仅创造了上海文学史上的辉煌时期，而且也标志着当时全国文学的巅峰。按照人们的想象和愿望，当中国进入社会主义建设时期，上海文学按理应当进入它的更加辉煌的更新期。可是这种"更新"却是如此的艰难和坎坷！新中国成立初的十七年，上海文学在描写革命战争和反映社会主义改造、建设方面虽然取得了一些成就，吴强、峻青、茹志鹃、周而复等人的小说，巴金、傅雷等人的散文，夏衍、杜宣等人的电影戏剧文学，陈伯吹等人的儿童文学，胡风、王元化、钱谷融、蒋孔阳等人的文艺理论批评，都曾产生全国性的影响。但是，由于计划经济的束缚，市民社会的解体，对外交流的中断，户籍制度的严控，文化中心的北移，文学精英的流失，文学运行机制的僵滞，文化市场的萎缩，尤其是无休无止的政治运动，严酷的思想清算，文学观念的大一统，造成了文学题材、主题形式、风格的单一化和社团、流派的消解，有的甚至沦为阶级斗争的工具。在这十七年中，上海的城市地位变了，由原先的国际大都会复降为闭塞的国内城市，上海文学也不得不由外向复归内向，由多元归于一统，由全国文学中心复降为半封闭的地域性文学。到了"文革"十年，上海更成了极左思潮的发源地，阴谋文艺的制造厂，扮演了一个很不光彩的角色，上海文学曾经有过的辉煌已经荡然无存了！

1978年以后，随着改革开放和社会、经济、文化转型的日益深化，上海又重新向集经济、金融、贸易、航运、信息、人才中心为一体的国际大都会迈进，并且成了经济腾飞的典范，对外文化交流的门户，上海文学也终于开始实现真正意义上的更新。这种更新既表现为作家队伍的重新整合和不断壮大，文学观念的深层次变革，文学流派的竞相迭出，文学创作的日益繁荣，又表现为文学运行机制的初步革新，文学报刊出版和文学市场的重振雄风，大众阅读心态的变易，逐步形成了以弘扬时代精神为旨归、以教育为职责的"主旋律"文学,以倡导人文精神为宗旨、以探索为特色的精英文学和以市场为转移、以娱乐休闲为主要职能的通俗文学三者相对独立而又相互渗透的多元多维格局。新时期以来的上海文学虽然受到经济大潮的冲击,有的作家还显得有些浮躁,而中外文化资源精粹的积累也不够,文学巨人、巨著还不多,遂使上海文学未能也难以恢复昔日全国文学中心的地位,但它作为全国文学重镇却是毫无疑义的,并且正在逐步发展为国内外文化、文学交流中心之一,在中国跨世纪的文学中正放射出它的特异的光彩。

二

有文献记载的上海文学已经走过了一千七百多年崎岖曲折的历程,尤其是经过开埠以来一个半世纪的腾飞,逐步形成了它所独具的鲜明特色,并为新世纪文学发展提供了可资借鉴的历史经验。

(一) 开放、兼容、多元的发展态势

封闭、一统是文学发展的牢笼,开放、多元是文学发展的契机。回顾历史,上海曾有三次处于封闭或半封闭状态,第一次是唐宋以前自然经济和地处海隅所造成的闭塞,使上海文学自生自灭,长期处于中国文学的边缘地带;第一次是清王朝闭关锁国和思想钳制,酿成了文学观念的呆滞和文学创作的萎缩;第三次是新中国成立初期和"文革"十年国内外严酷的政治气候和计划经济所造成的封闭,使上海由全国文学中心重新降为地域性文学。上海又有过三次开放,第一次是宋元以后上海远离战火、商品经济初兴所造成的自然开放,为上海明代文学开始走出边缘迈向中心提供了契机;第二次是上海开埠以后直至建国前的被动开放,客观上为上海文学的腾飞提供了得天独厚的机遇,使上海文学两度跃升为全国文学中心;第三次是新时期的主动开放,使上海文学又重新焕发起勃勃生机。对外开放的直接结果之一是使上海快步城市化,成了举足轻重的国内或国际大都会、中外文化的交汇点和全国最大最典型的移民城市。移民城市和都市化对文学发展的最直接的影响,一是建构了基于新型都市经济的都市文化,滋润了都市人的生态、心态和与都市文明相适应的价值取向,为上海文学的发展提供了都市生活的沃土和适宜的文化氛围;二是人口剧增、文化精英汇聚、市民大众文化需求多种多样,使上海文学的创作主体文化底蕴深厚、视野宽广,有较强的创造力,表现主体涵盖社会各阶层,生态、心态层出不穷,变化万端;接受主体有较高的鉴赏力;三是随着移民的涌入,带来了四方八处各种文化的传播、移植,使同根同种、同根不同种的国内文化和既不同根又不同种的外国文化都在上海汇聚,使上海文学现出多元复合、多元互补的发展态势;四是养成了市民较少排他性较多兼容性的宽广胸怀,无论是外地的、外国的、新颖的、传统的,都能兼收收并蓄,让各种文学在这里交流碰撞、竞赛和融合。正因为如此,所以上海文学成了从岭南到燕北,从高原到海滨各地文学的聚集点,中国传统文学与外国文学的汇合地,城市文学与乡村文学、知识分子精英文学与市民通俗文学的集合体。所谓"海纳百川,有容乃大",正是上海文学的写照。

上海的都市化，上海文学的多源、多元及其互容互溶互补，蒸发了上海文学的原创性和弥散性。这种特点在明代已初显端倪，到近现代更为自觉和显著，各种应运而生的新的文学观念、思潮、社团、流派、报刊往往先在上海发端、成形，然后再传往各地；各种新的思想倾向、审美取向的文学作品也往往先肇始于上海，然后又扩散到外地；在文学形式、手法、风格上，无论是现实的浪漫的，传统的新锐的，高雅的通俗的，都能在上海找到自己的位置，都有自己的读者群，然后又得到各地的认同。上海文学的这种多元复合、多元互补，已成了中国文学尤其是近现代文学日趋多样的一种预兆和象征。当然，开放、兼容、多元，难免显得庞杂、芜杂、鱼龙混杂，但是"杂"正是移民城市和大都会所必有的特色，也是上海文学的显著特色和优势之一。历史已反复证明，多源、多元、多样、寓杂多于统一，才有活力，才有发展，才有主调，才有精华，是文学发展的必由之路；而单源、单一、一统，势必"声一无听，物一无文"，除了单调、单薄和僵滞外，就几乎什么也没有了！

(二) 敏感、进取、趋时的文化心态

上海人素以敏感、敏捷著称，上海文学更是社会生活、经济形态每一次重大变革的感应神经。在那自然经济时代，上海文学是以农业文化或江南稻作文化为底蕴的文学，曾对社会的不公和弊端作出敏感的反应并形成自己的特色，但终究尚未形成鲜明的优势。当上海率先进入工商业城市，呈现出近现代的都市文明，上海文学便在全国文学中率先崭露出近代型、现代型都市文学、市民文学的特色，像《子夜》那样的反映工商业都市生活的文学、表现现代都市光怪陆离现象的现代主义文学和形形色色市民通俗文学以及文学运行机制的变革、文学市场的兴盛等等，都率先在上海出现是不足为怪的。而当上海率先同经济全球一体化接轨并进入信息时代，上海文学也随之进步，走向更高层次的国际化、都市化、信息化、市场化。上海文学这种与时俱进，每每领风气之先的品格，既体现了它的敏感性、敏捷性，也表现了它的不断变革、不断突进的进取心。

与此同时，上海文学对政治风云、社会思潮的感应也像风雨表那样敏感、敏捷。在古代，上海虽处中央政治的边缘，但上海文学如陶宗仪、宋懋澄、陈子龙等人的忧时愤世之作都对社会动荡、政事腐败、民族危亡作出了敏锐而强烈的反应，而明清之际隐逸文学、训诂之风的盛行则是上海文学面对政治高压的一种曲折的对应物。开埠以后，上海成了各种政治势力的必争之地和各种社会思潮的策源地，上海文学也随之成了中国文学界各种色彩"改良""革命"的发祥地。晚清改良派发起的"改良群治""文学救国""三界革命"以及与之伴随的谴责小说、政治小说的风行，"南社"发出的民主革命的呼声及其反清爱国的政治诗，"五四"时期高举的"文学革命"大旗，20年代倡导的"革命文学"，三四十年代蜂起的左翼文学、抗战文学、孤岛文学……都是首先滥觞和形成了上海。可以说反侵略、要独立，反独裁、要民主，反专制、要自由，反倒退、要进步，一直是支撑上海文学的一根砍不断、扭不曲的主轴。

敏感、进取的表现形式之一是趋时。如同一块铜板有正反两面一样，上海文学的趋时也有它的两面性。其正面是与时俱进、除旧布新、领风气之先，牢牢把握时代前进的脉搏，体现着各个时代的时代精神，以致使那些"藏之名山，传于后人"的名士风和钻进象牙塔孤芳自赏的绅士派在上海很难有立足之地。其负面是将趋时蜕变为趋势和赶时髦，或随风使舵，随波逐流，或迎合市民低级趣味,养成了一些政治上的变色龙和唯利是图的无聊文人。古代的应制诗,五四时期复古声浪中的反新文化的"英雄",三四十年代依附于国民党政权和日寇的"民族主义文学"、汉奸文学,"文革"时期为虎作伥的文痞,以及张资平之类的低俗文学作家,都曾在上海发迹,就绝不是偶然的。

(三) 求变、求新、求奇的创造精神

上海人对古训"穷则变,变则通,通则久"似乎特别心仪情钟,无论是衣饰器用还是观念习俗都常引领潮流而令外地人望尘莫及。有个民谚说:"外地人学上海样,学来学去学不像,等到学得三分像,上海早又变了样。"上海文学也素以敢于怀疑、勇于变逆、善于创新著称。每当文学呈现衰败之象时,上海便有人奋起呼吁新变。这种新变,一是变革时弊。在魏晋时期,文坛模拟之风盛行,陆机就提出"放言遣辞,良多变矣",主张独抒胸臆,超越前人,"虽杼轴于予怀,怵他人之我先"。元明之际,文坛拟古之风又盛,杨维桢、袁凯、陈继儒等人便力主"人各有性情,则人各有诗",倡导文贵独创、诗贵本色,开了上海明代文学的新风气。二是拓新传统、变逆正宗。当儒家的"道统""文统""义法"给文学发展带来无形桎梏时,龚自珍、梁启超、王国维等人便大胆提出"变逆"论,主张"法无不变""逆则生,顺则夭""举叛旗"而"别树一帜",开了近现代文学变革的先河。五四以后,陈独秀、鲁迅、茅盾等人更是顺应历史发展的潮流,力主推倒陈腐的旧文学,建设为人生的新文学,并且身体力行,使文学内容形式都发生了质变。三是从外来文学中寻求变革的利器。康有为最早提出"新世瑰奇异境生,更搜欧亚造新声",梁启超、王国维、鲁迅、郭沫若等人则将西方先进文学与中国文学优良传统相结合,开了中国近现代文学的一代新风。观念变革是文学创新的先导,而创新又是变革的依托和归宿,上海文学正是以观念上的开创性,理论上的原创性和创作方法、形式、手法、风格上的创新而起表率作用的。上海近现代和当代的为人生的文学,自我表现的文学,无产阶级革命文学和现实主义、浪漫主义、象征主义、唯美主义、感觉主义、现代主义、后现代主义等新观念、新思潮、新方法、新流派,大多率先在上海发起,都市文学、市民文学、儿童文学、留学生文学和白话文、自由诗、新小说、报章体、报告文学、文明戏、现代剧、影视文学、网络文学等新文体,也大多率先在上海试验、流行。博采众长、逾规越矩、锐意创新、标新立异、出奇制胜、不拘一格、不落一格、丰富多样,就成了上海文学的鲜明特色,也是"海派文化"的特色之一。当然,上海文学的求变、求新、求奇,也有它的负面效应。有时变则变矣,却又变而未"通",浮躁浅薄;新则新矣,却又赶时髦,唯新是鹜,新而无根,乃至猎奇逐怪,奇而失正。这是上海文学曾有的弊端,也是"海派文化"曾有的积习。

(四) 人生、人情、人文的精神追求

文学是人学,是人生的感悟,人情的流露,人格的展现,人文精神的载体。上海文学一直为使人成为文学的主体,表现社会人生,展示人的性情、价值、理想,体现人文精神,提高人格素质而奋斗不懈。晋代陆机首倡"缘情"说,把文学性质特征功能由先秦两汉的言志载道转而为个体人情、人格和人生理想的表现,成为中国文学开始进入"自觉时代"的重要标志之一,而明代袁凯、陈继儒、李流芳等人倡导文学展示人生、直抒胸臆,尊重创作个性,人格文格统一,从而感发人的意志,同袁宏道的"性灵"说遥相呼应,这些都成了上海文学中弘扬人文精神的先声。到了近代,龚自珍、王韬等人更进一步提出"尊情"说,力主张扬"自我","诗与人为一","我手写我口",表现"我之性情"和独立人格。梁启超更主张美是人生的一大要素,文学艺术是人生最高尚的嗜好和情感教育的最大利器,要求通过"薰、浸、刺、提"的作用,使人的精神获得自由。王国维还提出文学要"以描写人生为事",视表现人的真情感为有"境界",通过"使人之情感发达"的美育使人成为"完全之人物"。到现代,鲁迅等人和文学研究会又进一步明确提出"人的文学"的口号和"正视人生""为人生而艺术"的文学观以及"立人""改造国民性"的文学功能论,把人、人生、人情、人格作为文学的主体,把张扬人文精神作为文学的圭臬。新中国成立后,在以阶级斗争为纲的日子里和假大空成风的氛围中,钱谷融大胆重申和论证了"文学是人学"的命题,蒋孔阳论证了以人为核心的文学艺术特征论,巴金发出了"说真话"的呼吁,都有石破天惊的震撼力。在经济大潮的冲击下,文学艺术出现边缘化的趋势,人文精神曾一度濒临失落的危机,又是上海几位青年评论家率先发起了重振人文精神的讨论,唤起了全国文化界的共鸣。这一切都表明上海文学愈来愈自觉地以人为中心,把表现人生、人情、人文精神作为文学的终极关怀,为文学本体性、主体性的实现和回归而努力不懈。这是一种十分可贵的精神追求和诗情守望,当这种追求同上海文学开放、兼容、多元的发展态势,敏感、进取的文化心态,求新、求变的创造精神交融在一起,便构成了上海文学的独特品格,显示了它的无尽生命力和提升人性、人生的精神力量,并且鲜明地体现了以人为本、海纳百川、开拓创新的上海城市精神和时代精神、民族精神。

三

面对着上海文学的历史发展轨迹和鲜明特色,很自然地引起了我们对本书结构、体例的思考。我们把这本书称作《上海文学通史》,这里所说的"通",主要有下列几层意思。

(一)纵向贯通上海古今文学,展示其由中国文学的边缘逐步走向中心、成为中心的历程和脉络。上海文学的发展进程同上海城市史以及中国社会史、文学史的轨迹是基本相通的,所以本书的历史分期仍按通例分为上海古代文学、近代文学、现代文学、当代文学四个时期,并分列为四编,而在各个时期又按史实分列若干阶段。由于上海市在不同时期辖境不同,本书所论述的上海文学通史既包罗了原属吴越、江浙地区现属上海市所辖的乡、镇、县、区的文学,又以现体制下的上海文学为基础而上溯现属上海市辖境的古代、近代、现代、当代的文学史,即《上海文学通史》是通论上海地区古今文学的"通史"。其中,上海古代、当代文学史完全是新发掘、新梳理的;上海近代、现代文学史以前虽曾有过由本书作者主编的专著,但本书已由原主编作了新的发掘,新的阐述。

(二)横向联通上海文学与外地文学,中国传统文学与外国文学的关联及中外文学在上海文学中的交汇融合。既通述上海文学多源、多元、多样、多变的发展态势和特征,又通论上海这个最典型的移民城市里中外文学、古今文学、城乡文学、雅俗文学交汇点的特色和发展的历史进程。

(三)内向沟通上海文学创作与文学思潮相互生成、经纬互动的机制。上海文学观念、思潮的变革常是中国文学观念、思潮变易的先声和缩影,并直接制导着文学创作、批评、鉴赏的发展。

所以本书力求以文学思潮、文学观念和文学理论批评的变易为"经"来通贯上海文学理论形态的发展，既论述各个时期主要文学思潮、观念的发生演变及其代表人物、代表著作，阐述其嬗变的社会历史根源及其同社会思潮、文化思潮、美学思潮的渊源关系，更要论述这些思潮、观念在上海文学运动、创作、批评、鉴赏以及文学社团、流派、出版、市场上的表现，从而揭示文学思潮、观念同文学创作、批评、鉴赏的互动关系。同时，文学史的主体毕竟是文学创作，所以本书又以文学创作、作家、作品为"纬"，并且以之作为全书的主要内容，力求使本书成为经纬交织、纵横互动的通史，成为上海文学创作史与文艺思潮史、理论批评鉴赏史的合成。上海文学创作、文学评论包括作家的和民间的创作、评论。上海作家包括上海籍作家和曾在上海寓居、活动、创作的作家。上海文学作品既指上海籍作家和在上海寓居、活动的作家在上海首发的作品，又包括上海重要作家在外地发表的重要作品和外地重要作家在上海首发或在上海成名的重要作品。所以本书既要论述上海各个时期文学思潮、文学创作的整体面貌、历史演变、基本特征和在全国文学中的地位，又要侧重分析重要作家、作品的成就、渊源、特色及其正负面影响，还要阐述上海作家群生成、聚散的动因及其对上海文学乃至全国文学发展的影响。

（四）外向沟通文学本体与社会历史的血肉联系。包括连通上海文学同经济、政治、文化的关联，文学创作、理论批评同文学市场、阅读以及文学运行机制变革的互动关系，揭示上海文学生成、发展的社会历史根源，思想、文化渊源及其在运行机制上的表现。"文学是人学"，文学史是人的心灵史、实践史、交往史的显现和积淀。我们不想把文学史写成经济史、政治史、文化史的注脚或社会史和作家作品论的混合物。它应在阐明文学发展的社会、经济、政治、思想、文化的背景的同时，着重论述作家主体的心灵历程、创作实践和文学自身发展的历史，并且综述各个时期文学社团、流派、报刊、出版、市场的变迁，文学运行机制的变革，大众阅读取向、审美趣味的变易，从而展示文学创作主题与接受主题，文学生产、流通与文学消费的双向互动关系。所以，这本《上海文学通史》是以社会历史文化为背景，以文学创作、评论、思潮为本体，以人（作家、人物、读者）为主体，以与文学体制变革相伴随的文学出版、流通、市场、阅读为事功的上海地区文学自身发生、发展的通史，并通过这种文学史的论述，阐明文学发展在提升人的素质和上海城市精神、综合实力中所起的能动作用。

（五）通力合作。这本《上海文学通史》是好几个单位许多专家、学者好几年不断相互沟通、通盘构思、通力合作的结果，现在终于完稿了。我们的初衷是梳理上海文学历史发展的脉络，建构内通外联呈纵横垂立体交叉的既崎岖曲折又不断向高层次攀升的上海文学古今通史，阐明其发展的动因和特征、地位、作用，探索文学自身的发生发展规律、创作规律、作品构成规律、批评鉴赏规律、机制运行规律、发挥社会功能规律以及中外文化、文学交流规律等特殊规律，为繁荣、发展新世纪文学、文化提供有益的借鉴。这是我们共同的愿望，至于这本书能在多大程度上实现我们的初衷，当然还望广大读者和学界通人的鉴别和斧正。

（邱明正主编《上海文学通史》，复旦大学出版社2005年版）

论夏衍戏剧艺术的创新

王文英

在我国现代戏剧史上,夏衍是一位具有独特的艺术创新的剧作家。他不但凭借正确世界观的指导,对于生活本质作出了独特的开掘和揭示,而且凭借他那卓越的艺术才能,创立了一种新的戏剧类型,对我国现代戏剧的创作和发展,作出了重要贡献。

正确地认识和评价一位作家的贡献并非易事,对于那些富有革新创造的作家,尤其如此。夏衍的剧作不像传统戏剧那样,有激烈的冲突、曲折的情节,然而它又别具一种内在情绪的紧张性和吸引力。我国已故的杰出导演焦菊隐指出:"不能全貌地了解生活,也不能摆脱传统剧艺观念的人们,恐怕不能更懂得契诃夫与夏衍剧作之淡雅、简单、平凡的下边,沸腾着多么大的一个现实的伟力。"[1]焦菊隐把夏衍戏剧与契诃夫戏剧作比,精辟地指出了夏衍戏剧是一种突破传统戏剧的创新戏剧,这为我们正确地认识和评价夏衍的新颖戏剧,指明了途径。

一

在艺术的世界里,可以有"平淡"的小说,也容许有"平淡"的诗歌,但却不容许有"平淡"的戏剧,从来的戏剧都是以"不平淡"为基本艺术特征的。传统的戏剧往往选取生活的突变状态,以其冲突的紧张剧烈去震慑人心。因此,平淡的日常生活,就成为传统戏剧难以涉足的领地。对于传统戏剧的这个弱点,许多卓有才能的剧作家是于心不甘的。自欧洲十九世纪末以来,世界上各种与传统戏剧决裂的精神汇成一股潮流,左拉举起了自然主义戏剧的旗帜;易卜生则开创了社会问题剧的先河;还有梅特林克的象征派戏剧的探求,斯特林堡的表现主义戏剧的发端,在俄罗斯,则有契诃夫的现实主义的抒情戏剧放射出特异的诗意光辉。这些天才的戏剧家都以他们的成功的尝试,冲击了戏剧的传统,为开创新的戏剧形式,作出了各自的贡献。

在我国年轻的现代话剧史上,夏衍是第一个尝试把日常生活引进戏剧领域的剧作家。评论家兼剧作家刘西渭(即李健吾)评述过当时剧坛的情形:"特别是戏剧文学,拘于舞台物质的束

---

[1] 转引自汪淙:《评〈复活〉》,见《夏衍戏剧研究资料》(下),第164页。

缚,把紧张看作成败的准衡,似乎文学不会从平常的人生产生,舞台是一座陷阱,没有几个剧作家敢于在这里向上正视人生。"①我国当时的话剧,为了在小市民中打天下,必须兼顾商业上的种种利害,于是就有一种迎合市民趣味的情节戏、服装戏应运而生。艺术家的严肃责任感,使夏衍敏锐地看到了这类戏剧对于我国话剧事业的危害,他以独辟蹊径的艺术家的勇气,向这类戏剧倾向提出了挑战,他决心要创造出一种平淡、真实而又富有创造性的剧作来。这个决心成为夏衍戏剧艺术创新的真正起点。

契诃夫指出:"作者的独创性不仅在于风格,而且也在于思维方法、信念及其他。"或者可以说,作家只有在思维方法和信念方面,具有不可否认的独创性时,才能构成他艺术风格方面的某些独创性,夏衍的情形正是这样。夏衍在大革命失败的白色恐怖中加入了中国共产党,他的这一行动足以表现出他的共产主义信念的真诚,但是从他作为一个真正的艺术家的角度去看,却仍然显示出他的信念的某些抽象和稚弱之点。这种抽象和稚弱一方面表现在他的创作还停留在从政治概念出发的阶段上,他的信念还未能用作家从实际生活中获得的饱和着生命血肉的深切感受来充实;另一方面还表现在他的剧作中不自觉地流露出的某些轻视人民群众力量的倾向,展示出夏衍由出身、修养形成的那个心灵深处的王国。他的早期历史剧《赛金花》和《秋瑾传》都存在着这些问题。而所有这些存在的缺点,都成为夏衍艺术反省的主要内容。夏衍说:"《赛金花》而后,我在写作上有了一种痛切的反省。"②"我学写戏,完全是'票友性质',主要是为了宣传,和在那种政治环境下表达一点自己的对政治的看法。"③在反省中,夏衍不但对自己图解政治概念的创作方法不满,而且也把自己对人民力量估计不足的观点作了清算。他的思想观念发生了深刻的变化。他说:"抗战里面需要新的英雄,需要奇峰突起,进步得一日千里的人物;但是我想,不足道的大多数,进步迂缓而又偏偏具有成见的人,也未始不是应该争取的一面。"④这样,夏衍把他的思想信念建立在最广大最坚实的历史力量的基点上。由于这种思想信念的确立始终伴随着夏衍思想意识深层进行着的感情转变过程,因此,它不再停留在抽象的政治概念上,而成为能够渗透到他的才能中去并指导他创作的活生生的创作思想,从而也成为夏衍既是一个政治立场坚定的革命者,同时也是一个具有独创性的戏剧家的世界观基础。

与此同时,夏衍在艺术方面进行的反省也是深切而有成效的,这主要表现在夏衍的创作个性日趋成熟和明晰。他多次表示了对于情节戏、服装戏的反感,这绝不仅仅是他个人的审美好恶,而且也是他那富有个性的艺术气质的反拨使然。在艺术创造领域里,作家的艺术个性具有很重要的作用,别林斯基曾经说过:"如果他不比任何其他人更富于个性,不是个性占优势的话,那么他的作品便会平淡无味和苍白无力。"⑤夏衍那自尊而敏感内倾的性格,使他善于冷静地观

---

① 刘西渭:《上海屋檐下》,见《夏衍戏剧研究资料》(下),第89页。
② 夏衍:《〈上海屋檐下〉自序》,见《夏衍戏剧研究资料》(上),第15页。
③ 夏衍:《读〈上海屋檐下〉的创作》,见《夏衍戏剧研究资料》(上),第20页。
④ 夏衍:《关于〈一年间〉》,见《夏衍戏剧研究资料》(上),第30页。
⑤ 《别林斯基全集》第五集,第408页。

察和剖析人物的内心世界,他的情感比较贴近那些受着种种磨难,而把千创百痛郁结在内心的人们的心灵。他并非对社会上轰轰烈烈的事件无所感应,但是他却更擅长于从那些平凡的受苦难的人们的深心里,倾听时代强音的回声。

夏衍这种杰出的艺术个性和思想信念的交融、渗透,使他在思想信念方面的能力迅速地转化为艺术创造才能的一个组成部分,同时,又使他的艺术个性从思想信念的烛照中获得指引而日益成熟,终于形成了他那富有独创的戏剧才能。这时,在夏衍的创作中,出现了迥异于他人的独特视角——他从平凡的大多数普通人的生活进入创作;达到了超越常人的艺术深度——透过平凡的日常状态获得对于生活本质的时代性发现。夏衍能够从平凡得像死水般的生活中,去屏开他把握生活的视角,而开掘出关于时代前进步伐的艺术深度。他从现实的"变质和没落"中,把握到"新时代的诞生和生长"①的本质。他能在"几乎无可挽救的土堤般的溃决"里,展现出那"眼看不见的却像是遇到阻力而更显出了它威力的春潮"②的内涵。

善于从独特视角进入生活,并达到具有时代深度的发现的艺术才能,使夏衍充满自信地把戏剧推进到日常生活领域,他要让平凡的生活同样开放出芬芳的戏剧艺术之花。他说:"我们不能单看浪潮的顶点。有些地方有些人,受到的怕只是这时代巨浪所能辗转传到的一线涟漪,一脉微动。但,谁能说微动就等于静止。"③是的,夏衍的戏剧就是从时代辗转传递的一脉微波,去回溯展现时代浪潮顶点的艺术。例如,在《上海屋檐下》一剧中,他几乎"自然主义"地展现了三十年代上海一座石库门楼房里,五家住户的日常生活,这些生活平凡、琐细,循环往复,日复一日,年复一年。匡复的到来,只不过像一块石子丢进死水塘里那样,仅仅激起了几圈波纹而已。但是,不能忽略的是,作者微妙地传达出了在这种生活中挣扎的人们的深压在内心的复杂心绪。他在那些被日常生活压弯了腰的人们的叹息、诅咒、呼唤中,曲折地展露出他们心底的愿望和追求,于是,作者让观众于无声处听到了那隐然可闻的时代前进的步伐声。夏衍的戏剧艺术就在于,他能够在死水似的生活里,揭示出那深深包孕着的推动时代前进的力量,从一脉微动或涟漪展示出时代巨浪,从而立体地反射出时代的全貌来。从那"微动"的独特视角,到透射出时代巨浪顶点的深度,使夏衍的戏剧创作,显示出卓越的独创风貌。

如果说,从生活的突变状态去创作戏剧,是属于传统戏剧的艺术世界的话,那么,夏衍的新颖戏剧则从生活的渐变、微动状态去展开他的戏剧王国。他以敢于向平凡中探宝的才干。在我国现代剧坛上,独立地开辟出一片平凡而深邃的戏剧天地。

二

任何一个才能卓越的作家都在寻找体现自己思想和形象的途径和手段——独创的艺术形

---

① 夏衍:《关于〈一年间〉》,见《夏衍戏剧研究资料》(上),第 29 页。
② 夏衍:《忆江南》,见《夏衍戏剧研究资料》(上),第 40 页。
③ 夏衍:《从迷雾中看一面镜子》,见《夏衍杂文随笔集》,第 283 页。

式。当一个作家获得了对于生活的与众不同的感受和认识时,他必须找到一种与这些认识相适应的与众不同的形式去表达它。当原有的形式已不完全适合表达他的新认识时,在真正有才能的作家那里,就会创造出一种新的艺术形式来。

作家的创作思想,往往在他对冲突的选择,和在冲突的诗情表现中展示出来。而一个作品中冲突的具体体现,就构成了这个作品的结构基础,因此,一个作家在结构方面的创新,首先就表现在他对作品冲突的与众不同的处理上。

夏衍的剧本具有不同于传统戏剧的外貌。它们一般没有激烈的尤其是正面展开的戏剧冲突,没有能提挈全剧的中心情节,也不见传统戏剧中必有的层层逼近的上升、高潮等戏剧场面。他的剧作像散文,像小说,静静地开幕静静地闭幕。夏衍曾这样说:"我只写了一些出身不同、教养不同、性格不同,但是基本上都同具一颗善良的心的人物,被放置在一个特殊的环境里面,他们如何蹉跌,如何创伤,如何爱憎,如何悔恨……"①这句话可以作为夏衍的冲突观来看的,它说明了夏衍剧作处理冲突的几个重要特点。

首先,夏衍在他的人物和社会环境之间构成一个根本的冲突。比如夏衍在写有关爱情纠葛的剧本时,他没有把笔力放在关于爱情道德的探讨上,他的宗旨并不在谴责那些陷入情感迷津的个别人。作者在着手这类题材时,总是能高高地跳出那种剪不断理还乱的感情三角,把爱情关系置于整个社会问题的从属位置上。这里,作者已经不只是表现杨彩玉或者匡复的个人悲剧(《上海屋檐下》),而是要表现由社会制度造成的所有这些人共有的悲剧。再比如,夏衍表现知识分子题材的剧本,同样并不着意去展开以俞实夫为代表的人生之路和赵安涛所造的另一条人生之路之间的斗争(《法西斯细菌》)。虽然他们有教养、经历的不同,人格、意志方面的差异,但是他们以同样严肃的态度对待人生,同样执着地追求真理,而所得到的却是同样的悲剧结果,黑暗的社会现实彻底地击碎了他们各自的理想。这样,人们可以看到,作者是站在彻底推翻黑暗制度的高度上去展开个人悲剧的,他把有关知识分子个人的悲剧,婚姻家庭的悲剧,都提高到了整个社会,整个时代悲剧的高度上。因此夏衍剧作的一个基本冲突,就是在社会现实和剧中人物之间的冲突。然而,值得人们注意的是,夏衍处理冲突的特殊方式。他往往把包含重大社会矛盾的"环境"一方,只作为人物活动的背景,隐在剧本的背后,而在剧本表层上表现的,是冲突的另一方,即剧中人物的遭遇变化等。夏衍把隐藏的冲突这一方对戏剧表层的另一方所具有的潜在的制约、决定作用,通过微妙的渗透方式在剧中人物的命运中表现出来,而又通过剧中人物的命运表现,曲折地透视出那隐藏的社会环境这一方来。这样,夏衍剧作形成了相互衬托的双层式结构框架。

其次,夏衍的冲突观还包含着,他并不着意于展开那些出身、教养不同而同样善良的人们之间的冲突,夏衍剧作的这种冲突处理,又是令人为之刮目之点。在《上海屋檐下》剧中,作者已经把人物放到了冲突必起的情势之下,但是他却出人意料地并未让他们真正冲突起来,匡复出狱

---

① 夏衍:《我冒了一次大险》,见《夏衍杂文随笔集》,第310页。

寻妻,发现妻子已与昔日好友林志成同居,如果按照传统戏剧来处理这三个人物之间的纠葛,正面展开他们之间的矛盾冲突,正可以写成一个有声有色的剧本,但是,作者却舍此取它,他让匡复退出了这场纠葛。《芳草天涯》一剧中,戏剧矛盾几乎与《上海屋檐下》相同,孟小云爱上了有妇之夫尚志恢,人物之间的矛盾呈丝丝缠绕状态,冲突几乎随时有爆发的可能。但是,作者让孟小云答应帮助石咏芬,而跳出了三角纠葛的圈子。

那么,夏衍既不去展开人物与环境的冲突,又不去具体展开人物相互之间的冲突,他的剧作的冲突究竟在哪里呢?夏衍在《从迷雾中看一面镜子》一文中,说到不少女性,为了更大更崇高的对国家民族的爱,"在并不露表面的寂寞中自我克制"了自己的爱情,并认为这些"正是我们现阶段知识分子女性的可贵的——但也是富于悲剧性的一面"①。并接着指出:"从这观点推论,步伐更坚实的另一个可敬爱的女主人公——丁大夫(《蜕变》),最使人感动的场面不在她对官僚院长的正面冲突,而在她不忍为自己骨肉施行手术的那一个场面。作为一个医官,作为一个母亲,一个平时坚强的人遇到了自己所不能抑制的感情,这不是比铁火相搏的战争更惨壮的灵魂的战斗吗?"夏衍在这里指出,那些知识女性对于自己爱情的克制,②是富于悲剧性的冲突,而最高悲剧性的冲突,正是发生在这些女性内心里的那"比铁火相搏的战争更惨壮的灵魂的战斗"。从这里可以把握到夏衍的深意,那比铁木相搏更惨壮的心灵的战场,正是夏衍真正戏剧冲突构筑的中心。

夏衍把人物与环境的矛盾,人物与人物之间的矛盾,统统聚向人物的内心,在作者的笔下,分别地展现出匡复、林志成、孟小云等内心里进行着的一幕幕惨壮的灵魂搏斗,并且由于这种内心斗争,承受着从环境、从人物层层传递、转化而来的矛盾,因而显得内涵充实而表现深藏。于是,夏衍按照他对生活的特殊认识,而大胆地以人物的内心冲突,取代了传统戏剧中常见的依靠情节的戏剧冲突,从而创造了一种表面平静无波、而内在紧紧激荡,表面简单平淡、而内在复杂丰富,表面分散跳跃、而内在集中有序的新颖的戏剧结构。

夏衍对于戏剧冲突的与众不同的处理,使他的新颖戏剧结构呈现出双层式和散文化的艺术特征。由于作者把冲突构筑在人物内心活动的基础上,这就使他的戏剧情节的作用发生了变化。这些情节不能像传统戏剧情节那样,形成互相冲突、互为因果的锁链,起扭结全剧的作用,也不能凭借这条情节锁链的延伸起伏,去显示出戏剧结构的上升式高潮,但是,它们却在作者新颖的冲突处理中,充当着能够激发或显示人物内在心理的中介。当人物和环境,人物和人物之间发生矛盾的时候,显然作者并不让这些矛盾冲突起来,但它们却隐蔽而确实地制约、影响着人物内心活动的意向和内涵,从这些情节发出某种微妙的波纹,向人物内心传递着外界矛盾的压力;当情节组成人物内心矛盾的环节时,这些情节又成为人物复杂心绪的负载体。于是,在这些散文状态的情节内面,存在着一条传递转化外在矛盾和显现内在矛盾的抒情潜流。因此看夏衍的戏剧,与其说作者是在严谨逼真地描写日常生活形态,毋宁说他是在描绘形形色色的人物的

---

①② 夏衍:《从迷雾中看一面镜子》,见《夏衍杂文随笔集》,第282、283页。

内心形态；与其说作者是在展示事件的本身，毋宁说，作者在展示事件发生之前或之后所引起的人物的内心反应，借以抒发人物由外在事件所激起的某种难以言传的复杂情绪。这样，在细心体验的读者和观众面前，夏衍的戏剧则往往呈现出两个世界，一个是酷似现实生活的外在世界，另一个是展现人物那深藏的内心活动的精神世界。这两个世界分别由外在的日常生活流和内在的抒情潜流连接着。外在的生活流表现出平凡的散文化面貌，而内在的抒情潜流，则展现出人物内在思绪的升腾起伏。人们在夏衍戏剧中常常找不到通常戏剧中的上升、高潮一类结构标志，然而，倘若能较深入地把握到夏衍戏剧的抒情潜流，那么，就可以凭借这条抒情潜流的脉络，而比较容易地辨别出剧作结构中的某些上升、转折和高潮等环节。夏衍的戏剧，正是依靠着这条抒情潜流，把全剧散文化的情节凝结为统一的艺术整体，同时，也表现出剧作结构内部的转折变化，在作者对于生活的独特洞察和透视的方向上，分别由两个世界（外在生活世界和内在精神世界），和两条结构线（外在生活流和内在抒情流），形成为两个互相关连的结构层次，一个是由外在生活流连接的表现日常生活细节、场面的外在结构层次，另一个是由内在的抒情潜流连接的表现人物内心活动的内在结构层次。这两个结构层次的叠合，就形成了夏衍戏剧双层而形散神聚的总体面貌。夏衍戏剧的这种新颖结构，显然从总体构思上突破了传统的戏剧结构，我们称这种结为双层散文诗体式结构。

三

夏衍戏剧的审美价值，是一个至今未有确评的问题，他的某些剧作曾因政治的原因，遭到粗暴的批评，而更多的剧作却是因为艺术上的原因遭人冷落。他对此深有苦衷，称自己的戏为不卖座的"冷戏"。他读了史坦培克的《人鼠之间》一书后曾说："这本薄薄的书给我带来了创伤。但是反过来说，我也感到了艳羡。何年何月，我们的舞台才能演出这样的'冷戏'？何年何月，人们才肯从这样的'冷戏'中去体会人与人之间的温暖？"[1]然而这不是一种偶然的文学现象，而是有着某些规律性可循的复杂的审美问题。

艺术是人们交流情感的特殊工具，在任何一个作家面前，都存在着如何沟通与读者、观众的情感，以便最大限度地发挥自己作品的美学影响力的问题。而每个作家作品的审美沟通方式，却是各各不同的。夏衍的戏剧是以不同于传统戏剧的特殊手段去感染和征服观众的，因此，必须突破传统戏剧的观念。只有循着它那创新的沟通方式，才能进入它的特殊的艺术世界。夏衍的戏剧，表现出透过日常生活表面深入到时代真实的透视度，它一方面表现了在那个时代里，人们最真挚的情感怎样沉重的现实压向内心的过程；另一方面，又通过复杂、微妙的方式，把那深埋在内心的真实，由内而外地传递出来。这两个方面组成了夏衍戏剧的特殊的审美沟通途径和方式，从而形成了夏衍戏剧那别具神韵的审美风采。

---

[1] 夏衍：《读〈人鼠之间〉》，见《夏衍杂文随笔集》，第275—276页。

沿着夏衍戏剧特殊的审美沟通途径,我们将从直接性、间接性和诗的哲理性三个方面,去展示它那别具神韵的审美风采。

直接性:夏衍戏剧给人最显著的印象是,再现生活的逼真性。他的剧作总是那么自然质朴。夏衍具有逼真地再现各种生活场景的能力,他能够描绘出各种生活场景所具有的特殊风味。但是,如果夏衍只能做到这一点,那么他即使描绘得再出色几倍,也是不能产生好的审美效果的。黑格尔曾指出:艺术中那种找到适当的题材组成的背景活动,"并不是艺术的主要方面,因为情境本身还不是心灵性的东西,还不能组成真正的艺术形象,它只涉及一个人物性格和心境所由揭露和表现的外在材料"①。我国古代美学家中也有人指出,要使外在的事物进入审美领域,必须"化情景为情思",让外在的情景、气氛都充满人的心绪。一个作家,能否使自己笔下描绘的形象的直接性中包含有心灵性的内涵,能否使外在的环境自然地成为人物心灵活动的引发装置,这是对作家才能高低的有效检验,并直接关系到作品的审美影响的发挥。夏衍在这个问题上大大地施展了他的艺术才华。他的剧作不采用正面展开冲突的结构法,但非常重视作品背景或气氛的安排。夏衍说过:"民族解放战争,正是我们这个时代的心灵地震的震源所在。所在有远近,震幅有大小,因之从各种不同的性格和环境中的女人们心中可以引起各种的反响,但有谁能拒决这巨波的影响。"②这段话道出了夏衍在安排剧作背景或气氛方面的特点。从战争,即心灵地震的震源,到人物的心灵之间有辐射波的震荡相连着。夏衍戏剧的巧妙处理就是,把震源埋在深处,作虚线表现,把受地震影响所及的人物心灵的反响,作明线表现,而在这明线与虚线的传递过程中,充满的就是从剧作的"震源"向人物心灵传出的辐射波,就是这些充满活力的辐射地带形成夏衍剧作的背景或气氛。于是,夏衍剧作的背景和气氛至少产生了以下两种艺术效果。一、使从"震源"发出的冲击波与人物心灵活动自然地衔接起来,并很顺畅地把外在于人物情感的东西转化为心灵性的东西,即完成剧作审美中的前一阶段——把现实展向内心。如《上海屋檐下》一剧,由天气、环境等散发出的压抑、窒息的气氛,与剧中在苦难中挣扎的人物内心的忧郁、愤懑的心情切合一致。有不少评论者指出该剧运用了象征手法。我们认为,与其说作者使用象征而寓意,不如说作者的创新艺术手段所现的奇效。剧作从内部产生的压力通向人物内心,而从人物内心产生的情绪汇入戏剧气氛,在这内外双方的接触和荡漾中,使剧作产生出一种内在诗意的活力。于是,在这内在诗意的激发渲染下,就使那闷人的黄梅天气,产生出压抑人的反动政治气氛的寓意,那冲破梅雨的阳光,又暗示着某种光明的前景等等。这种象征由剧作内在诗意所产生,并不晦涩生硬,且把现实提到某种诗意的高度,有力地引导着人们审美感受的既定方向。二、激发和感染读者观众的想象力。由于话剧是一种不通过某种媒介,如语言、色彩等,而直接依靠演员像生活一样真实的表演去征服人们的,因此,能否吸引人们与演员一起,进入到作者所设置的情景中去,与演员一起感受,一起体验,让人们参与到艺术创造的过程中去,

---

① 黑格尔:《美学》第一卷,第 274 页。
② 夏衍:《从迷雾中看一面镜子》,见《夏衍杂文随笔集》,第 281 页。

是个很重要的审美环节。由于夏衍剧作背景铺排得当,气氛渲染逼真,常常能使人们从身临其境达到感同身受的程度。于是,人们的艺术想象方便开始飞翔。而人们的想象力一旦被唤起,并活跃起来后,它就能沿着作者指引的审美途径,进入到剧作更深潜的艺术王国去。

间接性:艺术的审美必须从直接性阶段进入到间接性阶段。成功的艺术作品,总能够通过一些偶然的、有限的形象,去传达出那必然的无限广阔的内容。中国的传统艺术非常强调"象外之旨""弦外之音"。郭沫若也曾指出:"诗的生命,全在他那种不可捉之风韵。"[1]这里强调的就是间接性。而从审美意识的角度看,间接性根源于艺术的形象思维。由于形象思维的认识迥别于科学概念的认识,它具有非确定的特征,所以当审美意识活跃起来之后,那艺术形象的非确定的内涵,就引导鉴赏者的想象,从而使人们得到一种既不脱离具体形象,但又比具体形象更深广的感受。艺术作品审美的优劣,在一定程度上决定于间接性的大小和深广。

有评论者这样描述对夏衍戏剧的审美感受,说欣赏夏衍的戏剧好比嚼橄榄,开始尝味时感觉不一定很美,甚至还带有橄榄的苦涩,但越尝到后面,越品味到橄榄的清香,并有美好的回味。这个比喻在一定程度上描述了夏衍戏剧审美的间接性的特征。夏衍戏剧审美的间接性,产生于他的戏剧抒情的特质和特殊方式。他的剧作在经历了从戏剧背景转化为人物内在心里的环节后,在如何使已经压入人物内心的抒情潜流表达出来的环节上,夏衍继续表现出他的独创才能。

我们在前面已指出,夏衍的戏剧,是按人物内在心理冲突的线索结构起来的,人物形象,是循着某种内心情感逻辑去塑造的,但是夏衍剧作的内在情感线是由外在的并不连贯的情节线来表现的。而这条不连贯的情节线,是由一些细节、台词和动作,加上它们之间的空间组成的,亦即它本身可分为两个部分,一部分是实处,如细节等;另一部分是虚空,指不连贯的间隙。这两个部分在审美活动中各自发挥着不同的作用。这条情节线的实处,乍看之下,是一些并不见得出色的细节、台词等,但是当你的艺术想象力被引入作者预定的轨道之后,就会发现,它们原来并不仅仅是滑行在剧作表面的外在情节,而是作者在用一些玲珑剔透的、轻巧而疏落的"细线条"去勾勒、渲染人物的精神风貌。这些细节、台词,往往是最洗练、最具特征性的,因此常常是人物刻画的点睛之笔。我国东晋画家顾恺之早就指出:"四体妍媸,本无关妙处,传神写照正在阿堵之中。"[2]德国黑格尔也说:"艺术也可以说是要把每一个形象的看得见的外表上的每一点都化成眼睛或灵魂的住所。"[3]夏衍剧作中的那些细节、台词、动作,可以说就是作者精心刻画的艺术的"眼睛",他使人们通过这些"眼睛",去窥视到人物丰富的内心,从而使这些有限的外在的"形",去传达出那无限的内在的"神"来。同时,这条情节线的不连贯部分,在艺术上所起的作用也是不容忽视的。这些不连贯的虚空处,形成艺术上的"空白",而这"空白"的特殊作用,就在于使形象的直接性面貌模糊不定,从而在"空白"处使人看到更多更深的东西。我国古代有关于画真龙与神龙之辨。画神龙者优于画真龙者,在于他懂得于恍惚中置龙之一鳞一爪。在恍惚的烟

---

[1] 郭沫若:《少年中国》,见田寿昌《歌德诗中所表现的思想·沫若附白》。
[2] 《世说新语·巧艺》。
[3] 黑格尔:《美学》第一卷,第 198 页。

云掩映之下,造成一片渺渺虚空的神境,使那一鳞一爪在人们的想象中活跃起来,成为一条栩栩如生的神龙,于是人们对这神龙的感受远胜于那鳞爪具现的真龙,这就见得艺术空白的神力。夏衍戏剧的笔力,集中在能揭示人物心理活动的"眼睛"的刻画上,同时他又精心安排了情节的不连贯处,旨在造成某种恍惚的不确定的"空白",从而使"眼睛"在"空白"的烘托下,传达出更深广的"神"来。比如在《上海屋檐下》中,作者用一句台词"盼娇儿……",塑造了李陵碑的形象。这句话是李陵碑那刻骨的思儿感情,在遭到突然的毁灭性打击时,在他那错乱的神经上烙下的一个聚光点,因此这句话浓缩了李陵碑的一生,虽似疯话却最深地传达出他的精神面貌。作者画出了李陵碑形象的这个"眼睛",因此虽然其余部分均为空白,但人们却于空白处看到了李陵碑的全貌和全部人生。再如在《芳草天涯》中对孟小云情感变化的描述。舞台提示:"像是电光石火,小云反射地看了志恢一眼,这是一种激情和苦痛混合在一起的表情。她很快地低了头,微微的背转了身子。手捏在一起,她觉得心跳得厉害。""紧张的沉默是短暂的,一阵忍受着苦痛的表情掠过了小云眉宇后,紧接而来的好像是一种决心浮上了她的心头,很自然地分开了手。"这里人物没有一句话,但是却传达出了孟小云思想升华时刻的复杂丰富的精神活动。那从反射似地握手到自然地分手,从激情和苦痛混合的表情到像是有决心浮上心头的表情之间,那一个个动作,形成为一个个打开人物内心的窗户,发挥着它们那特殊的艺术眼睛的作用。而动作、表情之间的空隙,则表达出人物心灵活动的流动过程,以及人物那欲说不能或欲说不尽的复杂的深层精神隐秘。于是,连接从握手到分手的外在动作线,同时也就传神地显示了人物内在心灵的精神线索。作者也就依靠剧作显示的直接性面貌,表现出了它们那内含的无限丰富的间接性魅力。

夏衍戏剧所采取的特殊抒情方式——画"眼睛"与示"虚空",使他的剧作形成了与众不同的审美特征,即以"不可捉的风韵"而独具一格。

诗的哲理性:夏衍戏剧不仅在情节线的不连贯处留给人们以想象的"空白",他的一些优秀剧作,还往往在结尾处留有更大的"空白",这种"空白"就是他独特的戏剧抒情所达到的"意境",从而把人们引入他戏剧王国的最高美学境界。《上海屋檐下》一剧的结尾处,《法西斯细菌》第五幕,以及《芳草天涯》的车站一场等,都有极不多见的戏剧抒情的"意境",在这些场面的展开上,夏衍进一步表现了精细入微的揭示人物心理的才能。作者把这些场面一般都安排在主人公已经历了一场内心震荡之后,即将进入另一种精神境界的临界点上。如匡复、孟小云是经历了一场酷烈的感情搏斗后将进入新的精神状态,俞实夫、赵安涛等经过了个人人生信念的毁灭而后将作出新的人生抉择之前。处在新旧思想交替的时刻,人物内心的复杂可以想见。这种纷乱复杂的心理,是很难用具体的语言、动作表达出来的。庄子曰:"可以言论者,物之粗也,可以意致者,物之精也。"[①]夏衍是深谙此中奥妙的,所以他在这种地方给人们留下了一片空白。如《法西斯细菌》第五幕中,作者让人物进入一种沉思状态,人物几乎没有动作,没有台词,但是那外在的

---

① 《庄子·秋水》。

一切一景物、音乐、声响等却活跃起来,那秀丽肃穆的桂林山水,透露出一脉寂寞、荒凉的情调;那高亢的漓江船夫的吆喝、那风吹动竹的声音,又在这荒凉中添上了一种跃动的生命活力;而寿珍的悠远和缭人情怀的口琴声,传达出对亲人的怀念,及对知识分子命运坎坷的慨叹。这种种外在的事物,都各从一个角度,用一种特殊的方式,去发挥出人物那不可名状的内心形态,宣泄出他们那飘忽不定的内在思绪。此情此景,情融于景,景寓于情,组成了一个内外和谐的诗的意境。

由于夏衍准确地把握了人物沉思的特征,于是,他就不仅在这特殊的"空白"里传出了人物复杂的心绪,而且尤为可贵的是,他还完成了人物复杂思绪中的转折升华过程。夏衍并不让他的人物长久地沉入那种纷乱繁复的思绪中,他让这些严肃地对待人生执着地追求真理的人们,在痛苦地否定过去的同时,找到新的精神基点,终于在沉思中奋起,精神开朗地踏上更高一级的人生阶梯。这时,夏衍就把一个具体的偶然的人物、事件,提高到对于知识分子道路,乃至新民主主义历史步伐的整体认知的水平上,他也就把作品从抒情阶段,推向哲理认识的阶段,于是他的作品也就表现出诗的哲理性的审美特征。

艺术虽不能创造真理,但能帮助人们认识真理。夏衍的戏剧就能让人们在感受美的同时,从平凡生活中领悟到隐藏的人生哲理。如《上海屋檐下》一剧,当读者进入到特定的艺术情境,感受到屋檐下人物的内心痛苦和希望,感受到匡复克服巨大痛苦而坚强起来后,再回过去看那屋檐下的灰色生活时,他们就能从死水里看到生命的跃动,从绝望中找到对于希望的期待和挣扎。在人们的面前出现了一个新的天地,虽然房子还是破房子,人们还是在不幸里打滚的人们,但是,一切都变了,因为作者把从生活内部开掘出的希望带给了这些人物,让他们听到了从那死水似的生活深处正在响起的时代脚步声。每每在这些地方,总能使人体会到,夏衍戏剧不仅是感染人心灵的抒情艺术,而且是能启人以深思,能够使人提高的哲理艺术。这种诗的哲理性,使那不可把捉的诗的风韵流溢出哲理的光彩。

诚然,夏衍戏剧的创作水平是不平衡的,他的一些剧作显得一般化,但就他的几个优秀剧作来看,他的戏剧艺术不仅在把握生活的角度和深度方面,而且在与之相适应的艺术形式的创造方面,都突破了传统戏剧的成规,表现出高度的强创性,取得了卓越的成就。他的戏剧已经自成一体,是一种立体的,有丰富情感层次的抒情、哲理戏剧。夏衍戏剧给我国现代戏剧的艺术宝库所增添的新财富,是甚可宝贵的。让我们用别林斯基的警语作本文的结句:"这一类诗作,并不显明刺目,但却需要人去注视它。而它对于细心观察的人才尽其深刻地展开它朴素的、平静纯洁的美。"①

(原载《文学评论》1985 年第 3 期)

---

① 《别林斯基论文学》,第 12 页。

维柯与朱光潜美学

蒯大申

翻译意大利思想家维柯（Giambattista Vico，1668～1744）的代表作《新科学》（Scienza Nuova），以及对维柯思想进行系统的研究，是朱光潜迟暮之年所进行的最后一项浩大工程。《新科学》初版于1725年，1744年所出第3版为定本，标准文本是意大利文。全书共5卷，加上序论和结论，英译本是厚达400多页的一部皇皇巨著。中译本加上《维柯自传》，有近50万言。这部巨著不仅结构复杂，文字艰奥，而且内容涉及神话、宗教、西方古代史、罗马法学、哲学、语言学等众多知识领域，其译事之难更甚于黑格尔的《美学》。朱光潜说，这是他一生中遇到最难译的一部书。

朱光潜与维柯有缘，一如他与克罗齐。早在二十年代留学英国时，朱光潜即从研究克罗齐进而注意到克罗齐的精神导师维柯。朱光潜曾说："我的美学入门老师是意大利人克罗齐，而克罗齐是维柯的学生。克罗齐早已说过，美学的真正奠基人不是鲍姆嘉通，而是维柯。所以研究美学就不能不知道维柯。"[1]六十年代朱光潜在编写《西方美学史》时，曾在上卷专辟一章介绍维柯，对维柯的历史发展观及其"诗性智慧"对美学发展的意义给予高度评价。到晚年，朱光潜在深入钻研了马克思主义一些经典著作之后，越发感到维柯在人类思想发展史上和美学发展史上的重要性，认为维柯的历史贡献不仅在于他创建了近代社会科学，而且还创立了社会科学方面的历史发展观点，他的历史观点与马克思主义的历史唯物主义有密切的批判继承关系。[2]

为了正确、深入地理解维柯，为了推动中国美学事业的发展，朱光潜从1980年春开始，以83岁高龄，不顾一天衰似一天的身体，以常人难以想象的毅力，倾全力投入翻译《新科学》的工作，把翻译《新科学》当作自己义不容辞的责任。这是一场真正的攻坚战。朱光潜原计划化一年半时间译完全书，后因年老多病推迟约半年，到1981年下半年终于译出《新科学》初稿。《新科学》译出后，他又花了一年多时间进行仔细校改，同时翻译《维柯自传》。在此期间，他还撰写了《维柯的〈新科学〉及其对中西美学的影响》等有关《新科学》的评介若干篇，这些工作到

---

[1] 《略谈维柯对美学界的影响》，《朱光潜全集》第10卷，第666页。
[2] 参见朱光潜《维柯的〈新科学〉简介》《略说维柯对美学界的影响》诸文。

1983 年底才基本完工。1984 年,《新科学》终于交人民出版社付梓。《新科学》终于耗尽了他的心血,耗尽了他的生命。1986 年 5 月,《新科学》终于正式出版,但此时朱光潜已辞世两个月了。虽然朱光潜生前没能看到这部译作问世,但这部译作却成了纪念这位视学问如生命的学者的永恒丰碑。

朱光潜在翻译《新科学》的同时,曾写过多篇文章对维柯的思想进行研究和阐发。[①]这些研究和阐发就像一面镜子,不仅反映出他晚年倾心关注的问题之所在,而且也反映出他晚年对这些中国当代美学建设和未来美学发展中关键问题的态度和基本看法,从而使我们得以把握他晚年美学思想的基本面貌。

一

朱光潜着重阐发的是维柯三个方面的思想:(1)"认识真理凭创造";(2)"人类世界是由人类自己创造出来的";(3)有关形象思维的思想。朱光潜认为,"维柯的最大功绩在于建立了历史发展观点以及认识来自创造的实践观点"。[②]维柯的这两个基本观点互相联系,成为贯穿《新科学》的两条红线。

"认识真理凭创造"是维柯的一个核心思想,他的这个思想是针对笛卡儿(R. Descartes)唯理主义哲学而提出的。笛卡儿认为,只有理性知识(如几何学的公理)才是最可靠的,而感觉是不可靠的,因此他否认感觉在认识中的作用,把一般原理看成先于具体事实的出发点。笛卡儿指出,认识的出发点必须像几何公理那样清楚明了和确实可靠,而要做到这一点就要用怀疑的办法来清除一切不可靠的常识和偏见。怀疑一切的结果使笛卡儿发现,只有"我在思想"这一点是无可怀疑的。我在思想,证明了我的存在,因此笛卡儿将"我思,故我在"(Cogito, ergo sum)视为他哲学中的"第一原理"。这样,真理便具有了先验的性质。

维柯对笛卡儿的哲学提出了根本性的挑战。他指出,思维不可能是存在的原因,倒是先有能思维的心灵,然后才有思维:"思维不是我之有心灵的原因,却是它的标记,而标记并不是原因。"[③]在维柯看来,笛卡儿的"我思"只是意识主体,并不能拿来作为真理的标准。与笛卡儿相反,维柯充分肯定感觉在认识过程中的意义,他在《新科学》中引用亚里士多德的名言:"凡是不先进入感觉的就不能进入理智。"并进一步指出:"人心在从它感觉到的某种事物中见出某种不属于感官的事物,这就是拉丁文动词 intelligere(理解)的意义。"[④]针对笛卡儿的观点,维柯提出了相反的口号:"认识真理凭创造"(Verum factum),并认为认识真理和创造是同一回事。[⑤]

---

① 这些文章有:《维柯的〈新科学〉简介》(1981)、为《中国大百科全书·外国文学》所写的"维柯"条目(1982)、《略谈维柯对美学界的影响》(1983)、《维柯的〈新科学〉及其对中西美学的影响》(1984)、为《中国大百科全书·哲学》所写的"新科学"条目(1987)。上述诸文均收入《朱光潜全集》第 10 卷。
② 《朱光潜全集》第 10 卷,第 716 页。
③ 维柯:《选集》,剑桥大学出版社 1982 年版,第 58—59 页。转引自张隆溪《维柯思想简论》,《读书》1985 年第 11 期。
④⑤ 维柯:《新科学》第 363、349 节,朱光潜译,人民文学出版社 1986 年版。

朱光潜对维柯的这一思想作了重要阐发。他认为,在维柯那里,知与行或认识与实践是统一的。"认识到一种真理,其实就是凭人自己去创造出这一真理的实践活动。"例如认识到神实际上就是创造出神,认识到历史实际上即创造出历史。人的认识活动就是一种创造活动,人类的真理就是被这种认识活动创造出来的。这是维柯《新科学》的一条基本原则。朱光潜说维柯的这一原则用现在的话来说,即"认识不仅是来源于实践,认识本身就是创造或构成这种实践活动了。这样,认识并不是让外界事物反映到人心里来,人心本身对认识还起更重要的创造作用,这对流行的'反映论'是一个致命的打击"。①

在论及维柯可能对中国美学界发生的影响时,朱光潜说:维柯"在一些基本哲学观点上(例如人性论、人道主义以及认识凭创造的实践观点、人类历史由人类自己创造出来的观点等)","都是接近马克思主义的"。这个"问题涉及近年来一直在流行的哲学和文艺方面的'反映论',以为哲学思想和文艺创作都应'如实地反映客观世界',不应夹带个人主观情感和思想,稍涉主观便成了罪状。我一直坚持的'主客观统一',大约在五六十年代之间也一直成为攻击的目标。看轻主观其实就是看轻人,所以人性论和人道主义也就可以构成罪状。自从在维柯的《新科学》和马克思主义经典著作两方面下了一点功夫,我比以前更坚信大吹被动的'反映论'对哲学和文艺都没有多大好处"。②朱光潜还通过自己的"格式塔"(Gestalt,完形)心理体验来说明维柯的这一原理;通过同瑞士心理学家皮亚杰(J. Piaget)的"发生认识论"原理的对比和与现代结构主义的关系,来证明维柯原理与现代科学发展的契合。朱光潜由此得出结论:"我们的认识,无论是关于宏观世界还是关于微观世界的,任何认识,有哪些能完全不经过维柯所说的构成或创造作用呢?我们的文艺创作有哪些是摄影式的反映而不受作者本人的'意匠经营'呢?我们都是人而却否定人在创造和改造世界中所起的作用,能说这就是马克思主义吗?"③

令人遗憾的是,这些在今天已成为常识的道理,竟耗费了朱光潜整整后半生的精力。强调审美过程中主体的重要地位和作用,为艺术把握现实的特殊方式争一席之地,反对美学中"见物不见人"的机械唯物论倾向,是朱光潜后期美学思想中的一个核心主题。他的美在意识形态说、美是一种生产劳动说、美学不只是一种认识论说,乃至美是主客观的统一说,都可视为这个核心主题的逻辑展开。朱光潜晚年高度评价维柯的"认识真理凭创造"的思想,显然是由于维柯的这一思想正好契合了他的"期待视野"(horizon)的缘故。朱光潜对维柯的解读与阐发,一方面反映了他在晚年仍然保持着一种开阔的学术视野和博大开放、善于吸收各种思想的理论襟怀,而且还显示了他对人的主体作用认识的扩展和深化。朱光潜对"人在创造和改造世界中所起的作用"的强调,不仅是对盛行于我国美学界的机械唯物论的有力反驳,而且为中国当代美学研究指示了一个既符合审美客观规律又符合现代学术潮流的正确方向。

---

① 《朱光潜全集》第 10 卷,第 708 页。
② 《朱光潜全集》第 10 卷,第 718 页。
③ 《朱光潜全集》第 10 卷,第 719 页。

二

朱光潜所着力阐发的维柯第二个方面的思想是"人类世界是由人类自己创造出来的"历史发展观点。这是维柯对人类历史的基本看法,也是《新科学》的总纲和主要贡献。

根据"真理与事实互相转化"(Verum et factum Convertuntur)的理论,维柯把人类历史看作是人类用自己的头脑所创造的东西,是人类自己建立起语言、习俗、法律、政府等体系的一个过程,是人类社会和他们的制度发生、发展的历史。维柯最早深入地探讨了区别于自然史的人类史研究的范围、对象和方法,使历史学"第一次达到了一个完全近代的观念"。维柯关于历史研究的方法和原则"在今天的历史学家看来都是些平淡无奇的东西,但在他当时,它们却是革命性的"。[1]

维柯明确指出:"人类世界是由人类自己创造出来的。"《新科学》主要就是探讨人类创造和发展各种社会制度(institution)的历史过程。当时的理性主义认为,人类社会的各种制度都是由"人"创造出来的,在他们眼里,这种"人"已具有充分发展的人性,所以这种"人"能够制定各种制度。而维柯则持有完全不同的看法,他认为"人性"和"人道"都是人类在创造自己的世界和建造各种制度的过程中发展出来的,它们不过是制度创建的"产品"和"结果"。维柯甚至认为,不仅在心灵和精神方面,即使是人类的身体,也是人类自己创造的,人类在创造自己的世界的过程中将自己由野兽变成了人。[2]因此维柯坚决主张:"研究应从问题的开始时开始",并将这一原则当作《新科学》的方法论前提。以往法学家研究罗马法是从人性已充分发展的近代人开始,这在维柯看来就是根本违反了历史发展的观点。从这个观点出发,维柯把荷马史诗看作人类原始民族的历史,将它作为人类历史的起点来考察,并从中揭示出人类最初的经济、政治、伦理、法律等制度以及哲学和自然科学的思想。

维柯认为,历史发展有其自身的必然性和规律性,"诸民族的全部变化多端,纷纭万象的习俗显出经常的一致性"。[3]他接受古埃及人的方法,将人类历史的发展划分为三个阶段:神的时代、英雄的时代、人的时代。随着岁月的推移和人类心智的发展,神的时代被英雄的时代所取代,然后人的时代又取代了英雄时代,维柯将人的时代看作是人类社会发展的高峰。人类历史发展到人的时代,就又要回到神的时代,接着按原有的次序将三个时代重演。维柯描述的这种人类历史的周期性运动并不是一种单纯的循环,它不是一个圆而是一个由低级向高级发展的向上的螺旋,这与古希腊、罗马的历史观念是根本不同的。[4]维柯的这一思想后来成为黑格尔历史观的先导。

朱光潜高度评价维柯的历史发展观,并着重强调了它对马克思唯物史观的影响。马克思十

---

[1] R.G.柯林武德:《历史的观念》,何兆武、张文杰译,中国社会科学出版社1986年版,第74、79页。
[2] 参见维柯《新科学》第367、520、524、692诸节。
[3] 维柯《新科学》第915节。
[4] 参见R.G.柯林武德《历史的观念》第77页。

分赞赏维柯关于人类自己创造自己的历史的观点,他在《资本论》第一卷的一条注中说:"如维柯所说的那样,人类史同自然史的区别在于,人类史是我们自己创造的,而自然史不是我们自己创造的。"①朱光潜说,值得特别注意的是,马克思在《路易·波拿巴与雾月十八日政变》里一开始就明确指出:"人类历史是由人类自己创造的。"这正是维柯对历史的基本看法。马克思所创立的唯物史观作为一种理论形态,是人类认识史的结晶,它既是马克思对德国古典哲学、英国古典政治经济学和十九世纪三大空想社会主义学说综合性批判、吸收、改造的结果,也吸收了维柯思想的有关成果。朱光潜认为,维柯比费尔巴哈早半个世纪就已认识到神是原始酋长的本质的异化,"维柯在历史发展这个基本观点方面比费尔巴哈更重要"。②

三

朱光潜从五六十年代起直到晚年,始终致力于研究马克思主义美学的实践观点,特别强调美学的历史唯物主义的哲学基础,因此,他对维柯的历史发展观表现出了极大关注。③从这个角度来看,朱光潜结合维柯的"诗性智慧"(Poetic Wisdom)对形象思维理论所作的阐发,实际上可视为维柯的历史发展观在具体美学问题研究中的贯彻。

朱光潜认为:"《新科学》是近代对美学或诗论作出贡献最大的一部著作。"④这与克罗齐的看法倒是一致的。维柯的《新科学》对人类历史的探讨是从荷马史诗开始的,而"诗"在古希腊文中的字义就是"创作""创造"。原始人类就像人类的儿童,他们凭感官了解外界事物,他们健壮而无知,没有任何概念、理念的束缚,他们凭"一种完全肉体方面的想象力",⑤以一种惊人的崇高气魄去创造他们自己的历史。这种凭感觉和想象去创造的原始人类的智慧就是"诗性智慧"。古代神话展示了早期人类对周围世界的认识和反应,神话即诗,诗即神话,两者都是"诗性智慧"所创造的"诗性历史"。由此维柯认为,荷马史诗实际上是早期人类的集体创造,是早期人类对现实世界的一种诗性叙述和诗性解释。诗性智慧的发现,使《新科学》成为一部气势恢宏的人类思想、习俗及一切文物制度的创造史。

在朱光潜看来,维柯在《新科学》中花大量篇幅论述的"诗性智慧",其实就是我们现在所说的"形象思维"。他指出,维柯所发现的诗性智慧的三条规律也就是形象思维的三条规律,对美学有重要意义。

形象思维第一条最基本的规律是**抽象思维必须以形象思维为基础,在发展次第上后于形象思维**。维柯说:"人最初只有感受而无知觉,接着用一种惊恐不安的心灵去知觉,最后才用清晰

---

① 《马克思恩格斯全集》第 23 卷,人民出版社 1972 年版,第 409 页第 89 号注。
② 《朱光潜全集》第 10 卷,第 637 页。
③ 朱光潜对德国古典哲学家赫尔德(Herder)的重视也是基于这一点。他称赫尔德"在历史发展这个基本观点方面也是一个开山祖"。参见《朱光潜全集》第 10 卷,第 637 页。
④ 《朱光潜全集》第 10 卷,第 719 页。
⑤ 把原始人类尚未掺杂理性因素的主要是动物本能性的想象力。参见朱光潜《西方美学史》上卷,第 335 页。

的理智去思索。"①朱光潜阐释说:原始人类认识世界只凭感觉的形象思维,他们的全部文化(包括宗教、神话、语文和政法制度)都来自形象思维,都有想象虚构的性质,即都是诗性的、创造性的。人类由儿童期发展到成年期,即从神的时代、英雄的时代发展到人的时代、哲学的时代,他们才逐渐能运用理智,从殊相中抽出共相。可见,人类心理有一个从形象思维逐渐发展到抽象思维的过程。

形象思维的第二条规律是**以己度物的隐喻(metaphor)**。维柯说:"人们在认识不到产生事物的自然原因,而且也不能拿同类事物进行类比来说明这些原因时,人们就把自己的本性移加到那些事物上去,例如俗话说:'磁石爱铁'。""诗的最崇高的工作就是赋予感觉和情欲于本无感觉的事物。儿童的特点就在把无生命的事物拿到手里,戏和它们交谈,仿佛它们就是些有生命的人。"这也就是说,原始人类"把自己当作衡量宇宙的标准"。②如原始人用"首"来指"顶"或"初";用"眼"指放进阳光的"窗孔";用"心"指"中央";针"眼"、杯"唇"、锯"齿"、麦"须"、海"角";说天或海"微笑",风"吹"浪"打",受重压的物体"呻吟"……维柯认为这种以己度物的隐喻也就是语文的起源。③朱光潜指出,这种事例在中国语文中也俯拾即是,这就是后来德国美学家的"移情说"的萌芽,和中国诗论中的"比""兴"也可互相印证。

形象思维的第三条规律是**以想象的类概念(imaginary class-concepts)来把握同类事物的共同属性**。维柯说:人类心灵有一个特点,即"人对辽远的未知的事物,都根据已熟悉的近在手边的事物去进行判断"。他又说:"儿童们的自然本性就是这样:凡是碰到与他们最早认识到的一批男人、女人或事物有些类似或关系的男人、女人和事物,就会依最早的印象来认识他们,依最早的名称来称呼他们。"④因此当原始民族还不能凭理智来形成抽象的类概念(如勇敢、聪明、谨慎、灵巧)时,他们就只能凭个别具体人物来形成想象的类概念,以此来把握诸如"勇敢""聪明"这样一些抽象的类概念。如希腊人把一切勇士都称为阿喀琉斯(Achilles),把一切谋士都称为尤里西斯(Ulysses),中国人把一切巧匠都叫作鲁班,一切神医都叫作华佗。根据神话、寓言故事是原始民族"想象的类概念"的创造这一原则,维柯断定荷马不是一个具体的古代诗人,而是在传说中由原始民族共同想象出的诗人,《荷马史诗》是古代希腊全民族共同创造的成果。这就是维柯所发现的"真正的荷马"。⑤朱光潜指出,维柯发现的这一条规律与我们现在常谈的"典型人物性格"有很大关系。

诗性智慧以具体形象代替抽象概念的特点及其创造性想象的本质,加深了朱光潜对形象思维特点及其本质规律的理解;维柯考察诗性智慧历史发展的观点和方法,也在方法论上给朱光

---

① 《朱光潜全集》第 10 卷,第 704 页。这段译文最后改为:"人们起初只感触而不感觉,接着用一种迷惑而激动的精神去感觉,最后才以一颗清醒的心灵去反思。"见《新科学》第 218 节。
② 维柯:《新科学》第 180、186、181 节。
③ 维柯:《新科学》第 405 节。
④ 维柯:《新科学》第 122、206 条。
⑤ 参见《新科学》第 3 卷"发现真正的荷马"。

潜以启示。如果说,以往美学家对形象思维的研究都是从认识论角度所作的一种共时性研究,即它普遍地被当作脱离了原始阶段的人的一种艺术思维形式来探讨,那么,朱光潜则在维柯的启发下,主张对形象思维进行一种历时性研究,即将其置于自身的发生、发展的历史过程中来研究。这种用历史发展观所作的研究,将大大拓展形象思维理论的空间,使形象思维理论获得一种超越个人、时代的普遍性和历史性。马克思指出:"不管是人们的'内在本性',或者是人们的对这种本性的'意识',即他们的'理性',向来都是历史的产物。"① 如果我们不是将形象思维问题放到特定的历史阶段去进行考察,那么我们对于人类各个历史阶段上的精神活动的特点(如形象思维及形象思维与抽象思维的关系),以及与此相适应的物质生产水平和社会生活之间的相互作用,便决无理解之可能。在此意义上,维柯关于诗性智慧的思想以及朱光潜要求将形象思维研究延伸到人类文明源头的看法,都起了一种理论先导的作用。

四

毋庸讳言,朱光潜对维柯思想的阐发也存在着一些尚可商榷之处。

首先,从维柯的整个思想体系来看,他的历史观并没有超出历史唯心主义的范围。朱光潜六十年代在《西方美学史》中认为"维柯的历史观还是唯心主义的。他的基本出发点是共同人性论。"到80年代,朱光潜觉得自己以前低估了维柯:"垂暮之年翻阅旧作,深愧把维柯也看成和克罗齐一样是位唯心主义者,有负于《新科学》这样划时代的著作,因此下定决心把它译成中文。"② 那么,其前后两种看法哪种更接近维柯思想的真实呢?笔者认为,朱光潜六十年代对维柯思想所作的总的评价是比较正确的。

从人类认识史来看,人类对自身的认识、对社会的认识,都经历了一个漫长的从神到人的过程。用超自然的意志和力量来说明历史发展和社会生活的神学历史观,在相当长的一个时期里处于支配的地位,神和天意是人们回答历史之谜的总答案。到文艺复兴时期,人道主义思潮的崛起,标志着从神到人的转折。人道主义思想家将人与神对立起来,以人为中心,倡导一种以人作为出发点和归宿的历史观,从人本身探究人类历史和社会制度的根据,把天国的历史变成世俗的历史。但是,由于他们用抽象的人性作为解释人类社会一切现象的最终根据,因此并没有为历史提供真正科学的答案。维柯把历史看成是一个有规律的发展变化过程,他不是在人性中,而是在人性之外,到原始社会各种社会制度的起源和发展演变中去寻找这个规律,因此他的思想中确有不少历史唯物主义的萌芽。这是他超出人道主义思想家的地方。但是,维柯最终还是把人性看作是人类历史发生和发展的本源。在他看来,各民族所经历的历史过程都要经过神、英雄和人三个不同的时代。这三个时代都起源于各自不同的"自然本性":第一种是想象,这是一种诗性的或创造性

---

① 《马克思恩格斯全集》第3卷,第567页。
② 《朱光潜全集》第10卷,第717页。

的自然本性;第二种是优于其他物种的属人的高贵性;第三种是理智、良心、责任感。维柯所说的"自然本性"都是精神性的、抽象的。他认为,人类社会的习俗、部落自然法、民事政权或政体,都是从这"自然本性"依次派生出来的。① 不仅如此,维柯还将人类历史看作是建构人性的过程,把人性看作是衡量历史的尺度。因此,总体而言,维柯并未跳出抽象人性论的圈子。

与此相反,唯物史观则认为,历史过程中的决定性因素归根到底是现实生活的生产和再生产,是物质生活的生产方式制约着整个社会生活、政治生活和精神生活的过程。马克思说:"我的研究得出这样一个结果:法的关系正像国家的形式一样,既不能从它们本身来理解,也不能从所谓人类精神的一般发展来理解,相反,它仍根源于物质的生活关系,这种物质的生活关系的总和。黑格尔按照十八世纪的英国人和法国人的先例,称之为'市民社会',而对市民社会的解剖应该到政治经济学中去寻求。"② 不过尽管如此,维柯关于历史规律性的观念对于黑格尔历史观的积极影响,他的关于"人类世界是由人类自己创造的"思想和历史发展观对马克思的积极影响,都是不能低估的。

朱光潜晚年对维柯思想哲学倾向的认识偏差,与他对维柯《新科学》中两个基本命题的理解有直接关系。第一,朱光潜认为维柯的"认识真理凭创造"命题中的"创造"就是"实践":"认识到一种真理,其实就是凭人自己创造出这一真理的实践活动。"他认为维柯的这一命题用现在的话来说,"认识本身就是……实践活动了"。③ 维柯所说的"创造"是否就是马克思所说的"实践"呢?不是。其实,维柯的"创造"仍是一种认识活动,在维柯那里,人类认识真理的过程和创造世界的过程是统一的。他说:"这种情形正像几何学的情形。几何学在用它的要素构成一种量的世界,或思索那个量的世界时,它就是在为它自己创造出那个量的世界。我们的新科学也是如此(它替自己创造出民族世界),但是却比几何学更为真实,……认识和创造就同是一回事。"④ 在维柯看来,人类世界是由人类自己创造的,人类各种制度都是人类心智创造的结果,所以人类世界的原理、原因和基本面貌必然"从我们自己的人类心灵各种变化中就可找到"。⑤ 因此,朱光潜在《新科学》中译本第 365 页"中译注"中说,"认识事物就是创造事物,这是维柯的主要信条",这个概括是符合维柯思想实际的,但说由此"可以得出万物唯心的结论,也可以得出认识来源于实践的结论",却并不妥当了。这里关键在于没有划清认识与实践的界限,将认识过程中认识主体的能动作用与实践活动中实践主体的能动作用混淆了起来。马克思所说的"实践"首先是人类改造客观外部世界的感性活动,是一个真正的本体论意义上的概念。而"认识"作为一个认识论的概念,指的只是一种精神的活动。虽然实践是认识的来源和发展的基础,也是检验认识是否正确的唯一标准,但实践并不等于认识。在马克思批判地改造黑格尔和费尔巴哈的理论,提出实践

---

① 参见维柯《诸民族所经历的历史过程》引论,《新科学》第 4 卷。
② 《马克思恩格斯选集》第 2 卷,第 82 页。
③ 《朱光潜全集》第 10 卷,第 708 页。
④ 维柯:《新科学》第 349 节。
⑤ 维柯:《新科学》第 331 节。

概念之前,哲学家对人的有目的的活动的解释,以及对人类社会和历史的认识,都只停留在人的主观动机之内,即停留在精神活动的范围之内。维柯也没有例外。

其次,与上述问题相联系,朱光潜把维柯的"人类世界是由人类自己创造出来的"这个命题,等同于马克思所说"人们自己创造自己的历史"。在这里,朱光潜正确地看到了两个命题在思想上的承继关系和一致性,但忽视了两者的根本区别。马克思认为物质生产劳动是人类最基本的实践活动,"整个所谓世界历史不外是人通过人的劳动而诞生的过程",①是劳动创造了人类世界,而不是人的认识活动创造了人类世界。朱光潜忽视了这一点,其根源仍在于没有划清认识与实践的根本界限。

朱光潜在解读维柯时出现的失误,反映了他美学思想中深层次的矛盾。他一方面将美的主客观统一说放到马克思主义实践观点的基础上加以论证,肯定美与美感的客观现实基础:"美是人在生产实践过程中既改变世界又从而改变自己的一种结果","美感起于劳动生产中的喜悦,起于人从自己的产品中看出自己的'本质力量'的那种喜悦",②另一方面又时时游离于这一理论立场,将认识与实践混淆起来,从而使美与美感的客观现实基础受到某种程度的消解。他一方面强调历史发展观点,将美、美感及艺术问题放到人类在劳动生产中改造自然同时也改造自己的历史过程中来加以认识,从而使主客观统一说具有历史发展的形式,另一方面又时不时将这种历史发展过程蜕变为认识、思想和观念的发展过程,从而使历史发展观失去唯物主义的哲学基础。他一方面强调人的整体观点,主张美学研究与人的研究的统一,另一方面又在某种程度上割裂了人的物质生产活动与人的精神活动。朱光潜身上的这种两面性使他陷入了矛盾,但也正是这种矛盾使他的美学思想即使到晚年仍具有一种诱人的丰富性和开放性,呈现出跳荡的生命活力。这恰恰是那种看去似乎无懈可击、自圆其说的"体系"所不能及的。自圆其说、无懈可击,也许会让他的思想固定为一派而一家独尊,然而这种种矛盾倒使得他的美学成为一个永远向着未来开放的理论空间。

朱光潜的美学生涯起始于克罗齐而终结于维柯,朱光潜一生与意大利这两位思想家结下不解之缘。朱光潜从克罗齐经由马克思而到达维柯,昭示了他一生美学思想的发展历程,即从哲学-心理学取向转向历史-哲学取向。朱光潜晚年力图以马克思唯物史观为基础来整合其美学思想,其美学思想的重心已经靠近马克思。但是,克罗齐与维柯在其思想中已留下了深深的痕迹,其中克罗齐从反面使他走近马克思,而维柯则从正面使他加深了对马克思的理解。③朱光潜对马克思的理解中有克罗齐与维柯的影子。无疑,克罗齐、维柯和马克思,是对朱光潜一生影响最大的三位西方思想家。

(原收叉洁华主编《朱光潜与当代中国美学》,中华书局1998年版)

---

① 《马克思恩格斯全集》第42卷,第131页。
② 朱光潜:《生产劳动与人对世界的艺术掌握》,《朱光潜全集》第10卷,第190、197页。
③ 朱光潜认为,维柯在一些基本的哲学观点上都是接近马克思主义的。他甚至认为"维柯是历史唯物主义的先驱"。维柯使朱光潜加深了对人的主体作用的认识,同时也加深了他对马克思的理解。参见朱光潜《维柯的〈新科学〉及其对中西美学的影响》。

"乡土世界"文学表达的新因素

王光东

一 分裂的历史意识与碎片化的现实

进入新世纪以来,与"乡土世界"相关的小说有一个明显的特点:作家的历史意识出现了裂痕,不再有着完整的内在逻辑,对于充满了生机和混乱的现实,在价值判断上呈现出茫然和困惑。这种现象在贾平凹的《秦腔》、阎连科的《受活》、尤凤伟的《泥鳅》、王祥夫的《上边》等一系列作品中都有所体现。作家整体历史意识的分裂,与作家对于当下中国农村的认知有关。正如贾平凹在《秦腔》后记中所说的那样,农村、农民、土地供养了我们一切,农民是善良和勤劳的,但农村却一直是最落后的地方。在改革开放以来,农民吃饭的问题解决了以后,国家把注意力转移到了城市,那农村、农民又怎么办呢?在没有矿藏、没有工业、有限的土地极度地发挥了潜力之后,面对着粮食产量不再提高,化肥、农药、种子以及各种各样的税费迅速上涨的社会问题,农民再也守不住土地,他们一步一步从土地上出走。"体制对治理发生了松弛,旧的东西稀里哗啦的没了,像泼出去的水,新的东西迟迟没再来,来了也抓不住,四面八方的风方向不定的吹,农民是一群鸡,羽毛翻皱,脚步趔趄,无所适从。"①他们被裹挟于"现代化"建设的大潮中,与那个"现代性"的生活纠缠在一起,沿着国道盖楼,出外打工,土地荒芜或者被征用,农村、农民陷入了巨大的时代漩涡中,于是贾平凹质问:"土地从此要消失吗?真的是在城市化,而农村能真正地消失吗?如果消失不了,那又该是怎么办?"②这一系列问题所质疑的正是中国当代乡土社会何去何从的问题,面对历史进程中"乡土"未来发展这样重大的问题,大家都茫然惶惑时,作家自然也难以有把握自己的自信,整合历史的视野和意识只有在现实变动的过程中逐步展开,在展开过程中,复杂的现实又时时对他们的意识提出挑战,于是我们在诸多的描写农民与农村生活的小说中,难以感受到历史发展的稳定逻辑和明晰的方向,而是历史意识分裂的矛盾和惶惑。

这种历史意识的分裂,带来了与"乡土世界"相关的小说中的现实呈现出碎片化的特点,具体表现为如下几个方面:(1)小说中人物生活方式的盲目性。尤凤伟的《泥鳅》写的是农民进城打工的生活,他曾说:"《泥鳅》写的是社会的一个疼痛点,也是一个几乎无法疗治的疼痛点。表

---

①② 贾平凹:《秦腔》后记,作家出版社 2004 年版。

面上是写了几个打工仔,事实上却是中国农民的问题。农民问题可谓触目惊心。由于土地减少、负担加重、粮价低贱、投入和产出呈负数,农民在土地上看不到希望,只好把目光转向城市。"①这段话隐含着两个重大的问题:一个是传统的乡土世界,在各种社会经济、政治、文化的制约下,呈现出颓败的趋势,农民在原有的土地上看不到人生的希望,只得盲目地进入城市;另一个是进入城市的"农民"由于精神上仍然属于"乡土的世界",且身份与城里人也有区别,城里的文化和人也难以接受甚至排斥他们,那么,农民还有稳定的生活方式吗? 当下中国乡土世界所出现的这种变化,体现在农民身上便是他们动荡、不安、盲目的个人性冲动,他们的生存选择缺少社会理性规范和历史所要求的社会责任,人的行为方式有着突出的个人性的、盲目的性质。《泥鳅》中的"国瑞""陶凤"等一群农民来到城市后,他们违背乡土伦理所要求的做"老实人"的准则,去做"鸡"、做"鸭",甚至做黑帮的"老大",虽然都是迫于生计、有着不得已而为之的痛苦,但是当他(她)们去选择这种职业的时候,是有着仅仅为生存而选择的盲目冲动的因素在起作用,选择之后的痛苦、无奈和受人欺凌、摆布、愚弄的处境是预想不到并且无力摆脱的。像国瑞成为玉姐的"近仆",后被玉姐的丈夫设计陷害,一切似乎都是偶然的、个人的因素在起作用,但实际上一张庞大的命运之网笼罩着进城的农民。周大新的《新市民》、孙惠芳的《民工》都体现着这样的意蕴,符合历史趋向所要求的有目的的工作或生活在这里都被个人的、无奈的人生宿命所取代,即使留在乡土世界里的人也同样有着这种人生的盲目和冲动。毕飞宇的《玉米》中的玉米对自己的人生,也进行了这样的选择。在乡土世界这种个人人生的盲目选择过程中,我们看到了时代变动过程中的巨大历史力量所导致的生活破碎感,面对这种混乱而富有生机的现实,目前小说所表达的"乡土世界"是碎片化的,作家的历史意识也是随着碎片化的生活呈现出破碎的无奈和痛感。(2)这种历史意识的分裂体现在小说中的第二个方面就是人生价值的不确定性。贾平凹在《秦腔》后记中曾说四面八方的风向不定地吹,农民是一群鸡,被吹得无所适从,这非常形象地说出了当下乡土世界的情形,在这里乡村人的价值判断也被"吹"得不确定了。从"乡土历史"的发展来看,影响乡土人生价值的历史文化力量主要有两种:一是以血缘关系为纽带的宗法制与宗法文化,一是在社会主义制度下人民公社为组织基础的社会群体与主流意识形态认可的人民大众文化。这两种文化影响下的乡土世界其人生价值的标准都是较为明晰的,人能做什么或不能做什么,追求什么或鄙弃什么似乎都有一个外在的确定性标准,但是自上世纪90年代以来的市场化经济和城市化进程,打破了原有人民公社社会组织基础上形成的主流文化形态,以往的宗法文化在乡村中的统治力量也日渐衰微,新的乡村文化规范又没有确立起来,乡村人的价值观念似乎变得模糊不清、难以确定。王祥夫的《上边》写 对老人守着生活了半辈子的房屋和土地,按照自己的方式和逻辑,在漫漫时光中品尝着生活的滋味,他们的儿子在城里工作——这是"乡土世界"所追寻的一种有价值的人生,但是他们却渴望儿子归来时的生机和活力,儿子走了,他们又回到了寂寞中。儿子的"出走"与"归来",对于他们而言,显然有着两种不同的人生

---

① 尤凤伟:《〈泥鳅〉我不能不写的现实题材的书》,人民网2002年9月10日。

价值,而这两种价值的选择却是困难的,他们只能在冲突与期待中承受内心的折磨。艾伟《水上的声音》则在乡村所信奉的美好信念的被遗弃中,哀叹着世风的堕落,有价值的人生到底在哪里呢? 这种人生价值的不确定性,不仅体现在仍然生活在乡村中的人身上,同时也体现在"出走"的那些农村人的生活中,在尤凤伟《泥鳅》中进城的农民,一方面不愿放弃乡村伦理所培养起来的价值观念,一方面又要经受着城里的"现实"对自己的挤压,不得不放弃已有的价值规范,这种冲突导致他们内心的剧烈痛苦和无可奈何的悲剧人生。这群乡村人,在城里左冲右撞,混迹于一片喧嚣的碎片化现实之中。

行文至此,我们也许应思考一个问题:历史意识的分裂所呈现出的碎片化的现实,是当下文学进入乡村历史、现实的一条有效途径吗? 作家历史意识的分裂是社会转型导致现实碎片化而引起的后果,但是在艺术创作过程中,作家的历史意识是不能与现实一起碎片化的。巴赫金曾这样说:"如果作者对主人公的生活持怀疑态度,那么,作者就可能成为纯艺术家;他将始终以超越性的完成化的价值与主人公的生活价值相对立,他将从完全不同于主人公从自己内部经历生活的角度来概括生活;叙述者的一言一行都将尽力利用观察上的根本优势,因为主人公需要超越性的确认,而作者的视角和积极性,也正是在主人公的生活面向自己外界的地方,才会对主人公的基本思想涵义界限作出本质性的把握和加工"①。在这里巴赫金提出了一个非常重要的概念——超越性的完成化价值,这种超越性的完成化价值对作者所要表现的主人公的生活和生活价值是持怀疑和对立态度的,依靠这种态度才能对叙述的对象作出本质性的把握和加工。由此看来,作家应有一种超越"碎片化现实"的历史意识、一种人类终极价值的关怀,才能获得对现实的美学表现。如果承认巴赫金的话有道理,那么就有理由要求作家应具有超越现实的思想能力和把握现实的能力,而不仅仅是呈现碎片化的现实。

二 作家主体情感的内部矛盾

作家主体情感的内部矛盾与历史意识的分裂和碎片化的现实有直接的关系。当作家无法以完整的历史意识把握变动、富有生机、喧嚣混乱的现实历史时,在情感上也陷入了深深的矛盾中,这种矛盾就在于一方面对正在变动的乡土世界中已有文化形态的消失有着深深的眷恋、悲悯、忧伤,另一方面又意识到了这种变动的不可抗拒性,有着痛苦的惶惑和无奈。作家主体情感的这种内部矛盾在新时期以来的文学中从未体现得这样强烈,这种矛盾不仅折射着时代的现实性内容,而且也意味着文学自身所存在的问题。刘玉栋的《跟你说说话》行文舒缓,但潜隐的情感冲突却是剧烈的,他通过叙述者王大手对家人的叙述,看到了进城的姐姐和父亲所遭遇的悲剧性人生,也看到了爷爷守在土地上的那份执着。作家在情感上是认同爷爷的生活方式并予以肯定的,但对姐姐、父亲的"离家进城"又无法抗拒,甚至还要遭受由他们的命运所带来的屈辱和

---

① [俄]巴赫金:《巴赫金文论选》,中国社会科学出版社 1996 年版,第 500 页。

痛苦。孙惠芳《歇马山庄的两个女人》显然对作家主体情感的这种内部矛盾处理得更为复杂一些,两个进城的民工把自己的女人留在了乡土的世界里,但这两个女人也曾有过进城的理想与浪漫,这两个女人的命运深刻地表现出了乡土世界已有的生活秩序被打乱后,作家对乡土伦理逻辑的眷恋和无法抗拒这种变化的忧伤。这种内在的情感矛盾在贾平凹的《秦腔》中表现得更为突出,《秦腔》中的清风街不知不觉间发生了巨大的变化——而且是让人忧心的巨变,"不想让它走的一点点走了,不想让它来的一点点来了,走了的还不仅仅是朴素的信义、道德、风俗、人情,更是一整套的生活方式和内在的精气神;来了的也不仅仅是腐败、农贸市场、酒店、卡拉OK、小姐、土地抛荒、农民闹事,来了的更是某种面目不清的未来和对未来把握不住的巨大的惶恐"①。于是小说中的清风街出现了喧嚣、忙乱、破碎的秩序,贾平凹写的是风俗、是文化,是种种人,是历史,是现实又是背景,就在这样的地方,夏天义、夏天智、白雪、屈明泉等等人物,一起演绎着当代生活的历史,就在这当代生活的展开过程中,一种新的生活方式出现了,这就是人们不再安稳地守在生存了许多年的土地上,而是想尽办法去获取金钱,金钱欲望与忙碌的奔波使生活在喧嚣中呈现了勃勃生机,一旦这种新的生活因素进入当代生活,已有的生活秩序被搅动后,相对稳定的人性、伦理、道德也开始出现了变化,在这里人和人之间出现了一次次不愉快的碰撞,甚至是尖锐的冲突。奔波的人群无情地践踏着乡村已有的生活气韵,那象征着传统乡村生活文化精神的秦腔,也在不可避免地被遗弃,贾平凹在"留恋"与不可抗拒的惶惑中,陷入了深深的矛盾中,凭借着对乡土世界的熟悉叙写着他的痛苦、哀悼、迷惘与辛酸。

阎连科的《受活》也同样充满了主体情感的内部矛盾,如果说贾平凹在矛盾中对不断展开的当代生活充满了留恋、惶惑与迷惘,那么阎连科却以决绝的背离和批判的姿态对变动的乡土世界中出现的新的生活方式进行了否定,他分明知道这种到来的现实不可抗拒,但是对这种不可抗拒的新的生活方式,他的内心充满了深深的焦虑,他似乎预感到受活庄人对于自己过去生活方式、道德伦理价值的背离将会带给他们悲剧性的命运,为此,他写到了过去的历史,写到了在1949年之后的岁月里,流落于此的红军战士茅枝婆,带领村民加入到农业合作社建设进程中去后,这个平静、安谧的世外桃源便没有了平静的日子,甚至遭受了政治权力所赋予的"合法"的掠夺行为。在现实与历史的联系中,他进一步地思考着当下生活中受活庄人的命运,于是他看到了中国社会中的"市场"与"权力"之间的密切关系,在西方现代社会,市场是由"商品"支撑的,而在中国当下的历史情境中,市场却受到"权力"的控制,甚至可以说"市场经济"的展开在某种程度上是由权力推动的。在"市场"发育不健全的乡土世界,当人们的金钱欲望被煽动起来后,缺少法制规范和道德约束的金钱攫取,必然导致背离社会公德的行为产生,受活庄人被掠夺一空、受尽摧残的悲剧也就有了某种必然性,这种现象也预示着当代社会剧变中所潜在的巨大问题。由此阎连科带着滴血的心,思考着受活庄人的最终归宿。阎连科内心情感的矛盾似乎以一种虚构的方式得到化解,实际上隐含着一个更大的焦虑:当代中国现代化进程中出现的问题,难道只

---

① 刘志荣:《缓慢的流水与惶恐的挽歌》,《文学评论》2006年第2期。

能以"虚构的想象"得到化解吗?

通过如上论述,显然可以看到贾平凹和阎连科、刘玉栋和孙惠芳等作家在创作过程中表达主体情感的内部矛盾时,其处理方式是不同的,特别是贾平凹的《秦腔》和阎连科的《受活》,对作家主体情感内部矛盾的表达有着极为重要的文学意义,不仅带来了文学表达乡土世界的某种复杂性,而且表明作家开始与现实生活之间建立起了广泛而深刻的联系,但同时也有许多问题值得我们思考,贾平凹的《秦腔》在情感矛盾中呈现出惶恐与迷惘,这种惶恐与迷惘某种程度上也妨碍了对于变动中的乡土世界的深入思考,在他密实流水般的叙述中,有着现象的丰富性,却也显得芜杂,有着人物命运的多样化,却也有着人物平面化的缺憾。正如他自己在《秦腔》后记中所说:"我的写作充满了矛盾和痛苦,我不知道该赞颂现实还是诅咒人生,是为父老乡亲庆幸还是为他们悲哀。"这种不知道的"迷惘",对于作家而言是会影响作品的艺术深度和思想力量的。阎连科以对乌托邦世界的倾情向往和对当下现实中的物欲、贪欲泛滥构成尖锐批判,但退回到乌托邦的坚守,是否也削弱了作品直面历史进程的精神向度和现实的复杂性?美国黑人作家艾利森曾说:"我觉得自己决心献身小说时,身上就肩负了美国小说家一脉相传的责任;描写广大复杂的美国经验中我最熟悉的片段,这些片段不仅使我可能对文学的成长有所贡献,而且对自己心目中理想文化的塑造也可能略尽绵薄之力。在这层意义上,美国小说是对于未知领域的探索和征服,当它描写美国经验时,同时也创造出美国经验。"[①]这段话,对于当代中国作家也理应引起思考,中国作家不仅要描写"中国经验",同时也要创造出"中国经验",那么,也就不能停留在现象的描摹或规避现实的复杂性上面,而是以创造的激情和思想去建构艺术的审美世界。

三 细节化的叙述方式

当作家的思考和审美视野与本土的文化语境密切联系在一起时,他们发现乡土世界已有的生活逻辑和生活形态出现了不可逆转的变化,贯穿于以往小说中的那种历史逻辑似乎不那么完整了,于是在近几年的小说中出现了与以往"宏大历史叙事"不同的叙述方式——细节化叙述。贾平凹的《秦腔》、林白的《妇女闲聊录》、王安忆的《上种红菱下种藕》等作品都有这样的特点。

近几年的小说中为什么会出现这种"细节化"的叙事方式呢?这显然与作家历史意识的分裂和情感的内部矛盾有关,为了更确切地说明这一问题,我们不妨把赵树理的《三里湾》、高晓声的《陈奂生上城》、贾平凹的《秦腔》作一比较分析。在赵树理的《三里湾》中,本土日常生活经验的表达是有趣和丰富的,但是日常生活经验是与他对社会的整体认识——农民必须要走合作化的道路联系在一起的,因此,日常的生活经验,那些土头土脑的言谈举止,有时就渗透进了浓郁的政治性意味,小说的整体叙事是被一个明晰的"要改造农民"的历史观念所控制的,"细节化"是服从于宏大历史叙事的。高晓声的《陈奂生上城》也是如此,在《陈奂生上城》中,陈奂生进入

---

① 王诜(编):《世界著名作家访谈录》,江苏文艺出版社1991年版。

县招待所,得知每晚要付5元钱,他在招待所房间内那种带有破坏性的细节描写,是经常被大家写文章时引用的,这种"细节"描写是与上世纪80年代的启蒙思想密切相关的,传达着启蒙者所要批判的小农意识的狭隘和自私,从创作主体的角度而言,则是历史性的启蒙叙事的呈现。在这样的比较中再来看贾平凹的《秦腔》时,我们看到在作品中贯穿生活细节的整体历史观念模糊了,面对碎片化的乡村社会生活也就只能有细节化的叙述方式了。

"细节化"叙述方式的出现,与面对历史、现实的惶恐、迷惘有关,同时也与启蒙理性的现代性叙事在当代生活中所遭遇的尴尬有关。自从"五四"以来,中国现代知识分子所确立的启蒙叙事,有一个重要的特点就是以理性的自信去发现社会应有的秩序和不应有的落后、愚昧与黑暗,因此,在他们启蒙叙事的背后,是有一个应有的"历史逻辑"作为叙事支撑的,这个应有的历史逻辑就是社会向"现代性"的不断靠近,问题是当"现代性"真正在我们的生活中不断展开时,它所带来的并不是我们所预想的,就如今天的乡土社会,"现代性"部分主导人们的生活方式、行为方式及内心欲求时,我们看到的却是已有生活秩序、生活逻辑破碎时的混乱、茫然以及已有美好精神失去时的忧伤,面对这种景象,自然感受到了启蒙叙事面对乡土现实的无力。当然,我们仍然可以从启蒙的立场去批判农民的狭隘、自私,但部分农民离开土地后,他们已脱离了原有的生活轨道,留给乡土的是社会秩序变化之后的另一番生活景象,启蒙话语似乎失去了现实的针对性,正如南帆评价《秦腔》时所说:"纷纷扰扰之中,清风街正在发生悄悄的蜕变。麻将、酒楼、骑摩托车的村干部、卖春小姐、承包砖窑和果园、农贸市场、电吉他伴奏的流行歌……没有人知道明天是什么。这一切就是历史吗?的确,没有人敢轻易动用'历史'这个字眼,因为方向不明。我相信贾平凹的心情十分复杂。爱恨交加,喜怒交加,但是没有明晰的判断。"[1]既然启蒙叙事"历史逻辑"的确定性在今天现实中遭遇了难言的尴尬,那么,从日常生活原生态入手,用"细节化"方式叙述现实也就成为了可能。

承认"细节化叙述方式"在当下小说创作中的合理性,但不等于说这样的叙述方式就是完美的。"细节化"是小说审美的基本要求,没有细节也难以成为小说,但在《秦腔》《妇女闲聊录》等作品中,细节疏远了与"历史逻辑"的关系、成为叙述的核心时,就出现了一些值得我们进一步讨论的美学问题。在此以《秦腔》和《妇女闲聊录》为例作一具体分析。《秦腔》的"细节化叙述"是由那个半痴不傻、半疯不癫的叫"引生"的人叙述出来的,这种叙述有它的优势,就是增强了日常生活经验的丰富性,呈现出了生活原生态的面貌,但仅仅呈现"现象"就是小说的目的吗?小说应该还有"现象"之外的意义。贾平凹说他的写作充满了矛盾和痛苦,不知道该赞颂现实还是诅咒人生,他对"现象"缺乏明晰的判断,从这个意义上说,这个叫"引生"的叙述人倒是符合贾平凹的叙述心态,但是这种叙述明显地缺乏"历史的逻辑性",这种历史的逻辑性不是先验的观念,而是"生活之所以如此"内部因果关系,艺术创作当然不是逻辑推理,但对于生活的形象表达是应有一种逻辑的,我们说艺术创作是形象思维,既然是"思维"就不是痴人的梦呓。"艺术形象世界

---

[1] 南帆:《找不到历史》,《当代作家评论》2006年第4期。

的结构形式不仅是对空间和时间因素的安排,而且也是对纯思想含义因素的安排;不仅有空间和时间的形式,而且也有思想含义的形式。"[1]这个"思想含义的形式"是与形象所蕴含的历史性内容及思想联系在一起的。"细节化叙述"如果忽视了这种"思想含义因素"的安排,就很难具有震撼人心的美学效果。或许有人会说,《秦腔》的叙述是一种"民间叙述","民间叙述"是不需要知识分子理性的介入的,我觉得这是对"民间叙述"的误解。"民间叙述"是站在民间的立场上叙述老百姓的故事和生活形态,虽然民间叙述与知识分子叙述有所区别,但它同样应该依据民间的历史观念、思维逻辑、伦理道德判断去展开叙述的过程。任何"叙述方式"都不仅仅是一个形式问题,它与作家的美学观念、思想倾向、历史意识等等是联系在一起的。对于林白的《妇女闲聊录》来说也存在着相类似的问题。在《妇女闲聊录》中,"叙述者"似乎从文本中隐去了,日常琐碎的生活和细节、鲜活的生活经验走进了读者的视野,但与之相伴随的是作者与作品主人公精神上的某种疏离,虽然在艺术创作中要充分尊重"自我"之外的那一世界的意义,但是"自我"的隐去却会削弱外部世界在表达过程中的美学力量。因为小说审美是人与对象发生关系,所以艺术事件是在作者与其表达的主人公两个心灵之间完成的。通过如上分析可以说,"细节化叙述"为当下小说提供了一些新的因素,但在细节叙事过程中,不应忽略"历史逻辑"和"作者整合现实的精神力量"在叙述过程中的重要作用。

中国当代社会在转型过程中所展开的当代生活,随着时间的推移还会产生更多新的内容,这些新的历史内容自然会带来更多的文学的新的因素,但不管怎么变化,文学不会失去它所拥有的美的尊严和精神的力量。

(原载《文学评论》2007年第4期)

---

[1] [俄]巴赫金:《巴赫金文论选》,中国社会科学出版社1996年版,第474页。

再论淮海词

徐培均

曩写《论淮海词》①,意犹未尽。孟子倡知人论世之法,词虽小道,应当也用得上。这几年细读淮海全集,愈觉秦观的诗文及其身世对于探讨淮海词的底蕴,具有不可忽视的作用。秦观虽以词名家,但明人胡应麟却说:"秦少游当时自以诗文重,今被乐府家推作渠帅,世遂寡称。"②诗词异体而同源,对于同一作者而言,研究他的词,似不应离开他的诗,也不应离开他的文。现在试结合淮海诗文探讨一下淮海词。

一、淮海词与科举失意

淮海词清丽凄婉,窈眇深微,世称婉约之宗,"知乐者谓之作家歌"③;而"柔情曼声,摹写殆尽,正词家所谓当行、所谓本色也"④。这种风格的形成,主要植根于作者的个性和才情。综观少游一生,他个性较柔弱,感情较细腻,思想较悲观。他在未入仕前,虽也年少气盛,理想高远,但在仕途上一遇挫折,便灰心丧气,悲观失望。这种思想演变过程,见之于陈师道《秦少游字序》,云:"往吾少时,如杜牧之强志盛气,好大而见奇,读兵家书乃与意合,谓功誉可力致,而天下无难事。……今吾年至而虑易,不待蹈险而悔及之,愿还四方之事,归老邑里如马少游。"这种情况也反映在他的诗词创作中。元丰元年,他赴京应秋试,落第而归,不胜颓丧。彼时东坡曾作书慰之:"此不足为太虚损益,但吊有司之不幸尔。"⑤又作诗云:"秦郎文字固超然,汉武凭虚意欲仙。底事秋来不得解?定中试与问诸天。"⑥东坡对待此事态度非常明确,他既对少游卓越的才华表示肯定,又对主考官的误失人才感到遗憾。可是少游自己却始终想不开,他在《次韵参寥三首》其二中说:"长安仕路与云齐,倦仆羸骖不可跻。但得玄晖曾折简,何须平子更安题!"似乎已经想通;然而在此题其三中又说:"且折花枝醉复醒,人间时节易峥嵘。屠龙肯自羞无用,画虎从人

---

① 见上海文艺出版社《文艺论丛》第二十三期。
② 《诗薮·杂编》卷五。
③ 叶梦得《避暑录话》卷三。
④ 何良俊《草堂诗余序》。
⑤ 苏轼《答秦太虚书》之一。
⑥ 苏轼《次韵参寥师寄秦太虚三绝句》之一。

笑不成。"情绪一落千丈,内心充满着矛盾与痛苦,对前途似乎已丧失信心。

淮海词宋本现存七十七首,此外我曾辑得三十四首,收入拙著《淮海居士长短句校注》中。在这一百多首词中,抒写落第心情的作品并不多。清人周济曾评其《满庭芳》(山抹微云)词云:"将身世之感,打并入艳情,又是一法。"又云:"君子因小人而斥。"①当是注意到词人仕途失意这一点。证之以此词下阕所云"谩赢得青楼,薄幸名存",愈觉周氏之说切中肯綮。然而我更觉得抒写落第心情最集中的莫如《画堂春》,词云:

> 落红铺径水平池,弄晴小雨霏霏。杏园憔悴杜鹃啼,无奈春归。　　柳外画楼独上,凭阑手捻花枝。放花无语对斜晖,此恨谁知?

此词若从表面看,不过是抒写春怨春恨。然细加考证,则与应举有关。词云"杏园憔悴杜鹃啼",非一般写春景,而另有寄托。杏园故址在今西安市大雁塔南,唐时为新进士游宴之地。《秦中岁时记》云:"进士杏花园初会谓之探花宴,以少俊二人为探花使,遍游名园,若他人先折得名花,则二使皆有罚。"宋人胡仔早就看出此点,他在《苕溪渔隐丛话》卷三十三中指出少游此词上阕是"用小杜诗'莫怪杏园憔悴去,满城多少插花人'"。小杜诗题作《杏园》,清冯集梧《樊川诗集注》引《旧唐书·宣宗纪》云:"大中元年三月《敕》:自今进士放榜后,杏园任依旧宴集,有司不得禁制。"杜牧之作,当写落第后的感伤。少游既然少慕杜牧之为人,对此诗的用意不可能不了解。另外宋人常以长安指代汴京,如前引少游《次韵参寥三首》之二便是;此处则以长安杏园指代汴京琼林苑,例如杨侃《皇畿赋》云:"彼池之南,有苑何大!既琼林而是名,亦玉辇而是待。其或折桂天庭,花开凤城,则必有闻喜之新宴,掩杏园之旧名。"可见北宋亦依唐例,新进士常在琼林苑宴集,故人们常以杏园代之。

此词既写落第心情,那么究竟作于何时?是否与前引《次韵参寥》为同时之作?曰否。少游元丰八年中进士,此前赴京应举有两次,首次在元丰元年(1078),乃秋试;第二次在元丰五年(1082),恰在春季,有《辇下春晴》诗云:"楼阙过朝雨,参差动霁光。衣冠纷禁路,云气绕宫墙。乱絮迷春阁,蔫花困日长。经旬辜酒伴,犹未献《长杨》。"此诗采入《王直方诗话》,谓是和参寥子,结二句曾作"平康何处是?十里带垂杨",因而遭到孙莘老的批评。词中所写时令,与此诗相合,而地址亦复相同。词云"水平池",指琼林苑之北的金明池。孟元老《东京梦华录》卷七载:"三月一日,州西顺天门外,开金明池、琼林苑",池中有桥,"桥面三虹,朱漆阑楯","临水近墙,皆垂杨"。此种景色,皆与词境吻合。因此,词写元丰五年春季应礼部试后落第心情,是毋庸置疑的。

诗与词同样写落第心情,然而词胜于诗不知凡几。一般说诗境宽、词境狭,而少游此处则相反。其《次韵参寥三首》,语直意浅,了无余味。而《画堂春》词,则境界凄迷,感情深挚。近读《乔

---

① 《宋四家词选》。

大壮手批周邦彦片玉集》谓"合时与地,遂成境界",此说可与王国维之"故能写真景物、真感情者,谓之有境界"①参合使用。以之衡量少游此词,如合符契。少游词既写了"落红""弄晴小雨""杜鹃啼"与"春归",点明了暮春三月的时令;又写了"池(金明池)"、"杏园(琼林苑)"以及园内"柳外画楼"的阑杆等地点。然而只停留在时与地仍嫌不够,此外还必须将特定的时地即时间与空间组成景色或画面,并在其中融入作者独特的感情,这样才能构成写景如在目前,抒情则沁人肺腑的境界。少游在暮春三月的琼林苑中,面对片片落红,霏霏小雨,而声声凄苦的鹃啼,似在报道"春归",又似在说"不如归去",落第之人,逢此境况,情何以堪! 上阕着重写景,然情寓景中,宛然如画。下阕着重写情。这时词人独自登上园内画楼,凭阑无语,默默地捻着手中的花枝。接着又将花枝放下,向着西下的太阳含恨凝思。这里主要表现词人的动作与神情,纯以虚出,蕴藉无穷,耐人寻味。有的论者仅仅欣赏其含蓄美、朦胧美,如清人沈谦《填词杂说》云:"填词结句,或以动荡见奇,或以迷离称隽,著一实语,败矣。康伯可'正是销魂时候也,撩乱花飞',晏叔原'紫骝认得旧游踪,嘶过画桥东畔路',秦少游'放花无语对斜晖,此恨谁知',深得此法。"但也有的论者以意逆志,探求作者的心境,如清人黄苏《蓼园词选》评此词云:"按一篇主意只是时已过而世少知己耳,说来自娟秀无匹。末二句尤为切挚。花之香,比君子德之芳也,所以捻者以此,所以无语而对斜晖者以此。既无人知,惟自爱自解而已。语意含蓄,清气远出。"他一方面看出语意含蓄,一方面又撩开朦胧的面纱,窥测作者的心境,大半是说到点子上的。所谓"一篇主意只是时已过而世少知己","既无人知,惟自爱自解"云云,就十分接近东坡"见解榜不见太虚名字……但吊有司之不幸尔"②的本意。虽然东坡说的是元丰元年那一次,而蓼园所指为本年,但其精神实质不无类似。

以少游同样描写落第心情的诗词对比,可见"诗显而词隐,诗直而词婉"③。淮海词风调柔媚,韵致杳眇,意内言外,曲折幽深。如果说《满庭芳》(山抹微云)词是在个别词句中"将身世之感打并入艳情",那么此首则是全篇如此,若不以淮海诗相印证,恐难窥其堂奥。

二、淮海词与元祐党争

党争是封建社会统治阶层内部持不同政见者相互之间的斗争。东汉有"钩党",中唐有牛(僧孺)李(德裕)党争。宋仁宗时有庆历党争,神宗、哲宗两朝有新旧党之争。秦少游认为这种党争,乃属正常社会现象:"臣闻明党者,君子小人所不能免也。人主御群臣之术,不务嫉明党,务辨邪正而已。"④因此他在政治上并未避开党争,而是紧随其师苏轼,积极参与。在王安石推行新法时,少游尚未入仕途,故未见其出来反对,只是在后来所写的文章中流露某种不满。可是元

---

① 《人间词话》。
② 苏轼《答秦太虚书》之一。
③ 缪钺《诗词散论》。
④ 《淮海集》卷十三《朋党论》上。

祐年间,他初为蔡州教授,继又入京供职秘书省,和黄庭坚、晁补之、张耒同列苏门,人称"四学士"。这时朝中旧党分裂,以程颐为首形成洛党,以苏轼为首形成蜀党,而以刘挚、梁焘、王岩叟、刘安世为首形成朔党。新党章惇等人是他们的政敌,此时大都在野,冷眼旁观,伺机复辟。元祐三年(1088),秦观应制科,进策有《朋党论》上下篇,主要针对洛党,因此被"诬以过恶"[①],罢归蔡州。在蔡州所写情词《水龙吟》又大受程颐谴责。他抓住其中"天还知道,和天也瘦"二句,乃曰:"高高在此,岂可以此渎上帝!"[②]刘克庄对此有深刻的见解,云:"为洛学者,皆崇性理而抑艺文,词尤艺文之下者也,昉于唐而盛于本朝。秦郎'和天也瘦'之句,脱换李贺语尔,而伊川有亵渎上穹之诮。岂惟伊川哉!"[③]可见少游之陷于党争,不仅出于政见不同,他的文艺观,特别是词作,也是遭到洛党攻讦的重要把柄。直至元祐七年(1092),他由秘书省校对黄本书籍迁正字,由洛党投靠朔党的贾易率先上了一章,"诋观不检之罪",接着,原来推荐秦观的赵君锡又上章言"其薄于行,愿寝前荐"[④],于是才二月而罢。所谓"不检"或"薄于行",无非是指责少游善为小词,流播于青帘红袖之间。

元祐八年(1093)七月,宰相吕大防荐少游为国史院编修,未及二月,支持旧党并垂帘听政的高太后病逝,哲宗亲政,政局孕将变之机。翌年(绍圣元年)三月试进士,李清臣策题始有绍复新政之意。见此情势,少游预感到旧党以及自己有被斥的可能,写了两首词。一首《望海潮》云:

梅英疏淡,冰澌溶泄,东风暗换年华。金谷俊游,铜驼巷陌,新晴细履平沙。长记误随车。正絮翻蝶舞,芳思交加。柳下桃蹊,乱分春色到人家。　　西园夜饮鸣笳。有华灯碍月,飞盖妨花。兰苑未空,行人渐老,重来是事堪嗟。烟暝酒旗斜。但倚楼极目,时见栖鸦。无奈归心,暗随流水到天涯。

此为少游名作,论者极多。此处只想指出两点。其一,上阕起三句,表面是写自然界气候之变化,实乃以象征手法,暗寓时局之变化。"换"字是一篇之旨,清人周济谓"以两'到'字作眼,点出'换'字精神"[⑤],确是精到之见。所谓"作眼",乃指词眼。刘熙载云:"余谓眼乃神光所聚,故有通体之眼,有数句之眼,前前后后,无不待眼光照映。"[⑥]照此说法,则"换"字非但本词精神所在,亦且为"通体之眼",而两"到"字则为"数句之眼"。以两个"数句之眼"烘托一个"通体之眼",则"'换'字精神"愈益突出。何以词人如此专注于"换"字,实有所寄托。其二,全篇以时空的组合与转换,营建曲折幽深的境界,乔大壮评美成《解语花》云:"以异地而生情景,足见北宋词家境界。"[⑦]又评美成

---

① 李焘《续资治通鉴长编》卷四一四。
② 陈鹄《西塘集·耆旧续闻》卷八。
③ 刘克庄《跋黄孝迈长短句》。
④ 《续资治通鉴长编》卷四六三引刘挚《私志》。
⑤ 《宋四家词选》。
⑥ 《艺概》卷四。
⑦ 《乔大壮手批周邦彦片玉集》。

《少年游》云:"'当时''今日',此词家划分时地,创造境界之法。"①在北宋词家中,少游可称运用此法的高手。细玩此词,乃绍圣元年春重游王诜西园时所作,上阕前三句写眼前春色,继三句忆从前俊游。以今日汴京之游,切入昔时洛阳之景,今昔交错,恍如电影之蒙太奇、化出和淡入,镜头在不知不觉中转换。此即乔氏所谓"以异地而生情景"所创造的境界。词中"长记"以下至"飞盖妨花",跨越上下两阕,进行大段忆昔,其中又分两小段:前一小段自"长记误随车"至"乱分春色到人家",写少年情性;"絮翻蝶舞",点时令;"柳下桃蹊",兼及时空,"人家"则指地点。这一小段回忆为泛写,未识是在汴京或洛阳,然与以上所写早春景色相照应,构成一种清新妩丽的境界。其法亦是异地异时,自然组合与转换。换头三句为后一小段,乃忆昔年西园雅集。西园雅集乃北宋文坛盛事,当时李伯时曾绘图志之,米元章又为文以记,而后刘克庄、虞集、袁桷等相继作长篇跋尾,皆具载与会人物。而赵孟頫等又不断临摹《西园雅集图》以传世。香港罗忼烈教授认为雅集之时在元祐二年五月②,然清嘉庆二十四年武林韵山堂本《苏诗总案》卷二十八,实列于本年六月二十八日之后。窃以为后者似可信。元祐二年,旧党执政,正所谓风云际会,盛极一时,王诜身居戚里,"池籞服玩,极其华缛"③,又喜与苏轼等文士交游。在他的西园雅集,固值得少游的留恋与回忆。这美好的回忆当因前片所写的春景所引起,然今日重来,物是人非,倍增怅触。"兰苑"以下五句,即纾此情怀。这一小段以昔日西园之盛会,比今日西园之萧条,地虽相同而景物已变:昔日是"华灯碍月"、"飞盖妨花",今日则"烟暝旗斜","时见栖鸦"。可见词人在同一手法的运用上又善于变化:以异景代异地,在鲜明对比中又构成了一种以乐衬哀悲惋深挚的境界。结尾二句进一步拓展,从眼前写到将来。眼前的心情是"无奈",因感到政局之不稳也;将来所至之处是"天涯",谓将被斥逐也。根据词人以往在党争中所遭到的打击,这份担心是合乎生活逻辑的。这一段是以今时今地与他时他地相组合,也构成了一个凄迷怨断的意境。统而言之,此篇不断运用时空的结合与转换,营建了抚今忆昔哀乐无端的艺术境界,寄托了词人生活上与政治上的欢娱与忧患。应该说它离不开元祐党争这一历史背景。

比《望海潮》(梅英疏淡)略晚,少游又有《江城子》(其一)写被逐离京的心情。其上阕云:"西城杨柳动春柔,动离忧,泪难收。犹记多情曾为系归舟。碧野朱桥当日事,人不见,水空流。"西城,指汴京顺天门外之金明池、琼林苑一带。《淮海集》卷九有诗题作《西城宴集》,自注:"元祐七年三月上巳,诏赐馆阁官花酒,以中浣日游金明池琼林苑……"可为佐证。词云"碧野朱桥当日事",盖指彼时宴集而言。所谓"动离忧",即指将离汴京。歇拍"便做春江都是泪,流不尽,许多愁",一如《望海潮》歇拍"无奈归心,暗随流水到天涯",皆写将被远谪的忧愁,然因情势迫近而忧愁更为沉痛。前人对此评价极高,如俞陛云云:"结尾二句与李后主之'一江春水向东流'、徐师川之'门外重重叠叠山,遮不断,愁来路',皆言愁之极处。"④词人若非遭遇元祐党争的沉重打击,

---

① 《乔大壮手批周邦彦片玉集》。
② 《话柳永》。
③ 《宋史》卷二百四十八《魏国大长公主传》。
④ 《唐五代两宋词选释》。

是不可能写出如此表现"愁之极处"的词句的。词中也是以时地相合、情景交融构成境界,而放逐之感则同样是打并在艳情中。

少游所担心的党祸终于降临。绍圣元年(1094)三月,他以馆阁校勘出为杭州通判,"方至楚泗间,有诗云:'平生遭欠僧房睡,准拟如今处处还。'诗成之明日,以言者落职,监处州酒税"①。在处州期间,有《千秋岁》词:

水边沙外,城郭春寒退。花影乱,莺声碎。飘零疏酒盏,离别宽衣带。人不见,碧云暮合空相对。　忆昔西池会,鹓鹭同飞盖。携手处,今谁在?日边清梦断,镜里朱颜改。春去也,飞红万点愁如海。

词以异时异地之情与景相互融合,构建了一个比前引两词更为凄苦、更为伤感的境界。上阕首二句指处州春日,过片谓元祐七年三月上巳馆阁同人金明池琼林苑之游。上阕"飘零"至歇拍,似写艳情,然下阕纯写身世之感,二者磨荅打并,融为一体,比在《满庭芳》(山抹微云)中所用的手法似更为娴熟。而抒写迁谪之恨,则有胜于《望海潮》之"无奈归心,暗随流水到天涯",及《江城子》之"便做春江都是泪,流不尽,许多愁"。以愁喻流水、喻春江,直至以愁喻海,清晰地勾勒了词人卷入党争以后忧生念死的心灵历程。故曾季狸《艇斋诗话》云:"方少游作此词时,传至余家丞相(案:指曾布)。丞相曰:'秦七必不久于世,岂有愁如海而可存乎?'已而少游果下世。"曾敏行《独醒杂志》又记载少游后至衡州,州守孔毅甫(平仲)见此词,遽惊曰"少游盛年,何为言语悲怆如此!"正因此词写出了党争中迁客骚人的深愁惨痛,引起了许多词人的思想共鸣,先后和之者有孔平仲、苏轼、黄庭坚、李之仪、王之道、丘崈、释惠洪。其中丘崈和了三首。可是他们的词没有一首有淮海词那么悲伤感人。

与此同时,他还写了《处州水南庵》《处州闲题》《题务中壁》《题法海平阇黎》《留别平阇黎》以及《文英阁》诸诗。诗词相较,亦复诗显而词隐,诗直而词婉,而且出现了新的变化:词极哀婉,诗则清新愉快,如《题务中壁》云:"醽头春酒响潺潺,垆下黄翁寝正安。梦入平阳旧池馆,隔花螭口吐清寒。"平阳旧池馆,指太宗献穆公主府第,少游元祐七年曾在其子李端愿处宴集,有《清明前一日李观察席上得风字》诗。千秋岁词"日边清梦断",抒发了回京无望的悲哀;而诗中"梦入"二句,又燃起了重温元祐旧梦的希望,说明少游在此期间常常处于极端思想矛盾之中。

绍圣三年(1096),"使者承风望指,候伺过失,既而无所得,则以谒告写佛书为罪,削秩徙郴州"②。在徙郴州之际,先后写了《阮郎归》(潇湘门外水平铺)及(湘天风雨破寒初)、《踏莎行》(雾失楼台)、《临江仙》(千里潇湘挼蓝浦)诸词。本来在处州监酒税,官虽卑而尚在籍;如今削秩徙

---

① 阮阅《诗话总龟》前集卷三十二引《王直方诗话》。
② 《宋史》卷四四四《秦观传》。

郴州,等于被彻底开除,故其沉痛无比,接连写了以上这些词,就数量和抒情的深度而言,均超过同时代词人。其师东坡亦屡遭谴责,也写了很多迁谪方面的词。然东坡胸怀旷达,往往处之泰然,即以与少游唱和的《千秋岁》词而言,虽云"珠泪溅,丹衷碎",然最后仍以"乘桴且恁浮于海"来解脱自己。而少游则陷在如海的忧愁中而不能自拔。

《淮海居士长短句》卷中有《如梦令》五首,昔人都以为艳词,陈廷焯《词则·大雅集》谓为一组,"仿佛飞卿《菩萨蛮》遗意"。然以淮海诗相印证,其中第二首应作于贬徙郴州途中。词云:"遥夜沉沉如水,风紧驿亭深闭。梦破鼠窥灯,霜送晓寒侵被。无寐,无寐。门外马嘶人起。"案:少游绍圣三年有《题郴阳道中一古寺壁二绝》,其二云:"哀歌巫女隔祠丛,饥鼠相追坏壁中。北客念家浑不睡,荒山一夜雨吹风。"诗词皆写天寒、不寐、饥鼠,境界相似。唯诗未言驿亭,读者可于"坏壁""隔祠丛"中想见。诗中既言"北客",则旅途中必有马,故词云"门外马嘶"。一一比勘,词必与诗作于同时同地。在此时地组合的境界中,显示了作者贬徙郴州途中的凄苦生涯与心境。

时代不幸词人幸。若没有残酷的元祐党争,淮海词很可能停留在艳情阶段,至多描绘一些江山胜概。正因为词人遭受党祸,一贬再贬,使其词融入了丰厚的政治内容,用他的心灵谱写了时代的哀歌。因此研究元祐党争对于揭示一部分淮海词的底蕴,具有不可忽视的意义。

三、淮海词与道释思想

淮海词中,最能体现婉约风格的是艳情之作,最能反映词人身世之悲的是贬谪之作,而这两类词作中有时也渗透道家思想或佛家思想,因而在总体上显得高雅脱俗,赢得了王国维的赞誉:"少游虽作艳语,终有品格。"①

宋代词人的世界观虽大多以儒家思想为主,但也有相当一部分作者同时带有释道思想。如苏轼自号东坡居士,黄庭坚自号山谷道人,便是显例。东坡《卜算子·黄州定惠院寓居作》云:"谁见幽人独往来,缥缈孤鸿影。"便带有道家色彩。黄庭坚跋此词云:"语意高妙,似非吃烟火食人语。"即指此点。少游原字太虚,晚号淮海居士。他自称"余家既世崇佛氏"②,"塞吾妙龄,志于幽玄"③。苏轼也说他"通晓佛书"④,王安石也说"又闻秦君尝学至言妙道"⑤。他生平喜结交僧道,释子如显之、参寥、辨才、平阇黎;道士有陈太初、姚丹元、蹇翊之、虞安仁等。在《送少章弟赴仁和主簿》诗中,还谆谆嘱咐说:"吴中多高士,往往寄老释……投闲数访之,可得三友

---

① 《人间词话》。
② 《淮海集》卷三十八《五百罗汉图记》。
③ 《淮海集》卷三十一《遣疟鬼文》。
④ 《上王荆公荐少游书》。
⑤ 《答苏内翰荐秦公启》。

益。"在《赴杭倅至汴上作》、《艇斋》、《精思》、《反初》诸诗中,一再抒发道释思想,表现了向往神仙世界情绪。淮海词中抒发道释思想的作品虽不如诗文中明显,然亦时而流露。比较突出的是《雨中花》词:

  指点虚无征路,醉乘斑虬,远访西极。正天风吹落,满空寒白。玉女明星迎笑,何苦自淹尘域。正火轮飞上,雾卷烟开,洞观金碧。 重重观阁,横枕鳌峰,水面倒衔苍石。随处有奇香异火,杳然难测。好是蟠桃熟后,阿环偷报消息。任青天碧海,一枝难遇,占取春色。

宋僧惠洪《冷斋夜话》云:"少游元丰初梦中作长短句(词略),既觉,使侍儿歌之,盖《雨中花》也。"可见作于30岁刚过之时。词中描写了一个瑰丽的神仙世界,词人身骑斑虬,在空中漫游,遇到了明星、玉女、西王母的客人阿环。如以淮海诗相印证,则与《精思》所写的"精思洞元化,白日升高旻,俯仰凌倒景,龙行速如神",以及《反初》中所写的"心将虚无合,身与元气并,陟降三境中,高真相送迎"是一致的。它们都是道家思想的反映,且大都取材于《抱朴子·祛惑》。清人查慎行认为《精思》乃"讽刺学仙之流,语多荒诞,与东坡《和陶读山海经》(古强本庸妄)一首略同"①。在淮海诗固如所说,然《雨中花》词则并非讽刺学仙,而是向往与赞美,词风劲健豪迈,充满奇特的幻想,洋溢着积极的浪漫主义精神。如果说淮海其他词作如"幽花媚春,自成馨逸"②,表现了清丽婉约的特色,则此词便属豪放超旷一路,研究淮海词似不能不注意到这一点。

  淮海词中道释思想较为隐蔽的主要有两类,一类是将之打并入艳情,一类是将之融入谪恨。按理道释思想应该严肃纯净,绝对排斥男女之爱。可是少游却不同于坚定的佛教徒和道教徒,尽管道学家程颐指责他"渫渎上帝",他仍照旧在诗词中将道释思想打并入艳情,如《赠女冠畅师》诗云:"瞳人剪水腰如束,一幅乌纱裹寒玉。飘然自有姑射姿,回看粉黛皆尘俗。雾阁云窗人莫窥,门前车马任东西。礼罢晓坛春日静,落红满地乳鸦啼。"写此女道士完全是从欣赏女性美的角度着墨,虽比艳体诗含蓄一些,但作者胸中涌动的情思犹溢于言外,因此近人陈衍《宋诗精华录》卷二评曰:"末韵不着一字,而浓艳独至。"相比起来,淮海艳情词中所写道释思想则呈现出不同的姿态,有的以诙谐之笔出之,如俚词《满园花》写一痴情女子对一负心汉的怨恨:"近日来非常罗皂丑,佛也须眉皱。怎掩得众人口?待收了孛罗,罢了从来斗。从今后,休道共我,梦见也,不能得勾。"又如《河传》二首之一写离人愁苦:"若说相思,佛也眉儿聚。"这里语言俚俗,只不过以佛为喻,显露了对佛大不敬的态度。可是另一首艳情词《一落索》却自然而然地打并入道家思想,一往情深,耐人寻味。词云:

---

① 案:《精思》被《东坡续集》误收,查慎行曾加以辨正,引文本此。
② 吴梅《词学通论》。

  杨花终日空飞舞,奈久长难驻。海潮虽是暂时来,却有个堪凭处。 紫府碧云为路,好相将归去。肯如薄幸五更风,不解与花为主。

  词写一位青年女子的春怨。所恋之人久等不来,她一会儿埋怨他不如海潮那样严守信约,一会儿又想象他们两人能像仙人那样同归洞府。"紫府碧云为路",用道家典故。《抱朴子·祛惑》云:"项曼都学仙,十年而归,曰:在山精思,有仙人来迎。及到天上,先过紫府,金床玉几,晃晃昱昱,真贵处也!"同样的思想,也反映在淮海诗《精思》中:"半道过紫府,弭节聊逡巡。金床设宝几,璀璨明月珍。"所不同的是诗写政治理想的寄托,词写美好爱情的追求,而受道家思想、道家语言的影响则是共同的。

  少游将道释思想融入谪恨的词作,艺术性较高。由于在生活中碰到磨难,在仕途上历尽坎坷,他往往借助佛老,遁入虚无。早期所写的《满庭芳》(红蓼花繁)即寓有道家出世思想。此词写秋宵孤舟垂钓,境界与其元丰二年所作《龙井题名记》相仿佛。是时作者航湖(杭州西湖)至普宁寺,遇道人参寥,又至龙井访辨才。词之下阕云:"时时横短笛,清风皓月,相与忘形。任人笑生涯,泛梗飘萍。饮罢不妨醉卧,尘劳事、有耳谁听?江风静,日高未起,枕上酒微醒。"词人忘情世外,超尘脱俗,怡然自得,表现出一个道家的风范。可是当他身罹党籍,一贬再贬,愈谪愈远之际,便陷入了极端愁苦之中。为了摆脱这些愁苦,他先后写了《好事近》与《醉乡春》二词。前一首绍圣二年(1095)作于谪监处州酒税之时,词云:

  春路雨添花,花动一山春色。行到小溪深处,有黄鹂千百。 飞云当面化龙蛇,天矫转空碧。醉卧古藤阴下,了不知南北。

  此词上阕虽写春天景色,似充满大自然生机;然至下阕,情调忽转消沉,以至前人多认为是预示词人后来死于藤州的"诗谶"。实际上词之重心在歇拍二句,反映了万物皆无、四大皆空的佛家思想。与他同时的赵令畤曾以之与贺铸相比,曰:"方回亦有词云:'当年曾到王陵铺,鼓角秋风,千岁辽东,回首人间万事空。'"①可见少游之"了不知南北",即方回之"人间万事空"。既然万事皆空,什么功名富贵,荣辱苦难,当然就置之度外了。

  少游的《醉乡春》乃元符元年(1098)作于编管横州之时。陈思《海棠谱》引《冷斋夜话》云:"少游在横州,饮于海棠桥,桥南北多海棠,有老书生家于海棠丛间。少游醉宿于此,明日题其柱云:'唤起一声人悄,衾暖梦寒窗晓。瘴雨过,海棠开,春色又添多少。 社瓮酿成微笑,半破椰瓢共舀。觉健倒,急投床,醉乡广大人间小。'东坡爱其句,恨不得其腔。"词写醉卧海棠丛中的情感,饶有诗意。歇拍"醉乡广大人间小",与《好事近》歇拍"醉卧古藤阴下,了不知南北"之意境相似,皆因人世间烦恼太多,企图逃避现实,以一"醉"进入空无一物的广阔天地。此亦受释家思

---

① 《侯鲭录》卷七。

想影响所致。

少游的释家思想多见于诗文中,他曾在《圆通院白衣阁》诗中说:"无边刹境一毫端,同住澄清觉海间。"又在《请高飞新老开堂疏》中说:"忽有悟于吹毛,遂难藏于碓米。"碓米用禅宗六祖惠能夜间舂米得一偈事,偈云:"菩提本非树,明镜亦非台。本来无一物,何处惹尘埃?"①词中之"了不知南北""醉乡广大人间小",实在根源于此。总之,我们结合淮海诗文来考察淮海词,很多问题便可迎刃而解。

(原载《词学》第十三辑,华东师范大学出版社 2001 年版)

---

① 《六祖坛经》。

试论"词无达诂"

钱鸿瑛

一

从广义说来，凡文学艺术诸如诗歌、绘画、戏剧、音乐等等，都应该是"无达诂"的。"无达诂"，实际涉及文艺之所以为文艺的本质问题，古今中外皆然；西方不是有"一千个读者就有一千个哈姆雷特"之说吗？

词，作为中国古典诗歌一种，它是最纯粹的抒情诗。从某种角度讲，词与抒情诗的原理是一致的。

"词无达诂"虽与"诗无达诂"两者同一原理；但是，词是一种音乐文学，毕竟有别于一般诗歌，具有自己特点。最早明确提出词有别于诗的是李清照。她在《词论》一文中以音乐性和文学性两方面着眼，提出"词别是一家"这一著名论断。能以简洁的语言，切中词的文学性方面特色是王国维，他在《人间词话》中说："词之为体，要眇宜修。能言诗之所不能言，而不能尽言诗之所能言。诗之境阔，词之言长。"这里涉及了词不同于诗的取材、主题、风格等问题。所谓"要眇宜修""词之言长"，实指词比起诗来，能更委婉曲折地表现细腻的缠绵之情。如沈祥龙《论词随笔》云："词之妙在透过，在翻转，在折进。自是春心撩乱，非关春梦无凭。透过也。若说愁随春至，可怜笑煞东风。翻转也。山映斜阳天接水，芳草无情，更在斜阳外。折进也。三者不外用意深而用笔曲。"的确，词之抒情更为深曲，词是一种更为纯粹的抒情诗，一片空灵的情感世界。

情感，正如黑格尔所言："情感是心灵中的不确定的模糊隐约的部分。"[①]要将这模糊隐约的情感具体化，还必须借助于客观景物中与之相应的契合点。19世纪瑞典神秘主义学家安曼努力尔·史威登堡(Emmanuel Swedenborg)认为在大自然万物之间存在着神秘的互相对应的关系，在可见的事物与不可见的精神之间的互相契合的关系。象征主义先驱人物波德莱尔(Charles Baudalaire)发展了史威登保的"对应论"(Theory of Correspondence)，把山水草木看作向人们发出信息的"象征的森林"，认为外界事物与人的内心世界能互相感应、契合，诗人可以运用有声有

[①] 黑格尔《美学》第一卷。

色的物象来暗示内心的微妙世界。①我们可以不赞同神秘主义和象征主义,但无法否认他们这种观点不是完全没有可取之处。人类审美的原理应是相通的。中国明末清初的大思想家兼美学家王夫之,对审美的原理比前人论述得更为深刻。王夫之认为情感是由内心和外物"交相感"而成,又认为情感与外部世界有和谐统一性。他深刻指出:"君子之心,有与天地同情者,有与禽鱼草木同情者。"②"情者,阴阳之几也,物者,天地之产也,阴阳之几动于心,天地之产应于外。故外有物,内可有其情矣;内有其情,外必有其物矣。"③这些都说明情感是由外物的触发而生的,故每种情绪都能在外界找到与之相应的对象。

在词论中,清代中叶张惠言,提出类似看法。其《词选序》云:"恻隐盱愉,感物而发,触类条畅,各有所归。"意谓情感不论是凄恻的还是愉悦的,都是受到客观之物的触发,在外界事物中能找到与之相"类"之处,相互得到沟通。

缪钺先生《诗词散论》一书中有一段意味深长的话:"词体之所以能生,能成立,则因其恰能与自然之一种境界,人心之一种情感相应合而表达之。此种境界,此种情感,永存天壤,则词即永久有人欣赏,有人试作。以天象论,斜风细雨,淡月疏星,词境地;以地理论,幽壑清溪,平湖曲岸,词境地;以人心论,锐感灵思,深怀幽怨,词境地。"以上所言,极富启发性,它涉及词的特色、情感和相应的自然景象三者的关系,这也涉及特定的情和特定的景相交融而成词的审美意象问题。

二

那么,情和景又是如何形成词的审美意象呢?

中国古典诗歌自魏晋南北朝渐趋向情景交融。唐朝为诗歌的黄金时代,涌现出大量情景交融的好诗。词则格外重视情景交融。清李渔云:"作词之料,不过情景二字。"(《窥词管见》)田同之云:"词中情景不可太分,深于言情者,正在善于写景。"(《西圃词说》)吴衡照云:"言情之词,必借景色映托,乃具深沉流美之致。"(《莲子居词话》)可见情景交融和借景情相通。情景之所以能够交融、借景之所以能够言情,如上节所述,乃因自然景物与人的内心能相互感应、契合,人心可以与天地禽鱼草木同情,诗人可以运用自然景物暗示内心的微妙世界。情和景之形成审美意象,其具体途径往往是通过"比兴",特别是"兴"。这是因词的抒情需委婉曲折、蕴藉含蓄的特色所决定的。

清人沈祥龙曰:"诗有赋比兴,词则比兴多于赋。"(《论词随笔》)近人蔡嵩云曰:"词尚空灵,妙在不离不即,若离若即,故赋少而比兴多。令、引、近然,慢词亦然。"(《柯亭词论》)这都是指词中多比兴。

---

① 参见《文艺研究》1979 年第 1 期袁可嘉文。
②③ 王夫之:《诗广传》。

比兴和赋原是中国古代《诗经》中的三种表现手法。赋是直写,比是比喻,兴是触景生情。比兴较婉转曲折。对比兴的解释,汉儒郑众云:"比者,比方于物也;兴者,托事于物也。"(《周礼·太师》注)钟嵘《诗品序》更进一步阐释云:"文已尽而意有余,兴也;因物喻志,比也。"他并未将兴限于发端,且认为诗歌用兴,使"文已尽而意有余",表现得更加委婉含蓄,耐人寻味。这见解十分精辟。

如上所述,比和兴原是两种不同的表现手法,但有时也很难截然区分。例如,冯延巳《谒金门》起句"风乍起,吹绉一池春水",李璟戏曰:"吹绉一池春水,干卿何事?"此句为当时名句。李璟为何戏问?此句又为何出名?实因此句似赋似比又似兴,内涵丰富。说是赋,指直陈风起水绉之事。说是比、兴,因和下文词中女主人公的相思之情相联,似乎作者内心也似春水被风吹绉般微妙的骚动,带有隐喻象征的意味。正因为比和兴有时确难区分,故后世也有笼统称为比兴的。

不管比和兴并称,或统称比兴,它们都是中国古典诗歌的传统审美原理。词中更是如此,为传达情感而运用比兴创造了具体形象,唤起人的直观。这"直观",实是十分关键。王国维云:"美术(泛指艺术)之知识,全为直观之知识,而无概念杂于其间。""如建筑、雕刻、图画、音乐等皆是呈于吾人之目者。唯诗歌(并戏剧、小说言之)一道,虽藉概念之助,以唤起人之直观。然其价值全存于其能直观与否。诗之所以多用比兴者,其源全由于此也。"①这里将审美直观与中国传统的比兴说联系起来,真可谓深中肯綮。"情"和"景"通过比兴可形成审美意象以唤起审美直观,这是词常用手法;当然,也并非全用比兴。

兹举周邦彦《醉桃源》为例:"冬衣初染远山青,双丝云雁绫。夜寒袖湿欲成冰,都缘珠泪零。情黯黯,闷腾腾,身如秋后蝇。若教随马逐郎行,不辞多少程。"本词写一女子相思之情。上片选取夜晚的闺中场面,她在灯下为爱人赶制寒衣而泪湿衣袖;下片写她的相思之苦。上结"夜寒袖湿欲成冰,都缘珠泪零"和换头"情黯黯闷腾腾"是用赋的手法描述。"身如秋后蝇。若教随马逐郎行,下辞多少程"是比喻。本词的赋和比都比较明确。"冬衣初染远山青,双丝云雁绫"可以理解为抒情女主人公手上所缝的衣服:一件底子刚染就远山青绿的冬衣,上面织有云雁的图案。这冬衣的色彩和图样意味深长。"冬衣"首先给人以寒冷的感觉,青色又属于冷色,奠下了全词凄苦的基调,而以"远山"形容"青",使人联想起平芜尽处是青山,那远在青山之外的行人。衣上的"云雁"图样,又似乎隐寓"云中谁寄锦书来,雁字回时,月满西楼"的一种相思情意。这衣上的"外景",仿佛是女主人公心中的"内景"的外化,带着朦胧的暗示意味,也可说是一种兴。本词中的比兴。正合刘勰所云的"比显而兴隐"。但不管是显是隐,词中抽象的相思之情因通过比兴与景物相融,能形成生动的审美意象,唤起人审美直观。

如上所述,词中的"情"与"景",往往通过比兴的途径,交融而成审美意象。从创作过程言,审美意象是"情"与"景"在审美感兴中相契合而升华的产物;从鉴赏过程言,审美意象则能唤起

---

① 《静庵文集·叔本华之哲学及其教育学说》,《王国维遗书》,上海古籍书店1983年影印本,第5册。

人的审美直观。意象是构成词的具体单位。一首词的整个审美意象,也就是艺术形象。无论是意象或艺术形象,都涉及"景外之景""象外之象""言有尽而意无穷"。前面所引王国维之言,指出美术之知识全为直观知识,唯诗歌等语言艺术要藉概念之助,以唤起吾人之直观。值得注意的是,语言文字本是概念认识的手段;在唤起人的审美直观时,却不再充作推理符号供逻辑论断,而是与感性经验相联系能唤起自由的生动表象与情感。因此,审美意象就比概念认识远为自由灵活,它不是僵硬的既定概念,不是抽象思维,而是形象思维;各种具体的感知、印象、联想、情绪都活动起来,使人浮想联翩,所以它的内容比概念远为广泛而丰富,被唤起的审美直观应是广泛的、不确定的。但是,另一方面,审美意象与概念认识又有本质相通之处。它们都与一定的理解、判断、逻辑相联系,它们都是对象的本质反映。审美意象所唤起想象,不管如何活动自由,总得有个范围。"景外之景""象外之象""言有尽而意无穷",总得先有"景""象""言"存在。否则,想象自由便会完全失去了规范,这就超出了"词无达诂"的范围,变成穿凿附会了。

总之,在以"情景为作料"的词中,由于比兴(特别是兴)的大量运用,作品的审美意象(艺术形象)常呈现出烟水迷离的朦胧性质,因而给读者的鉴赏提供了广阔的想象天地。如词中用事用典,更会增加一扑朔迷离。不同读者因个体美感的差异性会产生不同的想象。谭献在《复堂词话》中提出了"作者之用心未必然,读者之用心何必不然"这一著名论点,是十分中肯地道出了"词无达诂"这原理的。

三

然则,我们说"词无达诂"并不意味词根本无从解释、无法理解。朱自清先生在《诗的语言》一文第五节《传达与了解》中,有一段精辟的论述。其中"我们不能离开字句及全诗的连贯性去解释诗"。此话可说是阐释、鉴赏词的出发点,必须遵循。词的特质无论是比兴寄托或暗示,都离不开语言。

本文试图将自古至今对词的鉴赏"无达诂"界限概括为四种。兹简述于下:

一、开放性的"词无达诂"。这是指应该"无达诂"的。这些词以一般的自然景物形成审美意象,引发人联想、想象,能给鉴赏主体以最自由广阔的天地。

例如:"林花谢了春红、太匆匆。无奈朝来寒雨晚来风。　燕脂泪,留人醉,几时重。自是人生长恨水长东。"(李煜《乌夜啼》)本词写人生之恨,有广泛的社会意义,不同的鉴赏主体都能结合个人的审美能力形成深浅不同的意境。这类词没有传统的所谓寄托之义,但不能说词中意象没有暗示作用;尽管这暗示并不一定出于作者的有意,如"林花谢了春红""朝来寒雨晚来风"的落花、凄风苦雨,和生命短促、人生怨恨之间的感应等。

二、限制性的"词无达诂"。所谓"限制性",只是相对的;是指词中个别意象或是整首词的审美意象,具有可能性象征意义或比兴寄托之意,其所指比较有一定的范围,在这一定意义范围内的不同阐释、鉴赏,都是可以成立的,故曰"限制性"。

例如："水精帘里颇黎枕,暖香惹梦鸳鸯锦。江上柳如烟,雁飞残月天。 藕丝秋色浅,人胜参差剪。双鬓隔香红,玉钗头上风。"(温庭筠《菩萨蛮》)词中的"江上柳如烟,雁飞残月天"两句十分特殊。雁飞句似有象征意义,且暗示性很强,和上句的跳跃性很大,显得扑朔迷离、闪烁不定,使人难以审定其含义之确指。自张惠言《词选》评注曰:"江上以下,略叙梦境",后人亦多采用张说。但俞平伯却以为:"旧说'江上'以下略叙梦境。本拟依之立说。以友人言,觉直指梦境似尚可商。仔细评量,始悟昔说之殆误。"(《读词偶得》)又说:"说实了梦境亦太呆,不妨看作远景。"(《唐宋词选释》)今之评此词者,也或说梦境,或说实景。其实,"江上"两句既紧承上句"惹梦"之后,似可想象为"鸳鸯锦"里人的梦中景象,较为空灵幽美;但看作实地景色亦可。要之,其中烟柳、雁飞、残月等意象都暗示一种离别相思情意。

三、引申性的"词无达诂"。严格说来,这里的所谓"词无达诂",其实已经超出了词本体审美意象的界限。目前所见的这种现象一是出于著名学者的特定情景的运用;二是由于特定的时代背景所造成的"约定俗成"。后者如晏殊《浣溪沙》中名句"无可奈何花落去",自宋代至解放以前,似未有阐释为政治势力衰败之意;而在那天天讲阶级斗争的年代里,报章杂志等宣传工具以此句借喻为反动势力一天天消亡下去。天长日久,此句的"新意"在社会上通行。前者如王国维《人间词话》所云:"古今之成大事业、大学问者,必经过三种之境界",所引三词,为晏殊的《蝶恋花》、柳永的《凤栖梧》和辛弃疾的《青玉案》。这些词句的本意都和"成大事业、大学问"原风马牛不相关。故王国维自己也说:"然遽以此意解释诸词,恐为晏欧诸公所不许也。"意谓不合作者原意,不为他们所承认。这种引申性的"词无达诂"和上面两种不同。"开放性的词无达诂"和"限制性词无达诂",都是"象"所生的"境",是形成意境所不能缺少的;引申性的"词无达诂"带有很大的偶然性,不属正常的"词无达诂"范围。

四、"词无达诂"的迷误。"词无达诂"是词的特质所在,是形成词的意境所不可缺少的;也是合理的。但是,和一切事物一样,总有一定的界限。超过了限度,就会走入迷途。从词的本体言,"增字解经"太甚,或脱离词本身的审美意象,是会超出"词无达诂"的界限而陷入迷误。

"词无达诂"的迷误现象,可分为两种:

一是由"增字"引起的。吴世昌《罗音室学术论著》第二卷《词学论丛》中,评某论者她"解释端已'凝恨对残晖',全篇增字为训,废话不绝……"。这种增字为训,表面上看来"发挥"得洋洋洒洒,很能迷惑一般读者,实应引以为戒。

二是指对词中个别意象或整体艺术形象的误解。"个别意象"如温庭筠《更漏子》中"花外漏声迢递"。有人解释为"非真为漏声,实为雨滴落之声也。'花外'者,细雨飘着于花木之上,积水渐多,然后汇为一滴,再复滴落,则其点滴声岂不大与漏声相似? 故曰'花外漏声迢递'也。"这种说法不确。按《更漏子》即所谓夜曲,古代用铜壶滴漏计算时刻,把一夜分成五更,故名"更漏";"子"就是"曲子"的简称。《更漏子》词牌的本意是写女子夜晚相思之苦,唐、五代词多咏本意。温词"花外漏声迢递"句,是写思妇于春夜闻更漏,感觉其声悠永,仿佛从花外遥远地方传来。把"漏声"说成雨声,与下面两句显然脱节,也和题意不合。这就是一种过于求深曲之意而陷入迷误。已有学者辨其误。[①]还有是对词的整体的臆测或不理解、脱离了本体的审美意象而形成的迷误。

例如温庭筠《菩萨蛮》:"小山重叠金明灭,鬓云欲度香腮雪。懒起画蛾眉,弄妆梳洗迟。照花前后镜,花面交相映。新帖绣罗襦,双双金鹧鸪。"张惠言《词选》评曰:"此感士不遇也。篇法仿佛《长门赋》。'照花'四句,《离骚》初服之意。"王国维对此早已批评曰:"固哉,皋文之为词也!飞卿《菩萨蛮》……皆兴到之作,有何命意?皆被皋文深文罗织。"张惠言本人是经学家,这解经式的对词穿凿附会,曾对清代常州派词评产生不良影响,至今在某些地区仍阴魂不散。

(原载《社会科学》1999 年第 2 期)

[①] 见《诗词曲赋名作赏析》第二辑,山西人民出版社 1985 年版,第 134 页。

梭罗:崇尚人与自然和谐的先驱

——纪念梭罗诞辰一百九十周年

潘庆舲

十九世纪初叶,年轻的美利坚合众国刚摆脱战争创伤,元气得以恢复,国内经济有了迅速发展,俨然跻身一流经济大国。与此同时,日新月异的科学发明创造与大规模开发自然,一方面使美国人过上了空前富裕舒适的物质生活,另一方面由于掠夺性开发自然,严重地破坏了生态环境,导致原先纯朴恬淡的田园牧歌式的乡村生活销声匿迹。这时候,有一位独具慧眼、颇有忧患意识的伟大思想先驱,切中时弊,大声疾呼人与自然和谐相处——他就是新英格兰著名作家、美国生态文学批评的始祖亨利·戴维·梭罗。

亨利·戴维·梭罗(Henry David Thoreau)1817 年 7 月 12 日出身于美国马萨诸塞州康科德镇一个商人家庭。康科德四乡风景如画,梭罗经常喜欢到野外去,独自徘徊在树木花草、鸟兽鱼虫之间,与大自然结下了不解之缘。1833 年他进入哈佛,好学不倦,是班级里优等生;1837 年毕业后返回故乡任教两年(1838—1840),还当过乡村土地测量员。但他毕生酷爱漫步、观察与思考,写下了大量日记,里头积累了他日后进行创作的丰富素材。他与大作家爱默生(Ralph Waldo Emerson, 1803—1882)相契,于 1841—1843 年住在爱默生家里,成为后者的门生兼助手。于是,他弃教从文,在爱默生的激励下,开始写诗与论说文,起初给超验主义杂志《日规》,随后也给其他报刊撰稿。

1845 年,他在离康科德两英里远的瓦尔登湖畔(爱默生的地块上,事前征得门师同意)亲手搭建一间小木屋,在那里度过的两年多的岁月中,完成了两部作品《康科德河与梅里麦克河上一周》和《瓦尔登湖,或林居纪事》(均在他生前出版)。1847 年梭罗返回康科德居住,其后就在故乡从事写作、讲学及观察、研究当地动植物,偶尔也出外作短程旅行,以广见闻,为日后创作打下坚实基础。有时,他还得到父亲的铅笔工厂去挣点钱维持生活。1802 年 5 月 6 日,梭罗因患肺结核不幸去世,年仅四十四岁。他生前一直默默无闻,并不为同时代人所赏识。直到二十世纪,人们才从他的不朽杰作中开始普遍地认识他。实际上,他真正的声名日隆,还是在上个世纪三十年代以后。

1846 年 2 月 4 日,梭罗在独居瓦尔登湖畔期间,曾经给康科德乡民们作过一次学术性的演讲,题为《托马斯·卡莱尔及其作品》。演讲结束后,乡友们如实相告,对于这个不可理喻的苏格兰诗人其人其事,他们压根儿不爱听。说真的,他们很想听听他谈谈个人湖畔林居的所见所闻。对于乡友们的这一要求,梭罗倒是非常心领神会。于是,在1847年2月10日,他以《我的个人经历》为题,在康科德再次登台演讲,结果是令他喜出望外地受到听众们空前热烈欢迎。听众们甚至要求他劳驾在一周后再重复讲演一遍,希望他的讲稿还可以进一步增补内容。是故,此次演讲以及后来类似的演说,就成为《瓦尔登湖》一书的雏形,并于1847年9月完成初稿,1849年打算出书,可万万没想到会受到挫折。因此,他不得不历时五载,将此书反复修改、增补、润饰,前后计有八次之多,终于使它成为结构紧凑、文采斐然的一部文学作品。《瓦尔登湖》在十九世纪美国文学中,被公认为最受读者欢迎的非虚构作品,迄至今日已有两百种以上不同的版本,同时在国外也有不计其数的各种不同语言的译本。

《瓦尔登湖》一书副标题为《或林居纪事》,一望可知,乃是梭罗本人人住瓦尔登湖畔林居的实录。此书一开头,作者就声明为了"乡友们细致入微地探听我的生活方式"而写的。他选择湖畔为未来住所,就地取材,亲自搭建小木屋,恰巧于1845年美国独立纪念日入住,种庄稼、栽菜蔬,过着独立不羁、悠闲自在的生活。当时在美国,就有人拿这本书当作十九世纪笛福的《鲁滨孙漂流记》来阅读欣赏。没承望《瓦尔登湖》书中充满风光旖旎的田园般的魅力,足以诱惑数以百计的读者退隐山林,或者傍湖筑舍,竞相仿效这位贤哲俊彦的生活模式。一般说来,这种趣事是人们都始料所不及的,殊不知梭罗仿佛料事如有神似的,早就预见到如此众多之门徒,所以,他在书中语重心长地奉劝过读者诸君,说很不希望有任何人采取他的生活方式。因为人们很容易把《瓦尔登湖》看成逃避现实的隐士幽居胜地或者世外桃源,事实上,恰恰有违梭罗的初衷。梭罗在书中开宗明义地说过,他之所以入住沃尔登,是要探索生活的真谛,思考人与大自然这个重大问题,显然不是消极的、出世的,而是积极的、入世的。实际上,梭罗入住之后,并不是茕茕孑立,与人老死不相往来,恰好相反,他一方面经常出门走访,回康科德做学术讲演,另一方面,也有各种各样的来客专程前来登门造访,有的还冒着大风雪赶来,与作者倾心交谈,所以说,梭罗始终置身于这个社会大家庭中。再有很重要的一点是《鲁滨孙漂流记》毕竟是笛福的虚构小说,而《瓦尔登湖》乃是名副其实的非虚构作品,两者不可同日而语。

在某种程度上说,《瓦尔登湖》就像是康科德地方志中的动植物篇。诚然,梭罗大半辈子在康科德与瓦尔登湖边度过,始终致力于观察与研究飞禽走兽、草木花果,以及一年四季的变化进程。从他写到的草木、禽兽,如按生物纲、目、科分类粗略地估算一下,动辄数以百计,他还给它们分别标上拉丁文(或希腊文)学名,追述渊源、观察研究之如此精当、地道,事实上与博物学家相比,也毫不逊色。更有甚者,梭罗还用他的生花妙笔,将他的心得体会点染在自己的描述中,从而被誉称为《瓦尔登湖》一书中的精华所在。难怪十九世纪美国书评家奉劝过读者不妨跳过《瓦尔登湖》中颇有哲学意味的片段,直接去品味赏析描写大自然的那些篇章。诚然,梭罗是当之无愧的描写大自然的高手,他在促进生态文学创作发展方面确实功不可没。虽说在他之前,美国也有过好多专门描述大自然的作家,仅仅报道科学界的一些发现,显得相当单调乏味,但是,能以神来之笔描写大自然而形成独具一格的文学佳构,那毫无疑问,梭罗堪称个中翘楚。美国有的批评家曾经举例指出,单单从《瓦尔登湖》中有关潜水鸟的描写,若与约翰·奥杜庞所著《美国鸟类》一书中潜水鸟章节作一比较,显然大有霄壤之别,后者纯属科技性的报道,前者则是艺术作品。同样,我在译书过程中也觉得,梭罗不论对红黑蚂蚁大战也好,还是对灰背隼、红松鼠、猎狐犬等也好的描写,总是如此绘声绘色、如此引人入胜,真可以说是旷世罕见的华章。

作为艺术品的《瓦尔登湖》,在美国已被公认为现代美国散文的最早范本。《瓦尔登湖》的风格,若与它同时代的作品,比方说,具有写作天才的霍桑、梅尔维尔、爱默生等人的作品相比,都是迥然不同。那主要是因为梭罗这种独特的体裁颇具二十世纪散文风格。当然《瓦尔登湖》的主题,显而易见,写的十之八九是十九世纪的人和事,而妙就妙在,作者对字句文体的选择似乎有些超前,颇具二十世纪的风格。句子写得率真、简洁,一扫维多利亚时期那种漫无边际的文风,而且用字极其精当,富有实体感,几乎不用模糊抽象的缀字。因此,梭罗虽然写于十九世纪的散文,除它文体多变化外,实际上似与二十世纪海明威或亨利·米勒的散文并没有多大差异。

写作手法上,梭罗在《瓦尔登湖》中也有不少独创之处,特别是比喻法的运用,几乎达到了极致。读者可以发现各类著名比喻语之实例,包括从音节的调配到意重语轻的反语法,或者比较通俗的从明喻到双关语等等。读过《瓦尔登湖》的人都知道,梭罗特别喜爱使用双关语,那么多的双关语在全书中俯拾即是,如果有兴趣的话,我觉得,读者不妨试着编成目录手册,的确耐人寻味。精彩绝妙的双关语,我在这里只是信手拈来一两个,仅供读者细细玩味。梭罗写到一个在瓦尔登湖没有钓到鱼的渔夫,管他叫作修道士(Coeno-bites),作者在此不仅暗示此渔夫乃是虔信宗教人士,而且我们读者要是稍加留意听一听"修道士"这个英文词儿的发音,立时会发觉,其实,梭罗是在说:"你瞧,没有鱼来上钩。(See, no bites)"再说,他写到作为资本主义物质文明的标志——铁路时,既表示铁路开通有利于人际往来、城乡交流,但对铁路建设破坏自然生态等等,却又深表不满,就借"枕木"这个双关语写道:"如果一些人乐乐呵呵地乘坐火车在铁轨上驶过,那肯定有另一些人不幸地在下面被碾压过去。"他说"躺在铁路底下的枕木","就是一个人,一个爱尔兰人,或者说一个北方佬","他们可睡得很酣"。作者在这里通过英文枕木(Sleeper)这个双关语,比喻那些为修造铁路卖命而又昏睡不醒毫无觉悟的人。对于这些劳工,梭罗确实满怀同情,真可以说,哀其不幸,怒其昏睡不醒。总之,梭罗笔下那么多的双关语,我在译述时不由得一一加注,我想,说不定我国读者也会感兴趣。

从《瓦尔登湖》中的双关语,我们不禁联想到梭罗那种独特的幽默感。尽管当时文坛上很有权威的洛厄尔撰文说梭罗没有幽默感,但不少批评家却反驳道,缺乏幽默感的倒是洛厄尔,而决不是梭罗,因为人们在阅读《瓦尔登湖》时会发现字里行间都闪耀着梭罗的智慧光芒。他的幽默不见得都是喧哗的,就像喜剧性那样俗不可耐。梭罗的幽默感饱含着一种批评性的、亦庄亦谐的韵味,它不仅使读者看在眼里,心情轻松,乃至于忍俊不禁,而且还像斯威夫特、伏尔泰、马克·吐温或萧伯纳的幽默,发人深省。比方说,十九世纪上半叶,新生的美利坚合众国立国还不太久,人们老是觉得自己脱不掉乡里乡气,一切时尚紧跟在欧洲后头,特别是以英国、法国马首是瞻,乃至于东施效颦,也数见不鲜。因此,梭罗就在《瓦尔登湖》中写出了"巴黎的猴王戴了一顶旅行帽,全美国的猴子便群起仿效"。读者不难揣想,美国人读到这类俳谐字句,管保暗自发笑,毋庸否认,这笑声里头还包含着梭罗把他们当作猴群的默认呢。总之,像上面这样连类不穷、涉笔成趣的诙谐幽默的词句在书中可谓比比皆是,梭罗就是通过它们来揭示:我们人类是何等愚蠢啊。

梭罗还擅长夸张手法。最好的实例就是当年他在《瓦尔登湖》初次问世时扉页上所写的题词:"我无意写一首闷闷不乐的颂歌,可我要像破晓晨鸡在栖木上引吭啼唱,只要能唤醒我的左邻右舍就好。"不言而喻,作者旨在说明自己不愿做什么闷闷不乐的哀叹,他要使自己写在书中的切身感受对人们多少有所裨益。反过来说,作者写在书里的是一首精神抖擞、乐观向上、歌唱生活的欢乐颂。这是全书的宗旨,气势豪迈,而又言简意赅,原本印在卷首,意在引人醒目。不知何故,后来数以百计的《瓦尔登湖》版本上几乎全给删去了,依我看,显然拂逆了作者的初衷。他有时还采用先扬后抑的手法,比方说在《消极抵抗》的名篇中就是这样,他写道:"我衷心地接受这箴言——'管得最少的政府是最好的政府。'……我相信这箴言等于说——'不管的政府是最好的政府。'"接着,梭罗就笔锋一转,对自己过分激烈的观点有所收敛,采用委婉的口吻说:"我不是要求即时取消政府,而是要求立即有个较好的政府。"从而表明了自己绝不是政府废除派的立场。但是,弦外之音,反过来说政府要是逼迫人民去做违背自己意愿的事,人民就应该拥有消极抵抗的权利。《消极抵抗》一文,原先也是应乡民们要求所作的讲演而写成的,随后不胫而走,远播海内外。没承望梭罗这种单凭个人力量的"非暴力抵抗"的主张,极大地激发了世界各国仁人志士——比方说,圣雄甘地、列夫·托尔斯泰和马丁·路德·金——的灵感,显然产生不可估量的影响。

梭罗还在书中谈天说地、纵古览今时,一边立论公允,痛斥时弊,一边又提出不少积极性的批评与建议,其内容十分广泛,涉及饮食文化、住房建筑、生态环境、学校教育、农贸渔猎等等。他反对当时严重脱离实际、费用高昂、培养年轻学子的学院式教育,提倡"与同时代中最有教养的人交游,从而得到更有价值的教育,那是压根儿不需要付什么钱的"。显然,这是梭罗根据自己追随爱默生、获益匪浅的可贵经验而得出的结论,十分精彩有力,至今仍然启迪后人深省。他一贯主张生活简朴,社会公正,在书中这么写道:"我深信,如果人人都像我当时那样过简朴的生活,那么,偷窃和抢劫也不会发生。之所以发生这样的事,盖因社会上存在贫富不均。"寥寥数语一针见血地触及当时美国社会上贫富悬殊的要害。梭罗还根据个人耕作体验,认为"一年里头只要工作六周,就足够生活开支",或者换句话说,一周之中只要工作一天,剩下六天时间,完全可以自由自在,安心读书,思考问题,或者从事艺术创作,等等。要知道,一周以内,人们六天工作,一天是安息日,这本来就是上帝的安排。梭罗身为基督徒,却大唱反调,主张工作一天,休息六天,岂不是大逆不道吗。反正在本书中,读者时不时碰到类似上述的叛逆言论,如果说梭罗是一个社会批评家,也是一点儿不过分。

梭罗在《瓦尔登湖》中用很大篇幅谈到人与自然和谐相处,人与草木鸟兽和谐相处,有许许多多精彩片段,恕不一一列举。我打算日后另撰专文予以介绍。这里着重提一下,梭罗还主张社会内部各族群之间和谐相处。邃古以来,北美大陆的主人、原住民是各部落印第安人,欧洲殖民者到达"新大陆"后不仅肆意残杀无辜印第安人,使其濒临种族灭绝的境况,而且彻底毁掉了悠久的印第安人文化与生活方式,还对印第安人持极端歧视的态度。殊不知梭罗乃是狷介之士,却反其道而行之。他在书中常常笔酣墨饱地写到印第安人的种种美德,甚至说,即使是"野蛮民族",美国人也"不妨学一学,也许大有裨益",具体地说,就要学习各部落印第安人和墨西哥人的风俗文化,比如,"第一批果实节""除旧祭祀活动",好像是在"蜕皮求新""净化自己处世理念"等,试想远在一个半世纪以前,梭罗就具有上述真知灼见,确实值得世人们称道。

  梭罗从年轻时起即好学不倦,博览群书。古希腊罗马文学、东方哲学和德国古典哲学对他都有影响,但是,爱默生的《论自然》等著述中的超验主义思想却给他较深的影响。超验主义思想的基本出发点,就是反对权威,崇尚直觉;其核心是主张人能超越感觉和理性而直接认识真理。无奈梭罗是一个富有诗人气质而又注重实践的哲学家。他和爱默生虽然是师生关系,在哲学思想上有很多相同之处,但他们的思想观点却是和而不同。这主要是因为他们两人的个性与作风毕竟大异其趣,结果反而使他们日益疏远,越到后来,更难接近。爱默生偏重于哲理的思辨,而梭罗则力求将自己相信的哲理付诸实践,就是说要身体力行。有趣的是,以爱默生为代表的康科德派文人,虽然也在小溪农庄和花果园地建立了一些公社,希望实现他们的理想,一边耕地,一边谈论哲学。惜乎这两个乌托邦社会都失败了。但是,梭罗主张人应该过一种有深刻内容的返璞归真的生活;他意志坚强地入住湖畔林居,根据个人生活体验写成的不朽之作《瓦尔登湖》,就是他通过自己力行而结出的丰硕果实,并且赢得超验主义圣经的美誉。

  众所周知,梭罗曾经从东方哲学思想中取得不少滋养与借鉴,从而丰富了自己独特的思想见解。值得注意的是梭罗对中国文化,尤其是儒家思想情有独钟。他在《瓦尔登湖》中旁征博引孔子、孟子等先奉贤哲儒家经典言论,总共有九处之多。博大精深的儒家经典,崇尚自然、天人合一、民胞物与、仁者乐山、智者乐水,不仅成了梭罗在阐发自己的思想论点时有力的支柱,而且不经意间还扩大了现代美国文化的思想视野。就我国读者来说,读到梭罗如此热衷地向美国人介绍孔孟之道、老庄思想,我想也一定会很感兴趣。因为经过梭罗引经据典并进行了新的诠释,难道说不就是在重新发掘和激活中国传统文化,尤其是儒家文化所固有的独特的魅力和活力,从而顺势融合到美国文化,乃至于全球性文化中去吗?

  梭罗根据自己深信的超验主义观点,在书中就自然界四季更迭和精神复苏作出了极其精彩的描述。从章节上来看,《瓦尔登湖》一书是以春天开端,依次经历夏天、秋天和冬天,最后仍然以春天告终,好似生命轮回的写照,既是终点又是起点,生生不息,开始复苏。梭罗在书末讲到一个在新英格兰广泛流传的故事:从一个蛰伏六十年之久的虫卵里孵化出一只健壮而又美丽的小虫子,再次强调世上任何力量扼杀不了生命的复苏,同样也表达了他的无比乐观的人生态度。梭罗在结尾时所写下的隽语箴言,直至今日,依然令人对未来充满了希望:"遮住我们眼睛的亮光,对我们无异于黑暗。惟有我们清醒的时候,天光才大亮。天光大亮的日子多着呢。"

  随着岁月流逝,梭罗的《瓦尔登湖》越来越受到世人们无比崇敬,曾被誉称为"塑造读者人生的二十五本书之一"(美国国会图书馆评语),"美国文学中无可争议的六本或八本传世之作之一"(美国著名批评家约瑟夫·伍德·克鲁奇评语)。美国批评家伊拉·布鲁克甚至还说过:"在过去一百年里,《瓦尔登湖》已经成为美国文化中纯洁天堂的同义词。"不消说,英国著名作家乔治·爱略特更是慧眼识珠,远在当年《西敏寺周报》上就撰文指出:《瓦尔登湖》是一本超凡入圣的好书。严重的污染使人们丧失了田园的宁静,所以,梭罗这本书便被整个世界阅读和怀念。走笔至此,我猛地记起,不久前我国有识之士在深圳举办自然论坛,在特意向我国广大读者郑重推荐的"十大自然读物"的书中,梭罗的《瓦尔登湖》名列榜首,足见它确实是举世公认的一部不朽名著。说真的,梭罗写在书里的一字字、一句句,对上至国家决策人、下至草根百姓来说,都是恒久不变的警世箴言啊!我想,不管怎么说,当前全球生态环境仍在不断恶化,天上看不到一片蓝天、一丝和风,地上找不到一方净土、一泓清水,社会上贫富越来越悬殊,"征服自然""人定胜天"依然甚嚣尘上,只要以上种种现象还没有得到全部彻底根除之前,在各个不同国家、各个不同民族,人们总要回首前尘,带着无限眷恋的心情,缅怀崇尚人与自然和谐的先驱,研读梭罗的这部不朽经典,从中不断地给自己汲取灵感、力量和希望。

(本文系潘庆舲译梭罗《瓦尔登湖》一书序言,上海社会科学院出版社2007年版)

《意识流小说家伍尔夫》再版后记

瞿世镜

此书是我的第一部学术专著,1989年2月由上海文艺出版社出版,1991年获上海市文学艺术奖、全国优秀外国文学图书奖。出版社曾给我30本样书,早已赠送喜欢读书的朋友们。近年来仍有文学专业的研究生,为了准备写作学位论文,来函索书。因此我请上海译文出版社再版此书,满足这些读者的需求。译文社嘱我写一篇再版后记,我想借此机会表达对于两位先辈的深切怀念。

我怀念我的母亲。我出身于医学世家,自幼立志学医。母亲认为优秀的医师决非技术型偏才。优秀的医师应该是全面发展的人才,必须具备道德底线、崇高目标、精湛医术、丰富知识、健全体魄、平衡心态、审美情操。她认为学校的应试教育是片面的,需要高质量的家庭教育来加以补救。小学二年级暑假,父母亲恭请石贡豪老夫子给我讲授《论语》《孟子》。我从石老夫子那里得到的,不仅仅是古汉语阅读、写作能力,而是一种人格的熏陶和爱国的情怀,令我终身受益。在中学阶段,母亲又请外国语大学陆佩弦教授担任我的英语导师。我从陆老那里获得的,并非基础语法训练,而是对英国文学内在之美的欣赏和领悟。在绘画、音乐方面,她也为我聘请最优秀的家庭教师。我原来立志学医,后来大病一场,不得不弃医从文。如果母亲没有从小就着意培养我文理平衡、全面发展,我绝不可能轻而易举完成专业转换,走上文学研究道路。

在人生道路的转折关头,母亲提出的建议总是非常明智。我在复旦大学攻读英国语言文学专业。毕业时恰逢"文化大革命",大学停止招生,学术园地一片荒芜。我被分配到中学当英语老师。1980年,我在报刊上读到一则消息,社会科学院连续两年招考研究人员。我毫无准备,打算先花一年时间复习专业知识,到1981年报考,或许可以更有把握。母亲却嘱我立即报考。她说:"你没有准备,别人也没有准备。这是公平竞争。我坚信你的基本功是扎实的。机会难得,不可错过!"母亲的判断是正确的!由于1980年只招到很少人才,1981年社会科学院不再招考研究人员。我收到录取通知书后,父亲建议我继续留在中学当教师。他认为,我的青春岁月已在席卷全国的政治运动中消耗殆尽,人到中年再转换轨道,重新起步,难度太高,成败难料。母亲却认为我具备跨学科复合型知识结构,适合于搞学术研究而不是当语言教师。知子莫若母!我认同母亲的分析判断。

我自幼求知若渴,考试成绩名列前茅,父亲赠我心爱的书籍作为奖品。然而,我更在意来自母亲的奖赏。母亲唯恐我骄傲自满,从不轻易表扬,也不给我任何奖品。她总是细心检查我的功课,阅读我的作文。如有谬误,她决不放过。若有寸进,她脸上浮现一丝微笑,眼中闪烁着喜悦的光芒。母亲的默默赞许,就是对儿子的最高嘉奖。我在复旦大学一年级时,每一篇英语作文,在交给老师之前,都请母亲首先评阅。到了二年级,母亲对我说:"儿啊,你的英语作文,母亲不能再批改了。今后你自己用功吧。"母亲不但是我人生道路上的第一参谋,也是我学术成果的第一读者。我进社科院之后,每一篇学术论文和翻译作品,都请母亲首先阅读,认真听取她的意见,然后才公开发表。

父亲提醒我中年转轨成败难料,亦非虚言。我对学术研究极为投入,焚膏继晷,兀兀穷年。我逐渐有一种精力不济的疲劳感。1983年去医院检查,发觉我已患癌症。手术之后到肿瘤医院治疗,不幸发生了医疗事故,技术员操作失误,把放射剂量加倍,使我上吐下泻,白细胞剧降。主治医师发觉事态严重,建议我立即打报告申请提前退休。母亲每天煲甲鱼汤助我恢复体力,并且在精神上给我鼓励和支持。她说:"儿啊,我相信你一定能挺住。我已读过你写的论文。我还等着读你的译著、编著、专著呢。"母亲是我心中期盼的第一读者,岂能让她失望?因此在治疗过程中,我的研究工作继续不断往前推进。1986年春天,母亲不慎摔倒,脑溢血形成脑疝,压迫脑干。母亲成了目不能视、口不能言、身不能动的植物人,只有一只耳朵还保持着听力。这是她与外界维持联系的唯一通道。1986年5月,译著《论小说与小说家》由上海译文出版社出版。我走进病室,拿起母亲瘫痪的手掌,把它轻轻地放到新书封面上。我在她尚有听力的一侧耳边诉说:"妈,我的第一部译著出版了。"她的眼中溢出两颗大大的泪珠,沿着麻木的脸颊往下流淌。1986年12月5日,我的第一部专著完稿,母亲大人驾鹤西归。1989年2月,此书出版。我把一本新书代替鲜花,供奉在母亲遗像之前。

我怀念王道乾先生。1981年我到上海社科院文学研究所报到,王先生是主持研究工作的常务副所长。他并不立即布置研究任务,每天陪我饮茶闲聊,详细询问我的求学经历与家庭背景。他问我是否爱听西方古典音乐。我说十分喜欢。我学过小提琴,老师是中央乐团首席小提琴家韦贤彰先生。他问我是否欣赏中西绘画艺术。我告诉他曾经受过正规的西洋画素描训练。我祖父是著名外科手术家,又是业余国画鉴赏者,家中藏画甚多。我曾拜杨澄甫宗师入室弟子黄景华大夫为师学太极拳。黄老毕业于上海美专国画系,经常与我一起鉴赏国画。对于中西绘画理论,我也略知一二。他问我是否读过精神分析学著作。我说弗洛伊德、荣格、阿德勒的著作,我在念高中时都读过。他又详细询问每本书的译者和版本,我都如实回答。王先生语调轻柔平稳,然而他目光犀利、专注而又警觉。经过多次闲聊。他的目光柔和了,脸上露出心满意足的表情。他说:"终于找到合适的人选了!"他选中我去承担伍尔夫意识流小说研究课题。

我立即表示异议。我说,苏联日丹诺夫早有结论,西方现代派是颓废没落资产阶级文艺。选这样的课题,下一轮政治运动必然会挨批。王先生非常严肃地告诉我,日丹诺夫是教条主义,不是马克思主义,他的结论不足为训。如今改革开放,文化领域也不可能再闭关锁国。我们要运用马克思主义立场观点,对现代西方文艺作鉴别分析:哪些是可以接受的,哪些是需要批判的,哪些是应当坚决拒之门外的。这是中国学者无可回避的责任。你若不愿担此重任,就别留在社科院,另请高就!我原本学医,觉得这种分析性研究课题类似医学中的鉴别诊断,也就欣然受命,丝毫也未曾想到这个任务何等艰巨。随着研究工作步步深入,我发觉王先生的"闲聊"决非无的放矢。我必须调动我早年在各方面积累起来的全部知识储备,才能应对这个研究课题。从历史唯物主义视角来考察,伍尔夫的小说理论和创作技巧决非孤立个案,它是西方绘画、音乐、文学整体文艺思潮由近代向现代转变过程中,在某个时间节点上的一个综合性标本。我的研究并不局限于文学而涉及比较文艺学。

伍尔夫研究作为本所重点课题正式立项之时,王道乾先生特批 400 元课题经费。这 400 元用了八年之久,每年平均仅 50 元而已。当时我走遍了全市各大图书馆,也找不到几本有关伍尔夫的英文原著。我没有一分钱外汇,伍尔夫的全部作品、日记、书信和其他英文参考书,都靠国外亲友捐赠。当时在我 20 平方米斗室中,只有一张书桌。我将书桌让给女儿写作业,把稿纸铺在床板上,坐在小板凳上写我的论文。在如此艰苦的条件下,王道乾先生依然坚持他的科研标准。我至今难以忘怀他的谆谆告诫:"板凳一坐十年冷! 不要急于求成。收集资料,通读原著,翻译作品,一步一个脚印往前走。最后写专著,是表述自己独到的学术见解,为文学艺术领域的改革开放作出必要的分析判断,决不是为了个人评学术职称!"

我身患癌症,放疗过量,极度衰弱。王道乾先生并不因此而对我网开一面,放低要求。在我的第一部译著《论小说与小说家》中,有一篇我撰写的阐述伍尔夫小说理论的论文。原稿是 6 万字。王先生审阅后,嘱我把例证大量删节,压缩成 3 万字。我的第一部专著原来打算写 40 万字,王先生嘱我压缩到 20 万字。我的第二部专著原订规划是 20 万字,王先生认为 10 万字就足够了。我尽量削减引文例证,终于将书稿压缩到 14 万字之内。王先生严格把关,使我养成了字斟句酌、惜墨如金的习惯。我患病之后,王先生仍然依据原定规划,严格审核我的科研进度,令我大惑不解。伍尔夫研究系列全部完成之后,王先生轻轻地对我说:"我很抱歉,当初把你逼得这么紧。我并非铁石心肠。打仗要一鼓作气。气可鼓而不可泄。科研也同样如此。在生死关头,如果你心中的弦一松,精神崩溃,那就全完了。我逼着你把思想集中到科研项目上去,一鼓作气往前冲,或许尚有一线生机。幸亏你挺过来了。"原来如此! 家中有慈母,社科院有严师,助我侥幸闯过了难关!

我在本书序言中郑重申明,我的书稿是初步研究成果,不过是抛砖引玉的粗糙砖块而已。《论小说与小说家》出版之后,出现了不少伍尔夫论文与随笔中文译本,中国社科院出版了四卷本《伍尔夫随笔全集》。《到灯塔去》全译本出版之后,伍尔夫小说译本陆续问世,上海译文出版社推出了《伍尔夫文集》。我获得了向译界同行们学习的宝贵机会。近年来拜读杨莉馨教授关于伍尔夫的两部专著,不胜欣喜。个人是渺小的,人生是短暂的。我所能做的,不过是给学术大厦的基础垫放一块小砖。但愿此砖比较结实,不至于给整幢大厦带来安全隐患。如今人人都在言说中国梦。13 亿人的中国梦各不相同。作为一名学者,我的中国梦是让年轻学者踩着我的肩膀向上攀登,在我放下的砖块上添砖加瓦,建造学术大厦。母亲大人对我精心培育,道乾先生对我苦心引导,无非也就是期盼我能为这幢学术大厦砌一块小小的砖。

(瞿世镜著《意识流小说家伍尔夫》,上海译文出版社 2015 年版)

小中翻奇的空间艺术
——明代园林美学片论

夏咸淳

中国园林是具有鲜明民族特色的空间艺术、造型艺术、构景艺术,其构造特点和艺术风格受到幅员、体量等多种因素的制约。明代文人私家园林多为小园,占地少者不及一亩,逾百亩者已不多见。具体而微,或者说以小见大,壶中翻奇,芥子纳须弥,咫尺含千里,是明代私家园林空间格局的显著特征和造景艺术的重要法则。

一 小园自适之趣尚

明代后期是文化艺术大普及也是园林建筑大繁荣的时代,在当时官宦富商、文人雅士、山人隐士乃至一些平民中,都有喜好园林的角色,或者耽爱殊深以致成为"园癖"。知识阶层中的园林主人有官绅文士,也有布衣名士,如陈继儒、施绍莘、李流芳、赵宧光等都未出仕,陈有白石山房,施有西佘别业,李有檀园,赵有寒山别业。也有平头百姓,利用宅前屋后空地辟建小园的,若无力筑园,则设盆景,以点缀蓬户寒斋。明末清初园艺家陈溟子云:"山林原墅,地旷风疏,任意栽培,自生佳景。至若城市狭隘之所,安能比户皆园。高人韵士,惟多种盆花小景,庶几免俗。"①但盆景并非高人韵士专享的清玩,贫寒之家喜弄这玩意的也大有人在。福建乡间就有一个以淘沙为业的工人在自家庭院堆起一座模拟武夷山水的假山,惟妙惟肖,巧夺天工,使闽中名流谢肇淛大为赞叹:

吾闽穷民有以淘沙为业者,每得小石有峰峦岩穴者,悉置庭中。久之,鳌土为池,叠砾房为山,置石其上,作武夷九曲之势。三十六峰,森列相向,而书晦翁棹歌于上,字如蝇头,池如杯碗,山如笔架,水环其中,蚬蛳为之舟,琢瓦为之桥,殊肖也。余谓仙人在云中,下视武夷,不过如此。以一贱佣,乃能匠心经营,以娱耳目若此,其胸中丘壑不当胜纨绔子十倍耶?②

---

① 《花镜》卷二《种盆取景法》。
② 《五杂俎》卷三《地部一》。

这段记载生动地表明,缙绅士夫喜爱园亭的风气已经影响到平民,在社会中下层也出现了叠山造园的事,园林向小型化发展已成必然之势。

园林小型化的发展趋势除了与园林文化的普及、向下推移有关,还与晚明士流追求自适自由的人生态度有密切联系。能顺着自己的天性、性分、性格去生活,过得快活,自得其乐,此之谓"自适"。追求自适是个性意识觉醒的表现。比如造园,只要能娱情适志,获得山水泉石之乐即佳,无关园之大小华朴。万历间吏部左侍郎顾起元辞官归故里江宁(今属南京),于城南胜地杏花村筑小墅遯园,有诗云:"中有地一弓,蓬蒿才剪锄。小屋八九间,篱蒿为储胥。岂不谓狭隘,意适宽有余。"①此园虽小,但行坐其间,"触境成欢娱",摆脱官场羁绊,保有恬退个性,所以主人对它钟情有加,取"遯园居士"以为别号。邹迪光愚园筑有"三疑岭",命名与湖南九疑山相近,游客笑问:"楚有九疑,子有三疑,九疑延亘数百里,而三疑仅隔咫尺,鹪鹩大鹏,抑何不类耶?"主人妙答:"夫物有类,物情无类,自物自类,自情自适,则鹪鹩亦大鹏,一枝亦九万也,孰谓三疑不如九疑?"②万物的形态有类似之处,但其质性各不相同。物有共性,还有个性,个性千差万别,无一雷同。在尊崇个性的人看来,小物如"鹪鹩"之类,只要能自适其适,就不羡乎巨物如"大鹏"之族。胸中自有一天地,壶中亦含大世界,然则园中小小三疑岭可方楚湘绵亘数百里之九疑山矣。

嘉靖间南京国子祭酒陆树声为官清正,《明史》本传称其"端介恬雅,翛然物表,难进易退"。及辞教职归田,在松江华亭城南购得弃地二亩,建小墅曰"适园"。其同邑晚生陈继儒记云,"树无行列,石无位置,独一小阁出于树杪竹篠之间,玲珑翕张,以收四面之胜"③。继儒认为,园居之真趣不在体量大小,而在能与园内外山水花木鱼鸟相会心:

  余谓园之界限,不在大小,以目与足所到为界。假令瞽者兀者扶携而游,目不及赴,足不及领,虽有园,无园矣。设以常人而埒夸父之步,离娄之睫,则园于顷刻判为大小。非园之俄大俄小也,目与足之所到异也,然园之权在目与足,而目与足之权在我。在我者不适,则虽大士之千目,韦驮之日绕四部洲而行不止,于目与足何有哉?④

造园,赏园,为的是追求自适,倘使吾情有所寄托,心志得以顺遂、畅适,斯园则佳,不然则否,大小固不必论。"足"与"目"是身体条件,昔人称为"济胜之具",目盲足废者难与言园林之乐。但仅此而已是不够的,尤须胸有丘壑,能以我心领会山水泉石花木鱼鸟之胜,而得园林真赏清趣。陆树声所以居二亩小园而有无穷乐趣,"虽撮土泉石,宛若五岳砺而五湖带焉",不仅因为"垂老而神明不衰,其目与足矫若少年",更因为此园"与性之善适者会","先生以我适园,而不以园适我"⑤,始终把自我放在第一位,以我之自适与否为权衡,而不以物之大小为绳尺。园主陆树声自

---

① 《嫩真草堂集》卷三《园庐》。
② 《石语斋集》卷一八《愚公谷记七》。
③④⑤ 《白石樵真稿》卷三《陆宫保适园记》。

云:"如是,则余园虽小,而余之所托以适焉者大矣。"①这种追求自适的人生观、价值观是促进园林向小型化发展的一种内驱力。

建造小园还可以节省财力、人力、物力,可以做到更加玲珑精致,对于家境尚可的士人来说也是可以办到的。嘉靖以后,在江南不少小县城乃至一些市镇,都有为数可观,或精雅或朴野的小型园林。仅嘉定县之南翔镇就有不下十座园林,如著名画家、诗人李流芳之檀园,其侄李宜之之猗园,其友张崇儒之薖园,及崇祯间刑部主事张景韶之嘉隐园等,皆名著一方,是文人雅士经常宴集唱和的胜地。这些园林大都小巧淡雅。李流芳咏其檀园:"短筑墙垣仅及肩,多穿涧壑注流泉。放将苍翠来窗里,收取清泠到枕边。世欲何求休汗漫,我真可贵且周旋。一龛尚拟追莲社,不用居山俗已捐。"②第二联"放将"二句,可见檀园建筑妙于取景;第三联"世欲"二句,抒写主人不愿追逐世欲,而以真自葆的情志,这也是诗人自甘"周旋"于小园的原因。檀园有泡庵、萝壑、剑蜕斋、慎娱室、次醉阁、蓼蓼亭、春雨廊、山雨楼、宝尊堂等景点③,园不华而精巧,规模小却具体而微,这与李流芳的构园思想正相吻合。又其诗云:"山居不须华,山居不须大,所须在适意,随地得其概。"④山居不贵"华"与"大",但求"适意"云云,也是"自适"的意思。南翔猗园原为镇人河南通判闵士籍所辟,后归贡生李宜之,复经嘉定竹刻、盆景名家朱稚征(号三松)疏理营构,园貌一新,有逸野堂、小云兜、幽赏亭、书画舫诸景。宜之《猗园诗》云:"借水成三径,搴云补一林。委蛇俱户牖,咫尺亦登临。梁月分初影,溪杉列远岑。堂虚延桂馥,阁迥失桐荫。"⑤清乾隆间,苏州洞庭山叶锦得此园,拓地重葺,更名"古猗园",今存。薖园,镇人张崇儒辟,中有招隐亭,老桂数十株,杂植梅杏,环以翠竹。崇儒字鲁生,与李流芳、程嘉燧等名流结忘年交,"时时过从,觞咏弗绝。"一座市镇同时出现十余座园林,吸引了众多名士来此聚会咏觞,反映了晚明时期园林艺术的空前繁荣和日趋文人化、小型化的发展态势。

晚明文人珍惜自然生命,重视自我价值,对其所好所爱一往情深,如痴如癖,乃至性命以之,有园癖者不惜投入大量财力精力,亲自参与,以至"典衣销带,不以为苦,祁寒暑雨,不以为劳,一段痴僻,差不辱山林耳"⑥,故每有精妙制作问世。他们崇尚个性自由和艺术独创,主张独抒性灵,不拘格套。造园亦然。密园主人祁承㸁尝言,"构园有别肠","多以意为之","大较不用格套耳"⑦。格套、程式、常法等等都难以束缚其手脚。造园大师计成云:"探奇合志,常套俱裁。"⑧郑元勋称赞计成构园善于变化,"从心不从法,为不可及"⑨。因此江南园林精品皆富于创造,小型化、文人化、个性化的私家园林分布密集,风格多样,如锦绣般铺叠于青山绿水、城市郊

---

① 《陆学士杂著·适园杂著·适园记》。
② 《檀园集》卷四《小葺檀园初成》。
③ 《南翔镇志》卷九《艺文·书目》,上海古籍出版社 2003 年版。
④ 《檀园集》卷一《戏示山中僧侣》,上海古籍出版社 2003 年版。
⑤ 《南翔镇志》卷一一《杂志·园亭》,上海古籍出版社 2003 年版。
⑥ 《祁彪佳集》卷八《越中园亭记五》。
⑦ 《淡生堂文集》卷一一《密园前后记引》。
⑧ 《园冶》卷一《屋宇》。
⑨ 《园冶》卷前《题词》。

野之间,成为一道鲜丽的文化风景线。造园理论与营造实践同步发展,一样充满创造的活力,较之明代以前著述更加系统、完密、精深,而集大成。或者以为文士园林自中唐以迄明清,日趋"腐熟""衰弱",但是这一论断与历代特别是明代园林发展史实多有不合,至于清乾隆以后则又当别论。

明代后期,文人小园空前繁盛、普及,构造精巧。上海日涉园主人陈所蕴盛称叠山名师张南阳:"山人能以芥子纳须弥,可谓个中三昧矣。"又称:"地不过寻丈,所衷石不能万之一,山人一为点缀,遂成奇观。峰峦岩洞,岑巘溪谷,陂坂梯磴,具体而微。"①如何利用狭小的空间创构美妙的境界,成为造园家们共同的美学追求,芥子须弥、壶中天地、具体而微的造园美学理念在当时很流行。王世贞之子士骐有约圃,规模甚小,远远不及其弇园及叔父世懋淡圃,主人云:"今吾圃之广袤不能当其十一,足不待疲而竟,目不待瞬而息。执役不二丁,葺费不倾囊,以此名约,盖真约也。而吾意常优然而有余。"②因获其父称赞:"夫芥子而纳须弥,所谓无待者也,此其为约也大矣。"③居地虽隘而心则宽,此就心境而论。嘉定徐学谟有归有园,"园之址,从衡仅百十武",有芥纳楼,"楼制狭而视广,能尽一园之胜,犹曰芥子之藏须弥也,故以名"④。楼制虽小而目击广,此就视阈而论。小中能容大,小中能见大,就看主人如何对待、如何营构了。山阴密园主人祁承爜论造园以小见大、以小见奇之妙道尤其精到:

园宜水胜,而其贮水也,即一泓须似于弥漫。园宜竹多,而其种地也,虽万竿不令其遮蔽。园之内,一丘一壑,不使其辄穷;园之外,万壑千岩,乃令其尽聚。若夫地不足,借足于虚空;巧不足,借足于疏拙;力不足,借足于雅淡。

不论是凿池、种竹、造假山、收外景,还是运用种种假借补救之法,都含有以小取胜的美学旨趣。祁承爜之子寓园主人彪佳对构园之道也深有心得:"庄严妙法海,大千藏一粒。"又云:"写浓在于淡,收远在于窄,藏巧在于平,摄喧在于寂。此是开山谱,于今夸弋获。"⑥淡中见浓,窄中见远,平中见巧,寂中见喧,此为开山之谱,亦即造园之道,相反相成之理。

二 景深层次之幽折

一粒粟中藏大千世界,私家园林以小见大的审美特性是通过多种空间结构方法来实现的,举其大要,一曰景深之幽折,二曰景象之叠映,三曰外景之含摄。

---

① 《竹素堂全集》卷一七《啸台记》。
②③ 《弇州续稿》卷六〇《约圃记》。
④ 《徐氏海隅集》卷一〇《归有园记》。
⑤ 《淡生堂文集》卷一一《密园前后记引》。
⑥ 《远山堂诗集·予初开寓山》。

小园占地不广,景观容量有限,如何在狭小的空间延长游程,增添游趣,这是必须妥善解决的一个艺术难题。园林设计者常在空间布局、导引路线、建筑结构诸方面精心构思,尽量取曲线而避直线。同样一座园林,走直线则易尽,使人一览无余;取曲线就会延长、变换游览路线,产生左顾右盼领略不尽的审美趣味。"园路由于曲折迂回而增长了游程,延续了游览时间,对于游览来说,起到拓展空间的作用,使得有限的园地造成无限风光的幻觉。"[1]无锡邹迪光愚公谷园有霞举阁,景区"规地无几,而措置有法,故愈折欲胜"[2]。松江顾正心熙园,洞壑幽深曲折,又为茂密的古树所覆盖,益增幽邃。张宝臣记云:"好事者每欲穷其幽致,则入西麓,出东隅,如登九折坂,入五溪洞。怪砮岖林薄阴翳,幽崖晦谷,隔离天日。自午达晡,始得穿窦出。"[3]洞壑结构曲折升降,拓展了景区的空间,延长了游览的路线和时间。钻入其中,如临幽壑深谷,体验到登跻的艰难和快乐。绍兴城内外园墅林立,其佳者也以曲折回环取胜。郡人祁彪佳记倪元璐园:"至其委迤层折处,自堂至寝,无非园亭。近又引流为沼,积土为山,曲廊水轩,回环映带,更辟一绝胜地矣。"[4]又记某氏意园:"小沼当门,疏花绕径,书舍只数楹,环而涉之,若无穷际,于此见作者之巧思。"[5]廊轩、花径、池沼,皆以回环曲折取胜。构园取曲以因地制宜为上乘。仪真汪氏寤园有篆云廊,因地势而构,屈曲自然,似出天成,是计成得意之作:"今予所构曲廊,'之'字曲者,随形而弯,依势而曲,或蟠山腰,或穷水际,通花渡壑,蜿蜒无尽,斯寤园之篆云也。"[6]叠山须得回接之势,理水应有潆带之情。三间半之厅堂,地狭不得舒展,要做足这半间文章,造成"深奥曲折,通前达后"的"幻境"[7]。其他建筑诸如廊榭、墙垣、栏槛、山径、桥梁等等,设计也多取曲线,表现曲线之美,幽折之趣。

增加构图层次,加强景深效果,也是常用的空间结构方法。造园家或者利用天然景物如墙垣、廊榭、假山、堤堰、树木等等,或者兼用天然和人工景物,以"隔景"、"障景"将园林分隔成几个小的景区、景点,又各具特色,互相掩映成趣。层次单一,景深浅近,和按直线构景一样,不能久留游足而增游兴。层次多,构图丰富,景深幽远,令人应接不暇,玩赏不尽。此亦一粒藏大千、尺幅具丘壑之妙法也。邹迪光愚公谷引惠山泉水入园,疏凿为涧,涧分三折,每折长短不同,共四十余丈,"势如建瓴,度不可御,则为堰而捍之,堰有五",沿涧设有长廊,凡三十间,名"虹廊"。此三折涧每段水势水声,或大或小,或急或缓,其象不同。又上涧和下涧景观风格迥异:"上涧如武士带甲,星斗绚耀,下涧如美人靓妆,烟雨斐亹,一涧而迥别如此。乃其得雨而涛,得风而漪,得月而练,得日而跃金舒绮,大小不同,为致一耳。"[8]这是分隔、分层产生的奇妙景象,如果一任涧水奔流无阻,决不会现此妙境,等于让惠山美泉白流了。松江曲家施绍莘西佘别业霞外亭下有

---

[1] 杨鸿勋《江南园林论》,上海人民出版社1994年版,第233页。
[2] 《石语斋集》卷一八《愚公谷记》。
[3] 清嘉庆《松江府志》卷七七《名迹志》。
[4][5] 《祁彪佳集》卷八《越中园亭记之二》。
[6] 《园冶》卷一《屋宇》。
[7] 《园冶》卷一《立基》。
[8] 《石语斋集》卷一八《愚公谷记》。

桃花径,也分三折,"一折皆单瓣,开差早。一折皆千瓣,开差晚。两桃继发,艳可逾月。一折纯种桐,桐尽复种桃。而邻家松竹,更互相掩映,可称绿天红雨,绣幄香茵。"①以种植不同品种的花木分出三个层次,构成几种景象,构图丰富绚丽。此园又有秋水庵,"庵下是水,水上是竹,竹外是山,山上是桃。花时万斛红涛,势欲浮屋"②。小庵,流水,竹荫,山色,桃红,都是寻常景物,而当按上下、远近、里外多重层次交叠互映时,便构成一个秀色可餐的佳境。园林依据美的法则分隔为多重层次,形成一定的节奏,于是空间艺术便如流动的乐章了。

　　层次多并不等于多建屋,相反,层次增多,建筑宜少,以便留下更大的空间,此所谓计白以当黑,园林美学与书画艺理是相通的。堆砌堵塞是园林特别是小园的大忌。绍兴城内卧龙山南麓有巘花阁,淡雅简朴,"阁不槛不牖,地不楼不台,意正不尽也"。主人不通园理,嫌它太简单寒碜,大兴土木,盖了许多房子,"台之、亭之、廊之、栈道之、照面楼之,侧又堂之阁之,梅花缠折旋之,未免伤板、伤实、伤排挤,意反踢,若石窟书砚"③。阁基本来就狭小,空间都被各式建筑挤占了,几无隙地,游居其间,如同"石窟书砚",觉得逼仄局促,透不过气来,园遂无可观矣,反不若原来仅存一阁之为胜,而意味不尽。巘花阁由简朴淡远变为堆砌填塞,由神奇化为腐朽,是园林改建的败笔。也是在绍兴,许多小园恰恰是以简淡名世的。如吕氏淇园建高阁三层,可望海观山,尽有其胜,"阁下有奇石,小池绕之,一泓清浅,为园之最幽处"④。王氏鉴湖之居设吞墨轩,其旁"小池清浅,寒梅数株,出篱竹间,极有幽邃之况"⑤。路线曲折,层次丰富,能加强景深,布景简淡也能产生幽韵远意,全在构者运用之妙。若叠床架屋,堆砌过密,便失却幽邃的境界,会使空间显得逼仄,正如张岱所言,有如置身"石窟书砚"了。

三　景象组合之对映

　　山水、花木和建筑是构成园林的基本要素,而每一要素又有多种多样的形态,将这千百形态营构为一幅幅鲜丽悦目的图景,并且有机地统一于整座园林,有如一首精妙的诗篇,一部和谐的乐章,这是园林家们孜孜以求的艺术境界。其间包含精微的造园妙道和美学意蕴。钟惺咏苏州范氏天平山园墅,"径借廊分合,岩随树吐吞","高深如一气,坠倚互为根"⑥。又称苏州许氏甪直梅花墅,"往复曲折","钩连映带,隐露断续",含"妙理",具"思理"⑦。陈继儒称溧阳史氏逸圃,"俯仰向背,聚散晦明","布署"巧妙⑧。祁彪佳对造园"妙诀""巧思"的认识亦深,譬之兵家之布阵,"奇正"互用,又如医家之治病,"攻补"并用,"实者运以虚,散者欲其聚"⑨。钟惺等名士都深

---

①②　《西佘山居记》,见谢伯阳编《全明散曲》,齐鲁书社1994年版,第3册,第3850页。
③　《陶庵梦忆》卷八《巘花阁》。
④⑤　《祁彪佳集》卷八《越中园亭记之二》。
⑥　《隐秀轩集》卷一二《游天平山范长倩园居》。
⑦　《隐秀轩集》卷二《梅花墅记》。
⑧　《白石樵真稿》卷三《逸圃记》。
⑨　《祁彪佳集》卷九《卜筑寓山闻何芝田开果园奉寄》。

通园理,其所谓妙思、妙理、妙诀主要指造园美学空间结构法则,即以多重两种相异相类的因素构成交叠对映丰富多彩的园林景象。人的辨证思维常用常新,园林相反相成的构景形态也丰富多样。

以景点位置而论,存在高低、远近、前后、左右、内外、中边诸种对应关系。邹氏愚公谷有蔚蓝亭:"亭三楹,周虚无壁,四面绮疏。前临方塘,可四亩,后倚崇冈,即所三疑岭者。岭之外,九龙山如屏障然,而仅露其半。"此亭前有方塘,后有崇冈,山水两相映照,此为近景;九龙山排列如屏障,则是远景。邹园又有亭曰云笋幢:"有时四窗洞启,则碧藻在前,与后之葱蒨合;翠微在后,与前之涟漪合。一亭中悬,前受碧而后延青,水花湟漾,山黛浮沉,即蔚蓝天不啻也矣。"①山光水色,前碧后青,境界清幽,沁人心脾。又有亭曰满月轮:"墙外者视亭如莲轮,视亭内人如九品生从莲叶吐出;墙内者视墙外人,摩肩接趾,如走蚁,如聚蝟,或持偈行歌,醉酒叫号,如沸鼎。较渌水涯,胜又倍之。"②定点观景谓之静观,换位观景谓之动观。由内视外,由外视内,互换位置,别有奇趣。江西泰和萧士玮春浮园有杯山,半峙湖中。王思任题咏云:"一山小如杯,斟酌万顷碧。"③钱谦益也有题咏:"山如一酒杯,湖水尝灌注。"④山小湖阔,从湖上观山与从山上、山巅观湖,景象殊异,各极其趣。主人记云:"从湖上视山,如杯;从山视湖,还如螺泛泛于盆中也;陟其巅,鱼游树杪,人行镜中,树影俱从中流而见。"⑤从不同地点,取平视、俯视、聚观、散观等不同视线,所见景象各各不同,变幻多奇。造园者巧设位置,精构园景,易地互观,愈见佳胜。

就园景结构而论,则有虚实、疏密、分合、聚散、断续、通塞、晦明、旷奥等对立统一关系。"旷"与"奥"作为两个相反的山水审美概念最初是由唐代柳宗元提出的,其涵义是指自然山水景观的两种境界和主体观照的两种美感,兼指人工对这两种境界的修缮、增设,使之尽展奇观。宗元论旷奥云:

> 游之适,大率有二,旷如也,奥如也,如斯而已。其地之凌阻峭,出幽郁,寥廓悠长,则于旷宜;抵丘垤,伏灌莽,迫遽回合,则于奥宜。因其旷,虽增以崇台延阁,回环日星,临瞰风雨,不可病其敞也;因其奥,虽增以茂树丛石,穹若洞谷,蓊若林麓,不可病其邃也。⑥

所谓"旷如也","奥如也",既指山水景观的寥廓悠远,逼仄幽深,也指游赏者的旷怀与幽情。明人将"旷"与"奥"两个山水审美概念用于造园美学,成为一条重要的构景原则,要求二者紧密结合,使一园兼具这两种看似相反而实相成的景境。邹迪光对自家愚园中三疑岭景观非常欣赏:"然柳柳州云,游之适有二,旷如也,奥如也。此岭上凌阻峭,而下疑伏莽,上可发苏门之啸,而下

---

① 《石语斋集》卷一八《愚公谷记九》。
② 《嫩真草堂集》卷三《园庐》。
③ 《王季重十种·避园拟存·春浮园十四景》。
④ 《牧斋初学集》卷七《寄题泰和萧伯玉春浮园十四咏》。
⑤ 《春浮园集》卷上《春浮园记》。
⑥ 《柳河东集》卷二八《永州龙兴寺东丘记》。

可坐达摩之禅,旷与奥兼之矣。"①南京旅游胜地杏花村方圆仅一里,园林栉比相望,郡人顾起元谓其园"虽旷奥异观,小大殊趣,皆可游也"。以"小大"指示其规模,而以"旷奥"分别景观。其地许氏园兼具旷奥二境,布置精巧:"许无射园在萧公庙东,入门,曲房宛折,至迷出入。转入庙后,地忽宏敞,颇以竹木缀之。"②祁彪佳品评越中园亭时常标举旷奥兼备之义。如品陶氏青棘园,"幽敞各极其致";评王氏彤园,"曲廊小轩,各极幽夷之致",幽夷即幽奥平旷;又称其父密园景点或"以幽邃胜",或"以轩敞胜"③。构园又讲虚实并用。张岱记瓜州于园:"前堂,石坡高二丈,上植果子松数棵,缘坡植牡丹、芍药,人不得上:以实奇。后厅,临大池,池中奇峰绝壑,陡上陡下,人走池底,仰视莲花反在天上:以空奇。"④前坡后池,一实一虚,对映而成奇观。此外,又讲疏密、分合、断续、主从等等。园林空间结构包含多种多样的对叠形式,丰富绚烂的园景及其给游者带来的妙趣幽韵,都是巧用这些空间形式和构景方法的结果。

分景与全景也是构园者注意妥善处理的一种空间审美关系。游园者不仅要观赏园中每个景点、景区的个别风光及其钩连引带,还要总览全园的整体风貌。园林设计和营造者为了满足游园者的这种视觉审美需求,常常利用天然高地建筑楼台亭阁,设置一个能将全园景物尽收眼底的制高点,既历览各个景点局部小致,又毕收一园全体大观。王穉登记无锡秦氏寄畅园环翠楼,"楼岿然隐清樾中","登此,则园之高台曲榭,长廊复室,美石嘉树,径迷花,亭醉月者,靡不呈祥献秀,泄密露奇,历历在掌,而园之胜毕矣"⑤。施绍莘记其西佘别业妍隐阁:"阁不甚弘敞,然而据地独高,颇得诸胜。登此,则三隐斋之梅,西清茗寮之竹,罨黛楼之雪月,众香亭之桂,秋水庵之水竹,聊复轩之桃柳,济胜桥之芙蓉,以至霞外亭之桃梅,春雨堂之松竹,无不可坐而致也。"⑥吴江顾大典记其谐赏园清音阁:"阁在园之一隅,登楼远眺,则粉堞雕甍,逶迤映带;俯视则园景可得十之八九,竹树交戛,不风而鸣,琤琤琤琤,天籁自发。"⑦登高鸟瞰可见诸景纷呈,可闻天籁之音,而得一园全胜,由此显出园林整体设计的和谐统一。

四　山水大观之收摄

中国园林的审美指向并不局限于园林尺幅之地,更放眼园外大山大水大观大象。选择园址总是力求邻近山水田园之地,并通过选位、朝向、加高、通透等结构方法,利用远借、邻借、仰借、俯借、应时而借等艺术手段⑧,以求能在园内博观天地间山川风物以及人文丽彩,达到园内与园

---

① 《嬾真草堂集》卷三《园庐》。
② 《真草堂集》卷二一《杏花村》。
③ 《祁彪佳集》卷八《越中园亭记》。
④ 《陶庵梦忆》卷五《于园》。
⑤ 《寄畅园记》,见清光绪《无锡金匮县志》卷三七《艺文》。
⑥ 《西佘山居记》,见谢伯阳编《全明散曲》,齐鲁书社1994年版,第3册,第3850页。
⑦ 《谐赏园记》,见陈植、张公弛选注《中国历代名园记选注》第108页,安徽科学技术出版社1983年版。
⑧ 《园冶》卷三《借景》。

外、小致与大观、人与自然的统一。所谓芥子须弥,壶中天地,尺幅千里,一粒大千,"虽尺岫寸峦居然有江山辽邈之势"云云①,即是此意,这是园林建筑的大境界。

徐霞客族兄雷门构梅园于江阴小香山,筑堂轩,凿石壁,刊石池,小巧幽秀,内外远近之景皆足游目骋怀。徐霞客有题诗,诗前小序云:

> 月隐崖端,则暗香浮动;风生波面,则浮玉参差。其近景之妙也。堂前凭空揽翠,岫树江云,罗列献奇;帆影樽前,墟烟镜里;阴晴之态互殊,晨夕之观叠别。其远景之妙也。②

小园内景致疏秀,壁间梅香,池上梅影,楚楚动人。更奇者,小小方寸之地竟能见大江景色,翠岫、树色、帆影、炊烟,种种风物尽收于"樽前"、"镜里"。扬州影园占地不过数亩,由于因借得体合宜,尽占远近风光,遂称江南名园。主人郑元勋云:"升高处望之,迷楼、平山,皆在项臂,江南诸山,历历青来,地盖在柳影、水影、山影之间,无他胜,然亦吾邑之选也。"③茅元仪在南京乌龙潭建寐园,临水筑森阁,园小、阁小,而山光、水色、树声皆会于阁,万象森罗,故曰森阁。"树之交于前者,色入于阁也,拓于后者,声入于阁也,而山与水又交入而不倦,故取于万象之森焉。"④小阁能收万象,主人寄心亦远。张岱记杭州吴山道观火德庙中精庐:

> 火德祠在城隍庙右,内为道士精庐。北瞰西泠,湖中胜概,尽作盆池小景;南北两峰,如研山在案;明圣二湖,如水盂在几。窗棂门枭,凡见湖者,皆为一幅图画。小则斗方,长则单条,阔则横披,纵则手卷,移步换影。若遇韵人,自当解衣盘礴。画家所谓水墨丹青,淡描浓抹,无所不有。昔人言"一粒粟中藏世界,半升铛里煮山川",盖谓此也。⑤

位于吴山顶上火德庙内"精庐",是一座道教园林,构造微小精雅。清人胡孟绅题诗云:"精庐就近数椽筑,炉香茗碗供丹铅。"⑥其建构之精妙全在能将西湖全景摄于几案之前,善用"框景"手法,面对湖山,巧设形制不一的门窗,循此眺望,移步换形,面面皆如一幅图画,"斗方"、"单条"、"横披"、"手卷",图象与装式,各不相同,充分体现了以小观大、尺寸见奇、含纳山川的园林美学思想。

祁彪佳寓园有远阁,登阁可极目千里,周览八方,千叠溪山,万家灯火,禹碑越殿,西园兰渚,越中山川风物,各处人文胜迹,"尽入楼台"、"都归帘幕",以至海上瀛峤,钱江洪潮,"乾坤直同一指,日月有似双丸"、"此远中之所变幻"也尽在望中。登高所见园外万千气象和触景所生旷怀逸

---

① 《祁彪佳集》卷八《越中园亭记之二》。
② 《徐霞客游记》卷一〇《附编·题小香山梅花堂诗》。
③ 《影园自记》,见《中国历代名园记选注》第 221 页。
④ 《石民四十集》卷二三《初游乌龙潭记》。
⑤ 《西湖梦寻》卷五《火德庙》。
⑥ 《湖山便览·西湖新志补遗》卷二《寺观》。

情,与在园内一曲所见所感大不一样,"盖至此而江山风物始备大观,觉一壑一丘皆成小致矣"①。江南园林除了个别城市宅园不能远观,绝大多数名园都能眺览远近山川风物及人文胜迹,不论置地城市或者山林大致皆然。园林地处阛阓市井,愈觉山水田园之可亲可贵,也愈欲设法收取外界自然风光,虽得一丘一壑也弥足珍赏。建于万历年间的上海城市名园如豫园、露香园、日涉园,或叠假山,或堆土冈,或建高阁,在昔都能远眺浦江景色。攀豫园假山之巅,"视黄浦、吴淞,皆在足下,而风帆云树则远及于数十里之外"②。陟露香园积翠冈,"远近绀殿黔突俱出,飞帆隐隐移雉堞上,目豁然也"③。登日涉园高阁,"南望则浦中帆樯,北望则民间井邑,一一呈眉睫间,盖园中一大观也"④。申城三座名园都凭借园中高地近可俯瞰城垣雉堞、屋宇黛瓦、神祠绀殿,远可眺望江云烟树、波光帆影,各据小筑而俱见大观。

园林是人工与自然、山水与建筑相结合的产物,也是天人合一思想的艺术结晶。在园林构成要素(山水、树木、建筑)中,既有天工,亦含人巧。无锡名园愚公谷主人邹迪光云:"夫山水成于天物也,屋宇成于人者也,树成于人而亦本于天者也。"又云:"是吾园本于天,而亦成于人者也,夫本于造化,则亦当还之造化。"⑤天地造化是园林之本,自然山水是园林之基,人的作用在于运用智巧,因乎天地之道,借乎山川之景,以成构造之事。邹迪光谦称:"构造之事,不独以财,亦小以智,余虽无财,而稍具班、倕之智,故能取佳山川裁剪而组织之,以窃附其奇,不然者亦束手矣。"⑥善取佳山川而加以裁剪、组织,则天人俱见其功,并显其奇,又可节省人力、物力、财力,收到事半功倍的成效。总之,巧用人智,妙取山川,以臻天人合一境界,乃是园林艺术的主要宗旨和基本法则。

(原载《文学理论研究》2009年第3期,"人大复印资料"2009年5月全文转载)

---

① 《祁彪佳集》卷七《寓山注》。
② 乔钟英《西园记》,见《豫园》第13页,上海市文物保管委员会编,1962年内部发行。
③ 朱察卿《露香园记》,见《中国历代名园记选注》第119页。
④ 《竹素堂全集》卷一八《日涉园记》。
⑤⑥ 《石语斋集》卷一八《愚公谷记十一》。

"跨越"与"吸取"
——对"理论与现实的巨大反差"的思考

吴国璋

按照马克思主义的理论,社会主义应当是资本主义基本矛盾——生产的社会化与资本主义私人占有之间的矛盾尖锐化的结果。也就是说,社会主义革命首先应当在资本主义发达的国家发生。然而,正如历史所显示的,十月社会主义革命发生在当时只有一定程度的资本主义的俄国,"极端落后的小资产阶级的"俄国。而且,俄国社会主义革命的胜利也没有成为资本主义发达国家社会主义革命的先导,而是成了较俄国更为落后的国家的社会主义革命的先导。如中国,继十月革命之后相继取得了革命的胜利,建立了社会主义制度,而一些资本主义国家则至今仍无孕育社会主义革命的迹象。这里,我们不探讨马克思所论证的社会主义代替资本主义的历史必然性问题,而只想谈谈这个历史所形成的"理论与现实的巨大反差"问题。

十月革命胜利前后,考茨基等第二国际的理论家们曾对列宁的布尔什维克党提出种种责难。这些责难集中到一点便是俄国"还没有成长到实现社会主义的地步","俄国生产力还没有发展到足以实现社会主义的水平"。[①]应当承认,这些指责是有理论依据的。但他们并不懂得"世界历史的发展是按着总规律进行的,这不仅丝毫不排斥在形式或顺序上有所不同的个别发展阶段,反而预定了要有这样的发展阶段"[②]这个历史的辩证法。列宁正确地抓住了第一次世界大战所造成的一些新的特征,抓住了历史所能提供给一个民族的最好机会:大战激化了被卷入帝国主义战争体系的落后国家的阶级矛盾,造成了革命形势,即使人民处于"毫无出路的处境",而这种"毫无出路的处境十倍地增强了工农的力量"[③]——毅然决然地领导工农,取得了十月社会主义革命的胜利。

但是,列宁同第二国际理论家们的分歧并不在于社会主义革命的理论前提——社会主义是否是资本主义基本矛盾尖锐化的结果,而只在于在那样的形势下落后国家能否先于先进国家实行社会主义革命,从而使俄国"能够用西欧其他一切国家不同的办法来创造发展文明的根本条件"。[④]"首先要投入真正的战斗,然后再看分晓"[⑤],拿破仑这句名言事实上也成了列宁当时的座右铭。"然后再看分晓",看到了什么呢?列宁说,"看到了布勒斯特和约或新经济政策这样的发

[①][②][③][④][⑤] 《列宁选集》第4卷,第726、725、726、728、726页。

展中的细节"。①如果说,适时地抓住第一次世界大战所造成的"特殊形势",领导工农在文化上落后的俄国发动十月社会主义革命并取得了胜利,列宁是伟大的,那么,在革命取得胜利之后,并未为胜利冲昏头脑,清醒地认识到俄国的"文明程度也还够不上直接过渡到社会主义",认识到革命的胜利只是为过渡到社会主义提供了一个"政治前提"②,要直接过渡到社会主义,还必须实现伟大的文化革命,列宁更是伟大的。

  按照列宁的说法,建设社会主义有两种方式:革命的方式和改良的方式。十月革命胜利之初,迫于战争和经济破坏这样严峻的形势,布尔什维克党和苏维埃政权采取了"战时共产主义"这种建设社会主义的"革命方式"。需要指出的是,之所以采取这种方式,还不仅仅是迫于形势,在主观上也受到"热情"的左右。在《十月革命四年》一文中列宁对此作了坦率的陈述:"我们为热情的浪潮所激励,我们首先激发了人民的普遍的政治热情,然后又激发了他们的军事热情,我们曾打算用这种热情直接实现与一般政治任务以及军事任务同样伟大的经济任务。我们原打算(或许更确切些说,我们是没有充分根据地假定)直接用无产阶级国家的法令,在一个小农国家里按共产主义原则来调整国家的生产和产品分配。现实生活说明我们犯了错误。"③"冲击"的方法并没有解决问题,于是就采用了"缓慢地、审慎地、逐渐地前进"的"改良主义行动"④。这就是 1921 年起实行的"新经济政策",强调既要"借助于伟大革命所产生的热情",又要"依靠个人兴趣、依靠个人利益、依靠经济核算"⑤。"不摧毁旧的社会经济结构——商业、小经济、小企业、资本主义,而是振兴商业、小企业、资本主义","通过国家资本主义走向社会主义。"⑥此时,在列宁的心目中,在落后的俄国进行社会主义建设已将是一项通过进化手段而不是革命手段的长期工程。文化的落后是这里的关键之点。当蔡特金认为,文盲现象帮助了俄国革命,因为它保护了工农的心灵,使之不致为资产阶级思想和概念所闭塞毒化时,列宁就明确指出,文盲现象同夺取政权的斗争,同打碎旧的国家机器的需要可以相容,但社会主义革命并不是为破坏而破坏,破坏是为了建设更好的,而文盲现象同社会主义建设是根本不相容的⑦。为此,革命胜利之后,列宁就提出了文化革命的任务,指出,只有实现文化革命,俄国才能成为完全的社会主义国家。然而,对当时的俄国来说,实现文化革命并非是容易的事。列宁清楚地看到,无论在纯粹文化方面还是在物质方面,俄国都是十分落后的。就是资产阶级文化的情形,在俄国也是很糟的。既是要达到西欧一个普通文明国家的水平,也还要进行十分顽强繁重的工作(当时俄国人口中 80% 以上是农民,产业工人仅占很小一部分,70% 以上是文盲)。正是依据这样的情况,列宁坚决反对"过分唠叨,过分轻率地侈谈什么'无产阶级文化'",反对否定文化遗产的虚无主义和所谓只有依靠无产阶级自己的力量才能创造纯粹的无产阶级文化的宗派主义和"十足的杜撰",反对无产阶级中这种"行会的狭隘性或行会偏见"。他明确提出,在这样的情况下,首要的任务不是去臆想什么无产阶级的特殊文化,而是去获取资产阶级文化:"必须取得资本主义遗留下来的全部

---

  ①②③④⑤⑥ 《列宁选集》第 4 卷,第 747、598、602、601、734、538 页。
  ⑦ 《列宁论文学与艺术》,第 436 页。

文化,用它来建设社会主义。必须取得全部科学、技术、知识和艺术。没有这些,我们就不能建设共产主义社会的生活"①。而在这"全部"之中就包括"那些由资本主义培养出来、被资本主义败坏和腐蚀、但也为资本主义所锻炼的人"②。在十月革命胜利后的最初那些岁月里,列宁曾反复申述这些观点。资本主义的最新发明——泰罗制,列宁认为应该学,资本主义第一流专家组织托拉斯大产生的本领,列宁认为也应该学。他同貌似激进实则不学无术的自负不断进行了无情的斗争,认为那些出身于资产阶级的"科学和技术专家"要比妄自尊大的共产党员宝贵十倍。在他逝世前一年写的《宁肯少些,但要好些》一文中,进一步批判了关于"无产阶级文化"的臆想和侈谈,提出"在开始的时候,我们能够有真正的资产阶级文化也就够了,在开始的时候,我们能够抛掉资产阶级制度以前的糟糕之极的文化,即官僚的、农奴制等等的文化也就好了"。③总之,在列宁看来,落后的俄国在"特殊形势"下是可以越过资本主义的充分发展实现社会主义革命的,然而要进行社会主义建设,要真正进入社会主义,不能不来一番文化革命,不能不吸取资本主义的全部文化成果。"吸取"与否,关系到社会主义的成败:"社会主义实现得如何,取决于苏维埃政权和苏维埃管理机构同资本主义最新的进步的东西结合的好坏"。④世界历史发展的总的规律是不可违背的。

这自然让我们想起了马克思的相似论述。

从上世纪70年代起马克思在研究西欧资本主义社会的同时,对俄国的土地制度作了"全新的专门研究"。⑤通过研究,马克思曾得出俄国与西欧不同,可以跨越资本主义"卡夫丁峡谷"的结论。这一思想具体表述在马克思1877年写的《给〈祖国纪事〉杂志编辑部的信》和1881年给俄国早期革命者查苏利奇的信稿中⑥。这里我们不去具体介绍马克思提出俄国可以跨越资本主义的理论依据,只想指出一点,即马克思认为,像俄国这样具有农村公社的亚细亚生产方式传统的落后国家,在资本主义时代条件下,可以利用历史提供的"最好机会"进行无产阶级革命,跨越资本主义"卡夫丁峡谷",以避免"遭受资本主义制度带来的一切极端不幸的灾难",但有一个条件,即必须"吸取资本主义制度所取得的一切肯定成果"。

可以认为,列宁所领导的十月社会主义革命实现了马克思的预言,尽管当时的俄国传统的以土地公有制为基本特征的农村公社已经解体,资本主义已有了一定程度的发展。可惜马克思未能看到俄国十月革命的胜利,而列宁也因英年早逝未能将已经开始的政治变革和社会变革,将随之进行的文化革命进行到底。

有人以为,若以马克思晚年关于俄国可以跨越资本主义"卡夫丁峡谷"的理论来说明俄国及其他一些落后国家的社会主义革命,则并不存在马克思主义关于社会主义必然性的理论与实践

---

① 《列宁全集》第29卷,第50页。
② 《列宁论文学与艺术》,第91页。
③ 《列宁选集》第4卷,第551页。
④ 《列宁选集》第3卷,第529页。
⑤ 《马克思恩格斯全集》第25卷,第10页。
⑥ 《马克思恩格斯全集》第19卷。

之间的巨大反差问题。实际上,这个理论与实践的反差问题并没有因俄国及其他一些落后国家社会主义革命的成功而消失,因为马克思所揭示的历史发展的总的规律并不因此而有所改变。"跨越"并没有消除这些落后国家同西欧发达国家之间文明发展上的时代差距。对这些国家来说,取得社会主义革命的胜利只是万里长征跨出了第一步,或者如列宁所说的,只是提供了一个"政治前提",要真正建成社会主义,还必须实现伟大的文化革命。

这个文化革命,按照上面我们已经提引过的列宁在《宁肯少些,但要好些》一文中的那段话,实际上包含两方面的任务,即吸取资本主义的一切文化成果和抛掉资产阶级制度以前的糟糕之极的文化,即打倒中世纪制度的残余,彻底肃清这些残余。两者可以说是相辅相成的。吸取资本主义的一切文化成果,其结果必然是肃清中世纪制度的残余,也就是说,要吸取资本主义的文化成果,就必须打倒中世纪制度的残余。马克思恩格斯在《共产党宣言》中对资产阶级在历史上曾经起过的非常革命的作用作了充分的肯定。而这种作用,其核心之点便是资本主义的发展破坏了各种固定的宗法制度,从最紧张的矛盾之中创造了迅速向前的运动体系。资本主义这个本身具有破坏性的过程,是创造真正全面的人类文化的必要条件。在1921年写的《论粮食税》一文中,列宁认为,"俄国无产阶级,无论在政治制度方面或在工人政权的力量方面,比任何英国和任何德国都要先进,但在组织像样的国家资本主义方面,在文化方面,在'施行'社会主义物质产生上的准备程度方面,却比西欧最落后的国家还要落后"。[①]事实上,既使是前者也未必是先进的。就在这同一篇文章中,列宁对苏维埃制度中的官僚主义祸害表示了深深的担忧,可以说是痛心疾首。他甚至说:"和社会主义比较,资本主义是祸害。但和中世纪制、和小产生、和小产生者散漫性联系着的官僚主义比较,资本主义则是幸福。"[②]列宁曾寄希望于以全体劳动人民参加苏维埃的管理工作来战胜官僚主义,然而俄国文化的不发达却妨碍其实行。这种文化的落后性贬低了苏维埃政权并使官僚制度复活。苏维埃机构口头上是全体劳动群众都参加的,而实际上并不如此。列宁把问题归结与俄国资本主义的不发达,归结了俄国"直到今天还没有摆脱半亚洲式的不文明状态"。[③]他说,"在德国大概这种痛苦要轻些,因为德国的官僚机构受过很大的考验,它迫使官僚们绞尽脑汁,真正做事情,而不像我国办公室里的人那样,坐在安乐椅上安闲度日"[④]。这些表面看来似乎相悖的道理,其实是真理。要过渡到社会主义,不仅仅是一个物质生产的问题,更是一个文明进步的问题,是以生活条件和人们自身的巨大变化为前提的。而人们自身的巨大变化又是以人类有史以来所取得的文化成就,尤其是资本主义的文化成就,深入到人们的血肉里面去为前提的。

过去我们对资本主义制度所带来的极端不幸的灾难保持高度警惕是完全应该的,但对资本主义制度所取得的一切肯定成果不研究、不吸取,则是毫无道理的、错误。以资本主义的包围为借口,对西方资本主义社会的一切东西采取绝然排斥的态度,闭关自守,更是有害的。这种闭

[①][②][③] 《列宁选集》第4卷,第711页。
[④] 《列宁选集》第3卷,第529页。

关自守的态度和做法,有时甚至达到了十分可笑的程度。埃德加·斯诺在《复始之旅》里曾记述
了这样一件事:乌克兰交响乐团在二次大战时缺少各种琴弦,团长请求斯诺从美国给弄一些,斯
诺就给美驻苏大使艾夫里尔·哈里曼发了份电报(当时在华盛顿),请他帮助解决。可苏首席新
闻检查官彼得罗夫拒绝签发电报,理由是"苏联的产品很充足","即使真的需要这些东西,这也
会成为对敌人有用的消息"。斯诺对此的结论是:"俄国革命的伟大精神力量和创造力量,正随
着它流入古老僵直的官僚渠道,而逐渐减退了。另一种事可能更匪夷所思。苏联作家田德里亚
科夫在《文化与信任》一文中说,有个时期人们对一切俄罗斯的都爱得非常强烈,甚至到了稀奇
古怪的程度:在普希金的《沙皇萨尔丹的故事》的一个版本中将"海外的生活也不坏"这句诗删掉
了,换上了删节号,因为甚至连这么一个很一般的句子也被看成是有损我们民族尊严。而下面
一个例子却给我们提供了另一方面的情况:美国在 30 年代遇到前所未有的经济危机时,总统罗
斯福曾聘请一批专门研究社会主义的专家学者作顾问,从社会主义的计划经济和宏观控制等方
面吸取了不少对他们有用的东西,帮助美国克服了那一次经济危机,因而被一些人戏称为"红色
总统"。假若我们再联系到美国的大学将马克思恩格斯的《共产党宣言》列入大学生的必读书
目,而在苏联和我们这里,一个时期中对所谓资本主义作品曾采取一种何等森严的审查制度,就
更值得我们深深的反思了。至于在苏联由于意识形态的关系而殃及科学研究,如对遗传学的取
缔,对相对论和控制论的抨击等等,则简直同曾在我国历史上发生过的顽固排拒外来的新观念、
新事物甚至由于被认定是洋鬼子的文明,就演出扒铁路、砍电线杆的闹剧不相上下了。以资本
主义的罪恶来否定资本主义在历史上的巨大进步作用,这无异于将孩子和洗澡水一起泼掉。而
从宗法的或民族主义的立场来排拒资本主义所形成的巨大的历史进步,则就不仅是愚蠢而且是
别有用心了。马克思恩格斯在《共产党宣言》中对资本主义在历史上起的革命作用,长期来我们
未曾作过认真的研究和评价。在非此即彼的二元对立的思维方式的统治下,资本主义被说得一
无是处。对资本主义的"跨越"成了一些人"貌似激进实则不学无术的自负"的资本,非但看不到
西方文明较之自己国家的落后文化在时代意义上是跨前了一步,相反自以为已跃进到了社会主
义,就自然更加先进了,将"跨越"与"吸取"自觉不自觉地绝然对立了起来。这正如列宁在批判
无产阶级文化派时所指出的那样,这些纯洁无瑕、特殊材料制造出来的人实际上"往往把最荒谬
的矫揉造作的东西冒充为某种新东西,并且在纯粹无产阶级艺术和无产阶级文化的幌子下,抬
出某种超自然的和荒谬的东西"[①]。巴金老人在"文革"这场劫难之后写的一篇随想录中曾说:
"林彪、'四人帮'以及什么'这个人''那个人'用封建专制主义的全面复辟来反对不曾出现的'资
本主义社会',他们把种种'出土文物'乔装打扮硬要人相信这是社会主义。"[②]可以说是切中肯綮
的。个人崇拜、神化圣化、闭关自守、官僚主义、家长作风,对诸如人性、人道主义、个体人格、个
人权益乃至思想独立、言论自由、法律平等、社会民主等思想在"兴无灭资"口号下的严厉批判,

[①] 《列宁论文学与艺术》,第 98 页。
[②] 巴金《随想录》第一集,第 66 页。

直至最后的大革文化之命,无不是以封建宗法思想为主导的传统文化心态的反映和恶性泛滥。这样的"跨越",实际上成了"空跨",即"穷过渡"。而"穷过渡"是过渡不到真正的社会主义去的。

总之,按照马列主义理论,在资本主义时代的条件下,落后国家可以实现社会主义革命跨越资本主义"卡夫丁峡谷"。但是,这种跨越并没有消除马克思主义关于社会主义是资本主义基本矛盾尖锐化的结果的理论与这一实践之间的巨大反差。这些国家要实现真正的社会主义,必须"吸取资本主义制度的一切肯定成果",与此同时,还必须确保由社会主义革命而赢得的"政治前提",掌权者决不能因掌权而"牺牲劳动阶级","把对社会的领导变成对群众的加紧剥削"。①诚如马克思所说的:"只有在伟大的社会革命支配了资产阶级时代的成果,支配了世界市场和现代产生力,并且使这一切都服从于最先进的民族的共同监督的时候,人类的进步才不再像可怕的异教神那样,只有用人头做酒杯才能喝下甜美的酒浆。"②

(原载《固原师专学报》1995年第3期)

---

① 《马克思恩格斯选集》第3卷,第439页。
② 《马克思恩格斯选集》第2卷,第75页。

试论《华抱山》的史诗艺术特征

许豪炯

著名民间文艺家朱海容搜集整理、华祖荣等唱述的长篇吴歌《华抱山》的结集出版,是20世纪90年代中国民间文学界的一桩大事。它是第一部被发掘出来的江南民间长篇英雄叙事诗,也是迄今为止第一部汉族民间长篇英雄叙事诗。在它之前搜集整理出来的《白杨村山歌》《沈七歌》《五姑娘》《薛六郎》《小青青》等30多部长篇叙事吴歌,除《沈七哥》带有某些创世成分外,一般多为爱情婚姻歌,或可称为江南民间长篇爱情叙事诗。唯《华抱山》因其题材性质、人物形象、情节规模、表现视野、艺术手法等内涵和外延,加上它篇幅浩繁,堪称一部史诗式的长篇英雄吴歌。无锡东乡华氏家族世世代代的人们,以敬仰的心态,浓郁的感情,编创和传唱了这部长篇英雄歌。它恢宏博大,汪洋恣肆,呈现着卓然不群的史诗特征。这是极其醒人耳目和令人振奋欣喜的。本文拟对《华抱山》的史诗艺术特征作一个初步的粗略的分析,以显示它在吴歌和中国汉族史上的不同凡响的意义、价值和地位。

对照国际学界对民间史诗艺术原理的共同认识,笔者认为,《华抱山》的史诗艺术特征,主要有以下六个。

其第一个史诗艺术特征,显而易见,是篇幅浩繁。它的第一集为6 000多行,第二集为9 000多行,一、二两集前后连贯,浑然一体,总共约有16 000行。论行数篇幅,《华抱山》与我国蒙古族英雄史诗《江格尔》相差不远,而比古希腊史诗《伊利亚特》、《奥德赛》还要多一些,长一些。

《华抱山》的其余五个史诗艺术特征,将在下文一一论述。

题材·人物·情节

《华抱山》的第二、三、四个史诗艺术特征分别是:表现了重大的题材内容;塑造了三代农民起义英雄以及其他众多人物形象;故事情节丰富生动,结构复杂完整。

关于这三者,已有不少学者作了详尽的、深刻的分析和论述。这里仅就此三者表现出的史诗艺术特征略说几句。

一、题材性质重大

《华抱山》真实地、艺术地表现了明朝末年,太湖北岸,无锡东乡梅里(今梅村)、吼山、鸭城桥、东亭一带贫苦农民,在起义领袖农民英雄华抱山、朱凤妹等领导下,展开的一场轰轰烈烈的抗租捐、抗强暴、反官府、反朝廷的斗争故事。他们壮烈牺牲后,其子华龙龙后来亦成长为农民英雄,继承父辈的事业,又带领吼山——太湖一带贫苦农民展开反官府、反迫害、反索租、债、捐的新的惊心动魄、不屈不挠的斗争,最后率众投奔闯王李自成,向腐朽的明王朝血战到底。总的来说,《华抱山》以磅礴的气势,反映了明朝末年,在当年吴泰伯建古吴国的无锡,以华氏三龙(大龙、小龙、小小龙)为代表的吴地农民起义的英雄事迹。其间包括同封建势力的一场场较量、一次次战斗,可歌可泣,惊天动地。这场农民起义斗争异常激烈,持续时间颇长,涉及地域较广,在当时和对后世影响巨大。题材性质重大,这是《华抱山》史诗艺术特征的一个具有本质意义的标志。

二、英雄形象和其他众多人物形象的成功塑造

《华抱山》最着力塑造的英雄形象,是华小龙(即华抱山)和他的儿子华龙龙(即小小龙)。第一集塑造华小龙(华抱山),重点抓住"出世遇难""朱村学艺""武进比武""龙庙拜师""斗败鳝精""比输洋人""建公道军""独战众敌""坚持百日""战死山顶"等关节,加以淋漓尽致的描绘,细致精到的刻画。一个有血有肉、有情有义、高大丰满的农民起义领袖英雄的形象终于塑造成功。第二集塑造华龙龙(小小龙),重点抓住"渔娘教子""学文习武""初露锋芒""拜师学艺""久久苦练""飞临荒原""重建公道""登上吼山""追杀顽敌""投奔闯王"等关节,加以丰满鲜活的塑造,情文并茂的歌咏。华龙龙(小小龙)的英雄形象,比之于乃父华小龙(华抱山),同样身手不凡,不仅一点不见逊色,而且可谓青出于蓝胜于蓝。至于华抱山之父、小小龙之祖华龙根,苦大仇深,富反抗性,官逼民反,率众到太湖中落草,当上二大王,在一次战斗中牺牲。虽然笔墨不多,华家第一代英雄的形象早已跃然纸上。女英雄朱凤妹(华抱山之妻、小小龙之母)的形象也十分鲜明成功。

除了几位主要英雄人物形象的成功塑造,《华抱山》还很好地塑造了其他众多的人物形象。正面人物形象如华公、朱公、龙庙恩师、武举人、渔娘、泉泉、渔姑、朱凤仙、吴老、周老、沈(神)铁链、武小坚、赵成(神)剑等都塑造得形神兼备。反面人物形象如族长、张桃(逃)生、刘一仙、小尖尖、东霸天(宋加宪)等也刻画得栩栩如生。在一部长篇叙事诗中,成功塑造了几位主要英雄人物的形象和众多有名有姓有个性的其他人物形象,实属难能。这是《华抱山》史诗艺术特征的又一个重要标志。

三、故事情节丰富、生动,情节结构复杂、完整

"史诗类的诗使用形象和图画来表现自然中的形象和图画";而"事件构成史诗的内容";"史诗就是自然本身,永远保持它巨人般的气魄",俄国文学理论家别林斯基对文学中史诗的论述,对于我们评析《华抱山》的史诗艺术特征,有着借鉴和启发的意义。

《华抱山》一、二两集,演绎了华氏三代农民英雄的故事,时间跨度长达数十年,地域广及上百里(从吼山到太湖夫椒山即马山一带)。某年公道军成立后,封建势力加紧围剿,一万御林军攻打吼山,在双方激战的年月里,大战十余次,小战无其数,有吼山上下的陆战,有太湖之中的水战,还穿插了华小龙与朱凤妹的优美的爱情描写。一、二集在结构上接榫得好,天衣无缝。第一

集末尾留下伏笔:"金龙彩凤腾青云,龙、凤小子人湖心";"太湖七十二峰忽现又忽隐,公道军东山再起打官兵"。第二集的《序诗》和第一章〈天翻地覆〉、第二章〈小小龙出世〉,将上、下两集紧密串连起来,自然得体,一气呵成,整部作品成为一块硕大的全璧。斗争进入白热化阶段,敌人多次密谋于太湖岸边六角亭,进行猖狂的反扑,以至挖"大王坟"("将军坟"),企图"杀一儆百""杀百儆千",将人头放满几百只菱桶漂浮于九里河上,和悬挂在锡梅大路两侧。然而敌人的罪恶意图不及得逞,小小龙飞速赶来狠杀敌人的威风,上吼山再举义旗,重整旗鼓重振大业,在战斗的凯歌声中北上投奔李闯王。这一连串的斗争,称得上波澜壮阔、气势磅礴。错综复杂的矛盾冲突,尖锐激烈的起义斗争,包含了多少斗争的线索、较量的回合、激战的场面,使《华抱山》成为一部壮丽多姿的农民斗争长卷。这是这部作品史诗艺术特征的第四个标志。

广阔社会生活的生动表现

作为一部史诗,其反映的社会生活必须达到相当的深度和广度。情节内容不能是单一的,而应是繁复的;不能是狭窄的,而应是广阔的;不能是一个侧面的,而应是方方面面的;不能是平面的,而应是立体的。《华抱山》恰恰表现了十六、七世纪江南农村社会生活的方方面面,呈现了一张巨大的完整的社会网络,俨然是一部封建社会农民斗争生活的艺术长卷。

一、《华抱山》表现了太湖流域农村社会生活的概貌

其故事的发生地,在古吴太伯开创的吴文化发源地无锡东乡梅里(今梅村)、吼山、鸭城桥、东亭一带。以这一带为中心,南达太湖之滨的新安,向西直到西太湖湖心的夫椒山(马山)。这一区域,古来就是有名的水稻种植区。值得注意的是,《华抱山》在描绘生活、叙述故事中,作了不少必要的吴地稻作文化的铺垫。而吴地稻作文化,乃是吴文化的基础性文化。这就为作品反映的斗争生活内容赋予了特定的文化底蕴和地方特色。

在史诗类作品中,主人公的阅历有多宽,其反映的生活面就有多广阔。华龙根被逼往太湖,在一支起义队伍当了二大王,有过出生入死的战斗。少年华小龙七岁丧父母后浪迹江湖:"十里武亭着地晒""走遍天下名师寻,拜师访友学本领""春到江南庙会兴""戏院武场勒城镇""演武赛武吸引人""勒常州城乡两年零"。在这段岁月里,少年华小龙在社会底层跌打滚爬:"跳入河浜捉鱼腥""活剥生咬囫囵吞""借天借地露天晒""捉蛇钓鳝换衣襟"。小小龙的学艺、斗争生涯亦颇宽广。作品借助于对华氏三代英雄浪迹江湖的许多描写,把当时江南农村的日常生活直观生动形象地表现了出来。

二、《华抱山》表现了当地民风民俗、民间信仰的方方面面

《华抱山》洋溢着浓郁的江南民间文化氛围,对太湖地区的民风民俗、民间信仰多有表现。

它表现了这一带的人生礼俗。如华小龙生下三日后,众乡邻为他吃"三朝面"。与此类似,二十多年后,乃子小小龙诞生后,朱公、华公把孩子托给金姓渔娘,请看小小龙睡摇篮的情状:"摇篮里左放龙柏右万年,两眉当中一黑点,两耳穿仔两蓝线,一本皇历挂胸前";"身旁有把桃木

剑,头顶青铜小镜照云天,脚穿虎头小鞋颜色鲜"。这是十十足足的江南民间婴儿装束。再如华小龙、朱凤妹成婚礼仪的描写,就是很富这一带农村婚俗的意味。又如它表现的葬俗、祭俗也很有地方特色。第一集唱述安葬龙娘时:"要等日出卯时好时辰,铁帽经过鱼上林,龙娘才能上金井。"第二集开头唱述众人为战死的华抱山、朱凤妹举行葬礼:"白日白云飘白点,正是送葬好时间";"白日当空白晗晗,白电闪耀白戈戈,正是埋棺好时间"。民间俗信,送葬、埋棺要把握好时辰,与天气状况有关系。而众人祭祀华抱山、朱凤妹的仪式,在江南农村祭俗中颇有代表性,先是"三祭",再是"终献",供品列列,祭乐阒闻,歌谣唱演,有板有眼。

它表现了节日民俗。在《华抱山》中,对江南太湖一带农村生活中从正月初一、元宵节、清明节、端午节到中元节、中秋节、重阳节、冬至节等四时八节的民间习俗均有所反映。例如对民间过冬至节的情况,就描写得十分具体生动:"相传冬至大如年""千年吴俗勿能变,冬肥年瘦拜尊年"。"拜过贺年开年宴,冬至年饭真丰筵,山菜香、水鲜鲜、新团糯、冬酒甜、红白粳、香又艳,热热闹闹过大年。"——这是某年冬至节,朱公、小小龙、渔姑来到太湖夫椒山(马山)迎春岩,太湖王为接风请吃冬至年饭的情况。所表现的,是典型的江南民间冬至习俗。其余节日亦富地方特色,兹不赘述。

它表现了信仰民俗。如朱公帮华小龙安葬其母(龙娘)选择好坟地:"此地前有出路后有防靠身,葬此宝地能安稳。"说的就是一种民间风水信仰。再如民间鬼神信仰:"华小龙死后被玉皇大帝封为'田神''水仙'。"三个参将因心中发虚,相信此说,"好像心里中仔万支箭,突然看见华抱山手执板门大刀站立坟门前"。这是这一带民间甚为流行的英雄好人死后成神的观念俗信。

三、《华抱山》表现了民间生活的形形色色众生相

如太湖地区农民在长期的生产实践中,观天察地,积累了丰富的经验,形成了与时令节气紧密相关的一整套生产习俗。《华抱山》唱述道:"三月里天气阴勿能勒晴勿能,丝瓜茄子齐下坯,菜要雨,秧要晴,养蚕姑娘要晴阴,还是整修农具迎接收种备耕耘。"再如对无锡农村尤其是东乡一带盛行每年一定节日进行朝山拜香的习俗,作品亦有生动的介绍。吼山一带乡间,较大的村庄每年三月十五黄昏时分,在村头竖起一根高高的天灯木,顶端扯一面黄龙大旗,挂一盏明灯,村当中设一间"香堂",男女青少年香汤沐浴后分两排坐在长桌两旁,拜祖宗,念"香诗"。三月十七日下午,各村拜香班乘着"香灯船"到吼山夜进香,十八日人们一步三拜到吼山朝山进香……"太湖无锡历来有坐夜宣卷烧香上山把佛念,宋朝后有仔朝山拜香唱诗篇"。

总之,《华抱山》在展开情节的过程中,自然而有机地展示了江南太湖地区无锡乡间的百科全书式的人民社会生活情状,充分地体现了生活本身的美学。广阔社会生活的生动表现,是《华抱山》史诗艺术特征的第五个标志。

史诗艺术手法的出色运用

史诗,作为一种长篇的、韵文体的文学体裁,有它许多特有的艺术表现手法。这在国外和我

国一些少数民族的著名史诗作品中有着具体生动的体现。

《华抱山》在史诗艺术手法的运用上,同样有着很好的显示,取得了突出的成功。主要为以下几个方面。

一、幻想与现实巧妙结合

《华抱山》的创作传唱者华氏家族十几代人和搜集整理者朱海容先生深谙"大戏咙巧咙掌声,长歌咙奇咙人听"的史诗艺术原理,故事情节充满着"奇"与"巧",做到了幻想与现实的巧妙结合。

常言道:"无巧不成书。"《华抱山》也唱道:"有奇方能成长篇,无巧上下勿连牵"。通常,"巧事奇事难得见",然而,在这个长篇故事中,"大奇特巧真出现"。在《华抱山》中,奇事和巧事常常是平地出现的。首先,主人公华小龙和小小龙都可谓是奇人:华小龙其母怀孕一年才生下他,而且不早不晚,生于大年初一,生下三天就"勿哭勿闹笑出声"。华小龙刚出世,其父华龙根"双手抱儿贴胸心","龙根夫妇话轻声,刚出胎的孩儿竖耳听,伸出小手揹父双眼睛",有神童奇童的意味。同样神奇的是,小小龙其母(朱凤妹)是吃下龙柏针叶上滴下的龙液露珠而受孕怀胎的。小小龙生下不一会,"落水小儿'哇'格(的)一声睁开眼,两只小手抱住亲娘脸"。父与子婴幼时的情状,何其相似乃尔。

他们的童年经历也都富有传奇色彩。第一集"童年"中,走狗奉族长之命,将小龙丢入九里河中。龙根妻奔到河边正想跳河寻短见,"忽见一物氽河心,细细一看是破袄裙,破袄当中有声音,一群鸭子团团围得紧,口咬脚划破袄渐渐近,突然西风转个身,东流改西行,把河中破袄吹到岸脚跟,小龙娘看着看着像梦里人,忽听一阵哭声梦惊醒,奔到河滩抱命根"。小龙被抛入河中,而众鸭救护,死里逃生,真是大奇特奇。难怪其母要慨叹"定是"鸭神、风神、水神"救儿身"了!又,华小龙婴幼时因母亲奶水不足,吃了母牛的奶。华小龙被走狗们抢走,甩到吼山林,被闷、捏、踏而假死过去。然而,"东风吹来暖仔身,春雨入口悠悠醒,落地雷鸣还了生","小龙九死一生还仔魂"。于是,小龙过了一段荒野生活:"吼山上出现野小人,日跟虎猊玩,夜跟山猪山羊睏,野果野瓜啃,虎奶、猪奶吮。"在"青年"中,华小龙"吃仔鳝精人变神"。

小小龙同样有着一段不凡的经历。第二集"小小龙出世"一章,凤妹临产,"急中生智咬牙爬进芦苇间""一阵肚疼小人就落进湖水看勿见"。然而奇迹出现了:"忽见一条车铀大格(的)大蛇仙,叼仔一个婴儿到湖边,拿小孩轻轻放勒凤妹眼门前。"可见小小龙和他的父亲华小龙一样,从婴幼时期起就非同寻常,似有神助。英雄史诗的主人公,往往是这样被神化的。

大部头的叙事文学作品,其前情后节需要穿针引线的"小道具"加以连接,尤其是关系到男、女主人公婚姻大事的,更常常运用某一两件对应物加以印证和交织。像《红楼梦》中的宝玉、金锁一样,《华抱山》里亦有玉鱼玉鸭。这是华家的传家之物:"玉鱼玉鸭共四件,我搭(和)抱山各两件。依(这)两件赠拨(给)小水仙,玉鸭若能配对配百年。"华小龙、朱凤妹成年后,就是凭借玉鱼玉鸭结成的亲。二十多年后,小小龙和朱凤仙的结识亦是如此。

除了"奇人",还有"奇地"。《华抱山》第二集,在一场战斗中,九十九个义军战士与官兵殊死搏斗,杀得官兵落花流水,"官兵倒下一大片"。"九十九人杀出血路纷纷跳进河浜间",敌人万箭齐发,九十九人"动地又动天"壮烈牺牲。奇迹又出现了:"勒(在)跳河处花园浜里,涌现出一口永勿干枯(的)'天地泉',大家称'九九泉'。"直到今天当地仍有歌谣赞颂这个九九泉。因为它是当年农民起义队伍同封建势力殊死搏斗的见证。

为了表现幻想与现实的巧妙结合,浪漫主义手法的运用是《华抱山》艺术上的一个显著特点。如唱述华抱山、朱凤妹壮烈牺牲后的"升天":众人看到,吼山顶上,"百鸟飞鸣万蝶翩,朵朵彩云耀山巅";"忽见抱山身骑金龙","凤妹身坐彩凤",由众头领紧紧护卫,"彩云飞船送上天"。伸张正义、主持公道的农民起义英雄,虽然死了,但他们的崇高精神永远活在人们心中,人们多么希望他们飞登天界,永生人间!

再如第二集后半部分,封建势力气急败坏,到吼山与鸭城中间的板桥村边企图挖坟碎尸,出现了令人震惊的一幕:"……刚刚破土,'轰'一声坟巅自开分两边,坟里面一样勿看见,只见金龙彩凤飞上天,……"

诸如此类的描写在《华抱山》中还有多处。这些描写是合理的想象,逻辑的发展,激情的升华。《华抱山》是现实主义与浪漫主义高度、完美、和谐结合的作品。

二、说唱体的成功运用

史诗篇幅长,故事头绪多,不局限于一般长诗的七字句、十字句,而是往往采用说唱体,有唱有讲,《华抱山》就显现了这种艺术特点。作品中,"丢落前段唱后情""话分两头""转路程"之类的话语很多。例如:"让我唱山歌人是长是短,是方是圆末——二二唱拨(给)你听。"再如:"说唱因果有暂停,念佛宣卷有转经,评话分回戏分本,我唱山歌分段分路程。"又如:"山歌到此,唱山歌人要拿话头分两边。"诸如此类的过程性、交代性语词颇多,在篇幅浩繁的叙事长诗中起了转折和连接的作用。作品中,句子长短错落有致,有些短句段落节奏明快,而有些长句可长达数百字,以重点细致地描绘某一个场景,叙说某个事件、人物或细节。这就是史诗常用的艺术手法。

三、发人深省的格言、谚语的恰切点缀

民间格言和谚语,是劳动人民在长期的斗争实践和生活实践中所积累的经验的总结、智慧的结晶。作为大规模反映人民的丰富生活和生动民俗的史诗,自然总是采用众多的格言、谚语来叙述、描写,或评点人事。

《华抱山》在叙事、状物的说唱过程中,闪光的思想火花常常迸发,珠玑般的语言不断脱口而出,发人深省的格言、谚语比比皆是。以下摘出一小部分,以资观瞻——

"自古少年出英雄人"(第94页)

"百炼千锤成真金(人)"(第95页)

"吃得苦中苦,方为人上人"(第95页)

"好耕耘定有好收成"(第96页)

"历来换官勿换印,只有公道换乾坤"(第210页)

"鲜花好看栽花难"(第 211 页)

"门缝里看人要看扁,看隔年皇历要误田"(第 324 页)

"秧好护好收好出丰年,好苗粗耘懒做丰也欠"(第 325 页)

"一时用兵千日练"(第 385 页)

"谋事在人,成事在天"(第 469 页)

…… ……

此外,作品中不乏幽默、诙谐、调侃的语句。如其中一节,在唱述封建势力"挖坟碎尸"以后,插叙了这么几句——听山歌人向唱山歌人发问:"'大王坟'里哪哼有龙、凤飞上天?答出仔末我俚称你唱歌仙。"唱山歌人答道:"'金龙、彩凤'是小龙、凤妹两圣贤,龙、凤上天末我勿看见众人见,山歌唱仔几百年,代代相传到今天。"听山歌人听了,把头点点,称赞唱山歌人是"歌仙"。唱山歌人说:"做了歌仙要上天,《华抱山》长歌就唱勿全。"如此充满机趣的对答话语,真是令人忍俊不禁。听着长歌《华抱山》,仿佛一位智慧老人在人们面前娓娓动听地讲述长篇故事。

《华抱山》好似江南太湖地区民间语言的一个宝库。

上述种种史诗艺术手法的出色运用,是《华抱山》史诗艺术特征的第六个标志。

本文论述了《华抱山》史诗艺术特征的六大标志。这六个标志,是衡量一部史诗的必备条件,假如缺少了某一两个,其在艺术上就是不完美的,甚至构不成史诗。而《华抱山》恰恰完全具备了这六个标志。因而这部太湖民间长篇英雄叙事诗,绰绰有余地具有史诗的品格。虽然它不是产生于人类的童年时代,并非传统意义上的史诗。然而这丝毫不影响它的意义、价值和地位。可以肯定,《华抱山》在中国民间文学史上,以至在整个中国文学史上,将会占有一席之地,闪闪发光,永留人间。而这部产生和流传于江南民间,中国汉族地区迄今仅有的一部民间长篇英雄叙事诗,不仅在中国各民族的史诗型作品中独具风采,是名副其实的国宝,而且具有世界意义,必将被国际学术界所重视,成为全世界人民的共同的精神财富和艺术珍品。

(原载《中韩文化研究[第三辑]》,中文出版社 2000 年版)

陈子昂"兴寄"说新论

徐文茂

一

对于陈子昂的"兴寄"理论,当今论者普遍局限于以《赠东方左史虬修竹篇序》中的"齐梁间诗,彩丽竞繁,而兴寄都绝",《喜马参军相遇醉歌序》中的"夫诗可以比兴也,不言曷著",《赠别冀侍御崔司议序》中的"蜀山有云,巴水可兴"这三条为依据,将"兴寄"笺释为"比兴寄托"。进而有的从比兴系修辞技法的认识出发,将"兴寄"归结为诗歌审美运动中的方法论问题;有的从寄托系思想内容的认识出发,将"兴寄"归结为诗歌审美运动中的审美标准问题;有的从比兴寄托所产生的效果出发,将"兴寄"归结为审美鉴赏中一种具有美刺作用的美感效应问题等等。这种种见解都有其正确的一面或合理的成分,却没有切入"兴寄"的内核。因为"兴寄"的内涵如果仅仅是一种审美标准,一种审美技法,一种审美鉴赏,那陈子昂未必会将之作为一个重大的理论问题来对某一历史时期的文学现象进行整体的概括和批评。事实上,从作品内容、技巧方法或鉴赏活动来看,齐梁诗坛大量的写景咏物之作中也未尝缺"兴"无"寄",因而对陈子昂的"兴寄"说必须联系其时其人其著,联系六朝诗歌、诗论,予以整体的把握和本质的开掘。

陈子昂的"兴寄"理论是以"兴"的肯定,即以肇自先秦的审美本体论为基础而展开的。兴,作为中国古典诗歌审美运动的一种具有鲜明民族特色的基本范式,历来是"撮诗之要用"[1],"是诗家大半得力处"[2]。南宋四大家之一的杨万里曾就自己的审美实践对之作出恳切的阐明,他在《答建康府大军库监门徐达书》中自述道:"我初无意于作是诗,而是物是事适然触乎我,我之意亦适然感乎是物是事,触先焉,感随焉,而是诗出焉。我何与哉?天也!斯之谓兴。"这是一种比较典型地代表了包括陈子昂在内的众多诗人对兴的理解。它肯定了"兴"是一种诗歌审美运动,是大千世界中的审美客体与芸芸众生中的审美主体之间适然的感触运动。对于"兴"的如上理解,陈子昂虽未从正面予以表述,却在前引以外的诗、序中屡屡有类似的提及,如《合洲津口别舍弟至东阳步趁不及眷然有怀作以示之》"孤舟多逸兴,谁共尔为邻",《为陈御史上奉和秋景观竞

---

[1] 方东树《昭昧詹言》卷十八。
[2] 李重华《贞一斋诗说》。

渡诗表》"臣闻白云兴咏,汉游汾水之祠",《忠州江亭喜重遇吴参军牛司仓序》"神融兴洽,望真情高"等等。此外,在陈子昂的集中尚有一些虽未直接言兴,却含意关兴的抒述,如《春台引》"感伤春兮,生碧草之油油;怀宇宙以汤汤,登高台而写忧",《晦日宴高氏林亭序》"欢赏不疲,对林泉而独得"等等。其中《薛大夫山亭宴序》中的一段生动描述尤耐寻味:"披翠微而列坐,左对青山;俯盘石而开襟,右临澄水。斟绿酒,弄清弦,索皓月而按歌,追凉风而解带。谈高趣逸,体静心闲,神眇眇而临云,思飘飘而遇物。"将之与《文心雕龙》、《文赋》等六朝文士的有关论述相比照,它虽然简练,却至少具有以下几层含义:

其一是首肯了青山、澄水、翠微、盘石、皓月、凉风等审美客体的制约性前提和触发作用。任何主体的感应都离不开外事外物的作用,任何诗歌审美运动都是以自然和社会的真实为基础。但又不是任何事物都能触动诗人,而必须是客体的部分质性具象与主体本质力量的部分性质相适应。因此,任何诗歌创作都是应物斯感、遇境而生、缘事而发,决不可脱离真实、矫揉造作。"若夫性情不露、景物不真,而徒然缀枯树以新花,被偶人以衮服,饰淫靡为周、柳,假豪放为苏、辛",则等于"活剥工部、生吞义山","生趣尽矣"[1],后人田同之的这段论述实在是对陈子昂"采丽竞繁,兴寄都绝"的一个很好的笺释。

其二是强调了审美主体"索月按歌,追风解带"的能动作用。"谈高趣逸"自然与主体的情性、志趣、才学、识见密不可分,也自然与特定环境中主体的审美直觉、审美想象、审美理解密不可分,并且是审美主体的平时襟怀与即时感受的辩证统一。

其三是揭示了审美实践中主客体双方相互作用、相互扬弃的兴会运动过程。指出在审美表象的基础上,在审美情感的驱动下,审美主体必须体静怀虚、心闲虑澄,从而潜心于"神眇眇而临云"的神思阶段,即由审美运动中主体之心因客体诱触而被激发之情绪意念与客体之象因主体观照而被摄取之形态物理之间所展开的辩证运动阶段,进而在意与象的同构统一之中"思飘飘而遇物",即于跃动变化着的众多审美意象中产生出兴象来。

陈子昂的这段表述,不仅是对其诗歌创作实践的一个方面的总结,也是对其屡屡提出的"兴"的一个生动的笺释。由此亦可认识到陈子昂所以能成功地创作出优秀的古风、近体、歌行作品,所以对唐诗的发展产生深远的影响,原因之一是他视诗歌创作为一种审美运动并充分肯定其艺术本质,充分肯定其自身的运动规律,这恰恰是建国以来陈子昂研究中所未曾注意的。

二

陈子昂的毅然呼"兴",是在其历览丘坟群典之论述,溯考诗歌流变得失的基础上,对中国诗歌发展的一个基本把握。《赠东方左史虬修竹篇序》开宗明义:"文章道弊五百年矣!"这是陈子昂全部文学主张的核心,而体现文章之道的两个重要组成是"汉魏风骨,晋宋莫传,然而文献有

---

[1] 田同之《西圃词说》。

可征者。仆尝暇时观齐梁间诗,彩丽竞繁,而兴寄都绝,每以永叹",即"风骨论"和"兴寄说"。因而同"风骨"一样,"兴寄"之有无是他衡量各个时期、各位诗人创作的一个重要标准。从这个角度对唐以前诗歌的长河作一审视,有助于对陈子昂"兴寄"说的深入理解。

"兴"作为中国诗歌美学的基本范畴,作为中国诗歌创作的一种运动形态,最早"出于虞夏之咏歌"[①],普遍存在于后来的《周易》《诗经》《楚辞》中。这种原始形态的兴,虽然还多少带着原始宗教的色彩和神秘图腾的印记,却有其质的基本规定,有其合理丰富的外延。对此最早从诗歌审美的角度直接提出的是孔子,他在《论语·泰伯》篇指出"兴于诗,立于礼,成于乐",在《论语·阳货》篇又指出"诗可以兴,可以观,可以群,可以怨"等等。虽然孔子本人并没有加以阐述,后人又对此有不同的理解,但这兴却涉及了审美主客体,涉及了诗歌审美运动的方方面面。约成于战国的《乐记·乐本篇》关于"人心之动,物使之然也。感于物而动,故形于声"等论述,大致可以代表先秦儒家对兴的一种理解。先秦儒家美学从"心物感应""感物造端"的意义上释兴:一方面以肯定审美客体为前提,重视其潜在的能起激发作用的客观质、性,又不单纯地把兴视为客观事物的机械再现;另一方面,以肯定审美主体为指归,强调其实践着的具有把握能力的主观情、思,又不单纯地把兴视为主观情理的直接展现。他们揭示出兴的本质在于主客体的实践着的具体特定的审美关系中,是心与物、志与事、情与景的辩证统一。因而先秦诗歌美学中的兴固然也包括方法论、文体论等内容,但其重心则在诗学的审美本体论上。虽然在"不学《诗》无以言"、以诗为社会交际"发乎情,止乎礼"的春秋时代,儒家诗歌美学的上述思想没有直接促进诗歌的创作,却在稍后的战国时代的楚辞中得到了淋漓尽致的显现。

汉帝国建立后,随着儒学在社会文化思想中独尊地位的确立,兴在儒家诗学中逐渐被位移至艺术技法与功能效应等方面。汉儒对兴的"起也,取譬连类,起发己心"的理解和对兴义的微言大义式的洋洋笺释,突出了包括"诗三百"在内的审美客体的第一性,而作为主体的人只是"感于物而动",其结果又是为了冶性修身以"立于礼",为了"迩之事父,远之事君,多识于鸟兽草木之名"。这也是显赫长久的两汉皇朝在诗歌创作中远未取得相应辉煌的原因之一。

魏晋时期,在玄学隆兴、佛学东渐、思想活跃的文化氛围中,诗人的主体意识在不断觉醒,个体人格在不断提高。随着文的独立与发展,对兴的理解在兼及方法论、鉴赏论等的同时,回归到审美运动本体论的新高度——兴会上来。魏晋诗人文士继承了先秦诗学心物感应、感物造端的思想,不仅重申"兴者,有感之辞也"[②],并且在诗歌创作中恢复了主体与客体的平等地位,进而注重个体情气的抒述、才性的施展。正是在这样诗学认识的支配下,诗人们或抒述自身经历政权替迭、社会动荡的深切感受,或抒述自身寄迹山水田园、瞩目自然万物的真切情性。

然而自晋而下,在士族文化占主导地位的时期,虽然出了不少优秀诗人、诗作,但随着士风的颓放,在创作中出现了审美主体的情性渐趋弱、窄、浅、俗的倾向。尤其至齐梁,诗之题材

---

① 柳宗元《杨评事文集后序》。
② 挚虞《文章流别论》。

往往局限于宫廷、藩镇、幕府的范围之内,创作的方式往往是诗人群体在同一场合、就同一对象遵命吟咏。心物本欠感应,自然难以兴会,因而诗人只能呕心沥意于具体艺术技巧、修辞手法的运用,叠词堆彩以体形切状。这样对审美客体的观照可为详尽细腻,而审美主体的情性却实在是寡弱淡伪,创作便沦为显才施技之应酬,连刘宋尚存的那种"怨思抑扬"的兴寄之作也荡然难觅。

基于上述认识,便不难发现,陈子昂"兴寄都绝"的认识至少包含着如下几点:对诗歌审美运动中审美主体个性泯灭的批评;对诗歌审美运动中审美客体价值意义的要求;对诗歌作品"繁彩寡情""为文造情"现象的否定;对诗歌作品的情气神理的强调。检视陈子昂集还不难发现,陈子昂所肯定的风雅之作、建安之诗、正始之音在整体上都系兴会之作;陈子昂所赞颂的上自屈原、下至东方虬等众多诗人颇多感兴之作。由此可见,陈子昂的毅然呼"兴",是以对诗歌审美运动本质规律的辩证把握为核心,以对古代诗歌发展源流的全面审视为基础,为发展繁荣诗歌创作而提出的,是诗文之道在审美范畴的体现之一。

三

陈子昂的毅然呼兴,是在其洞察诗坛现状、辨析各类主张的基础上,对隋代以来健康的诗学思想的一个深化和提高。

隋及初唐诗坛存在着两种倾向:一是有鉴于六朝权贵将诗作为纵欲声色、纸醉金迷的玩物而丧失真正属于自己的主体个性,使政权相继沦亡的认识,用传统的儒家诗教去否定之,创作出一批宏丽雅健的作品;一是倾心于六朝诗歌艺术的辉煌成就,在理论和创作上予以继承和发展,绮丽文风的蔓延和发展,诗歌美学论述的丰富都表明了此。值得肯定的是一代英主李世民及其重臣们,既从政权得失着眼,对诗歌的审美对象和审美情志有所要求,又推重六朝诗歌的审美艺术成就而有所借鉴和发展,因而在唐初诗坛上比较普遍存在着一种糅合南北之长而文质并重的美学主张和审美实践。但是其时诗人文士对诗歌创作的认识,还是停留在内容与形式、刚健与绮丽、裨益教化与淫靡亡国等具体问题上,如历来为众多研究者所引用的魏征在《隋书·文学传序》的阐述:"江左宫商发越,贵于清绮;河朔词义贞刚,重乎气质。气质则理胜其词,清绮则文过其意。理深者便于时用,文华者宜于咏歌。此其南北词人得失之大较也。"这种种见解虽然闪烁着辩证思维的光芒,却未切入诗歌创作的深层肌理;虽然有正确的内容和针治的疗效,却未点到诗歌创作的命脉穴位上。因为诗歌创作从本质上来讲是一种艺术审美运动,因而只有从审美本体论的基础上来把握审美主体与审美客体之间的辩证关系,来辨析其运动过程中的内在规律,才能使诗歌创作走上健康发展之道。陈子昂标举兴寄正是就此而为的。他将兴着基于诗歌审美运动这样一种本体论意义上的"自己运动";将兴作为一个针对诗坛数百年积弊的重大理论问题,从而将初唐诗坛各种文学思想的分歧潜挖到一个新的深度来予以认识;将兴寄作为一种自觉的美学追求,而不断予以探索、实践,甚至将自己的这些作品命名为《感遇》,即寓含着"感于心,因于遇"①这种兴寄之意。

当然,任何一种思想认识的确立都有一个萌发、演进的过程。在陈子昂登上文坛的调露年之前,在诗歌创作中重视审美主客体的兴会,强调审美主体情性意志之作用的情况已渐有苏复,这在虞世南、王绩等人的部分作品中已清晰可见;在诗歌美学理论上承扬心物感应等的认识虽属凤毛麟角,但毕竟在孔颖达、王绩等人的著述中初露端倪。然而他们或停留在"六情静于中,百物荡于外,情缘物动,物感情迁"②的认识上,并且忽视了审美主体在兴会中的地位作用,以为"哀乐之起,冥于自然;喜怒之端,匪由人事"③;或停留在"题歌赋诗,以会意为功"④的笼统观照上,而不明确将"兴"高标。后来的四杰、元兢及至与陈子昂同时代的李峤、刘知几等,也曾在诗、文、序、简中直接、间接地予以申述和肯定,如骆宾王《伤祝阿王明府序》之"事感则万绪兴端,情应则百忧交轸。是以宣尼旧馆,流襟动激楚之悲;孟尝高台,承睫下闻琴之泪",王勃《采莲赋》之"觉由物召,兴以情迁"等等。但联系其人其集而比照辨析,则远不及陈子昂在认识上来得重视、丰富、深刻,在创作上来得自觉并卓有成就。

应该提及的是,兴的观念经陈子昂等诗人文士的先后提倡和力行,终于成为唐代诗人尤其是盛唐诗人的共识;兴的理论也是很多诗论或涉及、或阐述、或强调的。诵读唐人诗歌则不时可见"俱怀逸兴壮思飞,欲上青天览明月""诗尽人间兴,兼须入海求"之类的诗句;翻检唐人著述则不时可见"大凡人之感于事,则必动于情,然后兴于嗟叹,发于吟咏,而形于歌诗矣"⑤,"仆尝病兴寄之作,堙郁于世,辞有枝叶,荡而成风,益用慨然"⑥之类的触及。研读唐代诗论也不时可见"夫诗工创心,以情为地,以兴为经,然后清音韵其风律,丽句增其文彩"⑦,"取义曰兴,义即象下之意"⑧之类的阐述。前人在评论唐诗时纷纷指出"唐人尚意兴"⑨,"尚多比兴……李、杜、元、白诸大家,最多兴体"⑩。这至少说明了唐诗成就和特征的某些方面,于中又可见陈子昂审时度势、紧扣诗歌美学的艺术本质而毅然呼"兴"并努力实践对促进唐诗发展繁荣的功绩。

四

陈子昂的"兴寄"说,不仅在于他就兴的问题纵览诗史而予以合理的继承,更在于他对兴的内涵的丰富和发展;不仅在于他横察时诗、时论而予以辩证的把握,更在于他深入艺术的本质特征对审美运动规律的能动运用。这集中表现在"寄"上。

---

① 沈德潜《唐诗别裁》卷一。
②③ 孔颖达《毛诗正义序》。
④ 王绩《答处士冯子华书》。
⑤ 白居易《策林》六十九《采诗以补察时政》。
⑥ 柳宗元《答贡士沈起书》。
⑦ 遍照金刚《文镜秘府论·论文意》。
⑧ 皎然《诗式·用事》。
⑨ 严羽《沧浪诗话·诗评》。
⑩ 洪亮吉《北江诗话》卷一。

中国诗论史上"兴寄""寄兴""兴托"等词固然数不胜数,但首先将"兴"与"寄"相连而提出"兴寄"的当推陈子昂,而陈子昂又被众多后人尊为开启中国诗歌史上黄金时代的主要元勋之一,可见这兴寄之论、兴寄之作与唐诗繁荣显然不无内在的紧密关系。如果说"兴"是指审美主客体在特定的具体环境中相互感应、相互扬弃、相互统一的辩证运动,那"寄"则是从突出审美主体的角度来着眼的,是从审美运动中主体经由绪、意、旨,以及如何使旨具体物化为兴象并构成诗境的过程来提出的。陈子昂在《洪崖子鸾鸟诗序》中"和墨澹情,洒翰缛意,寄孤兴于露月,沉浮标于山海"的表述即对此有所显现。因此,与"兴""兴会"相比较,"兴寄"不仅肯定了审美主客体的辩证运动,而且就主客关系和运动形态,强调了审美主体的自觉性、能动性、创造性。这主要可归结为以下两个方面:

其一是高扬了审美意志,即强化了诗人在审美活动中对自身的认识活动、情感活动、意象孕育、意象物化直至意境形成等全部活动的驱控力和价值导向。

"心物感应"之"兴"也好,注重情气之"兴会"也好,虽然都是一种对审美主客体的观照,一种客体之物理、具象与主体之情性、思理的辩证同一,却都有其缺陷。以先秦的"心物感应"认识来考察当时的诗歌,不难感受到作为主体的诗人由于其在生产力甚为低下的社会中的被动状态而波及其在诗歌审美运动中往往处于被动的状态;以两汉的"感物造端"的认识来考察当时的诗歌,也不难感受到作为主体的诗人在儒教的桎梏下往往处于"止乎礼"的拘谨状态;以魏晋"兴会标举"的认识来考察当时的诗歌创作,也不难感受到作为主体的人虽然有所觉醒和独立,但其中占绝大多数的是个人自身生命、个体价值追求之情感,因此在诗歌审美运动中主体的能动作用往往局限于个体和感性的范围,而没有普遍地上升到社会、群体和理性的层次上去。由于这些时期的诗歌创作很少强调审美主体心理活动的理性部分;因而其时诗歌的大多数往往是"感于哀乐,缘事而发",偏重审美主体的感知、情绪等感性的层次。一旦情感脱离社会现实而窄化、俗化、浅化、弱化,便直接影响到诗歌审美活动的结果。两汉的宫廷作品、齐梁的豪门诗歌所以会沦落为繁丽夸诞的造情应酬、逞才雕琢或庸俗淫靡的感官刺激、欲念满足便是明证。由此来审视陈子昂在考察诗史、批判齐梁中倡导的兴寄,则比较能悟出这"寄"的内容之一即是高扬审美意志,即诗人在审美运动中的驱动、调节、控制运动的能力,及其包括心理和行为在内的全部活动过程。

在审美运动中,审美意志虽然与审美认识、审美情感相互作用而互渗互容、互生互进,但其毕竟属于审美心理结构中的理性部分,对审美情感有调节、扬弃、强化的作用,对审美活动有制导的作用。因而剖析陈子昂诗歌创作中所显现的审美意志对理解"寄"又甚为有益。综观陈集不难发现诗人的审美意志尽管有着个体独特的动力结构和标准,却时时紧扣着个体觉醒和个人价值追求的导向。这种追求首先表现为"吾观昆仑化,日月沦洞冥"(《感遇》八),"太极生天地,三元更废兴。至精谅斯在,三五谁能征"(《感遇》一)的对天体人事的关注,对道——万物变化的规律准则的探究,以期循道而实现人生的自觉。其次,这种追求表现为"感时思报国,拔剑起蒿莱"(《感遇》三十五),"清宴奉良筹,再取连城璧"(《答洛阳主人》)的功业之志。其次,这种追求表现为"怀君万里别,持赠结交亲"(《送东莱王学士无竞》),"循涯倦短翮,何处俪长离"(《晦日重宴高氏林亭》)的结交同志、共展抱负的群体观念。再次,这种追求表现为"卑宫昭夏德,尊老睦尧亲"(《奉和皇帝丘札抚事述怀应制》),"待士慕谦让,莅民尚宽平"(《座右铭》)的济世拯民的社会意识。此外,这种追求还表现为"方释尘劳事,从君袭兰杜"(《酬晖上人夏日林泉见赠》),"窅然遗天地,乘化入无穷"(《感遇》五),对自然的热爱和对道的回归之夙愿;表现为"平生白云志,早爱赤松游"(《答洛阳主人》),"因书谢亲爱,千岁觅蓬丘"(《入峭峡安居溪伐木溪源幽邃林岭相映有奇致焉》),超脱浮生、向往永恒的希冀等等。这种种追求虽分属不同的取向并体现着儒道释纵横等思想的作用,却都围绕着一个轴心:陈子昂的实现生命价值的强烈意志。仅上述引用的诗句就足以证明这种意志对主体在与社会自然的接触中、在审美实践中的指导作用和驱控能力。正是这种审美意志主导了陈子昂对纷繁多彩的对象世界的敏感区域和兴奋热点,主导了对客体对象的摄取标准和切入角度,主导了审美主客体相互作用、相互扬弃进而同构融合的运动轨迹,主导了运动结果的美的形态和风貌。由此可见,陈子昂的"兴寄"说较以往有关"兴"的理论而言,更强调主体的自觉意志,强调审美意志在具体兴寄中的主导作用。这在陈子昂对东方虬《咏孤桐篇》所作的"骨气端翔"的评论中,在《与韦五虚己书》所述的"欲揭闻见,抗衡当代之士"的自白中都约略可见。

值得重视的是,"兴寄"说所突出的审美意志,不仅体现了主体有着独特个性和标准,充溢着生命激情的理性意识,而且体现了审美实践的有着群体共性和规范的时代人文精神潮流。因为审美活动是一种社会活动,所以对审美意志的剖析必须兼及对产生这种意志的社会的考察。又因为审美活动是一种从生产劳动中逐渐分离出来的精神劳动,审美意志是审美心理活动的理性部分,是历史文化积淀与社会文化氛围在个体中的特定同构,所以对审美意志的剖析也必须兼及对产生这种精神的文化思想的考察,对陈子昂的"兴寄"理论和兴寄作品更可作如是观。陈子昂生逢其时的初唐帝国之皇室成员出身于社会地位较低的宇文氏军人集团,其依靠、凭藉的核心力量又都为以文治武功致显贵的庶族地主及其他中下层里的怀才之士,因而统治者在政治上有意沿袭刘宋而下的抑抠门阀世族的政策,以科举等为手段广罗人才,控制社会。因而有唐一代以庶族地主阶层为主体的新兴士人统治阶层,围绕着匡时济世、建功立业的人生目标,有其特定的社会政治文化的价值取向。这种取向又使这个充满生命力的新兴阶层洋溢着使命感,充满着晋宋而下所欠缺的主体意识,折射到审美本体论中主体色彩也同样尤为耀眼。与陈子昂的"臣每在山谷,有愿朝廷"(《谏政理书》)一样,丘为有"男儿出门事四海,立身世业文章在",王维有"圣代无隐者,英灵尽来归",岑参有"苍生望已久,来去不应迟";与陈子昂的"结绥还逢育,衔杯且对刘"(《江上暂别萧四刘三旋欣接遇》),"莫言长落羽,贫贱一交情"(《落第西还别刘祭酒高明府》)一样,张说有"无嗟异飞伏,同气幸相求",张九龄有"志合岂兄弟,道行无贱贫",杜甫有"由来意气合,直取情性真",类此等等,说明在封建社会发展的特定时期,由科举入仕的庶族志士往往具有一个类同的价值坐标和目标定向,他们以类相属,相互携勉,参与时事,改造社会,表现了一种比旧士族强大得多的集团性意志。由此可见,陈子昂标举"兴寄"之说,力创"兴寄"之作,体现了社会中新兴进步阶层的一种以天下为己任的治世情怀、进取雄心,一种"至精谅斯在,三五谁能征"(《感遇》一)的开创未来、实现生命价值的群体追求。因而,"兴寄"说虽然有儒家的色彩,但是单一地在美学思想上将之归结为儒家诗教,甚或冠以复古倒退等案语,实在是有违实际,有失偏颇;相反却充分说明了这"寄"所高扬的审美意志,具有十分可贵的社会内涵和时代意义,并在初唐后期及盛唐诗歌中得到了充分的显现,这也是后人肯定唐诗自"子昂始高蹈"的重要依据之一。

其二是"寄"突出了在审美客体之具象经由意象向兴象演变、兴义与兴象的辩证运动的过程中,审美主体的能动作用。

在审美主客体感应兴会以生兴义、兴象直至诗境完成的全过程中,兴象的形成一般有两种形态:一种是主客体在审美实践中相互作用,在主体思理和客体物理于逻辑的演绎相同构一致的基础上,经由变化扬弃后的客体部分具象,在兴义的支配下成为兴象而进入诗境。这时的兴象和客体的具象还保持着外表形象上的类同一致,这在陈子昂以前的诗歌创作中大量存在,在陈子昂作品中也不时可见,如《彩树歌》中众彩氛氲、惠色增芬而芳意无赏、绝尘不闻之珍树,又如作者两次随军征讨,目睹古垣遗堞,身遇戍卒燕客,体察征戍成败而赋的《感遇》三、二十九、三十四、三十七,等等。另一种是主客体在审美实践中形成的兴象与客体的具象不保持着表象上的类同一致,而仅仅在逻辑的演绎形态上保持着同构、可比的一致性,并且往往借助喻示或细节点明而将二者加以内在的沟通。陈子昂的"寄孤兴于露月,沉浮标于山海"即此含义:那就此将主客体在审美实践中产生的兴义(即旨意),寄寓于主体另行索觅的形象——山海露月之中。这在陈子昂以前的诗人创作中虽已时有存在,但却没有理论上的明确概括,而在陈诗中与他的"兴寄"说相映衬却得到了集中的显现。譬如《感遇》的压卷之作:"仲尼探元化,幽鸿顺阳和。大运自盈缩,春秋迭来过。盲飙忽号怒,万物相分劘。溟海皆震荡,孤凤其如何?"就兴象而言,作品瞩目天体、溯史谈运,指出万物只能适时而起,幽鸿只能随阳栖息,先贤孔丘生不逢时也只能无可奈何。就兴义而言,主体陈子昂与客体现实政治在审美实践中所产生的意象与主旨并未得到直接的展现,主客体结合所产生的意象只是作为一种象外之象叠合寓寄于古代先贤、天时万物上;主客体熔铸所产生的主旨只是作为一种言外之意潜贯脉通于盲飙溟海、孤凤幽鸿中,呈现出"不明指天时而天时恍在其中;不显言地境而地境宛在其中;且不实说人事而人事已隐约流露其中"①的效应。这里虽有诗人鉴于武则天专制下诬告四起、酷吏淫刑的政坛现实而不能明陈的原因,但审美主体将自身坎坷与黑暗政治深切兴会所产生的意象位移于在质性和事理上有类同之处的礼崩乐坏的春秋末期和济世不成的先贤孔丘,将之按兴义进行演绎而作为兴象摄入诗境的过程,不能不昭示出主体在审美实践中的能动作用。在现存的陈诗中,如《观荆玉篇》,《感遇》二十二、二十六等这种"言在于此,意寄于彼"的兴象亦不时可见。

应该指出的是,在陈子昂的一些作品中,审美主体将意象分散位移成数个原不相关的兴象,

---

① 李重华《贞一斋诗说》。

再凭藉各兴象所内含的质性物理在逻辑演绎上可被兴义统摄,组合成蕴蓄深邃的诗境。《感遇》九即针对武则天为强化权力而乞灵于天命,以致佞人造伪、谶纬盛行的现实,将主体感愤于武承嗣伪造瑞石、僧法明谎编《大云经》等行径而产生的意象,分别位移于汉元帝时的宫嵩、秦始皇时的卢生、汉哀帝时的夏贺良、前秦苻坚时的王嘉及桃李花等,从而在兴义的营构下形成境外有境的诗歌境界。又如《感遇》十二、二十一等这类意象分散位移而兴象纷呈的作品,充分说明了"兴寄"说对审美主体在美的创造中的能动性的强调。

正由于"寄"强调了审美主体在客体具象、意象、兴象蜕化过程中的能动作用,因而在陈诗中的兴象可谓广博丰富,琳琅满目。《感遇》二十五系主体感兴于政局的动乱恐怖而作,全诗仅八句,却摄录了白露寒风、玄蝉孤英、瑶台青鸟、玉山木禾、昆仑凤凰、高及云霄之罗网等十个兴象来寄寓避祸远遁、洁身自爱的兴义,类此等等足见陈子昂在兴象的运用上冥搜博览,既使兴象繁富生动而境界寥廓,又使兴象贴切多致而旨义内蕴。因而品味陈诗往往能透过兴象悟悉诗人的骨气端翔的襟怀世界。

综上所述,陈子昂的"兴寄"说是在诗歌于魏晋六朝取得独立地位的基础上,从审美本体论的角度对以往美学思想的继承,对以往审美实践的扬弃;是在对时代脉搏的准确把握和对文化氛围的深切感受中就诗美创造、诗歌繁荣的正确指向。它高扬了唐人实现人生价值的不懈进取精神,并融入了积极的历史主动性和强烈的社会责任感;它切入了诗歌的本质,涉及了诗歌美学的很多方面,并拓展了审美主体的能动性,为唐诗的绚丽灿烂吹奏出一章理论的序曲,是值得充分研究的。

(原载《文学评论》1998年第3期)

中国左翼文学的产生

孔海珠

中国"左联"的成立和无产阶级革命文学的发展,是在国际的大背景下发生的。从世界范围来说,30 年代也就是从资本主义文艺向无产阶级革命文艺转化发展的年代。中国"左联"等文艺团体正是在这个转折关头,和其他许多国家的无产阶级文学团体,顺着世界潮流应运而生。它和其他许多国家的无产阶级文学的发展,可以说是一根藤上的瓜。中国左翼文学的产生是一种国际现象。

一、国际革命作家联盟的成立,标志着国际间联络的开始

步入 30 年代后,无产阶级左翼文学运动在许多国家都有发展。继 1927 年 11 月的世界范围无产阶级作家第一次携手合作之后,1930 年 11 月,在苏联的哈尔柯夫召开了第二次国际革命作家大会。出席的国家,从 1927 年的十一个,增加到二十三个;代表也从三十余名增加到了一百多人。会上成立了"国际革命作家联盟"这样一个统一的组织,而中国"左联"在这次会中便成了其中的一个重要的支部。

组织上的联系,使中国的左翼文学运动成了世界无产阶级文学运动的一部分。在 1930 年 3 月 2 日"左联"的成立会上,通过了十七项提案,其中有"发生左翼文艺的国际关系,组织种种研究会,与各革命团体发生密切的关系"①的提案。而国际革命作家联盟也在哈尔柯夫的大会上,作出对于"中国无产文学的决议案"②。其中第七条决议说:"加入国际革命作家联盟作为在中国的支部。国际革命作家联盟必须帮助中国支部建立国际间的关系,特别是和日本、美国及苏联支部。关于中国无产文学运动的报告必须大规模的广布于国际。"

很明显,国际间的渠道就这样正式地互通了。萧三作为出席哈尔柯夫世界革命文学大会的中国代表,他在向中国"左联"报告的信中欣喜地说:"……从此可以发生很密切的关系,此后只希望同志们,大家努力来研究,学习,创作。"可是,在这之前,"中国的普罗革命文艺运动,虽则幼稚,也有二三年的历史,已有了组织,而且实际参加革命运动"。它们的许多决议要和国际革命

---

① 《中国左翼作家联盟的成立》,刊 1930 年 3 月 10 日《拓荒者》1 卷 3 期。
② 《国际革命作家联盟对于中国无产文学的决议案》,刊 1931 年 11 月 15 日《文学导报》1 卷 2 期。

文学发生关系,一直到萧三参加了会议,在会上作了介绍,世界上才知道中国也有革命普罗文艺运动。萧三感慨地说:"这一次,我们算是把隔在中国革命文艺和世界革命文艺之间的一座万里长城打破了。"①

中国"左联"之所以和国际革命作家联盟发生关系,除了上面所说的国际背景,最直接的原因还在于:中国"左联"是中国共产党领导的革命文艺组织,中国共产党受命于第三国际的领导。那么,由第三国际倡导召开国际革命作家大会,并成立国际性的作家团体,这就促使在中国也成立相应的组织。

当时,参加"左联",形同于参加共产党领导的革命,甚至意味着参加中国共产党。明白这样的组织背景,也就不奇怪了。有些人在加入之前并不明白,或者在加入后觉得受到的约束很多等等,退出或远离了这个组织,如郁达夫、戴望舒、杜衡等。也有认为"左倾"是当时青年人追求的"时尚",如穆时英、叶灵凤、金满成等,写了好些所谓"革命"题材的作品,出版商也趋之若鹜,唯恐不及,但未过多久就发现其中的危险,赶快退避和转向。而鲁迅和茅盾却在这个组织里发挥了重要的作用,用他们的智慧和勇气促进与国际革命文学的联系,同时奋力和黑暗势力抗争,成为全联盟的中心。

二、无产阶级革命文学的传播,最初得力于革命文学的论争

尽管左翼文艺运动具有国际性,是有组织、有领导进行的。这些,都只能是"外部条件",重要的因素,是在中国这块土地上,具有无产阶级革命文学的星星之火。

1928年开展的一场革命文学论争,对传播马列主义文艺理论,介绍苏联和日本的普罗文学情况,锻炼人才,提高整个文坛的理论水平等,都起了一定的促进作用;同时,也为以后中国左翼文艺运动和世界潮流的合拍,作了思想上和组织上的准备。当时,以从日本归国的年轻的创造社社员为主干,还有太阳社、语丝社、文学研究会等,通过他们的社团刊物,积极地翻译和介绍各国的普罗文学概况及文艺理论,同时,每个成员通过内部的思想斗争,都得到了改造和提高。尽管当时在许多方面存在这样或那样的缺点和错误,但其积极意义是不必抹杀的。

通过这场论争,鲁迅和茅盾和思想状况是值得剖析的:

鲁迅在《三闲集》序言中说:

> 我有一件事要感谢创造社的,是他们"挤"我看了几种科学底文艺论,明白了先前的文学史家们说了一大堆,还是纠缠不清的疑问。并且因此译了一本薄力汗诺夫的《艺术论》,以救正我——还因我而及于别人——的只信进化论的偏颇。

---

① 萧三《出席哈尔柯夫世界革命文学大会中国代表的报告》,1931年1月9日写完,刊1931年8月20日《文学导报》1卷3期。

茅盾在这场论争中受到攻击,之后东渡日本,两年后归国,旋即加入了"左联"。他曾回顾当时的思想斗争和改造的决心。他说:

> 我自己在那时候是一个"自然主义"与旧写实主义的倾向者。
>
> 一九二七年中国大革命失败以后,我开始写小说。对于布尔乔亚的文学理论,我曾经有过相当的研究,可是我知道这些旧理论不能指导我的工作,我竭力想从"十月革命"及其文学收获中学习;我困苦地然而坚决地要脱下我的旧外套。①

以上两段话,说明了特定的时代环境,造成了他们对马列主义文艺理论的深入学习。而真正地接受时代所赋予他们的使命,还要从他们各自的生活经历、学识修养、艺术追求乃至人生目标中去寻找。换句话说,从他们走过的文学道路去探求他们投入这场国际革命文学运动并不是偶然的。

鲁迅曾经广泛地汲取过中外文学的艺术营养。在他深沉思想内容的基本精神中,有一种强烈的反抗意识,和对光明的热烈追求;而他主要的艺术兴趣却是贯注在俄国、东欧、北欧现实主义文学,特别是俄国文学之上的,对他的小说创作影响最大的也是它们。

决定鲁迅的这个探求方向是什么呢?是他认为文学的"转移性情、改造社会"的功能;②是为了更适于贯注自己对中国社会生活更改认识到审美认识,因而也更适于启发中国人民的觉悟,激发中国人民的革命精神。在当时的历史条件下,俄罗斯文学便是这样一种文学。

鲁迅在早年写的《摩罗诗力说》中介绍了普希金和莱蒙托夫的作品,还谈到果戈理和柯罗连柯;以后在《域外小说集》中,又翻译了安特莱夫、迦尔洵、阿尔志跋绥夫、爱罗先珂等人的作品,并广泛接触了列夫·托尔斯泰、陀思妥耶夫斯基、屠格涅夫、契诃夫等人的著作。在 1928 年以后,鲁迅对俄苏文学的介绍和翻译进入到一个新的时期。这时,他虽然仍继续翻译了果戈理、契诃夫等俄罗斯作家的作品,但重点介绍的则是苏联作家及其作品,其中尤以马克思主义文艺理论作品的翻译和介绍占着突出重要的地位。

中国第一套有关马克思主义文艺理论的丛书《科学的艺术论丛书》,即是在上海景云里鲁迅家中酝酿后付诸实施的。鲁迅承担了这套丛书十二种中的五种论述,因遭封禁,这套丛书出版了八种,其中,鲁迅翻译的有三种:

《艺术论》 蒲力汗诺夫著,鲁迅译,光华书局 1930 年 7 月初版。

《文艺与批评》 卢那卡尔斯基著,鲁迅译,水沫书店 1929 年 10 月初版。

《文艺政策》 藏原外村辑,鲁迅译,水沫书店 1930 年 6 月初版。

鲁迅受俄苏文学影响的发展过程,同样说明了他向无产阶级革命文学靠拢的演进轨迹。从

---

① 茅盾《答"国际文学"社问》,《新港》1957 年第 11 期。
② 鲁迅《域外小说集·序》。

1907年到1928年之后,他的注意力从具有积极浪漫主义的作品开始,到对现实有深沉批判的小说,乃至马克思主义的、社会主义现实主义的文艺理论的著作,反映了鲁迅对整个俄国批判现实主义文学的历史联系,从而来影响中国社会现实。鲁迅曾自喻:这是"为给起义的奴隶偷运军火"。

相对来说,鲁迅和茅盾受日本无产阶级文学的影响,比苏俄文学的影响小得多。

茅盾是1916年进商务印书馆工作,开始叩文学之门。和鲁迅相同的是,一踏进文学之门,茅盾便潜心于外国文学,介绍外国文艺思潮,宣扬现实主义的"为人生的艺术"的文学观点,翻译介绍外国弱小民族的文学作品。这在当时,不仅沟通了中外文学的关系,扩大了我国文艺界人士的眼界,也推动了我国新文学运动的发展。

茅盾最初翻译介绍的俄罗斯作家和作品有托尔斯泰、屠格涅夫、契诃夫、安德列夫、高尔基等人。这是由于"十月革命"以后,人们对俄国文学的热情有普遍的提高;而对"十月革命"之后的苏俄文学没有太多的接触。至1928年的文学论争,茅盾知道自己的这些旧理论不能指导工作,便竭力想从"十月革命"及其文学收获中学习。所以,他说:"我的工作精神以及工作方向,是'十月革命'及其文学收获给我的!"①

这段话是写于1934年,茅盾回答苏联"国际文学"社对世界著名作家的提问,具有一定的针对性。但是,那时左翼文化运动受到反动派的压制和禁止,更使正直的文化人的政治态度趋向左倾,这是很重要的时代背景。而苏联革命的成功,使"中国青年已经从'十月革命'认识了自己的使命,从苏联的伟大丰富的文学收获认识了文学工作方向了"。

即使在30余年后,茅盾还回忆到当时的情况,他说:"五四"运动以后,对"俄罗斯文学的爱好,在一般的进步知识分子中间,成为一种风气,俄罗斯文学的研究,在革命的青年知识分子中间和在青年的文艺工作者中间,成为一种运动"②。用现在话来说,这是一种时代风气,是时尚。茅盾还说:"这一运动的目的便是:通过文学来认识伟大的俄罗斯民族。而这种要求认识俄罗斯民族的热情,不迟不早,在1918年前后发生,显然是'震撼世界的十日'的伟大的十月社会主义革命所引起的!"所以说,这种真正的动因是发自内心的,是当时为生存所迫切需要的,同时和政治密切相联了。

同样的例子还可以从瞿秋白、耿济之、蒋光慈等留苏的革命文学作家对苏俄文学的接受和传播中找到。

毋庸置疑,茅盾和鲁迅走过的文学道路有差异的地方。突出的是,茅盾是第一批中国共产党党员,他在参加实际革命工作之后,经历了大革命失败的痛苦,进而创作小说的。革命文学作家生活在"政治和文学交错"的时代,往往能冷静地思索问题的出路,并接受党的领导。所以,当国际无产阶级革命文学运动在世界范围内已形成浪潮之时,也正是中国无产阶级文学蓬勃兴起之时,和国际革命文学运动发生密切的联系,也是中国左翼文化的出路和需要。

---

① 茅盾《答"国际文学"社问》,《新港》1957年第11期。
② 茅盾《果戈理在中国——纪念果戈理逝世百年纪念》,《文艺报》1952年4号。

三、"左联"成长期需要国际土壤

鲁迅和国际无产阶级革命文学运动的联系,基本上是与"左联"加入国际革命作家联盟同步的。即在哈尔柯夫的会上,吸收了中国"左联"支部的同时,出席大会的德、美、日等国的五位作家,就国民党迫害中国作家问题分别发表《抗议书》。这些抗议书由鲁迅、李俊等译成中文,题为《世界无产阶级革命作家对中国的白色恐怖及帝国主义干涉的抗议》,在翌年的《文学导报》上发表。这是鲁迅参与国际革命作家活动最早的一次。从 1926 年至 1936 年之间,据不完全的统计,鲁迅参加签署的宣言、声明等文献、记录共有三十一件。其中关于国际的宣言和抗议书等就有十四件之多,茅盾参与共同签署的有七件。时间集中在 1931 年至 1933 年。

和这个特点有关的是,中国左翼文化运动当时所处的国内环境。由于中国的左翼文化运动是在国民党统治区内展开,在"敌强我弱"的情况下,又从事旨在推翻蒋家王朝的斗争,形势的险恶是可想而知的。而当时的国际共运在世界范围内蓬勃地发展,并在其《共产国际纲领》中,提出了所谓"第三时期"的理论。认为资本主义的死亡已屈指可待,"世界无产阶级革命正处于决战前夕",要求各国共产党必须"从政治上、技术上直接准备无产阶级起义","国内战争的旗帜就是苏维埃政权",在这种大气候下,中共中央也通过了"新的革命高潮与一省或几省首先胜利"的决议,错误地号召全国总暴动。"左联"初期就在这样复杂的环境支配下活动。

当政治活动取代了一切,在闹市区举行"飞行集会",用纪律命令盟员去散传单、写标语的时候,鲁迅和茅盾不去参加,但也不便反对这过"左"的行动,直至"五烈士"事件的发生。

"左联"五烈士等革命者,是为了反对王明"左"倾路线而集会时被捕的,他们遭到了国民党的杀害。鲁迅在悲愤中写成了《黑暗中国的文艺界的现状》,谴责国民党反动派的暴行;并和茅盾、史沫特莱一起起草了《中国左翼作家联盟为国民党屠杀同志致各国革命文学和文化团体及一切进步的著作家思想家书》,对国内外发表。茅盾和史沫特莱把它译成英文时,又增加了好几段内容,连同鲁迅的文章,一起寄给高尔基,要求把这个呼吁书以"国际的规模散发出去",请求声援。

从这个呼吁书开始,中国"左联"的旗帜已深深地扎在国际的土壤上;中国"左联"也才深深感到国际援助力量的强大。当时世界上有十三个国家的著名作家一致发出了抗议书,国际革命作家联盟也实现了"帮助中国支部建立国际间关系",把"关于中国无产文学运动的报告必须大规模的广布于国际"的承诺。其声势之浩大的确使国民党反动派在强大的国际舆论面前暂时敛了愤然的念头。而在"左联"内部,经过这次事件和斗争,多少也遏止和纠正了"左"倾幼稚病行为的任意蔓延。

在"左联"成长期,它的国际土壤自有其重要意义。从目前已知的鲁迅、茅盾和国际革命作家和联盟的联系资料,在"左联"前期,大都属于反映其政治活动的宣言和呼吁书。其中也包括援助其他国际联盟支部的一些材料,如反对法西斯行径向德国领事馆的抗议书,为小林事件向日本政府的抗议书等。由于这方面的材料尚有待发掘,尤其随着苏联的有关国际档案的解密,应该有更多的有关史料浮出水面。

四、与国际革命作家联盟联络的新材料

在白色恐怖加剧的1934年以后,表面上"左联"和国际革命作家联盟的联系已中断了信息的交流,当时的出版物中再也没有前期"左联"时对白色恐怖的抗议和揭露,鼓舞人们的斗志。事实上,国际革命作家对中国革命文学运动的关注是自始至终的;"左联"和国际的联系改为由"文总"出面。这些材料我们可以从油印的"文总"内部刊物《文报》1935年的新年号上获释。由于油印刊物的流传很少,当时并没有引起应有的宣传效果,但至少反映了这种组织联系在继续进行着,只是更隐蔽地展开着。发现这样三封信,很好地记录了在"左联"后期重要的国际支持和交流,反映了中国左翼文化运动的世界背景和国际意义。这三封信分别是:

1. 世界各国作家对中国焚书坑儒的抗议信
2. 中国"文总"致全世界著作家的信
3. 国际革命戏剧家同盟给中国"剧联"的信

"越过重重的海洋,越过一切民族的界限,在以人类广大的解放运动中,我们要求和你们更紧紧地握手!"这是中国左翼文化总同盟(简称"文总")致世界著作家的信结尾的一句话,表达了在争取全人类的解放运动中,中国左翼文化人和全世界进步作家携手努力的愿望。同时,这也是"文总"读了以高尔基领衔的世界各国作家对中国法西斯统治的抗议信后,被他们的热情"感动得流泪",进行的一次历史性的"对话",以表达对他们支持中国的左翼文化运动的谢意。

与"左联"前期相比较,随着国民党对中央红色根据地的一次次军事"围剿",终究加紧了对国统区的文化"围剿",白色恐怖笼罩着上海和各大城市。青年作家的失踪,知识分子的遭暗杀,黑名单上排列了一长串名字……而一批批进步书刊的被查封,发行进步图书的书店被捣毁,组织的被破坏,叛徒的出卖,知识分子的赤贫,使得左翼文化运动发展到后期又陷入了低潮。

那时,"左联"考虑的是:关于中国左翼文化运动的现状,如何通过各种渠道传向国外,使始终关心中国革命知识分子命运的战友和团体伸出道义之手,造成世界舆论的一致抗议,使国民党政府暂时放下了手中的屠刀。具体的联络情况现在还不得而知,但是,这三封信的共同点,即表达出左联时期对左翼文化运动的全球化的认识。详细内容和查考请参阅拙著《左翼·上海(1934—1936)》(上海文艺出版社2003年版)的有关章节。现在依次简略地探究这三封信的重要性和国际意义。

第一封信:世界各国作家对中国焚书坑儒的抗议信

一、这封信又一次提供了在30年代,中国白色恐怖严重的时刻,世界各国的进步作家的正义呼声,他们对中国左翼文化运动的支持是热烈的,是真诚的。这封译题为《世界各国作家对中国焚书坑儒的抗议信》,由十一个国家,四十四名作家签名。这是自"左联"成立以来,世界各国

作家联名抗议活动规模最大的一次。

二、信件以令人信服的资料,向世界披露中国反动当局在他们统治区执行"野蛮的白色恐怖"。如外国进步影片在中国遭禁止的种种,提到影片《亚细亚暴风雨》。这是一部苏联影片,在欧洲放映时使用《成吉思汗的后裔》这个名称,该片导演普多夫金是著名的电影理论家,苏联电影事业的奠基人之一。该片当时在租界被禁演,而在华界上演时的一些细节,在这封信中得以第一次披露。虽然,信中的有些材料当时尚欠核实,有些变化着的事情,写信时无法预料等等,然而恰恰也说明他们的消息来源之快,今天读来仍然有新鲜感。

三、这是一封由高尔基领衔签名的抗议信。自"左联"五烈士惨案发生后,鲁迅、茅盾曾用"左联"的名义向国外发出呼吁,由于高尔基在国际上、在中国有很高的声誉和深远的影响,于是,他们把呼吁书寄给了高尔基,请求他"把这个呼吁书以国际的规模散发出去"。后来不知什么缘故,在国际革命作家联盟发表的抗议《宣言》上,高尔基没有列名。时隔三年,高尔基签名的这封信弥补了这个缺憾。这是自"左联"成立以来,高尔基第一次用文字亲自关心中国的革命文学运动。

四、这封信的发现,证实了戈宝权先生所"无法证实"的事。1942年4月9日上海出版的《时代》月刊第24期第35—36页,发表了《高尔基与中国》一文(未署名),文中说:

> 1934年中国当局在上海杀害了六位有为的青年作家,对于这种残酷的白色恐怖,引起了世界文艺作家的强烈的抗议,在公开的抗议书上第一个具名的就是高尔基。

戈宝权先生在1958年写《高尔基和中国》一文时,沿用了这种说法,但后来他在查询这份材料时,始终没有发现由高尔基领衔的抗议信。并且,他查阅了苏联新出版的《高尔基生活与创作生涯》第4卷,其中提到中国左联的呼吁书是在1931年4月底、5月初收到的,藏在高尔基的文献档案中,但也没有提到高尔基是否对这个呼吁书作出过反应的文字记录。所以,戈宝权先生说:"我们现在还是无法证实高尔基是否对这个呼吁书作过反应。"[①]

现在可以说,《时代》月刊上的文章是有一定根据的。上面的由高尔基领衔的这封信,虽然写得比较晚了,或许正是对1931年"左联"呼吁书的一个反应。因为据戈宝权先生考查,1931年4、5月"高尔基当时尚在意大利索伦托养病,因此很有可能没有处理这个文件"。到1934年高尔基弥补了这个缺憾。那么,苏联出版的《高尔基生活与创作生涯》也应该对这个重要史实作补充记载。

总之,这封抗议信体现出左翼文化国际化的认同和影响。

第二封信:中国"文总"致全世界著作家的信

这是迄今为止所发现的以"中国文总"的名义写出的非常少数的一封国际信件。

[①] 戈宝权《高尔基与中国革命斗争》,《文学评论》1961年第3期。

这封信除了对世界各国作家表示感谢，感谢他们对中国知识分子生活处境的同情和对国民党的抗议之外，主要是继续向他们报告中国的进步的、革命的学者、作家、知识分子被剥夺了一切政治上、文化上的自由，并且在反动派的屠刀之下，被捕者和死难者的一个粗略的统计，请求国际的援助。

"全世界的著作家们！我们热烈地期待着你们的正义的援助！"

国际间的互相支持和交流，表现在全世界著作家们之间，最有力的莫过于揭露黑暗势力对文化人的摧残。"左联"前期，鲁迅等旗手的呐喊和呼吁，使国际革命作家联盟这个当时联系全世界著作家的机构，发表了很有影响的《宣言》，在文化中心的上海，形成了一时的抗议白色恐怖和压迫的高潮。过了三年，黑暗势力依旧，世界各国的作家，召集"全世界的笔友们，先进的作家、科学家、知识者从一切拥护文化和人道的人们"。动员范围之广，参加签名抗议的著名作家之多是超过以往的，使中国"文总"得到这信件后，"感动的流泪"，喜悦和悲愤交织，写下了这封致"全世界学者、作家、艺术家们"的具有历史文献价值的信件，今天读来仍然令人感动。

第三封信：国际革命戏剧家同盟给中国"剧联"的信

关于国际革命戏剧家同盟这个组织，一般认为它是国际革命作家联盟的姐妹团体，它们有着一样的宗旨和方向。但具体情况究竟怎样，它的组织形式和分工，以及在国际范围内担任着什么角色，它的任务又是什么等等都不甚了了。当笔者翻阅中国的有关辞书，和请友人查阅俄文版的苏联大百科辞典时，均无这个团体的资料记载，这是很遗憾的。所以，这个团体和中国"剧联"有什么联系，在这个问题上当然也是空白了。因此，当读到《文报》新年号（1935年元月出版）发表的国际革命戏剧家同盟给中国"剧联"的一封信，欣喜的心情是难以平静的，它毕竟向我们打开了了解这个团体的通道。

这封信的发现，客观肯定了这个团体的存在不是一年二年，它是一个非常有经验的、有活动能力、有全球影响的组织，并且继续在积极地进行发展组织的活动。它的指导能力也是无可非议的。关于这个组织的情况，有几点是重要的：

一、I.U.R.T 为国际革命戏剧家同盟的英文缩写。成立时间不详。至1934年已"发展成一个广大的群众组织"。在莫斯科设总会，分会遍布欧美、东方二十几个国家。

二、与中国左翼戏剧家联盟同时成立的中国左翼作家联盟，在它成立之初，已经和国际革命作家联盟建立了联系，接受它们的指导。时隔四年，从这封信中可以了解，中国左翼戏剧家联盟和国际革命戏剧家同盟在这之前并没有组织的联系。是什么原因促使国际革命戏剧家同盟给中国"剧联"写了这样一封信，要求建立组织上的联系？

主要是中间有了个联系人（据笔者查考，此人为朱穰丞）。由于这个联系人在莫斯科联系上了这个组织，向他们报告了中国的戏剧、音乐和电影方面的活动情况和组织情况，使他们了解到中国"剧联"的英勇业绩，知道"你们的艺术是配合着你们的斗争前进的，你们将证明你们的力量能够为将来的艺术而斗争的"。于是，国际革命戏剧家同盟兴奋地说："你们有着我们全部的拥护,全世界的集体的艺术家,戏剧家,音乐家,及电影工人的拥护。"这个"拥护",化作具体的行动是:"我们将尽我们的力量,把你们的英勇的活动告诉全世界的工人大众"。为了做到这一点,"必须建立国际的联系"。

建立国际的联系才是组织的保障。怎样建立国际的联系呢?这封信中提出了几个方案和活动方式,并说:最重要的是需要办一个组织手续,即"你们宣布为 I.U.R.T 的支部"。这样,中国的"剧联"就成为国际革命戏剧家同盟的这个组织的一部分了。

以上种种可以看出,国际革命戏剧家同盟考虑问题的周全而具体,他们不仅具有国际的组织经验,每布置一点都很切实可行,而且,他们的发展组织的热情在信中也随处能感受到。其中,关键的是,他们得到确切的报告,了解中国左翼戏剧运动的情况,所以有针对性地作出了联系的方案和进行交流指导。其次,这封信向我们传达了关于国际革命戏剧家同盟这个组织的情况,和它的国际活动的范围和方式,向我们描绘了这个组织的兴旺景象和历史背景。更重要的是,它直截了当地向我们报道了国际革命戏剧家同盟这个组织,及其同类组织所共有的思想、方针、政策的特征。

值得注意的是,写这封信的时间,正是在中国"左联"处于"低潮期"的活动之时,而国际范围之内的组织情况,又处于相当活跃的时期,从思想路线到组织形式都更趋向于形成更大规模的统一战线的发展格局,正是这封信向我们传达了这样的信息。

首先,对组织领导方式的意见。

戏剧活动,尤其为斗争服务的革命戏剧活动,国际剧联认为领导权必须组织地集中,不能用划分的方式去执行"是'绝对正确的'"。而基层的个别团体,必须进行合法的活动,尽可能地使组织下的团体,成为"群众的组织"。对于这样的观点和组织形式,中国"剧联"正是这样做的。中国"剧联"由一个总盟领导各地的分盟的组织形式构成;在进行合法活动方面的构想,此时的"剧联"经过早年的斗争实践,也正摸索摆脱"左"的秘密的突击活动而转入公开的合法的活动。尽管上演的剧目会受到禁止,甚至剧团被迫解散,但马上又会重新进行组合,进行宣传活动。而这个联盟发展的趋势和斗争方向,正是国际革命戏剧家同盟所肯定的。

其次,对于这支队伍的训练和艺术的关系问题,国际革命戏剧家同盟的思想具有指导意义,并代表了当时的政策水平。这样的史料是难能可贵的。

当时,中国"剧联"的发展正是走着一条日趋明朗、公开、半公开,注重艺术和剧目选择的道路。斗争的经验和教训促使了它的发展更注意动员群众,把斗争的目标放在更合法的基础上,才使得"剧联"成为左翼文总组织中一支强有力的宣传队伍,在抗日反帝运动中起了"排头兵"的作用。

这封信使中国"剧联"多方位地了解到世界各国相关组织的活动情况,直接了解国际革命戏剧家同盟的政策方针和特点,了解中国"剧联"有着他们全力的支持,更了解当前的革命形势和发展趋势,从而坚定左翼戏剧运动的方向,投入到更加轰轰烈烈的抗日救亡的戏剧运动中去。

以上这三封信的翻译和刊出说明中国"文总"对它的重视,它有着不可抹杀的指导意义,和不可低估的国际左翼运动状况的信息量,更在于这些信成了历史的档案,成了国际左翼文化运动由组织出面相互交流和指导的重要一页,值得更多人来研究。

五、左联时期国际文化交流的多种渠道

可以这样说,鲁迅和茅盾对国际无产阶级革命文学的贡献在"左联"前期是偏向于政治性的运动。这对于暴露国民党的黑暗统治,抗议白色恐怖对革命知识分子的迫害,呼吁国际舆论的支持,把中国的左翼文艺运动推向国际的活动之中,起到了极其重要的作用。然而,他们清醒地意识到,文化的交流才是国际革命作家之间联系的目的,也是互相支持、互相鼓励共同繁荣创作的最好手段。而这个情况的初步改变是瞿秋白加入领导左翼文化运动,改变了以前过"左"的一些工作和作风之后才开始的。

文化交流是双向的,上面三封信的发现是个例子,然而文字的交流是很重要的方面,"左联"在较长的一段时间里致力于这种交流。正如鲁迅在1936年7月为《呐喊》的捷克译本写的序文中说:

> 自然,人类最好是彼此不隔膜,相关心。然而最平正的道路,却只有用文艺来沟通,可惜走这条道路的人又少得很。

事实上,鲁迅和茅盾就正是"走这条道路的人"当中最重要的两个。这里简单地概述他们在以下几个方面的工作。

一、翻译出版具有革命意识的优秀作品。

鲁迅继以前对苏俄文学的向往,这时又翻译《十月》《毁灭》,印行《铁流》《士敏土》等作品。茅盾也翻译了高尔基的《大仇人》(1931年)、丹青科的《文凭》(1932年)和吉洪诺夫的《战争》(1936年)等。他们和史沫特莱一起还合编了德国女版画家《凯绥·珂勒惠支版画选集》,等等。

二、把反映中国革命文学成果的优秀作品积极地向世界介绍。

鲁迅和茅盾合作为斯诺编的《活的中国》推荐作品;为伊罗生编的《草鞋脚》不仅推荐作品,还撰写作者小传、作品评价,甚至还编了《中国左翼文艺定期刊编目》等供编者参考,为的是更好地、准确地把这些成果推向世界。至于鲁迅的《呐喊》和茅盾的《子夜》,被译介的版本最多。这些都使世界了解中国的社会和人民,以及和黑暗势力的斗争精神发挥了作用。

三、参加国际间的多种文学活动。

如国际革命作家联盟的机关刊物《世界革命文学》改名为《国际文学》时,聘请鲁迅、郭沫若、茅盾等为特约撰稿人。后鲁迅、茅盾应该刊之邀,写了《答国际文学社问》,歌颂列宁领导的十月革命。高尔基创作四十年纪念时,鲁迅、茅盾、楼适夷等7人联名发表《高尔基的四十年创作生活——我们的庆祝》一文,等等。

四、国际文化人的互访直接促进了相互了解。

1932年7月,国际革命作家同盟邀请鲁迅参加苏联第一次作家代表大会,后因种种原因没

有成行。以后,史沫特莱也多次安排鲁迅出国疗养等也未成功。但这工作受到鲁迅和党的有关领导的重视。"左联"在一项决议中也曾提出组织苏俄观光团,但也只能是愿望。而外国的一些文化友人,如萧伯纳、伐扬·古久列等后来上海访问,都受到鲁迅的礼遇和欢迎。为欢迎远东反战大会的马比塞代表团,鲁迅、茅盾、田汉三人还联名发表《欢迎反战大会国际代表宣言》,可见郑重其事。

五、中国"左联"组织上是国际革命作家联盟的一个支部,在文艺政策和文艺思想上受其影响是必然的,而鲁迅和茅盾在这个联盟的几次演变的过程中的态度却是重要的,对"左联"来说影响更大。

茅盾曾说:"当时的极左思想对我也有很大的影响,使我受害不浅。"①具体的指"左联"那时对文学运动和作家作用的看法,及硬搬苏联"工农通讯员"的经验。茅盾并不同意一些极"左"做法,但在他担任"左联"行政书记时,"原则上也赞成开展工农兵通讯员运动",还努力地推进这个工作。实际上这由于身不由己的环境所使然。同样,茅盾以施华洛的笔名,在《文学导报》第八期上发表了《中国苏维埃革命与普罗文学的建设》一文,提出"让我们一脚踢开从前那些……小资产阶级浪漫的革命情绪的作品;我们也要一脚踢开那些浅薄疏陋的分析,单调薄弱的题材;而要求去描写工农革命运动的蓬勃发展在苏区(瑞金、鄂、豫、皖边区)的情形"。现在看来这不免是空中楼阁,在白区的知识分子怎么去描写苏区的情形?然而在1931年11月的当时,工农苏维埃运动才是革命的希望,按照当时的理论,创作就应该围绕这个政治中心。显然,茅盾多少受了这个观点的影响。或者说,这是"左联"的观点,由茅盾化名写出而已。

鲁迅对外来文化的"拿来主义"应该是:"运用脑髓,放出眼光,自己来拿!"他翻译了蒲列汉诺夫、卢那卡尔斯基的文艺理论著作,赞赏卢那卡尔斯基艺术论中提倡的积极的现实主义,也很重视蒲列汉诺夫艺术论中申明艺术是社会现象的观点。可见,在文学论争之时,鲁迅对艺术与政治有独特思考和眼光。但在严重的民族斗争和复杂的阶级斗争中,时代要求左翼文学更多的是政治性、战斗性,文学性是隶属立和服务于政治性的因素。这时的鲁迅并没有对文艺理论的观点作更多的阐发,而以实际的行为发现和支持年轻的左联盟员的反映现实的优秀成果问世,本身也说明了他对这个太"左"观点的意见。

诚然,中国"左联"包括鲁迅和茅盾受了多少国际革命作家联盟文艺思想的影响,还要作认真的探讨,认识也是会随时间的推移而深化的。以反对创作理论和实际脱节为例,当时就有五位左翼评论家,包括瞿秋白和茅盾,对阳翰笙的创作小说《地泉》中的公式化、概念化的倾向进行批评就是很好的证明。

(本文原题《中国左翼文学的产生是一种国际现象》,载《学术研究》2006年第8期,收入本书时标题有改动)

---

① 茅盾《我走过的道路》中册,第58页。

从表现和参与的真诚到体验和探究的执著
——王安忆论

戴 翊

按照创作心态来衡量,王安忆的创作大致可以分作两个阶段:1983年访美四个月以前为第一阶段,即以艺术的虔诚和生活的责任感,来表现自己对人生的感受,体现出鲜明的参与意识;访美回来以后,其审美方式和取向发生显著变化,在作品中表现出对人生、人性的体验和探究的执著。一方面她以真诚地表现和参与人生走上文坛,在艺术创造的天地里留下弥足珍贵的足迹;另一方面,1986年以后艺术上的某些探索,特别是以性爱为内容的小说却产生了脱离人生的倾向,因而出现尽管创作态度依旧严肃,探索精神也很大胆,作品却菁芜并存的局面,这是值得研究的。本文试从以下四个方面对其创作作一次探讨。

一

当王安忆开始以小说的形式表现人生时,或许以为文学只有更多地评判生活,才能更好地体现对生活的参与,所以她似乎是有意无意较多地通过抒写感受到了的周围的现实人生,来表现自己作为一个纯真少女的感觉和情感。在1980—1982年,她以《广阔天地的一角》《绕公社一周》《墙基》《舞台小世界》《尾声》等许多很受注意的作品,集中传达自己多年来对周围世界的感受和思考。这些作品的参与意向是明显的,作者以一个情感纯真的少女的心灵来观照和折射历史和现实,在朴实、纯真、细腻的情感中,表现出一种真诚的、带着稚气的忧患意识,因而也是有其独特魅力的。

王安忆在展示知青生涯时,首先涌上心头的,是知青工作中令她深感憎厌和困惑的乌烟瘴气,因为在传统革命教育中建立的是非准则对于这种污浊空气特别抵触。《广阔天地的一角》的命题就很能说明这种情绪倾向。雯雯带着对"广阔天地"的美好憧憬和对人生的信念来到农村,可是现实中的丑恶和人的复杂却使她深感愤慨和困惑,以党的形象出现来做知青工作的干部,竟然是借手中的招工权力肆意玩弄女知识青年的老手;知识青年们满口是"扎根农村"的豪言壮语,背后却都在千方百计地脱离农村。《绕公社一周》中的知识青年郑南南在农村参加"批判队"绕公社一周宣讲的"阶级斗争"心得,是在这场运动中,人人都把"阶级斗争"当成了工具,而这搞阶级斗争的众人"也成了一件工具,公社在使着"。那么公社又是什么呢?她不敢再往下想。这初步的省悟使她失落了原先那种肩负重任的神圣感,失落了一腔蓬蓬勃勃的热情,"心里空落落的"。这是从一个涉世不深的少女心中,对那个本质上是一场政治大骗局的时代发出的沉痛的质诘。

《舞台小世界》《尾声》《迷宫之径》等作品不只是抒写心灵的直觉,而且把生活实感与时代的步履相联系,在两者的反差中,显示人生的底蕴。《尾声》虽也包含有文艺团体的改革的意旨,但作者却不就事论事地通过小说直接对这改革表示具体的观念和倾向,而是全面展开主人公内心生活和情感世界,也即在触及改革内容时,仍然坚持表现人生,是在人生表现中触及改革,因而也就具有长久的艺术价值,同一般化地表现不同观念之争的"改革文学"不相同。

此后的两年中,王安忆在创作出许多其他题材的作品的同时,又写出了《当长笛 solo 的时候》《这个鬼团》《小家伙》《B角》《舞台小世界》等一系列文工团生活题材的作品(在这以前还写过《小院琐记》《命运》等),其中《舞台小世界》获上海四十年小说创作奖。这部中篇虽不及《尾声》细腻,但在刚劲利索的线条中,透露出鲜明的文化意味。作者叙述文工团的内部矛盾同样不纠缠于个人的品质,而是揭示其人生哲学的文化内涵及其社会基础,从而深切地表现了改革所面临的文化阻力。主人公福奎那种重交情,讲义气,恩怨分明,"士为知己者死"的处世态度和那股子"你对我好,我对你还要好,你对我不好,我对你还要不好"的习性,不仅使他在社会上左右逢源,百事亨通,也总得到领导的信任与重用。于是他成了"不是团长的团长",指挥一切的"不倒翁",尽管他艺术观念陈旧,鉴赏趣味庸俗,办事又不公,领导依然言听计从。而剧团却总处于节目陈旧、艺术低落、人心涣散的危机中。这是一个深刻的怪圈:领导要革新管理,振兴文工团,就必须甩开"不是团长的团长"福奎,一旦真的少了他,文工团同外单位打交道又寸步难行,临了还得请他"出山"。这个怪圈看不见、摸不着,却时时处处在起作用。作者把读者拉出了具体的是非旋涡和性格纠纷,而从文化的层面上让读者感受到改革所面临的无形而又现实的逆阻。

二

通过表现普通人(王安忆称之为"庸常之辈")的生存方式及情绪、心态来探求人生的真谛和生活的意义,给读者以心灵上的滋润,是王安忆小说创作的另一重要内容。普通人在生存形态和心理内容上,对于读者具有更多的认同感和心理参照价值,读来更感亲切,也就更能够在情感的交流中参与其人生。

《一个少女的烦恼》《雨,沙沙沙》《小院琐记》《归去来兮》《冷土》等作品是在青年生活中占有重要位置的爱情问题上体现自己的价值观。作者并不孤立地歌颂爱情,更不去描写青年男女的卿卿我我,而是把他们的爱情生活同现实关系密切相联;洋溢在作品里的特定时代氛围,使作品的主人公雯雯、桑桑们的爱情问题显得更为实际。《命运》《这个鬼团!》《运河边上》和长篇小说《黄河故道人》等则赞扬那些向命运挑战,为事业献身,为实现人生价值而奋斗的青年。他们在逆境中错过了宝贵的年华,也失却了与另一些生活的幸运者竞争的实力,但他们同命运奋争的百折不挠的精神,却委实很不容易。然而,王安忆后来显然领悟到,在实际生活中,像上述作品中所表现的彭生、林凡、"我"、三林(长篇小说《黄河故道人》)等那些生活的强者,毕竟只是凤毛麟角;在那样的历史条件下,出现的却是"没有理想""没有信仰的一代",他们被平庸、琐碎、卑微的日常事务弄得庸碌不堪①。王安忆是属于这很平庸地过来了的一代的,作家个人的哀乐连通着这一代人的哀乐,"并且自以为对人们有了一点责任"②,也许这就是她为什么会把表现普通人的平凡人生作为一个重要创作内容的缘故。

洋溢在《本次列车终点》《庸常之辈》和《野菊花,野菊花》等作品中的是对普通人的充满着爱心的理解、同情和尊重。在王安忆笔下,人物的琐屑的愿望和追求闪烁着庄重的光泽。如《野菊花,野菊花》对那个加工组的回城知青得到一位美丽姑娘的尊重和好意内心激起强烈振荡的描写,体现了作者对生活在社会底层的人们人生价值的真诚评价。"他"终于发现了自己的价值和尊严,"不必为自己的卑微羞愧了,不必老是仰慕别人了",这倒不是鼓励普通人安于卑琐,而是在作者看来,"他"付出了诚实的劳动,在别人面前就有权利理直气壮。

王安忆并不把笔触停顿在对"庸常之辈"们的理解和同情上,而是在普通人的心灵中注入自信自强,努力实现自己的社会价值的积极的人生意识。这就是《金灿灿的落叶》《B角》《命运交响曲》等小说与《庸常之辈》等的不同处。《金灿灿的落叶》在夫妇情感纠葛背后,蕴含着女性只有自强不息才能永葆爱情、强化家庭键索的命题,尽管女主人公的个性过于纤弱。《B角》更是礼赞普通人为实现自身价值而勉力奋争的佳作。郁诚这个作为演员各方面的条件都很差、其实是在淘汰之列的普通人,对于事业和抱负竟然如此虔诚与执著。在事业上他是失败者,但他那艰苦卓绝的奋争,却使他在精神上成了强者。用他的话来说,就是"也许我永远到不了顶峰,可重要的只是我一直在攀登"。这并非空洞的自慰,而是人生的真谛,是跨出"庸常之辈"行列的要义所在。

写于《B角》之前的《命运交响曲》表明王安忆对这个问题确有相当成熟的思考。这部小说并没有写一个"生不逢时"却能战胜命运的胜利者,写的却是一个彻头彻尾的失败者。主人公韦乃川可作为"B角"的深刻比照。"B角"大有希望走向成功(当然不一定在演剧上),而韦乃川却恐怕只能"屈才"地留在"庸常之辈"的行列中,其根本缘故当然不是什么命运的问题。也许王安忆把《命运交响曲》献给那些"生不逢时的同学、朋友们"的深意就在这里。

《流逝》是从普通人的具体而又带有普遍性的遭际中,发掘出具有人生意义的思想内涵。小说描写的资产阶级家庭在"文革"期间的生活变迁带有普遍性,并没有什么离奇曲折,但这生活变迁带给主人公欧阳端丽的却是根本性的和永久的馈赠,正是这遭际使她不仅体验到艰难处境中人们相濡以沫的珍贵情感和深藏的生命力,而且当她回顾作为维系全家的枢纽人物,含辛茹

---

① 王安忆、陈思和:《两个69届初中生的即兴对话》,《上海文学》1988年第3期。
② 王安忆:《我为什么写作》,《女作家》1985年第2期。

苦地支撑并克己地照拂老老小小的经历时,会体验到自己曾经有过的存在价值。

如同有的论者所曾指出的,王安忆写于1983年的颇带自传味的长篇《69届初中生》是一部不带英雄主义色彩、以"庸常之辈"为主人公的长篇,也是作者对一代人的概括。小说不仅把普通人的心灵写得丰富多彩,而且确实透过"69届初中生"这一代人的眼睛和心灵揭示了那个毁灭文化的"文化大革命"期间社会氛围的本质特点:对人的尊严的无情践踏和精神生活的极度贫乏。接着而来的知识青年上山下乡运动,又把精神世界贫乏的青少年置于经济和文化都更为贫乏的农村。于是在生存意义上的寻觅出路的期待、焦灼、奔突和争夺,使得这一代遭到时代亏负的青年人没有信念,却有各式各样保护自己的手段和可怜追求的内容。当然,由于作者力图囊括内心留存的印象,网罗了过多的事件,对人物心理缺少哲学意义上的开掘和展示。小说写雯雯上调到县城工作以后,精神生活越发趋向贫乏而不自知是很有用意的,这种状况把雯雯和他的男朋友任一的不倦追求划分为两个境界,也就划出了"庸常之辈"同努力驾驭生活的强者之间的本质区别。这部自传色彩很强的长篇小说,其中许多情节都可以在作者的生活经历中找到蛛丝马迹(参见王安忆的散文集《蒲公英》),但王安忆却有意识地在雯雯同自己之间拉开距离,使得雯雯总是停留在普通人的行列,这体现了作者对凡人与强者之间不存在不可逾越的鸿沟的领悟。

如同另一部长篇小说《黄河故道人》一样,《69届初中生》也暴露了王安忆小说创作的危机。在一定意义上,《黄河故道人》的内涵其实只是《命运》《这个鬼团!》《运河边上》等中、短篇小说的重复,而且就作品的涵盖面来看,也显然够不上长篇。《69届初中生》虽无把中篇拉成长篇之嫌,但仍有重复以往创作之弊,而且由于力图尽可能囊括心灵上留下的时代年轮,反而显得浮泛,对历史及人物心理都缺少具有哲学意味的开掘。于是,这两部长篇恰恰成了作者,以前关于生活强者及"庸常之辈"的两个创作系列的总结。而上述作品的创作心态和感知方式都是相同的,即把一个少女对人生的纯真感受(王安忆自己称之为"直觉")作为艺术表现的源泉。要获取创作的新的源泉活力,就必须改变审美感知的方式和生活层面,以扩展和深化创作表现的生活和思想内涵。否则,是难免再次重复自己的。

三

转机到来了。1984年初,当她在大洋彼岸"才被人开发两百年"的土地上生活了四个月回到祖国时,发觉自己对祖国的感情是那么深,觉出身受了这么多磨难而屹立着的人生的价值,同时也产生了生活的陌生感,这说明她对生活有了不同以往的理解,感觉到了以往没有感觉到的内容和层面。她也觉出自己的经验是浅而狭隘的,而且创作不但是感情和经验的结晶,也是科学和理性的结晶,因而觉察到继续写直觉的危机:"那直觉也实在是累了,为我服务了偌长时间,而我又没有多少供养它的。"直觉是意识的下意识的表现,直觉脱离了不断更新深化的意识的滋养,就会皮相化地捉襟见肘,与理性参与下的深层把握大相径庭。王安忆既然觉察到直觉的危机,于是自然而然地看到了闪现在前面的新的高度。

写于1983年访美以后的《大刘庄》《小鲍庄》《逐鹿中街》《好姆妈、谢伯伯、小妹阿姨和妮妮》《妙妙》等作品,表明王安忆的写作不再依赖表现直觉,而是把感情的潮水置于对生活经验的理性疏导之下,使自己寻觅到别一视角和深一层次的审美感觉。我们把这种情境称之为体验。体验是经验、情感在某一视角与科学思索、理性体味相交融,达到审美意义上深层把握的过程。

写于1984年年底的中篇小说《小鲍庄》标明王安忆对于人生的体验达到一个新的层次。作者不是到原始洪荒和化外初民中去寻找文化乐土,而是在自己体验过的感性世界中去体认操纵着人生的文化杠杆,对民族传统文化心态的不脱离其感性的生存状态的体验,使得《小鲍庄》能够在当时文化寻根小说热衷独树一帜。

《小鲍庄》探求的是作为民族文化核心的道德传统在现今民众生活中的潜在力量和在历史进程中的正负值。小鲍庄的村民们自古以来"不敬富,不畏势,就是敬重个仁义",王安忆用"仁义"两个字触及到了传统文化心态的核心,小说展现的是村民们之间微妙的情感关系和充溢在整个生存空间的道德氛围,对人生体验的理性穿透力蕴藏在村民的生存状态和心理特征的血肉饱满的感性体味中。民族精神中的正义、仁爱、舍生取义等正向因素与闭塞、凝固、无穷繁衍以及婚姻问题上的封建伦理等负向因素,通过体现着小鲍庄村民们心理深层的生存价值观、道德价值观、婚姻生活中的痛苦和心理束缚等感性因素氤氲的道德氛围得以表现。最动人的当然要数鲍彦山的小儿子捞渣同孤老头鲍五爷的深情厚意。这个天性仁义的孩子吃饭想着鲍五爷,把饼子送到鲍五爷手上;睡觉想着鲍五爷,为鲍五爷暖脚;最后在洪水中为着救出鲍五爷,竟两个人一同淹死了。小鲍庄那么穷,空气那么凝固,村民们就在这种温柔敦厚的道德氛围中繁衍。作者对文化杠杆的体认是深刻的,故而生活断面的选择很带意向性;作者对民族人生的感受是丰富的,故而展示的生活断面有很强的原料意味。可惜的是,小说在捞渣身上集中了过多的"仁义"内涵,把这个不满十岁的孩子作为传统道德的集中载体,使得其许多表现(如在游戏中自甘认输,在读书问题上同哥哥谦让等)都违背孩子的天性,因而带上了某种神秘的色彩。

中篇小说《逐鹿中街》表现的是一个现代知识女性的悲剧。是什么使得文化教养、才干心机和经济实力都不弱的女主人公陈传青在这场纠纷中竟然如此无聊和软弱、受尽作弄?光从纠纷的表面形式是难以得出深刻结论的。但小说通过对陈传青建设这个家庭过程的描绘,却深入地揭示了其生活理想的致命弱点。《鸠雀相争》中小妹阿姨为了争一间本属自己的房子费尽心机,临了又遭失败过程中的可怜心理;《好婆和李同志》中的好婆那种在外地人李同志面前既要炫耀"光辉的过去",又不希望后者在"物质文明"上超过自己的微妙心理,以及她在李同志被打成右派以后产生的"做人不能太过分""月满则亏"的感慨;还有《妙妙》的女主人公小镇姑娘在立志追踪新生活和新潮流时所陷入的人生困境等,都很有心理和文化的内涵。要把握人物的隐秘的心理活动,除了深入体验其生活和性格的各个侧面,穿透其外在表现的厚壳,别无他法。上述作品在揭示人物的心理内容上取得进展,正是作者由表现人生直感到体验深层内涵的结果。

从表现、参与到体验、探究,在王安忆的爱情小说中也有突出的表现。她以前的爱情小说同发表于1986年《荒山之恋》和1987年的《锦绣谷之恋》相比,可以看出,前者所表现的比较集中在人们不同情爱价值观的社会属性方面,这是一个情爱的观念世界;后者则探究人们在情爱活动中的内在机制,即具体人物的情爱心理本身。与描写雯雯、桑桑们的婚恋故事的王安忆不同,创作《荒山之恋》和《锦绣谷之恋》的王安忆把体验的触角对准了热恋中的人们的心灵震颤。《荒山之恋》中"金谷巷女孩儿"与"大提琴手"那刻骨铭心的爱,那痛彻肺腑的挣扎,那毅然决然的殉情使人心痛神驰、一唱三叹;《锦绣谷之恋》对知识女性的家庭苦闷和在庐山的新的欢恋中的心理过程的细腻揭示,也令人惊叹。不过两者在展示热恋中情人的心态时是有所侧重的。《荒山之恋》着重描绘的是炽热的情爱带来的那种迷醉到非理性的境界,以及为着这刻骨铭心的爱而殉情的义无反顾。当事人似乎是在一夜之间发现了爱情,"那爱情是喷薄而出光辉灿烂的一轮红日高悬。两人都战栗了"。这不是肤浅的男女偷情,也绝非自然主义的爱情描摹,透过这淋漓尽致的心理和行为叙述,人们不难窥察到他们那燃烧到白炽的心灵世界。不这样描写,就无从展现那可以烧毁一切的激情;不这样描写,就有可能把一部使读者心疼欲裂的爱情小说写成庸俗的"婚外恋"故事。

《锦绣谷之恋》优美得如同一条清澈见底的山泉,潺潺地流淌着,把一个知识女性在庐山的一次梦幻般的奇遇连同萦绕在周围的胜地美景和轻烟薄雾展现在读者眼前。作家对人物之间心灵的交流与微妙的感应有着洞察入微的观照与体验。女编辑与作家之间情感的萌生、含苞,直到火热的倾诉,几乎全在无言的交流里完成;即使这"倾诉"也不能照字面上来理解,不过是在"最最切实最最物质的交流"——相互吻抱时的喃喃呓语罢了。在上庐山之前,她对家庭生活早已厌倦,与丈夫之间也早已消失了性别差异给双方带来的神奇感,而庐山的震慑灵魂的温馨却使她埋藏在身体深处的体验神奇地复苏了,她重新发现了"男人",也意识到了自己是"女人",体验了"感情"与"爱",她那本已涸竭的灵泉将重新涌流。

这样,王安忆就在读者面前展示了情爱的另一个世界——心态的世界。与情爱的观念世界相比,这个世界同样五光十色,变幻神奇,充满魅力。它把人在爱的感召下心灵深处的强烈震撼,以及与外在行为之间的血肉联系都赤裸裸地加以揭示和再现,因而对于人物心灵的开掘和内在情感奥秘的把握,都有着重要意义。

但是王安忆在他的爱情小说中所展示的两个情爱世界彼此却似乎总是相对封闭的。就是说,一方面早期那些揭示情爱的观念世界的作品在人生价值、社会道德等方面探索爱情问题时,较少展示人物心态的奥秘和心理流向;另一方面,那些展示情爱心态世界的作品,在浓墨重彩地谱写人物心灵波澜时,却又不涉及人物在社会性问题上的观念,与其人生价值观脱节。这就给作品带来了根本性的缺陷。

长篇小说《流水三十章》,无疑是作者三部长篇中思路最严密,写作也最用力的一部。在对主人公张达玲处于无爱的人生中所形成的对世界的永恒的错觉与敌意的病态心理的揭示中,作者可说是倾全力在其心理深宫中探路,处处留下路标。可惜的是,这种探路也疏离了人物的实际人生,作者提供的有限的感性基础不能够支撑唠唠叨叨的抽象的心理分析所构筑成的巨厦,因而那些详尽的抽象分析就成了空中楼阁,难以实现艺术的升华。作者在《〈流水三十章〉随想》一文中,曾经承认"几乎全篇的每一个人都有着模糊或不模糊的真身,惟有张达玲,她是一个没有真身的灵魂","写到了张达玲,便虚无起来,她不是由她的身体活动,而是以她的心灵和头脑在活动"。这里所缺少的"真身"在作品中即表现为具体的感性活动。"具体之所以具体,因为它是许多规定的综合,因而是多样性的统一"①,艺术形象的生命力正在于其感性活动的具体化。另一部中篇小说《弟兄们》也是同样的毛病。作者在着力传达关于"男人和女人彼此互为牢狱"的探讨时,却缺少真实情感的流露;在表现女人的责任与女性生活的冲突时,不觉又把审美的触角脱出了真实人生经验的感知领域,使得笔下人物离奇为偏执迷狂,因而笼罩着一层虚假性。这篇小说其实只是作者关于女性问题的思考的一种演绎。②

作为脱离人生的一种倾向,在系列小说《海上繁华梦》和《街》《打一电影名字》《前面有事故》等小说(均收入小说集《海上繁华梦》)中显得较为突出。系列小说在思想上的肤浅不必说了,其他几篇则完全是照录生活现象,不加提炼,更不包含有人生体验的成分,同作者曾经实现过的"人生参加进创作,创作又参加进人生"的境界简直是大相径庭。王安忆在把上述作品收入小说集《海上繁华梦》时,曾在《自序》中表示这是一种尝试。这当然是不成功的尝试。当作者完成由表现人生感受到表现人生体验的转折,写出一些很有新鲜意蕴和人生价值的作品的同时,却又进行上述疏离人生的"尝试",这是不能不令人引以为憾的。

四

所谓"三恋"中的《小城之恋》并不是恋爱小说,而是描写一对涉世不深的年轻人性心态的小说。作为这篇小说的发展的另一篇性小说,是发表于1989年的中篇《岗上的世纪》,这是王安忆对人性的探究的一个部分。

我这里使用"性小说"这个概念,丝毫不带贬义。作为"人学"的文学,人所面临的所有复杂问题,也都是文学所面临的问题,这里当然包括作为人性的重要体现的爱情以及作为爱情的基础和归宿的性爱领域。在我国,长期统治着创作领域的那种摈弃和鄙夷人的个性特征和感性欲求,把人物当做某种强制推行的理念、原则的符号的创作模式,理应受到作家和读者的摈弃和鄙夷,所以在上述具体的历史背景前面,新时期的作家们以很大的热情去表现久违了的人的感性、个性和情欲,这是不奇怪的。王安忆在近几年的创作中自觉探究人性,并且把爱情和性作为探究人性的突破口,同上述创作潮流是一致的。

不过王安忆同其他有些写性题材的作家的不同之处,在于她在主观上不是停留在通过写"性"来反映社会历史文化内容的审美层次,而是真正通过创作对作为人性的重要内容的"性"进

---

① 马克思:《〈政治经济学批判〉导言》。
② 参见王安忆《男人和女人,女人和城市》,《当代作家评论》1986年第5期。

行探索。在她看来,"如果写人不写其性,是不能全面表现人的,也不能写到人的核心,如果你真是一个严肃的、有深度的作家,性这个问题是无法逃避的"①。可见她确实是把"性"作为人性的核心来探索和描写的。这一点对于能不能写好"性小说"至为重要。在人的感性生命中真正属于人的东西是人的社会性,而对于人来说,性的功能并不主要是生殖,性结合最突出的特征,是它超越了性行为,性渗透了人类生存的每一个方面②。所以如若离开了人的社会性,用纯粹生物学的观点来看人的性结合,就会把人倒退到动物界。那是十分荒谬的。在促进深入了解人的生物性和社会性之间的关系方面,人们还处在起步阶段,其结果远不是很明确的,但正如美国性学专家韦克斯所说,人体是观察历史影响和变动的一个场所,因为它不仅不抵制社会的命令,似乎还特别容易为之所左右。韦克斯认为性是一种媒介,它可以表现各种社会经验,如道德、责任、工作、习惯、友谊、爱情、功利、权力和性别差异等,"性行为如果脱离了生理的源泉,当然是不可能的,但生理学并不提供动机、激情、对象选择或身份,这一切都来自于社会关系和心理冲突的领域,因而人体就不能被看成是一个生物学上的既定物体,仅仅是在散发自身的意义。相反,它必须要被理解为只在社会中被赋予意义的各种潜力的总和"③。可是一个严肃的作家,当他把审美的触角伸向性的领域时,他不可能只体验到观照对象的生物性,他对这个领域的体验,应该是也必然是在社会中被赋予意义的各种潜力的总和,当他把这种体验诉诸审美的传达时,笔下出现的也必然是充满社会意义的意象。这种社会性是人物的性心理和性行为的内在的、不可剥夺的"神",因而也是性心理与性行为描写的生命之所在。同时,作家又只有在主观上不把性描写仅仅作为表现其社会观念的一种消极手段或工具,而是把性真正作为活泼泼的、充满欲求与骚动的观照对象,作为探索人性的领域,他才能避免在性描写中不自然地外加上抽象的"社会意义",从而破坏了审美的意象。正是在这个意义上,我认为王安忆把性作为探究人性的核心领域,并且勇敢地在艺术上付诸实践,这种出发点和勇气,是应该得到首肯的。

但是,王安忆创作《小城之恋》从生命本体和人性视角上描写性意识,强调人的本体的生命力和性的欲求对人的行为的支配时,却走上了另一个极端,即有意识地把主人公的性意识和性心理从各自的文化心态和错综的社会关系中剥离开来,加以抽象地表现,这就给创作带来了根本性的损害。

中篇小说《岗上的世纪》写的是一个农村生产队长同一个女知识青年的性爱故事。它是王安忆在直率到淋漓尽致的性爱描写中,呼唤生命的激情和健全的人性力量,呼唤在性问题上的精神觉醒和解放的一次大胆努力和探索。男女主人公经过多次如痴如醉、如火如荼的性爱交合,真正体验到性爱的愉悦和男女交合的美感。在一个小小的山岗上,他们度过那生死度外的七个昼夜。在汹涌澎湃的性爱激情中,他们达到了高度和谐的境界,开创了一个极乐世纪,从而感悟到生命的美妙和意义。在以往的小说创作中,性爱总是被带着恶意地当作污秽的劣迹加以

---

① 王安忆、陈思和:《两个69届初中生的即兴对话》,《上海文学》1988年第3期。
② 参见 E.O.威尔逊《论人的天性》。
③ 参见韦克斯《性,不只是性爱》。

展示的,而且凡涉及性问题,女性要不就是被凌辱,要不就是被欺骗玩弄,总是处于一种屈辱的附庸的地位,《岗上的世纪》描写肉体关系,则一反过去那种压抑扭曲的形态,而是把这种关系沉浸在男女完美地相互交融创造,生命高度张扬的浪漫格调中。同时,小说对男女交合的描写虽然直率到惊人的地步,却没有猥亵挑逗容易引起邪念的成分,说明作者确实是注视着既定的人性目标,在进行严肃的探究。

可惜的是,艺术构思中情与欲、灵与肉的脱节甚至对立,使得王安忆这一次对性题材的探索归于失败,这中间的教训很值得研究。

任何自然的、健康的性结合都应该是情与欲的和谐和灵与肉的统一,人的情欲绝不是内在本能的初级的生命冲动。男女双方肉体上的结合,必须以双方情感上的相互吸引和愉悦作为前提,而且是一个相当复杂的、包括多方面内容的体系,"是男女之间社会交往的一种形式,是完整的生物、心理、美感和道德体验"[1]。所以恩格斯把性交关系"是不是由于爱情,由于相互的爱而发生的",看做是文明社会的一种"新的道德标准"[2]。马克思关于"在这爱情上集中了我的所有精力和全部感情"的表白也并不是夸张,而他说性爱"使一个人成为真正意义上的人"正是强调了现代性爱是性欲和精神渴求的神奇融合,反映着人的本质深度。在这个意义上探索艺术形象的性的结合,正是艺术家的任务,而把肉体结合从性爱中单独抽离开来,是把社会的人又拖回了自然界,是达不到探究人性的目的。

当年王安忆虽怀着表现和参与人生的真诚步入文坛并取得引人瞩目的成绩,但其时并没有真正理解这个至关重要的问题。所以当她不满足于从单纯的感觉乃至直觉范畴来表现和参与人生,而走向人生的体验和人性的探究时,她一方面取得了在前一阶段所不能取得的艺术成就,另一方面却又常常疏离了人生,在后一种情况下写出的作品反而缺少作为艺术的灵魂和生命的人生的内涵。特别是当她执著地探究性爱的奥秘时,她似乎是有意识地绕开人生("社会的")领域,而仅仅把触角伸向缺少审美情感的感觉和想象领域,从而尽管淋漓尽致地表现了这种感觉和想象,却偏离了艺术的轨道。我们强调写作的冲动应该来源于对现实人生的观察、感受、思索与把握,只有这样,作家的感觉才能转化为浸淫着人生的体验、充溢着审美的情感的创作冲动,这是王安忆在今后的创作中应该特别引起注意的。

(原载《当代作家评论》1992年第2期)

---

[1] 瓦西列夫:《情爱论》。
[2] 恩格斯:《家庭、私有制和国家的起源》。

生命意志与艺术激情

——赵丽宏散文的艺术踪迹

丘 峰

80年代初,上海文坛冒出一个陌生的名字:赵丽宏。

十多年后的今天,赵丽宏就像他笔下的倔强的生命草,沐浴着阳光雨露,扎根在生活土壤,顽强地向上生长,迎着飓风,迎着霜雪,昭示生命的美丽,就像他在《生命草》中描述的:"早晨,在它绿茵茵的叶瓣上,挂着一颗颗晶莹透明的露珠,就像许多纤小而又健壮的小手臂,托着一颗颗闪闪发光的珍珠。"把绚丽的诗篇献给人们,把生命的激情,人生的哲理献给人们。

的确,赵丽宏的作品就是他的生命体验的记录和展示。赵丽宏成长的年代正是中国经历史无前例的飓风肆虐的时刻。那时,一个19岁的少年身边带着简单的行李,坐在船头,在轻纱似的雾中行驶,举目四望,白茫茫一片,仿佛整个世界都笼罩在朦胧的气氛中。于是,他写下了对世事的观察和情感寄托的《鹭鸶》《芒芽》《火光》等散文和诗。这些作品特点是朴素、精炼和真情的自然流露,他挚爱这些虽然稚嫩却是他迈上文坛的作品:"至今我仍喜爱这些文字,它们是我走向社会开始的几步脚印。尽管处处显露出幼稚,但它们是真实的,其中有我的彷徨和困惑,也有我的憧憬和幻想。"(《〈生命草〉跋》)如果说1977年之前是赵丽宏创作的生活启动期和实感积累期的话,那么,1977年他考入华东师范大学至1985年是他的知性积累期和创作的初创期。这期间他创作了《小鸟,你飞向何方》《诗魂》《雨中》《峨眉写意》《秋风》《峡谷》《厚朴》《洗畔》《纺织娘》等影响颇大的散文,这些作品大都收集在《生命草》中。这时期赵丽宏对过往生活的回味咀嚼,把久积心头的愁隐和生活的理解泻泄出来,随着感情的流泻,作者优美的文笔诉说人世沧桑,心灵的煎熬,对生命的挚爱,对美的追求。这时期作品的特点是,作品大都是反思性的,记叙那特殊年代的令人灵魂震颤的人和事,题材较为狭窄。由于作者对生活有真切的感受,艺术功底较厚实,一上阵就发挥得淋漓尽致,写得凝重、深沉、厚实,真挚感人,充分展示出其艺术才华。

1988年以后,赵丽宏生活有了较大的变化,他成了专业作家。由于扩大生活容量,他的作品触及舞蹈、音乐、绘画、师生、友人、山水……爱与恨、生与死、美与丑、真与假、人生的真谛、世间的真情等等成为他探索的主旨,这些都倾注了他全部的感情,以表现真实自我作为重要的审美特性,直面社会人生,独抒灵性,绰约多姿,满腔热情地拥抱生活,强调审美的直接性和现代意识。笔随心意,自然流淌,使作品显得随意自然,情真意切,虽不追求技巧却不着痕迹地显示出高超的艺术技巧。他的1988年获新时期全国优秀散文集奖的《诗魂》和《赵丽宏散文选》以及近期出版的《人生韵味》和《心里的珍珠》是其有很高的艺术品格的代表作。

生命的庄严:"不屈服于命运的生命更是美好的"

经过"文革""劫礼",在坎坷曲折的生活道路上经受肉体和心灵磨难的赵丽宏,他的艺术视线首先对准万物之灵的人。赵丽宏认为,生命在本来意义上就是美丽的,人的使命是应该把生命之花浇灌得更为鲜艳。这种生命思辨在今天看来是平淡无奇,但经历了"风霜雨雪严相逼"的特殊年代之后,这种创作理念变得极为珍贵和真诚。本能的"护花"意识深深地渗透到他对世界、对人生的理解中,并且成为支配他的行为取向和创作题旨的生命意志。

生命是庄严神圣的。生命意味着爱和奉献,意味着美丽和希望。赵丽宏的散文集《爱之初》中的篇什,描述看似平淡无奇的对生命降临的喜悦,儿子呱呱坠地,父母创造了儿子;儿子也创造了父母,——没有儿子的诞生,父母的名称也无从诞生。爱是维系亲情的纽带,是生命的联结点。在《爱之初》里,与其说是表现父子之爱,不如说作者所表现的是更深沉真挚的爱:人类之爱。基于这样的理解,赵丽宏充满深情地说:"假如世界充满了爱,那么,许多无谓的仇恨,非分的贪欲和阴暗的嫉妒都会悄悄和解……"(《第一封信》)

热爱生命,就要敢于跟黑暗势力、跟逆境、跟不公平的命运去搏击,从而焕发出生命的华彩。这是赵丽宏散文的一个重要特色。《舞忆》记述——个在舞台上消逝了15年的女人,15年后又出现在舞台上,她那优美的舞姿,抒情的画面,给观念奉献出美。在她翩翩舞姿的背后有过多少辛酸!为了艺术生命,她在呼啸的北风里习舞,在孤独的油灯下练功,在冷嘲热讽中咬紧牙关恢复变形的体态,为人们播下美的种子,创造出完美的艺术生命。《顶碗少年》中的少年艺人敢于拼搏,失败为成功的奠基石,他最后取得成功。作者从这平凡的故事中升华到人生哲学高度:"敢于拼搏的人,才可能是命运的主人。"

法国一位作家把死亡说成是:"最伟大的自由,最伟大的平等。"生老病死,就像春夏秋冬四季轮回一样,是自然的规律。但对于非正常的死亡,对于凶残地毁灭生命,那是对美的祭奠。在《峡谷》中,作者描述了上海弄堂口两幢高高的大厦相峙造成的峡谷,这是死亡之谷。从五十年代到"文革",每次政治运动都会令人震颤,这峡谷便成了死亡"风景线",生命在这里毁灭。读着这严重生存环境带来的悲剧文字,人们不禁会对历史作反思与追问,对人性、人生和生命意志作耐人寻味的探寻。同样对《遗忘的碎屑》中扭曲了人性的女红卫兵,原本是纯真的少女,在那个疯狂的年代却成了摧残生命的刽子手,摧残心灵和毁灭美的过程在那个年代变得极其简促,一夜之间纯净便会染成污浊;在《太平湖记》中,作者以沉重的笔触记下了悲惨的1966年8月的一天,著名作家老舍在太平湖里毁灭了自己的生命。老舍是一位热爱生命的作家,他在一篇文章中写到他从小猫口中救下了一只麻雀,满怀欢喜地写道:"我捧着它,好像世界上的一切生命都在我的掌中似的。"一个如此尊重生命、热爱生命的人,为什么却由他亲手毁灭生命?作者显然在叩问历史,他愤慨地说:"我想,该诅咒的不是湖,而是把老舍逼上绝路的邪恶势力。"作者在这里不是像七十年代末的"伤痕文学"一样作控诉式的描绘,而是把理性思维和当代审美批判意识有机融合起来,让读者感悟到事件本身所蕴含的深层意味,使作品达到"言近旨远"的艺术效果,让人们省悟到作品意旨远远超出了描写对象本身而具有厚重的历史感和共时感,从而使看似平淡的死亡主题上升到哲理高度,并且以此为参照,生发出更加热爱生命,热爱今天来之不易的生活,产生独特的艺术效果。

生命是壮丽的,珍惜生命的人们更要以自己的聪明才智的生命之泉去浇灌生命之花。这是赵丽宏近期散文的题旨变化。在八十年代赵丽宏致力探讨生命宏旨时,他就极注意挖掘顽强的生命意志,全身心地感受生命律动带来的鲜活的艺术生命。《雨中》《晚香玉》《厚朴》《旷野微光》《永远的守灯人》等主题指向严酷冷峻的生存窘况中人性和生命生发出来的亮色,透示出人类的通性:在任何艰难困苦中,都在追寻生命的终极意义,就是为人类作出积极的贡献。这种主题基调到了九十年代更为张扬。赵丽宏强调要不断变化自己,带给人一点新鲜感,其中就有对生命意蕴的积极发现和深层开掘。《天上的路》深情地赞美高架路的建设者们;《心里的珍珠》由衷地赞颂故乡人的珍珠般的心;《月光和少女》怀念为纯净人的灵魂的少女与优美的《月光曲》;《神奇的绿色》中年轻警察为了众人生命显示出的威慑力量……

赵丽宏意识到,生命之树常绿有赖于土地。离开了土地,流水就会失去源;离开了土地,生命就失去了根;离开了土地,一切都会变得漂浮不定,无所依靠。当年,在日寇铁蹄蹂躏祖国大好河山时,著名诗人艾青就曾这样吟诵过:"为什么我的眼里常含着泪水?因为我对这土地爱得深沉……"如今,高扬生命旗帜、高歌猛进的人们更应该积极进取,扎根在土壤之中。"只有把根深扎进生你养你的土地,只有把土地的色彩和气息珍藏在你的心里,你的生命和人生之树才能枝繁叶茂,开花结果……"(《土地啊……》)生命的主旋律在赵丽宏笔下流淌,对历史的沉思,对现实的挚爱,对未来的执着,对主体生命的感情与张扬,透显出赵丽宏对文化生命的深层思考,使他的作品凸显出厚实的、深挚的哲理意蕴。赵丽宏不仅对人类生命作由衷的赞颂,就是对自然界中的一石一木、一山一水、一花一草也常常赋予颇有新意的生命情感。在他插队落户那艰难岁月里,在他的人生旅途感到灰冷晦暗的时刻,他还忘不了在黯淡的底色上画上几笔明净亮丽的色彩——生命的昂扬勃发;生命倔傲不倔与积极进取。细小幼嫩的芦芽,用手轻轻一掰便能把它折断。然而,就是这样娇嫩的芦芽,却敢于顶开坚硬如石的冻土,倔头倔脑地从坚冰冻土中蹿出来,宣告新生命的诞生,并且在严寒酷暑中蔓延成一片青翠,洋溢着生机的绿海。"这是生命创造的奇迹!"而奇迹的张扬是"痛苦而又漫长的,需要韧性,需要恒心,需要忍,需要日复一日的等待……"(《芦芽》),那些将飞入漫长而又曲折的征途的大雁,面对峻峭的高山、茫茫的林海、湍急的江河,面对暴风骤雨、惊雷闪电,无论什么艰难险阻,他们都无所畏惧,"昂起头颅,展开翅膀,高高地飞上天空,满怀信心地遥望着前方"(《致大雁》)。赵山宏饱趴激情,礼赞昂扬的生命。在《生命草》《海,海,海……》《石魂》等文章中,都是倾诉对大自然,对生命情感的作品。他从对这些不具生命而又赋予生命动感和生机的抒写中,昭示出人的生命意识的文化品格,对自然的力量、人的力量和人的强劲的生命力的发现、展示和颂扬,坚信人有能力把握自己的意识和生命,正如他在《火焰山和葡萄沟》中宣称:"生命是不可战胜的……只有人类,才是大自然的主宰。"

真情的诉说:"一粒沙里见世界,半瓣花上说人情"

散文是主情性很强的文体,作者既是生活的参与者,又是生活的发现者,在行文中处处融进对生活的认识、理解与发现。一个作家,只有对社会,对人生注入挚爱之情,散文才有撼人心弦的艺术魅力。

赵丽宏对此是心领神会的。他在谈创作体会时说:"散文的灵魂是什么?是情感,是真情实感。"(《关于散文的随想》)抒真情、写真感这是散文创作的基本要素。"没有真情实感的散文,即使形式再新奇,文字再华丽,也只能是一些没有灵魂的浮华躯壳。"(《告别世纪初·序》)他强调他的作品"确是从我的内心深处流出来、迸出来、萌发出来的"(《告别世纪初·序》)。

赵丽宏对生活怀有挚爱之情。他以深情的笔墨描绘出社会生活的发展和变化的轨迹。赵丽宏从漂泊在苏南农村当木匠的日子里起,就细致观察社会,体味人世沧桑和社会变迁踪迹。从他的记叙农村生活的《洗畔》《纺织娘》《乡下人》起,他陆续写下"文革"风暴对社会各式各样人的心灵冲击以及红色浪潮无法湮没的追求人间美情的《小鸟,你飞向何方》《诗魂》;忠于职守、默默为社会作贡献的《绿邮包和红杜鹃》《青鸟》《厚朴》;写噩梦频发、人性受到摧残的《秋风》《遗忘的碎屑》以及《岛人笔记》中的系列散文;写美妙的艺术精灵、给人以美的享受的音乐的《莫扎特造访》《无形的手指》《月光和少女》《灵魂的倾诉》等;写"文革"之后人与人之间友情的诚挚、亲情的回归的《爱之上》《挥手》《愿变成一棵树》《雨和树》《友情似醇酒》等;有写异国风情及其丰厚文化积累的《玛雅之谜》《我是中国人》《基辅情景》《阿尔巴特街》等;也有写改革开放后的新生事物的《天上的路》《俯瞰》《桥的断想》等。如果把这些内容串起来读,人们便可以看到中国近20年来的变迁,听到社会前进的脚步声。散文家看世事可以称之为"散点透视",他们的观察点是多方面的,就像多棱镜,可以从各个角度透射出各种社会生活面貌来。从赵丽宏的反映社会生活面来看,可以说他充分驾驭了散文这一轻灵的题材样式,多方面多角度来鸟瞰生活,展示出各种色彩绚丽的生活图景和社会前进的人们的精神风貌,有如刘勰在《文心雕龙》"神思"篇中所说:"吟咏之间,吐纳珠玉之声;眉睫之前,卷舒风云之色。"

散文是作家主观情思、人生意趣和思辨色彩作用于创作对象的结果,对社会生活的参与性和敏感性特别突出。同时,在写作上散文又是"没有一定格式的,是最自由的"(梁实秋《论散文》),它可以随随便便,与好友任心闲话,这样轻灵的文体特点是情融于景,神与物游。赵丽宏在散文中记事状物都不是纯客观的,在行文中烙上自己浓烈的主观色彩,情感始终是酣畅饱满的。他对主宰社会进程的人的力量、人的生命力和创造力作了明确的认同与积极的肯定。在写作中作了自觉不自觉的主情参与,使作品中生命意识处处跃动,生活实感处处呈现,生发出感人的艺术力量。《在天堂门口》描述"文革"结束不久,作者在音乐厅听李姆斯基·科萨克夫交响诗《天方夜谭》时,一个汗渍未干的工人沉醉在优美的音乐之中,作者留下难忘的印象,在他的记忆库中珍藏着这帧散发着美的照片。这既是对那位粗黝的工人的审美判断,又是在精妙地解剖自己审美的人生态度和感受,充溢着人生体验和人间真情。《老白酒》是一篇短小的文字,从乡间酒吧说到精装老白酒的变化,从积淀的酒文化中看到作者浓浓的故乡情结。《平淡的真》写作者与一位老编辑的友谊,记叙老编辑在乎淡的文字生涯中默默无闻的奉献;《秋兴》《庐山雪》等写自然界的变化给作者带来的丰富的联想和人生思考……散文批评家林非在《散文创作的昨日和明日》中谈道:"散文创作是一种侧重于内心体验和抒发内心情感的文学样式,它对于客观的社会生活或自然图景的再现,也往往反射或融合于对主观感情的表现中间,它主要是从内心深处迸发出来的真情实感打动读者。"赵丽宏的散文就是以深挚的真情,强烈的情感参与感染读者的。在他笔下,一片芦花、一只飞雁、一段友情、一次旅程、一位故友、一方水土、一座名刹、一条小河等等都能写意性地抒发自己的人生体验的丰厚积淀,把自己的内在品格与生活感受精巧地沟通起来,传达出作者对人生哲理的思考和对生活的挚爱之情,正如赵丽宏自己所说:"真正好的散文,要诚实、要自然、要充满感情。作者把自己在生活中感受到的美和悟到的哲理,娓娓地向读者倾吐、就像挚友促膝谈心。读者以生动畅晓的文字作为媒介,能听到一颗真诚的心在跳动,能看到一股真诚的感情在流淌。"(《诗魂·序》)

真实的感悟:"照片说谎,而艺术真实"

著名艺术大师罗丹这样意味深长地说:"照片说谎,而艺术真实。"(转引自宗白华《艺境》)照片是生活的复印,它显现的客观事物的表象的形真而非内在的神真;而且照片是被动的反映而非能动的反映,它完全排斥了作者的主情因素;而且,照片是静态式的反映客体事物,而文艺作品则是在动态变化中抓住事物本质加以反映。著名美学家宗白华在阐释罗丹这观点时认为,自然界无时无刻不是处在运动和变化之中,而照片摄取的仅是自然的"静象",这并非自然的"真象";而艺术能表现自然的"动象",而"动"才是自然的"真相",所以罗丹的雕刻"写动而不写静",他"最喜欢表现人类各种情感动作"。(转引自宗白华《艺境》)只有对人类的行为、情感或者对于某种事物赋予主观动态生命的描绘,从而反映事物的本质生命时,才会呈现出艺术生命的活力。

赵丽宏的散文拒绝静态的照片式的社会观照,而是能动的动态式的艺术反映,因而是真实的。

综观赵丽宏的创作,可以看出他能较准确地把握社会生活的发展变化,真实地反映了当代人的追求、思维和精神风貌。

这里首先表现在作者笔下不同时期的人物群体的真实描绘。他早期的《乡下人》《洗畔》《纺织娘》等极为真实地写出了乡下人的人物系列:木匠、村姑、农妇、乡邮员、拉粪人等,人物生动逼真,像技艺超群却无力传艺的韦木匠、友好坦诚的小木匠小孟、境遇悲凉的秀羽、学究式的老农朱自清,受人喜爱、忠于职守的乡邮员等,他们的形象久久地留在读者的心里。还有在"文革"中备受压迫的老太,把当清洁工当成人们对她的最高奖赏(《秋风》),隐居山林50余年,当改革开放之风吹度祖国大地时,以82岁高龄重回上海开画展的管锄非(《梅魂》);在山灵水秀的九寨沟偶遇的黑眸子等。作者笔下的人物都有曲折的心灵历程,经过生活的磨难,犹如一颗长在石缝里的小草,拼着命从岩石的挤压中伸出臂膀来,去承接雨露,去拥抱阳光。作者通过这些人物的勾勒,让人看到随着生活的变化,人的境遇和追求,以及人的心灵境界,这些都深深地打上时代烙印。作品写出了人的真实的人文环境和生存景况。

当然,作者不是对人物简单的描摹,也不是专门作精细的照相式的映照,而是极注意从人物的形态描写中透示出当代人的灵性美。这就是追求美好生活,努力创造美好生活的奉献精神,这是当代人美好心灵的真实写照。人们看到作者笔下的作家、编辑、画家、音乐家、大桥建设者、隧道工人、厂长等,无不以主人翁的姿态投入到祖国建设中去。作者以丰富的人生体验去贴近生活,贴近周围的人群,感悟描写对象,不重对象外在而重在人物的内在心灵的挖掘;不重工笔刻画而重透示写意,极力开掘描写对象的心灵世界和人的气韵,给人以智性的启迪。

赵丽宏理解的艺术真实,是重在自己的生活体验。巴金为赵丽宏题写了这两句:"写自己最熟悉的,写自己感受最深的。"(《维纳斯在海边·序》)赵丽宏认为这是散文最重要的审美特征。他强调,他的散文都是非虚构的,而是带有自传色彩。"这里所谓自传色彩,并非作者叙说自己的一生,而是指人生的片断经验,观察社会的点滴见闻,或者是一段思想和感情的真实经历。""我在写着我身心的体验,写着我生命的经历。"(《人生的选择》)赵丽宏的散文如果以时序变化串缀起来读的话,几乎可以看作这是他的生活履历。从"文革"初期的插队落户、大学生活、编辑生涯、当专业作家后到建设前沿深入生活、出访、游历以及他的特殊爱好:读书、收藏、音乐、艺术、写作、交友等等,都在他的作品中得到有序的反照。当然,赵丽宏这些作品不纯是写儿女情长或身边琐事,它与时代前进的滔滔江流是相通的,当他作品情感的涓涓细流汇入奔腾大江后,读者自然感受到了社会生活的急遽变化和奔腾不息、日泻千里的时代激流,揭示出生活的真和美。

赵丽宏在展示人间风景的真实情景的同时,还以抒情的笔调精工细刻描写艺术风景与自然风景的真实情境。

赵丽宏说,他从小从未想过将来要搞文学创作。那时,对他最有吸引力的首先是音乐,其次是绘画。他说:"我崇拜音乐家,他们能用无形的音符,创造出千变万化的旋律,倾诉人类的悲欢喜怒和种种微妙的感情,这是其他艺术无法比拟的。"(《人生的选择》)在赵丽宏作品中,有许多篇幅抒发自己对音乐、舞蹈和绘画的艺术理解与人生体悟的。《致音乐》《音乐的光芒》《弦上的河流》《莫扎特造访》《无形的手指》《月光和少女》等都是脍炙人口解读品曲的作品。赵丽宏不是简单的"渎乐札汇"式的介绍,而是根据自己的人生体验,融入自己的情感理解写成"怎么读"。在《音乐》中,赵丽宏以虚幻式的描写,把悠远的音乐幻化成一个黑衣少女,伫立在月光下拉一把金黄色的小提琴,纤手操持着轻巧的弓,音符奇妙地从弓弦下飘起来;在辉煌的音乐殿堂中又出现巴赫、莫扎特、贝多芬……作者由此而回叙当年乡村草屋,沉浸在音乐的回忆中,动情的音乐旋律融化在灵魂里,使孤寂情感得到升华。在赵丽宏的"闻乐札记"系列作品中,不是重复音乐,而是凭着自己深厚的文化素养,用自身的生命去艺术地感受音乐,并且总是站在当代审美意识的高度,从历史文化的特定层面去观察、理解、感情和透析描写对象,挖掘其共时性与历时性的丰厚的文化内涵,使作品有着意旨远远超越描写对象本身的厚重的文化内蕴。

与"闻乐札记"一样,"天涯履痕"也是赵丽宏散文创作中的具有厚重感的作品。十多年来,赵丽宏足迹遍及欧美以及祖国的名山大川,他记录下各地的名胜古迹、风土人情,从《晨昏诺日朗》《峨眉写意》《雁荡抒情》到《红场》《日月金字塔》《特奥蒂瓦坎之夜》等,使人感到自然生命的美的意象,《西湖秋意》从如火的红枫感悟到绚丽的人生;《大戈壁》的骆驼草、红柳、胡杨、沙枣等在荒凉的大漠中倔强地生长,使人领悟到生命的博大深远;《玛雅之谜》的古代墨西哥人留下的金字塔、庙宇广场等,这些古老传说和丰厚的文化积淀,让人们体味到历史的苍凉、悠远和博大……值得注意的是,作者在描绘山川风物时,不是沉浸在精妙的景观之中,他的笔墨也不是追求形式,而是在人事物景中完全浸透作者的主观情志。竭力寻求穿越时空的文化、景象、性灵和情绪的融通,全身心地投入其中,从而微妙地感受到久远的生命律动和历史景观的空灵悠远而又鲜活跃动的艺术生命,揭示出永恒深远的文化主题。

值得注意的是,作者无论抒写不绝如缕的感人旋律还是描摹令人心醉神迷的画山绣水,饮誉世界的名人胜迹等,都不仅仅是自然的翻版、原生态的真实,而是主体精神内化后的人与自然,情景相互浸润后的新状态。他追求的真实不是自然的显现,不是客观形态的写真,而是融情于客体对象后酿化成的真实,情感升华的真实,是展示作者复杂内心世界的真实,也是作者心路历程的坦露的艺术自白。例如,《戈壁魂》《火焰山和葡萄沟》《南浔的幽香》等写塞外与江南的自然景观,作者把山水风光放在历史和现实的文化大背景中描写,在自然、社会、人生和情感的内在联系中进行复杂的美感体验,使景物由原生态的"静"态变成超越自然属性的带有强烈的主观情感的"动"态,显示其美学内涵,这就是作者将审美情感赋予静态景致后的能动美。这种美是脱离了照相属性后的艺术真实,是自然人格化以后产生的积极生命现象,这些客体物象凭借作者主情感应和想象而获取强劲的生命力,它们有更高层次上的审美价值。

文艺创作必须真实,才有感人的艺术魅力,但它决不是对客体物象的整体复照,而是要以作者的丰富的人生体验为主导,力求把描写对象蕴含的内在品格与自己的艺术品格联结起来,从而传达出某种哲理或人生思考,这样的作品,才会有超然客观物象真实的艺术真实。这是赵丽宏创作提供的成功的艺术经验。

(原载《当代作家评论》2010年第2期)

中国评点文学的性质、范畴、形式及其他

孙琴安

中国的评点文学有着非常悠久的历史和极为丰富的内容，但时至今日，尚未有人做过全面的探讨和系统的研究。各种文学批评史和古代文论中尽管也偶尔涉及一些，那也仅仅是李贽、金圣叹等个别人。正是在这一前提下，本文想对中国评点文学的性质、范畴、形式及其与中国古代文学理论之间的关系，作一简要的论述。

一、作为文学特殊样式的评点文学

对于评点文学，我们过去常强调其批评的一面，认为它是对文学进行批评和评议、表达自己文学观念的一种方式。有些批评史在阐述某一文论家的文学观点时，便常引用其评点中的某些话语来作印证和补充。这些看法和做法都有其充分的理由和合理的成分。但严格说来，并不完整。

就较确切和完整的意义而言，评点文学是一种由批评和文学作品组合并存的特殊现象，具有批评和文学的双重含义。它既是一种批评方式，同时又是一种文学样式；既是一种与文学样式密切相关、结合在一起的文学批评样式，同时又是一种含有批评成分、与批评形式连为一体的文学样式。它把批评和作品这两种不同属性的文学现象组合在一起。因此，评点文学可说是一种兼有文学批评和文学作品双重属性的特殊文学形态。

评点文学是一种含有文学作品在内的文学批评，一切脱离文学作品而单独存在的文学批评，如论文、评论、诗话、词话、笔记、随札、书信之类，都不属于评点文学的范围。要注意"评点"与"文学"二词之间的结构关系，既不是偏正关系，也不是动宾关系，而是一种并列关系，是一种由并列而组成的专用名词概念。它里面始终兼有批评方式和文学样式相结合的双重意义。它既是一种批评方式的存在，也是一种文学样式的存在。不管怎么说，一本有评点的文学著作和一本没有评点的文学著作，它们的存在方式是不一样的；同样地，有着多家评点的文学著作和仅有一家评点的文学著作，它们的存在方式也肯定是有区别的。文本只有一种，但由评点所带来的存在方式和表现形态却是千差万别、丰富多彩和永无止境的。如果仅有文本而无评点，或者仅有评点而无文本，都构不成评点文学。二者不能偏废。只有我们把二者结合或并列起来作为

一个整体看,才比较合理和完整。当然,由于评点的活跃和发展演变的一面,我们有时为了强调或行文语气的顺畅,时而把"评点文学"换用成"文学评点",但其含义却是一致的,其文学的一面仍然存在。

不过,话又说回来,评点文学虽然有着批评和文学的双重含意和属性,但就其个性活动来说,其主导面仍在批评的一面,而不在文学作品。我这样说,至少有以下两点理由。

首先,对于一部文学作品来说,无论是诗集、文集或小说、戏剧,如《史记》《韩昌黎集》或《红楼梦》《西厢记》,它只是作为一部文学作品的存在,是其一种,但是,作为对它的评点,或者说,围绕着对一部文学作品所进行的评阅、圈点,却可以有好多种,像对《史记》《杜工部诗集》《红楼梦》等文学作品的评点,都可以达到数十家以上。而且,一部文学作品,当作家去世以后,便无法再有发展,但围绕着对它的评点,却可以代代有人,不断发展。

其次,评点文学虽由评点和文学两个方面组成,从表面上看,文学作品的量比评点的量大,总是先有文学作品,然后再有评点,如果没有文学作品,文学评点也就无法产生,无从谈起,但从实质上看,这一先后关系,恰恰说明了文学作品是被动的,而评点是比较主动的;文学作品是固定不变的,可评点则是不断发展和时常变化的。如对同一文本,可以态度判然不同,如同样对《李义山诗集》,张采田所作的评点,往往与纪昀针锋相对,截然不同。即使是同一个人,对同一个作品,前后也会作出不同的评价。特别是像刘辰翁、何焯、天目山樵等一些评点家,对同一部文学作品会反复评阅,反复加批,作出不止一次的评点。凡此,都说明了在评点文学中,其主导面和积极主动、活跃变化的个性都应在评点而不在文学。

如果我们稍加留心,就会发现,中国评点文学涉及的领域是非常广阔的,诗、词、曲、赋、骈文、散文、小说、戏剧,乃至民歌,都有人作过评点,几乎涉猎了文学中的任何一种体裁。如果我们再掐指一算,甚至可以发现,中国古代那些一流的作家作品,几乎都已被人批尽。不被评点的反在少数,甚至可以说不存在。即使是一些二、三流的作家作品,尽管他们整部的诗文集未曾被人作过评点,但他们的代表作,即便是一首诗或一篇散文,也已经无数次地被人选入选本,并被后人无数次地作过评点。至于那些文学中的经典著作和最优秀的作家作品,如《诗经》《楚辞》《史记》《汉书》,李白、杜甫、王维、李商隐、黄庭坚、陆游等人的诗,唐宋八大家的散文,温庭筠、李煜、周邦彦、苏轼、辛弃疾、李清照等人的词,《水浒传》《三国演义》《红楼梦》《金瓶梅词话》《聊斋志异》《儒林外史》等小说,已经不止一次地被人作过评点,形成了文学评点中的热点。到了明末以后,特别是一些小说,即使不甚著名,只要一问世,便自有同窗好友或素不相识的热心者来加评作批。到了后来,许多小说常在尚未问世之前,便已有评家为之作好评点,所以小说和评点几乎常常是一起刊刻问世,同步出现,即使再有人来加评作批,也已不是第一位评家了。

基于文学评点在文学作品中的普遍渗透,我们完全可以说,中国古代那些最优秀的文学作品,它们在后世的流传过程中,已经不完全是一种单纯的文学形式的存在,而往往是与评点结合在一起的,是以一种评点文学的形式出现和存在的,有些甚至不止一种。也就是说,这种批评和文学作品同时并存的特殊的文学现象或文学形态,在中国古代文学中是普遍存在的。

就中国评点者的队伍来说,也是相当庞大。宋代的吕祖谦、谢枋得、刘辰翁和金代的元好问暂且不论,即以明中期以后的情况来说,由于评点之风日益盛行,许多著名的文学家几乎都评点过文学作品。如明代的顾璘、徐献忠、杨慎、归有光、唐顺之、王慎中、茅坤、李攀龙、王世贞、徐渭、李贽、王穉登、屠隆、汤显祖、陈继儒、袁宏道、梅鼎祚、钟惺、谭元春、冯梦龙、沈璟、孙鑛、凌濛初;明末清初的钱谦益、冯舒、冯班、金圣叹、毛宗岗、李渔、陆次云、陆云龙、顾炎武、王夫之、黄宗羲、卢世㴶、黄周星、邢昉、吴绮;清代的毛奇龄、朱彝尊、王士禛、汪琬、邵长蘅、查慎行、储欣、赵执信、屈复、方苞、沈德潜、厉鹗、刘大魁、姚鼐、纪昀、翁方纲、蒋士铨、周济、潘德舆、姚燮、谭献、王闿运、吴汝纶、陈廷焯等等,在创作文学作品的同时,都对文学作品进行过评点,他们是著名的文学家,同时也是出色的评点家。

二、灵活多变的形式及其特点与缺陷

评点文学涉及的范畴很广,又有相当的历史,就其评点的形式来说,也是五花八门,应有尽有。诗歌、散文多为眉批、尾批、旁批、题下批、双行夹批等。对小说、戏剧的评点是在诗歌、散文的基础上发展起来的,故其名目愈加繁多,除诗歌、散文中常见的几种评点形式以外,在小说、戏剧的前面,往往还多有一段"读书法",有如对全书的总评,有的评论家干脆直接就称之为"总评",以下再根据小说的每个章回加有回前总批或回末总批。而有些评点家,特别是像何焯等,在批校全书后,还喜欢在书末加一段总批,后人有时干脆把这段总评称之为"跋"。实际上就有类于对全书的总评,只是小说评点家多放于书前,而何焯则放于书末罢了。

自元好问《中州集》开始,又产生了一种评、传相结合的评点方式,即在作家的名下,叙其仕履生平的同时,夹杂一些对其文学成就的评议。后来房祺撰《河汾诸老诗集》、钱谦益撰《列朝诗集》、朱彝尊撰《明诗综》,多仿此体。

到了明清之际,由于小说评点的崛起,评点的自由度有增无减,新翻的花样也是层出不穷,不必说各种"法",即使评点的形式也有所发展。许多评点家已不满足于原来的散文式的评语,会别出心裁,以一首诗或词的形式来作评。这种评大多在小说的结尾,偶尔也有放在一部小说之前的。不过,这种以诗作评的评语,其内容大多都是对一部小说内容的概括,或是对其中人物命运或一件事情的概括,涉及艺术表现的并不多。它与有些白话小说后的附诗有些接近但又不同。附诗是白话小说整体的一部分,而这种以诗作评的评语则是后人添加进去的,是评点的一部分而不属原作。

然而,由于小说在明清带有很大的娱乐性,不像诗歌、散文那样严肃,所以,到了后来,竟然出现了自己创作的文学作品又自加评点的怪现象。也就是自己对自己的文学作品加评语,作判断。尽管作者是以一种评点的面貌出现的,似乎与文学作品分为两个部分,但自家评自家,难免有一些自吹的成分,也就降低了评点自身的价值。这种自加评点的现象在小说中时有发现,在诗、词、散文等一些较为严肃的文学题材中尚未发现。

评点中的评语有长有短，通常说来，诗歌、散文的评语以精炼见称，往往三言两语，便切中要处，点出关键。而小说、戏剧中的评语篇幅较长，较重文采和口语，特别是一部小说前的读法之类，如金圣叹的《读水浒传法》、毛宗岗的《读三国演义法》等，更是流光溢彩，灿烂夺目，都是文思深茂的上好评点，也可以说是我国文学评论中的优秀和典范之作。

古人评阅文学作品，除加评语以外，还喜欢在文学作品的题目或字里行间加上圈点，故有"评点"之谓。而所谓的评点之"点"，实际上就是圈点之意。它不像"评"那样以明确的语言来作评判，论说高低，分辨优劣，而是以一种符号来作提示或标记，通常有点和圈两种，也有画线条来作标识的，宋人称为"抹""涂抹"或"抹笔"，其意义则与圈、点相同。

就点来说，有单点、双点、圆点之分，甚至还有三角点。通常来说，单点多以顿号的形式，圈则有单圈、双圈甚至三角圈的。这些圈点的符号虽然并不明确说明含义，只给人一种朦胧的印象，却能发人深思，引人思考。故姚鼐曾说："圈点之妙，有胜于人意者。"他的意思是说，有时候用圈点的形式标识在文学作品的句中字下，也许会比直接用评语表达出来的方式更好。也就是说，有时暗示或许比明讲的效果更好。因为有些话一旦讲明，便觉有限，而暗示反给人一个更广阔的思维空间，更耐人寻味。

以颜色论，古人评点除墨色以外，通常以红、黄二种为多，以示醒目，故古人又有把评点称为"丹黄"的。到了后来，由于印刷术的改进和发达，而汇评本又随着市场的需求和评点文学的发展而产生，所以评点的颜色逐渐加多，发展到绿色、蓝色等多种色彩，曾一度出现过一些三色、五色的套印汇评本，如《五色批本杜工部集》，就用黄、红、紫、蓝、绿五种颜色来套印王世贞、王慎中、王士禛、宋荦、邵长蘅五家的评点。凡此，都说明了中国评点文学的外表和形式一直是在变化着的，并随着评点的发展和深入，不断地丰富和充实着自己。

然而，尽管中国评点文学的形式多样，丰富多彩，在中国的文学批评中已自成一格，自成体系，但它与诸如曹丕《典论·论文》陆机《文赋》等一些文学理论的专论比较起来，又有一些明显的区别，具有自己鲜明的特色。概括起来，主要有以下三点：

第一，重直觉和主观感受。文学理论专著往往是在广泛反复地阅读了文学作品之后，又进行反复思考和推敲，才从理论上加以系统的归纳和概括而成，因而理论色彩较为浓重，也比较有系统性和条理性。评点文学则不然，它往往是在阅读文学作品的同时，凭自己的主观感受和直接的第一印象，即兴发挥，随阅随批，不讲究系统性和条理性，也不需要反复阅读和反复推敲，用冯镇峦的话来说："批书人亦要眼明手快，天外飞来，只是眼前拾得。"[1]因而停留在感性认识的阶段，极少有上升到理性认识层次的。正因为它重直觉和主观感受，所以，从这一点上来说，它很接近于西方的一些印象派批评，仅从文本和印象出发，不强调抽象的批评和理性的思索。

第二，短小精悍，生动活泼。中国古代的一些文学理论专论，往往要设论点，摆证据，层层推进，深文周纳，不仅文章要完整，而且要有逻辑和结论。但评点文学却不需要组织成文，它是有

---

[1] 冯镇峦：《读聊斋志异杂说》，见《聊斋志异》会校会注会评本，上海古籍出版社 1986 年版。

感而发，有话则长，无话则短，甚至可以不说，而且想写在何处就写在何处，天、地、头、尾，只要有空白处，任你随意下笔。这样，它的形式就显得相当的灵活机动，活泼自由。相形之下，那些理论文章和文学专论，则显得严肃认真，有时还难免显得有点板滞笨重。

第三，带有较多的鉴赏性。中国古代的一些文学专论，往往脱离文学作品而作单纯理论上的论述，只有在必要的情况下，才偶尔摘引几句，作为举例说明，来为自己的理论观点服务，一般不具备鉴赏性。即使有鉴赏性，也为其文学观点服务。而评点文学由于与文学作品密切相连，又常常是针对某一点有感而批，品评得失，有时还得加一二考证用以文字上的疏通，这就使得这种批评常常有鉴赏或赏析的性质，是一种带有鉴赏或赏析性质的文学批评。

评点文学在整个中国文学批评中虽然有它独特的地位，并具有以上的一些特点和优点，但由于它的即兴发挥，有感而发，随阅随批，带有极大的随意性，因而与那些纯粹的文学理论文章和专论比较起来，也有一些较为明显的缺陷和局限。

首先，它始终停留在感性认识的阶段。尽管到了沈德潜、纪昀、姚鼐、金圣叹、脂砚斋等人的手中，中国古代的诗文评点和小说评点都已达到了一个相当成熟和精致的程度，有些评点甚至深刻到令人难以措辞的地步，但从本质上来说，它仍是一种感知型的，始终没有上升到理性的高度。

其次，太琐碎。尽管像方回、沈德潜、金圣叹、张竹坡等人的诗文评点或小说评点中实际上都寓有他们各自的诗论主张或小说理论，但由于他们的评点都分散在文学作品的各个角落，既琐碎，又分散，不集中，所以难以搜寻其主要观点。再加上他们只求对文学作品本身理解和品评的深刻，只注意一篇一章，一字一句，从而就忽视了对某一文学体裁或文学现象整体上的把握和观察，更缺少理论上的阐述，这就使评点文学这一批评形式缺少系统性、理论性和逻辑性。只有当我们把某一评点家所有的评点集中起来，加以整理爬梳和分析归纳的时候，才大略可以看出他的主要观点和基本主张。不像一篇理论文章那样条理清楚，说理透彻。

三、与文学批评、思潮流派的关系

中国的文学批评源远流长，早在两千多年以前，便已有了对文学作品进行评议和探讨的文字。到了公元3世纪，更是出现了曹丕的《典论·论文》和陆机的《文赋》这样重要的文论。这些都是有目共睹的。然而，我们过去探讨或研究中国古代文论或文学批评史，都习惯于从一些既定的文论或文章入手，或者从一些诗话、词话、文话、赋话或序跋中去寻找脉络或总结经验。这些当然都是重要的，其中所取得的成绩也是极其巨大、无可非议的。

不过，当我们把视角转到评点文学这一领地的时候，就会发现，评点家们在对文学作品进行评点的过程中，客观上也提供了许多丰富的思想材料和深刻的文学思想。遗憾的是，过去人们对这方面的重视还很不够，只是近几年才有个别人略加关注，但仍多作为补充和印证，从未把它作为主体而充分展开。

如前所述，评点文学是一种兼有批评和文学双重属性的特殊文学形态，就其个性活动来说，其主导面仍在批评的一面,因此,人们很自然地会想到:评点文学与一个时代的文学批评和思潮流派,又是一种怎样的关系呢?

实际上,自从中国评点文学产生以后,那些最杰出的文论家,同时也往往是一些著名的评点家。别的不说,即以诗论,许多诗评家不但有诗话,同时也有评点,如杨慎有《升庵诗话》,又有《李杜诗选》,胡震亨有《唐音癸签》,又有《杜诗通》,王夫之有《姜斋诗话》,又有《古诗评选》等多种,毛奇龄有《西河诗话》,又有与王锡合著的《唐七律选》,冯班有《钝吟杂录》,又有《二冯先生手批十唐人诗》等多种,赵执信有《谈龙录》,又有《批唐诗鼓吹》等多种,沈德潜有《说诗晬语》,又有《古诗源》《唐诗别裁集》《明诗别裁集》等多种,乔亿有《剑溪说诗》,又有《王孟韦柳诗评》,潘德舆有《养一斋诗话》,又有《评点唐贤三昧集》……我们只有将这两个方面结合起来,才能够比较完整、全面地了解这个人的文学思想。

在这个意义上,我们完全可以有充分的理由说,中国的评点文学是中国古代文学理论和文学批评的一个重要方面,也是一个重要的组成部分。这种重要性,在诗词、文赋的评点中有所体现,而在小说评点和戏剧评点中则显得尤为突出。

即以小说为例。在中国古代,小说本不受人重视,其文学地位远不及诗歌、散文,也没有什么系统的理论。当刘勰的《文心雕龙》、钟嵘的《诗品》等有关诗、文的系统理论相继问世的时候,小说连一些点滴的理论也难搜寻。在王国维之前的中国古代小说理论和小说批评史上,几乎难以找到比较像样的专论小说的长篇理论文章,至于像《文心雕龙》那样博大精深、体系完整的理论专著,更是无从谈起。除了序、跋、随笔、小札以外,中国最早的小说理论和批评,主要就是通过对小说的评点、读法、总评、答问、论赞等一些渠道发展而来,并逐渐形成的。也就是说,只有当评点文学,特别是小说评点兴起以后,才有了中国小说批评的繁荣和实体。如果没有明清小说的评点,仅靠一些序跋或一些随笔、札记中的片言只语,中国古代的小说理论和小说批评真不知要贫乏到何种程度!

因此,中国评点文学的发展,特别是小说评点的勃兴,对中国古代小说的批评和理论建设的贡献极其重大,关系尤为密切。它是能够体现中国古代小说批评特点的一种最重要也是最普遍的形式。甚至可以说,如果没有中国古代的小说评点,也就没有晚清小说专评和专题论文,甚至没有中国的小说批评,在理论上也就会呈现出极其严重的残缺。

既然中国的评点文学是中国文学理论和文学批评的一个重要方面,又是一个重要的组成部分,那么,作为中国历史上一些以评点文学著称的人,如宋代的刘辰翁、明代的顾璘、李贽,清代的金圣叹、沈德潜等,他们理所当然地也应该被视为中国历史上最优秀的文学批评家或文学理论家。特别是其中一些杰出的评点家,如刘辰翁、李贽、金圣叹、沈德潜等,他们的文学主张或文学观念,甚至比一些拥有专论的文学批评家的影响力还要大。凡此,都说明了评点文学在中国文学批评中的重要地位。

另一方面,中国古代文学批评在其自身的发展过程中,由于文学观念的不同,或对文学的不同理解,常常会引起争议。特别是当新、旧观念发生冲撞的时候,这些争议往往相当激烈甚至会呈对立的态势,使大多数人卷入进去,形成一种文学思潮。而中国古代的文学理论和文学批评,常常就是在这些不同观念的论争和不同文学思潮的较量中才得以发展和完善的。这种不同观点的文坛论争和不同流派的文学思潮,也反映在各种各样的文学评点之中。

明代是中国文学论争和文学思潮最为活跃的时期,也是评点文学的一个兴盛时期。各种各样的文学观点和文学流派竞相交替,风起云涌,蔚为壮观,也相当瑰丽。一些作家或文论家们除了在文集和书信中阐述自己的观点以外,一个常见的习惯,便是通过编选一些文学作品,加些评点或序跋来宣扬自己的文学观点。有的则通过对以往作家作品的评点来达到自己的目的。如唐宋派的代表作家茅坤、唐顺之、王慎中等,便是通过评点唐宋八大家的散文来宣扬自己的观点,有《唐宋八大家文钞》;公安派的代表作家袁宏道、袁中道等便通过评选韩愈、欧阳修和苏轼的诗文来宣扬自己的观点,有《韩欧苏三大家诗文选》;竟陵派的代表作家钟惺、谭元春等又通过《古诗归》《唐诗归》等书的评选来宣扬自己的观点……

到了清代,这种习惯和风气依然历久不衰,如冯舒、冯班兄弟为宣扬"温李"等晚唐诗人,便特意借评点《才调集》来阐述自己的诗歌主张,用以反对明前、后七子"诗必盛唐"的主张;王士禛为宣扬自己的"神韵说",便通过《唐贤三昧集》《唐诗七言律神韵集》和评选杜诗加以阐明;沈德潜为宣扬自己的"格调说",便通过《古诗源》《唐诗别裁集》《明诗别裁集》等书来加以阐明;翁方纲为宣扬自己的"肌理说",便又通过《七言律诗偶评》等书来加以阐明……

一个很有意思的现象是,诗坛上有许多论争,并不在诗话中进行,而是在诗歌选本的评点中进行的。例如,对于中唐七言律诗的首席代表究竟属谁,就有过一番激烈的争议。盛唐七律有杜甫、王维、李颀等名家高手,中唐的七律成就也相当突出,涌现出一批卓有成就的七律作家。大历以后,先有刘长卿、钱起、韦应物、郎士元、李嘉祐、李益、李端、卢纶、韩翃、皇甫兄弟等七律高手,后又涌现出白居易、元稹、刘禹锡、张籍、王建、杨巨源、武元衡等一批七律名家。那么,在这么一大批诗人中,究竟应该推谁为中唐七律的首席代表呢?

王夫之首先提出了杨巨源,他在《唐诗评选》卷四评点杨巨源的七律时说:

此公七律,平远深细,是中唐第一高手。《纪事》称其不为新语,律体务实。

稍后的王士禛则提出了刘长卿。他在《燃灯记闻》中向别人提示道:"七律宜读王右丞、李东川,尤宜熟玩刘文房诸作。"建议人们尤应熟悉刘长卿的七律。在《唐诗七言律神韵集》一书中,刘长卿的七律选有十三首之多,仅次于杜甫和李商隐而位居第三。后来乔亿承王氏之说,在《大历诗略》中选刘长卿诗最多,评点中也对其七律作了极高的评价,云:

文房固五言长城,七律亦最高,不矜才,不使气,右丞、东川以下,无此韵调也。①

---

① 乔亿:《大历诗略》卷一,清乾隆刊本。

然而,比王夫之小四岁的毛奇龄,却认为中唐七律的首席诗人应推白居易,他在《唐七律选》中大选白居易的七律,数量仅次于杜甫,并评点道:

> 乐天为中唐第一大作手,其七古、五排,空前掩后,独七律下乘耳。然尤领袖元和、长庆间。①

面对王夫之推出的杨巨源,王士禛推出的刘长卿,毛奇龄推出的白居易,清初的许多诗人都一时难以适应,不置可否,不知究竟认同谁的看法为好。然而,比他们后出的诗评家沈德潜却另有看法。他在自己的《唐诗别裁集》中首先对刘长卿的七律提出批评,指出了他的不足之处,他评点道:

> 七律至随州,工绝亦秀绝矣,然前此浑厚兀奡之气不存。降而君平、茂政,抑又甚焉。风会使然,岂作者莫能自主耶?②

沈德潜认为刘禹锡的七律应在刘长卿之上,他评点刘禹锡的七律:"大历后诗,梦得高于文房。与白傅唱和,故称刘、白。实刘以风格胜,白以近情胜,各自成家,不相肖也。"③在沈德潜的眼里,刘禹锡的七律(甚或包括其他诗)成就要胜出刘长卿,表达了自己与王士禛的不同意见。而对于毛奇龄所推崇的白居易,他尚且不敢轻易否定,却认为刘禹锡的七律完全可以与白居易相颉颃,只是两人风格不尽相同,"刘以风格胜,白以近情胜,各自成家",不分上下,也绝不雷同。

自从沈德潜推出了刘禹锡以后,稍后的管世铭在《读雪山房唐诗抄》的评点中立刻表示赞同,认为"刘宾客七律沉雄"。同时对白居易的七律委婉地提出了批评:"白乐天失之流易,自序所谓率然成章,非平生所尚也。"④

管世铭虽然没有明确说明白居易七律不如刘禹锡,但其褒贬之意,仍在评点之中流露了出来。不过,他虽然以为白居易的七律"失之流易"但仍肯定其"抄沙拣金,往往见宝"⑤,同时还拉出了柳宗元,来与刘禹锡的七律并提,他说:

> 十子而降,多成一副面目,未免屡见不鲜,至刘、柳出,乃复见诗人本色,观听为之一变。子厚骨耸,梦得气雄,元和之二豪也。⑥

对中唐七律的首席代表,虽然最终未有一个共同而明确的定论,但通过几种唐诗选本的选录和评点,也可以看出一个大概,基本上也就集中在这几位代表诗人,特别是刘长卿、刘禹锡、白

---

① 毛奇龄、王锡:《唐七律选》卷三。
②③ 沈德潜:《唐诗别裁集》卷十四、卷十五,上海古籍出版社 1979 年版。
④⑤⑥ 管世铭:《读雪山房唐诗抄・七律凡例》,清嘉靖十二年刻本。

居易这三位诗人身上。同时,一些重要的文学评价的信息,也在其中显露出来。此外,像王士禛的"神韵说"、沈德潜的"格调说"、翁方纲的"肌理说"以及桐城派的文学观点,常州词派的词学观点等,许多也是通过评点的途径与方式加以阐释,并向外传播的。

同样的论争,在中国古代的散文评点、小说评点、戏剧评点等领域中也大量存在。这无数的事实都说明了,自从评点文学产生、兴盛以后,中国文坛的风云变化、流派繁衍、起承转合、新旧嬗易,或者说,每一个论争的展开,每一个流派的诞生,每一股新思潮的涌起,都与评点文学有着千丝万缕的密切联系。形形色色、各种各样的文学观点和流派思潮都在评点文学内川流不息地来往着。它是一个文学论争的场所,同时也是一个各种文学观点和思潮流派的集散地。

四、结　语

自殷璠撰《河岳英灵集》、高仲武撰《中兴间气集》,中国评点文学的产生至今也有一千多年的历史。长期以来,由于种种原因,人们对于它的数量、价值和意义并没有充分的认识,其在文学理论中所处的地位也并不高。在以往,虽然有些专家学者也曾注意到这一领域,但大多数都仅限于对像李贽、金圣叹、脂砚斋等个别人的研究,尚未有过全面、系统的研究和探讨。

一个更耐人寻味的问题是,过去不少人往往都是为了从研究文学作品出发,才开始注意到研究与这部作品相关的评点。如为了研究杜甫、李商隐的诗,便去寻找有关评点他们两人的诗集,特别是像仇兆鳌、冯浩这些有权威性的评本或注本;为了研究《水浒传》,才去寻找和研究金圣叹的评点本;为了研究《三国演义》和《红楼梦》,才去寻找和研究毛宗岗和脂砚斋的评点本。而他们研读仇兆鳌、冯浩、金圣叹、毛宗岗和脂砚斋这些评点的最终目的,归根到底还是为了研究杜诗、李商隐诗、《水浒传》、《三国演义》、《红楼梦》等这些文学作品。也就是说,他们都是把研究文学作品作为目的,才去研究评点的。在这里,文学作品成了主体,是主要的,而评点则是次要的,只是为了研究文学作品服务的。

然而,当我们换一个视角,对中国的评点文学及其发展演变进行探讨和研究的时候,我们的论述方式和逻辑顺序与以往的情况刚好相反。在这里,像金圣叹、毛宗岗、脂砚斋等评点家及其评点文字,成为研究的主要对象。我们研究金圣叹对《水浒传》的评点及其《水浒传》这部文学作品,并不是为了研究《水浒传》,而是为了研究金圣叹及其评点。同样地,我们是为了研究毛宗岗、脂砚斋及其评点,才去重新阅读和研究《三国演义》和《红楼梦》的。也就是说,我们是从研究金圣叹、毛宗岗、脂砚斋等人及其评点出发,才去研究《水浒传》《三国演义》《红楼梦》这些小说的。而我们研读这些小说的最终目的,还是为了研究金圣叹、毛宗岗、脂砚斋等人的评点及其文学思想。在这里,文学评点成了主体,是主要的,而文学作品则是次要的,只是为了研究文学评点服务的,由此也必将带来一系列崭新的研究思路和心得。

(原载《学术月刊》2010 年第 2 期)

鲁迅的诗论

潘颂德

一九三四年十一月,鲁迅在给中国诗歌会会刊《新诗歌》的编辑窦隐夫的信中说:"要我论诗,真如要我讲天文一样,苦于不知怎么说才好,实在因为素无研究,空空如也。""素无研究"自然是鲁迅的自谦之言。人们都知道,鲁迅很早就开始了诗歌创作,一九〇八年他又写了长文《摩罗诗力说》,第一个把欧洲浪漫主义运动和"摩罗诗人"介绍到中国。鲁迅又是我国新诗运动的先驱者之一,他在"五四"时期先后创作发表了六首新诗。因此,我们有充分的理由说,鲁迅的文学活动是从诗歌的创作实践和理论探讨开始的。此后,他为保护新诗的健康发展,与诗坛的不良倾向、逆流展开了长期的斗争。与此同时,他积极探索新诗的形式,并就新诗的形式如何实现民族化、大众化提出了经典性的意见。鲁迅是我国现代杰出的新诗理论家和批评家。

作为诗论家,鲁迅首先深刻地揭示了诗的本质属性。一九二五年一月,鲁迅在《诗歌之敌》一文中指出:"诗歌是本以抒发自己的热情的。"指出诗歌的这一本质属性,既反映了他对我国传统诗论的继承,又体现了他对我国传统诗论的匡正,从而反映了他对诗歌观念的革新。

"诗言志",这是我国古代大多数文论家、诗论家对诗的本质属性的认识。朱自清认为它是古代诗论的"开山纲领"。我国上古时代的《尚书》《尧典》篇说:"诗言志,歌永言,声依永,律和声。""诗言志"的"志",其含意侧重于指思想、抱负,自然,它也多少包含感情的意思。到了孔子,就有比较全面的诗论,他提出诗的"兴、观、群、怨"说。"兴"是说诗用比兴手法抒发感情,影响读者的感情和意志;"观"是说通过诗歌可以了解社会风俗的盛衰和政治的得失;"群"是说诗可以沟通人们的感情,互相砥砺,培养合群观念;"怨"是说诗歌可以批评执政者,抒发对苛政的怨情。"兴、观、群、怨"说揭示了诗歌的美感作用、认识作用和教育作用。但是,孔子重视诗歌的作用,目的是为了"事父""事君",因此,他提出了"温柔敦厚"的诗教和"思无邪"的诗歌批评标准,要求诗歌进行"温柔敦厚"的教化,将符合礼教的诗称作"无邪"。"楚汉之际,诗教已熄",人们开始冲破礼教的束缚来探讨诗歌的本质属性。汉代解释《诗经》的毛诗,在其《大序》中就指出诗歌言志抒情的特点:"诗者,志之所之也,在心为志,发言为诗,情动于中而形于言。"从它情、志并提来看,它比言志说前进了一大步,初步揭示了诗歌的本质属性。但是,为了巩固地主阶级统治,《毛诗序》要求诗歌"发乎情,止乎礼义",诗歌虽然可以从抒情出发,但仍被礼义紧紧地束缚着、禁锢着、扭曲着。魏晋时期,抒情文学有了很大的发展,人们对诗歌的本质属性逐渐有了比较自觉的认识。鲁迅曾经指出这个时代是"文学的自觉时代。"也就是说这时人们已经自觉地认识到了包括诗歌在内的文学的抒情本质。陆机在《文赋》中就指出："诗缘情而绮靡,赋体物而浏亮。"明确指出了诗歌的抒情特质,肯定了诗歌抒情化的发展方向。自此以后,坚持诗歌的抒情特质的代有人在。齐梁时代的沈约、刘勰,唐代的白居易,明代的李贽、汤显祖、袁宏道、冯梦龙、徐渭,清代的金圣叹、李渔、黄宗羲、袁枚、龚自珍,乃至近代的梁启超,无不强调诗歌的抒情属性,但是,他们大多着眼于诗歌抒发不受儒家礼义束缚的感情,没有能阐明感情来自于客观现实生活,从而有着十分明显的局限性。而鲁迅则明确指出诗人是由于"感物"而"发为歌吟"的,说明感情来源于客观现实生活。

诚然,在"五四"前后,指出诗歌的抒情本质的并非鲁迅一人,如郭沫若一九二〇年就指出"诗的本职专在抒情",康白情也认为"诗是主情的文学"。但是,鲁迅关于诗的本质属性的探索,早在"五四"之前的十多年就开始了。

一九〇八年,鲁迅在《摩罗诗力说》中说："如中国之诗,舜云言志,而后贤立说,乃云持人性情,三百之旨,无邪所蔽。夫既言志矣,何持之云?强以无邪,即非人志。许自繇于鞭策羁縻之下,殆此事乎?然厥后文章,乃果辗转不逾此界。"这里所说的"后贤",指的是刘勰。刘勰承袭孔子"思无邪"论,在《文心雕龙·明诗》篇中说："诗,持也,持人性情。三百之蔽,义归无邪。"从这里可以看出,青年鲁迅不但对孔子的"思无邪"论和刘勰的"持人性情"说采取了否定态度,而且对齐梁以后历代拘于儒家诗教的诗论采取了一概否定的态度,毫无保留的余地。

在《摩罗诗力说》中,鲁迅不但初步揭示了诗的抒情特质,而且将诗的这一特质从创作领域贯通到欣赏共鸣领域。鲁迅认为："盖诗人者,撄人心者也。凡人之心,无不有诗,如诗人作诗,诗不为诗人独有,凡一读其诗,心即会解者,即无不自有诗人之诗。无之何以能解?惟有而未能言,诗人为之语,则握拨一弹,心弦立应,其声沏于灵府,令有情皆举其首,如睹晓日,益为之美伟强力高尚发扬,而污浊之平和,以之将破。平和之破,人道蒸也。"在鲁迅看来,每个人心中都有诗,所以能受到诗的感染。优秀诗篇之所以能产生"心弦立应"的共鸣作用,是由于诗篇强烈的感情"沏于"读者听众的"灵府",产生了"令有情皆举其首"的艺术效果。也就是说,共鸣是以诗篇的强烈感情为基础的。而在读者这一面,也必须有与诗篇相同、相近的感情。这后一方面,鲁迅在"五四"时期就表述得更为显豁。他说："新主义宣传者是放火人么,也须别人有精神的燃料,才会着火;是弹琴人么,别人的心上也须有弦索,才会出声,是发声器么,别人也必须是发声器。"而如果"著作里写出的性情,作者的思想",是读者所没有的,那么就"不会了解,不会同情,不会感应,甚至彼我之间的是非爱憎,也免不了得到一个相反的结果"。在指出诗的抒情本质的名篇《诗歌之敌》中,鲁迅更明确地说："诗歌不能凭仗了哲学和智力来认识,所以感情已经冰结的思想家,即对于诗人往往有谬误的判断和隔膜的揶揄。"同样的道理,如果只是"精细地钻研着一点有限的视野,便决不能和博大的诗人的感得全人间世,而同时又领会天国之极乐和地狱之大苦恼的精神相通"。将诗的本质属性贯通到诗的欣赏共鸣领域,反映了鲁迅对诗的本质属性认识的深刻透彻。

鲁迅不但深刻透彻揭示了诗的抒情本质,而且揭示了新诗的诗情应有的几种特性。

一是真实性。鲁迅指出:"只有真的声音,才能感动中国的人和世界的人"。只有抒写发自肺腑的真情实感,才能产生感人的艺术魅力。"五四"前夕,鲁迅接到一位不相识的少年寄来的一首题为《爱情》的散文诗,它真实地抒写了由父母之命撮合成的封建婚姻所带来的没有爱情的夫妻生活的痛苦。鲁迅认为"这是血的蒸气,是醒过来的人的真声音。"因此他要求新时代的诗文"是黄莺便黄莺般叫,是鸱鸮便鸱鸮般叫",也就是要求不掩饰,不做作,真实自然。

鲁迅对历代充斥虚情假意的文艺作品是极为不满的。他指出:"中国人向来因为不敢正视人生,只好瞒和骗,由此也生出瞒和骗的文艺,由这文艺,更令中国人更深地陷入瞒和骗的大泽中,甚而至于已经自己不觉得。"虚伪的人生态度必然产生瞒和骗的文学,而瞒和骗的文学一经产生,势必产生极坏的社会效果,导致有些人染上弄虚作假、自欺欺人的痼疾。因此,鲁迅既反对封建文人吟花弄月,也反对"五四"以后有些诗人脱离革命实践,虚伪地赞颂铁和血。他说:"以欺瞒的心,用欺瞒的嘴,则无论说 A 和 O,或 Y 和 Z,一样是虚伪的"。

二是崇高性。人的感情,有健康与庸俗、崇高与卑下之分。进步的、革命的诗歌应当抒发健康向上、进步崇高的感情。因此,鲁迅赞赏民歌的"刚健、清新",他也欣赏无产阶级革命诗人白莽(即殷夫)抒发革命感情的诗作。他在为白莽的诗集《孩儿塔》写的序中高度评价他的诗,认为"这《孩儿塔》的出世并非要和现在一般的诗人争一日之长,是别有一种意义在。这是东方的微光,是林中的响箭,是冬末的萌芽;是进军的第一步,是对于前驱者的爱的大纛,也是对于摧残者的憎的丰碑"。由于殷夫的诗与三十年代有些诗人讲究"圆熟简练"的技巧,鼓吹"静穆幽远"的境界,抒写缠绵悱恻的颓唐感情的诗作迥然不同,所以鲁迅说"这诗属于别一世界"。

对于抒发颓废情绪的诗篇,鲁迅是不满的。未名社诗人韦丛芜二十年代后期起渐趋消沉,后来陷入空想,最后沉溺宦海。一九三三年一月,胡愈之主编的《东方杂志》新年特大号上,辟了一个"新年的梦想"专栏,韦丛芜即以专栏标题为文题撰文说:"我梦想着未来的中国是一个合作社股份有限公司,凡成年人都是社员,都是股东,军事、政治、教育均附属于其下,形成一个经济单位,向着世界合作化股份有限公司走去。"纯属脱离实际的空想。一九三三年六月,鲁迅在给台静农信中说:"立人(即韦丛芜——笔者)先生大作,曾以一册见惠,读之既哀其梦梦,又觉其凄凄。昔之诗人,本为梦者,今谈世事,遂如狂醒;诗人原宜热中,然神驰宦海,则溺矣,立人已无可救。"可见感情颓废没落是诗人的致命伤。

对于抒发反动的思想感情的诗作,鲁迅采取批判否定的态度。三十年代初,"民族主义文学"派作家黄震遐在剧诗《黄人之血》中描写由成吉思汗的孙子拔都元帅统领的黄色人种的西征"以消灭无产阶级的模范"——"现在无产者专政的第一个国度斡罗斯(俄罗斯)"为目标。在这派诗歌作者苏凤、甘豫庆、邵冠华、沙珊、徐之津等人的诗作中,满篇充斥着"去把热血锈住贼子的枪头","去把肉身塞住仇人的炮口"(甘豫庆《去上战场去》);"有坚卓的志愿,有沸腾的热血"(沙珊《学生军》)等诗句。鲁迅指出,这些貌似"发扬踔厉""慷慨悲歌"的诗句,那任务是在送死人埋入土中,用热闹来掩过了这"死",给大家接着得到"忘却"。"也就是掩盖反动派的卖国勾当。鲁迅认为"他们将只尽些送丧的任务,永含着恋主的哀愁,须到无产阶级革命的风涛怒吼起来,刷洗山河的时候,这才能脱出这沉滞猥劣和腐烂的运命。"鲁迅在另一篇文章《漫与》里也指出邵冠华等人的诗篇是"送死的妙诀""丧礼的收场",他们不过是"从奴隶生活中寻出美来,赞叹、抚摩、陶醉","使自己和别人永远安住于这生活"。这样的诗篇,"分明的显现了麻醉"的反动本质。对于这样的诗篇,无产阶级和革命人民理应进行彻底的否定。

三是时代性。社会在发展,时代在前进,人们的思想感情必然打上时代的烙印。鲁迅曾经指出:"即使是从前的人,那诗文完全超于政治的所谓'田园诗人''山林诗人',是没有的。"因此,鲁迅一九二七年二月在香港青年会作题为《无声的中国》的演讲时,就提出诗文要反映"现代的声音"。在漫长的封建社会里,有些作家提倡摹拟古人,"文必秦汉,诗必盛唐"。在清朝,不少知识分子为了逃避残酷的文字狱,"便只好起来读经,校刊古书,做些古时的文章,和当时毫无关系的文章",也就是所作诗文毫无时代气息。一九三三年十二月,他接到诗歌作者王熙之的诗稿,虽然诗句朗朗上口,但感情陈旧。所以他在复信中指出其诗"内容似乎旧一点,此种感兴在这里是已经过去了"。也就是诗情缺乏时代性,没有能反映出时代精神。

四是含蓄性。诗人应当有丰富热烈的感情,但表现在诗中要含蓄蕴藉。我国传统诗论注重含蓄,反对浅露。清代袁枚说:"诗无言外之意,便同嚼蜡。"沈祥龙也认为:"含蓄无穷,词之要诀。含蓄者,意不浅露,语不穷尽。句中有余味,篇中有余意,其妙不外寄言而已。"鲁迅指出:"诗歌较有永久性。"因此"造语必须含蓄曲折"。一九二五年"五卅"惨案以后,许广平写了一首猛烈攻击镇压五卅运动的反动派的诗,寄请鲁迅批评。鲁迅回信说:只有散文,如杂文,才适宜猛烈的攻击,而诗歌一旦浅露,"即容易引起反感"。他认为,"五卅"惨案后,上海周刊上发表的"极锋利肃杀的诗,其实是没有意思的",因为"情随事迁,即味如嚼蜡"。所以他在回信中提出了诗歌创作的一条重要美学原则:"我以为感情正烈的时候,不宜做诗,否则锋芒太露,能将'诗美'杀掉。"为什么感情正烈时不宜做诗呢?因为感情正烈时,容易将诗写得像散文,从而导致诗歌的散文化。同时,也由于作者来不及将感情凝聚成生动的形象,也容易使诗作概念化,缺乏含蓄凝练、形象生动的风致。

鲁迅除了揭示了诗歌的抒情本质、新诗的诗情应当具备的几种特性之外,并在总结了我国古典诗歌和民歌的优良传统和发展规律以及总结了"五卅"以来新诗的创作和理论探求的基础上,就新诗的形式如何实现民族化、大众化提出异常精当的意见。

一九三四年十月,中国诗歌会的会刊《新诗歌》的编辑窦隐夫去信鲁迅,希望鲁迅为该刊写诗论文章,鲁迅虽然没有寄去诗论文章,但他在复信中阐明了自己的新诗美学观。他说,诗歌虽有"眼看的"和"嘴唱的"两种,"但究以后一种为好"。他批评"五四"以来不少新诗"没有节调,没有韵,它唱不来;唱不来,就记不住;记不住,就不能在人们的脑子里将旧诗挤出,占了它的地位"。并且指出:"我以为内容且不说,新诗先要有节调,押大致相近的韵,给大家容易记,又顺口,唱得出来。"一九三五年九月,鲁迅收到青年诗人蔡斐君的诗稿后,他又在复信中指出:"诗须有形式,要易记,易唱动听,但格式不要太严。要有韵,但不必依旧诗韵,只要顺口就好。"

鲁迅上述顺口、易记、易懂、易唱的新诗美学观,是俯视一部中国古典诗歌流变史,总结了古典诗歌和民歌的优良传统及发展规律之后提出来的。

我国汉语、汉字有声韵、格律的特色。南朝齐梁时代的周颙、沈约等人发现了汉语、汉字的这一特征,并在理论和创作实践中探索、应用四声来增加诗歌的节奏、音调之美。经过南北朝、隋朝、唐初一百多年间许多诗人,诗论家的创作实践和理论探讨,才逐步形成了格律体的近体诗。近体诗在形式上的显著特征是每首有一定的句数,每句有一定的字数,讲究平仄和押韵,讲究节奏。在唐诗基础上发展起来的宋词、元曲的共同点是都有一定的调式、字数和韵脚。历代民歌虽然不像唐诗、宋词、元曲那样讲究严格的平仄、字数、调式、韵脚,但是它也有着讲究节奏、富于音乐性的显著特征。鲁迅在《门外文谈》中谈到诗歌的起源时,称"杭育杭育"为最早的诗歌。"杭育杭育"既是诗的节奏,又是音乐的节奏。《诗经》中的《国风》,原是民间歌谣汉魏乐府,也是音乐与诗歌相结合的产物。以后历代在民间流传的竹枝词、山歌、民谣等,基本上都配有曲子,或者能够配上曲子唱的。因此,鲁迅提出的顺口、易记、易懂、易唱的要求,既继承了我国古典诗歌和民歌的优良传统,又完全符合我国人民长期以来在诗歌鉴赏活动中积淀形成的审美心理。

鲁迅给窦隐夫信中所说的"节调",是指节奏、音调,也就是音乐性。节奏,从力度方面讲,是指声音的强弱;从时间方面讲,是指声音的长短。重读与轻读体现出声音的强弱,音组(也称作"顿""音步")的划分区分了声音的长短。一首诗如能有规则地安排重读与轻读以及音组,就能增强诗的节奏。而音调则包括韵辙、叠字叠句、双声叠韵以及平仄协调等几个方面。我国古典诗歌讲究音节的强弱长短,注意音组的划分、韵辙、双声叠韵和平仄协调。叠字叠句的表现手法更多地为民歌所采用。由此也就可以看出,鲁迅重视诗歌的节调,也是对于古典诗歌、民歌成功的艺术形式和表现手法借鉴、继承的结果。

鲁迅提出的顺口、易记、易懂、易唱的新诗美学观,也是在总结了自"五四"以来十多年里新诗成败得失的经验教训和诗论成果之后提出来的。

"五四"时期,新诗的先驱者们勇敢地冲破旧体诗森严格律的束缚,尝试创作自由体新诗。他们一般对新诗的形式都重视不够。如郭沫若主张"自然流露"说,提出了"内在韵律"论。所谓"内在韵律",就是认为作诗不必讲究音韵与格律,注重感情的自由抒写。他说:"内在的韵律(或曰无形律)并不是什么平上去入,高下抑扬,强弱长短,宫商徵羽;也并不是什么双声叠韵,甚至押在句中的韵文!"正因为他注重诗的"内在韵律"说,所以他在诗的形式方面主张"绝端的自由,绝端的自主",甚至认为"抒情"的文字便不采诗形,也不失其为诗,所以他主张"打破一切诗的形式"。胡适为了使诗歌成为"新思想新精神的运输品",所以提倡"诗体的大解放"。俞平伯则认为:"诗是个性底自我——个人底心灵底总和——一种在语言文字上的表现,并且没条件没限制的表现。"这些新诗的拓荒者勇敢地冲破旧体诗整饬的形式,为创建自由体新诗建立了不朽的功绩。但是,由于他们着眼于冲破旧体诗的格律,实现诗体的解放,所以较多地强调感情的自然流露,格式的不受拘束,这就导致了初期不少新诗存在欧化、散文化的弊病。缺乏艺术感染力。因此从一九一八年一月《新青年》四卷一号首次发表新诗,经过四五年的繁盛之后,渐趋中衰。"五四"之后不久,法国象征派的诗歌理论和创作陆续被介绍到中国来。李金发于一九二五年至一九二七年短短的三年间,先后出版了诗风怪异的象征诗集《微雨》《为幸福而歌》和《食客与凶年》。但是,由于象征派诗舍明显而就冥漠,轻描写而重暗示,因而显得晦涩难懂,不为广大人民所喜闻乐见。这时,闻一多、徐志摩、朱湘、饶孟侃、刘梦苇、于赓虞等人为了提高新诗的艺术质量,致力于探索新诗的形式。一九二六年四月,他们在北京《晨报副刊》创办了《诗镌》。闻一多在《诗镌》第七号上发表了《诗的格律》一文,提倡诗的"音乐美"(音节)、"绘画美"(辞藻)、"建筑美"(节的匀称和句的均齐)。由于这一格律理论丰富了新诗的艺术表现力,提高了新诗的艺术性。因此,可以说它给业已中衰的新诗注入了新鲜血液。但是,闻一多为了造成新诗的建筑美,做到节的匀称和句的均齐,要求每行音尺总数的相等,这就必然导致格式的千篇一律。因此,后来新月派的有些诗人,没有灵感,没有诗情,专在音节、辞藻、节的匀称和句的均齐上下功夫,以致他们写出来的新诗像一个方块,被人讥为"豆腐干体""麻将牌式"。因此,当二十年代末期,戴望舒翻译了法国后期象征派诗人保尔·福尔、果尔蒙、耶麦的诗以后,接受了他们不注重诗的音乐美,只追求朴素、自由诗风的诗作、诗论的影响,于三十年代写成的《望舒诗论》,就针对闻一多的新诗"三美"说,提出了"诗不能借重音乐,它应该去了音乐的成分","诗不能借重绘画的长处","单是美的字眼的组合不是诗的特点",并认为"韵和整齐的字句会妨碍诗情,使诗情成为畸形的"。戴望舒的这些话,显然是对闻一多格律理论的反拨。无论是自由诗派、象征诗派、格律诗派,还是在象征诗派基础上发展起来的现代诗派,它们对新诗的发展都作出了或大或小的贡献,它们的诗歌理论探索都是有益的。但是,上述各派的诗论都有一定的局限性。鲁迅关于新诗形式问题的意见,正是在总结了上述各派的诗作诗论之后提出来的。

上述鲁迅论"诗须有形式"的那封著名论诗信的受信人蔡健(即蔡斐君)一九八〇年五月曾对徐州师范学院现代文学研究生谈话时说,鲁迅当年回他的这封信,是针对那时新诗过分散文化和运用标语口号两种情况说的。二十年代后期,无产阶级革命诗人郭沫若、蒋光慈的诗篇以及三十年代初期中国诗歌会一些诗人的诗作一定程度上存在着运用标语口号的不良倾向。鲁迅就曾指出,创造社、太阳社的一些作家,在诗歌中"填进口号和标语,自以为就是无产文学","但那是因为内容和形式,都没有无产气,不用口号和标语,便无从表示其'新兴'的缘故。实际上并非无产文学"。

与此同时,鲁迅也曾对受到闻一多格律过严的诗论影响写出的"方块诗"提出过批评。一九三四年二月,他在给姚克的信中认为当时有些从昭明太子萧统编选的《文选》中选用华丽的词藻、掩饰空虚内容与"每句字必一定,写成一长方块"的新诗都可归入背离"文从字顺"坦途而走向"难读"歧路的一类。

鲁迅提倡新诗顺口、易记、易懂、易唱,目的是为了实现新诗的民族化、大众化。对我国古典诗歌及历代民歌,只有采取吸取其精华,扬弃其糟粕的正确态度,才能古为今用,推陈出新。鲁迅指出:"旧形式的采取","正是新形式的发端,也就是旧形式的蜕变","这结果是新形式的出现,也就是变革"。由此也可以看出,鲁迅提倡"诗须有形式",绝不是要走回头路,重新将旧诗森严的格律套在新诗身上,也不是要铸造新的枷锁来代替旧的枷锁。因此,他认为新诗"格式不要太严",在谈到新诗"要有韵"时,认为"不必依旧诗韵,只要顺口就好"。这说明,鲁迅不是形而上学地看待新诗的形式问题,而是运用马克思主义辩证法来看待新诗的形式问题的。

鲁迅认为,要发展民族新文化,既要"择取中国的遗产",又要"融合新机""采取外国的良规",加以发挥,使我们的作品更加丰满。因此,他指出"翻译外国的诗歌也是一种要事"。但是,他反对一味生搬硬套外来诗歌形式。一九二八年十一月,王独清出版了长篇抒情诗《IIbec》(《十二月一日》),这首诗"以'pon! pon! pon! p—on!'的枪声开头,并以它贯串始终,写了广州起义的一些表面现象,什么'火'呀,'×旗'(即红旗——引者)呀,'标语''口号'呀,而且这些词不断重复出现,铅字都逐渐大起来,一个'火'字,一个'pon'字,以至一个感叹号,都要占五行字的位置"。鲁迅对王独清这种一味在诗的形式上拟勃洛克的反映十月革命的诗篇的做法是不满的。他指出:王独清脱离革命实践,他的"从上海租界里遥望广州暴动的诗,'pong pong pong',铅字逐渐大了起来,只在说明他曾为电影的字幕和上海的酱园招牌所感动,有模仿勃洛克的《十二个》之志而无其才"。鲁迅提倡的是"采取外国的良规",并且要"加以发挥",而不是简单的模仿和机械的照搬。文学教条主义和政治上的教条主义一样,也是没有出息,没有前途的。鲁迅提倡顺口、易记、易懂、易唱的新诗,并非要用某一种格式来统一整个诗坛。现实生活是丰富多彩的,不同层次的读者对于诗歌的审美需要也是多种多样的。因此,只有创作出形式、风格丰富多采,各呈异彩的新诗,才能反映丰富的现实生活,满足广大读者的审美需要。因此,鲁迅早在一九一九年《对于"新潮"一部分的意见》中就曾说:《新潮》里的诗使人觉得"单调"。他指出:"此后能多有几种作风不同的诗就好了。"这就指明了新诗只有实现题材、体裁、形式、风格的多样化,才能形成诗坛百花齐放的兴旺局面。新诗诞生六十多年来,经过无数诗人、诗论家长期的创作实践和艰辛的理论探索,无论是诗作,还是诗论,都为继续探索、不断前进奠定了坚实的基础。但是,新诗的民族化、大众化问题还没有很好地解决。我们应当在学习鲁迅诗论的基础上,在新时期里通过创作实践和理论探索,摸索出一条创作民族化、大众化新诗的坦途来。

(本文原载《延边大学学报》1987年第1期,后收入作者专著《中国现代诗论40家》,重庆出版社1991年版,第1版,复又收入作者专著《中国现代诗论三十家》,台湾秀威科技有限公司2010年版)

上海"新潮社"及其文学活动

陈青生

成立、刊物与消散

1920年3月15日,一种新的文学期刊《新的小说》月刊在上海出现,该刊的发行所为上海泰东图书局,编辑所为"上海新潮社",主编者为张静庐。

1915年陈独秀在上海创办《新青年》(不久迁移北京),策划发动"新文化运动"。1917年,胡适、陈独秀相继在《新青年》发表《文学改良刍议》、《文学革命论》,引发了"新文学运动"。"新文化运动"和"新文学运动"初起时,其活动中心都在北京。1919年"五四运动"发生后,尤其在"六三运动"后,北洋军阀政府在严酷镇压学生爱国运动的同时,也加强舆论钳制,封闭了一批积极宣传新思想、新文化,反对帝国主义和封建主义的报刊;辟有"租界"的上海,为北洋军阀淫威难以企及,而上海的民族资产阶级和城市工人阶级,则大力支持学生爱国运动,致使新文化和新文学运动的活动中心,由此转移上海。这是《新的小说》和上海"新潮社"出现的社会历史背景。

上海"新潮社"的成立和《新的小说》的出版,与上海泰东图书局有意转变其经营重心和张静庐进入该书局有关。上海泰东图书局是一家民族资本企业,创建于1914年。该书局的股东关心社会政治,多与政学系有一定关联,在讨伐袁世凯军事行动胜利后,相继往北京做官,书局交由经理赵南公主持。有资料称,泰东图书局早先主要印行政治、经济类书刊,经营状况不好,"五四运动"前赵南公曾靠印行"礼拜六派"小说赚到一些钱,但未能改变书局的经营颓势。赵南公具有一定的反帝反封建思想,不反对新文化运动和新文学运动,当新文化运动和新文学运动的中心由北京转移上海后,他明白"礼拜六派"文学不会再有民国初年的"红运",开始考虑书局的经营转变问题。1919年秋冬间,国民党在上海策划组织"全国各界联合会",进行反对北洋军阀政府的革命活动,赵南公作为上海代表参与这一活动,并由此结识了作为宁波代表参与同一活动的张静庐。张静庐从青少年时期起即喜爱文学写作,民国初年担任过革命报纸的文学副刊主编,1919年9月底曾作为上海代表赴北京向北洋军阀政府请愿,被拘捕关押近五十天,于11月中旬返沪。"决定放弃过去的一切,重建理想的新泰东"[①]的赵南公,欣赏张静庐的革命精神与才

---

① 张静庐《在出版界二十年》,上海书店1984年9月据上海杂志公司1938年6月版影印版。以下引用本书,均据此版本。

干,经过几次交谈,便聘请张静庐担任泰东图书局的襄理,协助策划书局的革新方略,主持书局的编辑所事务。张静庐进入泰东图书局的第一件重要举措,便是创办积极提倡新文学的月刊《新的小说》,并为此组建了上海"新潮社"。

1918年,北京大学学生傅斯年、罗家伦等,也创办过一个"新潮社",出版有《新潮》月刊。尽管《新潮》月刊也用一定篇幅刊发新文学作品,但主要刊发宣传新思想、新文化的文章,北京"新潮社"实际上是一个思想文化性社团。"五四运动"之前,中国的新文学运动虽已兴起,但没有出现独立的新文学刊物和新文学社团,新文学作品的刊发和讨论,主要借助和依托当时的一批宣传新思想、新文化的刊物,如《新青年》、《新潮》月刊和《晨报副镌》、《时事新报·学灯》报纸副刊等。

与先前的北京"新潮社"相比,上海"新潮社"明显不同。上海"新潮社"完全是为从事新文学活动而成立的,作为该社社刊的《新的小说》,完全刊发文学作品,即使其他活动也集中于文学。《新的小说》创刊伊始,编者便明确宣示,该刊"趋旨"是"不和旧的小说一样",所谓的"新的小说",要履行"通俗教育的补助品"责任,要用"'新的'文化来改造旧社会"、"'新的'思想来建设新道德"[1]。该刊第二卷第五期所载的一则《本刊特别启事》再次声明:"吾国自受西洋文学的思潮震荡后,思想界已有'日新月异'的趋势,本志能力虽薄,也愿逐步改革,应世界文学潮流以新国人耳目;或者于新文艺前途能够尽些天职。"由此可见,《新的小说》以倡导新文学为己任,而作为该刊"编辑所"的上海"新潮社",则是中国现代最早成立的新文学社团。

上海"新潮社"成立的确切时间,尚未见当事人的明确回忆或相关史料记录,但并非无迹可寻。赵南公与张静庐结识并邀请张静庐任职泰东图书局在1919年底、1920年初;张静庐的几篇新文学作品接连登载于1920年1月底的上海《民国日报》副刊《觉悟》(这几篇作品后来陆续在《新的小说》再次刊登);《新的小说》创刊号的出版预告最初刊发于1920年2月6日的上海《民国日报》第一版上;——根据这些情况可以推测,上海"新潮社"的成立当在1920年的1月底、2月初。

《新的小说》创刊于1920年3月15日,共出版三卷十二期。第一卷第一期至第二卷第三期,均逐月出刊,第二卷第四期和第五期,均间隔两月出刊,1921年3月出版的第二卷第五期为该刊的"一周年纪念号",第三卷第一期易名《新晓》,于1921年6月10日出刊,与上一期的间隔时间为三个月。除最后的第三卷第一期外,该刊多为大32开本,刊芯60余页至70余页(第一卷第三期为142页),文字竖排,一般每页15行,每行43字,每期篇幅大致为四五万字。该刊第一卷含六期,第二卷含五期,第三卷第一期又名《新晓》,改为16开本,仅出一期,文字依然竖排,分上、下两栏,每栏17行,每行25字,刊芯142页,全刊篇幅约12万字,较先前有所扩容。

《新晓》出刊后,再未见上海"新潮社"有所活动。换言之,上海"新潮社"是在"文学研究会"1921年1月成立之后、"创造社"正式面世(《创造》季刊1922年5月1日创刊)前停止活动的。如以《新的小说》的印行时间为依据,那么,上海"新潮社"的文学活动,前后大致维持一年三个月

---

[1] 静庐《创刊话》,载1920年3月15日《新的小说》创刊号。

时间。

《新的小说》前后有两位主编者：创刊号至第二卷第一期由张静庐主编，第二卷第二期起由王靖主编至终刊。该刊前几期主要登载小说、杂文、话剧剧本和外国文学作家作品译介，随后陆续登载新诗、通讯、文学评论和文学研究类作品。王靖接编后，外国文学译介的篇幅有所增加。在该刊第二卷第五期中，王靖宣布"拟自第三卷第一号起，内容从新更改"，所刊包括"一、文艺讨论，二、小说研究，三、翻译名著，四、选刊创作，五、小说家传，六、翻译名诗，七、世界名剧，八、欧美小说史，九、编辑余谈，十、通讯，十一、书报批评"。这样"更改"后，大大压缩了登载原创作品的篇幅，明显增加了文学研究和外国文学译介的篇幅，《新晓》基本体现了这样的"更改"。

《新的小说》除了发表社员的文学作品，也发表非社员的文学作品。不是上海"新潮社"社员而在《新的小说》发表过文学作品的，陆续有三十余人，其中包括胡怀琛、郭沫若、吴芳吉等。

在一年多时间里，《新的小说》刊发各类文字近二百篇，其中小说近九十篇，新诗三十余首，剧本九篇，文学研究与评论近二十篇，外国文学译介近四十篇，还有少量杂文。此外，上海"新潮社"社员在1920—1921年间出版的文学作品单行本，有张静庐、王无为等合著的短篇小说集《红叶集》，王无为的"武侠小说"《蒙古旅行记》，刘悟仇的《还我自由》；"小本小说"有张静庐的《恋爱之谜》和《亡妻影事》，王无为的《白书记》和《一网的鱼》等。文学史论著有张静庐的《中国小说史大纲》，王靖的《英国文学史》等。外国文学译作则有王靖翻译的《泰谷尔小说》和《柴霍甫小说》，王靖、钱家骧译述的泰戈尔原著《人生之实现》，邓演存译泰戈尔著剧本《黑暗之光》等。

1920年9月间，上海"新潮社"公布过一则出版新刊预告，称张静庐主编的"上海新潮社第二种刊物《小说新潮》"，将于1921年1月1日出版，宣布此刊"发刊的宗旨是：鼓吹恋爱自由，打破婚姻专制，记载旧社会家庭的罪恶，宣告旧礼教旧道德的死刑"；同时披露该刊创刊号主要作品有王无为的《钟声》、张静庐的《黄河渡头》、刘悟仇的《还我自由》等。这一预告，表明上海"新潮社"有过扩大文学活动的意愿，也表明这种意愿是该社积极宣传新文化、新思想的宗旨的延续发展。然而，《小说新潮》实际上未见出版。

《小说新潮》未能出版，《新晓》仅出一期后停刊，上海"新潮社"活动在1921年6月后停止，同赵南公对张静庐的看法有所改变，有心再度改善书局和编辑所状况，并结识成仿吾、郭沫若从而决定支持"创造社"的新文学活动紧密相关。

新文化运动在1920年间愈演愈烈，中国文坛响应"文学革命"的实践也络绎不绝，新文学作者和作品接连出现，越来越多。在这样的社会境况中，赵南公逐渐意识到张静庐等人的缺陷，认为他们不是实现自己"重建理想新泰东"的合适人选。在1921年1月9日的日记中，赵南公提到张静庐和即将赴日的王无为，表示"深为无为忧，因其聪明甚好，而学无根柢，前途殊危险。静庐不及无为，而忌人同，尤危险"[①]。再加上他还发觉张静庐并不安心（或者说并不尽心）于泰东图

[①] 引自陈福康《创造社元老与泰东图书馆——关于赵南公1921年日记的研究报告》，载中华文学史料学学会编《中华文学史料》第一辑，百家出版社1990年版。

书局的工作,认为张是"一贪利之小人也";"自到泰东,切实负责;不过半载以后,无日不以经济不足为言,每日心思多半受制于金钱";且"无时不脚踏两只船"①等等。赵南公对张静庐的评价是否确切,姑且不论,他对张静庐已无好感和信任,是由此可信的。《小说新潮》的未能如约出刊,似乎是赵南公不再支持张静庐的初步结果。

在1920年和1921年之交,赵南公结识了从日本留学返国的李凤亭,两人多次交谈,对泰东图书局以后的发展方针、措施,"意甚相合",赵南公便"力邀凤亭相助"②。1921年2月13日,赵南公、王无为、李凤亭、王靖、张静庐曾聚会商议泰东图书局工作,决定:"编辑所组织暂定四五人,首重文学、哲学及经济,渐推及法政及各种科学。文学、哲学由王靖担任,另聘成仿吾兼任科学,因成君能通英、法、德、日各国文字也。经济由凤亭担任。无为留日,作事须在半年后。静庐专任印刷,并另拨一人副之。"③这次聚商会议,时在《新的小说》第二卷第四期(1921.1.1)出版后、第二卷第五期(1921.3.1)出版前。可以推想,《新的小说》第二卷第五期上刊布的"内容从新更改"宣言,与这次会议的某些议定不无关联。事实上,李凤亭未能如赵南公所愿,接受邀请加入泰东图书局,他接受了外地一所学校的教职。

但李凤亭向赵南公推荐的成仿吾,则于这年4月初,同郭沫若结伴,由日本返抵上海,来到泰东图书局。郭沫若在1919年9月开始在上海《时事新报·学灯》发表新诗,1920年5月在上海亚东书局出版与田汉、宗白华讨论新诗创作的往来书信汇编《三叶集》,这时已是有一定社会知名度的新诗作者。成仿吾的新诗作品此前也在《时事新报·学灯》发表过,时间比郭沫若要晚,在1920年2月,数量比郭沫若少得多,社会影响也就小得多。然而,1921年初,在日本留学的郭沫若、成仿吾、郁达夫等,已有心在国内创办同人的新文学刊物,并曾经托人在国内寻找愿意支持他们的出版机构而未能如愿。这年2月,成仿吾在日本接到同乡李凤亭信,说已推荐成到泰东图书局任文学编辑,这消息让正想回国创办新文学刊物的成仿吾、郭沫若大为兴奋,两人便于4月初结伴返抵上海。与泰东图书局接触后方知李凤亭信中消息不确,书局的文学编辑已聘人在位,失望的成仿吾返回湖南家乡,而借宿于书局的郭沫若却意外获得赵南公的赏识,成为赵南公实现"重建理想新泰东"的新希望。在初步与成仿吾、郭沫若接触后的4月中旬,赵南公已决定停出《新人》月刊和《新人丛书》,但对《新的小说》仍有意"积极进行"④。同两人进一步接触,特别是同郭沫若交流更多之后,赵南公决定支持郭沫若和"创造社"的文学活动,出版"创造社"的文学丛书和文学刊物。这年5月中旬,赵南公同郭沫若商议将《新的小说》改版易名为《新晓》续出(仍由王靖主持),同时另外出版《创造》季刊,"专容纳沫若同志等文学"⑤。5月底,郭沫若带着赵南公承诺的喜讯返赴日本,联络同志,促成后来为中国现代新文学运动作出重要贡献,

---

① 引自陈福康《创造社元老与泰东图书馆——关于赵南公1921年日记的研究报告》,见赵南公1921年7月19日日记。
② 引同上,见赵南公1921年1月9日日记。
③ 引同上,见赵南公1921年2月13日日记。
④ 引同上,见赵南公1921年4月16日日记。
⑤ 引同上,见赵南公1921年5月11日日记。

且在中国现代文坛产生重大影响的新文学社团"创造社"的成立。6月20日赵南公接到郭沫若自日来函,得知为《创造》杂志的约稿"大成功,或竟能出月刊"①,小说稿有张资平的《冲积期化石》和郁达夫的《乐园与地狱》等。可以揣测,这个"大成功"加强了赵南公支持"创造社"的决心。7月1日,为迎接新诗集《女神》的出版,郭沫若再抵上海。碰巧看到《新晓》第二期出版预告,其中有一则批评沈雁冰主持的改革后的《小说月报》的篇目下,署着使人以为是郭沫若所作的名号。郭沫若对此大为不满,7月3日即在报端发表启事,声明此文与己无关。赵南公得知此事后,唯恐与郭沫若、"创造社"的合作难以继续,7月4日即至编辑所,面晤张静庐、郭沫若,当即决定"将杂志一律停刊,专出单行本,审定权归沫若。……杂志停刊,继续《创造》。凡定阅前出各志者,以《创造》继之(《创造》为季刊或无定期刊)。如不愿继阅《创造》者,或购书或退款均可"。王靖这时正巧返回编辑所,赵南公"即以所决者告之,彼亦言《新晓》继续甚难,停刊甚佳"②。张静庐没有接受过系统的高等教育,王靖未曾迈出国门,相比较郭沫若等的留学外国多年,他们的学识根柢,在赵南公心中自然逊色;而与郭沫若的新文学作品相比,上海"新潮社"成员的作品,无论在艺术质量还是社会影响上,也明显难望项背。何况,充当《新的小说》接班人的《新晓》,外国文学作品译介篇幅的增加,原创作品篇幅的明显减少,也反映出上海"新潮社"文学创作实力的衰退不济。已经将书局经营重心转为印行新文学书刊,已经在印行上海"新潮社"书刊中获得一定的经济和社会收效的赵南公,审时度势,自然明白将有限的资金投入支持更显光明前途的"创造社",会比支持且衰相已现的"新潮社",能获得更好的收益。上海"新潮社"新文学创作新旧参半"半栏脚"的形态,该社新文学创作实力和热情的自身衰减,赵南公决定同郭沫若及其同志建立合作关系,泰东图书局将有限资金投放转向支持"创造社",是《新晓》出版一期后息影沥声,上海"新潮社"由此在文坛销声匿迹的直接原由。因为赵南公对孕育中的"创造社"的支持,郭沫若后来将泰东图书局称为"创造社"的"催生婆"。也因为泰东图书局决心"催生""创造社",故而决定停刊《新晓》,停止再扶持上海"新潮社"。在一定意义上可以说,"创造社"的积极准备粉墨登场,导致了上海"新潮社"在中国文坛的谢幕。

顺便提及,在赵南公决定《新晓》停刊后的一个月,即1921年8月,郭沫若的新诗集《女神》由泰东图书局出版,郁达夫到上海筹划"创造社"第一种文学期刊《创造》季刊的编辑工作。9月,"纯文学季刊《创造》出版预告"在上海《时事新报》赫然登载。10月,郁达夫的小说集《沉沦》作为"创造社丛书第三种"由泰东图书局出版。

文学观念与主张

《新的小说》创刊号中的《创刊话》和第二卷第一期中的《弁言》,是显示上海"新潮社"基本文

---

① 引自陈福康《创造社元老与泰东图书馆——关于赵南公1921年日记的研究报告》,见赵南公1921年6月20日日记。

② 引同上,见赵南公1921年7月4日日记。

学主张的重要文字。《创刊话》的作者为张静庐,《弁言》未加作者署名,而该期刊物仍由张静庐主编,按常理推测,《弁言》亦应为张静庐所作。

《创刊话》主要宣布《新的小说》的办刊"趋旨":

> 我们为什么要办小说?因为我们知道这小说在社会上的潜势力非常的大,能够默移人心,去向善向恶;我们并且承认这小说是通俗教育的一种,要借他来补助社会教育的不足。
>
> 但是我们为什么要在小说上加"新的"两个字呢?因为有两种理由:
>
> (1)中国的旧小说,和现在坊间流行的一类小说,都是不合现代潮流的了,像《红楼》《水浒》《玉梨魂》的一流,看的人不过拿它当"茶余酒后怡情悦性"罢了,倘要将他认真当做是通俗教育的补助品起来,那末!就逃不了"诲淫诲盗"的罪了。
>
> (2)旧社会的万恶,旧习惯的罪孽,已渐渐的暴露出来,处处是表示不合现代的潮流了;这种社会,我们不能不去改造它,这种习惯,我们不能不去打破它。
>
> 有两种理由,我们就不能不办这一本册子,是标明不和旧的小说一样,只当做"茶余酒后怡情悦性"的用;是用——
>
> "新的"文化来改造旧社会,
>
> "新的"思想来建设新道德。

《弁言》主要阐述该刊的"目的与手段"以及"希望":

> 《新的小说》这刊物,一般人以为是无足轻重的"小说家言";其实是不对的。我们常常想:"思想是人人都有的,但不经过训练的思想,是不合理的;纵或不然,也不能得相当的效用。训练思想的最好工具,或者是小说。"因此我们便应训练思想的需要,刊行这《新的小说》。
>
> 本来"文学的无政府主义"容易主张,并且容易实行,绝无所谓困难。然假使"文学无政府主义"失了依赖,就也无从主张,无从实现。我们来训人的思想,就是使"文学的无政府主义"有所依赖。
>
> 若说我们的手段,暂时的确注重"自然主义",而以"神秘主义"——新浪漫主义——为之和。
>
> "自然主义"的文学,容易使人悲观,我们早知道了。但人类未脱尽兽性,若没有一种悲惨的呼声,唤起他们的奋斗心,去做修善防恶,成人利己,发展个性,改善环境的工夫,那个懒惰的兽身,就会成了人性之累,或使人类跌到几千年爬不起的深坑,比较上就更坏了。
>
> 我们目的与手段,都很简括的说明了。请更述我们的希望。我们希望很简单,只有两句话,就是:
>
> (1)引诱世界的罪恶与人类的兽性,逃到别一个无始无终的世界。
>
> (2)带来一盏光明普照,而照不见"世界的罪恶与人类的兽性"的自由灯。

《弁言》文意中有对《创刊话》文意的重复，也有对《创刊话》未曾言及的补充。综合两篇文字的内容，可以明了以下几点：

　　其一，"小说"不应该是"茶余酒后怡情悦性"的，而应该是一种社会宣传教育工具。——这是对"小说"基本性质的认定。

　　其二，"新的小说"致力于传播"新的思想"和"新的文化"，以此"改造旧社会"，"建设新道德"。——这是对于"新的小说"基本任务与追求的确定。

　　其三，"新潮社"创作"新的小说"的"手段"，是注重"自然主义"与"新浪漫主义"相结合。——这是对"新的小说"创作方法的主张。

　　《创刊话》和《弁言》中所说的"小说"，并非仅仅局限于文学体裁意义上的"小说"，《新的小说》实际上刊登的文学作品，除了文学体裁意义上的小说，还有新诗、话剧剧本、文学评论等等，也就是说，这两篇文字中所说的"小说"，实际上是"文学"或"新文学"的代词。《新的小说》是上海"新潮社"的"社刊"，它对于"文学"或"新文学"的基本性质、基本任务及创作方法的见解和提倡，可以视为上海"新潮社"的文学观念和主张。

　　上海"新潮社"的文学观念和主张，注重文学"能够默移人心"，"要借他来补助社会教育的不足"的宣传功能，同时排斥"怡情悦性"功能，甚至将中国优秀的古典文学名著如《红楼梦》《水浒》也视为"海淫海盗"的作品，显示其文学认识上的非科学成分。上海"新潮社"有意借助"新的小说"，传播"新的文化"和"新的思想"，但对于所谓的"新思想"、"新文化"的具体内容，则没有明确清晰的表述，这一方面可以理解成笼统包括当时纷至沓来的各种西方思想，另一方面其宣言文词中又似乎格外推崇"无政府主义"，将不见"世界的罪恶与人类的兽性"，显示自由与"人性"张扬的社会，作为未来的理想社会。这样的改造社会的追求，也显示了历史唯心主义空想素质，从而表明该社对于"新文学"改造社会的根本目的，也缺乏科学性和现实可行性。

　　上海"新潮社"倡导自然主义与神秘主义、新浪漫主义相结合的"新文学"创作方法。"自然主义"是形成于西方19世纪下半叶的一种文学思潮和流派。在早期的中国新文学运动中，也包括上海"新潮社"，所说的"自然主义"，其中有沿袭西方19世纪的自然主义的一定成分和含义，然而主要包括的还是"写实主义"（"现实主义"）的较多成分和含义。由于认为单纯的"自然主义"注重如实反映现实社会生活，而现实社会生活充满"人类的兽性"与罪恶，故而单纯以"自然主义"方法写作的作品，"容易使人悲观"。浪漫主义作为一种文艺思潮，产生于18世纪末、19世纪初，政治上反对封建制度，文艺上摒弃古典主义，主张按照希望的样子表现生活，突出主观意愿，作品时常揭露和谴责私有制罪恶，并表达对"乌托邦"社会之类理想世界的憧憬与追求。"新浪漫主义"是在叔本华、尼采、瓦格纳哲学影响下，融合象征主义、唯美主义和浪漫主义成分，于19世纪末、20世纪初在欧洲兴起的一种文艺思潮。在早期的中国新文学运动中，也包括上海"新潮社"，所说的"新浪漫主义"，主要看重的是其中对人性和善恶观念的强调，注重其对人性和人的个性的张扬，对神权、君权及种种束缚、桎梏的反抗，对美好社会理想的抒发。上海"新潮社"认为，在"注重自然主义"的基础上，辅以融和"新浪漫主义"，便可以弥补单纯"自然主义"的缺陷，用这种"两结合"方法创作的作品,足以通过"悲惨的呼声",唤起读者的"奋斗心","去做修善防恶,成己利人,发扬个性,改善环境工夫"。上海"新潮社"的"两结合"创作方法主张,呼应和体现其对文学基本性质和"新文学"根本目的的认识,呼应和体现该社大多成员当时的无政府主义和人道主义思想,不失为一种独到的文学见地,具有一定的科学性和现实可行性。

胡适和陈独秀在《新青年》相继发表的《文学改良刍议》和《文学革命论》,是中国现代新文学运动的启动号角,也昭示了新文学运动的基本宗旨和追求。两篇文章的内容、主旨虽有所差异,但在几项基本思想和主张上又是相同的。这几项基本思想和主张即:1.文学具有思想教化的职能与责任;2.思想教化的内容或意旨,是扬"新"弃"旧"("新"即民主、科学等等,"旧"即封建、迷信等等);3.为履行思想教化的职能和责任,文学语言必须使用白话,文学创作最好使用"写实"方法。上海"新潮社"的文学观念和主张,在总体上显然响应和贯彻了文学革命的基本精神和要求,在个别问题如创作方法问题上,则提出了具有建设性的独到见解。上海"新潮社"的文学观念和主张,及其对于未来社会的理想,具有特定的社会历史内涵,反映了20世纪20年代初期中国新文化运动和新文学运动的一种历史状况。

作为一个新文学社团,上海"新潮社"有自己发展组织和内部活动的规定。对于发展组织的规定是:"欢迎同志无条件入社",对于社团内部活动的约定是:"各尽所能,各尽所知"①。"无条件入社",表明并决定了该社组织结构的宽松与散漫。"各尽所能,各尽所知",则表明并决定了该社社员活动的自由与自觉。对于社团组织的如此态度和约定,表明上海"新潮社"实在是一个来去自由,活动自由,主要依靠私人友谊维系的"同人社团"。

继上海"新潮社"之后,中国现代文学史上两个最著名的新文学社团"文学研究会"和"创造社"相继出现。"文学研究会"成立于1921年1月,"创造社"成立于1921年6月(正式问世于《创造》季刊出版的1922年5月)。"文学研究会"主张"文学为人生","并且反映这人生"。"创造社"宣称"文学是自我的表现",实际上也包含"文学为人生"。在这一方面,上海"新潮社"与它们相同。在社团的组织结构上,"文学研究会"较为严格,成立时即公布社团的宣言、章程等等,规定"凡赞成本会宗旨有会员两人以上介绍经多数会员之承认者得为本会会员"②。"创造社"在成立五年后的1926年才制定并公布其"社章",问世时则没有宣言,没有章程,吸取社员没有严格条件,"不要什么介绍,也不经什么评议"③,只要提供作品在"创造社"刊物上发表,就可视为该社社员。在这方面,上海"新潮社"不同于"文学研究会",而近似于"创造社"。"文学研究会"的社团性质与状况,与该团体发起人及其成员多为学者和职员的情况有关,与该团体活动主要依托具有强大经济实力的商务印书馆有关,与该团体创办人怀有集结或者说是"统一"全国新文学力量的雄心壮志也有关。而上海"新潮社"和初期"创造社"的社团性质与状况,则与两社发起人和成员多为在读学生的情况有关,与两社活动主要依托没有强大经济实力的泰东图书局有关,与两

---

① 见《新的小说》第一卷第五期内《本社启事》。
② 见《文学研究会简章》,载1921年1月《小说月报》第12卷第1号。
③ 见1922年8月《创造》季刊第2期《编辑余谈》(郭沫若作)。

社创办人都没有"垄断"（借用郁达夫语）新文坛的心胸也有关。

上海"新潮社""文学研究会"和"创造社"这三个新文学社团均不相同的，是各自对"创作方法"的倡导。"文学研究会"提倡"写实主义"，"创造社"更多表现为主张"浪漫主义"。"新潮社"与它们不同，主张的是"自然主义与新浪漫主义为之和"。对于创作方法的不同主张，在一定程度上反映了20世纪20年代中国新文学社团的异彩纷呈，也代表了上海"新潮社"在其中的独特艺术追求和艺术个性，还以此显示了上海"新潮社"在初兴阶段的新文学运动中的独特意义与价值。

（原载《中国学术》总第26辑，商务印书馆2010年版。全文六节，这里收录其中两节，未收的四节为"主要成员""小说作品""新诗和话剧作品""外国文学译介"。）

"文学上海"与城市文化身份建构

陈惠芬

20世纪的最后十年,在未来上海的城市记忆中,想必是一个饶有意味的年代。在这一时刻里,上海不仅以其经济的快速增长再度引起了世界的关注,而且孜孜以求着自我身份的建构。上海的城市身份建构在20世纪的90年代初成了一个迫切而显要的问题,不仅是因为上海从一个小渔村发展为一个现代都市,至今不过百多年的历史,所积累的经验不足,而且在于,其时的上海,正处于一个"空前绝后"的转型时期。"空前"在于,长期的封闭造成了城市在物质和"气质"上的匮乏,都市的经验和灵氛几近于湮没;"绝后"乃是,从"大上海沉没"到重新进行结构性调整,虽然向"国际化大都市"攀升的目标已定,而其间的"缺口"与引发的"震荡"却不谓不大,"兴奋"的同时,迷茫和焦灼也不请自来,正在为之努力和付出代价的未来是怎样的?上海这张昔日的旧船票还能否赶上时代的新航班?都是未知的"后事",认同的问题因此凸显出来。按照心理学的说法,"认同"就是解决"我是谁""从哪儿来""到哪儿去"的问题,是对自我"生存的方向性和连续性"[1]的清晰的主观意识,是必需的自我和社会心理统一的能力——20世纪90年代的上海,是怎样实现或寻求这种"统一"的呢?

班纳迪克·安德森说,现代民族国家"认同感"的形成有赖于"想象的共同体"的催生。在一个有效的时空范围内,虽然人们未曾谋面,但某种共同体的"休戚与共"感却仍可以通过传播媒介——特别是想象性的如"小说"与"报纸"这样的"文艺"方式构建出来[2]。哈贝马斯也曾认为,18世纪英国民众讨论甚至参与政治、经济、思想和文化事务的公共领域得到空前的发展,而文学即是其中一个重要组成部分。而且这一时期被看作是早期现代英格兰文化的形成时期,其时,全社会正"忙于全面的构建——从民族国家……到文学市场和商品文化,到交通要道和现代主体"[3]。某种意义而言,这也为认识"文学上海"提供了一个角度。

---

[1] 爱理里克逊:《认同——青年与危机》序言,转引自邵迎建《传奇文学与流言人生》,生活·读书·新知三联书店1998年版,第5页。
[2] 班纳迪克·安德森《想象的共同体:民族主义的起源与散布》,吴叡人译,台北时报文化出版公司1999年版。
[3] 转引自黄梅《十八世纪的英国女性小说家》,《中华读书报》2002年6月19日。

一

90年代描写上海的文学大都不是从"当下"写起,而是"时光倒流"式的追念。对某一段消失的历史中繁华景象的追寻占据大部分篇幅:

> 这个长故事要从旧上海开始说起。繁华如星河灿烂的上海,迷沉如鸦片香的上海,被太平洋战争的滚滚烈焰逼进着的上海,对酒当歌、醉生梦死的上海。那个乱世中的上海,到了现在人的心中,已经包含了许多意义,抱着英雄梦,想象自己一生的人,在那里面看到了壮怀激烈的革命;生活化的人,在里面看到了盛宣怀华丽的大客厅和阳光灿烂的大浴室;向往西方的人,在里面看到了美国丝袜,法国香水,外国学堂,俄国芭蕾舞;就是街头小混混,也在里面找到了黄金荣桂子飘香的中国式大园子……
>
> 一个新音乐制作人,曾在淮海路街口摇着他那一头长发说:"上海的三十年代好啊,那时候,你想要成为什么样的人,想要有什么样的生活方式,就去做。"
>
> ……
>
> 我们的这个长故事,就是开始在如今是如此时髦的年代里。

这是陈丹燕《张可女士》[①]一文的开头,她意图通过这样的表述显示人物所具的历史感,以及作品本身对当今"如此时髦的年代"的疏离。而《上海的风花雪月》从"上海法国城"一路追溯到"1931'S咖啡馆"、外滩的三轮车、张爱玲的公寓,几乎"囊括"和"复活"了如今正变得时髦的年代的一切"有意味"的"内容"。事实上,在有关老上海的怀旧中,陈丹燕的《上海的风花雪月》等"三部曲"并非始作俑者,1996年,上海远东出版社即已出版了素素的《前世今生》,这本小书某种程度上开了以文学的方式重写"上海繁华"的先河,而《上海的风花雪月》却是最具"时代"效应的。出版方曾将它的畅销归结为"幽雅的外表,略带感伤、怀旧的内容和轻松流畅的笔调",而对于陈丹燕来说,或许并非仅是出于"时髦",而确有某种"生命感"的投入。她曾多次说到"断裂"和"匮乏"对个人成长的影响,在最近出版的《木已成舟》中,她这样表达:"在我成长的时代,中国的门和窗全都被关死","有时候我想,就是因为我这样长大,才会……如此热衷吧",说的是如何把漫长岁月中接触到的有关欧洲的碎片,"一点一点修补成了精神的故乡"[②],移来说明她对昔日上海的热情也同样是合适的。作为城市的"外来户"[③],陈丹燕对上海曾有着双重的匮乏感,一是她

[①] 见《上海的风花雪月》,作家出版社1998年版。

[②] 见《木已成舟》序言,作家出版社2002年版。

[③] 陈丹燕曾说:"我住在上海。但我们家是一个典型的上海的移民家庭,记得小时候我们家只有朋友,没有亲戚。所以我一直都不认为自己是一个上海本地人,我对上海的了解比本地人了解的要少。上海的家庭之间的来往是非常平淡和客气的方式,不像北方,像我这种家庭的孩子是不能完全进入上海本地人的生活方式的。"(《以旅游者角度接近上海本质》,《城市画报》2001年12月26日)

"荒凉"的青春岁月也正是上海处于封闭的年代,二是因为"外来"的"革命家庭",虽然作为城市的"征服者",却不能不感到和既定"社区"的隔膜。杨东平曾比较"大军入城"的不同,进入北京的军队干部或其他新移民大都以"大院"为聚集地,而上海的南下干部则分散在传统的居民社区里①。南下上海的干部分散地进入的社区,大都是有着昔日繁华感痕迹的"优雅"社区。在这样的区域里,"本土"与"外来"、不同阶层、文化乃至阶级间的"较量"往往表现得复杂而暧昧。"外来"的"革命者"无疑有着政治乃至物质上的优势,而"既定的社区"似乎也秉持有一份"与身俱来"的"优越"。"悠久"的历史、"繁华"的底蕴,虽并不形成与外来的"对抗",却足以构成"距离",给初来乍到者以"文化之根悬浮"的压抑感。

然而,陈丹燕对于"匮乏"的反应并非只具个人成长史的意义,她的敏感和渴望,将群体、一代人的遭际与当下的社会心理"突出"地呈示出来了,唯其如此,其作品才畅销一时,类似的描写也才风行一时。昔日上海作为"繁华"的代名词,几乎已是"不争"的事实,这一状况引起了一些研究者的注意和批评,认为历史上的上海其实是一个多面体,将目光只是定格于二三十年代以及繁华的大马路、老洋房、咖啡馆,不免将上海片面化了。而在我看来,值得注意的,或许主要的还不在于,在这样的"注目"中,上海的历史是否被简化或片面的处理了,而是它刻意制造出的那种"历史感"和其中的"寄寓"。作为一种历史的"记忆","文学上海"中的有关描写却大都采取了"纪实"的手法,且越来越"较真"。如果说素素的《前世今生》对晚清妓女、上海女学生、女明星以及摩登太太们时尚生活的"纪实"还不过是"纸上得来",来自某些老上海历史/轶闻、掌故的"散文化",而到了《上海的风花雪月》等作品中,则衍化成了某种"现场"的"寻访"。恰如一些推介文字所言:"陈丹燕以一个探寻者和怀旧者的姿态徜徉于上海的百年历史中,寻访散落在街巷中的历史遗迹","在张爱玲、张学良、颜文梁等历史名人住过的老房子里,遥想他们的人生往事,慨叹于无尽的世事沧桑……"②陈丹燕自己也说:"这本书写得比较辛苦,从 1993 年开始,到 1998 年的春节后结束,总也有四年之久,为了这本书的写作,请教了多少人,采访了多少人……已不太能够一一回想起来。"③在晚近出版的程乃珊的《上海探戈》里,作者更是凭借着"老上海后裔"的身份,信心十足地挖掘和"复活"着一个被历史的烟尘掩埋的"如假包换"的"真上海"。作者在"前言"中这样交待:"为了令这本书更具魅力,我四下寻觅有关老上海的生活旧相片。历经'文革',我家的私人相片本几尽毁灭,好在香港的亲友家尚存一些旧照片,另外,承蒙我的忘年交、美籍华裔二战退伍军人吉米钟慷慨借出许多他珍贵的具有历史价值的照片;前淞沪警备司令杨虎将军的儿媳余墨卿女士也借出她珍藏的'文革'中劫后余生的照片……"④而现居香港的某上海作家的《豪门旧梦》则被冠以了"一个上海老克拉的回忆"⑤。"亲临现场"的采访,"前朝人物"

---

① 见杨东平《城市季风》,东方出版社 1994 年版,第 304 页。
② 见《上海的风花雪月》封底。
③ 《上海的风花雪月·跋》。
④ 见《上海探戈》,学林出版社 2002 年版。
⑤ 树芬《豪门旧梦》,作家出版社 2002 年版。

老照片的佐证,"上海老克拉"身份的出示,无非都是为了"历史感"的营造,以示其"真"和"栩栩如生"。

然而,按照詹明信对怀旧电影的分析,作为后现代主义文化逻辑的重要症候,怀旧就其本质而言,是作为"对于我们失去的历史性,以及我们生活过正在经验的历史的可能性,积极营造出来的一个征状"①,简言之,也就是历史感匮乏的表现。那么,有关上海繁华的描写,在多大程度上是历史的"真实"再现呢?说起来,相关的描写似都有着某些可追寻的遗迹,有名有姓的人物,音容宛在的照片和富有象征的纪念物……以至存活于今的证人,然而,证人和纪念物的存在同时也揭示着它所纪念的人和物/事的消失。唯其"斯人"已逝,追忆才成为可能。事实上,相关的描写在努力营造出一种历史的"真实感"的同时,也不由自主地裂解着这一历史的"在场":

> 真正经历了十里洋场的上海老人,住在老公寓里,从英国留学回来的牙医生,下午三点在瘸了一条腿的小圆桌上慢慢喝一杯奶茶、吃用茶泡软的沙利文小圆饼干的老人,却笑了一下说:"70年代的人,用什么来怀旧呢?他们又知道什么?"八十岁了的永安公司郭家小姐,燕京大学的毕业生,在30年代开着自己的美国汽车的上海名媛,在她桌布老化发硬了的小圆桌前,摇着一头如雪的白发,说:"那个时代早就结束了,不会再来了。"②

甚至昔日的三轮车夫也认为,"从前"已不可再现。站在外滩的东风饭店前,重操"旧业"为人踏车兜风的老人对车上的年轻女性说:"从前这里是最高级的地方呢,上海最有钞票的人去开销的地方,出出进进的全都是头面人物啊。"当车上的人说:"那,你现在高兴了,想去就去。"老人却说:"有什么好高兴的,进去的是那个地方,可不一样了啊。从前是什么气派……"③这里有着对于旧上海繁华的近乎神话般的迷恋,即便是在一个昔日的受压迫者的头脑里;而正是这种"迷恋",宣告了"再现"的虚幻。

那么,明知历史的"不可复现",却努力"纪实"出一种历史的"在场"感,其中有着怎样的认同的危机和吊诡呢?

对于"在场"的希求某种程度上可以说是历史感"匮乏"的必然反应。如同一个弗洛伊德意义上的"游戏",对于"永失的母爱"——母体(子宫)曾有的温暖和安全感的永远的失去,需要以一种象征的方法"找回",才能获得心灵的安宁,所以"所有的故事都讲述一个俄狄浦斯情结:重回母亲子宫"。而按照拉康的说法:"故事起源于匮乏,故事中必定有某种事物丧失或者不在,这样叙述才能展开;如果每件事物都原封不动,那就没有故事可讲。这种丧失是令人痛苦

---

① 詹明信《电影:对于现在的怀旧》,吴美真译,载《后现代主义或晚期资本主义的文化逻辑》第354页,台北时报文化出版公司1998年版。
② 《1931'S 咖啡馆》,见《上海的风花雪月》。
③ 《外滩的三轮车》,见《上海的风花雪月》。

的,但是它也令人激动。欲望是被我们无法完全占有的事物刺激起来的,这是故事给人满足的原因之一。"[1]上海曾经的匮乏似也需要一种繁华的"重现"与"在场"来"弥补";而正是在这里,显出了时代和相关描写的一个深深的悖论:一方面,匮乏和"断裂"被认为是上海历史上的一个明显的"诅咒"[2],由于"断裂",上海的繁华、现代性被打断了;另一方面,却又认为昔日的繁华是一个有着不可言说的神秘的超时空存在,是不能被任何力量摧毁的,一旦需要,就能重新找回。这一悖论一定程度上加剧了人们的认同困难:究竟何种才是"真确"的"史实"呢?

"在场"也是消费主义的要求。鲍德里亚认为,"消费的定义,不在我们所消化的食物,所穿的衣服,也不在于我们使用的汽车,影像和讯息的享用",而是在于"把所有以上这些元素组织为有表达意义功能的实质","如果消费这个字眼要有意义,那么它便是一种记号的操控活动"[3]。记号的操控有赖于感性"在场"的中介,事实上,在怀旧向消费时尚的发展中,历史的"在场"感始终是个重要的因素,这就是为什么在一些老上海怀旧酒吧里摆满了各种旧日的物件,虽然其中的钟表已经停走,电话亦不能使用,一切只是"摆设"而已,而对意义的"表达"却不可或缺。"文学上海"中,"在场"感也是市场操控的重要手段,"纪实"则是其中重要的方式之一。上述"上海老克拉"的一篇由"听来的故事"写成的作品,被某报以"纪实作品"的名义赫然刊登在"大众阅读"版上[4],似"稍能"说明"纪实"与"消费"的关系。作者在"题记"中写道:"这则故事是我听来的,讲述的人说内容完全真实,是他的亲身经历。他讲述时已无法确切地说清楚事情是发生在哪一年,只说是'八一三'事变之前的几年里,那便该是 30 年代的初期,那时上海被称为'东方的巴黎'……"有趣的是,这篇讲述一群已然失去了尊贵的白俄贵族,如何在异国他乡的上海以"化装舞会"的方式"重现"昔日繁华的作品,在证实着"东方巴黎"的魅力和无奇不有的同时,无意中却成了历史感"匮乏"的象喻:没有比"化装舞会"更恰切地"表征"出"历史感"的匮乏了。

对"在场"或"历史感"的追求并非真是为了"时光倒流"地回到过去。"怀旧要求'现在是有某种缺陷感的感觉'",它同时是在一个线性的时间概念的环境中,"现在被看作是某一个过去的产物,是一个将要获得的未来",因而它常常发生在"社会被看作是一个从正在定义的某处向将要被定义的某处移动的社会环境这样一种文化环境中"[5]。如前所说,90 年代初中期的上海正处于一个转型的时期,曾经的匮乏、"跳空"造成的"震荡"加剧了人们对于未来的迷茫。换言之,在这样的时刻里产生的有关的描述便既不会是为了对现代性的批判或呈现一个"完整"的上海,但也不是真要回到那已然逝去的往昔,而是藉此在一个"空茫"的时刻里,以

---

[1] 转引自黎慧《欲望、代码、升华》,《上海文论》1992 年第 2 期。
[2] 爱理里克逊的重要心理学概念。诅咒,原文"Curse",指个人生活史中经历的促进心理危机的最具冲击性的事件,转引自《传奇文学与流言人生》。
[3] 鲍德里亚:《物体系》,林志明译,台湾时报出版社 1997 年版,第 211、212 页。
[4] 《文学报》2002 年 11 月 8 日。
[5] 马尔科姆·蔡斯、克里斯托弗·萧《怀旧的不同层面》,转引自《上海酒吧》,江苏人民出版社 2001 年版,第 137 页。

"曾经"的昔日对已被"定义"却尚难"触摸"的未来进行想象,如张爱玲所说:"为了要证实自己的存在,不得不抓住一点真实的、最基本的东西,人类在一切时代之中生活过的记忆,这比瞭望将来要更明晰亲切"①。是"重振"中的上海将昔日的"好时光"投射到关于自己未来发展的想象中,以"满足"那"虚空",希望尚不可知的"未来"至少与"曾经的繁华"有某种"一脉相承"的联系。有意思的是,在这一寄寓中,人们却似乎越来越"丧失"了未来。如果历史的"在场"相当程度上不过是"焦虑症"和消费主义的产物,本身已是水中月、镜中花,那么以此折射的"未来",岂不更为虚幻,成了柏拉图所谓的"镜子的镜子"?

显然,《上海的风花雪月》等以"纪实"的方式制造出的"历史感",并没能还原出一个"实存"的"老上海",也未能为未来找到坚实的基础,却在不意中显露了自身和时代的困窘。

二

"纪实"的方式和"意向"某种程度上也是《长恨歌》这样的虚构小说取向。《长恨歌》讲述上海滩一个名叫王琦瑶的女性一生的命运,而故事的"起源"则是来自一个实有的"案例"②。王安忆曾将"纪实与虚构"归结为她"创造世界"的方法"之一种"③,而在她的创作辞典里,"纪实"与其说是与"虚构"相对的另一极,则毋宁说是虚构得以实现的途径之一:"我在虚构的时候往往有一种奇妙的逆反心理,越是抽象的虚构,我越是要求有具体的景观作基础。"④这一倾向在《长恨歌》中得到了有力的表现。抽象、虚构的上海弄堂由于王琦瑶"一生"的故事而变得可感可触了。王琦瑶的个人生活虽然始终没有进入历史的主流,而她的故事却呈现在真切的历史纪年之中。

"编年史"中少有时代风云的描述,毋宁说是一部琐屑的日常史。虽然《长恨歌》主要讲述的年代——20世纪的五六十年代,并非是一个波澜不兴的年代,上海和全国一样经历了许多"惊心动魄"的时刻,王安忆也并非没有意识到时代的震荡,在对"空心人"康明逊的描述中,她曾这样写道:"他虽然年轻,却是在时代的衔接口度过,深知这城市的内情。许多人的历史是在一夜之间中断,然后碎个七零八落。"⑤然而,对于"日常"的兴趣却依然超出了对"时代风云"的关注。与日常世界的细腻描写相比,政权的更易,"文革"的发生和结束,那些重大的历史转折、急风暴雨式的社会变迁,都只是作为一种背景而存在于作品中。在写于一个时代终结处的《叔叔的故事》里,王安忆曾经直接拷问了包括"叔叔"在内的有关历史的重大关节,而在《长恨歌》中却有意无意地"避重就轻"。

---

① 张爱玲《流言·自己的文章》。
② 王安忆曾这样谈到《长恨歌》的"诞生":"大概十多年前,我看了一个小报,上有个新闻,是个案例。我也看得很马虎,一眼而过。它让我留下一个非常深刻的印象,它说的是一个上海小姐最后被一个城市社会青年杀掉了……"
③④ 《纪实与虚构·跋》。
⑤ 《长恨歌》,作家出版社2000年版,第184页。

在《长恨歌》获奖后的一些受访中,王安忆曾这样表达她对历史的看法:"我眼中的历史是日常的","历史的面目不是由若干重大事件构成的,历史是日复一日、点点滴滴的生活的演变,它只承认那些贴肤可感的日子"①。和《叔叔的故事》相比,对于历史,王安忆显然有了不同的心得,在她看来,历史与其说是"演变"的结果,不如说是"坚韧"的日常生活的累积,尤其是在一个激烈的时代里,那种执着于每一个日子的"抉择",更有可能构成历史的"底子"。这一观念的形成细究起来似可追溯到王安忆成长中的某个"瞬间":"我永远难忘……有一日我走过后弄,从厨房的后窗里,看见阿大母亲(一个布尔乔亚女性——作者注)的情景。她正在红卫兵的监视下淘米。这已经使我很惊讶了,他们竟然还正常地进行一日三餐。更叫人意外的,是她安详的态度。她一边淘米一边回答着红卫兵们的提问,不慌不忙,不卑不亢。并且,她的衣着整齐,干净,依然美丽……"②这一经验给予王安忆的印象想必深刻,以至几十年后依然记忆犹新;而同时,却也未尝不是一种"建构"或"认同"的努力。

80年代中后期的上海,曾经出现了"重振海派雄风"的口号和讨论,这一切,固然如有人当时即已指出的:"为什么是在80年代,为什么又独独在上海本地,才有这种'海派'文化的哄谈。这其实在原初本不是个学术问题,而是交织着这个城市里这一代人的理想、愿望,以及看来不甚健康的愤懑、孤独、自惭自怜和自尊"③。长期的计划体制,曾使上海徒具虚名其实一片琐屑和庸常,"大上海沉没"了。而匮乏时代的遗留却如"亡灵"般纠缠着人们,从物质到精神。每一个体都在历史给定的条件下创造,那么上海将如何开始新的创造呢?《长恨歌》正是产生于这一背影下,其独出机杼的描写是对这一氛围的回应,也是对它的反拨。

王安忆曾经坦言,《长恨歌》的目标是写出一个城市的故事:"城市的街道,城市的气氛,城市的思想和精神。"④而如果"大上海"已然"沉没",那么将能如何获得城市的"气氛"、"思想和精神"呢? 当《长恨歌》以王琦瑶这个小女子几十年的日常生活为作品的主要构成时,事实上便隐含了这样的企图:为上海曾经的一切——"落寞"也好,"琐屑"也罢——在"感伤"之外找寻出"意义"。显然,对于曾遭"压抑"的上海来说,没有比一个社会边缘的女性更有象征意义了。在关于欧阳端丽——一个资产阶级的少奶奶如何在"文革"的岁月里成长为自食其力的劳动者的《流逝》中,王安忆曾赋予主人公这样的"人生感悟":一切"要真是这样一无痕迹、一无所得地过去,则是一桩极不合算的事。难道这十年的苦,就这么白白地吃了? 总该留给人们一些什么吧?"某种程度这也是《长恨歌》写作的"动机"之一。面对普遍的失落感和困惑,王安忆意图通过对建国后的上海历史的重新审视,为困窘的上海从"沉没"中"打捞"出某些可供现实和未来"承继"的东西。显然,在她看来,上海在落寞和困顿中仍然有声有色地延续着的日常世界便是这样一些"东西"。且不说那种勉力而为的精神、对生活品质的坚守,完全可以"交付"给一个新的时代,"别的地方

---

① 《我眼中的历史是日常的——与王安忆谈〈长恨歌〉》,《文学报》2000年10月26日。
② 王安忆《死生契阔,与子相悦》,载《寻找上海》,学林出版社2001年版,第52页。
③ 李天纲文,《上海文化艺术报》1989年10月20日。
④ 齐红、林舟《王安忆访谈》,《作家》1995年第10期。

的历史都是循序渐进的,上海城市的历史却好像三级跳那么过来的,所以必须牢牢地抓住做人的最实处,才不至恍惚若梦",只有"格外地将这日月夯得结实,才可有心力体力演绎变故"①;就那些看似琐屑的日常世界本身,又何尝不布满了城市的"气氛、精神和思想"?

然而,《长恨歌》终究未能将"日常"进行到底。对于日常生活在多大程度上可以作为城市气质的支撑,上海几十年计划体制下的琐屑日常能够在多大程度上引起人们的兴趣甚而达到对城市的认同,王安忆似乎并没有太肯定的信心和把握②,她因而不能不求助于"传奇"的出场。"说起来也是,这城市流失了多少人的经历和变故,虽说都是上不了历史书的,只能是街谈巷议,可缺了它,有些事就不好解释","这也就是人们常说的,上海历史的传奇性的意思"③。王琦瑶便是这样一个具有"传奇性"的人物。作为一个昔日的上海小姐,她的出场不仅使城市生活的"细节"和"氛围"得以组织和开展:午后的派对、咖啡的幽香,闺阁和流言,厨房"美学"与"恋爱风波",都因了她的"出场"而得以浮现;而且还"自然"地引起了人们对于"昔日"的联想。王琦瑶虽然已是明日黄花,但她曾有的"辉煌"在那一时代已足够引起人们的"想象",她传奇的一生一方面使"老克腊"们的怀旧变得有"依附"了,一方面也使作品变得"雅俗共赏"了。日常的琐屑终究要以昔日的繁华为"底本"而"化平淡为神奇"。正是在这里,《长恨歌》某种程度上与《上海的风花雪月》等"殊途同归"了。

其实,比起"上海小姐"的经历和身份,王琦瑶更大的传奇性是在她搬入平安里以后。我们看到,这个本已为历史所抛弃、再也不能整合到新的秩序里去的社会边缘的女性,在那逼仄的、充满了油烟气的空间里,却出演了一幕幕比秩序中人更为"丰富"的人生戏剧。不仅泛起种种"恋爱风波",非婚而生子,而且自得其所、逍遥自在,外部的世界似乎从来也没有真正能够对她有所非难。当老友程先生,一个与世无争地在城市的某一高处过着隐士般生活的昔日的摄影师也成了"文革"中第一批跳楼者时,她的生存世界依然完好无损。1949 年、1957 年、1966 年这些当代中国历史上的特殊年头她都一一安然度过,直至在 80 年代的"梅开二度"。王琦瑶的传奇人生似让人看到了"张爱玲后"的人物,某种程度填补、演绎了葛薇龙、白流苏们的"遗事";而张爱玲在昔日的巨变中却这样说道:在未来的时日里,只有蹦蹦花旦这样的女子才能夷然地生存下去。显然,王琦瑶不是蹦蹦花旦。

孟悦在谈到张爱玲的传奇故事时曾说:"究竟是安稳的普通社会,'长子偕老'的日常生活对于动荡的中国历史就像一段传奇呢,还是'现代'及现代历史对于中国日常生活是个传奇?"④面对王琦瑶与政治的"两不相干","政治"对她这个小女子的一无所'为',我们或许也当问:究竟频仍不断的政治运动在 20 世纪下半叶的中国,只是个偶然发生的"传奇";还是王琦瑶式的"安然无恙"更像"传奇"? 这里或许隐含着王安忆某种反讽式的对于历史的读解。而这样的设问之为必要,缘于在一个转折时期,如何"拯救"我们曾经的"生活"却不遮蔽历史乃是一个基本的前提。

---

①③ 王安忆《寻找苏青》,《上海文学》1995 年第 6 期。
② 她曾感叹于"城市无故事",见《寻找上海》,学林出版社 2001 年版。
④ 孟悦《中国文学"现代性"与张爱玲》,载《批评空间的开创》,东方出版社 1998 年版,第 352 页。

三

在心理学意义上，艺术是现实潜隐心理紧张的文化表征。"文学上海"在相当程度上回应了社会的心理需要，唤起了某种"共同体"的"休戚与共感"。在那个"空前绝后"的时刻里，恰是"文学上海"以"纪实"与"虚构"的方式，将城市"既有"的经验：从繁华往昔到日常上海与"流失"的个人"传奇"、包括性别身份等结合一起而提供了人们"想象上海"的"基础"或"依据"，以及同在"上海的屋檐下"和"一条历史长河中"的"认同感"，如果说长期的封闭和压抑曾使城市的经验几近于"无"，那么不可否认，"文学上海"的相关描写在相当程度上唤起了人们对于城市的"记忆"和感受。有关研究指出，20世纪90年代以来，大量老上海题材的出版物不断在商业上获得成功，这一"战绩"对包括老上海酒吧在内的怀旧时尚起到了"示范"和推波助澜的作用①。另一个或许不过是"巧合"的例子是，2000年底，《长恨歌》获得了第五届茅盾文学奖，而几乎就在《长恨歌》获奖的同时，上海出现了一个名为"新天地"的都市新空间。这片原先陈旧的石库门里弄住宅在经过一系列的"整旧如旧"的改建后，成了上海最具特色的都市文化空间，其清水砖墙的石库门建筑也成了地域性知识的"表征"②。然而，空间的意义并非只是"构造"的结果，很多时候也是"赋予"的，"环境标志系统几乎是整个社会的产物，对于不熟悉当地文化的外来者常常是无法辨识的"，人们"对于一个聚集地的感知……这种感觉中的元素能够和其相关的时间和空间的精神感受相联接，并进而去理解其非空间的观念和价值"，"这样的感知过程完全仰赖于个人对城市的情感"③。或许我们不必说事实上也难以确定新天地的改建是否从《长恨歌》获得了"灵感"，但可以肯定的是：当《长恨歌》讲述了王琦瑶的"平安里"故事以后，人们在面对新天地里的石库门里弄建筑时，对其曾经的"沧桑"变得更能"感知"和"想象"了，正如"在印象派们画过巴黎之后，巴黎变得更容易被理解"，"狄更斯和伦敦的建城者同样帮助我们认识了伦敦"④。

但如果说"文学上海"提供了社会转变之际人们想象上海这座城市独特的历史，那么，它也在相当程度上遏制了人们的"想象"。汉德森的话富有启示，重要的是讲述故事的年代，而不是故事讲述的年代。"讲述故事的年代"的氛围，到处弥漫着对匮乏的"深恶痛绝"和急于为今日的前行找寻到"基础"的需要，使昔日上海无形中成了"神话"之一种。如前所述，这一神话倾向于将昔日上海看作是一个具有无尽繁华和神秘性的存在⑤。如此的想象不仅存在于对"风花雪

---

① 参见《怀旧的政治：老上海酒吧、精英叙事与知识分子话语》，见《上海酒吧》。
② 参见《新天地成了上海一景》，《环球时报》2002年4月11日。
③④ 凯文·林奇《城市形态》，林庆怡等译，华夏出版社2001年版，第99、93页。
⑤ 这一神话的形成和其时海外的有关研究显然不无关系。李欧梵在《上海，作为香港的"她者"》中便认为："在我看来，香港大众文化景观的'老上海风尚'不光折射着香港的怀旧或困扰于自身的身份，倒更是因为上海昔日的繁华象征着某种真正的神秘，它不能被历史和革命的官方大叙事所阐释。"

月"的追溯上,也发生在"超越"了"时尚"的写作中①。写有《汽车城》的殷慧芬是富于现实感和表现力的作家,然而一个类似《旧上海的故事》中有关"冒险家乐园"的情节或细节:一个技艺高超的旧上海小铜匠,某日被请去开一个保险箱,保险箱里"成捆成捆"的美元和黄金首饰"哗啦啦地滑落下来",他只要一伸手就可以大发洋财,却几番出现在她的有关作品中②。她描写上海女性的《吉庆里》,作为"新市民小说"的一种,则演绎了另一种"上海传奇":没有住过上海石库门弄堂房子的,算不上标准的上海女性。程乃珊的《上海探戈》称得上是最近一部具有生动"史料"的作品,作者对上海工商阶层和城市生活的熟悉,使得它的叙述如数家珍,别具魅力,读来时有所得。然而,当我们听作者说:20世纪五六十年代上海的工商业主,物质上还相当优裕,"只要不乱说乱动,很可以过着世外桃源的生活"③——言辞之中不无自得时,则不能不吃惊于她的"单纯天真"了。当作者的注意力为"神秘"和"传奇"所吸引,历史的创痛就难以触及,历史与现实间真正富有张力的纠葛也就难以展开。进入新世纪以来,有关上海的描写出现了某种程度的"停顿",除了对"繁华"往昔的再三发掘外,真正具有现实敏感的描写却难以见到,究其原因,和这种迷恋不无关系。

问题也存在于王安忆的相关理解中。近期王安忆关于现实世界与小说创作的见解引起了一些不同意见,其实王安忆对"格式化"的敏感与批评,在全球化急遽发展的今天并非没有依据。尤其在上海这样的城市里,当城市的天际线被不断改变时,某种新的"模式"也在被建构出来。虽然这种"建构"表面看并不具有革命年代的"强制性",但其自由多元的背后,事实上另有着消费主义的普遍逻辑。然而,对"格式化"的警惕和批判却使王安忆无意中将上海弄堂中"曾有"的态势——那种"埋头于一日一日的生计,从容不迫地三餐一宿"④当作了生活唯一的"常态"。王安忆认为,当今世界的"生活常态已经变异"⑤了,"景物都是缭乱的",而在"浮泛的声色下,其实有着一些基本不变的秩序"⑥,她因此赞赏平实、细致并富有人情味的描写,赞赏与"不变"的秩序一脉相承的日常生活的作品。事实上,生活固然有其"基本不变"的一面,而变则是更为基本和主要的,在一个"转变"的时代里,便是那"三餐一日"也已经是变化巨大了;"变"才是它的"基本不变"。如果说格式化是现代人的"命定",那它同时为文学的创造和"解构"提供了机遇抑或挑战。对此,王安忆则似还处于意识的"悲壮的抵抗"⑦阶段,而尚未进入到创作的状态中去。

"文学上海"引发的问题其实远为复杂,比如,为"神话"所迷恋的仅是上海一地吗?什么时候起"繁华上海"也成了更为广泛的人们追溯的对象?然而,存在一个"共同"的上海吗?像上海

---

① 2000年《上海文学》开设名为"城市地图"的专栏。编辑者在集辑成册时称,比起"DD3咖啡馆和霞飞路"的时尚描写,"这部书更真,更有上海独特的体味和呼吸"。下文说到的有关作品即是刊登在"城市地图"中。
② 见《虹口轶事》,《上海文学》2000年10月。而在《汽车城》中,"黄澄澄的金条"则是藏在福特车的后盖箱里。
③ 《上海滩上老克拉》,见《上海探戈》。
④ 见《作家的压力和创作冲动》,《文汇报》2002年7月20日。
⑤ 见《文汇读书周报》2002年4月5日。
⑥ 《我看96—97上海作家小说》,载《我读我看》,上海人民出版社2001年版。
⑦ "悲壮的抵抗",王安忆某次讲演语。

这样一个历史复杂、阶层多样、移民历史悠久的城市,可能形成"统一"的城市认同吗?撇除种种对于"繁华"的"共同记忆",不同阶层乃至性别的个人或群体在城市与自我身份的认同上将发掘出怎样的经验和记忆?这些经验给予城市的认同将是一种"离散"还是新的集聚?即便是昔日繁华,似乎已经讲得很多,然而脱离了中国以至世界的背景,就上海而上海,能够作出清朗的解说吗?这一切似乎超出文学的范畴,然而,文学所具有的"叙述、想象、凝聚和召唤"的功能,却使我们对它不囿于已有的写作疆界仍寄寓了希望。

(原载《文学评论》2003年第3期)

《奥兰多》颠覆英国传记传统的书写策略

任一鸣

作为意识流小说家,弗吉尼亚·伍尔夫在文学创作方面的成就一般认为主要体现在她的几部意识流小说上。但伍尔夫在传记新形式的探索方面,更为惊世骇俗。伍尔夫的父亲莱斯利·斯蒂芬(Leslie Stephen)是英国19世纪著名传记作家,伍尔夫在父亲的熏陶下,自幼阅读了大量传记作品,在熟谙传统传记形式和笔法的基础上,形成了她自己独特的新传记观。[①]伍尔夫一生中有不少关于传记批评、理论与实践的成果,她对新传记形式的探索,在一定程度上受到了19世纪浪漫主义作家传记观的影响。当时英国文坛曾经围绕鲍斯威尔(James Boswell)的《约翰生传》(*Life of Johnson*, 1791)展开过一场关于传记文学理论的讨论。以卢卡特(John G. Lockhart)和柯勒律治(Samuel T. Coleridge)为代表的浪漫派作家对鲍斯威尔式的注重事实依据的传记提出了批评,认为传记作家不是历史学家,传记作为一种文学艺术,不应只关注传主的外在行为和客观事实,更应该表现人物的内心情感世界。伍尔夫曾在《传记的艺术》一文中说,应该让传记家在事实的基础上,"像写小说那样去写"。她认为新传记不应再被传主的所谓事实所累,而应大胆融入虚构的成分,甚至融入传记作者的想象和情感,这样才能更有效地表现出传主的个性,这样的传记才更真实。《奥兰多:一部传记》正是伍尔夫基于自己的新传记观而进行的写作实验。

《奥兰多:一部传记》是弗吉尼亚·伍尔夫第一部冠以"传记"的作品。在这部传记中,传主奥兰多是英国一位年轻贵族,其生命的前三十年为男性,三十岁以后变为女性。他/她跨越了四个世纪,且双性同体,长生不老,一生经历了从伊丽莎白一世直至维多利亚女王时期近四百年的历程。少年时在伊丽莎白一世女王身边承欢蒙宠,后来作为外交官,远赴土耳其。性别转变以后,又嫁为人妻,生儿育女。他/她崇尚大自然,酷爱诗歌,耗尽一生心血写成了诗作《大橡树》,成为维多利亚女王时代著名的女诗人。《奥兰多》出版后,六个月内销量即达八千册,是《到灯塔去》同期销量的两倍多,成为伍尔夫最为畅销的一部作品虽然《奥兰多》是一部冠以"传记"的作品,但同时也是一部标新立异的"反传记"实验之作。她在给好友的信中曾谈到欲以一种"革命"

[①] 新传记是20世纪初流行于英国的实验性传记,其现代派的传记理念和写作手法,对传统传记观提出了质疑。弗吉尼亚·伍尔夫在1927年发表的《某些人》一文中,首次使用了"新传记"一词。

的方法来写《奥兰多》,她写道:"我突然想到一种方法,可以在一夜之间使传记写作发生革命。"①那么,这种"方法"是什么呢?对《奥兰多》进行剖析,可以发现伍尔夫采取的"革命"性的反传记书写策略是,外在形式上认同传统传记,却对支撑传统传记的核心要素进行巧妙的偷梁换柱,正如她在《奥兰多》中所写:有一个旅人,在自己的箱子角落里藏着一大捆违禁品,被粗心大意的海关官员草草放行了。

> 假如时代精神仔细检查她头脑里的思想,或许会发现其中隐藏着严重违禁的东西,并因此对她实施重罚。她无非是靠一些小伎俩……以此表现出对时代精神的顺应,才得以侥幸逃脱检查。②

这就是作家与时代精神之间奥妙无穷的交易。伍尔夫与英国传记传统之间的颠覆性交易,正是通过这种貌似妥协实则抗争的策略完成的。

一、传主身份的转换

在英国传记传统中,传主的身份往往兼具两种要素,一是具有高尚品质的人,早期圣徒传中的圣徒,以及后来罗马天主教中那些堪称道德楷模的主教、修道士和神学家等,比如公元591年格雷戈里的《教父列传》,公元1006年阿尔弗里德的《圣徒列传》等;二是具有显赫社会地位的人,君王、大臣、显贵,或骑士、英雄。"17世纪以前……能够有幸为传所记者,不外乎宗教人物与帝王将相两类,因而当时的英国传记主要沿袭宗教人物传记和政治人物传记两条主线发展。"③因此,18世纪以前英国传统的传主大多为男性的圣徒、主教,或君王、大臣、英雄或显贵,而女性大多难以获得树碑立传的资格。④

伍尔夫笔下的"奥兰多"得以作为传主入传,在某种程度上是符合英国传统传记对传主的资格要求的。伍尔夫在《奥兰多》开篇时,就首先明确了他作为传主在性别身份上的合法性:"他——毫无疑问是男性。"⑤且他出身贵族,家世显赫,与英国王室有血缘关系——奥兰多是伊丽莎白女王的表侄;他本人在女王身边侍奉多年,深得圣宠,政治生涯一帆风顺,曾作为英国驻土耳其大使,屡建功业。但这位传主在获得了传主的资格以后,其身份却悄然发生了变化。

首先发生变化的是性别。性别的变化是传主身份转换的关键,因为后续发生的一切变化都与其性别身份的变化有关。在《奥兰多》的第三章,就在他被加封公爵冠冕、政治生涯达到顶峰

---

① 张京媛主编《当代女性主义文学批评》,北京大学出版社1992年版,第40页。
② V. Woolf, *Orlando*, NY: Harcourt Inc., 2006, p.196.
③ 唐岫敏等著《英国传记发展史》,上海外语教育出版社2012年版,第11页。
④ 安妮·范肖的《安妮·范肖夫人回忆录》(1676)是当时罕见的以女性名字命名的传记体著作。但书中大量笔墨记录了其丈夫理查德·范肖的一生,以及他的生活经历、政治生涯、人品、性格等,因此,严格来说,范肖夫人未必是传主。
⑤ V. Woolf, *Orlando*, p.11.

的时候,摇身一变,成了一位女性,"他全身赤裸,笔直地站在我们面前,当号角不断吹响'真相!真相! 真相!',我们别无选择,惟有承认:他是个女人"。①其次发生变化的是他的社会地位。当"他"变成了"她",就不可能再作为英国驻土耳其的大使了,不可能再"与贵族们坐在一起,头戴冠冕,或行走在贵族队列中,或行使生杀大权,再不能率领军队,骑着战马昂首阔步地走过白厅,胸前佩戴着七十二枚各式勋章"。②她的身份只是庄园的女主人,骑士谢莫尔丁的夫人,充其量再加上诗人。第三发生变化的是经济状况。在法院审理他究竟是男是女的旷世官司中,她耗尽了家产,家道中落,"虽然她重又尊贵无比,但也不过是位没落贵族"。③至此,传主的身份已被完全逆转。

奥兰多作为有易装癖、时男时女、男女同体的双性人,作为社会正统所不容的另类,竟然成为一部传记的传主,这彻底颠覆了传统传记在传主身份取向上的陈规旧俗,一反以伟岸高大的男性英雄为当然传主的维多利亚式传主形象。此外,奥兰多作为传主,对于英国传统传记的颠覆意义,还在于他/她所承载的道德意义。

在英国古典传记传统中,传主承担着道德伦理教化的功能,传主必须是占据道德高地的集众多美德于一身的道德楷模。这种传统在维多利亚时代演变为英雄传记的样式,"英雄崇拜也就成为19世纪传记作家的普遍特征了"。④但到了20世纪初,伍尔夫等新传记倡导者却对此提出了质疑和挑战,认为那种把主人公的缺点压缩到最低限度而抬高人物的传记,不管作者的写作技巧多么高明,总是使人怀疑其真实性。于是,为了增强传记的真实性和人物的个性,新传记作品往往更注重传主形象的立体感和鲜活性,并不避讳传主性格和道德上的瑕疵。维多利亚时代的英国传记,"手淫、补牙、体臭、月经、淋病、不良嗜好、性取向等都能成为传记的话题"。⑤以奥兰多为例,笨手笨脚,腼腆害羞,他/她少年时混迹于酒吧下等人中或吉卜赛部落中,在藏宝船里的偷情,有易装癖,等等。而他/她一生最大的瑕疵恐怕就是双性的问题,当年判定奥兰多为女性的旷世判决在伦敦引起了轩然大波:"人们把马套上四轮马车,把空空的马车赶到大街上,满街都是大大小小的马车川流不息,不为别的,只为了表达不平静的心情。有人在公牛酒吧演讲,有人在牡鹿酒吧辩论。全城上下灯火通明。"⑥这场旷世判决,与其说是对奥兰多性别的判决,不如说是对传统性别观念和道德观念的判决,也是对传统传记观中传主资格的判决。

可见,伍尔夫颠覆传主身份的策略在于虚化边界。她挑战传统,但却不割裂传统,刻意模糊或虚化新传记与传统传记之间的边界。以传主的性别身份而言,《奥兰多》并非以一位女性传主来与男性传主的传统抗衡,而是呈现给读者一位先男后女、时男时女、亦男亦女的性别身份不清晰的人物;以传主的经济和社会地位而言,虽然家道中落但仍是贵族,虽然仕途中断但却成为文

---

① V. Woolf, *Orlando*, p.102.
② V. Woolf, *Orlando*, p.116.
③⑥ V. Woolf, *Orlando*, p.187.
④ A.O.J. Cockshut, *Truth to Life: The Art of Biography in the 19th Century*, NY: Harcourt Brace Jovanovich, 1974, p.42.
⑤ Hermione Lee, *V. Woolf's Nose: Essays on Biography*, Princeton University Press, 2007, p.3.

学界冉冉升起的一颗新星。正是在虚化边界的过程中,《奥兰多》实现了传主身份从传统传记到新传记的跨越。

二、心灵时间 vs 钟表时间

英国古典传记受圣徒传的影响极为深刻,因此其叙事传统沿袭的是线性叙事模式。"在圣徒传文本中,传者所遵循的组织叙事的规范通常是按照时间的线性顺序安排叙事。"[①]线性叙事是按照现实中的钟表时间的年代顺序进行叙事,这种叙事模式在很长的历史时期内被看作是历史真实性的体现,这也正是传统传记的史学意义所在。

正如上文所述,伍尔夫的新传记观挑战传统,但却不割裂传统。因此,表面看来,《奥兰多》在叙事形式上似乎严格遵循了传统传记所谓的线性叙述模式。在谋篇布局和章节排序上,《奥兰多》从传主的少年时代开始,循着传主的成长和变化过程,按照年代顺序叙述传主的一生。这就是现实中所谓的钟表时间。所不同的是,《奥兰多》作为新传记的实践,在行文中又出现了一种新的时间概念,即心灵时间。关于"心灵时间",伍尔夫在《奥兰多》中有两段详细的描述和解释。在第二章中,伍尔夫写道:

> 不幸的是,时光虽然能使动植物的生长和衰亡准确得不可思议,但对人类心灵的影响就不那么简单了。而且,人类的心灵对时光的影响也同样奇妙。一小时的时间,一旦以人的心灵来衡量,就可能被拉长至时钟长度的五十倍或一百倍。在另一种情况下,人的心灵又可能把一小时精确地表达为一秒钟。人们极少察觉钟表时间与心灵时间之间的差异,这种差异值得探究。[②]

接着,伍尔夫以奥兰多为例来解释两种时间的差别,她写道:"当他(奥兰多)发号施令处理自己庄园的事情时,不过是一眨眼的功夫,当他独自一人在山丘上的橡树下时,每一秒便如同一滴膨胀起来的小水珠,充盈着仿佛永远都不会滴落下来。"当他思考何为爱情、何为友谊、何为真理时,"逝去的岁月似乎就变得漫长而纷繁,充斥进盈盈欲滴的每一秒水珠,使这一滴小水珠膨胀得超过正常时间的数倍,五彩斑斓,宇宙间的千头万绪尽在其中"。[③]在《奥兰多》第六章中,伍尔夫又写道,有人的心灵时间和现实中的钟表时间是一致的,"对于那些熟谙生活技巧、通常又是默默无闻的人来说,不可否认的是,他们能设法把自己人生的六十或七十年时间调整得同每个正常人的时间节奏一致","他们既不会在现代中轰然崩溃,也不会完全迷失在追忆往昔时光中。这些人的寿命,我们只能按照墓碑上所说的精确数字,活了六十八年,或七十二年"。[④]但对

[①] 唐岫敏等《英国传记发展史》,第 5 页。
[②][③] V. Woolf, *Orlando*, p.72.
[④] V. Woolf, *Orlando*, p.223.

于另一些人来说,"虽然已经活了几百年,却自称只有三十六岁(比如奥兰多)。无论《英国名人传记辞典》上的人物生卒年份如何显示,一个人寿命的真正长短,永远都存在争议。因为计时是一件颇为困难的事,再娴熟的计时手法,也会被迅速扰乱"。①

心理时间观与传统意义的现实时间观有着本质的区别。从伍尔夫在《奥兰多》中对心灵时间和钟表时间的阐释来看,两种时间观之间至少有以下明显的差异:首先,度量时间长短的标准不同。一小时的钟表时间,可以被心灵时间拉长至时钟长度的五十倍或一百倍,亦可以把一小时缩短为一秒钟;其次,心灵时间的先后顺序可以完全不遵从钟表时间的先后顺序,过去、现在和未来之间可以随意穿梭、相互渗透。逝去的时光可以在心灵时间中重现并膨胀得超过正常时间的数倍。因此,心灵时间的建构是对钟表时间所建立的现实秩序的解构,也是对依赖钟表时间现实秩序的线性叙事模式的颠覆。

既然奥兰多属于那种钟表时间会被心灵时间迅速扰乱的人,那么,将心灵时间介入到《奥兰多》的叙事模式中,就使得遵循钟表时间和年代顺序的叙事显得毫无意义了,因为心灵时间"是一条无底的无岸的河流,它不借可以标出的力量而流向一个不能确定的方向"。②伍尔夫通过"心灵时间"与钟表时间的不同,将传主奥兰多的一生延续至将近四百年,从16世纪一直活到20世纪,而依然保持36岁的风华正茂,这完全有悖于现实生活中人类生理时间的真实状况。在《奥兰多》的第六章中,伍尔夫通过奥兰多的意识流动和现实场景的交织,使心灵时间和钟表时间发生了激烈交锋。奥兰多一会儿站在窗前,离开一会儿又站在窗前,如此反复几次,王朝就从维多利亚时代过渡到了爱德华时代,而她的心理时间、她的意识流动却在18、19和20世纪之间往返穿梭:

> 就在她想的时候,仿佛自己在一条漫长的隧道里穿行了几百年,此刻豁然开朗;一束亮光倾泻进来;她脑子里的弦莫名其妙地绷紧了,仿佛钢琴调音师把调音销插进了她的脊背,旋紧了她的神经;与此同时,她的听力也变得敏锐了,能够听到房间里的每一声细微的沙沙声,以至座钟的嘀嗒声在她听来宛如敲打重锤的声音。几秒钟之内,那束光越来越亮,眼前的一切也变得越来越清晰,座钟的嘀嗒声也越来越响,直至耳边传来一声可怕的爆炸声。奥兰多吃惊地跳了起来,好像她的头挨了重重的一击。她被重重地击打了十次。事实上,此时已经是一九二八年,十月十一日,上午十点钟。已经到了现时。③

时钟敲打出来的时间秩序与奥兰多心灵时间的混乱颠倒、杂乱无序形成了鲜明的反差。伍尔夫为读者打开了另一种新的时间维度,在此时间维度中,生命因为更为鲜活流动而显得更为真实,固有的刻板有序的时间维度在新的时间维度面前变得苍白而缺乏活力。又如,奥兰多在

---

① V. Woolf, *Orlando*, p.224.
② 杨河《时间概念史研究》,北京大学出版社1998年版,第263页。
③ V. Woolf, *Orlando*, pp.218—219.

20世纪的某一天,在大街上遇到了三百年前的老相识格林,在百货公司遇到了三百年前的旧情人萨莎,读者此刻与其相信老格林、萨莎穿越时空,不如认为是奥兰多的心灵时间从20世纪穿越到了三百年前。

伍尔夫将传统传记仅仅记录传主钟表时间概念的一生,拓展为心灵时间概念的一生,以这种夸张到几近荒诞的方式,颠覆了传统传记中钟表时间所支撑的线性叙事模式。通过传主的意识流动,现时与既往之间的先后颠倒、彼此错位和相互渗透,《奥兰多》在线性叙事的有序框架中,隐藏了一种无序叙事模式。因此,构建心灵时间去抗衡钟表时间,是《奥兰多》挑战传统传记线性叙事模式的巧妙策略。它带来的结果,是将一种无序的以心理体验为依托的叙事模式融入了传记的书写中,使古典传记的史学身份淡化了,而传记的文学性或类似小说的虚构性被强化了。

伍尔夫的"心灵时间"观显然受到了法国哲学家柏格森心理时间观的影响。柏格森认为生命是一种"绵延"的流动,是一种心理体验。换言之,时间的流逝也只是一种心理体验。这种心理时间观在20世纪上半叶对意识流小说产生了巨大的影响。作为意识流小说家,"心灵时间"也是伍尔夫意识流小说的重要时间维度,但在传记体中使用"心灵时间",《奥兰多》具有开创性意义。"在《达洛卫夫人》中,人生重要的五十年光阴被浓缩进了二十四小时,《奥兰多》不过是再往前迈了一步,把一个人四十年的经历延展至三百多年。"[1]但值得注意的是,心理时间观对传记叙事模式的影响与对小说的影响有着本质的不同,从《达洛卫夫人》到《奥兰多》,伍尔夫迈出的这一步对于传记来说是颠覆性的。因为小说作为一种以虚构为本质的文类,引入意识的流动、情感的绵延,扰乱传统的线性叙事,并不会影响其虚构的本质。而传记则不同,在15世纪以前的英国,"传记尚未成为独立的学科,人们普遍将其视为历史学科的分支"。[2]线性叙事模式是维护传记史学意义的重要形式,因此,对线性叙事模式的颠覆,是将传记从古典传记的史学身份剥离开来,而着意渲染其文学虚构性。

三、虚构与事实

英国传记传统一般着重于记录某个人的真实事件,以貌似客观公正的叙述方法将所谓的客观现实呈现给读者,如上所述,有很长一段时期英国传统传记与历史的界限十分模糊。17世纪英国著名文学家约翰·德莱顿明确将传记视为历史的一个分支,"历史学主要分为三种类型:记事或编年史;可严格称谓的历史;传记或特定人物的生平"。[3]

在传统传记观看来,是否详尽客观地记录了传主一生的"事实",往往是衡量一部传记是否成功的标准。因此,伍尔夫也处处着意宣称《奥兰多》作为传记所具有的严肃的史学意义。首

---

[1] Winifred Holtby, *V. Woolf: A Critical Memoir*. Chicago: Academy Press, 1978, p.162.
[2] 唐岫敏等《英国传记发展史》,第23页。
[3] 唐岫敏等《英国传记发展史》,第210页。

先,为了避免在文类上的混淆,她在作品的标题上赫然用了"传记"一词;然后,在《奥兰多》的序言中她又强调,这部传记的完成得到了朋友、学者、历史学家和批评家的帮助,其中有笛福、艾米丽·勃朗特、罗杰·弗莱、里顿·斯特拉齐、E.M.福斯特,还有深谙俄罗斯文化和中国文化的学者,①洋洋洒洒列举了近两页的名单,似乎是以此佐证这部传记的严肃性和历史重构性;②在叙述的过程中,伍尔夫又以带有自嘲的口吻声明《奥兰多》所依据的材料,"无论是私人文件还是历史记载,都能满足传记作者的基本需求,使传记作者可以循着事实不可磨灭的足迹,心无旁骛地缓步前行"。③但是,《奥兰多》终究是一部令人迷惑的作品,无论是传主本人的生平故事,还是作品的文类归属,对于批评家和普通读者来说,都像一个谜。当年批评家康拉德·艾肯就曾断言,读者阅读《奥兰多》时将会感到茫然,"不能确定这本书是传记,还是对传记的讽刺,是历史,还是对历史的讽刺,是小说,还是寓言"。④而另一位批评家里昂·埃德尔则指出,"《奥兰多》实际既不是文学游戏,也不完全是小说:它属于另一种文类。它是一部寓言——传记家的寓言"。⑤因为《奥兰多》中有太多的梦幻、想象和虚构无处不在地与事实交织在一起:"《奥兰多》把幻想和史实、可能性与不可能性结合在一起,以梦幻世界的景象来反映历史和行为方式。"⑥

  作为传记,《奥兰多》为不得不借用虚构和想象找到了无可推诿的托辞。托辞之一是:某些情节缺乏文字记载的历史材料,而另一些有据可查的历史文献,又被大火无情地烧毁了——"彻底损毁了那些有据可查的文件,以至于我们能提供给读者的材料少得可怜。被大火烧得焦黄的地方,往往恰恰是最重要一句话的当中。就在我们以为就要解开一个困扰了历史学家一百多年的秘密的时候,手稿上就突然出现了一个比手指还大的窟窿。我们竭尽所能从那些尚存的烧焦了的碎片中拼凑出了一份可怜的梗概,却仍不时需要借助猜想、推测,甚至幻想。"⑦托辞之二是:传主是一位女性,而"当我们叙述一个女人的生活,人们普遍认为,我们可以略去她的行动,只谈爱情。有位诗人曾经说过,爱情是女人的全部生存方式"。⑧而爱情属于情感的范畴,因此,传记记录的事实中,应该包括情感,即事实不应该仅仅指一个人外在的言行、所经历的往事,还应该包括一个人的情感、想象等心理活动。因此,那些为传统传记所不能容忍的要素:虚构,想象,心理描写,情感抒发等,都在这两个振振有词的借口下理直气壮地在传记的圣殿中登堂入室了。

  在作品中,奥兰多人生的几个重要场合,伍尔夫都用"幻想"或"幻觉"来填补"事实"应在的位置。比如关于奥兰多的变性:

---

① V. Woolf, *Orlando*, pp.5—6.
② David Daiches, *Virginia Woolf*, Norfolk, Conn.: New Directions, 1942, pp.98—99.
③ V. Woolf, *Orlando*, p.49.
④ Conrad Aiken, Review of Orlando, Dial, Feb. 1929, In Robin Majumdar and Allen McLaurin, eds., *V. Woolf: The Critical Heritage*. Boston: Routledge 1975, pp.234—236.
⑤ Leon Edle, *Literary Biography*, Bloomington: Indiana University Press 1973, p.139.
⑥ Desmond MacCarthy, Review of Orlando, Sunday Times, Oct. 14, 1928, In Robin Majumdar and Allen McLaurin, eds., *V. Woolf: The Critical Heritage*, Boston: Routledge 1975, p.225.
⑦ V. Woolf, *Orlando*, p.88.
⑧ V. Woolf, *Orlando*, p.198.

叙述到这里,又陷入了事实模糊不清的境地。我们心里几乎想大声呼喊,干脆再模糊些吧,模糊到我们完全无法辨明真相!……可就在此刻,唉,有三位神祇守护在传记作者的墨水瓶旁,他们是严厉的真相之神,坦率之神和诚实之神,他们大声喊道"万万不可!"他们将银号举到唇边,吹响了他们的请求:真相! 接着又吹:真相! 这嘹亮的号声三次齐鸣,真相,只要真相!

……

在号声中,奥兰多悠悠醒来。

他伸了伸懒腰,站起身来。他全身赤裸,笔直地站在我们面前,当号角不断吹响"真相! 真相! 真相!",我们别无选择,惟有承认:他是个女人。①

在这段文字里,"真相""坦率"和"诚实"都处在神的位置,象征着传统传记观中"事实"的神圣不可侵犯的至高地位,但传记作者却坦言,"陷入了事实模糊不清的境地",于是,不得不安排三位"非现实存在的"或幻想中的仙女出场,通过仙女们的载歌载舞填补了从"事实模糊不清"到"真相"之间的空白地带。也就是说,惟有借助了幻想的手段,才最后企及了"真相"。由此,伍尔夫揭示了"真相"的本质,即传统传记观所信奉和追求的所谓"真相"是不可及的,在追寻真实之可能与企及真实之不可能之间的差距,只能用虚构和幻想来填补。

关于奥兰多人生的另一个重要场合:结婚,伍尔夫是这样描述婚礼的:

伴随着呼呼的关门声和听起来像是敲铜锅的声音,风琴奏响了,琴声时而低沉,时而高昂。杜普尔先生如今已老态龙钟,他提高嗓门,想压过众人的嘈杂声,但没人听得见他在说什么。接着,出现了片刻安静。一个词清晰地回荡着——肯定是"至死不渝"那个词。庄园里的仆人们都挤进教堂里来听,他们手里还拿着耙子和赶牲口的鞭子,有人在唱圣歌,有人在祷告,还有一只鸟撞在了窗框上。一声惊雷响起,谁也没听见"我愿意"这个词,谁也没看见新郎新娘交换戒指,只看见一道金光闪过。一切都游移不定,混沌不清。②

根据这段文字,奥兰多结婚这个"事实"并没有确凿的证据,因为"谁也没听见'我愿意'这个词,谁也没看见新郎新娘交换戒指,只看见一道金光闪过。一切都游移不定,混沌不清"。伍尔夫用另一种"诚实"——不知道真相是什么或真相是不可知的——来对抗传统传记所谓的忠于事实的"诚实"观,也就是说,如果传记家真的足够诚实的话,那么就应该坦言,所谓事实真相其实是不可知不可及的。

但也有些场合,伍尔夫是用"事实"来填补了"虚构"应在的位置。比如,在写到奥兰多生孩

---

① V. Woolf, *Orlando*, p.99, p.102.
② V. Woolf, *Orlando*, pp.191—193.

子的场面时,伍尔夫这样写道:

> 让我们想一想,作为传记作者,该如何巧妙地掩饰这一段不得不写的史实……那么,在这个灰蒙蒙的三月早晨,就不会发生什么事,去缓和、掩盖、隐藏、遮蔽那件不可否认的事吗?
> ……
> 琴声轻轻的,风笛般悠扬,长笛般清亮,时断时续。我们不妨就让这琴声打断我们的叙述吧,……让我们就用这琴声来填满这一页,直到那不可否认的时刻到来……手风琴声嘎然而止。
> "是个漂亮的男孩,夫人",助产婆班廷太太说着,把奥兰多的头生子送到了她的怀抱里。换一种说法,在三月二十日,星期四的凌晨三点钟,奥兰多平安产下一子。①

伍尔夫在这里击中了传统传记观的另一个致命的弱点——掩饰真相。正如上文提及,在英国古典传记传统中,传主承担着道德伦理教化的功能,因此必须是占据道德高地的集众多美德于一身的道德楷模,凡是被社会所不容的道德瑕疵,即便是"真相",也应在传记中被回避,被掩饰。这种传统在维多利亚时代演变为英雄传记的样式,英雄崇拜蔚然成风。而奥兰多作为传主,不仅自己性别模糊,且嫁给了一位同样性别模糊的邦斯洛普,甚至还生养了孩子。这类本应在传记中含糊其辞、遮遮掩掩的"事实",被伍尔夫言之凿凿地呈现在读者的面前:"在三月二十日,星期四的凌晨三点钟,奥兰多平安产下一子。"时间精确,文字简练,意思明白无误。伍尔夫就是用这种反其道而行之的策略,轻松而不着痕迹地调侃了一下传统传记的诚实观。

因此,《奥兰多》作为新传记的实验,其所追寻的与其说是事实,不如说是追寻事实的本质。②伍尔夫认为新传记应该不再被传主的所谓事实所累,而应该大胆融入虚构的成分,甚至融入传记作者的想象和情感,这样才能更有效地表现出传主的个性,这样的传记才更真实,因为"越来越真实的生活就是虚构的生活"。③伍尔夫特别赞赏阿诺德·尼科尔森的传记作品,因为其中渗入了许多虚构故事的手法以及作者的想象和立场观点,伍尔夫觉得这样反而更趋于真实。换言之,诉诸于文字的"事实",无论是小说还是传记或历史,都是虚构的"事实",或含有虚构成分的建构性的事实。伍尔夫针对传记家锡德尼·李关于传记是"忠实传达人物个性"的说法,指出这种对传记的要求是分裂的,因为"一面是事实,另一面是人物个性,如果我们把事实看作花岗岩般坚硬,把人物个性看作彩虹般变化莫测,而传记的目的则是将两者进行无缝对接"。④这几乎是难以完成的使命,正如伍尔夫在日记中谈到她对《奥兰多》的设想时说,这部书"必须是真实的,

---

① V.Woolf, *Orlando*, pp.216—217.
② Anne Olivier Bell ed., *The Diary of V. Woolf*, NY: Harcourt, 5 Vols. 1977—1984, Vol. 3, p.113.
③ 张京媛主编《当代女性主义文学批评》,第40页。
④ V.Woolf, "The New Biography", in *Collected Essays of V. Woolf*, NY: Harcourt 1967, Vol. 4, p.229.

但同时也是幻想的"。①《奥兰多》就是"传记家用一种标新立异的方法来解决彩虹与花岗岩、人物个性与事实真相的紧密结合问题"。②这种标新立异的方法就是,在传记的书写中冲破"事实"的藩篱,使想象获得最大限度的释放。书写和想象的自由,正是伍尔夫在写作《奥兰多》时所追求的。

四、结　语

　　无羁的想象和自由的书写,可以说是伍尔夫的终极追求。她反对任何范式的束缚,当她的意识流小说创作获得巨大成功,被纳入批评家的视野认真研读并被范式化以后,她就产生了压抑和逃遁的欲望,当《到灯塔去》取得巨大成功之后,她在日记中写道:"我觉得茫然,抑郁,负担很重,不知道接下去该写什么——真的想要自杀了,这种严肃的实验性写作总是引起密切关注,而事实上我想逃离这种写作","我越来越肯定我不会再写小说了"。③《奥兰多》就是她的一次大逃亡:从小说逃到传记——从传记的传统形式逃到一种不受任何文类规范束缚的自由形式。当然,正如奥兰多无论怎样特立独行也不得不"买一只丑陋不堪的指环,躲在窗帘阴影处,羞愧难当地偷偷把它套在手指上",不得不"顺应时代潮流,拖曳起沉重的裙撑",伍尔夫也只能借助一些巧妙的手段和策略,才能在传统的束缚下,悄然释放内心对无羁想象和自由书写的追求。

　　用调侃传统传记规范的诙谐笔法来完成颠覆传统传记的严肃使命,《奥兰多》并不是伍尔夫笔下的第一部。她1907年创作的《友谊长廊》,也许可以视为她对新传记叙事模式的最早尝试。《奥兰多》诙谐调侃的文风,以及现实与想象、事实与虚构交融的笔法,在《友谊长廊》中已初见端倪,而在《奥兰多》中则表现得更为娴熟而自信。《奥兰多》因其对传统传记模式的颠覆和戏拟,因而也被称为"仿传",但"仿传"或"戏拟传记"的说法,其实恰恰是站在传统传记陈规旧俗的立场上,贬低或抹杀了伍尔夫尝试新传记的开创性意义。在《奥兰多》荒诞幽默、轻松诙谐的叙事表象下,是伍尔夫对现实与想象、真实与虚构、小说与传记的形式和本质的严肃思考,亦谐亦庄,正是伍尔夫颠覆英国传记传统的策略精髓。

(原载《社会科学》2016年第7期)

---

① Anne Olivier Bell ed., *The Diary of V. Woolf*, Vol. 3, pp.156—157.
② Maria Dibattista, "Introduction", in V. Woolf, *Orlando*, NY: Harcourt, 2006, p.xlvi.
③ Anne Olivier Bell ed., *The Diary of V. Woolf*, Vol. 3, p.177.

"幽魂"与"革命":从李慧娘鬼戏改编看新中国文艺实践

张炼红

前　言

　　20世纪中期的新中国大众文艺改造,以旨在改戏、改人、改制的戏曲改革运动为代表,可谓是一场牵涉面极广、整合度极强、影响力极大的社会主义文化政治的具体实践。它直接关涉到"新中国"如何通过大众文艺的"推陈出新"来创造"新文化",以此重塑现代民族国家理想和人民主体形象,其间涵纳着如何强化宣传机制、变革政治形态、培育文化认同、重建社会秩序,进而如何再造民众生活世界及伦理道德观念等重大理论与社会实践问题。通过梳理分析新中国文艺实践所呈现的社会转型期的文化政治、情感伦理及精神状况,我更想从戏里戏外充满困厄的民众生活世界里,体认绵延于吾土吾民中看似曲折微茫却不竭向上的伦理传承、精神气脉与理想追求,进而通过文化思想与社会实践的赋形、取意、传神,使之成为当下问题情境中可接受、可延续、可发展的建设性能量。

　　生活在中国,哪里有戏曲,哪里就有百姓民众的喜怒哀乐,哪里就会有不易被高高在上的知识者发现的文化精魂。想想中国人世代相传的戏曲故事,特别是民众热爱的那些蒙冤受屈被蹂躏的戏曲人物,他们越是被压抑被磨砺的生命愿望,越是边缘化底层化的生活实践,日积月累就越有强劲的生命力,越像是幽暗里发出的光,石缝间绽开的花,静默中震撼人心。哪怕生命被唾弃被杀戮,不屈的精魂到底还是要来洗冤雪耻,藉此倾其深衷,了其念想,就像《窦娥冤》《李慧娘》《焚香记》《京娘送兄》里那些冤魂形象,猛回头时依然令人触目璎心。不同于高度政治意识形态化的"旧社会把人变成鬼,新社会把鬼变成人"的人鬼说,经典鬼戏中这些丽质而薄命的女性,曾被无法抗拒的强暴和不义夺去活泼泼的生命,心有不甘,冤魂不散,转而以别样的可能性重回人世间,并以更强烈地介入矛盾冲突和社会斗争的方式,蹈厉发扬其作为生命核心的异质性、抗争性的精神特质,即普天下冤苦无告者对现世一切压迫性结构的愤怒与质疑,挣扎与反抗,进而渴望世道变革的诉求与行动。这些摄人心魄的幽魂,深情,决绝,微而不弱,至柔至刚,正像绍兴戏里鲁迅推崇的女吊形象,"带复仇性的,比别的一切鬼魂更美,更强的鬼魂",激扬着一种如地火般埋藏在吾土吾民中的隐忍而执著的抗争精神,为的就是要死死捍卫人世间的生命权利、精神自由和社会正义,湛湛青天不可欺!

有鉴于此,倘以戏改运动中几经反复而纷争不断的鬼戏改造为中心,深入考察《李慧娘》等蕴含"人民性"的鬼戏(鬼魂戏)代表作的渊源流变,同时梳理鬼戏改造过程中的社会反响、文艺论争和思想论辩,或可尝试着探析新中国文艺实践在处理传统文化时遭遇的内在困顿和张力,进而把握推陈出新方针下所能涵纳的更贴近世道人心的价值取向、情感结构与文化政治。而在民众生活世界所维系的世道人心之"常"与"变"中,恰恰是这些如冤魂般长久压抑着的抗争意志和情感势能,持续激发起人们的主体力量及其强烈的艺术形式感,既能以其激进性获得革命政党意识形态的青睐和提升,也会因其异质性而被处于危机时刻的国家意识形态视若禁忌,以至于喑哑无声,间或沉潜为无声之声。正因此,围绕着李慧娘戏曲改编而来的鬼戏之变/辩,及其所承载的大众文艺改造的丰富实践性与广泛争议性,才可能凭借其强韧的张力而在高度政治化的历史文化语境中裂变出多重社会政治能量,甚至如新编昆剧《李慧娘》那样被强力制造成"文革"引爆点之一,由此而成其为新中国激进文化政治的一个极幽深的隐喻。

一、传奇《红梅记》:拈取一段人鬼情缘

文心世态常与变,一缕幽魂四百年。

追本溯源,各地传演至今的李慧娘戏曲,初皆改编自明代周朝俊所撰《红梅记》传奇。该剧出在传奇勃兴期,盛传盛演于明末,每逢宴客,诸伶无不唱《红梅记》。其间有袁宏道删润本、袁于令剑啸阁改本、汤显祖玉茗堂批本,后者辑入《古本戏曲丛刊》。汤显祖《〈红梅记〉总评》曰:"境界迂回宛转,绝处逢生,极尽剧场之变。大都曲中光景,依稀《西厢》、《牡丹亭》之季孟间。……词坛若此者,亦不可多得。"王稺登《叙〈红梅记〉》云:"其词真,其调俊,其情宛而畅,其布格新奇,而毫不落于时套。削尽繁华,独存本色。"[1]祁彪佳《远山堂曲品》则谓其"手笔轻倩,每有秀色浮动曲白间,当是时调之隽"。[2]

记中李慧娘故事,唐代《飞烟传》中依稀有影,宋代《绿窗新话·金彦游春遇会娘》亦可见其雏形,但情节与《红梅记》还有些距离。《红梅记》本事来源之一,据清代无名氏编《曲海总目提要》载,元人稗史有《绿衣人传》讲述贾府侍女和男仆因情赐死西湖之后的人鬼情缘,《红梅记》中有关李慧娘数折即本此而作。其间最令人过目难忘的,就是《绿衣人传》借绿衣双鬟与赵源闲话之际,不动声色地提及贾似道(号秋壑)一件旧事:

秋壑一日倚楼闲望,诸姬皆侍。适二人乌巾素服,乘小舟由湖登岸。一姬曰:"美哉,二

---

[1] [明]周朝俊:《红梅记》,王星琦校注,上海古籍出版社 1985 年版,第 177、178 页。周朝俊,万历年间诸生,生平事迹无可考,唯见引述王稺登《叙〈红梅记〉》语:"举动言笑,大抵以文弱自爱,而一种旷越之情,超然尘外。"
[2] [明]祁彪佳:《远山堂曲品》,俞为民、孙蓉蓉编《历代曲话汇编:新编中国古典戏曲论著集成》(明代编),黄山书社 2009 年版,第 567 页。

少年!"秋壑曰:"汝愿事之耶?当令纳聘。"姬笑而无言。逾时,令人捧一盒,呼诸姬至前曰:"适为某姬纳聘。"启视之,则姬之首也,诸姬皆战栗而退。①

此事触目惊心,在元代刘一清《钱塘遗事》中直接题为"贾相之虐"。《宋史》"奸臣传"述贾专横,顺昌逆亡,朝中正人端士被其破坏殆尽。襄阳围急,贾相坐拥西湖葛岭,淫乐纵博,人无敢窥其第者,妾有兄立府门若将入者,见之即缚投火中。贾专恣日甚,畏人议己,务以权术驾驭,牢笼一时名士,加太学餐钱,宽科场恩例,由是言路断绝,威福肆行。②诸如此类有关贾似道的历史记载和民间传说,即为《红梅记》取材的另一来源。③

明中叶后,传奇虽仍以纯与才子佳人为主,却也出现描写士人关心政治并参与斗争的作品,借离合之情,写兴亡之感,处处流露其政治态度,《红梅记》可谓开此风气之先,发展到《桃花扇》成其为极致。④万历年间,宰相张居正逝后改革告终,朝中党争剧烈,吏治腐败,横征暴敛,民怨深重,再加边患不断,社稷将倾,情势绝类南宋之际。值此时代情境,周氏以正史野史所述南宋末年社会政治历史为背景,博采精选,重新构思,融身世家国感怀于风月情事,敷演出裴李间人鬼奇缘、裴卢间离合姻缘这两条爱情线,垫之以太学生与贾似道的政治斗争线,而贾妒杀慧娘、幽禁裴生即为勾连三线的重要关节,遂能险中出奇,奇中生情,情节跌宕有致。较之《绿衣人传》等前代笔记,传奇《红梅记》中李慧娘虽非主角而情感更热烈,行动更坚决,意志更坚定,命运也更凄婉,因而成为不朽的艺术形象。⑤记中语言科诨不俗,直刺世情,不惟周郎始作俑者,而后各色人等皆可藉此酒杯,浇其块垒。

……(具体分析从略)

明清以降,各地方戏曲剧种中源出《红梅记》的剧目,大多保留裴卢、裴李两条爱情线,对太学生与贾似道的政治斗争线,或删净,或削弱,像川剧滇剧《红梅记》、蒲剧《红梅阁》、河北梆子《红梅阁》、京剧《游湖阴配》、秦腔汉剧山西梆子《游西湖》等。而且,地方戏多以李慧娘为主人公,虽各有增删,铺衍变化,然《游湖》《幽会》《放裴》《鬼辩》等折长演不衰,成为各剧种保留至今的经典折子戏。⑥

二、秦腔《游西湖》:摆不脱的"传统窠臼"

"解放"了,"戏改"了。李慧娘,一缕幽魂不散,又将会经受何等历炼与迁延?

---

① 《曲海总目提要》卷七,《历代曲话汇编.新编中国古典戏曲论著集成》(清代编),第271—272页。
② [元]脱脱等:《宋史》,中华书局1985年版,第13784页。
③ 如明代冯梦龙辑《喻世明言・木绵庵郑虎臣报冤》,记述贾从发迹到败灭之过程,素材多采自《宋史》、南宋周密《齐东野语》、明田汝成《西湖游览志余》,以及《三朝野史》《山房随笔》《山居新话》等笔记。
④ [明]周朝俊:《红梅记》,王星琦校注,前言,第2页。
⑤ 郭英德:《明清传奇史》,江苏古籍出版社2001年版,第270页。
⑥ 参见《中国剧目辞典》(据王森然遗稿扩编),河北教育出版社1997年版,第784页;陶君起:《京剧剧目初探》,中国戏剧出版社1963年版,第284页。

……(改编过程及社会反响从略)

有意味的是,1957年马健翎等人的改编本虽已恢复鬼魂并作调整,但对某些问题仍作坚持,在评论者看来仍未脱出"才子佳人戏的窠臼"。合作者黄俊耀回忆,始自1953年的《游西湖》改编及批评论争过程,使马健翎精神上受到很大折磨,西北戏曲研究院也几乎被省里解散。①面临种种批评意见,当事人内心如何应对,于今已无迹可寻真。那么更不能忽略的,就是留在《改编说明》中的简单表述,想必也是对批评的低调回应:

> "游西湖"是秦腔优秀的传统节目,剧中通过李慧娘为摆脱生活桎梏,与宋代奸相贾似道进行生死斗争的故事,反映了历史时代人民对统治者的万分仇恨和不可屈的意志。长时期来,这个戏一直为人民群众所热爱。
>
> 改编者本着去芜存精的精神,删除了掺杂在剧中的一些迷信色彩与恐怖的场面气氛;同时又慎重地考虑了各方面的意见,为了突出主题思想,增加了李慧娘和裴瑞卿在被贾似道迫害前的爱情;有意识地移植保存了原剧折梅、赠梅等优美的写照,从而加强了故事的曲折性与结局的悲剧性,给予邪恶和正义以鲜明的对比。②

对于地方戏中令评论界颇感不屑与不耐的"传统窠臼",怎么理解马健翎等人的努力和坚持才更妥帖？此时摆不脱的"传统窠臼",又与彼时的"中国作风"和"中国气派"有何内在牵连？其间,新中国政治舞台上戏目更替出将入相何曾消停过,戏改实践也随之几经波澜,而所谓变中之常,如同海面永久波动之平静,难道还会是简单的不变与坚守么？

三、新编昆剧《李慧娘》:"幽魂"与"革命"

1959年春节,应北方昆曲剧院邀请,孟超选取《红梅记》中的相关情节(游湖、杀妾、幽会、谋刺、脱难、鬼辩及恣宴),并借鉴秦腔《游西湖》、川剧《红梅记》、梆子《阴阳扇》、粤剧《红梅记》、特别是京剧《红梅阁》等剧目,创作了新编昆剧《李慧娘》。

> ……我爱这戏,亦自不例外。自总角之年起,每于草台社戏,得睹李慧娘幽魂之丽质英姿,光彩逼人,作为复仇的女性,鬼舞于歌场之上,而不能不为之心往神驰;形影憧憧,见于梦寐,印象久而弥深。……这原因固不止由于一向上演《红梅阁》时,舞台上增加了不少喷火、变脸、跌扑、舞蹈等特技身段,足以引人入胜;而更重要的还在于塑造出李慧娘这一庄严美丽的灵魂,强烈的、正义的化身。一个无辜的牺牲者,身为厉鬼,而心在世间,与一代豪势

---

① 黄俊耀:《马健翎的艺术生涯》,见《人民艺术家马健翎》第177页。
② 秦腔《游西湖》,马健翎、黄俊耀、姜炳泰、张棣庚改编,陕西人民出版社1980年版。

苦斗到底,并同千古被压迫者同命运、共呼吸,因而也就不能不使人心头供养,只觉其气贯长虹,可敬可爱,而不觉其鬼气森森,不计其缥缈虚幻,未足征信,而予以最大的同情、最高的估价了。①

该剧 1961 年 6 月首演,8 月公演于长安戏院,深得戏迷欢心,社会各界也都赞誉有加。如《北京晚报》刊登廖沫沙署名"繁星"的《有鬼无害论》为之"作护法",《人民日报》发表陶君起、李大珂《一朵鲜艳的"红梅"》,《戏剧报》发表张真《看昆曲新翻〈李慧娘〉》,等等,一时间"南有《十五贯》,北有《李慧娘》",都被誉为"推陈出新"的典范,庆祝建国 12 周年的天安门彩车游行中就有这出红极一时的《李慧娘》。除公演及各地巡演外,此剧还要参加名目繁多的内部演出和晚会,前后共演出二百多场。②

值得一提的是,孟超借鉴的京剧《红梅阁》,可能不单指花旦祭酒筱翠花擅演的传统戏,也许还包括 1959 年上海京剧院在"挖掘传统"的号召下,把李玉茹从地方戏学来的表演技巧"改编、重写、发展"之后创排的新戏。③沪版京剧改本《红梅阁》有七场戏(游湖、杀姬、鬼怨·冥赠、夜访、遭刺、放裴、鬼辩),给人第一印象是"简洁、爽朗、强烈,要阐述的问题说得很清楚,思想意义鲜明,毫不含混,也不拖泥带水"。④与之相近,新编昆剧《李慧娘》六场戏(恣宴、游湖、杀妾、幽恨、救裴、鬼辩),开场即见时代氛围,剧情也不枝不蔓,干净利落:贾似道携姬妾游湖,裴禹斥其荒淫误国,李慧娘赞裴美哉少年。贾回府即杀慧娘,又将裴生诱禁红梅阁,暗藏杀机。慧娘冤魂不散,明镜判官赐以阴阳宝扇,准其暂回人间,搭救裴生。贾遣人刺裴,慧娘施展法力救裴脱险,劝勉他为民除害。贾拷问众姬妾,慧娘现形解围,痛斥权奸,最后火烧半闲堂。

《李慧娘》的改编意旨,剧本以《序曲》明之:"南渡江山残破,风流犹属临安。喜读簧庵补《鬼辩》,意气贯长虹,奋笔诛权奸。拾前人慧语,伸自己拙见,重把《红梅》旧曲新翻。检点了儿女柔情、私人恩怨。写繁华梦断,写北马嘶鸣钱塘畔。贾似道误国害民,笙歌夜宴,笑里藏刀杀机现;裴舜卿愤慨直言遭祸端,快人心,伸正义,李慧娘英魂死后报仇冤。"⑤于是该剧突出政治斗争,含蓄男女情爱,保留李与裴素昧平生只因一赞被冤杀的情节,而把太学生与贾似道的政治斗争推到中心,使这出新编《李慧娘》激扬着一种超越生死的豪情。对此,《红梅记》中虽有《城破》《恣宴》《劾奸》等折反映元兵入侵的时代背景与正邪之争,也在笔酣墨饱中抒发作者沉痛愤激的感情,但裴李形象的刻画难尽人意:裴禹寻风觅月,既爱昭容又与鬼魂有私,"反复的缠绕于男女间柔情欲障,格调并不够高";李慧娘呢,"虽说为爱的压抑、爱的追求而致死,为爱的驱使、爱的反抗而幽恋,豪情足以震人,惟如《幽会》中'又向人间魅阮郎'的情趣,毕竟使人物挫了分量"。因

---

① 孟超:《试泼丹青涂鬼雄——昆曲〈李慧娘〉出版代跋》,昆曲《李慧娘》,上海文艺出版社 1962 年版,第 108—109 页。
② 陈均、杨仕:《歌台何处——李淑君的艺术生涯》,人民文学出版社 2007 年版,第 172、275 页。
③ 李回忆此剧 1959 年首演,1960 年到 1962 年三度重演并巡演。《李玉茹演出剧本选集》《红梅阁·前言》,上海文艺出版社 2010 年版。苏州京剧团胡芝风 1980 年主演《李慧娘》,即由此改编并拍摄电影。
④ 龙夫:《试评京剧〈红梅阁〉》,《文汇报》1960 年 2 月 29 日。
⑤ 昆剧《李慧娘》,孟超编剧,陆放谱曲,上海文艺出版社 1962 年版,第 9 页。

此,孟超认为:"如果以时代背景为经,李裴情事为纬,而着重于正义豪情、拯人为怀、斗奸复仇为志,虽幽明异境,当更足以动人心魄。"①

于是在昆剧《李慧娘》中,人物何所思、何所求、何所为随之变化,其性情、格局及形象塑造也得以纯化和提升。对裴李关系,此前有三种处理方式:一种常见于旧戏,两人素昧平生,慧娘对裴一见倾心,死后仍苦苦追求,阴阳相配;另一种,即如秦腔《游西湖》,改为裴李曾有才子佳人式的花园定情,被贾破坏,慧娘生不能遂愿,死后也要与所爱相会;第三种,同样素昧平生,慧娘因赞一辞而丧生,得知裴也受牵累,引以为疚,前往救护中产生爱情,而非"幽会",更无生死纠缠之意,由此显示其正义、热情与反抗性。1959年沪版京剧《红梅阁》采取后者,评论认为这么一改就提高了主题思想和人物形象:"李慧娘之所以脱口称赞裴生,起因于她和姐妹们对他的胆识与气度的倾倒,也就是说,她们敬佩他敢于触犯权奸,由敬而生慕。至于裴生和贾府人役之争,并非意气之争,它反映了当时爱国的太学生反对祸国殃民的贾似道的正义斗争。虽然是以男女关系为主线的戏,却从一开始就揭示了政治斗争的背景,并作为一条纠缠的副线在发展着,因此,这个戏的格调就超越了一般才子佳人戏的范畴,而主要人物之一的裴生的精神面貌也就大大提高了一步。"②

要说裴生之"提高",也决非一时一剧之功。地方戏通常更突出旦角,裴原本就像大多数生角一样无力、无奈,也无光彩可言,恰是戏改让他脱胎换骨。在情感态度上,如秦腔《游西湖》中慧娘说出已是鬼魂即将永别时,不同于旧本中的惊慌失态,裴生慨然高唱"我不愿做人愿做鬼",曹禺觉得戏到此处"已经超过了爱情的境界",就用此话"道破了戏里的最高命题,诉出一切被统治阶级蹂躏的人们向黑暗的旧社会的反抗",因此"裴生这个角色改写得好,忠实、坚决、不怕强暴"。③与之参差对照的,则是1959年港版粤剧《再世红梅记》。编剧唐涤生不涉政治,保留了两条爱情线,把裴禹写得多情又体贴,还为其见异思迁开脱,"失梅用桃代,对慧娘是爱才,对昭容是借材"。④就格局气象言,《红梅记》中裴生寓居湖畔,准备会试,以期日后施展抱负,对贾相侍妾之顾盼不以为然。汤显祖看到"裴郎虽属多情,却有一种落魄不羁气象,即此可以想见作者胸襟矣",但也不满裴进相府"不提起卢氏婚姻,便就西席,何先生之自轻乃尔"。对此关节,港版粤剧《再世红梅记》改为贾以甘词厚禄相诱,裴自欺自解:"丞相既能为天下惜才,我何不留身献策,以转其心,为民间造福。恩师,既蒙不弃,愿粉身碎骨,把恩义酬还。"如是几笔,勾画出裴生骨格之轻贱。同年沪版京剧《红梅阁》中,同样诓裴入府,裴曰:"舜卿才疏学浅,更不善于吟弄风月。相爷若是关心朝政,虚怀下问,舜卿倒欲面禀,若不屑一见,可将我旧日所上之书,再为审阅,或可纳其忠言一二,谨望相爷以社稷为重,黎民为念。别无他言,就此告辞!"两下对照,清浊判然。⑤

---

① 孟超:《试泼丹青涂鬼雄——昆曲〈李慧娘〉出版代跋》,昆剧《李慧娘》,第110页。
② 龙夫:《试评京剧〈红梅阁〉》,《文汇报》1960年2月29日。
③ 曹禺:《创造更完美的现代题材的戏曲剧目——看陕西省戏曲赴京演出团的演出》,《人民日报》1958年12月23日。
④ 杨智深:《唐涤生的文字世界·仙凤鸣卷》,三联书店(香港)有限公司1995年版,详见上编之《〈再世红梅记〉改编沿革》、下编之《〈再世红梅记〉本事·裴禹》等。
⑤ 京剧《红梅阁》,见《李玉茹演出剧本选集》第112页。

再看新编昆剧《李慧娘》，湖上两船相遇，裴非但不让，还将背后议论改为当面指斥："为什么劫民盐，重利盘剥？为什么占民田，压榨抢掠？为什么增赋税，强索豪夺？……闹得这大宋朝，哀鸿遍野，黎民失所！……你这大大的卖国奸贼，难道还想一手掩尽天下耳目！"如此翻新擢升的裴生形象，正色而大气，怎能不让李慧娘深长期待："几曾见似这般磊落奇男，不畏权势，敢把这人间正气显。""他威武不屈，七尺昂藏，忧国心切，拯民意张，冲出你的天罗地网，怎能饶过你贾阎王！"

随着裴生形象被翻新擢升为"政治小生"，慧娘形象也步步提升。从传奇《红梅记》中"美哉一少年也！真个是洛阳年少，西蜀词人，卫玠潘安貌"，到京剧《红梅阁》中"真乃浊世佳公子……美哉呀少年"，再到昆剧《李慧娘》中"壮哉少年！①美哉少年"，慧娘对裴生的恋慕之情不再是所谓"清盼勾引少年郎"，而是敬裴不畏权奸的豪迈气概与磊落节操，则贾杀妾也随之产生同等的政治性，裴李情义遂成乱世抗争中的同声相应、同气相求，并且气贯全剧，逐场翻新。如《杀妾》一改慧娘惊恐求饶状，表现她从惊惧、分辩、激动到愤然回应的全过程，更见其情之冤屈、其性之贞烈："俺从来胸襟正大，坐得正，站不歪斜，千般罪状由你加……宰相腰悬上方剑，看你横行到几时？俺死不瞑目啊！"《幽恨》中，慧娘鬼魂且舞且歌，怅孤魂之凄冷，忧邦国之贴危，"俺游荡着，瞅机缘，报仇冤"，听闻裴禹被陷，事在危急，慧娘当机立断："贾似道，任你奸险凶残，俺要做一个南无观世音鬼菩萨，救苦救难，害人的有你，救人的看俺！"《救裴》中，为和旧戏里人鬼幽媾撇清干系，慧娘上场就表明心迹："到此来，不是偿还风流债，莽书生遭祸灾，为国事，困书斋，做鬼的再不怕瓜田李下流言在。"裴生怕连累她，不肯冒险同逃，慧娘不得不道出真情，婉言相慰："咱二人，苦相怜，幽冥路隔，难得相逢同患难。……又何须娟娟明月回廊畔，向人间偷度金针线；就这样结就再世如花眷，纵海枯石烂，俺魂儿冉冉，心，永不变！"有感于慧娘深情高义，裴更无意逃生，她又劝勉道："国事为重，性命为重，留得青山在，哪怕贼横行。"道别时，裴生唱道："你义薄云天，俺得一个幽冥知己，自问无惭。"到末场《鬼辩》，慧娘故意羞恼老贼，"俺把你这集芳园当做了西厢，刚和他拜盟焚香"，并痛斥其罪孽："俺笑君王无知昏庸，认你做好平章。你却向元兵称臣投降，任意诛杀，苦害善良。……俺李慧娘，生作冤禽，死为厉鬼。愤火千丈，正气凌人，喷血三尺，足制贼命。牡丹花下是俺的埋骨处，集芳园中有你的受刑台！……千古正气冲霄汉，俺不信死慧娘，斗不过活平章！"②

回看秦腔改本《游西湖》，因是患难夫妻，裴唱"今夜晚好鸳鸯同枕共语，定巧计出牢笼并肩齐飞"，慧娘唱"恨老贼做此事太得凶残，叫裴郎强挣扎往前赶，有为妻我保你性命周全"。京剧改本《红梅阁》中则为患难知己，裴唱"但愿得凭机缘同逃性命，除奸贼与慧娘永不离分"，慧娘唱"感君情义海样深，慧娘泉下把目瞑。锦绣前程君当爱，莫为一女自轻生……愿君此去多安泰，

---

① 此为康生所添，据穆欣《述学谭往——追忆在〈光明日报〉十年》，东方出版社 2006 年版，第 432 页。
② 本章插图中，对比新编昆剧《李慧娘·鬼辩》的经典剧照，与传奇《红梅记·鬼辩》的清代插图，分明可见李慧娘与贾似道之间的气势转变，新旧两重天。图见清无名氏选《歌林拾翠》，顺治间刊巾箱本。辑入张满弓编著《古典文学版画·戏曲（二）》，河南大学出版社 2004 年版，第 143 页。

若要相逢梦中来"。而到新编昆剧《李慧娘》中,"白云老(即导演白云生)和孟超都特别强调,把裴禹和李慧娘爱情的戏砍掉,慧娘对裴禹只是赞叹,赞叹什么呢? 有志之士"。①

对此,张真肯定昆曲《李慧娘》"强调了人物的政治态度和政治感情,突出了人民对反动的统治者的义愤",但觉有些地方表演略嫌强硬,救裴时还可加强感情描写,"强调了主题也不要忽略了生活的复杂性,强调了政治感情,也不要忽略了人物形象的丰满、含蓄和感情的深化,这正是许多剧种演《红梅阁》时,那些老艺人演技上值得学习的特殊优点"。②李大珂等也认为强调政治斗争"完全必要",同时指出这段爱情"暧昧难明",反而削弱了全剧的"思想性":

> 我们认为这段故事可以含蓄,却不要"含糊",色情宜避,爱情则不须避。不仅不须避,而且应该突出。因为,在封建社会里,李慧娘与裴禹始无一面之交,徒因一赞即被冤杀,死后因裴被陷而发生了爱情,这里面含蓄着有怜惜,有向慕,也有报复,这种爱情是复杂微妙的,总之,又都是对封建专制的大胆冲击,正是原作中浪漫主义色彩最鲜明的地方。尤其是针对贾似道那种极端残害妇女的暴行,已经到了近似奴隶社会中人身隶属的程度,用死后的爱情行动来反戈一击,正蕴有很大力量。这种爱情关系的本身,就寓有反专制的思想内容;不能简单地看做一般的"苟且"爱情,这爱情的背后正蕴藏着一种进步的社会理想。因而,这一段爱情所以不同于裴禹与卢昭容的姻缘者在此,李慧娘的形象所以具有特色者亦在此。这个戏有了这段爱情穿插,不但不会冲淡政治斗争,降低剧本的思想性,相反,倒会更提高其思想性,比写李慧娘直接加入太学生的行列,更有说服力。③

郦青云认为,李慧娘故事之所以令人"激荡",一是表现了慧娘"对自由和幸福的渴望",二是揭露了封建统治者的残暴本性,其三鬼魂反抗既是"理想的化身"也是"现实的化身",但改编本过度的政治性让"这使人难忘的一切"都"黯然失色",以致"新人不如故"。因为慧娘形象一旦"提高",因赞被杀就是"政治性的杀害"(如贾所言"欲平学府乱,先斩萧墙根"),鬼魂反抗随之也成为"政治性的斗争",而这种斗争方法与其斗争内容是否相称呢?

> ……虽然,在形式上,她仍然是以个人面目出现的,但由于她对贾似道的痛斥,主要已不能不是着眼在他的政治立场和民族意识方面("卖国害民""向元兵称臣投降,任意诛杀,苦害忠良"),因而观众便不觉感到,这个斗争,实际上已带上了全民的性质。而这样的斗争,要由一个鬼来进行,就不免缺少力量了。这给人一种印象,好像被压迫者,倒真的永远是弱者了……因为,她的斗争方法和她的斗争内容,是不相称的。

---

① 杨仕:《义薄云天"李慧娘"》,见陈均、杨仕《歌台何处——李淑君的艺术生涯》第268页。
② 张真:《看昆曲新翻〈李慧娘〉》,《戏剧报》1961年15、16期合刊。
③ 陶君起、李大珂:《一朵鲜艳的"红梅"——从〈红梅记〉的改编,谈到昆曲〈李慧娘〉》,《人民日报》1961年12月28日。

……问题在于，并非所有的完美的情节都可以和政治事件联系在一起而自身不会受到损害的。……而且，作品的思想性高不高，也并不全在于其中有没有政治性事件。往往有些作品，其中并不出现什么政治性事件，但是他们所反映的政治性问题，却比那些生硬地加进一些政治事件的作品要深刻得多。自然，这些其中不出现政治事件的作品，就其社会意义来说，会带有一定的局限性。但是，任何艺术作品都是不能表现所有的社会问题的。观众也不要求一切作品的社会意义都一般大小。主要的是，艺术作品应当从独特的方面来表现生活，揭示社会的本质；同时，要遵循艺术的规律，使观众进入新的形象世界，通过他们的感性认识而触动他们的理性思维，使他们能够从新的角度更深刻地认识生活的真理。①

此文感受细腻，说理清透、平实，因而也更引人深思：在"政治性""政治/政治性事件""政治性问题""社会意义""社会的本质""生活的真理"等之间，到底存在着怎样的内在关联？我们怎么才能更好地辨析和把握，此间种种关联与其所处的特定历史情境和情理脉络的对应关系？

话说回来，对编导、演员和观众而言，《李慧娘》之所以动人，关键还在其精湛的演技、鬼影婆娑的"幽怨情调"，和由此激扬出的被压迫者的复仇豪情。建国后整理改编的李慧娘戏曲，无论是改动较大的秦腔《游西湖》、京剧《红梅阁》，还是更忠实于原作的川剧《红梅记》②，都有各自出彩的表演特色和传统技巧。昆剧《李慧娘》在舞台表演中更是广泛吸收地方戏的表演精华，使《游湖》《杀妾》《幽恨》《救裴》《鬼辩》诸折唱做俱佳，而其传统技艺恰恰也是主演李淑君为之着迷的地方。1963年，她在请人代笔的检讨中说道：

……我不再坚持从生活出发、从人物性格出发，而是从程式、从技术出发去进行艺术创造……这一点还由于我受芭蕾剧《吉赛尔》的影响，我欣赏吉赛尔那种幽怨的美，那轻飘的鬼舞，而李慧娘与她很有相似之处。可是这些都必须有较高的表演技巧才行。为了完成这个任务，我还拜了老师专学传统的鬼步。……我没有更好的考虑这出戏的主题思想如何，脑子里想的只是怎么才能练的像老师说的要像秋风扫落叶那样。我当时只想到如何演得美，而没有想到我演的是鬼，演出后会有什么样的效果？③

据说，当年报刊上猛批《李慧娘》时，北京就有读者致信《光明日报》编辑部："今之妄评昆曲《李慧娘》，余不服，口占一绝，寄孟超先生指正。"此信未署名，其诗云："鬼影婆娑舞更香，人情足可傲荒唐；为文轻薄凭他去，醉步狂影李慧娘。"④

---

① 郦青云：《谈谈李慧娘的"提高"》，《戏剧报》1962年第5期。
② 周裕祥：《〈红梅记〉导演手记》，《光明日报》1961年12月14日。
③ 李淑君：《要演"红霞姐"，不做"鬼阿姨"》，《戏剧报》1963年第9期。
④ 穆欣：《述学谭往——追忆在〈光明日报〉十年》，第439页。

四、鬼戏之变/辩

1963 年 3 月,中共中央批转文化部《关于停演"鬼戏"向中央的请示报告》,点名批评鬼戏《李慧娘》:"近几年来,'鬼戏'演出渐渐增加,有些在解放后经过改革去掉了鬼魂形象的剧目(如《游西湖》等),又恢复了原来的面貌;甚至有严重思想毒素和舞台形象恐怖的'鬼戏',如《黄氏女游阴》等,也重新搬上舞台。更为严重的是新编的剧本(如《李慧娘》)亦大肆渲染鬼魂,而评论界又大加赞美,并且提出'有鬼无害论',来为演出鬼戏辩护。"报告指出:"戏剧界对'鬼戏'问题的看法,目前还不一致。对于思想反动、形象丑恶恐怖的'鬼戏',大家都认为不能演出;但对于那些在一定程度上反映了被压迫者的反抗和复仇精神的'鬼戏',则觉得还可以演出。我们认为,这两类剧目虽则有所不同,但不能否认无论哪一类都首先肯定了人死变鬼的迷信观点。即使有的'鬼戏'有它的好的一面,对于缺乏科学知识、还有浓厚的迷信思想的广大群众来说,还是存在着助长迷信的副作用。这是和当前我们要加强群众的社会主义教育、克服各种落后习惯的任务相抵触的。"①4 月 3 日,中宣部发出停演"鬼戏"的通知。鬼戏禁令与此前文化部禁戏的关键区别,就是它禁演某类戏剧而非禁演某些具体剧目。此禁令虽也涉及大量传统戏,但主要针对孟超的新编昆剧《李慧娘》,其他似乎只是被殃及的池鱼。②由于禁演剧目的权限已下放地方政府,各省市纷纷公布本地禁演剧目。6 月,《陕西省文化局关于对当前应立即停演的五十五出"鬼戏"的处理意见》即开门见山:"(一)下列鬼戏、鬼魂形象贯穿全剧,问题较大,难作修改,应立即停止上演。如何处理,以后再研究。1.《游西湖》秦腔老本、改编本、移植昆曲本。《红梅记》越剧本。《李慧娘》豫剧本。"就连一向作为传统戏经典剧目的《窦娥冤》移植蒲剧本,也被要求"修改鬼魂惊梦。"③

5 月 6、7 日,《文汇报》连续发表梁壁辉《"有鬼无害"论》,与两年前廖沫沙的剧评《有鬼无害论》展开论辩,作者即人称"苏中才子"的华东局宣传部副部长俞铭璜。1962 年江青对戏曲界有更多了解后,就想要中宣部、文化部批帝王将相、才子佳人、牛鬼蛇神,遭到冷遇。1963 年元旦,柯庆施针对文艺现状与问题,在上海提出"写十三年"④。4 月中宣部召开文艺工作会议,周扬、林默涵等认为这不符合"双百"方针,张春桥、姚文元则列举"写十三年"的十大好处,从中可见京沪对峙,形成角力。因此江青见到柯庆施就表示支持,还要把上海作为文艺革命试验基地。⑤1966 年 11 月首都文艺界大会上,江青重提《"有鬼无害"论》及其认识过程:"首先我感到,为什么在社会主义中国的舞台上,又有鬼戏呢?然后,我感到很奇怪,京剧反映现实从来是不敏感的,

---

① 《中国戏曲志·北京卷(下)》,中国 ISBN 中心,1999 年,第 1501 页。
② 傅谨:《近五十年"禁戏"略论》,《二十世纪中国戏剧导论》,中国社会科学出版社 2004 年版,第 264 页。
③ 《中国戏曲志·陕西卷》,第 899—901 页。
④ 后被传为"大写十三年"。"柯老"(毛泽东语)的特殊地位及其与"文艺革命"的关系有待专题考察。
⑤ 参见《陈丕显回忆录:在"一月风暴"的中心》,上海人民出版社 2005 年版,第 8—10 页。"梁壁辉"意为"两笔挥",有张春桥的修改。"有鬼无害"论未收入《俞铭璜文集》,上海人民出版社 1981 年版。

但是,却出现了《海瑞罢官》《李慧娘》等这样严重的反动政治倾向的戏,还有美其名曰'挖掘传统',搞了很多帝王将相、才子佳人的东西。在整个文艺界,大谈大演名、洋、古,充满了厚古薄今、崇洋非中、厚死薄生的一片恶浊的空气。我开始感觉到,我们的文学艺术不能适应社会主义的经济基础,那它就必然要破坏社会主义的经济基础。这个阶段,我只想争取到批评的权利,但是很难。第一篇真正有分量的批评'有鬼无害'论的文章,是在上海柯庆施同志的支持下,由他组织人写的。"①

鬼戏论争也使毛泽东对意识形态问题更为关注。1963年5月8日,他就在制定《前十条》的杭州会议上指出,"有鬼无害论"是农村、城市阶级斗争的反映。9月底中央工作会议,他提出反对修正主义要包括意识形态方面,除文学之外还有艺术,比如歌舞、戏剧、电影等等都应该抓一下;要"推陈出新",要把封建主义、资本主义之"陈"推出去,出社会主义;要提倡搞新形式,旧形式要搞新内容,形式也得有些改变;上层建筑总要适应经济基础,等等。11月,他又连续批评《戏剧报》和文化部:一个时期来《戏剧报》尽宣传牛鬼蛇神,文化部不管文化,大量的是封建落后的东西,社会主义的东西很少,文化部要好好检查,认真改正,否则就改名"帝王将相部""才子佳人部"或"外国死人部"。②12月,中宣部《文艺情况汇报》刊登《柯庆施同志抓曲艺工作》,介绍上海抓评弹长篇新书目建设和培养农村故事员的做法。柯称有无思想上文艺上都不错的长篇现代书目关系到社会主义文艺能否占领阵地的问题,故事员配合市郊社会主义教育运动大讲革命故事起到了红色宣传员的作用。毛泽东就此作出对文艺工作的第一个批示:"一、各种艺术形式——戏剧、曲艺、音乐、美术、舞蹈、电影、诗和文学等等,问题不少,人数很多,社会主义改造在许多部门中,至今收效甚微。许多部门至今还是'死人'统治着。不能低估电影、新诗、民歌、美术、小说的成绩,但其中的问题也不少。至于戏剧等部门,问题就更大了。社会经济基础已经改变了,为这个基础服务的上层建筑之一的艺术部门,至今还是大问题。这需要从调查研究着手,认真地抓起来。二、许多共产党人热心提倡封建主义和资本主义的艺术,却不热心提倡社会主义的艺术,岂非咄咄怪事。"③1964年6月全国京剧现代戏观摩演出大会期间,他又在中央工作会议上插话:唱戏这十五年根本没有改,什么工农兵,根本不感兴趣,感兴趣的是那个封建主义同资本主义,所谓帝王将相,才子佳人。④而在同期有关《人民日报》的谈话中,他也明确表示支持批判"有鬼无害"论,为此一见面就批评总编吴冷西,说《人民日报》立场有问题:《人民日报》1961年发表赞扬《李慧娘》的文章后一直没检讨,也不批判"有鬼无害论";1962年八届十中全会就提出抓阶级斗争,《人民日报》对外讲阶级斗争,发表同苏共领导论战的文章,对内却不讲阶级斗争,对

---

① 1966年11月28日江青在首都文艺界大会上的讲话。1967年4月12日,江青又在军委扩大会上表功:"对于那个'有鬼无害论',第一篇真正有分量的批评文章,是在上海请柯庆施同志帮助组织的,他是支持我们的。当时在北京,可攻不开啊!"
② 参见刘景荣、袁喜生:《毛泽东文艺年谱》,吉林人民出版社2002年版,第284、285、286页;李松编著:《"样板戏":编年与史实》,中央编译出版社2012年版,第57、58页。
③ 《建国以来毛泽东文稿》第10册,中央文献出版社1996年版,第436页。
④ 戴嘉枋:《样板戏的风风雨雨》,知识出版社1995年版,18—19页。

提倡鬼戏不作自我批评,这就使报纸处于自相矛盾的地位。①

1963年9月,根据中宣部的部署,文化部、剧协和北京市文化局召集首都戏剧界举行戏曲"推陈出新"座谈会,回顾总结十三年来戏曲改革、整理改编传统剧目的经验和问题,强调"百花齐放,推陈出新"乃是当前主要任务。此外还征求意见,准备将经过整理改编的75个优秀剧目修订后出版国家定本。其间《光明日报》发表《关于戏曲推陈出新问题的讨论》《关于上演鬼戏有害还是无害的讨论》《关于戏曲舞台艺术问题的各种意见》和《关于历史剧问题的讨论》等资料,并加周恩来斟酌修改的编者按。但会议指导思想是批判"保守观念",因而对包括"人民性"在内的重要观点进行了公开批判。②《文艺报》《戏剧报》也发表社论或专论,呼应之中仍见种种分歧。作为新成立的中宣部文艺反修写作组的成员,李希凡参加座谈会后领命撰写鬼戏问题的评论,他从《人民日报》借阅了十几年来讨论鬼戏的百余篇剪报,很快写出《社会主义戏曲舞台不应再演鬼戏》,从以下五点来辨析:1.鬼戏争论的由来,2.我国神鬼的产生和它们的特点,3.给所谓"好鬼戏"以历史的评价,4.神戏、鬼戏和"好鬼戏",5.舞台上出现鬼对人民有害无利。《光明日报》出小样时题目改成《非常有害的"有鬼无害论"》。③较之1965年《人民日报》刊发的齐向群《重评孟超新编〈李慧娘〉》(编者按称之为"反党反社会主义的毒草"),李文与《"有鬼无害"论》仍属文艺思想领域展开批判的说理论辩之文,此间意涵拟另文展开。

1966年2月,《李慧娘》的演出单位北方昆曲剧院撤销建制,大部分武戏演员和个别文戏演员(如后来《沙家浜》主演洪雪飞)等六十余人划归北京京剧团,李淑君等人则调往北京市京剧团,后者安置了不少牛鬼蛇神,一字之差而待遇处境天差地别。北昆剧院及所属长安戏院的全部资财也统归北京京剧团所有,包括近万册图书资料及艺术档案、服装头面、灯光器材等等。④而这个北京京剧团,就是江青致力于"京剧革命"的"样板团"。

后　语

回望新中国戏改运动中刻意彰显的民众主体意识与社会政治能量,痛感其精神越强,能量越大,则越容易被现世政治斗争的风云变幻所裹挟和遮蔽。在此意义上,即使因鬼戏牵连被批判和迫害的冤主们"文革"后得以平反昭雪,而其内在精神之光恐怕也会冥灭不彰。

时过境迁,如今我们还能否更深入地探析,新中国文艺实践所置身的历史情境与情理脉络?这里确实有太多的难题,也因其难,不易看得见。譬如,在鬼戏改编及其论争过程中,我们如何

---

① 吴冷西:《忆毛主席》,新华出版社1995年版,第145—146页;参见陈晋:《毛泽东与文艺传统》,中央文献出版社1992年版,第260页。
② 张庚主编:《当代中国戏曲》,当代中国出版社1994年版,第64—65页。
③ 李希凡:《李希凡自述——往事回眸》,东方出版中心2013年版,第324—327页。
④ 《中国戏曲志·北京卷》(上),第116页;丛兆桓《北方昆曲剧院〈大事记〉》未刊稿。《李慧娘》案牵连百余人,详见丛兆桓口述、陈均整理《我所亲历的〈李慧娘〉事件》,《新文学史料》2007年第2期。

领会当时人们对"戏改"方向感和着力点的把握？而在《李慧娘》事件背后，在所谓高层政治斗争中（包括政治性的路线之争和非政治的权力之争），到底缠绕着哪些更具政治性的文艺理论与社会实践问题？这些问题又如何经由各种现实困境及世道人心的酝酿、整合、推动，具体而微地诉诸于新中国试图建设新文化的大众文艺改造？

慷慨通幽明，宛转知人心。希望有关鬼戏问题的后续研究，进一步探析鬼戏之变/辩与新中国大众文艺实践以及社会主义文化政治间的错综离合关系，并且能在更细致的考察中有所发覆，好让这一缕文化政治的"幽魂"，真正从共和国历史与现实生活的壅塞幽闭处解放出来，抖擞精神，再励生人。

（原载《中国现代文学研究丛刊》2013年第5期，收入本书时限于篇幅，节选修订以存念）

《青囊奥语》坤壬乙"巨门""文曲"初解

刘 轶

一

据称为杨筠松所著的《青囊奥语》①,开篇第一句"坤壬乙",历来诸家各抒己见,难有定论。正如《四库全书总目提要》云:"'坤壬乙巨门'一句,历来注家罕能详其起例。"②这种情况一方面与《青囊奥语》的晦涩有关,一方面与后世地理之学的门户之见大有关系。

众所周知,传统地理之学门派之多,"胜于牛毛"。这些多如牛毛的派别又"各守天机",自以为最为正宗,常贬低对方为"庸师害人",故多有学人大为不满,认为这些理论"论说不一,翻阅旧编,类多彼此抵牾……间有偏执己见,别创新奇,不顾是非反背,专务惊世骇俗,标榜立异,大误后人者"③,"地理多伪书……是以当世江湖之客,宝此书为衣食之利器,譬农之耒耜,工之利斧,其于谋生之策,可操券而得也"④。而被传统地理尊为鼻祖之一的杨筠松,因后世所录据称为其所著的《青囊奥语》"坤壬乙"首句二字差异,导致争执尤为剧烈,不同观点之间的裂痕几不可弥合。

录有《青囊奥语》一文的地理书籍自明清以后不少。至清中后期,各种地理之学辑本录注《青囊奥语》一文者则更为繁杂,其中重要的大致有明代李国木辑《地理大全》、徐试可《天机会元》,清代《四库全书》录本、张受祺《历代地理正义秘书二十四种》、端木国瑚《杨曾地理元文四种本》、叶泰《地理六经注六种》、蒋平阶《地理辩正》、赵廷玉《地理五诀》、彻莹和尚《地理直指原真大全》、王宗臣《校正青囊经》、汪崧《挨星考注》、李三素《天机一贯青囊奥语》、唐完庚《一贯堪舆》等。这些版本核心内容大致相同,惟有"坤壬乙"首句,有着"文曲""巨门"及"廉巨"的明显差异。

---

① 此书是否为杨筠松所著,实可疑。清人丁芮朴《风水祛惑·杨曾书》认为,《青囊序》《青囊奥语》《都天宝照经》《天玉经内传》等著作,主方位、论五行,为理气派书籍,《青囊》诸书中涉及的宋元明故事,非杨公所能见,且《青囊》等书非一人之手笔灼然可见,故"世传杨公诸书皆后人伪托,惟《撼龙》《疑龙》二经是真书"。(《续修四库全书》第 1054 册,第 247 页、第 248 页)余嘉锡《四库提要辨正》:"丁氏因高其倬之说,考之群书,力断为非杨筠松所作,其言颇核。""至于《青囊奥语》之为书,与《龙经》持论互相矛盾,绝不出于一人之手。"(《四库提要辨正》中华书局 1980 年版,第 735、736 页)。
② 《四库全书总目提要》,卷一百九·子部十九·术数类二。
③ [清]姚廷銮辑:《阳宅集成八卷》凡例,乾隆十六年刻本,影印本。
④ [清]蒋大鸿:《新刻石函平砂玉尺经·平砂玉尺辨伪》,海南出版社 2003 年版。

二字之别，含义差之千里。

以今日所见版本，《青囊奥语》"坤壬乙"首句大致有三种不同的说法：

其一，以蒋大鸿《地理辩正》和《四库全书》等为代表，录为"坤壬乙巨门从头出"。因蒋氏和《四库全书》的巨大影响力，此说逐步流行于世。这一观点在今日已被广为接受，尤其被广泛用于玄空的兼向挨星实践之中，如被近世奉为玄空实践案例经典代表的《宅运新案》《二宅实验》等即用"巨门"。①

其二，以李国木等为代表，《地理大全》（明崇祯年间金陵怀德堂刻本）录为"坤壬乙文曲从头出"。这一观点在明末至清中叶之时较多见。

其三，以端木国瑚为代表，《杨曾地理元文四种本》（道光五年刻本）录为"坤壬乙廉巨从头出"。这一观点因明显与其他地理之书不同，极少有人认同。

对于上述三种观点，学人各持己见，认为对方是"肆意篡改杨曾原文"，导致原诀被歪曲。例如沈祖绵就认为，"坤壬乙文曲从头出"乃是张受祺篡改："华亭张受祺式之，与蒋大鸿同时且同里闬，著书甚多，然不敢公然攻讦蒋氏，其改坤壬乙一诀，曰：坤壬乙，文曲从头出；艮丙辛，位位是廉贞；巽庚癸，尽是武曲位；乾甲丁，贪狼一路行。注云三合五行，坤壬乙属水，艮丙辛属火，巽庚癸属金，乾甲丁属木，文曲、廉贞、武曲、贪狼者，水火金木称位。"②有人则认为"坤壬乙巨门从头出"，是蒋大鸿私自篡改原文。如今人李定信就认为，据其收集的《青囊奥语》五个版本来看（李本芳祖传本、《地理大全辑要》录本、明徐试可《天机会元》收录本、《四库全书》收录本、台湾崇福堂刻本），可以认为"巨门"一语，"明末蒋大鸿为其所为'三元玄空地理'制造理论根据而篡改杨公《青囊奥语》，是没有义理的。诚如姜垚黄学颉增释所说的是'善后良策'，望读者深思之。"③至于端木国瑚所引"坤壬乙廉巨从头出"，大多数人认为是其肆意妄改而来。如沈竹礽便认为："因端木氏聪明绝人，其所不能解者，动将原文改窜。如《奥语》开篇，即改为坤壬乙，廉巨从头出；艮丙辛，巨门与禄存；巽庚癸，贪狼武曲位；乾甲丁，巨武一路行云云。"④今日多见"坤壬乙巨门从头出"和"坤壬乙文曲从头出"，而少见"坤壬乙廉巨从头出"，可能也因诸家多不认同端木氏之说有关。

今依《四库全书》本对照，《青囊奥语》"坤壬乙"首句为："坤壬乙，巨门从头出；艮丙辛，位位是破军；巽辰亥，尽是武曲位；甲癸申，贪狼一路行。"依《地理大全》本对照，为："坤壬乙，文曲从头出；艮丙辛，位位是廉贞；巽庚癸，俱是武曲位；乾甲丁，贪狼一路行。"依《杨曾地理元文四种本》对照，为："坤壬乙，廉巨从头出；艮丙辛，巨门与禄存；巽庚癸，贪狼武曲位；乾甲丁，巨武一路行。"可以看出，除了端木国瑚的《杨曾地理元文四种本》之外，首句的差异主要集中在"文曲"和"巨门"不同之上。

---

① 尤惜阴、忏悔学人：《玄空秘本二宅实验》，集文书局1927年版，影印本。
② [清]沈竹礽：《沈氏玄空学》，中央编译出版社2011年版，第290页。
③ 李定信：《四库全书堪舆类典籍研究》，上海古籍出版社2007年版，第274页。
④ [清]沈竹礽：《沈氏玄空学》，中央编译出版社2011年版，第87页。

对于这一不同之处的争执,以往常常局限于不同地理流派的相互攻讦,而乏有较严肃客观的考察。李定信的《四库全书堪舆类典籍研究》虽有志于此,但依旧没有跳出传统地理之学的门户之见。[①]另外,王亭之的《中州派玄空学》等论著[②],则基本不讨论这一差异。

二

究竟是谁篡改了《青囊奥语》"坤壬乙"首句原文?前面所述几种观点各不相让。如果摒弃传统地理之学的门户之见,据现有材料来分析,可以发现事实并非如沈、李等人所断定的那么简单。

首先来看沈氏玄空学所认为的"张受祺篡改说"。民国沈祖绵肯定地认为,"坤壬乙文曲从头出"乃是张受祺篡改。但细细考察大有可疑之处。

对蒋大鸿的生卒年月,一般认为大致为明末清初人(亦有谓其生于1620年卒于1714年)。据《清史稿》"列传二百八十九"记载:"蒋平阶,字大鸿,江南华亭人。少孤,其祖命习形家之学,十年,始得其传。遍证之大江南、北古今名墓,又十年,始得其旨;又十年,始穷其变。自谓视天下山川土壤,虽大荒内外如一也。遂著地理辨正,取当世相传之书,订其纰缪,析其是非……姜尧注青囊奥语及平砂玉尺辨伪,总括歌,即附地理辨正中。平阶生於明末,兼以诗鸣。清初诸老,多与唱和。地学为一代大宗,所造罗经,后人多用之,称为'蒋盘'云。"据《绍兴府志》记载,蒋于康熙十七年(1678年)朝廷开史局而不就,可见当时已颇有名望。据《相地指迷》中的记录,蒋大鸿自序于己亥年(顺治十六年)写成,因此暂可认为蒋氏的重要著作大致最早于1660年左右完成。沈祖绵认为"华亭张受祺式之,与蒋大鸿同时且同里闬,著书甚多,然不敢公然攻讦蒋氏";就算张受祺与蒋大鸿观点不合,乃至相互有攻讦之处,但张受祺为乾隆年间人,明代《地理天机会元》本、《地理大全》本、彻莹和尚的《地理直指原真大全》本等都在使用"文曲"诀,其年代都早于张受祺,因此沈祖绵认为"张受祺篡改巨门为文曲",并不可信。如现今可见的明代徐试可《天机会元》一书,有万历三十九年(1611年)文林积善堂陈奇泉刻本,用"文曲从头出";明代崇祯年间金陵怀德堂刻本《地理大全》"二集理气密旨",其录《青囊奥语》一卷用的亦是"坤壬乙,文曲从头出"。稍晚一些,如彻莹和尚《地理直指原真大全》,大致成书于康熙元年(1662年);叶九升《地理六经注六种》,今日可见的有康熙二十六年刻本,大致成书于1687年;清如玉《增补地理直指原真大全》,成书于康熙壬申年(1692年);王宗臣《地理青囊经八卷》,成书于康熙乙亥年(1695年);陈诜《地理述》,成书于康熙五十二年(1713年)。这些版本使用的都是"文曲"诀。若是张受祺篡改"文曲"诀,也不可能在短时间内有如此广泛的影响力。

再看"蒋大鸿篡改"说。以当前所见材料,"巨门"之说在明末清初之前确为少见(当然,不排

[①] 对李氏此著作的商榷,参见范春义《关于文献、逻辑推理以及指导思想诸问题的商榷——评李定信〈四库全书堪舆类典籍研究〉》,《文艺研究》2009年第10期。

[②] 参见王亭之《青囊奥语释》,《中州派玄空学》中册,香港紫微文化服务有限公司1999年版。

除以后随着新材料的发现而有变化)。不过,就算当时有"巨门"之说,据姜垚的《从师笔录》,蒋大鸿谓"坤壬乙一诀,经人妄改,已数十种",可见当时已有多种版本的"坤壬乙"出现,"巨门"亦无非是其中之一。"巨门"诀除蒋大鸿所用外,权威的引用应该是《四库全书》本。《四库全书总目提要》谓《青囊奥语》:"旧本题唐杨筠松撰。其序则题筠松弟子曾文遄所作。相传文遄赣水人。其父求己,先奔江南,节制李司空辟行南康军事,文遄因得筠松之术,后传于陈抟。是书即其所授师说也。案赵希弁《读书后志》有《青囊本旨》一卷,云不记撰人,演郭璞《相墓经》。陈氏《书录解题》有《杨公遗诀曜金歌并三十六图象》一卷,注云杨即筠松也。今是书以阴阳顺逆九星化曜辨山水之贵贱吉凶,未审与曜金歌为一为二。惟郑樵《通志·艺文略》别载有曾氏《青囊子歌》一卷,又杨、曾二家《青囊经》一卷,或即是书之原名欤?其中多引而不发之语……旧本有注,托名刘基。李国木复加润色,芜蔓殊甚。又妄据伪《玉尺经》窜改原文,尤为诞妄。今据旧本更正,并削去其注,以无滋淆惑焉。"然《四库》并没有特地说明"据旧本更正"的是哪些地方,又是否包含"巨门"诀。不过,其随后特举"坤壬乙巨门"一句,并没有说明此处是否有更改;如果此处有重大更正(如将"文曲"改为"巨门"),《四库》在此处应该有所说明。可能《四库》所用之本,此处本来就是"巨门"。如果说,蒋大鸿之前用"巨门"确为罕见,但也不能据此认定是蒋大鸿篡改。《四库全书》收录"巨门"而非"文曲",极有可能是选取版本上的不同。若是蒋大鸿篡改,作为与此相去不远的权威的《四库全书》更不可能只录"巨门"而舍弃明末清初流传较多的"文曲"。因此,这里有可能正如沈祖绵引《躬耻斋集》所注的情况:"四句本《奥语》本文,他本皆作坤壬乙文曲从头出云云,四句乃三合家所传。又作坤壬乙巨门从头出云云,四句乃元运家所传。以字句究之,是三合家改《奥语》句作三合,元运家又改三合句作元运也。"[1]《四库全书》之后,"巨门"逐渐成为常用的口诀,"文曲"逐渐边缘化,有可能是《四库》的影响力所致。

据此,大致可以归纳为:

《青囊奥语》坤壬乙"巨门""文曲"两诀,在清初之前用"文曲"诀者并不少见,而蒋大鸿《地理辩正》和《四库全书》之后,"巨门"逐渐流传于世。后世认为蒋大鸿篡改口诀,并不能确定;但沈祖绵"张受祺篡改巨门"之说,更不可靠。

这里有两种可能:其一,历来《青囊奥语》有"坤壬乙,文曲从头出"和"坤壬乙,巨门从头出"两种版本,只是因流派不同,所流传下来的口诀而不同。到《四库全书》之后,由于《四库全书》的权威性和巨大的影响力,导致后来用"巨门"诀者逐步增多。其二,原来口诀为"坤壬乙,文曲从头出",但在明末清初之时被篡改为"坤壬乙,巨门从头出",而《四库全书》收录的是"巨门"版本。至于篡改者是否就是蒋大鸿,暂不可确定。

三

至于《青囊奥语》"坤壬乙"首句之义,为堪舆家秘而又秘之诀,历来诸家公认难懂难解。按

---

[1] [清]沈竹礽:《沈氏玄空学》"卷五·沈祖绵序",中央编译出版社 2011 年版,第 294 页。

照李定信的看法,"坤壬乙"的解读方式大致可分为江西、福建两派,"一为江西之法即杨筠松风水术,一为福建之法,主要是蒋大鸿'三元玄空地理'。"①姑且不论分为两派的观点是否精准,即便可以分为这两大派,各派内部的解读亦多有不同。例如仅理气一派,内部就有不少异见,"前人所误解者,其要点有五:一,不知下卦起星之别。今自命知玄空者,仅知下卦,能知起星者,实未之觏。二,不知先后天之别。后天用也,先天体也,不能舍先天言后天。三,不知直达之向用卦,补救之向用星。四,不知起贪狼之法。盖位位有贪狼,卦卦有贪狼。姜汝皋非巨门而与巨门为一例,姚铭三挨法有一定之例,然起星有殊耳。其言何等聪明,惜未敢明说耳。五,不知子未卯,一三禄存倒,与坤壬乙巨门从头出有别,混而为一,于是误入歧途矣"。②

以"文曲"为例,明徐试可《地理天机会元》录为"坤壬乙,文曲从头出",解释为"文曲,水也;廉贞,火也;武曲,金也;贪狼,木也"。③其说过于简单。"文曲"为水,"巨门"为土,"廉贞"为火,"武曲"为金,"贪狼"为木,乃堪舆家常言,对"坤壬乙"一诀的解释几无补益。

明李国木《地理大全》亦录为"文曲",释义为:"先天河图十二支,后天洛书八干四维,附文上篇,专言天卦挨星五行,天干从地支;此篇专言地卦,三合五行地支从天干。坤申同宫,壬子同宫,乙辰同宫,申子辰三合水局,而坤壬乙附之,故亦为水。水为文曲。"④其说以"文曲为水",指明"坤壬乙"附"申子辰"为水局。清赵九峰《地理五诀》在"三合五行"中云:"亥卯未,乾甲丁,贪狼一路行,木局。寅午戌,艮丙辛,位位是廉贞,火局。巳酉丑,巽庚癸,尽是武曲位,金局。申子辰,坤壬乙,文曲从头出,水局。"⑤亦是同理。

清叶九升在《地理六经注》则谓:"《青囊奥语》者,杨公合峦头理气贯以一而集其大成之书也,犹之乎儒家之有大学圣经,释家之有般若心经,道家之有太上清净经也。其言龙穴砂水法也。"⑥故"坤壬乙,文曲从头出"之意应是:"此明双山五行法也。申子辰,水局也,而坤壬乙从之,故皆属水。申子辰之为水,人所共知,而坤壬乙之为水,人所不知也,故首明之。山与水四句,言辨山水之吉凶,须明此双山之理。"⑦清陈诜注为:"《青囊奥语》不过变双山五行,即《玉尺经》之所从出。其言'颠颠倒,二十四山有珠宝;顺逆行,二十四山有火坑',无非以龙顺水必逆,龙逆水必顺,方成配合。若顺龙顺水,逆龙逆水,则无地矣。"⑧此意亦是主"双山五行"之说。

清王宗臣解释为:"杨公立四大水局救人知所准也。单主阳水局名天卦,水神以配右旋阴龙之用。谓之天卦者,俱从天干位上起长生,顺排生旺墓等。其分宫用挨星盘,凡布九星亦从此盘于本水库起,破库顺排九星于十二宫定贪巨武三吉之水。奥语中以天卦阳水神于四维立坐布局作首章为例,而阳水神入干布局可推阴水神名地卦水局者,不在此例。其曰'坤壬乙'者,盖言坐

---

① 李定信:《四库全书堪舆类典籍研究》,上海古籍出版社 2007 年版,第 263 页。
② [清]沈竹礽:《沈氏玄空学》,中央编译出版社 2011 年版,第 300 页。
③ [明]徐试可:《地理天机会元》,中州古籍出版社 2005 年版,第 411 页。
④ [明]李国木:《地理大全》"二集理气密旨",崇祯年间金陵怀德堂刻本,影印本。
⑤ [清]赵九峰:《地理五诀》,华龄出版社 2011 年版,第 2 页。
⑥⑦ [清]叶九升:《地理六经注》,上海九经书局依诒义堂影印本,第 168 页。
⑧ [清]陈诜:《地理述》,《四库未收书辑刊》第九辑十二册,第 665 页。

坤山以壬方之来水，入堂倒右而出乙，配右旋辛金龙，得生旺互交归墓，此即辛壬会之意，合申子辰水局，故曰'文曲从头出'。"①

再以"巨门"为例。据称为三元玄空代表性人物蒋大鸿所著、弟子姜汝皋注释的《地理辩正》，录为"坤壬乙，巨门从头出"，云："杨公得青囊正诀，约其旨为奥语，以元(玄)空之理气，用五行之星体，而高山平地之作法，已该括于其中。然非得其真传口诀者，索之章句之末，终不能辨，谓之奥语，诚哉，其奥语也。"释"坤壬乙"一句为："挨星五行，即九星五行也。贪巨禄文廉武破辅弼，一一挨去，故曰挨星。元空大卦五行，亦即挨星五行，名异而实同者也。此五行原本洛书九气，而上应北斗，主宰天地化育之道，干维元运万古，而不能外也……奥语首揭此章乃挨星大卦之条例，坤壬乙非尽巨门，而与巨门为一例；艮丙辛非尽破军，而与破军为一例；巽辰亥非尽武曲，而与武曲为一例；甲癸申非尽贪狼，而与贪狼为一例。此中隐然有挨星口诀，必待真传人可推测而得。若旧注以坤壬乙，天干从申子辰三合为水局，故曰文曲；艮丙辛，天干从寅午戌三合为火局，故曰廉贞之类谬矣。又有云长生为贪狼临官为巨门，帝旺为武曲亦谬。"②这一论述，不但批评了三合派的"文曲"说(批评得对不对，此不论)，也为后世"巨门"诀的解说奠定了基本原则。

清末玄空家沈竹礽将这一观点作了发挥，以为："若出卦兼向须用寄星，故曰兼左兼右空中寻。空者何？五黄中宫之谓也。而八卦中宫各有所寄。经曰，坤壬乙，巨门从头出。坤为巨门不待言矣。壬为坎卦之寄星，如阳一局，坎上起甲子，戊、坤上起甲戌，已、震上起甲申，庚、巽上起甲午、辛，而中宫甲辰。壬矣，是以壬寄于坤。与巨门为一例，已尽奇门之阳一局。而阴九局安排六甲分布九宫，皆以壬为寄星，凡有向出兼卦者，以流转之星逢壬字，即以巨门配之。至于乙属巨门，乃乾阳六局，巽阴四局之寄星也。阳局乾山起甲子，戊顺行，阴局巽上起甲子，戊逆行，则乙字俱入中宫矣。从头出者，从坤出也。坤壬乙俱在上元三卦，故论巨门阴九局，离上起甲子，戊艮上起甲戌，已兑上甲申，庚乾上甲午，辛而中宫亦甲辰，壬矣；巽上甲寅，癸丁在震，丙在坤，乙在坎方，故曰坤壬乙，巨门从头出也。"③此解说较为详细，基本讲清楚了"坤壬乙，巨门从头出"之意。当然，也有人对此解说持不同看法，认为"这就是《沈氏玄空学》所作的自欺欺人的释义"④。

以理气派玄空学而言，"巨门"之诀的解说至清末沈竹礽基本厘清。具体细微之处，当代有王亭之氏进一步解说，认为章仲山注解"坤壬乙，非尽巨门，而与巨门为一例；艮丙辛，非尽破军，而与破军为一例；巽辰亥，非尽武曲，而与武曲为一例；甲癸申，非尽贪狼，而与贪狼为一例"，"此姜氏之说，已发其奥"。不过，他认为姜氏对于起源，未言其奥。"二十四山，皆相对合十，替则有合十，有用九，有用六。坤壬乙巨门，与艮丙辛破军，巨门二，破军七，二七是九，九即用九，故曰

---

① [清]王宗臣：《校正详图青囊经》，民国锦章书局石印本，影印本。
② [清]蒋大鸿：《地理辩正》卷之二"青囊奥语补注"，金阊书业堂梓，影印本。
③ [清]沈竹礽：《沈氏玄空学》，中央编译出版社2011年版，第395页。
④ 李定信：《四库全书堪舆类典籍研究》，上海古籍出版社2007年版，第267页。

九星。《天玉经》云:'五星配出九星名,天下任横行',是也。巽辰亥武曲,而对待之乾戌巳,亦是武曲。武曲六,即用六也。乾巽两宫何以用六,因五在中,顺飞乾为六,逆飞巽为六也。甲癸申贪狼,不言对待,其对待及庚丁寅也。此三字皆右弼,贪狼一,右弼九,是合十也。"①

不过,就算是玄空一派,以二十四山起星,此诀只提到十二山,所以亦成为千古疑案。蒋大鸿传与姜垚,将口诀补充为:"子癸并甲申,贪狼一路行。壬卯乙未坤,五位为巨门。乾亥辰巽巳,连戌武曲位。酉辛丑艮丙,天星说破军。寅午庚丁上,右弼四星临。"于楷《地理录要》"挨星歌诀"口诀为:"坤壬乙卯未亦起巨,艮丙辛酉丑同破军,巽辰亥乾戌巳武位,甲癸申同子俱贪,庚丁午与寅尽弼路,挨至廉中宫位里眠。"但此诀被后人否定,认为错误颇多。《补龙水神图诀》口诀为:"贪狼子癸与甲申,壬卯未坤乙巨门。四六宫中皆武曲,酉辛丑艮丙破军。寅午庚丁四位上,挨来右弼次第临。"《天玉经补注》诀为:"坤壬乙未卯五位巨门星,艮丙辛酉丑之宫破军停,巽辰亥乾戌巳属武曲位,甲癸申子宫贪狼一路行,寅午丁庚位还从右弼转。"吹齑子《挨星口诀》为:"子癸甲申贪狼寻,坤壬乙卯未巨门。乾巽六位皆武曲,艮丙辛酉丑破军。若向寅午庚丁上,一律挨来是弼星。"②这样一来,总算将二十四山的起星配齐。

至于端木国瑚的"坤壬乙,廉巨从头出",谓"此三卦,天星也。从掌上天定卦翻出,以二十四山纳甲相配,用坐正朝零法,分山水二诀,为挨星脱煞之用。又坤壬乙、艮丙辛、巽庚癸、乾甲丁,列双山五行为挨星布局之用,其用三卦可谓奥矣。"③其将"坤壬乙"分为廉贞与巨门两星来排布,由于认同者并不多,"廉巨"的释义至今几被遗忘。

如上所述,对"坤壬乙"一句的意见之所以众说纷纭,除了地理流派之间的争执,更因"文曲""巨门"二字的不确定性,其解读方式必然显得复杂多元;在没有全新的材料能证明"文曲""巨门"孰是孰非之前,这种不确定性和复杂性还将持续。

(节选自刘轶著《四库全书本青囊奥语初解》,上海社会科学院出版社2018年版)

---

① 王亭之:《中州派玄空学》中册,香港紫微文化服务有限公司1999年版,第73页。
② 参见《沈氏玄空学》卷五"起星立成图",中央编译出版社2011年版。
③ [清]端木国瑚:《杨曾地理元文四种本·青囊奥语》,道光五年刻本,影印本。

大潮涌动中的艺术嬗变

——对近二十年来小说的精神审视

董德兴

虽然是一个新的历史时期,20世纪末的文学却经历了一次又一次大潮涌动的艺术嬗变。尤其是小说创作,一举经历了西方小说发展史上从现实主义到现代主义的近百年漫长历程,呈现出五彩缤纷、各有所长的崭新状态。"伤痕文学""知青文学""反思文学""文化寻根派""现代派""新体验小说""新写实主义"种种流派,令读者目不暇接,真正是一派中国当代文学史上从未有过的繁荣景象,称其"百花齐放,百家争鸣"是决不为过的。

这一时期小说创作的主要倾向虽然仍然是现实主义,但已不是一花独放一统天下的局面了。文坛上出现了大量人们十分陌生而又十分新鲜的景观:"伤痕文学"把现实主义从讴歌现实推向批判现实;"知青文学"以其庞大的阵容拓展了现实主义的广阔天地;"反思文学"把批判的目光从现实引向了历史;"改革文学"则再一次响应政治的召唤,把文学与政治的亲姻关系推向高潮;"寻根文学"却将政治反思引向了文化反思,并从文化的反思拓展到文化的寻踪觅祖上;"新都市小说"把都市市民作为描写的对象,开辟了小说的另一个题材领域;"意识流小说"的出现,率先打开了当代中国文坛接纳西方"现代派"的大门;紧接着"黑色幽默""心理小说""魔幻现实主义""象征派"等纷纷粉墨登场,一下子搅乱了广大读者的阅读思维定势,人们措手不及,大呼"莫名其妙""看不懂"。然而"现代主义"小说并不以读者的感受为准则,依然我行我素地在展演着现代派的各种表现技巧。久而久之,读者慢慢地适应了这些五花八门的流派,宽容地接纳了它们的存在。然而,正当文坛日趋平静的当口,"新写实小说"又异峰突起,紧随其后的还有"新体验小说""文化关怀小说""新状态小说",等等,它们各自画地为牢,另呈一景。但有一点是共同的,那就是它们都倾向于对现实生活的关怀和对现实生活的重新体验。这究竟是对"现代主义"的反拨还是对"现实主义"的超越回归,人们颇费思索,并且热切地关注着它们发展的轨迹。

至此,我们已经发现这一时期的小说创作经历了一场寻找新意蕴、寻找新领域、寻找新形式、寻找新方法的欢畅的历程。对它颇有微词不过是一种善意的商榷。它没有遭到过去那种痛苦的争议和攻讦。"新生代"与"老作家"欢聚一堂,"现代"与"传统"和平共处。这种多元化格局对小说创作的发展而言无疑是一个充满温馨和欢悦的时刻,近二十年的小说以其不断寻找"新潮"的探索精神得到了广大读者的认可。

一、寻找自觉的主题意识

　　中国当代文学前17年现实主义小说的最大特征是作品主题的深刻性,这里所谓的深刻性其实就是主题的理想化和歌颂化,而"文革"十年的文学则属于"阴谋文学"。这种所谓的现实主义传统优势在1976年以后理所当然地被彻底抛弃了,取而代之的是批判现实主义。"伤痕文学"的出现就是对"文革"这场运动的血泪控诉与深切的批判。刘心武的《班主任》将卢新华的《伤痕》的批判矛头所向从"文革"给人们造成的"外伤"转向"文革"的极左思潮给人们造成的"内伤",思想内涵更为深刻。具有同样批判意义的"知青文学"把"文革"发动的规模宏大、牵连成千上万中国人的上山下乡运动给一代青年人的未来与现实所造成的巨大失误给予艺术的全面展示,孔捷生的《在小河那边》、梁晓生的《今夜有暴风雪》等作品在现实主义的道路上走向了深入,塑造了一大批有典型意义的知青形象,使对"文革"左倾思潮的批判更宽泛、更深刻。

　　由于政治上的平反昭雪得到强有力的贯彻执行,一批当年的"右派分子"亦得以雪耻洗辱,王蒙、刘绍棠、邓友梅、从维熙等"五七战士"重返文坛,开始对建国后17年中国政治上的"极左"错误进行了深刻的反思和猛烈的抨击。他们首先以文学作品讲话,于是,便出现了"反思文学"。王蒙的《布礼》,丛维熙的《大墙下的红玉兰》,张贤亮的《灵与肉》《男人的一半是女人》使这时期的小说形成一股强大的冲击波,推动中国政治上的一系列平反,加速了中国政治日益清明的进程。"反思文学"似乎也完成了历史赋予它的神圣使命以后,"反思文学"的政治局限性立刻变得显而易见了。而本质上它比"伤痕文学"并无多少突破。文学的内在规律驱使它不因囿政治的范围而扩展至文化的反思,从而出现了"文化寻根"的热潮,对现实与历史、政治与文化的烛照摆在了同样重要的位置上来。美国的著名长篇小说《根》直接引发了中国作家的寻根梦,文化寻根主题意识的觉醒,使"文化寻根小说"一改往日歌颂或批判的现实主义小说模式,向发掘民族文化意识的源流、继承关系伸出触须。阿城的《棋王》,汪曾祺的《受戒》,韩少功的《爸爸爸》《女女女》,贾平凹的"商州文化系列小说",李杭育的"葛川江系列小说"成为"文化寻根派小说"的代表作品。是韩少功首先明确地提出了文化"寻根"的问题。他在他的那篇《文学的"根"》一文中诘问道:"绚丽的楚文化流到哪里去了?""是什么时候什么地方中断干涸的呢?"他自我回答道:"找到了! 她在湘西那苗、侗、瑶、土家族所分布的崇山峻岭里找到了楚文化的流向。""只有在那里,你才能更好地体会到楚辞中那神秘、奇丽、狂放、孤愤的境界。"的确,韩少功在湘西找到了楚文化的神秘境界;贾平凹在商州找到了秦汉文化浓厚的色彩;李杭育则在葛川江找到了绚丽的吴越文化气韵。那么,"文化寻根小说"难道是要人们回到古老的文化怀抱中去,弥散一种廉价的怀旧情绪吗? 当然不是,"寻根小说"首先是将笔触伸向民族传统中具有封闭性的文化心理结构,揭示出这种文化心理结构中合理的文化传统因素以及落后的封闭的因素,再一次提出如何继承传统文化的精神优势、继承中国古典哲学的合理内核并以此为基础构建新的文学。然而,

"文化寻根小说"的旨义虽在于进行文化的反思，并非是落后、愚昧精神的大暴露，其宣扬的中国传统文化如儒家文化、儒家精神、道家文化、道家精神均为中国传统文化精髓之所在，但无论是楚文化的神秘、奇丽，秦汉文化的浓厚色彩，还是吴越文化的绚丽气韵，与现代化是否渗透融洽，抑或相互抵牾？造成了文化寻根中途受阻的根本原因究竟在哪里？"文化寻根小说"终究成为历史，少有新续的原因究竟在哪里呢？不管怎样，中国作家的主题意识在觉醒，特别在文化寻根小说创作中是显而易见的。他们在不断地寻找着新的主题意识。

二、寻找自我主体意识

也许是由于客观社会现实生活对作家的影响太大太深的缘故，也许是作家思维定势左右着作家的思维方式的缘故，作家对世界的思索与反映往往是客观的、现实的。这正是现实主义小说的一大特征，它强调现实社会意义的深刻性，而从来就忽视"自我主体"意义之所在，随着新时期小说的发展，作家的自我主体意识渐渐觉醒，作家开始寻找自我主体意识的生动表现方式了。这无疑是对现实主义小说侧重客观主题意识的背离，另一个世界的自我主体意识虽有深浅高低之分，但毕竟是隐藏于心理世界的一种个人意识，与客观现实意义全然不同。

也许是向另一个文学天地打开了心灵的窗口，适合于这种表现方法的现代主义创作方法便蜂拥而入。也许是现代主义文艺方法的涌入，引发了这一时期作家们窥视心灵世界的欲念，现代主义在寻找自我主体意识上成为作家得心应手的创作方法，因而变为一种思潮席卷文坛，一大批具有现代小说意识的作家登堂亮相。他们或抛弃客观世界，专注主观世界，或在再现物质世界的同时挖掘人的精神世界。他们寻找的是主体意识和自我意识。随着中国改革开放，人们的物质生活有了大幅度的提高，市场经济的杠杆作用对人们的世界观和人生观产生了强烈的冲击，出现了现代与传统的碰撞、现代与传统的融合、现代与传统的更迭。人们的主观意识逐渐适应了现代文明的需求，人们的世界观和人生观得到了调整和重塑。人的精神世界也就成为人们所关注的焦点。作家们把笔触伸向人的心灵世界，把视角转向人的内在秘密，包括作家的自我"心灵"，以个人化的"自我"表白的话语，以"自我"与当代生活、现实历史的对话来表现"自我"，于是主体意识便成为文学发展的一个热点所在。当然现实主义创作方法同样可以再现人的"自我意识"和作家的"主体意识"，但现代主义却是更侧重表现人的精神世界。于是，创作主体从传统思维方式的樊篱中挣脱出来，获得了更为广阔的思维空间，显现出自由释放状态。如王朔对人生的关注是于嬉笑怒骂之中来完成的，他用大量的"调侃"的方式来探视人的"自我意识"与内心世界的秘密，以表达他自己对世界的看法。孙甘露则用纯心理描述的语言展示主体生存状态包括"自我"的梦幻世界。格非、苏童、余华、叶兆言等人都善于摆脱单向思维的束缚，以纵横驰骋于主、客观世界的驾驭能力燭照这两个世界的人生世相和精神状态，传达了作家的自我认知。文学创作的最大特征应该是文学的个性化特征，这一个性化特征的主要表现就在于"主体意识"的强烈张扬。

三、寻找扩展的题材意识

　　文学再现领域的狭隘性,在中国当代文学的前一段历史时期内达到了登峰造极的地步。"题材决定论"权威性地、霸道地约束了小说的题材,"工农兵"题材成为唯一能写的范围。但张扬的《第二次握手》手抄本在地下流传,如一股涌动的火山岩浆蓄力待发,当新时期序幕拉开以后,文学创作便即刻打破了"题材决定论"的紧箍咒,立刻激发起作家扩展的题材意识,四面出击,不受约束,以极其灵活的扩展意识,写出了各种各样题材的小说,终于形成有一定规模的两大小说题材,如"知青小说"和"新都市小说",令人刮目相视。

　　"知青小说"具有很大的历史局限性,又确实是小说的一大拓展。历史造成某种文学运动是屡见不鲜的,"知青小说"作为中国当代文学史上的一种特殊文学题材是不容忽视的。"知青文学"以其庞大的阵容和有目共睹的艺术成就,成为这一时期小说的一种特有的文学状态。"知青文学"不仅涌现了大量的优秀作品,而且涌现出不少优秀作家,以他们的"知青小说"闯入文学殿堂并占有重要一席的,除梁晓生、孔捷生外,还有王安忆、叶辛、张抗抗等。

　　谁也不会想到新中国成立以后的27年间,小说领域里竟然会没有"都市小说",就连上海这个远东数一数二的大城市也很少有表现城市市民的小说问世。是中国没有足够的城市群吗?不是,中国大小城市星罗棋布。是中国文学史上不曾有过"都市小说"吗?也不是。旧上海的大都会小说是非常发达的,除茅盾的《子夜》,还有穆时英、刘呐鸥、施蛰存等人的都市新感觉派。出现这样的断层的原因是不言而喻的。而"新都市小说",则另开一个局面,以其作家阵容之大和作品数量之多成为小说的新景观。都市小说家北京有王朔、陈建功等,上海有王安忆、程乃珊、王晓玉、沈善增等,武汉则有池莉与方方,他们在建构"新都市小说"中给人以耳目一新的感觉。《上海文学》近年又提出"一个新的有别于计划体制时代的市民阶层正在崛起","开始扮演城市的主要角色"的话题。他们将成为"新都市小说"中的重要角色。

　　"现代主义"的引进使作家们的题材意识起着急剧的变化,作家们认识到在社会现实世界之外还有一个心理现实世界,在现实世界之外,还有一个"彼岸世界",也就是无意识世界或潜意识世界。而后一种世界比前一种现实世界更为真实。于是,中国的先锋派作家把寻找题材的意识也扩展到另一个"彼岸世界"中去,他们以自己的或主人翁的幻觉、谵妄、压抑、梦境、精神错乱向读者展示了中国先锋派"现代主义小说"的新领域。

四、寻找新的表现形式

　　20年以来创作的现实主义深化是不容忽视的现实存在,并将继续成为这一时期小说的主潮,近期出现的"新写实小说"的强劲势头就是一个实证。但是,社会主义现实主义,革命的现实主义和革命的浪漫主义相结合的创作方法统治我们的文坛已经几十年了,老面孔需要翻新,这是一种不安于现状的表现,也是中国政治、经济改革开放走向世界所引发的文化现象。现实主义开始挣脱既定的前缀语,开始真正面对现实生活,艺术真实地反映现实生活,彻底摈弃了粉饰现实,无端理想化了的伪现实主义,对现实生活决无掩饰与阿谀,从而更接近了现实主义的本义,表现出现实主义的丰富化。如单是"新写实",就被冠以"新写实小说"(张韧、吴方)、"新写实主义小说"(徐兆淮、丁帆)、"新现实主义小说"(雷达),"现代现实主义"(陈峻涛)、"后现实主义"(王干)等等。

然而,现实主义毕竟只是一种创作方法和艺术形式。随着西方各种艺术流派被介绍到中国来,作家们除了重视作品的内容及其社会意义之外,对艺术的形式,如结构、语词等形式类型开始了寻求。当然,西方现代主义艺术形式是伴随着西方物质文明的到来逐渐形成自己的特色的,如象征主义主张艺术描写内心真实;直觉主义主张靠直觉进入意识深处进行创作;意识流则主张通过人物的意识冲击来描绘、表现意识的真实;表现主义则认为艺术不是模仿自然,而是再造自然;超现实主义则主张艺术应描写和解释无意识的世界等,而这林林总总的现代主义表现手法和艺术形式一下子就被形式饥渴的中国作家随手"拿来"为我所用,或模仿、或创造性地掀起了一股"现代主义"思潮。是王蒙首先用意识流小说手法进行了寻找形式的尝试,他接连发表了意识流中、短篇小说《布礼》《夜的眼》《蝴蝶》《春之声》《风筝飘带》《海的梦》,他用意识流的形式与手法,建构了一座座形式新颖的现代小说迷宫,让人们惊喜、诧异,也让人们迷惑、担忧。人们惊喜中国小说终于有了另外一副面孔,诧异的也是竟然还有如此形式的小说存在着。人们迷惑此种小说究竟要告诉读者什么,也担忧"现代派"小说在中国究竟有没有生命力。但这倒有点像克莱夫·贝尔在他的《艺术》(中国文联出版公司出版)中所说的那样:"人们只需承认,按照某种不为人知的神秘的规律排列和组合的形式,会以某种特殊的方式感动我们,而艺术家的工作就是按这种规律与排列结合能感动我们的形式。"王蒙的《布礼》、茹志鹃的《剪辑错了的故事》都以一种非同以往的感受形式打动过具有与此不同阅读经验的读者。当王蒙、茹志鹃等人以寻找到的新的艺术形式冲破了陈旧形式的束缚,打开了数十年禁锢的堤岸,现代主义的表现形式便漫入我们的视野,青年作家如孙甘露、马原、刘索拉、残雪、格非、洪峰、余华等以主体的介入写出了一批又一批"现代派"小说形式的作品,他们对"现代派小说"的艺术形式与创作方法、理论观念与手法技巧、语言习性与造句遣词、结构方式与标点符号情有独钟,写出了颇具中国特色的现代形式的作品,连以《人到中年》这一现实主义小说名震文坛的谌容都借鉴了现代小说形式写出了《减去十岁》这篇颇带荒诞色彩和黑色幽默意味的小说,使这一时期的小说呈现出多姿多彩的绚丽画面。他们故意颠覆以往的生活经验与创作经验,以一种新的现代形式经营小说,表现在以下三方面:

其一,从再现到表现 现实主义一如既往地成为小说创作的主潮是毋庸置疑的。现实主义的最大特征是"再现"现实生活,无论是"伤痕文学""知青文学""反思文学""新写实小说"都恪守"再现"现实生活并忠于这一格言,在细节和典型人物再现上颇见功力。

但是,这些作家仅仅关注了客观世界,而忘却了主观世界——直觉。克罗齐说:"直觉是离理智作用而独立自主的;它不管后起的经验上的各种分别,不管实在与非实在,不管空间时间的形成和察觉……直觉是表现,而且只是表现。"(《美学原理·美学提纲》)而克罗齐所说的表现不是自然的模仿,而是人的直觉、作家主观世界的表现,是人的感情爆发的结果。小说不是生活的再现而是主观激情的记录,是表现自我。无论是意识流小说,象征主义小说还是"心理小说"等现代主义作品大都在表现上凭直觉,不拘泥于艺术种种法则和创作小说的种种规范去展示个人和自我的精神世界。

其二,从经验世界到超验世界 文学的反映论是建立在作品是现实生活的忠实写照和现实生活的艺术反映上的。这种反映是通过作家现实生活的经验所得到的。它可以反过来用经验世界来印证文学作品对现实生活忠实的程度。而现代主义小说体现的却是作家的超验世界。这个超验的世界常常无法用经验去印证。孙甘露的《访问梦境》和残雪的《梦魇世界》一样无论如何得不到更多的人的共鸣就是一个无法印证的事实。但这确乎是一个新艺术天地。

其三,从编织故事到消解故事 中国有句古话叫"无巧不成书",其意便是写书就是要巧编故事。小说创作三要素被引为经典:人物、情节、语言。现实主义小说大都具备这三要素,人物在情节的发展之中得以塑造。于是编故事成了作家的基本功之一。

现代主义主张消解故事。《剪辑错了的故事》是茹志鹃倒错故事情节的第一个尝试,后来者便干脆以消解故事为能事。他们以抛弃细节描写,不作来龙去脉的交代,没有因果链的制作,或以没头没脑的突发事件和来去无踪的人物无结构地构架小说,或虚构出真真假假、真假混淆的故事。如格非的《青黄》、马原的《神游》,都打破了传统的故事框架。

寻找新形式的尝试从发轫、发展到今天似乎高潮已过,想要从卡夫卡的《变形记》、马尔克斯的《百年孤独》、乔伊斯的《尤里西斯》、伍尔芙的《海浪》中寻找到文学的发展方向和灿烂前景,还要作不懈的努力。

世纪末的小说用20年短暂的时间跨度,在坚持现实主义创作原则的同时,走过了现代西方文学上百年的历程,寻找到了更丰富的艺术表现方法,虽然显得有点步履蹒跚,毕竟点缀、美化了小说世界。"新写实小说"的崛起,"新体验小说""文化关怀小说""市民小说"的出现,说明了现实主义回归的必然趋势及其盘旋上升的客观规律。小说的现实主义与现代主义互有消长、共存共荣的局面将把小说的良好发展推向更加灿烂辉煌的21世纪。

(原载《社会科学》1996年第1期)

个人化写作与"另类"小说的困惑

郑祥安

"另类"的流行成了一种不容忽视的文化现象,诸如"另类女人""另类形象""另类姿态""另类科学",等等,不一而足。追本穷源的话,这些盖源于"另类"小说。

所谓另类小说,特指一批 70 年代出生的女作家创作的小说,这一新群体被不同媒介称为"另类""七十年代以后""文学新人类""新新人类""个人化写作"等。随着社会经济文化观念的嬗变,文艺观念与文学发展态势也迅捷变化,个人的情感体验,个体的心理意识在文艺创作实践中的重要作用越来越被凸显出来。在个体智慧被社会普遍认可的文化大背景下,一些 70 年代出生的女作家脱颖而出,如卫慧、棉棉、朱文颖、周洁茹、金仁顺等,她们的生存方式、价值观念以及边缘化的写作在当今的文坛独树一帜。尽管她们的叙事风格各各不同,但尽情叙写放纵恣肆的自我故事,无所顾忌的自我表白是其共同特征。代表作有卫慧的长篇小说《上海宝贝》,棉棉的长篇小说《糖》等。

对这一新崛起的作家群及其作品,传媒普遍肯定她们有良好的叙事感觉和充满灵性的写作才情。赞成者视"另类"小说为都市新生代的旗帜、新新人类的宣言,称作品所展示的都市少女的成长心理和光怪陆离的现代都市气息有其现实的生活基础,在当今中国作家中是没有人能够取代的。这些新兴作家作品是新小说在 80 年代之后最有声势的一次浮现,是新小说诞生的早晨。有的认为《上海宝贝》中女主人公追求新奇的生活,追求新异的性爱,那种进取激情和敢作敢为,正是她们作为"另类"存在的全部意义和证明。有的甚至断言"另类"终有一天会改变那种非主流地位,而成为时代的主人。

也有相当一部分人持不同意见。有的认为这两部作品给人的印象是"只有感官在游走",作者的内心中的价值失范和叙事上的稚嫩几乎使她们陷入了一场巨大的迷津之中。有的认为,"另类"作品提供了当今都市生活空间中以感官放纵为核心的狂欢的神话,一旦被现实化了,更凸显出沉重与压迫,会带来料想不到的灾难性后果。

读小说有各种各样的角度,评判的标准也多种多样,但总有大体上的价值取向。文学创作终究不是私人日记,把自我故事写成小说,一经发表就不是纯粹个人化的活动了。因此,只有从小说文本出发,以具体作品作为审视的依据,才能对另类小说作出较科学的判断。窥一斑而知全豹,下面着重剖析《上海宝贝》和《糖》这两部长篇代表作,以揭开另类小说朦胧的面纱。

一、缺乏概括和提炼

拘囿于个人性爱生活与物质享受的狭小天地,把文学创作等同于个人生命体验的"原生态"展示,忽略了应有的选择、加工、概括、提炼和艺术的升华,以致流于浅薄、表面和平庸,这是《上海宝贝》和《糖》的共同之处,也是这两部小说的重大缺陷。

《上海宝贝》描写女大学毕业生倪可步入社会后寻情觅爱的经历,她纠缠于英俊而善良但又是性无能者的男友天天以及已婚德国男人马克之间,在爱与欲的撞击冲突中走向迷失。《糖》写一个"问题女孩"灵肉失控的人生历程,在她与"问题男孩"赛宁彼此长达10年互虐的"残酷青春中"述说对性与身体、性与欲、生与死的认识。前者称为"一部半自传体小说""一部女性写给女性的身心体验小说",后者的主人公身上也映衬有作者的影子,据棉棉自言,作品中真实与虚构是四比六。由于她们都把个体生存经验作为写作资源,多用第一人称,毫不掩饰地无所顾忌地直露表达,因此较真实地生动地展现了一幅"时尚一族"追求欲望的图景,譬如酗酒、纵欲、吸毒、与洋人性爱,等等。

毋庸讳言,这种今天依然是很特殊的人群——"另类"——的生存状态,有其现实的生活基础,也涉及到现代都市生活某些隐秘部位的本质特征。而"性""隐私""物质化的世界""寻欢作乐"等一直是80年代以前的主流文艺所极力回避、压抑的东西,因而初读确给人以新的阅读感受,以致引起社会的广泛关注。但稍加细读,就会发现,其缺陷也显而易见。《上海宝贝》以大量篇幅绘声绘色地描摹了倪可与德国情人寻欢作乐的过程,沉浸于那欲仙欲死的片刻。流淌于《糖》中的也是醉生梦死、迷乱颓废的另类生活"原生态":"酒精和毒品给我们带来美妙的温存,进入令人眩晕的虚无"。这两部小说都把"性"和物质享乐完全当作一种展览,连篇累牍以后就逐渐变得重复单调和乏味,似乎个体生存的全部内容和意义就在于性和物质享受。长此以往,个体体验、智慧在写作中的价值也将渐渐丧失。

我们说,作家对生活没有感性体验,写不好作品,但那些直感的琐碎的鲜活的生命体验,需要经过作家的选择、加工、提炼,才会在创作中升华。并不是什么东西都能原封不动地进入艺术描绘的殿堂。作品把上海看作"寻欢作乐"的城市,"尽情泄露关于酗酒、纵欲、吸毒、同性恋、双性恋、自杀、死亡、暴力、优雅、色情、狂喜等人类的真相",但这些仅漂浮于生活的表层,且疏离了与时代、社会的关联。《糖》中主人公就说过:"明知这种寄生虫生活不好,我们不愿走进社会,也不知道该怎样走进社会。"《上海宝贝》对倪可也未深入展示其灵肉冲突的社会、性格的深层缘由,因而无法让人获得较深的人生意蕴。

二、思想贫乏

一般而言,思想内涵是小说最重要的品格,文艺作品既要给人以审美愉悦,又要给人思想上的启迪和触动,没有人生意蕴的作品肯定是苍白无力的。尤其是处于当今新旧交替急剧变革的时期,是一个需要思想的年代,有的学者甚至发出了"中国现在不缺文学,但缺思想"的呼吁。由于另类作家信奉"用感性把握世界,用身体写作,用皮肤思考",对客观事物、主观世界缺乏必要的大脑思考,难以找到或根本不想去寻找新思想新观念的支撑点,因此另类作品一般都显现思想文化上的贫乏模糊甚至混乱,这既影响了对素材资源的概括提炼,又消解了作品的内在意蕴。

我们看到,小说情节的展开处处遵循生活的所谓"真实",又时时听从作者的直觉和内心冲动,作品便常常陷入两难的旋涡。倪可对马克的渴望无法遏制;同时她又十分明了身体的某个地方有病毒发作,这个病毒叫情欲,有时觉得比娼妓还不如。她认为自己年轻漂亮聪慧,像一张高额信用卡,一切可以先使用着,账到时再结;有时她又深感空虚迷惘恐惧。她不止一次地想到自己真的不是好女孩,上帝不喜欢坏女孩;但她自己很喜欢自己。感情与理智的搏斗,令她迷惑不解。《糖》的女主人公也在热情、幻想、恐惧、迷乱中思索"到底什么才是爱呢?而我每天要和他做爱到底是为了向自己证明他爱我,还是为了高潮?答案很可疑"。整部小说虽借其他人物之口一再告诫:这样的生活是不健康的!你们是闭着眼睛生活的!然而与主人公的我行我素相比,显得多么软弱无力。因为"我"和赛宁的爱情是一种毒素,我们一起躲在柔和的深夜里寂静得绝望,永远不愿醒来。"明知这样的生活对我们成长不利,但是我们没有办法,抗拒不了。"爸爸的哀叹"我女儿绝对是个好孩子,她只是迷了路",正是这种矛盾创作心态的生动写照。由于没能深探到生活的底蕴作有效的理性思考,小说常常在理智的大门旁徘徊犹疑,致使立意矛盾模糊,情感心理、思想价值得不到应有的提升。

理论界普遍认为,生活体验既是感性的,又是理性的,它必然包括着主体的各种心理因素如思维意志等。另类作家正如《上海宝贝》的作者所说:"没有上一辈人的重负,没有历史的阴影,对生活有着惊人的直觉,对自己有着强烈的自恋,对快乐毫不迟疑地照单全收。"的确,他们一无所有,"有的只是一种不能遏制无法逃避自我放纵的冲动。一种与生俱来暗中摇曳的疯狂"。这与其说是另类作家思维的欠缺,毋宁讲是生命价值和审美价值的失控与迷离。

卫慧早在复旦大学中文系读书时就立下志向,"做一名激动人心的小说家,凶兆、阴谋、溃疡、匕首、情欲、毒品、疯狂、月光都是精心准备的字眼儿",可见写作目的相当明确,她的"遵命文学"是给那些在上海花园里寻欢作乐、无拘无束、脸蛋漂亮、思想前卫的年轻一代精心准备的。她也明知另类的生活方式会引起社会的争议,却依然漠视现阶段的道德伦理准则,在作品中自得其乐地炫耀吃喝玩乐的寄生虫生活,洋洋得意地渲染所谓现代都市优雅前卫的生活情调。而那些大量的直接披露赤裸裸的性欲的细腻入微的描摹,也很难令读者生出些许美妙的情愫。又如《糖》的作者曾反复强调,"吸毒不是时髦,不是酷,双性恋同性恋更不是酷","我描写的正是我所反对的",作者希望通过把"所有的恐惧和垃圾"吃进自己体内变成"糖"的过程,带给人们某种启示。但在展露纵欲、吸毒、酗酒等堕落状态时,作品却有意无意削弱了文学批判功能的力度,反以欣赏的笔触去铺垫徜徉于社会主潮边缘的享乐主义的私情闲趣,使人读遍全篇非但丝毫品味不出"糖"的甘甜和身心的愉悦,仍然是目睹"恐惧与垃圾"似的恶心厌烦。

总之，随着都市生活的丰富多彩和作家创作个性的千差万别，必然会带来文艺创作多样多元。写什么和怎样写，作家个人有充分的自由。文艺作品可以描写真善美，也完全可以暴露生活中的丑恶但又是绝对真实的东西。同样写纵欲和吸毒，因立意高低不同，效果可能大相径庭。对丑恶的揭示，在于让人们提高分辨真善美与假丑恶的能力，更清醒地直面现实人生。倘立意不明，作者本人也处矛盾之中，作品便只能雾里看花，格调不可能高。好小说应该在保持对生活的独特体验基础上，多进行哲理思考，将个体生活与整个时代社会联系起来，这样就能涵括深厚的社会容量，又有丰富的意蕴，其思想艺术价值才越高。

三、人物基调把握上的失衡

叙事性文学中，作品的思想内涵、倾向观点主要是通过人物形象的塑造自然而然地表露出来的。因此，上述小说的肤浅、表面、平庸，与人物塑造上的失衡密切相关。且不说《上海宝贝》中的马克、马当娜、蜘蛛、飞苹果、阿Dick、老五、西西，抑或《糖》中的玲子、小虫、白脸、三毛、奇异果等等，大多性格单一、平面，只是一群同类型的问题少男少女而已，缺乏各自不同的个性特质。就形象尚可的主要人物倪可、天天、"我"和赛宁而论，他们淡泊理想，注重个性，他们追求新异、刺激，孤独而敏感，激情又绝望，穿梭于酒吧、舞厅、时装店、咖啡屋、谈情骂俏，放浪形骸，在浑浑噩噩、迷乱颓废中打发日子。用卫慧的话来说就是："简简单单的物质消费，无拘无束的精神游戏，任何时候都相信内心冲动，服从灵魂深处的燃烧，对即兴的疯狂不作抵抗，对各种欲望顶礼膜拜，尽情地交流各种生命狂喜包括性高潮的奥秘，同时对媚俗肤浮，小市民、地痞作风敬而远之。"一言以蔽之，他们只为自己而活着。

诚然，面对着今天高科技的发展，物欲的普遍膨胀，道德的部分沦丧等等人类生存的困境，现代社会存在的精神疾病诸如空虚感、荒谬感、恐惧感、孤独感、失落感等也开始在我国流行。倪可、天天、"我"、赛宁这类青年的出现不足为怪。问题在于：对这类青年怎样评价？他们是否代表了站在时代前列的新人？从小说的具体描写中可以看出，作者在这些"另类"身上倾注了理想、热情、灵魂和追求，视他们是值得赞赏、肯定的"新人类"形象。

在我看来，小说中的另类形象，由于对个体生命价值极度尊崇，却漠视社会责任感和道德伦理准则，其基本倾向是消极的、灰暗的、病态的、扭曲的，很难设想这样的"另类"能够成为时代的主人。这类流离于社会主流之外的"边缘人"至多是多样多元时代中的一极。我们说，新人应该站在时代潮流前列，体现时代前进的趋势，我们的新人必须具备现代人的品质和特征，如乐于接受新的思想观念、新的行为方式和新的生活经验，乐于接受社会的改革和变化，愿意吸收新的知识，探索未知的领域，注重现在，着眼未来，思路开阔，头脑开放，等等。当然，在欲望高度膨胀的今天，他们与前辈人不同，也追求享乐，寻找刺激，标新立异，渴望财富，但主导面应该是个性的独立自主与社会使命感的紧密结合，这是新人人格精神的核心。如果要说"新人类"的话，他们才是货真价实的真正的新人类。另类小说中的"另类"人物是不能与之相提并论的。把没有理想,整天整夜追求感官刺激,在酗酒、吸毒、纵欲中消磨青春的"另类",混同于有理想、有道德、积极健康,思想活跃的时代新人,造成了人物基调把握上的失衡,也是另类小说格调不高,甚至可以说存在重大失误的重要原因。

通过上述三方面的简略剖析,另类小说的基本倾向,其思想、艺术价值便不言而喻了。末了,还想唠叨几句。写作是神圣、崇高的事业,巴尔扎克、托尔斯泰、契诃夫、高尔基、泰戈尔、曹雪芹、鲁迅、茅盾、老舍等古今中外的作家至今仍活在人们心中。今天我们的作家更要有责任感和社会良知。作家的责任在于使读者得到教育和启迪,得到娱乐和美的享受。倘全身心地沉湎于与世隔绝的个体感觉中,在自我放纵的仙境中遨游,全然不顾读者的鉴赏心理和传统文化特点,像《上海宝贝》中倪可自己承认的那样,心中满怀恐惧和欲望,"写的小说如此混乱、真率、露骨,充满形而上的思索和赤裸裸的性爱",这必然会如《糖》女主人公所言"写作拯救不了我的灵魂,也拯救不了我的生活",同样也必然失去最广大的读者群众。

当然,随着时代社会的进步,80年代延续下来的小说观念、叙事模式、创作风格也在发展、变革,作家完全可以而且应该从陌生化角度出发,突破某些传统的表现手法,不断创新,以达到出其不意、耳目一新的审美效应。文学创作这种复杂的精神劳动,非常需要作家充分发挥个人的创造精神。但是,无论怎样创新,作家的责任感和社会良知不能丧失。作家的宗旨是向人民奉献出内涵丰富深刻,形式新颖独特的精品佳作。《上海宝贝》中倪可父亲对女儿说的话,可以作为对另类作家的忠告:"做一个真正出色的作家的前提是摒弃不必要的虚荣心,在浮躁的环境中学会保持心灵的独立!"

(原载《社会科学》2000年第7期)

历史的回声

——读《新学伪经考》

许国良

窗外大雪,岁暮的严寒裹住了朋友间串门谈天的兴致,取暖器旁读《康有为自编年谱》,我想起了今年是他的惊世骇闻之作、近代三次"奉旨毁板"的《新学伪经考》问世百年纪念。

《新学》1891年初刻于广州,顾名思义,这是部经学真伪考辨的著作。《诗》《书》《礼》《易》《春秋》等六经,商鞅斥之为"六虱",断言"六虱成群则民不用","好用六虱者亡"。公元前356年前后,商鞅变法便"燔《诗》《书》而明法令"。秦吞并中原六国后,知识分子出仕的丞相李斯献计:"今皇帝并有天下,别黑白而定一尊。私学面相与非法教,人闻令下,则名以其学议之。……如此弗禁,则主势降乎上,觉与成天下。"公元前213年,咸阳宫外焚经之火,一夜间燃遍全国。

秦迷信暴力和镇压手段,本意是维持政治和思想上的统一,但这迅速激发了社会矛盾,孤立了自己。陈胜起义,四方响应。春秋中叶后称雄百年的秦国,在统一大业完成后十余年便被推翻。汉接秦政,秦之兴衰引起了有识之士深刻反省。陆贾向刘邦提出,秦亡于"任刑法不变",叔孙通说得更明白:"夫儒者难与进取,可与守成。"刘邦由此赞叹:"吾乃今日知为皇帝之贵也。"

汉惠帝四年(前191年),废秦"挟书律",开放了民间学术思想活动。《汉书·儒林传》记:"汉兴,言《易》自淄川田生,言《书》自济南伏生,言《诗》于鲁则申培公,于齐则辕固生,燕则韩太溥,言《礼》则胡毋生,于赵则董仲舒。"六经在汉重兴,不则学术思想的环境宽松,而且是先秦诸子学说一并汇于秦以后的儒学思想中。因此,汉文帝任晁错为太子家令,向后来的汉景帝传授"圣人之求可用于今世者"。汉武帝任儒者卫绾为太子太傅。

"博士之官,儒生所由兴也。"但以皇家博士官学为界,未免有某种狭窄的宗派气味,它堵塞了在野儒生的发展。东汉刘歆拿出批战国前籀书书写的六经,称汉十四博士的隶书本是残本,用残本治经,有失真传。这样挑起中国历史上今文经与古文经派的斗争。章太炎称:"今古文的区别,本来只是在文字版本上,因为六经遭秦火,秦代遗老就所记忆的,用当时语言忆出,称为今文,后来从山崖屋壁发现古时原本,称为古文,也不过像近代今版古版的分别罢了。"此话有点极而言之。就《尚书》为例,伏生所传29篇,据刘歆称民间献出的本子为46篇。二者相差17篇。今古文之分,周予同说得比较客观:它主要对经义经学的理解,以及治学风格方式上的差别而已。

汉武帝立十四博士后,儒学历来"各以家法传授非惟古训相传,莫敢同异;即篇章字句,亦恪守所闻。其学笃实谨严,及其弊也拘"。纪昀这番话确有眼光。儒学的宗派气味一旦与刘歆个人用心结合,学术讲坛由此变成了战场,这就是公元3世纪前后,魏蜀吴各自拥兵自重时,今古文的对垒更加旗帜鲜明的道理,这也是今古文两家在中国知识分子中如此纷争两千年的原因。清乾嘉后,惠栋、戴震等推崇汉学,庄存、刘逢禄、宋翔凤继承"宋学理路",他将汉十四博士与刘歆间的派仗继续打到了满族统治者的门下。

如果说19世纪末叶,康有为抛出《新学》一书,仅仅再次表演一下中国知识分子彼此厮杀的热情,或者展示一下"在朝"者所定家法的倔强,那么,这又是一场有趣的历史玩笑。今天,用理性观照,这偏执的倔强,未免将热情用错了地方。但是,康有为的《新学》书在一个世纪后还值得一说,恰恰在于它不是一份昨天中国知识分子热情、倔强的记录,它是一个世纪来中国有识之士思想文化走出"中世纪",迈向现代化的第一步,可以毫不夸张地说,有了《新学》问世,才有戊戌变法,才有"五四"运动。

康有为21岁师从九江先生学经,攻读古文典籍《周礼》,以及人称通古文经邮路的《仪礼》和《尔雅》。23岁,作了批判东汉今文经学家何休的《何氏纠谬》,此时,他自古文经学的继续在近代学术舞台上登台亮相。29岁,他著《教学通议》,对周公"经论之迹"推崇备至,称其"以天位而制礼,故范围百世、万民无不曲备"。礼法"制度美密,行悉无遗,天下受式"。这种眼光与语言,与汉歆后代古文经学家没有什么两样。特别是在该著的"尊朱"篇中,康有为对"变乱于汉歆"表示一种深切的理解。

康有为此刻的思想和学识,有人称其处于"不完备""不成熟"时期。一般而言,这种说法也通顺。30岁时,他"托古改制",此后与以前,他的思想、眼光、学识判如两人,倘如我们站在他转变后的立场上,显然,此说是成立的。但是,仔细一想,这种判别的尺度总有点问题。如果这样一说能立,那么,戊戌后亡命海外时他的思想学识又该怎么评判?人生的思想变化,文化转轨,即像树轮,有了内圈,再有外圈;但又不像树轮,它有时不是简单的量扩大和增长,而是质的变化。用内圈或外圈作评说尺度都有偏颇。

1891年,康有为"尽弃其旧学",就他本人而言,直接经历过这样两件事,1888年,他北京应试,有感于国家危安,急写了一份上皇帝书,请求变革,因"语言太讦直无益,只生衅耳",未曾上达。次年冬,他在广州结识了今文经学家廖平,受到了廖的思想影响。但是,我们稍放宽一点眼光,那么,康有为的思想变化和学术转轨,与他接触当时传入我国的西学是分不开的。

1879年,22岁的康有为"薄游香港",目睹这块英帝国管辖的殖民地后,自称"乃始知西人治国有法度,不得以古旧之类狄观之"。25岁,他途经上海,"大购西书",读了声光化电重学及各国史志和游记,感觉"新识深思,妙悟精理"。27岁,他作《内外康子篇》,称在西洋著作中看见了两样东西,义理与制度。"推一最有益于人道者,以为公法而已。"认识到公法的建立是"以平等之意"。而中国恰是"习俗既定以为义理",如"尊君卑臣,重男轻女,崇良抑贱"。

这里自然引出一个问题,康有为既然自称在西学中看到了人道、公法、平等的合理性,对中国义理常因习俗而定表示强烈不满。那么,29岁那年,在其《教学通议》中,为何仍倡以"时王为王"。赞六经"经纶"呢?此刻康有为思想和认识绕不过弯子的根源,我想,从他以后的变化中或许能看得更清晰。

1891年,《新学》在广州问世。此书立刻在当时知识分子中广泛流传。"浮薄之士,靡然向风,从游甚众",安维峻的这番攻击恰反映了该书的流传影响。《新学》的影响首先不在于提出的命题:"始作伪乱圣制者,自刘歆;布衣伪经篡孔经者,成于郑玄。"对刘歆所倡立的古文经的怀疑,有今古文争论以来,历代的今文经学家便始终持这样的态度。如刘逢禄的《左氏春秋考证》攻击《左传》、郑玄的《古文尚书》,邵懿辰攻击古文《逸礼》。康有为攻周刘歆为王更法立制伪撰古文经,有缺少根据的强释穿凿。如《周礼》,司马迁、匡衡都曾引用过,康有为称"《史记》《楚辞》经刘歆羼入者数十条",这明显"武断太过","以犯科学家之大忌"。

但是,《新学》一书的光彩,就在于它斥责攻击刘歆"作伪乱圣"的背后,对历来中国知识分子治学处世的"师法"、"家法"习惯展开强烈的思想批判。"阅二千年来岁月日时之绵缓,聚百千万亿诠缨之问学,统二十朝王者礼乐制度之崇严,咸奉伪圣法,诵读尊经,奉持施行,违者以非圣无法论,亦无一人敢违者,亦无一人敢疑者。"这攻击刘歆而转向儒者知者的一棍,无疑袒露了康有为著此书的真实心迹。这一思想,在《春秋笔削大义微言考》《孔子改制考》两著中表述得更直白:刘歆造伪经"大义乖","微言绝","于是三世之说不诵于人间,太平之种永绝于中国,公理不明,仁术不昌,文明不进,昧昧二千年瞽焉笃守据乱世之法以治天下",提倡孔子改制,目的是提倡"微言之第一义也"。

用中国传统的儒者眼光,无论今文经学家,或是古文经学家都会一致感觉,康有为此番言论是大逆不道。

汉经学兴,治学和思想传授先是以师承关系的特点出现。章太炎在《国学概论》中曾画了这样两个师授家谱:

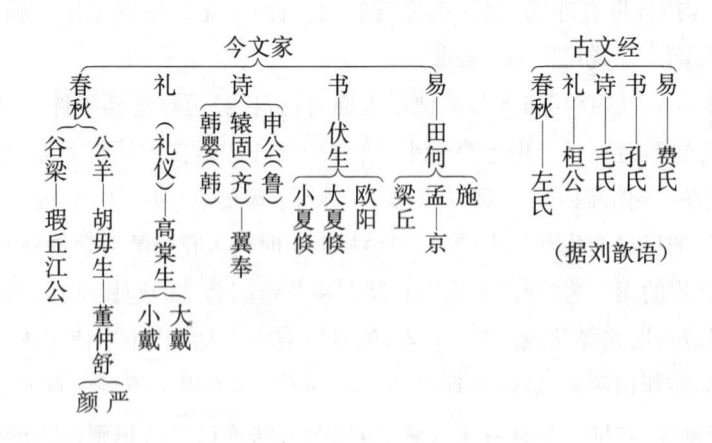

```
                          今文家                              古文经
    春秋    礼    诗      书    易              春秋  礼   诗   书   易
    ┌┴┐   (礼仪) ┌┬┐    ┌┐    │              │    │    │   │    │
    谷 公   韩 辕 申    伏      田              左    桓   毛   孔   费
    梁 羊   婴 固 公    生      何              氏    公   氏   氏   氏
    │  │   (韩)(齐)(鲁)  ┌┼┐  ┌┼┐
    瑕 胡          │    欧 大 小 梁 孟 施
    丘 毋          高    阳 夏 夏 丘 京
    江 生          棠    │  侯 侯
    公 │          生    小
       董               夏                        (据刘歆语)
       仲               侯
       舒
       ┌┴┐
       颜  严
```

师法现象,一方面是秦焚烧诗书,坑儒咸阳,汉兴经学,知识传授只得通过口授和传抄,伏生在济南讲《尚书》,汉文帝派晁错专程赴鲁听讲。另一方面西汉以前,竹简和织帛是书写材料,前者制作不易,后者价格昂贵,非一般读书人能问津。要想学习知识,非得依赖先生口授。这种宗师之原,最早是一种知识传播和教授的方法和途径。然而,它在逐代的弟子相传中,蜕变为经学内部体系、一种知识结构的规范。"说经者传先师之言,非从己出,不得相让;相让则道不明,若规矩权衡之不可枉也。"《后汉书·鲁丕传》这一记载,已经明显看到师授向师法的转变。"传先师之言,非从己出",为的是明道,这里师传学派已经成了学派规矩,难怪后人这样理解,"有始师乃有师法"。

家法本是师法一种延续和变种,"师法者,溯其源,家法者,衍其流也"。皮锡瑞的这一划分只是说出一般表现特征。东汉时造纸术发明,书籍大增,求学者不必像以前那样求助师传,有了书本,直接面对面的师授教育法不再像过去那样重要,学派发展转向了以家学转承的特点。隋朝开始设进士科,用公开的考试制,代替以前血统任官,仅以唐为例,三百年的宰相,被二十个左右的家族所包办,由此可见东汉以后家学对中国社会的影响。

师法也罢,家法也罢,就其宗师与忠师而言,二者是相同的。因此清人蒋湘南说"师法之谓之家法"。

"言不称师谓之畔,教不称师谓之信",一旦经学传授方式蜕变为学派体系,而这种体系与中国家族制为基础的社会组织结构相吻合,此刻,家族制所带有的宗法印记开始在学问传播中起作用。再说在儒家的礼制中,师与君、帝本是同视的,由此,我们才能理解,为什么郑玄公开强调"师善则善","教者言非,则学者失问"。扬雄这样说:"学,行之,上也,言之,次也。"

当知识分子人人抱有"说有师道,可观赏"。"有师法,可试事",这种否定个人创造发展的结果,一方面使所学之知识神圣化,另一方面治学只能是"诵读尊信,奉行施行"。皮锡瑞在《经学历史》中记:"元、成以后,刑名渐废,上无异教,下无异学,皇帝诏书,群臣奏议,莫不援引经义为依据,国有大疑,辄引《春秋》为断。一时循吏多能推明经意,移易风化,号为经术净吏事。"这便是师法家法观念畸形发展的一个历史故事,《春秋》本是鲁国的记事典籍,它却能充当以后社会的组织设置的依据,协调人与人、人与社会间的标准尺度。这种"以《春秋》决狱,以《禹贡》治河,以三百篇当谏草"的事实,使公卿大臣"用经术明于大谊",而知识分子便日埋古纸、将自己封闭在一个僵化的思想硬壳中,"不惟关其口,使不敢昌言,乃并锢其心,使不敢涉想"。因为"曾经圣人手,议论安敢到"。

29岁的康有为,在发表《教学通议》时,他的思想之结,也是在传统儒生的"师法家法"观念前停住了脚步,他提倡"六经"经论,鼓吹以"时王为王"。他的解释是,周公是位以天下为己任、扶十气而维国家的楷模,在这番颇似今天新权威主义的理论背后,我们不免发现那种传统的"儒者传学,不妄一言,先师古语,到今具在"的眼光和立场。西学精理虽说美妙。"平等公同""人类公理"固然令人神往,但当其论事说理时,依然恪守儒者礼义之规矩。

1891年,《新学》初刊于广州时,康有为在长兴讲学时,有这样一番话:"学也者,由人为之,勉强至逆者也。……顺而率性者愚,逆而强学者智。故学者惟人能之,所以戴天覆地而独贵于万物也。""故人之所以异于人者,在勉强学问而已。夫勉强为学,各在逆乎常纬。……其为是俗,非一时也,积日月年,积百十年,积千万年,于是积习深矣,欲娇然易之,非至逆安能哉!"这段话可以看作他写《新学》一书动机的表白。但是,"顺而率性者愚,逆而强学者智","夫勉强为学,务在逆乎常纬",这也是他思想上脱出"师法""家法"观念的反映。"各令各说师法",即便以天下为志,康有为在《教学通仪》中望出去的只是"范围百世、万民无不曲备""制度差密,纤悉无密"的《六经》。然而,当他跨出历代儒者传先师之言非从已出的门,突然间康有为似乎换了副眼光,无论以训诂、音韵、典章考释为特点的权学,还是高踞堂庙、空言理性的程、朱之学,此刻在他眼中已经成为一种"汨其灵明""皆空疏无"的东西。"若如近儒白首钻研,非徒圣学所不存,抑为刘歆所欺绐,甚不智也。"这里与其说在攻击刘歆,不如说是攻击近儒之不智。倘如我们将其赞孔子之圣意改制,特别是倡微言大义之治学方法联系起来,那么,《新学》一书在当时历史环境中事实上将传统的经纶之学,改变为一种服务于此时此地的人学。

《新学》攻击刘歆把古文经看作是伪经。康有为还提出了孔子改制顺势顺时说,这样理论上必然引出如下推论:一、既然围盖万世的经纶是没有的,那么,恪守祖训的规矩是根本无法成立的。二、孔子布衣改制是出至圣心,顺时顺理,那么,后起学子,立自家之论,反出师门,在道理上也说得通,时势变迁,学问思想变化理所当然。从理深一层的政治层面上说,康有为此番想法,亦触及帝制合理性的问题,以伪经为圣法,统历朝礼乐制度,那么,这从背后来看岂不是说帝制无法、帝时无圣吗?黑的东西能当白的起作用,真假本身并不重要,还能说明什么呢?

在一个广大知识分子尊经读经的时代,一个经纶被统治者钦定奉为社会意识形态、人伦标准、国家行事依据的时代,"千余年来,举国学子人人习之,七八岁便上口,心目中恒视为神圣不可侵犯"的六经,被康有为这样一击,便失去其神圣的光环,这不但是对当时借六经为法的满清统治者是个沉重的打击,而且对那些承师法家法之说,匍匐于六经之下的知识分子亦一次心灵的雷击。"凡学问之法,不为无才,难于距师,核道实义,证定是非也。"这恪守师说的法则和规矩由此失效,其心灵的刺激和惊愕可想而知了。

这里就引出一个问题。《新学》及《孔子改制考》,康有为攻击刘歆佐莽作伪经,"湮乱孔子之微言大义",这是否他破刘立孔,再造权威呢?"六经中尧舜文王,皆孔子民主君主之所寄托,……不必其为尧舜文王之事实也。"康有为在此,将孔子打扮为历史的进化主义者。范文澜称,康笔下的孔子是一位托古改制的维新主义人物。无论历史进化者也罢,维新人物也罢,康有为当时乔装打扮将孔子取代周公,用他自己话说:"布衣改制,事大骇人,故不如与之先王,既不惊人,自可避祸。"在这段自白中,我们看到这样一个事实,当一个社会无法置放走在时代前列的知识分子的思想时,个人又因不安于万马齐瘖的封闭和堵塞,为求表现,本身直白的思想只能变着法子,以某种曲折形式出现。

虽说康有为的《新学》在攻击刘歆时留下了退路和遁词,但是,这振聋发聩的声音,还是让想维护帝国万世从而保住个人仕途利益的封建官僚嗅出了气味。安维峻在秦书中说:康"力翻成案,痛诋前人","腾其簧鼓,扇感后进,号召生徒,以致浮薄之士,靡然向风,从游甚众",咒骂康是"圣贤之蟊贼,古今之巨蠹"。叶德辉说得更为明白:"新学伪经之证,其本旨只欲黜君权伸民力以快其恣雎为志,以发摅其傺佗不遇之怒。"他大声疾呼:"有世道之责者,其能嘿尔不语乎?"此书"居光天之下,而无父无君,与周、孔为仇敌,苟非秉禽兽之性,何以狂悖如此"。由此,1896年,1898年,1900年,清廷三次下旨,命其毁板。一本著作,在短短的六年中,竟然使最高统治当局三次下旨,这种情况,在两千年中国历史上是前所未有的,这件事从反面说明,《新学》一书巨大的思想能量。该书再次问世,那已经是1918年,五四新文化运动的前夜。

岁月匆匆,我国的思想文化拖着蹒跚的步伐,在风风雨雨中艰苦地行进,今天,当我们检讨一个世纪来回应西方思想文化的种种教训经验,回眸昨天历史的风雨,也许难以感知梁启超所称《新学》所掀起飓风般的震撼,难以体会当年知识分子读该书时心灵雷击般的震撼,历史情感的隔膜,反映了时代的变化,社会的前进。然而,这份太匆忙建立起来的心灵思想隔墙,让当代人陌生于昨天的同时亦怀上了一种浅薄的浪漫,知识分子平添了几份矫饰的自我感觉,滋生了气球吹胀式的个人勇敢。今天,《新学》值得一读,值得一说,并不仅仅是它在晚清曾一度惊天地、动鬼神,这部著作从其表述的思想、问世曲折过程,都浓缩着中国思想文化现代化的艰难,它深深烙着中国知识分子思想文化转折的矛盾和苦闷。读一读《新学》,有助于我们了解历史,了解知识分子的自身价值和作用。

(原载《书窗》杂志,上海书店1992年版)

人类困境的情怀

——西蒙娜·薇依《〈伊利亚特〉,或力量之诗》读解

朱生坚

西蒙娜·薇依的《〈伊利亚特〉,或力量之诗》分两期发表在法国《南方杂志》,时间是在 1940 年 12 月和 1941 年 1 月,正当第二次世界大战风云激荡之际。文章署名 Emile Novis,来自 Simone Weil 的重新组合。她用笔名把自己隐藏起来。

与身后留下的笔记、文稿相比,薇依发表的文章不多,这是其中之一。她之所以把它发表出来,当然有特别的理由:文章讨论荷马史诗,实则心心念念都在时局。

一

这篇文章的中译本两万多字。薇依在一开头就迫不及待似的一口道出:
《伊利亚特》的真正主角、真正主题和中心是力量。[①]

这样突兀的开头,显得有些独断,好像根本不管已有的研究和阐释。譬如,有一种广为人知的说法,命运才是荷马史诗以及诸多古希腊悲剧的真正主角。薇依一定知道这些说法。她只是说出她想要说的,别人怎么说,跟她没关系。况且,像《伊利亚特》这样的文本,有多少种解读都不奇怪。

与命运相比,力量要具体得多。在古希腊,命运高于一切,奥林匹斯山上的众神也无奈其何。但是,命运在幽冥之中发挥作用,在其意旨显露之前,常人难以领悟。而力量直接作用于人和事物、环境,迫使它们发生变化。与命运相比,力量的表现更鲜明、更丰富,它也让人有更直观、更切身的感受:

人类所操纵的力量,人类被制服的力量,在力量面前人的肉身一再退缩。

在具体的情境里,有人操纵力量,有人被力量制服。激烈的冲突使人忽略一个明显的事实:双方同属于人类,相对于神而言的人类。如此简单,好像不值一提的事实,并非无关紧要。人类有肉身,肉身有生有死,惟其如此,力量才会对人构成威胁。

[①] 本文引文出自吴雅凌译《柏拉图对话中的神》,华夏出版社 2013 年版。不一一注明页码。

力量作用于人的肉身。由此,薇依直接切换到力量与人类的关系。这需要思维的穿透力,也需要真正的情怀。那么,力量究竟如何作用于肉身?再者,既然提到了肉身,那么,力量与灵魂又是什么关系?

在诗中,人的灵魂由于与力量的关系而不停产生变化,灵魂自以为拥有力量,却被力量所牵制和蒙蔽,在自身经受的力量的迫使下屈从。

灵魂是一件神奇的东西。一方面,灵魂是个人的灵魂,甚至比肉身更是个人的,因为灵魂不可移植。黑格尔说过,不可能把人的灵魂注入狗的身体;而且,要把这个人的灵魂注入那个人的身体,也办不到:在传奇或艺术作品中,我们听说过的"灵魂附体"或者两个人灵魂互换之类的事情,好像都不能持久。另一方面,"人的灵魂"又属于整个人类,薇依在此文中所说的"人的灵魂"大多可以直接替换成"人类"。在人与人之间,肉身终究是一种障碍,灵魂却可以突破障碍,通达无间。灵魂实现人与人之间的沟通,也接通个体与全体。

然而,灵魂也不得不屈从于力量。

力量,就是把任何人变成顺服它的物。当力量施行到底时,它把人变成纯粹意义的物,因为,它把人变成一具尸体。原本有个人,但瞬息之间,不再有人。

这几句话冷静得令人窒息。力量让人顺服,把人变成会说话、会活动的物,这是力量作用于人的常态。在极端状态下,在战争中,力量把人变成一具尸体,这个转变的实质是灵魂离开肉体。脱离了灵魂的肉身,变成"纯粹意义的物"。那么,说句题外话,如何解释保存肉身的愿望?古埃及把法老遗体制作成木乃伊,佛教徒赞颂"肉身不坏"的奇迹,它们都充满了神秘;更难解的是,唯物主义者为何也要不厌其烦地保存肉身?

二

在这里真正值得关心的问题是灵魂如何离开肉身?这是一个谜。正如我们同样不知道它如何进入肉身。人的诞生和死亡,同样神秘。信奉科学的现代人不太考虑这些问题,或者把这些问题交付给专家去处理。唯有像古人那样亲身切近这些问题,才能深沉而坦荡地面对这些问题。

荷马史诗无数次描写死亡,大多是在战场上。薇依引用的赫克托尔之死,就是一个典型的样本:

> 他的灵魂飞离肉身,前往哈得斯,
> 　一边哀泣命运,雄武和青春不在。

诗句中有一种类似于旁观者的,近乎事不关己的平静。在命运面前的平静,感觉不到哀怨、悲伤。然而,薇依说,有一种"苦涩","被我们纯粹地品味着"。她对这几句诗的阐释还用了"惨痛""令人心碎"和"不幸"这样的词汇,这些是她自己的感觉。她并非不知道,《伊利亚特》罕有如此强烈的表达。这正是《伊利亚特》的神奇之处:生与死之间的界限并不那么明显。人与物,与神明,也是如此。

这里,薇依还插入了一段与《伊利亚特》关系不大的话:

> ……另一种呈现为别样的不可思议的能力,那就是把一个活着的人变成物。他活着,拥有灵魂;但他是物。……灵魂时时刻刻要付出多少代价,才能适应这种状态,扭曲自己,被迫顺服?灵魂生来不能寄身于物中;当它不得不如此时,它的一切只能遭受暴力。

前面说过,这是力量作用于人的常态。薇依在这里调转笔锋,指向现代人的生活常态:一个活着的人变成了物。

卡夫卡用小说表达现代生存状态下人被物化的恐惧。卓别林在电影里把它呈现为喜剧。马克思和海德格尔则以不同的方式思考、分析这种生存状态。而薇依曾经多次进入工厂、农场,以近乎受虐的方式,参加她并不擅长的生产劳动,对这种物化状态有切身的感受。然而,现代社会大多数人对此并无自觉意识。如此,倒也免于感受物化的痛苦。而被迫顺服的人对此即便有所认识,通常也会说服自己,他们的顺服是自愿的、主动的,甚至是"有意义的"。没有人愿意承认,自己已经变成了物。

把造成这种社会现象和现代生活常态的原因归结于"力量",似乎会遮蔽一些问题,尤其是遮蔽行使力量、甚至暴力的人。当然,薇依不是这个意思。她曾经以超乎寻常的热情投身于政治活动。确切地说,薇依超越了这种人与人之间的对立斗争,因为她把双方视为同类。基于同样的理由,在这里,她所着眼的是个人的、同时也是普遍的遭遇:人变成物,"这件物每时每刻渴望成为一个男人、一个女人,并在每时每刻失败着"。人变成物,已然不幸;这件物渴望成为人,并且每时每刻不断失败,更是何其悲怆。在某种意义上,包含在生活常态中的这种悲剧性的深度,有甚于付诸行动的、看得见的现实斗争。

三

回到《伊利亚特》。在力量面前,人是软弱的。薇依挑选了赫克托尔的求饶和他父亲的恳求这两个情节,两者的对象都是阿喀琉斯,力量的化身。

普里阿摩斯恳求阿喀琉斯,堪称《伊利亚特》最动人心魄的情节之一:普里阿摩斯孤身一人在黑夜里进入阿喀琉斯的帐篷,要求带走他的长子赫克托尔的尸体,那一件"纯粹的物"。在这个情节中,有那么一刻,双方都失声痛哭起来,"满屋里是他们的哭泣"。人世间哪里有什么胜负成败可言。在死亡面前,在力量面前,人都是不幸的——我们仿佛听到加缪笔下的暴君卡利古拉的话:人必有一死,他们的生活并不幸福。

死者长已矣。在活着的人当中,最不幸的人是奴隶。

没有谁比奴隶的丧失更惨重:他丧失了整个内在生活。只有在出现改变命运的可能时,他才能找回一点这种生活。

薇依所说的"奴隶的生活"是一种比喻,她用它来描述她所体验的工厂、农场的艰苦劳作。在她看来,较之失去人身自由,丧失内在生活是更大的不幸。人身自由固然重要,更重要的是它使内在生活得以可能。当然,我们不得不说,也有例外。譬如,加缪在《局外人》和《西西弗的神话》里表明,就算遭受人身限制和无穷无尽的厄运,个人依然可以拥有内心生活。

说到底,人生而不自由。除了外在的力量,还有内在的自然需要。饮食男女,这些"与生命相关的需求","会抹杀整个内在生活"。薇依引述了《伊利亚特》的片段,自然的需要暂时压倒了母亲的痛苦,"哭累了,想起要吃东西"(这原本是正常的调节,也是一种保护机制)。而薇依用这个片段来印证自己的判断。在她看来,饮食这种生理需要——食物是一种特殊的物,它进入人的身体,影响肉身和灵魂——就像一种操纵的力量,强加于灵魂之上。薇依一直都在抗拒这种力量,甚至不惜以生命为代价。

但是,无论如何抗拒,终究是力量操纵人,而不是人操纵力量。

力量怎样无情地摧毁,也就无情地刺激任何拥有它或自以为拥有它的人。没有人真正拥有力量。在《伊利亚特》中,……没有一个人不在某个时刻被迫向力量屈服。

《伊利亚特》写了各种各样的屈服。战无不胜的阿喀琉斯屈服于阿伽门农,忍受后者的羞辱。后来,阿伽门农又迫于形势,不得不向阿喀琉斯低头。在战场上对垒的双方,随着形势变换,轮番遭受失败和死亡的恐惧。

如此这般的遭遇,自然让人想到"命运"。

出于盲目,命运建立起某种形式的正义。这正义也是盲目的,它惩罚那些以报复性刑罚武装自身的人。

命运是荷马史诗和古希腊悲剧的主角。正义是西方伦理学的拱顶石。它们的重要性,真是怎么强调也不过分。

然而,薇依却说,命运是盲目的,正义也是盲目的。

为什么命运和正义是盲目的?或者,命运和正义的盲目,意味着什么?

首先,"盲目"只是一个隐喻,并非混乱,并非没有方向。只不过,人类经常看不到它们的指示,分辨不清自己的方向——有意思的是,有些人恰恰由于"盲目",获得了更好的"听力",可以听从内心的声音,甚至听到大音希声的天命,这些人就成为巫师、预言者、算命先生。

再者,正因为盲目,有助于保持无情、无私,保持理性、公正。俗话说,眼见为实。其实,并非如此。不要太常见的是,表面忠厚老实,内心阴险奸诈。在我们这个"读图时代",视觉形象有意无意左右舆论的案例屡见不鲜。而"盲目"则免于遭受表面现象的欺骗,同样,也不会因为当事人的形象而萌生偏袒、爱怜或嫉恨、暴虐之心。

更进一步,盲目意味着超善恶。所谓超善恶,并非完全放弃价值判断,而是超越于习以为常的、习焉不察的善恶标准之上，既不执着，也不想当然地奉行固定不变的善恶标准。超善恶有不同层次。论其上者，如老庄所言，天地不仁，太上忘情。论其下者，如旧时官吏断案，不管三七二十一，上来先各打五十大板，看似糊涂，实则大有道理。

四

不难看到，在《伊利亚特》里，各方面的力量，几乎所有人，都无所谓善恶，也无所谓正义和非正义。与之相反，我们从小就习惯于善恶分明，而且认为善、正义、真理只能掌握在一部分人手里，就像在电影里，好人与坏人，好机器人与坏机器人，好狮子与坏狮子……一句话，正面角色与反面角色，正义的力量与邪恶的力量一目了然，那简直是必须的。

然而，盲目的命运和正义让人感到困惑，无法理解。人类必须自己作出决定，并且为此付出代价。

可以自己作出决定，令人振奋；要付出代价，又令人惊惧。问题在于，人总是自以为是，自以为有理由做自己想做的事。无论强者还是弱者，都只能看到眼前的彼此之间的力量对比。更容易忘乎所以的是强者，"行事残酷而疯狂"，还自以为在行使报复或惩罚的权柄。他们不知道这是一种僭越，其中隐藏着的危险足以让人从胜利走向失败，乃至毁灭。

命运把力量借给一些人，这些人却因过于看重力量而毁灭。

他们不可能不毁灭。因为，他们不把自身的力量看成有限的，也不把自己与他者的关系看成不同力量的均衡。

"过于看重力量"，或许是无意识的，不由自主的。而"不把自身的力量看成有限的"，只能归结于视域的限制，不能在一个更大的背景下看待自己。

通常，行动者总是在自己的立场上行事。立场坚定，才能行动有力，正如大力神安泰必须脚踏大地才有力量。然而，立场就是局限，几乎没有例外。行动者的立场是行动者的局限，思想者的立场是思想者的局限。

认识受到局限，恰恰又会使行动失去约束，失去均衡。只有整体性的认识，才能保证相应的均衡。

他们得出结论，命运许可他们做一切事，但不许可比他们下等的人做任何事。从此，他们要超越自身拥有的力量。他们不可避免地走向彼世，不知道自己的力量如此有限。他们无可挽回地把自己交付给偶然，而事情也不再顺服他们。

失去了对同类的敬重，把对方非人化，也意味着把自己非人化，两者成正比，结果就是全盘异化。这种异化的根源在于强者以为自己得天独厚，掌握着全部力量，"超越自身拥有的力量"。

人类原本有能力最大程度接近于神，认识必然，获得自由。一旦被力量或者其他任何东西异化，就失去了这种能力，"无往而不在枷锁之中"。

这样滥用力量必然遭到的几何学般精确的惩罚，是古希腊人的首要沉思命题。它是史诗的灵魂。

薇依在文章开头说,《伊利亚特》的真正主角、真正主题和中心是力量。现在,她又说,史诗的灵魂是滥用力量必然遭到几何学般精确的惩罚。两者是一枚硬币的两面。

我们知道,古希腊最重要的格言之一就是:凡事勿过度。

极限、尺度和均衡的理念,本该是人生的行为准则,如今仅存某种技术上的附带用途。我们只有面对物质才是几何学家;古希腊人在修习美德时首先是几何学家。

后来,1942年,薇依在《论毕达哥拉斯定理》一文中,详细阐发了这里的想法。实际上,在1930年代,她已经形成了这些认识,曾经在某些场合讲述这些想法。

欧洲人历来倾向于把古希腊理想化。薇依也不例外。然而,在她笔下,可以看到,一方面,古希腊人像几何学家一般修习美德,保持尺度、均衡,他们知道滥用力量必然遭到惩罚;另一方面,正好相反:交战双方都不管什么"极限、尺度和均衡的理念",只是顺从盲目的冲动。没有人能够战胜贪婪,谁也不会适可而止。结果,每一次交战的胜利者的喜悦都非常短暂,很快就陷入恐惧,因为转眼之间,失败者又占了上风。

《伊利亚特》中的战争进程,正是这种摇摆的游戏。

直至今日,人类不断上演《伊利亚特》的场景,相逐以力,"不是东风压倒西风,就是西风压倒东风";薇依所说的"史诗的灵魂",寻求平衡之道,始终难得一见。如此看来,"凡事勿过度"之所以流传久远,正在于它难以奉行。

暴力就这么毁灭它所触及之物。无论对操纵暴力的人,还是对承受暴力的人,暴力最终均从外在显现。由此产生某种命运的观点,即刽子手和受难者同样无辜,征服者和被征服者是同处于苦难中的兄弟。被征服者是征服者的不幸起因,征服者也是被征服者的不幸起因。

力量是中性的,无所谓好坏。滥用力量,使它成为暴力,也就成为不幸之根源,暴力所涉及的双方都不能幸免。

由此,往前跨出一小步,薇依改写了通常的观念:"刽子手和受难者同样无辜,征服者和被征服者是同处于苦难中的兄弟。"如此,盲目的、无情的命运和正义,也带有了某种非同寻常的怜悯之心。几何学般的冷静、精确、平衡,悄然改换成了基督教式的"四海之内皆兄弟",带上了些许温情。

这种态度近乎信仰。然而,力量并非凭空存在,而且是非人格化的,它不承担责任。人类必须对自己负责。不要说是强者、操纵力量者,就算是弱者、无辜者,处于不幸和苦难之中的人,也是如此。

只有节制地运用力量,才可能避免一系列恶性事件。这种节制需要某种超过人性的美德,那几乎与在软弱中保持尊严一样罕见。

薇依强调"节制地运用力量",来避免恶性事件。这是她对冲突或战争双方提出的要求。在今天看来,特别值得注意的是,她在这里希望避免的"恶性事件",应该包括——如果说不是主要指——以暴制暴的手段可能导致的过度。

如果可以提出更进一步的要求,那么,在力量上占据优势的一方,应该寻求比"节制地运用力量"更好的、更理想的办法,譬如,通过对话,用于"避免"而不是"制止"类似的恶性事件,尽可能放弃惩罚,停止报复行为。

五

无论如何,节制终究是好的。"这种节制需要某种超过人性的美德",看起来有点夸大其词,正是极言其难。说到底,任何一种属于人性的美德,都约束着某一方面的任性放纵,真要做到,都很难。

四分之三以上的力量由威信构成,而威信则首先由强者对弱者的傲慢的冷漠构成,这种冷漠具有传染性,乃至传到了受冷遇的弱者那方。

前面说过,对于操纵者和承受者,"暴力均从外在显现"。这里却表明,力量在很大程度上来自内心,而且会直接从强者的内心传染到弱者的内心。很多人的内心都有不自觉的暴力倾向。薇依认为:"一般说来,一种政治思想并不会建议暴力行为。暴力倾向才是无法抵抗的。"这个判断明显有误。事实上,建议采取暴力行为的政治思想比比皆是。只不过,与外在的宣传、诱导相比,薇依更注意内在的暴力倾向。人类的暴力倾向特别容易在集体行动中爆发出来,因为个人行动必须独自承担责任,而集体行动以类似共振的方式增强了暴力倾向,又分摊了责任。

尽管在正常状态下,人们都知道,生命可贵,值得珍惜,应该敬重,然而,或者是由于放纵那种近乎先天的暴力倾向,或者是通过有效的社会动员(真是不可思议,往往不需要多么高明的手段就能产生巨大的效果),人们就会手握武器走向战场——至此,薇依完全转向眼前的现实。

就这么出发的人,心中尚无任何必然性,他们就这么出发,就像去玩一场游戏,就像去度一个摆脱日常约束的假期。

战争是非正常状态。这种非正常状态会对人产生吸引力,或许也缘于现代社会的正常状态平淡无奇,给人约束,令人厌烦。然而,战争不是游戏。胜利者也会受到扭曲,通过自我膨胀,变得残暴、冷漠。而这一切注定是暂时的。一旦失利,他们就会恍然大悟:

于是,战争不再是一场游戏,一个梦想;战士终于明白,战争真实地存在。这个现实如此残酷,远远超过可能承受的残酷,因为它包含死亡。

在战争中,每时每刻,每个人都能感知到死亡的威胁。这种感知对他们造成了严重的伤害,到了这样的程度:

战争甚至抹杀了结束战争的想法。没有置身其中的人无法想象这样一种暴力的处境,而置身其中的人也无法想象这种处境的结局。因此,不会有任何努力以促成那个结局。面对武装起来的敌人,人的双手不能停止抓紧并运用武器;他的脑中本该有所运筹,找寻出路;但他已然丧失为达到这一目的的全部运筹能力。他完全沉浸于自我施暴。

确实,从未上过战场的人,无法想象这样一种绝望的处境:战争似乎将会永远持续下去,死亡就像黑色的鸟群，在头顶盘旋。既然已经放弃了结束战争的想法，当然不会想到如何结束它。随时投入战斗，已经成了习惯反应。薇依曾经亲历战争，她还屡次提出要求参加极其危险的行动，近乎主动赴死。我们有理由相信她的描述。

更加令人绝望的是，即便有所觉醒，想要拯救，也只能落空：

屈服于战争的灵魂疾呼拯救；但拯救也带有某种悲剧而极端的形式，某种毁灭的形式。……无限的努力可能只带来无谓或有限的好处，这个想法很伤人。

不管怎么努力，最终的结果仍然是虚无。这是薇依所特有的极端感受。她注重其中的形而上的含义。至于说这个想法很伤人，则是因为她在如此深重的绝望之中，仍然不愿意放弃拯救，当然也包括结束战争。

但是，在战场上，薇依看不到任何拯救的可能：

敌人的存在迫使某些灵魂摧毁自身一切自然生成的东西，这些灵魂相信只有摧毁敌人才能获得拯救。与此同时，心爱的同伴死去，还催生了某种阴郁的仿效死亡之情……同样的绝望还促使毁灭和杀戮……带有这种双重死亡需求的人，但凡没有变成别的样子，从此只属于不同于生者的族类。

这种丧心病狂的状态说明，不能节制地使用力量，只有近乎本能的杀戮和毁灭，绝非真正的强者所为。处于这种状态的人，已经丧失了同情、宽恕的能力，对他们苦苦哀求也不会有任何作用。他们没有生存的希望，也没有能力把这希望给予别人。

六

倘若《伊利亚特》作为一部"力量之诗"，最终只是让人如此绝望，它就不可能成为欧洲文学经典。全世界都没有这样的例子，过去没有，将来也不会有。就算是吟唱着虚无，甚至呼唤着死亡的作品，也必定要有生命的气息，有一些"充满光照的时刻"，才有可能成为经典。

正是在近乎彻底绝望之处，薇依表明，《伊利亚特》并非只有毁灭和杀戮。

一个人若不得不毁掉自身的所有生的愿望，那么他必须付出使心碎裂的宽容的努力，才能做到尊重他者的生命。在荷马诗中，几乎没有哪位战士有能力做到这种努力，也许除了帕特罗克洛斯，他"懂得对所有人温柔"，在《伊利亚特》中没有做过任何粗鲁或残暴的事。从某种意义而言，他正好处于整部诗歌的中心。只是，在几千年的历史中，我们又能数出几个人具备这样一种神圣的宽容呢？我们几乎数不出两三个人的名字。

这是一个洞见。大概所有读者都会觉得，在《伊利亚特》里，帕特罗克洛斯不算特别显眼，只能给阿喀琉斯做个陪衬和铺垫，薇依却说他"正好处于整部诗歌的中心"。帕特罗克洛斯做出了他人所不能及的努力，在"毁掉自身的所有生的愿望"之际，仍然能够"尊重他者的生命"。他具有战士所应有的勇敢，又"没有做过任何粗鲁或残暴的事"。我们都记得，按照亚里士多德的说法，勇敢作为一种美德，处于残暴和怯懦两个极端之中庸；也就是说，残暴并不比怯懦更接近于勇敢;跟怯懦一样,残暴同样有损于勇敢。

帕特罗克洛斯之所以难能可贵,因为在《伊利亚特》里,几乎所有战士,无论胜败,都在战争中丧失了同情、宽容、尊重他者的能力。薇依再次说到了力量对人的物化,把矛头对准了战争。正是在战争中,力量席卷所有战士,让他们"着魔于战争,尽管方式不一,却和奴隶一样成为物"。战争是真实而残酷的存在。活生生的血肉之躯,一个接一个在战场上受伤、死去,这就已经够令人恐怖了。战场还把人变得绝望、冷漠、残忍,只有在"罕见而短暂"的奇迹般的时刻,灵魂才能得到复苏、解脱。

倘若不是处处散布着一些充满光照的时刻,那么世界将是一片黯淡无生的单调,在这些短暂而神圣的时刻,人类拥有一个灵魂。在某个瞬间里苏醒的灵魂,很快又迷失在力量的王国。这样的灵魂在苏醒时是纯粹的,尚未受损。这样的灵魂不带任何模糊、复杂或困惑的情感,只有勇气和爱。有的时候,人会找回自己的灵魂……几乎没有哪种纯粹的人间的爱不曾出现在《伊利亚特》。

人找回自己的灵魂,多少有些偶然,像一个奇迹。这种奇迹不是来自神灵的点化和救助,只有靠人自己拯救自己。放下屠刀,立地成佛。在某个瞬间里苏醒的灵魂,依然是"纯粹的,尚未受损"。也就是说,灵魂的纯粹,在某种意义上,等同于灵魂的完整。一个纯粹、完整的灵魂,自然具有勇气和爱,尤其是爱。

薇依列举了《伊利亚特》里各种"人间的爱":孩子对父母、父母对孩子的爱,手足之情,夫妻之间的情爱,还有战友之间的情谊。

爱的最纯粹的胜利,战争的至上的救赎,却是从敌人心中生起的爱慕之心。

这样的时刻,亦即前面提到的阿喀琉斯与普里阿摩斯的互相欣赏,在《伊利亚特》中极其罕见。这不奇怪。这样的时刻,一部作品中有一次就足够了。顺便说一句,很多作品(包括电影)都曾表现敌对双方的互相欣赏,但是这些作品无法消除人物身上的正义与邪恶的烙印(因为这构成了整个作品的基础),因而有些矫情,跟阿喀琉斯与普里阿摩斯的互相欣赏不可同日而语。

《伊利亚特》独一无二就在于此,在于这种源自温情、贯穿所有人类、宛如一丝阳光的苦涩。诗歌的语气始终浸润着苦涩,也从来没有沦落为抱怨。在这幅极端而不义的暴力图景中,正义和爱本不可能找到一席之地。但整部诗却处于正义和爱的光照之下,尽管除了语气,我们几乎感觉不出。没有什么珍贵之物遭到轻视,无论它注定毁灭与否;所有人的不幸——曝光,既无掩饰也无轻蔑;人人处在人类的共同生存处境,不会更高也不会更低;一切遭到毁灭的东西均获得哀悼。对于作者和听众而言,战胜者和战败者一样亲近,均是同类。

这确实是《伊利亚特》的独一无二之处吧。正义和爱从未说出,只是在语气里流露出来。奇妙的是,读到这段话,你不会觉得这是薇依的独得之秘,好像你一直有觉得,《伊利亚特》本来就是这样。只不过,薇依如此准确、不多不少地说了出来。而这篇文章的独一无二之处也在于此,"在于这种源自温情、贯穿所有人类、宛如一丝阳光的苦涩"。它映照着薇依所直面的第二次世界大战的残酷。我们不禁会想:在那样的时刻,薇依以怎样的心情写下这一段话?

薇依称《伊利亚特》的真正主角、真正主题和中心是力量,但是,《伊利亚特》和这篇文章,都不是要赞颂力量。至此,我们知道,她真正想要说明的是:力量有多么强大,正义和爱就有多么强大。尽管在《伊利亚特》里,阿喀琉斯和普里阿摩斯的互相欣赏,以及各色人等灵魂苏醒的时刻总是转瞬即逝,直接呈现这种正义和爱的只有一个帕特罗克洛斯,但是,整个史诗的语气就像空气一样,始终围绕着所有人,无论他们的遭遇如何凄惨。

命运和诸神几乎永在决定战争的变化万千的结局。在命运限定的范围内,神们拥有胜负的最终支配权;总是由他们制造出疯狂和背叛,从而使和平每次遭到阻挠;战争是神们的事务,而他们的动机无非是人性与玩笑。至于战士们,无论胜负,他们均被比作兽或物,不能引起欣赏或轻视,而只能让人遗憾人类居然变成如此下场。

虽然在人之上有诸神,诸神之上有命运,但是命运和诸神无非出自人类的假想,也可以视为人类的各种欲望、性格的投影。诸神在命运限定的范围内活动,而命运又有它所遵循的法则。人类有能力认识,或者无限接近于认识这些法则。

那么,命运与人何干?诸神与人何干?它们全都可有可无?

真正值得关注的,只有人类自己的事情。惟其如此,薇依感到遗憾的是"人类居然变成如此下场"。尽管如此,也只是遗憾而已。《伊利亚特》呈现了一个世界,它并未想要改变这个世界。

七

《伊利亚特》之所以能够达到这样的高度,除了在创作、流传、加工的过程中,吸收古希腊人的集体智慧之外,也对某些更早的文本有所借鉴和继承。这些文本已经遗失,或者,它们本来就只是口头流传,在时间的长河中沉没了。

薇依猜测,《伊利亚特》的创作者们既经历过胜利,也遭遇过城邦沦陷的失败。他们超越了胜利或失败给认知带来的局限,甚至由此超越了个人对于城邦、族群的归属感——个人形成这种归属感之后,很难脱离出来,这是普遍的事实,无所谓好坏。

《伊利亚特》没有后继的仿效者,而它本身却具有超越时空的普遍性:

人类灵魂对力量的隶属,归根到底也就是对物的隶属。……没有一个《伊利亚特》的人物能够幸免,正如没有一个大地上的凡人能够幸免。因此,也没有一个屈服于这种隶属关系的人遭到轻视。

这里再次回到了文章开头讨论过的人与物的关系问题。一些有德性的灵魂可以在一定程度上脱离对物的隶属关系。这种脱离不是通过有意识的抗争,而是凭借理性的认知,丝毫不为物所动。我们记得,在第欧根尼的《名哲言行录》里,有很多这样的例子。而在《伊利亚特》里,则是更为世俗的人,他们离不开对物的隶属。薇依为此感到一种普遍的悲悯。

这也是具有西方特征的观念:人与物之间有着不可逾越的界限。人是一种精神性的存在,高于其他所有物种。人的理想是让灵魂上升到神界和天国,而不是归于尘土。人对物的隶属,意味着沉沦,尤其是精神的沉沦。然而,在东方,这从来就不是问题。中国人用阴阳五行,印度人用四大元素,统摄一切,包括人在内的一切。如此,人与物流转轮回,互相隶属,根本就不需要悲悯。

薇依通过《伊利亚特》,通过战争,看到人对物的隶属。而她自身所处的背景,她实际面对的问题,则是现代社会的生产和生活状态下,人对物的隶属或者说人的"物化",此外还要加上战争的重压。同样,薇依试图通过《伊利亚特》,寻求启示,寻求解决的路径。然而,它实实在在告诉我们,并不存在这样的途径。至少在薇依有生之年,人类似乎无法解决这个问题,只能始终与问题同在,"毁灭的危险始终悬在空中"。这是人类存在的悲剧性。

这就是西方所拥有的唯一一部史诗的精神所在。

在薇依看来,另一部荷马史诗《奥德赛》,以及后来的《埃涅阿斯纪》,都是模仿之作,《罗兰之诗》更是不能比肩,只有《伊利亚特》独放异彩。在《伊利亚特》之后,薇依特别标举埃斯库罗斯和索福克勒斯的悲剧,与史诗一样,充满了正义的光芒,却从不对现实加以干预,所有人都无法逃脱力量的控制,灵魂饱受屈辱、沾染罪恶,却从不伪装,也不被怜悯或轻蔑。

最后,薇依转向福音书。

如果说《伊利亚特》是希腊精神的最早显示,那么福音书则是最后一次神奇的现身。……耶稣受难的叙事表明,道成肉身,也要受苦难的破坏,在痛苦和死亡面前发抖,在绝望的尽头感觉被人和神抛弃。人类困境的情怀带来一种简朴的语气,这是希腊精神的标志,也是阿提卡肃剧和《伊利亚特》的意义所在。

人类困境的情怀,始终专注于此岸世界,尤其是此岸世界的苦难。人类的困境甚至显现在"同为神和人的存在者"耶稣身上,他在十字架上,"在绝望的尽头感觉被人和神抛弃"。然而,他接受而不反抗这种困境,因为这乃是必然。

薇依只眼独具,从那种"简朴的语气"中看到《伊利亚特》与福音书之间隐秘的联系。通常,我们会把简朴的语气和相应的语言风格,归结为古人淳朴、自然,印证"高贵的单纯和静穆的伟大"之类的定论。而薇依从这种语气中体悟到人类困境的情怀。在她看来,人类困境的情怀是正义与爱的一种条件。

至少应该从这两种意义上来理解,人类困境的情怀是正义与爱的条件:其一,正义与爱不会凭空而来,"人性""天性"都是靠不住的。其二,自以为秉持正义与爱,也会发生可怕的偏差,需要有所护持。

故此,这种人类困境的情怀必须是一种理性的、自觉的意识,对所有人一视同仁,消除所有偶然因素造成的差异,才能成为正义与爱的条件。此外,"只有认知力量王国,并懂得不去顺服这个王国,才有可能去爱,并做到公正"。

正义与爱之所以如此艰难,是因为"在人类灵魂与命运的关系这个问题上,谎言是如此轻易,充满魅惑……傲慢、侮辱、仇恨、轻视、冷漠、遗忘或忽略的渴望,所有这一切都会带来诱惑"。人们没有足够的勇气正视苦难——尤其是当他们隐约听到内心的声音在说,同样的苦难完全有可能降临在自己身上——于是,他们用各种方式欺骗自己,拒绝接受现实,阻碍了正义与爱。

从《伊利亚特》到古希腊哲人、肃剧诗人再到福音书所传承的精神,从来没有超越古希腊文明的界限……欧洲人创造的全部诗篇,均比不上这同样出自欧洲人的第一部诗作。当他们懂得不相信逃避命运、不崇拜力量、不仇恨敌人、不轻视不幸的人时,他们也许也会找回史诗的精神。我很怀疑这一天会很快来临。

直至今日,对力量的崇拜几乎没有改变。我们可以在《星球大战》《变形金刚》中看到它的痕迹。很多作品模仿史诗的故事情节,而史诗的精神仍然杳无音讯。薇依希望找回史诗精神,但是她"怀疑这一天会很快来临"。确实,她眼前的时局,乃至我们眼前的时局,注定这一天不会很快来临。而她之所以怀疑,恰恰是因为她不愿意放弃希望。

时至今日,大半个世纪过去了,找回史诗精神,或者说,找回人类困境的情怀,这一天离我们更近了吗?

(原载《上海文化》2018年第3期)

人物品藻与戏谑娱乐:唐代"题目"源流考

朱 红

郑振铎在《中国俗文学史》中指出:"'俗文学'就是通俗的文学,就是民间的文学,也就是大众的文学。"这一说法,点明了俗文学的民间性。[①]近百年来,随着敦煌文书及相关文献的发掘利用,从书面材料到口头表演,从文人创作到民间流传,通过诸多角度的研究,唐代文学已呈现出极为丰富、生动的面貌。

诸体文学中,有一类被唐人称之为"题目"。对此,《唐国史补》曰:"初,诙谐自贺知章,轻薄自祖咏,顩语自贺兰广、郑涉。近代咏字有萧昕,寓言有李纾,隐语有张著,机警有李舟、张彧,歇后有姚岘、叔孙羽,讹语影带有李直方、独孤申叔,题目人有曹著。"[②]这段文字指出了多种文体之各自擅长者,从文意上看,诙谐、轻薄指的是一种行文语言的风格,而所谓咏字、寓言、歇后等又与文字形式有关,其中的"题目人",与诙谐、轻薄、咏字、歇后等并举,显然同样作为一种风格体裁或者形式,而为李肇所提出。这些列举的文体,与传统概念中以诗、文等为代表的文人创作不同,其游戏性与娱乐性显然更为突出。其中的"题目",以往学界对其关注多与宋代合生等相关联,[③]而其形式如何、渊源所自及其变化脉络,还需加以细致梳理。有鉴于此,笔者拟从"题目"这一小众文学入手,通过分析其形成过程中可能接受的各种因素影响,为唐代文学的多元性提供一例个案。

一、文献中唐代的"题目人"

上文所引《唐国史补》中提及擅长"题目人"的有曹著。关于曹著长于题目的说法,还见于《酉阳杂俎》:"世说曹著轻薄才,长于题目人。尝目一达官为热鏊上狲狲,其实旧语也。《朝野佥载》云:'魏光乘好题目人。姚元之长大行急,谓之赶蛇鹳鹊。侍御史王旭短而黑丑,谓之烟熏水

[①] 郑振铎《中国俗文学史》,东方出版社1996年版,第1页。关于中国俗文学的定义流变及相关学术史的梳理,可参见陈平原主编《现代学术史上的俗文学》,湖北教育出版社2004年版。
[②] 李肇《唐国史补》卷下,上海古籍出版社1957年版,第60页。
[③] 如王振良《合生考论》(《天津师范大学学报》1997年第五期),刘晓明《合生与唐宋伎艺》(《文学遗产》2006年第2期),尹占华《〈唐国史补〉中的一段人物品评考》(《中国典籍与文化》2003年第2期)。

蛇。杨仲嗣躁率,谓之热鏊上狪狖。"①段成式意指曹著的题目"热鏊上狪狖"并非新创,此前的魏光乘就有过这样的说法。

这里涉及的魏光乘,据《新唐书》记载其人曾于玄宗时任左清道率府长史。②在现存唐代文献中,有他题目人的多个例子:

> 唐兵部尚书姚元崇长大行急,魏光乘目为"赶蛇鹳鹊",黄门侍郎卢怀慎好视地,目为"觑鼠猫儿"。殿中丞姜皎肥而黑,目为"饱椹母猪"。……目御史张孝嵩为"小村方相"。目舍人杨仲嗣为"熟鏊上狪狖"……由是坐此品题朝士,自左拾遗贬新州新兴县尉。③

从上文来看,魏光乘因为兵部尚书姚元崇个子高而走路快,所以称其"赶蛇鹳鹊",还用"觑鼠猫儿"形容总是低头看地的黄门侍郎,以"饱椹母猪"的黑紫联想比喻肥而黑的殿中丞。将此类用语施于众多朝廷官员的身上,显然大不恭敬,因此,由于题目官员不当而触犯众怒,曾被唐玄宗评价为"才雄白凤,辩壮雄鸡"④的魏光乘甚至于影响到了仕途。

唐代这种对人评头论足的题目,见于文献记载的,除此之外,还有张元一亦擅此道:"周张元一腹粗而腿短,项缩而眼跌,吉项目为'逆流虾蟆'。"⑤张元一善于题目人,但自身形象不佳,反被题目为蛤蟆,落人笑话。而关于张元一题目他人的情况,则有如下例子可以进一步说明:

> 时同州鲁孔丘为拾遗,有武夫气,时人谓之"外军主帅",元一目为"鹜入凤池"。苏味道才学识度,物望攸归,王方庆体质鄙陋,言词鲁钝,智不逾俗,才不出凡,俱为凤阁侍郎。或问元一曰:"苏、王孰贤?"答曰:"苏九月得霜鹰,王十月被冻蝇。"或问其故,答曰:"得霜鹰俊捷,被冻蝇顽怯。"时人伏能体物也。⑥

针对两位侍郎,张元一的评论从九月霜后雄鹰的矫捷身姿,到十月临冬苍蝇的僵硬呆板,两者对举,既有音韵上的和谐("鹰"与"蝇")、时序上的贯联(九月与十月),又有特质上俊捷与顽怯的对比,从而巧妙吻合两位侍郎的人物品质,难怪当时人佩服张元一题目人的"能体物"。所谓"体物",此处指的是张元一能从相关事物中找到人物身上最具特性的部分,将二者关联起来。而这种联系不言而喻,闻者会心,自然体察其妙处。

张元一对当时人物加以题目的例子,还有数则可举:

---

① 段成式撰,方南生点校《酉阳杂俎》续集卷四,中华书局1981年版,第232页。
② 《新唐书》卷八一,中华书局1975年版,第3597页。
③ 张鷟撰,赵守俨点校《朝野佥载》卷四,中华书局1979年版,第90、91页。据赵守俨校勘记,此处当以"热"为是。
④ 见玄宗《鹡鸰颂并序》,《全唐诗》卷三,中华书局1960年版,第42页。
⑤ 《朝野佥载》卷四,第88页。宋人马永易所撰《实宾录》卷八有:"逆流虾蟆:唐郎中张元一性滑稽,有口才,喜题目人,而已腹粗脚短、项缩眼跌,吉相国目为逆流虾蟆。"
⑥ 《朝野佥载》卷四,第87页。

纳言娄师德长大而黑,一足蹇,元一目为"行辙方相",亦号为"卫灵公",言防灵柩方相也。天官侍郎吉顼长大,好昂头行,视高而望远,目为"望柳骆驼"。①

另外,还有目为"岭南考典""光禄掌膳""端箭师""呷醋汉",等等。由此可见,他的题目多从官员的身形举止出发,如对身高长大,喜欢抬头远望者加以"望柳骆驼";而举止轻薄者,就将其目为"失孔老鼠"。这与魏光乘所说的"饱水虾蟆""赶蛇鹳鹊"似出一辙,均可见出作者对他人的讥讽与嘲笑。

从上文所引曹著、魏光乘与张元一这三位唐代善于题目人的具体例子,我们由此可以从中推断得出唐人所说的这类"题目",一般具有如下特征:通过比拟的方式,作者对被题目人的外貌表征或品格特性加以高度概括和形象夸张,显示出作者的滑稽才情,而大多达到嘲笑戏弄的效果。这种比拟,虽然以物尤其是动物喻人居多,但也有以人物形象喻指的,例如魏光乘称官员为"日本国使人",是因其"长大少发",还有张元一以驾部郎中矮黑垢腻,称其作"光禄掌膳"即厨师等。二者的相似性与关联度,是题目的关键。

二、魏晋人物品藻与题目

这种对他人的品藻题目,在唐人的记载里,渊源有自。《白孔六帖》"藻鉴"条目下,关于"题目",白居易这样释例:"题目:庞德公自谓诸葛孔明为卧龙,庞统士元为凤雏,司马德操为水镜。又:裴楷目夏侯玄云肃肃如入宗庙,但见礼乐器,钟会如观武库森森,但见矛戟在前,瑕玷靡所不见,山涛若登山临下,幽然深远矣。"②前者出自《襄阳耆旧记》,③为隐士庞德公对人的题目。后者则见于《世说新语·赏誉》,是裴楷的例子。《白孔六帖》"杂采成语故实,备词藻之用"④,此处说"题目"而用曹魏时例子,说明当时唐人将东汉魏晋时期的题目人物视为这一体裁的典故和范例。

追溯魏晋南北朝时期的其他文献,《白孔六帖》中所提到的这类以比拟来形容概括人物的题目,还可以列举不少:

世目李元礼:"谡谡如劲松下风。"⑤

王戎目山巨源:"如璞玉浑金,人皆钦其宝,莫知名其器。"⑥

时人目王右军"飘如游云,矫若惊龙。"⑦

---

① 《朝野佥载》卷四,第88页。
② 白居易原本、孔传续撰《白孔六帖》卷四三,上海古籍出版社1992年版,第689页。
③ 习凿齿撰,黄惠贤校补《校补襄阳耆旧记》卷一,中州古籍出版社1987年版,第8页。
④ 《四库全书总目提要》语,见《白孔六帖》,第2页。
⑤ 刘义庆著、刘孝标注、余嘉锡笺疏《世说新语笺疏》,中华书局2007年版,第491页。
⑥ 刘义庆著、刘孝标注、余嘉锡笺疏《世说新语笺疏》,中华书局2007年版,第501页。
⑦ 刘义庆著、刘孝标注、余嘉锡笺疏《世说新语笺疏》,中华书局2007年版,第733页。

这类题目与前揭《白孔六帖》共同之处在于均通过比喻来臧否人物,如以"飘如游云,矫若惊龙"来赞喻王羲之,又如以"劲松下风"形容李元礼的刚劲清峻,在被题目的人物与被拟物之间,二者共通的特性使得这些比拟形象而传神。所以,余嘉锡《世说新语笺注》中说:"凡题目人者,必亲见其人,挹其风流,听其言论,观其气宇,察其度量,然后为之品题。其言多用比兴之体,以极其形容。"①

不过,除了以形象比拟的手法来题目之外,魏晋时期的题目还有一些例子与此不同,这是余嘉锡等先生所未辨别说明的:它们并非通过具体的事物来喻指人物,而是直接以短语对人物的品性特质作一高度概括。这种以短语直接判断人物品性,在当时比较盛行,甚至出现专门针对某类人的题目著作,这从孙绰所著《名德沙门题目》即可见一斑。②该书所录均为题目当时的名僧,刘孝标《世说新语》注有所转引,如:"法汰高亮开达"③"于法开才辩纵横,以数术弘教"④"道壹文锋富赡"⑤和"支愍度才鉴清出"。⑥从其内容来看,或文学,或言辩,《名德沙门题目》对名僧的点评偏重于才能方面。在以短语对高僧加以题目之后,刘孝标还引孙绰所作赞文,对前面简短题目的人物特性加以发挥,赞文押韵,多为四言。而除了专门针对名僧大德,当时还有更多以短语题目人物的例子:

山公举阮咸为吏部郎,目曰:"清真寡欲,万物不能移也。"⑦
王戎目阮文业:"清伦有鉴识,汉元以来,未有此人。"⑧
时人欲题目高坐而未能,桓廷尉以问周侯,周侯曰:"可谓卓朗。"桓公曰:"精神渊箸。"⑨
世目杨朗"沉审经断"。⑩
衍有重名于世,时人许以人伦之鉴……尝为天下人士目曰:"阿平第一,子嵩第二,处仲第三。"……有经澄所题目者,衍不复有言,辄云:"已经平子矣。"⑪
(裴)骏陈叙事宜甚会机理……浩亦深器骏,目为三河领袖。⑫

上文《世说》中的例子周顗以"卓朗"一词题目高坐,在《高坐传》中可见这一题目的具体过程:"庾

---

① 刘义庆著、刘孝标注、余嘉锡笺疏《世说新语笺疏》,中华书局 2007 年版,第 533 页。也正因为题目人只有亲见其态度风貌,方能体察恰当,余嘉锡曾据此针对"卞令目叔向:'朗朗如百间屋'"一条做出了文意上的判断。
② 《纬略》卷九列举刘孝标《〈世说新语〉》注所引书目,《名德沙门题目》在僧传之后,人物论之前,为专门题名僧之书。
③ 《世说新语笺疏》,第 570 页。
④ 《世说新语笺疏》,第 271 页。
⑤ 《世说新语笺疏》,第 179 页。
⑥ 《世说新语笺疏》,第 1009 页。
⑦ 《世说新语笺疏》,第 502 页。
⑧ 《世说新语笺疏》,第 503 页。
⑨ 《世说新语笺疏》,第 532 页。
⑩ 《世说新语笺疏》,第 542 页。
⑪ 《晋书》卷四三,中华书局 1974 年版,第 1239 页。
⑫ 《魏书》卷四五,中华书局 1974 年版,第 1021 页。

亮、周顗、桓彝一代名士，一见和尚，披衿致契。曾为和尚作目，久之未得。有云：'尸利密可称卓朗。'于是桓始咨嗟，以为标之极似。宣武尝云：'少见和尚，称其精神渊箸，当年出伦。'其为名士所叹如此。"①由此可见，为人题目要妥帖精确，并不容易，所以一代名士也会"久之而未得"。而准确的断语"标之极似"，则令人真心信服。这类题目，文字精简而内涵丰富，甚至有用一字来对其人加以题目的情况，如《世说新语·赏誉》中有："王子猷说：'世目士少为朗，我家亦以为彻朗。'"②以"朗"题目人物，就是一例。

上文所举数个例子中，"清真寡欲""卓朗""精神渊箸"以及"沉审经断"等语，均是对人物的直接评判和概括，而与比喻无关。仔细辨别，这二类题目之间的大致区别在于，以比拟手法题目的多用于人物的样貌、风度等外表，而以短语直接对人下评断的，则更多针对人物品性、特质、德行等内在而言。当然，二者亦有些微例外，如"范岫……外祖颜延之早相题目，以为中外之宝"③。此处"中外之宝"当对其品行的嘉许，但亦采用了类比的手法。而车频《秦书》中称："晋人为之题目，谓胡人为侧鼻，东夷为广面阔额……方方以类名也。"④则是以外貌特征概括其人种，并不涉及比喻。不过就大体而论，当时的题目可以简单区分为比喻与短语这二类。

三、官员选拔制度与唐代题目的转变

总而言之，从《名德沙门题目》中对当时大德名僧的品评，到《世说新语》里记载的人物比拟，均可见出这种题目人物的社会风习当时广泛存在。而究其社会背景，题目与魏晋时期官员的选拔制度有着密切关系。

汉末以来人物评议风行，《后汉纪》称："（许劭）少读书，雅好三史，善与人论臧否之误，所题目，皆如其言，世称'郭许之鉴'焉。"⑤读史知鉴，许邵对时人的题目判断之准确，备受重视，连曹操还在微末时亦求其题目，以图扬名："曹操微时，常卑辞厚礼，求为己目。劭鄙其人而不肯对，操乃伺隙胁劭，劭不得已，曰：'君清平之奸贼，乱世之英雄。'操大悦而去。……初，劭与靖俱有高名，好共核论乡党人物，每月辄更其品题，故汝南俗有'月旦评'焉。"⑥许劭与从兄许靖的这种评论，原本只是针对乡党人物的评价或者某种预判，至多可称汝南一地风俗，但在魏文帝时这类对人物的题目开始成为政府选任官吏的重要依据："魏司空陈群，始立九品之制，郡置中正，评次人才之高下，各为辈目，州置都而总其议。"⑦魏文帝黄初元年（220年），采纳吏部尚书陈群的建议，以"贤有识鉴"的中央官吏兼任原籍州、郡的大小中正官，察访散在各地同籍的已仕、未仕士

---

① 《世说新语笺疏》，第532页。
② 《世说新语笺疏》，第578页。
③ 《南史》卷六十，中华书局1975年版，第1467页。
④ 李昉等撰《太平御览》卷三六三，中华书局1960年版，第1672页。
⑤ 袁宏撰，周天游校注《后汉纪校注》，天津古籍出版社1987年版，第770页。
⑥ 《后汉书》，中华书局1965年版，第2234—2235页。
⑦ 《太平御览》卷二六五引《傅子》，第1243页。

人,采择舆论,按照家世门第和道德才能,分别评定为三等九品,政府按等选用,每三年调整品第一次,是谓九品中正制。对于士子来说,门第既定,则这些察访官员的评价定论乃仕途所系,显得尤为重要。《晋书》孙楚传中即有州大中正题目人的例子。① 史书所载,曾有这些善于题目士人的选官:

  《吴书》曰:"(李)肃……善论议,臧否得中,甄奇录异,荐述后进,题目品藻,曲有条贯,众人以此服之。权擢以为'选曹尚书',选举号为得才。"②
  涛再居选职十有余年,每一官缺,辄启拟数人,诏旨有所向,然后显奏,随帝意所欲为先,故帝之所用,或非举首,众情不察,以涛轻重任意。或谮之于帝,故帝手诏戒涛曰:"夫用人惟才,不遗疏远单贱,天下便化矣。"而涛行之自若,一年之后众情乃寝。涛所奏甄拔人物,各为题目,时称山公启事。③
  唯术性尚贞明,取士以才器,循名责实,新旧参举,管库必擢,门阀不遗。考之前后铨衡,在术最为折衷,甚为当时所称举。天保末,文宣尝令术选百员官,参选者二三千人,术题目士子,人无谤讟,其所旌擢,后亦皆致通显。④

从三国时李肃、魏晋时山涛到北朝的辛术都可以称得上是善于题目、拔擢人才的官员。以山涛的题目来看,他前后主持官员的选拔有十余年之久,每有官职出现空缺,山涛即对数位候选人加以题目,以供晋武帝选择备用。而对山涛所题目的备选人才的疑虑,常常在一年之后即得以平息,可以想见那些被题目备选者在所任官位上表现之称职,也由此可知山涛题目人的眼光独到而精准。"山司徒前后选,殆周遍百官,举无失才。凡所题目,皆如其言。唯用陆亮,是诏所用,与公意异,争之不从。亮亦寻为贿败。"⑤ 亦可与此相映证,其中诏用陆亮一事,山涛《启事》曰:"吏部郎史曜出,处缺当选。涛荐咸曰:'真素寡欲,深识清浊,万物不能移也。若在官人之职,必妙绝于时。'诏用陆亮。"⑥ 而前引《世说新语·赏誉》山公举阮咸为吏部郎,则可为山涛题目选拔官员,给出具体的例子。

  正如后人对山公启事的评价所言:"山涛必择其才与资序当为者,而参酌之,以入启,此则不外乎资格而不泥于资格者也。"⑦ 通过对人才的题目推选,九品中正制在设立之初以家世、才德并列,本欲避免仅凭门第选取而造成官员品质良莠不齐的情况,⑧ 题目人物,因其具有主宰仕途命

---

① 《晋书》卷五六,第1543页。
② 《三国志》卷五三,中华书局1959年版,第1238页。
③ 《晋书》卷四三,第1226页。
④ 《北齐书》卷三八,中华书局1972年版,第502页。
⑤ 《世说新语笺疏》,第201页。
⑥ 《世说新语笺疏》,第503页。
⑦ 湛若水《格物通》卷七五,《景印文渊阁四库全书》第716册,第682—683页。
⑧ 至南北朝时期,九品中正制则为门阀制度所利用以巩固其利益,这一前后变化的相关研究,可参考唐长孺《九品中正制度试释》(《魏晋南北朝史论丛》)等论文。

运的影响力而显得格外重要,这也正是魏晋时期出现大量题目的原因所在。

不过,随着隋文帝时废除九品中正制,代之以分科、试策来招贤取士的办法,以及唐代科举制度的进一步完善,官员选拔有了相对客观的程序与标准,原本对于士子升迁有着重大意义的题目,无需也不再在人物品性的定调上着力。魏晋时期的比喻和短语两类题目,以短语定性的一类逐步消失,而比兴一路在唐代题目中有了更多发展,甚至往戏谑调侃的风格变化,从而出现了不少近乎绰号的题目,这类文献记载颇多:

(张鹭)凡四参选,判策为铨府之最……"张子之文如青钱,万简万中,未闻退时。"时流重之,目为"青钱学士"。①

杨炯词学优长,恃才简倨,不容于时。每见朝官,目为麒麟楦许怨。②

司刑司直陈希闵以非才任官,庶事凝滞。司刑府史目之为"高手笔"。③

兄弟皆和粹,世以珍味目之。④

赵光逢……幼嗜坟典,动守规检,议者目之为"玉界尺"。⑤

安重霸……先是,秦、雍之间,令长设酒食,私丐于部民者,俗谓之"捣蒜"。及重霸之镇长安,亦为之,故秦人目重霸为"捣蒜老"。⑥

其中书百职,(马)胤孙素未谙练,无能专决,但署名而已。又少见宾客,时人目之为"三不开",谓口不开、印不开、门不开也。⑦

(贾)纬长于记注,应用文笔,未能过人,而议论刚强,侪类不平之,因目之为"贾铁嘴"。⑧

李知损……梁朝时以牒刺篇咏出入于内臣之门,翩是浪得虚誉,时人目之为"李罗隐"。⑨

保勖,季兴之幼子也……惟保勖一见,季兴则怒自解,故荆人目之为"万事休"。⑩

晋王建立……当时人目之为王垛垒,言杀其人而积其尸也。⑪

所谓"垛垒",在唐代民间字书《字宝》中有曰"垛垒,乃卧反"。⑫据考证,《字宝》成书于公元九世纪

---

① 《旧唐书》卷一四九,第 4023 页。
② 《朝野佥载》,第 163 页。承复旦大学张金耀老师指出:此处当作"麒麟楦(许怨反)","许怨反"小字,为"楦"之反切注音,汪绍楹整理本《太平广记》将"许怨"误入正文,又脱"反"字,赵守俨据汪绍楹整理本《太平广记》补辑《朝野佥载》,又沿此误。
③ 《朝野佥载》卷六,第 132 页。
④ 《新唐书》卷一六三,第 5016 页。
⑤ 《旧五代史》卷五八,中华书局 1976 年版,第 775 页。
⑥ 《旧五代史》卷六一,第 819—820 页。
⑦ 《旧五代史》卷一二七,第 1670 页。
⑧ 《旧五代史》卷一三一,第 1728 页。
⑨ 《旧五代史》卷一三一,第 1731 页。
⑩ 《旧五代史》卷一三三,第 1754 页。
⑪ 《册府元龟》卷四四八,第 5316 页。
⑫ 唐郑氏撰《字宝》,《续修四库全书》第 236 册,上海古籍出版社 2002 年版,第 351 页。

后，①记载的多为民间口语。其中收入的"垛垒"一词在后唐被引用作为王建立的题目，可见当时题目的口语化。又如"捣蒜老""贾铁嘴"这些亦多引用民间俗语，因此可见当时的题目明白易晓，通俗气息浓厚，少有文雅之气。②如果说《新唐书》中那一条对穆家兄弟为酪为酥为醍醐为乳腐的题目，还能看出魏晋时期题目人物多以比喻加之赞美的影子，上文所引其他更多的例子，加上前引曹著、张元一与魏光乘三人的题目，则可以看出唐五代这些对人物的题目，与魏晋时期的已大不相同，形式上的通俗化、口语化是其主要特征。概而言之，魏晋时期的两类题目，其一，曾经在玄学影响下的清议之风，以比兴手法对人物气度、样貌加以品鉴的那类，在唐人这里更多以讽喻调侃的面目出现；而另一类，以短语来概括提炼人物品性特点、以助于选拔官员的题目，则随着科举制对九品中正制的取代，在唐代逐渐消失。

四、题目的娱乐化

也正因为其失去人物品鉴的功用，而以嘲弄戏谑为特质，唐代题目文学为后代学者所诟病，比如明人胡震亨在其《唐音癸签》中评论说："唐代杂体诗见各集及诸稗说中者，有五杂俎、盘中诗、离合、回文……缕举不尽。以上并体同俳谐，然犹未至俚鄙之甚也。其最俚鄙者，有贺知章之轻薄，祖咏之浑语，贺兰广、郑涉之咏字，萧昕之寓言，李纾之隐语，张著之机警，李舟、张彧之歇后，姚岘之讹语影带，李直方、独孤申叔、曹著之题目，黎瓘之翻韵，见《国史补》及《云溪友议》诸书，皆古来滑稽余派，欲废之不得者。"③由此可知，这类题目文学与其他俗文学一起，被胡氏视为"最俚鄙"，欲废之而不能。

曾经为文人雅士所标榜垂尚的题目，"久之不得"想见其热忱，"标之极似"可见其追求，竟沦落至后世学者眼中俚俗不堪的境地。撇开官员选拔制度对题目的那一路影响不谈，原本以比兴手法形容人物气度外貌的题目，转而为以嘲笑为能事，其变化缘由值得探寻。据史书记载，南朝宋孝武帝刘骏，"狎侮群臣，随其状貌，各有比类，多须者谓之羊。颜师伯缺齿，号之曰龀。刘秀之俭吝，呼为老悭。……柳元景、垣护之并北人，而玄谟独受'老伧'之目。凡所称谓，四方书疏亦如之"。④此种比类，则显然是对外貌缺陷的嘲笑，而对王玄谟题目为"老伧"，则更是带有地域文化色彩的歧视。这种娱乐性的题目，随着"四方书疏"而传播开去。

---

① 张金泉《论敦煌本〈字宝〉》，《敦煌研究》1993年第2期，第95页。
② 刘晓明《合声与唐宋伎艺》文中称唐代的题目："这种绰号对品貌的概括十分艺术、文雅，如'骛入凤池''望柳骆驼'。"笔者以为从本文所引诸多资料来看，唐代的题目多为俗语口语性质，与魏晋《世说》中文人雅士所用的比拟性题目大为不同，称不上文雅。
③ 胡震亨著《唐音癸签》卷二九，上海古籍出版社1981年版，第304、305页。值得注意的是，胡震亨将李直方与独孤申叔二人与曹著一起列为题目人，这与《唐国史补》中称李、独孤二人擅长讹语影带有所不同。胡云："见《国史补》及《云溪友议》诸书。"而从《唐国史补》中独孤作"义阳子，有团雪散云之歌"及"李直方尝题果实名如贡士之目者"等材料看，二人应与曹著擅长题目性质不同，当以《唐国史补》为是，《唐音癸签》文字疑有脱漏。讹语影带，参潘建国《唐表演伎艺"讹语影带"考》(《上海师范大学学报》1996年第3期)。
④ 《宋书》卷七六，第1975页。

在《南史》中，还记载了一条有关题目的资料：

> 长瑜……尝于江陵寄书与宗人何勖,以韵语序义庆州府僚佐云:陆展染白发,欲以媚侧室,青青不解久,星星行复出。如此者五六句,而轻薄少年遂演之,凡人士并为题目,皆加剧言苦句,其文流行,义庆大怒,白文帝,除广州所统曾城令。①

这条资料中值得注意的是何长瑜在给何勖的信中,用来调侃刘义庆下属陆展等人的,是五六句"韵语",而轻薄少年将其推而广之,对众多人士均加以题目,所谓"剧言苦句"指的是文字上的调侃戏谑。可以看出,题目的性质在当时已出现从高雅向世俗的转变,本来是私人书信交往中的游戏笔墨,经人演绎之后,成为一种流行的趋势。尽管始作俑者何长瑜受到了处分,但这种以人戏谑而娱乐的风气显然已经流传开了。

在唐人记载里,宫廷中这种娱乐风气则有了进一步的发挥,正如宋人计有功在《唐诗纪事》中总结说:"太宗尝谓唐俭酒杯流行,发言可喜。是时天下初定,君臣俱欲无为,酒杯善谑,理亦有之……及其弊也,中宗诏群臣曰:天下无事,欲与群臣共乐。于是《回波》艳词,妖冶之舞,作于文字之臣,而纲纪荡然矣。"②君主的文学趣味、宫廷风气的推波助澜,甚至可以影响到朝政纲纪,这是后人对文学重要性的看法。此处提到的"酒杯流行,发言可喜",表现出唐太宗对唐俭语言俏皮的肯定,这种杯酒之间、言语笑谈风气的盛行可以想见。

在轻松娱乐的氛围中,善长题目人的张元一,即以滑稽角色出现在武周朝廷。他曾利用谐音等文字技巧,将朝廷内外不合规矩、滑稽可笑之事向武则天报告,间接进言,起到了纠偏的效果。更有记载,张元一对于朝臣直接加以嘲笑,如"元一于御前嘲懿宗曰'长弓短度箭,蜀马临阶骗。去贼七百里,隈墙独自战。甲杖纵抛却,骑猪正南蹿'",以及"裹头极草草,掠鬓不萋萋。未见桃花面皮,漫作杏子眼孔"和"马带桃花锦,裙拖绿草罗,定知帏帽底,形容似大哥",等等。③所谓"嘲",在唐代玄应著《一切经音义》中有相关解释:"謿謣:今作嘲,同,竹包反。《仓颉篇》:啁,调也。譁,宜作话。胡快反。《广雅》:话,调也。"④这种对人的嘲戏多于宴会时举行,故敦煌本《俗务要名林》S617/6是将"嘲"与"谜"等收于该书"聚会部"条目下。⑤张元一对朝臣等人外貌加以嘲笑,但因其构思的迅速和语言上的技巧,武则天不仅不以为忤,还应声而笑,由此可以想象,他那些以嘲笑为主旨的题目也获得了当时的肯定,故而才有"时人伏能体物"之说。

而这种娱乐风习的影响,正如计有功所指出,在则天朝以后尤其是中宗时期的宫廷更为明

---

① 《南史》卷十九,第 540 页。
② 计有功撰,王仲镛点校《唐诗纪事校笺》卷四,中华书局 2007 年版,第 96 页。
③ 《朝野佥载》卷四,第 87 页。
④ 徐时仪《一切经音义三种校本合刊》,上海古籍出版社 2008 年版,第 172—173 页。
⑤ 《俗务要名林》中有:"嘲,陆交反。谜,隐语也,莫计反。"《续修四库全书》第 236 册,第 361 页。

显。《事物纪原》卷九博弈嬉戏部中有相关记载:"合生:《唐书》武平一传曰:'中宗宴两仪殿,胡人袜子、何懿倡合生,歌言浅秽。……即是合生之原,起自唐中宗时也。今人亦谓之唱题目。"①这段记载,涉及后代的合生与唐代的题目,学者多引此说明二者关系,②笔者以为其中还需仔细辨别,故引《新唐书》详细叙述如下:

> 后宴两仪殿,帝命后兄光禄少卿婴监酒。婴滑稽敏给,诏学士嘲之,婴能抗数人。酒酣,胡人袜子、何懿等唱"合生",歌言浅秽,因倨肆,欲夺司农少卿宋廷瑜赐鱼。平一上书谏曰:"乐,天之和,礼,地之序;礼配地,乐应天。……伏见胡乐施于声律,本备四夷之数,比来日益流宕,异曲新声,哀思淫溺。始自王公,稍及闾巷,妖伎胡人、街童市子,或言妃主情貌,或列王公名质,咏歌蹈舞,号曰"合生"。③

因朝廷宴饮上胡人唱合生"歌言浅秽"以及欲夺官员赐鱼行为无礼,武平一针对这种娼优乱纪的现象上书进谏,希望禁止在殿堂之上胡乐的表演。其中提及"合生",其内容是关于"妃主情貌"和"王公名质",其形式则为"咏歌蹈舞"、歌舞合一,而表演者为"妖伎胡人"与"街童市子",说胡乐从王公贵族开始,后传播到街头巷尾,文中并未提及"题目"二字。至北宋《事物纪原》,高承指出这是宋合生的源起,当时宋人称之为"唱题目"。分析这两条材料,所谓"唱题目",是用于演唱的,而用"题目"一词,应当指的是其内容如《武平一传》所说是对王公大臣或者妃子公主的外貌或人品的评价、议论。反而言之,则说明唐代的"题目"本不用于演唱,这与前文所引那些近乎绰号的唐代题目性质亦相吻合。

此外值得注意的是,唐代"题目"与"嘲"二者关系。有学者称:"在唐代'题目'的诗词形态曾以不标'题目'的方式或以'连脚嘲'之类的名义存在过。"④笔者认为,正如前引《新唐书》中"婴滑稽敏给,诏学士嘲之,婴能抗数人",以及《朝野佥载》中的"元一于御前嘲懿宗"等材料,可以看出唐代的嘲是一种多于宴会时进行的表演,它以韵诗形式出现,对他人加以调侃嘲笑以达到娱乐的目的。⑤而唐代的题目,虽然同样具有调侃嘲笑的功用,但语言形式上更多是一种短语性质,它上承魏晋时期的玄学清谈影响下的比拟,而又因脱离官员选评的功用,并受到南北朝以来娱乐化的影响,多以通俗性的绰号出现,以口头形式流行于大众,这与宴会中表演性质的"嘲"有着根本的不同,因此,笔者认为,二者不可混为一谈。

---

① 高承《事物纪原》卷九,中华书局 1989 年版,第 495 页。
② 胡士莹《话本小说概论》,中华书局 1980 年版,第 126 页。任半塘《唐戏弄》,上海古籍出版社 1984 年版,第 268—282 页。
③ 《新唐书》卷一一九,第 4295 页。
④ 刘晓明《合生与唐宋伎艺》,第 87 页。
⑤ 关于唐代的嘲,可参考王昆吾《敦煌论议考》(《从敦煌学到域外汉文学》,商务印书馆 2003 年版),及《唐代酒令艺术》,东方出版中心 1995 年版。

五、结　语

综上所述,本文从《唐国史补》中一段关于杂体文学的材料入手,具体分析唐代题目人的情况,并对其源流加以梳理考辨,指出:作为一种对人物的品鉴,题目自东汉末开始,在魏晋时期尤为兴盛,可大致分为比拟和短评两类,前者多以比喻形容风貌,后者多以短语鉴人德行。而由于魏晋时期官员选拔的九品中正制的结束,那类以资人才选拔的短评类题目随之逐步消失,取而代之的是受到娱乐性影响的唐代题目,其形式多取通俗口语,流行于大众。唐代题目现存材料多为绰号性质短语,非为韵诗,也并不用于歌唱表演,因此有别于宴饮场合中的嘲戏与合生等其他俗文学。

（原载《文学遗产》2014 年第 4 期）

东西文明对话背景下的生态文学批评

饶先来

一、生态批评：新的理论增长点

在人类文明高度成熟与经济社会日益发达的当今世界，日益显露出的全球性环境危机正以从未有过的破坏力威胁着人类的生存，对人类肆虐大自然造成的种种破坏，大自然也正以相同的方式对人类进行报复。特别是新世纪以来，非典、印度洋大海啸、禽流感、福岛核电站事故、埃博拉病毒等生态危机给人类社会带来了巨大的震撼，不仅深刻地影响了人们的生活方式，甚至改变了人们对文明应有形态和发展进程的原有认识。有生态学家甚至疾呼："生态问题是唯一值得我们为之奋斗的事情，因为没有地球，就没有人类一切。"显然，生态问题已成为21世纪以来全球关注的焦点。

生态批评正是在对人类文明发展的质疑声中应运而生，也是在生态危机昭然可见时初试啼声。生态批评最早出现在20世纪70年代。它是继女性批评、新历史主义批评和后殖民主义批评等文学批评后出现的一种新的文学批评模式。20世纪上半叶的生态伦理思想成为了生态批评最直接的精神资源，其中最主要的是史怀泽的"敬畏生命"伦理、海德格尔的"诗意栖居"思想和利奥波德的"大地伦理"。到20世纪90年代中期，伴随着对"现代性"及其带来的问题反省，生态批评在美国文学界初步形成，进而在其他各国迅速发展。美国后现代理论家大卫·雷·格里芬（David R.Grifin）指出："现代性的持续危及我们星球上的每一个幸存者。随着人们对现代世界观与现代社会中存在的军国主义、核主义和生态灾难的相互关系的认识和加深，这种意识极大地推动人们去考核查看后现代世界观的根据，去设想人与人、人类与自然界及整个宇宙之间关系的后现代方针。"[①]生态文学批评的代表学者、美国哈佛大学的劳伦斯·布依尔（Lawrence Buell）在《生态批评的暴动》一文中指出，尽管在欧美发达国家对于和自然观念、荒野以及各种空间环境相关的文学文本与运动的批评性阅读已经持续了半个多世纪，但只是在近期，对于人与自然生态的关系之思考和描述，越来越成为一些作家的自觉，与环境相关的文学研究也才一跃成为一场大规模的批评运动。

---

① 大卫·雷·格里芬：《后现代科学——科学魅力的再现》，马季方译，中央编译出版社1998年版，第22—23页。

在过去的二十年里,生态文学批评已成为一场全球性的批评现象。从参与者和研究成果的数量,国内和国外影响来看,生态批评一直处于迅速上升的势头,并成为学术关注点和理论增长点。

二、生态批评的主要理论观点

在美国生态批评的倡议者切丽尔·格罗特菲尔蒂(Cheryll Glotfelty)看来,"生态批评是探讨文学与自然环境之关系的批评"。[①]这种观点同样在乔纳森·莱文(Jonathan Levin)那里得到进一步的阐释和强调:"我们社会文化的所有方面,共同决定了我们在这个世界上生存的独一无二的方式。不研究这些,我们便无法深刻认识人与自然环境的关系,而只能表达一些肤浅的忧虑。……因此,在研究文学如何表现自然之外,我们还需花更多的精力分析所决定着人类对待自然的态度和生存与自然环境里的行为的社会文化因素,并将这种分析与文学研究结合起来。"[②]可见,生态批评旨在探讨文学与自然环境之间关系,是向自然延伸的文学批评视野。

生态批评所关注的领域归纳起来有两个方面。其一,是深入探讨人与自然的关系。从哲学认识论上看,人与自然的关系形成了主客体关系之争:坚持"天人合一"的生态整体论和环境与人类对立的二元论。在整体论看来,人与自然是同为一体、不可分割的。中国古代思想家董仲舒和张载等人总结中华民族文化的积淀而形成的"天人合一""民胞物与"等说法,以及古希腊的有机整体主义思想,均体现了人与自然同为一体的生态哲学观。二元论的思维模式则将物质与精神、本质与现象等诸方面对立起来,使自然界与精神世界分离开来。尤其是科学主义形成以来,自然被物化,成为与人类相对立的"客观世界",人则成为世界的主宰者。以《圣经》为代表的西方宗教哲学教义开宗明义地指出,上帝造人的目的就是为了让人来主宰世间万物。这些二元论的思想无疑为人类中心主义奠定了理论基础,同时也是当代生态危机产生的哲学认识论基础。其二,是通过对具有生态伦理思想的作品研究,并以此为基点来重新建构生态批评理论。既有从正向意义的视角来挖掘这些作品中表现出来的生态思想,也有从负面价值的视角批评那些反生态思想的作品,藉此来重估以往经典文学作品的价值,重构经典文学作品新格局。

生态批评的兴起,将跨学科的视野和方法引入了文学批评和文学研究。经过几十年的发展和演变,迄今已有场所现象学、环境史、民族人文地理学、全球化理论、性别理论、社会空间理论等等批评模式和实践方法陆续被引进生态批评实践之中,使生态批评的跨学科性、批判性等特征更其明显。特别是新世纪以来,生态批评的研究重心向文化批评和文化理论位移,成为超越

[①] Cheryll Glotfelty & Harold Fromm: *The Ecocriticism Reader: Landmarks in Literary Ecology*, The University of Georgia Press, 1996, Athens, p. xviii.

[②] Jonathan Levin: *On Ecocriticism(A Letter)*, *PMLA* 114.5 (Oct. 1999): p.1098.

了国家、性别、种族、阶级等单一视角局限性的一种新的批评视角,其批评理论的广阔视野,要求生态批评与其他文学理论予以整合并进行多种学科知识的融会贯通①。

生态批评的跨学科性主要体现在观念的出发点、概念话语的使用、研究的视角以及学科的建设上。首先,生态批评源自文学批评向科学的跨越。生态批评的缘起就是要把"生态学与生态学的概念应用到文学研究中来,因为生态学(作为一门科学,一个学科,人类想象的基础)相对我们所研究的学科来说,与我们生存的世界的今天和明天有着最直接的联系"。普林斯顿大学威廉姆·霍华斯(Willam Howarth)教授在《生态批评的某些原则》一文中,提出如果生态批评家不了解生态学这门课的始末,就无法完全把握生态批评这个术语所内含的生态问题。生态批评以关注自然生态为出发点,把文学批评带回了我们的家园——自然的视野,在科技主宰话语的时代,文学批评的视野向自然生态延伸,关注生态危机的生活现实,惟有与自然科学中的生态科学进行近距离的接触,跨越学科自身的围栏,与生态科学互动,才能发挥批评的力量。美国俄勒冈大学教授、生态批评开拓先锋约瑟夫·密克尔(Joseph W. Meeker)在《生存的悲剧:文学的生态学研究》中尝试将文学作为了一个模拟生态场,把科学概念——"生态学"引入文学批评,让最新的科学与文学联姻,打破了学科之间的围栏和分离的状态,试图从科学与人文联合的视角找出生态学的文学阐释模式。从而使一直处于不确定状态的文学批评有了延伸自身学科的视野——自然生态视野。而自然生态从来就是文学作品世界的一个组成部分。生态批评家格林·拉夫(Glen Love)在他的新作《应用生态批评:文学、生物和环境》一书中强调文学、文学理论与生命科学相联系的重要性。他指出生态批评的基础是进化论生物学的模式,尤其应该是泛学科的社会生物学的结合。哥伦比亚大学教授、生态批评家卡尔·克洛伯尔(Karl Kroeber)在他生态批评专著中也运用了生物学的知识进行论述。

生态批评跨越性不仅体现在向自然科学方向的学科跨越,也体现在人文科学内部的学科跨越。它具有将哲学,社会学,政治学、伦理学、文化学结合为一体的跨越性特征。自从1866年,德国动物学家海克尔(E. Haeckel)在"探讨动物与有机和无机世界的整体关系"的意义上首次使用"生态学"一词以来,尤其是20世纪中叶以降,生态环境日益恶化,人类的生态意识也日益增强,生态理念逐渐渗透到文艺、科学、政治、经济、伦理道德等人文学科的各个领域,成为人文科学必须面对的共同的课题,是我们各学科乃至意识形态的共同背景之一。深层生态学和生态女性主义为生态批评向纵深发展,以及进行深层研究提供了理论依据。奥尔多·利奥波德(Aldo Leopold)的《沙乡年鉴》提醒人们要把地球看作是有生命的存在物,因此有必要从伦理的角度理解人与地球的关系。文学批评的视野向自然延伸正是本着关爱自然,保护生态环境,挽救日益危机的大地的伦理倾向进行自然写作文学的研究。田园主义意识的再思考则是利用文学文本论证文化概念的尝试。是对社会文化结构和生产模式发展的重新检视。正如美国的利奥·马克思(Leo Marx)在他的《花园中的机器》一书中所说:"他要利用文学文本中所蕴含的思想和集

---

① 宋丽丽:《生态批评:向自然延伸的文学批评视野》,《江苏大学学报》2006年第1期。

体想象的成果——也就是文学作品中的'文化符号'进行文化学的阐释。"生态批评的主将哈佛大学教授劳伦斯·布依尔在他的著名生态专著《环境想象：梭罗、自然写作以及美国文化的构成》中指出,要以"投身于环境主义实践的精神研究文学与环境的关系",并进而强调"如果我们从聚焦环境的各种视角探究环境问题,表达对环境问题的关注,而不是确立教条的政治解决环境问题的方案,那么生态批评将是一个充满活力的有无限发展前景的学术领域"。文学批评要综合各个侧面的视角切入到生态问题的研究中,使之成为一个多元化的开放的学术平台。所以,生态批评的跨学科性特征体现了学科自身方法论的开放的策略。

生态批评的实践性既表现了对现存的前仆后继的理论的反动,又具有对理论的可资利用的拿来主义特征。英国米德尔伯里学院英语与环境研究教授约翰·艾德尔(John Elder)则号召文学批评应该与自然写作实践联系起来。他本人则实践着环境叙事写作的尝试。斯哥特·斯洛维克(Scott Slovic)《文学研究的绿色化》一书中在解析自然写作中的自然意识觉醒的同时,尝试着打破学院生活与物质自然之间的篱笆,从体验中感悟自然意识。与此同时,一些生态批评家也试图将后现代的一些文艺理论引入生态批评研究。印第安纳大学的墨菲(Patrick Murphy)教授则一针见血地指出,到目前为止,生态批评存在的主要问题是"理论不成熟",而生态批评家的作品中又"保留着反理论的,天真的,现实主义态度"。为了补足生态批评理论不成熟的缺憾,墨菲试图把女性主义理论引入生态批评,"强化生态女性主义所认同的相互依赖性和对多样性的自然需求"[①]。生态批评这种与理论若即若离的不同倾向正是生态批评不同于以往铁板一块的文艺理论的地方,生态批评在向自然延伸其研究视野时,体现了非中心化的互动联系的整体主义的观念。

在卡尔·克洛伯尔看来,生态批评是研究"自然与文化发展过程的联系",它具有播撒的功能。在文学艺术的欣赏中寻求文化体验与自然事实之间的联系。从整体论的观点出发,考察作品的个性,和读者反映的个性,因此,"生态批评在文化转向过程中,发扬一种对世界性的差异和特性的宽容的精神。抵制以牺牲文学艺术的感觉、情感、和想象为代价的学术理性"。[②]无独有偶,英国批评家理查德·克里兹(Richard Kerridge)等人同样将生态批评视为一门新的环境主义的文化批评,认为生态批评要探讨文学里的环境观念和环境表现[③]。因此,生态批评就是要把以人为中心的文学研究扩展到整个生态环境系统中,把抽取出来的人的概念重新放归生态整体系统中去,研究他与生态整体系统的各种因素的关系。

如此看来,生态批评将文学与自然环境的关系作为自己研究的领域,它一方面必须是"文学性"研究,另一方面又必须触及"生态性"问题。这种"文学性"与"生态性"的整合不同于其他的

[①] Patrick D. Murphy: *Literature of Nature: An International Sourcebook*, Fitzroy Dearborn Publishers, 1998, Chicago, p.xiv.

[②] Karl Kroeber: *Ecological Literary Criticism: Romantic Imagining and the Biology of Mind*, Columbia University Press, 1994, p.25.

[③] R. Kerridge & N. Sammells(ed.): *Writing the Environment: Ecocriticism and Literature*, Zed Books Ltd., 1998, London, p.32.

文学批评或文学理论西奥多·罗扎克(Theodore Roszak)指出：以城市文化为核心的主流艺术已完全失去或遗忘了它的生态根源，工业文明所带来的人的异化让艺术家们内心充满了恐惧、颓废、麻木乃至绝望的情愫。而随着地球环境的不断恶化，我们必须承认文化不能再继续与维持生命的整个生态系统分离。因此，向自然延伸的文学批评新视野——生态批评虽然不可能逆转对自然生态造成极大破坏的工业文明的发展潮流，但却可以和生态学及其他人文学科携手消解和批判人与自然对立、分离的世界观，颠覆征服自然、控制自然、肆意挥霍滥用自然资源的人类中心主义的思想观念，唤醒人类在功利主义驱动下甘为工具的麻木的意识，重新寻找在工业文明中丢失的人与自然整一和谐的田园理想。在此，崇尚"天人合一"观念的东方文明与西方文明的"有机整体"思想产生了同声共振，成为彼此重要的对话者和借镜者。生态文化问题的提出，一方面是从现代性内部产生的自我反思，另一方面是东方文化对西方现代性文化的某种程度的纠偏。

中国学者曾永成、鲁枢元、曾繁仁、张皓、余谋昌、王宁、王诺等纷纷对中国古代如老庄哲学中的生态资源以及西方哲学与文学的生态资源进行研究，提出了一些以东方文化为视角的生态学研究方案和观点。曾永成把马克思主义与文艺生态问题结合起来，主张"以人为本"的生态观，以生态的世界观来看文艺。他坚持人在自然生成运动中的主体地位，这容易遭到反人类中心主义思潮的反对，不过他也承认要"把人置于自然之中，把自然视为人的无机身体，把人和自然看成是互相包含、渗透、交融的整体存在"。鲁枢元提出"生态学的人文转向"的论点，倡导建设生态文艺学学科和关注精神生态的批评，把对自然生态与社会生态的关注进一步发展到对人类的精神灵魂的关注。他在《陶渊明的幽灵》一书中将古典情怀与生态现实这样的前沿问题相融合，创造性地提出了"自然浪漫主义"的概念，从一个全新的角度解读了这位中国古代诗人之于当下的意义，也为"人与自然"关系的重建寻求到一份东方式的解答。

印度第一部生态批评文选的编者之一塞尔维莫尼(Selvamony)审慎地提出了以泰米尔"tinai"观念构建别样框架的想法，tinai是一种建立在家庭空间、生物环境和神圣性融合基础上的传统世界观。这一理论建构也同样表达了与西方进行对话和交流的强烈愿望。

三、生态批评的理论贡献

自然生态观使得西方人将其引入人文价值领域，开始研究生态文化、生态哲学、生态美学、生态艺术。这意味着人类从战胜自然乖戾中，开始学会尊重自然和人性。中西传统文化是大抵遵从"天人合一"的中庸和谐之美，所以不管是古希腊的文化还是先秦的文化精神，都对中庸之道的生态和谐精神加以提倡。然而，现代性的二元对立违背了中庸的"一分为三"的多元精神，现代性艺术成为"反抗"的艺术时，西方艺术已然变"丑"。生态美学呼吁，今日世界不需要用"审美性"的现代性去反抗"制度性"的现代性，而是用生态平衡去要求人的精神生态平衡。现代性出现了"异化"制度性的断裂，导致艺术方面也出现了精神性的断裂，只有通过生态文化的调理，才可以避免重蹈覆辙,而寻找人类文化身份的重建之路。

诞生于生态危机和文明质疑的语境中的生态批评一出场就体现出特有的危机意识、责任感和批判精神。因此,生态问题不仅是个政治问题,同时也是一个社会问题、伦理问题。因此,生态批评既是一种立场,也是一种方法。

总体上来看,生态批评的特点及理论贡献主要体现在以下几个方面:第一,生态批评以研究文学中的自然生态和精神生态问题为主,力求在作品中呈现人与自然世界的复杂动向,把握文学与自然环境互涉互动关系。第二,生态批评亦可从生态文化角度重新阐释阅读传统文学经典,从中解读出被遮蔽的生态文化意义和生态美学意义,并重新建立人与自我、人与他人、人与社会、人与自然、人与大地的诗意审美关系。第三,生态批评对艺术创作中的人的主体性问题保持"政治正确"立场——既不能有人类中心主义立场,也不能有绝对地自然中心主义立场,而是讲求人类与自然的和睦相处,主张人类由"自我意识"向"生态意识"转变。人类与地球是共存亡的生命契合关系,人类不再是自然的主宰,而是大地物种中的一员,与自然世界中的其他成员生死与共。第四,生态批评将文学研究与生命科学相联系,从两个领域对文学与自然加以研究,注重从人类社会发展与生态环境变化角度进入文学层面,从而使生态批评具有文学跨学科特性。生态批评是人类面对生态灾难之后的文学反思,是文学艺术家对人类在地球的地位的重新定位,是思想家对西方现代性弊端的重新清算。第五,生态批评的内容要求从生命本质和地球的双重视野中,考察人类的过去与未来存在状态。这一视角将已经流于形式主义的文学研究与危机重重的地球生存问题联系起来。文学从此可以抛弃形式主义的文字游戏,从语言消解的各种文学批评话语中振作起来,重新审视"人类的"生活意义和"世界的"生态意义①。

生态批评的批评实践在理论建构上有两个新的突破:第一,生态批评表明了文学参与现实问题新的途径:从主体的人类中心主义转向主题的生态中心主义,从文本形式研究转向内容本体追问,从研究的概念化模式转向关注实体性存在,从以语言为中心的文本解读转向以生命为中心的文本阅读。生态批评的这种转向意味着重新整理西方的形而上学传统的趋势,意味着从本体回归的视角重新思考人与自然关系的必然。第二,生态批评在思维方式和思想成果上的重要突破:从人类中心论转向生态整体论、从工具理性世界观转向生态世界观、从主客二分转向有机整体。

当然,任何一种新的理论出现,都有不完备之处和理论盲点,生态批评也概莫能外。这种新的批评模式在文学界引起广泛关注的同时,也受到社会上的广泛批评。达纳·菲利普斯在《生态论的真相》一书中对生态批评提出若干异议,认为生态批评是旧瓶装新酒,理论上没有什么创新,而是用时髦的术语哗众取宠而已;生态批评仍没有形成自恰的理论体系,其理论根据的匮乏使之只不过成为激情的叙述话语;生态文学批评充满野心,想当然地把相当复杂的进化论及生态理论纳入文学批评之中而难以消化。但不管怎么说,生态批评从西方文论的"文本喧哗""话

---

① 王岳川:《生态文学与生态批评文论》,《北京大学学报》2009 年第 2 期。

语游戏"中走出来,开始俯身生养死葬的大地,直面并关心人类存在的真实困境,这是不可否认的事实。

四、生态批评的流派及代表学者

在对生态批评流派的划分和界定上,学术界一直存有很多争议。一般而言,根据发展阶段和理论主张,生态批评大致可以划分为五个学术流派,每个流派都有若干代表性人物并以他们为中心凝聚了一批学者,出版了可观的理论研究成果[①]。

其一,保护主义的生态批评。生态批评最初在文学研究领域、尤其是英美文学系科两大半带呼应且互相渗透的中心兴起:主要关注诗歌文类的英国浪漫主义(包括其20世纪盎格鲁—美国变体)和主要关注梭罗式创作文类的美国自然写作(也包括其20世纪变体)。较有代表性的有:克洛伯尔的《生态批评:浪漫的想象与生态意识》、布依尔的《环境的想象:梭罗、自然文学和美国文化的构成》、格罗特费尔蒂和弗罗姆主编的《生态批评读本》等。这一流派主要致力于研究文学作品中的人与自然关系,提升欣赏自然之美、保护自然之美的意识,强调人与自然之间精神关系的超越视界的作用。

其二,生态学的生态批评。这一领域最有代表性的当属联合研究所教授约瑟夫·密克尔教授和威廉姆·鲁克尔特的著作。1974年,美国学者密克尔出版了专著《生存的悲剧:文学的生态学研究》。研究生物学出身的密克尔在这本书中主张,批评应当探讨文学所揭示的人类与其他物种之间的关系,要细致并真诚地审视和发掘文学对人类行为和自然环境的影响。他首次尝试着研究文学艺术与科学生态的关系。书中从生态学的视角重新审视古希腊戏剧、但丁、莎士比亚以及当代一些文学作品,并提出文学的生态学这一术语。1978年,鲁克尔特在《文学与生态:生态批评的一个试验》一文中,将生态学和生态的概念引入文学批评,首次使用了"生态批评"这一术语,并提出将文学与生态学结合起来,建构生态诗学体系的主张。这一流派旨在利用生态学的概念与思想阐发生态诗学。

其三,生态中心主义或者深层生态学的生态批评。自1972年以来,许多深层生态学家(deep ecologists)将他们的视野称为"生态中心主义"(ecocentrism)或"生物中心主义"(biocentrism)。他们相信,现代工业化以来,人类严重地破坏了生物圈,致使生物圈能力严重退化,致使生物圈的生命维持系统濒于崩溃。深层生态学家将危机的根源追溯到现代人类中心主义(anthropo-centrism, human-centeredness),批判人类中心主义剥夺了自然固有的价值,一味地按照人类的使用价值观来掠夺自然、开发自然。他们认为,如果人类希望可持续性地生存在地球上,必须进行深层生态转化。这一流派旨在阐发文学中所表达的人文主义的界线,文学如何张扬非人类生

[①] 有关"五个流派"的概括,参考和借鉴了劳伦斯·布依尔在《生态批评:晚近趋势面面观》(《电影艺术》2013年第1期)中的相关观点。

物的权益和存在。代表人物主要有斯坦福大学比较学家罗伯特·哈里森(Robert P. Harrison)和英国浪漫主义学者乔纳森·巴特(Jonathan Bate),前者1993年的著作《森林:文明的阴影》(Forests：The Shadows of Civilization)尤为重要,而后者1991年出版的《浪漫主义生态学》(Romantic Ecology)则开启了英国的生态批评,其《地球之歌》(The Song of the Earth, 2000)更将海德格尔式生态批评提升到了迄今最高点。不过,这一理路因"政治"和"哲学"的双重原因而逐渐式微。

其四,女性主义生态批评。印第安纳大学教授墨菲将女性主义理论引入生态批评,"强化生态女性主义所认同的相互依赖性和对多样性的自然需求"。卡伦·华伦也从女性主义批评的视角进入生态批评的视阈,增加了生态批评与理论联系的张力。美国生态女性主义者史泰茜·阿莱莫(Stacy Alaimo)在《身体自然:科学、环境和物质自我》(Bodily Natures：Science, Environment, and the Material Self)一书中提出了所谓"跨肉体性"(transcorporeality)的观念,亦即身体的环境建构性。她坚持认为身份问题首先关乎生物学,而非现象学。在她看来,社会建构主义本身的简单化倾向是一个陷阱,可以被用来反制"环境疾病"患者,声称其症候如果不是虚构的,至少也是身心的。这个流派旨在从自然被女性化的视角,研究文学如何阐发女性与自然之间被压迫、征服之间的关联。

其五,环境正义生态批评。2002年出版的《环境正义读本》(Environmental Justice Reader),这一读本集聚了里德、斯泰恩、伊文思等一批重要的生态批评学者,旨在研究环境恶化与威胁对贫穷和有色人种的影响以及其他少数族裔文学的自然写作传统。他们将文化建构主义和社会正义之间的融合做为优先考量的问题。优先考量环境正义问题,亦即环境有益和有害成分在白人和有色人种、富人和穷人之间的不合理分配,是生态批评最具行动主义色彩的一面。该读本的重要贡献很多,包括令人钦佩地拓宽强化了生态批评对原住民以外的非白人作家的关注,以及对原住民利益的重新思考,还包括促进了近期出现的生态批评后殖民研究的整合,以及生态批评等级的多样化,使更多有色人种学者加入到迄今(目前仍然如此)明显以白人构成的团体中。

五、生态批评的未来走向

近年来,欧美环境正义生态批评显示了两个发展趋向:一是与女性主义相结合,成为女性环境正义修正主义,关注社会性别和身份问题;二是与后殖民环境主义相连,关注对种族和边缘社会群体的命运。生态批评与女性主义的联结都有巨大的增长趋势,与后殖民研究的整合也有了令人瞩目的长足发展。生态批评未来发展的准确路径虽然不得而知,但有两点似乎很明朗:首先,关于第一世界生成的生态批评模式究竟在何种程度上能应用到发展中国家的争论仍会继续;第二,与之相关的是,非欧洲中心的生态批评会激发新的框架和词汇,丰富和重新思考生态批评的范畴。

在东西文明对话的背景下,当今生态批评的发展存在两种进向。其一,可谓之"生态文学批评"(Ecological Literary Criticism),它是一种文学理论或文学批评;其二,可谓之"生态文化批评"(Ecological Cultural Criticism),它的主要任务是通过对某种文化的历史研究,重新考察某种文化传统对于自然的态度,以及对于环境的文化构建。东方文明中的"天人合一"思想,西方文化中的宗教—哲学立场,及其有机整体思想,在观照和解读生态文学文本或环境文学文本时既能找到契合呼应之处,也会挖出矛盾冲突之源,而且思想文化互相借鉴之时存在种种误读和内在张力。

未来生态批评的发展空间非常辽阔,原因有二:其一,涉及环境的批评探索领域从时间和空间上来看都非常广阔。其二,在人类文明进入世纪末之际,环境问题成为一个空前紧张、从多个方面凸现出来的问题。如果真如 W. E. B.杜波依斯所言 20 世纪的关键问题是种族界限问题,那么,21 世纪最紧迫的问题很有可能就是地球环境的承受力的问题——而解决这一问题或说是一系列问题的责任,将越来越被视作一切人文科学的责任。不难预期,只要生态危机尚存,作为现代思维方式的生态批评就享有充分的发言理由,其干预功能和创新空间在全球化时代正可谓方兴未艾,其应用与发展前景未可限量。

(原收荣跃明主编《文学与文化理论前沿》,上海社会科学院出版社 2016 年版)

宗族村落与民族国家:重读《白鹿原》

袁红涛

长篇小说《白鹿原》自面世至今,吸引众多批评家进行了广泛深入的探讨。然而,囿于意识形态和既定知识构架,相关大量的批评和研究中对于小说所呈现的社会历史图景的分析尚不深入,对于小说人物形象的认识或有偏差。在近现代以来国家与社会关系变迁的历史背景下,深入文本,打开乡土社会的内在视野,将可能更贴近地认识小说人物形象,更深入地体会"白鹿原"上的风雨沧桑,从而更准确评价小说的叙事成就。

"白鹿原"上的社会变迁并不是对传统向现代演变这一必然规律的简单验证,而是一个具体的历史过程。社会史的考察告诉我们,中国宗族现象是特定的历史条件下国家与社会关系的产物。[①]近代以来,这一关系格局发生了根本变化,带来了宗族的多舛命运。"白鹿原"本来作为皇权制度下具有自治性的村落社会,以宗族为主要社会组织,以士绅、族长等乡村精英为主导。自清末民初以来,随着现代民族国家的兴起,并不断加强对基层社会的控制,日益深入村庄社会,改变了乡村社会的权力结构和文化体系;尤其是对村庄资源的汲取甚至掠夺,破坏了乡村精英的保护职能,进一步耗失其权力基础,从而导致这一阶层的衰落,宗法社会形态随之解体。小说《白鹿原》中主要人物角色的心理、性格和命运置于乡土社会整体变迁的视野中才能恰切地认识和分析,小说突破性的文学成就在这一基础上才能准确评价。进而由此反观既有批评和研究,可以见出文学批评话语与意识形态、民族国家的内在联系,并须对现代知识框架带来的认识局限进行必要的反思。

一

评论家多看重《白鹿原》通过家族变迁来反映渭河平原乃至北方社会近半个世纪的历史风云的立意结构,对其所作"史诗"评价多依据于此。然而《白鹿原》的价值首先在于,它以宗族村落为叙事基点,从宗族的日常活动、代表人物的言行举止、婚丧嫁娶的风俗礼仪等方面,比较全面、生动地展现了乡土中国的社会形态、权力结构和运作机制。从这样一幅相对完整的乡土社

---

① 王铭铭:《社会人类学与中国研究》,广西师范大学出版社 2005 年版,第 77 页。

会图景出发,对于一些人物形象会有更贴近的认识。

在小说开始的一段时间里,这里呈现的是一隅安宁和谐的乡村社会,其特征之一是自治性,这里基本上看不到官府的影子。在"白鹿原"上,宗族是村民生活世界中主要的社会组织,祠堂是宗族的象征和族人主要的活动场所;族长是宗族功能的人格化体现。如果有了纠纷,按乡里社会不成文规矩,首先应该在内部寻求解决,尽可能不要诉诸官府。比如白嘉轩和鹿子霖为李家寡妇那六分地起了争斗,一度想打官司。朱先生立刻劝阻双方,并晓以仁义大义,于是两人握手言和。这一处理方式得到了滋水县令的褒奖,显示出宗族村落的自治性是为官方所承认和支持的。在这一点上,"白鹿原"可为中国传统乡土社会的一个缩影。"在帝国统治下,行政机构的管理还没有渗透到乡村一级,而宗族特有的势力却维护着乡村的安定和秩序"[1]。韦伯在论述中国传统社会的时候也认为,村落是一种离旧政府的功能很远的自治单位,正规的政权在村落里并不施行任何控制,政府没有派遣自己的警察和官员管理村落,而是承认地方自治的合法性。[2]

在具有一定自治性的乡村社会,对其秩序的形成和维持,乡绅、长老、族长等人物起着主导作用。在"白鹿原"上,就是体现在朱先生、白嘉轩、冷先生、鹿子霖等人身上。这些乡村精英身上集中展现了乡土社会秩序建构与运行的特征。

评论家面对朱先生这样一个人物形象,每每感觉无从定位。一种有代表性的评论认为朱先生"缺乏人间气和血肉之躯,他更像是作者的文化理想的'人化',更接近于抽象的精神化身"[3]。其实,从乡土社会形态本身出发,就会认识到朱先生这样的人物属于历史悠久的"士绅"阶层。社会学家指出:"士绅不仅是传统农村社会中一支主要的运作力量,而且士绅和农民是传统农村最基本的社会构成。"[4]朱先生并非超然世外、不食人间烟火的纯粹精神性的存在,他以"士绅"的身份与乡土社会很具体很紧密地联系在一起。"士大夫居乡者为绅"。朱先生曾高中举人,即拥有功名,虽然安居乡里,但是他主持白鹿书院,教书育人,拥有对儒家经典文化、道德规范的解释权,从而对原上社会发挥着文化培育和引导的作用,这是朱先生在原上享有崇高地位的基础。拥有功名还意味着朱先生虽然没有做官,但是在科举制社会他和地方官拥有共同的背景,常常作为民意代表可以和地方官直接沟通,地方官通常也会对其表示尊重。比如"每有新县令到任,无一不登白鹿书院拜谒姐夫朱先生"。士绅因文化而获得人们的膺服和敬重,权力和地位也从人们的膺服和敬重中产生。[5]

不过朱先生的影响并不限于文化领域。士绅的一个基本职能是调解纠纷,避免所在的乡村发生诉讼。比如朱先生能轻而易举化解白嘉轩与鹿子霖的争地纠纷,乃是士绅权威的有力体

---

[1] [美]W.古德:《家庭》,社会科学文献出版社 1986 年版,第 166 页。
[2] [德]马克思·韦伯:《儒教与道教》,洪天雷译,江苏人民出版社 2003 年版,第 78—81 页。
[3] 雷达:《废墟上的精魂》,《文学评论》1993 年第 6 期。
[4] 周晓虹:《传统与变迁:江浙农民的社会心理及其近代以来的嬗变》,生活·读书·新知三联书店 1998 年版,第 61 页。
[5] 秦宝琦、张研:《18 世纪的中国与世界·社会卷》,辽海出版社 1999 年版,第 329 页。

现。朱先生还曾接受县令委托领衔禁烟,十天内铲绝了原上种植的鸦片,一举威震古原。在辛亥革命以后,张总督极力争取朱先生能前往前清巡抚军营说服其放弃攻打西安,朱先生本着免于百姓遭难的立场成功劝服后者撤军,避免了一场兵祸。适逢大旱之年,县长力邀朱先生主持赈济会,以确保每一粒粮食都能落到灾民口中。可见朱先生的"领导权力不仅是传统伦理风俗的指导,而且进入到地方公务的处理上面"①。在这个意义上,或可以说"乡绅无疑是乡村政治的中心"②。从乡土社会本身的视野可见,朱先生绝不仅仅是一个文化象征或者似虚似幻的人物角色,他在"白鹿原"上实实在在地发挥着多方面的职能,代表了乡土社会结构中不可或缺的士绅阶层的形象。有学者认为,传统社会中正是士绅阶层的存在沟通了政治系统和社会系统,乃是王朝不断更替过程中帝国体制得以延续的基础。③

朱先生这样的士绅整体说来承担的是皇权与宗族村落之间的中介角色,而在自治性的村庄社会内部,白嘉轩等是实际领导人物。白嘉轩身为族长,他接受朱先生的文化理念,坚决地在村庄推行《乡约》;而诸如鹿子霖、冷先生等人在原上都有各自的威望和影响力,他们作为乡村的精英人物共同维持着"白鹿原"上的宗法乡村社会。探究其权威的形式和来源则可以深入了解乡村社会的权力结构和内在机制。从小说中可以看出,财富和经济地位并非是这些乡村领导人物权威的主要来源,"除富有之外,有'面子'的乡村领袖将其权威建立在发挥某些社会职能的基础之上"。④比如中医冷先生一家即以其高超医术服务乡里,且祖辈几代都表现出急公好义之德,在老中医去世的时候方有四乡群众相送,显示出原上的威望。鹿子霖一家也是因为与族长白嘉轩一家在有关家族的公事上紧密配合,如修缮祠堂、开办学堂,才获得尊重。鹿家和白家暗地里存在竞争关系,表现之一就是在对村庄事务多做贡献方面。历史学家杜赞奇通过对华北乡村社会的深入研究,揭示出乡村权力网络的多元因素,指出精英人物"出任乡村领袖的主要动机,乃是出于提高社会地位、威望、荣耀并向大众负责的考虑,而并不是为了追求物质利益"。⑤他将这样的乡村领袖称为保护型经纪,他们不仅沟通了国家与民众,而且实际上承担着乡村保护人的职责⑥。乡村本有的社会机制具有激发乡村精英为之献身的内在动力;而承担社会责任、践行"仁义"精神的行为也是乡村精英阶层展示其权威的方式。

这一社会机制集中体现于作为族长的白嘉轩身上。在一个自治性的基层乡村,白嘉轩的权力不是来自科层制结构中的上级授予,"族长"不是行政职位,其合法性来自于家族内部的血缘秩序,对其行为的引导来自于乡绅所掌握的文化价值体系,对其权力的约束来自于族人的口碑舆论,其权威来自于对家族责任的承担。白嘉轩出任族长并非为了攫取可见的经济利益,相反为了宗族、村庄事务他宁愿自家多出些钱物。而对他仁义行为的回赠就是声望和口碑。比如白

---

① 胡庆钧:《论绅权》,见《皇权与绅权》,天津人民出版社1988年版,第121页。
② 张鸣:《乡村社会权力和文化结构的变迁》,广西人民出版社2001年版,第8页。
③ 孙立平:《现代化与社会转型》,北京大学出版社2006年版,第113页。
④ [美]杜赞奇:《文化、权力与国家》,王福明译,江苏人民出版社2003年版,第128页。
⑤ 杜赞奇:《文化、权力与国家》,第4页。
⑥ 参见杜赞奇:《文化、权力与国家》,第28—39页。

嘉轩在兴建祠堂和学堂时多有善举,因为他相信"他的名字将与祠堂和学堂一样不朽"。而倡议全村加固村寨围墙以抵御"白狼"的领导行为,"不仅有效地阻遏了白狼的侵扰,增加了安全感,也使白嘉轩确切地验证了自己在白鹿村作为族长的权威和号召力,从此更加自信"。他自觉意识到,维护村寨利益安危的实际行动使他增加了权威,这激发他更加主动地为村庄利益服务,更执着于对仁义文化价值的守护,自觉担当起白鹿村保护人的角色。这集中体现于他多次为自己的"仇人"说情、搭救他们的行为中。比如在农民运动失败之后,田福贤回到镇上疯狂报复,鹿子霖也在白鹿村的戏台上惩治参加过农协的村民。这时白嘉轩走出了祠堂:

> 白嘉轩端直走到田福贤的前头鞠了一躬,然后转过身面向台下跪下来:"我代他们向田总乡约和鹿乡约赔情受过。他们作乱是我的过失,我身为族长没有管教好族人理应受过。请把他们放下来,把我吊到杆上去!"

而在对手鹿子霖被抓进监狱后,鹿贺氏求助于白嘉轩,他爽直地答应了:

> 白嘉轩鼻腔里不在意地哼了一声,摆摆头说:"在一尊香炉里烧香哩!再心短的人也不能不管。"

白嘉轩还曾在不同时期多次解救黑娃,尽管黑娃曾砸毁了祠堂里的石碑,其手下的土匪还打断了自己的腰椎。白嘉轩以德报怨的大度与宽容不仅仅是一种个人道德自律和文化修养,而且与他作为"族长"的社会身份不可分割,与他在乡土社会结构中的位置密不可分。对族人承担责任是其声望的来源,立身的基础。正如有论者指出,乡村权势人物深知其"领导地位是基于其在乡民中的声望,并且他的声望亦与其维护乡村制度、促进公共利益的角色相关联"。①白嘉轩曾很郑重地向家人讲述自己这一门担当族长的历史,强调"白家的族长地位没有动摇过,白家作为族长身体力行族规所建树的威望是贯穿始今的"。关于家族的悠久传说,对于历代族长的功过评定不断强化他的责任意识,促使他愈加尽力于村庄事务。反过来这使他获得更高的威望,更具支配性的权力。自治性的乡村社会机制激发、鼓励了他的仁义之举,从而促使他在领导、保护族人的过程中提升着人生境界。白嘉轩对于伦理规范的持守、对于仁义精神的践行,并不仅仅出于个人道德修养和文化选择,背后有相应的乡村社会结构为支撑。

也因此,并不能把朱先生、白嘉轩等仅仅视为单纯文化性的人物角色、不仅仅是所谓"儒家文化的代表",他们的活动与乡土社会的政治、经济、文化形态整体性地联系在一起。单一的阶级斗争理论或者文化道德阐释都不能全面、完整地解读这些人物。

---

① [美]李怀印:《华北村治——晚清和民国时期的国家与乡村》,岁有生、王士皓译,中华书局 2008 年版,第 298 页。

二

但是从小说第六章起,"白鹿原"上这种稳定和安宁的生活被打破了。

在一天深夜,冷先生从城里带回来"反正"的消息,"皇帝只剩下一座龙廷了"。民国的到来不再是皇权社会下的改朝换代,而带来的是现代政治制度和理念。滋水县新任县长登门礼请白嘉轩出任县"参议会"的"参议员",县长所说的"什么民主,什么封建,什么政治,什么民众,什么意见,这些新名词堆砌起来",让白嘉轩很是糊涂。他渐渐体会到"白鹿原"上自治性的乡村秩序开始动摇。改变首先来自于新的国家行政体制。"皇帝在位时的行政机构齐茬儿废除了,县令改为县长;县下设仓,仓下设保障所;……保障所更是新添的最低一级行政机构,辖管十个左右的大小村庄。"这乃是基于新兴国家形态的强烈冲动:国家政权下沉,以加强对于基层社会的控制。社会学家吉登斯指出,现代民族国家的一个重要基石就是行政力量的强化;中国学者认为这对于中国现代以来国家与社会关系的变革也是有解释力的[①]。新的国家政权不断向基层深入,从而改变了宗族在乡村社会的地位,改变了乡村社会的权力空间。在宗族这样的自治性组织之外,还有了正式的基层行政机构;在乡绅、族长、长老这些传统的乡村领袖之外,还出现了官方任命的"总乡约""乡约"等基层"官员"。在遵循地方社会传统以谋求地位之外,乡村精英拥有了新的权力来源,从而其行为规则开始发生改变。比如鹿子霖也曾积极领导村里开办学堂、修建祠堂的活动,而在出任乡约后却反过来嘲笑白嘉轩只会守在祠堂里忙乎,因为他有了新的位置,不再看重和遵循原有的社会机制。

在进行政权建设的同时,国家还"试图通过新的基层政权对社会—文化的变迁作出规划",以"实现民族—国家的现代化"[②]。在"白鹿原"上影响最大的举措是兴办新学。此前这里的教育主要是私塾体系,比如白嘉轩延请徐秀才在祠堂里坐馆执教,主要为本村子弟进行启蒙教育,学堂敬奉、祭拜的是孔子;朱先生亲自主持的白鹿书院则是原上最高学府。然而,民国以后新学体制的建立冲击并很快终结了学堂教育传统。兆鹏、兆海兄弟首先"进城念新书去了";其后"生员们纷纷串通离开白鹿书院,到城里甚至到外省投考各种名堂的新式学校去了",朱先生最终关闭了书院。滋水县筹建起第一所新式学校——初级师范学校。白鹿镇头一所新制学校也在这年春天落成,由县府出资,白鹿仓负责筹建,兆鹏回到原上担任校长。使乡村教育从地方社会"面对面的社区型社会化"向由国家组织、规划和控制的"超离于面对面社会化的普遍性知识传播"转化,是现代民族国家建设的重要方面;国家可以"通过教育来实现对村庄社会的现代化整合、开放和动员"[③]。

新学教育的影响逐渐显现。白嘉轩把女儿白灵送进本村的学堂念书,还不让给女儿缠脚,

---

① 王铭铭:《村落视野中的文化与权力:闽台三村五论》,生活·读书·新知三联书店1997年版,第43页。
② 王铭铭:《村落视野中的文化与权力:闽台三村五论》,第47页。
③ 参见吴毅:《村治变迁中的权威和秩序》,中国社会科学出版社2002年版,第134—136页。

显示出一定的开明和变通精神。然而白灵却由此进了城里的教会学校读书,接受新教育以后的结果则完全超出了白嘉轩的承受力。白嘉轩在女儿难得回家一趟时,把她锁在厦屋里,逼她尽快到婆家完婚。白灵却大声唱歌大声演讲,向全家人宣传起北伐革命。原来她和兆海在城里读书的时候已经分别参加了国共两党,致力于推进国民革命。夜里白灵用一把镢头挖开了厦屋后墙跑了!白嘉轩只能宣布:"从今以后,谁也不许再提说她。全当她死了。"另一位进城读书的鹿兆鹏以小学校长的身份再回到原上的时候已经是一名成熟的革命者,在这里掀起了农民运动的熊熊烈火。他逃避家长确定的婚姻,不愿进祠堂参拜;在农民运动高潮中把父亲鹿子霖也拉到台上批斗,其言其行对原上的伦理道德、文化观念形成了巨大冲击。新学教育成为吸引"白鹿原"上的年青一代接受新思想新观念的主要渠道,并由此进入新的政治体系。他们在这里加入现代政党,并转而以新的"主义"和思想来变革"白鹿原"的社会形态。

另一方面,随着传统教育体系的覆灭,士绅阶层失去了自己安身立命的岗位,在社会结构的变革转型过程中再也找不到确定的位置,作为一个历史悠久的阶层最终消亡。朱先生在勉强出任县立初级师范学校校长半年后,向县长请辞,回到了白鹿书院,并召集八位同窗门生一起编纂县志,而其他曾在学堂任教的先生大多只能回家务农闲居。私塾教育主要是一种道德教育,与科举制度相联系,读书人进可以高中功名谋得一官半职,退可以安居乡里,以其文化价值赢得尊重和权威。然而,此前科举制已经废除,此时学堂停办,原有社会文化结构彻底倾覆,朱先生也就成为"原上最后一个先生"。朱先生在向县长请辞校长职务时曾自嘲:"我自知不过是一只陶钵——陶钵嘛只能鉴古,于今人已无用处。"也许不完全是自谦,而包含着对世事的预判、对自身命运的先觉。原有文化体系废弛,乡村社会陷入动荡之中,面对"白鹿原"上丛生乱象朱先生只能一再失语。作为旧人,他已经难以在以现代政党为主角的新的政治体制中觅得位置,只能冷眼旁观原上的风云变幻;一句"白鹿原这下成了鏊子了",意味悠长,贴切而传神。

国家政权的下沉对乡村社会的深刻影响更体现在它对乡村社会的极力榨取,尤其是不断加重村庄的赋税,这极大地损害了乡村领袖的保护人角色,破坏了其权威基础,从而不仅造成民生凋敝,也破坏了传统的权力结构和文化生态,整体性地改变了乡土社会。国家乃至各种地方势力向基层延伸行政权力,主要动力之一即在于更有力地榨取财源。比如"白鹿仓"成立之后,首先就开始清查土地和人口,然后据此收缴印章税,税赋之重让村民们大为吃惊。此后各色政权无不如此,极力在村庄一级加强统治,并且对基层的加强控制和资源榨取逐渐成为同一个过程。在三四十年代,为应对战乱,国民政府开始在原上推行更为严密的保甲制度。而保甲制度实施以后所干的头两件事就是征丁征粮,"立刻在原上引起了恐慌","民国政府在白鹿原上征收的十余种捐税的名目创造了历史之最"。这不仅是财产掠夺,还改变了"白鹿原"上的权力格局。白嘉轩本来是不愿接受官方的各种职务,后来他已经不可能承担了。"大征丁大征捐的头一年,他让孝武躲到山里去经营中药收购店,不是为了躲避自己被征,而是为了躲避总甲长和保长的差使。"因为"甲长和总甲长成为风箱里两头受气的老鼠,本村本族的乡邻脸对脸臭骂他们害人,征不齐壮丁收不够捐款又被联保所的保丁训斥以至挨柳木棍子"。国家和地方势力对于宗族村落的掠夺,"迫使村庄领袖在国家政权和自己所领导的村民之间作一选择,从而确定到底站在哪一边。在这种环境下,顾及自己在村民中地位的乡村领袖是无法保持其领导地位的,他们大批地退出乡村政权"①。只有像鹿子霖这样的人如鱼得水,他代表联保主任巡查白鹿原上,所到之处甲长们竭力款待,"天天像过年"。此时"村公职不再是炫耀领导才华和赢得公众尊敬的场所而为人追求",相反,"充任公职是为了追求实利,甚至不惜牺牲村庄利益"②。至此,宗族村落的保护职能已趋于瓦解。在保甲制度实施后,白嘉轩勉力支撑了一段,最后他关上了祠堂的大门。新的国家政权的深入和掠夺使得"白鹿原"人以宗族为中心的传统生活方式最终解体。由于乡村精英阶层不断被挤压,各级政权日益深入村庄社会,这里已经没有宗族这样自治性的社会组织生存的空间。

"白鹿原"上近半个世纪的风云变幻,主要是一个由于民族国家兴起、国家与宗族关系转型引致的政治、社会、文化整体性的变革过程,所谓宗法文化道德传统的衰落只是这一过程的一个方面,而不是宗法社会形态终结的原因。历史学家对20世纪上半叶华北农村的深入研究也表明,中国农村的社会变迁与"传统的蜕变"没有太大关系,而与权力网络的变迁不可分割,尤其是"自20世纪初就开始的国家权力的扩张……使华北乡村社会改观不小——事实上,它改变了乡村社会的政治、文化及社会联系"。③

三

深入文本,打开乡土社会的内在视野,并联系近现代以来"国家"和"宗族"关系变迁的历史背景,静态与动态、宏观与微观视野相结合,可以更贴近地认识小说所塑造的这一组身处历史大变革中的人物群像,感知其文化心理结构的生成和嬗变,体会其命运变迁。白嘉轩被评论家高度评价为"人格神",然而其人格的完成,不仅仅是个人道德自律的结果,也和他的社会角色、社会活动不可分割,因而就需要对宗族及其文化传统在近现代社会转型过程中的处境有所认识。既有的文学批评话语多立足于既定的论断,比如认为"反动的国家政权,以血缘为纽带的宗法关系作基础的族权,和传统的意识形态——封建的纲常名教相结合,成为压迫人民的强大的工具,给人民带来了深重的灾难"。④不过社会学、历史学研究也揭示了传统乡村社会具有相对独立性的一面。如果囿于意识形态认知,不深入文本、具体地认识"白鹿原"上的传统乡村社会秩序,就不可能理解白嘉轩深沉的族长意识和自觉担当的保护人角色。所谓白嘉轩身上是"吃人"与温情的结合,看似辩证而全面却又似是而非,并未准确地概括这个人物。这是一种调和了意识形态论断之后的表达,却并没有深入说明人物所作所为的内在依据。

---

①② 杜赞奇:《文化、权力与国家》,第176页。
③ 杜赞奇:《文化、权力与国家》,第1页。
④ 陈涌:《论陈忠实的创作》,《文学评论》1998年第3期。

深入文本,不仅可以呈现意识形态所遮蔽的层面,反思既有批评的局限性,也可能对这种局限性本身加以追索,即它可能植根于批评家所身处的概念体系、知识范畴之中。

比如多有批评家认为"白嘉轩对政治有种天然的疏远"①,赞誉他在面对新的国家政权和各色军阀统治所表现出的独立态度。然而,所谓白嘉轩疏远"政治"其实是一种偏于简单的认识。如前所述,作为族长,白嘉轩本来就置身于传统地方"政治"之中。新的国家政权到来的时候,他也并没有回避"政治",他组织了一场大规模的"交农"事件,赶跑了民国的第一任滋水县县长,迫使县政府收回了征税决定。这是一次成功的政治行动,不过这是他依据传统政治理念和动员方式发动的,出于不满"苛政"的传统道义,以鸡毛传贴的方式来发动群众。而在这次行动中他已经发现与现代政治之间的鸿沟。为了搭救因领导交农事件而被抓的七个人,他自行前往县政府投案,被拒;再去法院自首又被视作闹事——他被现代法制理念搞糊涂了:交农事件原来是一次合乎"宪法"的"示威游行",是"不犯法的",因为"革命政府提倡民主自由平等,允许人民集会结社游行示威"。不再是既往历史空间中的王朝更替,新的政权带来了"现代""政治"形态。对于一直处于皇权统治下的族长和普通村民而言,现代国家政权的建立对他们其实是陌生的事物,宗族上层并非天然地与国家政权保持一致。因为民族国家的兴起,"国家"与宗族之间已经逸出"家国同构"的传统框架。当其时,不是白嘉轩主动自觉地疏远政治,而是"政治"形态根本改变,他已经成为现代"政治"的局外人。他不属于新的政治体系;其次,新的"政治"还不断侵蚀他本有的权力基础,直至他最终完全无能为力。由此才能理解白嘉轩面对现代"政治"那傲然态度背后的复杂况味。不管原上风云变幻,他都坚持祭祀先祖,续修家谱,然而面对祠堂里被砸碎的石碑、面对戏楼成了各方杀人的场地,他在坚守祠堂的同时也只能深感无奈和无力;当他转过挺直的腰身背对"政治"的时候,也许身影依然傲岸自信,然而面对原上的世事变迁也止不住迷茫和伤感,只能发出深长的叹息。在动态的历史视野而不是既定的认识框架中,才可能深切体会主人公内心世界的起伏波澜,体会他的豪狠、他的坚持,他的挣扎、他的失落,他的迷茫、他的伤感,体会他全部的复杂与丰富。也由此才可能体会,作为乡土社会一个浓缩性的人物形象,遭遇这样一个大变革的时代,白嘉轩的坚持与迷茫、失落与感伤已不仅仅是他个人的,而凝聚了近现代社会转型过程中一个民族的心路历程。

而所谓白嘉轩疏远"政治",这一认识的缺陷既是因为对近现代以来"国家"形态的根本性改变、对于国家和宗族关系转型的历史背景缺乏敏感,也因为忽视了"政治"这一概念的历史性。"社会史分析的那些基本范畴是从近代社会科学中产生出来的,比如政治、经济、社会、文化等等范畴和分类,是近代知识和社会分类的产物。当我们把许多历史现象放置在经济、政治或文化的范畴之内的时候,我们失去的是那个时代的内在视野",可能扭曲历史图景②。有学者即注意到,在古代中国,"政治"并不是一个概念,而只是一个普通名词③。"政治"成为概念属于现代知

---

① 雷达:《废墟上的精魂》。
② 汪晖:《现代中国思想的兴起》"新版序言",生活·读书·新知三联书店2008年版。
③ 张汝伦:《从教化到启蒙——近代中国政治文化的起源》,《复旦学报》2009年第2期。

识范畴,而朱先生、白嘉轩所置身的乡土社会有着自己的"政治"形态,或者说乡土社会的权威和秩序并不能由现代知识框架中的"政治"概念对等地表达。从乡土社会的内在视野出发,批评家单纯地当作文化人物来解读的朱先生、白嘉轩等,其言行植根于乡土中国有着内在完整性的社会形态之中。他们的活动、对于礼俗的维护包含了政治、经济和伦理等各方面的含义,从而不能按照现代知识有关文化、道德或伦理的特殊界定来理解。就像如前所述不能简单地认为朱先生、白嘉轩是一个文化性的人物角色一样,笼统地谈论这些身处历史转型时期的人物形象与"政治"之间的关系也是不恰当的。不加反思地将他们纳入现代知识框架之内的表述,可能扭曲这些小说人物形象。

"白鹿原"上具有内在完整性的乡土社会形态为意识形态所遮蔽,被现代知识构架所分割,从而在文学批评视野中消失,也许可视为民族国家冲击和改造乡土社会的另一种形式和结果。"国家对于村庄的政治影响并不是一种单纯的权力进入与结构重塑,并且也不仅限于治理方式的变革,它同时还意味着作为文化意识形态权力的符号转换和现代性的进入",因此,"相对于村庄社会,国家的进入与现代性的进入往往是一体的,是一个过程的两个方面"。[1]在近现代历史转型的视野中,现代性的进入既具体表现为村落空间中新学的建立、社会—文化的变迁,更深刻的影响也许在于现代知识构架对于乡土社会话语空间的覆盖,在改造宗族村落的同时对之的文化批判逐步成为意识形态。自20世纪初,宗族文化被推为与现代性相对立的"旧传统"而受到批判,"吃人"乃是对其本质的集中概括。然而,有学者已指出,这一似乎是在文化领域展开的批判有着民族国家兴起的深刻背景。由于民族国家政治的兴起,"宗族作为一种与旧政权体制密切相关的地方社会组织形态,很难幸免于现代政府及其话语建设者的攻击"。相应的,把传统视为"现代化的敌人"或必然为现代性取代的文化模式,"其所服务的对象是新权力结构的建设,是新民族—国家对社会和社区的全权化监控的一种意识形态合法论"[2]。意识形态确立后成为固化的知识,而隐藏了与具体历史过程的联系,抹去了自身建构的痕迹。如同诸多评论者对《白鹿原》的解读,"白鹿原"上复杂的历史变迁最终被概括为文化道德新旧更替的结果,被抽象为对传统向现代嬗变这一必然规律的证明,而对宗族村落与现代民族国家之间冲突与改造的具体进程视而不见。民族国家不但主导着近现代社会转型的历史,而且以意识形态工具塑造着我们认识这一历史过程的视野和角度。

而如果对于批评话语本身的意识形态性质缺乏必要的反思,对其有限性缺乏自觉的认识,那么具体的批评将难以避免矛盾与含混。多有批评家论证《白鹿原》对于意识形态的突破,然而在更深层次上这些意识形态论断依然还是批评家自身的立足点。面对小说所展现的世界,批评家的感觉开始徘徊,其表达不经意间发生了分裂。一方面肯定和赞赏宗族文化所展示的感召力量、所流露的脉脉温情、所达到的道德境界;另一方面,在唏嘘、感叹、沉醉之余又必须回头寻找

---

[1] 吴毅:《村治变迁中的权威和秩序》,第372页。
[2] 王铭铭:《村落视野中的文化与权力:闽台三村五论》,第90页。

和论证宗法社会消亡的历史必然性:白嘉轩言行的背后、传统的宗法文化具有"吃人"的一面,因而是落后的,从而必然为时代所淘汰。这一立场似乎无可辩驳,而且可以表述得辩证而全面,比如所谓宗法文化具有两面性、白嘉轩身上"吃人"与温情的结合,等等,然而其论述方式本身却可以质疑。问题不在于宗法文化本质可否用"吃人"来概括,而是这种以文化道德判决来解释社会历史变迁的话语逻辑、从意识形态出发然后又落脚于意识形态的思维习惯,它与文本以及20世纪80年代以来中国南方地区宗族村落"复兴"的现实都存在距离。如果批评家对于自身入思立论的前提缺乏必要的反思,那么就可能限制批评的穿透力。

作者在卷首题辞:"小说被认为是一个民族的秘史。"小说之作为"秘史",乃因其呈现历史变迁的全息性,有可能展开"一个时代的内在视野",使我们能够悬隔一些意识形态论断,于文学世界中浸染沉醉,对于这个民族转型的历史、对其心路历程有新的发现和更全面的认识,从而丰富我们对于世界和自身的感知。反过来,"从那个时代的内在视野出发"还可以"反思地观察我们自身的知识、信念和世界观"、"反思现代性的知识处境"[①]。在关于《白鹿原》文本内外的解读中,对既有批评话语的前提有所省察,对意识形态和现代知识构架形成、建构的过程进行追索,或可以对于新文学乃至我们自身的现代处境多一份自省。

面对文学世界中的乡土中国,不固守现代知识构架与意识形态,而重新打开一种历史视野,细致呈现现代性、民族国家进入乡土社会时改造与冲突、碰撞与对话的具体情景,乃是一个更值得努力的研究方向。

(原载《文学评论》2009年第1期)

[①] 汪晖:《现代中国思想的兴起》"新版序言"。

"俳谐"考论
——以诗词为中心

王 毅

俳谐文学在中国文学传统中并非主流,在文以载道的文学思想主导下,俳谐常常如不登大雅之堂的村夫野老、苍头鄙人,与戏、俗相匹配,在古代文学批评尤其是诗论词论中处于被轻视的地位。然而,站在今天的学术视野下,特别是在中西文学交流对话的时代大背景下,重新审视俳谐文学,应该会有新的收获。可是当我们研究俳谐诗文、俳谐词等俳谐文学具体形态时,"什么是俳谐"这一研究起点,已然成为一个不能回避的问题,等待我们的解答。比如,同是研究辛弃疾的俳谐词,刘扬忠先生说有60多首,而邓魁英先生却说有40多首。[①]统计结果不同,说明两位学者对俳谐的理解不同,而理解的不同则导致了学者对俳谐文学研究范围的不同、对俳谐文学价值意义认识的差异。因此,正确而适当的界定"俳谐"概念,便成为俳谐文学研究的首要任务。然而,迄今还未有文章专门讨论"俳谐"的界定,本文试图给予回答。

古代的诗论词论对俳谐的论述非常有限,然而在极少的论述中又观点不一,涵义驳杂。中国古代文学理论对概念界定的不确定性,使得"俳谐"概念在不同时代不同文人的语境中具有丰富而复杂的涵义,其意义指向不断地扩展:俳谐既与滑稽、诙谐的意义相似,又有俚俗媟亵之意,有时候还指称集句、回文等文字游戏的杂体,而戏作诗词也常常被看作俳谐体。但实际上,从古人的俳谐诗词创作中又可发现,俳谐又绝对不能简单地等同于俚俗或者戏作。因而,我们不能简单地为俳谐做出唯一的解释,而是要具体分析关于俳谐的诗词理论和诗词作品,通过与相关概念的辨析,力图还原俳谐在古人话语中的各种涵义[②],看到其雅俗兼容的丰富性,发掘其多层次的内涵意义,从而为俳谐作出带有某种开放性的界定。

[①] 刘扬忠《唐宋俳谐词绪论》,《词学》第十辑,华东师范大学出版社1992年版,第65页;邓魁英《辛稼轩的俳谐词》,《词学》第六辑,华东师范大学出版社1988年版,第41页。刘扬忠认为:相对于那些用"正经"的手法描写重要题材或抒发严肃情感的词,俳谐词是一种以游戏调笑面目出现的专门表现诙谐、幽默情感的作品。这种作品虽然充满戏谑取笑的言辞,但并非一味为了"取笑"而已,它们常常有"寄兴",有"深意",是词人"热心为之"的艺术产品。邓魁英认为:俳谐词指的是那种用隐喻、嘲谑手法写成的具有一定游戏调笑性质的、幽默诙谐的作品。

[②] 俳谐在各类文体中的涵义与价值不同,比如在诗词中与在戏曲中,古人对俳谐的评论不甚相同。本文仅考论俳谐在诗词中的概念与内涵,以诗词为中心,考察界定俳谐概念。

一、"俳谐"溯源

"俳谐"来源于古代的俳优。"俳"字的最初含义是指一种滑稽戏、杂戏,后又指以演这种舞乐杂戏为业的人,遂和"优"同义。《说文解字》称:"俳,戏也。从人,非声。"段玉裁注曰:"以其戏言之谓之俳,以其音乐言之谓之倡,亦谓之优,其实一物也。"①俳与优在古代意义相同,早在孔颖达《左传正义》里也有说明:"优者,戏名也。《晋语》有优施,《史记·滑稽列传》有优孟、优旃,皆善为优戏,而以'优'著名。史游《急就篇》云:'倡优俳笑'。是'优''俳'一物而二名也。今之散乐,戏为可笑之语,而令人之笑是也。""谐"在《说文》中释为:"谐,詥也。从言,皆声。"《汉书·东方朔传》中有"上以朔口谐辞给,好作问之",《汉书·叙传》又称"东方赡辞,诙谐倡优",可见,谐也和优有密切的联系。因此,俳谐一词实际上源出于中国古代的优人与优语。俳谐的含义和优人的语言行为密切相关。

优人在古代多是在宫廷中供皇帝笑乐之人,优人"本以乐为职"②,"但以歌舞及戏谑为事"③,从大的方面来说,古代的俳优分为两种。第一种是专门为贵族制造笑料,用各种好笑的行动取得国君的宠幸,但这往往使得国君沉溺于此,造成国家的混乱。如《国语·越语》中载:"今吴王淫于乐,而忘其百姓,乱民功,逆天时,信谗、喜优、憎辅、远弼。"又如《国语·晋语》中载:"优笑在前,贤材在后,是以国家不日引,不月长。"可见,吴王与晋君一样喜优忘国,优成为国家祸乱的因素。再如《管子·四称》篇第三十三载:"昔者无道之君,进其谀优,繁其钟娱,流于博塞,戏其工瞽,诛其良臣,敖其妇女,驰骋无度,戏谑笑语。"这里把优的祸害具体化,揭示了优人遭痛斥的原因:作为国君的弄臣,以戏谑笑语赢得宠幸,进而纵横驰骋,荒淫无度,嫉贤妒能。正因为有这样一种优人,俳谐的内涵中便隐含了戏谑无度,流于低俗,无益于民众的意味,故而后代有些人对俳谐文体加以批评排斥。典型的,如在汉赋创作中,枚皋对自己所作的赋都不甚满意,便是因为:"皋赋辞中自言:为赋不如相如,又言为赋乃俳,见视如倡,自悔类倡也。"④

但是,古代俳优中还有另一种人,得到了司马迁等的高度赞赏,甚至得以立传,名垂青史,他们能以滑稽戏谑的手段参与到国君的决策中,及时制止统治者的错误行为,达到讽喻谲谏的作用。这在《史记·滑稽列传》中有详细的记载。司马迁记载了淳于髡、优孟、优旃三人的滑稽言行,褚先生又补充了郭舍人、东方朔、东郭先生、淳于髡、王先生、西门豹等六人,其中优孟扮演孙叔敖向楚庄王讽谏"廉吏至死,妻子穷困,不足为也",而为孙叔敖之子谋得封地的故事,以及优旃用"寇从东方来,令麋鹿触之足矣"的反语制止秦始皇扩大苑囿以及用"漆城荡荡,寇来不能上"之反语制止秦二世油漆城墙的故事,都是在言谈笑语或滑稽幽默中对统治者进行讽谏、针砭

---

① 段玉裁《说文解字注》,浙江古籍出版社 1998 年版,第 380 页。
② 王国维《宋元戏曲史》,华东师范大学出版社 1995 年版,第 3 页。
③ 王国维《宋元戏曲史》,华东师范大学出版社 1995 年版,第 7 页。
④ 班固《汉书·枚乘传》,中华书局 1962 年版,第 2367 页。

甚至批评,或解人困难,或救主之失,其身份虽卑微,言语虽可笑,却关系到国家之兴亡,国君之治道,因此,太史公称赞他们:"天道恢恢,岂不大哉!谈言微中,亦可以解纷。"①也正因为俳优具有这样一种微言解纷,关系国家治道的品节,后人在某些文学批评中也对俳谐之文给予了肯定,代表人物当为刘勰。刘勰在《文心雕龙·谐隐》一篇中论述曰:"优旃之讽漆城,优孟之谏葬马,并谲辞饰说,抑止昏暴。是以子长编史,列传滑稽,以其辞虽倾迥,意归义正也。"又评论隐语之文体:"古之嘲隐,振危释备,虽有丝麻,无弃菅蒯。会议适时,颇益讽诫。"

以上可见,在大的层面上,古代的俳优具有两种特质:"'优谏',之外有'优谀',自上古以迄后世之优皆然。"②也即为明人郭子章《谐语》序中所言:"顾谐有二:有无益于理乱,无关于名教,而御人口给者,班生所谓口谐倡辩是也;有批龙鳞于谈笑,息祸争于顷刻,而悟主解纷者,太史公所谓谈言微中是也。"③正是这样两种特质赋予了俳谐一词两种不同的内涵和意义:一、以隐语、滑稽语匡弊时政,讥刺讽谏;二、纯粹以滑稽通俗之语戏谑取乐。因而在后代的文学批评中,俳谐文学也相应地得到了不同的价值评判。

二、俳谐与浅俗

俳谐来源于俳优传统,天然地具有娱乐游戏与讽喻谲谏两层涵义。刘勰在《文心雕龙·谐隐》篇中谓"噱戏形貌,内怨为俳也""谐之言皆也,辞浅会俗,皆悦笑也",即是对俳谐这两层意思的揭示。从而,俳谐与滑稽、诙谐、谐谑等概念便有了内在的相通性。在很多时候,滑稽与俳谐被古人同义相释。如唐代司马贞的《史记索隐》注释滑稽之义时,引姚察的解释:"滑稽犹俳谐也。"宋代陈彭年的《广韵》对滑字的解释也是"滑,滑稽谓俳谐也。"因此,俳谐与滑稽、诙谐等概念一样,其本质内核是一种可笑性,近似于西方所谓的喜剧色彩。

在古代的诗论词论中,俳谐常常被称为"俳谐体",或称"俳体"。体作为古代文学批评的概念,既可以指文章的体裁,也可以指作品的内容风格。今天看来,俳谐体的诗词文应是一种风格,而古人在提到俳谐时,有时则把它作为一种文章体裁。如宋代著名的史学家郑樵在《通志》中专列《艺文》一略,作为重要的书志目录。其中在"文类"一栏下列有:"楚辞、别集、总集、诗总集、赋、赞颂、箴铭、碑碣、制诰、表章、启事、四六、军书、案判、刀笔、俳谐、奏议、论、策、书、文史、诗评"共二十二类,"俳谐"作为其中的一类,列有"《俳谐文》三卷、《俳谐文》十卷(袁淑撰)、《俳谐文》一卷(沈宗之撰)、《任子春秋》一卷(杜嵩撰)、《博阳春秋》一卷(宋零陵令辛邕之撰),凡俳谐一种,五部十六卷。"目录学的要义在于"辨章学术、考镜源流",通过图书分类来考察学术发展状况。郑樵把"俳谐"作为一种文类,与"奏议""论""策"等文体相并列,可见他是把俳谐作为文章体裁来看待的。

---

① 司马迁《史记·滑稽列传》,中华书局 1959 年版,第 3197 页。
② 任二北《优语集》,上海文艺出版社 1981 年版,"总说"第 2 页。
③ 郭子章《六语》,《四库存目丛书》,齐鲁书社 1997 年版,第 251 册,第 144 页。

又如明代徐师曾在《文体明辨序说》中把诗分成乐府、五言古诗、七言古诗、杂言古诗、近体歌行、近体律诗等十大类,其中一类为"诙谐诗"。他说:"《诗·卫风·淇奥》篇云:'善戏谑兮,不为虐兮。'此谓言语之间耳。后人因此演而为诗,故有俳谐体、风人体、诸言体、诸意体、字谜体、禽言体。虽含讽谕,实则诙谐,盖皆以文滑稽尔,不足取也。然以其有此体,故亦采而列之。"①并在下文释"俳谐体"云"谓谑语也"。其实俳谐即有诙谐之意,而作者却把俳谐放在诙谐诗之下,与风人体等诗歌相并列,可见他对俳谐的理解相对狭窄,而且其分类体系驳杂纷乱,正如四库馆臣所言:"师曾欲以繁富胜之,乃广《正集》之目为一百有一,广《附录》之目为二十有六,其余亦莫不忽分忽合,忽彼忽此,或标类于题前,或标类于题下,千条万绪,无复体例可求,所谓治丝而棼者与。"②从他的分类体系看,也是把俳谐体作为文章体裁看待的。

作为内容风格的俳谐体,除了可笑性之外,其在古代文学批评中的涵义远不止此。"俳谐"一词最早出现于晋代挚虞的《文章流别论》中。《文章流别论》是较早讨论文体的著作,刘师培称之为:"于诗、赋、箴、铭、哀词、颂、七、杂文之属,溯其起源,考其正变,以明古今各体之异同。"③在论述"诗"这一文体时,挚虞说:

《书》云:"诗言志,歌永言。"言其志,谓之诗。古有采诗之官,王者以知得失。古之诗,有三言、四言、五言、六言、七言、九言,古诗率以四言为体,而时有一句二句杂在四言之间,后世演之,遂以为篇。古诗之三言者,"振振鹭,鹭于飞"之属是也,汉郊庙歌多用之。五言者,"谁谓雀无角,何以穿我屋"之属是也,于俳谐倡乐多用之。六言者,"我姑酌彼金罍"之属是也,乐府亦用之。七言者,"交交黄鸟止于桑"之属是也,于俳谐倡乐世用之。古诗之九言者,"泂酌彼行潦挹彼注兹"之属是也,不入歌谣之章,故世稀为之。夫诗虽以情志为本,而以成声为节,然则雅音之韵,四言为正,其余虽备曲折之体,而非音之正也。

挚虞认为诗中的雅音之韵,以四言为正,而五言、七言是供俳谐倡乐使用的,是和雅音相对的"俗音","非音之正也"。黄侃在《诗品讲疏》一文中说:"凡非大礼所用者,皆俳谐倡乐,此中兼有乐府所载歌谣。"④挚虞把四言与五七言相对照,把郊庙之歌与乐府歌谣相对,显然郊庙祭祀关乎国家礼制,是庄重严肃的高雅之音,而乐府歌谣乃为民间里巷的市井俚曲,是普通人也会的通俗之乐。因此,这里的俳谐一词显然带有通俗之义,被视为与正统相对的较低级的诗歌。确实,《诗经》所确立的四言诗传统,到了晋代依然为正统。如伏俊琏所言:"七言是西汉时期民间应用很广的歌诀性应用文体,但是在正统文人眼中,'七言'不能称为诗,《后汉书》中《东平宪王苍传》《张衡传》《崔瑗传》《崔寔传》《杜笃传》《马融传》等皆诗、赋、七言并称,可见七言不在诗歌之列。

---

① 徐师曾《文体明辨序说》,人民文学出版社 1962 年版,第 162 页。
② (清)永瑢等撰《四库全书总目》,中华书局 1965 年版,第 1750 页。
③ 刘师培《中国中古文学史讲义》,上海古籍出版社 2000 年版,第 71 页。
④ 黄侃《文心雕龙札记》,上海古籍出版社 2000 年版,第 27 页。

七言不属于诗,根本原因是它的民间歌诀性质,西晋傅玄在《拟张衡四愁诗序》中说:'张平子作《四愁诗》,体小而俗,七言类也。'"①可见直到晋代,七言诗还是俗体诗,甚至不能称为诗,是俳谐倡乐所用的俗体文学。因此,这里的俳谐就是指内容通俗,不入大雅之堂的俗体,是与正统、高雅相对而言的。这种以四言为正、古诗为高的观念到了明代仍有。胡应麟在《诗薮》一书中就说:"诗至于律,亦属俳优,况小词、艳曲乎?"也是把律诗作为相对于古诗而言较为低俗通俗的文体看待,以俳优作为俗的代名词。

在唐代皎然的《诗式》一书中,列有"调笑格一品",其解释为:"戏俗。汉书云:'匡鼎来,解人颐。'盖说《诗》也。此一品非雅作,足为谈笑之资矣。"也把调笑(俳谐)诗歌看作与雅作相对的俗体。古代文学批评把俳谐作为通俗低俗之体,从根本上看,还是与俳谐的源头、俳优的特质紧密相关。俳优以调笑为能事,这些人往往出身低下,与社会底层的人联系密切,他们常用民间的通俗的语言,故张衡曾说"连偶俗语,有类俳优;或窃成文,虚冒名氏"②,连偶俗语,即用俗语编成的对句。《汉志·小说家》颜注引如淳曰:"今世亦谓偶语为稗。"③偶语就是连偶俗语,可见俳优使用的都是通俗的语言,因此刘勰说:"谐之言皆也,辞浅会俗,皆悦笑也。"④实际上也只有用通俗浅显的言辞,才更容易达到让人会意、快速理解而笑乐的目的。正是在这一意义上,俳谐概念中便包含了通俗俚俗之义,因而古人在谈到俳体时,便常常和俗相连。如宋末元初的陆辅之在《词旨》中言"当时俳体颇俗,屯田最甚,清真不免时见",而清人冯煦在《蒿庵论词》中也说"耆卿好为俳体,词多媟黩"。

古人把俳谐从可笑的本原意义增衍为俚俗低俗之义,甚至直接称浅俗鄙俚之文为俳谐。明代杨慎在《升庵诗话》中称:

> 《太平广记》有仙人伊周昌,号伊风子,有《题茶陵县诗》云:"茶陵一道好长街,两边栽柳不栽槐。夜后不闻更漏鼓,只听椎芒织草鞋。"时谓之"覆窠体"。江南呼浅俗之词曰"覆窠",犹今云"打油"也。杜公谓之"俳谐体"。唐人有张打油作《雪》诗云:"江山一笼统,井上黑窟笼。黄狗身上白,白狗身上肿。"《北梦琐言》有胡钉铰诗。

杨慎指出诗中有"覆窠体"与"张打油体",也就是杜甫所谓的"俳谐体"。"覆窠"一词,宋代曾慥在《类说》中曰:"江南谓轻薄言语为覆窠谈。"《太平广记》中也说:"江南人呼轻薄之词为覆窠。"可见,俳谐的内涵在某些文人看来,几乎等同于轻薄浅俗之意。如唐代刘瑕曾为玄宗作《驾幸温泉赋》,郑綮称此文"词调佪傥,杂以俳谐"⑤,也因为文中使用了俚语俗语。清人姜宸英说:"遮莫

---

① 伏俊琏《俗赋研究》,中华书局2008年版,第201页。
② 张衡《论贡举疏》,张震泽《张衡诗文集校注》,上海古籍出版社1986年版,第358页。
③ 班固《汉书》,中华书局1962年版,第1745页。
④ 周振甫《文心雕龙今译》,中华书局1986年版,第133页。
⑤ 郑綮《开天传信记》,文渊阁《四库全书》本子部1042册,台湾商务印书馆1986年版,第847页。

邻鸡下五更。遮莫,旧注俚语,犹言尽教也。按《传信记》,刘朝霞《献明皇幸温泉》词'直撄得盘古髓,掐得女娲瓢,遮莫你古时千帝,岂如我今日三郎',此是俳谐,正合俗语。"①因文中有俗语俚语,而称其为俳谐。

虽然古人常把浅俗之作称为俳谐,但是俳谐体并不能等同于俗体,有些俳谐诗文恰恰表达了诗人内心苦涩酸楚的复杂情感,在自嘲的感怀中试图消解心中的块垒,渗透着一种"含泪的微笑"。这些诗题为俳谐体,但并不俚俗,反而显示了诗人的雅意真情。如上文杨慎所言杜甫所谓的俳谐体诗歌,如果我们仔细分析,并不能得出杨慎所谓浅俗之词即为俳谐体的结论。杜甫是第一个在创作时使用"俳谐体"概念的诗人。他在流寓四川时曾作诗《戏作俳谐体遣闷二首》:

  异俗吁可怪,斯人难并居。家家养乌鬼,顿顿食黄鱼。旧识能为态,新知已暗疏。治生且耕凿,只有不关渠。
  西历青羌坂,南留白帝城。于菟侵客恨,粔籹作人情。瓦卜传神语,畬田费火耕。是非何处定,高枕笑浮生。

杜甫的这两首诗,我们今天读来并不觉得好笑,也不会感到低俗或俚俗,其中有些词还很难理解。但是杜甫却明确地标之为俳谐体,恐怕杜甫对俳谐体有着独到的也是更加深刻的理解。俳谐来源于俳优,汉代东方朔、扬雄等人行迹近似俳优,不仅在语言行为上常常自嘲或嘲人,其文章如《答客难》《解嘲》等也充满自嘲的意味,当然这种自嘲是一种自我解嘲,是对自己不遇处境和愤懑心境的开解,是游戏笔法却是借此驱遣苦闷的有力武器,杜甫此诗应该也是承袭这种传统。相对于杜甫其他关乎国事的庄重严肃的诗歌,此诗题为俳谐体,实是在游戏的笔调和创作态度下,表达了他客居荒僻之地,遭遇奇异风俗与世态炎凉的凄凉酸楚的感情。他用看似豁达的话语驱遣心中的不快,似乎有一种"苦涩的笑"包含其中。这应该是杜甫对俳谐体的理解,而这种理解恰恰是一种深层内涵的理解,是一种充满豁达精神与幽默意识的理解,如林语堂所说:"幽默只是一位冷静超远的旁观者,常于笑中带泪,泪中带笑。"②杜甫对俳谐体的这一理解,大大提高了俳谐文学的品位,使得俳谐与人们通常印象中的鄙俗之作划清了界线,俳谐体也可以是表达文人内心复杂情感的雅作。当然,杜甫把这两首诗标为俳谐体,可能还有两个原因。一是因诗歌的题材层面,是日常琐屑生活和当地怪异风俗的记录,杜甫将它写进古人视为正体的五言律诗中,也就有一种特别的戏谑味道。二是在语言层面,多用当地方言俗语,如"乌鬼、畬田"等,亦如宋代张表臣所言"又戏作俳谐体二首,纯用方语"③,也带来俳谐的意味。但是,我想杜甫称此为俳谐体的主要原因,还应该是内容情感上的自嘲与豁达。因为杜甫诗歌中不乏类似的戏

---

① 姜宸英《湛园札记》,文渊阁《四库全书》本子部859册,台湾商务印书馆1986年版,第642页。
② 林语堂《论幽默》,见《优游人间》,陕西师范大学出版社2007年版,第26页。
③ [宋]张表臣《珊瑚钩诗话》卷三,见何文焕《历代诗话》,中华书局1981年版,第475页。

作诗,如《遣闷戏呈路十九曹长》,也是用戏笔来遣闷,发抒心中愁苦的雅作。如金圣叹所说:"若夫戏字,则落魄贫人,不戏又焉得遣去闷乎?"①而这种俳谐体诗也成为文人的一种文学传统,被后人延续与继承。

如宋代诗人范成大的《次韵魏端仁感怀俳谐体》诗,曰:"浪学骚人赋远游,大千何事不悠悠。酒边点检颜红在,镜里端详鬓雪羞。过眼浮云翻覆易,曲肱短梦破除休,孤烟落日冥鸿去,心更冥鸿最上头。"②此诗抒发了作者对世事浮沉,变幻无常而自己却容颜老去、始终一介骚人的感慨,在自嘲的口气中透出一股失意与悲凉。此诗比杜甫的两首俳体诗有了进一步的发展,即自嘲的口气更加明显,可笑的成分增加,以酒边红颜之假与镜中雪鬓之真作比,以孤烟落日中的冥鸿之孤独萧瑟与自己内心的空落作比,在对比中透出一股自嘲的味道,我们也许会微笑,而这笑中定掺杂了酸楚。同时代的诗人陆游写有《初秋小疾效俳谐体》,朱熹也有一首诗题为《苦雨用俳谐体》③,都与杜甫的《戏作俳谐体遣闷二首》有异曲同工之妙。当然,唐代诗人李商隐有一首诗,题目就是《俳谐》,与杜甫对俳谐的理解又有不同,大概还是遵循俚俗佻媟之意。

在大量的视俳谐为俗体的古代文学理论中,杜甫用自己的创作实绩提升了俳谐的思想意蕴与风格品位。虽然常常有古人鄙视俳谐,如魏庆之在《诗人玉屑》中称诗有十戒,其中即有"戒乎俳谐",但是古人的文学批评常常是模糊与印象式的,当我们今天重新审视俳谐时,则要用全面而客观的态度,不能一味地视俳谐为俚俗低俗,而要看到俳谐体中雅俗并包的丰富性与兼容性。对俳谐的雅俗兼容性,明人王骥德说得最为透彻:"俳谐之曲,东方滑稽之流也。非绝颖之姿,绝俊之笔,又运以绝圆之机,不得易作。著不得一个太文字,又著不得一句张打油语。须以俗为雅,而一语之出,辄令人绝倒,乃妙。"④对于这些作品,正如周济所言:"若托体近俳,而择言尤雅,是名本色俊语,又不可抹煞矣。"⑤

因此,当我们在判断一首诗词是不是俳谐体时,按照古人的看法,俚俗甚至媟亵之作可以看成俳谐体,而那些并不能立刻让人捧腹的作品也有可能是俳谐体,因为其中有自嘲的幽默意味。这就要求我们仔细阅读,细心品味,不能从字面上草率的判断。

三、俳谐与杂体

杂体诗词,比如回文、药名、集句、离合等等在古代文学中屡见不鲜,有些文学批评著作也专列一类加以评述,如刘勰的《文心雕龙》中就有《杂文》一章。对于形形色色的杂体诗词,古人常常把它们作为文字游戏之作,认为是一种滑稽戏谑的创作行为,因此也把杂体当成俳谐体。

---

① 陈德芳校点《金圣叹评唐诗全编》,四川文艺出版社1999年版,第562页。
② 范成大《石湖集》,上海古籍出版社2006年版,第122页。
③ 宋诗中题目标为俳体的还有杨万里的《初秋戏作山居杂兴俳体十二解》,方回的《春日俳体》《久苦春寒三月三日戏作俳体》《俳体戏书二首》等。
④ 王骥德《曲律·论俳谐》,见《中国古典戏曲论著集成》(四),中国戏剧出版社1959年版,第135页。
⑤ 周济《宋四家词选目录序论》,见《介存斋论词杂著》,人民文学出版社1959年版,第10页。

宋代严羽在《沧浪诗话》的"诗体"一章中,列有杂体一类,在列举了风人、藁砧、五杂俎、两头纤纤、盘中、回文、反复、离合等杂体之后,严羽谓:"如此诗只成戏谑,不足为法也。"把杂体诗看成戏谑之作。而元代王若虚在《滹南诗话》中也把杂体看成词人的滑稽游戏之作,可供人一笑:

> 山谷最不爱集句,目为百家衣,且曰:"正堪一笑。"予谓词人滑稽,未足深诮也。山谷知恶此等,则药名之作、建除之体、八音列宿之类,独不可一笑耶?

清代薛雪在《一瓢诗话》中也说:"杂体诗昔亦有之,原属游戏。"正因为古人把杂体当成戏谑、滑稽的游戏之作,相应地便把杂体作为一种俳谐体看待。明代胡震亨的《唐音癸签》说得最为明确。在分析了"唐人杂体诗见各集及诸稗说中"的五杂俎、离合、回文、集句、风人、县名、州名等等种类之后,胡震亨说:

> 以上并体同俳谐,然犹未至俚鄙之甚也。其最俚鄙者,有贺知章之轻薄,祖咏之浑语,贺兰广、郑涉之咏字,萧昕之寓言,李纾之隐语,张著之机警,李舟、张彧之歇后,姚岘之讹语影带,李直方、独孤申叔、曹著之题目,黎瓘之翻韵,见《国史补》及《云溪友议》诸书,皆古来滑稽余派,欲废之不得者。

这里胡应麟明确提出杂体等同于俳谐,它们来自于古代的滑稽余派,废之不得。宋人吴处厚在介绍陈亚的药名词《生查子》等作时,也称"此虽一时俳谐之词,然所寄兴,亦有深意"[①]。清人冯煦在《蒿庵论词》中也说:"子晋之于竹山,深为推挹,谓其有世说之靡,六朝之渝……然其全集中,实多有可议者,又好用俳体:如《水龙吟》仿稼轩体押脚,纯用'些'字;《瑞鹤仙》'玉霜生穗也'押脚纯用'也'字;《声声慢》秋声一阕,押脚纯用'声'字,皆不可训。"这里所摘录的几首竹山词实为福唐独木桥体,属文字游戏之作,冯煦也视之为俳体。因此,在古人的观念中,虽然这些杂体诗词读起来并没有可笑的成分,但是它们都属于文字游戏之作,文人有时出于好玩好奇,在创作动机上具有戏谑的意味,因此也被看作俳谐体。

四、俳谐与戏作

戏作,指题目中标有"戏""嘲"等词的作品,在古代较为常见。最早在汉代就出现了《对嘲》诗,南朝梁萧衍有《戏题刘孺手板》诗等。戏,在古代有嬉戏、游戏、戏谑、嘲弄等意思,标明戏作的作品多是戏谑、游戏之作。尤其在词中很多,即使如词风清空骚雅的姜夔也有和朋友开玩笑

---

① 吴处厚《青箱杂记》卷一,中华书局1985年版,第6页。

的作品,如《眉妩·戏张仲远》词。据《本事词》记载,姜夔曾住在吴兴张仲远家里,仲远经常外出,其妻性好嫉妒,姜夔故意跟仲远开玩笑,写了一首表现男女狎情的《眉妩》词给他,其妻子看到了不容仲远辩解,就生气地用手指划破了他的脸,使其不能见人。①姜夔的玩笑开得有些过火,而古人确实喜欢以词为戏,用诗词戏弄调侃朋友或歌伎。如毛滂《青玉案·戏赠醉妓》、辛弃疾《乌夜啼·戏同官》、元好问的《惜分飞·戏王鼎玉同年》等,这些词读起来也许并没有可笑的效果,但是词作本事,或者说作者本来的创作目的就是戏谑嘲弄他人,这是古人开玩笑的一种方式,应该属于俳谐体作品。正如上文所述,"俳"在《说文》中的解释就是"戏",和戏意思相同,因此俳谐也当然有戏谑、诙谐、嘲弄、游戏之意。如沈雄在《古今词话》中所说:"丘石常曰:词中每多戏赠,曲中谓之诨语。周德清谓庄重之余,出以诙谐,顾用之者何如。独恨今之以风格笑人者,如陈仲子笑齐人,庄谐皆优,然不如谐者之神明,足以解颐。"沈雄认为戏赠出以诙谐,令人解颐。金圣叹在评杜甫的戏作诗时也说:"先生凡题中有'戏'字者,悉复用滑稽语。"②其实有些戏赠诗词本身并不令人捧腹,如蔡松年的《水龙吟·仆三年为……戏作越调水龙吟以寄之》、白朴的《水调歌头·戏呈施雪谷景悦》等,但因其创作目的即是戏谑、游戏,创作态度带有随意、游戏的性质,也应该属于俳谐体。

但是有些戏作不仅表面看来没有可笑的意味,而且实质是在表达严肃的观点或者沉痛的情感,这种戏作能否算作俳谐体,需要辨析,比如杜甫的《戏为六绝句》和辛弃疾的《鹧鸪天·有客慨然谈功名,因追念少年时事戏作》。先看杜甫的《戏为六绝句》,这一组绝句是杜甫对时人诗歌的评论以及对诗歌创作的看法,读下来似乎没有滑稽诙谐的感觉。可为何题目称"戏为六绝句"呢?对此前人说法不一。清人仇兆鳌注曰:"此为后生讥诮讽刺前贤而作,语多跌宕,故云戏也。"③宋人张戒则曰:"此诗非为庾信王杨卢骆而作,乃子美自谓也。方子美在时,虽名满天下,人犹有议论其诗者,故有'嗤点''哂未休'之句……然子美岂其忿者,戏之而已,其云:'或看翡翠兰苕上,未掣鲸鱼碧海中。'若子美真所谓掣鲸鱼碧海中者也,而嫌于自许,故皆题为戏句。"④如果说仇兆鳌认为题为戏作是缘于讽刺,那么张戒则认为是出于杜甫的以戏掩忿,也可说是自谦,如钱谦益言:"题之曰'戏',亦见其通怀商榷,不欲自以为是。"⑤现代学者也有人发表过类似看法,如张伯伟也认为:"杜甫用'戏'字,或本于《论语·阳货篇》'前言戏之耳',原文含有开玩笑之意,杜甫用以表示所言非正式意见";"自杜以下,论诗称戏,皆所以表扨谦"。⑥

在我看来,杜甫题称《戏为六绝句》,实在是因为诗中的观点过于尖锐敏感,矛头直指前辈和当时的人们,具有讽刺的成分。他的观点与时人不同,似乎是标新立异,所以他故意用"戏为",表示其所言是在调侃,其观点具有非正式性、非庄重性,有玩笑的成分在其中。杜甫题为"戏",

---

① 叶申芗《本事词》,见唐圭璋《词话丛编》,中华书局1986年版,第2351页。
② 陈德芳校点《金圣叹评唐诗全编》,四川文艺出版社1999年版,第602页。
③ 仇兆鳌《杜诗详注》,中华书局1979年版,第1793页。
④ 张戒《岁寒堂诗话》,丁福保辑《历代诗话续编》,中华书局1983年版,第466页。
⑤ 钱谦益《钱注杜诗》,上海古籍出版社1958年版,第407页。
⑥ 张伯伟《中国诗学研究》,辽海出版社2000年版,第251页。

实为一种表达策略，因为虽然内容上不乏尖锐的批评，但题目标以"戏"，就可以消解这种尖锐的指向，标榜自己并非在刻意的批判，而是有玩笑的意味，有轻松的姿态。即使与当时流行的观点不同，杜甫的真意是在讽刺时人的错误观念，但是题为"戏作"，则比直接严肃的批评，多了些随意和轻松。这里的戏可以说有谦虚之意，但绝不仅仅是谦虚，还有调侃时人，消解严肃之意，当然"戏为"也包含诗中对时人的善意的嘲讽，他表面上说自己开玩笑，但实际上是在嘲讽当时之人。这似乎是一种反语，即正话反说。若以狭义的角度，即滑稽可笑之义界定俳谐，则杜甫的《戏为六绝句》不能算严格的俳谐体，但若以广义的角度看待俳谐，把调侃嘲讽、讽刺反语等意思包含在内，则《戏为六绝句》也可以算作俳谐体。

杜甫有诗明确标为《戏作俳谐体遣闷》，上文已经进行了分析，诗中有对自己的嘲讽，也有对世态炎凉的暗讽，还有一丝解脱苦闷的幽默，这被杜甫称为"俳谐体"，其实，也正是一种广义的俳谐体概念，可见，古人对俳谐体的理解已经超越了滑稽诙谐可笑的基本含义了。其实，辛弃疾的《鹧鸪天·有客慨然谈功名，因追念少年时事戏作》也有自我嘲讽，自我嘲弄之意，其意旨在于"遣闷"，驱遣心中挥之不去的愤懑，这又与杜甫的《戏作俳谐体遣闷》有异曲同工之处。辛词《鹧鸪天》表面看来上阕是在回忆自己早年的金戈铁马，下阕"追往事，叹今吾。春风不染白髭须。都将万字平戎策，换得东家种树书"，被陈廷焯称为"哀而壮，得毋有烈士暮年之慨耶"①。但其实，这里不仅仅有哀，还有稼轩对自我的嘲讽，胡须已白，年华已老，可是"我"得到的是什么呢？"我"的平戎之策被搁置，换来的只是"回家种树"。在稼轩看来，这真是有些可笑的下场了，或者说荒谬滑稽，就像西方的黑色幽默。其实宋人李纲也说"世事若俳谐"，人间的不公平，文人遭遇的冷落，不仅让人气愤，更让人觉得荒谬好笑了。于是词人嘲讽自己"却将万字平戎策，换得东家种树书"，其实也是反讽，反讽社会的黑暗不公。因此稼轩在题目中称为戏作，是有深意所在的，是要在自我嘲讽中驱遣苦闷。按照杜甫对俳谐体的理解，按照广义的俳谐体内涵，这首戏作词虽然骨子里沉痛，但其不无自我嘲讽，也应属于俳谐之作。

可见，在戏作文学中，不仅有读之滑稽可笑之作，也有读起来严肃庄重的戏作，前一种当然算作俳谐，后一种如果在戏作中有自嘲、调侃、讽刺、反讽之意，我认为按照广义的俳谐内涵，也应算作俳谐体。

从以上四个方面来看，"俳谐"一词虽然在今天的词典中解释很简单，如《辞源》"旧时诗文，凡内容以游戏取笑为主的，称为俳谐体，略称俳体"，但在古代文学与批评语境中，其涵义却非常丰富复杂，除了内容以游戏取笑为主的，至少还包括鄙俗媟亵、回文药名等文字游戏、以及一些戏作这三种内涵。其实归结起来，这些丰富的涵义中有一个核心，那就是作者所采取的戏谑的姿态。至于《庄子》中"齐谐者，志怪者也"，唐人成玄英注为"齐国有此俳谐之书"②的涵义则似乎另有他意，与本文关系不大。而当我们研究俳谐诗词时，取什么样的涵义来界定俳谐体作品，则

---

① 陈廷焯《白雨斋词话》，人民文学出版社 1959 年版，第 22 页。
② 郭庆藩《庄子集释》，中华书局 1961 年版，第 5 页。

应该事先声明。我们可以用狭义的俳谐概念,即词典上所界定的,也是俳谐最核心最本原的意思:游戏取笑,令人捧腹有可笑性;也可以用广义的俳谐概念,按照古代文学与批评语境中所出现的意思,诸如鄙俗、文字游戏、某些戏作等等,但是不管怎样,我们都不能以自己的先入之见来判定俳谐,想当然地认为俳谐就是不登大雅之堂的玩笑俚俗之作,俳谐亦有雅作,而且是一种情感更为复杂、却被人忽视了的雅作。

(原载《文艺理论研究》2012 年第 4 期)

概念与经验之间的叙事困境

——对小说创作现状的一种思考

贾艳艳

毋庸讳言,中国当代小说的创作中,长期存在着群体化的写作倾向。从"伤痕""反思""改革""寻根"文学,到"先锋""新写实""新历史"小说,再到"私人化写作""身体写作",抑或按题材领域命名的"官场小说""底层文学"等写作潮流,群体化的精神印记都相当明显。而到了晚近的小说创作中,表面来看,情况发生了变化,无论题材、观念,还是形式、手法,文学写作的差异性与多样性,似乎比既往时代更突出,也更加难以归类或命名。这是否意味着真正个人化写作时代的来临?这里,以《收获》《小说界》《上海文学》2009 年发表的小说为例,探讨文本差异的背后,当下小说创作在概念把握与经验处理方面,呈现出的共性的叙事倾向与值得深思的问题。这些问题,体现了时下的写作者们对现实的高度敏感,也暴露了当代小说叙事在深入精神现实、开掘心灵世界方面的危机。

一 概念+传奇的叙事模式

作为一种以语言为载体的艺术体裁,小说在根本上不可能抽离概念,正如戴维·洛奇所说:"任何值得一读的小说都包含概念,激发人产生概念,而且可以利用概念进行讨论。"[①]能否恰如其分地运用概念,离不开写作者贴近心灵、深入表现生活尤其精神生活的能力。对于群体化的写作而言,作者在运用、选择与建构概念时,所承担的压力、难度与风险往往并不大,而时至今日,写作者作为个体的精神能力显然面临着更为严峻的挑战。"欲望"之后,还有什么足以堪当中国当代小说叙事的概念的大旗?笔者发现,当下小说文本中,概念的生产,很多时候仅仅依赖于对偶然、极端的经验的书写,充斥着主观、片面的逻辑,在此基础上形成的外在的文本差异与个体差异,因而也很难说是真正多元化的实现。与此同时,概念在小说叙事中的结构功能在文本中不约而同地被放大和强化,甚至被推向极端,许多文本直接按照一种简单化的概念构设人物。

---

① [英]戴维·洛奇:《小说的艺术》,王峻岩译,作家出版社 1998 年版,第 220 页。

先来看长篇小说。2009年《收获》第3期推出的张欣的长篇小说《对面是何人》,展示了一种颇为典型的概念化叙事。张欣早年的小说婉约、细腻,但近年来的长篇日渐粗糙,凸显通俗影视剧风格。《对面是何人》的卷首,作者写道:"让一个女人低头的,是爱情。能把男人折磨得死去活来的,是他们的梦想。"一句话点明了主旨,接下来整部小说的叙事遂落脚于如何使这句话演绎为具体的情节。小说讲述了一个名叫如一的女人,在她的被武侠梦想折磨得死去活来的男人李希特面前,如她的名字一样,自始至终"如一"低头的故事。如一的爱情,无非是温良恭俭让的无限度付出,为表现她的"如一",叙事安排了波澜起伏的情节,每一处跌宕转合都借助戏剧化的桥段。尽管作者的语言娴熟自如,但概念加传奇组接而成的叙事,看似精彩迭出,却始终缺乏内在的力量,透出热闹背后的贫乏。

类似的情形同样见诸张贤亮的长篇小说《壹亿陆》。张贤亮已多年没有小说创作问世,这篇重出江湖的新作中,往日那个徘徊于灵与肉之间的焦虑而困惑的知识分子,那种感伤、没落的贵族气息,连同他小说中一贯的视角与思维全然不见。《壹亿陆》用直白粗俗的叙述语言,匍匐于市井生存哲学的思维,为我们讲述了一个被设置于"未来"的都市传奇。没有了思辨的高度和对现实的怀疑、诘问,重新出场的张贤亮津津乐道地铺陈着都市社会的欲望景观,并时时植入为现实合理性辩护的夸张议论:为"小姐"和"二奶"辩护,为警察与"小姐"合流辩护,为暴发户王草根们的发家辩护,为"借精生子"的性行为辩护……与此同时,又将一个天真的、不谙世事的青年"壹亿陆"书写为未来的希望和理想,人欲横流的现代城市生活又处于小说隐在批判的对立面。然而,这样一个傻乎乎的、符号化的"壹亿陆",在这样一个被作者认为充满合理性的现实之中,显然根本不可能担负起重建人类理想的重任。这样简单、粗糙地处理现实与理想的关系,只能是荒诞而毫无说服力的。这样的写作,似乎仅仅为了提供一个大众消费品或影视脚本,对比张贤亮过去的小说所达到的高度,难免令人失望。

当精神生活和内心世界被简化为概念,过程的曲折与情节的起伏就变得不可或缺,这也就是为什么看上去不搭界的"传奇"总能与"概念"如影随形的原因。由于长篇小说的篇幅与容量更能为不断变奏的传奇故事提供腾挪运演的空间,因而以通俗剧的方式写小说的思路,在长篇小说的叙事中尤为突出,如李森祥、薛荣的《水乡》,龙一的《接头》,那多的《甲骨碎》,商羊的《晚安,七井桥》,宗璞的《西征记》,周梅森的《梦想与疯狂》,谈歌的长篇《票儿》等作品,均表露出这样的叙事倾向。这些题材各异的小说,都有着极尽跌宕曲折的故事情节,这似乎也印证了当代小说的写作缺少的并非匠心与才气。

苏童的《河岸》、莫言的《蛙》与艾伟的《风和日丽》,这几位实力派作家发表在《收获》上的长篇,得到了评论界的较多关注,被认为是较能代表近年长篇小说叙事成就的作品,其中,苏童的《河岸》还获得了"曼布克亚洲文学奖"。这几篇小说不约而同地选择以个体记忆切入对历史的反思,主人公都有一个与"革命"相关的身世。比起那些不够成熟的写作,这几个长篇质量尚可,但跟几位作家以往的作品比照,就会有明显的重复感。苏童的《河岸》尤其如此。这篇小说讲述了七十年代"文革"后期水乡少年库东亮的成长故事。一如既往的少年视角,类型化的意象符号,庸常而又传奇化的情节设置,苦难叙述中近于泛滥的诗意想象,几乎都是对作者"先锋"时期和"新历史"小说诸多元素的自我复制。河与岸的对峙,延续了作者以往小说中城与乡、北方与南方的叙事模式,交织着作者以往小说中"枫杨树乡"的历史回响与"香椿树街"的少年情怀。苏童希望能"在长篇小说中,清晰、明确地对一个时代作出我自己个人化的描述"。[①]小说的叙述一如作者以往小说中的优美与感伤,然而,革命情势下的政治暴力,审父与驯子的场景,以及荒诞的身体奇观,都没有脱出既往的窠臼,"个人化的描述"再次沦陷于程式化的叙述,情节的曲折与意象的丰富难掩骨子里的虚弱。当然,这并不是独属于苏童的写作困境。

艾伟的《风和日丽》也讲述了一个寻根的故事。与苏童的《河岸》相比,《风和日丽》的叙事显得更有理性思辨的意味。女主人公杨小翼的人生故事被织入半个世纪的漫长历史中,她的一生都在为自己的血脉正名,而这血脉恰恰和革命化历史紧密相连,个人命运于是勾连起大历史的变迁。小说试图通过杨小翼的视角观照革命父辈的命运,思考他们留下的历史债务和精神遗产,然而叙事对于历史与革命价值伦理的反思,最终被符号化的时代传奇引向浮泛的概说。尤其小说的后半部,情节异常繁复,人物形象却越来越飘忽,其中可以窥见《今天》编辑部的再现,北岛、顾城、谢烨故事的翻版,1989年中国现代艺术展的枪击事件的重演……这样的时代传奇,充斥着标识性事件的粗疏勾勒,能指丰富却营养稀薄。小说原本可能抵达的追问与思考被弱化,人物的命运,变成串连大历史的道具。结尾,主人公与命运达成的和解,也缺乏足够的逻辑支撑。

莫言的《蛙》讲述了乡村医生"我"姑姑在社会历史变迁中百味杂陈的传奇人生。身为革命烈士后代的姑姑在乡村雷厉风行地推行新法接生,由她接生的婴儿遍布高密东北乡,但自从国家实行计划生育政策后,昔日犹如送子菩萨的姑姑在乡亲们心目中变成了魔鬼。退休后的姑姑陷入对往事的忏悔,嫁给捏泥娃娃的民间手工艺人,用那些被中止出生的孩子的泥塑来给自己赎罪。莫言一向钟情于乡野传奇,《蛙》中姑姑的一生,尽管比以往的《檀香刑》《四十一炮》多了几分现实感,却依旧偏爱用奇人、诡事、梦魇等营造狂欢化的视觉奇观。小说虽然用一个名叫蝌蚪的剧作家写给日本友人的书信展开叙述,但却无意搭建不同文明之间的对话,而是迎着西方猎奇的目光,展示了又一面中国特色的乡土奇观。与张贤亮的《壹亿陆》不谋而合,莫言的《蛙》也聚焦于"生育"的主题,对秘密从事借腹代孕交易的"牛蛙养殖场"的描写,也触及商品经济时代生育被纳入生产/消费链条的社会现实。莫言没有像张贤亮那样急着为现实的合理性辩护,但叙事对这一现实的把握同样充满力不从心的浑浊感。在"计划生育"时代被引流掉的孩子,被姑姑借泥娃娃以灵魂转世的方式得到补偿,然而,被权钱阶层压榨与损害的代孕者陈眉,作者却无力去追问她的命运。叙事讨伐和审判了政治暴力,却悄悄归降于商业时代的隐形暴力。结尾处,代孕的新生儿出世,年近六十的小狮子竟然分泌乳汁,"旺盛得犹如喷泉",小说再次以狂欢与荒诞的奇观进行意义的增殖。

---

① 陈竞:《苏童:〈河岸〉距离我最远》,《文学报》2009年4月30日。

《收获》等纯文学杂志多年来源源不断地为影视改编提供着创作灵感,近年刊发的长篇小说更深受文化市场的青睐,以上提到的作品大多都正在和即将被改编成影视剧。《收获》执行主编程永新在回应杂志是否"变通俗"的质疑时说:"进入新世纪以后,作家自觉不自觉地注重小说的可读性、故事性,这点恰好与影视剧需要的人物命运的起伏跌宕、矛盾冲突是相一致的。""通过通俗的故事表达严肃的主题,这也是一种尝试。"[1]能够包容各种不同风格的优秀写作,固然体现了"纯文学"写作的活力,与影视、网络以及其他文化资源的有机整合,也正在成为文学的现实并将是未来的趋势。然而,值得深思的是,健康、良性的整合与开放,并非一味迎合,而恰恰应当在与其他文化资源的互动中贡献自己的特质。对于作家来说,作品能够被改编为影视作品不是坏事,畅销或高产也不是贬义,但若直接以通俗剧的思路写小说,却极可能加剧现代汉语写作在表达精神、贴近现实方面已然置身的困境。

事实上,中短篇小说的创作也处处可见概念化、传奇化叙事的痕迹,只不过由于篇幅所限,中短篇小说中的概念+传奇倾向,常常表现为叙述逻辑的高度主观。如阎连科的中篇《桃园梦醒》便是一篇客观逻辑快被架空的奇文。仅仅因为"春天来了,该做些事了",四兄弟就各自回家把老婆猛揍一顿。人性的"恶",成为一个被预设的、绝对化了的概念,四个兄弟在"恶"的支配下不由分说地被作者拎过来展开表演,写作者则置身事外旁观甚至把玩。阎连科以往的小说,就倾向于在理念的遥控下,对乡土中国做寓言化的、超现实的处理,《桃园春醒》把这一倾向做了极端的发挥。对"恶"的揭示,这样跳脱出现实的肌理,很难说还有什么阐释与反思的意义。

王蒙的短篇《岑寂的花园》呈示了另一种主观化的叙事。小说的景物描写渗透了强烈的主观情感,间杂了大量议论,不长的篇幅里,豪宅别墅、博客、80 后网络才女作家、后现代画家走马灯一样轮番登场。小说的叙述流畅恣肆,从怀旧到悬疑,从精神分析到跨文本拼贴,各种技法的拼贴游刃有余,令我们再次领略了老作家深厚的语言功力,但同时也感受到作者渴望与时俱进的迫切与焦虑。整部小说的叙述主观任意、缺乏节制,符号的狂欢所渲染的时代感,由于缺乏真切的质感而显得苍白、刻意。

在经验不足的写作者那里,概念化、传奇化及由此而来的主观倾向,则表现得更为显著,往往导致叙事指向的随意、单调或模糊、混乱。中短篇小说中,也不乏猎奇色彩的故事。如光盘的中篇小说《错乱》,以凌空蹈虚的想象讲述了一个荒诞离奇的故事。小说写地产富商孙国良被心怀鬼胎的各色人等咬定为神经错乱,在众口铄金的可怖力量下,他欲自杀但又缺乏勇气,遂雇用杀手组织来结果自己,然而该组织却如法炮制了另一项莫须有的罪名,强加给他以诱其自杀。这篇小说的情节极其离奇,作者的叙述缺乏克制,过于调侃谐谑,玩弄机巧,弱化了思考。又如朱山坡的中篇《喂饱两匹马》写偏僻乡村贫困窘迫的兄弟俩合娶一妻的悲欢离合,作者在对故事的讲述中,对伦理困境的探讨几乎被完全抹平,人物形象单薄、面目模糊,小说最终仅仅模拟了一个通俗而又平庸的传奇。陈家桥的中篇《大象》写一个卧底警察与女毒枭间的爱情传奇,由于

---

[1] 程永新:《未来写作需重新整合》,《文学报》2009 年 12 月 24 日。

叙事遮蔽了人物内心深处本该有的犹豫与挣扎,极大地消解了故事的可信性和说服力。如此通过多种通俗元素的草率拼贴,很多小说的叙事堕为毫无实质内容的猎奇。

试图"通过通俗的故事表达严肃的主题",在当下的小说写作中俨然已成为相当流行的写作趋势,这固然体现了"纯文学"兼有的"包容""可读",但概念+传奇的架构却不可避免地加剧了语言在表达心灵、贴近现实方面的无力感。

二 视觉与审美的膨胀

当精神世界与心灵生活被日趋简化,叙事的重心就会不断向"外部"转移,除了传奇化的情节设置,视觉化的细节描绘也成为当下小说叙事的突出特征。迈克·费瑟斯通认为:"充斥于当代社会日常生活之经纬的迅捷的符号与影像之流"构成了"日常生活审美呈现"的重要层面①。日常生活的审美化与视觉"文化转向"(詹姆逊)确有着不可割裂的密切关联,并且也正在愈来愈大的程度上演化为中国当代文化的语境和小说叙事的现实。

笔者通读了《收获》《小说界》《上海文学》2009年发表的近200篇小说,发现这些作品中,所有的人物均面目模糊,竟没有一个能让人记住的形象,但却不乏精彩的场景描摹,对市井生活画面的描写尤其突出。如前文提到的张欣的《对面是何人》,虽然人物类于概念,情节几近离奇,但充满粤式市井生活风情的细节描写与场景刻画却还是为小说增色不少,作者对其所描写的人情世态、生活画面足够谙熟,一些细微处的描写因为精准而显出情趣。迟子建的《鬼魅丹青》、王小鹰的《青玉案》、薛舒的《那时花香》、江一桥的《好要得很》等中短篇小说,皆长于充满地域特色的风情画的描写,似一场场异相纷呈、风生水起的"生活秀"。然而,过分耽溺于世相百态的镜像与传奇化的故事演绎,这些小说的叙述往往缺乏必要的聚焦,人物缺乏清晰的个性,像个飘忽不定的影子,甚或直接就是传达某种概念的符号。如迟子建的中篇《鬼魅丹青》,在小城风云中书写作者最擅长的情感主题。围绕着蔡雪岚坠楼的命案,小说描写了与此事件有关的几对男女在情爱纠葛中的尴尬与痛楚,作者的场景调度可谓娴熟自如,但游荡在性爱与婚姻、欲望与伦理之间的内在精神冲突,却一不小心就被视觉细节遮盖。作者着力刻画的女主人公卓霞除了被津津乐道的女人味,无可触摸其内在的心灵律动;刘文波、刘良阆等男人形象更是苍白、黯淡;小说对世态人心的勾勒也有着简单化的二元对立倾向。

除了直接的画面呈现,"看/被看"的视点设置也构成了视觉化叙事的重要手段。如傅泽刚的短篇《七楼的风景》从"看/被看"的角度叙写老年人的寂寞与孤单,平淡中有温情。王卡的短篇《韭菜为她而长》中,温暖又悲伤的爱情因被纳入孩童视角而裂为藕断丝连的片段,诗意的感伤因"被看"而让位于情节的紧张。鲁敏的中篇《羽毛》、叶弥的短篇《黑夜黑夜跑起来》和吴文君的短篇《苍耳》,这几篇出自女性写作者的作品,都通过"看/被看"的他者化的叙事视点,试图捕

---

① [英]迈克·费瑟斯通:《消费文化与后现代主义》,刘精明译,译林出版社2000年版,第98页。

捉女性内心纤细的起伏与情感的震颤,然而,过于依赖画面感的营造以及故事的波折与机巧,叙事的指向或伤于主观、直露,或过于闪躲、隐晦。如鲁敏的《羽毛》试图通过"我"的"看",走进周围那些"被看"的貌合神离的人物的内心。然而作者所选取的叙述主角"我"时而敏感多疑,时而又幼稚肤浅,未及窥破便急于宣判,那些原本可能丰富的人物在不无矫情的叙述中,木偶般地被"我"及作者的假想任意摆布。徐则臣的中篇《居延》也用"看/被看"的视点讲述作者最擅长的"京漂"故事。小说的叙述流畅自如,但女孩居延的美丽痴情有着明显的男性审美趣味的想象投射,她从寻找依靠,到重拾自我的转变,同样完全依赖于作者在叙述上的主观选择。这个被"看"出来的"她"经由文字到达读者面前时,有种过目而难以入心的模糊,叙述者的目光遮蔽了这个人物内心的丰富性。

不乏写作者试图挺进人物更为个性化的心灵世界,表现一种内在的冲突,然而过分依赖于视觉化的书写,同样使人物的心理难以摆脱刻意的主观痕迹。残雪的短篇《紫晶月季花》,如她以往的小说一样弥漫着神秘的氛围。小说中的煤、金夫妇把所有的家具都藏在布罩下,规避一切外来的干扰,过着内向、隐秘的生活,夫妇俩还种植朝地底下生长的紫晶月季花,养深水鱼。小说试图由此通向的精神世界,似乎是与喧闹、浮躁、朝向外部扩张的现代都市的时俗的对抗。然而对照小说,这种隐约的指向,并没有被奇异的视觉化意象和细节充分照亮,因而使人无从把握。薛舒的中篇《板凳上的疑似白癜风患者》也意在触碰城市生活内在的疼痛。小说一开头,便是对认定自己患了白癜风的张永丽坐在小板凳上晒太阳的场面的详尽描写,奠定了整个小说神经质的基调。小说着力描写病态的精神表现,如晒太阳、用酒精棉花反复擦拭身体的洁癖、关于"孩子/牙齿/鸽子"的梦境,并不主动点破这些病象与作为背景的生活不幸之间的关联,似乎是有意给读者的思考提供留白的空间,然而也使得人物的行为像是一场"痛苦表演",充满被设置与被观看的舞台感。

偏于外部化的叙述方式,使当下小说中多有对人情世故、往来应答的绘声绘色,鲜有直指人心的内在力量。最典型如阿袁的中篇《梨园记》,小说写一群知识分子男女间的交往,几位主要的女性人物在猎捕男人时,充满鸡毛蒜皮的计较和笼络离间的手段。作者一边安排着演出,一边满足于观赏品味,所有的指桑骂槐或暗度陈仓处,都指点得一清二楚,以显示对世事的通透和了然于心,完全缺乏叙述所必要的分寸感,更难掩精神内核的空洞。诸如此类的作品,皆"形象而神散",审美成为绝对的目标。当一切都可以被拿来审美,一切又只是为了审美,被纳入叙事视野的"价值"、"历史"也不再指涉深度,而仅仅是服务于审美的道具。

由情节、画面所构设的外部景观波折而精彩,深隐于其间的内心世界含混而模糊,这使得在价值层面无可依凭的当代文学叙事,在触及精神和现实的冲突时,偏于内心的、精神化的一方,总是轻易地败下阵来。薛荣的短篇《网络诗人咚咚锵》中,试图维护尊严的网络诗人可以因为女友陪领导跳舞而大声抗议,在知道女友主动被富商包养时,却只能低头离去。朱日亮的中篇《欠债人》中。被生活挤压得几乎走投无路的老海一家面临着艰难的选择:或是像"我爸""我妈"那样依旧老实、本分地做人,背负着大量债务艰辛地过活;或是像"我哥"那样顺应冰冷的生存法则,笃信金钱和利己的逻辑反身欺压别人。小说中,"我哥"最终付出惨痛的生命代价,"我"则始终徘徊在两者之间,作者显然无力回答。在李骏虎短篇《逆流而上》中,主人公孙开陆续与三个女人进行着情感的斡旋,在博弈与权衡中幻想得到美好的爱情,却发现不过是一次次不同形式的出卖和交换。

无论是否承认,表现人类生活的基本冲突与内在悖论以及由此而来的疼痛感,都是文学无法退避的宿命。无所依凭而又充满概念焦虑的写作者,专注于画面的精彩与故事的机巧,虽无力展开批判,却也不甘就此颓靡、沉沦。也许可以这样说,他们的写作实践本身,就是一种"逆流而上"的探寻。

三 "新"与"变"的叙事建构

虽然缺乏疼痛感和精神层面的纵深掘进,但时下的小说文本中却并不缺少经验层面的"新"与"变",这足以体现写作者对现实的高度敏感。从题材的选择上,就充分显现出"祛中心化":有底层人生,有官场风云,有都市百态,有乡土景观,有历史的回眸与凝望,有现实伦理的探究与追问,有工笔描绘的情爱画卷,有抽象隐晦的生存寓言……各式各类齐头并进,即使题材相近的文本所表达的经验与展示的画面,也可谓形态各异、繁复多变。伊恩·P.瓦特认为:"小说家的根本任务就是要传达人类经验的精确印象,而耽于任何先定的常规只能危害其成功。"同时,"小说是最充分地反映了这种个人主义的、富于革新性的重定方向的文学形式"。[①]中国当代小说的创作,一开始却是从确定性价值支撑下的群体化写作起步的。进入上世纪八九十年代,当代小说叙事从"写什么"转向"怎么写",如果说这种对于"确定性"缺失所作出的反应,多少带有逃避现实的意味,那么,到了晚近的小说创作中,曾被诟病为"背对现实"的当代文学叙事,正在以经验书写的推陈出新,寻求着对现实的触摸。1990年代小说中常见的"无常"的命运、"荒诞"的历史等主题,更倾向于对世界作本质化的概括,有着明显跟进西方形而上学的痕迹;而时至今日,当代小说叙事对于现实之"变"的勾勒,则更注重经验的还原与描摹。这使得叙事对现实的把握,在形态上呈现得更为个性、多元的同时,群体化的精神印记也必然更为深隐。不确定性,渐渐演变为一种公共化的认知和把握现实的方式,失去了先锋的外壳,但却正在成为一种广泛的、隐形的主题。

青年写作者那多的短篇《蒙冤者》便聚焦于当下社会生活不可思议的灵活、流动的特质。这篇小说尽管文字显得粗糙,但却巧妙地通过连续发生反转的情节结构,勾勒出一种完全消融了界限的社会生活现实。是与非、下流与高尚的道德评判之间的转换,只不过是瞬间就可以完成的技术操作,在不断的反转中完全丧失了意义。对于世道人心变幻莫测的本质,主人公卢森心领神会,运用自如。王璞的长篇《我爸爸是好人》试图通过父子两代人之间的恩怨,挺进历史与

[①] [美]伊恩·P.瓦特:《小说的兴起》,高原、董红钧译,生活·读书·新知三联书店1992年版,第6页。

人性最为暧昧难辨的深处。小说中的"我"对于如何判断父亲的茫然,正如作为叙述者的"我"所感受到的语言把握现实的困难,根源于"标准"与"分寸"的无可确认。"我"从工作的城市回到东北林场是为了调查父亲是否真的在下放时利用职务之便贪污了九块八毛钱,然而这件看似蹊跷的事却在众人的讲述中变得合情合理,并且最终不过是一个微不足道的细节,不足以回答"我"心中的疑问。小说中,不同的人从不同的经验出发,对父亲的回忆和讲述非但没有还原真相,父亲的形象在失去评判标准的虚实之间,漂浮得越来越远。"我"只好不了了之,放弃纠结与疑问,选择和解与相信。叙事在现代都市/东北塔玛沟林场、上世纪70年代/当下的不同时空之间穿插、变换,来自于经验层面的不确定感上升到小说叙事的概念和结构层面。苗炜的中篇《日光机场》则通过一个超现实的故事与人物玄想式的议论,探究那些听上去完全分离或不相干的空间,如生死两界、现实世界与虚拟世界、平行宇宙之间,随时可能的链接和转换。于是,一切皆有可能。所有的边界都可能瞬间位移或者消失,这究竟意味和昭示了什么?作者无意对此进行追问,而止步于揭示世界的"不确定性"。小说的结尾,是"我们"被"悬在空中"的飞行画面。

在不确定的现实面前,人与人之间的关系自然充满变数,这在一些描写男女性爱的小说中体现得尤为充分。如刘静好的短篇《换届》、王手的中篇《自备车之歌》、葛芳的中篇《南方有佳人》、晓苏的短篇《我们的隐私》、朱日亮的中篇《君子好逑》等小说,几乎都触及到情感与理智的冲突,又都对此轻轻带过。叙事者基本不作评判,也很少描写精神的疼痛感,但对于性爱关系中各种可能的变数,却不约而同地流露出探究的兴致。这些形形色色的性爱关系的描写中,也正是各自不同、充满机巧的经验与感觉之"变",使它们面貌相异而又旨归相似。

这里,一批以当下的上海为叙事背景的作品特别值得注意。上海,在现代化经验方面相比于其他省区所占领的先机,使得关于"上海"的叙事,从"怀旧"风潮与"上海宝贝"为表征的"新人类的写作"开始,就充分显露出某种优势,当然,其潜伏的危机也更为尖锐。2009年的《收获》《上海文学》《小说界》,不约而同地出现了一些以上海作为背景的小说,其中不乏一些年轻的写作者,他们所描写的上海这个国际大都市中最时尚前卫的人群的生活,为当代文学注入带有鲜明时代印痕的海派气息。这些关于新一代"上海人"的叙事建构,正是以经验层面的"新"与"变"映现于我们的眼帘。

黄雯的短篇《好笑的爱》是其中较为出色的一篇。这篇小说写活跃在都会派对中的女孩APPLE对一个男孩展开的收放自如的追逐,表现了现代都市瞬间万变的情感节奏。在女孩APPLE的心中,男人只是供她施展想象力的模具,她深谙能够愉悦自己的游戏方式,不露痕迹地设计、驾驭着两人关系的进展。小说中的"看/被看"颠覆了传统的模式,痞男孩"他"富有魅力的存在,完全取决于"她"的"看"。这篇小说对心理体验的描写大胆、率性,毫不扭捏,但小说的问题也同样在于经验未经过滤的泥沙俱下。

孙未的短篇《打火》在经验与概念的平衡方面,作了有益的尝试。小说写两个如原子一般漂泊在都市的男女,因搭伴吃饭进而同吃同住,双方都只求最大的方便而恐惧最小的责任,仅仅因为煤气灶坏了,他们的关系就不再合拍。这篇小说的结构也颇巧妙,熄火的煤气灶自然地处于情节冲突的中心,生动地映照出都市男女间委顿、坏死的情感能力。同样写都市男女原子一样的关系的,还有于晓威的短篇《在淮海路怎样横穿街道》。小说写一对时尚男女邂逅、偷情,然后横穿街道,"像从来不曾被占有过似的"回到了彼此的轨道。他们彼此试探,但稍遇不顺,即刻背转身去,谁也无心去触碰现实的坚壁。这两篇小说的叙事对于心理体验的处理,都是隐晦而又闪躲的,没有文本所描绘的画面感饱满。

商羊的长篇《晚安,七井桥》写一个沪上知名杂志的女记者和她的时尚文艺圈朋友们的感情生活。小说中的都市时尚男女都不食人间烟火、毫无生存忧虑,只在情爱的变幻中身不由己。所有人都逃不出"三角"恋爱的框架,错综回合的情感关系令人眼花缭乱。小白的长篇《局点》也试图表现当下城市生活的疼痛。小说写沪上漂流的玩世不恭的青年,在尔虞我诈的骗局中遭遇身心的创伤。小说中的城市像一个"用钢筋水泥堆起来的梦境",人和人的距离遥不可及,"我"渴望爱情但又无力承担,只能被现实裹挟着一路游戏而去。小说的叙述玩世不恭,但又带着几分遮掩与刻意,正如"我"看似满不在乎、故作放荡不羁的外表下,潜藏着的恐惧与焦虑。这份既清醒又茫然的矛盾,正是人物的特质,但作为叙述者的"我"急于倾泻自己的话语欲望,过于黏滞、饶舌的叙述模糊了人物,叙事的指向也变得漂浮不定。

孙颙的中篇《午夜交易》和朱晓琳的中篇《五星门童》都写青年主人公从大学毕业到踏足社会的生活与感悟,所描写的都市生活经验也都极富新鲜度与时代感。《午夜交易》的开头,子夜时分的上海,一群高智商的职业冒险家,在高楼深处的电脑屏幕前进行着毫厘牵动千里的期货交易。凭着对数字的敏感,大学毕业生小艾从围棋到股市再到外汇期货,一路扶摇直上,然而变故突至,巨额资产一夜间被掳骗殆尽。最终帮助小艾实现精神突围的,正是他的感恩之心为他招来的情感回报。善与善的因果循环,使耽溺于冰冷、残酷的都市生存竞争与数字化游戏中的小艾重拾希望,当汶川地震的消息传来,小艾欲投身赈灾,在对他人的爱心与扶持中重建自我与信心。可惜,小说的叙事过于依赖戏剧化的情节,概念的植入因而显出生硬。朱晓琳的《五星门童》则讲述上海名牌大学即将毕业的崔小栋与同学、女友一起在五星级酒店当临时门童的经历。小说所要褒扬的,无非是作为新一代上海人的崔小栋们身上所象征的,顺应时世而又不卑不亢、"君子爱财而又取之以道"的价值观。小说的叙述,很像是对涉世未深的大学生们所做的"入世指导"。结尾,崔小栋们面临就业难的形势,决定正式去当"五星门童",向着酒店处"迷人的灯火"走去,现实在此被作了高度简化的处理。

相比于《午夜交易》与《五星门童》中的成长传奇,滕肖澜的中篇《爱会长大》、刘迪的长篇《中国宝贝》更具日常生活的质感。《爱会长大》写"80后"闪婚一族的董珍珠,在婚姻中渐渐成长的故事。《中国宝贝》则采用了一个上海90后独生女小臭臭的视角,呈示了更加"新"与"变"的成长范式。"70后"的"上海宝贝"恍如昨日,"80后""90后宝贝"们已陆续纷至。两篇小说的格局都很小,也都充满温情。《爱会长大》写得精巧圆润,"80后"的董珍珠们,在婚姻的摩擦和现实的变故面前,由刁蛮任性、满腹牢骚的少女成长为懂得克制、体贴与妥协的小妇人。《中国宝贝》的语言则清浅简洁,格调轻松愉快,"90后"的小臭臭们把快乐作为生活目标,追求自由发展,张扬独特个性，同时又乖巧妥帖、善解人意，她们眼中的现实和中国，只有简单、清纯的亮色。小说采用了片段式小文章，轻松屏蔽了一切想要回避的或敏感或沉重的话题，其表达现实的力度自然受到影响。

这些以"上海"为题材的叙事建构，折射出写作者对急遽变革的社会生活现实的高度敏感，但也暴露了理性思考的不足与精神格局的狭小。这其实也是当代文学叙事的通病。诉诸经验的"新"与"变"，似乎成为小说叙事摆脱概念焦虑的捷径，这样的思路与策略注定是柄双刃剑，一方面使文学叙事对不断变化的时代能够作出快速的反应；另一方面又使文学对现实的揭示越来越依赖猎奇的经验与褊狭的概念。显然，仅仅在经验层面的求新求变，并不能从根本上解决、甚至无法暂时缓解概念的焦虑，反而可能使叙事在概念与经验的双重夹击中进一步沦陷，与之必然相伴的是，文学独立性的渐行渐远。期待这一远未充分展开的问题的提出与讨论，或可有助于当代文学写作开放出更大的可能性。

（原载《社会科学》2010 年第 12 期）

晚清俄国小说译介路径及底本考

——兼析"虚无党小说"

李艳丽

在晚清翻译小说中,俄国小说的译介数量相较于其他欧美小说和日本小说明显处于弱势。[①] 然而,引进的俄国小说的作者多为当世著名文学家,如普希金、托尔斯泰、高尔基、契诃夫、莱蒙托夫,这在文学翻译尚未形成体系、对于外国作品的甄别能力尚还稚嫩的晚清,显然是非常突出的一个现象。对此,关于俄国文学的研究多有指出。

然而,或囿于俄语能力的限制,或出于对早期中国引进的俄国小说的漠视,目前关于晚清俄国小说的译介研究比较欠缺。[②] 有一些关于虚无党、女英雄的研究论文,对晚清接受无政府主义思潮进行了探索,[③] 其实,晚清虽然没有太多直接从俄国引进的作品,但当时的很多翻译小说及创作小说都与俄国相关,涉及政治、风俗、人情、文艺等各方面。五四以后,受"十月革命"的影响,大量俄国文学进入中国,俄国社会主义思潮对中国产生了极其重要的影响。笔者以为,这些影响的源头应当前溯至晚清。

另一需要注意的问题是,晚清译者中懂俄语的人很少,多数作品是通过别国的翻译而转译的。很多研究对此有所提及,但并未指出翻译底本。经笔者调查,这些俄国作品多从日本而来。[④] 当时中国译者中懂俄语者较少,但日本却有不少精通俄语和俄国文学的翻译家。本论文拟从晚清俄国小说的译本调查入手,对俄国小说进行整理;对虚无党小说进行辨析。

---

① 阿英《晚清小说目》收有 1903—1913 年翻译小说 571 种,其中俄国小说 15 种;《晚清戏曲录》收有翻译话剧 16 种,其中俄国戏剧 2 种。见阿英《晚清戏曲小说目》,上海文艺联合出版社 1954 年版。陈平原《清末民初各国小说译作统计表(1899—1916)》统计共有翻译小说 796 种,其中俄国有 21 种。见陈平原《二十世纪中国小说史》第 1 卷,北京大学出版社 1989 年版。

② 如 1903 年戢翼翚翻译的普希金《俄国情史》是晚清引进的第一部俄国名著,但与其他国家的名著相比,出版后几乎没有引起反响,长期湮没无闻。

③ 其中,日本学者中村忠行《晚清的虚无党小说》一文极具文献、研究价值。中村忠行《晚清に於ける虚無党小説》,载《天理大学学报》24(5),1973 年 3 月,第 108—154 页。

④ 方华文《20 世纪中国翻译史》,西北大学出版社 2005 年版,第 180 页。论者指出,《域外小说集》中鲁迅翻译的三篇都是根据日文译本翻译的。并称:"戈宝权在《谈中俄文字之交》一文中指出,晚清民初至'五四'运动之前,中国翻译的俄国作品都是从日语转译过来的,因为无人能胜任俄文著作的翻译。"戈宝权(1913~   ),著名翻译家,莫斯科大学荣誉博士。先后任中国科学院文学研究所和外国文学研究所研究员。

一、晚清俄国小说的译本调查[①]

1. 先行研究

1900　（俄）克雷洛夫《俄国政俗通考》，（美）林乐之口译、任廷旭笔译，广学会

1903-8-7　（俄）普希金《俄国情史》（一名：花心蝶梦录。即《上尉的女儿》），1883年（日）高须治助译《露国奇聞　花心蝶思録》。戢翼翚重译，开明书店

1905-4　（俄）托尔斯泰《枕戈记》（即《该隐与阿尔乔姆》），1904年（日）長谷川二葉亭译《つゝを枕》（金港堂），晚清重译者不详[②]，《教育世界》100、102、111号。長谷川二葉亭即大名鼎鼎的二葉亭四迷。

1907　（俄）托尔斯泰《托氏宗教小说》，（德）叶道胜译，香港礼贤会出版（收有12篇小说。其中的6篇陆续于1906年刊载于上海《万国公报》《中西教会报》）

1907-3-9～6-5　（俄）高尔基《忧患余生》，1905年（日）長谷川二葉亭译《猶太人の浮世》（《太陽》），吴梼重译，《东方杂志》4年1—4期

1907-6　（俄）契诃夫《黑衣教士》，1904年（日）薄田斬雲译《黑衣僧》（《太陽》），吴梼重译，商务印书馆袖珍小说

1907-6　（俄）莱蒙托夫《银钮碑》（即《当代英雄》之《贝拉》），1904年（日）嵯峨の家主人译《当代の露西亜人》。吴梼重译，商务印书馆袖珍小说

2. 笔者的调查：明治的译本

1908-5-29　（俄）高尔基《鹰歌》，天蜕译，（东京）《粤西》4号
　　　　　　1902年上田敏译《鷹の歌》

1909-11-13　（俄）祁赫夫《写真贴》，包天笑译，《小说时报》2期
　　　　　　契诃夫《照相簿》，1903年瀬沼夏葉译《写真帳》（『新小説』明治36年10月）[③]。

1909-3-2　（俄）契诃夫《塞外》（今译《在流放中》），周作人译，《域外小说集》第1册。

很多研究称，周氏兄弟《域外小说集》是根据英、德文翻译或转译的。鲁迅1906年到东京留学，1909年3月《域外小说集》第一册出版。1907年秋，周氏兄弟与几个朋友曾向俄国人孔特夫人（Maria Konde）学习俄语，目的也在从事翻译。但因学费太贵，不久即告中断。由此看来，从

[①]　除了通史类的俄国文学翻译、中国文学翻译书籍外，本论主要依据樽本照雄、贺伟《新编增补清末民初小说目录》，齐鲁书社2002年版；杜慧敏《晚清主要小说期刊译介研究1901—1911》，上海书店出版社2007年版；刘永文编《晚清小说目录》，上海古籍出版社2008年版。

[②]　关诗珮《从林纾看文学翻译规范由晚清中国到五四的转变》，载《香港中文大学中国文化研究所学报》总第48期，2008年8月，第343—371页。论者称近年有研究指出译者是王国维，但未做说明与注释。

[③]　该小说后来收录于《露国文豪チエホフ傑作集》，東京獅子吼書房出版，1908年。该书中收录的还有契诃夫的：《六号室》《里の女》《余計者》《人影》《月と人》《たはむれ》《叱ッ！》《艶福男》《村役場》《失策》《官吏の死》《をんな》，另有陀斯妥耶夫司基的《薄命》。

俄语翻译小说之说显然不成立。另外,周作人说:"我们学俄文为的是佩服它的求自由的革命精神及其文学,现在学语固然不成功,可是这个意思却一直没有改变。这计划便是用了英文或德文间接的去寻求,日本语原来更为方便,但在那时候俄文翻译人才在日本也很缺乏,经常只有長谷川二葉亭和昇曙梦两个人,偶然有译品在报刊发表,昇曙梦的还算老实,二叶亭因为自己是文人,译文的艺术性更高,这就是说也更是日本化了,因此其诚实性更差,我们寻求材料的人看来,只能用作参考的资料,不好当作译述的依据了。"①另外,20世纪初日本在译介俄国文学方面已经取得了相当大的成绩,此时通晓俄语的翻译者虽然不多却也不少。1877年由日野巖夫·千葉文爾翻译的《彼得大帝偉績》就是从俄语翻译的。关于这一点,后文将继续说明。

1909-10-14　（俄）普希金《俄帝彼得》（即《彼得大帝的黑奴》）,陈景韩译,《小说时报》1期
　　　　　　日译本《ピョートル大帝の黒奴》
1909-7-27　（俄）伽尔洵《四日》,周树人译,（东京）《域外小说集》第2册
　　　　　　1904年二葉亭四迷译《四日間》(《新小说》7)
1909-3-2　（俄）安德列耶夫《谩》、《默》,周树人译,《域外小说集》第1册
　　　　　　1908-12-1,山本迷羊译《嘘》(《太陽》第14卷第16号,博文館)
　　　　　　1909-5-1,上田敏译《沈黙》(《中央公論》第24年第5号)
1910-4-10　（俄）奇霍夫《六号室》,包天笑译,《小说时报》4期
　　　　　　此为契诃夫《第六病室》,1906年瀬沼夏葉译《六号室》(《文芸界》明治39年4月）
1910-8-5　（俄）安德列耶夫《心》,冷血译,《小说时报》6期
1909-6-15　上田敏译《心》(春陽堂)

以上书目中出现了明治日本的三个重要的俄国文学翻译家:二葉亭四迷、上田敏、瀬沼夏葉。

二葉亭四迷的大名早为近代日本文学研究者、中日比较文学研究者所熟悉。1887年发表的《浮雲》,以言文一致的写实主义风格被誉为日本近代文学的奠基之作。然而,因感到自身在文学创作方面的局限,在东京外国语学校俄语专业学习的二葉亭四迷随之将精力投入了俄国文学的翻译。他翻译的屠格涅夫的《幽会》(あひびき)、《邂逅》(めぐりあひ)(即《猎人笔记》《三个邂逅》,1888年译),对其后的自然主义文学产生了深远的影响。此外,他还翻译了别林斯基的《美术的真谛》(美術の本義,1888年译)、巴浦洛夫《艺术与美术的差别》(芸術と美術との差別,1888年译)等文艺理论著作。

上田敏任东京高等师范学校教授、东大讲师、京都帝国大学教授,精通多种外语,留下了许多翻译杰作。上田敏主要致力于欧洲文艺思潮的译介,对文学界产生了极其重要的影响,他的诗集《海潮音》(海潮音)堪称名著。

瀬沼夏葉是日本女性文学史上的重要人物。她是日本第一个纯文学社团"砚友社"的主将

---

① 周作人《学俄文》,见周作人《知堂回想录》第二卷,安徽教育出版社2008年版,第147—149页。

尾崎红叶的弟子。她擅长俄文，翻译了很多俄国作品。自1902年起，她开始翻译发表屠格涅夫、托尔斯泰的作品。1903年发表的《相册》(写真帳)是日本翻译的第一部契诃夫小说。

3. 其他待查

1905　（俄）萨那斯可夫著《昙花梦》，商务印书馆译

1908-6-10　（俄）Stepnyak（原名：Kravchinskii）著《一文钱》，周作人译，《民报》21号

1908　（俄）亚历山大杜庐《奈何天》，莫等闲斋主人译

1908　（俄）A.K.托尔斯泰《俄王义文第四专政史：不测之威》（今译《谢列勃郎内公爵》），译者不详。商务印书馆出版。同期，周作人也翻译了这部小说，改名为《劲草》。但因已有上述译本，他的稿子被出版社退回而未能发表①。日本有译本《白银公爵》（即《セレーブリャヌイ公爵》）。

1908-12-5　（俄）契诃夫《庄中》，周作人译，（东京）《河南》8期

1909-5-31～6-11　（俄）托尔斯泰《愚国志》，《民呼日报》

1909-11-13　（俄）屈华夫《生计》，冷血译，《小说时报》2期

1910-1-11　（俄）契诃夫《火车客》，包天笑译，《小说时报》3期

1911　（俄）托尔斯泰《峨眉之雄》（一题：《柔发野外传》），热质译，拜经室

1911-10-6　（俄）普希金《神枪手》（即《射击》），冷血译，《小说时报》13期

二、虚无党小说从哪里来？

毋庸置疑，虚无党小说是晚清小说中独具特色的一种，主题常是暴动、谋杀，具有鲜明的英雄主义色彩。阿英在《中译高尔基作品编目》"前言"中说"俄国文学的输入中国，据可考者，最早是清朝末年，那时翻译最多的，是关于虚无党小说"，可见阿英将虚无党小说纳入俄国文学的范畴。很多俄国文学研究者也沿用了这一说法。②然而，就笔者对晚清翻译的虚无党小说的调查来看，虚无党小说的生产并不尽在俄国。

1. 以晚清虚无党小说的翻译代表陈景韩为例

冷血（即陈景韩）不通俄语，但曾在1899—1902年间留学日本。③他译作中著名的虚无党小说，据查多从日译本转译。如《虚无党奇话》，④未注原作，仅写"译者冷血"。所据本应为松居松叶译《虛無党奇談》，原作者为英国作家William Le Queux，中文译名有威廉·勒克、威廉·鲁鸠，其作品清末多有翻译，如《三玻璃眼》。⑤他是第一次世界大战前最受欢迎的间谍小说作家。

---

① 周作人《翻译小说·下》，见周作人《知堂回想录》第二卷，第145—147页。
② 如谢天振、查明建主编《中国现代翻译文学史1898—1949》，上海外语教育出版社2004年版，第118页。
③ 据2005年华东师范大学李志梅博士论文《报人作家陈景韩及其小说研究》指出，冷血在此期间留学早稻田大学文学科。笔者试图追查而无所得，仅在《早稻田大学百年史》中发现"陈景南"的名字，并不能确定。见早稻田大学大学史编集所编《早稻田大学百年史》，早稻田大学出版部，1978—1997年。
④ 《新新小说》第3号起连载。
⑤ 载《月月小说》第1期。

松居松葉是明治时代著名的剧作家,同时也是一个推理小说翻译家。大正末年,威廉·勒克的作品在日本广为翻译流传,而他第一部被介绍到日本的作品正是松居松葉译的《虚無党奇談》。

当时中国热衷于翻译此类暴力小说,1902年至1905年出版了27种有关虚无党、无政府派的论著(译著)及论文,其中介绍俄罗斯虚无党(或无政府党)的至少有10种,①另《民报》《苏报》《大陆》等激进报刊上也都大量刊登俄罗斯虚无党的传记。这固然有文人对温柔式改良的失望,面对俄国民粹主义运动的高涨而兴起流血革命的念头。但也不可否认,由于在日本此类小说翻译一度兴盛,对于中国文人(尤其是留日学生)必会产生一定的影响。另外,虚无党小说虽然多与俄国有关,但并非都是俄国作品。事实上,很多小说明确标示为英人作品,后文有具体列表。而且,所谓"虚无党"即无政府主义,乃是英国的霍德文、法国的施蒂纳提出的,后经由法国的蒲鲁东宣扬,形成小资产阶级的社会政治思潮。②也就是说,清末译介虚无党小说也可能只是受到一种"概念"的影响,否则为什么那么多的虚无党小说《俄国虚无党奇话》,侦探小说《巴黎之秘密》,甚至是极负盛誉的《圣人软盗贼软》③都不过译了个头便草草收尾?这显然无法达到借助小说实现启蒙救亡之愿的目的。

2. 谁介绍了"虚无党"?

晚清虚无党小说译介的研究者指出:19世纪末20世纪初,中国知识分子对无政府主义产生了浓厚兴趣,并出现了无政府主义传播的高潮。④然而,中国知识分子的兴趣并不在于无政府主义对资本主义政治经济制度的激烈批判,也不是对未来大同世界的热切诉求,而是"无政府党"(或称"虚无党")的暗杀活动。与此同时,文学界也受到了政治风气的影响,出现了大量以虚无党为主人公的"暗杀"小说。

俄国的虚无党即"民意党",是俄国民粹主义运动的产物。民粹主义运动以19世纪60年代的大学生为主体,强调平民群众的价值和理想,把普通群众当作政治改革的唯一决定性力量。这显然与晚清引进的虚无党小说中残忍的爆炸、暗杀色彩有所区别。而且,值得注意的是,"虚无党"虽然多指向于俄国民意党,无政府主义却是19世纪上半叶出现于欧洲的思潮,并非俄国独有。对于这一思潮进入中国的过程与演变,李怡的专著《近代中国无政府主义思潮与中国传统文化》进行了详尽论述。⑤1901年至1911年,无政府主义在国内有片断介绍,并在国外留学生中传播。1907年以前,一些资产阶级改良分子和革命分子如梁启超、章太炎等宣传过无政府主义。⑥但他们把无政府主义作为反对清政府的一种手段,而非以消灭国家政府为目的。中国历史

---

① 该数据根据曹世铉《清末民初无政府派的文化思想》之《附录》统计而得。见曹世铉《清末民初无政府派的文化思想》,社会科学文献出版社2003年版。
② 据陈建华《"虚无党小说":清末特殊的译介现象》,《华东师范大学学报》1996年第4期。
③ 称英国笠顿著,未标日译本。底本实为原抱一庵译《ユージン・アラム》,明治三十三年5月15日—11月15日,《東京朝日新聞》连载,1903年出单行本。
④ 张全之《从虚无党小说的译介与创作看无政府主义对晚清小说的影响》,《明清小说研究》2005年第3期。
⑤ 李怡《近代中国无政府主义思潮与中国传统文化》,华中师范大学出版社2001年版,第18—43页。
⑥ 据曹世铉考证,梁启超在《清议报》第66册(1900年10月21日)上发表的《无政府党之凶暴》中第一次使用了"无政府党"一词。参见曹世铉《清末民初无政府派的文化思想》,第27页。

上首先吸收、接受并打出无政府主义旗号的是中国留日、留法的部分学生,如在日本的刘师培、张继[①]、何震,他们受日本无政府党的影响,发起组织"社会主义讲习会",出版《天义报》《衡报》。1902年,介绍无政府主义历史的《俄罗斯大风潮》被翻译过来。译者马君武于1901年留学日本,与日本社会运动家宫崎民藏以及流亡至日本梁启超、孙中山交为好友。在法国则有张静江、李石曾、吴稚晖、褚民谊创办的《新世纪》等刊物,介绍巴枯宁、蒲鲁东、克鲁泡特金的学说和各国无政府党的活动。辛亥革命后,在日本和巴黎进行无政府主义宣传的天义派和新世纪的代表人物纷纷回国,在国内发挥了一定作用。

那么,俄国小说什么时候开始使用"虚无党"一词的呢?"虚无党"最初见于屠格涅夫的《父与子》(1862)。1886年二叶亭四迷着手翻译,题为《通俗虚无党形气》,并交于坪内逍遥看稿,但未能发表。[②]然而,至少在1878年11月[③],明治的报纸《東京曙新聞》就已经出现了关于"虚无党"的用语;1882年前后,西川通徹翻译了《露国虚無党事情》,其后关于虚无党的外国书籍大量进入日本。也就是说,大约在19世纪80年代,"虚无党"一词开始流行于日本,而后被中国人吸收。然而,屠格涅夫从拉丁语"nihil"制造的俄语新词"nihilism",是对既存价值体系及权威的全面否定,但日语仅仅是从语言层面上翻译为"虚无",其后的使用则完全脱离了社会批判的思想意义。

3. 晚清虚无党小说译介整理

1904　冷血译《虚无党》,开明书店
　　　(英)柯南道尔著、(日)渡辺為蔵、田口掬汀译《鲁国奇聞虚無党》,1903年12月《文芸俱楽部》9卷16号

1904　傅阔甫译《俄宫怨》
　　　(日)森林黑猿著

1904-12-7～1907-5-12　冷血译《虚无党奇话》,《新新小说》3—10
　　　(英)William Tufnell Le Queux,(日)松居松葉译《虛無党奇談》

1906　奚若译《虚无党案》(《福尔摩斯再生案》第4册),小说林
　　　(英)柯南道尔著

1906　华子才译《虚无党之秘密会》,《奇狱》第2册,小说林社
　　　(美)George McWatters 著

1907-11　芳草馆主人(张朋园)译《虚无党真相》,广智书局
　　　(德)摩哈孙著[④]

[①] 1903年张继译《无政府主义》,原作为1902年(日)煙山專太郎《近世無政府主義》。1899年张继赴日留学,与幸德秋水、大杉荣、山川均等人过从甚密。
[②] 原卓也《ロシア文学》,见原卓也·西永良成编《翻訳百年》,大修馆书店,2000年,第138页。[多人编著]
[③] 《曙》1878年11月7日号刊登了论说《無題》。其他如报刊《自由》,1883年5月31日号刊登了论说《虚无党ノ近状》。
[④] 贾植芳、俞元桂主编《中国现代文学总书目》,福建教育出版社1993年版,第904页。论者称该书据日文本重译。[多人编著]

1911-11-5　觉民译《虚无美人》,《妇女时报》4 期
　　（英）郧维年著
1912-8　杨心一译《虚无党复仇记》,《小说月报》3 年 5 期
　　（英）William Tufnell Le Queux 著

上述虚无党小说都不是俄国作品。另外还有下列原作不详的作品,有待查考。

1905-1-25　佚名译《俄罗斯国事犯》,《大陆报》2 年 1—12 号
1906　周桂笙译《八宝匣》,《月月小说》1—2 号
1908-2　冷血译《女侦探》,《月月小说》第 13、15 号
1908-6　冷血《杀人公司》①,《月月小说》第 17 号
1908-5　冷血译《爆裂弹》,《月月小说》第 16、18 号
1908-8　冷血译《俄国皇帝》,《月月小说》第 19—21 号

以上资料仅是依据樽本氏的目录及其他翻译研究进行整理的直接与虚无党有关的小说,可能还有其他作品,容待后查。

三、俄国小说对日本、对中国的影响

那么,俄国小说译介究竟对晚清文坛产生了什么影响？要探求这一问题,笔者认为不能绕过日本。

晚清虚无党小说的译者一般都有留日经历。比如戢翼翚是第一批留日的学生,他在东京创刊《译书汇编》《国编》《国民报》,与孙中山接触密切。

陈景韩多翻译虚无党小说,又以侠客小说、侦探小说为特色。笔者通过对陈景韩译本的底本追查,及其留学的早稻田大学的文学情况的考察,分析了冷血作品与日本的关联。②

周氏兄弟在《域外小说集》上颇费苦心。尽管没有销路,但他们对俄国作品、东欧弱小民族的关注,以及从翻译中所获得的"平民主义"意识,对他们之后的文学生涯及中国文坛都具有重要的意义。论者多重视五四以后日本文学对新文学的影响,但实际上,如前所述,"平民主义"思潮也经由日本而来。《域外小说集》中伽尔洵的《四日》就是非战文学中的名作。

自 1877 年《彼得大帝偉績》翻译之后,推动了俄国近代化历程的彼得大帝的事迹为明治时代的新青年树立志向提供了表率。明治五年(1972),福泽谕吉提出了著名的"天不在人之上造人,也不在人之下造人"(《劝学篇》),对日本人的精神产生了无可估量的作用。精英知识分子纷纷将国外的新思潮译介进来,日本国内兴起了自由民权运动的热潮,并在明治十四至十五年达到顶峰。与虚无党相关的文献正是在这样的背景之下进入了日本。

---

① 本篇不知是冷血自著还是翻译。讲的是北美新金山之中国街的杀人党的故事。
② 详见拙论《"日本"的可能性——冷血作品を解读する試み》,东京大学《年报地域文化研究》2009 年第 13 号。

19世纪80年代日本自由民权运动高昂,同时期在欧洲掀起巨大影响的社会主义思潮也进入了日本。然而,在日本,无政府主义、虚无主义却并非被一概认同。1878年,当时日本主要报刊都介绍了德国暗杀皇帝未遂事件与俄国的大官暗杀事件,其中有的称此类"社会党""虚无党"为"僻说",指出其凶暴的根源在于贫富的巨大差异。同时也指出,日本不存在这样的"巨毒",所以将虚无党视为妨碍国家安全的危险之物而加以排斥。

另一方面,在文坛上,俄国文学也备受瞩目。明治时代通晓俄语的文学家,除了前文所提二葉亭四迷、上田敏等人以外,还有高须治助,他就读于东京外国语学校俄语科,精通俄语,熟悉俄国文学。《俄国情史》是第一部据俄文翻译的俄国文学作品。森体也是外国语学校的学生,1886年译托尔斯泰《泣花恨柳北欧血战余尘》(即《战争与和平》)。小西增太郎不仅精通俄语、留学俄国,还将《大学》《中庸》《孝经》等介绍给俄国。他与托尔斯泰交情深厚,翻译了托氏许多作品。昇曙梦于1904年第一个发表了关于果戈理的评论,是研究俄国文学的专家(论文集《露西亜文学研究》,1907)、翻译家(《露国名著白夜集》,1908)。1904年日俄战争爆发,托尔斯泰针对俄国与日本两国政府撰写了反战论文《反省吧!》,因在本国被禁止发表,由其弟子在英国伦敦发表。1905年8月,这篇论文由堺利彦全文翻译发表在日本社会主义运动家幸德秋水、堺利彦主持的《平民新闻》上。

尽管晚清俄国小说的译介在绝对数量上不占优势,但对俄国文豪的引进实在是功不可没。另外值得注意的是,除了这些俄国小说外,还有不少虽不是俄国小说却与俄国有密切关联的小说,如外交、侦探、战争小说。

晚清小说被称为中国小说史上最繁荣的一个时代。其中,数量最多的并不是政治性较强的政治小说、谴责小说,尽管后者往往被视为晚清小说的代表。占据份额最多的是侦探小说,其次则为言情小说,这也即证明了中国通俗小说的主流与趣味。外交、侦探、战争小说为读者所喜爱,却不为研究者关注。根据笔者的整理,与俄国有关的这类小说如下:

1901-9-27～11-5　宣樊子演(林獬)《俄土战记》,《杭州白话报》11—15期

1901?　《俄国立宪之奇话》,《通俗日报》

1902-12-14　(法)某君《俄皇宫中之人鬼》,曼殊室主人(梁启超)译,《新小说》第1年第2号。此为1898年,(日)德富蘆花翻译的《冬宫の怪談》,《国民新闻》。

1903-8-7　(法)某君《白丝线记》,批发生译,《新小说》第1年第6号。此为(日)德富蘆花翻译的《白絲》。

1904-1-15～2-10　(日)萩园《日俄未来战争小说》,扶桑译,《俄事警闻》。此为日本法令館编《日露戦争未来記》,1900年刊

1904-3-17～3-31　著译者不详《俄国包探案》,《绣像小说》21—22期

1905-6　(美)马克·吐温著,严通译《俄皇独语》,《志学报》2期

1905-11　(日)押川春浪《俄探》,馘馘子译,《鹃声》1年2期

1907?　(美)屠乃赖著,屠光裕译《侠女碎琴缘》(一名:西伯利亚流窜记),时报馆

1907?	原作不详，新世界小说社译印《剑魄花魂》，同社刊
1908-6	署名"HSY"，不知是译者还是著者《俄罗斯之报冤奇事》，《小说林》11 期
1909	《俄国之侦探术》，《小说时报》创刊号
1911	（俄）谋康斯《毒药案》，陆钟灵•马逢伯合译，改良小说社（本书又名《双侠记》）
?	（英）巴尔勒斯著，商务印书馆编译所译《阱中花》；吴步运译《彼得警长》，小说林社刊

其中有不少是从日本转译的作品，而且还有一个主要作家——中国人耳熟能详的《不如归》的作者德富芦花。①德富芦花在 1897 年发表的 12 篇外交侦探小说②均在 1902—1904 年引进中国，发表于《新民丛刊》《新小说》《外交报》等刊物上。看似趣味，实则无不折射晚清的外交政策。然而，丰富的晚清小说研究中几乎找不到一篇相关论文。③事实上，日本近代以后，文学与战争关系极为密切。甲午战争、日俄战争之际，田山花袋、岛崎藤村、国木田独步国、德田秋声等诸多作家都参与了"战争小说"的撰写，后来太平洋战争时期还出现了御用文人。

被视为晚清俄译小说代表的虚无党小说，因其文学价值不高，又因为辛亥革命的完成，渐渐淡出文坛。然而，辛亥之后，正如阿英在《翻译史话》中称："虚无美人款款西去，黑衣教士施施东来。"④俄国文学的名著与文豪大批进入中国。在 1911—1919 年左右，翻译俄国小说主要依据英国译本而非日本，⑤且随着俄语人才的增加，逐渐地也不再依靠外国译本转译了。

本论文通过对晚清俄国小说的译本调查，对俄译小说进行了简单梳理。其中尤为关注虚无党小说，辨明了虚无党小说的来源，探求了俄国小说翻译的中介——明治日本的文坛与社会情况。然而，以上都只是笔者所做的部分调查，很多作品尤其是报刊期刊上的作品，仍有待于进一步考察。

（原载《外国文学评论》2011 年第 1 期）

---

① 德富芦花与托尔斯泰关系甚密，深受托氏思想的影响。1897 年作托尔斯泰的专著《トルストイ》，由民友社出版。
② 在《国民新闻》中的《海外奇谭》中连载，1898 年出版单行本《海外奇谭》。
③ 仅笔者所见，付建舟《清末民初日语文学的汉译与中国文学的现代转型》对此有所提及。载《外国文学评论》2009 年第 4 期。
④ 阿英《小说闲谈四种》第四种，上海古籍出版社 1985 年版，第 238 页。
⑤ 笔者认为，因此期在日本的留学生已经直接、大量地吸收日本小说，产生了重要影响。

文学的魔力：《西游记》的度亡意涵与仪式功能

许 蔚

《西游记》尽管在一定程度上可以看作是齐天大圣的出身成道传，但其主要内容还是唐僧西行取经故事。与小说《西游记》不同，就其成立之前的相关系列文本来看，齐天大圣信仰的因素也并没有那么重要。而仅就西行取经故事本身而言，即使不经过文本改造，《西游记》也可以看作是一位高僧的游记。

然而，正如沈雅礼所察觉到的，这种游记并不是一般意义上的旅行记录，而是民间宗教文献的一个文类。这种面向一般民众的"游记"，是以劝善为目的的入冥文学，渊源古老。实际上，除了唐僧师徒一路上历经艰险，最终到达西方极乐土，证得金身佛果，结构本身具有"游记"的度亡意义以外；《西游记》中还内嵌有多个入冥故事，并且也多次描述荐拔亡灵的法会仪式或诵经感应，特别是终章时众人同赞诸佛名（类似《千佛名经》，重在功德）并以发愿偈结束全书，显示出宝卷、善书、经忏一类民间宗教文书的特征。

这一颂赞佛名的内容，在一般的解闷者或者脱离了宗教、社会背景的文学赏鉴者看来，显得累赘而无意义。杨致和本《西游记传》就体现了此种阅读感受。该本将佛名赞颂尽数删落，而仅保留发愿偈，可见对于"为了消闲的"阅读而言，并非必要的内容；只有出于诸如劝善、功德等特别的目的，才有费辞的需要。而朱鼎臣《西游释厄传》虽然也完全未出现这一内容，但该本一些文本细节却也体现了类似的功德观念与民间宗教文书特征。比如该书卷六《玄奘秉诚建大会》节末有诗曰"三乘妙法请展开，诸佛菩萨降临来。积善之人宣一卷，三灾八难免熬煎"。尽管朱鼎臣本与百回本之间的关系尚无定论，但不论是认为《西游记》前身可能是供宣讲的宝卷一类的民间宗教文学，还是认为朱鼎臣突出了《西游记》的一些文本细节所具有的类似宝卷的特征或功能；"宣一卷"的表达都可以认为是透露出，《西游记》面向读者时所意欲展现的功能与意义，以及熟悉宝卷宣讲的一般读者对《西游记》的阅读体验均潜在地指向了超度亡魂的神圣功德。若结合仪式社会中的民众生活来看，此点尤为明确。

那么，如果不对文本予以深究，并且又脱离具体的社会、宗教背景，而将《西游记》看作是徒供消遣的玩意儿，或者游戏文学甚至是儿童文学，显然既不能满足知识精英"深求"的需要，也与一般读者的"浅见"不相符合。

一

尽管是基于高僧西行求法的历史事实敷衍而来，但是从《大唐三藏取经诗话》到《西游记》，西游故事成型过程中始终存在的隐含主题，确为死亡。

《大唐三藏取经诗话》下〈转至香林寺受心经本第十六〉载定光佛授唐僧《心经》毕，说"<u>七月十五日</u>，法师等七人，<u>时至当返天堂</u>"，然后对升天时金莲祥云、宝幢璎珞等作一描绘，末又有诗曰"竺国取经回东土，经今十月到香林。<u>三生功果当缘满</u>，密授真言各谛听。定光古佛云中现，速令装束急回程。谓言七月十五日，七人僧行<u>返天庭</u>"。〈到陕西王长者妻杀儿处第十七〉记七人升天："十五日午时五刻，天宫降下采莲舡，定光佛在云中，<u>正果法师</u>，宣公不得迟迟，匆卒辞于皇帝。七人上舡，<u>望正西乘空上仙去</u>也。九龙兴雾，十凤来迎，千鹤万祥，光明闪烁。皇帝别无报答，再欲<u>大斋一筵</u>，满座散香，<u>咸忆三藏</u>。皇帝与太子诸官，<u>游四门哭泣</u>"。七月十五日是中元节/盂兰盆节，在佛、道都是超幽济孤的节日。天堂是死后去的地方，返天堂就是上西天，三生缘满也就是生命终结。而采莲船为殡具，设斋、哭四门则是丧礼。尽管说得还是比较含蓄，但是所用均为一般民众所熟识的表达，因而也可以明确知道唐僧师徒的结局不外乎肉体的死亡。

杂剧《西游记》则毫不修饰，直白地说唐僧师徒正果即圆寂。第二十二出〈参佛取经〉载唐僧众人得经之后：

> [沙和尚云]徒弟从师父数年，<u>今日我正果</u>。玉皇阁下寄前身，罪贬流沙要食人，今日东来闻妙法，水光山色一般新。[下]
>
> [行者云]弟子功行也到，<u>今日辞了师父圆寂</u>。花果山中千万春，西天路上受艰辛，今朝收拾平生事，来作龙华会上人。[下]
>
> [猪八戒云]弟子也辞师父，朝天去也。猪八戒自幼决断，一路将师相伴，<u>圆寂时砍下头来，连尾巴则卖五贯</u>。[下]
>
> [唐僧云]<u>三个徒弟都圆寂了。贫僧与他作把火</u>。四个西行一个归，三个解脱是和非，老僧独往中原去，急急回来采紫薇。咦！绝怜孙悟空，神通真个有，东土中脱却轮回，西天路上番个筋斗。念沙和尚，有像作无像，喉中三寸元阳，胸中一点灵光。好个猪八戒，神通世间大，已得除新害。既有成必有败，阴阳剥始消除快，有心我你不能安，无念大家得自在。咄！是非场上迷将去，人我池中跳出来。

这是孙悟空等三人圆寂，猪八戒说得尤其直白。第二十四出《三藏朝元》载"今日唐僧东土开坛阐教，<u>今当西来正果朝元</u>。<u>教飞仙引入灵山会上来者</u>"，则是唐僧圆寂，虽然没有说砍下头颅这样的话，结合前文，则除了死亡，亦不能有第二种解释。

而《西游记》虽然没有完全继承以往文本的表述，并对故事主题作了自己的调整，但行文中对死亡或者肉体的消灭也有所暗示。第九十八回,孙悟空引唐僧等上了灵山,到凌云渡,孙悟空引猪八戒上独木桥,说"必须从此桥上走过,方可成佛",此时接引佛祖(宝幢光王佛)撑一条无底船来接引唐僧,孙悟空往上一推,唐僧"踏不住脚,毂辘的跌在水里,早被撑船人一把扯起,站在船上","那佛祖轻轻用力撑开,只见上溜头泱下一个死尸",孙悟空等人都说是唐僧,并祝贺他"脱了凡胎",而文中尚有诗赞"行满成佛",并说这是"广大智慧,登彼岸无极之法"。考虑到《西游记》文本中充斥着金丹术语,就修炼观而言,这当然可以看作是一种工夫上的比喻。但就叙述本身而言,这也确实是对生命终结的描述。当然,《西游记》的最终结局是师徒重返灵山,四人受封,成就佛果金身,白龙马化为天龙,"五圣成真",相比前述二者而言,显然是对直露的死亡叙事的弱化,但也可以认为是更加突出了肉体死亡的宗教意涵。无论站在金丹的立场还是觉悟的立场,这显然都是符合修炼观的调整。而由于唐僧师徒西行之旅本身具有的死亡意涵不再突出,死亡之旅也就可以认为是超凡入圣之旅,或者说是老树抽新的蜕变之旅。不过,此种修正层面的意义,究竟在多大程度上能够被缺乏宗教知识的一般读者所理解,值得怀疑;而熟悉丧葬语言的一般读者显然是能够理解故事的死亡意涵的。

唐僧师徒的西天取经,简单说就是"上西天"。正如余国藩指出的,"上西天一词每指死亡或死亡的状态而言",而《西游记》到处充斥这个活生生的俚语。因此,其涵义就不仅止于西行的目的地,不止是如来佛驾之所在,而应该包括凡人皆得面对的骇人结局。如此一来,取经朝圣之旅的意义,便在刹那间又扩大架构,变成更具共性的生命朝圣行。易言之,取经行已变成人类的死亡之旅"。这就如"向死而生",排除了知识精英的深刻话语,其实也就是一般现象,尤其对中国的普通民众而言,是日常生活的一部分,完全不存在理解的问题。换句话说,对于一般读者而言,无论《西游记》究可作何种解释,一般直观的印象总绕不开"上西天"这个俚语,可以说这是阅读《西游记》必然产生的联想。

明人孙绪在谈及唐僧不空取经西天及孙行者事时,说"追荐死者,必曰往西天。人既灭亡,四大分散,何得更有所往?言往西天者,西乃兑地,为少女身中复生为人,不堕鬼道也";所谓四大分散云云当然是知识精英的话语,可以忽略不计,而"追荐死者,必曰往西天"则同样是为民众日常生活所习熟的一般事实。第六十一回,孙悟空被牛魔王骗了芭蕉扇,猪八戒心有懈怠,孙悟空鼓励他说"行满超升极乐天,大家同赴龙华宴",猪八戒也说"昼夜休离苦尽功,功完赶赴盂兰会",就指明大家的结局是往生极乐。死亡与往生本为两个不同的概念,往生是死亡之后的事情,是"上西天"的本来意义,但也可以看作是一个问题的两个面向,即对生者而言是死亡,对死者而言便是往生。唐僧师徒的西行之旅,对于死亡之前的唐僧来说是死亡之旅,其结局是肉体消灭;对于死亡之后的唐僧(或者说对其灵魂)而言,则是往生之旅,其结局是登上了彼岸极乐净土。《目连救母劝善戏文》中敷衍白猿精引罗卜,历经黑松林、寒冰池、火焰山、澜沙河、百梅岭等,终到西天,即反映了一般读者对西游故事所蕴含的死后赴西方意义的认识。

当然,死亡之后并非一定是往生,也可能是沉沦地狱苦海,所以要有"追荐"。玄奘自己就说"如不到西天,不得真经,即死也不敢回国,永堕沉沦地狱"。这当然是宏愿,但也可以认为是说不到西天，不得真经，就得不到超升，只能沉沦地狱。在经过一番充满仪式意味的"西游释厄"之后，取得真经，送回东土，唐僧升台宣讲，八大金刚现身高叫"诵经的，放下经卷，跟我回西去也"，四众连白马一起升天，脱离沉沦，往生极乐。当然，这只是就唐僧师徒个人层面而言，而就普遍的意义而言，也是如此。目连上西天见佛祖，再回到地狱救母往生，体现的正是西行之旅所具有的此种普度亡魂的意义。

二

《西游记》以孙悟空出身故事为叙述起点。孙悟空被佛祖镇压五行山后，天界得到安宁，佛祖举办盂兰盆会，遂引出谈天、说地、度鬼的"三藏真经"。这是天界的取经缘起。而唐太宗入冥还魂，举办水陆大会，超度无主孤魂，遂引出金蝉子托生的玄奘法师，是为人间的取经缘起。无论是从天界，还是从人间来看，取经的缘起都是超度亡魂。

唐太宗入冥故事流传很早，不仅为小说、善书、宝卷等所广泛吸收，也有《唐太宗入冥记》、《唐王游地狱宝卷》这样的单行文本，是典型的入冥文学。鉴于《大唐三藏取经诗话》缺失了第一处的内容，是否包含太宗入冥故事难以认定，而杂剧《西游记》也完全不提太宗入冥；那么，小说中引入太宗入冥故事，也就值得充分重视。

该故事以泾河龙王违犯天条为楔子，以太宗入冥为主体内容，殿以刘全进瓜、水陆法会。泾河龙王故事，为太宗命终的怨结，不见于敦煌变文，但见于《永乐大典》所引《西游记》，是新引入的故事，破以渔樵唱和，带有民间文学的特征。而渔樵二人的名字也值得注意。考虑到如仅为行文计，则不必为二人取名，"张稍"、"李定"显然是具有一定意味的安排，鉴于下文是死亡主题的故事，则很可能来自冥俗文书的传统，即参照买地券的保人"张坚固"、"李定度"改写而来（可以认为这在旧本已经发生）。类似的，玄奘前世"金蝉子"的名字也应与一般民众对蝉具有死而复生能力的印象有关，或许渊源自玉蝉这样的殓葬器物。至于太宗入冥，死而复生，更涉及寄库的冥俗。而结末为太宗实践诺言，于化生寺举行水陆大会，"高僧罗列诵真经，愿拔孤魂离苦难"，于小说文本中搬演仪式场面，显然是期望得到一般读者的切身共感与严肃对待。尤其"济孤榜文"并附诗，就小说行文而言点明即可，完全没有必要全文录出，朱鼎臣本述唐僧出身故事就仅点出临水烧祭文一道；同样是朱鼎臣本，也正是在完整录出"济孤榜文"之后，附诗提到"积善之人宣一卷，三灾八难免煎熬"的；而即便是删节严重的杨致和本，也部分保留了"济孤榜文"的内容，可见其宗教性的意味显然要沅沅大于文学修饰或者炫耀才学的意味。

而正是这场水陆大会，才引起上西天、求真经之事。但这场法会并没有完成。一七日正会讲经，观音对玄奘说"你这小乘教法，度不得亡者超升，只可浑俗和光而已；我有大乘佛法三藏，能超亡者升天，能度难人脱苦，能修无量寿身，能作无来无去"，又对太宗重说一遍"你那法师讲的是小乘教法，度不得亡者升天。我有大乘佛法三藏，可以度亡脱苦，寿身无坏"，"能解百冤之结，能消无妄之灾"，并现"救苦原身"，留颂又说"此经回上国，能超鬼出群"，凡三致意。很明确，只有大乘才可以度鬼,以小乘讲法不能超亡;没有大乘真经,水陆法会也就失去了意义。反复地言说,无非就是要提醒读者,唐僧西天取经的现实目的是超度亡者升天。

西行路上还有一个与这场水陆大会密切相关的细节,即通关文牒,小说中一再出现,甚至称为"佛门至宝",无论就文章结构还是隐含意义而言都相当重要。第十二回初次提到太宗命人"写了取经文牒",但并未提到文牒的具体内容,似乎只是过场道具,一笔带过而已。而第二十九、五十七回却两次将文牒全文录出,虽然文字、形式上略有差异,但内容都是讲述太宗因龙入冥、修建度亡道场、感观音菩萨示现"指示西方有佛有经,可度幽亡,超脱孤魂"。此外,第三十九、五十四、六十二、六十五回或提及文牒一事或转述文牒内容;而第六十八、八十五、九十一回虽然并未出现文牒一词,但都出现重申因太宗入冥,受命取经以期超度亡魂的内容。可见,第十二回不录文牒内容,只是因为太宗入冥及法会的叙述刚刚结束,不必再予重申。而通关文牒的功能是行经各国,不得阻碍,照牒放行,这当然是现实文案经验的反映,但若非有所寓意,应该说,就小说行文计,文牒的内容在全书中都没有必要出现,也没有必要一再提到倒换文牒之事。正如六耳猕猴所说"我今熟读了牒文,我自己上西方拜佛求经",有了通关文牒就可以"上西方",这才是所谓"佛门至宝"的意义所在。文牒既讲述入冥等事,又是"上西天"所必需,那么,其频繁出现,自然就不是仅作提示的说话遗风,而是有意识地提醒读者注意取经缘起是超度亡魂,并且也因此在小说阅读过程中一次次将读者拉回到仪式现场。

所谓仪式现场,首先当然是指文牒中提到的那个小说中的水陆大会,其次则是现实生活中的丧葬仪式。民间葬仪中有黄泉路引,为模拟人间路引产生的仪式文书,供亡魂持以通过冥途关隘所用,与通关文牒在功能上是一致的,何况又是"上西天"的旅程,那么,认为小说中的通关文牒实际指黄泉路引应该没有大的问题。有意思的是,小说中的文牒本为唐僧一人所用,至女儿国方添注孙悟空、猪悟能、沙悟净三人名讳,这是有意的安排,只有添加了新加入到西行路上的这三人的名字,他们才有凭证可以通关,才能同赴极乐。而唐僧师徒将真经送回东土,飞升之后,太宗命修水陆大会,"看诵大藏真经,超脱幽冥孽鬼,普施善庆",才又将前度中断的法会完成。而完成水陆法会,太宗入冥故事才最终得以圆满。那么,可以认为,实际上太宗入冥故事是《西游记》小说结构上的基干,也就是说《西游记》可以认为是依托久在民间流传的太宗入冥故事,结合具有往生意涵的唐僧取经故事而定型的,因而一方面带有个人成道或个人往生的意味,另一方面也就保持了入冥文学鲜明的劝善、普度特征。

而小说中玄奘的标准形象也正是在这场超度孤魂的法会之中完成的。《西游记》中没有江流和尚一节,仅用长诗说明其出身。到太宗选僧主持法会,赐玄奘"五彩织金袈裟一件,毗卢帽一顶",身披袈裟,头戴毗卢帽便是玄奘的最初形象;而后观音菩萨售卖佛祖授与的"锦襕袈裟""九环锡杖",太宗教玄奘穿来看看,身披袈裟,手持锡杖,头戴毗卢帽便成为玄奘的标准形象。这"锦襕袈裟"、"九环锡杖",佛祖交与观音时,只说是"免堕轮回""不遭毒害";观音夸赞时,则说"锦襕袈裟"具有"不入沉沦,不堕地狱,不遭恶毒之难,不遇虎狼之灾"的功德,锡杖则为"铜镶铁造九连环,九节仙藤永驻颜","摩呵立祖游天阙,罗卜寻娘破地关"。值得注意的是,地藏菩萨最为流行的形象之一正是披袈裟,持锡杖,有的也还戴毗卢帽。九连环的锡杖虽然与六连环的地藏锡杖在细节上略有差异,却就是佛祖授予目连破地狱的锡杖,与地藏救度的功能并无不同,而小说整编者对这一细节差异似乎也并未理会,实际上,小说也明确提到众人"一见他披此袈裟,执此锡杖,都道是地藏王来了",可以认为是有意将玄奘塑造为地藏形象,如此则不仅突出了水陆法会的仪式特征,而且也符合"往生之旅"的潜在意涵。

另外,就孙悟空出身故事而言,内嵌有入冥情节,即大闹冥府、销生死籍的部分。这一情节与第九十七回孙悟空径入幽冥,撞入森罗殿,取寇洪还阳的情节类似,尽管不具有一般入冥故事那么强烈的劝善意味,却具有类似破地狱的仪式性特征,彰显孙悟空法力无边。而孙悟空被佛祖压于五行山,无疑是山外有山的民间智慧的反映,却也是出自入冥文学,具有入地狱受难的意味的处理。小说中,佛祖不仅将孙悟空镇压在山下,而且命土地等监押,"但他饥时,与他铁丸子吃;渴时,与他溶化的铜汁饮"。铁丸铜汁是地狱之刑,见于《佛说地藏菩萨经》对于地狱之苦的描述,为"饥则吞热铁丸,渴饮铜汁",也见于《地藏菩萨本愿经》卷上〈观众生业缘品第三〉对无间地狱的描述,为"饥吞铁丸,渴饮铁汁"。很明显,对于熟悉地藏经典的读者而言,孙悟空被压五行山,就相当于是入了无间地狱。这个时候,如果无人救度,法力无边的孙悟空只能受苦;而拯救孙悟空的并非观音菩萨而是玄奘,不能否认这一安排存在因袭旧文的因素,但也正与小说所刻意塑造的玄奘"地藏王"形象相合。

三

作为一种死亡文学或者度亡文学,《西游记》在民众的日常生活中具有特殊的意义。

首先是作为一种器物的题材出现于丧葬或度亡道具中。安徽天长县至今仍然流行以唐僧师徒西游题材泥塑作为陪葬明器。台湾醮祭道具中也有一种纸糊的观音山,其"上段有观音、善才、良女等小像,下段有大士,旁有三藏、孙行者、猪八戒、沙僧等小像,表示《西游记》之一出";此种观音山,在台北的部分地区也用于出殡的场合。另外,矶部彰个人收藏有民国十五年印制的五十圆冥币一种,票面印有包括唐僧、孙悟空、猪八戒、沙僧及白龙马在内的唐僧师徒形象。这些用于丧葬或者度亡场合的道具,作为《西游记》的缩影,应可认为反映了一般民众对《西游记》度亡意涵的普遍认识。

其次是作为一种仪式性的文本出现于度亡或丧葬场合。前文已提到《目连救母劝善戏文》中以傅罗卜为主角的"西游记"故事,具有"上西天"的意味;而实际的目连戏演出活动中,《西游记》的共同或独立搬演,更鲜明地体现了其超度亡者升天的意义。当然,这只是就其作为仪式戏剧所体现的功能而言。从目连戏《西游记》的文本,实际也可以看出对此种意涵的强调或者凸显。江西南戏目连中的《西游记》,作为"七本目连"必演剧目之一,共三十出,分两大部分,即太宗入冥与西天取经。太宗入冥虽为《西游记》内容,原本为独自成立的入冥文学。而后者则以太宗还阳后的"超度"法会始,并以"超度"法会及玄奘"回家"团聚终,就结构而言,正与前文所论

《西游记》基干为以水陆大会为始终的太宗入冥故事相吻合。而该剧作为结束的"超度"一出则特别讲述了到达西天之后,一阵风把唐僧送回大唐,铺设坛场,超度亡魂,东海龙王、太上皇和李世民二位皇兄俱登仙境,较《西游记》所述超度对象更为具体,更为明确地与太宗入冥故事相关联,也更加突出了《西游记》文本之中的度亡仪式的现实意义。另外,福建泉州提线木偶目连戏包含《西游》与《目连》两个部分,《西游》同样分为《李世民游地狱》和《三藏取经》,其中,后者在第三天晚上所演出目,末出为"奉旨回寺阅读真经超度众生",同样突显了取经度亡的意义。

而除了在中元节/盂兰盆节等场合,作为仪式戏剧搬演以外,在具体度亡或丧葬仪式中,《西游记》也作为度亡经卷或科仪被使用。在洞庭湖垸区(湖南长沙、岳阳和益阳交界地带)的民间佛教道场中,第二日午朝进表唱偈即为唐僧取经内容。广西则曾发现两种《西游记》题材科仪本:《佛门取经道场·科书卷》与《佛门西游慈悲宝卷道场》,据称为百色、田林等地流行的魔公教所使用的度亡科仪文书。其中前者前半讲述西游故事,后半为《十王道场》,用于为新亡者钱行。后者全卷讲述西游故事,末尾唱词"《升天宝卷》'才展开"云云,陈毓罴推测该本在内容上应衔接《升天宝卷》,即《目连救母出离地狱升天宝卷》,因此认为其使用场合为盂兰盆会。另外,此种科仪本亦见贵州独山布依族汉文经典《佛说西天请经科取经道场二册全部》,含《佛说西天请经道场》、《佛门慈化氏救苦道场》及《掩土呼龙一宗》,用于丧葬仪式。其中后二者讲述地藏、目连超度亡魂事及破土安葬事;前者讲述西游故事,并且起首便明确说唐王嘱咐唐僧"取得真经散天下,留传东土度亡魂/众生",而唐僧取经回朝"将真经,散天下,流传人念。世间人,阴司里,即得超升",又说师徒成正果"师徒们,成佛位,尽上天宫。能救苦,般若经,金刚科仪。今宵夜,开宝卷,度脱亡魂/众生。劝大众,志诚心,同音赞咏。念弥陀,称佛号,即得超升"。此科仪本为典型的三三四格式,与广西本《取经道场》相同,内容也大体一致,互有详略,而从"能救苦,般若经,金刚科仪"的表述来看,则似乎应是配合《金刚般若波罗蜜经》与《销释金刚经科仪》一同使用,与该科仪本用于度亡仪式的性质一致。

显然,在现实生活中,《西游记》并非仅供娱乐的游戏文学或者儿童文学。《西游记》故事一方面作为连台大戏的剧目之一,与目连戏结合,在中元节/盂兰盆节的仪式性演艺活动中进行搬演;另一方面还作为一种度亡科仪,与科仪文书结合,运用于民间法坛的度亡仪式。而无论是作为仪式戏剧,还是作为仪式文书,《西游记》在日常生活中所体现出来的超度亡者的仪式功能,一方面正反映了仪式社会中的一般读者对小说或西游故事的"阅读"经验或接受经验;另一方面也作为一种间接的"阅读"经验或接受经验影响着更多的读者来如此看待小说或西游故事。

而这也并非孤立的现象。前文提到的八仙,亦非徒供娱乐的文学形象,在现实生活中也是作为度亡或者丧葬仪式现场的意义单元出现的。而著名的禅宗幡动风动公案,也出现于道教济炼科仪中,具有觉悟幽魂,使之超生的功能。可见,所谓神魔文学或者宗教文学,实际上大体都不能够简单地看成只是神魔或者宗教题材的一种文学,其成立有其深厚的宗教信仰和社会生活背景,并且往往具有文学赏玩以外的现实指归,不了解这些,就不能理解宗教文学何以成其为宗教之文学。

结　语

　　本文讨论的问题,虽然是围绕《西游记》或《西游记》题材而展开,实际上则是各自独立的两个个案研究,即对"魔力的文学"与"文学的魔力"的分别探讨。

　　面对宗教与文学关系,虽然学界有长期的讨论,但对我个人而言,一直没有得到比较满意的答案。在从事宗教相关研究过程中,我一直在反复考量宗教文学与宗教题材的文学有何区别?宗教文学是文学中的宗教题材还是宗教中的文学样式?宗教题材的文学,除了题材本身以外,是否有足够的特色以区别于其他题材的文学?而宗教的文学样式在宗教文化中又有何值得标举的特色?也就是说,站在文学研究的立场上,宗教题材的文学与其他世俗题材的文学,宗教的文学样式与世俗社会所运用的文学样式相比,有何特殊之处?站在宗教研究的立场上,宗教题材的文学与宗教的文学样式对于宗教而言意义何在,根本的问题是宗教文学何以成其为宗教之文学?所谓"魔力的文学"与"文学的魔力",就是我面对上述问题时逐渐形成的一种看法。

　　其中,"文学的魔力",我在讨论许逊相关镇蛟碑刻时已经采用,尽管没有给出一个明确的定义,但在该名目之下,我讨论的是作为宗教的文学,其宗教意义与功能何在。所以,实际上是在较接近原初的意义上来使用"魔力"一词。在本文中,则通过对西游故事的死亡主题与往生意涵、小说《西游记》的文本结构与入冥文学特征以及西游题材的冥俗器物、仪式戏剧及仪式文本在日常丧葬仪式中的运用等问题的讨论,揭示西游故事或者西游文学对于那些未必熟悉金丹理论却对丧葬仪式有着切身体会的一般民众而言,所具有的宗教意义与仪式功能。

　　而"魔力的文学",在本文是初次使用,本身是配合"文学的魔力"而提出,主要还是站在宗教的立场上来看待宗教题材的文学与宗教的文学样式之间的关系,在该名目之下,本文讨论的是猴神信仰与《西游记》成书、《西游记》对齐天大圣信仰的影响以及普通读者与具有相关信仰背景的一般民众如何看待《西游记》等相互联结的宗教、文学互动问题,实际上是在"神魔"的偏指意义上使用"魔力"一词。孙悟空的来源,历来研究已多有讨论,本文并不否认各种外来的假说,但更重视本土的来源。而之所以首先对本土猴神信仰在前《西游记》时代的发展演变予以简单梳理,目的则在于进入齐天大圣信仰的讨论以前,展示猴神信仰影响西游故事及小说形成的面向。至于受到《西游记》影响,在比较广泛的区域内产生各种齐天大圣信仰群体以及相关经典,本身当然是文学影响宗教的一个生动的实例,而我还想借由这样的实例来反观相应民众对于《西游记》的阅读体验与认知。从普通读者阅读小说时的直观感受、晚明神魔小说出版潮流以及小说文本保留的宗教文书特征、相关信仰者所造作的经典特别是可能出自湖南的《南无齐天大圣真经》来看,对于具有齐天大圣或者猴神信仰背景的一般民众而言,将《西游记》作为齐天大圣之圣传来看待的思路,应当说是可以成立的。

　　(本文节选自《文学的魔力与魔力的文学:〈西游记〉研究二题》,原载《华人宗教研究》2015年第6期,并收入陈引驰主编《多元宗教背景下的中国文学》,中西书局2018年版)

数字媒介时代的网络文学批评现状及出路

常方舟

截至 2017 年 6 月,中国网络文学的用户规模达到 3.525 5 亿,网民使用率达到 46.9%[①]。其中,手机网络文学用户规模为 3.266 8 亿,网民使用率为 45.1%。如果说早期的网络文学主要凭借着写作者个体的努力和写作自由度的发挥,在强大的传统文学体制之外,用个人的努力创造自己的发展空间,那么现在的网络文学发展背后则是资本的强大控制力,网络文学已经成为庞大的文化产品生产链条的一个环节,资本的强力介入带来了当前网络文学产业层面的日新月异。同时,数字媒介形态本身对文学生产、传播和接受机制产生了不容忽视的影响,而与之相适配的文学批评方法和话语却面临着乏善可陈的困境。通过分析网络文学批评实践的现状和批评主体的实际构成,适当引入媒介环境学理论,揭示数字媒介在网络文本生产场域的建立、读者的接受机制及其对于作者的影响以及网络文学经典文本遴选中所营构的特殊场域,尝试列举新媒介文艺批评的宏观方法论,以期在梳理网络文学批评与媒介形态关系的过程中,提出具有可操作性的开展网络文学批评的具体路径。

一、网络文学批评的缺位与失效

与网络文学创作的繁荣景象形成对比的,是网络文学具象批评的门可罗雀。就宽泛意义上的网络文学批评现状来看,文学网站用户、自由或独立书评人以及少数学院派批评家勉强构成了网络文学评论和批评实践的主体,而这些主体的合法性和有效性仍然备受质疑。

文学网站用户包括网站运营方的编辑、网站写手以及网文读者,这三者虽然在网络文学生产、流通和消费过程中发挥的主要职能有明显区分,一旦聚焦到个体身份,则往往存在互相重叠的情形。文学网站人工审核准入、筛选规制和加精推送的机制决定了网站编辑是大部分网文作品最前置和最广泛的经手人。在移动互联时代,成为作者的门槛一降再降,用户生成内容(UGC)大量涌现。网站写手和网文读者的身份转换更为频繁和显著。"超过八成的作者在写作空闲时间仍旧会选择看网络小说作为自己的娱乐活动。另外还有超过半数的网文作者通过看

---

① 中国互联网络信息中心(CNNIC):第 40 次中国互联网络发展状况统计报告:26—27.

热播影视剧、刷微博论坛来从各处寻找写作灵感，与时俱进将热点融入自己的创作。"①不过，尽管有一定篇幅或有相当质量的评价会得到积分奖励或被置顶，印象式的只言片语往往是书评区的主流。此外，按章节定期更新的连载形式和欣赏作品的方式也决定了鲜有读者会严肃看待作品并留下高质量的书评。另一方面，大多数长篇书评的批评水准往往也相当粗糙，流于情节的复述或个人的随感，距离文学批评的传统标准相去甚远。

涉足网络文学批评的另一群体——自由或独立书评人，其身份首先是网文读者，也属于文学网站的用户，只是这些书评人的活跃场所不限于文学网站，而是在诸如贴吧、QQ 群、微信群、微博、社区网站、论坛 BBS 等各类新媒体社交平台发挥意见领袖的作用，因此将其单列为一类。书评人"是出于图书营销的目的，受图书发行者雇用，为其新出版的图书在公共媒体上撰写短评或推荐性文字的职业或半职业化作者"。②职业书评人伴随西方出版业的产业化发展而出现，中国书评人也是在上世纪二三十年代现代报纸、杂志出版业繁荣的背景下开始登上历史舞台。而在当代文坛，书评人数量不少，但所起的作用殊为有限，多是为线下出版新书赚吆喝，出现在腰封的文案甚或被诋为"妖风"。但在网络文学领域，自由或独立书评人业已成为文学批评领域值得瞩目的重要群体，在作品的评论、消费和传播方面发挥着举足轻重的影响。在用户选择网络小说的因素中，依据小说网站/App 里的排行榜占到 50.6%，依据小说网站/App 里的推荐占到 43.1%，朋友推荐为 38.6%，看书评为 38.3%，喜欢的作者推荐为 34%，其他为 8.7%③。可见，社区内小范围熟人圈的口碑互动是关涉作品传播的重要因素。

另一方面，文学网站同样看到独立书评人施加社会影响的巨大潜力，也试图网罗来自广大书评人阵营的社会力量。2012 年 6 月，盛大文学公告投资百万元招募 100 位"白金书评人"。从为网络文学撰写书评比赛中脱颖而出的 30 位书评作者率先成为云中书城"白金书评人"，其独立性却备受质疑。书评人有机会获得图书销售收入分账的说法，更使得签约书评人被网站"招安"之说甚嚣尘上。2014 年 8 月，创世书评团正式成立，并开启作者申评楼，同年 10 月，创世书评团成为腾讯文学官方认证书评团队，并更名为"腾讯文学书评团"，先后举办评论征文、公开招募、扫榜出评、书评会审、名家访谈、书评大赛等活动，旨在服务写手提升水平的同时为读者提供精品网文书单④。书评团组织既较为松散，长评、短评、一句评等形式也不拘一格，同样在论坛、微信等新媒体平台对特定受众发挥着一定的影响力。

与自由或独立书评人形成鲜明反差的是学院派批评家，后者对作为当代文化现象、表征文化转型的网络文学整体状况多有评骘，然而一旦对具象网络文学作品展开鞭辟入里的诠释与解读，则往往显得力不从心，举步维艰。这一现象的成因是综合性的：从作品体量来看，以起点中文网为例，规模在 500 万字以上的小说有百部之多，超过 1 000 万字的小说有近三十部之多，且

---

① 艾瑞咨询：2016 年网文江湖群英谱——中国网络文学作者洞察报告.
② 韩晗：论中西"书评人"的差异[J].出版广角，2014(10)：29—32.
③ 艾瑞咨询：2016 年中国网络文学行业研究报告.
④ 阅文官方书评团大事记[EB/OL].http://bbs.book.qq.com/t-90852-1-1.html.

不少作品还在连载之中，网络文学作品体量巨大，以批评家个人之力在有生之年势必难以穷尽作品的阅读和筛选；学院派批评家的心理结构和学养训练与网络文学作品的特征趣味格格不入，普遍持有观望姿态；传统严肃文学批评原则和标准移植到网络文学批评领域多半龃龉寡合，理论失效比比皆是。现有的学院派宏观网络文学批评，普遍围绕着其生产方式的不同、文学性和思想性的不足、语言艺术的草率等等来展开，这对于网络文学的发展来说，仅仅是隔靴搔痒，对网络文学的创作来说也没有丝毫的影响力。尽管如此，学院派批评家仍然尝试通过评奖活动将网络文学纳入到现有的文学评价体系之中。

值得一提的是，虽然海外网络文学的发展不及中国，却同样存在着传统文学批评失语、权威祛魅的问题。西方的职业书评人往往介于独立书评人和学院派批评家之间。面对出版产业的数字化革命，欧美职业书评人和学院派批评家普遍感受到来自大众读者和网站技术共谋带来的巨大危机，指出"职业批评家实际上被亚马逊的付费读者取代"的危害，并认为后者虽然勤勉且积极，却难免"平庸、迟钝和武断"[1]。不过，也有人认为，职业批评从业者的濒危不应当简单归咎于网站平台或读者批评的出现，读者批评提供了不同于学院派文学批评的别样景观，批评家也无须像"驱赶侵犯文学城堡的野蛮人"一样把读者批评视为洪水猛兽，因为文学堡垒向来自有其界限，而读者批评也不全是糟粕[2]。

网络文学以截断众流的姿态切断了传统文学批评的例行程序，其野蛮生长正在召唤和形塑新的批评方式，而这与其有别于传统文学生产与流通的媒介形式有关。新世纪以前是网络文学的萌芽阶段，这一时期的网文作品最初都是以免费连载的形式发表在公共社区或论坛上，其影响力仍是通过结集出版得以发挥，采纳的是网络传播和传统出版相结合的运作模式。继首家中文原创网络文学网站"榕树下"创立之后，大量原创文学网站如雨后春笋般涌现，通过资源共享投放广告及与传统出版机构线下合作实现营利。新世纪的第一个十年流逝之际，学人曾对网络文学和传统文学的关系做过整体的预判："在未来10年时间里，网络文学与传统文学互相影响将成为整个文学领域的主流态势。"[3]直至今日，虽对传统编辑出版流程有所简省，在排行榜上有一定人气的网络文学作品仍然可以通过订制出版的方式成为纸质本。这意味着，出版编辑在网络文学领域的批评效力尚未完全消退。

二、数字媒介与网络文学批评权势的转移

媒介环境学的领军人物麦克卢汉受限于客观条件的约束，对媒介的分析仅止于口语传播时代、书面传播时代和电力传播时代。据他所言，书面印刷提升了信息存储，使得口语文化过时，

---

[1] [EB/OL].http://www.thedailybeast.com/the-future-of-book-reviews-critics-vs-amazon-reviewers.
[2] [EB/OL].http://www.slate.com/articles/arts/books/2016/09/a_professional_book_critic_in_praise_of_amazon_reader_reviews.html.
[3] 白烨编:中国文情报告(2011—2012)[M].北京:社会科学文献出版社,2012:145.

同时再现了记忆。媒介的更迭不限于沟通交流渠道的转换，媒介形式的变化带来的是对其所承载和传播的知识形态本身的变化。

尽管百科全书性质的著作在古罗马时期已经出现，直到欧洲文艺复兴时期，百科全书才集中地、大量地出现，此时印刷术的发明和广泛应用，弱化了地理障碍，深刻地改变了知识的社会属性。百科全书的出版和流通对知识结构标准化起到了一定的作用，并实现了知识阶层的整体下移和渗透。与此同时，Encyclopedia 百科全书这一术语适才为人文主义者所发明。与其发源——辞典著作相类似的是，百科全书撰写的目的并不是为了让读者从头到尾逐条细读全书，而是更看重索引和链接的功能。但百科全书与辞典又有不同，后者按照字母表的顺序排列词条，前者则是按照学科分门别类地进行主题式归纳。从知识社会学的角度而言，"百科全书及其类别可被看作对某个知识观点的表达和体现，乃至是一种世界观的体现"[①]。中国古代类书的传统分类法也反映了不同历史阶段国人的。及至近代，中国经、史、子、集的典籍分类法逐渐为欧西传入的杜威十进制图书分类法所取代，造就了学术畛域的重新划分和研究范式的更新等一系列结果。不过，伴随社会学科和自然学科的发展，以及人类认知谱系的不断改写和延伸，诞生于19世纪的图书分类法也早已显出捉襟见肘的迹象。

曾与麦克卢汉共事过的洛根遵循媒介定律对"后电力传播时代"的情形加以推演，指出在数字革命发生之后，再次提升了信息存储和传播的效率，使书面文化过时，同时再现了社群的联结。正如新旧媒介的界限划分始终存在争议一般，网络文学和传统文学的关系始终备受关注。早在上世纪 20 年代新式报纸杂志大量涌现之际，文艺媒体批评就开始成为本土文学批评的重要形式。传统文学刊物在主流严肃文学评论和批评中始终承担着专业把关人的角色。从盛大文学对国内十大传统文学刊物主编的访谈来看，尽管有期刊主编指出"媒介的不同、发表方式的不同的确会导致作品风格的不同"，大部分受访者仍然倾向于将网络文学视为通过数字化媒介发表和传播的文学形式，而传统文学内容若在网络上发表和流通，也便可以视作网络文学，因而主张网络文学与传统文学和平共处、并行不悖[②]。然而，传统文学期刊影响力的不断式微，已经折射出传统文学批评运作方式与网络文学难以兼容。

一方面，旧媒介的确会成为新媒介的内容，发出的声音被记录在案成为书面文字，而文字电报又为电力传导声音的电话所替代。媒介的更新总是贯彻着"向下兼容"的原则，传统文学势必能够逐渐成为网络文学的内容，在网络上发表的传统诗歌、小说、戏剧、散文都属于网络文学的范畴。但是，另一方面，我们在谈论"网络文学"之际，这一提法的所指往往并不包括传统文学的网络媒介化。考虑到这之间存在的认知概念上的客观差异，或许使用网络文学的广义与狭义之分来比附，更为稳妥。这也要求我们在警惕技术决定论的前提下，审视数字媒介的形式对其传输承载的文学性内容具有的形塑效力。

---

① 彼得·伯克著，陈志宏、王婉旎译：知识社会史（上卷）[M]．杭州：浙江大学出版社，2016：100.
② 李睿整理：盛大文学十大文学杂志主编专访[M]．青年作家，2010(3)：86—89.

作为一种"用电脑创作、在互联网上传播、供网络用户浏览或参与的新型文学样式"[①],狭义网络文学的"新文学"属性突出地体现在语言、文体和文类的变革上,而这些变化很大程度是由于数字媒介的特点而产生的。首先,"以人工符号和及其语言为标志的'网语'""一句一段的诗化句法"以及直率的表达方式[②],都直观地体现出网络文学与传统文学存在的语言差异。网络用语的随意性和播散性,虽然在一定程度上损害了汉语言文字的纯洁性,但这些用语往往通过借音的形式生成,体现出向口语文化的复归。其次,从渊源上来看,网络文学上承近现代通俗文学发展的历史序列,且与近代期刊长篇连载甫出的情形有绝似之处,对作品艺术性的损害和约束也如出一辙,惟其更新频次普遍更高,而作者对文字的撤换和修订也唾手可得。第三,从文类的角度而言,网络文学不仅很难被归入叙事文学、抒情文学和戏剧文学的三分法或诗歌、小说、戏剧、散文的四分法,而且还在不断进行着文类创新的实验。网络文学的类型化、产业化发展进一步互助相长,例如,武侠题材可以细分为传统武侠、国术武侠、历史武侠、武侠幻想,而在这些不同的垂直分类领域,创作难度、创新难度和 IP 改编受限程度[③]等因素都在创作者的考量之内。网络文学语言、文体和文类已然构成了足以自别于传统文学的特点,生成了基于互联网的一整套修辞符号,而狭义网络文学与传统文学之间存在的形态差异大多都是经由数字新媒介这一渠道推动产生的。

因此,虽然网络文学的本质仍然是文学,但原先的评价体系绝不适用于网络文学;目前网络文学的现场在线评论也存在明显不足;遵循网络文学创作、阅读和传播方式的规律而建立评价体系是唯一的出路[④]。2017 年 4 月,广东省作协创办了首家网络文学期刊《网络文学评论》,这不啻是传统文学试图重拾批评权力的举措,但或许也很难挽回批评权威旁落的局面。对文学批评主体权力的争夺在数字媒介时代显得尤为白热化和复杂化。

哈罗德·布鲁姆及其所编纂的《西方正典》代表了典型的文学审美的精英理想:"文学批评作为一门艺术,却总是并仍将是一种精英现象。"[⑤]作为学院派文学批评家,他极力主张文学的阅读和批评应当是个人化、精英化的体验。只有受过良好学术训练、具备相关知识能力的群体才有资格担当起文学批评和遴选经典的责任。新媒介的出现打破了这一精英理想的平衡,借由对社会关系的重构实现社群的再联结,凸显了去中心化的权力形式。

批评权势的迁转尤其突出地表现在网络文学的分类问题上。类型之所以成为网络文学作品最主要的标签,是因为受众对此享有共同的认知空间,形成了不言自明或约定俗成的共识。

---

① 欧阳友权:网络文学本体论纲[J].文学评论,2004(6):69—74.
② 钟虎妹:网络文学的意义设定与艺术走向[J].文艺争鸣,2004(6):90—92.
③ [EB/OL].https://write.qq.com/college/course/detail.html?CAID=6297133903726701.
④ 《中国文情报告(2014—2015)》指出,关于建立网络文学评价体系的观点有以下几种:"一是认为文学的标准只有一个,网络文学既然属于文学范畴,那么就没有必要专门为网络文学建立评价体系;二是认为由于网络文学创作、阅读和传播方式均发生了变化,应该遵循其发展规律逐步建立一套新的评价体系;三是认为网络文学已有的在线评论已经完成了这项工作,网络文学不需要再进行网络文学现场之外的理论批评"。[M].北京:社会科学文献出版社,2015:155.
⑤ 哈罗德·布鲁姆著,江宁康译:西方正典[M].南京:译林出版社,2005:14.

基于类型化标签的分类模式,提升了信息作业的效率,节省了理解沟通的成本,因而成为网络文学网站首选的标识机制。受众主导的标签化分类和选择取舍无疑是左右文学类型化发展的直接动因。标签是以关键字词进行分类的元数据,并指向和链接到不同的信息流。虽然国内的文学网站目前还很少引入用户自定义标签的方式来标记作品,自媒体的文学评论则多以加标签的形式。此外,类型也是写手创作时首先考虑的重要因素。阅文集团内容运营中心总经理、金牌编辑杨晨曾在线上作家指导课程中指出,网文作品分类的唯一原则是"不要挂羊头卖狗肉"[1],告诫网文作者尊重类型本身,学会用套路去打动读者。从网络文学创作的实际结果来看,类型创新的速度近年来明显也有所放缓。可以说,受众对类型谱式的共性认知直接导致了创作者对类型范式的倚重和评论者对类型标签的青睐。

三、新媒介文艺批评与网络文学经典遴选前景

在数字媒介时代,批评权力的争夺和冲突本质是用户生产内容(UGC)和专业生产内容(PGC)之间的潜在对立。用户生产内容的大量生成和广泛传播,导致使用者能够掌控自己消费内容,成为自己消费内容的编辑或生产者[2]。在网络文学领域,文学批评的权力部分甚至是全部让渡给了广大受众和消费者。倘若将文学批评的权力在短时间内完全交付给前者,文学批评的合法性及其效力也会受到质疑。当前的网络文学究竟需要什么样的文学批评?文学批评如何才能够起到引导网络文学良性健康发展的作用?建构与新媒介特点相适应的网络文艺批评或许是较为现实的出路。

传统文学批评与书面印刷时代的媒介形式相适配,难以跟上数字媒介文学生产和传播的步伐。新媒介文艺批评的设想虽非鲜见,但对这一概念的内涵阐释却远未达成一致[3]。如前所述,"新媒介"显然是相对于先前被取代的旧媒介而言,亦随时代变迁而更改。网络文学无法脱离数字媒介而存在,数字媒介同时造就网络文学形态本身的异变。新媒介文艺研究是以媒介存在论为基础、通过媒介性活动得以显现存在的独立理论范式[4]。本文所指的新媒介文艺批评是基于网络数字媒介的现实语境而衍生的文艺批评形式。如果说传统文学批评被边缘化的现状很大程度上是由媒介的新陈代谢引发的,那么,正视媒介形式转换带来的超越渠道的内容塑造作用,是建构新媒介文艺批评的首要任务。

新媒介具有的去集中化和交互性特征,以及对社会关系的重新划分,是实现其作为人的延伸存在的重要前提。在肯定本土新媒介文学活动价值的前提下,借鉴新媒介理论指导中国

---

[1] 杨晨:网络小说的表面文章.[EB/OL].https://write.qq.com/college/course/detail.html?CAID=5370412803870901.
[2] 罗伯特·洛根著,何道宽译:理解新媒介——延伸麦克卢汉[M].上海:复旦大学出版社,2016:59.
[3] 黄鸣奋《"无网不文"时代的文艺批评》提出新媒介文艺批评至少存在三种解释:一是运用新媒介进行文艺批评,二是对新媒介文艺加以批评,三是借助文艺形式对新媒介表达看法。参见《中国社会科学报》2017年3月20日。
[4] 单小曦:媒介存在论——新媒介文艺研究的哲学基础[J].文艺理论研究,2013(2):178—191.

的文学实践,不仅有助于服务中国的文学批评,而且对构建中国新媒介文学批评话语体系也有所裨益[1]。数字媒介区别于大众媒介的根本性特点在于交互性,机械的传播—接受模式逐渐为生产者和消费者的标准化交互界面所填充和取代。交互界面助推了受众驱动型文学生产和消费的趋势,其累积的海量数据也成为此后技术分析的对象。新媒介文艺批评首先需要将交互界面纳入考量,聚焦媒介的交互性对文学生产和传播产生的结构性影响。

其次,印刷出版时代的文学批评,需要相对专业化、精细化的作业,与书面传播时代知识畛域严明、学科道术割裂的整体文化逻辑相一致。数字媒介的网络文学批评,则呈现出非集中化的倾向,以个体为单位的创作者和以个体为单位的消费者进行点对点的直联对接。已有的新媒介文艺批评实践同样简省了中间环节,建立在个体与个体合作的基础上,从而能够最大限度地激发个体的创造力。面对专业性缺失和乌合之众狂欢的质疑,或许仍然需要些许时间的平复和微薄的信心,对网络文学的广大受众具有的可塑性和成长性抱有信心,相信后者通过阅读一定量的网络文学作品,有能力分辨、识别和筛选出优秀的文学作品。新媒介文艺批评当以更为开放和包容的姿态接受非专业化、去精英化的大众批评活动,营造出众声喧哗、多元活力的批评氛围。

同时,由于信息的获取和传播成为权力形式的一部分,数字媒介重新界定了社会关系,改变了原有的批评权力格局。互联网技术不仅消弭了内容生产者和消费者之间的距离,也消弭了专业把关人和业余爱好者之间的界限。文学网站及其衍生架构经历了从内容媒体向社交媒体的转换,甚或有向场景媒体流变的趋势。针对这一变化,新媒介文艺批评有必要在尊重批评权力均等化的基础上,重新考虑评价渠道的权重设计,平衡好不同社群或不同立场的理性经验。

从媒介即人的延伸这一命题出发,媒介技术的革新同时也意味着人的感知维度的丰富。麦克卢汉曾经明确断言:计算机是人类中枢神经系统的延伸[2]。在信息过载的时代,完全依靠人脑或人力完成信息交换或存储的活动多少显得力不从心。"通讯和计算技术放大人们合作和集体行动的才能时,聪明的乌合之众就应运而生。"[3]通过技术手段和近乎无意识的集体合作解决个人的问题,才能避免迷失在碎片化信息之中。人工智能业已广泛浸润到各行各业,写作程序的出现尤其动摇了人们坚守文学是心灵艺术的观念。这也是新媒介技术的人格化或是"有思想的技术"等理念生发的前景。

不过,需要指出的是,数字媒介技术并不等同于扁平化的客观呈现,其中仍然潜藏着资本运作的权力结构:"这种权力结构不仅能够形塑用户的行为,同时还能创造出一种交互性的印象。"[4]透过大数据和交互界面,技术之外的因素在起作用:文学网站排行榜的客观性屡屡受到大众读者的质疑;业已成名的写手通过对作品数据的累积,能够迅速获取更高人气,在榜单上占据

---

[1] 陈海:构建中国新媒介文学批评话语体系[N].中国社会科学报,2017年1月16日.
[2] 马歇尔·麦克卢汉著,何道宽译:媒介与文明[M].北京:机械工业出版社,2016:29.
[3] 罗伯特·洛根著,何道宽译:理解新媒介——延伸麦克卢汉[M].上海:复旦大学出版社,2016:59.
[4] 尼古拉斯·盖恩、戴维·比尔著,刘君、周竞男译:新媒介:关键概念[M].上海:复旦大学出版社,2015:85.

更靠前的位置或停留更长的时间;与网站签约的作品能够获得更多的曝光率和推荐机会,等等。当百科全书为维基百科所取代,与近代"印刷资本主义"形成对照的是当下的"数字资本主义"。数字媒介仍然受制于资本逐利的基本逻辑,其使用的运算法则往往无法体现纯粹技术的不偏不倚。

文学批评的重要意义在于抽绎文学生产的价值过程,体现为文学的经典化。文学经典的概念本身变动不居且无定指,经典的沉淀和生成往往也需要经历一个相对较长的时间段。从历史视角来看,近代五四时期的新文化人通过对传统经典进行现代阐释、发掘和创造新的经典完成了对传统经典釜底抽薪式的颠覆和替换,并确立了以"进化""人""民间"或"大众"为核心的新经典评判标准①。虽然网络文学经典之作尚难形成盖棺论定,从媒介更替的必然规律来看,以数字文化为基础的网络文学势将成为文学经典产出的主要源头。由于媒介形态的演变,网络文学的经典标准和经典化方式同样与传统文学存在差异。

传统经典的遴选和建构是政治意识形态作用、知识精英和受众等多方介入的综合性结果:"意识形态建构注重政治影响,知识精英遴选诉求艺术审美,受众阅读强调实用价值。"②文学经典的遴选规则首先受到主流意识形态的监管和规制,与之相悖的内容往往会遭受到审查或剔除。在此基础上,受过专业训练、具备品鉴能力的知识精英依据某种与其主张利益相一致的标准,对文学作品的艺术水准进行评判,借由文学史的书写或文学批评的发声,完成锻造经典的大部分工序。相对来说,广大受众在文本经典化过程中扮演的角色则较为被动,其主要职责在于接受对经典的认知,并达成共识。

随着媒体资本多元构成的进程加快,意识形态单向渗透不断弱化,数字媒介时代的文学内容较之出版印刷所受的审查约束更少,批评话语权的旁落和转移稀释了知识精英集团的权威,资本、技术和受众成为网络文学经典化的重要影响因素。或有学人对现有网络文学商业模式和技术发展持有乐观态度,认为能够通过付费阅读"形成持续的价值链","从纷繁复杂的网络文字中淘出优秀作品,形成经典网络文学的价值标准"③。然而,一味借助或信奉资本抉择的力量,盲目跟风热门文学类型,迎合受众市场,从确定题材的环节便考虑IP跨界改编的可能性,模仿或复制成功故事,都将对网络文学作品的经典化产生不利影响。因此,即便警惕资本运作的角力作用,仅仅仰仗受众社群的集体无意识和技术预测方案,网络文学的经典化前景将一片黯淡。引入新媒介文艺批评的方法论,反省和检验网络文学的经典化机制,对网络文学未来的良性健康发展定有所助益。

布鲁姆曾援引阿拉斯戴尔·弗勒在《文学的类型》关涉"文学经典和体裁等级"部分的论述,"文学趣味的变化总是与重估由经典作品所代表的体裁有关。"④网络文学的类型化发展滋生了

---

① 贺仲明:五四作家对中国传统文学经典的重构[J].中国社会科学,2016(9):184—204.
② 甄芸:文本·经典·媒介——现代媒介传播中的经典重构[N].中国社会科学报.
③ 傅其林:网络文学的付费阅读现象[J].学习与探索,2010(2):183—185.
④ 哈罗德·布鲁姆著,江宁康译:西方正典[M].南京:译林出版社,2005:17.

新的文学体裁,不可避免地带来审美趣味的变迁和经典标准的重估。类型由受众主导的标签化活动获得命名,而经典的创造亦如是。信息架构师托马斯·范德·沃尔在2004年首创"分众分类法"(folksonomy)的概念。从词源上看,该术语是通过将大众(folk)和分类法(taxonomy)合并而成,意为大众合作框架下的分类模式。这一分类法的主要特点在于无需训练或知识储备即能进行分类,使用者添加的标签能够直接反映其直觉概念,而使用相同或相似标签的群体自动生成兴趣接近的社群。尽管网络文学的类型化发展主要是出于迎合受众市场的目的,但类比法始终是人类知识产生的重要法则,并为受众的注意力分配提供了全新的技术解决方案。新媒介文艺批评完全可以借鉴"分众分类法"的思想,在不同类型传统内部的作品展开分众式批评,以期揭示新的经典标准和趣味类型。毋庸置疑的是,无论媒介样式或作品呈现形态如何嬗变,作者和读者都不会放弃对作品"文学性"的求索,以及对经典的反复诠释。只有明确这一点,才能立足于整个文化产业生产的层面,进一步勾勒网络文学创作在其中扮演的角色,从而为网络文学参与中国当代文化形态建构并发挥积极作用提供借鉴。

(原收王光东、常方舟编《网络小说类型专题研究》,东方出版中心2018年版)

晚清改良新戏和女学的互动

——以《惠兴女士传》和《女子爱国》为中心

曹晓华

20世纪初的晚清戏曲界有过一次戏剧改良的热潮,矛头直指传统戏曲中"诲淫诲盗"的粉戏、淫戏,只为能有开通风气、教化人心的新戏。国势衰微,梨园却畸形繁荣。1906年,《京话日报》载曾存吴所写《戏曲改良的浅说》,论及"奸盗淫邪"的戏,尚且能让观众厌恶;"顽笑戏",也能偶尔给观众带来乐趣;这些"却比不得掐头去尾的粉戏,看了会坏人的德性"①。所谓"掐头去尾"的粉戏,实指当时一些戏园将完整的戏进行删节,仅挑取男女风花雪月的片段表演,其急功近利的丑态昭然若揭。一年后,民政部官方发文令各省推行戏剧改良,"拟由各省就所演戏剧各按地方加意改良,务使名义纯正,词曲简明,以为移风易俗之助"。②官方文牍对改良戏剧的主题和词曲都提出了要求,用词可通俗但主题不能偏邪。就在民政部发文前夕,有一名天津士绅就将当时"戏"和"曲"的困局一语道尽,"盖古乐之节奏,意既深远,词尤清高,非妇孺之所晓,流俗人之所好,是以猥亵鄙俚之调得以攘正乐之席而占之"③。

晚清戏剧改良者的论述,几乎都带有"新一国戏剧"以"新民"的梁氏文风,"改良新戏"成为了他们眼中有"不可思议之魔力"的启蒙利器。且不论新戏实际教化之功究竟如何,就从历史发展的时间轨迹来说,正与刚起步不久的晚清女学相合。从国民意识的灌输到教育兴国的宣传,假想的新戏启蒙受众中总有女性列其中。戏曲教化的手段融合进了晚清女学体系。

一、《惠兴女士传》与《女子爱国》:新戏与女学的联动

对于改良新戏,以启蒙愚下为宗旨的各大白话报如《天津白话报》《吉林白话报》《安徽俗话报》等格外关注,不仅刊登相关的论说,也直接登载新戏戏文。其中,直接涉及女学问题的剧目《惠兴女士传》《女子爱国》更是屡次见报,风行一时,且因其内容丰富、留存完整,对后世影响深远。

---

① 存吴:《戏曲改良的浅说》,《京话日报》,1906年6月,第638号。
② 《通咨改良戏曲》,《广益丛报》,1907年,第131期,第1—2页。
③ 《天津士绅上袁宫保改良戏曲禀》,《广益丛报》,1906年,第118期,第2页。

此时新戏之"新",尤重内容之"新",提倡者认为戏曲内容既趋新,其教化作用则愈加显著。对于戏曲形式的改良虽也有人提及,但终究碍于时势未成主流。《惠兴女士传》和《女子爱国》作为提倡女学的新戏,其"新"也在于与女学有关的内容。田际云排、董竹荪改的新戏《惠兴女士传》在1906年上演,该戏取材真实事件。满人惠兴女士历经坎坷,自办贞文女子学校,但却因学校资金短缺难以为继,留遗书自杀。直到1909年4月第12期,依靠京友寄稿,《惠兴女学报》才开始连载该戏文,到了第19期来稿中断,连载也戛然而止。而《女子爱国》的剧本完成于1905年,1906年首演于北京广和楼,由崔灵芝主演,剧本作者是梁漱溟的父亲梁济。同年,彭翼仲主编的《京话日报》连发广告为《女子爱国》的上演造势,并在第635期(1906年6月2日)至第664期(1906年7月2日)连载其剧本,署名梁济别号"桂岭劳人"。两部戏同样轰动一时,也同样获得了官方的嘉奖,可谓互相应和。

从内容来看,两部戏都是关于女性自办女学的,且不失时机地把兴女学和兴国联系在一起。《惠兴女士传》由于取材自戏本外的真实事件,人物血肉丰满。有学者围绕戏曲界、学界、女界的互动,详细分析了《惠兴女士传》上演前后的人事纠葛[①]。1904年,惠兴自办贞文女学校,夏晓虹考证她当时被汉人所办女学校拒收,所以下决心自己办学[②],也就是说这所女学校在某种意义上是满汉矛盾的特殊产物。翌年,由于经费短缺,学校难以为继,惠兴自杀身亡。《惠兴女士传》中的惠兴女士并未一开始就登场,而是先铺陈了一番张之洞作《劝学篇》的来龙去脉。接着,观众从惠兴之子金贤的口中得知惠兴思想开明,嘱咐儿子上街买"文明新书"。金贤在街上看到了张之洞《劝学篇》的告示,回家后转告母亲,使一直有志于办学的惠兴深有触动。既然有官员鼓励,惠兴就与亲友商议开办了贞文女学校。《女子爱国》则是借鉴战国时鲁国漆室女的故事,着重表现漆室县爱国女子鲁至道领导众姐妹开办女学校。这部戏中女学堂兴办的过程比较理想化,鲁至道虽是戏中主角,但她的性格基本淹没在了国家大义的宣讲中。该戏不厌其烦地点明戏中几位女性的家境和身份,教导每个女性在女学兴起的过程中自觉"对号入座",以力所能及的方式成为合格的国民。比如有资金的不妨像钟华仁那样捐款,有房产的可学毕可兴提供场地,如果家境贫寒也不妨,可以像鲁至道那样授课,如果官太太如下夫人也能热心女学,那就更好不过。与《惠兴女士传》比较,这样"齐心协力"的景象虽然美好,却显得有些苍白。

当然,如果仅凭戏台上的人物宣讲,无论是《惠兴女士传》还是《女子爱国》都不足以造成深远的社会影响,况且表现女子兴学乃至女子爱国,新戏旧戏的界限并不清晰。以阿英所编的《晚清戏曲录》为例,与女性相关的有传奇《花木兰》《血海花》《巾帼魂》《花兰侠》《女英雄》等,杂剧《碧血花》《侠女魂》《女中华》等,还有各种地方戏,包括《女豪杰》《女子爱国》《姊妹投军》以及几

[①] 参见夏晓虹:《旧戏台上的文明戏——田际云与"北京妇女匡学会"》,收入《都市想象与文化记忆》,陈平原、王德威编,北京大学出版社2005年版;夏晓虹:《王钟声与〈惠兴女士〉新戏》,《文艺研究》,2007年第10期。
[②] 夏晓虹:《晚清女性与近代中国》,北京大学出版社2014年版,第230—231页。

种同名的《木兰从军》,等等①。但《惠兴女士传》和《女子爱国》还是从众多同类戏目中脱颖而出,原因不仅在于兴女学的主题,更在于它们同时提供了女学兴办之难的社会背景。新戏台上不仅人事纠葛错综复杂,戏本中还与时俱进加入了例如"阅报栏""讲报人""闹学""破迷"等题材,减少了传统戏曲"女子从军"之类的俗套,一定程度上淡化了类型化的缺陷,也让观众和读者对女学蹒跚起步之时的社会背景有了比较深刻的印象。

  两部戏都真实地还原了女学兴办过程中受到的阻挠。《惠兴女士传》中,张之洞的《劝学篇》张贴在街上,目的是为了让更多的民众了解开办学堂的重要性。百姓围观的场景不仅出自观众正常的好奇心理,更出自当时风行的阅报栏现象。正如《女子爱国》中心术不正的吴明玉,因为稍通文墨可能会成为讲报人,《惠兴女士传》里也有一位不合格的讲报人,台上的金贤和台下的观众一起目睹了这场围绕《劝学篇》的讲报"闹剧"。讲报者是一位食古不化的老学究,因为围观的百姓大多不识字,即便识字也看不懂文言,于是他堂而皇之地曲解文章的意思。有趣的是,在他煞有介事的"讲报"之前,有两个围观百姓的对话,因为都不识字,互相揶揄打趣,随后老学究登台"讲报",金贤忍无可忍指出其误读之谬,围观民众似乎也意识到这位讲报者并不可信,于是用"唐朝的夜壶"取笑厚古薄今的老学究。这一街头众生相是证明《惠兴女士传》编排精妙的极好例子。众人对话的出发点都是《劝学篇》,其中不同人物之间的诙谐对话,都是顺着《劝学篇》延伸出去的线索。如果仅是"绝对正确"的讲报人通过解读告示劝导众人,那么底层民众和代表官方立场的"告示"之间的隔膜就很难呈现出来,而告示被不同的讲报人进行不同的解读,也是当时阅报讲报时会真正出现的问题。《劝学篇》鼓励办学,编者的巧妙安排使戏中不同层次、不同角度的误读或隐或现全部指向兴学的主旨,充分照顾到了台下文化层次不高的观众,在博得大家会心一笑的同时也起到了警示作用。再看《女子爱国》中的算命先生吴明玉因为害怕学堂破迷而故意闹事,最后因为女学堂里供奉的孔子牌位,加上县官的义正词严,他只好作罢,这个情节值得玩味。第一,破迷的不止女学堂,同时兴办的男学堂同样也破迷,但是吴明玉却选择在女学堂闹事。除了女子柔弱这一层因素以外,吴明玉的选择其实暗示了两点,首先是当时女学亟须"正名",其次是迷信已经是当时众所周知"属于"女性的陋习。正是因为女学需要正名,作者才"请出"孔子牌位,将女学也纳入到圣贤之学的体系里。女学在当时若想获得官方的承认,只能在传统的修身之学里寻找理论支撑,1907年颁布的《奏定女学堂章程》就顺应了这样的需要。此外,虽然漆室县办学伊始就热火朝天,但是兴女学的路还很漫长,作者对此也留下了一二伏笔。大闹女学堂铩羽而归的吴明玉因为粗通文墨可以去做讲报人,他心中窃喜:"幸亏我识字,可以看报,又可以混饭吃,我今天好险呀。"②这其中暗指一部分心术不正的讲报人可能会成为女学的绊脚石。还有女学堂建成时,"母教根源"的牌匾需要众女子落款,但卞县令却怎么也想不起自己夫人的名字,只知道她娘家姓"万",最后还是卞夫人说出自己的名字是"万年长"。

---

① 阿英编:《晚清戏曲小说目》,上海文艺联合出版社 1954 年版。
② 《女子爱国》,《京话日报》,1906 年 6 月,第 658 号。

这其中很有意思的场景是,卞夫人一开始不愿自己说出名字,坚持要丈夫回想起来。从象征层面来看,万年长将赋予名字的权利交给丈夫,但是丈夫只是在新婚那天看到过她的名字,从此她不是卞夫人就是万氏。万年长"失名"的状态本可以通过参与女子办学改变,但是她本能地依赖丈夫,虽然文本将这个细节处理为万氏的娇嗔,但这个细节恐怕不只是为了有趣而已。《女子爱国》讲的是女子兴学的故事,可对于男女学的秩序,依然做了不动声色地保留。因为官费和政策的限制,只能官办男学堂,女学堂只能依靠民间自筹经费。关于男女学堂的教习问题,也在暗自应和男女学的秩序,鲁至道的见闻依赖的是留洋兄长的指导和寄回的刊物,县令建议鲁至道写信给其兄长,请他回国担任男学堂的教习。也就是说,指导者的角色和地位是固定的,鲁至道和她兴办的女学还只是追随者的角色。可以说,在《惠兴女士传》中,女学虽然是主线,但却不是唯一的线索,戏中还反映出了诸如新学与旧学、官方和民间的种种议题。戏台上对当时社会生活细节的精确复原也使兴女学的倡议即便在后来者看来,也有了丰富的背景以供挖掘。

上述这些细节的安排都如实反映了当时男学和女学的基本情况。可从中也可以看出,同样是为女学背景"织网",《女子爱国》更类似于在戏台上的女学"排演",虽然也由女学实际申发出来,终究还只是"纸上谈兵"。而《惠兴女士传》却是更为真切的血泪经验,其中女学兴办之难,读者观者皆似有"切肤之痛"。

二、戏本内外的女学困境

旗人贵林曾以文言写就《杭州惠兴女士为兴女学殉身节略》,概述了惠兴女士办学缘由,办学中遭遇的困难,以及为学殉身当天的情形,还带了几句办学之外的生平。整个《节略》总共才只有三四百字,而贵林用了近三分之一的篇幅,详细记录下了办学之初,各位捐款人的姓名、身份和捐款数目,这些款项细节,其实颇有深意。正是这些为数不多的捐款者让贞文女学校的开办成为可能,这也从一个侧面反映出惠兴当时收到的精神乃至物质援助并不多,因而也为女学校仅开办一年就因为经费问题难以为继埋下了伏笔。根据贵林的《节略》,对惠兴割臂一事仅是寥寥数语,言及惠兴在请人商议办学事宜的当天:"忽当众前袒一臂,用刀割肉一片,誓曰:'今日为杭州旗城女学校成立之日,我以此血为纪念。如此校关闭,我必以身殉之!'"[①]没有任何细节铺陈,也没有任何情绪酝酿,惠兴立誓虽然惨烈,在这简短的文字中却不免突兀。而田际云戏剧化的处理最大限度地展示了惠兴劝说众人时不被理解时的焦急、绝望,联系当时已经广为人知的自杀事件,既能充分还原事情的来龙去脉,也凸显了她的刚烈和决绝。

惠兴办学的事迹其实是晚清女学困境的缩影,晚清女学发轫之时受到种种阻力,在其自身的发展脉络中留下了深深的痕迹。中国的女学自古有之,最早可以追溯到先秦。《礼记·内则》

---

① 贵林:《杭州惠兴女士为兴女学殉身节略》,《惠兴女学报》,1908年第1期,第9页。

就已明确了"闺门之仪",此时所谓的"女学"只是一个教育模式的雏形,更注重培养女性礼仪规范。两汉时期有刘向的《列女传》和班昭的《女诫》。到了明代,班昭的《女诫》、明成祖徐皇后的《内训》、唐代宋若莘和宋若昭姐妹的《女论语》和明代王相之母刘氏的《女范捷录》被并称为"女四书",以对应一般意义上的"四书五经"。这些女学材料和晚清所提倡的"女学"有异有同。最大的相同之处在于无论是哪一个时期的女学都注重"妇德"的培养,也就是个人的品德修为;而最大的不同在于授课方式和授课内容,也就是整个知识结构的变化。中国古代女性接受教育的场所都是在家庭内部,与外界的接触极为有限。但如果以当时的女学标准进行评判,也可以找出德才兼备的优秀女性。从明清开始,女性一方面被剥夺财产权,同时通过对各种贞节烈妇的表彰进一步固化女性的道德意识和价值取向,限制了女性的发展自由,但另一方面女性在家庭内部、也就是在私人领域中的活动还是十分丰富的,从一般的女性结社、闺阁唱和到以名妓为代表的另一种社交网络,女性的才能虽然从外部来看一直被压抑,但是从微观上来看,女性依然能够在家族治理甚至诗文唱和中施展才华。这是一种隐藏的活力,正在等待着摆脱桎梏,充分释放的契机。

到了19世纪,西方传教士在华开办教会学校,这才真正开启了女性走向学堂、接触新知识的大门。1844年由阿尔德赛女士(Miss Aldersey)在宁波所办的女子学堂是西方传教士在中国本土建立的第一个女子学校。1934年,英国成立了"东方女子教育协进会"(Society for Promoting Female Education in the East),顾名思义是一个旨在推动东方女性教育事业的组织。1837年,这个组织派遣阿尔德赛女士在爪哇设立了一个专门学校,只教中国女子。阿尔德塞女士在1842年来到中国宁波,筹备妥当才有两年后宁波女塾的开办。在天时地利人和均未取得主动的情况下,宁波这所女塾的学生还是从开办第二年的15人增长到1852年的40人,学员人数增长虽然缓慢,但考虑到办学背景,能够取得这样的进步实乃不易[①]。教会女校的开办尚且如此一波三折,不用说国人自办的女校。1898年5月31日中国女学堂在上海开办,才有了国人对女学的直接改造之路。可惜的是,仅仅过了两年,学校主办者经元善横遭通缉,这第一所国人自办女校也在仓促间关闭了。

中国近代女性意识的发端,和女学自身的演进、现代女子学校的开办息息相关,其间也离不开报纸、文学作品的宣传造势。首先是空间的转换,女学的宣传总是和肉身的解放——反缠足相伴相生。放足带来的象征意义超过了现实意义。相当一部分女性由于足部已经残疾,放足并没给她们的生活带来更多便利。但是,放足的象征意义在于女性行动力的自由,女性接受教育的场所从家庭转移到了学校,从私人领域转向了公共场所。一部分女性勇敢地迈出家门,默默承受着社会中不同目光的注视。这种转换不仅是家庭到学校,也可以家庭为起点,到其他公共场所,比如演说集会、工厂或是戏园,等等。这种转变不是一蹴而就的,它的发生通常掺杂着各种社会争议,例如下文会提及的女戏登台和女看客入戏园。女性原先并不开放的生活环境,使

[①] 何晓夏:《教会学校与中国教育近代化》,广东教育出版社1996年版,第222页。

其迈出家门无论去往何处,都成为了一种"景观"。其次是女学校的课程设置不同程度地打开了女性的视野,这其中少不了学制的支持和限制。1904年颁布的《奏定学堂章程》(又称"癸卯学制"),承认了女子教育的重要性,却并没有将女学校纳入官方体系。清末第一份兴办女学的官方文件是1907年3月8日颁布的《奏定女子小学堂章程》和《奏定女子师范学堂章程》。该章程明确了女学的必要性,"倘使女教不立,妇学不休,则是有妻而不能相夫,有母而不能训子"[①]。虽然1907年颁布的这份《章程》对女学堂和女学生依然有很多约束,但毕竟承认了女学堂的合法性。以女子师范学堂为例,此次官方文件中设立的女学科目有十三门,包括修身、教育、国文、历史、地理、算学、格致、图画、家事、裁缝、手艺、音乐和体操。课程体现出的知识结构已经比较完备,女学堂终于可以名正言顺的开办了。多样化的课程拓宽了女性的视野,也进一步解放了戏台上下女性的空间,但这种解放依然是有限的,因为女性入学仅仅是一个开端,由此带来的社会观念变革还需要漫长的过程。

三、新戏和女学视角下女性意识的解放与束缚

无论是教会女校还是国人自办女学堂,都对当时的中国女性有启蒙开化之功,这点不言而喻。女学的主体虽以女学堂为主,但还包括了一时期围绕女性建构起的知识谱系和性别话语结构。正如前文所言,以"戏教"为中心的改良新戏正与开始起步的女学话语构建发生碰撞。戏台上下的女性空间因为女学风气渐开也发生着改变,同时考察女性表演者和女性观者,都可以找到女性意识萌芽的线索。

夏曾佑、梁启超、陈独秀等人多次强调戏曲的教化作用,这也形成了戏剧改良风潮的理论先声。1902年,梁启超在《释革》一文中提到"有所谓经学革命,史学革命,文界革命,诗界革命,曲界革命,小说界革命,音乐界革命,文字革命等种种名词矣"[②],同年他在《论小说与群治之关系》中提出后来为人熟知的"欲新一国之民,不可不先新一国之小说",虽然通篇未及"戏曲"二字,却提到了王实甫的《西厢记》和孔尚任的《桃花扇》来证明戏曲的强大感染力——"我本肃然庄也,乃读实甫之《琴心》《酬简》,东塘之《眠香》《访翠》,何以忽然情动?"[③]以此可知,梁启超将"小说""戏曲"二者并置,所有对小说魔力的议论对戏曲同样适用。事实上,将此二者并置加以阐述的做法早在1897年严复和夏曾佑的《本馆附印说部缘起》中就有涉及,文章作者将《长生殿》等戏文也纳入到了"说部"之中[④]。当时有识者仿照梁启超阐发小说魔力之语,论述戏剧改良之必行,"欲破除迷信,必破除戏曲之迷信始;改良风俗,必改良戏曲之风俗始"[⑤]。1904年陈独秀对戏曲

---

① 《奏定女学堂章程》,《中国近代教育史资料汇编　学制演变》,璩鑫圭、唐良炎编,上海教育出版社1991年版,第574页。
② 梁启超:《释格》,《饮冰室文集第九》,中华书局1936年版,第42页。
③ 梁启超:《论小说与群治之关系》,《新小说》,1902年11月14日。
④ 几道、别士:《本馆附印说部缘起》,《国闻报》,1897年12月11日。
⑤ 《论川省戏曲宜改良之理由》,《重庆商会公报》,1909年,第163期。

改良的意见以"三爱"为笔名发表在《安徽俗话报》上,先是提出"戏馆子是众人的大学堂 戏子是众人大教师"①,接着又强调戏曲内容大于戏曲形式。文章认为戏曲表演者乃至戏曲作为一种艺术形式之所以被视为"俚俗淫靡游荡无益",在于某些旧戏内容欠佳。为了给戏曲正名,更为了充分发挥戏曲的教化作用,戏曲内容改良势在必行。正因为晚清学人普遍赞同"戏教"的功用,戏剧改良才会演变成曲艺界的一股风潮。

虽然"戏教"已成共识,但对于女性出入戏园等场所,有关"男女大防"的议论还是甚嚣尘上,毕竟在时人看来戏园是鱼龙混杂的邪狎场所,对于连入学堂才勉强合法化的女性来说,实在不是适合出现的场所。

1903年,创刊于福建厦门的《鹭江报》登载了一则不起眼的本地新闻,说是有"女戏一班"在当地一书院连演七出"毛儿戏",观者甚众②。"毛儿戏"指演出者均为女性的戏班子,这无疑是一个招揽观众的噱头。演出后戏班还一度考虑在鼓浪屿设戏馆长期安顿,但几经辗转去留不定,原因是当地官府认为"以若辈聚处难免滋事"③。官府所称的"若辈"显然带有贬义,这个戏班不仅是为人不齿的"戏子",还都是"女流之辈",难免要成为"有碍风化"的"心腹大患"。1907年全面推行改良新戏时,《吉林白话报》曾经登文声讨戏曲界泥沙俱下的情形,提出一个当时流行的观点:正因为戏园风气不正,所以才要干涉女性入戏园,同时施行戏剧改良,待戏台为新戏"净化"后女性方可观戏——

> 如今各戏班,要是没有好花旦,班运必不兴旺。上海天津哈尔滨各处,更是奇想天开,实事求是,添聘了许多女角,专演各样淫戏。船厂这个地方,也跟着学,弄得风俗败坏,要人的人一天多着一天。如此的戏曲,人心怎么会正?风俗怎么会良?所以北京城的戏园子里,不准妇女入座,固然是怕人多起哄,也未始不因为戏文不好,大庭广众之下,实难以为情。果真戏文好了,劝化日久,人人知礼,妇女看戏,却又何妨?④

晚清虽然国运不济,但戏曲市场异常兴盛,对比梨园繁盛,礼教的约束力和执政者的行政约束力却越来越弱。换言之,"礼崩乐坏"的时局中人心浮荡,导致了梨园的畸形繁荣。仅以上海为例,戏园上演淫戏可以追溯到19世纪后半叶,前文论及的"毛儿戏",也被时人视为淫戏的一种。清政府多次颁布相关法令禁演淫戏,《钦定吏部处分则例》还特意对妇女演出加以限制,严禁秧歌妇女及女戏游唱:

> 民间妇女中有一等秧歌脚堕民婆及土妓、流娼、女戏游唱之人,无论在京在外,该地方

---

① 三爱:《论戏曲》,《安徽俗话报》,1904年第11期,第1—2页。
② 《女戏登台》,《鹭江报》,1903年第49期。
③ 《女戏行踪》,《鹭江报》,1903年第50期。
④ 《改良戏曲之关系》,《吉林白话报》,1907年11月1日。

官务尽驱回籍。若有不肖之徒,将此等妇女容留在家者,有职人员革职,照律拟罪。其平时失察,窝留此等妇女之地方官,照卖良为娼,不行查拿例罚俸一年。

《钦定吏部处分则例》卷四十五《刑杂犯》①

从康熙到光绪,类似法规层出不穷,可谓"三申五令"。无奈地方政府对此采取的态度依然是"禁者自禁,演者自演",有历史学者将当时上海淫戏风行归咎于"晚清上海绝大多数官员只是循例申禁淫戏,而并不切实贯彻……禁令形同具文,以致于由会审公廨差役所开办之戏园之中也公然演出淫戏"②。既然连官员都可以漠视法令,民间淫戏成风几乎无人可以抑制。

出于各种原因违反法令登台演出的女性已经开始出入各种公共场所,似乎在行动上更加自由,和养在深闺的女性相比她们早已经"走出家门"。但她们不是走向"学校",而是走上戏台,承受着各种目光。也正因为她们的行为处事在"礼仪规范"之外,所以一直被归入地位卑贱的"戏子"之流,并不能成为接受正统教育的女性典范。此外,撇开旧戏的内容,在例如京剧这样的剧种中,女性不得登台。所以就算在戏曲界内部,女演员也时常受到压抑。如今女戏班有与淫戏勾连,更是降低了戏台上女性的地位。戏台上女性地位低下,戏台下女性的处境也十分尴尬。

直到1910年还有报道戏园失火,"妇女听戏出丑",以此规劝妇女不要再入戏园:

上月二十四日晚十一点多钟,河东四义茶园失火的时候,妇女们有丢靴子鞋的,也有掉在泥水里头的,并有被匪徒引诱到僻静地方,掳镯子抢首饰等事。

这以上都是大家知道的事,此外大家不知道的,还不定有什么丑事啦,大概吃哑巴亏的必不少,但不知爱听戏的妇女们,对于这次火灾,也有点儿戒心没有。③

此时戏剧改良已经推行了四五年,可是观者对台下女性在戏院中的身份仍有所质疑。报道者暗示的不见报的"丑事",指向暧昧,读者心知肚明,而需要多加防备的不是火灾本身,而是"妇女听戏"的行为。妇女听戏虽不像妇女演戏那样,三番五次被官方文件明文禁止,但当台上女性出演时,台下女客却还受到各种风俗礼教的约束。饶有意味的是,无论是怕观众起哄也好,怕戏词不堪也罢,都是以保护台下妇女的名节为出发点的。此时台下妇女和台上妇女虽然近在咫尺,却又天涯两隔。

女戏登场,观众喝彩,起哄声将女客和女戏的界限模糊,原本处于"看客"位置的女客突然和女戏一起成了"被看"的景观,而"被看"中狎邪的成分应是每个"良家妇女"要避免的。这样的考量还在暗示,如果戏文改良,去除那些淫词,台下妇女就会处于一个相对安全的位置。这样一

---

① 王利器辑录:《元明清三代禁毁小说戏曲史料(增订本)》,上海古籍出版社1981年版,第20页。
② 魏兵兵:《"风化"与"风流":"淫戏"与晚清上海公共娱乐》,《史林》,2010年第5期,第4页。
③ 《妇女听戏出丑》,《天津白话报》,1910年9月4日。

来,改良戏剧的焦点就永远会在戏台之上,而戏台上的新女性角色则承担了所有"被看"的宣传"重任"。"戏教"和"女教"此时互相补充,实现了戏台上下女性无声的"对视"。但无论是出演《惠兴女士传》的田际云还是出演《女子爱国》的崔灵芝,都是男扮女装的,也就是说从这两部戏来看即便"戏教"成功,依然还是男性主导的女性启蒙,依然是男性代替女性角色发声,这恰恰也和晚清最初提倡女学者多为男性相似。

惠兴女士自杀事件传播开后,《北京女报》的主编张展云找到玉成班班主田际云,共商义演助学之事。两人决定一起组织"妇女匡学会",筹备义演,并将此事禀告官府。在《禀立妇女匡学会小启》中,除了简述办会义演的缘由,还特别提到了"演戏三日,专卖女座"①。有趣的是,在这次义演的传单中,还详细写出了妇女听戏的"规则":

> 本会一概不卖男座。
> ……
> 本会为匡学筹款起见,非借此射利营私,听戏诸女士,均因热心助善而来,总祈诸位谅此区区苦心戏,凡所用男丁,如车夫跟班人等,务须自为约束,令其在戏场外静待,不许擅入,以昭慎重,以省口角,如有买物套车等事,可令随带仆妇传言,即本会亦雇有女仆,预备使唤。
> 此三日所演戏文,经工巡总局审定,均系光明正大之戏,凡有伤风化者一概不演。②

可以看出田际云等人对于这三场只卖女座的新戏还是有所顾虑的。"只卖女座"意味着准许女性入戏园,得到了官府的批准,女子看戏更是合法。而本来《惠兴女士传》就是为了却惠兴女士兴女学的遗愿,转为女子开放,除了筹资也可以扩大女学在女性中的影响,合情合理。此等合法、合理、合情的新戏,田际云等人依然很不放心地"叮咛"女看客们千万不要让男性家仆入内,并且一再声明自己演的是"光明正大"之戏。个中缘由,恐怕除了重申改良新戏内容革新的宗旨,还要针对戏园中一直存在的"男女大防"。毕竟在女学校尚不合法的年代,女性虽然有机会进入戏园,但是重重礼教约束仍如影随形。

晚清兴女学频频受挫,适逢新戏改良,内容革新。女学启蒙于是成为最引人注目的改良题材之一,新戏《惠兴女士传》和《女子爱国》推动了女学官方文件的颁布,同时也为戏剧演员正名。在这种良性循环之下,实际还隐藏着女性意识萌芽之初依然需要借助男性发声的现象。而礼教的束缚并没有因为制度的推行而立刻消散,相反连提倡女学的新戏中也处处留有向风俗和制度妥协的影子。在推动女学的大背景下,女性无论是登上戏台还是只成为戏文中的"她"字符号,亦或者坐在台下成为观众,都艰难地在进与退、去与留的夹缝中取舍。在女性走出家门成为"景观"的一瞬间,私人领域向公共领域的转移就已经开始。正如汉娜·阿伦特所论:"既然我们对

---

①② 景孤血:《三十年前北京妇女匡学会义务戏传单》,《立言画刊》,1939年第16期,第9—10页。

现实的感受完全依赖于表象,从而也就依赖与公共领域——事物能够脱离其黑暗的、隐蔽的存在形态,而进入公共领域——的存在,因此,就连照亮我们的私人生活和隐私生活的微光最终也是来自于公共领域的更加刺目的光芒。但是,有许多东西根本抵挡不住公共舞台上其他人恒久在场的那道无情亮光。"①面对围绕着戏台乃至整个晚清社会大舞台的灼热注视,女学道路漫长,而女性的脚步还需要更加坚定。

(原载《现代中文学刊》2017 年第 2 期,有删节)

---

① [美]汉娜·阿伦特:《公共领域和私人领域》,收入《文化与公共性》,刘峰译,汪晖、陈燕谷主编,生活·读书·新知三联书店 1998 年版,第 82 页。

钱基博与近代文学观念转型
——以《现代中国文学史》"文"篇为中心

狄霞晨

钱基博的《现代中国文学史》洋洋 34 万字,收录了包括王闿运、章太炎、刘师培、陈三立、林纾、王国维、康有为、梁启超、严复、胡适等在内的近现代文学名家名作,既有人物生平事迹,又有时人及钱基博本人对其作品的选录与评价。在文体的划分上,钱基博也是独出心裁,把文学分为古文学和新文学两种。值得注意的是,此书形成于 1920 年代,出版于 1930 年代,当时新文学风头正健,五四新文学家们纷纷批判古文学,将其斥之为"旧文学"。而钱基博并没有附和此说,也没有排斥新文学,而是按照自己对文学的理解,追本溯源,收集史料,力图呈现一部真实的"现代"文学史。

钱基博所选的文学家大多生于晚清,经历过辛亥革命,既有维新派(如康有为、梁启超),也有革命派(如章太炎、刘师培);既有诗人(如王闿运),也有学者(如王国维)。这部"现代"文学史既不是指"现代文学"之史;也不是指"现代"的中国文学史;更不是"现代性"的中国文学史。从整部作品的结构来看,作品选与史料占据了大部分篇幅,钱基博个人的论述并不多。虽然名为《现代中国文学史》,但内容其实是"清末民初中国文学史料长编"。

即使是在当时,钱基博此书也引起了争议,尤其是编书的体例上。但此书数度再版,而钱基博并未对体例做过修订,自信可见一斑。也许正是因为其体例的独树一帜,才更值得我们去探究。本文试图通过对钱著"文"篇的梳理,探讨钱基博"文"的观念;通过对钱基博对文章的选取、文体的分类及文人的点评,展现一幅转型时期的文学画面。

一、"魏晋文"与王闿运、章太炎

钱基博对"文"的认识独到而具体。他没有按照通用的划分方法把"文"分为骈文和散文,而是提出了"魏晋文"这一概念,将王闿运、章太炎、苏曼殊、廖平、吴虞、黄侃等人的文章归于其中。"魏晋文"并不是一种约定俗成的说法,而钱基博也并未对此做出解释。魏晋时期的政治局势与清末相似,而雅驯清远的魏晋文也成为了众多晚清文人所钟爱的文体。

在"魏晋文"中,钱基博主要介绍了王闿运、章太炎和苏曼殊,尤以王、章为重。三个人之间差异很大,王闿运以诗文见长,章太炎以经学、小学见长,而苏曼殊则是亦新亦旧的小说家、翻译家。在钱基博之前,似乎从来没有把这三个人相提并论,然而钱基博却敏锐地发现了他们与"魏晋"之间的关系:"王闿运弘宣今学,章太炎敦尚古学,苏玄瑛皈心释典,所学不同;而文尚魏、晋,以淡雅为宗,则蹊径略同。"①即言王闿运模仿魏晋骈文,章太炎推崇魏晋文章,苏曼殊有魏晋风度。当然,除了这三者以外,"骈文"篇中的刘师培、李详似乎也可以归入其中,应当是钱基博为了强调其中的不同而刻意为之的。

钱基博相当看重王闿运。他在一开篇就说:"方民国之肇造也,一时言文章老宿者,首推湘潭王闿运云。"②正是因为民国初期王闿运在文坛上的地位,因此钱基博把他列为此书中第一号人物。由于王闿运的成就不仅在文学,在今文经学方面也有所成,因此钱基博也多方面取材,力图展现一个真实而完整的王闿运。就其"魏晋文"而言,钱基博选择了其《秋醒词序》和《到广州与妇书》。《秋醒词序》可谓是王闿运的骈文代表作之一,文辞清丽,道家思想贯穿其中。钱基博引用曾国藩语"生平妙文,无过此者"③,对《秋醒词序》极为称赞。《到广州与妇书》是王闿运在广州避祸期间写的一篇骈文,写旅途风景、史迹、奇闻,言语中流露出对广州异象的鄙视。钱基博对其辞章之美加以称赞,认为可以与鲍照的《大雷》相媲美。

然而,如果回到当时的历史语境之中,王闿运的成就恐怕不仅在"文"。陈锐曾在《褰碧斋日记说诗选录》中从诗歌与经学的关联性角度极赞王闿运的诗:"今之王湘绮,殆圣之时者欤?"④王闿运从第 1906 年 7 月 11 日开始在《国粹学报》发表文论,分别是《湘绮楼论唐诗》(第 18 期);《湘绮楼论文》(第 22、38 期)和《湘绮楼论诗文体法》(第 23 期)。以此结合他在《国粹学报》发表的诗文数量来看,王闿运的诗与文在当时应属平分秋色。而当代对王闿运的研究也似乎更偏重于其诗。钱基博虽论及其诗,但篇幅相对较少;而且由于采用互见法,在"诗"篇并未专门论及王闿运。这种重"文"轻"诗"的做法其实反映了钱基博的文学观,也一定程度上影响了后人对王闿运文学成就的评价。

如果说王闿运入选"魏晋文"是因为他的文章风格接近魏晋骈文,那么章太炎入选的原因则主要是因为他对"文"的观念。章太炎认为魏晋文"大体皆坤于汉,独持论仿佛晚周;气体虽异,要其守己有度,伐人有序;和理在中,孚尹庞达,可以为百世师矣"。⑤钱基博摘录了章太炎《文学论略》,认为"炳麟生平论文之旨大略具是矣"⑥,并且指出:"炳麟以为文生于名,名生于形,修辞必原本小学;而自以造辞先求故训,穷理能为玄言,高出时辈,不欲为伍。"⑦即认为章太炎的文学观主要来自于其小学观,这一点也是章太炎本人所强调的。然而随着"文"与"学"的分离,

---

① 刘梦溪主编,钱基博著:《中国现代学术经典 钱基博卷》,河北教育出版社 1996 年版,第 123 页。
② 刘梦溪主编,钱基博著:《中国现代学术经典 钱基博卷》,河北教育出版社 1996 年版,第 44 页。
③ 刘梦溪主编,钱基博著:《中国现代学术经典 钱基博卷》,河北教育出版社 1996 年版,第 47 页。
④ 陈锐:《褰碧斋日记说诗选录》,《国粹学报》第 49 期。
⑤ 刘梦溪主编,钱基博著:《中国现代学术经典 钱基博卷》,河北教育出版社 1996 年版,第 94 页。
⑥ 刘梦溪主编,钱基博著:《中国现代学术经典 钱基博卷》,河北教育出版社 1996 年版,第 108 页。
⑦ 刘梦溪主编,钱基博著:《中国现代学术经典 钱基博卷》,河北教育出版社 1996 年版,第 108—109 页。

现代学者已经很少能够兼通文学、小学，因此也不可能从本质上去理解章太炎的文学观，遑论发挥。

《文学论略》有破有立，阐释其对文的看法。认为文分有句读文和无句读文；文章之贵，在于书志、疏证；每种文体都有雅俗之分。他引经据典，对文体变迁的原因，以及古今文人的偏见进行批评，兼批评日本汉文学家，似为在日本时期所作。文中常见"或曰"，似与学生的问答。钱基博所引的这篇文章应为《国粹学报》21—23期所刊登的版本，连载于1906年10月到12月间。①

《文学论略》的确集中反映了章太炎的文学观。在《国粹学报》"文篇"中，最初刊登了一系列支持骈文的文论，以刘师培为主，并且多少得到了田北湖、罗惇曧、邓实、王闿运的支持。刘师培从源头上梳理了文章的源流，肯定骈文的正统性。而钱基博也是态度暧昧的支持者之一。早在1906年，年仅19岁的钱基博就曾向《国粹学报》投稿，在第十二期发表了《说文》（署名钱博）一文，与刘师培、陆绍明的文章共同刊登在"文篇"栏目中。《说文》仿照陆机《文赋》，骈散结合，文采华丽，梳理文章源头，论述了"或捃扯柔靡之体……或驰骛乎新奇……或纷糅杂沓……或株守专家……或志不竞名"等若干种不同文体，当时钱基博已经对文体有了相当程度的关注和见解。②他虽然未直接表露出对骈文的支持，但此文本身就用骈体写成，与刘师培的《文说》前后呼应，显然有支持骈文的态度。1935年，钱基博曾在自传中回顾这段经历，颇为得意地说："又以己意阐发文章利钝，仿陆士衡《文赋》，撰《说文》一篇，刊布刘光汉主编之《国粹学报》；意气甚盛。"③刘光汉即刘师培。④直到章太炎刊登《文学论略》，《国粹学报》上骈文观一统天下的局面才开始消散。

除了对骈文观的挑战之外，《文学论略》中有几点值得注意：首先，它提出了一种包罗万象的文学观，认为文"包举一切著于竹帛而言"，分为成句读之文和不成句读之文；成句读之文中，又分为有韵文和无韵文两种；无韵文可分为学说、历史、公牍、典章、杂文、小说六科；"命其形质，则谓之'文'；壮其华美，则谓之'彣'，凡彣者必皆成文，而文者不必皆彣"。⑤其次，表现出了对小说的鄙夷，认为"小说者，列在九流十家，不可妄作"。⑥国粹派文人大都对小说持有这种态度。第三，以辩论的形式批驳"学说在开人之思想，文辞在动人感情"这一观点，认为不能以是否动感情为标准判定文辞。青年时代的鲁迅就曾经据此与章太炎争辩。⑦虽然鲁迅在《太炎先生二三事》

---

① 章太炎对此文曾多次修改，《国粹学报》第67期所刊登的《文学总略》（署名章氏学）即在《文学论略》的基础上修改而成，前后各有增加。《文学总论》删去了《文学论略》中对文学各科的分类，删去对雅俗的论说。前面增加的主要是对"文章"不应作"彣彰"这一观点的论证。认为"文章"并不重其文采，所以不能改为"彣彰"，并引用经典之语加以论证。后面增加的是对《文选》中"总集""别集"与文学关系的梳理，对阮元、曾国藩进行批驳。
② 见钱博：《说文》，邓实、黄节主编：《国粹学报》第12期。
③ 刘梦溪主编，钱基博著：《中国现代学术经典 钱基博卷》，河北教育出版社1996年版，第932页。
④ 《国粹学报》并非刘师培所主编，然而钱基博之所以会有这样的印象，可能是由于当时《国粹学报》上刘师培的文章数量众多，远超其他撰稿人，而文篇的主持人，也似为刘师培。
⑤⑥ 刘梦溪主编，钱基博著：《中国现代学术经典 钱基博卷》，河北教育出版社1996年版，第98页。
⑦ 参见李振声：《中国新文学建构中的章太炎因素》，冈山大学文学部纪要，第58号。

中主要肯定的是作为革命家的章太炎,但鲁迅的文学观也多少受到其影响。《鲁迅全集》中,现代观念中的"纯文学"如小说、诗歌、散文占据的篇幅并不大,反而是杂文最多。钱基博对章太炎的文学观并未作太多评价,态度较为客观。从《现代中国文学史》的所选择的研究对象来看,钱基博并没有接受章太炎的杂文学观。

钱基博对苏曼殊文学成就的评价主要集中在介绍其对英国浪漫派诗人拜伦、雪莱的诗歌的译介方面,但钱基博对其评价并不高:"拜轮豪放,师梨凄艳,而玄瑛字拟句放,译以五古,晦而不婉,哑而不亮,衡其气体,似伤原格。"①苏曼殊的文学成就,除了译诗之外,还有小说创作及小说译介。但钱基博对其小说只是以一句话带过,整部《现代中国文学史》中也几乎不涉及小说。这也反映了钱基博的小说观,与国粹派文人如出一辙:认为小说属于三教九流之末,地位卑贱,不值一提。不过,钱基博把苏曼殊的文学成就归入魏晋文中,与章太炎、王闿运放在一起评价,的确是一种创见。

二、刘师培与骈文

世人论刘师培,往往推重其在经学上的造诣,与章太炎并称。在敦崇古学上,两人的确有很多共同之处,而钱基博却能看到章、刘文章的不同之处:"章氏淡雅有度而枵于响。师培雄丽可诵而浮于艳。章氏云追魏晋,与王闿运文为同调。师培步武齐、梁,实阮元文言之嗣乳。"②他认为:章太炎的文属于魏晋文,而刘师培的文属骈文,突出了刘师培的骈文特色。钱基博认为,刘师培的文学观主要受到阮元和章学诚的影响:"论小学为文章之始基,以骈文实文体之正宗,本于阮元者也。论文章流别同于诸子,推诗赋根本源于纵横,出于章学诚者也。"③

刘师培的骈文学观,一般将其溯源至其同乡阮元。刘家与阮家素有交往,刘师培对阮元的认同一部分来自于其家学的传承。阮元也热衷于用汉学家治小学的方法来研究文学,参与到了当时与桐城派的骈散文学论争之中,倡导"文言说"。其《书梁昭明太子文选序后》云:"言必有文,专名之曰文者,自孔子《易·文言》始。……孔子《文言》,实为万世文章之祖。……自齐梁以后,溺于声律。彦和《雕龙》,渐开四六之体,至唐,而四六更卑。然文体不可谓之不卑,而文统不得谓之不正。……是四书排偶之文,真乃上接唐、宋四六为一脉,为文之正统也。"④除了阮元之外,乾嘉时期扬州学者汪中、焦循也多推重《文选》,支持骈文。

刘师培继承和发展了阮元的骈文观,并且多有发挥。在《文章源始》中,刘师培详细论述了文的发展:上古语言无文字,中古文训为"章",有章者为文;东周直言者谓之言,论难者谓之语,修词者谓之文;春秋文与语分,文近于经,语近于史,有修饰出现;西汉文区二体,赋颂箴铭出于

---

① 刘梦溪主编,钱基博著:《中国现代学术经典 钱基博卷》,河北教育出版社 1996 年版,第 98 页。
② 刘梦溪主编,钱基博著:《中国现代学术经典 钱基博卷》,河北教育出版社 1996 年版,第 133—134 页。
③ 刘梦溪主编,钱基博著:《中国现代学术经典 钱基博卷》,河北教育出版社 1996 年版,第 141 页。
④ 阮元《揅经室集下》,中华书局 1993 年版,第 608—609 页。

文者也,论辩书疏出于语者也;东汉论辩书疏亦杂用排体,易语为文;魏晋六朝崇尚排偶,文与笔分,偶文韵语谓之文,无韵单行者谓之笔;唐代以单行易排偶,由骈俪相偶之词,易为长短相显之体,不以散行者为文;北宋推崇韩愈;明以六朝之前为骈体,以韩愈诸辈为古文;清独尊桐城,以经为文,以子史为文。①由此可见,文出自于经,与经的关系忽远忽近,随着各个时代不同的好尚而转移。其中有两个时期文与经的关系特别近,一是春秋时期,文近于经;二是清代,以经为文,以子史为文。然而,刘师培并不认为文应当如此。文虽出于经,在春秋时期,也是文的萌芽时期,文近于经是正常而且有益的。但随着时代的发展,各种新的文体出现,也有了新的概念,而刘师培则希望通过正本溯源,为文寻求更为合理的定义。

而钱基博独具慧眼地看到刘师培文学观与章学诚的共通性,主要是源于其对章学诚的研究。钱基博潜心于章氏之学,于1929年撰成《〈文史通义〉解题及其读法》,对章学诚的《文史通义》进行解读和研究。然而,刘师培虽然借鉴了章学诚关于文章流别和诗赋根本的观点,但这并不是他文学观中的重点。而且从刘师培在其他著述中流露出的观点来看,他对章学诚的认同不及阮元。例如,刘师培在《中国民约精义》中批评章学诚的"道之大源出于天"的观点为"大误"。②在文体的认识上,章学诚认为"文体备于战国",而刘师培却在《中国中古文学史》提出"文体备于东汉"之说。由此可见,钱基博对于刘师培学缘结构的认识还是有局限的。

此外,在钱基博对刘师培的认识主要集中在对其经学、政治以及文学上,对刘师培的西学思想并无多言。实际上,刘师培吸纳了进化论、社会学等西学观念,并且对其文学观产生了影响。例如,刘师培受到斯宾塞社会学的影响,认为文学起源于祭祀(《文学出于巫祝之官说》);从地域角度来考察文学的差别,认为北方文学长于叙事,南方文学长于抒情。他在《南北文学不同论》中说:"大抵北方之地厚水深,民生其间,多尚实际。南方之地水势浩洋,民生其际,多尚虚无。民崇实际,故所著之文不外记事析理二端。民尚虚无,故所作之文或为言志、抒情之体。"③他还受到进化论观点的影响,在《论文杂记》中用进化论来解释文学变化,认为文体的变迁,越分越细,并以此对各朝各代的文章变化进行论述。并以罗马文学的发展进化史与中国文学史相比,认为"昔罗马文学之兴也,韵文完备,乃有散文;史诗既工,乃生戏曲。见涩江保《罗马文学史》。而中土文学之秩序,适与相符,乃事物进化之公例,亦文体必经之阶级也"。④当然,钱基博对刘师培的文学观念论述虽不全面,但也能抓住重点,论述其骈文特长,与前贤、今人观念的联系与差异,尤其是能够注意到刘师培与章太炎文学思想之异并进行比较,实为可贵。

"骈文"篇中除了刘师培之外,钱基博还论及李祥、孙德谦、黄孝纾等人,这几位在当时都小有名气,但他们的文章及观念与五四以来的时代潮流多有不合,多年来一直未能受到重视。钱基博的论述起到了保存史料的作用,也提醒后人,他们的文学成就不应被遗忘。

---

① 刘师培:《文章源始》,见邓实、黄节主编:《国粹学报》第1期。
② 刘师培:《中国民约精义》,刘师培著,万仕国点校:《仪征刘申叔遗书》第四卷,广陵书社2014年版,第1752页。
③ 刘师培:《南北文学不同论》,刘师培著,万仕国点校:《仪征刘申叔遗书》第四卷,广陵书社2014年版,第1646页。
④ 刘师培:《文章原始》,刘师培著,万仕国点校:《仪征刘申叔遗书》第十一卷,广陵书社2014年版,第4926页。

三、桐城内外

在"散文"一节中,钱基博主要介绍了王树枬、贺涛、马其昶、姚永概、姚永朴和林纾。《现代中国文学史》初版问世时并没有王树枬、贺涛,而是在 1937 年四版时才加上的。有清一代的散文,今人几乎只知桐城一派。钱基博虽然也肯定桐城派散文,但并不唯桐城是尊。钱基博早年曾当过陶大均的幕僚,而陶大均为曾国藩再传弟子,陶大均十分欣赏钱基博的文章,认为他的文章"得曾文正所谓阳刚之美"。①因此钱基博的学问虽然以家学为主,与桐城派之间也有千丝万缕的联系。他在自传中写道:"在曩时桐城之学满天下,博固不欲附桐城以自张;而在今日又雅弗愿捶桐城已死之虎,取悦时贤。"②

桐城派散文兴起于清朝中叶,由方苞始创,刘大櫆和姚鼐集大成。私淑姚鼐的曾国藩促进了桐城的中兴。曾国藩有弟子张裕钊、吴汝纶,是后期桐城派散文的代表人物。张裕钊弟子中贺涛、范当世较为出名;吴汝纶弟子有贺涛、马其昶、姚永概、姚永朴等人。其中贺涛曾先后师事于吴汝纶和张裕钊。贺涛与范当世齐名,被称为"南贺北范"。但钱基博却没有单独介绍范当世,而是把马其昶与贺涛并提,认为马其昶得到了吴汝纶的真传,与贺涛为南北两宗。林纾虽不是桐城派的直系弟子,却服膺于桐城。钱基博所选取的散文代表人物中,除了王树枬,其他几乎都可以算作是桐城派。钱基博选择了桐城派散文家来介绍,但并非一一列举。在介绍贺涛、马其昶的时候,他使用了"史家详略互见法"③,因此,虽然吴汝纶、张裕钊去世较早,未能进入"现代文学史"而获得钱基博的专门介绍,但钱基博在介绍贺涛、马其昶、姚永概、姚永朴的时候,多多少少地带出了这两位桐城派散文大师。

他着重介绍的第一位散文家王树枬"一扫桐城末流病虚声下之习;气骨遒上,其文戛戛独造,一洗俗器;而生创奋勃处,尤得力于昌黎者为多"。④钱基博引用了王树枬的《祭曹子清文》《琴师黄勉之墓碑》与《漱芳园记》,称赞其散文深得韩愈精髓:"纡徐委备,于质淡中出波澜,机神凑泊,韵味盎然,乃熙甫胜境;而文笔之拗折,仍出荆公。"⑤

在介绍贺涛时,他选取了贺涛散文《送张先生序》与《吴先生行状》,认为前者师承曾国藩,但在"气体闳远""高简之笔"方面,又胜于曾国藩;而后者"气厚色穆,靠实发挥;雄赡而归于朴,绝不张惶"。⑥贺涛推崇西人文学兴国的观念,认为:"国之积弱,由于人才之消歇;欲起而振之,必有赖于文学。"⑦但一旦发现国人过于推崇西学,便又开始思索保存国粹。

---

① 刘梦溪主编,钱基博著:《中国现代学术经典 钱基博卷》,河北教育出版社 1996 年版,第 933 页。
② 刘梦溪主编,钱基博著:《中国现代学术经典 钱基博卷》,河北教育出版社 1996 年版,第 935 页。
③ 刘梦溪主编,钱基博著:《中国现代学术经典 钱基博卷》,河北教育出版社 1996 年版,第 4 页。
④ 刘梦溪主编,钱基博著:《中国现代学术经典 钱基博卷》,河北教育出版社 1996 年版,第 168 页。
⑤ 刘梦溪主编,钱基博著:《中国现代学术经典 钱基博卷》,河北教育出版社 1996 年版,第 172 页。
⑥ 刘梦溪主编,钱基博著:《中国现代学术经典 钱基博卷》,河北教育出版社 1996 年版,第 183 页。
⑦ 刘梦溪主编,钱基博著:《中国现代学术经典 钱基博卷》,河北教育出版社 1996 年版,第 184 页。

对桐城派散文家,钱基博也作了横向的比较:"曾国藩矫为雄而厉之已甚,又好袭成语,时有脱支失节之处;所幸气足以载其辞。吴汝纶则片段较整,又失之描头画角,不如国藩之高视阔步,举止岸异。"①"然其昶之不逮汝纶者,在矜慎而未能雄峭。而涛之所以智过其师,则在雄峭而出以浑厚,沛然出之;言厉气雄,行所无事;不如汝纶之跌宕顿挫,扪之有芒。"②钱基博批评曾国藩文章的缺点在于造作;吴汝纶虽然有所改进,但在气度上又输了几分;马其昶写文章过于局促;贺涛写出了浑厚的气度,却又不如吴汝纶的文章那么有起伏感。他把马其昶比作王安石,认为他"笔力坚净;拗峭之笔,饶有妩媚;浏亮之词,妙能顿挫;不为雄迈驱驰,而为瘦削拗折";又把贺涛比作韩愈。钱基博十分推崇韩愈,因此更为看重贺涛的高浑、积健。

虽然马其昶与贺涛曾经闻名一时,但在当下的研究却是重贺涛而轻马其昶。而对另外两位桐城派作家姚永概和姚永朴的研究,更是寥寥无几。其中一大原因是新文学运动时期,新文学家把桐城派和选学派作为主要的攻击对象。而当时任教于北京大学的姚永朴自然成为了众之矢的。平心而论,二姚虽然观点保守,眼界较窄,但他们的文章习得了桐城派真髓,俨然晚期桐城派的代表者,他们的文学思想和创作并不该被遗忘。正如钱基博所论:"其昶及贺涛皆不为诗,而文亦不规规桐城姚氏义法。独桐城姚永朴、永概兄弟为古文,亦兼能诗,禅其家学;为文淡宕而坦迤,每不欲尽;其诗清刻而峭发,又不害尽;盖笃守姚鼐之教也;而永概名尤著。"③桐城派虽然在新文学运动初期站在新文学的对立面,但无论从流派的历史传承来看,还是从文学史意义上来看,二姚的成就都似乎被低估了。

林纾虽然不是桐城派的嫡传弟子,但他的古文师法桐城,并深得读者喜爱。钱基博评价道:"纾之文工为叙事抒情,杂以恢诡,婉媚动人,实前古所未有。"④值得一提的是,林纾与钱基博之间曾经有过私人恩怨。1921年,钱基博作《技击余闻补》,为林纾《技击余闻》之补作,因此与林纾结怨。比钱基博大25岁,名满京师的林纾处处为难钱基博,不许商务印书馆印刷钱基博作品;钱基博本拟任北师大国文教授,也应林纾从中作梗而作罢。而钱基博写《中国现代文学史》时,林纾"身价既倒",钱基博也并未落井下石,只是平情而论,对林纾的评价也算公允。

林纾虽然学桐城,但思想却比同时代的二姚要开放。在讨论其译自哈葛德的《斐洲烟水愁城录》时,将其与史迁的《大宛传》作比;讨论译自狄更斯的《孝女耐儿传》时,则引入《石头记》、《史记》等作比;讨论狄更斯的《块肉余生述》时,又引入了《石头记》、《水浒传》和《左传》,可谓博古通今,贯穿中西。

余 论

除了对文学精神的追溯外,钱基博的文学史论述中其实还隐含着一条地理线索。"五十年

---

①② 刘梦溪主编,钱基博著:《中国现代学术经典 钱基博卷》,河北教育出版社1996年版,第178页。
③ 刘梦溪主编,钱基博著:《中国现代学术经典 钱基博卷》,河北教育出版社1996年版,第203页。
④ 刘梦溪主编,钱基博著:《中国现代学术经典 钱基博卷》,河北教育出版社1996年版,第219页。

来,学风之变,其机发自湘之王闿运;由湘而蜀(廖平),由蜀而粤(康有为、梁启超),而皖(胡适、陈独秀),以汇合于蜀(吴虞)。"①这条线索在骈文和散文中尤为明显。散文不消说,是桐城派的天下;在骈文一节中,主要代表人物刘师培是扬州学派的殿军,而李祥也是扬州府兴化人士,曾师从刘富曾(刘师培叔父)。

在上编"古文学"中,钱基博从文、诗、词、曲四种文体出发,根据其篇幅的长短,可以明显看出钱基博对"文"的偏好。从1906年发表《说文》到1932年出版《中国现代文学史》,钱基博对于"文"的思索一直持续着,可以说在《现代中国文学史》中他对文体的分类是经过了多年来的深思熟虑后形成的,并不是随意为之。钱基博在49岁时曾对自己的生平文章做了总结:"取诂于《许书》,缉采敩《萧选》,植骨以扬、马,驶篇似迁、愈,雄厚有余,宁静不足,密于综核,短于疏证。"②

值得注意的是,钱著虽然包含了"新文学"章节,可是其中主要论述的五位"新文学"家有四位(康有为、梁启超、严复、章士钊)是遭到新文学批判的;而对仅有的一位公认的新文学家胡适的评价也是以批评居多。对鲁迅、周作人、徐志摩、郭沫若、郁达夫也只是一笔带过。可见钱基博还是偏向古文家的立场,对白话文存在疑虑。

但凡史家编史,虽然秉持公正的立场,但终究会受到其知识格局和个人认知的影响。这部文学史中没有选录小说,不可谓不是一大遗憾。对于一些知名的晚清流派,如同光体诗、桐城派散文,钱基博并没有借用此类名词,而是使用"宋诗"和"散文"来代之,表现了其个人的文学认知与态度。钱基博及其在文章中选取的这些文人所持有的文学观虽然有门派之别,差异甚大,但钱基博并不致力于以统一的评价体系来批评,而是客观描述、公正评价,力图展现一部真实的"现代文学史"。

(原载《澳门人文学刊》2015 年)

---

① 刘梦溪主编,钱基博著:《中国现代学术经典 钱基博卷》,河北教育出版社 1996 年版,第 552 页。
② 刘梦溪主编,钱基博著:《中国现代学术经典 钱基博卷》,河北教育出版社 1996 年版,第 937 页。

西蒙栋"技术美学"评析

朱恬骅

法国技术哲学家西蒙栋(Gilbert Simondon,1924—1989)以其"个体化"(individuation)概念闻名,影响了包括德勒兹、拉图尔、斯蒂格勒在内的法国思想界。先前论者已或多或少注意到西蒙栋的著述在技术知识论和技术本体论上的意义,国内亦有围绕其"技术物件"(objet technique)概念展开的阐发。但在这些方面之外,我们认为,西蒙栋尤其是借助他所提出的"技术显像"这一概念,指出了审美和感性因素在人们对技术的理解中所起到的作用,从而将审美与感性纳入到关于技术的哲学讨论之中。如果说他的"个体化"和"技术物件"有"把技术从与主体意向性、社会文化环境等因素的关系中剥离出来,遮蔽了技术设计的实践本性和技术的伦理价值存在方式"的嫌疑,那么,对"技术美学"的探究将使我们得以重新发现技术在"前理解"状态下如何与人发生现实的互动联系。

一、技术美学的核心问题

"技术美学(techno-esthétique)"这一术语最早是在西蒙栋 1958 年的著作《论技术物件的存在模式》(下文简称《存在模式》)中提出的,这一术语在西方学术界声名鹊起,则是依凭 1982 年与德里达的通信。《存在模式》为"技术美学"所提出的第一个问题可以归结为"技术物件何以是美的",这包含了两个层面,即技术物件"是美的"的可能性和具体的实现方式。因为显然,"技术物件并不是在任何地方、任何情况下都是美的,而只有在它与世界上特异的、与众不同的情形遭遇时才会产生","它并不是自在地、不与世界相参照就是美的"。以山峰上的信号天线为例,单独看,它们只是一些不高的杆子,仅此而已;只有考虑到"它与看不见摸不着,同时又现实、真切地进行着的通讯活动相关联,从而山峰和铁塔天线彼此映照",这一技术物件才会被认为是美的。

对可能性方面的肯定——"技术物件可以是美的",这可以视为西蒙栋"技术美学"所作出的最为主要的主张。在其后来与德里达的通信中,这一点也未有所改变,并以埃菲尔铁塔、汽车等为例,一再试图用具体的例子来阐明这一点。而质询技术物件"是美的"的方式,也就是探寻技术物件或对象在何种情况下、由于何种缘故而被认识到其中的"美"。对此,西蒙栋给出的答案是技术教育。教育使人发现某个技术物件和世界中的技术图式(schème)之间的联系,或者按照他的说法,是将技术物件体现为世界中的"嵌饰"(insertion)——技术物件和它所处的局部情境的关联。

这里需要将"图式"和西蒙栋在论述技术性(technicité)时提出的另一个概念,即技术物件所构成的网络(réseau d' objets)区分开。这一网状结构被描述为诸如火车轨道、公路网络、发电输电系统等多种技术物件的集合体,因而给人造成一种印象,仿佛只要将技术物件网络理解为大量同质的技术物件的集合即可。在后世对于西蒙栋的阐释中,由于今天计算机网络的发达,他对技术物件网络特性的阐发就仿佛具有了高度的预言性质。然而,这一技术物件物质性的集合终究只是"技术物件网络"的组成部分。这种网络组织(réticulation)有着时空两方面的性质:时间的方面是由其生产者所给出的升级换代所构成的,而空间则有赖于它与其他技术物件的关联,它是在这种关联的状态下才真正发挥出功能的。相对地,单个的技术物件"只拥有技术性虚拟的一面,而这只有在它和整个系统的主动关系中才得到现实化。技术性是一组功能性的集合,包含了物件借以获得意义的世界,并与其他对象一同发挥作用"。世界包含在技术性之中,或者说,技术性关涉到世界;其他对象所指涉的也不仅仅只是技术的物件。因而如果只是从"技术物件的网络"角度片面地理解技术物件之间的相互联系、技术物件和技术知识所构成的逻辑化的系统,那么,人们就难免产生技术物件独立于使用情境的错觉。但在这里,通过将目光从技术的概念退回到对技术的审美态度,技术物件之间抽象的互相联系就首先被还原为与具体情境的关联,而这样的情境中显然不只包含技术物件或抽象的技术概念,而是充斥着非技术的内容;同时,技术知识的谱系也复归于使人能对技术能够有所把握的、从而也是属于人的知识。"山峰上的信号塔"首先是与山峰这种自然的地形地貌相关联的,而不是通讯和传播设备,或信号、频率这样的技术概念。

需要恰当的技术教育人们才能认识到诸如信号塔这样特殊的技术物件和普遍进行中的技术活动之间的关联,认识到它对世界的贡献——它怎样为人们的生活提供便捷、为世界增添信息传递的渠道,等等,从而为它在世界中找到位置。技术对象由于技术知识的缘故呈现出它的丰富性,从而使人感受到这个技术对象的美。从这一直觉出发,西蒙栋主张,在技术物件中发现的"美"与在艺术作品中发现的"美"不同,而造成这种不同的原因就在于所需的知识。审美思维将技术图式中的形象结构(structures figurales)和基础性质(qualités de fond)相结合,从而将个别要素与总体性相结合,形象与基础相结合。然而,西蒙栋认为,这种个别与总体、形象与基础的结合专属于审美之人对技术之"美"的把握。他认为,艺术审美中可以缺少教育的成分,因为艺术作品无论如何都超越了模仿和功能上的替代,成为世界中的嵌饰,从而它的美就在于它本身;而技术教育对发现技术之"美"必不可少,就因为只有通过教育才能理解技术的"功能"。他认为艺术作品之所以可能,是由于人类具有某种基本的倾向,能有所感知,并在一些真切的、活生生的情况下产生感性印象。但我们知道,缺少艺术的知识,人们也无法识别出艺术作品中对前代作品的引用、模仿,就无从知晓这一作品的历史意义,而这会在很大程度上影响人们对艺术作品的理解与判断。虽然这些艺术史的知识本身或许尚且属于艺术经验的外围,但从根本上,人们能够将一个艺术作品理解为艺术,这一情形并非是纯然感知觉运作的结果。在与艺术作品潜移默化的接触中,人们才得以形成"艺术作品"这样的概念,因而对形式的偏好固然有其生理的成分,和这里的技术物件一样,艺术作品同样不以知觉为其全部,也不单凭感官性质而"是美的"。因而我们可以说,特定技术物件所要求的这种与特定图式的关联,同样也存在于艺术之中,只是人们未必像学习技术知识那样专门学习欣赏艺术所需的知识,故而没有意识到这种知识的存在。

西蒙栋将技术与艺术之"美"的不同归结在所依赖的知识门类不同,带来了另外一个问题,即理解技术之"美"的知识和技术知识之间的关联是否如他所说的那样直接。我们相信,对艺术知识了解越是广博,在特定艺术作品中所体会到的内容也就相应地有更广博的可能性。但是对于技术而言,技术知识的掌握和技术之"美"的领会似乎并不是这样。当技术专家看到技术物件得以建构起来的原则时,他们分析性地深入到更细微而具体的技术事项之中,而未必将这个技术物件作为整体和世界关联起来;对他们来说,常人或技术爱好者们赋予技术物件的种种含义可能只是穿凿附会的玄学与迷信,从而这种技术之"美"消解在更细层面上技术事项组织方式的合理性甚或是必然性之中。这就是说,抽象地将技术之"美"和技术知识的教育联系在一起,并不能真正确定技术之"美"得以产生的原因,甚而使技术之"美"具有怎样的表现形式也变得模糊了。但在西蒙栋对技术物件的心理社会学(psychosociologique)分析中,他的确意识到技术有以其对人的呈现方式而起作用的精神意义。技术之"美"的具体表现形式及其产生的原因同样处在他所说的心理社会学的范畴中,要在技术与文化的互动模式中发现。这一点也可以由他对技术物件仪式化(ritualisation)的考察中寻找到痕迹。正是这一过程使原先起阻碍新技术作用的文化重新吸纳了技术,这就将我们引向了技术美学为考察技术与文化的互动所提供的概念框架。

二、技术显像作为技术与文化的中介

文化相对于技术的进展总体上呈现出保守的态度,但西蒙栋指出,并非文化天生就与技术作对。譬如古罗马的贸易、农业、军事等方面的技术事项出现在语言隐喻之中,表明这些"技术"构成古罗马人认知世界的图式,也就是构成了他们的文化;他们用这种文化来统治被征服的、异质的希腊人,从而对文学艺术上的希腊化运动起到制衡的作用。当代文化与技术之间的对立,也是出于技术"引入了新的形式,它们与已经存在的有机结构——也就是文化——相异质"。相对地,技术需要对文化的排挤作出反应。这种反应不是在技术的原理上如何作出变动,而是从对技术的包装上反映出来的。例如,汽车引擎和散热装置逐渐被隐藏在护罩之下,收音机的外壳制作成书的模样,电热取暖器放出摇曳的红色光芒模仿火光。另一方面,当赛车运动进入公众视野的时候,赛车的排气管在外观上就被突出了出来,成为引擎强大动力的象征。技术物件的隐藏和伪装是技术在文化的排挤之下求得生存的方式,而将技术物件夸张地展示出来,则代表着它重新"进入到文化的大本营之中":这是通过象征化地运用技术物件的形象而完成的,西蒙栋称之为"技术显像"(technophanie)。

"技术显像"(technophanie)一词由表示"技术"的"techno-"和表示"显现"的"-phanie"组成,仿照"神明显灵"(théophanie)。西蒙栋用这个自造词指代技术的这种文化形象的表现或实现,技术通过某种能够为人感知的方式显示出形象,其代表则是仪表盘。测量仪表、指示灯作为技术物件功能和运转的指示特征,被仪表盘集中在一起呈现出来;仪表和机器关键部位上写有制造商名称的铭牌也颇为引人注目。尽管赛车的排气管、机器的仪表盘,对于这些技术物件的运作而言带有一定的功能,也是不可或缺的,但在技术显像中,排气管和仪表盘不是作为技术物件的一个部分在与其他部分的联系中获得意义的,而是作为整个技术物件的象征。夸大事物的一个组成部分来指称其全部,西蒙栋称技术物件上的这种提喻法为"超定"(surdétermination)。超定的部分隐藏了其他组成部分,也就是技术物件的构成细节;它们的产生并非出于技术的逻辑,而是出于人们带有任意性的选择。人们将它作为感知、认识、评判技术物件的主要乃至唯一渠道,而这个作为技术显像的部分显示自身的时候也就将整个技术物件"仪式化"了:"诚然,人们不能从仪表盘、刻度、指示灯中创造出技术世界来。但可以将这些仪式化认作信息交换的双向通道:首先,仪式化使特定种类的技术对象被文化所接受,在人们和文化内容之间传播交流;另一方面,它还使人类能够跨越文化的边界,进入到非仪式化的技术对象的世界之中,就像新入教的人接受洗礼而跨越神圣的界限。技术显像作为仪式化过程,是文化与技术性的中介,并且能够建立文化与技术之间双向的交流交换。"

通过仪式化,技术显像失去了它技术上的意义。尽管仪表盘上的指针和灯光所表示的只是电流之有无、高度之多少之类的信息,大众对仪表盘的认知却不是从技术意义的角度着手的。指针的移动和闪烁给人以机器运转的可感知的讯号,在此意义上,人们观看仪表盘,就好像看着自己的对话者而从对方的一颦一笑中察觉出一些微妙的意味一般,即便人们自认为发现的那些"微妙的意味"在技术上(在物理上)完全没有意义。因而,是在技术的爱好者和外围的狂热分子,而不是技术专家那里,技术这种表面上的特征就获得了极大的重要性,成为技术其他组成部分和它的原理、背景等各方面总体的象征。就此而论,科幻小说和电影中的技术因素,都是以技术显像的方式存在的。通过为技术物件找到一个前技术时代(通常是神话幻想中)的原型,技术呈现为"魔法"和奇迹,技术物件也仅仅以它们的外表成立。技术物件的内部总是人们无法触及的,而它的外部则有着丰富的呈现,并可与诸多人们所熟悉的幻想之物相类比。技术物件的这种可感的呈现补足了"技术美学"应有的"感性"那一层的意义,也构成了贯穿西蒙栋"心理社会学"考察线索的主轴。

技术显像表明,技术并非只有在技术物件的网络、技术知识的谱系或技术的图式之内才可以被认为有所价值。借助其呈现给人的模样,技术物件在它显露出的那部分中成为了象征。当西蒙栋指出其因为在远距离无线通信中功能而让人感到"美"时,使这种知识具有"真切的、活生生的"感性印象的,势必不会是对通信活动的技术性把握,而是将与远距离通信相关的具体经验勾连到信号塔所呈现出视觉形象上。在这个意义上,信号塔为人们长久以来对通过某种不可见的方式进行迅捷的远距离信息传递提供了看得见的形象,从而关联于丰富的前技术时代幻想之上,人们将此认定为技术物件所具有的"美"。相反,在无线通信已经司空见惯的当下,人们也丢失了那些前技术的幻想;信号塔只对从未见过它、且缺乏相关技术运用经验的孩子有吸引力,也就在于那些前技术的幻想。对技术专家来说原本就没有什么"美感"可言,技术知识提供的认知框架中没有"美感"的容身之处。认定技术物件"是美的"所需要的条件,从而,不在于专门化的技术知识中,而仅仅停留在日常的对技术的接触中。

在技术显像的仪式化过程,和用以表明"技术性"这一概念的网络组织之间,西蒙栋提出一种同构的关系:"行动中的仪式化,等价于在它得以展开的情境中发生的网络组织。"也就是说,从某个技术物件的角度看,整个技术的网络构成了它得以运用的背景,是其使用情境的一个技术上的描述;因而整个技术的网络中,各个对象之间可以互为运用情境的要求。在对技术物件的仪式化运用中,人们用单个、片面的技术表现形式来作为整个技术物件的象征,如汽车的码表;而在技术物件网络组织的过程中,其中的一个节点作为一个技术物件,也就意味着人们可以在恰当的考察方式下,从这一对象中解读出技术物件网络的特性。西蒙栋还将技术性的这种网络与宗教中的神圣性相比较:一个神圣活动,如节庆与祭祀,既展示了过往的祭祀如何进行,也昭示了将来的祭祀将以怎样的步骤进行;而它们的发生则是在一年中的一些关键时间点上,例如播种和收获的季节。技术物件的情形也是如此:在个别的技术物件中能够发现它与技术物件的关联,以及它和其他技术物件时间序列上的关系。从而网络组织中的对象也就凝结了整个网络的性质,对客观上的技术网络的考察,就等同于考察某一些技术物件使用情境的技术面相;对全部技术使用情境的考察如此又复归于对全部技术物件的考察,而这与逐个检验技术物件的区别在于考察方法:注重事物向外的联系亦即情境性质而不是内部的组成成分。

"技术显像""仪式化"和"超定"提供了分析技术的大众接受的框架,在现实中的案例可谓比比皆是。无论是在 20 世纪 60—70 年代的"计算机图形艺术"中,还是时下风风火火的各色"人工智能"中,计算机都是通过它的产物、行为与人的仿似性而分别获得画家或智能行动者的地位:说计算机是"画家",是因为在特定程序控制下它所"画"出来的"画"和人类画家作出的画视觉上无法分辨;说某个系统"有智能",譬如 AlphaGo,也是因为它像围棋高手一样"懂得"围棋的规则,而且还能赢过顶尖的棋手。技术仅仅凭借它们向我们呈现出的样子而在文化中占据一席之地,获得文化原本拒绝承认的地位。这些"计算机艺术"和"人工智能"确立其"艺术"和"智能"身份的方式都无外乎借助技术呈现的方式,并因此总之是类人的"计算机艺术"和类人的"人工智能"。现在,技术背后的运作团队甚而会有意识地在技术呈现方式上做文章:摆出正规的比赛场景,邀请知名的围棋选手参加,由技术代表执子,AlphaGo 所获得的技术上的进展丧失在表演性质的对弈给人带来的感性冲击之中。从而,这样的活动就不再是作为考核技术能力(即 AlphaGo 文章所声称的最终目的,追求"一种通用的问题求解方法")的意义存在,而被有意识地引向了仪式化,成为一个文化事件。技术细节全部被划为技术专家关心的范畴从而搁置起来;

人们或许会从专家那里借用"人工神经网络"这类原理性质的词汇和相关示意图,但此时就连这些术语和示意图也失去了它们作为 AlphaGo 运作方式的技术解释意义,而仅仅是"人工智能"系统得到呈现方式,这和电视报道中运用的机房空镜头有着同等功能:机箱、指示灯、示意图、特定术语,它们象征了计算机技术总体。同样,围绕人工智能的"盲目乐观"或"盲目恐慌"乃是由于前技术的幻想——像人一样的机器——获得了"人工智能"的新名称和表述方式,这种技术上的"盲目"恰是受文化引导的。仪式化的这种有意识的利用表明,技术不只是被动地等待被文化接受,它可以反过来利用文化中现成的情境和步骤而使自身获得更多的社会与经济资本,赢取发展空间。不过,这种技术对文化的利用和其中特别是经济上的动因,落在了西蒙栋的注意之外。

三、对技术美学的评价

要对西蒙栋所提出的"技术美学"作出评价,首先需要了解西蒙栋这一著作在法国技术哲学传统中的位置。众所周知,法国技术哲学想来强调将技术视为文化的组成部分来加以考虑,这一点甚至可以追溯到"技术哲学"的先驱者之一 Alfred Espinas:他建立了科学与技术、表现与行动的二元分立和逐层对应的关系,认为艺术和技术都不同于科学作为理性而系统的认识,而是带有反思性的、有机联系的习俗的总体,从而应当放置在文化之中加以考量。我们记得,涂尔干曾经注意到技术、物质文化的历史——而将技术引入对从古至今、从原始到现代的全部人类文化的考察。涂尔干对技术、对物质文化史的洞见虽然消失在后期有意识的对宗教在社会中所起作用的抬高之中,但这一洞见并未丢失,它为莫斯等人继承。莫斯主张,"所有技术的东西,其实都是纷繁多样的社会性的物",在这些"技术的东西"中甚至包括语言和艺术。在法国的这些人类学家和社会学家看来,技术涉及的不单单是机械的因素,还与"群体的整个表征系统"无法区分。它自始至终同人的社会性一面密不可分而不是单单生存目的就能够涵盖的;而且,它也不像柏格森的《创造进化论》里"劳动的人"(homo faber)最终服务于某种神秘的生命概念,而是必须历史地看待并加以具体的研究。一方面,他们反对将科学、技术、社会分离开来加以讨论的做法;另一方面,也反对了抽象而一般地论述技术,哪怕是社会中的技术。由于引入了历史的维度,艺术不是预先作为技术概念的一部分,而是在"行动与工具"的历史传承中内在于技术并不可辨识。

西蒙栋借"技术美学"这一术语提出技术的审美因素,尽管美学在他仍然主要被把握为关于"美"的判断,但这首先意味着承认了技术可以进入"传统上"专属于"美的艺术"的领域内,作为"美的艺术"的等价物而同样从"美"的方面得到考察。这和 Espinas 将技术和艺术并举,或是莫斯将技术纳入文化考察的范畴之中是一脉相承的,并且走得更为具体深入。与此同时,他看到了现代技术和艺术的分化这一事实,也在论述中维持了技术与文化之间必要的对立,提示这种暂时而又反复出现的对立——文化排斥和涵括技术,技术反抗与迎合文化——是技术和文化二者反复周旋从而发生变化的动力。

勒鲁瓦-古兰在《手势与言语》(*Le geste et la parole*)中将手势、语言这些社交所使用的符号系统当做一种重要的技术,他的研究建立在丰富的田野工作之上。对应于莫斯的行动/工具二分法,勒氏采取了一种"手势/工具"的二分,并参照于语言(这也同他的结构主义倾向呼应),指出"技术包括手势与工具两个方面,通过'句法'而顺序组织起来,从而所涉及的操作既具有了固定性,也具有灵活性。这一操作的句法是记忆提供的,作为脑和物理环境的共同产物而产生。语言也具有相似的过程"。我们看到,西蒙栋通过其技术美学总体上继承了这一传统,也在"制造"与"社交"的双重意义上谈论技术。但是西蒙栋所谈论的"技术"和他的前代人有着鲜明的区别。勒鲁瓦—古兰运用了石器时代的证据来表明人与技术的相互生成关系,这里的技术主要指认的都是考古时代的技术,考察的是古代技术和现代技术的共通之处,从而现代技术呈现为远古技术的同质延续,也因此,它的面貌仍是抽象而非具体的,因而尽管早在莫斯的时代技术人类学—哲学思想就号召对具体的技术加以分析,然而这类分析只能被视为一项未完成的任务。过度抽象化了的技术概念和对人性"生成"过程的强调,加之特别是列维纳斯对德国现象学的引入,使技术人类学崇尚历史事实的面相被"非历史的溯源"面相取代。而西蒙栋则直面了他的时代所能接触到的最具时代特征的各种现代技术,从而使技术在当代具有的意义不再仅仅停留于过去理论所预留的空白中,并且,他也将这些技术的实际发展纳入考量,而不再只是企图用先验的技术观念看待新出现的技术现象。在以现实的经验考察为理论出发点这一点上,西蒙栋为我们提供了一个良好的正面范例,避免落入田园牧歌的复古怀旧情绪、提出在现实中缺乏根基的问题和解决方案。

在不同的文本中,西蒙栋宗教与神圣(神圣性与技术性在网状结构上的同构性)、感性与艺术,与技术进行对比,最终又都回到了技术。相比于浪漫主义者那样单纯地在宗教或艺术中寻求"魔法"所意味的文化与技术的统一,我们看到,西蒙栋维持了文化与技术之间必要的张力,展示出文化与技术发展的辩证关系;但这种辩证关系终究还是在上层建筑之间的相互关联中把握的。技术物件来源于现实的、进行着的技术活动,而技术活动又归根结底是一种经济活动。对这一事实的忽略成为西蒙栋"技术美学"乃至其技术哲学的软肋。

尽管如此,在他所完成了的那部分考察中,展示出技术不为单一经济条件所扼制而与文化相辅相成的运作模式。西蒙栋对技术性的考察自技术物件始,经由技术物件网络结构,而又复归于技术物件。"技术的图式中存在着某种永恒的东西……这种性质永远存在,而可以保存在一件事物之中。""技术美学"表明,技术物件既是技术性的组成部分,同时也是技术文化含义的凝结和象征;这种象征依赖于技术物件所发挥的功能,更依赖于它与其他技术物件之间相对的关联。技术物件的意义在技术物件之外,但这种考察又不排斥技术而使之处于视野的盲点。这样一种考察方式迫使我们一再地从种种网状的结构回返到对象的个体,看起来像是无功而返,但与此同时也就意味着一次次从同一个起点向不同的方向出发,从而看到技术物件与周遭事物——技术的和非技术的——之间不同的联系;回返是这种重新出发所必须的前提。在从他物回返的过程中,事物的关联获得双向度的观照。表明因而更确切地,人们可以说,这种从总体上把握的技术存在于具体的技术物件与更广博的文化的界面处。这样,这种往复运动才不是徒劳无功的:它穿梭的轨迹构成了对技术与文化相交接的"界面"边界的探查。

参考文献

张廷干."技术正本"对"技术物体"的概念延续与超越——解释学视域中技术使用对技术存在的影响[J].东南大学学报(哲学社会科学版),2010,12(3):27—31.

Simondon G. On techno-aesthetics[J]. Parrhesia, 2012, 14(1):1—8.

Simondon G. Du moded' existence des objets techniques[M]. Paris:Aubier-Montaigne, 1958.

Simondon G. Sur la technique (1953—1983)[M]. Paris:Presses universitaires de France,2014.

Chabot P. The philosophy of Simondon:Between technology and individuation[M]. London:A&C Black,2013.

Espinas A V. Les origines de la technologie[M]. Paris:F. Alcan,1897.

[美]施朗格,编.论技术、技艺与文明[M].蒙养山人,译.北京:世界图书出版公司,2010.

Leroi-Gourhan A. Gesture and speech[M]. Cambridge, Mass.:MIT Press, 1993.

(原载《自然辩证法研究》2018 年第 5 期)

文化研究卷

从"古歌"看古代婚姻制度的演变

姜 彬

人类社会的婚姻制度不是像有些学者说的那样是从来如此的,它有个发展过程。这自1861年德国人巴霍芬的《母权论》一书出版,特别是1877年摩尔根的《古代社会》出来之后,已经是确实无疑的了。人类社会的婚姻形式,除了荒古时代的杂乱性交之外,基本上是循着四种形态发展过来的,即:一、血缘婚制;二、蒙昧时代的群婚制;三、野蛮时代的对偶婚制;四、文明时代的一夫一妻制。①各民族的五花八门的婚姻上的"奇风异俗",基本上都是从这四种形态的婚姻制度中变异出来的。婚姻制度在一时代中也决不是纯粹的、单一的,在一种基本的婚姻制度下,总伴随着其他的一些婚姻形态,不过这些往往是古代婚姻制度的遗迹。

对古代婚姻形式的研究,人们自来大致从两方面着手的:一、从历史的和宗教的传说中寻找原始状态的痕迹,巴霍芬的《母权论》就是从这里进行分析和研究的;二、从近代仍然存在的原始民族的现状来研究,这是人类学者的方法。这两种方法现在仍然是学术界研究古代社会的主要方法。因为远古时代人类还没有文字,他们的生活情况没有文字记载,后世文献上的资料都是根据一些传说记载下来的,而原始人对生活的反映大都是神话化了的,所以,需要进行对神话故事的分析研究,发掘出它的真实情况来。拉法格说:"神话既不是骗子的谎话,也不是无谓的想象的产物,它们不如说是人类思想的朴素的自发的形式之一。只有当我们猜中了这些神话对于原始人和它们在许多世纪以来丧失掉了的那种意义的时候,我们才能理解人类的童年。"②要这样做是困难的,但不是不可能的,许多学者做了这个工作,而且取得了重大的成就,例如巴霍芬从埃斯库罗斯的戏剧《奥列斯特》三部曲中分析出"没落的母权制跟发生于英雄时代并获得胜利的父权制之间的斗争"的有名的例子,就被恩格斯称为是巴霍芬"全书中最精彩最好的地方之一"③,他的解释是完全正确的。

但这终究是一个困难的工作,十九世纪末,一些民俗学者采用了一个新方法,他们用野蛮人的现状同希腊神话相比较,从而来理解神话的真实含义,这样使神话的研究有了更多的现实基

---

① 所谓野蛮时代并不是绝对的界限,对偶婚姻是蒙昧时代和野蛮时代的交替时期产生的。同样,一夫一妻制是野蛮时代的中级阶段和高级阶段交替的时期从对偶家庭中产生的。
② 拉法格《宗教和资本》,生活·读书·新知三联书店1963年版,第2页。
③ 《马克思恩格斯全集》第22卷,第248—249页。

础。这里也包括对史诗做这方面的分析研究,如人们对荷马史诗《伊利亚特》《奥德赛》以及欧洲中世纪有名的史诗《尼贝龙根之歌》所做的那样。但在这个领域里,这方面资料的运用还存在着很大的潜力,有许多民族的史诗和神话还有待于发掘和记录。

民间诗歌对古代社会生活的反映,甚至比神话、传说还要清晰,有时它以直率的语言叙述古代人的生活,拉法格说:"口头诗歌是没有文化的各族人民所知道和所采用的唯一的方法,目的在于保存他们的日常经验,保存给他们以深刻印象的事件的记忆。"①神话是原始人的艺术创作,而诗歌却既是艺术创作,又是没有文字的人民记载历史经验、祖宗功业和法规的一种方式。

我国西南地区是我国少数民族比较集中的居住地,这里很多民族都有唱"古歌"②的习惯。唱"古歌"对他们来说,就是温习历史,追寻祖宗的成规,并以此作为自己生活的准则。古歌中常常用这样的语言:"古时就是这样兴起,老人们去了我们才去,水流了我们才跟,不敢丢弃古代的传统啊!不敢违反地方的规矩。"歌手在歌尾常常用告诫的口吻结束说:"我们全寨听了这个古歌,我们全村要记得这个道理。"因为"古歌"是被看作是一个民族的历史的,所以,有的民族称"古歌"为"古史歌"。

如上所述,"古歌"的科学研究的价值是比较高的,它不但记录得比较真实,而且保存的古代人的生活面也比较广,以古代的婚姻材料来说,"古歌"简直是个古代婚姻资料的大仓库,可惜除了个别的民族的"古歌"搜集得较完全外,很多民族的古歌还没有完整的搜集起来,对已搜集记录起来的"古歌"资料,今天也还没有引起学术界足够的重视,它们很少被运用到历史研究上去。这里我从婚姻的角度把"古歌"中有关这方面的资料作一个粗略的介绍,希望引起学术界对这一个富藏的注意。"古歌"的搜集和记录,贵州省的民委和文联做过大量的工作,特别对苗族"古歌"的搜集比较完整,在记录方面也比较符合科学研究的要求,他们基本上是按照民间歌手唱的记录下来,有的同一首"古歌",记录了几个由不同地区或不同歌手演唱可以互为补充的材料,他们把这些资料印成了洋洋大观的四十三集,在记录和保存民族资料上作出了很大的贡献。

"古歌"中反映的最早的人类婚姻形式,是以兄弟姊妹结婚为特点的"血缘家庭"。这是人类社会的第一个家庭形式,在这之前两性处于杂乱性交的阶段,不管父母子女都可进行性交,这个时期人类社会还是无所谓家庭的"原始群",当时人类还是以渔猎和采集自然界的果实为生,还不知有畜牧和农耕,这时候这种人"群"在大自然中游荡,寻找食物,因为他们的收获物既无保障而且有限,不能养活更多的人,所以一超过三五十人,群就要分裂出去,另外组织新的"群"。这个时代的人实际上还处在由动物到人的过渡阶段,他还不懂得什么是"亲族"关系③。所以,恩格

---

① 拉法格《文学论文选》,人民文学出版社 1962 年版,第 10 页。
② 对西南诸民族来说,"古歌"是把神话和记事熔于一炉的一种形式,一般神话故事现代已很少有人把它当作真事看待,而"古歌"在少数民族却至今还是被看作以往历史的记载的,所以"古歌"也叫"古史歌"。
③ 沙尔·费勒克《家庭进化论》:"两性乱交的时代,只有在由动物过渡到成人的过渡时期才可以发生出来。当此时期,人类既然还没有与动物完全分开,他还不知道所以与他所生存的'群'中之妇女结合的亲族'谊系'是什么东西。来多尔诺说:原始的人们,也和兽类一样,是不知道'血族关系'Consanguin 的。"大东书局 1930 年版,第 9 页。

斯说:"在血缘亲婚尚未发现之前(这的确是一种发现,而且是一种极其宝贵的发现),父母和子女之间的性交关系所引起的憎恶,并不大于其他不同辈的人们之间的性交关系。"①

"血缘家庭"是直接从人类的杂乱性交状态中产生出来的,这种家庭已经限制了父母和子女之间的性交关系,它的比较典型的形式是按照辈分来组成婚姻关系,即"在家庭范围内所有祖父和祖母,都互为夫妻;他们的子女,即父亲和母亲,也是如此;同样,后者的子女,构成第三个共同夫妻圈子。而他们的子女,即第一个集团的曾孙和曾孙女们,又构成第四个圈子"②。这种婚姻形式,是同辈人,也就是兄弟姊妹之间组成婚姻圈子。

在我国西南各民族的"古歌"中关于兄妹结婚的材料,主要保存在"洪水歌"中。关于洪水神话,是世界许多地方和民族都有的③,在我国西南地区的许多兄弟民族中都流传着完整的洪水歌,据李子贤同志文章中的统计,云南二十二个少数民族及苦聪人中,至少有十六个民族及苦聪人有洪水歌,此外在我国的高山族、畲族、黎族、布依族、侗族、水族、土家族、羌族等民族中也有这种歌。闻一多先生在《伏羲考》④一文中,曾列举当时就已经采集到的"洪水故事"共有四十九个,其中除三个是在日本、越南和印度所搜集的外,其余四十六个都是国内各民族中采集的,这些故事几乎大多和洪水后再造人类的内容相联系,而且重点在"造人"部分,所以,闻一多先生认为把这类故事叫作"洪水故事",不如叫作"洪水造人故事"更为切合些。而除掉少数纯属传奇性质⑤的之外,极大部分都涉及兄妹婚姻关系,它的典型情节,闻一多先生曾把它表述为:

> 一个家长(父或兄)家中有一对童男童女(家长的子女或弟妹)。被家长拘禁的仇家(往往是家长的弟兄),因童男女的搭救而逃脱后,发动洪水来向家长报仇,但对童男女,则已预先教以特殊手段,使之免于灾难。洪水退后,人类灭绝,只剩童男女二人,他们便以兄妹(姊弟)结为夫妇,再造人类。

"洪水造人故事"的情节大致相同,但细节上各民族却有许多差异,这不但反映各民族的生活习惯上的差别,而且也反映了这个婚姻形态在各民族所回忆的时间也各有早晚,比如,纳西族的《创世纪》中,兄妹结婚在洪水绝灭人类之前就已经实行,它的理由很简单:

> 除了利恩六兄弟,
> 天下再没有男的,
> 除了利恩六姊妹,

---

① 《马克思恩格斯全集》第 21 卷,第 46 页。
② 《马克思恩格斯全集》第 21 卷,第 47 页。
③ 参阅李子贤《试论云南少数民族的洪水神话》,《思想战线》1980 年第 1 期。
④ 《闻一多全集》,开明书店版,第 1 卷。
⑤ 有的故事是天上仙女下来和主人公配合,生出了后代。有的在洪水绝灭人类之后,从天上降下的葫芦里,出来一男一女,传下了子孙。

世上再没有女的。
兄弟找不到妻子，
找上了自己的姊妹；
姊妹找不到丈夫，
找上了自己的兄弟。
兄弟姊妹成夫妇，
兄弟姊妹相匹配。

那时人的观念中，所谓"世上"，就是由几个世系（辈分）组成的范围广大的共产家庭，人的眼界脱不出这个圈子。在这个圈子里，他们所看到的可以婚配的男子和女子，只有兄弟和姊妹。这里所谓六兄弟和六姊妹的"六"也可以理解为虚数，是指一个辈分中的众多的兄弟姊妹，这里既包括亲兄弟姊妹，也包括从兄弟姊妹或世系更远的从从兄弟姊妹，在这个家庭中，兄弟姊妹互为夫妻是很自然的，当时的人不会有良心上的任何谴责。马克思说："在原始时代，姊妹曾经是妻子，而这是合乎道德的。"[①]在《阿细人的歌》中，也有类似的情节，在神造出了最初的男女之后，两人生下了五男五女，除幼儿和幼女未成年外，其余的兄弟姊妹就自为夫妻，这是天神允可的，是自然而然的。等到天发洪水后，哥哥姊姊们都淹死了，只留下幼弟和幼妹，这时他们已长大，需要成婚了（歌中的这个转折，在现实生活中其实已经经过了很久远的年代，这时候他们已经产生了兄妹不能结婚的朦胧的观念）。但世界上没有别的人，婚姻一直配不成，这时候他们问天神，兄妹能不能成亲？天神也不能像他们哥哥姊姊那时那样认为他们的婚配是理所当然的了，而要他们去试试"命运"，教他们带着筛子、簸箕，从高山上向下滚，要是筛子滚在簸箕里，才是好兆头，才同意他们成亲。天神也不是超时代的，它正是一定社会的生产关系和观念形态的化身。

《阿细人的歌》反映了人类婚姻经历的两个不同阶段，或者说，兄弟姊妹婚配的血缘婚制，正在向群婚制过渡的时期，已经发展到限制兄妹之间的婚姻了。但在歌所反映的时期内，这种观念还不是很明确、很严格，兄妹之间婚配的过程还没有隔着一座万里长城，还没有表现出要走过曲折的过程。[②]

在其他民族的这类歌中，反映兄弟姊妹血缘婚的婚姻制度，大多表现出更为曲折甚至痛苦的过程，说明这些唱"古歌"的人的时代与那个时代已经有了很长的距离。在他们那个时代，回忆起祖先曾经实行过的婚姻制度，已经觉得是大逆不道的了。所以他们在回忆这一历史上发生过的事实时，要加以种种限制和解说，以求符合当时人们的道德观念，使人们在感情上容易接受

[①] 《马克思恩格斯全集》第 21 卷，第 48 页。在《家族进化论》中，沙尔·费勒克曾引用韦斯特·马尔克所举的例："也没有好久以前，锡兰岛的野蛮非打士人 veddas 不唯把一个同胞的弟弟和他的姊妹结婚看作是自然的合理的婚姻，并且还看作是唯一合理的婚姻……"见该书第 24 页。

[②] 参阅光未然整理《阿细人的歌》，人民文学出版社 1953 年版，第 20—21 页、第 39—40 页。

些。因为人们对人类社会必须经历的历史的炼狱不了解,因此只好在幻想中求得解脱和安慰。这些歌中大致包含如下的一些解说内容:

第一,它们都把这种婚姻放在出于不得已的境遇里面,即把它们放在洪水之后这一特定的情景里,世界上再没有别的人可以婚配,只好和自己的兄弟姊妹婚配。

第二,歌中一个正大光明的理由是繁衍人类社会,不实行兄妹婚,人类社会要绝灭。

第三,天意的撮合。大多经过一番曲折的反抗过程,在苗族"古歌"里,洪水后留下的二兄妹找不到结婚的对象,当听到竹子说:只有兄妹俩成亲留人烟时,兄妹听了就变了脸,说"吃饭共只碗,吃奶共个娘,你话好难听,开口不讲理。"他们怒把竹子砍断成九节。又问冬瓜、南瓜、狼箕草、白刺、红刺,得到的回答是一样的,兄妹俩越问越失望,"了心在手掌,了意在脚心"①,最后,只好去问神,神让他们滚石磨等碰运气,他们得的都是好兆头,但是他们还"很难过",万不得已才结成夫妻。

第四,即使这样,有的民族的"古歌"中,对兄妹的结合还抱着保留态度,他们只是象征性的结合,如彝族的"人类起源"歌中,采取了贞洁孕的办法,"成亲太害羞,要传人烟有办法,属狗那一天,哥哥河头洗身子,属猪那一天,妹妹河尾捧水吃,吃水来怀孕"②。布依族的"古歌"中也是用贞洁孕的办法解决的。③贞洁孕在阶级社会里用来显示这种怀孕的神圣性,它表示伟大人物与众不同,他的生命是神赋予的。在古代神话里,贞洁孕则"不过表示妇女都要做母亲而不必出嫁"而已。④在这里它的意义是双重的,表现了对兄妹婚的一种观念上的反对。

第五,兄妹结合以后,所生的孩子差不多全是怪胎,有的四肢不全,有的甚至是异物,如冬瓜、南瓜、葫芦、肉团、皮口袋等,这些不同的事物的含义可能是不同的,如苗族"古歌"中生冬瓜是因为主人公曾把冬瓜踏了一脚,因而它咒他生儿像冬瓜,这里有原始报复思想;有的只取其象征性的意义,如生南瓜、葫芦,因为它们是多子之物,形容他们生的子孙多;但这里也有当时人已意识到血缘婚造成的坏作用⑤,在苗族的《兄妹开亲》歌之二中就说道:"别个的心好,不娶妹妹做妻子,生的好儿子;姜央的心不好,娶妹妹做妻子,生个怪儿子。"⑥

第六,歌的结尾也是意味深长的,有的说明家族的起源,有的说明百家姓的由来,有的则指明各民族的同出一源。"古歌"作者正确地把兄妹婚的血缘家庭看作是人类的第一种婚姻形式,而且认识到人类的繁衍分支,最早都是由血缘婚姻而来的。

---

① "了心""了意",即灰心丧气之意。
② 彝族史诗《葛梅》,云南人民出版社 1959 年版。
③ 《罕温与柬温》,见《民间文学资料》第 41 集。
④ 拉法格在《宗教与资本》一书中说:"处女母亲的观念大概产生在对偶婚姻代替群婚和氏族婚姻的时候:依照当时的看法,妇女即使当了母亲,在没有进入一夫一妻制婚姻之前,都被认为是处女。……往后,无疑地,'处女母亲'这个说法获得了另外的意义而用来表示'没有男人协作的母亲',约诺感到很骄傲,因为她没有靠男人而怀孕生了曼斯和赫巴。"见该书 39 页。
⑤ "大多数'同族繁殖'的种族,都是身躯短小、仪表呆板和生殖不繁;据我们所知道的锡兰的味达人,便是一个证明,故他们不久便绝迹于人类了。"《家族制度史》,顾素尔著,黄石译,开明书店版,第 28 页。
⑥ 姜央,传说中苗族的祖先。

"古歌"产生的时代相对地说可能比较晚,它是后代人对古代实行的制度的一种朦胧的回忆,而且"古歌"一代代地流传下来,它不免掺杂后代人的许多意识。"古歌"虽然讲的是遥远年代里人类的故事,但歌中的事物,却都是人类在血缘婚时代不可能有的,不少是农耕时代才出现的。就整个"洪水故事"说,对立面都是司风雨的神,如雷公、龙王、天神,这反映了农耕时代人受水灾之害,企图战胜天灾的意志,后来雷公给兄妹俩葫芦籽,躲入葫芦躲避洪水,装进麦种、小米种、水稻种、早谷种、荞子种、饭豆种、黄豆种、芋头种……,无一不是农业社会的事物,农耕时代人们最关心的是作物的种子,他们吃的全是农业生产物。后来兄妹俩结合时作为征询的对象和卜占的东西,也都是农业社会里所用之物,如磨子、筛子、簸箕以及驯养的狗、鸭、鸡等等。可见那时人类社会农业发展水平已经不低了。

　　"人类起源"古歌的内容,基本上是反映血缘婚的,但因为歌产生的时代不同,在"古歌"中也反映出后来一些时代的婚姻内容,如苗族的《兄妹开亲》歌,反映了群婚向对偶婚转变的时期,男权怎样战胜女权的,在这个时代,兄妹婚已经是绝不能允许的了,因此姜央听到竹子说,洪水朝天后,世上姑娘只有你的妹妹,只有娶你妹妹时,姜央气得把竹子砍倒了。但当他找不到别的姑娘,只好娶妹妹作妻时,妹妹气得大哭,骂他"你发母猪疯了",这是完全符合群婚时代的观念的,因为这个时代已经排除了兄弟姊妹婚①,当时还是母系时代,姜央在妹妹处碰了壁后,他只得去求得母亲的允诺,但母亲也说:"你这不是发了疯?"后来母亲给他设下了难题,要他滚磨、赛马。和别的"洪水造人故事"不同的是,它再不是以天意凑合,而是姜央用计谋取胜,要使从不同的山头滚下去的两扇磨合在一起,除了天意促成外,便只有靠人力来谋合,否则是不可能的。在这首古歌中,便是姜央在山头和山脚各放了一副磨,骗信了他的母亲。在另一首苗族"古歌"中,甚至说到男子受到沉沦到地狱的苦难。当哥哥向妹妹提议:

　　　"处处无人烟,
　　　我们兄妹来成亲。"
　　　妹妹说:"哥哥说话不是人,
　　　不是人来是畜牲。"
　　　哥哥一筋斗倒到地下层,
　　　死去了八天才苏醒。②

　　在母系社会里,女性的诅咒是有权威的,它使受咒的哥哥,沉沦地狱,一蹶不振,直到经过一段相当长的沉沦时期,才起死回生。

---

①　制度一经建立,违反它就是大逆不道的事。沙尔·费勒克说:"从我们所知道的讲,同一氏族里面的成员,只能够和另一个氏族里面的成员才可以发生婚姻的关系。这是当时的习惯,违反了这个习惯,无论是任何人,都是要受重罚的。"《家族进化论》第41页。

②　《洪水滔天》歌第三份资料,《民间文学资料》第12集,第28页。

在母系社会过渡到父系社会很久之后,"古歌"中还不时发出女性反抗和愤懑的强烈遗响。在苗族"古歌"中有不少叙述原先是男子出嫁到女家,后来才变成女子出嫁到男家,反映了由母系社会过渡到了父系社会的过程。在母系氏族时代,在婚姻制度上已经进入了人类社会婚姻的第二个形态,它排除了血缘家庭中实行的兄弟姊妹的性关系,变族内婚为族外婚。这种婚姻关系最初以氏族为单位,也就是说这个氏族的男子生来就是那个氏族的女子共同的丈夫,而那个氏族的女子生来就是这个氏族的男子共同的妻子。在以女系为中心建立的氏族社会中,它的婚姻是男子到女方的氏族去,而不是女子到男方的氏族来。因而在民间的回忆里,那时是男子出嫁的。在苗族的《开亲歌》里说①,本来是"男家嫁儿子,女家接新郎;男家来开亲,女家来办客"的,后来,才变成了女子出嫁到男家,男子享有家里的继承权。这种变化的实际情况当然要复杂得多,但"古歌"中把这个过渡的重要原因正确地说出来了,是因为生产力发展了,男子的劳动越来越占重要地位,女子的劳动不像以前那么重要了。在另一首《开亲歌》中②,有一段这样的描述:

父亲母亲是老人,
祖父祖母是前辈,
祖父曾说过,
祖母曾说过,
父亲曾说过,
母亲曾说过,
曾对哥哥这样说:
"田里种小米,
黄土种芋荞,
姑娘是个守家人,
是个守村寨的人。
妈妈不给大田,
也给长田,
给山林砍柴,
和哥嫂一起守村寨。
就因田里不再种小米,
黄田不再种芋荞,
姑娘不再是守村寨的人。

---

① 《开亲歌》的第三个材料,见《民间文学资料》第 17 集。
② 见《民间文学资料》第 17 集。

> 妈妈才不给大田,
> 妈妈才不给长田,
> 不给山坡砍柴烧。
> 妹妹只有扛纺车,
> 扯下纺针出嫁给别人。"

歌中所反映的似乎是母系制正在过渡为父系制家庭的阶段,母系制还未崩溃,母亲还掌握着支配家庭的权力,但父系制已在这个家庭里发生,哥哥和嫂嫂已经是守村寨的人,而在这个家庭里,妹妹暂时也还是同哥嫂一起守村寨的人,所以,是一个母系和父系同时存在的家庭。这种从母权制向父权制过渡的经历,在我国西南的不少民族中还是比较晚近的事①,所以"古歌"中对这个过程记忆犹新,但是这个过渡是无法挽回的,它的关键是在于妇女劳动中地位的变化。在从前田里种小米、荞荞,劳动主要是妇女干的,而且最早的农业还是妇女所发现的,妇女在生产劳动中发挥重要作用,而后来农业发展成大规模的锄耕农业,再进而为犁耕农业,这时妇女的劳动就不能适应了,男子在犁耕农业中成为主要的力量,妇女只能从事自己体力所能及的某些生产环节和家务劳动,成为无足轻重的了,她们不再是"守村寨"的人,于是,她们出嫁给别人②,而留男子"守村寨"。

从母权制到父权制的过渡,照恩格斯的说法是"人类所经历过的最激进的革命之一",但"这并不像我们现在所想象的那样困难,因为——这并不需要侵害到任何一个活着的氏族成员"③。这还由于这个革命经历了相当长期的过程,是在生产的自然进程中发生的,在原始时代的条件下,妇女驾驭不了已经发展了的生产力,因此只好从历史舞台上退下来,让位给劳动力强的男子。旧的生产关系受到新的生产力的反对,这一点在《姊妹歌》中作了形象化表述:

> 妹妹在犁田,
> 犁到下晚边,

---

① 根据西南边疆诸民族的调查资料分析,父权制取代母权制这一发展过程是显而易见的。从经济上说,若干世纪以来,这些民族均从事山地农业,长期停滞在原始锄农业阶段。近二三世纪以来,铁质农具的使用,开始了大面积的刀耕火种锄农业,这需要繁重的体力劳动,这只有男子才能担当,妇女是力所难及的。男子在刀耕火种锄农业中越来越起着重要的作用。晚近时期,景颇、傈僳、崩龙、佤等民族又受到汉、傣等周围先进技术的影响,开垦水田,种植稻谷,犁耕农业也日益发展起来,刀耕火种农业又开始向犁耕农业过渡,男子在犁耕农业中的主导作用更加显著。从此,保障生活所需的繁重劳动,已转移到男子身上,而妇女只是从事为自己体力所能及的某些生产环节和家务劳动,同男子的谋охоloss生活资料的劳动比较起来,已经处于辅助地位。(参阅《中国西南诸民族民族公社的历史考察》,《思想战线》1980年第1期。)

② 在解放前后,云南的有些民族中还得到这种过渡的许多事例,"解放前,分布在云南省思茅、临沧地区的拉祜族,家族的血统按母系计算,盛行妻方居住。但是,这里的家族长不再是女性而是男性(一般都是长女的丈夫),而且以男性的姓氏来命家族名了。其中澜沧县巴卡乃寨的拉祜族,直到民主改革前,还保留着妻方居住的习惯,改女姓家名为男姓家名的情况仍在继续出现。生身父亲对子女的确认是母权制被推翻的一个征兆"。(参阅《从原始婚姻家庭遗俗看母权制向父权制的过渡》,《民族研究》1980年第1期。)

③ 《马克思恩格斯全集》第21卷,第67—68页。

发誓都垮了,
头发乱蓬松,
牛的肚子也饿了,
牛也掉头来,
掉脸来看妹妹,
牛对妹妹说:
"你是出嫁的人,
不是犁田的人,
不是个掌犁的人,
一心一意去吧,
开亲给妈妈。"①

代表生产力的"牛"站出来替哥哥弟弟说话了,事情是无法挽回的了。母权制过渡到父权制,从妻居变成了从夫居。这对女性来说,是"具有世界历史意义的失败,丈夫在家中也掌握了权柄,而妻子则被贬低;被奴役,变成丈夫淫欲的奴隶,变成生孩子的简单工具了"②。女子地位的这样一次历史性的变化,是不能不引起女子的怨恨和反抗的。其中也发生过局部的暴力的行动,这在古代的神话故事中找得到这方面的许多例子。在苗族"古歌"中,女子还保留着这次失败的明显的怨恨,和对于古代女子在家庭里地位的回忆和留恋。《姊妹歌》是出嫁了的姊妹们在过年过节或因娘家有了喜事而回到娘家来,同哥哥弟弟或嫂嫂们在一起喝酒时唱的歌。唱这种歌虽然在解放前还是苗族的一种习俗,但《姊妹歌》的产生是相当早的,它对男子"出嫁"到女子氏族的母系时代的生活还有明晰的印象,她们的不满是强烈的,而奇怪的是,作为这次革命的胜利者的男子(哥哥弟弟),对女子的这种对命运的不满和抱怨,还抱着不那么理直气壮的态度,他们似乎还感到理亏,所以对姊妹多少有些同情和慰劝,甚至是求告。举例说:

妹妹唱:
从前是嫁你们男子,
嫁到遥远的地方,
留姊妹在父母的身旁;
现在是嫁我们姑娘,
嫁到遥远的地方,

---

① 《姊妹歌》第三个资料,《民间文学资料》第17集。
② 《马克思恩格斯全集》第21卷,第69页。

留你们在父母的身旁。

嫁我们姑娘,我们就走,
嫁你们男子,你们不走,
为什么你们跑上山岗,
在山坳上把生人杀死,
连母亲也砍成八九节,
砍成八九节横摆在路上。

嫁你们男子,
你们为什么不走?
为什么跑上山岗?
我们问弟弟们,
讲给我们姊妹听吧。
让我们死了心吧。①

  这里所叙述的情景,当是母系社会崩溃时期发生的事,因为在母系社会里,男子到女方的氏族去是并不反抗的,而相反,男子如果由于无能或懒而不能在妻子的储藏室里增加一份必须增加的食物的话,还有被女的赶跑的危险。在这段歌词中不但说明了以前男的嫁到女方的婚姻事实,同时也反映了在父权制战胜母权制的过程中是经过暴力行动的。
  《姊妹歌》的题旨是姊妹们诉说不平待遇,责怪父母和兄弟心肠不好,不分田地给女儿,把她嫁到远方去。而哥弟们的答复把责任放在姊妹们身上,"要怪你们自身,不要怪家里父母亲,不要怪家里的哥弟们"。在这里揭示了一个历史事实,正如我们在前面所说的,由于女子担负不了新的生产力的强烈劳动,因而失去了家庭中的重要地位,从而使男子成为社会的中心。这个符合事实的理由无可反驳,因此歌中姊妹的哭诉是软弱无力的,不过是对过去时代的一首挽歌。她们把原因归之于父母的心不好,但在歌中可以看出,对女性为中心的母系社会当时还留下鲜明的印象,传统在古代人的心目中是一种强大的力量,过去是这样的,这就是理由。因而在哥弟的心中还多少带有一些歉意,所以,在姊妹的责问下,他们只能用一种说理的和求告的态度,恳求姊妹不要"为难我们",这时候男子还把自己放在处于劣势的地位,他们把姊妹比作猫,把自己比作鼠。《姊妹歌》的创作大约是在男子为中心的制度虽已确定,还不是很巩固,女子还不安于其位,并且有一种回娘家来的强烈企求,甚至于还有要求哥弟分给她们田地的愿望。这当然是违反社会进程的不合实际的要求,所以当哥弟们用父系制社会的成规来拒绝她们的请求时,她

---

① 《姊妹歌》第二份资料,《民间文学资料》第 17 集。

们就没有话可说了。①女子必须离开父母之乡,出嫁到别的村寨去,这是从父权制建立之后就已经这样做的古规。

在苗族"古歌"中还有反映婚姻演变的另一种情况的,那就是《阿娇和金丹》这一首长诗中所表现的家族制度和家庭形式以及由此产生的婚姻形态的矛盾。许多民族都有这种情况:家庭形式已经改变了,亲属制度却还是旧的。在这里,人类学者可以据以断定以前的时代里曾经存在过与这种亲属制度相适应的家庭形式。摩尔根就曾发现易洛魁人奉行着一种同他们的实际家庭关系相矛盾的亲属制度。易洛魁人已经实行着一种双方可以轻易离异的个体婚制,就是"对偶家庭"。但他们的称谓仍旧停留在前一家庭形式,即群婚时代相适应的那一种称谓。"易洛魁人的男人,不仅把自己亲生的子女称为自己的儿子和女儿,而且把他兄弟的子女也称为自己亲生的儿子和女儿;而他们都称他为父亲。相反地,易洛魁的女子,把自己姊妹的子女和她自己亲生的子女都称为自己的儿子和女儿,而他们都称她为母亲。同样,兄弟的子女们互称兄弟姊妹,姐妹的子女们互称兄弟姊妹。"②这种不适应的情况,在世界许多民族中都存在过,这大概是人类社会的较早时期里一个比较普遍的情况。③摩尔根曾说:

> 家庭——是一个能动的要素;它从来不是静止不动的,而是随着社会从较低阶段向较高阶段的发展,从较低的形式进到较高的形式,反之,亲属制度都是被动的;它只不过是一个长久的时期把家庭逐渐发生的进步记录下来,并且只是在家庭已经急剧变化了的时候,它才发生急剧的变化。

这种较长时期存在的不适应的情况,到一定时期会发生激烈的矛盾,阻碍家庭关系的进一步发展,这时候要求改革的愿望就会强烈起来。苗族民间长诗《阿娇与金丹》正是表现了这个时期的斗争。这首"古歌"在民间产生的时候,苗族社会已经进入了子女随父姓的父系社会(虽然这时还有某些母系社会的残余,如诗中称家庭的财产,还是为"妈妈的田地",表示财产是属于妈

---

① 在《姊妹歌》中有这样的歌词:"可怜不可怜呵?哥弟们!可怜就分田,分田给我们。不给姊妹们稻谷田,也给姊妹小米地,路远我们慢慢走,草多我们慢慢薅,我们回来住在自己的家园,我们回来跟随自己的父母,我们呵再不碰到苦和愁。"只有在这个时候,当问题涉及物质利益的时候,哥弟们才理直气壮起来,他们撕下了温情脉脉的宗族的面具,向姊妹下了逐客令,他们用下面的话回答姊妹们非望之想:"来我们出去问,问东方到西方,问尽每一个角落和村庄,看谁来分田地,分田地给自己的姊妹?如有人分田地给自己的姊妹,我们也分田地给自己的姊妹;别人没有分田地给自己的姊妹!姊妹们呵!你们该没有什么话说,你们该走吧,姊妹们!"(见《姊妹歌》的第二份资料,《民间文学资料》第17集)。

② 《马克思恩格斯全集》第21卷,第39页。

③ 在我国西南的有些民族也还存在着同样的例子:"在德宏景颇族、永宁纳西族、西双版纳布朗族等现存的亲属制度中,可以获得他们早期历史上存在过群婚家庭的根据。且以景颇为例。景颇族现行的婚制是一夫一妻制,但在亲属称谓上,反映出来的名称与实际存在的婚姻关系却不一致。一方面,父亲的兄弟之子女与其子女相互间在称谓上是一致的,均互称为'阿普'(兄)、'阿奴'(姊)、'格脑'(弟或妹);母亲的姊妹之子女与其子女相互之间在称谓上也是一致的,均互称为'阿普''阿奴''格脑'。表明父亲的兄弟之子女和母亲的姊妹之子女,同是他(她)的子女,他们同是兄弟姊妹,有着共同的父母,根据族外婚的原则,他们之间是禁止通婚的。"(见《中国西南诸民族氏族公社的历史考察》,《思想战线》1980年第1期。)

妈的,但这可能只是一种古老社会遗留的习惯性的称谓),从婚姻制度上来说,也早已实行对偶婚制或一夫一妻制了。诗中叙述男女主人公出生后寨老给他们命名:

> 阿娇的爸爸叫娇蔻,
> 阿娇就叫阿娇蔻。
> 金丹的爸爸叫丹弄,
> 金丹就叫金丹弄。
> 儿女带父名,
> 才不会忘宗。
> 阿娇蔻,
> 金丹弄,
> 又好喊,
> 又好听。
> 阿娇的父母笑嘻嘻,
> 金丹的父母笑嘻嘻。

这里可以看得出用父姓命名在当时还是一件时新的事,寨老需要用"又好喊,又好听"来赞扬它,但又是顺乎人心的事,不但父亲听了笑嘻嘻,母亲听了也笑嘻嘻。这时建立以父亲为中心的宗族已经是一种普遍的要求。可是,家庭形式改变了,亲属制度却还停留在较早的阶段,在一定的范围内,还是所有的青年男女都是兄弟姊妹相称呼,所有的父辈都是我的父亲,所有的母辈都是我的母亲,这使婚姻制度也停滞不前,还是实行着群婚时代那种氏族外婚制,即为了限制血缘婚配,氏族之内不禁结婚,而实行一氏族的男女和另一氏族的男女互相婚配。在《阿娇与金丹》中,当时的苗族还是实行外婚的,当然,它和氏族时代的外婚形式已经不同,氏族时代的外婚制是群婚制,而苗族在那个时代已经是比较固定的一对男女的偶婚制了,这种制度是与父系制相联系的。另外,氏族时代的外婚制范围比较狭小,它以氏族为单位,在氏族之内它实行外婚制,由几个氏族组成的部落之内,它却是内婚制的。苗族的外婚的范围却远为广阔,从歌里的描写和实际存在的婚制看,他们实行的是部落外婚制,苗族称为"江略"或"讲牛",这种"江略"或"讲牛"是由好几个村寨组织成的,它的含义是:苗族每七年或十三年举行一次杀牛祭祖礼,在一起共同杀牛祭祖的村子为一"江略",或者叫"讲牛",这参加共同祭祖的就被看作是一家人,"江略"之内的青年人都是兄弟和姊妹,他们之间不能结婚。这种亲族制度很明显是氏族时代的遗俗,是亲族制度常常落后于家庭形式的一个例证。这种外婚制度的继续存在和扩大,和苗族所处的地理环境和生活条件有关,他们住在荒寒的山区,地广人稀,为了抵御外来侵略,需要把比较广的地区内的居民组成一个集体,以增强力量,而这种组织在当时只能是宗族式的,而且实行部落外婚还可以进行婚姻联盟,可以减少敌对面并可以互为声援。这种以婚姻成盟好的事在许多少数民族中都是有的。这种部落外婚制,最早可能是从古代的氏族外婚制发展过来的,但它的含义和实际作用已有不同,它不仅是对婚姻的限制,而且也带有一定的政治意义了。在"江略"之内,有的宗系已经比较远,有的甚至已经不是一个宗族。①因而,出现了内容和形式的巨大矛盾,从内容上说,家庭形式已经和氏族时代的不同,而形式还保存着与氏族相适应的外婚制。正如《阿娇与金丹》中所说的:

> 从前哟,
> 同一个江略不开亲,
> 称谓不区分:
> 年长的男人叫父亲,
> 年长的女人叫母亲,
> 谁是阿娇的父母亲?
> 谁是金丹②的父母亲?
> 你也弄不清,
> 我也弄不清。
> 现在哟,
> 你是一对父母生,
> 我是一对父母生,
> 我们各有各的父母亲。

显然,从前和现在在家庭形式上已经发生了质的变化,从前处在群婚制的家庭形式之下,谁是父亲弄不清,谁是母亲也不是那么清楚的,因为所有我的母亲的同辈姊妹都是我的母亲。因此,一个氏族之内的青年男女是名副其实的兄弟姊妹;而现在已经是一夫一妻制家庭,"谁是阿娇的父母亲?谁是金丹的父母亲?'阿娇、金丹'句句唱得清"。家庭形式已经改变了,亲族制度和婚姻习惯却还没有改变,还是"同一个江略祭祖宗,从来不开亲"。

传统习惯势力是根深蒂固的,在男女婚姻制度上,打破了江略(氏族)的阻碍(这种打破也不是一蹴而成的,这是一个长期的过程,有的地方江略至今还在起着作用,它不过是从大到小,长诗讲到"把鼓打成九块",一个讲首,变成了九个讲首),又碰到了更加顽固的舅权制,成了青年男女自由结合的又一重难以逾越的障碍。舅表婚是解放前的西南地区少数民族中普遍存在着的一种婚姻制度,它的起源差不多和江略一样久远。舅权产生在群婚制的母系氏族社会里,那时禁止了兄弟与姊妹之间的婚配,另外一个氏族的男性才能成为这一氏族女性的丈夫,当时男子

---

① 参阅《民间文学资料》第 1 集,第 54、80 页。
② 金丹、阿娇是苗族青年男女的通称,不是指一个具体的人。

并不住在他妻子的氏族里,对妻子的氏族来讲,丈夫是不同血统的外族人,他远没有自己的兄弟来得亲近,而且当时只知有母不知有父,因此对子女来说,母亲的兄弟是比自己的生身之父来得更亲近的亲属,这样就产生了舅权,子女不是由父亲来督责和保护,而是由舅父来督责和保护的。在母系氏族中,妇女虽然有较高的地位,但是家长却常常是由长兄弟担任的,"长男的权利与义务,就是要做他姊妹的子女的父亲"。舅父的权柄是很大的,"母亲的弟兄,对于他姊妹所生的子女之权,比父权还要大。若果他愿意要行使他的权柄的时候,他就可以处理子女们所能得的一切财产。他可以发布小孩子们真正的父亲所不能发布的命令。他主持他的外甥女儿们的婚姻,分享外甥女儿们的卖身价"①。这种母系时代的舅权制度,到父系家族时代还一直保留着,在我国西南地区的少数民族中,很多在解放前后还实行着舅表婚,舅家对姊妹的女儿有娶取的优先权,并且有权收取外甥女的身价费。在《阿娇与金丹》长诗中,阿娇与金丹冲破了江略的限制,高高兴兴回到了父母的家里,但两人的自由结合,又遭到了两重障碍,一重是阶级的界限"金丹家没有钱",一重是舅权,"扛妈妈的伞,回妈妈的家,这是老规矩"。②

只要舅家要这门亲事,即使本人和父母并不乐意,也没办法:

舅家来说亲了:
"有山才有水,
有藤才有瓜,
姑妈是我的姑妈,
娥娇应该归我家。

娥娇的妈妈,
娥娇的爸爸,
两人无话讲,
古理是这样,
谁也不敢违抗。"

如果违反了这条古理,和别人家结婚了,那么就要受到社会的责罚,也像违反了江略的规矩一样:

丁汪半是族长,
丁汪半爬在山头,

---

① 《家族进化论》,第55—56页。
② 苗族的风俗:"长女必须嫁给舅舅的儿子做媳妇,这叫'还娘头'。也即娘嫁过来,就欠了舅家一个人,女儿应该去还娘的债。"(见苗族民间长歌《逃婚歌》,《山花》1962年第5期)

> 手举着火把，
> 大声召集人，
> "金和娥成亲了，
> 娥和金成亲了，
> 他们伤风败俗，
> 他们破坏古理，
> 要他们杀白牛，
> 杀牛陪地方；
> 要他们杀灰牛，
> 杀牛祭牯脏。"

舅舅还有享受彩礼的特权，如果外甥女不嫁到舅家，或者舅家没有婚配对象，外甥女和别人结婚，她家就要出一笔彩礼给舅家，苗族叫做"外甥钱"，实际上就是赎身钱。苗族的彩礼不是由父母收，而是由舅家收。这表明氏族时代，姑妈的女儿由舅舅管束的权力。由此可见，舅表婚最早是从群婚时代的婚姻制度中发展过来的，那时的婚姻民族，互相婚配，他们所生的子女，又互相婚配，各为另一个氏族的婚配对象。到了父系时代，女子出嫁到夫家去，他们所生的女儿，按照原先的习惯，又嫁到舅舅家去，女儿变成了母亲的替身。

从上所述来看，我国西南地区的少数民族，特别是苗族的"古歌"中，对于古代社会的婚姻形态及它的演变，保存着相当丰富的材料。综而观之，本文所谈的可以概括为如下几点：

一、人类曾经经历过血缘家庭的阶段，最早的婚姻形式（如果不把原始人群杂乱性交看成婚姻的一种形式的话）是兄弟姊妹之间实行婚配，后来人类的生息繁衍都从此而来，不但一个民族的各个家支和各种姓氏都同出一源，甚至连生产方式和生活习惯有很大不同的各个兄弟民族，最早也是从共同的祖先而来的。或者可以作这样的理解，所有民族的祖先都经历过血缘家庭阶段。虽然"古歌"作者在他那个时代，已对祖先所实行的婚姻行为不能理解，因为它已不合乎当代社会的道德观念，因而他们把祖先的婚姻行为放在一个特殊的环境之下，但不管怎样，"古歌"却正确地道出了人类社会最早是经历过血缘家庭的。这一点"古歌"要比神话故事表现得更直率些，神话故事是通过个别人物故事表现出来的，它也可以理解为个别的情况，而"古歌"中却明确地把它看作是"传人种"的人类社会的一个发展阶段。所以，在研究人类的婚姻制度上，"古歌"有特殊的意义。它是关于人类婚姻发展学说的一个很有价值的佐证。

二、"古歌"反映了人类曾经有个母系时代，那时实行过"哥哥弟弟们出嫁"，而姊姊妹妹们守寨的制度。只是后来由于生产的发展，女子不再是守村寨的人了，才由女子出嫁。女子出嫁说明了女系时代转到了男系时代，这是女性的一个历史性的失败，是经过长期曲折的斗争的。在苗族的"古歌"《姊妹歌》中，女性对此还愤愤不平。对于这一阶段的婚姻形式和它的演变，苗族"古歌"中有很丰富的反映，这种歌的思想内容比"人类起源歌"要更加丰富、曲折和复杂。

三、从苗族晚近还存在和正在演变中的部落外婚制到部落内部开亲来看，一方面说明苗族也像其他民族一样，在古代也实行氏族外婚的群婚制度，因为今天的部落外婚制显然就是古代氏族外婚制的扩大；另一方面说明这种制度在苗族的发展有它自己特殊的道路，家庭形式已经改变了，从群婚家庭到了对偶婚和一夫一妻制家庭，而亲族制度还未改变，由于社会的政治、经济、宗教的需要，继续而且扩大了外婚制。由于人口越来越繁，家支越来越大，从而引起了家庭形式和亲族制度、婚姻制度上的强烈矛盾，分祖开亲、近地开亲成了普遍的要求，于是又实行"拆栏栅当柴烧，在族内开亲"，但这与原始时代的族内婚（就是血缘家庭）是完全不同的，它是以村寨之内血统的越来越远，有的村寨和部落内的居民已不属于一个宗族为基础的近地开亲；主要改变以前女儿远嫁的不合理情况，所以，它在婚姻制度上不是倒退，而是有进步意义的。这里也说明了人类共同经历的婚姻阶段，它在各民族的形态或者表现方式会有不同。

四、舅表婚是我国西南少数民族解放前还普遍实行的一种婚姻制度，这是一种建立在舅权制之上的婚制，它的起源也在母系时代的氏族社会，现代的形态是那时逐渐演变过来的。在苗族"古歌"里可以看出，这种制度造成了青年男女婚姻的极大不幸，因而产生了对它的反抗和抵制。在墨守古规的社会里，对它的改变甚至比社会组织的改变更困难，只有社会组织急剧改变了，这个制度才会逐渐消亡。

我国西南地区各民族大量存在的"古歌"，是研究古代社会的珍贵资料，它反映古代人的生活的面是很广阔的，而且它叙述的方式也比较质直，所以，它对我们了解遥远的古昔时代很有价值。这是因为：一、"古歌"在少数民族是当作历史唱的，歌中所叙述的古代人的做法是当作后代人必须遵从的"古规""古训"看的。因为他们没有文字，所有历史是由口头传述的，所以"古歌"保留着比较多的古代人的真实的生活和制度。二、"古歌"所以把古代的事讲得比较真切，还由于少数民族的社会发展比较迟缓，以苗族来说，历史学家认为他们到唐宋以后才进入阶级社会，距今还不过千年左右的时间，记忆还保留得比较清晰。这些"古歌"创作的时间离那时就更近了，有一个老歌手说，他的歌是从他祖父处学来的，距该歌录下来时已一〇三年了，至于他祖父是从哪里学来的，那时间就难以计算了。三、他们居住在与外界隔绝的高山地区，保留的古风、古俗比较多。

（原载《社会科学》1980年第6期）

论中国知青上山下乡运动的落幕

叶 辛

一、"文化大革命"结束了,知识青年上山下乡没有结束

在一般公众的心目中,中国知识青年上山下乡运动的落幕,是和"文化大革命"的结束联系在一起的。甚至很多当过知青的过来人,谈起那段岁月,也自然而然地说:随着"十年动乱"的结束,千百万知识青年的大返城,城市知识青年中大规模的上山下乡、插队落户便也就跟着结束了。

历史地笼统地讲,这句话没有错。没有"文化大革命"的结束,也不会有上山下乡的结束。

但是细究起来,知识青年上山下乡运动的结束,是"文化大革命"画上句号好几年以后的事情。

1976年12月下旬,在北京召开的第二次全国农业学大寨会议上,有208名知识青年的代表出席了大会。

一来这固然是因为第一次全国农业学大寨会议召开时,只有12名知青代表参加,毛泽东主席曾经批示:"下次应多来一些。"①为实现已故领袖的愿望,这一次整整来了两百多。

二来这样的举措,也显示出粉碎"四人帮"以后的党和国家对知识青年上山下乡运动的重视。

12月27日晚上,党和国家二十几位领导人在人民大会堂接见了知青代表。根据随后报纸的报道,接见时许多知青代表激动得热泪盈眶。

12月31日,与会的知青代表给华国锋主席和党中央写了一封致敬信,信中表示:要扎根农村学大寨,成为普及大寨县的生力军。

正如我在上一篇论文中已经提及的,到1976年底,滞留在农村的上山下乡知识青年还有809万人。而其中的188万人,正是翻天覆地的1976年中新去下乡的。

而在1977年8月,华国锋在中共"十一大"政治报告中,还专门提到:毛主席关于"知识青年到农村去,接受贫下中农再教育,很有必要"的指示,必须贯彻执行。

---

① 顾洪章、马可森:《中国知识青年上山下乡大事记》,中国检察出版社1997年版,第147页。

可见在粉碎"四人帮"以后的一段时间里,知识青年上山下乡运动的落幕,还没有什么明显的迹象。当年,也就是1977年,又有171万城镇知识青年上山下乡,同期因为招工、招生、病退、参军离开农村的有103万人。这样,到了1977年底,留在农村的知识青年共有864万人。"文革"结束一年多之后,知青人数反而比1976年底更多了。

二、对知青上山下乡运动的重新思考和认识

知识青年上山下乡的落幕出现一点迹象,或者说结束上山下乡这件事情发生重大的历史转机,是在不同寻常的1978年。

正是在这一年,那些已经下乡八年、十年的知识青年们,失去了忍耐心,他们把多年积聚下来的口粮欠缺、不得温饱、医疗无保障、住房和日常生活困难、大龄未婚、前途无望等等的怨气,化成了对上山下乡不满的言行。可以说是严酷的生活现实造成了他们心态的不安和躁动、不满和焦虑。

正是在这一年,党和国家领导人也已意识到了知识青年问题的严重性。邓小平在3月28日同胡乔木、邓力群谈话时指出:要研究如何使城镇容纳更多劳动力的问题,现在是上山下乡,这种办法不是长期办法,农民不欢迎。四川一亿人,平均一人不到一亩地。城市人下去实际上形成同农民抢粮吃。我们第一步应做到城市青年不下乡,然后再解决从农村吸收人的问题。归纳起来,就是要开辟新的经济领域,做到容纳更多的劳动力,其他领域也要这样做①。

话说的实实在在,真正做起来在当年却是非同小可。在此之前,一提知识青年上山下乡,总是同培养千百万无产阶级革命事业的接班人联系起来,总是同反帝反修联系起来,总是同走与工农相结合的革命道路联系起来。而邓小平的这一段话,则又实事求是地把知青上山下乡回归到容纳更多劳动力的本质上来,也就是回归到安置城市青年就业的本质上来了。

顺便说一句,我本人是一个下乡已经十年的老知青,在我当时正在创作的长篇小说《蹉跎岁月》中,我也只是以自己的亲身体验,写了知青来到缺粮的农村,客观上形成了和农民"争"粮食吃的情形。但是小平同志则用了一个形象的抢粮吃的"抢"字,可谓一针见血。

7月3日,胡耀邦在同国务院知青办主任许世平谈话时指出:上山下乡这条路走不通了,要逐步减少,以至做到不下乡。这是一个正确的方针,是可能做到的。安置方向主要着眼于城市,先抓京、津、沪三大城市。

话很短,却明确指出这是一个安置问题。

9月12日,国务院副总理李先念、纪登奎、陈永贵召集国家劳动总局、知青办、团中央等有关部门负责人专门讨论知青问题。

10月9日,国务院副总理李先念主持国务院会议,第二次专题讨论了知青问题。

---

① 顾洪章、马可森:《中国知识青年上山下乡大事记》,第154页。

10月18日，华国锋主持召开中共中央政治局会议，又一次详细讨论了知青问题。

邓小平在第三次讨论中说："现在下乡的路子越来越窄，总得想个办法才行。"

李先念在第二次讨论中说："那种认为只有去农村接受贫下中农再教育，才算是教育，我历来不同意。把青年搞下去，两年再整上来，是'公公背媳妇过河，出力不讨好'。如果说只能接受贫下中农再教育，不能接受工人阶级的再教育，那我们的党就不是工人阶级先锋队的党，而是贫下中农先锋队的党。"

纪登奎跟着说："下面都在等着，到了必须解决问题的时候了，再不解决会造成大问题。"

李先念在第三次讨论时又说："社会上议论很多，四不满意是我讲的。青年不满意，家长不满意，社队不满意，国家也不满意嘛。对女孩子，母亲都担心，实际上也出了不少问题。"

叶剑英也在第三次讨论时说："同意这个文件，开会时要讨论，提出具体办法。要因地制宜找出路。"

聂荣臻说："知识青年问题是很大一个问题，处理不好，影响国家建设，影响安定团结。"

纪登奎再次说："知识青年问题已经到了非解决不可的时候了。现在城里的不想下去，农村的800万都想回来。都待在城里没有事做，是一个很大的不安定因素。"①

正是由于决策的上层领导有了这些和以往截然不同的认识，知青政策也开始作出了一些调整，诸如鼓励上山下乡知青积极地参加高考，不再一味地强调扎根农村闹革命，不再宣扬"扎根派"。

河北、甘肃、青海、湖北、四川、江苏六省的知青办提出，有条件的县镇，不再动员上山下乡；在回城政策中，新想出了一个"子女顶替"的临时性办法，那就是父母退休离休时，可以安置一个还留在农村的子女回到城市里来工作。上海市作为一个大城市，共有111万上山下乡的知青，压力更大，干脆提出适当放宽困退、病退的条件，对符合规定的，3年之内有计划地招回十六七万知青，安排适当工作。对于尚留在农村的十几万插队知青，拟给予补助，并建议兄弟省市、区协助解决知青的探亲假和招工问题。同时，对于新的毕业生，再也不提"一片红""一锅端"地下乡，而是又提出了"文革"初期就提过的"四个面向"。

正是有了这些变通的政策措施，从1978年秋冬开始，一直延续到1979年的春夏，上海的各级知青办门前，都挤满了探听回沪消息和具体政策的知青，特别是下乡多年的老知青们。每天从早到晚都挤满了人的，就是经办具体手续的街道知青办门口和区知青办门前。来访、来询问的人实在太多，当天接待不完，就改为第二天，故而有的区知青办的门前，经常是连夜连夜地排着队。询问像自己这种具体情况，能不能回到城市里来。

上海、北京、天津等大城市在争着回城，还有的地方已经提出了新问题、新要求。

也是在这一年，江西省农场知青提出，他们在离开农场回到城市重新工作时，在农场工作的时间应算作工龄。经江西省劳动局向国家劳动总局请示，得到明确的肯定性答复。

---

① 顾洪章主编：《中国知识青年上山下乡始末》，中国检察出版社1997年版，第154—158页。

这一系列松动的政策措施,使得到了1978年底的统计表格出现了这样一个结果,原计划当年上山下乡的知青人数,应是134万人,实际下乡的人数是48万人。豪言壮语不说了,"反修防修"的大道理不讲了,人们就寻找出种种不下乡的理由来表达自己不想下乡去的心愿。来自全国各省市的反映也显示出,在这一年,动员上山下乡遇到了前所未有的重大阻力。

而各地知识青年通过种种途径返城的人数,也达到了前所未有的255万人,已经显示出了退潮般的大势头。

这些回到城市的知青,以自己的亲身经历,叙述着下乡以后的种种遭遇,更给当年的动员上山下乡,增加了阻力。我本人作为一个老知青在回上海修改知青题材的长篇小说《我们这一代年轻人》和《蹉跎岁月》时,遇到家庭所住地的基层知青办干部,就听他们抱怨过:我们现在做的,不是人干的工作。有一个当年以全部的激情,动员毕业生和街道青年上山下乡的知青办主任,在到小菜场去买菜时,被回沪的知青用菜篮子扣在头上,狠狠地打了一顿。打人的知青说,当年就是听了他的话,把插队的地方说得花好、稻好、样样好,上了他的当;而如今,他竟然还要继续骗人,不把他打一顿,实在出不了这口气。他被打得不轻,在家里足足休息了两个多月。奇怪的是,当派出所民警闻讯上门去慰问他,向他打听是哪几个回沪知青动手的,他却闭口不言,请派出所的民警不要追问了,他也不会说的。

从这件不了了之的事情也能看出,到了1978年,不但是千千万万亲身经历了上山下乡的知识青年在反思,党和国家的上层在反思,就是具体做知青工作的方方面面人士,都在对这件事情进行反思。就是这么一个基层做具体工作的知青办主任,听说了我当时正在写作知青题材的长篇小说,特地找上门来,好心地劝说我:"你写什么都可以,就是不能写知青上山下乡。我替你想想,你怎么写啊,像以往那样,为知青运动唱赞歌么,眼面前千千万万知青正在退回城市,讲的都是下乡以后吃的苦、受的难,怨声载道,太不合时宜了;可是,你要真实地反映知青们在乡下吃得那么多苦,那就是否定知识青年上山下乡运动的大方向,过去叫反革命,现在也是绝对不允许的。我劝你算了吧,别想着当作家了,还是想个办法病退回来吧。"

这就是一个真诚地做了十几年具体知青工作的街道干部当年最为真实的想法。

同样的话,出版社的编辑,上海电影制片厂文学部的编辑,也都推心置腹地对我讲过,劝我写农村题材也可以,写历史题材也可以,写少数民族题材也可以,就是不要在这种节骨眼上写知青题材作品了,写了没法出版。

确实,1978年,一些领导部门和涉及知青工作的机构,从安定团结的大局出发,一方面仍要肯定知青运动的大方向和千百万知识青年上山下乡所取得的成绩;另一方面,他们又不愿昧着良心说瞎话,根据已经发生的事实,实事求是地指出知青运动带来的很多问题。一方面说要统筹解决知识青年纷纷反映的许多实际困难和问题;另一方面则强调文革遗留下来的问题实在太多太多,头绪纷乱,也难理清,故而只能是逐步地、分期分批地解决知青问题。一方面允诺要想方设法为知识青年们的回城打好基础,或就地安排工作,或宣传扩大招兵名额、让大家积极去考大学、进一步放宽病退、困退返城的条件,缩小当年的下乡名额;另一方面还在大力宣传知识青年中涌现的先进人物和他们的光荣事迹,并仍说在以后的若干年里还要动员和安排部分应届毕业生上山下乡。

同年 10 月 31 日到 12 月 10 日召开了整整 41 天的全国知识青年上山下乡工作会议,既充分肯定了成绩,又大胆揭露了矛盾,同时根据当时的国情,提出了一些具体办法,力争要把知青问题解决得好一点。简单地说就是统筹兼顾,全面安排。就是这样,会议一面在说解决具体问题,一面还在说仍要实行包括上山下乡在内的"四个面向"。

恰是在会议期间的 11 月 23 日,当时颇有影响力的《中国青年报》在头版头条的显著位置,发表了一篇题为《正确认识知识青年上山下乡问题》的该报评论员文章。

这篇文章从三个方面论述了文化大革命以来的知识青年上山下乡运动,那就是:

> 正确估计十年来的上山下乡
> 正确理解同工农相结合的道路
> 正确认识缩小三大差别的途径

在充分肯定知识青年上山下乡的热情和贡献的同时,文章也实事求是地提到了知青们下乡以后生活不能自给,不少人婚姻、住房、疾病等问题无法解决,很多地方缺少学习政治和文化知识的起码条件,很多知青的现状是消极低沉,群众怨声载道。在大话、空话、假话的掩盖下,少数坏人侵吞和挥霍知识青年工作经费、收受贿赂、勒索礼物、大发"知青财",他们压制知青的民主权利,以泄私愤,摧残知识青年的身心健康,以遂私欲。他们利用窃取的决定知青抽调去留的大权,搞交易、做买卖、"掉包"顶替、安插亲信,使"走后门"等不正之风盛行。这种腐朽丑恶的现象,极大地毒化了社会风气,腐蚀了一部分青年的思想意识,诱惑甚至胁迫其中极少数无知的人走上了邪路。文章指出要充分地揭露这些问题,还要积极妥善地给以解决。

文章还指出,林彪、"四人帮"口头上唱着青年要同工农相结合的高调,实际上天天都在诱惑青年同工农脱离,同工农对立。他们破坏招工、招生、征兵等政策,大搞知青下乡,农民进城,冲击国家劳动计划,要调整政策、改进做法,清算这些流毒和影响。

文章的第三部分论述了缩小三大差别的途径,并指出要热情关心知青们的疾苦,努力解决他们的困难和问题,坚决同一切危害知青利益的现象作斗争,要统筹兼顾、全面安排,千方百计地广开就业门路。

总之,这篇文章在当时许可的情况下,针对近十年来的知识青年上山下乡运动,说了不少真话和大实话。

这篇文章发表以后,激起很大反响,也引起了轩然大波。赞成这篇文章的人们奔走相告,争相传阅报纸,认为这篇文章审时度势,本着实事求是的态度,第一次把上山下乡这件事的来龙去脉讲清楚了,把真相告诉了广大读者,说出了知识青年和广大家长的心里话,正在上海修改长篇小说稿的我听说有回沪知青在人民广场、中山公园、北火车站贴出了标语,我还特意跑去看了,标语的态度十分鲜明:"拥护评论员文章!"几位陪同我一起去看的同学对我说,看来知青问题快要解决了,你也该回上海了。

不赞成这篇文章的观点也很清楚,认为其对上山下乡缺乏历史地分析,把上山下乡完全归咎于林彪、江青反革命集团的阴谋破坏,使统筹解决知青问题变得更加复杂了,口径不统一,以后的工作更难做。

据《全国知识青年上山下乡工作会议简报》反映:

江苏、福建的同志说,评论员文章同中央精神不一致。

上海、云南、山东、黑龙江、吉林等省市的同志说,这篇文章像一个炸弹,给我们的工作带来许多新的问题,后果是严重的。

上海的同志看到这篇文章后,立即给市委领导打电话,要市知青办做好思想准备,可能要受到上访青年的冲击。

对知识青年上山下乡运动的重新思考和认识,在不断地争论和"拉锯"中逐渐地为全社会的人们所关注。

三、回城的势头引发雪崩

但是,就在全国知识青年上山下乡工作会议进行期间,由于农闲季节的到来,各地的知青已经等不及了,他们的思想更为波动、不安和激愤。

几乎所有的知青都在考虑着回城、期待着回城。准备办理病退、困退的知青回到了城里,积极地四处活动;心里巴望回城的知青也回到了城里,希望能够找到一个回城的理由和门路;嘴上不说回城的知青也借着探亲和过春节的理由回到了城里,至少也想听听风声,"轧轧苗头",盼望着最好能给个明确的说法。随着 255 万知青成功地将户口办回城市,随着近一年多来报纸上不断地报道的平反冤、假、错案的消息,随着到处都在为"文革"中的冤魂昭雪开追悼会,特别是自 1978 年 5 月开始的"实践是检验真理的唯一标准"大讨论以来,身心敏感的广大知识青年,也以自己这些年或长或短的亲身体验,检验着上山下乡这一运动,实事求是地说,他们得出的结论是显而易见的。事实上确实也是,这一场真理标准的大讨论为广大知青的回城要求提供了理论准备。

回城,回城,到了这个时候,似乎回城成了所有知青共同的心愿,到了这个时候,他们已经听不进任何大话、套话和不切实际的"豪言壮语",他们已经听不进任何让他们耐心地继续待在农村的劝告,谁要以任何理由好心劝动他们,他们一句话就把这些好心劝告的人顶了回去:"你讲下乡好,你去啊!这么好的事情,我已经去了十年,也该轮到你去了。"

往往把劝告的人呛得哑口无言。到了这个时候,他们不但牢骚满腹、情绪激烈,而且已经不愿意被动地等待下去。

他们等不及了,为了共同的命运,他们不约而同地采取了自发的甚至是大胆的大规模的行动。

正是在这样的大背景下,爆发了今天人们普遍都知道的"云南知青抬尸游行、集体下跪""新疆阿克苏知青绝食罢工、上访请愿"等事件。

事情起源于一个叫徐玲的上海女知青,因为在橄榄坝农场场部医院生产时,由于明显的医疗事故,导致难产母子双双死亡,知青们闻讯纷纷赶来,几十辆手扶、铁牛55、丰收35拖拉机开到了医院门口,停靠在那里,继而引发了令人震惊的抬尸游行。事态迅速蔓延扩大,一场罢工、绝食、请愿、上访的风潮就此形成。那个年头,我作为一个知青作家已经为人所知,事态平息以后,参与大返城行动的好几个知青,都给我写信详尽地描绘了他们在那一个冬春所经历的日日夜夜。有的信写得特别详细,差不多有二十多页。

又过了多少年之后,很多文章里不约而同地提到了这件事。其中最为详细的,是四川文艺出版社出版的《青春无悔》中"我们要回家"的纪实,和四川成都市的作家邓贤的《中国知青梦》,他们详尽的文字将当年云南知青大返城的整个过程,告白于世人。

受云南知青影响,新疆阿克苏的上海知青也在垦区14团开始酝酿采取行动,同样的请愿、同样的绝食、同样的罢工、同样的在上访中倾诉、同样的露宿街头——但新疆知青经历的回城之路更为漫长、更为艰辛,很多人的问题,一直延续到上世纪80年代中期才得以解决。到了现在,事隔二三十年,人们普遍认为,面对的几乎是同样的知青闹返城,但云南和新疆采取的是截然相反的措施,故而造成了两种解决的结果。

二十多年之后,亲身参与处理这两个事件的高层领导赵凡和刘济民,也都写了书来回忆云南和阿克苏知青返城的整个过程。赵凡的书名《忆征程》①,刘济民的书叫《秋韵集》②。在他们的书中,都写到了知青们为争取回城而向他们集体下跪、令他们震惊不已、终身难忘的镜头和事实。

在那个年头,全国每一个省都有上山下乡的知识青年,每个省的知青都巴望着早日回城,每一个知青都有着强烈的回家的愿望。那么,为什么恰恰是每月发一点工资的云南和新疆的团场知青引发了风潮,而仅靠挣工分度日、生活更加穷困不堪、难以为继的插队落户知青却没有闹事呢?

上个世纪的90年代,因为要把长篇小说《孽债》改编为电视剧本,我再一次踏上了西双版纳的土地,走遍了西双版纳的山山水水,车到之处,州里面陪我下乡的老知青情不自禁地会告诉我,你看,那是水利4团,过去一点就是水利3团,原来知青们集聚的1师1团到20团,全都铺展在景洪、勐腊、勐海三个县的范围内,十分密集,知青们一有什么动作,消息风一般传遍了农场大地,比广播还要快。

2005年的盛夏时节,我应阿克苏旅游局的邀请,一个县一个县的考察阿克苏的旅游资源,一

---

① 参见赵凡《忆征程》,中国农业出版社2003年版。
② 参见刘济民《秋韵集》,中国三峡出版社2002年版。

路之上,陪同的同志指着大片大片的棉田告诉我,你看,这都是当年的知青们垦植的,这里是7团,那里是12团,刚才开过去的是6团,从1团到16团,16个团场全都分布在塔河两岸。我猛地一下子醒悟过来,这种特定时期准军事性质的屯垦方式和密集的安置,连队接着连队,团场挨着团场,使得几万知识青年高度地集中在一块儿,他们往来方便,接触频繁,交流信息极为便利,为知青们的聚集、商量事情、制造舆论并形成共识,创造了别处不能替代的条件。特别是连队、分场、农场、农场局这样一种准军事性质的组织结构本身,同样也形成了回城风潮中有效的组织体系。

不但远在云南和新疆的知青在闹事,同一时期,上海街头的回沪知青们也趁元旦、春节两节探亲之机,在市革委门前静坐、集会、要求接见,解决知青回沪问题。事态愈演愈烈,发展到1979年的2月5日,终于在上海火车站共和新路道口,发生了拦截火车的卧轨事件,无数的围观者又将沪宁、沪杭铁路的咽喉要道堵塞了十多个小时。那个年头虽还没全面的开放,但是被堵的列车上都有外宾,故而这一事件当时就在国内外造成了影响。

同样,南京市委门前,苏北的知青在要求回城。

杭州市委大院里,也聚集了成群结队要求回城的知青。

江西南昌铁路局职工子女中的知青们,在局机关上访,要求回城。

重庆知青围住了劳动局的干部。

天津知青……

哈尔滨知青……[1]

全国很多地方都在请愿、静坐、游行、集会。

回城的势头形成了雪崩,问题都暴露到表面来了。

四、落 幕

值得庆幸的是,也更为主要的是,1978年底,党的十一届三中全会召开了,实事求是的好传统又回来了,全社会上上下下都开始正视知青问题,切实解决知青问题。

1979年,还留在农村的600多万知识青年中的395万人,通过招工、招生、病退等多种途径,回到了城市。国家计委已经列进国家预算的80万知青的上山下乡计划,经过费劲地动员,只有上海、宁夏、西藏三地的24万多人下去。到了年底,在乡的知识青年尚有247万人,其中插队知青是近76万人[2]。也是到这一年,知青中的冤假错案,基本上都得到了平反,其中最有名的案件,就是因写了长篇小说《第二次握手》而入狱的张扬、写了在知识青年中传唱一时的《南京知青之歌》而被判10年的任毅。步入晚年的张扬现在是湖南省的专业作家;而任毅则在经商做外

---

[1] 刘小萌:《中国知青史·大潮》,中国社会科学出版社1998年版,第769页。
[2] 顾洪章、马可森:《中国知识青年上山下乡大事记》,第181页。

贸,他曾详尽地向我叙述了那不堪回首的往事中的点点细节。

1980年,根据中共中央书记处的指示,对当年的应届高中毕业生,不再组织和动员上山下乡。

1981年11月,经国务院批准,国家劳动总局和国务院知青办合署办公,具体为国务院知青办、农副业办公室和劳动司就业处合并,成立就业司,把知青工作的遗留问题和善后事宜统管起来。国务院知青办的牌子对外保留。各省市及各级知青办也随即撤并。

至此,曾经轰轰烈烈10年的上山下乡运动,中国大地上延续了前后27年之久的知青问题,终于宣告了它的收场。

从那以后,有关知识青年的遗留问题,统一由劳动部门本着负责到底的精神,逐步地给以解决。

在结束本文的时候,我还想补充三个"最后"的事实,来把和中国知青有关的情况,说得更完整一些。

其一,谓之最后的风光。1979年8月17日至29日,国务院知青领导小组在北京召开21省、市、自治区上山下乡知识青年先进代表座谈会,一共有34名先进知青的代表参加了这次会议,他们中年龄最大的39岁,最小的23岁,其中28人下乡的时间在10年以上。这些代表当中有"文革"之前就名声响亮的知青,也有文革当中涌现的知青先进,当然不乏扎根典型和后起之秀。26日,党和国家领导人接见了他们,并同他们合影留念。召开这次会议是要通过宣传报道,发挥这些先进人物的模范带头作用,激励青年志在四方、献身四化。1981年国务院知青办编写的《真实的故事》一书,86名先进知青中,把这34名知青的事迹大都编选了进去。可说是一本全国性的知青群英谱。现在回过头去看,树立这些典型,还是着眼于政治上的正面宣传,不得已地掩盖种种不安定的因素,争取逐步地解决知青问题的时间。其实,上山下乡知识青年中的典型和名人,远远不止这86名,正如任何重大的历史事件之后,大浪淘沙,泥沙俱下,总有一些人成为了历史的牺牲品,知青中一些人曾被捧得很高很高,也曾经爬到相当高的位置,自然到了跌下来的时候,也就摔得很惨。好在随着这一运动的落幕,一切都成了过眼云烟。

其二,谓之最后一起返城事件。1985年4月22日到29日,在山西插队的北京知青,在北京市委门前静坐了8天,还拉出了"小平同志救救我们"的标语。此时,恰逢胡耀邦总书记在澳大利亚访问,记者招待会上,英国《泰晤士报》记者举着附有山西知青在北京市府前静坐照片的报纸问:"你们中国又要搞文化大革命了吗?"这次事件不但上了报纸,还上了广播,受到中外记者的关注。原来这是1964年、1965年到山西插队的老知青和"文革"当中的京津知青采取的行动,他们大多集中在忻州、原平、定襄三个县市插队,后来也分别在当地得到安置。但是,安置就业后的知青们,在住房、医疗、子女教育、婚姻、工作等方面都不如意,遇到很多实际困难[①]。这些人本来来自北京、天津,现在又和这两个大城市有着千丝万缕的联系。对比已经回到京津伙伴的

---

① 参见李建中《回眸·思考·述评》,国际文化出版公司2005年版。

情况,他们普遍地感觉不公、不平,于是就采取了行动。这一行动同样延续了近三年时间,在 1987 年年底,留在山西的一万余名北京知青得以大部分回归。可以说,这是有报道的最后一次返城事件。

其三,最后一个惠及知青的政策。那就是知青插队落户计算工龄问题。前面我已提到,早在返城之初,江西的农场知青提出他们在农场的劳动时间,应该计算为工龄,并被省劳动局批准。到了上世纪 70 年代末、尤其是 80 年代初,国家开始调整工资,要计算工龄。涉及到每一个人的切身利益,于是下农村插队知青的工龄问题就被提了出来。知识青年们碰到了就在一起议论纷纷,1982 年 7 月,北京市新技术研究所等 53 个单位的 92 名原插队知青,最先上书国务院知青办,要求把插队落户时间计算为工龄,以便赶上国家难得一次的调资[①]。

1982 年 10 月 7 日,湖南株洲湘江机器厂办公室秘书萧芸,也根据周围知青们的意见,给各级领导写了一封信,反映知识青年无学历、少工龄、缺乏技术特长,呼吁要使"下乡吃大亏论"无立足之地,应解决工龄问题[②]。

同时,各地知青都有此反映,并通过多种形式反映给有关部门。

经国家有关部门的深入调查研究,多方征求意见,终于在 1985 年 6 月 28 日,由劳动人事部正式发文,解决了"文革"期间上山下乡知识青年的工龄计算问题。

我认为,这一惠及每个上山下乡知青的政策,应该被历史记录在案。我曾经遇到许多老知青,他们只知道插队落户可以算工龄,但是很多人都讲不清这一问题是什么时候解决的,怎么解决的。故而我将这一情况补充在此。

被称为震撼 20 世纪,涉及 1 800 万青年,牵动 10 亿人的心,长达 27 年的中国知识青年上山下乡运动,在曲曲折折的过程中,终于落幕了。

在它落幕的过程中,没有掌声,没有闪光灯和鲜花,也没有欢呼,有的只是一代人付出的代价和他们的颓丧、迷惑和无尽的回忆。千百万知青把他们的青春和热血、汗水和眼泪、欢乐和痛苦、理想和无奈献给了这场运动。他们在这场运动中经受了难以想象的磨难,他们在这场运动中经受了惨痛的心灵创伤。

好在,它已经成为了历史。

就让它永远地成为历史吧。

(原载《社会科学》2007 年第 7 期)

[①]《中国知识青年上山下乡始末》,第 209 页。
[②] 参见《改变知青工龄政策的一封信》,《炎黄春秋》2006 年第 11 期。

现代语境与国际表达中的中国文化考问

陈圣来

一、中国亟待用文化影响世界

我造访意大利的佛罗伦萨时,站在米开朗琪罗广场,回眸鸟瞰整个佛罗伦萨,我有一种神圣的感动,这座至今仅有37万人口的城市,在意大利历史上仅仅做过六年首都,应该说它不是政治中心,然而它始终是并永远是文艺复兴之都。这座被中世纪非人性桎梏了整整一千年的城市,由于商业、金融业和手工业的崛起,而使中产阶级与商人的势力逐渐能与世袭贵族阶级抗衡,这就促使它最早冲破中世纪的冷漠与沉寂,成为欧洲文明复兴的旗帜。它在中世纪漫漫黑夜中,划破天空,重新点亮启迪人类智慧的文艺复兴的曙光,至今还是人类历史上难以逾越的文艺复兴的圣地。但丁、彼特拉克、薄伽丘三位文艺复兴的杰出代表作家皆诞生于佛罗伦萨。但丁这位中世纪最后一位诗人也是文艺复兴时期第一位诗人,以他的辉煌巨著《神曲》而震惊世界,薄伽丘以他的《十日谈》而成为文艺复兴第一位资产阶级小说家。而米开朗琪罗、达·芬奇、拉斐尔这三位文艺复兴时期的杰出代表、美术史上难以超越的大家,也诞生于佛罗伦萨,这足以使佛罗伦萨拥有世代值得骄傲的资本,令人对这座城市肃然起敬。佛罗伦萨也随着这些不朽的名字而彪炳史册。

现在中国梦已成为中华民族的一面旗帜,全中国都在追寻中国梦,而中国梦究其实质就是实现中华民族的伟大复兴。我们现在呼唤中华民族的伟大复兴,我们能产生这样大师云集的时代吗?能诞生《创世纪》《神曲》《十日谈》这样的传世佳作吗?这是一个需要巨人而产生巨人的时代,这是一个需要巨作而产生巨作的时代,我们在呼唤和营造这样的时代,我们在呼唤和营造这样的巨作。我们亟待用我们的文化去影响世界。赵启正同志在一次文化外交官培训演讲时说:"大家知道,十八大以后,两个口号更加明确了。一个叫作'企业走出去',也就是中国的经济和世界更进一步地联系起来;一个叫作'文化走出去',陈圣来同志说过,'亟待用文化去影响世界',此言甚是!"[1]这说明启正同志非常赞成这样的观点。改革开放以后,我们就提出"让世界了解中国,让中国走向世界",这一功课我们做了几十年,也取得了显著的成绩,但与中国目前的大

---

[1] 陈圣来主编:《向世界讲好中国故事》,上海社会科学院出版社2016年版,第17页。

国地位,对世界的贡献,对世界所负的责任,以及时代对我们的要求还不相吻合。

当今世界上毋庸置疑,美国是文化软实力最强的国家。根据2010年《中国文化软实力蓝皮书》披露,中国文化产业占世界文化市场的比重不足4％,美国占世界总额的43％,欧洲占34％,日本占10％,中国只占4％不到,中国文化占有率太孱弱了。中国现在的经济总量占美国的一半以上,而文化只占美国10％都不到,因此无论纵向比还是横向比,中国的文化与中国的地位都不匹配。

中国经济总量超过日本以后,大家都在掐指计算着中国什么时候超过美国,成为全球第一大经济体。有的说2020年,有的说2025年。但如若中国在若干年后,经济总量真的超过美国,是否意味着中国已成为现代化的强国?已故的英国前首相撒切尔夫人有句话特别值得我们深思:今天中国出口的是电视机,而不是思想观念。这句话的潜台词实际上已明确告诉我们,中国应该如何走向世界。无独有偶,前一阵子坊间也在传播美国副总统拜登去年5月13日在宾夕法尼亚大学毕业典礼上对中国的评价,他说:"中国是一个伟大的国家,我们应该期待她的持续发展。但是女士们先生们,他们的问题是巨大的,他们缺少我们拥有的很多东西。我们有全世界最好的大学。我们有公开公正的法律系统。我们有全世界最有效的风险投资系统。我们在创新和科技上引领世界。"①拜登的话虽然刺耳,但撇开偏见,拜登列举的也是他心目中十分看重的:教育,尤其是代表一个国家的大学教育;法律,不光是几部法典,而是法律制度与系统;投资,注重的是风险投资,且是可有效控制的;科技和创新。这些严格意义上都属于文化的范畴,是文化软实力的体现。

因此我认为中国要走出去,首先是文化应该走出去。中国文化长期"窝"在国内,而在外步履维艰,甚至寸步难行,那么中国就无法在世界树立起应有的大国形象,也无法确立起大国地位,在全球竞争格局中将处于弱势和被动的尴尬境地。习近平总书记在文艺工作座谈会上曾说过:"古往今来,中华民族之所以在世界上有地位、有影响,不是靠穷兵黩武,不是靠对外扩张,而是靠中华文化的强大感召力和吸引力。"②美国肯尼迪学院的教授、软实力理论的发明者约瑟夫·奈在中国发表演讲时说:"软实力说到底,就是一种叙事能力。在当今世界局势下,我们更多考虑的不是谁的军队捷报频传,而是谁的故事引人入胜。"③因此要重塑中国在世界上的文明大国形象,讲好中国故事,传播好中国声音,就显得十分重要和紧迫。

二、重视传播中人的作用

要讲好中国故事,首先,故事是要靠人去讲的,因此在传播学中人是第一要素,对外文化交流亦是如此,我们需要官方和民间无数个"故事员",通过他们去形象而生动地讲述中国故事。

---

① http://www.360doc.com/content/15/0813/23/699582_491488704.shtml.
② 习近平《在文艺工作座谈会上的讲话》,《人民日报》2014年10月15日。
③ 《金融危机后的中美实力—约瑟夫·奈在复旦大学社会科学高等研究院的讲演》,《文汇报》2010年12月25日。

有一阵网上盛传的中国驻英国大使刘晓明先生就习近平主席对英国进行国事访问接受英国 BBC"新闻之夜"节目现场直播专访的视频,这就是讲好中国故事的一个案例。"新闻之夜"是英国 BBC 电视二台知名时政类访谈节目,以深度分析和激烈辩论著称,在英国政界和知识界影响较大,全球受众广泛,英国及世界政要和精英经常接受该节目专访。主持人戴维斯是经济学家、BBC 资深主持人。在西方主流媒体接受直播性专访和论辩,这在中国官员中尚为数不多。中国要在国际上树立负责任的大国形象,这样的挑战会越来越多,这样绝好的讲述中国故事的机会也会越来越多,中国官员要学会正面应对,不要怯场,不要推辞,要有当好故事员的心理准备、知识准备和能力准备。

在巴黎当了 20 年驻外记者的文汇报高级记者郑若麟坦然地说:我们很多外交官拒绝电视采访,因为在电视上很容易说错话,而且说对了说好了也没有人支持、鼓励。但就是这样,我还是希望并鼓励我们的外交官尽可能地接受西方电视媒体的采访。天下兴亡、匹夫有责。你在西方电视节目上讲的故事,对中国形象产生的影响将是难以估量的。要讲好中国故事,积极介入、回应西方主流媒体是一个不可回避的主要渠道。西方传统媒体主要有电视、电台、报刊和新媒体:互联网。电视之影响迄今为止依然是首屈一指的。郑若麟谈道:"自 2002 年始,我陆续在法国主流媒体上发表了一些文章,其中包括三大报中的《解放报》和《世界报》,以及重要刊物如《两个世界》《月刊》等媒体。但只是从 2008 年我频繁地被法国电视台邀请参加各类电视辩论之后,我才切身体验到电视画面的巨大影响力。当时我在巴黎街道上行走,不时地会有法国人突然趋前说,我认识你,我看过你的电视辩论,我支持你,我支持中国……其实他对我究竟说了什么并非很清楚,只是看到我的脸,大致了解我是支持中国的,于是他也支持我,也就是支持中国。现代电视传媒的画面对人的影响就是这样令人哭笑不得、同时又功效强大。所以法国前总统、法兰西学院院士吉斯卡尔·德斯坦曾说过这样一句名言:'La télévision est le premier pouvoir en France, et non le quatrième.'(电视是法国的第一大权力,而非第四大权力。)"①

人是文化传播中最积极最活跃最重要的元素。2012 年年底,英国诺丁汉大学第一次为一位中国籍的校长的巨幅画像落成举行隆重的仪式,就此杨福家先生卸去他担任了四届英国诺丁汉大学校长的职务,这已经是非常破例了。在英国历史上还未曾有过华人担任该国名校校长的先例,在诺丁汉大学历史和章程上,也未曾有过连任四届校长的规矩。杨福家先生光荣卸任后,他穿着校长礼服的巨幅油画肖像与历任校长一起,永久留在了学校陈列室,英国皇家人像画家协会会员 Keith Breeden 耗时三年,完成了这幅巨制,肖像画的底板衬着杨福家亲笔书写的八个大字:"国际交流、教育先行"。同时在校园绿茵场上,一栋以杨福家命名的大楼永久地令人骄傲地耸立着。这栋楼由英国著名建筑师 Ken Shuttleworth 设计,现在这里是学校的英语教育中心。此外,在杨福家担任诺丁汉大学校长的十几年期间,世界中药联盟大会在诺丁汉大学召开;中国政策研究所在诺丁汉大学成立;刘延东奖学金在诺丁汉大学设立;第一所中外合资大学宁波诺

---

① 《在法国讲好中国故事:从辜鸿铭到郑若麟》,《文汇报》2014 年 6 月 9 日。

丁汉大学建立……由于一个人,而使中国的形象、中国的声音、中国的文化,得到如此广泛与深刻的传播,这种传播已不是浅层次的像春池涟漪一样,浮光掠影般的,稍纵即逝的传播,而是波起浪涌,亘古隽永的。中国文化的影响就如此强烈地镌刻在这座英国名校校园里,而且还会绵延不绝,活色生香。这就是人的强大传播力,他们是向世界讲好中国故事的第一要义。

随着国门的打开,随着全球一体化的浪潮,中国过去人才的单位所有制与部门所有制的樊篱早已被打破,出现了国际人士的概念。改革开放初期和中期,中国有一批有志青年游学西方,这么些年他们学业已成,特别是一些从事文化艺术的学子,他们正逐渐成为国际文坛与艺坛的中坚力量,他们中华文化的底蕴与海外吸纳的专业知识以及国际视野交融汇合,某种程度这些才俊也都已成为国际人士,他们不仅会把中国舞台变成国际舞台,而且会把国际舞台变成中国舞台。他们履行职业行为的同时,无形中大大扩张和拓展了中华文化的传播渠道,特别是在西方主流社会的传播。这种中华文化的扩散和弥漫,将随着全球化的推进,中国进一步融入世界,中国更多国际人士的涌现,而成为新时代的新常态。中国政府现在推行的千人计划,从中央到地方承揽和回笼了一大批的海外人才,他们都是学有成就者,现在被千人计划所吸纳,穿梭于两国,成为沟通两国文化的桥梁和使者,也成为中华文化的义务传播者。

三、要有能勾连彼此情感意境的故事

要讲好中国故事,除了要有好的"故事员"外,还要有好的故事,入耳入眼入脑入心的故事。中共中央《关于繁荣发展社会主义文艺的意见》里提出:"创造生产符合对外传播规律,易于让国外受众接受的优秀作品,不断增强中国文艺的吸引力感召力。"[①]这里讲的优秀的作品要不拘于一格,不形于一态,不定于一尊,而不是八股式的说教式的格式化的宣传品,其中特别强调要符合对外传播规律,易于让国外受众接受的优秀作品。这对中国是个新的课题,或者讲是种挑战。

中国现在有钱了,也有一定的底气敢于到外面去"砸钱"。我曾站在纽约时报广场,看熙来攘往的游客中,光怪陆离的霓虹中,中国购买的巨幅大屏幕广告时段的播放,我很诧异,我们所要推销的这一个个中国人的头像在这来自五大洲四大洋的游客中能激起多少涟漪?中国的宣传至今还是一厢情愿的单边输出。包括中国许多电影、电视剧、戏剧、小说可以在国内热闹一阵子,但迈不开走向世界的步伐。前一阵子在国内票房走红,收入超过 12 亿元人民币的电影《泰囧》,在美国却兵走麦城。20 世纪 90 年代初,我去欧洲,几乎逢人就与我谈起电影《霸王别姬》,而后来这样的情况似乎再也没有发生。我们翻译的《熊猫丛书》《大中华文库》大部分时间躺在国外各高校的图书馆里,很少有人问津。这些都牵涉到一个故事内容的问题,你讲什么样的故事,人家愿意竖起耳朵,聚精会神地聆听。

[①]《中共中央关于繁荣发展社会主义文艺的意见》,《人民日报》2015 年 10 月 20 日。

一次我去法国里昂，参加在那里举办的里昂现代国际音乐节。里昂是法国第二大城市，我在市内几个剧院与音乐厅里观摩，发觉最活跃的竟是华人音乐家，如旅法音乐家、后来也是北京奥运会开幕式音乐总监陈其钢；旅美音乐家，后来一直担任新加坡华乐团音乐总监的叶聪；北京华夏民乐团团长，后来是中国音乐学院民乐系主任的张维良等。几乎音乐节的大小剧场演出都有他们的节目。记得印象最深的是张维良用中国古老乐器尺八演奏"三笑"，叶聪指挥民乐队伴奏。在演奏前，叶聪用英语解释中国"三笑"的典故，解释古老中国乐器的魅力，现场老外听得津津有味，场内掌声笑声不断。之后演奏时，果然在关键时，用尺八模仿的秋香一笑、二笑、三笑，观众都会心地笑了，说明外国观众都听懂了这首由中国乐器演奏的反映中国故事的乐曲。还有旅美音乐家谭盾在荷兰演出歌剧《马可·波罗》，将昆剧王子张军等引入剧中；旅美歌唱家田浩江在纽约演出歌剧《李白》，将中国的古典诗韵之美传播给每个观众。诸如此类，不胜枚举。

不久前在上海黄浦江畔的徐汇滨江，由华人文化产业投资基金、美国梦工厂、香港兰桂坊集团共同投资开发的梦中心规划启动，计划在2017年建成，同时开拍《功夫熊猫3》。美国好莱坞曾拍摄过中国的花木兰。中国的功夫、中国的熊猫、中国的花木兰，这些传统意义上中国特有的主题元素给美国好莱坞拿去，拍成影片在全球上映。中国功夫也好，熊猫也好，花木兰也好，都是中国国粹，是传统的中国独特的精英主题元素。对中国戏剧与文学作品的改编，他们往往挑选的都是具备传播价值的优秀作品。无论是古典作品还是现代作品，都强烈地浸润并透发出中华民族的气息与风范以及核心价值。如《红楼梦》《西游记》《水浒传》《三国演义》《聊斋志异》《儒林外史》《牡丹亭》《西厢记》以及纷呈多样的现当代作品，不仅艺术上达到一定高度，而且思想上精神上展现了中华民族的灵魂与气质。因此，不管是谁去改编，这些中国作品从其骨子里散发出的中国风格与民族风范，以及依附在这些作品里的精神气质会不可抑制地体现出来。优秀作品其不可磨灭的族群烙印，不会因他人改编而轻易泯灭。它一定会顽强地透发出来。文学也好，戏剧也好，一旦发表就不可能再私藏于闺阁深处，而为人类所共享。让大家来改编来激活来传播，只能是更充分发挥世界民族文化宝库的效用，传递当代中国与世界和谐同构的梦想与吁求。

因此让中华文化走出去，挑选的故事很重要，挑选得好可以事半功倍，挑选得不好，就可能事倍功半。著名翻译家葛浩文先生在上海的一次演讲中说："近十年来，中国小说在美国、英国等英语世界不是特别受欢迎，出版社不太愿意出中文小说的翻译，即使出版了也甚少做促销工作。"他在分析原因时这样说："前一阵子刚过世的著名中国现当代文学评论家和学者，夏志清教授提起的一个现象，可以有助于说明中国小说为何走不出去，那就是现代中国作家的'感时忧国'倾向使得他们无法把自己国家的状况和中国以外的现代世界的人的状态连接起来。夏老的评论重点在于现代作家如鲁迅、茅盾等人，但我个人认为当代作家也有类似情况。太过于关注中国的一切，因而忽略掉文学创作一个要点——小说要好看，才有人买！"①他的这番话值得我们

---

① 葛浩文：《中国文学如何走出去？》，《文学报》2014年7月3日。

玩味与深思。中国文化如果背负着太多太沉重的道义的责任,缺乏普适性和共构性,那它就不能轻松自由地在世界行走。文化交流不是唯我独尊的单向传播,它需要尊重彼此的欣赏习惯,勾连彼此的情感意境,抵达彼此的心灵深处。

四、在现代语境中用国际语汇讲好中国故事

要讲好中国故事,必须引领讲故事的语境和掌握话语权。特别是向世界传播中国声音,讲述中国故事,就需要有世界语汇。这一世界语汇不是狭隘的概念,仅仅指英语或法语或德语或西班牙语等世界流行语种,而是指用世界能理解能接受的方式、习惯与话语来阐释、来叙事。应该承认,在国际语境中,中国文化还是一种弱势文化,因此,中国文化要向世界传播,尤其向以英语等为母语的发达国家传播,这是一种逆势传播,需要花很大努力,下很大功夫。现在文化话语权和话语系统都在别人手里,即便是我们常挂在口边,甚至写进文件里的"文化软实力"这个定义,也是美国学者约瑟夫·奈提出来的。我们习惯把人家的话语拿过来用,缺乏在文化语境和语系中建立自己的游戏规则,建立自己的话语体系,其实这也是文化软实力的重要组成部分,文化软实力包括制定国际规则的能力。约瑟夫·奈这样说:一个国家"如果它的文化和意识形态具有吸引力,那么其他国家就更愿意跟随它。如果它能建立同它的社会秩序一致的国际准则,那么其他国家就不太可能去改变这样的国际准则。如果它能够帮助支持一些制度,以鼓励其他国家以主导国家偏好的方式来引导或限制自身活动,那么在谈判时它将不需要付出像使用强制力或硬实力那样的高昂成本。简言之,一个国家文化的普世性以及设置一系列有利于自身且能够主导国际活动领域的规则和制度的能力是权力的重要来源"。[①]

世界无论是信息、经济,还是文化,已越来越趋于一体化,处于大交汇大融合之中,因此我们要讲好中国故事,就不可回避地会接受来自两方面的挑战:现代化与国际化,我认为这两个方面中国相对做得都比较差强人意。中华民族有灿烂五千年的文明,名家辈出,佳作纷呈,是一个十分丰富与精彩的矿藏。我们今天讲好中国故事,肯定要去开掘这些矿藏,这其中就包含对传统与经典的演绎改编,这种演绎改编究其实质就是重访这些作品中的普适价值,叩问中华文明在历史不断发展的社会变更中,如何保持并散发其鲜活的生命力。这就需要不断揣摩并捕捉时代焦点、社会热点、大众视点。我们可以在世界范围内频繁看到经改编的国外戏剧文学创作佳品。如最近在国内电视台里看到意大利拍摄的改编成九集电视连续剧的托翁的《战争与和平》,如美国重拍电影《安娜·卡列尼娜》,如电影版音乐剧影片雨果的《悲惨世界》。这些经现代改编的世界名著,重新焕发出青春的魅力,走俏市场。甚至连造成巨大灾难的航海事故,如泰坦尼克号的沉没也一次次反复被改编成电影,从《冰海沉船》到《泰坦尼克号》,甚至到百老汇的音乐剧,久演不衰。然而鲜有中国改编的中国作品在世界上不胫而走。中国的文学艺术家当然不乏尝试,如

---

① 约瑟夫:《美国注定领导世界》,刘华译,中国人民大学出版社 2012 年版,第 28 页。

陈凯歌导演改编的电影作品《赵氏孤儿》,是根据传统经典京剧改编的,姜文的《让子弹飞》是根据当代作家马识途的小说《盗官记》改编的,还有如电视连续剧《水浒》、电影《原野》,等等,这些影视剧也都源自传统经典,但最多在国内热闹一阵子,而迈不开走向世界的步伐。

通过无论何种文艺样式来叙述中国故事向世界传播,这其中对中国经典的演绎和改编一定要在现代语境中进行,要明白任何的改编不可能是原汁原味原地踏步。它必定与改编者所处的具体时代与具体社会及具体文化环境相吻合,因此这样的改编,一定要站在现代社会的立脚点去思考。在现代科技资讯十分畅通发达的社会,传统的主题元素一定要经过现代社会发酵,才能为当今社会所接纳,尤其为青年人所接纳。中国经典的主题不是僵死的一成不变的概念,它必定随着传播过程做时代性的微调。如"荆轲刺秦王"这一历史故事,在《史记》中表现了荆轲慷慨悲壮的侠士精神,壮士一去不复返,而在陈凯歌、张艺谋艺术改编中,分别将这一主题做了新的诠释,或表现了荆轲人性化的心路历程,或表现荆轲对自身选择正当性的思索。而在莫言的改编中,荆轲则重新审视侠义与名利的关系。这种变更与改编不仅包括内容上也包括形式上的,如《赵氏孤儿》在京、昆、秦腔与电影中,分别在不同艺术样式上有不同程式的改编。

我在担任中国上海国际艺术节总裁时,曾引入不少《天鹅湖》来艺术节演出。但我发觉尽管都是旋律熟悉的柴可夫斯基《天鹅湖》,对《天鹅湖》剧情的改编或演绎都各不相同,马林斯基剧院《天鹅湖》是比较忠实于原剧的传统《天鹅湖》,而德国莱茵歌剧院芭蕾舞团《天鹅湖》则隐约表达出一种母子恋的隐情,而蒙特卡洛芭蕾舞团的《天鹅湖》则表现公主与私生女之间的纠葛,至于格林·墨菲的澳大利亚芭蕾舞团的《天鹅湖》,则表现出戴安娜与卡米拉之间和查尔斯王子的争斗,同样的《天鹅湖》各不相同版本的演绎非常有趣。这说明一百个《天鹅湖》有一百个版本,站在不同立场上,依据现代社会不同的理解,对原著主题的重新诠释与演绎,已成为一种经典剧目重新演出的普遍规律。这也就是隔多少年,我们会对经典名著来一次复排和重拍的缘由,这种复排和重拍绝不可能是原来意义上的重复,而一定有即时即地的时代阐释。同样以泰坦尼克号海难事件为题材,同样是世界名片,电影《泰坦尼克号》与《冰海沉船》从内容到摄影相去甚远,我相信,若干年乃至若干世纪以后,哪位导演再重拾这一题材,一定还会再有新的阐释与新的景象。

现代语境的演绎与国际化的表达已成为各国作品走向世界的一条基本准则,中国现在许多有思想、有造诣的文学艺术家们,都已经站在时代和全球的高度,思考中华文化如何表达与定位。谭盾在大都会剧院排演《秦始皇》请多明戈出演,但同时请张艺谋导演,请上海的青年舞蹈家黄豆豆去担任编舞。这些演出都在国际演艺界引起高度关注,是中国文化走出去的大胆诠释。2004年德国斯图加特广播交响乐团来上海国际艺术节演出,我曾让旅法作曲家陈其钢专门写了一首新曲《你在哪里》,演出现场陈其钢与观众感动得涕泪纷飞。之后德国斯图加特室内乐团来上海国际艺术节演出,陈其纲为这次演出专门创作了音乐作品《走西口》。这曲有着浓郁中国西北部风情的音乐,由德国乐队演奏出来,别有一番滋味,后成为该乐团在世界巡演的保留剧目。

2011年瑞士洛桑贝嘉芭蕾舞团来上海国际艺术节二度演出。这支世界上顶尖的现代芭蕾舞团，原本一直很傲，十年前他们成功地在上海国际艺术节完成了他们的中国首演《生命之舞》。十年后我们再度邀约他们，他们竟反过来，盛邀我为他们中国之行写一个舞蹈本子，我知道这是从未有的礼遇。于是我写了一个文学本子《生命的诱惑》，由芭蕾舞团艺术总监吉尔·罗曼编舞，又取名为《鸟儿何处飞》。吉尔·罗曼在演出说明书上这样写道："当我准备这次的中国巡演之时，我很荣幸在我的洛桑工作室，遇到了陈圣来先生。值此之际，他给我看了他写的一份原创文本：'生命的诱惑'。文中所反映的意象和意境跃然眼前：生命—死亡—重生—循环—阴—阳—平衡。突然，有了灵感……"我原来做过电台台长，我找了最好的两位男女播音员，并用中英文轮番诵读，然后灌成碟片快递给他。那些日子，吉尔·罗曼就将自己浸润在这样的语境中，构思、编排，然后就有了这出中瑞合作的创新之作，而且他们还将此剧带到韩国等地演出。

如果说中国对经典的改编需要有现代语境的演绎与国际化的表达，实际上在当代艺术的创作生产与传播中，中国几乎与世界没有落差。如现代音乐、现代舞蹈、现代美术，中国的艺术家与世界处于同一起跑线，而且与国际一线市场几乎同步发酵。谭盾、陈其钢、蔡国强等都是在国际一线活跃的音乐家和视觉艺术家，他们经常携他们的新作《水乐》《茶》《蝶恋花》《走西口》《万年欢》《归去来兮》等穿梭在世界各大城市音乐厅、音乐节或公共空间里演出；沈伟、林怀民的现代舞，在国际舞坛都是值得期待的翘首以盼的作品。林怀民最终获美国舞蹈节终身成就奖，沈伟早已获舞蹈界的奥斯卡奖"尼金斯基奖"，这都足以证明他们在国际舞坛的影响力与被接受程度。至于当代艺术中的中国美术作品更是早已确立了自己独特地位。它从20世纪80年代发轫，很快就在世界尤其是西方主流市场拥有了忠实的拥趸。随着中国当代艺术影响力的不断拓展，世界各地的美术馆和博物馆都纷纷举办中国当代艺术展以及中国著名当代艺术家的个人展。越来越多的中国当代艺术家成为国际"明星"。如张晓刚、岳敏君、方力钧、王广义、刘小东、卢昊、谷文达、黄永砯等。2007年，当年靠在北京大学卖西瓜为生的岳敏君凭借其招牌式的"笑脸"作品被美国《时代》周刊列为年度重要人物，与他同列榜单中的还包括德国总理默克尔、法国总统萨科齐、委内瑞拉总统查韦斯。[1]确实，中国当代艺术的国际化基本是由国外策展人和收藏家推动的。为此，也引起一些人的诟病，但正是这样国际化的直通车，帮助中国当代艺术作品直接登上了威尼斯双年展、巴西圣保罗双年展、卡塞尔文献展等几乎所有的国际顶级当代艺术展。随着中国当代艺术世界影响的进一步扩大，古根海姆博物馆、泰特美术馆、纽约当代艺术馆、蓬皮杜中心等国际知名美术馆也对中国当代艺术表现出了浓厚的兴趣，开始收藏中国当代艺术作品。[2]可是，面对着这样的融合与接轨，我们有些人又绷紧了"阶级斗争"这根弦，"阴谋论"又开始困惑我们。另一方面，从政界到业界，我们习惯性地将当代艺术边缘化，始终不把当代艺术纳入主流视野。因此往往造成出口转内销，墙里开花墙外香。我们与外部艺术世界似乎一直有一种

---

[1] Complete List- Person of the Year 2007, website of Time, http://content.time.com/time/specials/packages/completelist/0,29569,1690753,00.html.

[2] 朱宏斌：《中国文化软实力与文化外交》，《上海文化》2016年第2期。

隔膜和障碍。所以,要让中国文化大踏步地走出去,我们还需要拆除横亘在我们与世界之间有形和无形的籓篱。

我认为我们亟待用我们的文化去影响世界,我们应该有责任有道义,与世界人民一起,共构人类美好的精神家园,这是我们作为一个拥有五千年文明历史大国应该作出的贡献。如果我们的文化不能走出去,遑论中华民族的伟大复兴。

(原载《现代传播》2016 年第 10 期)

我国文化体制改革当前进展和未来趋势

荣跃明

一、我国文化体制发展历程

(一) 新中国文化体制的建立

1948年5月,中共中央离开陕北到达河北西柏坡,一方面指挥三大战役,对国民党蒋介石政权予以最后一击;另一方面,已经在为新中国的建立进行各项准备。1948年9月华北人民政府正式成立,为新中国国家制度建设和行政机构设置运行进行路演[①]。同时还向苏联派出了考察团,学习借鉴苏联的国家制度、政府管理和机构设置,其中包括文化管理体制[②]。

新中国成立后,根据第一届政协会议通过的《共同纲领》《中国人民政治协商组织法》《中华人民共和国中央政府组织法》等法律精神和原则,在中央政府层面设置了文化部、教育部、新闻总署、出版总署等政府文化行政管理部门。同时,根据党管意识形态的传统,确立中央和地方各级党委宣传部是文化管理的综合性权力机关。从1949到1956年,新中国文化管理体制从初创经不断调整,形成了从中央到地方、多层级、全覆盖、条块结合和多系统专业化分工合作的文化行政管理体制,其中包含了中宣部系统、文化部系统、新闻总署系统、出版总署系统、文联和作协系统,以及地方文化管理系统六大系统[③]。

1956年,新中国文化管理体制大致定型,其制度基础主要来源:一是苏区和延安时期中共的文化意识形态管理传统;二是对苏联文化管理体制模式的全面借鉴。除此,还有新中国成立后接受的旧中国文化资源、设施、组织机构和人员等[④]。

(二) 计划经济时代的文化体制特点

第一,党管意识形态。实际上,党管意识形态起源于十九世纪欧洲政党政治的兴起,当时,代表不同阶级、阶层利益的政治团体逐步政党化,运用当时新兴的传播媒介——报纸杂志等进行宣传和社会动员[⑤]。这同样是马克思主义政党兴起发展的传统。列宁在领导布尔什维克党和

[①] 阎书钦,张卫波.华北建政:为中央人民政府肇基[N].北京日报,2014-09-29(理论版).
[②③] 蒯大申,饶先来.新中国文化管理体制研究[M].上海:上海人民出版社,2010.
[④] 杨立青.上下联运与制度变迁:中国文化管理体制创新研究[M].桂林:广西师范大学出版社,2015.
[⑤] 参见刘苏里为巴拉达特著《意识形态:起源和影响》一书所作的序:"意识形态及其起源"[M].张慧芝,张露璐,译.北京:世界图书出版公司,2010.

"十月革命"中都一再强调报刊出版的党性原则①,这是苏联政权建设和国家文化教育发展中形成"党管意识形态"基本原则的历史根源。

第二,文化发展的意识形态宣传模式。尽管文化是一个比意识形态更大的实体,但"党管意识形态"原则的确立,使文化发展高度意识形态化了。新中国建立之初形成的文化管理体制之所以成为文化发展的意识形态宣传模式,不仅是世界范围政内党政治发展的传统,也与当时全球范围内冷战兴起直接相关。20世纪50年代初期,"麦卡锡主义"对美国思想文化界有一次意识形态的清洗②,但美国文化发展的同时发生了媒介革命和传播转型③,由此形成了文化强势发展的态势。而中国的文化管理体制全面融入了计划经济体制,成为计划经济体制的一部分。

第三,文化管理体制从中央到地方,形成了分层分级的集中管理架构。一方面是管办不分,另一方面是存在多个管理系统,职能交叉、相互掣肘,缺乏法制,效率比较低。

第四,文化发展采用了事业体制,主要是文化国有和大集体所有制,形成了文化发展的国家垄断和封闭模式。一方面,在城市地区,文化艺术发展全部被纳入了事业体制,专业作家和艺术家都是作协或文联会员,是专门从事文化艺术工作的公职人员,其收入和生活得到了保障,并享受很高的社会地位;而在广大乡村地区,民俗民间文化被当作封建文化残余遭到完全禁止。另一方面,广大城乡人民群众积极参与的群众性文艺活动,由此形成了国家支持的体系化大众文艺体制。文化事业体制决定了文化发展的高度意识形态色彩,社会文化发展的自由创新空间受到压制,同时存在有限的文化对外开放,但仅限于与苏联、东欧等少数社会主义国家开展对外文化交流。今天看来,计划经济体制下的文化发展事业体制极大地制约了文化生产能力。

(三)改革开放初期的文化发展

"文化大革命"后,文化领域的拨乱反正全面恢复了文化管理体制,即重新回归"文革"前十七年的文化管理体制。另一方面,改革开放初期的"实践是检验真理的标准"大讨论和思想解放运动,激发了压抑已久的思想文化的创新活力,催生了一大批影响巨大的文艺作品,以《伤痕》《班主任》《于无声处》等文学作品为代表,文艺创作出现了繁荣的景象。

(四)经济体制改革与文化发展

1978年,党的十一届三中全会作出了经济体制改革和对外开放的重大决策。一方面,党和国家的中心工作全面转移到以经济建设为中心上来;另一方面,坚持四项基本原则,即坚持走有中国特色的社会主义道路。改革开放初期,思想解放运动带来了文化发展的活力,但随着体制改革的持续深入和对外开放的不断扩大,各种各样的新思想新文化也随之涌入,并在一定程度

---

① "党管意识形态"原则形成于列宁1905年提出的"党的报刊出版宣传工作的党性原则"。参见列宁.党的组织和党的出版物.列宁选集:第一卷[M].中央编译局编.北京:人民出版社,1995:662—667.

② 参见维基百科:Joseph McCarthy 词条。

③ 上个世纪40年代后期,作为新兴媒体的电视把基于即时影像的新闻传播到世界各地,电视带来了媒介革命,由此也重构了新闻和文化娱乐发展格局。几乎在这一媒介新技术广泛应用的同时,美国学术界推出了以拉斯维尔、施拉姆等人为代表的传播学理论,这一理论为大资本进入新闻和文化娱乐业进而形成"文化工业"建构了"科学的"微观理论基础。

上造成了思想混乱的局面。新中国成立后形成的文化管理体制,擅长于对文化领域意识形态的掌控和主导,为保障社会稳定和持续推进改革发展提供了比较有利的思想舆论环境。

二、文化体制改革的开启和深化

(一) 文化发展的环境变迁和认识深化

尽管新中国前十七年形成的文化管理体制比较有效地保障了改革开放的顺利推进,但随着经济体制改革的不断深化和对外开放的不断扩大,在变化了的内外环境下,原有文化管理体制存在的弊端和矛盾不断暴露出来。有学者认为,文化管理体制改革始于党的十一届三中全会[①]。当时在一些地区和文化部门开展了文化经营管理的改革,主要是借鉴经济领域的改革经验,探索尝试文化经营部门的承包经营等,以解决文化经营部门的经费短缺和人浮于事等效率低下的问题。实际上,这些改革只触及了文化发展的微观层面,并没有触及文化管理体制的整体架构。

随着经济的快速增长,人民群众日益增长且不断多元化的精神文化需求与现有文化管理体制下的文化生产供给能力之间的差距日益凸显和拉大。按照马克思主义原理,经济、政治、社会和文化发展的相互关系中,经济增长是政治、社会和文化发展的根本基础。文化管理体制是国家机器的重要组织部分,是上层建筑。在体制改革顺序上,我国体制改革存在着先经济,后政治、社会,再到文化的时间差序。从决策视角看,文化体制改革的启动遵循了自上而下、循序渐进的原则;另一方面,也呈现为一种冲击—反应的模式,就是在回应现实矛盾和挑战中寻找突破。

当然,文化体制改革关系重大,如何启动,怎么改? 影响因素十分复杂。从二十世纪八十年代中期开始,国内外形势的发展变化都影响了文化体制的改革进程。其中,中国的"六四"风波和后来的苏东解体对中国当时的思想文化界形成了巨大冲击;另一方面,尽管改革开放推动了我国经济的高速增长,但我国传统文化管理体制下的文化总体实力在开放环境下与西方强势文化的竞争中差距悬殊,对我国文化和意识形态安全构成了直接威胁。

在影响文化体制改革各种因素中,有关文化建设的认识深化和理论发展是一个关键因素。马克思主义经典理论中并没有现存的社会主义市场经济条件下文化发展的系统理论。马克思提出了"精神生产"理论,但只是一个未经系统化特别是未经实践检验的理论萌芽。马克思之后,马克思主义文化理论的发展可以概括为三种走向。

一是西方马克思主义文化理论流派。这一派继承马克思主义社会批判传统,结合西方资本主义社会文化发展实践,提出了不少新观点和新理论,如葛兰西的"文化霸权"理论,法兰克福学

[①] 杨立青认为,我国文化管理体制改革始于党的十一届三中全会的召开(参见《上下联动与制度变迁》第 128—163 页)。实际上,十一届三中全会只是作出了我国社会主义发展建设必须实行改革开放的重大战略决策,对体制改革真正具有重大意义的是 1994 年全面实施的分税制改革,期间经历了思想认识、改革方法、路径和目标等内容的争论和共识形成,可以说有一个较长的准备阶段;而就文化管理体制而言,社会主义市场经济体制的全面建立,是文化管理体制改革的基础和条件。

派的"文化工业"批判理论,伯明翰学派的文化批评理论,以勒菲弗尔、哈维为代表的西方马克思主义空间学派理论,以波斯曼、席勒等人为代表的传播政治经济学批判理论以及詹明信、奈格、哈特等人为代表的后现代马克思主义文化理论。西方马克思主义的文化理论主要着力于对西方资本主义社会由资本垄断和控制文化发展进行批判,揭示了资本主义从早期自由竞争到后工业时代文化发展的内在机理,成为我们理解和认识资本主义文化发展规律重要的思想资源[1]。

二是苏东马克思主义文化理论。"十月革命"的胜利,使马克思主义有关社会主义建设和发展的思想,首次在国家的经济、政治、社会和文化各个层面发展中获得了实践空间。在文化领域,列宁提出了党管意识形态原则,斯大林提出了民族语言政策[2],卢那察尔斯基根据列宁的唯物主义反映论思想,系统阐述了社会主义现实主义文艺创作方法[3],等等。概括地看,苏东马克思主义文化理论指导下的文化发展实践,建立在与西方资本主义市场经济制度完全不一样的体制背景下,是在社会主义计划经济体制下展开的。尽管苏联建立了庞大的电影工业和文化意识形态传播体系,但冷战时期,即在以美英为首的西方资本主义和苏联为首的东方社会主义的文化意识形态全面对抗中,苏联的社会主义文化和意识形态发展遭遇了"辉煌的失败"[4],导致苏联在一夜之间解体。事实证明,苏联的马克思主义文化发展理论,虽然在国家层面上获得了实践发展空间,但所有这些理论都只是关于文化和意识形态内容的理论,并未真正像马克思分析资本主义社会生产那样,把文化发展看成是一种不同于物质生产的特殊生产过程。系统地总结分析苏联社会主义文化的发展历程和经验教训,对于今天的中国特色社会主义文化发展仍然具有十分重要的价值和意义。

三是中国的马克思主义文化发展理论。早在延安时期和新中国成立之前,毛泽东就提出了新民主主义大众文化理论[5]。新中国成立之后,借鉴苏联文化发展的经验和模式,建立起了计划经济体制下的文化发展体制。但改革开放之前的中国社会主义文化发展面临着与苏联文化发展相似的矛盾和问题。因此,随着社会主义市场经济体制的全面建立和不断完善,通过文化体制改革,建立起与社会主义市场经济体制相一致的文化体制,需要在坚持马克思主义基本原理指导下,依靠我们自主的探索实践,边实践边总结,逐步建构起中国特色的马克思主义文化理论。

中国特色社会主义理论是马克思主义基本原则与中国国情的具体结合,是在实践中不断概括、提炼而形成的。中国特色社会主义文化发展理论也是在继承马克思主义、列宁主义、毛泽东思想中有关文化发展思想和理论的基础上,汲取西方马克思主义对于资本主义文化批判理论中

---

[1] 参见衣俊卿.20世纪的文化批判——西方马克思主义的深层解读[M].北京:中央编译局出版社,2003.
[2] 斯大林.马克思主义与语言学问题[M].北京:人民出版社,1971.
[3] 参见卢那察尔斯基.论文学[M].北京:人民文学出版社,1978.
[4] 二战后,苏联把握当时世界传播新媒介的发展趋势,建立了完整、系统的电影、广播和出版生产传播体系。但面对西方的文化冷战和意识形态渗透,苏联的文化管理体制未能有效处理意识形态宣传与大众文化生活之间的矛盾和冲突,进而遭遇了社会主义意识形态和文化的溃败。参见克里斯汀·罗思-艾.莫斯科的黄金时代[M].蓝胤淇,陈霞译.北京:商务印书馆,2016.
[5] 参见毛泽东.新民主主义论[M]//毛泽东选集:第二卷.北京:人民出版社,1991.

的有益成分,尤其是总结苏联社会主义文化发展的成功经验和失败教训,并在改革开放后文化发展的实践中不断丰富、深化和拓展。党的十六大,特别是党的十六届五中全会《关于深化文化体制改革,推动文化大发展大繁荣的若干意见》,标志着中国马克思主义文化理论发展达到了一个新的高度,进而指导和推动了中国特色社会主义文化发展的一系列改革创新实践。

(二) 文化体制改革的基本取向

从决策过程看,文化体制改革的真正启动和全面展开,始于党的十五届五中全会决议,这个文件首次确认了文化产业这一概念。到党的十六大和十六届五中全会,有关文化发展的两分法,即把文化发展区分为公共文化服务体系和文化产业两个部分,正式成为文化体制改革的基本取向。另外,文化体制包含了两个主要部分,一是文化发展实体,即在一国政体下的文化机构、部门、设施等人财物的资源配置、组织设置和运行状况;二是以文化实体发展为对象的文化管理体制。2003年,中宣部会同宣传文化系统相关部委起草拟定了《文化体制改革试点工作方案》,并以中办国办文件下发[①]。

改革试点工作正式启动并全面推开,至2005年底,历时三年完成。主要内容是通过经营性文化事业单位向企业转制,并辅以财政税收、投融资、资产处置和工商管理等各项政策,支持文化产业发展。2005年底,中共中央、国务院出台《关于深化文化体制改革的若干意见》,在改革试点工作的基础上,就改革中的党政、政企、政事关系,以及扩大文化领域的对内对外开放,允许民营和外资有序进入文化发展领域等,提出一系列指导意见,强化党对文化体制改革工作的领导,同时提出在原有文化事业体制基础上,通过改革转制,建立起保障公民文化权益的公共文化服务体系[②]。

(三) 文化体制改革的成效

文化体制改革的全面启动和展开,极大地促进了中国特色社会主义文化的发展,已基本实现改革预设的初期目标,建立了保障公民基本文化权益的公共文化服务体系,形成了以国有资本为主体、民营和其他社会资本共同参与的文化产业体系。通过文化体制改革,我国的文化综合实力、文化传播力和影响力得到极大提高。

(四) 文化体制改革的主要特征

一是文化体制改革借鉴和汲取了经济体制改革的成功经验。坚持中国特色社会主义的发展方向,采用先增量后存量、自上而下、先易后难、循序推进的方法,既极大地解放了文化生产能力,促进了文化大发展大繁荣,又确保了改革开放环境下我国社会主义意识形态和文化的安全。

二是文化体制改革初步构建了我国社会主义市场经济体制下的文化生产体系。在文化发展两分法的基础上,把经营性的文化发展推向市场,使其走产业化道路,这符合社会主义市场经济体制的内在要求;另一方面,原有的为公民提供服务的文化事业转变为公共文化服务体系,成为政府三大公共服务内容之一,进一步体现了社会主义制度的本质特征。

[①] 参见杨立青.上下联动与制度变迁[M].桂林:广西师范大学出版社,2015:148.
[②] 参见杨立青.上下联动与制度变迁[M].桂林:广西师范大学出版社,2015:150.

三是文化体制改革采用了在宣传文化系统内部推进的方法。这主要是出于文化和意识形态安全的考虑。管理体制的整体架构没有变,而是随着增量改革不断增设新的管理部门和职能。在一定程度上,原有管理体制中多系统并存,职能交叉重叠和相互掣肘的问题不仅没有解决,反而更加突出了。比如,治理手机垃圾短信问题,需要中宣部、文化部、工信部、公安部等十几部委联合发文。因此,文化法治和文化治理能力的现代化仍然任重道远。

四是文化体制改革对媒介新技术的挑战目前还缺乏高效的应对能力。网络传播新技术的发展和应用极大地解放了社会生产力,也极大地改变了人们的生活方式,同时也极大地扩大了文化发展的空间,特别是构建了对传统文化管理体制而言的一个全新的文化空间。由于原有文化管理体制是建立在物理基础上的,而由互联网构建的文化新空间在结构形态上具有无中心和跨域的特征。一方面,新技术的发展和应用不断催生网络文化的新形态,对于原有文化管理体制而言,存在着无法完全覆盖或管理空白的问题;另一方面,针对媒介新技术的挑战,作为文化体制改革的一项重要举措,在现有文化管理体制架构上增设了新的网络文化管理机构和部门,但却进一步放大了文化管理体制的固有矛盾,即新增网络文化管理部门与原有管理架构中的各个部门,在职能设定和分工等方面如何协调,始终是一个突出问题。

三、新形势下我国文化发展面临的挑战

(一)国际经济政治秩序演变和重塑进一步深化

2016年一系列国际重大事件表明,从2008年美国金融危机开始的全球秩序演变和重塑已经进入到一个新阶段。无论是英国脱欧、特朗普胜选、意大利修宪公投失败,还是韩国总统朴槿惠被弹劾,出人意料的"黑天鹅"事件层出不穷并成为常态。这表明,一方面,由传统精英把控且一直十分坚固的西方社会深层结构已被打破,由主流价值观或常识构成的西方社会共识正在消解,并呈现出社会分裂的状态;另一方面,全球秩序演变正在向纵深蔓延,并同时在经济、政治、社会和文化各个领域依次展开。美国主导的经济全球化已经走到头了,全球发展将较长时期处在不稳定和不确定的状态之中,这种态势必将在全球意识形态和文化层面上表现出来。近期,经奥巴马总统签署生效的由美国国会通过的2017年国防授权法案中,附设了《反虚假情报和宣传法案》①,这预示着美国正在进一步强化对全球层面意识形态话语权的垄断和争夺,可以预言,未来相当时期内,全球层面国家间的文化竞争将日趋激烈。

(二)中国的全球化发展:"一带一路"战略

中国正在全面实施"一带一路"战略,这是中国版的全球化发展战略,是党中央顺应当今世

---

① 根据该法案,美国会将每年拨款8 000千万美元建立一个基金,用于专门资助和培训记者、NGO及公民组织、智库和私营机构,专门开展揭露其他国家虚假宣传的活动。有评论认为,特朗普上台后,中美关系将进入高风险期,而该法案有很大可能被美国用于对抗和攻击针对中国的意识形态。参见香港南华早报网站2016年12月21日的报道:《美国反宣传法可能为与中国打思想战铺路》。

界发展大趋势、把握发展大机遇作出的重大战略决策。虽是一个经济发展战略,但党中央十分清醒,准确地认识到这一战略在经济层面上的推进,必将与美国主导的经济全球化形成竞争、博弈甚至冲突。因此,习近平总书记提出,"一带一路"战略要文化先行,并提出了"人类命运共同体"的价值观,强调和平、交流、理解、包容、合作、共赢理念,主张在不同文化平等相处、互学互鉴、相互尊重的基础上开展合作。这一战略的提出和实施,标志着中国发展进入了全新的阶段,同时也预示着,在很大程度上,这一战略能否成功实施取决于中国的全球化理念和人类命运共同体价值观能否为沿线和世界各国人民所认同和接受。事实上,讲好中国故事,即以多样化的文化形态来呈现中国不同于西方中心主义的全球价值观和文明观,就此而言,中国文化的全球有效传播已经成为中国全球发展的重要战略问题,同时也将有效地检验我国文化体制改革的成效。

(三)网络信息技术的媒介革命

人类社会已进入网络信息时代。全球万物互联的一体化网络,使高度分工的人类生产体系遍布于世界各个角落;物质生产能力的普遍过剩已经改变了经济竞争的形式,品牌竞争成为产品生产能否持续的生命线;万物互联使任何物品都凸显其媒介化特征,网络技术的广泛应用使媒介进一步呈现社会化趋势,并以一种全新的社会技术范式重构经济社会结构。如奥巴马用社交媒体通过汇聚小额捐款赢得大选,特朗普同样依靠社交媒体赢得草根民众,这完全颠覆了社会精英的传统权威。在网络信息时代,由于物的媒介化和媒介的社会化,不仅经济结构发生了深刻变化(如不同产业的相互融合,最典型的是互联网+);而且经济、政治、社会和文化发展也呈现出新的一体化发展趋势:经济、政治、社会和环境等不同领域的各种竞争,都因媒介的社会化而进一步放大其所内含的价值和意识形态特征,并最终呈现为文化传播力和影响力的竞争。

(四)中华文化当代发展的趋势和特征

当前,一方面,我国随着民众生活水平的提高,人民群众的精神文化需求呈现爆发式增长态势,但就我国文化生产体系而言,文化生产供给和消费需求之间仍然存在巨大缺口。另一方面,我国经济社会结构正在经历深刻变革,并同时推动了社会文化的多元化发展。在对外开放不断扩大的背景下,中外古今各种思想、思潮、观念、理论轮番出场,相互激荡、交流、交锋、交融;传播新技术的广泛应用和新媒体的不断涌现,在加强人们交流沟通和自由表达的同时,也对社会主义主流意识形态的舆论阵地带来严峻挑战和巨大冲击,并对文化生产方式造成巨大影响,人们的精神文化需求和满足方式更趋多元、多样和个性化;在工业化、城市化、信息化深入推进和城乡人口大规模流动背景下,来自不同地域(包括境外)人们的生活方式和文化习俗重叠交融,民间宗教和信仰日趋活跃,农村地区传统民俗活动呈现复兴趋势,并随人口流动影响着城市文化;城市地区的外来文化、流行文化、通俗文化成为时尚——价值冲突和文化碰撞无法回避。当代中华文化发展呈现的日趋丰富多样性,一方面给文化发展带来内在张力和活力;另一方面,文化发展的这种丰富多样性需要有效整合,否则就难以形成被广大民众高度认同的精神文化价值,也难以凝聚起推动和支撑实现两个百年和民族复兴的中国梦目标的精神力量。

从整合角度看,文化发展的丰富多样性主要从两个方面影响中国当代文化发展。一是公共服务体系向现代公共文化服务体系进一步转型的过程中,功能需要提升,即发挥和提升公共文化服务体系的文化治理能力,形成国家意识形态整合多样化社会文化的功能,而不是仅仅成为多元社会文化的一元。二是文化产业的发展,一方面要提升文化产业发展的质量、规模和水平;另一方面文化产业必须通过国际化发展助力中华文化走出去,推动海峡两岸和香港、澳门的文化产业融合一体化发展,为中华民族和中华文化的当代认同提供坚实的产业基础,最终实现两岸统一;再者是在世界经政格局发生变化的当下,通过东亚各国文化产业的合作、协同发展,重塑和传播东亚文化和价值观,消解西方文化霸权,再造基于"人类命运共同体"价值观的全球文化新格局。

四、深化文化体制改革的前瞻

(一)我国文化发展已迎来重大战略机遇

从某种意义上说,前述挑战也是我国文化发展的重大机遇。把握好重大机遇,必须进一步深化文化体制改革。2011年,党的十七届六中全会通过决议《中共中央关于深化文化体制改革,推动社会主义文化大发展大繁荣若干重大问题的决定》,在理论论述和文化体制改革原则等方面有许多新提法,如文化强国建设,文化发展的经济效益和社会效益统一,文化自信、自立、自强等;十八届三中全会决定建立深改领导小组,2014年2月28日,深改小组第二次会议通过了《深化文化体制改革实施方案》;根据十七届六中全会和实施方案精神,文化部确定了十三五时期的六大任务:一是创作出更多优秀作品;二是建设现代公共文化服务体系;三是全面提升文化产业质量和水平(打造千亿级文化企业);四是建立健全文化市场体系;五是加强文化遗产保护;六是建立对外文化传播体系。可以看出,文化部确定的十三五时期文化发展的六大任务,都是新形势下文化体制改革要着力解决的问题。

(二)文化安全和文化发展战略

文化体制改革与改革开放同步启动。如果对近40年来文化体制改革的历史进程和决策特点进行梳理概括,可以发现文化体制改革的目标设置、推进方法和具体措施,实际上存在一个意识形态和文化安全的战略框架,也就是说,关于文化体制改革的所有决策,前提是确保中国特色社会主义意识形态和文化安全,如果前提条件不成熟宁愿慢一些。在今天看来,2003年以来的文化体制改革大概可以概括为是一种防御战略。党的十八大以来,文化体制改革正在由防御战略向进取战略转变,如提出了社会主义文化强国建设、中国话语体系建设、文化"三自"和文化走出去战略等,通过对外文化交流、贸易和投资,积极建设对外文化传播体系。相信随着文化体制改革的不断深化,我国文化发展战略将更加积极进取。

(三)文化体制转型和重塑

经过持续不断地文化体制改革,我国文化体制已经由计划经济体制下的单一事业体制,全面转向了市场经济体制下的公益性的公共文化服务体系和经营性的文化产业体系。在已经转型的文化体制下,当代中华文化活力充沛,创新能力涌流,尤其是网络信息技术的广泛应用创造了全新的文化发展空间。像美国有好莱坞电影、印度有宝莱坞电影、日本有动漫、韩国有韩剧一样,现在中国也有足以代表当代中国文化的文艺样式——网络文学。网络文学并不是在现行文化管理体制下发生成长的,恰恰相反,网络文学一开始就被贴上了"体制外"的标签,既不被文学界认可和看好,又处在政府监管的灰色地带。尽管网络文学中仍然充斥着大量的低俗低质作品,但其中也已产生了不少优秀作品。短短二十多年来,网络文学的发展已经重新形塑了整个文艺生产结构,不仅影响当代中华文化发展,还出人意料地产生了全球影响。我国网络文学的兴起和蓬勃发展给人重要启示:深化文化体制改革,需要把握市场经济条件下文化发展的新趋势和新特点,一是市场经济条件下,进一步解放文化生产力,必须发挥资本在文化生产中的资源配置作用,但同时必须强调文化生产的社会效益优先,以及与经济效益的统一;二是网络信息技术的广泛应用创造了文化发展的新空间,而网络信息技术的广泛应用恰恰是市场经济条件下由资本推动的。因此,对于基于互联网的文化发展新空间的有效管理,既要确保意识形态和文化安全,又要促进文化繁荣发展,这需要重塑文化管理架构与文化发展实际中的内容生产、资本、技术和市场等文化生产各种要素的结构关系,在把握意识形态导向和文化社会效益的前提下,充分激发文化生产各种要素的生产潜力,进而进一步解放文化生产力,推动我国社会主义文化的繁荣发展。

(四) 深化文化体制改革前瞻

正如前面所概括的那样,文化体制改革成就巨大。但从决策过程看,一方面,由于采用了自上而下和宣传文化系统内推进的方法,作为改革的实施者,即管理体制的主体,政府文化部门和机构设置的总体构架没有变,原有文化管理体制的弊端仍然存在,特别是缺乏应对新技术挑战的高效能力,这成为了文化体制改革取得系统成效的短板;另一方面,正是由于管理体制总体架构没有改变,尽管文化发展的基础体制已经转型,即广义上的文化体制已由计划经济体制转向了市场经济体制,但狭义上的文化管理体制转型还不彻底,相当程度上体现为由传统的意识形态宣传模式向现代文化传播模式的转型还没有完成。具体表现涉及方方面面,仅以文化走出去为例,现在主要是政府在主导,投入很大,但效果不尽如人意。原因在于,文化管理体制转型具有整体性,文化走出去所依托的基础,即建立在高水平、国际化文化产业基础上的对外文化传播体系还没有完全建立起来。

基于上述观察,未来深化文化体制改革的重点应是着力解决文化管理体制效率低下问题,通过调整文化管理体制的总体架构,对文化管理的权力、机构和资源等进行优化配置,并进一步调整文化管理的对象、内容和方法,在确保党管意识形态领导权即意识形态和文化安全的前提下,最终完成社会主义市场经济体制下意识形态宣传模式向文化传播模式的转型。

(原载《文化软实力》2017年第1期)

海派文化发展的主要特征及时代向度

徐清泉

一、关于认识界定海派文化的几个基本判断

（一）"海派文化"曾专指历史上以上海为核心的江南地域文化,它的僭越传统及立异开新,既频遭诟病又渐成潮流,如今它已进入正名立身和创新超越发展阶段

伴随着我国改革开放和现代化建设进程的不断加快,作为改革开放和现代化建设首善地区和先行者的上海,越来越成为世人关注的焦点,它的经济走势、它的文化发展,均成了业界人士探讨热议的常设话题。在此背景下,"海派文化"的称谓概念甚至相关实践也越来越流行起来。"海派"一说起源较早,甚至唐代书画理论家张怀瓘的《书断·能品》也直接说到了"海派"[1]。近现代时期所指称的"海派",实际上是承续了唐人品画论字的遗风,只不过逐渐由书画界扩展到了戏剧界乃至家具器物等广泛领域。总体上来看,当时所说的"海派",其指称范围是由窄向宽拓展,并且曾一度明显地带有批评讽喻某些所谓社会"流俗"的意味[2]。其具体矛头主要针对文化及艺术领域出现的诸如不尊法度、标新立异、迎奉消费及北方正统风格在南方落地后发生的某些开化性流变等等。即使是当时的一些文化名流也卷入到了相关的争辩及分野之中。无疑,正是借助这些特殊"流俗"在上海开埠后七八十年间的推波助澜,并实现了在书画、戏剧、建筑、服饰、时尚等诸多领域的生根流布[3],才使得上海最终为自己"坐实了"所谓"海派"这一反传统名号[4]。当时的

---

[1] 参阅孟兆臣校释、蔡邕等撰《书品》,北方文艺出版社 2000 年版,第 168 页。

[2] 参阅张仲礼主编《近代上海城市研究(1840—1949)》之第七章"'海派'与近代市民文化",上海文艺出版社 2008 年版,第 849—872 页。

[3] 有论者指出:"同治光绪年间,时局益坏,画风日漓,画家多蛰居上海,卖画自给,以生计所迫,不得不稍投时好,以博润资,画品遂不免日流于俗浊,或柔媚华丽,或剑拔弩张,渐有海派之目。"(引自俞剑华《中国绘画史》(下),商务印书馆 1937 年版,第 196 页)

[4] 对此仅从戏剧领域可见一斑。有学者指出:京戏虽植根帝京,"京剧"一词却首出《申报》。"海派"与"京派"也是相对而言,其名之始均不在本地,而为彼此交汇后的指称:"海派"一说系由京城所起,"京派"之谓则系上海所出,南北对峙,相映成趣。从京剧的发展史来看,"海派"(始称"南派")原是作为京剧的一个旁门流派而存在,统称"外江派"。据徐珂《清稗类钞》,"京伶呼外省之剧曰海派。海者,泛滥无范围之谓,非专指上海也";"海派以唱做力投时好,节外生枝,度越规矩,为京派所非笑"。后来,随着京剧在上海的勃兴,京剧之海派的"海",便从派别上的泛指转为地域上的专指,遂更坐实了"海派"特有的浸染着现代城市商业文化的风格质感。京派对海派的种种奚落和贬斥,虽则源于京剧之正宗对旁系的排斥心理而暴露出文化传统自身的封闭性,但也在一定程度上反映了以文化精粹自居的京派戏曲传统对海派京剧注重感官刺激的商业化倾向的鄙夷。(引自张炼红:《"海派京剧"与近代中国城市文化娱乐空间的建构》,载中国戏曲学院编《京剧的历史、现状与未来》上册,中国戏剧出版社 2006 年版,第 288 页)

国门洞开、租界林立及列强"治外法权"的存在等,没少让上海遭受经济文化上的掠夺和欺侮,不过这也在客观上激发了上海多元文化包括红色革命文化的发育成长,同时也让上海成为了许多志士仁人借以求取新知新思、引领中国未来发展的动力场。应当看见,在丰富多彩、厚重饱满的中华文化发展体系中,海派文化无疑是个既具有开放性特点,又具有鲜明地域特征的文化脉系,它是上海甚至是以上海为中心的长三角城市群,历经人们经年累代的长期社会历史实践,而逐渐发展成型并被世人所认识且感受到的物态化文明遗存成果和精神化文明遗存成果,前者如上海的石库门建筑、外滩海派建筑群;后者如江南人文书画以及上海开放多元和海纳百川的城市精神等。"十年动乱"期间,海派文化基本上被极左势力视作了批判甚至打倒的对象。进入改革开放时代后,海派文化多元化、开放化及国际化的风格气派,客观上成为了上海谋划城市文化个性化发展的主要比照对象。不过,为了不给公众造成"全面复兴海派文化"的误会,政府文件用词大多不采用海派文化这一术语。近年来,上海两任主要领导,均站在推进上海国际文化大都市建设进程的高度,对弘扬海派文化中的正向精神气派,以及确立海派文化创新超越的历史新方位等,提出了指向性要求①。无疑,海派文化已进入正名立身和创新超越发展阶段。

(二)从文化地理学的视角审视考察海派文化可知:水陆枢纽区位优势是海派文化发生发展的重要依托。这一优势效应的充分释放,成为了推动海派文化发展的前提之一

文化地理学的常识告诉我们,文化是人类社会生活实践行为及其成果,在特定地域空间不断分布、扩散、积累、留存及传承的产物。美国人文地理学家德伯里(deBlij. H. J)指出:"一个城市的位置可能成为其发展的重要因素,因为位置反映着城市在区域中实际存在的自然条件。""优越的位置是导致许多城市起源和刺激城市早期发展的重要因素。"②长三角及其核心城市——上海,地处水陆交通最发达、移民人口最集中的长三角东向出海口,背靠自然资源和人力资源最丰裕的亚欧大陆腹地,西接长江黄浦江水上通道,东临太平洋海上出海口,南北近连京杭大运河……这让上海当之无愧地既成为了世界上最有利用价值的海上陆上"丝绸之路"重要节点城市,同时也成为了西方资本主义列强对东方国家进行经济文化掠夺的重要战略支点,从而在客观上起到了东西方海陆经贸交流的区位枢纽作用。有研究分析指出:"由于自然地理条件的优越和江南地区经济的发展,早在开埠前上海就已经迅速成长为我国主要的沿海贸易港和第二大外贸港口。""1864—1904年间经上海转运国内的洋货占全国进口比重平均高达46%,这意味着每年中国进口的洋货,一半左右是由上海进口,转运至各主要通商口岸,再传播到全国各地的,上海的进口商品转运在全国对外贸易的中心地位是很明显的。"③有资料显示:自19世纪后期到20世纪30年代,上海仅来自欧美亚太的外侨就十分多见。"形形色色的外侨,年复一年地在上海生活、工作、开厂、经商、办学、行医、传教、出版报纸、读书、跳舞、打猎、划船、赛马,当然还

---

① 参阅新华社记者肖春飞等:《海派文化的历史新方位》,载2011年12月10日《新华每日电讯》第3版;记者谈燕《抓住文化这个城市竞争力核心资源》,载2016年7月15日《解放日报》第1版。
② [美]H.J.德伯里著:《人文地理:文化社会与空间》,王民译,北京师范大学出版社1988年版,第202、204页。
③ 复旦大学历史地理研究中心编:《港口—腹地和中国现代化进程》,齐鲁书社2005年版,第110、112页。

有走私、贩毒、犯罪,他们有自己的俱乐部,有各自的活动圈子,将世界各国的生活方式、生产方式、风俗习惯带到上海,将外国的物质文明、制度文明、精神文明带到上海……所有这些,都对上海社会演变产生了极其广泛、持久、深刻而复杂的影响。"①正是得益于这种先天的海陆区位枢纽条件禀赋优势,上海历史上的海派文化得以伴随着生活方式的嬗变而发生发展。英国学者迈克·克朗(Mike Krone)指出:"特定的空间和地理位置始终与文化的维持密切相关,这些文化内容不仅仅涉及表面的象征意义,而且包括人们的生活方式。"②可见,区位优势效应的充分释放,一度成为了推动海派文化发展的前提条件之一。无疑,海派文化最为集中地汇聚在上海,以至于无以计数的亲历者和旁观者,更认同或倾向于用"海派文化"来指称上海文化。显然,上海文化或说海派文化本身就带有十分浓重的江南地域文化和区域文化特点。江南河江相连、水网密布、比邻海滨,上海恰巧处于这一独特地理空间区域节点中。绝佳的水陆枢纽区位优势,让上海海派文化发展获得了持久的环境条件依托。当处于这一空间节点的移民精英人群,特别是以大量来自五湖四海、全国各地及世界各地的移民人口为主的人们,融入并用活了这一优势,海派文化就具备了鲜活的发展动力。不言而喻,即便到了 21 世纪的今天,这一优势依然还在发挥作用。

(三) 从文明发生学的视角审视考察海派文化可知:它绝不仅是生发自上海开埠以后,而是在历史早期就已启动,开埠只是将其推向一个高峰。改革开放更带来了新的可能

我们认为有三点应该引起关注:首先,"海派文化"的称谓固然起自 20 世纪 20—30 年代,然而海派文化的形态内涵体系很早就开始孕育发展了。换言之,尽管上海开埠于 1843 年,上海文化的"海派化"提速也自此开始,并于 20 世纪 20 至 40 年代达到了高峰,但是海派化的文化发展实践却在开埠前的很长一段历史时期就出现了。明代 17 世纪的名士科学家徐光启,就是个中西兼通的海派文化发展推手,他在上海的活动于今可考。从中华文明发生和发展的历史和轨迹来看,在其五千年文明架构体系中,出现了两个特别值得关注的文明发生场域——第一个是把中原儒家文化定为至尊、融合了佛家道家精神的"中原文化大一统场域";第二个是把江南儒家文化定为至尊、同时又吸收了佛家道家精神及重商思想乃至基督教精神的"江南文化大融合场域"。也可以这样理解,自宋元时代开始,中华文明的发展重心由第一场域逐渐转向了第二场域。这和长江流域及南北大运河区域的经济逐渐崛起直接相关。如果借用德国思想家卡尔·雅斯贝尔斯在《历史的起源与目标》使用的"轴心时代"这个术语来描述,则可以说:在中华文明的发生体系中,"中原文化大一统场域"是第一场域,而"江南文化大融合场域"则是第二场域。前者以内敛自重、自我循环为特点;后者则以交流交融、外向拓展为特点。其次,"海派文化"的发生发展,与历史上以上海为中心的长三角区域——在经济发展和社会实践方面形成的"五重"特色及"一大"格局密切相关,即重商业、重贸易、重交流、重开放、重开新的跨地域跨国界"移民

---

① 熊月之、徐涛、张生著:《上海的美国文化地图》,上海锦绣文章出版社 2013 年版,第 5 页。
② [英]迈克·克朗:《文化地理学》,杨淑华、宋惠敏译,南京大学出版社 2003 年版,第 8 页。

化动态社会大格局"。生活在上海的移民大多居无长所,人们大多将冒险发迹视为了首需。而都市经济的去农耕化及偏工商化,又将一个开埠后的上海推向了世界,从而使本土全面海派化成为了现实。再次,从历史的和发展的眼光来审视可以发现——假如说 1843 年的开埠,象征着上海在屈辱中被动中拉开了上海经济、社会及文化之海派化发展的第一道序幕话,则起始自 20 世纪 90 年代、深化自 21 世纪近十余年来的改革开放和现代化建设,就不啻是上海在自信中、主动中拉开了海派化创新超越的第二道序幕。需要指出的是:历史上的海派文化,尽管有鲜明的西化元素和国际化色彩,但是它绝非可以被简单化地认定为"西化文化"和"国际化文化",它其中蕴含并融入了许多带有江南本土化色彩的中华传统文化要素。正如一些学者指出的那样:"仔细分析老上海'东方的巴黎''西方的纽约'等称呼,我们不难发现其中所包含的文化杂糅含义:这座城市是东西方文化碰撞而生成的,会聚着本来并不会相遇,甚至是互相抵牾的文化元素。"[1]同样,当下上海仍旧在深入推进的改革开放和现代化建设,绝对不是在复兴历史上的海派文化,而是在为取其精华、推陈出新和创新超越,寻求并提供更多新的可能。

(四)从文化代际传承及创新超越的视角考察可知:人们今天津津乐道的海派文化绝不仅限于对其既往精华要素的追忆和留恋,更有对未来美好文化样态的憧憬和期望

正像前文论述所显现出的那样——海派文化这个称谓面世的初期,是背负着骂名让越来越多的人逐渐了解的;20 世纪 20 及 30 年代开始出现的迎合商业化、市场化、消费化乃至崇洋化倾向,完全成为了文化正统及主流价值捍卫者们批判的靶子。显然,旧上海在城市文化乃至城市生活等诸多方面形成的"海派化"风格氛围,历经了由"屡遭诟病"到"见怪不怪"再到"渐成潮流"三个阶段。这是一个由"负面评价"到"中性评价"再到"正面评价"的演变过程。为何会出现这种状况?具体在哪一个时间节点出现了正式翻转?一下子很难说得清楚,恐怕也只能从文化认同逻辑和某些历史瞬间迹象上找到一些简单的答案。美国人类学家莫菲(Marphy,R.F.)指出:"任何新的文化项目,无论是外来的,还是自生的,必须是对文化传统有意义时才能被接受,如果是一个完全陌生的、与传统不一致的事物,无论是思想、工艺品、信仰、还是时尚都会被立即拒绝的。另一个普遍的现象是,如果一个文化项目被接受的话,都是经过解释、改造的,使其与接受文化结构相适应。"[2]在传统中国人的观念中,"蛮夷"一词通常用来贬称发展落后的"外邦异族"。这个称呼最初也用到了初抵上海滩的外侨及其文化上。可是未过若干年,国人渐渐弃用了这一说法。有论者指出:"开埠早期,上海人受传统观念的影响,将外人及其与外人有关的事物均以'夷'字冠名。约在十九世纪五六十年代,这种'华夷大防'的训条开始变化,……'洋'字取代'夷'字称呼,洋人、洋房、洋场、洋货等称呼已为社会广泛接受。"[3]事实上,单从经济文化交流的正面影响来看,当时经由西洋东洋外国人带给旧中国的不只是器物用度上的冲击,最重要的是一种精神上、气派上的当头棒喝。它把那种开放化、国际化、多元化、包容化、时尚化、灵动化甚

---

[1] 吕超著:《海上异托邦:西方文化视野中的上海形象》,黑龙江大学出版社 2010 年版,第 66 页。
[2] [美]莫菲著:《文化和社会人类学》,吴玫译,中国文联出版公司 1988 年版,第 157 页。
[3] 张忠民主编:《近代上海城市发展与城市综合竞争力》,上海社会科学院出版社 2005 年版,第 119 页。

至冒险化的精神气度带进了中国。因为有了这些精神气度,就使得上海的地域文化,显现出了不同于既往皇朝帝都正统文化的别样景象。也正因为存有涉外涉洋的经历,更有过早期被污名化的遭遇,以至于即使是到了当代,人们在判定和使用海派文化这个概念时,也在较长一段时间里显得相当的谨慎和矜持。可历史演进到了深度全球化的当下,我们最终才发现必须承认并确信:历史上的海派文化,是国际国内融渗度最高,也是最具包容度、最有影响力的"移民文化"之一①,它是以上海为核心的、历经长期历史发展的开放性地域文化,它始终处于变化发展状态,它并不是一个定格化了的、固化了的文化事项,因此不能将海派文化仅仅等同于20世纪20—30年代的上海文化。人们今天反复呼吁的海派文化,绝不仅限于对其既往呈现出的开放、多元、包容等可贵风范的追忆和留恋,更有对未来上海地域文化样态的诸多美好憧憬和期望。

二、海派文化发展体现出的若干主要特征

(一) 被动及主动融入和参与全球化是海派文化发展的重要驱动力

海派文化的发生发展,直接得益于全球化的历史性持续。一些西方学者普遍认为:全球化并不像许多人以为的那样——开始于冷战结束后的20世纪80年代,而是自欧洲文艺复兴时期及大航海时代(约公元14世纪至17世纪)就开始了②。明朝的郑和及意大利的哥伦布等都是这一时期推进全球化的先行者。我们认为:表面上看去,全球化似乎是在消解分化地域文化,但地域文化的顽强性往往会促使全球化对其实施一定程度的妥协及融合,这样反倒成就了别具特色的地域文化。无疑,海派文化就是这一"妥协及融合"的产物。因为"全球化并不意味着地理地域的终结;地域性和超地域性以复杂的相互关联方式并存。"③在地域文化的权重地位中,海派文化具有显见的不可替代比较价值优势。坊间有个说法,叫作"两千年历史看西安,一千年历史看北京,一百年历史看上海"。这虽然大致能够点中要害,但也在认识上让上海海派文化在深度和广度上有明显的大幅度缩水。其实海派文化绝不仅仅是开埠后的100年能够完全涵盖的,也不仅只是徐光启所在的时代能够涵盖得了的,它有更早的源头。2016年考古工作者在青浦青龙镇获得的唐宋时代遗址遗物的重大发现,就表明青龙镇确定无疑曾经是海上丝绸之路的重要节点之一④。这也从一个侧面证明:上海很早就在参与和融入全球化。只不过早期的全球化是断断

---

① 在笔者看来,近现代的上海,得益于其文化上的"无主导"和"多支脉",才在无形中形成了多元文化相互角逐的竞争格局,从而为最具文化杂糅特点的海派文化能够兼收并蓄及一度成型成势,创造了必要条件。有学者指出:"开埠以后,西方事务和文化大规模融入上海。然而上海所以能够对此表现得相当从容以至宽容,又有着多种原因。这既可以追溯到儒家文化的'兼容'与'中和'思想,又与上海移民人口的文化性格有着内在联系——正是上海民众的移民身份及他们的某种文化'边缘性'特点,弱化了不同文化之间的隔阂和对立,从而加强了不同文化之间的融合。"(徐蛀民著:《上海市民社会史论》,文汇出版社2007年版,第53页。)
② 参阅[美]托马斯·弗里德曼著:《世界是平的:21世纪简史》,何帆等译,湖南科学技术出版社2006年版。
③ [英]简·阿特·斯图尔特:《解析全球化》,王艳莉译,吉林人民出版社2003年版,第10页。
④ 新华社记者孙丽萍、吴霞:《考古发现:唐宋时期上海青龙镇是海上丝绸之路重要港口之一》,载中华人民共和国中央人民政府官网,2016-12-08 19:36,新华社 http://www.gov.cn/xinwen/2016-12/08/content_5145293.htm。

续续的。上海融入和参与全球化主要表现为以下几方面特点：第一，在唐宋元明时期是主动的，在清朝时期是被动的。即便是被动受迫下参与全球化，也有其积极的一面。有论者指出："虽然上海的开埠乃至开放都曾经是被动的，但是它们最终又在上海市民对于自身'海外关系'的自主把握和定位中，发生转变，表现出了主动性。这种主动性，相当程度地体现为上海市民区别于当时内地其他社会群体而真正具有的'开眼看世界'的姿态。"[1] 第二，新中国成立后的"十年动乱"期间是闭关自守的，而改革开放后特别是邓小平南巡讲话后，上海更表现为积极主动、努力作为。从主动的全球化到被动的全球化，再到积极的全球化，基本体现为螺旋式上升的过程。也可以这样说：被动及主动地融入和参与全球化，是海派文化发展的重要驱动力。有学者指出："城市的全球化主要表现为两个相关联的过程：一是城市中全球势力不可避免地介入；二是城市自身在全球市场中的地位追求。经济全球化导致了世界城市的形成，而世界城市又依靠其强大的经济辐射和扩散能力推动这经济全球化进一步发展。"[2] 这一分析实际上非常契合上海的历史和现实。

（二）海派文化把充分享受移民红利及开放配置全球生产要素作为发展加速器

近代上海是非常典型的移民城市，几乎85%的人口是来自移民。1842年的上海开埠，以及此后的1853年至1864年10年间，由小刀会起义和太平军战乱所引发的两次南下进沪难民潮，均在很大的程度上激活并丰富了上海的人口结构[3]。西方列强进驻上海后，先以"华洋分居"的形式，后以"华洋杂处"的方式，建造了不少移民飞地——如英租界、法租界、日租界等等，同时也引入了大量海外东西方移民。移民的涌入也在客观上将社会关系和市场人脉等带进了上海，形成了上海更广泛配置全球生产要素的局面。新中国成立后持续近40年的计划经济时代，让上海在继续享受先期预设下的移民红利的过程中，更加凸显了其作为全国生产要素配置中心的作用。当时全国企事业单位标配的采购员制度，就是完全为赴北上广等发达城市采购生产要素而量身设置的。而改革开放以来的30多年间，上海再次成为了全国乃至世界上最受移民人口青睐的目的地。如今上海依然是体量超大的移民城市，其开放度明显要大大超过计划经济时代。根据上海市政府发布的统计数据：至2016年年末，全市常住人口总数为2 419.70万人，其中，户籍常住人口1 439.50万人，外来常住人口980.20万人[4]。由此数据可以算出，上海2016年的外来常住人口达到了40.5%。这表明上海的移民比例是非常高的，上海继续在享受着移民人力资源带来的发展红利。与此同时，上海在配置全球生产要素方面的作用也越来越凸显。有研究报

---

[1] 徐牲民著：《上海市民社会史论》，文汇出版社2007年版，第92页。也有论者指出："谁都必须承认，西方列强来到东方，不是为了帮助中国走向强大，而是为着自己的利益，而且，它们的所作所为，给中国带来了一次又一次的割地、赔款、丧权，并充满着血腥气。然而，人们又必须承认，比中国传统的政治经济具有更加强盛的生命力的西方的政治、经济，以及建立在此基础之上的科学和文化，在这一过程中也同时进入中国，由此导致中国社会的巨大变迁。"（复旦大学历史地理研究中心主编：《港口—腹地和中国现代化进程》，齐鲁书社2005年版，前言部分）

[2] 周振华、陈向明、黄建富主编：《世界城市：国际经验与上海发展》，上海社会科学院出版社2004年版，第34页。

[3] 参阅张仲礼主编：《中国近代城市：企业、社会、空间》，上海社会科学院出版社1998年版。

[4] 上海市人民政府：《2016年上海市国民经济和社会发展统计公报》，载中国上海网，2017年3月2日。

告显示：截至 2015 年下半年，外商在沪累计设立的跨国公司地区总部就达到了 518 家，其中亚太区总部为 35 家，投资性公司 305 家，研发中心则达到 388 家。上海继续保持"总部经济"的稳步增长。上海自贸区的启动运营，更是增加了对跨国公司地区总部的吸引力①。无疑，历史上的"开埠"和"开化"，让上海在五湖四海、南来北往、五方杂处、承接传统、贯通中外的大规模移民人口交汇中，形成了养分极其富足的多元文化生态，这在客观上加速了海派文化在杂糅混合中快速发育壮大②。海派书画、海派京剧、海派文学、海派歌舞、海派电影等等，均是这种文化生态的产物。而近 40 年的改革开放和现代化建设，让上海在享受新一轮的移民红利及借全球化机遇配置国内外生产要素的过程中，迈上了创新海派文化发展的快车道。

（三）海派文化伴随工商业繁荣、跨区域贸易发达及市场消费活跃等获得发展

马克思曾经说过："思想、观念、意识的生产最初是直接与人们的物质活动，与人们的物质交往，与现实生活的语言交织在一起的。人们的想象、思维、精神交往在这里还是人们物质行动的直接产物，表现在某一民族的政治、法律、道德、宗教、形而上学等的语言中的精神生产也是这样。人们是自己的观念、思想等等的生产者。"③海派文化的发生发展，直接受制于上海的工商、经贸及消费的开放化发展。这恰巧印证了马克思的判断。上海在开埠后的 19 世纪 50 年代中期开始取代广州成为全国外贸中心，到抗日战争前，外国对华进出口贸易和商业总额有 80％以上集中在上海，上海直接对外贸易总值占全国外贸总值的一半以上；近代中国最早的外资银行和本国银行都首先在上海开设，到 20 世纪 30 年代，外国对华银行业投资的 80％集中在上海，中国最主要的银行总部都设在上海；上海是中国民族资本最为集中的地方，1933 年民族工业资本占全国的 40％，1948 年工厂数、工人数都占全国一半以上。上海成为全国名副其实的多功能经济中心④。正是得益于"多功能经济中心"的突出作用，得益于工商业、跨境贸易及市场消费的发达和活跃，不经意间推动了海派文化的发展。仅就 20 世纪 20—30 年代的海派文化来看，它最接市场地气、最强调消费体验、最注重收益回报。旧上海有许多和文化相关的行业和机构，如解放前仅仅是电影公司就有一两百家，报纸刊物及出版社更是不计其数，最初它们大多出于谋生发家目的而创办。不过后来有不少却成为了业界翘楚。香港武侠章回小说及电影的后来居上，均与上海文化精英的入港密切相关。

（四）开放包容、对标海外及信守契约是海派文化在社会实践方面的充分体现

总体来看，海派文化就是经由开放化、多元化、商业化、消费化的市场文化生态中生长起来的。也正因此，崇尚国际风范、谨遵规则法度、注重契约精神等，也是海派文化区别于其他地域

---

① 参阅百度搜索之"百度文库"：《上海市总部经济发展状况分析》，该文采编自中投顾问产业研究中心发布的《2016—2020 年中国总部经济产业深度分析及发展规划咨询建议报告》，2016 年 10 月 19 日。
② 美国学者莫菲指出："我们可以肯定地说，在所有文化中 90％以上的内容最先都是以文化渗透的形式出现的。""有些文化因素被吸收是因为它们来自一个被认为是高贵的文化。"（莫菲著：《文化和人类学》，吴玫译，中国文联出版公司 1988 年版，第 155 页）
③ 《马克思恩格斯选集》（第一卷），人民出版社 1995 年版，第 72 页。
④ 张仲礼主编：《东南沿海城市与中国近代化》，上海人民出版社 1996 年版，第 40 页。

文化的一些主要特点。今天来看,旧上海由西方列强和民族工商业资本主义主导的自由市场经济时代,虽然为成就独具特色的海派文化预留下了很大的发展空间,但是它也同时引生出大量城市病方面的恶疾乱象。当时有西方人士如此评价上海:"上海,世界大都市,令人惊异的悖论,难以置信的反差。漂亮、卑污、奢华;生活方式如此迥异,伦理道德那么不同;似一幅光彩夺目的巨型环状全景壁画,一切东方与西方,最好的与最坏的东西毕现其中。"①按照一些专家的看法:"归纳起来,外国人对上海的看法是:风格特别;不中不西;世界主义;贫富悬殊;美丑并存;地位重要;极富魅力。"②而且"在不少英美侨民心目中,上海是个新世界,是个美丽的地方,是个容易施展才能的地方,所以,在 19 世纪后期到 20 世纪 30 年代,'到上海淘金去'是许多西方青年的美好理想"。③上海在社会实践方面呈现出的上述特色氛围,恰恰成为了海派文化成长的特定生态——即开放包容及对标海外等等。从积极的角度来看,"开放包容"才容得下"好坏毕现""美丑并存";"对标海外"方能造就"不中不西"和"世界主义";而"信守契约"是上海成为经贸发达的"多功能经济中心"的前置条件之一,还在近代时期上海就发育出了这一制度文化④。社会主义中国建立后的新上海,尽管因为计划经济时期的极左偏差而制约了海派文化成长,但是改革开放及社会主义市场经济时代的来临,却让海派文化步入了创新超越发展先进文化的正轨。

(五)引领潮流、清浊自现、优胜劣汰及推陈出新是海派文化生机绵延的魅力所在

海派文化由古及今不断绵延发展,之所以虽历经无数次大的社会动荡、战争洗礼及社会变革,但始终不见其脉息断绝、遗韵飘散,甚至还能让人们在其纷繁多彩的建筑风貌、文物遗存、文化古迹、艺术杰作和审美风范中领略到既往的"海派"风采,让无以计数的中外游客及本土市民为其怀想、为其沉醉,最重要的原因就在于——海派文化在多元化多样化文化事项杂糅并存的社会生态环境中,为人们创设出了一个似乎能够提升城市文化发展境界、有助于为中产阶层形塑城市精神共同体的实践路径。这个实践路径的基本行动逻辑就是:引领潮流、清浊自现、优胜劣汰及推陈出新。具体来说就是,海派文化的先导部分在于开时代之新风、引领文化发展潮流;与此同时,历史上的海派文化毕竟是中西文化碰撞交融的产物,其文化洪流中的"美丑并存"、清浊自现及优胜劣汰在所难免。如果说,从文化发展的历史境遇和时代环境的视角出发,来整体概括历史上海派文化最突出的精神价值的话,似乎可以作出这样的基本判断,即历史上的海派文化,是在既往上海开放性的社会经济生产生活、日常人文审美消费领域集成发力,为社会公众打开了一扇足以领受到"现代性"启蒙风潮浸润的时代大门。尽管其在社会政治和思想观念等方面的意义和作用,抵不上历史上的红色革命文化对整个上海更能够带来荡涤世界、催人奋进及改天换地的发展成效,但是其透显出的润物无声、历久弥新的绵延生机却也是值得今人反复

---

① 张仲礼、熊月之、沈祖炜主编:《中国近代城市发展与社会经济》,上海社会科学院出版社 1999 年版,第 147 页。
② 张仲礼、熊月之、沈祖炜主编:《中国近代城市发展与社会经济》,上海社会科学院出版社 1999 年版,第 148 页。
③ 熊月之、张生著:《上海的美国文化地图》,上海锦绣文章出版社 2013 年版,第 6 页。
④ 参阅钟祥财:《近代上海的契约精神——钟祥财研究员在上海市政协"学习茶座"的讲演》,载 2012 年 3 月 5 日《文汇报》第 8 版"文汇学人"。

检省研究的。

三、海派文化发展理应追求的时代向度

(一) 在主动应对创新转型的时代变化挑战中推动文化建设走向新的辉煌

近一个半世纪以来的上海,始终都是全球最具世人关注度和参与度的焦点城市,在近现代历史上,代表不同文化意识形态价值观的江南民间民俗民族文化、中西传统文化、列国租界文化及红色革命文化,等等,纷纷在这里登台亮相、汇合角逐、碰撞交融,最终是红色革命文化取得了决定性的胜利。这也给当时正处于生长推进中的海派文化,一度带来了相应的时代变化挑战。而"十年动乱"时期极左思想的泛滥,又在相当大的程度上使海派文化陷入了凋敝沉寂状态。改革开放时代的来临,让海派文化中富有生命力的部分重见光明。如今海派文化可能面临的新的时代变换挑战,首先主要是来自城市发展模式转型升级的挑战,如实体经济与虚拟经济之间的矛盾、新媒体新业态文化消费与本土文化原创之间的矛盾等;其次是来自价值观的、社会的、法律的、交流的、生态的等方面的挑战,如文化诉求的多样化及分散化,与国家文化主流价值的主导化及承续化之间的矛盾等。当然国家给上海确立的"改革开放先行者和排头兵"的身份定位,以及中央赋予上海开辟证券科创板、扩建自贸区新片区及将长三角一体化上升为国家战略等"三大任务",支持上海创建"科创中心"等,都无疑是上海推动海派文化发展走向新的辉煌,提供了十分广阔的发展前景和生长空间。当今的上海正在努力向世界文明城市不断迈进,而近两年上海确立的打响上海"文化品牌"的文化建设行动方略,更在客观上为海派文化再创辉煌提供了多种可能。

(二) 在参与"一带一路"倡议实施中力争在文化方面有大的作为

在世界全球化发展趋势不断演进的过程中,国家间、区域间的合作变得越来越重要。诸如区域间发展不协调问题、气候变化及环境污染问题乃至恐怖主义扩散蔓延等问题,均非凭借一国之力和一个地区之力可以彻底解决。正是因为认识到了这一点,我国作为一个肯担当、负责任的世界大国,首先身体力行地在中央十八大报告中提出了"倡导人类命运共同体意识"的主张[1],之后国务院又授权国家发展改革委、外交部、商务部,于2015年3月28日联合发布了《推动共建丝绸之路经济带和21世纪海上丝绸之路的愿景与行动》。该文件其实是对上述倡导的一种重大实践转化。应当说,"构建人类命运共同体"和推动"一带一路"发展建设的倡议,是当下最有世界响应度、认同度甚至参与度的全球发展行动方略[2]。应当看到,"一带一路"倡议,不

---

[1] 参阅吴绮敏、杜尚泽、赵成、杜一菲:《让人类命运共同体理念照亮未来——写在习近平主席二〇一七年首次出访之际》,载2017年1月15日《人民日报》。

[2] 参阅刘峣、卢泽华:《人类命运共同体载入联合国多项决议》,载2017年3月27日《人民日报》海外版。根据诸多权威媒体报道显示:已有100多个国家和国际组织已经参与或表示愿意参与"一带一路"建设。截至2017年3月,亚洲基础设施投资银行(简称亚投行,AIIB)成员已达70个。

仅在方便中国周边国家搭乘中国经济发展快车、分享中国改革创新红利方面价值重大,而且在推动全球化更新升级、促进不同国家间和不同文明间沟通包容方面意义深远。上海作为我国改革开放和现代化建设的先行者和排头兵,除了可以在经济发展方式转型升级、科技创新效益不断提升及城市社会精细化治理等方面,对"一带一路"产生积极影响外,上海作为具有深厚海派文化传统的"一带一路"重要节点城市,也将会在文化国际交流合作方面享有更多的发展机遇,同时向"一带一路"沿线国家和城市传播更多的上海声音。

(三)在助力上海世界城市建设过程中努力凸显地域特色指标

尽管近现代的上海,曾经因为其海派文化消费的繁荣发达,而一度被人们誉为巴黎和纽约的东方翻版,而且如今许多学者在拿上海和纽约、巴黎、伦敦等作对标分析时,也习惯于用许多文化指标进行数量多寡的比较分析,但实际上对上海正在努力推进的现代化国际大都市建设及世界城市建设而言,其最有价值的改革开放实践,绝对不是再造一个克隆版的巴黎或纽约,而是要建成一个位居世界城市第一方阵的东方现代化国际文化大都市,一个独一无二、无法取代的上海。为此,就特别需要把握并兑现其最具地域风格特色的核心指标,也即融入了江南三民文化精华、中华传统文化精华、红色革命文化精华、海外发达城市文化精华和上海改革开放文化精华的创新超越版海派文化。换言之,上海在最能凸显其独一无二的世界城市特色指标方面,除了应当在市民的精神层面体现"海纳百川、追求卓越、开明睿智、大气谦和"的城市精神,以及体现"公正,包容,诚信,责任"的城市价值取向外,还应当在文化的供给生产和消费服务等方面,力争让带有鲜明海派特色的文化样式和文化事项,焕发生机、更具活力。如推动沪剧、越剧、评弹、滑稽剧、书画、影视、综艺、演艺、书画、舞蹈、音乐及建筑等行业领域更加聚焦挖掘开发本土原创文化要素意蕴。让时尚缔造和文化传播打上更鲜明的上海印迹。

(四)在建设全国文化中心及建成国际文化大都市过程中创新超越

按照上海市2016年底正式发布的文化规划目标,"未来五年,上海将努力建设全国文化中心,到2020年基本建成文化要素集聚、文化生态良好、文化事业繁荣、文化产业发达、文化创新活跃、文化英才荟萃、文化交流频繁、文化生活多彩的国际文化大都市"。[①]如果从融合推进海派文化未来发展的视角来看,则可以对这一规划作如下的解读和领会:未来五年间,上海将努力建设的"全国文化中心",其题中应有之义之一就应当包括——成为全国独一无二的"海派文化中心";到2020年基本建成的国际文化大都市,起码应当呈现出这样一种特色凸显、亮点迭出的景象——即在文化的要素、生态、事业、产业、创新、英才、交流及生活等方面,既足以体现和展露出中国气派和国际风范,又足能彰显出蕴含上海本土文化价值的江南海派文化特色。无疑,海派文化实现可持续发展的重要前提就在于:它必须具备不断实现自我更新、自我升华的文化创新能力,真正做到不断推陈出新、超越自身。

---

① 引自《上海市"十三五"时期文化改革发展规划》,载中国上海官网,2016年12月30日。

（五）力争成为整合凸显世界第六大城市群文化核心魅力的重要载体

长江经济带是我国最具发展活力的地区，其覆盖上海、江苏、浙江、安徽、江西、湖北、湖南、重庆、四川、云南、贵州等11省市，面积约205万平方公里，占全国的21%，人口和经济总量均超过全国的40%，生态地位重要、综合实力较强、发展潜力巨大。2016年10月，国家发改委发布了《长江经济带发展规划纲要》，其中提出要创建"一轴、两翼、三极、多点"格局，"打造长江经济带三大增长极"[①]。这"一轴"中就重点是指上海、武汉及重庆，"三大增长极"又包括了"长江三角洲城市群"这一极。可见上海作为正在快速崛起的世界第六大城市群的龙头城市，其地位和作用实在是十分重要。也正因此，上海必须具有担当意识和担当能力，要能够在文化功能的整合、拓展、配置及运作等方面，努力发挥海派文化展示第六大城市群文化核心魅力的重要载体功能，既让长三角丰富的地域文化资源成为助推海派文化创新发展的动力源，又让更新升级版的海派文化成为第六大城市群的文化亮丽名片。

（原载《上海文化》2017年第6期）

[①] 国家发改委地区经济司：《〈长江经济带发展规划纲要〉正式印发》，见中华人民共和国国家发展和改革委员会网站，2016年10月11日。

中国现代化进程中的几个文化问题

朱鸿召

人在旅途,艰难曲折是加倍的。处于现代化进程中的中国文化,遭遇着千百年未有之变局,也欣逢着亘古未有的涅槃更新之机缘。文化是考察我们生存状态、生活质量、生命境界的一种尺度。文化的本质是人性的有效传递,文化的基本功能是赋予意义。现代汉语语境下的文化概念,需要从西方近代科学知识谱系中解放出来,从机械的学科分类和僵化的职能分工的观念、体制中解放出来,为现代化道路寻找归途,为现代人生安顿魂灵。

一、现代汉语语境下的文化概念

中国现代化进程中的文化状态,是与现代汉语语境下的文化概念息息相关的。

从古代汉语的单音节词到现代汉语的双音节词演变过程,恰逢西方文明凭借着殖民主义船坚炮利的强大威力大举扩张,中国处于近现代社会之交的门槛上。单线进化论,社会历史发展阶段论,古今之变被置换成中西之变。从1840年"鸦片战争",到1937年"七七事变",一个自称有五千年文明历史的泱泱大国,在将近一百年连续战败的惨痛经验,激发出向西方学习的极大热情和冲天干劲。"以夷制夷""师夷长技",走向世界,全民学外语,洋品牌和进口商品成为时尚品质的象征,洋节日和欧美习惯成为国际潮流的标准。现代汉语双音节词的生成,大部分是通过引进日语假名对西方近代科学知识和社会人文的译转。现代汉语里的"文化"概念,就是建立在西方近代自然科学知识基础上,大约相当于牛顿时代的知识谱系和学科分类。那是一种机械的、直线的、学科分裂的知识状况。第二次世界大战前后,以爱因斯坦的"相对论"为标志,西方科学技术发展开始突破并超越牛顿时代的观念体系。

1922年11月,爱因斯坦(Albert Einstein, 1879—1955)应邀赴日本讲学,来回两次途经上海。第一次经过上海时,瑞典驻上海总领事代表瑞典皇家科学院正式通知他荣获1921年度诺贝尔物理学奖。后来,在一次演讲报告会上,爱因斯坦回答一位普通听众提问时,幽默地解释什么是相对论:如果您和热恋中的情人在一起,一小时会被当作十分钟;如果让您在酷暑的夏日坐在火炉边,十分钟会被当作一小时。满堂喝彩,哄堂大笑中,爱因斯坦颠覆了近代科学关于时间的绝对观念。

1932年,德国物理学家海森堡(Werner Heisenberg,1901—1976)因为发明"测不准原理"(the Uncertainty Principle)荣获诺贝尔物理学奖,并创立量子力学。

1957年,两位华人科学家杨振宁、李政道发现"弱相互作用下宇称不守恒"原理,获得诺贝尔物理学奖。

相对论、测不准、不守恒三大发明创造,带领着西方科学理论走向与人文思想相渗透,相交叉,相融合的道路。

物质是由分子构成的,分子是由原子构成的,原子是由质子和粒子构成的……按照近代物理学原理,物质是可以不断分解下去的,那么,分到最后是什么呢?现代物理学研究发现,物质构成的最小因素是一种测不准、不守恒、相对论的东西。这颠覆了西方近代科学关于物质的观念,却印证了哲学对于物质的概念。

我们几代人接受的马克思主义哲学原理中关于物质的概念,源自列宁的论述:"物质是标志客观实在的哲学范畴,这种客观实在是人通过感觉感知的,它不依赖于我们的感觉而存在,为我们的感觉所复写、摄影、反映。"①那么,何谓"范畴"(category)呢? 其实,范畴就是不知道叫什么东西的东西。世界是由某种东西构成的,当人类知识还不能够为之准确命名的时候,应当允许假设。1750年代,中国迈进近代社会之前夕,清代文学家曹雪芹的《红楼梦》里,贾宝玉说过一句名言:"女儿是水做的骨肉,男人是泥做的骨肉。我见了女儿便清爽,见了男子便觉浊臭逼人。"这句昏话里实际却包含着一种真理,即,假设世界的本质是水,那么,女儿是这个世界的正品,而男人是水中掺杂了沙土,成了次品。所以,他见到女儿感觉清爽,看到男人觉得浊臭,应当是非常正确的生命感知。

超越了近代知识谱系和学科分类之后的西方社会科学发展,出现了自然科学与人文学科的融会贯通,学科界限被不断拆除,重设,再拆除,再重设,于是有了许许多多交叉学科、边缘学科和新学科。

可惜,现代汉语语境下的文化观念,没有随着西方现代、后现代知识谱系和学科分类的发展而变更,而刷新。先是冷战时期闭关锁国中的无产阶级"文化大革命",后是市场经济时代的一切以经济建设为中心。特别是在知识传授的中小学教育和政府行政机关职能设置上,我们依据的核心价值基本保持并停滞在西方近代科学发展的牛顿时代知识水平。关于文化,依然是经济基础与上层建筑观念构造中的地位划分和功能定位。

《现代汉语词典》自1973年初版至2005年第五版,关于"文化"的释义基本保持一致,仅在举例的顺序排列有变化:

人类在社会历史发展过程中所创造的物质财富和精神财富的总和,特指精神财富,如教育、科学、文艺等。②

---

① 列宁:《唯物主义和经验批判主义》(1908年),《列宁选集》第2卷,第128页。北京:人民出版社,1972年第2版。
② 《现代汉语词典》,北京:商务印书馆,1973年初版。

人类在社会历史发展过程中所创造的物质财富和精神财富的总和,特指精神财富,如文学、艺术、教育、科学等。[①]

《辞海》(上海:上海辞书出版社,1989年版)中关于"文化"的概念解释为:

广义指人类在社会历史实践中所创造的物质财富和精神财富的总和。狭义指社会的意识形态,以及与之相适应的制度和组织机构。作为意识形态的文化,是一定社会的政治和经济的反映,又作用于一定社会的政治和经济。随着民族的产生和发展,文化具有民族性。每一种社会形态都有与其相适应的文化,每一种文化都随着社会物质生产的发展而发展。社会物质生产发展的连续性,决定文化的发展也具有连续性和历史继承性。

新版《辞海》(上海:上海辞书出版社,1999年版)对"文化"的解释调整为:

广义指人类在社会实践过程中所获得的物质、精神的生产能力和创造的物质、精神财富的总和。狭义指精神生产能力和精神产品,包括一切社会意识形式:自然科学、技术科学、社会意识形态。有时又专指教育、科学、文学、艺术、卫生、体育等方面的知识和设施。作为一种历史现象,文化的发展有历史的继承性;在阶级社会中,又具有阶级性,同时也具有民族性、地域性。不同民族、不同地域的文化又形成了人类文化的多样性。作为社会意识形态的文化,是一定社会的政治和经济的反映,同时又给予一定社会的政治和经济以巨大的影响。

文化是"……的总和",属于广义的文化概念。从人类实践活动的结果去谈文化,这样的文化是完成时态的,停止的,死亡的。正如一块木板,一个小板凳,一架栋梁,都是由树木制成的,但不能说栋梁就是森林,小板凳就是树木,木板就是树苗。文化的灵魂在生长的过程中,而不只是凝聚在躯壳结果里。立于外,丢其内,是舍本求末,缘木求鱼,将导致所谓文化行为上"最大""最小""最高""最长""价钱最贵"的外在盲目追求。同时,这个无所不包,无所不在的文化概念,是泛文化的,也是反文化的。当这个世界每个人都被赋予了一张美人面孔,真正的美貌就不存在了。当神州大地任何一个名词都可以被粘贴上文化标签,并且由政府主导,通过市场化运作为五花八门,轰轰烈烈,形形色色的"……文化节",这是文化泡沫的膨胀与泛滥。

受长期阶级斗争观念影响,我们更习惯于接受和使用狭义的文化概念。文化属于上层建筑,受经济基础制约,可以为经济基础服务。按照这样的地位划分和功能定位,在一切以阶级斗争为中心的年代,文化是整个革命阵营里的一支部队,配合并听从革命武装队伍的统一指挥。在一切以经济建设为中心的年代,文化搭台,经济唱戏。从思想观念上,文化被机械地理解为是可以从革命和建设的中心工作中拆卸下来,是一个无关紧要的零配件,其职责和使命就是默契配合衬托主角的一个配角。在体制机制上,文化是属于文化部门分管的工作,年前报项目,年中抓落实,年底搞总结,经济是经济,建设是建设,文化与经济建设发生关系,必须跨越行政体制机制的围墙。在实际工作中,文化的命运就沦落为,说起来重要,做起来次要,忙起来不要。经济上去了,口袋里有钱了,文化还不好办吗?你们到欧美国家看到那些典雅的小城镇有文化,好

---

① 《现代汉语词典》,北京:商务印书馆,2005年第5版。

吧,我就花点小钱,在上海周边地区建九个原汁原味的欧美小城镇。你们要保存中国古代文化,也不难办,我再花点小钱,重修城隍庙,重建圆明园,公祭炎帝、黄帝,举办孔子文化节。殊不知,如此之文化只是拾洋人的牙慧,抱古人的大腿。文化的特征之一是符号化,但符号绝对不等于文化。简单地移植文化符号,牛气烘天,是文化贫困得不敢或不能正视贫困,又惧怕别人说自己没有文化后的一种疯狂。①所谓"一城九镇",是上海市"十五规划"中提出构筑特大型国际经济中心城市城镇体系,重点建设中心城区和展现异国风情的九个特色城镇,实现郊区"山河重整"。其中的"九镇"是指松江、安亭、朱家角、罗店、高桥、浦江、奉城、枫泾、陈家镇,除朱家角、枫泾等保留部分中国江南水乡风貌外,其他全部按照欧美风格规划建设,如松江建成"泰晤士小镇",安亭新镇建成"德国小镇"、罗店建成"瑞典小镇"、高桥建成"荷兰式现代化城镇",融入法国和澳大利亚风情、浦江镇建成"意大利小镇"、奉城建成"西班牙风貌特色小镇"。朱家角在保留江南水乡风貌的同时,还要建成"康桥水乡"特色。该计划目前已建成一部分,搁浅一部分。

这种符号化的文化观念,还直接导致了以经济建设的堂皇名义,在城乡建设上破旧立新,标新立异,全国上下到处都贴上光亮的瓷砖马赛克,再种植几棵身价昂贵的热带植物,摆放一批可以移动的盆栽花草。

其实,文化的精髓与要义很朴实,就是把人当人,把贵人当人把贱人也当人,把富人当人把穷人更当人,把友人当人把敌人亦当人。岂止于人,还把物也当人,把迎客松当人,把小草也当人,把大熊猫当人,把穿山甲当人,把青蛙也当人,把小麻雀也当人……

文化寄托在一切人类活动中,但我们不能把人类活动形式踪迹当作文化本身。美国联邦政府没有设置专门的文化机构,不等于说这个国家就没有文化。文化工作实际上是很具体,很世俗,很细微,甚至是婆婆妈妈的。

二、文化是人性的有效传递

物有物性,狼有狼性,人有人性。人性是人类的基本品性,是人之所以为人的本质属性,是人类社会文明进化的最大公约数。人性是具体的,也是抽象的。人性之上为神性,人性之下为兽性,人性之广为地域性、民族性。人性的原点是善,人性的本然是趋利避害,人性的归途是向善背恶。

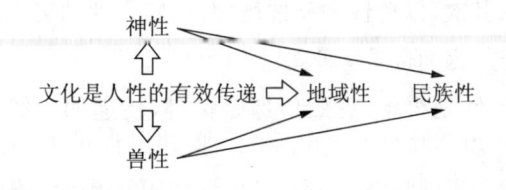

```
              神性
               ⇧
文化是人性的有效传递 ⇨ 地域性  民族性
               ⇩
              兽性
```

---

① 2004年7月6日,陈丹青在"新江南水乡论坛"上发言,惊呼"江南水乡没有了"、"上海的'一城九镇',完全是疯狂"。参见陈丹青《退步集》第276页、第285页,桂林:广西师范大学出版社,2005年版。

2004年7月2日,时任国家文化部部长孙家正会见香港城市大学校长张信刚,谈到文化身份认同问题,提出"文化从哪里来? 由人化文。文化有何作用? 以文化人"。①文化之化,是教养,感化,濡染,侵蚀,潜移默化,"随风潜入夜,润物细无声"。

文化表现为符号化的知识状态,但不等于就是知识。人性的有效传递才是文化的本质属性。

汽车(automobile)是一种可以自动移动的现代交通工具。评价一辆汽车的质量标准,不仅有科学技术参数,还有文化程度指标。此文化不仅在乎品牌的历史积淀,还在于每一个细节的设计制作。当你乘坐在一辆正在行驶中的汽车上,突然遇到紧急情况,一个急刹车,你会不自觉地自然而然地伸手去抓住什么,以保证自己的人身安全。此时此刻,如果有一款汽车提供了在你最需要抓手的部位预先设计安装了稳固而有质感的把柄,让你在危难中有惊无险,化险为夷,安然自得,一种会心的感激之情便油然而生。斯为文化,是为人性的有效传递。相反,如果某款汽车上的把柄,让你左抓不顺,右抓不稳,关键时刻难以发挥作用,那么,其设计制作就是不够人性的,其文化品质是不高的,其产品价值是要大打折扣的。

齐白石画的虾,白色宣纸上只画虾不画水,装裱之后,挂在白墙上,当你敛声静息,素心相对,那虾从容不迫,雍容尔雅,道骨仙风,器宇轩昂,仿佛是两位空空道人从远处走来,呵,满幅尺卷都是水光波影,满墙满屋都是清波荡漾。生活中,你还有什么忧愁烦劳不可以放下呢? 无论是怎样平凡普通的生命,都可以修炼出如此神圣的灵性。

文化所传递的人性内涵,可以跨越局限,穿越时空。一件被掩埋在坟墓里的良渚时代的殉葬品玉人,千百万年后偶然被发掘出土,如果你有缘从玉人身上感受到了玉器匠人的鬼斧神工,自然造化的神奇伟力,历史往事的浮沉歌哭,你就会奉为瑰宝,视为文化精粹。承载着历史风霜,融汇了自然造化的人性内涵,更具有深刻的文化品质。

寺庙里的菩萨塑像,寄托着神性,一种神圣的精神情思。只有诚敬的人,慧根深远的心灵,才能感知那超然物外的神性,其作为一种宗教或艺术的文化价值才被发现。偶尔潜入寺庙里的猴子,跳到菩萨肩膀上戏耍,贪吃神龛上的供果,它的眼里是不可能发现神性的存在,因而也就不成其为文化了。

当人性受到长时期极端压抑,终将爆发出离经叛道的叛逆者和反抗者。基于肉体的本能的性内容,往往成为生活和艺术的题材被夸张地表现出来。意大利文艺复兴时期,中国明末话本小说,"文化大革命"后期的手抄本地下文学创作,都有非常突出的性内容。这是在人性得不到正常满足的情况下,退而求其次,以兽性来反抗压抑,回归人性的努力。是为兽性,是在特定历史环境下的人性宣泄和传递,因而也是一种文化。

所以,文化概念中的人性是根本,有效传递是关键,传递的方式方法载体符号化是基本特征。

---

① 孙家正:《以堂堂正正国家主人的身份面对世界——与香港城市大学校长张信刚的谈话》,见《文化境界——与中外友人对谈录》第191页,上海:文汇出版社,2006年版。

一切诚念终当相遇。佛像,玉器,书画,汽车扶手,都属于文化,但仅仅是文化的载体,是文化不同形态的外在躯壳。文化的本质,起于人性通过相应的载体传递,终于得到其他心灵的感知共鸣。

三、文化的功能性存在方式

事物的基本存在方式应该有多种,我们熟悉的是可以看得见摸得着的实体性存在,还有一种功能性存在,你可能看不见摸不着,只有当其发挥某种功能作用时,人们才感知到它的存在。文化就是以这种功能性存在的方式存在着。

一根带电的高压电线落在地上,不仅看得见的电线本身有电,而且在电线四周若干半径范围内都存在着可以致人死命的强电磁场,人的肉眼看不见这种电磁场,除有专门的仪器测量外,通常人们是在其产生某种功能作用时才意识到其存在。

地平线是一根看不见摸不着的假设的线,但是,所有高楼大厦的设计建造,所有高原山峰的身高体量,都建立在这根假设的地平线上。

上帝也是看不见摸不着的,对于信奉者来说,它是存在的,时刻存活在心灵的深处,平时为其提供精神的支撑和抚慰,关键时刻为其释疑解惑,划出行为的底线,什么事可为,什么事不可为,鸿沟在前,秋毫无犯。

屈原的《楚辞》中记录了楚文化"招魂"之说,在我儿时的家乡仍然保留着这种风俗。其基本原理是假设人类生命的构成元素是某种物质,该物质不仅凝聚成人的固态肉身,而且还在肉身周围弥漫着某种看不见的气态,谓之魂魄。一个健康的生命所拥有的魂魄气息将终生相伴,躬身光临,如影随形。孩子的生命是幼弱的,忽然受到惊吓,其肉身离开了险境,其魂魄可能没有被完全随身带走,所谓三魂吓掉了两魂半,人将处于一种病态,需要有母亲或专门的巫师来招魂,才能恢复健康状态。因为孩子是母亲身上掉下的肉,气息相通。如果刚出生的婴儿脱离了母亲,交给奶娘喂养,时日长久,孩子从面貌到行为举止都像奶娘,而离亲娘越来越远。朝夕相处,气息相应。

现代科学研究发现,一见钟情,情人眼里出西施,都是因为气味相投。①从情人到夫妻,若干年后就会出现某种幸福婚姻的"夫妻相"。我们生活中这些远远没有被科学认知的生命现象,都属于事物的功能性存在。

先秦时代的老子称这种功能性存在为"无",而将实体性存在名为"有"。"三十辐共一毂,当其无,有车之用。埏埴以为器,当其无,有器之用。凿户牖以为室,当其无,有室之用。故有之以为利,无之以为用。"②无中生有,有中存无,有无互生,世间万物才有利有用。只知道"有"之利,

---

① 参见霍霞《气味实验证明爱情来源》,《北京科技报》2004年5月9日。
② 《老子》第十一章。

不知道"无"之用的时代,注定是一个物质充斥,物欲横流,心灵虚脱,精神苍白,道德沦丧的社会。

文化的功能性存在方式,使得文化的参与程度决定了一项工程、一场活动、一个事件、一个产品的品质和质量。

四、文化具有赋予意义的功能

工厂车间里生产的是产品,只有文化的参与,从产品功能定位、质量品格、历史衍变、工艺程度、技术创新等方面提炼出精神元素,才有品牌。现代社会人们消费的不再是赤裸裸的产品,而是经过品牌化包装的商品。

城市的躯壳是高楼大厦、水泥地、马路、立交桥,只有人的创造智慧和生命踪迹,只有文化才是城市的灵魂。

经济能量,物质财富是一种力量,一种看得见摸得着的力量,是为"硬实力";文化创造力,文化影响力也是一种力量,一种看不见摸不着,只有在其功能发挥作用的情况下才显示其存在的力量,是为"软实力"。硬实力与软实力共同构成综合国力。

没有文化品质的生活是过日子,有意义的日子才是生活。

生命中注入了文化的意义,才是人生。

产品+文化=品牌;

城市+文化=城市魅力;

国家+文化=综合国力;

日子+文化=生活;

生命+文化=人生;

…………

文化具有赋予意义的功能,意义的根本来源在人性,即人之所以为人的本质属性。

人性是从兽性中培育、教养、修炼出来的,神性是从人性中砥磨、净化、升华出来的。人生有意义吗?人生本来是没有意义的,人托身血肉之躯来到世间,起点之处的人是没有意义的,与其他任何动物一样,众生平等。人生的意义就在于不断赋予自己的人生以意义,就在于将本来是没有意义的人生变得有意义,从起点的没有意义到终点的很有意义。其意义越深、越广、越大,其人生越是丰厚、越是崇高、越是伟大。

法国哲学家卢梭说:"人是生而自由的,但却无往不在枷锁之中。"[1]他从普遍人性的角度提出基本人权观念,并进而设计出建立在人权与公权关系基础上的现代民主政治制度原理。从社会文化的角度来说,人是生而不自由的,不平等的,绝对不平等的,因为人不能选择自己的出生,

---

[1] [法]卢梭:《社会契约论》第8页,北京:商务印书馆,1980年第2版。

不能选择自己的父母。现代民族国家存在的合法性基础,就在于通过有效的社会管理,让本来不平等的人生变得比较平等,或相对平等起来,让不同发展需要的人们拥有同等发展的机会,让公平正义成为人生意义赖以建立的前提条件。

五、现代化道路的归途

中国现代化发展道路,具体表现为:工业化、城市化、全球化。

工业化、城市化、全球化是三柄锐利的双刃剑,我们为之付出惨痛的代价。1950～1970年代,国有经济发展为工业化奠定物质基础,在每一项重大工程的背后,都有通过计划调拨的木材。经过几十年的突击跃进式砍伐,东北森林可采资源枯竭。[①]半个世纪以来,新中国经济建设累计消耗森林资源达86亿立方米,相当于把1949年时全国所有的森林都砍了一遍。据1957年调查统计,长江流域的森林覆盖率为22%,经过半个世纪的农耕垦殖和商业采伐,到20世纪末,这里的森林覆盖率下降为10%。中国国土面积占世界总面积的7%,而中国林地面积却只占世界林地总面积的4%,居世界第111位。隋唐时期我国森林覆盖率约为33%,明清时期下降到17%,皇帝修筑故宫所用的木头,只好到遥远的西南边陲去采伐了。新中国森林覆盖率最低时仅有8.6%,现在官方公布的数字是18.21%,而俄罗斯是50%,美国是44%,世界平均值为33%,相当于我国隋唐时期的森林状况。1980年代乡镇企业异军突起,从长江三角洲、珠江三角洲,到内地中小城镇,几乎所有的水系都被污染。1990年代至今,东南沿海地区的经济发展,急速的城市化,集聚了人才、劳力、资源、能源,甚至大树、花卉、草皮、大大小小的石头。内地农村空巢而贫乏。在全球化的旗帜下,招商引资,只要你是资本的化身,许诺多少投资,可以拉动地区经济增长的GDP多少个百分点,要山给山,要水给水,要庙就帮你赶走和尚,要楠木桁梁就为你拆祠堂。

从一切以救亡图存为中心,到一切以阶级斗争为中心,再到一切以经济建设为中心,主题变换了,我们的思维模式、工作方式没有根本改变。乘客变更了,火车依然如故。以组织群众运动、开展人民战争的思维习惯和工作作风,进行经济建设,战斗力、突击队、歼灭战、庆功会,等等,在一定条件下很有效,很崇高,很伟大,但其效能不是无限的。以工程项目的管理方法,推进经济社会现代化建设,实施社会综合管理,立项、测评监理、项目责任制、重点工程,等等,在出现经济效率和社会繁荣的同时,逐渐暴露出单一思维模式,社会分工机械化的弊端。

我们一直生活在这个地球世界,可是,我们却始终高喊着要"走向世界""让世界了解中国"。在我们的心底里,潜意识中,实际上是把西方发达国家当作"世界",或者是世界的中心。中国的现代化道路,骨子里埋藏着西方化、西洋化的情节。这是一种被历史扭曲了的价值判断,残暴地取代着事实判断,遗传在我们几代中国人的精神心理。只有走遍世界,融贯中西的中国人,才终

[①] 参见朱鸿召《东北森林状态报告》,《上海文学》2003年第5期。

于感悟到,全球化不是西方化,而是寻找一种大家都能接受的方式,告诉你我与你不一样,你与我也不一样。①

2006年8月20日,王晓明应邀在浙江人文大讲堂演讲,谈到"现代中国何以立国",认为所谓"立国",并不只是说没有被人瓜分,是一个主权国家,或者街面平静,人民能过日子,而是说"国家有立场,人民有尊严,社会蓬勃向上,对整个世界有较大的正面影响力"。②

艰难都在征途上。中国现代化道路选择无可回避地需要回答一个价值取向、前途归宿的问题,即工业化、城市化、全球化是为了什么? 奔向何方? GDP增长不是目的,经济繁荣不是目的,国家强大也不是目的,能够作为目的的只能是"国家有立场,人民有尊严"。有立场才有主张,这种主张不仅是在联合国会议上发言,更重要的是体现在,诸如汽车尾气排放标准的认定;全球定位标准系统的设置,尺寸大小的度量衡,科学技术名称的符号字体,人文学说的表述语言,等等。尊严,是内有规矩外有法度,是知道什么可为什么不可为,是随心所欲而不逾矩,是近悦远来,是桃李不言下自成蹊。有立场,有尊严的国度,一定是文化昌明的和谐社会。

(原载《上海文化》2013年第2期)

---

① 龙应台《全球化了的我在哪里》认为:"国际化它其实指的是你懂不懂得国际的情况,你懂得国际运作的语言跟它的手法,……你知道如何利用那一个方法跟技巧,来把自己的东西让外面的人看得见、听得见,而且认识你。所以国际化在我的心目中,它不是一个内容的转换,不是把我们变成跟西方人一样,而是你学习到,就说西方吧,你学习到西方国际上流行的那种方法。"

② 王晓明:《篱笆里的河水——关于"文化竞争力"和城市发展的感想》,《探索与争鸣》2006年第7期。

围棋方法初论

武振平

离退之后,始得有闲,能够忘忧清乐,重新拾起少年时代沉湎其中的手谈之戏。于是,由迷于对弈而乐于打谱,由乐于打谱而醉读棋书。从我国现存第一篇围棋经典、东汉《弈旨》而下,浏览了一千多年来几十位名家著述:棋经、棋诀、序跋、诗赋、传说……,虽未敢言登堂入室,但仿佛通过时间隧道,面聆古人教诲,大开茅塞。更惊叹于我们的祖先,不但以其非凡的聪明智慧,创造并逐步完善了这样一个奇妙复杂、趣味无穷的棋种;而且以其深邃的理性思辨,衍生了丰富宏大的围棋文化,并不断探索围棋内在的矛盾运动,逐步掌握了其中某些客观规律。

我国古代论著,大都言简意赅,很少详细铺陈,围棋经典也不例外。但细心玩味,则可体会其思想光辉灿烂,虽逾千年而不灭。对于这一笔宝贵的精神财富,如不加以继承吸收、整理发扬,则不仅是围棋事业的损失,亦且是我国思想文化的损失。特别是,如果把围棋的研究,仅仅局限于对弈厮杀的技艺,放弃挖掘其中更深层次思想方法的宝藏,实在是对围棋资源的浪费,愧对古人。可惜,这一点还没有引起我国围棋界应有的重视,他们只是汲汲于比不完的赛事,争不完的名次奖金。至于日本、韩国更不必谈了。

但是,围棋典籍广博精深,欲穷其精髓,绝非一人一日之功。本文仅就其中关于方法论的思想遗产,略谈一点读书所得。抛砖引玉,以期引起更多爱好者的兴趣,参加到这方面的研究行列中来,共同挖掘传统宝藏。

一、一个古老的"秘密"

古人论弈有一个共同特点,他们总是喜欢将围棋和宇宙自然及社会人生联系起来,相提并论。最早的当推班固,他在《弈旨》中说,围棋"上有天地之象,次有帝王之治,中有五霸之权,下有战国之事。"天上人间,几乎无所不包了。以围棋与宇宙自然为例,围棋有一个正方的棋盘和361颗黑白棋子,班固就说:"局必方正,象地则也。道必正直,神明德也。棋有黑白,阴阳分也。骈罗并列,效天文也。"此后一两千年间,高手名家都离不开这一思路。北宋张学士在《棋经十三篇》中,更把围棋棋局比做一年四季的阴阳节气,他说:棋路"三百六十,以象周天之数。分为四隅,以象四时。隅各九十路,以象其日。外周七十二路,以象其候"。直到19世纪清末施定庵在

《弈理指归·序》中说:"弈之为道,数叶天垣,理参河洛,阴阳之体用,奇正之经权,无不寓焉。是以变化无穷,古今各异,非心与天游、神与物会者,未易臻其至也。"

围棋与兵法的联想类比,更是古人弈论中谈得最多的一个热点。东汉马融《围棋赋》中,从头到尾比附的都是兵法军事:"略观围棋兮,法于用兵;三尺之局兮,为战斗场。陈聚士卒兮,两战相当。"有些弈论甚至列举历史上著名战役、著名将帅的经验教训,与围棋对局相印证。曹魏时期应玚著《弈势》,论述棋局中虚实互用、出奇制胜的谋略,就引证了韩信破赵、曹操官渡之战等史例;论述对弈中必须计算周全、当机立断,就印证了项羽之失、夫差之败。史家认为,《围棋十三篇》的篇名,即仿自《孙子十三篇》,其中许多论述,都将围棋棋理与孙武兵法相类比,例如,论对弈中知己知彼:"夫智者见于未萌,愚者暗于成事。故知己之害而备彼之利者,胜。知可以战不可以战者,胜。"施定庵在《弈理指归·序》中说:"古人以弈喻兵,体用皆合,此不易之成法,必循之途辙。"弈与兵"体""用"皆合,这真是最"彻底"的论断了。

从对弈中得出社会人生的感悟,也是古代棋论的一个重要内容。古人常常把棋局输赢的急剧变幻、胜败的迅速转换,比之人事祸福无常、官场沉浮莫测。清《官子谱》编者陶玉式,曾官居扬州两淮盐运使炙手可热的高位,但上任不久就因故罢官,触犯"上怒",差点送了性命(原因待查)。他在此谱《序言》中慨然叹道:"至若宦海风波,仕途荆棘,升沉倏易,情态顿殊,天下事何者非弈而后逞?胜负争于一着,变化妙于机先,则全局系于官子岂少哉!"这一段话未必不是此公坎坷命运的夫子自叹。陶的好友、号称清初国手的吴瑞徵也以其多年的阅历,觉察到围棋与人生之相似:"弈之为用神也,盖人事之险阻,物情之变幻,可以一弈悟之。故忧乐之境,顷刻各殊,祸福之机,循环相倚。"

其他如将围棋与政治斗争、读书学习、处世道德……联想类比、相提并论者,在古代弈论中,比比皆是。

古人如此将围棋与宇宙自然、社会人生的许多现象联想并论,到底有没有理性依据?有没有认识价值?应该承认,这些联想并非毫无根据。在长期的对弈实践和社会实践中,古人觉察到,围棋内在的矛盾运动与宇宙社会的许多事物的运动,有惊人相似之处,猜测到其中具有某些相通的东西。这是十分可贵的,显示了两千年间我国古代知识分子卓越的智慧、敏锐的观察和深刻的思考。但是,宇宙人生与围棋毕竟不是同类事物,他们之间的"相通"不可能是直接的,必定有某一桥梁和渠道。古人由于认识的局限,不可能从现象的相似,从理性上揭示其本质上相通的"秘密",往往凭感性牵强附会地硬将两者画上等号,或者涂上一层神秘色彩,陷入不可知论,说是妙不可言,深不可测。元末虞集就将其所编围棋文论取名为《玄玄棋经》,并在"序言"中说:围棋"学之通玄,可以拟诸老子众妙之门,……出没变化,深不可测"。这种"不可知论"的神秘雾幕,覆盖了中国围棋界几千年(甚至还延续到今天),直到清初康熙年间,才被一位棋家朱弘祉揭开了一角。他在前人多年探索的基础上,破天荒地提出了一个新的见解,为破译这个"秘密",向前跨出了重要的一步,也为我们今天进一步的探索,提供了宝贵的思想资料。

二、围棋方法的三个层次

朱弘祉，山东历城人，曾官至御史巡抚。1690 年前后，在为其友陶玉式《官子谱》一书所作序中，批评当时某些棋手浅薄浮躁："不寻旨趣，墨守成规，偶窃其一知半解而自负曰：吾进乎技矣。噫！是乌足与之论弈哉？"这位巡抚大人棋艺水平如何，围棋史上不见其名传，但他却以"知弈而能言弈者莫余若也"自负。果然，细读序文，此公真有超越同时代人的真知灼见。他说："他人之谱，专乎理以为言也；陶子之谱，兼乎道以为言也。"他认为，陶玉式的《官子谱》，不仅讲棋"理"，而且兼讲棋"道"。围棋复杂多变，妙趣无穷，但是其中并非无规律可循，这就是围棋的客观规律，就是围棋的"理"和"道"，也就是围棋的方法。会下棋的人，总要多少懂得一些基本的方法，善于下棋的人，懂得更多更深的方法。但是，这些方法之间是有区别、有层次的，对此，许多棋家往往不加注意，也不知道注意。正所谓"知弈而不能言弈"。在古代典籍中，也都把这些方法煮在一起，不加区别。朱弘祉在围棋的方法论领域却提出一个重要命题："天下未有舍理而可言艺者也，则亦未有舍道而可言理者也。"也就是说，离开"棋理"就不足以谈"棋艺"，离开"棋道"就不足以谈"棋理"。在这个命题中，他所提出围棋的"艺""理""道"这三个概念，虽然未必是他初创，但是，把"棋艺""棋理""棋道"作为围棋方法系列的三个层次确定下来，并且揭示了三者之间统帅和被统帅的逻辑关系，却是前无古人的发现，言以往棋家所不能言，显示了可贵的科学创见。

什么是"棋艺"？这是古往今来人们谈得最多的话题。朱弘祉说："弈者艺也。"意思就是指对弈过程中的技艺方法。对弈双方交替下子，短兵相接，你死我活，紧张激烈，变化无穷，这是围棋最吸引人的地方。为了提高技艺，古今中外多少棋迷为此废寝忘食，乐而忘忧；多少棋手为此拼死求胜，呕心沥血。任何竞技都需要特定的技艺，而围棋这样复杂多变的棋种，欲求克敌制胜，尤需高超精细的技艺。从序盘布局、中盘拼杀到终盘收官，在几百手行棋中，几乎每一手都离不开特定的技法手段。因此，技艺方法从来都受到棋家的重视，在我国历代典籍中，技艺方法大概要占十之七八。古代棋手从长期对弈实践中，总结了几百种技法、成百套定式，大如布局定型，小如劫争打入……都有详尽的记述。施耐庵著《凡事要处总诀》就列举了五十多条技法，如"起手据边隅""入腹争正面""七子沿边活也输""立二拆三三拆四"，这些方法到现在仍为棋手记诵的常识。历代高手所以能称霸一时一地，主要也由于他在当时当地技高一筹，艺压群伦。他们为了提高技艺，不惜倾注毕生心血，刻苦钻研；周游南北，寻师访友。

20 世纪以来，由于国内、国际争赛激烈，各国围棋界技艺水平大大超过前人，对棋艺的研究总结也不遗余力，提出了许多新的技法、定式、套路……，这方面的书籍，可谓汗牛充栋。其中以日本围棋界起步最早，成就也最大。韩国围棋界后来居上，呈现领先态势。近二十年来，我国棋家急起直追，也不断作出新的贡献。他们的创造发明（如布局中的某某流等等）大大发展丰富了围棋的技艺学。

围棋技艺方法是围棋方法的表层部分,是看得见的、容易理解的层次,也是入门必经的层次。它虽然只是表浅的层次,但却是基础层次,是围棋得以存在和发展的基础,也是"棋理""棋道"得以发生的土壤。只有技艺方法的不断进步,才有围棋的不断发展,也才有"棋理""棋道"的不断丰富深化。可是,朱弘祉为什么又说"天下未有舍理而可言艺者也"呢? 这就需要考察棋理的内涵和作用了。

什么是"棋理"? 朱弘祉说"理者谱也","专乎理以为言也"。棋谱在古代除了记录对局过程以外,常常用来总结攻守成败的经验,从理论上探讨行棋的规律。如前所述,对弈中双方行棋不是无序的杂乱现象,其间存在着不以棋手主观意志为转移的客观规律。棋手可以运用这些规律,充分发挥主观能动性,采取各种战术手段和技艺方法,去克敌制胜;却不能违背这些规律,任意行棋,否则必将导致失败。这些规律的理论表现就是棋理。对弈中,棋手看来是十分自由的,可以自行选点落子;其实,也是很不"自由"的,他必须服从规律,服从棋理。行棋中常常出现"无理棋""随手棋",所谓"无理",就是违背规律、违背棋理;所谓"随手",就是手指离开大脑的理性指挥,不自觉地离开棋理。

施定庵在《弈理指归·序》中,记述过一段经历,回忆他所受前辈梁魏今(清"四大棋家"之一)的教诲:"岁壬子(1732),偕梁丈游岘山,见山下出泉潆漾纡余,顾而乐之。丈曰:'子之弈工矣,盍会心于此乎? 行乎当行,止乎当止,任其自然,而与物无竞,乃弈之道也。子锐意深求,则过犹不及,故三载仍未脱一先耳!'余因悟化机流行,无所迹象;百工造极,咸出自然。"据说,施定庵经此指点,技法大进。梁魏今所说的"行乎当行,止乎当止",也就是不可违抗的棋理的客观性。

理论来自实践,围棋的理论也来自对弈实践,蕴藏在技艺经验、棋艺方法之中。从丰富的棋艺方法中,可以抽象概括出深刻的棋理。棋艺方法是围棋得以存在和发展的基础,也是棋理方法赖以产生的基础,是棋理的根据和载体。理论来自实践,反过来又指导实践。因之,棋理一经产生,它就能发挥指导作用,反过来统帅棋艺。"天下未有舍理而可言艺者也",这句话的真理性就在于此。

历代高手名家经过反复竞技实践,总结名局经验,发现了许多行棋的规律,抽象为理论,表述为文字,便形成了一系列棋理。我国典籍中大量的棋经、棋诀、格言、谚语,就记载了这些光辉的理论定则。例如,围棋中的一个重要手法——弃子问题,相传远在唐代出现的《围棋十诀》中,就提出了"弃子争先""逢危需弃""舍小就大"等等原则主张,短短数语,却已不是一般的技艺手法,而是揭示了行棋的规律,形成理论思维,一直为千百年来棋手所遵循。它告诉棋手,在行棋中,并不是每一个棋子都要死保不放的,为了避免更大的损失,或者,为了取得更大的利益,有些小子甚至小地块必须加以放弃。反之,如果为了死保一二个孤子、一小块地,结果,孤子得保,却落得后手;小地解危,大场沦没;舍大就小,优势丧失。这就是规律,就是棋理。只有在这棋理指导下,一切技艺手法才有意义。一个棋手如果只知棋艺不懂棋理,不遵循规律,盲目乱下;临危不弃,舍大就小,保子失先,即使棋艺再精,也必败无疑。

在古代典籍中,《棋经十三篇》是一部最全面、最系统阐述棋理的著作,从第一篇"棋局"到第十三篇"杂说",都从各个方面、各个层次深刻地阐述了有关的棋理,至今仍为各国棋手所遵循。

当代我国围棋界对棋理的研究,虽然也大大落后于棋艺,但是,近年来也取得了可喜的成果,过惕生、栗闻合著《围棋战理》就是一部。此书比较系统地阐述了一系列棋理。作者以矛盾的观点,从对弈实践中归纳了十对矛盾,如"先手和后手""大棋和小棋""虚势和实地""舍弃和取得",等等,并且作了相应的分析,这些都是其他棋理著作未加论述过的。另一本白小川著《围棋思维技巧》,也对《棋经十三篇》的棋理逐篇进行了有意义的分析。

三、棋道——围棋辩证法

如果说,"天下未有舍理而可言艺者也",离开棋理就谈不上棋艺,这个论断已为古今棋家所理解和认同;那么,"天下亦未有舍道而可言理者也",能够理解的人就很少了,能够认同的人就更少了,古今皆然,这就是巡抚朱大人高于前人甚至某些今人之处。

什么是"棋道"? 在古代典籍中,也具有多种含义;在这里,朱弘祚是从方法学的视角考察的,他说:"吾子(按:指陶式玉)之于弈也,其与《易》之道相表里乎!"朱弘祚认为,弈之"道"和《易》之"道"是"相表里"的。甚至认为,"弈也,而即《易》也,外此则筌蹄糟粕耳"! 这就把二者画上了等号。古人对《易》有多种多样的理解,而朱弘祚所理解的《易》是:"凡吉凶消长之理,进退存亡之义,毕具其中。而其错综变化、出有入无之妙,乃至于光绍三才,囊括万里。"他认为,与《易》相比较,"弈亦犹是也"。弈有"有形之弈"和隐藏在"有形之弈"下面的"无形之弈",在"无形之弈"中,也活跃着与《易》同样的"理"与"道":"一枰之内,何以奇正迥殊? 两阵之间,何以坚瑕互异? 何以将负者反胜而收功于善后? 何以诡得者复失而取于凶终?"这一连串的反问,都是为了证明弈与《易》之道相通。

在朱弘祚之前,将围棋与《易》加以联系类比的,大有人在,但往往是笼统的一两句话,未能进一步阐述,或者加以神秘化。朱弘祚却是第一次从本质上进行了如此具体而深刻的理性比较和分析。可惜的是,弈与《易》到底是什么关系? 二者之"道"相通之处在哪里? 他却说不出来。他的双脚已经走到科学方法的大门口了,却没有能跨进门坎去,徒慨叹于"不可以象叹,不可以辞达",从门前遛过了。这是这位巡抚大人的时代局限,不应苛求。一位哲人说过,对于古人的评价,重要的不是他没有讲过什么,而是他讲过前人没有讲过的什么。朱弘祚对于"棋道"讲了这么多,已经很难为他了,如何进一步加以充分的、科学的阐述,就是我们后人的责任了。

学术界目前对《易》已经大体上有了一个共识:这部中国最古老的哲学典籍,虽然夹杂有许多唯心的、神秘的糟粕,但却又概括了宇宙自然和社会人生的诸多矛盾现象,并揭示了这些现象中普遍存在的对立统一的规律,闪耀着朴素的辩证方法光辉。"弈也,而即《易》也",弈和《易》正是通过辩证法"即"起来了。为什么在《易》里,"吉凶消长之理,进退存亡之义"得以"毕具其中"?是辩证法! 为什么对弈中,"将负者反胜而收功于善后","诡得者复失而取于凶终"? 也是辩证法！弈与《易》"相表里"的《易》之"道",就是辩证法之"道",也就是围棋方法之"道"。

对立统一是宇宙间一切事物的普遍规律,矛盾着的双方互相依存、互相制约,又互相斗争、互相转化,从而推动一切事物的发展变化。围棋的内部矛盾运动也是如此,黑白双方共处于同一棋枰之上,没有白就没有黑,没有黑就没有白,也就没有了围棋,这显示了互相依存、互相连结的关系;而为了棋局的取胜,双方又竭力克制对方、侵杀对方,表现为紧张激烈的对立和斗争。从布局开始到收官结束,每一着棋都是这矛盾斗争过程的一个环节;你死我活,你进我退,一着之间,变化立现,正所谓"将负者反胜"、"诡得者复失",自始至终都处于又斗争又同一的矛盾运动之中。

由此可见,正是《易》中的辩证法,将围棋和宇宙自然、社会人生联系起来了。古人所谓围棋中"天地之理,无不备焉",其实,"备"并不在围棋,而在辩证法。所谓"天地之象""帝王之治""五霸之权""战国之事",所谓"宦海风波、仕途荆棘","备"也不在围棋,而在辩证法。辩证法正是沟通围棋和宇宙社会各种现象的渠道和桥梁。《棋经》所谓"黑白相半,以法阴阳",只能说明二者都是矛盾对立的关系,不存在谁"法"谁的问题。施定庵说,弈之为道,"阴阳之体用,奇正之经权,无不寓焉"。所谓"阴阳"、"奇正"之体用和经权,和围棋之"道"一样,都"寓"于辩证法之中,而非"寓"于围棋之中。至于古人将棋局的输赢变幻、胜败转换,比之人事祸福无常,官场沉浮跌宕,从而慨叹"弈之为用神也"。其实,社会对立斗争尖锐复杂,祸福矛盾的转换变幻,与围棋官子的胜败输赢,都受制于辩证法的客观规律,是必然性和偶然性的统一,而非围棋"为用"之"神"。离开辩证法看围棋,当然难免流于神秘化了。

四、辩证法——围棋方法的核心和灵魂

科学学科的方法论,一般都具有三个层次:技术方法、具体方法和一般方法,三者相互联系,缺一不可。朱弘祉的可贵之处,也就在于他不自觉地触及了方法论本身的这一规律。他提出的棋艺、棋理、棋道这三个层次,恰恰是围棋的技术方法、具体方法和一般方法,它们互为条件,彼此促进,推动了围棋的发展。更可贵的是,他还揭示了这三者的关系不是并列的,而是统帅和被统帅的关系:"天下未有舍理而可言艺者也,则亦未有舍道而可言理者也。"

棋理统帅棋艺,前面我们已经讨论过了。可是,棋道又怎么统帅棋理呢? 棋道是客观规律,棋理也是客观规律,二者虽然同是客观规律,但却是不同层次的规律。棋理是围棋的具体规律(也就是"具体方法"),而棋道却是围棋的一般规律(也就是"一般"方法),是更高一层、更普遍的规律。具体规律要服从一般规律,具体方法要服从一般方法,棋理当然要服从棋道了。

从字义学的角度看,"棋理""棋道"这两个词的选用,也有其渊源。在我国哲学史上,"理"和"道"这两个范畴的界说,纷纭不一,但是,比较普遍认同的是,"理"是事物的具体规律,"道"是事物的一般规律。韩非子说:"万物各异理,而道尽稽万物之理。"也就是说,"道"是综合了自然界和人类社会一切事物发展的总规律,"道"寓于"理"之中,又离不开"理";"理"体现了"道",又服

从于"道"。以此来阐述"棋理"和"棋道"的关系,也是十分恰当的。

围棋辩证法是围棋方法的深层内核,是围棋的灵魂,是最有光彩的部分。它统帅棋理,又寓于棋理之中,试观《棋经十三篇》,从头到尾提出了一系列成对的范畴,都贯串了辩证法。其中"得算篇第二"云:"棋者,以正合其势,以权制其敌。"又云:"始以正合,终以奇胜。"说的是"正"与"权"、"正"与"奇"的辩证法。"合战篇第四"云:"宁输数子,不失一先。"又云:"有先而后,有后而先。"说的是"先"与"后"的辩证法。又云:"阔不可太疏,密不可太促。"说的是"阔"与"密"的辩证法。又云:"与其恋子以求生,不若弃之以取势。""弃小而不就者,有图大之心也。"说的是"弃"与"取"的辩证法。"虚实篇第五"云:"投棋勿逼,逼则彼实而我虚;虚则易攻,实则难破。"说的是"虚"与"实"的辩证法。其他如"知己"与"知彼"、"贪"与"廉"、"益"与"损"、"强"与"弱"等等围棋中一系列辩证统一的关系,都得到相应的表述,为我们进一步研究围棋的辩证方法,提供了宝贵的思想资料。

那么,这些概念和范畴,又是怎样既矛盾斗争又同一转化的呢?试举围棋布局中"地"和"势"这一对范畴的关系以言之。在序盘布局之初,有人喜欢取"势",有人喜欢取"地",体现了两种不同的风格和趣向,都符合棋理。虚势和实地又往往不可得兼,得"势"者失"地",得"地"者失"势",这是二者的矛盾对立。围棋的胜负是以黑白双方各得子目多少计算的,也就是以得"地"多少计算的。为什么有些棋手却又舍"地"取"势"呢?原来,二者又是可以同一、转化的。"势"可以转化为"地",取"势"的目的也是为了取"地",或者说,为了夺取更大的"地"。所谓舍"地"取"势",其实是舍较小的"地"争夺更大的"地"。不过,"势"毕竟是虚的,所谓"虚势",它不是现实的"地",而是可能的"地",经过转化可能得到的"地"。所以,取"势"的一方,总是运用一切手段使"势"向"地"转化,以争夺胜利。而宇宙间任何事物矛盾的一方向对方转化,都需要一定的条件和中介。围棋的"势"向"地"转化也需要一个中介,笔者认为,这个中介就是"空"。所以,取"势"的一方,总是采取斥、补等手段,使"势"成"空";成了"空",虚"势"基本上也就成了实"地"。而对方则是针锋相对,采用一切手段,打入、侵削,来减弱"势"的影响,破坏"势"的子效,使"空"成不了,或尽量剥削压缩到最小限度。从而展开一场短兵相接、你死我活的战斗,战斗的焦点,就是争夺"空"这个中介。通过这一战斗,如果取"势"的一方占了上风,战胜了对方的侵入,"虚势"就转化为"实地";反之,对方破空成功,这一转化就不能实现,"势"也就化为乌有,失去作用了。这便是"势"和"地"既对立、斗争,又统一、转化的轨迹。

因此,如果我们理解围棋之"道"——围棋辩证法,我们就可以更深地理解取"势"和取"地"的对立统一的关系,更自觉地掌握这一条棋理。"天下未有舍道而可言理者也",这句话的深刻含义也就在此。

"势"和"地"仅是围棋辩证法中的一对范畴,此外还有许多范畴,如"死"与"活"、"先"与"后"、"弃"与"取",等等,围棋辩证法到底有多少对范畴,这些范畴的辩证关系到底如何,都有待深入研究。

五、围棋辩证法的现实意义

朱弘祉说:"天下未有舍道而可言理者也。"研究"棋道",研究辩证法,对于专业棋手、广大棋迷,今天还有什么现实意义呢?

或曰:我从来没有听说过什么"棋道",也没有学过辩证法,只是懂得"棋理",我照样可以赢棋,可以得冠军。此言可信。但是,朱弘祉的话也没有讲错。正如前说,棋道(即围棋辩证法)寓于棋理之中,只要你真正遵循了棋理,也就是遵循了辩证法,这显示你多少掌握了一点辩证法,不过不自觉而已。例如,布局之初,你在选择取势或取地的时候,懂得二者都合棋理,这就显示了你已经掌握了"势"和"地"的辩证关系。你知道"宁输数子,不失一先",这就显示了你已经掌握了"失"与"得"的辩证关系。何必谦虚说不懂辩证法呢?辩证法并不神秘,有人说它是明白学,一讲就明白。不学辩证法,固然可以下好棋;学了辩证法,能够自觉地掌握棋理,棋可以下得更好。只要我们稍稍拿一点时间学一学,是不难入门的。要求业余围棋爱好者都了解辩证法是不现实的,也是不必要的;但是,希望围棋界的高手、评论家、领导层了解一点辩证法,却是可能的,必要的。

辩证法是科学,围棋辩证法是科学方法。即使在今天,在围棋的外面笼罩着的一层神秘的幕纱,还没有完全揭去。甚至有些高手仍徘徊在这幕纱之前,重蹈古人的误区。记得1996年,笔者在电视荧屏前,观看一位围棋界知名高手,现场讲解聂卫平与李昌镐之战,很受启发。可是,讲到右下角的某一着棋,聂卫平为什么这样走而不那样走,这位高手则解释为:奥妙之处难以言传,大概就是"东方的玄学"吧。高手可能是随口而出,言者无意,但是,笔者却听者有心。把围棋的奥妙归之于"玄学",和几千年前的古人一样,认为围棋是"学之通玄,可以拟诸老子众妙之门"者,在目前中国围棋界中,大概还是大有人在的吧。日、韩就更难免了。因此,弘扬围棋方法是科学,不是"玄学",还是很有必要。

或曰:学了辩证法就可以赢棋吗?未必。辩证法不是保险公司,它不能保证赢棋,赢棋还要靠自己的努力。理论不等于实践,也不能取代实践,但可以指导实践,辩证法可以帮助棋手有效地思考,有助于赢得胜利。

现在,人们常常喜欢讲围棋的"境界","境界"当然有多方面的丰富内涵,但辩证方法无疑是其中重要的核心部分。如果一位棋手对辩证法一无所知,不能将棋理融会贯通,"随心所欲不逾矩",他的境界大概不能说是很完美的。

尽管围棋界大部分人士对围棋辩证法还未引起兴趣,但是,许多有眼光的社会人士,却开始把它和社会现实联系起来,进行深刻的思考。千百年前,古人已经把围棋方法用于兵战军事、社会生活等方面;我们今天具有了科学思维,能不能让围棋方法在现实生活中发挥更大的作用呢?从理论上说,这是毫无疑问的。如前所说,辩证法是最一般的方法,最普遍的规律,适用于社会生活的一切领域。还没有学过辩证法的人,围棋正好是一个桥梁,通过围棋可以接触到辩证法而触类旁通。围棋辩证法不仅是属于围棋的,也是祖国思想文化大宝库的一个组成部分,它对于开发智力、增进国民素质、提高思想文化水平,具有特殊的作用。陈祖德已经看到了这一点,他说:"围棋可以成为下棋人观察世界的工具,也能帮助人们在纷繁复杂的生活中找到解决问题的方法。"这个"方法"是什么呢? 首先就是辩证法。

实践给我们带来了可喜的讯息。随着围棋日益普及,围棋人口日益扩大,围棋已经开始走出围棋的圈子,走向社会,开始"帮助人们找到解决问题的方法"。

围棋走进现代企业经营管理。泰国卜峰集团(在中国就是"正大集团")的副总裁蔡绪峰,现任泰国围棋协会主席。他说,他就是用围棋的原则经商和做人:"我喜欢围棋是因为在围棋中能悟出很多的道理。"例如,企业管理是一盘棋,要处理好"全局"和"局部"的关系,要处理好"大场"和"急场"的关系,等等。可是他又说:他"不想将这些看作是过分玄妙的,和易经挂钩"。他否定围棋的"玄妙"性是明智的,但是,"和易经挂钩"就要看怎样"挂"了。另一位,目前世界最大的电脑公司之一 Acer "宏"公司总经理施振荣,也认为自己的成功是"下了一盘永无止境的棋",例如,要做"眼",要"讲究布局",要"掌握全局",并说,"这是 Acer 独特的方法"。他说,他"本来就有一套经营企业的方法,只不过是用围棋去解释这种策略,希望更有说服力。围棋只不过是解释 Acer 经营哲学的沟通工具,可以把我们的策略讲得更清楚"。这位老总真是"讲得更清楚"了,他"清楚"地把围棋作为一种沟通经营管理的哲学工具,这就讲到点子上去了。可惜,他还没有点明这个"哲学工具"就是辩证法。

围棋走进了学校。到目前为止,已经有北京大学、复旦大学等高等学校建立了围棋队,复旦还办了围棋学院。他们大概不仅是为了提高学校的知名度,更重要的是提高学生思想方法修养,增进学生文化素质。据说在韩国大学里也办有围棋系。上海、武汉等地开办了好些围棋小学,以开发孩子们的智力,提高素质。孩子们不仅学会了围棋,文化课成绩也很好。这并不奇怪,辩证法是聪明学,要小孩子直接去学抽象的辩证原理,是不可能的,但是,通过围棋的"桥梁",却能使孩子们多少感受到辩证法的启蒙。

围棋走进了行政机关。上海嘉定区是陈祖德的故乡,可能受了这位中国围棋协会会长的影响,在这个区政府机关里,围棋十分流行,办事效率也很有改进。无非也是借助围棋的"沟通",感悟到辩证方法的启示。

围棋走进了军营。陈毅作为一位高级将帅,远在革命战争时期,就把围棋带进了军营,在战斗间隙纹枰坐对,续古人之遗风,"从容席上谈兵",传为美谈。继陈毅元帅之后,1999 年间,天安门国旗护卫队里,官兵们围棋弈事也很活跃。队长王金耀说,围棋的实战与他们十分贴近,围棋讲究战术、战法,部队执行任务也十分讲究战术、战法。通过围棋活动,官兵们拓宽了视野,陶冶了情操,培养了良好作风,还极大地提高了观察、判断、预测等思维能力,增强了竞争意识和顾全大局意识。这种思维能力大概也根源于围棋的辩证方法。

总之,围棋广泛地走向社会,是一个可喜的趋势,作为一种哲学思想的"沟通工具",正开始在现实生活的各个方面发挥作用;反过来,围棋自身也将受到社会的更多的关爱和支持,不断扩大群众基础,从而得到持久的、广泛的普及和发展。

六、重视围棋方法的研究

围棋方法研究的现状,其中三个层次是不平衡的。棋艺方法的研究成绩最大,水平最高,出书最多,这是很自然的。在中、日、韩三国鼎立争霸的条件下,提高技艺是围棋市场的客观迫切需求。遗憾的是,棋理方法的研究很少,相比之下,微不足道。而棋道、辩证方法(围棋的光辉灵魂)的研究,几乎还是一片空白。这种现象反映了一种急功近利的情绪。应该看到,任何学科都有其应用技术部分和基础理论部分,只注意应用技术而忽视基础理论,这门学科纵然一时能够得到很大发展,最终难免受到限制。棋理、棋道就是围棋方法的基础理论部分,重视它、讲究它、掌握它,必将对我国围棋事业的发展产生深远的影响。

围棋辩证方法的研究,大概首先要从棋理中的范畴入手。哲学常识告诉我们,范畴是人类思维"认识世界的过程中的一些小阶段",是"掌握自然现象之网的网上纽结",也是人们认识和掌握世界的手段和工具。任何科学学科都有自己的范畴及其体系,围棋方法作为科学,当然也有其范畴体系,只是有待概括。前人在这方面已经做了大量的工作,他们已经概括出几百个术语概念,其中就包容了一系列具有本质意义的范畴,过去都淹没在一般的概念中,现在的任务就是把它们挖掘出来,加以整理。例如,《围棋战理》一书做了很有益的工作,它提出了十对矛盾:先和后、大和小、攻和守、死和活、势和地、弃和取、轻和重、缓和急、正和变、优和劣。虽然作者并没有声言这十对矛盾就是十对范畴,也不一定能说它们都算得上是范畴,更不能说围棋方法的范畴就限于这一些。但是,这十对矛盾的提出,可以说是揭开了范畴研究的序幕。其次,随着围棋范畴的提出,就要求研究这些范畴之间对立统一的辩证关系,研究二者如何相反相成,如何既矛盾斗争又转化统一等等规律,把研究引向深入,逐步形成体系。

围棋是竞技,但又绝不仅仅是竞技,它从竞技衍生出一种独特的、丰富内涵的围棋文化,它是祖国民族文化遗产的一个组成部分,而辩证法就是围棋文化中方法的核心和灵魂。把围棋仅仅看做是竞技,忽视以至漠视它丰富、广阔、深刻的内涵,包括它的方法学,这不仅是围棋的不幸,也是祖国文化的不幸。

围棋方法的研究要求志士仁人埋头苦干,切忌急于求成的浮夸作风。人们首先寄望于专业棋手,他们有丰富的实践经验,其中有些高手又善于思考和概括,例如,马晓军著《三十六计和围棋》,其中许多"计"都涉及围棋的辩证法。然而,专业棋手也有其不利条件,他们往往忙于赛事,无暇研究论述;同时,他们的知识也有局限。因此,具有方法学知识的业余棋迷,却是一支重要力量。例如,胡廷楣著《境界——关于围棋文化的思考》,依据古今棋家棋迷关于围棋方法的大量思想资料,作了一系列有意义的概括和论述,作者就是一位新闻记者。王经伦著《围棋推理技巧》,运用形式逻辑的方法,研究围棋的各种技法手段,作者就是一位逻辑学教师。正如陈祖德所说:"希望有更多的各方面的专家来投入围棋的文化研究,在围棋研究上下出更多的'妙手'。"

中国是围棋的故乡,也是围棋理论思维发展最早、最辉煌、人才代出、典籍最丰富的国家。大约两千年前,第一部围棋经典《弈旨》问世;一千年前,第一部方法学经典《围棋十三经》问世;三百年前,关于围棋方法三层次的名篇《官子谱·序》问世。我们继承了这笔遗产,这是我们得天独厚的地方,也承担了义不容辞的历史责任。我们的祖先为围棋方法学创造了如此辉煌的业绩,作为现代的中国人,掌握了科学的世界观和方法论的后世子孙,站在前人的肩上,难道不应该为围棋方法学作出无愧于祖先的更大贡献吗?

(原载《苍鹰和老虎》,上海文艺出版社2008年版)

规律:自然、社会、人文

张履岳

自然运动是否具有规律性,怀疑者似不多,一般均为人们所承认;对于社会、人文等运动形式,则不然,自提倡"随便怎么都行"的后现代主义流行之后,还尤甚。本文拟从自然运动与社会、人文运动的关系来就此作些探讨,看看究竟是怎么回事。

一、转化:从自然运动到社会运动

自然界的物质都处在相互变换过程中,没有游离其外、孤立存在的东西。但所谓物质变换,其实就是它和与它有区别的它自己的他物经相互扬弃后的相互转化,即对立统一。因此,承认物质变换,就得同时承认事物间的区别,承认有区别的事物间的联系,即对立统一、一分为二。以为对立统一、一分为二就是彼此隔绝、截然对立的"二元论"、独断论,已然"陈旧""过时",应予废弃云云,是没有客观根据的。事实上,正因为有区别,才有物质变换即统一的发生;而虽有变换,变换者之间依然保持着各自的固有规定,即一而为二、统一中仍有区别。借用中国传统哲学的语言来说,就是不同而和、和而不同,二者不可偏废,而且区别是绝对的、统一是相对的。不同的物质运动形式不可能绝对同一。因此应该认为,任何事物都是它和它自己的他物的对立统一中的存在,都是它自己的他物的对象性存在。也是这样,马克思曾深刻指出,"非对象性的存在物,是一种非现实的、非感性的、只是思想上的即只是虚构出来的存在物","非对象性的存在物是非存在物"。

但说任何事物均为对象性存在,是它和它自己的他物经相互扬弃、转化达到的对立统一中的存在物,也就等于说,它们不仅能动适应对方的性质即各以自己的方式包含、映现对方于自身,作为自己的有机构成,从而形成了互有区别的各方相互依赖、渗透的对立统一的关系,同时也由此规定了对方的性质:每一方都是自己对方的对方,不是任一别物,因而失去一方便失去另一方。这就是转化的过程、实质与结果。氧化铁中的氧与铁、对偶制家庭中的夫与妻或奴隶社会中的奴隶主与奴隶、封建社会中的地主与农民等等,就是这样的关系。对立统一体中的各方的性质,总决定于与之达到统一的、包括统一体在内的对方的性质,这才有统一体与统一中对立各方的存在。生产劳动中的人与他的生产对象之间,也是这种相互转化的关系。只是由于作为

"类存在"的人的"类特性",发生在人与自然的物质变换中的相互转化就有了特殊性。这主要表现在以下两点:

一是自然界物质变换中的转化是自在、自发的,而人与自然的物质变换中的转化却是自为、自觉的。人是有意识的"类存在",作为"类存在"的人的"真正的生产"是自由、自觉、自主的活动。但物质有不能被创造与消灭的规定性,因此,人只能既按"任何一个种的尺度"同时又将"内在的尺度""运用"到对象上去来进行"真正的生产"。或者说,人的本质力量的性质能动适应、从属于对象性质达到具体同一,才能有对象的现实的"占有",生产劳动与人的自由、自觉、自主的实际实现——也是在这一意义上,才有作为活动承担者的主体与作为活动对象的客体的产生。没有意识与自由、自觉、自主的包括动物在内的自然界的物质变换中,是没有活动承担者与活动对象之分的:它们是互为对象、互为承担者。而如上所述,这个能动适应,就是经相互扬弃将客体性质辩证包含于自身,亦即从事一定生产劳动、为一定客体性质所制约,因而是性质得到了规定的具体主体,与一定客体内在联系(统一)着的客体化主体,而不是抽象一般的、其性质未曾得到具体规定的非现实(事实上不存在的)主体;另一方面,生产对象也成了与具体主体内在联系(统一)着的、其性质得到了具体规定的、即与一定生产劳动中一定主体内在联系着的主体化客体。因此,在作为"类存在"的人的"真正的生产"中,与自然界物质变换的双方关系一样:都是变换双方相互向对方的转化。但相同中又有实质性差异。亦即在这里,转化双方不仅表现为活动承担者的主体与活动对象的客体,而且在这个转化中,作为活动承担者的主体与作为他的活动对象的客体之间,受动是第一位的,逻辑地在先的,能动是第二位的、次生性的;人生产什么、怎样生产,正是人根据对象性质及其在运动变化中所显示的规律又加以能动运用、改造的结果。换言之,与自然界的物质变换有别的人的"真正的生产",是人能动把握对象性质前提下使之在适人形式中的展开,或者说,是让对象的本质规律在人化形态中实现的表现,就像人有意识地使水在高温中成为蒸气、在低温下变为坚冰从而为人所用一样。当然,人也因此得到了规定,即他已不是抽象一般的、作为生命存在的人,而是合规律、合目的地从事"真正的生产"的人,或者说,是被一定物质生产活动所制约的历史具体的人。这种在主体本质力量性质自觉适应客体性质前提下的主体客体化、客体主体化,虽然仍是一种物质变换,但在自然界的物质变换双方的相互转化中显然是不存在的。

二是自然运动向社会运动的转化。由于自然界物质运动的复杂、强大、无限性与人对它的把握、特别是在个体身上的"转化为人的机体的自然物质"力量等的有限性,人的生产活动须依靠群体主体来完成,单凭个体主体任何时候都是不可能的。于是就出现了规模不等、层次不一的分工合作、共同劳动的社会组织,继而又出现了交换、交往和工业与农业、城乡与农村等的裂变,出现了私有制与阶级、阶层的分化,出现了由政权组织等构成的国家机器这样的共同体,总之是形成、展开、发展了为自然界所无,但也是从自然界物质运动中分化出来的人类社会这种运动形式。诚然,生物界抑或有某种"社会组织"(动物尤其明显,植物在遭到虫害时也会向周围同类发出"信号"报警),即种群性共同体。但这是在按它们所属"种的尺度"进行的"生产"中发生的,是满足其生物学本能需要的结果,就是说,它是自然运动直接支配下的产物,与自然运动直接统一。因此,它们通过这种"社会组织"所"生产"的,仅是它们自己的再生产,即自然界本身。人类社会则是在人的不直接受人的肉体需要支配的"真正的生产"中产生的;人依靠社会生产的是自然界不直接存在的东西:它们是人能动适应、改造自然的创造性劳动的结晶,来自自然又有别于自然的"第二自然"。这就说明,人类社会是生物界中的"社会组织"所不可比拟的;两者在物理、化学、生物层级上有同一处,但在决定活动的方式、结果的本质层级上却又是根本不同的两回事,充其量是社会组织与前社会组织的关系,好比飞鸟与接近鸟类的恐龙。

因此就有它不可小觑的作用。社会组织既为人的生产劳动所必需,两者互为条件,那就意味着只有在社会中,人才能进行"真正的生产",从而才能成为与"片面"生产的动物相区别的"真正"的人,即由自然人发展而来的社会人。反之,即如果没有社会组织,人就不能进行"真正的生产",就只能是动物式的自然人。因此,马克思曾指出,只有在社会中,"自然界对人说来才是人与人联系的纽带","才是人自己的人的存在的基础"。也是在这两者互为条件的前提下,马克思又说,"社会是人同自然界的完成了的本质的统一,是自然界的真正复活,是人的实现了的自然主义和自然界的实现了的人道主义"。亦即在人的"真正的生产"中产生的社会,是人与自然的对立统一体,人化自然与自然人化的"真正"实现形式,因而也是"人的实现了的自然主义"与自然界的获得新的生命、"真正复活"和"自然界的实现了的人道主义"的确证。由于社会是人与自然的对立统一体,人只有通过社会才能进行"真正的生产",建立起作为"类存在"的人所特有的那种人与自然、人与人关系,相对于人与自然等关系,社会是个整体性存在,而整体又大于部分之和。因此,如同家庭的性质制约着夫妻及其与子女的关系,社会也同时制约着人与自然等的关系,并且只有这样,它才作为一个有机整体而存在。社会中自然还有种种具体复杂的构成,但不论怎样,有一点应该可以肯定:社会组织这种实体性存在,不是凭空产生的,而是在自然界物质运动的漫长演化进程中发生的,由作为人与自然的物质变换的生产劳动又按这种物质变换的需要而转化过来的,包含着人的目的与意义,亦即归根到底,也还是物质世界的一种运动形式,连同人的目的与意义。那么,如果认为自然运动是个由简单到复杂、由低级到高级层递演进、环环相扣、纵横沟通、相互依存的自然链网,有它和它的如物理、化学、生物等的各种运动形式的规律,事实上是由自然运动转化而来的社会运动,是否也存在着纵横沟通、相互依存的社会链网这种结构,是否也应有它和它的各种运动形式的规律呢?

二、规律:自然与社会

其一,作为有机整体的社会运动的性质成了社会的"整个运动的一般性质",制约着凭借通过它而展开的人与自然、人与人的关系。但尽管如此,物质运动仍是它的源头、基元、基础或前提,如同婆娑多姿的参天大树,虽非花草丛林,却也同样植根于大地,不能不依赖于它的水土养份才能存活并显出其勃勃生机。社会运动与自然运动仍是内在地联系着的,仍是一种以能动适应对方性质为前提的物质变换形式,虽与自然界的物质变换已有本质的区别。因此,马克思曾指出,"人们用以生产自己必需的生活资料的方式,首先取决于他们得到的现成的和需要再生产的生活资料的特性","他们是什么样的","即和他们生产什么一致,又和他们怎样生产一致",亦即"取决于他们进行生产的物质条件"。换言之,物质总是第一性的,人总是在"一定的物质的、不受他们任意支配的界限、前提和条件下能动表现自己的"。这也是所以有不同的民族、国家及其历史道路与包括文化在内的各种特有产品的一个根本原因。

其二,作为物质存在的不同形式,世上的一切事物都有差异性,但又都是它的他物的对象性存在,都处在相互间的物质变换过程中;而物质变换也就是它与它自己的他物的相互转化,即经相互扬弃,它和它自己的他物达到对立统一,并由此规定了对立各方的性质。换言之,有区别的双方的相互转化,相互转化中的双方彼此规定对方的性质,是物质运动自身展开的必需条件、普遍的经验事实。自然运动向社会运动的转化,虽有其特殊性,但在实质上也只能是这样的关系。这就是由于上述物质不能被创造与消灭、人在"真正的生产"中必须遵循能动适应对象性质达到具体统一的关系、社会本身正是人的"真正的生产"的产物等原因,社会组织非但必须能动适应人的"真正的生产"的需要,而且归根到底还须能动适应人与之进行物质变换的自然界物质运动的性质、即其固有的本质规律。社会组织对自然界物质运动具有依赖性,不是超然于其外、凌驾于其上的东西。正是这样,如果承认自然界的物质运动及其诸运动形式是有规律的,那么社会组织及其诸组成部分也不可能是无序、紊乱、无规律的。因为倘如此,一则,它就不能使人能动适应自然界物质运动的规律,不能有生产劳动的实际实现,它就不能存在、甚至不可能有它的产生;二则,虽然社会组织一经产生就以它的方式极大地反作用于人的生产等实践活动,具有相对独立性。但它毕竟首先必须满足人与自然的物质变换即生产劳动的需要,这是它由以生成的根本原因,也是它的性质中的一个根本规定。因此,一方面,它必随自然运动和人与自然的关系的发展而运动变化;另一方面,又以它与生产劳动相呼应的它自己的方式去能动适应人与自然及其变动着的物质变换的关系,亦即是它自己的运动变化,是它和人与自然等关系互相联系又互有区别、有它"固有的内部联系"的"自己运动"。显然,在这种关系中说社会运动无规律,是不可思议的。

其三,人类社会发展史已充分表明,不论人类社会处在何时、何地、何种发展阶段,只要当人用一定生产工具(从石块、木棒到机器等)对一定生产对象(无论自然存在还是劳动立品)作能动加工,就形成了一定的生产力,同时也形成了与之相应的一定社会关系。这就是:从事生产劳动所必需的生产工具、生产原材料等等为谁占有的生产资料所有制关系,包括生产劳动中地位不同的社会集团的相互关系、被所有制和此种不同地位所决定的产品分配关系等在内的生产关系,以及在此基础上产生又保护着这种关系并由政治、法律与道德、宗教、文艺等组成的上层建筑。任何人类社会组织,均存在、运行于生产力与生产关系及作为其总和的经济基础和由此产生的上层建筑的矛盾关系中;一定的生产力与生产关系、经济基础与上层建筑的矛盾关系,则必表现为一定的社会形态。这也就是马克思在"简要表述"中所指出的关系,即"人们在自己生活的社会生产中发生一定的、必需的、不以他们的意志为转移的关系,即同他们的物质生产力的一定发展阶段相适合的生产关系。这些关系的总和构成社会的经济结构,即有法律的和政治的上层建筑竖立其上并有一定的社会意识形式与之相适应的现实基础"。形成于这种矛盾关系的社会组织又在它们的相互作用中不断变动、更迭,表现为不同的社会形态。其中,生产力是起根本性决定作用的东西。因此,当"社会的生产力发展到一定阶段,便同它们一直在其中活动的现存生产关系或财产关系(这只是生产关系的法律用语)发生矛盾",变成生产力发展的"桎梏"时,"社会革命的时代就来到了",就需要通过"革命"的手段,打破"现存生产关系"的束缚,为生产力的发展扫清道路。与此同时,全部庞大的上层建筑也必将或快或慢地发生"变革",以适应新的经济基础,从而推动历史的前进,一次又一次地实现由一种社会形态向另一种社会形态的转化。所说转化,是由于这种"变革"与更迭,不是突然从天上掉下来的或出于某个人的意志,而是在上述矛盾作用下社会的自我扬弃、自我更新(修复)、自我发展,如同在不断地新陈代谢中由幼年到青年、壮年,是一个承前启后、否定肯定、前起者被辩证包含于后起继者的过程。因此,更新之后产生的也仍然是社会自身,虽已有了不同于前起者的新的历史具体的结构、性质与形态。而且不作这样的转化,也断无可能,除非有以下两个条件:一是终结发展,但物质不仅不能被消灭与创造,而且如天体的不断膨胀,处于物质变换中的物质世界的运动变化永无停息之时。作为物质变换的一种形式的生产与消费也一样:消费引起生产,生产引起消费,生产与消费循环往复、相互推进、螺旋上升,永无止境。物质世界和物质变换的发展与由此引起的社会的变动,非人的意识、意志所能阻扼。二是拒绝、废弃一切既有存在,全盘创新。但长江大河总由其源头奔泻而来,摩天高楼总由下而上层层递增、拔地而起;历史不能被割断,事物的发展有它的连续性,前起者的终点必是后继者的起点,即为间断性与不间断性的统一。人的需要的变化亦如此。这样,转化就成了事物发展长链中的必经环节。

亦正因此,马克思主义创始人曾写道,"历史的每一个阶段都遇到有一定的物质结果、一定数量的生产力总和,人和自然以及人与人之间在历史上形成的关系,都遇到有前一代遗传给后一代的大量生产力、资金和环境,尽管一方面这些生产力、资金和环境为新的一代所改变,但另一方面,它们也预先规定新的一代的生活条件,使它得到一定的发展和具有特殊的性质"。既异又同,变中有不变,是一种辩证否定。于是,包括人的需求在内的社会的发展就有了它自己"固有的内部联系",也就是上述为马克思主义创始人揭示了的以生产力与生产关系、经济基础与上层建筑的矛盾作为根据与动力的社会发展的基本规律。从原始社会到奴隶社会、从奴隶社会到现代社会的演变过程中,人们不就可以清楚看到这一规律的生动表现吗?应该承认,自然运动有规律,由自然运动转化而来的社会运动,同样有它不以人的意志为转移的规律。

三、社会运动和精神运动

仅狼孩、猪孩等经验事实即已表明,"意识在任何时候都只能是被意识到了的存在,而人们的存在就是他们的实际生活过程"。人们的社会存在是人们的意识、精神的唯一源泉。最初,人们的思想、意识等精神生产是和人们的物质生产与物质交往、语言交际等的需要密切联系在一起的,是人的物质关系的直接产物,亦即直接受制于生产力的一定发展、跟它相一致的物质关系与人的需要。随着生产力的提升,物质生产的发展,人在改变自己的现实生活的同时,"也改变着自己的思维和思维的产物",并出现了物质生产和精神生产的分工,亦即精神生产从物质生活过程中分离了出来,成为一种相对独立的运动形式。从这时起,人的意识才能作这样的想象:它不是与现实生活直接联系着的"现存实践的意识",而是与之截然不同的"某种其他的东西"。因此,它可以不去想象某种真实的东西而去"真实"地想象某种东西,亦即由此开始,意识似乎就能摆脱"现存实践"的阴影而去"构造'纯粹的理论'、神学、哲学、道德等等"。这种分工是与阶级同时出现的。作为统治阶级、剥削阶级积极成员的精神生产者,不仅因分工而有可能,而且也乐于"构造"这种"纯粹的"意识,并把它当作普遍的真理,自觉不自觉地将统治阶级、剥削阶级的利益说成是全社会、全人类的共同利益,虽其实质是为满足一己之需。但不论这种"纯粹的"思想、观念是"真实"还是"虚幻"的,实际"都是他们的现实关系和活动、他们的生产、他们的交往、他们的社会政治组织的有意识的表现";即使是"虚幻"的,也还是由"他们的物质活动方式的局限性以及由此而来的他们狭隘的社会关系所造成的"。渗透着一定人需要的一定精神生产,必根源于作为一定社会存在之基础的一定物质生产方式,同时也是一种它和它自己的它者的关系。

也是在这样的意义上,马克思曾指出:宗教、家庭、国家、法、道德、科学、艺术等等,都不过是受生产普遍规律支配的生产的一些"特殊的方式"。由于它们是物质生产的"特殊的方式",既有自己的特殊性,又受物质生产普遍规律的支配,是二者的辩证统一,普遍的一种特殊的实现形式。即以其中的精神、意识的生产而言,亦必有其规律的存在:以它的"特殊的方式"在与物质生产的对立统一中一起运动变化。就是说,在它与物质生产内在一致地运动变化的同时,又始终保持着它的"特殊的方式"、特殊质的规定、特殊的"固有的内部联系",始终是不能被它者所替代的它的"自己运动"。或者说,它与生产力等的发展过程中的关系一样:一方面,与新的物质生活相适应的新的精神生产必然要改变已有的精神生产,另一方面,已有的精神生产也"预先规定"着新的精神生产,"使它得到一定的发展和具有特殊的性质"。所以是"预先规定",则归根到底仍是由于精神生产与物质生产的有区别又有联系的对立统一关系。这就是作为生产的特殊方式的一定精神生产必依存于与之有别的一定物质生产,一定物质生产的变动必或迟或早地引起与之一致的一定精神生产自己的变化。但这无异于说,与物质生产的发展同已有的精神生产中也内含着新的精神生产的因素或"胚芽",新的精神生产实际实现于已有精神生产自身的进一步展开、发展或扬弃、转化。换言之,精神生产所依存的物质生产自身的联系,决定了精神生产在与其保持一致的同时保持自己的联系;物质生产对于精神生产的"支配"作用,是通过精神生产的特有方式与其内部固有联系而得到实现的,精神生产是一种具有相对独立性、前后连续性的"自己运动"。这也是马克思强调武器的批判不能代替批判的武器,毛泽东在论及新民主主义文化时指出须对从孔夫子到孙中山的发展进行认真的研究,总结客观根据与基本原因;而其实质,就是在物质生活和规律发展的前提下,使精神生产以它自己的方式得到合逻辑的新发展,能动适应物质生产的新过程和人的新需求。正是这样,马克思主义经典作家是十分尊重精神生产的这种"自己运动"的。而这不仅符合事物发展的普遍辩证法与历史的实际进程,同时也为绝大多数人事实上所认同。譬如,在今天有多少人会不加分析地将社会组织、伦理规范、审美创造一笔勾销,认为统统不必了呢?但又有多少仍以"君为臣纲,父为子纲,夫为妻纲"为天经地义,以三寸金莲之类为美呢?时过境迁、代有新变是显而易见的,又是在与物质生产联系中的精神生产自身的否定与扬弃,因而是前后内在一致的变。例如在这里,否定、扬弃的是人际关系、美的具体实现形式,而不是人际关系、美的一般本身;新产生的仍是人际关系、新创造的仍是美,但不是无规定性的抽象物,而是在与新的物质生产相一致的同时又作为被否定、扬弃者的对立面即作为被对立面所规定的存在,因而也是以它们的方式辩证包含着被否定、扬弃的人际关系与美,仍是一种你中有我我中有你、对立一方被对方所规定的关系。有对立,就由于有联系即统一,就由于否定、扬弃对方,以它自己的方式映现即辩证包含对方于自身;纵是反其道而行之者,也是映现、辩证包含对方的一种形式,仍具同一性,仍被对方所规定。由此观之,如果说,由自然界物质运动转化而来、作为其一种特殊形式的社会运动是有规律的,那么,由社会运动转化而来即作为它的一种特殊形式的精神运动,也必然是有规律的,并同样包含着人的目的与意义。当然,这不等于要将规律等同起来。

因此,问题不在精神运动是否有规律,问题在能否予以发掘与揭示,并用来说明它的运动变化,推动它的不断发展。而在笔者看来,马克思的"简要表述"等论述中,实际也是已经表明了的。倘用我们的语言粗略些说,就是:作为它和它的它者的物质和精神或存在和意识,是一对最后由前者决定后者、始终不可分离的矛盾;凡哲学、艺术等精神生产,莫不在与物质生活的对立统一中按其自身的固有联系与特有方式运动变化。因此,就有如下种种反复出现的规律性现象产生,即:任何物质生活过程的变动都将或快或慢地在人们的头脑中引起反映(反应),导致精神生产发生的变动,并极大地反作用于物质生活过程;任何新的物质生活过程萌发前决不会有新的精神生产的发生,任何已有的物质生活过程消亡前决不会有与之相适应的精神生产的消亡;任何精神生产均须以已有精神生产为前提,经否定、扬弃,与合规律地发展着物质生活过程相互转化、达到统一,才有它的真正发展;任何与新的物质生活过程相一致的新的精神生产,总是生气勃勃,积极进取,敢于出新,以它的方式推动着生产关系的变革、生产力的解放。并至少与物质生产等的主体力量——最广大劳动群众的利益具有某种共同性,任何与已逝、将逝的物质生活过程共命运的精神生产,则常带有消极守成、虚幻说教乃至神秘、悲观、诡辩、独断等特征,显出与精神生产的应有品格与方向的"敌对"性,为既得利益者们所欢迎。与此同时,由于物质存在的第一性,在不同自然条件下的生产活动中历史地形成的国家、民族、地域及同是在这种条件下产生的阶级、阶层的精神生产,都既有共同性又各有自己的特殊性,并在相互的交往交流等关系中发展;由于精神生产和物质生产的差异性与相对独立性,任何精神生产都不可能与物质生产保持绝对的平衡;由于物质运动的不可重复性、前后连续性即其发展的否定之否定的辩证本性,归根结底由之转化而来的精神生产,同样既不可能全盘皆新,也不可能彻底复旧、倒退,不仅是暂时、局部的,而且正是现实的物质生活过程的反映或反应;也由于上述特殊性等原因,在一定条件下阻碍历史前进的精神生产,在另一条件下可能具有某种进步性,反之亦然;如此等等。而所以有如此等等现象的产生,集中到一点,就由于精神生产以它自己的方式与物质生活过程的对立统一以适应、满足一定人们需求这个关系在起支配性作用。自古至今,尤其在新旧物质生活过程交替时期,如欧洲文艺复兴兴起前后、法国大革命爆发前后、俄国十月革命与苏联解体前后,我国明清之际、五四新文化运动前后的思想史、文化史、文艺史等精神生产史,就是这样。社会运动有规律,作为它的转化物的精神运动也是有与人的价值需求等密切相关的规律的。

四、精神运动和"人文学科"

在人文领域,由于后现代主义流行之后,在我们这里出现了一种折中式理念:与"社会科学"有别,如文艺学等等的"人文学科"均无规律可言,故只能称为"学科",不能谓之"科学"。但恐怕殊难自圆。

先说一点也许谁都不会否认的共识:任何"学科"都有其一定对象为活动的边界,不然,就谈不上一定的学科,无所谓学科,即无学科。纵是跨学科研究,亦如此。因此,既称"学科",必有其对象性边界;既有边界,则必有其"固有的内部联系",这样,它(学科对象)才是一个自身内部相互依赖、渗透、贯通的有机体(否则就不能保持它的边界),才足以区别于另一门学科或科学;但这个"固有的内部联系",却正是决定着它的存在与运动变化即它的本质特征与发展规律的关系,同时也是作为学科研究所要努力把握的东西。显然,称"人文"研究为"学科",却又否认它的应与其对象内在一致的研究内容或"学科"本身的规律,单从逻辑上看,也是说不过去的。而且,无论"社会科学"、"人文学科",其对象实际都只能是和社会人的活动互为条件的社会运动与由此生成的社会存在,不至于与社会、社会人的活动毫不相干。与之无关者,不会被人所感知,不能成为人的意识、思维、意志等的对象。因此,也总是先有存在,后有概念,"社会科学""人文学科"之所以得以成立,即由于相应对象的存在;而这种对象的存在,又正是随着人与自然物质变换关系的展开而发展起来的社会运动自身分化、转化的结果,例如生产资料所有制关系、劳动产品分配关系、等级关系、道德关系,以及发生、表现在生产劳动与故事、传说中的审美关系,等等。正是这样,才有与之相应的经济学、政治学、哲学、伦理学、美学等"科学"或"学科"的形成与确立。这是已为历史所表明了的。研究还证明,它们不仅是对象在人们头脑中的能动反映(反应)、精神运动的不同形式,而且与其对象从社会运动的分化、转化中产生,它们也同时是由最初浑然一体的精神运动中逐渐分化、转化而来的。因此,人们有理由问:既然在自然界物质运动的分化、转化中产生的社会运动,在社会运动的分化、转化中产生的精神运动都是有规律的,作为与社会运动的分化、转化相一致的精神运动的分化、转化中产生的"人文学科",又怎么可能是没有规律的呢?如果没有规律,怎能与它的对象保持一致?否定"人文学科"的规律,岂非也在否定社会运动、精神运动乃至"社会科学"的规律吗?且如上面我们在讨论从自然运动到社会运动、从社会运动到精神运动的发展等不同场合已说过的那样,转化双方(不论作为并时共存还是前起者与后起者即共时、横向与历时、纵向的双方),总是相互制约、规定着对方,因而不可能是一方有序、有规律,一方无序、无规律的。更何况,事实上也确有其"固有的内部联系",即也是与它们的对象相互转化中的"自己运动",也是有序、有规律的。

众所周知,没有概念,便不能思维;没有概念之间的联系,便如酩酊者语,不知所云。"人文学科"同样须以概念为基本单位来进行判断、推理等思维与表述,同样是在人们头脑中展开的概念运动,并由此形成概念体系,以揭示、描述对象(包括对象对人的意认)自身内部的有机联系与本质特征。与其他理论科学一样,概念也是"人文学科"自身的逻辑起点与逻辑终点,是在其中起着裂变、分化等作用的"细胞"式构成。没有概念运动,就没有"人文学科"存在;"人文学科""固有的内部联系"或其自身关系,也集中表现在它的概念运动上。

所以如此,则与概念这个"细胞"的形成及其运动变化的内在机制密切相关。概念是由人制定的,但概念的制定不能主观随意,须有一定规程。首先,须对自身浑然一体的对象的构成关系加以分析、规定,形成相应的概念即抽象概念,然后又根据对象整体的关系予以综合,提炼成作为对象自身整体关系在思维中具体再现的概念、即反映着对象整体质的规定的具体概念,并回到实践中去加以检验。因此,合乎对象实际的概念的产生,是一个从对象整体出发,经分析综合再回到对象整体的往返流动、由思维进行加工制作的能动过程,也是一个在更高水平上回复到起点、螺旋式上升的思维运动。科学的概念,与其对象是具体同一、内在一致的。

当然,已产生的概念决不会一成不变。人对对象的认识不可能毕其功于一役、一次完成,对象自身也决不停顿止息,僵持如一;作为对象在头脑中的能动反映、应与其保持一致的概念,亦必与之俱变。客观存在的对象是人的思维追随的基础。但上面说过,对象自身的运动变化是有规律的,主要表现之一就是经相互扬弃,后起者辩证包含前起者于自身,亦即前起者虽也"预先规定"着后起者,但在后起者那里,前起者自身的关系发生了变动,其中"原来只是征兆的东西"显出了它的"充分意义",展开、发展了,但也有消失或作为"残片""因素""还未克服的遗物"保留了下来。这是实践中实现的扬弃,一定运动形式由简单到复杂、由低级到高级过程中必循的、不妨名之曰发展综合律的关系。结果是原因的展开。在"最后的形式总是把过去的形式看成是向着自己的各个阶段"的意义上,这种复杂与高级正是对象的本质规定的进一步展现,是一种螺旋式上升的过程。作为构成"人文学科"的概念、概念运动,也只能遵循这样的关系,如果它想与其对象保持一致,使之在思维中得到具体再现而不是信口开河的话。因此,马克思在论及作为基本概念的"简单"范畴与"具体"范畴的关系时,就这样写道:"简单的范畴是这样一些关系的表现,在这些关系中,不发展的具体可以已经实现,而那些通过较具体的范畴在精神上表现出来的较多方面的联系和关系还没有产生;而比较发展的具体则把这个范畴当做一种从属关系保下来",亦即"比较简单的范畴可以表现一个比较不发展的整体的处于支配地位的关系,或者可以表现一个比较不发展的整体的从属关系"。同时还明确指出,"在这个限度内,从最简单上升到复杂这个抽象思维的进程符合现实的历史过程"。而且,"人体解剖对于猴体解剖是一把钥匙。低等动物身上表露出的高等动物的征兆,反而只有在高等动物本身已被认识之后才能理解"。较"简单""不发展"即抽象、贫乏与较复杂发展即较具体丰富的概念之间,同样是这样的关系;人也只有在后一种概念中,才显出他对它由以发展起来并辩证包含于自身的前起者即"简单""不发展"的概念的应有"理解"。马克思关于人的"真正的生产"等概念的界定,即如此。与对象一致的概念的发展、更新,也是在否定之否定的螺旋式上升中展开的。

概念的发展不是孤立的。概念是思维过程的"起点"与"细胞",人正是凭借概念进行判断、推理、论证等活动,形成概念运动、概念体系,以描述、揭示对象自身的关系的。因此,伴随社会运动、思维对象的发展和人的认识不断深化而发生的概念的变动与更新,必同时引起概念运动与概念体系的新变,甚至造成新的理论与学说。例如"剩余价值"。就这个基本概念的名称或其某些内涵而言,在马克思之前的配第、魁奈、亚当·斯密与李嘉图等资产阶级经济学家那里,已经提出或有所涉及。但出于各种原因,他们从未能触及它的实质。马克思在"劳动价值"的深入研究中发现了"剩余价值"的起源与本质,并作为科学"理解"的结果,对此前已有概念中的合理成分作了辩证综合,成为自己的"从属"部分,实现了一个质的飞跃;又通过剩余价值的生产、流通与分配的考察和与之相应的一系列概念运动,深刻揭示了资本主义剥削的真正秘密与资本主义发生、发展、消亡的必然规律,建立了具有"划时代的功绩"的"剩余价值"学说。作为马克思主义主要构成之一的唯物史观及人学、人道主义等思想理论,也是马克思根据动物的"片面""生产"与人的"全面""生产"的比较而确定的人的"真正的生产"与从事这种"生产"的即作为"类存在"的"人"的这两个概念在与历史一致的具体展开中形成的,并因此与非马克思主义的历史观、人学观、人道观等有了本质的不同。而这种概念与概念运动的否定肯定、螺旋上升的展开、丰富与发展,"人文学科"中也是屡见不鲜、反复出现的普遍现象,无论中外古今。作为美学、文艺学范畴的"典型",自柏拉图到别林斯基、车尔尼雪夫斯基、巴尔扎克、托尔斯泰,再到恩格斯的有关论述,就是一个生动例证。概念的每一变动、继而也是概念运动的每一进展与变革,都是其螺旋上升中的一个片断、侧面与结点,都是走向新的综合、形成新的理论的一个环节或其实现。因此,倘说作为人的"真正的生产"与其不同形式的"现实的历史进程"、社会实践运动是按发展综合律在推进,那么,作为由此转化而来与之保持一致的"人文学科"的概念、概念运动,也是在按这种发展综合律在运动变化的。而这个运动变化的总秩序就是:由感性、个别上升到理性一般,再回到感性、个别加以检验、发展,如此往返流动,螺旋上升,至于无穷。在这里,脱离感性、个别的理性、一般的认识,必是空洞、虚幻的;脱离理性、一般的感性、个别的认识,必是皮相、片面的。所以如此,则是由于没有绝对的个别、独特或偶然,它们原本就是和特殊、一般或必然相比较而言的相对独立的存在,亦即二者之间实际是相互贯通、总体上由后者在起着支配性作用的对立统一关系。

可见,从概念的生成、发展,到由此展开的概念运动和产生的概念体系,不仅必须始终与对象保持一致,而且其自身也有一定规则:这在"人文学科"与"社会科学"等其他理论科学中,都是没有例外的。因此,只有这样,才能说"人文学科"是没有、不必讲规律的。即"人文学科"包括其对人的意义在内的对象是没有自己的本质规定与运动变化规律的,"人文学科"的研究是无需凭借概念、概念运动来实现的,或虽需依靠概念、概念运动,但不必也不能与其对象保持有区别而又一致的关系,更无需遵循人类认识的总秩序的。纵然如此,实际也只存在于超现实主义的想象或热昏时的胡话中,是对作为"学科"的"人文学科"的彻底否定!

五、"谎言"

仅以上一点亦表明,在规律问题上将自然科学与"社会科学""人文学科"或"社会科学"与"人文学科"对立起来,正是马克思早已指出了的"谎言"。

在《1844 年经济学哲学手稿》中,马克思就这样写道,虽然以往的哲学与自然科学"始终是疏远的",但"自然科学却通过工业日益在实践上进入人的生活,改造人的生活,并为人的解放做准备";"工业是自然界同人之间、因而也是自然科学同人之间的现实的历史关系";在这样的关系中,"自然科学将失去它的抽象物质的或者不如说是唯心主义的方向,并且将成为人的科学的基础,正像它现在已经——尽管以异化的形式——成了真正人的生活基础一样"。在马克思看来,自然科学、工业生产与人的生活及其"改造"乃至"人的解放",是密切联系在一起的;自然科学、工业生产中包含着人的因素、对人的意义并非单单是物自身关系的研究、把握与采用。因此,马克思对于将"自然科学"当作纯粹物自身关系的研究,称为"抽象物质的或者不如说唯心主义的方向",因为它排除了科学活动中物与人的关系,主观地将已与人发生了关系的物作了知性化处理,背离了人与物联系着的科学研究活动的实践实际。同时,由于自然科学通过工业生产的中介,进入、改造了人的生活,而生活的改变与人的改变相一致,因此,自然科学不仅是人的生活的"基础",而且也是"人的科学"的"基础"。换言之,倘认为自然科学在物质运动规律的把握中内含着对人的意义、价值、利益等目的性因素,那么,作为对人的研究的"人的科学",就不只有对人的意义,也包含着物质运动的规律,而且是它的"基础"。作为物质运动产物的人,仍被物质运动的规律所制约,自然科学与"人的科学"是不可能根本对立的。"历史本身是自然史的即自然界成为人这一过程的一个现实部分"。因此,马克思又写道,"至于说生活有它的一种基础,科学有它的另一种基础——这根本就是谎言"。

更能发人深省的是马克思关于人的"真正的生产"的论述,这是在更深层次上对"谎言"的批判。如上所引,马克思曾指出宗教、家庭、法、道德、科学、艺术等等,"都不过是生产的一些特殊的方式,并且受生产的普遍规律的支配"。特殊者就是有规定的普遍者,在普遍的范畴之内,受普遍规律的"支配",因此,它也必然具有一定的规律:作为普遍的转化与特化、与普遍规律一致而有区别的特殊规律。而马克思所举的"特殊的方式"中,就包括现在人们所称的"社会科学"与"人文学科"诸学科在内。不仅如此。在这里,马克思还更清楚地表明,"生产的普遍规律"既是一种客观存在,不为人的意志所左右,却又决非单纯的物质变换即"抽象物质的""唯心主义"的关系,它同样内含着对人的意义等目的性因素。马克思在论述人的"全面""真正的生产"得以实际实现必须遵循的一个基本关系时,所说的人却懂得既按对象的"尺度"又懂得怎样处处都把"内在的尺度"运用到对象上去,实际就是人以其本质力量性质能动适应客体性质达到具体同一中形成的"内在尺度"来进行生产,或者说,人是按人的需要能动运用对象的本质规律(根据对象的性质能动运用)来占有对象、使之人化,即实现生产的。正是这样,人也按"美的规律"来建造,亦即"真正的生产"的实现,同时也是为自然界所无、能满足与引起有别于物质需要的精神需求的"美的规律"的实现。显然,在人的"真正的生产"中起着决定性作用的这个主客体关系里,对象的性质与人的目的就已水乳交融、内在地联系在一起。毕竟,不是人为生产而存在,乃是生产为人而存在。用马克思的话来说,就是:人的生产是"为了在对自身有用的形式中占有自然物质";在资本主义条件下,则是以资本本身"作为调节生产的原则"去"打碎"对资本的"运动、发展和实现的限制"而进行生产的。人的因素从来不是外在于"生产的普遍规律"的抽象品,而是它的有机组成部分。一切人化自然、"真正的生产",一切由人化自然中生成的社会存在、受生产的普遍规律支配的生产的"特殊"方式及其特殊规律,皆如此。

诚然、自私有制出现后,人的"真正的生产"被"异化",但也是它在"异化"形式中的展开,是它的一种实现形式,因此,也仍受制于主体本质力量性质能动适应客体性质达到具体同一这个关系,就不是动物之类的"生产"。区别在于这里的主体——人,已不是作为生命的"类存在"的人,而是被私有制"异化"、分化了的人,即掌握了生产资料、成为剥夺者的少数人与失去生产资料、成为被剥夺者的劳动群众这个大多数人。人的本质力量性质的"异化",必同时造成其与生产对象性质达到的具体同一关系的"异化"。这样,就会出现以下情形:当生产资料私人占有者的发展"方向"与大多数人具有某种一致性时,就能在相当程度上与生产对象性质达到具体同一,有力促进生产的发展;当它与大多数人相对立时,就难与生产对象性质达到具体同一,就阻碍、破坏生产的应有发展;在它促进生产的发展时,也总是使其朝着有利于自己的"方向"推进,使自己获得最大的利益,直至与生产对象的性质、与大多数人的需求完全对立。有别于动物"生产"的人的"真正的生产"与在此"基础"上进行的一切"生产"中,人与物、目的与规律这两个方面,始终是这样那样地联系着的。因此,也没有不含人的因素、人的目的的"自然科学",没有不受"生产的普遍规律的支配"的包括"人文学科"在内的任何"生产"活动,即使是在"异化"状态中。以下两种历史的基本事实,就是说明。

一是在私有制社会,自然科学总被私有者集团所掌控,也总在以符合它们需要的方式、与它们的权力和利益的一致中发展;不然,必为其打击、压制与排斥。哥白尼、伽利略的被作为贵族统治精神支柱的宗教势力残酷迫害,"奇技淫巧"在中国漫长封建社会的始终被歧视与贬斥,即其例证。它们的出发点与归结点是一己之私利,不是大多数人或作为"类存在"的人的利益与意义。在近现代资本统治的世界里,自然科学突飞猛进、日新月异,但主要是能满足利润最大化的科学技术;内中如含有大多数人或作为"类存在"的人的利益,也是潜在、间接、次生性、附属性的,是在与它的利益相一致条件下发生的;与之相反者,同样会受到无情的打压。因此,人们看到，作为科学技术高度发展的结果是：一方面社会财富极大增长，一方面富者愈富、贫者愈贫，差距愈拉愈大；一方面登天揽月、飞向火星，科学技术的发展前所未有，一方面是大气污染、植被破坏、物种灭绝，严重威胁到了人的生存，出现了所谓"环保"问题。不能不认为它们之间是毫无关系的。问题的存在本来就包含着解决问题的科学的办法；生产对象的性质本来具有多重性、多种实现形式；人本来不像动物那样只按它所属种的尺度，而是在适应对象性质前提下运用"内在的尺度"到对象上去，亦即保持对象的固有性质又加以能动的运用来进行生产的。但在这里，为什么不能在发展利用自然的科学技术的同时，积极开发保护生态环境、甚至如马克思所说的使自然获得新的生命的科学技术，反而滥采滥伐、疯狂掠夺，置大多数人的生态安全于不顾，只有在直接、间接威胁到资本的利益时，才被提上日程、总是"滞后"呢？或者，为什么不是从有利于大多数人的形式与"方向"，而是在有利于资本的形式与"方向"中来进行科学研究、实现人与自然的物质变换呢？再或者，为什么是以一己之所需，而不是作为"类存在"的人应有的"全面"、"真正的生产"那样来对待科学技术、出现"异化"呢？诚然，造成这样"异化"有历史的缘由，也不能因此否定科学发展自身的固有逻辑，但岂不又同时在说明自然科学研究中包含着人的目的、利益或对人的意义与价值这一因素么？

二是被人们称为"人文学科"的研究，也并未放弃规律的追求、拒绝规律的探索，即使不是它的最高目的。人是有意识的生命存在；正因为有意识，才能使人自觉运用"内在的尺度"到对象上去，才能进行"真正的生产"、创造属人的东西。但这也就是说，要生产、创造属人的东西，必须以把握生产的规律为前提，规律对人的活动而言，是须臾不可离开的。这是感性经验中的普遍，人的实践活动使人的意识亿万次重复着"逻辑的格"，因而作为不同水平上努力把握规律的形式的归纳、综合、概括等等，即为人的意识、思维中的"基因"与本能，同时也必反映到"人文学科"研究活动中来。开欧洲逻辑学、文艺学等"人文学科"先河的亚里士多德，即如此。他在《诗学》中提出的模仿说、净化说等著名文学、美学论断，就是他对文艺创作与其社会动能等的规律性揭示与表达。在近代得到极大发展的欧洲"人文学科"，竭力探究的更是科学与真理、对象性的本质与规律；"理性"成了它最基本的特征与最耀眼的"亮点"。但正是这样，才有黑格尔、费尔巴哈与歌德、狄德罗、别林斯基等等在各自领域内对人类文化作出的巨大贡献。自然，人们可不分皂白地一概斥之为"理性主义"，以一笔勾销之，然无济于事：作为理性思维它不但始终存在，而且对人具有强制性的力量；就是"理性主义"的斥责本身，也仍是力求总结、概括对象即仍是诉诸规律性认识的结果，仍是他们所要排除的"理性主义"思维的产物。

因此，规避规律，将"人文学科"仅仅表述为"一种独特的知识，即关于人类价值和精神表现的人文主义的学科"，是片面的、不准确的。而像李凯尔特那样，将其与"自然科学"在规律问题上对立起来，认为"自然科学是'抽象的'，目的是得到一般规律，人文研究是'具体的'，它关心个别和独特的价值观"，或者认为"科学从多样性和特殊性走向统一性、一致性、简单性和必然性；相反，人文学科则突出独特性、意外性、复杂性和创造性"，更是属于马克思所说的"谎言"。因为这种理论，不但使"人文学科"的"研究"失去其应有的"基础"与"方向"，将"人类价值和精神表现"变成无本之木,而且和个别、独特、偶然与特殊、一般、必然等的固有辩证关系,和"人文学科"自古以来的既有事实、人类认识的总秩序与人类思维的基本特征,大相径庭;它除了在证明规律对它的"支配"作用,不能证明它想证明的任何东西。

参考文献

马克思恩格斯全集:第42卷[M].北京:人民出版社,1979.
马克思恩格斯全集:第3卷[M].北京:人民出版社,1960.
马克思恩格斯全集:第2卷[M].北京:人民出版社,1974.
马克思恩格斯全集:第23卷[M].北京:人民出版社,1972.
马克思恩格斯全集:第46卷[M].北京:人民出版社,1980.
简明不列颠百科全书:第6卷[K].北京:中国大百科全书出版社,1986.

(原载《黑龙江社会科学》2009年第2期)

《啊！摇篮》的导演构思

刘景清

《啊！摇篮》是一部比较优秀的影片。它以巨大的艺术力量震撼着人们的心弦。这除了编剧、演员和整个剧组的创造性劳动外，导演的辛勤劳作无疑是起了十分重要的作用的。本文仅想从观众的角度，来探讨一下《啊！摇篮》的导演构思。

对剧本的理解和开掘

文学剧本是影片的基础，导演对一部影片的艺术构思，也是从剧本开始的。

应该说，《啊！摇篮》是一部比较成功的剧本。它从一个侧面真实地再现了1947年延安保卫战的生活图景，人物性格鲜明、感情真挚饱满、主题集中深沉。剧本的电影构思、电影手法、电影语言相当熟练，很有银幕感。正是这一切，奠定了银幕形象成功的基础。

剧本仅止于"基础"，远不是电影本身。

导演构思之所以是关键，是因为电影剧本和放映出来的影片毕竟是两种艺术样式。电影剧本要通过读者的想象来完成形象塑造的任务。由于读者想象能力的差异，想象中的形象便因人而异，而电影是给观众看的，它以真实的形象直接诉诸观众的视觉。因此，导演要善于把读者对剧本的最完美的想象变成直接的银幕形象。我们试对剧本的开头与影片的开头作一比较：

> 延安附近的大川，烟土蔽日，嘉岭山巅的宝塔隐在淡紫色的暮霭中。
> 川道里涌下来我人民解放军某旅。部队强行军，如急风暴雨。骑兵驰骋、马蹄沸腾。
> 河岸旁可见白粉写的标语：边区男女老少武装起来，保卫延安——1947年春。
> ……
> 远处传来孩子们的呼叫声："妈妈，妈妈！"李楠循声望去。

剧本开头对战争环境的真实描写，在读者想象的"银幕"上决不会是一模一样，有的偏重于烟尘蔽日，有的着眼于孩子哭声，有的由此勾起联想形成其他的战争图景。而导演把它搬上银幕，则集中了读者对剧本最完美的想象：

黑片。从黑到亮。黑片二尺后,五岁男孩亮亮的呼声:"妈妈——"(声音处理较远,带残响。)

黑烟从镜头前散开,烟尘蔽日。嘉岭山巅的宝塔顶四周乌云密布。(画外音)亮亮的呼声:"妈妈——"(声音处理较远,带残响。)

羊羔成群,受惊逃散,咩咩蠕动。(画外音)亮亮的呼声:"妈妈——"(声音略近)

墙上用白粉写就的标语:男女老少武装起来,保卫延安。1947年春。(推成特)"保卫延安"四个大字。(画外音)亮亮的呼声:"妈妈——"(声音略近)

冬来、丹丹、院生等七八个孩子从马背小床上探身,他们惊恐地转头张望。(画外音)亮亮的呼声:"妈妈——"(声音较近)

亮亮拼命地叫着:"妈妈!"保育员赵玉霞心一软,亮亮便从她手中挣脱,直朝老槐树奔去。老槐树下战地临时包扎所,结集不少伤员。

影片的开头,导演用五个镜头来渲染、描写战争的地点、环境、气氛、时间,包括了剧本所有的内容,并且更丰富、更引人入胜:它用"受惊逃散"的羊群来烘托战争的气氛,来比喻一群离开了父母的孩子;它用亮亮"妈妈——"的呼声贯穿这五个镜头,由远而近,既渲染气氛,又引人注意,直到第六个镜头,才让观众看见亮亮,更引起人们对亮亮命运的关注。影片先突出孩子,再写骑兵驰骋、马蹄沸腾,更容易抓住观众的注意力,牵动人们的感情,把观众带进导演布置就绪的艺术境界。这个开头是真正电影的,它把最合理的想象化成了直接的银幕形象,显然更比剧本高出一筹。电影导演构思的功力,就是这样鲜明地体现在对剧本和电影两种艺术形式的本质的理解上。

导演构思的工拙,也体现在对剧本提供的真实性和美的敏感上。剧本所反映的不是大气磅礴的延安保卫战本身,而是一支马背上架着摇篮的小小的"骡马队伍打沟里缓缓拐出,从野战军的队伍前穿过",说不上惊心动魄。剧本所塑造的人物,不是跃马扬刀、气宇轩昂的大将,而是几个极普通甚至被有些人瞧不起的保育员,他们带着各自的创伤和弱点投入了这个战争环境,在斗争中锻炼成高尚的人。然而在导演看来,惟其真实,才值得歌颂;真实是艺术的生命,只要把这种真实的本质挖掘出来、体现出来,人物形象就能栩栩如生,感人至深。剧本没有离奇曲折的故事情节,某些段落甚至是散文式的。然而导演用统一的主题任务贯穿这样的结构,做到了形散而神不散,更有利于抒情手段的运用,尽情表现人物崇高的精神境界,无产阶级的人性美和人情美,从而使影片具有感人肺腑、催人泪下的艺术力量。

导演构思的工拙,还体现在对剧本主题的理解上。剧本一开始就把爱和情的主题提到了人们面前。萧汉平旅长的那句话,"爱孩子,就是爱同志,爱明天",准确地点明了主题。作者着意渲染、反复表现的是一群摇篮中的孩子。这群孩子本该是享受温馨的亲子之爱的,但是革命和战争,使他们暂时地或永远地离开了父母的温暖怀抱。因而这一群"宝贝疙瘩",就应加倍地享受到亲子爱、同志爱。围绕这群孩子们转的爷爷、叔叔、阿姨们,他们之间的矛盾、纠葛、苦恼、幸福,都以这种亲子爱、同志爱为"最高任务"。爱不爱孩子,怎样爱孩子,这种无产阶级的爱情,怎样唤醒了人们心中爱的种子、情的潜流,从而表现出人类最动人、最高尚的人性美和人情美,成了剧本的出发点和归宿。导演被这种深沉的爱情所激动。看来他是蛮有把握在银幕上把这种人性美、人情美,把爱的主题体现得更鲜明、更动人。

在我们今天的社会里,"四人帮"流毒所至,社会道德风尚败坏,无产阶级的人情美和人性美遭到了戕害。很多父母不懂得真正爱孩子,孩子得不到真正的爱的温暖;孩子们耳濡目染,心田里爱的幼苗得不到滋润,好奇的天性发展为无法无天,过剩的精力诱发为疯狂的破坏、斗殴。这引起了有识之士的忧虑。许多文艺作品发出了救救被"四人帮"坑害了的孩子们的呼声。《啊!摇篮》则是从另一个角度提出了同样重要的社会主题:要爱孩子,爱未来;要教会孩子们爱同志,爱祖国,爱社会主义。影片正是在这一点上,把握了时代的脉搏,与千百万群众共呼吸,因而有着强烈的现实意义。

人物塑造上的功力

《啊!摇篮》塑造了不少各有性格色彩的人物形象。几乎可以说,凡影片给以一定的镜头的,包括王喜以及亮亮、冬来、丹丹等幼小儿童,都各有其貌,各有其动人之处。从形象体系看,影片着重塑造了两类人物:一类是李楠、丁大勇、梁燕。他们是因偶然的机缘才加入这支保育员的队伍,跟这群孩子结下不解之缘的。他们一开始并不安于这个"婆婆妈妈"的工作,向往着上战场真枪实弹地大干一番。这是战士的性格,是完全可以理解的。因此,他们不免在工作中闹点这样那样的情绪。然而经过斗争的锻炼和教育,他们无一例外地爱上了孩子。这些可爱的孩子唤醒了他们心中爱同志、爱未来的崇高感情,激发了他们的革命责任感,使他们的思想感情升华到新的高度。另一类是罗桂田、赵玉霞、吴湘竹。他们的命运早就跟这群孩子连在一起了。为了保卫孩子,罗桂田、吴湘竹还献出了自己的生命。他们共同的特点是全身心地爱孩子,把一切最美好的感情都凝聚在这一点上。他们虽然十分平凡,没有创立什么英雄业绩,但他们的精神境界和感情世界是十分动人的。这样,人物形象是不是就类型化了呢?并不。李楠、丁大勇、梁燕虽然都是闹情绪,但性格面貌是不同的。李楠的干练、深沉,丁大勇的粗直、勇猛,梁燕的洒脱、稚气,都在闹情绪中表现得各有特色。罗桂田、赵玉霞、吴湘竹那样爱孩子,但由于他们的经历、年龄的差异,性格色彩也迥然不同。罗桂田的老成、持重,赵玉霞的沉稳、周详,吴湘竹的开朗、稚嫩,都有各自的可敬可爱之处。

电影是视觉形象的艺术。导演构思中的重要之点,就在于赋予人物以不同的可见的动作和细节,来反映人物的精神境界,来完成形象的创造。李楠五次从头上扯下军帽捏在手中的动作,恰到好处地表现了她内心世界的激烈冲突;护送孩子渡河,她一面发牢骚说"保育院嘛,还不是婆婆妈妈的",一面心疼地叫骑兵抱孩子"慢一点、轻一点",正说明她"打心眼儿里爱上孩子们啦"。丁大勇护送孩子有功,给他发奖章,他一站起来,背上背着孩子,脖子上吊着孩子,难道还有比这更有力的细节说明他真正爱上了孩子们吗？梁燕曾经斥责过问她"这是你的孩子吗"的孩子是"胡说"，而当家长们来领自己的孩子，失去父母的丹丹泪汪汪地对她说"我也要妈妈"时，这个十分年轻的姑娘说："你叫我妈妈吧！"前后对照，梁燕的形象在我们面前便脱颖而出。我们更不会忘记罗桂田怎样听着孩子们唱"月饼歌"，在可爱的孩子们变成英武的战士的幻觉中，挂着欣慰的眼泪溘然长逝；不会忘记被卖过四次、受尽丈夫折磨的赵玉霞，流着眼泪对回心转意的丈夫说："你的心，回来啦……"；不会忘记十四岁的是大人又是孩子的吴湘竹临危不惧，含着微笑倒在百花丛中。这些感人至深的动作和细节，恰到好处，富于表现力。正因为这样，这些人物虽然着墨不多而性格鲜明，使人难忘。

细针密线的设计

为了揭示人物感情深处的秘密，与整个影片的抒情的格调相适应，影片塑造形象、展开冲突、布置道具，无不精心设计，细针密线。用画作比，影片不是泼墨写意，而是工笔重彩，人物的来龙去脉感情的波澜起伏，细节的铺陈映照，都有条不紊，各尽其用。例如王喜这个人物不是贯穿始终的人物，但导演决不让他召之即来，挥之即去，而是统一在完整的构思中。王喜最早出现在河口镇民工队伍中，观众自然不知道他是谁。接着吴湘竹报告赵玉霞的爱人要求"见一见"，并向李楠叙说了王喜其人。李楠火起，把王喜赶走："等你好好的做了人才让见！"既写了王喜，也写了赵玉霞的复杂感情。最后到达太行山区，家长们来领孩子，在支前中立功、双目失明的王喜也来了。李楠、赵玉霞都对他改变了态度。他摸索着院生说："是我的，我的院生，我的闺女……"赵玉霞哽咽地说："院生她爹！你的心，回来啦……"是战争教育了王喜，使他懂得了真正的爱。是写王喜，也是写赵玉霞。在落笔极少的夫妻纠葛中，渲染了赵玉霞的复杂感情，赞美了中国劳动妇女的传统美德。艺术感染力之强大，是影片前后呼应、针线绵密的结果。再看没有出场的毛毛。李楠去护送保育院，萧旅长交给她一张毛毛的照片，要她顺便把孩子找回来。毛毛没有找到，这张照片却成了她的一块"心病"。在待渡前遇到萧旅长，她为隐蔽不幸消息而大伤脑筋。她一次次看毛毛的照片，照片竟幻化成萧旅长的面型。渡河时，萧旅长交给她一个包袱，里面是一件小毛衣。后来，小毛衣穿在亮亮的身上，李楠让他喊萧旅长"爸爸"。不出场的毛毛，也成了贯穿始终、不可或缺的人物。写毛毛，就是写萧旅长"爱孩子，爱同志，爱未来"，它超出了亲子之爱的范畴；写毛毛，就是写李楠怎样由对孩子的冷漠到燃烧起爱的火苗，最后炽热地爱孩子，爱未来；写毛毛，就是写李楠和萧旅长的感情纠葛，他是他们两人感情联系的一条纽带，不出场的贯穿人物为出场的贯穿人物服务。显然，如果不是对毛毛这么煞费苦心地安排，就会影响到李楠和萧汉平的形象和感情，也会影响到影片的主题。又如马家沟后村沟口，有一组骡马队伍夜晚出发，罗桂田提着马灯，李楠手捧着花名册核对人数的镜头。虽属过场，但一一介绍了"各路大军的宝贝疙瘩"，有利于主题的开掘。后来罗桂田牺牲了，骡马队离开大庙夜晚出发，又有一组李楠提着马灯，梁燕手捧着花名册核对人数的镜头。这既是对罗桂田的怀念，也是为梁燕添上一笔:她从教训中站起来了,接过了罗桂田的班。这两组短短的镜头,在导演构思中也不轻易放过,让它前呼后应,引起观众的回味。这样的细微末节,其针线之绵密,艺术效果之好,都可见导演的匠心安排。

结构的散文化

《啊!摇篮》不是情节戏。它在情节的发展上,不是那么腾挪跌宕,一气呵成,一环紧扣一环。从总的来看,李楠和萧汉平的纠葛贯穿始终,时断时续,断则以毛毛的照片、亮亮的遭遇续上,因此脉络是清楚的。但影片同时还刻画了罗桂田、赵玉霞、梁燕等有声有色的人物,给以一定的表现性格的独立的情节。影片是以人物形象的塑造为核心来组织情节的,是以"爱"这个主题为红线贯穿情节的,因此,结构上接近于散文化;从情节的连贯性看是散的,但情节的内涵却是一以贯之的。如河口镇待渡这一大段戏,写了孩子们为伤员唱歌,写了梁燕与丁大勇等邂逅及怎样成了保育员,写了赵玉霞、王喜的夫妻关系,写了萧旅长和李楠、孩子们在古长城下相会,写了湘竹、梁燕对李楠的议论,写了丁大勇、梁燕不安于目前的工作……这些情节相互之间很难说是环环相扣的,中间抽掉一些情节,戏照样可以延续下去。但是,对于刻画人物性格来说,它们是必不可少的;对于丰富"爱"的主题来说,它们又是统一的。它们收到了似散非散、貌散神合的艺术效果。

结构的散文化,是否就使影片失去了引人入胜的魅力呢?有这样的可能。但是,在《啊!摇篮》的导演构思中把散文式的结构与戏剧悬念统一了起来,在情节的发展中,不时设下一个个戏剧悬念,以引人入胜。从总的情节来看,胡宗南进攻根据地,我军撤出延安,这一支不能打仗而要人保护的骡马队伍,是否能安全地撤到太行山区呢?观众关心着这群离开了父母的孩子的命运。这是个总悬念,而随着情节的发展,悬念一个接着一个,这个解开了,另一个又接上。如影片开头,用"妈妈——"的呼喊声来贯穿一组镜头,观众马上就会设问:这是谁呀?怎么回事呀?注意力立即被抓住了。亮亮与母亲方华分离了,难舍难分,影片着意渲染又使观众产生了疑问:这母子俩还能团聚吗?这又是一个悬念。萧旅长派李楠去护送这支保育院队伍,交给她一张毛毛的照片,让她把孩子从马家沟找回来。毛毛能不能找到?这是一个悬念。到了马家沟,老乡们都遭了难,毛毛显然找不到了。这个悬念解除了,但又产生了新的悬念:萧旅长带着队伍过来了,她怎么向萧旅长交代呢?就李楠的性格发展来说,也是悬念迭出,引人入胜。李楠一定能保护这支队伍安全转移,这是不成问题的。作为一个军事指挥员,希望留在前线打仗,不愿意干这"婆婆妈妈"的工作,也是可以理解的。但是,萧旅长要说服她接受这个任务,对她说:"将来,你也当了母亲,你就会——"话还未说完,李楠像被刺了一下,慌忙说:"不!不……我去。"李楠有什么难言之隐呢?这是第一个悬念。到了马家沟,是一片废墟,无处寻毛毛,触景生情,她耳边响起了"初生婴儿绝望的嚎哭和嘶叫",这一幻听又是怎么回事?那是谁的嚎哭?这是又一个悬念。把它和第一个悬念相联,更摄住了观众的注意力。从马家沟出发,罗桂田问她"你也有娃娃了吧?"李楠的眼睛顿时蒙上了一层痛苦的阴影,并有一组简短的反映意识活动的镜头,但因观众对李楠的身世不太了解,所以这组镜头不但没有解开李楠为什么不愿跟孩子打交道之谜,反而使观众产生新的悬念:她跟萧旅长之间的关系又会怎样发展呢? 悬而未决,雾中看花,半隐半显,可以说吊足了观众的胃口。此后在古长城下,李楠跟萧汉平讲过草地的故事,观众才理解她为什么"心肠也变了,变狠了",但是"包袱"只抖了一半,她的身世还是不甚了了。待渡前,湘竹和梁燕问她:"你爱人怕你吧!""有过什么伤心事儿?"李楠"目光深处是看不到底的悲哀"。这仿佛是冰上浇水,使前边设下的悬念更强烈了。直到后来罗桂田负伤,在滴水泉边找水,她才向他讲述了结婚、生孩子的不幸遭遇,解开了一层层悬念之"谜",观众才真正理解了李楠。这时,李楠性格的发展,实际上也接近完成了。有这些层出不穷、套中设套的悬念牵引观众的心,再从容地展开些其他的情节,也就不会散而难收,照样可以产生引人入胜的艺术魅力。

结构的散文化,影片的节奏是否一定会变得拖沓、不明快呢? 也不是。总的来说,影片始终保持着一张一弛的明快节奏。如骡马队伍从马家沟出发,途遇敌先遣部队,顿觉紧张,接着院生啼哭,枪声响,院生窒息,波澜迭起;接着是队伍在大川中行进,响起了"摇篮,摇篮,马背上的摇篮"的歌声,这就是回波细浪了。骡马队过了黄河,又在大山中遭遇残敌,发生了激烈的战斗,吴湘竹、罗桂田相继牺牲,整个节奏是紧张的;接着是一组李楠提马灯、梁燕捧花名册核对人数,骡马队在夜色中行进的镜头,节奏又是舒缓的。即使是在紧张的节奏中,也不是一律的高八度,也还是疏密相间、张弛相济的。如罗桂田牺牲的那些戏,总的来说,如急管繁弦。但罗桂田汲水,节奏较慢、较抒情,李楠诉说身世,又撼人心弦;罗桂田做月饼,孩子们唱月饼歌,正如光风霁月;李楠发现罗桂田逝世,饮泣,孩子们嚎啕,则又是急风狂雨。这样一张一弛、波澜起伏的节奏,使影片具有了独特的韵味。诚然,从总体上说,影片的节奏是偏于弛缓的,这是由散文式结构所决定,并且是与影片总的抒情格调相统一的。

抒情的意境

《啊! 摇篮》不以情节取胜,而以塑造形象见长;塑造形象,又不重外在的动作怎样强烈,而着意揭示人物内心感情的隐秘。这就决定了影片的抒情风格。因此,在导演构思中很注重利用电影手段创造富于诗情的意境来抒发人物的感情,并以此激发观众感情的反响。影片是这样来创造令人难以忘怀的抒情的意境的:

一是利用"比兴"的办法,借物起兴,借景抒情。在影片中,萧旅长坐骑"火龙"就起到了重要的作用。"火龙"是萧汉平在李楠接受任务时让给她的。在黄河渡口,李楠上船了,把它还给了萧汉平。"火龙"却长嘶一声,挣开萧汉平的手,抖开四蹄,追上沙滩,在沙滩上来回飞奔,溅起沙尘,朝着李楠长嘶。镜头比较从容地拍摄了马恋故主的情景。"越鸟巢南枝,胡马依北风","火龙"也似乎懂得人的感情。写"火龙"对李楠的依恋,实际上是写萧汉平对李楠的惜别之情。这个艺术的境界很耐人寻味,观众也未免为之惋惜,希望李楠和萧汉平建立起比战友、同志更亲密的感情。影片结尾,在绿草如茵的小河边,李楠让亮亮叫萧汉平"爸爸",接着插入"火龙"的空镜头:它昂首长嘶,迎风摆尾,似乎很欢乐的样子。观众看到这里,跟渡口惜别的镜头联系起来,不禁莞尔而笑。"火龙"的两位主人经过感情上的波折,终于确认了他们的关系,观众也在为他们祝福。这样借物起兴,借景抒情,含蓄而耐人寻味。

一是渲染气氛,创造诗的意境,从而抒发作者的感情,并感染观众。这种艺术境界的创造,以罗桂田牺牲一场最为成功。如果说吴湘竹的牺牲处理得比较简单,感情表达还不够淋漓尽致,那么罗桂田牺牲的处理,既不重复,又气氛足,意境深,感情浓。那是中秋的黄昏,罗桂田在为孩子们做月饼。孩子们来了,罗爷爷为他们用湿毛巾擦手,然后一齐动手揉面做月饼,一面唱着"八月十五月儿明,爷爷为我打月饼"的"月饼歌",罗桂田伤痛发作,躺在墙角的柴堆上,看着这一群可爱的孩子,幻想着他们变成雄壮威武的战士,在"月饼歌"的深情里,眼含泪珠,脸带微笑,与世长辞了。观众看到这里,罗桂田对孩子深沉的爱,一桩桩、一件件都浮现眼前,溢满心间,禁不住感情澎湃,潸然泪下。接着通过孩子天真的对话"罗爷爷哭了""梦见妈妈啦"以及为罗桂田擦去眼泪的动作,把观众的感情推上一层。及至李楠送水来,孩子们不让她进,她闯进去,饮泣,孩子们失声痛哭,更把观众的感情推向高峰。这场戏精雕细刻、酣畅淋漓,以深沉浓烈的感情来歌颂罗桂田;这种抒情诗般的境界,使观众痛彻肺腑、泪湿衣衫。以真实为基础的抒情意境,就是有这种左右观众感情的艺术魅力。

新的电影语言

随着电影艺术的发展,电影表现手段越来越丰富。为了更好地塑造人物,抒发感情,制造悬念,调整节奏,在导演构思中,也相应地吸收了一些新的技巧和电影语言。这种尝试是成功的。

声画组合。影片运用"残响",即上一镜头的画面所发出的声音延续到另一个或一组镜头画面,声音与新的画面组合,产生了新的意义。如影片开头,从第一个镜头起,就有"妈妈"的呼声,这呼声延续了不同场景的五个镜头。这就有先声夺人之势,马上使观众产生一个悬念:是谁在呼叫?为什么呼叫?不知不觉进入了影片的故事。又如罗桂田牺牲以后,挤在门口的孩子们哭喊着罗爷爷,哭声的"残响"延续了六个镜头,无论是皎月当空的夜晚,罗桂田的坟地,骡马队伍从大庙门口出发或在熟睡的孩子的脸的特写中,都听到隐隐约约的哭声。这不是幻觉,这是从孩子心底发出的呼喊。无论是醒着或梦里,罗爷爷都伴随着他们。罗爷爷爱他们,他们爱罗爷爷。这个声画组合的蒙太奇手法,产生了强烈的抒情效果,使罗桂田的形象更富于光彩。

穿插反映意识活动的镜头。如队伍从马家沟出发,罗桂田问李楠"你也有娃娃了吧?""爱人呢?"李楠不愿说,摇摇头,但她的思想不能不回忆起那可怕的一幕,于是银幕上就出现了一组她生孩子时痛苦的镜头。如在河口镇,李楠见到萧旅长后,对孩子的感情有了变化,他看毛毛的照片,毛毛忽然变成了萧旅长的面容,他因此有"一种羞涩之感升上脸颊"。这一闪而过的"迭化"镜头,正是李楠此时思想意识的反映。这种穿插在剧情发展中的反映人物意识活动的镜头,都很短促；惟其短促，才显真实。因为在情节发展中，意识活动只能是短促的。影片插入这样的镜头，既准确地反映了人物的意识活动，有利于刻画人物的性格，并且在徐缓的抒情节奏中，又有调整节奏的作用，使之有变化，但又不致打断情节的发展，扰乱观众的注意力。其成功之处就在这里。

多变化的摄影技巧。如吴湘竹之死，在艺术处理上不可能像罗桂田牺牲那样从容地渲染气氛、创造意境，便只能在摄影技巧上下功夫，以达到较好的艺术效果。湘竹中弹以后，从开始倒下到"缓缓倒在花丛中"，共有四个镜头，而摄影机的速度是变化着的，从 24 格、16 格、12 格到高速摄影，通过速度的变化，给观众造成一种真实感，并且代表着观众不希望湘竹倒下的情绪；其间还插入四个定格摄影的近景镜头，分别把丹丹、赵玉霞、冬来、梁燕见湘竹中弹时一瞬间的吃惊、恐怖的表情固定在银幕上，给观众造成强烈的印象，使湘竹的牺牲更具有悲壮的气势。

作为一个观众，我为出现《啊！摇篮》这样的好电影而高兴。希望我们的电影导演作出更大的努力，为观众提供更多更精美的精神食粮。

(原载《电影文化》1981 年第 2 期)

"一带一路"战略与我国文化产业的空间新布局

花 建

  自2013年以来,中国领导人提出"新丝绸之路经济带""海上丝绸之路"两大倡议,提出了发展长江经济带等战略,表明了中国扩大对外开放,构建合作共赢新秩序的大国胸怀和综合国力。我国"十三五"期间的文化产业建设,必须抓住这一重大的历史性机遇,构建新的空间战略布局,为提升中国的文化软实力,构建互联互通、合作共赢的全球文化新格局,作出新的贡献。

一、打造文化强国的"π"型动力带

  以"一带一路"和长江经济带等为联动轴,打造文化产业发展的"π"型动力带,是我国文化产业空间新布局的核心内容。"一带一路"和长江经济带布局包括三大发展轴。第一条发展轴:我国沿海的南海、东海、黄海和环渤海的11个省市的发展轴,为我国海上丝绸之路的起点和重要内容。第二条发展轴:我国亚欧大陆桥发展轴,起点江苏连云港,向西通过海陆联动江苏、安徽、河南、山西、甘肃、青海、新疆等7个省区,贯穿我国东中西区域,从新疆阿拉山口出境,联动西亚、中亚和欧洲,也是21世纪新丝绸之路陆上经济带的重要发展轴。第三条发展轴:长江经济带,覆盖上海、江苏、浙江、安徽、江西、湖北、湖南、四川、重庆、贵州、云南等11个沿江省市,贯穿东中西。中国学者王战、郁鸿胜等指出:中国地图上这三条发展轴,如同一个巨大的"π"字型战略[①]。此外,一带一路还包括渝新欧(重庆、新疆、欧洲)、蓉新欧(成都、新疆、欧洲)和义新欧(义乌、新疆、欧洲)等发展轴。

  "一带一路"和长江经济带既有空间的广度,也有历史的厚度。丝绸之路是中华民族早期的国际商贸通道,包括陆上丝绸之路和海上丝绸之路,长江是中华民族的母亲河,长江经济带在历史上吸引和哺育了众多的民族向心集聚,是中国成为文明国家的动力源,联系起吴越、湘楚、巴蜀三大地域文化形态和10多个次级地域文化形态,文化商脉源远流长。2014年9月,《国务院关于依托黄金水道推动长江经济带发展的指导意见》将长江经济带定位为具有全球影响力的内

[①] "上海参与建设长江流域经济新支撑带的若干问题研究"课题组:《"π"型战略格局中,上海该怎么做》,《解放日报》2014年12月25日。

河经济带,东中西互动合作的协调发展带,沿海沿江沿边全面推进的对内对外开放带,以及生态文明建设的先行示范带。我国文化产业建设要依托"π"型三大发展轴,打造成为文化内外贸易的大通道、文化生产力的动力联动轴。

从全球范围看,文化产业和创意经济的发展,显示出集约化、规模化、区域性分布的趋势。它们并非在各个地区均衡分布,而是集中在文化、科技、金融结合度高、科技综合实力强、法律制度完善和市场体系发达、全球化联系密切、有一定区位优势的地区。比如美国华盛顿州和加利福尼亚州的沿太平洋海岸,是著名的新兴产业集聚带,西雅图是亚马逊、微软、波音等企业巨头的聚集地;洛杉矶是世界级视听娱乐产业的重镇;旧金山湾区——硅谷是信息通讯、网络服务、动画视听等的摇篮。硅谷面积4 700平方公里,人口仅为300万,2013年贡献的GDP达到2 580亿美元,成为驱动通讯、电脑、影视等产业发展的引擎。

"与其临渊羡鱼,不如退而结网",中国要建设21世纪的世界文化强国,也必须有这样强劲的文化产业动力带,其重点就是充分利用长江经济带的金融资本、社会资本和文化资源,释放出如核动力般巨大的能量。长江经济带从东到西,存在发展阶段和经济能量上的明显差距。以上海为龙头的长三角地区,人均GDP达到1.5万美元左右,按世界银行的标准已经进入到中等发达地区的行列;长江中游的湖南、湖北、安徽等省市,人均产出为六七千美元,达到中国大陆平均水平。长江上游的云南、贵州等省市,人均GDP达到三五千美元。如果孤立地看待,沿江省市的差距是一种消极的地区发展不平衡的标志,但在中国社会主义制度优势的背景下,它们可以连接成一个整体空间,恰恰可以通过沿江省市的要素流通、产业转移、发展互动,体现资源和模式的多样性,释放出巨大的资源禀赋、市场潜力和发展后劲。

长江经济带文化产业的新布局,将有力地推动这一广阔区域的文化产业向集约化、规模化和国际化发展。当年的"亚洲四小龙"和其他一些原本相对滞后,但有较好国际贸易区位条件的国家和地区之所以能够实现经济追赶的目标,和它们与发达国家之间的要素流动、产业转移以及市场的一体化密切相关,而这些在中国长江经济带内部就能实现。沿江省市可以相互学习,互相补充,成为中国文化产业融合发展的黄金水道和强大动力带。如长三角是我国对外文化贸易的增长极之一,上海是我国发展对外文化贸易最有成效的领军城市之一,上海已经连续五年保持文化贸易顺差,2013年上海文化进出口总额达159.60亿美元,贸易顺差达31亿美元。上海国际文化服务贸易平台于2007年9月启动。2011年10月27日由文化部命名为国家对外文化贸易基地,2013年依托上海自贸区的正式运作而进入一个新的阶段。截至2014年,它聚集了301家从事国际文化贸易的企业,注册资本87亿,贸易规模达90多亿,2013年国内第一家艺术品保税展览服务机构——上海国际艺术品交易中心在基地开始运行[①]。上海和长三角过去的对外文化贸易主要是向东特别是美、日、欧等国家开放。成都借鉴上海等的经验,在2014年为中西部地区第一个艺术品保税仓库揭牌,主题是"境内文化艺术品走出去,境外高品质文化艺术品走

---

① 根据我们在上海自贸区国家对外文化贸易基地的调研材料。

进来"。这一有效态势将与长三角地区形成一江贯通、东西呼应的大格局,带动中西部把丰富的文化资源开发成为大量文化产品,在向西和向东开放中发挥强劲的动力。

长江经济带文化产业的新布局,将推动和壮大"全球创意城市黄金水道",这在全世界范围内是独一无二的壮观现象。从联合国教科文组织从 2004 年首次倡导发展"创意城市"(UNESCO,Creative City Network)以来,截至 2015 年 1 月,全球已经有 69 座城市入选。其中中国有 8 座城市,是全球拥有联合国创意城市最多的国家,而且有 5 座城市恰好沿长江经济带分布,包括设计之都——上海、美食之都——成都、手工艺和民间艺术之都——杭州、苏州、景德镇①。正如联合国 2013 版《创意经济报告》所说:"文化在创意城市中扮演了更加普遍的角色,艺术和文化促进了城市的宜居性(Liveability)、社会凝聚力(Social Cohesion)和文化认同(Cultural Identity)",形成了以人的知识、智慧、想象力和创造力为主要资源的新增长模式②。这 5 座创意城市把全球创意城市、川菜故乡、人间天堂、千年古城、工艺重镇等文化特色开发成为生机勃勃的文化创意产业,兼顾了设计、美食、工艺等不同的产业领域,相互呼应、取长补短,对周边城市群和广大乡镇,乃至对整个长江经济带都形成了文化创意产业的增长极作用。这一"创意城市黄金水道"显示了中国在全球文化创意产业中的宝贵经验,也提升了中国在全球文化领域中的话语权和影响力。

二、推动区域文化产业的多样模式

适应国家"一带一路"战略,发展多样化的文化产业区域模式,是加强我国文化地缘战略的重要举措。中国超辽阔的疆域、超巨大的人口、超悠久的历史,形成了区域资源的多样性和区域发展不平衡性,正如马丁·雅克等国际学者所言:"与近代许多单一的民族国家不同,中国实际上就是一个具备多样性的文明实体"③。有史以来,中国以超强的凝聚力融合了极为多样的文化实体,在历史纵向轴上累积了从华夏先祖、唐诗宋词、康乾盛世等的巨大遗产,如我国三星堆、金沙、马王堆等遗址在发掘中发现了多达 5—10 层的文化层,在空间横向轴上展开了齐鲁、燕赵、三秦、三晋、湘楚、吴越和巴蜀等 7 大地域文化形态,和 20 多个次级地域文化形态。中国还是世界上周边邻国最多的大国,不仅仅与 14 个周边国家接壤,与另外 10 多个国家在陆域和海域上邻近。而近年来支撑我国区域经济发展的许多基础性条件发生了深刻变化,包括国家对交通通讯等基础设施的长期大量投资产生的累积性效应,特别是高速铁路网、高速公路网、区域航空网、江海联运网的形成,推动了要素资源在不同属性区域间的快速流动,从而为重塑我国区域发展的新格局提供了有利条件。

针对这样一个特殊的大国国情和历史性机遇,中国必须形成文化软实力的地缘新布局,重

---

① www.unesco.org.
② UNESCO & UNDP Creative Economy Report 2013 Special Edition.
③ 马丁·雅克:《当中国统治世界——中国的崛起和西方世界的衰落》,张莉、刘曲译,中信出版社 2010 年版,第 159 页。

点是发展多样化的区域文化产业模式。全国各地近年来形成了近10种区域性文化产业发展模式,包括国际化大都市型、工商业强市/县和专业镇/街型、工业资源型和资源枯竭地区型、民族文化资源和历史遗产地区型、生态功能地区型、农林牧副渔功能地区型,对外开放前沿地区型等模式,培育了上海张江、浙江横店、陕西曲江、山东曲阜、深圳华侨城等区域文化产业先进典型,在这方面取得了初步的成效。要鼓励各地扩大探索,以优秀典型引路,从边疆地带到中原腹地,从沿海大城市群到工业资源型城市,因地制宜形成老工业基地型、沿海和岛屿型、港口城市型等20多种文化产业发展模式,用以分类指导"一带一路"和各个城乡的文化产业发展。

探索区域文化产业的发展模式,不是分散用力,平铺直叙,而必须结合国家建设创新型国家的战略,服从产业升级的大局,特别是贯彻《国务院关于推进文化创意和设计服务与相关产业融合发展的若干意见》,在诸多经济中心城市、工商业强市/县和专业镇/街地区,推进文化创意和设计服务等新型服务业与实体经济融合,探索创新驱动的新增长模式。我国东南沿海的山东、江苏、浙江、福建、广东等是海上丝绸之路的重点地区,也是我国经济实力最强、工商业强市/县和专业镇/街最集中的地区。改革开放30年来,这些省在"县域经济""镇域经济"蓬勃发展的背景下,形成了一大批工商业强市(县)和专业集镇,包括长三角的江阴、无锡、昆山、萧山、诸暨、平湖等,福建的石狮、晋江,珠三角的顺德、南海、东莞、宝安等,出现了一批GDP超千亿元的产业强市(县),它们下属的容桂、狮山、乐从、龙江、花桥、大唐、巴城等也形成了GDP超百亿和双百亿元的产业强镇。2013年广东省专业镇GDP总量突破1.65万亿元,占全省GDP比重突破28%。与此同时,它们也面对着提升"珠江水,广东粮,粤家电,岭南衣"的传统广货优势,大力发展新兴产业,扩大"广货世界行"的紧迫任务。顺德、南海等著名城镇把文化创意产业作为创新驱动的动力,用文化创意反哺区域经济的升级。如美的集团在顺德建立了全国首个企业工业设计协会,获得国际工业设计最高奖项——红点奖。顺德以广东工业设计城、顺德创意设计产业园、德胜时尚创意产业园三大园区为核心的国家级基地初步形成,而以"国际家具设计之都"著称,号称"为30亿人提供家具"的乐从镇,则计划通过3—5年努力,引入300—400名国际知名设计师,成为广东第三大工业设计产业集聚区之一,到2020年顺德文化产业总产值将突破520亿元,占GDP比重8%①。

探索区域文化产业的发展模式,必须统筹兼顾,攻坚克难,善于"借力"和"造势"。发展工业资源型和资源枯竭型城市的文化产业,就是我国"一带一路"地区推动转型升级的另一项重要任务。这些城市一般是指依托自然资源包括矿产、森林等资源开发而兴起,以自然资源开采和初级加工业为支柱产业的城市。我国拥有工业资源型城市118个,其中煤炭城市63座、有色金属城市12座、黑色冶金城市8座、石油城市9座。全国约80%的资源型城市分布在中西部地区,有许多是分布在"一带一路"和长江经济带周边地区。这些城市发展文化产业必须把握三大要素:设计科学的定位,把握好人无我有、人有我优的差异化角色;进行目标的取舍,在发展替代性

---

① 根据我们对顺德文化产业的实地调研。

产业的过程中,选择最能发挥优势的文化产业领域;推动要素的配置,重点吸引优质资本、知识型人才等的集聚。唐山市、枣庄市、铜陵市等工业资源型城市,就在发展文化产业过程中,融入产业整合和城市转型的大战略,与经济转型、社会转型、城市转型等相适应。如铜陵地处长江铜铁成矿带上,是国内外著名的"铜都"。在推动产业和城市双转型的背景上,铜陵对传统铜矿资源,进行了系统的文化产业开发,初步形成以文化旅游、工艺美术、演艺娱乐、出版印刷、传媒广告五大板块为主导的产业结构,形成了飞越文化中心等十三个文化产业项目。它们均被列入2013年安徽省"861"计划项目库。从现代文化产业的角度看,铜陵之铜,不仅仅是一脉矿产,而且是辉煌的古文明、雄浑的铜文化、丰富的铜艺术、壮丽的铜景观。如铜陵青铜帝国铜文化产业集聚区,以三千米"铜韵水街"为经,展示了从古巴比伦花园,到商周青铜艺术神殿的人类铜文化史册,在工业资源型城市的转型发展道路上进行了有效的探索,像这样的区域性文化产业发展模式应该是多多益善。

三、建设文化产业的服务平台体系

适应国家"一带一路"战略,壮大我国文化软实力,要面对东西部发展的不平衡,以文化产业服务平台体系为框架,集聚和联通各地文化生产力的资源。

中国国家领导人清醒地告诉全世界:"中国仍然是世界上最大的发展中国家,发展中不平衡、不协调、不可持续问题依然提出,需要逐步解决。"[1]从中国东部、中部、西部、东北地区四大区域文化资源和实力的分布看,基础设施、文化投资、产业主体、文化人才等大多集聚在东部地区,特别是三大城市群即京津唐城市圈、长三角城市群、珠三角城市群及东部沿海地区。亚太文化创意产业协会采用文化支持度、文化内涵度、文化融合度、文化创造力、文化发展力、文化影响力六大指标,从两岸城市中选出42个具有较强文化创意竞争力的城市,其中东部地区拥有32个占76%,中部地区拥有6个占14%,西部地区拥有4个占6%。东部地区城市具有绝对的优势。

再从近年来全国各地的国家级文化产业示范项目看,在国家级文化产业示范基地(1—5批)共273个单位中,东中西和东北地区的比重分别为46%、19%、25%和10%,在最有影响力的国家文化产业示范基地(1—2批)共20个单位中,东中西和东北地区的比重分别为80%、10%、10%和0%,在国家级对外文化贸易基地共3家单位中,东中西和东北地区的比重分别为100%、0%、0%和0%。上述数据说明中西部和东北地区缺少强有力的文化产业主体支撑点,在有些方面还是空白。

"工欲善其事,必先利其器,"为了扭转这种文化资源和文化主体不平衡的状态,迫切需要把文化服务平台链建设作为突破口,形成既适应区域战略规划,又能够辐射服务全国,联接全球文化资源和市场,专业化、集约化和国际化的文化产业服务平台体系。国内外大量实践证明:文化

---

[1] 《李克强出席博鳌论坛2012年年会开幕式并发表主旨演讲:中国经济发展态势没有改变》。

产业作为知识型、智慧型、创意型的新兴产业,需要依托服务平台体系,实现多种金融资本、社会资本和文化资源的集聚。"平台经济(Platform Economy)"本意指借助有效的服务系统和交易空间,促使经济活动的双方和多方之间形成广泛的交易和合作增值效应。而随着互联网的升级,国际文化贸易市场的扩大,大量的金融资本、社会资本和文化资源被纳入到文化产业领域,这一领域中的平台建设可以发挥多种功能:1.资源配置和交换交易功能,吸引大量的资金、技术、人才和项目集聚,有利于资源的优化配置;2.企业孵化和产业培育功能;依托优良的基础设施和服务实体,有助于创造新的文化企业,培育新兴业态;3.集成创新与产业联动功能,带动周边产业,产生物流、信息流、人流和资金流,形成产业集群。

在国家推动"一带一路"和长江经济带战略的背景下,要在文化产业平台建设方面采取三大举措:

第一,在具有地缘战略意义的城市群,重点建设五类文化服务平台,包括:1.创意研发设计平台:通过组合创意研发和设计的供需双方/多方,依托优良的基础设施和市场信息的精确匹配,降低开发的成本,加快创新研发的适度和效益;2.投融资和交易平台:建立规范的投融资和交易规则;3.资源配送和社交平台:通过信息精确匹配等方式,依托线上和线下相结合,把海量的客户和供应方形成双边/多边的配对,提供各类资源供应的效益;4.企业孵化培育平台:通过降低服务成本,培育新兴的产业集群;5.国际文化贸易平台:为国内外文化贸易企业在投资、设备、项目等的双向流通,提供通关、保税、租赁、仓储、会展等便利。

第二,以文化投融资和交易平台为核心,形成互联互通、统筹运行的平台链。在文化产业服务平台配置资源的多种功能中,核心是对资金的配置,关键是创新金融服务体系。在大工业时代,由大规模生产的需求,催生以土地、厂房、设备、矿产、石油重要自然资源和重型资产抵押、评估的金融体系。而在后工业化社会/创意经济时代,原有的金融服务体系已经不能适应现代社会经济发展的需要,轻资产型、知识型的新型金融服务体系成为大势所趋,它把传统意义上难以进行价值界定的文化资源和文化产品,转化成为可以抵押、投资、交易、租赁的文化资本,并且与文化金融信用征信系统相结合。2015年2月,由上海文化产权交易所等联合多家金融机构,在上海建设了全国第一个文化金融信用征信体系和相关数据库,与此同时,国家级文化金融征信系统建设项目正式启动,它包括建设文化产权市场机构信用评级体系、文化金融行业个人信用征信系统,发布"文金信用分"产品,把文化金融征信数据库投入市场化应用,这样的基础工程应该持之以恒,联点成网。

第三,要推动"双平台并举",即鼓励政府投资的政策型文化服务平台和企业投资的商业型文化服务平台,形成两者的优势互补。前者应该体现国家意志和长远布局,在扶持文化产业的战略导向、基础设施、国际合作、培育新锐等方面多做贡献。如南京国家级文化与科技融合服务产业基地、雨花台区国家数字出版基地、中国(浙江)影视产业国际合作实验区等;后者应该体现市场敏锐度和服务灵活性,大力开发新兴文化市场,如南京文化艺术产权交易所钱币邮票交易中心作为全国首家钱币邮票实物挂牌交易平台和线上交易平台,从2013年5月获得批准,到

2014 年注册的经纪会员机构已达几百家,有 5 万多交易会员,大部分来自江苏以外的 28 个省份,日均交易额达 5 亿元。

第四,要扶持平台型的文化企业,它们具有"平企合一"(企业自主经营与平台服务功能合一)的特点,如盛大、百度、聚力、东方财富等新型企业。传统意义上的企业,是追求利润最大化的主体,不把提供公共服务作为主要功能。而根据互联网时代的叠层结构规律,这些新兴企业可以有多层结构。最下面的是免费/低价的公共服务层,吸引海量的用户集聚,在上面可以叠加诸多的付费/增值的商业服务层,其中腾讯 2014 年 4 月 QQ/微信在线用户就达 2 亿人。它们的"供应链管理支持平台",控制了管理多用户、多供应商、多渠道的订单履行程序,实现用户与供应商、服务商的无缝联接,成为开发新兴市场的强劲引擎。

四、拓展近中远三重对外文化辐射带

中国"一带一路"倡议,具有第二次地理大发现的深远意义。它包括了一带一路和两廊(从中国新疆喀什联接巴基斯坦瓜达尔港到阿拉伯海的走廊、从中国云南联接中南半岛交通网经过未来的泰国克拉大运河直通印度洋的走廊)的大战略框架,使新丝绸之路经济带和海上丝绸之路相互联通,形成一个巨大的地缘平行四边形。该倡议覆盖 40 多个国家,总人口超过 40 亿,经济总量超过 20 万亿美元。随着这一倡议的实施,中国将扭转由于近代的积贫积弱,遭受外强割疆裂土,失去东北方向出海口的地缘灾难,推动中国中西部成为直通欧亚大陆、联接太平洋和印度洋、海陆兼备的大枢纽,也充分发挥中国作为全球经济增长的动力作用,让欧亚非澳诸多国家的人民,依托一个互联互通的地缘经济合作网络,共享发展的成果。

历史上 15 世纪开始的第一次地理大发现,经过 19 世纪、二战之后、20 世纪后期的三次地缘政治大扩散,把西方民主价值观扩散到了欧美、澳洲、拉美、东亚和东欧地区,正如新加坡学者郑永年所说:"西方国家在把民主从西方扩展到西方之外的国家和地区,主要包括如下几种方式,包括殖民地、军事占领、冷战阵线等。"[1]但是这种西方价值观和民主政治模式正在遇到越来越大的危机,如同英国学者汤因比所说:"帝国的衰落来自于对外的过度扩张和社会内部扭曲的扩大。"[2]大国兴衰的历史证明:唯有一个大国自身保持不断创新的活力,率先提出和实践全球性的议题,引领全人类发展的价值观念和方向,才能吸引广泛的盟友,这就是国家文化软实力的精髓。英国学者马丁·雅克指出,每一个新兴大国,都会用一种全新的方式来创造和推广自己的体系:"比如欧洲的典型方式就是海上扩张加殖民帝国,而美国则是空中优势和全球经济霸权,中国同样也会以崭新的方式来展现其实力。"[3]

中国经过了 30 多年的改革开放,就从一个被隔绝于全球经济体系之外的发展中国家,一跃

---

[1] 郑永年:《地缘政治和民主秩序问题》,《联合早报》2014 年 9 月 30 日。
[2] 汤因比:《历史研究》,曹未风等译,上海人民出版社 1986 年版,第 405 页。
[3] 马丁·雅克:《当中国统治世界——中国的崛起和西方世界的衰落》,张莉、刘曲译,中信出版社 2010 年版,第 209 页。

成为全球第二大经济体、第一贸易大国,体现了与西方现代化模式不同的另一种成功模式。中国走向伟大复兴的根本道路是和平发展,和平是中国道路的旗帜,发展是中国道路的本质,科学是中国道路的思想方法。中国不但要实现经济的强盛,而且要通过文化外交、文化交流、文化贸易,在全球传播中国的价值观和现代化理念。我国文化产业建设,要依托国家推动一带一路战略的历史性机遇,提升我国在全球文化产业的价值链、文化资源的供应链、文化品牌的服务链中的地位,在全球范围内提供大量的文化产品和文化服务,扩大我国向国际社会投射的文化正能量。

第一,要以本土文化产业为动力源头,形成投射中国文化影响力的近中远三重辐射带,即我国的周边邻国,一带一路的联通地区,以及北美、非洲和拉美等地区。要大力发展各种文化合资、合作的产业项目,采用"中国故事、世界表述"和"世界内容,中国创意"等生产和传播形式。习近平总书记在坦桑尼亚进行国事访问时,在演讲中提到"中国的电视剧《媳妇的美好时代》在坦桑尼亚热播,也让坦桑尼亚老百姓了解到中国老百姓生活的甜酸苦辣"。而坦桑尼亚正处在海上丝绸之路的东非海岸。近年来中国电视真人秀和才艺节目,经过从国外引进、消化吸收等过程,已经进入到本土原创、输出海外的新阶段。如英国国际传媒集团从中国灿星制作引进、并且负责国际发行权和英国播出权的《中国好歌曲》,正是中国第一部输出海外的电视原创才艺节目。

第二,要扩大中国的对外投资,特别是拓展电子信息类文化出口市场。中国从2013年开始成为全球第三大对外投资国,2014年我国共实现全行业对外投资1 160亿美元,如果加上第三地融资再投资,对外贸易规模据估计应该在1 400亿美元左右,这意味着:2014年我国实际上已经成为全球的资本净输出国①。随着我国对外文化投资的扩大,我国文化出口产品也在不断优化结构,比如2014年,我国自主研发网络游戏产品在海外销售收入达到30.76亿美元,同比增长69.02%。其中客户端类游戏占总出口网游数量比重达27.7%,网页游戏比重达30.9%,移动类游戏数量比重达41.4%,实际销售收入12.73亿美元,同比增长高达366.39%,显示了我国网络文化产品出口的广阔前景②。

第三,要制订示范性规则,推广由中国创造的文化产业新业态。中国创新型的文化产业规则、模式、技术和平台,具有率先探索和示范的意义,是可以被各国共享的文化公共产品和财富。如上海、深圳两地的文化产权交易所开展的文化金融服务,被国际专业人士称为"中国在文化与金融的结合方面具有开创性的模式",要把这些经验向海外推广,进一步发展中国(海外)文化产权交易所等新形态。

第四,吸取各国文化资源,丰富中国向世界投放的文化产品。世界性大国都把掌握各国语言作为扩大文化软实力的战略性资源。如根据美国《国防部语言技能、区域知识和文化能力的

---

① 李予阳:《2014年我国实际对外投资已超过利用外资规模》,《经济日报》2015年1月26日。
② 李婧:《2014年我国文化贸易的喜与痛》,《中国文化报》2015年2月28日。

战略规划：2011—2016》，美国官方、军队和院校目前掌握的各国语言已达 380 种之多。要在我国长三角、珠三角、东北地区、北部湾等城市群，建立多层次的文化贸易语言服务基地，全面提高我国跨文化贸易的能力。2014 年上海今日动画影视文化有限公司尚在制作的 26 集原创动画片《泡泡美人鱼》，委托欧洲最大的电视代理公司——德国国家电视台国际公司（ZDF）作为全球销售总代理，仅在欧洲和北美等地的销售金额就超过 1 000 万欧元，并且与著名美国电视连续剧《纸牌屋》的制作和播出平台 Netflix 公司签订了 2 年的播放授权，同时推出英、法、德、中四种配音版本，成为第一部在其视频网络上播出的中国原创影视作品，显示了中国传播多语种的视听产品可以大有作为。

（原载《福建论坛》2015 年第 6 期）

中国民间伦理习俗及其文化价值

蔡丰明

所谓伦理，是指在处理人与人、人与社会相互关系时应遵循的道理和准则，是指一系列指导行为的观念，是从概念角度上对道德现象的哲学思考。它不仅包含着对人与人、人与社会和人与自然之间关系处理中的行为规范，而且也深刻地蕴涵着依照一定原则来规范行为的深刻道理。

一、中国正统伦理与民间伦理

在中国传统社会，自汉代实行"独尊儒术"后直至清代，儒家伦理一直被历代统治者奉为正统教化伦理。这种以家族主义和小农经济为基础，有利于维护官僚专制制度下的社会等级秩序的道德伦理体系，在官僚士大夫阶层的提倡和教化下，渗入民间的社会生活之中，居于主导地位。儒家最重视的伦理道德问题，可以简括为"修身、齐家、治国、平天下"，这种试图以道德作为治国平天下的伦理思想，是儒家学说的核心，并与其哲学、政治思想融为一体，构成一个完整的儒家理论体系。虽然儒家内部各派的伦理思想不尽相同，但在有关道德伦理的问题上具有以下几个共同特点：

第一，重视探讨道德的本源。孔子一方面强调"天命"是道德的本源，另一方面又提出"性相近也，习相远也"的命题，承认后天的"习"对个人道德品质形成的作用。孟子把道德的本源主要看作是人之性善，企图从人本身、人的心理和生理上寻找道德的本质和起源。荀子排斥"天命"的作用，提出要"明于天人之分"，视道德为人性恶的结果，认为礼义道德是为了"养人之欲，给人以求"，把道德与人们的物质生活需要联系起来。后来的《中庸》把天命论与孟、荀抽象的人性论调和起来，提出："天命之谓性，率性之谓道，修道之谓教。"汉代以后，儒家的后继者关于道德的本质和起源问题的讨论，基本上还是围绕着这些命题。

第二，重义轻利。儒家历来把"利"看成个人的私利，把它与"义"对立起来，强调道德原则和规范对于人们行为的指导作用。孔子主张"见利思义""见得思义"。孟子更是只谈仁义，不谈利益。即使认为义与利是"人之两有"的荀子，也是强调义，认为"保利弃义谓之至贼"。在他们看来，只有强调义，才能义利两得，而重利，则会义利两失。儒家主张"杀身成仁""舍生取义"，提倡为道义而奋斗、献身的精神。孔子提出的以仁为核心的道德规范体系，就包含了孝悌、忠恕、信义等道德规范。

第三,强调道德的社会作用。孔子认为:"道之以德,齐之以礼",才能使人们懂得羞耻,自觉地遵守社会秩序和道德规范。孟轲提出由"不忍人之心",发而为"不忍人之政",认为把人心中的仁、义、礼、智四端,"扩而充之",就能实行"仁政"。在他的心目中,道德是政治、法律的根本和基础。荀子也认为道德是治国的根本,提出"隆礼贵义者其国治;简礼贱义者其国乱"。他认为,君臣之义、父子之亲,夫妇之别的道理必须每日研究,不可疏忽或停顿。儒家各派都有程度不同的道德决定论的倾向。

第四,重视道德教育和道德修养。孔子教育学生的内容是文、行、忠、信几个方面,中心是道德教育。儒家代表人物有不少是教育家,他们在长期的教育实践中,积累了丰富的经验,形成了系统的道德教育理论。儒家尤其重视个人的道德品质修养,把它提到决定国家命运的高度去认识,认为"身修而后家齐,家齐而后国治,国治而后天下平"。因此,他们强调"自天子以至于庶人,壹是皆以修身为本"。在修养的方法上,儒家各派的主张不同,孟子强调内省,充分发挥自己的自觉能动性;荀子主张化性起伪,重视环境和后天努力。孟、荀尽管方法不同,但都承认"人皆可以为尧舜""涂之人可以为禹"。他们的教育目的都在于培养封建社会的"圣贤"。

长期以来,以儒家为代表的伦理道德思想在我国占有统治地位,并且成为中国传统文化中的核心价值观,中国各个朝代的统治者基本上都是尊奉了这样的伦理思想观念,并且与其政治纲领、治国理论融合为一个整体。然而值得指出的是,在中国传统的伦理道德体系中,除了上层位的、正统的伦理道德体系之外,还存在着另外一个来自人们生活需要和生活经验的,不同于正统教化伦理的民间伦理体系。尽管它们往往受到排斥或居于边缘,但却一直在民间百姓的实际生活中产生着影响。美国人类学家雷德菲尔德(Robert Redfield)在《农民社会与文化》中,把作为整体的人类文化传统分为"大传统"(Great Tradition)和"小传统"(Little Tradition)这两个不同层级的组成部分。按其表述,大传统是学校中培养出来的少数人的内省的传统;小传统则是生长于村落共同体中的、多数人的传统。[①]这里所谓的大传统,指的就是正统的、官方的、书本的、雅的传统,而所谓的小传统,指的就是异端的、民间的、日常的、俗的传统,也就是民间文化传统。而在这个民间文化传统的体系中,相当一部分内核就是关于民间伦理道德方面的。我国学者指出:"从质的规定和表现形态来看,作为大传统的正统教化伦理是经过思想家加工定型的、为统治阶级所倡导的、作为社会主流的价值观念,主要表现为各种程式化的理论和制度;而作为小传统的民间伦理则是不定型的、由普通民众在其实际生活中自发形成、在话语表达上居于主流之外的价值观念,它广泛地表现在人们的风俗习惯、生活方式等非理论化的现实状态之中。"[②]

这种有关文化传统二元性的理论对于伦理问题的研究是颇有裨益的,它可以帮助人们从较为单一的正统的或者官方的思维模式中脱离出来,去关注更多的,关于民间社会的伦理形态。

[①] 夏建中《文化人类学理论学派》(文化研究的历史),中国人民大学出版社 1997 年版,第 156 页。
[②] 贺宾《关注民间:传统伦理文化研究的新思路》,《唐都学刊》2006 年第 1 期。

虽然长期以来正统的或者官方的伦理思想一直在中国社会中占有主导地位,并且对整个国民,尤其是士大夫阶层产生深刻影响,但是民间伦理思想却同样是不可忽视的,它们既有与正统的伦理思想相统一、相互补的地方,又有与正统的伦理思想相背离、相抵牾的地方,正是这一事实,构成了中国传统社会中那种丰富多彩、复杂多样的文化生态。

近年来学术理论界有关伦理生活的研究,则从另一角度把伦理研究的视野进一步引向了民间的方向。把日常生活世界从背景中拉回到理性的视野,使理性自觉向生活世界回归,是 20 世纪哲学的重大发现之一。胡塞尔、维特根斯坦、海德格尔、哈贝马斯以及包括卢卡奇在内的西方马克思主义者从不同的层面推动了这一哲学的转向。其研究的视角从以必然性和普遍性为特征的自然科学式的研究转向以价值和意义为特征的人的生活世界,摆脱了理论研究过分抽象化的弊端,重新关注于综合中包含的具体规定性以及统一中的多样性。其意义在于,拓宽了社会历史理论的视野,提供了一种微观哲学社会科学范式,一种文化批判的理论视野。[1]

日常生活批判理论提示伦理学研究,尤其是伦理史研究要关注日常伦理生活的研究。日常生活史研究认为,历史上发生的一切事件,包括生活琐事都富有意义,历史学家的任务就是要说明其意义,深化人们对过去、现在和未来的认识。这种研究有别于以前的仅仅从伦理意识形态的范式,而是把伦理研究的触角伸向了更为广泛的日常生活。伦理生活研究的视野伦理生活是人类日常生活的一部分,它标示着人之为人的特殊的社会生活模式,是包含着是非善恶判断的人类生活。正如有些学者所指出:"伦理生活研究以人类生活的日常伦理现象为研究对象,试图对伦理生活现象给予解释,并寻找伦理生活的当然之则。伦理生活研究首先要弄清楚人类伦理生活的实际状况如何,这是研究的基础。人类伦理的实际不是来自于某个史学家或理论家的个人意见的表达,不是来自主流或非主流文化代表的言论,而是来自人类的日常生活,来自吃喝拉撒衣食住行的具体生活。"[2]

从伦理生活研究这一学术立场出发,日本的思想史家沟口雄三又进一步提出了有关"生活伦理"的理论,也可称为"世俗民间伦理",这是相对于"教化伦理"而提出的。他把广义的中国儒教按照不同的层次、对象、范围划分十个方面,并进一步归结为三个层面:教化伦理、生活伦理和职业伦理。生活伦理研究的是日常生活中产生并主要指导日常生活的规则。[3]这一方面表明,人们对生活伦理的研究方向进行了新的探索,开始从日常生活而不是思想理论出发来进行伦理学研究。民间生活伦理存在于民众实际生活中,是人们根据自己的生存方式和实际需要,从生活实际经验中得来并实际应用于生活的伦理。它以经验的形式在民众中传播,少有系统的理论论述。这就决定了生活伦理的研究不能借助于传统思想史研究所使用的理论材料,而应该研究民间流传的谚语、传说、家训、童蒙读物、戏曲鼓词、民间信仰,以及一些切近生活的民间文化形式等材料。[4]

---

[1] 衣俊卿《日常生活批判与社会科学范式转换》,《光明日报》2006 年 2 月 14 日。
[2] 郭清香《伦理生活研究:伦理学研究范式的转换》,《江海学刊》2006 年第 3 期。
[3] 沟口雄三《中国儒教的十个方面》,《孔子研究》1991 年第 2 期。
[4] 郭清香《伦理生活研究:伦理学研究范式的转换》,《江海学刊》2006 年第 3 期。

总之,现代伦理生活的研究视角,把伦理问题引向了民间的方向,诸如民间传说、民间礼仪、民间习俗等等的民间生活与民间艺术事项,均被列入了研究的范围,从而大大扩充了伦理研究的内涵与外延。

二、中国民间伦理的习俗形式及其具体例证

与正统伦理观念与思想主要以论述、著作等文化表达形式而得以表现的方式不同,民间伦理的观念与思想,主要是通过一系列具有很强生活性特点的习俗与行为方式而得以实现的,因此,通过对于一些民间习俗形态来研究民间伦理思想具有十分重要的意义。在这些具有一定伦理意义的民间习俗形态中,一方面蕴藏着深厚的民间伦理观念与伦理思想,另一方面又与当地的社会背景与人文神态的紧密联系,反映了鲜明的地域性特点。以下试举数例予以说明。

1. 结拜

结拜又称"结义",这是中国民间一种具有"认亲"意义的规范性礼仪程序。经过结拜仪式以后,结拜者之间便形成了一种人为的血缘关系,从此视如亲兄弟或者亲姐妹。结拜后的兄弟姐妹必须遵从与亲兄弟亲姐妹一样的伦理道德,否则便被视为"不义"。这种结拜一般都以自愿为基础,通过协商、同意,选择吉日良辰,在一个大家都认为较适宜的地方,如祠堂等,上挂关公等神像,下摆三牲祭品(如猪肉、鱼、蛋等),以及一只活鸡(男结拜为公鸡,女结拜为雌鸡),一碗红酒和"金兰谱"。"金兰谱"每人一份,按年龄大小为序写上各人名字,并按手印。仪式开始后,每人点一炷香,然后把鸡宰后将鸡血滴入红酒中,每人左手中指(女人右手)用针尖刺破,把血也滴入红酒中,搅拌均匀,先洒三滴于地上,最后以年龄大小为序,每人喝一口,剩下的放在关公神像前。这种形式,有的也叫"歃血立盟"。

过去女性之中也盛行结拜姐妹的习俗(也叫"金兰结义")。女子见与自己情趣相投的,便可以"结拜姐妹",年龄不受严格限制。一般结拜的是单数,如七个叫"七仙女"。一经结拜,就经常写女书作品往来,加深感情。这种结拜要超过亲戚关系,还会延续行走 2—3 代人。

2. 女书

女书被国内外学者叹为"一个惊人的发现"、"中国文字史上的奇迹"。它是一种单音节音符字的表音文字,是当地乡村妇女,特别是中老年妇女的文化工具。女书具有独特的社会功能,基本用于创作女书作品、记录女歌,一般为七言诗体唱本。每篇长的可达四五千字,短的只有几十字。女书作品一般书写在精制的手写本、扇面、布帕、纸片上,具有文字学、语言学、社会学、民族学、人类学、历史学等多方面的学术价值。

女书的字体秀丽娟细,造型奇特,古意盎然。近 2 000 个符码,只有点、竖、斜、弧四种笔画,书写呈长菱形,可采用当地方言土语吟咏。旧时当地不少才情女子采用这种男人不识的"蚊形字"来互通心迹,诉说衷肠,将其刺绣、刻画、戳印、书写于纸扇巾帕女红,传记婚姻家庭、社会交往、幽怨私情、乡里逸闻、歌谣谜语,也编译汉文唱本。主人去世后,它们多作为殉葬品焚化或掩

埋，只有寥寥少数作为纪念品珍藏保留，因此民间遗存极少。江永女书是现在世界上唯一存在的性别文字——妇女专用文字，它的发展、传承及其符号承载的文化信息构成了女书风俗。

女书记录的语言是女书流行与众不同的永明土话。其文字呈长菱形，笔画纤细均匀，似蚊似蚁，民间叫它作长脚蚊字或蚂蚁字，因其专为妇女所用，学术界便将其称为"女书"。

目前搜集到的近20万字的"女书"作品，绝大部分为歌体，其载体分纸、书、扇、巾四大类，无论哪种承载方式都十分讲究形式美。如写在纸张上四角多配花纹，写于纸扇上多插绘花鸟图案，织绣在巾帕花带和服饰上，则是精美的女红工艺品。女书的使用和传承也很特殊，仅限于妇女中流传，老传少、母传女，或由亲密的结拜姊妹教习。

与"女书"相伴相生的，是当地女性独特的社会生活习俗。据老人回忆和文献记载，历史上湖南江永及周边地区妇女尤其年轻姑娘之间，盛行结交"老同"（生辰同者或亲密女友间互相结拜），双方家庭为此专门修书，还有结拜仪式。当地妇女定期赶赴女神庙会请求神佑，并借此交流聚唱女书。一年一度的"斗牛节"成为名副其实的"女儿节"，男人出门看斗牛，女人趁机聚集"读纸读扇"，送字传情。闺房女红也多邀友结伴，边做边唱交流技艺。不但婚前"歌堂哭嫁"唱女书，在当地新娘出嫁的仪式上，姐妹们用女字书写"三朝书"作陪嫁贺礼，且当众宣读。足见"女书"在当地妇女生活中的神圣地位。

值得注意的是，在女书这种独特的女性文字形态中，展现了深厚的反传统的伦理道德观念，它们与正统的伦理道德观相违背、相抵牾，然而也正是女书这种独特的女性文学艺术中所表现出来的崇高的思想性意义。正如我国学者所指出：（女书中）"要求两性平等，颠覆男性中心主义。在中国数千年的男权社会里，妇女一直生活在社会的最底层，她们的思想和行动受'三纲五常''三从四德'的束缚和排斥。江永县妇女不仅创造了自己特殊的语言书写工具——女书，而且还运用这一文字在女性的王国里淋漓尽致地表达男女自由求学、平等任宦、要求解放的愿望，发出了两性平等、自尊和独立的呼唤，这在一定程度上争取到了文化表达的权利……（在女书中）她们已深深地意识到了自身的存在，不再恪守封建愚昧的伦理，而是敢于打破旧礼教、旧习俗对女性的羁绊，追求男女两性的平等、自由和独立，这些已经远远地超出了作为女性主体性本身的要求，而指向身份、地位和权利追求的象征。"[①]

3. 民间茶礼——阿婆茶

在上海郊区青浦区淀山湖西畔的水乡小镇商榻地区，自古以来，沿袭着一种民间习俗——阿婆茶。这里的农家人，特别是农村里的阿婆，每天你来我往，聚在一起，几张桌椅围坐在农家客堂里或廊棚里，桌上放有咸菜苋、萝卜干、九酥豆等自制的土特产，边喝茶边聊天，谈山海经、拉家常，嘴不闲、手不停（做针线活等）其乐融融。这种以茶为礼、以茶待客，并能交流思想感情，构筑睦邻和谐友情方式的社交风尚，久而久之就成为商榻风俗礼仪，自然形成了江南水乡地区的一种特有的民俗风情。

---

① 贺夏蓉《论女书作品中女性对传统伦理观的反叛》，《世界文学评论》2010年第1期。

阿婆茶习俗在宋朝已经形成,距今至少已有近700的历史。以前商榻地区男人们要外出做工,女人们在家编虾笼赚钱,这种单调乏味的工作,让商榻的女人们聚集在一起,累了、渴了就拿自己家中咸菜、萝卜干就着茶水吃,闷了就说说家长里短,这就是阿婆茶最初的形式,久而久之便形成了这一种特殊的风俗。

在上海青浦商榻地区,这种被当地人称为"边喝茶、边聊天,嘴不闲,手不停"的喝茶习俗,不仅被原汁原味地保存了下来,更代代相传至今。作为上海市非物质文化遗产项目,"阿婆茶"市级传承人朱惠宝这样形容:"喝一杯阿婆茶,不辞长作商榻人。"

这种生活场景现在仍然在商榻地区继续。但由于生产方式和生活水平的改变,边喝茶边劳作的生产场景在一些城镇已经不多见了,"阿婆茶"更多的成为生活中人们交流信息、增进感情必不可少的工具。平日里,一有空闲,村里的每家每户便要喊吃茶,今天这家,明天那户,一家家地挨着轮。喝"阿婆茶",还要配上几道当地的小菜,如菜苋、萝卜干、酱瓜、雪菜等,也有热点心,如芥菜塌饼、麦芽塌饼、毛蒸芋艿等才够味。如今生活水平提高了,商榻人也会用话梅、花生、糖果等来作为茶点。

与日常生活中的"阿婆茶"相比,现在一些有名目的阿婆茶逐渐有了相对固定的参加人,由于牵涉了生活中的大事,因而男人们也参加进来。由于有固定的时间,因而所做的准备也较为充分,包括茶叶的品质和茶点的数量。但其形式还是非常的简单。

在有些地方,阿婆茶还常常以"唱茶"的方式调解邻里纠纷,劝人为善,这是旧时民间通过在道德、社会地位上有威望的人物处置当地事物的表现。如江苏同里李记阿婆茶在"唱茶"时,经常要以"唱茶"方式为人做调解工作,出场时她身穿水乡服饰,并有笃板、响木等辅助道具,泡茶时的青花瓷茶壶、黄桦九子盘、青花瓷茶盅、青花瓷碗、青花瓷碟等茶具都带有相当浓郁的民俗特色。

在青浦商榻"阿婆茶"的场子里,还有个约定俗成的规矩,就是婆婆要赞叹自己的儿子媳妇。若在"阿婆茶"的场子里被称赞的儿媳就会得到大家的尊重。这里的"阿婆茶"最注重孝道,特别注重婆媳关系,提倡要孝敬老人。一般来说,婆婆们今天要是到家里来喝"阿婆茶",媳妇有空,都会在一旁斟茶递水,平时媳妇也会买些茶点放在家里,好让婆婆请别家老婆婆吃茶。若是婆婆在场子里说了媳妇不好,媳妇连上班都要不好意思。这个媳妇便要专门等婆婆们来家里吃茶的时候,向婆婆赔不是,安慰老人。在商榻镇,婆婆媳妇之间很少闹别扭,媳妇都孝敬婆婆,婆婆对媳妇也好。

4. 朝鲜族的花甲礼

朝鲜族自古以来就有尊重老人的美德,把尊重老人视为家庭乃至整个社会生活中的重要礼节。花甲宴是朝鲜族为纪念老人60周岁生日而举行的隆重喜宴。按传统天干地支推算,60年作为一个循环单元,因此,把60周岁看成周甲或还甲。朝鲜族把60周岁看成是人生道路上的特殊标志,因此对花甲宴特别重视。花甲宴这天,儿女们为老人大摆宴席,广邀亲朋好友欢聚一堂,感谢父母的养育之恩。

朝鲜族花甲礼系朝鲜族寿礼的重要礼仪之一。朝鲜族自古以来,就把尊重老人视为家庭乃至整个社会生活中极为重要的礼节。朝鲜族同胞每逢60大寿都举办寿礼,叫作"回甲宴"或"花甲宴"。花甲宴是朝鲜族人民为60岁老人举行的生日宴。按古代干支纪年,60年作为一个循环单元,因此,将60周岁称作周甲或还甲。朝鲜族把60岁看成是人生道路上的分水岭,因此花甲礼也就特别隆重,是朝鲜族人民生活中重大的人生礼俗。

这种礼仪形成于17世纪中叶到18世纪中叶,是由生日祝寿和尊重老人的风俗演变而成的。最初产生于王室,后来逐渐普及到平民百姓阶层。庆贺花甲的习俗在中国朝鲜族之中也一直得到传承,主要流传于延边朝鲜族自治州和东北三省朝鲜族聚居地区。

朝鲜族花甲礼的重头戏就是献寿,届时要对寿星敬酒、行大礼。具体过程是先是由主持人介绍寿星的人生经历,然后由长子夫妇开始敬酒,行大礼,接着次子一直到孙子辈依次献寿。献寿之后便是娱乐性的祝寿,此时,朝鲜族同胞能歌善舞的特长得到充分发挥,他们在寿台前或唱或舞,极具朝鲜族特色的顶瓶祝寿舞常常会出现在这个即兴表演的祝寿环节中。来宾或表演者头顶装有过半果酒的玻璃瓶,击节起舞。舞者时而轻盈移动,时而原地盘旋,舞姿舒展,技艺精湛,既展示了朝鲜族妇女能歌善舞的特长,又体现出尊老敬老的传统美德。接着便是放寿席,寿星或其子女向宾朋敬酒答谢。晚宴结束后,家人及亲朋欢聚一屋,载歌载舞通宵达旦。在各路亲朋临别之际,东家要分寿桌,把寿桌上所摆的糕点果品分赠给亲友。

三、中国民间伦理习俗的文化价值与社会影响

中国民间伦理习俗在整个中国伦理道德体系中虽然并不占有主导地位,但是它对于中国社会文化乃至中国民众产生的影响依然十分重大,它一方面帮助、协同正统伦理体系维持了社会的稳定与文化的认同,另一方面又体现了不同于上层阶级的,具有民间反叛特色的文化伦理思想与文化价值观。我国学者在阐述民间伦理的价值与作用时提出民间伦理的四大功能,即秩序功能、批判功能、教化功能、宣泄功能。[①]以下对这些方面的功能略作阐述。

1. 秩序功能

民间伦理体系是维护社会秩序的重要依据,在中国传统社会中,不仅存在由正统教化伦理和国家法律所维护的社会秩序,而且存在着依靠民间习俗、乡规民约等维持的民间秩序。诸如各种乡规民约、村俗村风,等等,就是民间伦理体系在各个地方中的具体表现。它们对维护社会秩序起着重要作用,并且充分补充了国家层面的正统伦理体系的不足与空缺。

2. 批判功能

民间伦理作为一种主要以民间形态出现的伦理文化现象,具有强大的批判性功能,它所表现出来的立场观点、价值取向、道德标准往往与正统的教化伦理有很大的区别,并往往会对正统的教化伦理具有很大的批判作用。例如在上文所举的女书中,作者从一些主要以民间女性身份

[①] 贺宾《论民间伦理的功能》,《信阳师范学院学报(哲学社会科学版)》2006年第3期。

出现的立场出发,对封建时代的以男权为中心的伦理观念与道德标准进行了深刻的批判,发出了要求女性解放、女性独立的声音。这在正统的文人文学艺术与文辞典章中是很少见到的。

3. 教化功能

长期以来,民间伦理虽然一直是一种处于边缘化的状态,并没有像正统伦理那样在整个中国文化思想体系中占据主导地位,但是它依然在广大的民间社会中具有着重要的伦理教化功能。例如以上所举的结拜习俗、阿婆茶习俗、花甲礼习俗等等,它们都是通过一定的民间习俗方式来倡导与实现中国传统社会中所提倡的某些核心伦理思想,如尊重长辈、孝敬父母、崇尚情义、关心他人、相互提携、善良贤惠,等等,对广大的社会民众具有很大的教化与示范性作用。

4. 宣泄功能

在传统社会中,广大民众的愿望与诉求(例如对于自己的婚姻、家庭、家境、财富方面的诉求等等)常常不能够得到满足,这种不满足感如果长期得不到宣泄,就会演变为一种心理失衡,以致对自己、家庭乃至社会造成一定的不利影响。而在民间伦理体系中,往往包含着许多可以对人们的心理进行疏导、宽慰的理念,如谦让随和、克己奉公、和睦相处、尊卑有序等,通过这些理念及其习俗行为方式的奉行与实施,能够为被压抑的心理能量的发挥提供相对自由宽广的空间,使人们心中的躁动情绪得到一定程度的平息与缓解。正如有些学者所指出:(民间伦理)"一方面,它通过对正统教化伦理的变通解释,为本能需求的满足提供了一条渠道;另一方面,通过民间话语的自由言说,释放了生物性层面上的能量,使人们获得了某种'替代性的满足',使之不至于无序无规范地发挥。"①

近年来,随着民间伦理问题日益受到学术界的重视,有关民间伦理的功能价值问题的讨论也越来越趋于多元与深入,例如学者周福岩认为,在我国的民间故事伦理思想中,具有十分显著的悖论性质:"与'孝''义''福'的伦理期待完全相斥的倾向同样存在于民众的精神世界中,双方构成尖锐的矛盾冲突。具体说来,民众的社会伦理观念中存在着'义'与'非义'的矛盾冲突,家庭伦理中存在着'孝'与'非孝'的矛盾冲突,宗教伦理中存在着'行善'与'求福'的矛盾冲突。这些冲突表现是传统精英等级制社会结构的产物,也是儒家伦理思想渗入民众日常生活层面后的俗化形态。"他还进一步认为:"作为一种底线道德,民众伦理远未超出日常生活的域限,它并不构成正统思想的异端,因此也不能成为固有社会秩序最终的颠覆力量。"②

可以预见,随着学术研究的深入,民间伦理以及民间伦理习俗等问题势必会日益引起人们的重视,并且对于中国文化思想的研究起到重要的推进作用。

(本文系未刊稿)

---

① 贺宾《论民间伦理的功能》,《信阳师范学院学报(哲学社会科学版)》2006年第3期。
② 周福岩《民间故事的伦理思想研究》,中国社会科学出版社2016版。

城市空间与晚清上海叙事

——从《王韬日记》到《海上花列传》

叶中强

当代西方文化研究中的空间理论,把资本主义体系下的"空间生产",视为强化和维持现有秩序的一种有效手段,同时又赋予在该秩序下生存的个体以"僭越"乃至"重写"资本主义空间逻辑的机缘。无论是昂利·列菲伏尔(Henri Lefebvre)的"空间生产"理论,抑或米歇尔·德索托(Michel de Certeau)的"日常生活实践"理论,都曾通过对当代资本主义城市空间与"日常生活行为"及"社会角色"的关系分析,来揭示资本主义的生产关系和社会秩序得以"生产"和"再生产"的原因,[①]其文化批判立场十分明确。但资本主义的现代性"城市空间生产"在晚清上海租界的实践,不仅造就了一座游离王朝体制的近代都会,亦引发了晚清上海文人对传统的一连串"僭越""重写"和对新空间秩序的逐渐认同,上海的"现代性叙事"由此滥觞。本文试以两个代表晚清不同时段的上海叙事文本——《王韬日记》(1858—1862)和《海上花列传》(1892 年始连载,1894 年成书)为个案,对"城市空间"如何影响并重构了上海文人的心理及其文本的初始轨迹,作一描述和分析。

一、《王韬日记》:开埠初期上海文人对"城市"的定位

(一) 地理界标:开埠初期的"北门"内外

1848 年农历正月,家住江苏甫里(今江苏甪直)的王韬,乘舟前往 100 多里外的上海,探视正在那里授馆的父亲。船"一入黄歇浦中,气象顿异。从舟中遥望之……浦滨一带,率皆西人舍宇,楼阁峥嵘,缥缈云外,飞甍画栋,碧槛珠帘。……然几如海外三神山,可望而不可即也"。[②]一种从未有过的空间经验突然闯入眼帘,使这位年仅二十岁的乡村秀才感到炫目惊心。然则上海此时开埠仅 5 年,西方资本主义的空间生产力才初露端倪,中国的第一个近代"城市社会"尚未成型。王韬所见,乃自 1845 年始在黄浦江边陆续新建的第一批洋行建筑,其构为"仓库和居所同

[①] 参见 Henri Lefebvre, *The Production of Space*, Blackwell Ltd. 1991. Michel de Certeau, *The Practice of Everyday Life*, University of California Press, Ltd. 1988.

[②] 王韬:《漫游随录》卷一,《黄浦帆樯》,湖南人民出版社 1982 年版,第 50 页。

设一处"的二层建筑,"院落的后部,通常是四五个仓库"①。在 1850 年代西洋写实画家的笔下,"浦滨"一带仍是建筑物"星星点点"②的地方。"滩边黄浦路,仅宽二丈"③。所谓"海外三神山"者,固带有一种"乡村"遭遇"城市"、"本土"碰撞"西方"的震惊感,但也多多少少被敷上了一层文人故作惊叹的修辞色彩。

至少在上海开埠后的头十年里,上海近代化的影子仍徘徊在"浦滨"(今外滩)一带。1848 年的王韬,在弃舟登陆后"特往"拜访了地处英租界麦家圈(今山东中路上自福州路至广东路一带)的中国第一个近代出版机构——墨海书馆,在领受了英国伦敦会传教士麦都思(W. H. Medhurst)的款待后,走出书馆畅目四顾,所见是:"北门外(系指上海县城以北之租界,'北门'即晏海门,俗称老北门——引者)虽有洋行,然殊荒寂,野田旷地之余,累累者皆冢墓也。"④今天我们借查看 1855 年的上海租界地图,可知王韬当年的驻足处,正是由英法租界构成的一个方块图形的中心,在其近旁的南北两侧,将延伸出两条先后作为晚清上海城市空间表征的繁华马路——宝善街(今广东路之中段)和四马路(今福州路),亦即日后一首著名的竹枝词所描绘的"沧海桑田事易更,最繁华处最心惊,歌楼舞馆销魂地,鬼火当年夜夜明"⑤的地方。而由其立足点直线北向,则将崛起一条作为晚清"话语生产"场域的标志性马路——时称"报馆街"的望平街(今山东中路上自福州路至南京东路一段)。然当时的"北门外",显然是一个被排除在"城市"概念之外的地理位置界定:"在指定的界内没有一条像样的路"⑥,是一片不适合居住的"荒烟蔓草"之地。

相形之下,租界的南邻——上海县城的"城市化"程度要高得多。自 1553 年(明嘉靖三十二年)上海筑城至开埠,上海的城厢区(俗称"南市")已形成了以县署为中心,以署衙东西两侧的三排楼街和四排楼街为南北走向的干道,共一百多条街巷的城市基本格局。城西南多大户人家府邸、苑囿,最著者有郁宅、也是园(南园)、书隐楼、九间楼等。城西北,则有大境阁、青莲庵诸胜。城东南是一个集东西南北商帮、杂货的交易之地,东门一带盘结着时见于晚清小说的咸瓜街、花衣街、豆石街、咸鱼弄、羊毛弄、油坊街和专售洋货(多为粤商贩来之南洋货)的洋行街,以及会馆、公所林立的会馆街、会馆弄等街弄。大东门外临江处则是清江海大关的所在地和通商码头。开埠前,上海县城辟有一条穿越东门,连接城内县署和黄浦江边"官大码头"的青砖道,时誉为"大街宽"——其一端虽未脱"县治中心"的传统城市格局,另一端则已伸向了五湖四海。

城内县署以北处(近北门),无疑是一个领衔上海社会活动的中心,这里有"据一城之胜"的

---

① [英]戴斯:《上海居住三十年回忆》,转引自[美]郝延平、李荣昌等译:《十九世纪的中国买办:东西间桥梁》,上海社会科学院出版社 1988 年版,第 197 页。
② 见李天纲:《外滩:"十里洋场"的开端》,载苏智良主编:《上海:近代新文明的形态》,上海辞书出版社 2004 年版,第 206 页。
③ 徐润:《徐愚斋自叙年谱》,《上海杂记》,香山徐氏校印稿,第 2 页。
④ 王韬:《漫游随录》卷一,《黄浦帆樯》,第 50 页。
⑤ 花川梅多情生草:《沪北竹枝词》,《申报》1872 年 9 月 9 日。
⑥ 熊月之主编:《上海通史》(第 5 卷),《晚清社会》,上海人民出版社 1999 年版,第 35 页。

城隍庙及东西两园。每逢重大年节,以邑庙为中心的民俗活动开展得如火如荼,王韬的《瀛壖杂志》如此描绘县城的春节、元宵、清明三节:

> 城隍庙内园,以及萃秀、点春诸胜处,每于朔望拔关纵人游览。正月初旬以来,重门洞启。嬉春士女,鞭丝帽影,钏韵衣香,报往跋来,几于踵趾相错,肩背交摩。
>
> 上元之夕,罗绮成群,管弦如沸,火树银花,异常璀璨。园中茗寮重启,游人毕集。……蹀躞街前,惟见往还者如织,尘随马去,影逐人来,未足喻也。远近亭台,灯火多于繁星。爆竹之声,累累如贯珠不绝。
>
> 沪人于每年清明日、七月望、十月朔,例以鼓乐奉城隍神出诣北郊,坛祭无祀鬼魂。仪仗舆从,骈阗街巷,马至数百匹。妓女椎髻蓬发,身着赭衣,银铛桎梏,乘舆后从,谓之"偿愿"。间有徒步于市者,轻薄少年指视追逐以为笑乐。是非敬神,直酿淫风矣。噫!①

此外,尚有农历二月城隍诞辰、三月天后诞辰、四月西园兰花会、六月东园晒袍会、七月棉花生日、八月潮生日、九月萃秀堂菊花会、十月炉节(蒸饼)、十二月腊八节(煮粥)、岁晚祭灶迎神……②几乎每月都有节日。每逢节至,便举城飞扬,城内居民或入肆购物,或合家宴乐,或聚游街衢,既为娱乐身心,亦为延续传统。晚清社会以"三楼"(茶楼、酒楼、青楼)为代表的消闲娱乐场所在城内亦繁盛,"城中庙园茶肆十居其五"③,而"沪城青楼之盛,不数扬州。二分明月,十里珠帘,舞榭歌台,连甍接栋。每重城向夕,虹桥(位于城中县署西南肇家浜上——引者)左侧曲巷中,灯火辉耀,笙歌腾沸,无不争妍取怜,弄姿逞媚。门外钿车骈溢,飞尘散香,裙屐少年,洋舶大贾,辄坠鞭留宴"。④

这种绚烂、老熟的文化景观,与"北门"外的荒寂、落寞之像恰成鲜明对照。"北门"遂一度成为一个分隔华洋,穿越城乡的重要地理界标。

(二)"出城"与"入城":王韬心目中的上海"城市"

上述地域与人文的双重界分,也影响着开埠初期文人行走上海的路线。王韬省亲翌年即来上海英租界墨海书馆佣书,长期住书馆背后三椽小屋,直到1862年因上书太平军遭清廷通缉而逃亡香港。查《王韬日记》可知,迄于1860年代初,南市县城依然是上海社会生活的中心舞台。以日记中关于王韬在上海生活的最后年份记录(1860年1月至8月)为例:王韬此时段在沪日子共187天,其中外出活动(指业余活动)的日子有135天,内中明确记载其"入城"的日子有70天,明确记载其"城外"活动的日子为59天(有时,一天内兼游城内外),⑤不仅"入城"的天数

---

① 王韬:《瀛壖杂志》(卷一),上海古籍出版社1989年版,第12—13页。
② 参见王韬:《瀛壖杂志》(卷一),第13—16页。
③ 葛元煦:《沪游杂记》,《茶馆》,上海书店出版社2006年版,第123页。
④ 王韬:《瀛壖杂志》(卷一),第10页。
⑤ 方行,汤志钧整理:《王韬日记》,中华书局1987年版,第131—192页。

（次数）要超过行走"城外"的天数（次数），即以逗留时间、心理趋归两方面观之，"城内"生活对这位居于租界的"华士"，依然有着"城外"无法替代的吸引力——有时晨起即往，日暮始归，如"日光射窗，如逢快友。急披衣起，著屦入城……于茶寮中得见吴沐安、何梅坞、管子骏、钱寿同、屠新之、秦隐林，同坐啜茗，谈辩锋起。……薄暮，游张家花园……出城已昏黄矣"。① 有时先游城外，继则入城，如"清晨，何楳屋（梅坞）来访……同诣挹清楼啜茗，吴沐庵、汪小云亦从城中出来合并。茶罢，偕入北门诣酒垆小饮"②。有时出而再返，一天两入，如"午后，人城至茶寮啜茗，得见汪小云、吴沐庵、窦茹轩，与之剧谈。……薄暮，（又）入城访壬叔（即近代著名数学家李善兰，时亦佣书墨海，住城西北大镜阁——引者），不值，至褚桂生校书家（高等妓院——引者）访得之"。③ 有时彻夜不归，继日再游，如"薄暮，入城，于茶寮中得见吴沐庵、何楳屋（梅坞）、汪小云，同坐啜茗，抵掌剧谈。……（又邀至酒楼）飞觥痛饮，借此热酒以浇愁肠……出至北门已闭……因回访徐安甫，同作寻春之举。……（是晚）宿于梁阆斋寓中"。④ 第二天"晨起，同阆斋至方鹤楼食鸡肉饺……午刻，途遇沐庵及蒋萃钦，邀往酒垆。……夜，出城已将闭矣"。⑤ 有时离沪甫归，即赴"城内"，如"午刻，抵上海，于西门茶寮啜茗。茶罢，唤人将行李挑至墨海家中……入城遇诸薇卿于途……薄暮，于西园遇汤衣谷，即偕啜茗……回来已夕阳在山矣"。⑥ 甚至一度思迁入城，欲与密友李善兰作比邻居："壬叔意欲徙居，与予同卜宅城内，作杞菊比邻。予诺之。以路远屋陋，尚未果也。"⑦

至少在《王韬日记》所示的"上海地图"（1858 年至 1860 年）上，其与友人在"北门外"经常聚会的几个场所——挹清茶楼、介福酒楼、尹松期铺等，较之"城内"的东、西、南三园及凝晖阁、乐茗轩、绿荫轩、四美轩、杏雨楼、群玉楼、福泉楼、会仙馆、世公酒垆、叶萃酒楼等茶肆酒楼，以及褚桂生家等曲院勾栏（以上均为《王韬日记》中出现的地点），显得寥落而模糊。

更为重要的是，对王韬这类第一批进入租界的文人而言，"北门"不仅是一个穿越城乡的地理界标，亦是一道划分"夷夏"的心理藩篱。科举不第，乞食海陬，已属"计非得已"，而身居夷场，佣书西馆，更有"卖身事夷"之嫌。况此时期的王韬，传统"士"的身份意识依然强烈，自觉西人"非我族类，其心必异，饮食嗜欲，固不相通……文字之间，尤为冰炭……聆于耳者，异方之乐，接于目者，獶杂之形。……几于桎梏同楚囚，闭置如新妇矣"。⑧ "而墨海左近，无可谈者"⑨。这种由传统的"夷夏大防"和文化差异所导致的身份焦虑，亦是这位上海开埠初期的"秉笔华士"，动

---

① 《王韬日记》，1860 年 5 月 13 日，第 164 页。
② 《王韬日记》，1860 年 5 月 28 日，第 170 页。
③ 《王韬日记》，1860 年 4 月 26 日，第 159 页。
④ 《王韬日记》，1860 年 5 月 19 日，第 166 页。
⑤ 《王韬日记》，1860 年 5 月 20 日，第 166 页。
⑥ 《王韬日记》，1860 年 5 月 7 日，第 163 页。
⑦ 《王韬日记》，1860 年 3 月 13 日，第 143 页。
⑧ 王韬：《弢园尺牍》（卷四），《奉朱雪泉舅氏》，载李毓澍主编：《弢园尺牍 不得已》（合订本），台湾大通书局印行，第 138—140 页。
⑨ 《王韬日记》，1860 年 3 月 20 日，第 144 页。

辄即往"北门"内跑的重要原因。

"北门"内的"热闹"和传统士人的文化立场,亦决定了早期租界文人观察上海的视角。王韬的《瀛壖杂志》(刊行于1875年),记述了上海开埠后的种种巨变,其中尤以卷六历述报纸、电报、煤气灯、消防水龙、印刷术、西医、西剧、影戏、魔术、马戏、摄影、跑马等西器物在上海的引入而备受今人关注。①但偏重于"新变"的阅读方式,多多少少遮蔽了《瀛壖杂志》的基本内容(事实上,上述西器物中除报纸、跑马、西医外,大部分均出现在王离沪赴港之后)。通览书中各卷,我们更多见的是上海本地旧史、城池、形胜、邑庙、学宫、园林、物产、习俗、民情、人物等,其叙事触角东至川沙、南至松江、西至青浦、北至宝山。在这"随时走笔"、"积篇而成"的文本框架中,我们不难触摸到作者的一种思维定向——以"邑城"为中心展开的上海叙事逻辑。城北租界与东关货商、南门桃花、西郊菜圃,以及法华牡丹、华亭鹤村、黄浦番舶、吴淞江月,乃至西园游民、虹桥曲巷、荡沟流娼等,同为其叙事半径中的点面。这种叙事视角,实际上代表了开埠初期文人对上海"城市"的定位。

熟悉上海史的人都知道,王韬早期在沪的这十三年(1849年至1862年),是近代意义上的上海城市奠定格局的关键时期。一是1853年县城内的小刀会起义及1861年太平军进军江南,曾先后导致"城内"及江浙难民涌入租界,华洋分隔的局面由此被打破,原本"无非荒土"的"北郭一带",一瞬间吸吮进发展新城区的大量资金、人力。再是"北门"外的洋行数量激增(从王韬至沪省亲的1848年的24家,增加到1854年的120多家)②,这些近在身边的洋行及其所携洋器,不仅以其"华楼彩轱""淫思巧构"③,逐渐修改着"北门"外的地貌风情,亦使流落租界的落拓文人有了第一笔借以炫耀自我,彰显身份价值的文化资本。在《王韬日记》中,有多处记载其以主人身份,引领"城内"或外埠文人在"城外"逛洋行、观西器、访西人的记载,如"晨,吴子登嘉善同其兄子让来观火轮器。轮激行甚疾,有一马力,织布轧棉,随其所施"。④再如"钧甫来访,同往观印车,双轮捷奔,数百番纸顷刻皆毕,叹为巧夺天工"。⑤继如"午后,玉我轩王佛云来访……同往瑞记洋行,纵观奇器"⑥。即便是其出游沪外,偕友访艳时,亦不忘向妓女"阿珍""馈以西洋退红布一端"⑦,以示来自"夷场"身份之特殊。《王韬日记》亦以男性观看的视角,描述了"北门"内外风景的微妙变化:"薄暮,散步马道,则见怒马轻车,飘忽如电;西人女子,便服丽娟。仿佛霓裳羽衣,别有逸趣。"⑧而"晨,同黄春甫入城……村姑之往来者如织,联袂嬉笑,青红炫目,皆若有自矜其貌美者"。⑨"城外"霓裳羽衣的西女和"城内"红绿炫目的村姑两相映照,透露出王韬眼中城乡色

---

① 参见王韬:《瀛壖杂志》,第111—130页。
② 熊月之主编:《上海通史》(第5卷),《晚清社会》,第32页。
③ 王韬:《瀛壖杂志》,第110页。
④ 《王韬日记》,1860年2月11日,第134页。
⑤ 《王韬日记》,1860年4月1日,第152页。
⑥ 《王韬日记》,1860年5月23日,第167页。
⑦ 《王韬日记》,1860年5月3日,第161页。
⑧ 《王韬日记》,1858年4月10日,第5页。
⑨ 《王韬日记》,1860年1月24日,第131页。

差的位易。

然正在崛起的"夷场",似仍不足以改变早期租界文人行走上海的路线,从《王韬日记》所载时段内,我们依然可以看到:在大多数的"清晨""午后"或"薄暮",这位在谋生方式和知识结构上,正经历着重大转型的"秉笔华士",从其栖身之所——英租界的麦家圈,向南至洋泾浜(今延安东路),过三茅阁桥(洋泾浜之渡桥)走入"北门"的匆匆身影。

二、《海上花列传》:用马路构筑起来的"现代性"

(一)马路与消费:近代市民空间的生成

如果我们认同"现代性"的本质,乃指世界工业革命以来的一整套器物、制度及观念的同构与演化,那么这种"现代性"伴随着晚清上海城市空间的建构已然在中国衍生。

1854年7月11日,在上海外侨租地人会议上成立的英租界行政管理机构工部局,象征着西方现代性的政治、经济组织模式在"北门"外的正式移植。工部局以租界内的"幸福、安全"为许诺,建立了一套完备的征纳税制度和治安体系(如1855年设捕房,改"更夫"为"巡捕"、1869年协设会审公廨等),并对勾画一座近代城市轮廓的公共基础设施——道路、码头、街区、照明工具等进行有系统,规模化的建造和管理。至1865年,英租界内已修筑完成了以南京路(大马路)、九江路(二马路)、汉口路(三马路)、福州路(四马路)、广东路(五马路)为标志的13条东西向干道,和以扬子路(即外滩,今中山东一路)、河南路(界路)、山东路、福建路(石路)、西藏路(泥城浜)等为标志的13条南北向干道。1862年,上海跑马总会又以越界筑路的方式,集资开辟了界外原为一片荒野丛林的静安寺路(今南京西路,为《海上花列传》中主要游览路线之一)。自1854年至1864年,英租界的道路面积,从占其总面积的14.2%,上升到23%,[1]远高于中国的传统城市。与此同时,和道路辟造相配套的市政工程亦紧跟其上:1869年11月,工部局实施对界内道路每天清扫制。1870年代初,界内排水管道系统铺设完成。从1890年始,试用水泥等新材料铺筑人行道。此外,在1866年,英界内的道路已普设照明煤气灯,自1882年始,又逐渐改用电气灯,传统的"昼夜"时间观为之一变。

一个令人尴尬又难以回避的事实是:自1860年代起,上海的"夷场"就像一本横亘在"北门"外的,逐页打开的西方"现代性"的启蒙文本,对人们的感官乃至社会价值系统产生了巨大的冲击。1871年,由字林洋行刊行的《北华捷报》,甚至以此对"城内"政治权力的合法性提出了挑战:"我们整洁明亮的街道,干练的警察,对县官来说经常是一种呵斥,因为他所管理的是南市污秽的河浜和破烂的僻巷。"[2]而"城内"的反应是:自同治至光绪年间,拆城之议一直不断。延至光绪三十一年(1905年),"邑绅三十余人公请拆城",以利南北互市。但"方禀上海道时,

---

[1] 熊月之主编:《上海通史》(第5卷),《晚清社会》,第129页。
[2] 转引自中国人民银行上海分行编:《上海钱庄史料》,上海人民出版社1960年版,第17页。

反对者亦纷起",其主要理由除保国权、护民气外,还有"城内道路不治,拆之则丑态毕露,不拆犹可藏拙"①一条。但用城墙维护起来的"尊严"或"面子",显然已无法抵挡来自墙外的"现代性"冲击。

随着街路的拓展,城市生活的舞台亦被拉宽。正是在这纵横26条马路组成的干道网络上,近代市民消费空间亦被渐次构筑起来。在1870年代,若由洋泾浜弃船登英界,首先进入的繁华街区是被称为夷场"华人街"的宝善街,沿街设有茶楼(戏园)、酒肆、栈房、妓院、赌窟等,都是些纯"老中国"式的休闲娱乐场所。但这些传统消费样式,在由南向北作蔓延之势时,很快和一种由东向西扩展的消费模式及生活方式纠合起来(开埠较长一段时间内,西人主要的娱乐消费或公共聚会场所,多集中在英界东面近浦畔处)②,在1880年代的四马路上,汇聚成了一种与传统判然有别的消费景观。

这时期最能代表四马路消费特征的,依然是中国历史悠久的"三楼"——茶楼、酒楼与青楼,但无论在其规模、设施、功能及文化内涵上,都已现出一种别样的姿态。如茶楼,在1908年前后,沿四马路由西向东,著名的大茶楼有群芳花萼楼、四海心平楼、金波玉泉楼、碧露春、乾元品春楼、西园、三万昌、仪园、顺风楼、留园、四海升平楼、青莲阁、五层楼、万华楼、沪江第一楼、乐也逍遥楼等。③其中时称"洋场一景"的青莲阁(即《海上花列传》中的"华众会",始建于1870年代),杰阁三层,除设茶座外,兼营书场、戏院、烟间、弹子房,并附售西点、花卉、虫鸟诸物,这使得茶楼这一典型的"乡村中国"式的休闲场所,呈现出一种向综合性、集约化消费模式的近代游艺场方向发展的新气象。再是"番菜馆"对传统酒楼业的渗透,自1870年代至1890年代,"上海番菜馆林立,福州路一带,如海天春、富贵春、三台阁、普天香、海国春、海国春新号、一家春、岭南楼、一枝香、金谷香、四海村、玉楼春、浦南春、旅泰等,计十四五家。……独一品香最早(开设于1879年——引者)"。④馆外仍是中国传统的砖木楼阁样式,馆内则是琉璃吊灯、西式壁炉、古瓷盆景等一派亦中亦西的富丽陈设。由此可见:在四马路的"吃文化"中,华洋并存的现象已非常普遍。毋须回避的是,在四马路的消费结构中,妓业占有举足轻重地位。1853年上海县城内爆发小刀会起义,原集中在"城内"的妓院,纷纷迁至租界。1861年太平军占领江南一带并实行禁娼,南京、扬州、苏州等地妓女又纷纷避居上海租界,遂成"女闾之盛甲于天下"的风化现象。其中"幺二堂子(二等妓院——引者)皆聚于东西棋盘街,若书寓、长三(高等妓女——引者)则四马路东西荟芳里、合和里、合兴里、合信里、小桃源、毓秀里、百花里、尚仁里、公阳里、公顺里、桂馨里、兆荣里、兆贵里、兆富里皆其房笼也"。⑤这些长三"房笼",无疑成了晚清上海"消费革

---

① 陈伯熙编著:《上海轶事大观》,《拆城》,上海书店出版社2000年版,第9页。
② 如大马路东口的汇中饭店(今和平饭店南楼,1854年前建成)、外滩的上海总会(即英国总会,今东风饭店,1864年建成)、圆明园路诺门路上的兰心戏院(1866年建成),北京东路外滩的公园(今外滩公园,1868年建成),教堂街(今江西中路)上的圣三一堂(1847年建成)等。
③ 参见老上海(陈无我)编:《老上海三十年见闻录》(上册),大东书局1928年版,第10页。
④ 见《图画日报》第10号,第7页。
⑤ 葛元煦等:《沪游杂记·淞南梦影录·沪游梦影》,上海古籍出版社1989年版,第163页。

命"的感性说明语,其所列物品从洋镜、洋灯、洋桌椅、自鸣钟,到洋火、洋皂、洋布手巾,①既炫示着一种浮华与淫侈,亦从一个侧面说明着一座近代国际商贸都会的特质。这些曲院深巷和四马路上比肩而立的大型茶楼、酒肆、烟馆、客栈、商号,以及不断涌现的近代出版机构一起,构成了晚清上海独特鲜活,又不免有些暧昧的市民消费空间。

四马路消费文化的凝聚,不仅改变了人们对"城市"的认知,亦直接催生了中国文学史上的第一部海派长篇小说——《海上花列传》。

（二）马路、马车与女性:《海上花列传》中的"城市"及其"现代性"

严格而言,"在文学中,城市与其说是一个地点,不如说是一种隐喻"②。但因晚清小说在叙事场景上的实录特点,遂使其中一些文本有了"地图指南"的价值。《海上花列传》即属此类文本,仔细分析一下小说即可见出:这是一部以近代上海马路为基本叙事构架的作品。小说人物行走的范围,东至扬子路(黄浦滩)的"义大洋行",西至静安寺路的"明园",南至法租界的"新街",北至英租界的"后马路"(泛指今南京东路以北之马路),东南至南市大东门外的"咸瓜街",西南则至城郊徐家汇。但小说营构的"中心舞台"则在英租界的四马路及其南北两侧的五马路和三马路。小说第一回中,外乡人赵朴斋抵沪后作"冶游"的第一站,即是位于五马路南侧的西棋盘街(今河南路西侧,其东侧为东棋盘街),我们不妨以此为始点,对小说营构的"中心舞台"及其所属"倌人"作一辨认:

五马路南侧的东、西棋盘街乃小说"中心舞台"之边缘,是"么二"倌人的聚集地,那里有聚秀堂的陆秀宝、陆秀林,绘春堂的金爱珍和得仙堂的诸金花。由五马路转石路(今福建中路,为小说中一条穿越南北的主干道),始见"长三"住家,那里有兆富里的文君玉和兆贵里的孙素兰。沿石路北上,即是晚清上海最繁华的四马路(文本空间结构的核心点)。小说中的长三"红倌人"多居于此,如西荟芳里的沈小红,尚仁里的卫霞仙、黄翠凤、林素芬、林翠芬、赵桂林、杨媛媛,东合兴里的吴雪香、张蕙贞、姚文君,东兴里的李漱芳、李浣芳,东公和里的蒋月琴,西公和里的罩丽娟、张秀英,清和坊的袁三宝,同安里的金巧珍。沿石路继续北行至三马路,则有公阳里的周双珠、周玉珠、尤如意,以及鼎丰里的屠明珠、赵二宝。在这三横(东西向)一竖(南北向)的街路和成片连排的里巷建构起来的空间中,人们所见的是走马灯般来回的轿子、马车、东洋车,在娘姨、大姐陪伴下频频"出局""转局"的红倌人的身影,以及狂蜂浪蝶般穿街走巷,叩门访艳的冶游客。"中心舞台"的两个外围,一是洋泾浜南侧的法租界新街,二是四马路西首(英租界之边缘)的居安里和大兴里,前者是"花烟间"妓女王阿二的栖处,后者乃"台基"妓女潘三和"流莺"诸十全的居停。③四马路冶客的下人们,往往乘服侍主人的间歇,或沿石路南下过五马路,度郑家木桥(洋泾浜之渡桥)进新街,或过石路至四马路西首。这些沿街而聚、逐路而列的曲院青楼,在向人们

---

① 参见《海上花列传》中相关描写。
② [英]马尔科姆·布雷德伯里:《现代主义的城市》,载《现代主义》,上海外语教育出版社1990年版,第77页。
③ "花烟间",1872年5月9日,《申报》有文云:"以烟为媒,以花为饵者,俗谓之花烟间",属低档妓馆。"台基",1883年7月28日《申报》有文云:"台基者何? 借台演戏,仅租基地",乃专供男女私会之客店。

打开眺望城市欲望之窗的同时,亦牵羁着小说人物命运的进退(如始终徘徊在"边缘"——棋盘街的"外乡人"赵朴斋,进则跻身"中心",退则沦落"外围")。

小说无疑借复杂的妓家生态,为我们提供了一个具体可感的"市中心"。四马路一带,不仅汇聚了像德大汇划庄老板(亦是苏州名公子)葛仲英,亦官亦商的罗子富,金陵贵公子史天然,身份暧昧的五马路公馆主人王莲生(后去江西做官),义大洋行职员吴松桥,杭州大商人黎篆鸿,两江才子高亚白、尹痴鸳,以及盘桓在棋盘街上翘企"中心"的外乡人赵朴斋、张小村等一类成色复杂的外来民(或新移民)。即便是居于"城内"的"本城宦家子弟"陶云甫、陶玉甫兄弟,一旦要参与城市的公共生活,也必须向北穿过华洋交界的"北门"。最耐人寻味的是,作为小说主线人物的南市永昌参店老板洪善卿,其生意据点明明在东门外的咸瓜街,但小说从未具体描写其在南市的生意行踪,却让其一次次地走过陆家石桥(位于南市小东门外,乃法界与华界之分际),然后"喊过一把东洋车"(从日本引进的人力车),频繁地穿梭于"北头"的三、四、五马路,其身后的老城厢,遂成为小说关于上海叙事中的一个"缺席的在场者"。

老城厢的被悬置,还可以从小说中妓女坐马车游览城市的路线中看出。由欧洲引进的"皮篷马车"或"轿式"马车,无疑是当时上海最"现代化"的城市交通工具,邀青楼女子乘马车兜风,乃晚清上海一大风习和一大街景。时有文章记云:"每日午后坐马车驰骤静安寺道中,绿扬影里,一鞭残照,足畅闷怀,时各行车马为之一空。挟妓同车者,必于四马路来回一二次,以耀人目。"[①]在《海上花列传》中,坐马车出游是一个具有多重涵义的情节,它既是时髦倌人"以耀人目",招徕顾客的流动广告,亦是小说文本突破妓家叙事的小圈子,连接和把握城市大背景的一条逻辑纽带。小说第六回中,妓女吴雪香与其恩客葛仲英坐马车的巡游路线很富象征意味:从四马路东合兴里出发,经抛球场,到大马路亨达利洋行购物,再一路西行至静安寺,逛明园(公园)喝茶,继又调头东至黄浦滩,薄暮时分转回"两行自来火已点得通明"的四马路。马车巡游的路线,描画出1890年代前后西方文明长驱直入后的上海中心区域的轮廓。相似的巡游路线,在稍后出版的《海上繁华梦》,以及继后的《孽海花》《新石头记》等著名晚清小说中一再出现。值得注意的是:在由马车路线圈围起来的"城市"地图上,已排除了近在咫尺的"南市"。

把老城厢排除在城市地图之外,暗含着两种文明的比较。事实上,当时的西式马车根本无法驶入老城厢简陋的街道。小说虽未明言,但我们从"跨界"人物的行走路线中,依然可以看出此类比较。小说第十七回写洪善卿行至租界内打狗桥(洋泾浜之渡桥),巧遇刚出"北门"的陶玉甫,这位"本城宦家子弟""轿子也勿坐",急往四马路东兴里探视生病的相好妓女李漱芳,洪"随手帮他喊了一把东洋车"。我们由此可以想见"城内"道路之陋相(惟适行轿了),这与"道平如砥",车水马龙的租界区域恰成鲜明对照。小说第四回则写红倌人沈小红责其相好王莲生:"我要问耐(你),耐三日天来哚陆里?"莲生谎称:"我来里城里,为仔个朋友做生日。"小红随即冷笑:"阿是坐仔马车打城头浪跳进去个嘎?"话中暗含马车无法通过城门。对此,我们可引一段相关

---

① 《绘图冶游上海杂记》(第6卷),文宝书局1905年石印本。

史料加以注明:"辩论拆城问题(指城厢内关于拆弃城墙之议——引者)各不相下,上海道乃立调停之策,添辟城门三……(宣统)二年事竣,又改建小东门、小南门、老北门三门,使可通马车。"[1] 可见:在1910年(宣统二年)前,马车根本无法驶入"北门",城内亦没有可供马车"驰骤"的"马路"。于是小说通过"马车"与"马路"的互文关系,将简陋落后的老城厢放逐在了近代文明的版图之外。

当然,马车绝非城市街道上唯一的"现代性"意符,在《海上花列传》中,四马路的壶中天番菜馆,大马路的抛球场和亨达利洋行,静安寺路的明园(公园),徐家汇官道西首的"外国酒馆",洋泾浜三茅阁桥侧的丽水台(租界著名大茶楼),五马路上的仁济医馆,石路的祥发吕宋票店(彩票),后马路的德大汇划庄,黄浦滩边的"洋行码头"和"火轮船",以及沿街设置的"自来火"或"电气灯",分别从休闲、消费、博彩、健身、医疗、金融、贸易、航运等各个侧面,勾勒出一座中西互构的近代国际都会的空间样貌。这些功能空间或设施,与纵横交错的马路互相定位,构成了1890年代上海城市的地图指南。

马路在营构"现代性城市空间"的同时,亦为人们提供了走向各类公共场所的便捷通道。这种日常生活中的"路线设定",其重要意义不仅在于诱导市民走进以市场消费为主导的"城市生活方式",亦在于引领他们走出以家庭血缘为中心、以尊卑等级为秩序的传统社会结构,而趋向以公共交往为特征的开放性社会网络。在《海上花列传》所演示的一系列社会伦理秩序新变中,莫过于女性走上街头,闯入原属男性领地的公共交往场所了。

中国女性普遍地走向社会,也是从马路开始的,而其最初的一个动力即来自充满诱惑力且具安全感的公共消费空间。《海上花列传》第五十四回写妓院的"娘姨"阿珠和"大姐"大阿金联袂至四马路华众会喝茶的情景,为我们提供了晚清上海底层女性介入此类空间的图照:

> 出弄转弯,迤逦至四马路中华众会,联步登楼,恰遇上市辰光,往来吃茶的人逐队成群,热闹得狠。两人拣张临街桌子坐定……堂倌过来冲开水,手摅一角小洋钱,指着里面一张桌子道:"茶钱有哉,俚(他)哚会过(已付)哉。"两人引领望去……认得是赵二宝阿哥赵朴斋。……赵朴斋笑吟吟矗过外边桌子旁……随向阿珠搭讪……(既而)转问大阿金:"耐(你)跟个啥人?"……阿珠接嘴道:"俚故歇来里(她这会儿在)寻生意,阿有啥人家要大姐?荐荐俚。"朴斋矍然道:"西公和张秀英说要添个大姐。"……即问明大阿金名字,约定廿九回音。……朴斋吸了几口水烟,仍回里面桌子上去。

上述文字中,"喝茶"和"寻生意"连枝一气,点出了晚清上海社会交往之特征和公共场所之功用。但更重要的是,小说展现了由马路和茶楼聚合起来的陌生男女(至少互不相熟),在"人逐队成群"的公共场合互相"搭讪",且毫不为意的"现代"画面。

---

[1] 陈伯熙编著:《上海轶事大观》,《拆城》,第10页。

小说描写的"女性",虽未脱妓家圈子,却亦真实地反映了中国女性走向社会的初始情景。租界的治安与西俗,已为女性参与公共空间准备了条件,但对长期受"男女之大防"规约,稍有身份的中国女性而言,这仍然是一种危险的"逾越"。直到 1870 年代的上海,还有人在《申报》上讽咏西人男女共聚教堂之"陋俗":"天主堂开法界中,七天礼拜闹丛丛。男和女杂混无耻,乱道耶稣救世功。"①至于西人男女习以为常的在街上携手同行,则被讥为:"西夷男女不知羞,携手同行街上游。亵语淫声浑不顾,旁人但听只啾唧。"②西人尚被如此指摘,华人自不待言。而生活在租界里的书寓、长三等高级妓女,本来即是游离于正统伦理之外的"边缘人",因此,她们较少道德顾忌,"敢为天下先",在晚清大部分的时间内,她们是惟一能百无禁忌地出入各类公共场所的女性群体。如在戏园:"戏文有彩最难抛,名妓台前影已交。远盼两廊多认识,佳人身上挂香包。"③又如在茶馆:"自创为事事讲究之茶馆,然后妓馆一流人,每于饭罢空闲,挈伴偕临,借以消遣,欲茶欲烟,随心所好。"④妓女之后,则有娘姨、大姐、女堂倌等底层妇女紧跟其上,如"侍儿心性爱风华,奔走街头笑未暇。寄语阿郎来订约,松风阁上一回茶"⑤。接着是小户人家妇女欲遮还羞地"潜入"娱场:"荆钗裙布越风流,独步城隅秉烛游。扮作女堂倌样子,好听花鼓上茶楼"⑥。风气所趋,使"居家者欲求保全之策,而几几不可得矣"⑦,一向以谨守妇道自矜的大家女子亦挡不住诱惑:"佣妇之夸美,乡邻之引诱,艳称其楼宇之峻,涂饰之华,铺陈之富。一动于中,辄思偶扩眼界,瞒父背夫,与若辈作伴,乘车登临胜地。"⑧——由妓家而至良家,由底层而至上层,社会历史的变迁往往先自"边缘"。

事实上,早在 1870 年代,伴随着一片指摘声,"上海地方妇女之蹀躞街头者不知凡几,途间或遇相识之人,欢然道故,寒暄笑语,视为固然。若行所无事者,甚至茶轩酒肆,杯酒谈心,握手无罚,目贻不禁。……此风日甚一日,莫能禁止"。⑨而与租界共时性的,同为"上海"的南市老城厢则风气依旧。生活于民国时期上海的陈存仁在其《银元时代生活史》中谈及自己当年婚恋情景时说:"旧时(1930 年代初——引者)南市的风气,(男女)不订婚是互不谈话,也不能相约出外的","南市的小姐们,只有在订婚之后,才肯偕同出游"⑩。于此可见,1892 年始连载于《海上奇书》(中国第一份小说杂志)的《海上花列传》,既为"过往之存照",亦为"时代之先声"。

由《海上花列传》,我们看到了一次真正意义上的文化心理"僭越":在它之前,还没有一部如此大规模地展示"夷场"——实为中西文化互参的中国近代城市小说。它向人们演示了"城市空

---

① 茗溪洛如花馆主人未定草:《春申浦竹枝词》,载《申报》1874 年 10 月 16 日。
② 《春申浦竹枝词》,见顾炳权编:《上海洋场竹枝词》,第 50 页。
③ 松江养廉馆主:《上海茶园竹枝词》,载《申报》1874 年 2 月 5 日。
④ 《洋场妇女出入烟馆茶楼说》,载《申报》1885 年 1 月 9 日。
⑤ 茗溪洛如花馆主人未定草:《春申浦竹枝词》,载《申报》1874 年 11 月 5 日。
⑥ 泾左碌碌闲人:《沪上游女竹枝词》,载《申报》1872 年 10 月 18 日。
⑦ 《书禁革浇风示后》,载《申报》1885 年 8 月 9 日。
⑧ 《禁令宜相辅而行说》,载《申报》1885 年 9 月 23 日。
⑨ 《二人摸乳被枷》,载《申报》1872 年 6 月 4 日。
⑩ 陈存仁:《银元时代生活史》,广西师范大学出版社 2007 年版,第 85、86 页。

间生产"在生产城市实体的同时,亦在生产相应社会秩序的图景;它在打开"城市欲望"之窗,为日后海派文学的"情色乌托邦"想象敷设了一层底色外,亦开启了上海乃至中国文学的"现代性叙事"之门。在小说及其作者的背后,城市空间的繁衍仍在继续,时至 20 世纪初,迅速崛起的大马路(今南京东路)很快取代了四马路的地位。到了 1930 年代新感觉派作家的笔下,复杂的城市空间只能被"感觉"为"红的街,绿的街,蓝的街,紫的街……"[1]了。

(原载《上海文化》2007 年第 5 期,收录本书时作了删节并略有修订)

---

[1] 穆时英:《上海的狐步舞》,《夜总会里的五个人》,经济日报出版社 2002 年版,第 60 页。

当前推进我国文化政策创新的思考

巫志南

一、我国近年以来文化政策简评

党的十六大以来,文化政策制定基本围绕我国社会主义建设事业总体布局和中心任务,围绕破解文化领域改革与发展过程中遇到的重大或关键问题。

政策阶段性主题表现为:

区分文化事业与文化产业。党的十五届五中全会提出"文化产业"概念,公益性文化事业和经营性文化产业自此成为发展先进文化的两翼,这一重大划分,将文化领域体制改革推进到新的阶段。围绕文化体制改革和发展文化事业、文化产业,中央出台了一系列政策,如关于文化体制改革试点中支持文化产业发展和经营性文化事业单位转制为企业的规定,关于投资体制改革的决定等。

明确文化发展的地位与作用。党的十六届三中全会报告完善社会主义市场经济体制若干问题的决定,阐明"四位一体"发展格局,明确指出文化是经济和社会可持续发展的重要保证,文化发展是社会发展的重要领域,进一步确立了文化发展的重要地位和作用,把编制国家文化规划提到重要议事日程,及时颁布了国家"十一五"时期文化发展规划纲要。

解放和发展文化生产力。党的十六届四中全会首次提出"深化文化体制改革,解放和发展文化生产力"。政策制定随之从单纯重视文化生产关系调整,转变为同时注重文化生产力的解放、激发和培育,如关于非公资本进入文化产业的若干决定、关于深化文化体制改革的若干意见等。

加强公共文化服务体系建设。党的十六届五中全会提出"十一五"期间文化建设要加大政府对文化事业的投入,逐步形成覆盖全社会的比较完备的公共文化服务体系。随后,发布关于加强公共文化服务体系建设的若干意见。

从十六大以来文化政策制定和实施的历程看,围绕大局、与时俱进、突破瓶颈、积极探索、促进发展是推动我国文化政策创新的基本规律。

二、现行文化产业政策瓶颈及突破口

党的十六大以来颁布的各项文化政策,推动了文化领域全面发展,营造了最有利于文化发展的综合环境。但是,从推动文化产业大发展大繁荣、提升国家文化软实力的目标要求出发,仍然面临一些十分突出的政策瓶颈。主要是:

宏观层面迫切需要加强总体政策安排 从总体上看,国家层面在大力发展文化事业和文化产业、解放和发展文化生产力方面均有十分清晰的指导意见和战略部署。但是,在文化发展涉及与发改、财政、商务、工商、税务、海关、外汇、人事、城建、土地等部门职能相关的协调事务方面,缺乏总体政策安排。原因主要有两点:一是对于非文化部门来说,突破原有工作模式,特别是文化与科技、教育相比,其政策边界难以准确确定;二是文化体制改革、文化产业起步较晚,处于不断探索和创新的过程之中,政策需求的阶段性、变动性较为明显。在这种情况下,十分有必要就政策制定建立跨部门经常性协调机制,逐步对文化发展总体政策以及各具体文化门类或项目的政策边界达成共识。

重要文化政策缺乏实施细则 文化发展特殊性的一个重要表现,在于与众多相关领域或相关职能部门的交叉性。近年来,文化部门单独颁发的政策、或多部门联合颁发的文化政策,常常因为有关职能部门没有制定相应的配套实施细则而难以在实际工作中付诸实施。上述情况在文化体制改革试点中支持文化产业发展和经营性文化事业单位转制为企业、关于推动我国动漫产业发展若干意见、关于进一步支持文化事业发展若干经济政策、关于鼓励和支持文化产品和服务出口的若干政策等文件的具体执行方面,均有所表现。

文化政策从属于相关政策 相比较而言,文化事业管理边界和管理资源比较清晰,但是文化发展边界和发展资源比较模糊,一些重要的文化生产力要素存在于传统文化部门之外,因而,文化部门制定文化发展政策如果得不到相关部门的理解和配合,的确难以付诸实施。解决这一问题的方法有两种:或者跨部门制定文化政策,或者提升文化政策、规章的适用等级。另外,文化形态广泛涉及科技、经济、通信、文化等众多部门,存在大量交叉现象。就目前的政策支持力度而言,文化不如教育、教育不如科技,这种情况事实上影响了文化政策的实际效果。

部分文化政策及审批模式不适应发展要求 数十年来陆续颁发的文化政策,由于未经全面清理和公开认定,又缺乏适用期限,至今仍属"现行政策",这些政策仍然决定着行政行为和执行者的思路,尤其是传统的人为审批模式,形成对文化生产力无形的束缚。审批过程中人为因素始终让投资人无从明确把握。以民办非企业文化机构为例,一方面国家大力支持社会"第三方"组织发育成长,另一方面在具体部门的操作上,严格把守"挂靠"国家行政和事业机构环节,迫使这类组织归口为"准事业机构",这种情况形成国家指导意见与实际操作的鲜明对立。

新兴领域、新生力量尚缺乏政策引导和支持 目前,信息技术革命已经进展到数字网络时代,数字技术开始成为经济社会发展最基本的技术因素,极大地带动各领域技术创新。在数字技术推动下,文化的创作、表达、存储、传播的本质和形态正在发生根本性变化。与发达国家相比,我国文化领域对数字技术所带来的技术变革认识不足,大多从局部应用角度进行理解,未能清醒意识到数字技术对于传统文化领域的全面性技术覆盖,也未能充分认识以数字技术为基础的新兴文化形态内在"全形态"属性。上述情况如果继续下去,我国文化发展将可能在世界新一轮软实力竞争中明显落伍。因而,应当从战略高度、从中长期国家文化软实力建设高度,充分认识数字网络文化发展的重要性、紧迫性和特殊性,高度重视对新兴领域和新生力量的引导和扶持,把扶持以数字网络技术为基础的文化、推动数字网络技术与文化融合发展、不断催生具有高技术特征的文化形态和文化业态,摆在当前文化政策工作的重要位置。

全国统一文化市场缺乏实质性政策支持 我国文化市场仍然受到行政区划切割,"市长大于市场"的现象仍然普遍存在,这种格局的负面作用突出表现在:一是文化市场总体供给不足而东部部分经济发达地区产能过剩;二是先进技术和管理方式得不到普遍运用;三是产业规模化、集约化发展缓慢、单位运营成本难以降低;四是地区之间产业同构、恶性竞争,资源浪费严重;五是国外企业大举进入,利用矛盾、各个击破。例如,日韩动漫影视企业可以轻而易举地在我国各地文化市场攻城略地,而国内企业却只能限于十分狭小的地方市场。市场分割的情况在广播电视、新闻出版、传媒影视等核心领域尤为严重,成为制约我国文化产业做大做强最致命的因素之一。为此,应当进一步细化对"统一、竞争、有序"全国文化市场的政策支持,增强相关文化政策对地方行政行为的约束力和引导力,制定和实施支持大型骨干文化企业跨地区发展、支持构建大区域和全国性文化市场的实质性扶持政策。

文化"走出去"战略缺乏系统性政策支持 从本质上说,文化"走出去"是我国向世界传播科学发展、和谐发展、和平发展理念,展示优秀文化,扩大对外交流,增进相互了解,扭转文化贸易逆差的重大战略部署。但是,从实际运行看,文化企业、文化机构是实施文化"走出去"战略的重要主体,这些企业或机构在国际文化市场中,实力相对弱小、经验十分不足,客观上承担着较大风险。因而,推动文化"走出去"有必要进一步细化为对承担"走出去"重要任务的各类主体系统性政策支持。这些政策包括平台政策、投融资政策、补贴政策、奖励政策、人才政策等等,通过这些政策,把国家的力量渗透到"走出去"企业、产品和服务之中。

探索或创新项目缺乏"点对点"政策支持 以往颁布的政策,总是照顾到"面"的因素,总是尽可能体现"面"上的公平,这是政策必须要考虑的重要因素。但是,一些重要的探索或创新项目,由于难以适用"面"上的政策,往往遭遇无法突破的政策瓶颈。尤其在文化领域,面广量大、领域交叉、日新月异,一般性政策的"滞后"现象往往成为常态。因而,有必要确立一般性政策与特殊性政策相结合的文化政策创新思路,在保持政策的普遍性和稳定性的前提下,适度增加政策的针对性和灵活性,特别是对重大文化探索或创新项目,结合实际情况,给予"点对点"政策支持。

三、当前文化政策支持的重点领域

党的十七大报告把文化的重要性提到了空前未有的高度,用"推动社会主义文化大发展大繁荣""兴起社会主义文化建设新高度""提高国家文化软实力"来深刻阐述,这标志着文化发展进入新的发展阶段。如果说党的十六大以来,文化政策已经涉及到文化体制改革、文化事业和文化产业发展、公共文化服务体系建设等领域，初步形成与社会主义市场经济体系相适应、符合社会主义事业发展总体要求的文化政策框架体系，那么，在党的十七大所指出的"兴起社会主义文化建设新高潮"时期，文化政策必须围绕当前以及未来相当长一段时期文化发展的战略重点，在现有基础上加快创新步伐，形成与推动社会主义文化大发展大繁荣相适应的文化政策体系。

根据党的十七大提出的文化发展战略重点，当前文化政策创新的重点领域是：

用政策推进社会主义核心价值体系建设。推进社会主义核心价值体系建设，必须得到政策多方面强有力支持：一是支持马克思主义理论队伍和理论基地建设。用政策激励广大理论工作者，结合中国特色社会主义建设实际，加强马克思主义中国化的研究探索，赋予当代中国马克思主义鲜明的实践特色、民族特色和时代特色；用政策支持马克思主义中国化最新成果，运用各种有效的传播方式、手段和渠道，广泛传播、扩大影响、深入人心、实现认同。二是加强社会主义荣辱观对社会风尚的引导力。用政策适度扩大褒奖和支持真善美、遏制和打击假恶丑的力度和幅度，引导社会逐步树立起正确的是非、善恶、美丑观念；用政策加强对各种社会思潮、流派的支持、引导和监督，在尊重差异、包容多样的同时，逐步建立和完善各种社会思潮、流派合适的运行规则、表达方式和渠道。

用政策推进和谐文化建设。和谐文化是经济发展和社会进步的重要基础保障，必须加强文化政策对推进和谐文化建设的支持力度：一是加强对各类新闻媒体的政策引导。高度重视新闻媒体在和谐文化建设中的特殊作用，用政策激励新闻媒体以及全体从业人员围绕和谐文化建设，提高责任意识和执业能力；用政策加强对网络传媒的支持、引导和监督，着力提高网络媒体及从业人员的社会责任意识；注重加强政策方法与技术方法、社会方法的协调，提高政策的操作性和实际效果。

用政策支持弘扬中华文化。用政策支持本民族文化发展，是为国际社会高度认同和奉行的国际惯例。一是支持中华民族优秀文化资源（包括革命文化资源）的挖掘、整理、保护、展示和合理利用；二是支持弘扬中华文化的重大工程，如编撰或修订《中华大典》《中华古籍全书》《汉语大辞典》等；三是支持中华传统技艺的保护、传承和推广，如中国功夫、中国厨艺、中国书画、中医中药、中国民乐等；四是支持各种社会力量参与中华文化资源的保护和合理开发；五是支持对外文化交流，扩大中华文化国际影响力。

用政策激励文化创新。站在时代的高起点上，推动社会主义文化的大发展大繁荣，提高国家文化软实力，关键是推进文化创新。文化创新，在宏观层面，可理解为国家创新体系的重要内容，致力于促进社会文化形态发生积极转变；在文化建设具体领域，文化创新可以相对自成板块，逐步建立和完善国家文化创新体系；在具体层面，文化创新呈现为在实践中相互联系、相互依存的各个创新环节和要素，广泛涉及观念或理论的创新、创新规划和部署、以创新为导向的体制机制改革、创新激励政策的制定、创新环境或氛围的营造、创新型人才的培育、创新成果的转化或实现、创新资源的配置或整合、创新趋势的引导和强化、综合创新能力的评估等。

四、文化政策创新的着力点

党的十七大报告指出:"在时代的高起点上推动文化内容形式、体制机制、传播手段创新,解放和发展文化生产力,是繁荣文化的必由之路。"这里已经明确指出现阶段文化创新的战略重点,现阶段文化政策就是要着力实施对这些战略重点的支持。具体是:

构建有利于文化创新的总体政策环境。创新总是蕴含着各种风险因素,推动文化创新最重要的是在激励创新的同时尽可能减轻或化解风险,这就需要精心营造良好的政策环境。一是用政策引导全社会支持、参与文化创新,加大宣传舆论支持,营造崇尚文化创新的社会氛围;二是政府出于公共利益目的加大公共财政对文化创新的政策性投入;三是激励各类企事业、社会团体和个人的文化创新动机,使创新投入成为各类主体获得发展机会的重要手段;四是制定专项政策,培育重点文化创新主体,锁定文化战略目标、实施重大文化创新项目,着力突破文化发展的重点领域和关键环节。

用政策支持文化内容形式创新。文化内容和形式创新是文化软实力的重要源泉,也是文化政策支持的重要着力点。一是用政策扶持文化内容创新的全过程,第一步要扶持各类文化创意群体及各类文化原创,第二步要继续支持文化原创作品向文化精品力作发展,第三步对精品力作仍需跟踪扶持,使之最终成为经典传世之作;二是用政策支持大型文化内容创新主体和创新基地建设,形成内容创新的规模化、集群化和系统性;三是用政策引导文化内容的表现形式、技术方式、运行模式、运营业态的创新,特别注重现代化大规模数字内容核心技术的研发和应用。

用政策促进文化体制改革和机制创新。文化体制改革贯穿文化发展的全过程,每一阶段文化体制改革的中心任务有所侧重,文化政策的着力点也有所不同,现阶段的着力点在于:一是进一步加强对经营性文化单位转企改革的政策性推动,重点加快出版发行、非时政类报刊转企改制;二是进一步加强对已转制国有文化企业现代企业制度建设的政策性推动,激发国有文化企业的创新能力;三是进一步加强对文艺院团改革的政策性推动,适度提高政策性扶持力度;四是制定和实施推动广播电台电视台制播分离改革的专项政策。

用政策支持传播手段创新。文化传播是文化软实力的重要体现和直接表达,运用政策手段,促进文化传播手段创新,对增强文化传播能力至关重要。一是支持现代文化传播科技手段、渠道或模式创新,重点扶持基于文化内容数字化的多媒体、跨媒体和网络传播手段;二是支持重点主流媒体加强基础设施建设,加快技术设备改造,建立健全跨媒体传播网络体系;三是支持对外宣传、对外文化交流,办好各类国际性文化展会,重点支持孔子学院、海外中国文化中心等重大文化工程;四是支持非媒体传播,加强文化传播与重大国事活动、体育活动、国际性展会、政府或民间交流活动、商务贸易活动以及地缘人缘亲缘交流等方面紧密结合,提高各类活动的文化内涵;五是支持对外文化贸易,重点扶持面向世界、服务全国的大型集成性对外文化服务平台建设。

用政策促进解放和发展文化生产力。解放和发展文化生产力是推动社会主义文化大发展大繁荣的最终动力,也是文化政策的根本出发点。一是切实放宽文化市场准入政策,简化文化行政审批,完善公开规范准入程序,消除各种人为障碍,鼓励各种社会力量进入未禁入文化领域发展;二是支持文化生产力促进体系建设,加强对主体、人才、品牌培育的政策性支持,加强对文化科技创新的政策性扶持,加强对知识产权和版权的政策性保护,加强对重点产业或重点行业的政策性引导,加强对市场环境建设的政策性支持;三是支持资本、产权、技术、信息、人才等文化要素建设,提高文化生产力要素配置效率,降低文化企业市场运营成本;四是进一步落实促进文化发展的土地、资金、人才、税收等相关促进政策。

(原载《同济大学学报》2009 年第 1 期)

场所精神、城市文脉与文化地理学

包亚明

意大利建筑师阿尔多罗西认为城市是文化传承的载体,城市建筑等环境因素和形式往往会通过独特的符号和组合方式,转化成一个地点的历史,与个人和集体的记忆交织成"场所精神",在时间的长河中凝聚城市的特质和文脉,延续城市的历史和人文价值,形成一座城市独特的个性和魅力。感受、认知和探讨城市发展过程中的显性与隐性的特质,其实就是对城市的历史与现实的文化因素的体味,就是对城市文脉的理解与解读。

阿瑟·格蒂斯等在《地理学与生活》一书中认为:"文化是各色人等学而知之的行为与信念。文化特质,即文化中能够显示差异的最小细节,是组成综合性文化情结的'积木'。在空间格局中,文化特质与文化情结一同造就了人文——'文化'——景观,勾画出文化区,并区分出文化族群。由于人类社会与其环境相互作用,开发了解决其集体需求的新方法,或者是采用了族群以外的发明,那些景观、地区和族群的特征就会随时间而发生变化。文化复杂性的详情可以通过识别构成它的子系统而被简化。技术子系统由赖以谋生的实物(人工产物)与技术组成。社会子系统由控制一个文化族群的社会组织的正式与非正式机构(社会产物)组成。意识形态子系统由一种文化通过言语和信仰体系所表达的思想与信仰(精神产物)组成。"①

作为"一种文化的脉络",作为一种"场所精神",城市文脉的延续和传承既涉及到城市形态、空间品质、生活方式,也涉及到公共政策和城市治理。

场所精神的概念和哲学基础

挪威建筑理论家克里斯蒂安·诺伯格-舒尔茨 1979 年从建筑学的角度提出了"场所精神"(genius loci)的概念,在 1980 年发表的《场所精神:迈向建筑现象学》一书中,他系统地阐释了"场所精神"理论,并把它概括为建筑现象学。场所精神,其实是一个古老的概念,来源于罗马人对场所守护神的信仰,古罗马人相信"每一种'独立的'本体都有自己的灵魂(genius),守护神灵(guaraian

---

① [美]阿瑟·格蒂斯等:《地理学与生活》,黄润华等译,北京联合出版公司 2014 年版,第 265 页。

spirit)这种灵魂赋予人和场所生命,自生至死伴随人和场所,同时决定了他们的特性和本质"。①场所中的守护神灵会给臣服的人们带来安全感。在诺伯格-舒尔茨看来,罗马汇集了超越其他场所的得天独厚的自然情境以及各种意义生动的象征。那些神殿和神祇在罗马日常环境的街道与广场中受到足够重视,并将其影响力扩展到了罗马整体的环境,"古罗马保存着古老的大地力量,以及古典神祇人神同形的特性以及天空抽象的、宇宙的秩序,这些意义明显地表达出成为一种特别多样化和丰富的环境"。②这种大地的和古典的综合体构成了罗马"田园景致"的本质,可谓集结了所有存在意义的主要范畴。

在诺伯格-舒尔茨看来,场所是自然的和人为的元素所形成的一个综合体,同时也是建筑现象学的主体事物。那么自然的和人为的这两种元素的关系又是如何呈现的呢?诺伯格-舒尔茨认为,人与自然的关系,主要是由世界的区位(location)来表示的:"'空间是由区位吸收了他们的存在物而不是由空间中获取'。外部与内部的关系是具体空间的主要观点,暗示空间有各种程度的扩展与包被。因此地景是由各种不同的,但基本上是连续的扩展所界定,聚落则是包被的实体。因聚落与地景有一种图案与背景的关系,任何包被相对于扩展的和背景的地景而言是非常清楚的,像是一种图案一样。如果这种关系被破坏,聚落便丧失自我的认同性,就好像地景丧失自我的认同性成为无穷尽的扩展一样。"③因此,"人在何处安置其聚落?自然在何处'邀请'人来定居的场所? 这问题必须以空间和特性的观点来回答。从空间的观点而言人需要一种包被;因此在自然中便企图定居于能够提供一个界定空间的场所。从特性的观点而言,自然的场所包含了许多有意义的物,如岩石、树木和水,能表达一种'邀请'"。④从场所内部来看,一个场所的特质是由中心,或一个规则而重复的结构的特质所决定。许多场所相互作用时会产生复杂的空间结果,会产生各式各样的密度、张力和动态感。

诺伯格-舒尔茨认为场所是一种人化的空间,它的物质和精神特性被认同后,就折射出场所精神。场所精神由区位、空间形态和具有特性的明晰性明显地表达出来,现代人感知场所精神的主要路径是"方向感"(orientation)和"认同感"(identification),"想要获得一个存在的立足点,人必须要有辨别方向的能力,他必须晓得身置何处。而且他同时得在环境中认同自己。也就是说,他必须晓得他和某个场所是怎样的关系"。⑤换句话说,场所不仅具有一定的特性,而且对身处其中的人来说具有一定意义。这种特性和意义是由"经济、社会、政治及其他文化现象所决定的……意义必须成为涵盖自然要素整体的一部分"⑥。诺伯格-舒尔茨认为"场所精神"具有顽强的稳定性,能够在历史变迁中经久不变,"存在的内涵具有很深厚的根源,变迁的条件只是要求新的诠释而已"⑦。

---

① [挪威]诺伯舒兹著、施植明译:《场所精神——迈向建筑现象学》,华中科技大学出版社2010年版,第18页。
② [挪威]诺伯舒兹著、施植明译:《场所精神——迈向建筑现象学》,华中科技大学出版社2010年版,第163页。
③ [挪威]诺伯舒兹著、施植明译:《场所精神——迈向建筑现象学》,华中科技大学出版社2010年版,第13页。
④ [挪威]诺伯舒兹著、施植明译:《场所精神——迈向建筑现象学》,华中科技大学出版社2010年版,第172页。
⑤ [挪威]诺伯舒兹著、施植明译:《场所精神——迈向建筑现象学》,华中科技大学出版社2010年版,第18—19页。
⑥ [挪威]诺伯舒兹著、施植明译:《场所精神——迈向建筑现象学》,华中科技大学出版社2010年版,第168页。
⑦ [挪威]诺伯舒兹著、施植明译:《场所精神——迈向建筑现象学》,华中科技大学出版社2010年版,第185页。

诺伯格-舒尔茨通过场所精神的概念，深入揭示了实体空间的形式所负载的地方特性的意义，揭示了人的生活方式与所处环境的紧密关系。诺伯格-舒尔茨认为人为场所与自然环境形成的空间建构关系，主要有三种方式：一是人将自己对自然的了解加以形象化，表达其所获得的存在的立足点。出于这一目的，人在理解了自然结构的基础上建造了其所见的一切，使得自然因人为而变得"集中化"了，在这一过程中，自然并不是缄默无言的，而是暗示着方向性，暗示着划定界线的空间，人是因循而为的。二是人对既有的情境加以补充，补足其所欠缺。三是人将其对自然（包含本身）的理解象征化，象征的目的在于将意义自目前的情境中解放出来，使之成为"文化客体"，象征化意味着一种经验的意义被"转换"成另一种媒介，可以成为更复杂的情境要素，或被转移到另一个场所。"这三种关系意味着人集结经验的意义，创造适合其自身的一个宇宙意象（imagomundi）或小宇宙，具体化其所在的世界。很显然集结全靠象征，意味着意义转移至另一个场所，使得该场所成为一个存在的'中心'。"

场所精神的提出，是诺伯格-舒尔茨建筑现象学思想发展的一个里程碑，其实从 20 世纪 60 年代开始，诺伯格-舒尔茨的学术思想就已经进入了成熟期，1963 年他发表了《建筑意向》；70 年代初则是诺伯格-舒尔茨思想成形的关键时期，在 1971 年出版的《存在·空间·建筑》一书中，诺伯格-舒尔茨建构起了他称之为建筑现象学的理论架构与方法，就是面向建筑本身找寻建筑意义的理论基础。1973 年诺伯格-舒尔茨发表了《西方建筑的意义》，建筑现象学成为了他考察整个西方建筑史的理论视野与分析工具，他试图在历史的叙述中将西方建筑在技术时代失落的意义重新显现出来。

20 世纪六七十年代可以说是当代西方思想家风云际会的年代，1968 年法国五月风暴则是思想界风向巨大转变的标志性事件，当代思想家中最典型、最基本的作品，几乎都是在五月风暴前后面世的。福柯继 1961 年发表了《疯狂与文明》之后，1966 年发表了《事物的秩序》，1969 年发表了《知识考古学》。阿尔都塞 1965 年发表了《保卫马克思》和《阅读〈资本论〉》第一卷，1966 年发表了演讲《列宁与哲学》和《黑格尔之前的马克思》。德里达 1967 年发表了《论文字学》《文字与差异》《声音与现象》，拉康 1966 年出版了《著作集》，将 1937 年至 1966 年的许多重要文本都收集在这本书中，他在这一时期的讨论会中所作的口头报告，也被认为是他长达 20 年的讨论会生涯中最伟大的成果。布尔迪厄与巴塞隆合著的《继承者：学生与文化》发表于 1964 年，他们在 1970 年又发表了《教育、社会和文化中的再生产》。德鲁兹最早偏离哲学史领域的作品，也发表在"五月风暴"的余波中，如 1969 年的《差异与重复》《意义的逻辑》。

诺伯格-舒尔茨发表《存在·空间·建筑》的 1971 年，距胡塞尔最初发表的一系列现象学巨著的时代，已经过去六七十年了，而"面向事物本身"这一现象学运动中最为流行的口号，也早已成为空谷足音了。诺伯格-舒尔茨在此时强调现象学的观念与建筑理论的结合，在某种意义上，倒是和 20 世纪初胡塞尔当时的处境有几分可比之处。胡塞尔当时面对的是种种粗陋的实证主义与反理性主义，以及笼罩在意识形态危机之下的混乱的欧洲文明，胡塞尔希望重新思考康德以后被抛弃的哲学中的"本源性"问题，即通过"现象学还原"回到认识过程的始源和客观性。胡塞尔认为现象学同时兼具理论与伦理的功能,是考量人对自己以及文化所负的责任的最有效的手段。

"五月风暴"对于西方思想版图最大的冲击是对以现代性为核心的宏大叙事和意义探究的拒拆,可以说,"反人道主义"是对 60 年代法国哲学的最好总结,而这一反人道主义的倾向显然又是与"五月风暴"以及当时法国知识生产体制的塌陷紧密联系在一起的,这成为了后现代主义思潮的基石。后现代主义思想家在拒斥现代性的普遍性要求时保持了一致的立场,就像利奥塔认为的那样:不存在单一的理性,只存在多种多样的理性,不存在一个巨大而唯一的理性,只存在多元的理性。在《事物的秩序》一书的末尾,福柯宣称:随着语言的存在越来越明亮地照耀我们的地平线,人终将逐渐消亡,"人的面孔终将沉入海边沙地之中"。福柯宣布了"人"的死亡,拉康则肯定了心理分析的反人道主义本质,因为弗洛伊德的发现表明了:人的真正的中心已不再是整个人道主义传统所定位的那个中心。利奥塔也强调当代哲学理应冒险超越人类学与人道主义的局限。他们都坚信:主体的自由意志只不过是一种幻觉。福柯在《疯狂与文明》中剖析过现代哲学的人道主义的复杂性,他认为启蒙尽管有明显的解放性的意图,但是现代理性的诞生仍然被解释成:从某种普遍性的标准出发,外在性地强加于事物之上的一种否定性的、驱逐性的、歪曲性的力量。德里达则认为现代理性在诞生时就必定隐藏着"暴力",它必定会拒斥从内部威胁它的一切,可以说,对人道主义的形而上学根基的质询成为了后现代主义思潮关注的焦点。

诺伯格-舒尔茨在同一时间段里选择了一条与后现代主义思潮既相同又不同的理论道路,诺伯格-舒尔茨在城市设计和建筑设计领域分享了后现代主义的精神,同样批判了强调功能主义和形式化,强调普遍化、抽象化、分析性和科学性的现代主义理念,认同后现代主义思潮开放包容的特性,力图在建筑领域中思考社会文化精神。诺伯格-舒尔茨借助北欧的地方性、人情味与珍重日常生活的文化传统,拒拆了冰冷的、无视环境协调性的现代主义建筑设计潮流,从非物资主义的人性化需求出发,通过"面向事物本身"的路径,来回应人的存在与建筑空间的本质关系,探索建筑中的本源性问题。

胡塞尔把现象学称为"科学的科学",探究的是任何一种知识成为可能的条件,这种"先验性"的探究方式其实是回归到了比康德更为彻底的主观唯心主义原则。德里达曾经这样批评过康德:批判美学在使形而上学衰退的同时,开放了通向本体论的道路。诺伯格-舒尔茨的理论立场在此显然和后现代主义思潮分道扬镳了。

需要特别指出的是,诺伯格-舒尔茨的建筑现象学其实与胡塞尔的思想并没有直接的关系,而是主要来源与海德格尔的存在论—解释学的现象学方法:"马丁·海德格尔的《存在与时间》(1927 年)及《筑居思》(1954 年)则是基础和先驱性的论著。"[①]胡塞尔虽然说过:现象学就是海德格尔和我,海德格尔也将他的划时代巨作《存在与时间》题献给了胡塞尔,但是海德格尔的理论

---

① [挪威]诺伯格-舒尔茨:《存在·空间·建筑》,尹培桐译,中国建筑工业出版社 1990 年版,第 15 页。

工作却拒绝了从先验主体开始的出发点,并承认意义具有历史性。海德格尔在《存在与时间》之后已经很少再用"现象学"一词,而是越来越多地使用"存在的思想"这一概念。海德格尔脱离现象学运动之后,现象学研究在德国逐渐沉寂下去,重心开始转移到法国和比利时。不过诺伯格-舒尔茨似乎对"现象学"一词情有独钟。

城市文化地理学的理念

  城市文化地理学可以说是一种跨学科的研究,涉及都市文化研究和文化地理学等不同的学科。都市文化研究的兴起要追溯到 20 世纪初芝加哥学派创立的都市社会学,列斐伏尔和福柯 20 世纪 70 年代对于空间问题和都市问题的研究,则赋予了都市文化研究深刻的哲学内涵和广阔的思想文化史视野。列斐伏尔 1974 年出版了巨著《空间的生产》,他力图纠正传统社会政治理论对于空间的简单和错误的看法,他认为空间不仅仅是社会关系演变的静止的"容器"或"平台",相反,当代的众多社会空间往往矛盾性地互相重叠,彼此渗透。1976 福柯在《地理学问题》的访谈中,同样讨论了空间的概念在西方思想史中的命运,他认为空间和时间的观念在西方人文、社会学科中的发展是极不平衡的,空间问题长期被忽略了。这次讲演后来演变成了福柯 1984 年发表的论文《不同空间的正文与上下文》。在列斐伏尔看来,人类从根本上来说是空间性的存在者,总是忙于进行空间与场所、疆域与区域、环境和居所的生产。在这一空间性的生产过程中,人类主体总是包裹在与环境的复杂关系之中,人类主体自身就是一种独特的空间性单元。一方面,我们的行为和思想塑造着我们周遭的空间,但与此同时,我们生活于其中的集体性或社会性,生产出了更大空间与场所,而人类的空间性则是人类动机和环境或语境构成的产物。列斐伏尔认为,整个 20 世纪的世界历史实际上是一部以区域国家作为社会生活基本"容器"的历史,而空间的重组则是战后资本主义发展以及全球化进程中的一个核心问题。

  20 世纪初,美国人类学家克罗伯认为地理因素替代时间居于突出地位。在他的这一思想和早期的文化地理学思想影响下,索尔提出了关于文化地理的重要论点,主张用文化景观来表达人类文化对景观的冲击。他认为文化地理学主要通过物质文化要素来研究区域人文地理特性,文化景观既有自然景观的物质基础,又有社会、经济和精神的作用,他还强调人文地理学是与文化景观有关的文化历史研究。受索尔影响的美国文化地理学者们被称为文化地理的伯克利学派。第二次世界大战以后,文化地理的研究除了对文化景观、区域文化的历史的探讨之外,瑞典地理学家哈格斯特朗将空间扩散分析法应用到文化传播的研究中,形成了文化地理的瑞典学派。概括来说,文化地理学是研究人类文化空间组合的一门人文地理分支学科,也是文化学的一个组成部分。文化地理学问题受到了历史地理学、聚落地理学、地名学等地理学研究的高度重视和广泛关注。文化地理学,作为人文地理学范畴下的一个亚分支,是研究不同地域特有的文化,以及文化渗透、转变关系的一门学科。它研究地表各种文化现象的分布、空间组合及发展演化规律,以及有关文化景观、文化的起源和传播、文化与生态环境的关系、环境的文化评价等方面的内容。

　　文化地理学的研究,旨在探讨各地区人类社会的文化定型活动,人们对景观的开发利用和影响,人类文化在改变生态环境过程中所起的作用,以及该地区区域特性的文化继承性,也就是研究人类文化活动的空间变化。都市文化研究力图解析都市与文化的内在联系。沙朗·佐京认为人类生活不是简单地运作于城市之中和城市之上,而是很大程度上也从城市发源,从城市生活复杂的特殊性和激发点上发源,沙朗·佐京提出了"谁的文化? 谁的城市?"的问题。她认为文化同样是控制城市空间的一种有力手段。作为意象与记忆的来源,它象征着"谁属于"特定的区域。文化同时也是由社会差别与城市恐惧引起的冲突的一个更为明显的场所。因此,在城市空间的生产过程中,形塑我们思想的文化观念依然起着极为重要的作用。

城市文化地理学的视角

　　文脉是文化的显性和隐形的表达逻辑和传递形式。凯·安德森等在《文化地理学手册》一书中,从文化地理学的视角分析了文化与文脉问题,认为文化地理学是一种思想风格,既不固定在时间中,也不固定在空间中。然而,仍然有可能将缝制这种思想风格的特定绳索抽拔出来,那就是文化地理学的视角及其讨论主题:"文化地理学存在五个明显的讨论主题,这五个主题并不是文化地理学仅有的或全部的主题:作为事物分布的文化、作为生活方式的文化、作为含义的文化、作为行动的文化、作为权力的文化。"①

　　在凯·安德森等学者看来,文化地理学的主题并不仅仅限于这五个,但这些主题无疑构成了文化地理学的核心内容,同时也是城市文化地理学最值得关注和讨论的主题。作为事物分布的文化,主要涵盖了物质形态的文化制品,从小尺度的、个人性的日常生活用品到大尺度、公共性的建筑和道路等,这些文化制品的形态,对于我们理解人类的活动和城市生活具有引导性的作用,这些人工制品的生产者所拥有的价值观、生活方式、信仰和文化认同及其相互之间的关系,同样也是我们理解城市社会生活的最直观的线索。作为生活方式的文化,主要强调的是一种文化多样性的观察视角,关注的是抽象空间如何转换为活生生的不同生活方式,城市社会和城市文化同样需要这种深刻的、多元的洞察力和理解力。城市文化地理学在关注文化要素的演化、渗透和多样化的同时,也关注那些形成推动城市建设和发展的行动者和机构的文化逻辑。作为含义的文化,强调的是对于景观和地方的独特含义的理解。城市文化地理学探究的是"含义"到底指的是什么意思? 是个人情感、体验和记忆? 还是群体的价值观、归属感和理想? 我们如何从地方解读出含义? 在这些解读中,谁的意义优先? 城市文化地理学敏锐地意识到理解景观的含义,将把研究者导向对更复杂层面的思考和更大的文化背景的考察,需要将地方和国家认同感的建构、全球市场和全球化进程等问题结合起来,这样才能理解景观如何以及为什么植

---

① [英]凯·安德森等:《文化地理学手册》,李蕾蕾等译,商务印书馆 2009 年版,第 3 页。

根于个人和文化的含义,以及反过来又如何创造了复杂的新含义。作为行动的文化,是来自马克思主义的实践意识的观念。城市文化地理学期望通过行动与实践的路径,探究与日常生活紧密相关的城市和城市生活的丰富性。作为权力的文化,在文化地理学的讨论主题中占据着最重要的位置,同样也是城市文化地理学的最核心的议题,城市文化地理学关注的并不是权力本身,而是在空间中凝聚的各种各样的权力关系,空间往往是在不公正、不平等甚至压迫的构成中被划定的,城市文化地理学特别关注权力如何通过空间场所来运作,并进行掌控或者施加影响。[1]

从 20 世纪的前半段开始,文化地理学家重点描述了景观中物质的位置和流动。文化地理学对于空间所隐含的复杂的文化特性的分析,实际上提供了一个通过空间思考文化的思想框架,这既涉及了城市规划、公共政策和城市治理等问题,也涉及了城市形态、空间品质、生活方式等问题。

城市文脉的延续与更新

城市文化地理学通过空间思考文化的思想框架,无疑涉及到城市的历史传统与它的未来走向,涉及到城市文脉的延续与更新问题。故宫博物院院长单霁翔认为:"文脉是城市的品牌和个性,是创造与建设现代特色城市的基础和财富。但是,体现并延续城市文脉,还是有一些问题亟待解决:第一,'旧城改造'中,一些城市的大拆大建,不仅破坏了原有的社会组织结构,而且使很多具有重要历史、艺术和科学价值的历史文化名街遭到灭顶之灾。第二,一些城市在尊重历史的幌子下,陆续推出了许多由传统街道改造而成的'仿古一条街',独具特色的历史文化街区沦为失去真实价值和历史信息的'假古董'。第三,一些城市将历史文化街区中的居民全部迁出,把民居改为旅游和娱乐场所,超负荷旅游和商业开发,破坏历史文化街区的文物'原真性'。第四,不合理定位改变历史文化街区环境。第五,社会各界对历史文化名城保护的关注还很不够,对于历史文化名城的价值保护、传承和发展还需进一步提高认识。"[2]

诺贝尔经济奖得主迈克尔·斯宾塞对中国的城市化进程充满信心,他认为城市化的进程将为中国提供可持续动力,是中国社会转型和进步的契机。斯宾塞在看到中国城市化的巨大潜力的同时,特别指出城市化不应被视为一个独立的过程,而应把它作为支持经济结构变革的一种力量,归根到底,城市化应该是以人为核心的城市化。而城市文脉的延续和更新,在以人为核心的城市化进程中,无疑具有特殊的意义。但现在不管是新城建设也好,古镇保护也好,千城一面的情况非常突出,城市空间往往成为权力与资本合力创建的一种景观,凌驾于历史性和地方性之上,只得到婚纱摄影师心领神会的首肯。

城市文脉有显性的一面,也有隐形的一面,城市空间其实也既有实体性的一面,又有精神性

---

[1] 参阅[英]凯·安德森等:《文化地理学手册》,李蕾蕾等译,商务印书馆 2009 年版,第 1—8 页。
[2] 《瞭望新闻周刊》2015 年 3 月 9 日。

的一面,空间的复杂性远远超越了一个单纯的物理形态。空间的生产和存续,凝聚了各种复杂的权力关系,同时空间也与生活和活动其中的人们密切相关,沉淀了他们的记忆和愿景。城市里面的公共活动空间更是意义复杂和多样,成为城市文脉延续和更新的最直接和重要的载体。在城市化的过程中,城市空间和城市生活的同质化倾向,与城市公共活动空间和公共服务的同质化程度是一致的,那些无地方性的高速道路系统和 shopping mall 等,就是突出的表现。拿上海来说,富有历史文化韵味的街景和生动有趣的商店与服务,也许只有在历史文化风貌区里才比较容易找到。很多城市研究者都认为这样的城市空间,既表达一个街区犹如生命体般的成长过程,同时也包容了邻里关系的形成过程,这实际上是延续和更新了城市的文脉。可惜在资本和权力合力推进的城市化过程中,这样一些空间往往在不断地凋零和消亡,而新生类似空间的创建和培植,更是无从谈起了。

场所精神的守护与城市文脉的延续和更新,无疑是维护和提升城市品质和文化魅力的唯一出路,需要社会各方面的复杂和艰辛的努力。日本的城市和乡村在现代化过程中都很好地保护了自己的文化特色,很好地延续了自身的文脉,这要归功于政府的倡导,文化工作者的推动和国民的自觉,同时也要归功于 2004 年颁布并实行的《景观法》。我们应该吸纳日本的成功经验,尽快推进《景观法》的制定和颁布。对于延续城市文脉来说,《景观法》能够从法律的层面来保护既有历史信息。良好景观是由所处地域的自然、历史、文化等与人们之生活及经济活动保持调和而形成的,建筑、街道、社区所包含的历史信息,无疑是存留在城市肌理之中的文化符码,城市的良好景观,滋润了丰饶的生活环境,建构了富有个性与活力的地域社会。日本的《景观法》还特别提出,良好景观的形成不仅要保全现有的良好景观,更要创造新的良好景观。延续城市的历史记忆,肯定也需要在历史环境中注入新的生命和内涵,只有这样才能超越对城市空间单纯的技术功能性的考量,摆脱环境的冷漠和乏味,凸显城市空间的历史韵味和地方特色。我们讨论文脉或者场所精神的时候,其实我们被困在两种社会期望中,成为传统城市主义精髓的保护者的同时,也需要通过创造性地应对现代社会来谱写我们城市的未来。

(原载《文汇报》2017 年 10 月 20 日)

从工作到做工

——论职业神圣感与劳动创造性的丧失及"工作"的变异

陈占彪

今天,对于社会上时常曝出被"工作"所压倒、击垮甚至"过劳死"的现象,人们已经习以为常,见怪不怪了。马克思曾称利润追逐导致的"慢性杀人"与"贩卖奴隶"的恶行更为可恶。他反问道,"我们抨击弗吉尼亚和加罗林的种植园主。然而,他们买卖黑奴、鞭笞黑奴、贩卖人肉的行为,比起为资本家的利益而制造面纱和硬领的过程中发生的那种慢性杀人的暴行,难道更可恶吗?"[①]如果说19世纪工业化发动后的欧洲"活活累死的"多是无产阶级、底层工人的话,而21世纪的中国,活活累死的不光是挣扎在社会底层农民工、打工者,而且包括那些公司白领、成功人士、节目主持人、敬业官员、中产阶级、艺术家、学者、甚至一些企业家等。然而,工作的"慢性杀人"更不易为人察觉和警惕。

对此种现象加以解释似乎不难,一般的答案大概离不开工作对人的身体的压迫和剥夺所致。也就是工作强度已经超越了人的身体所能承受的最大限度。这种解释在马克思眼中看来,不能说不正确,但至少不全面。准确地说,是"工作"屡屡突破工作日的"最高界限",而这个"最高界限",包括人的"身体界限"和"道德界限"。我们的答案关注的正是"身体界限",对于"道德界限",我们很少注意和重视。而"道德界限"就是"工人必须有时间满足精神的和社会的需要,这种需要的范围和数量由一般的文化状况决定。"[②]因为人不仅是一种纯粹的"身体性存在",而且是一种"精神性存在"。身体耗竭使人崩溃,精神空乏同样使人崩溃。

进一步思考和分析,就会发现这种问题的发生还不只是出于利润的最大化致追求使工作最大限度地挤占了用以保养身体和精神的"非生产时间",而且正当代社会"工作"的"变异"相关。也就是说,至少与过去某一时代相比,今天,我们的"工作"出了问题。这一点为时人所忽视。对于"工作",除过当代人们普遍感受到的"忙碌感"之外,人们还会有一种普遍存在的"工作倦怠感"。此种普遍性的工作体验正反映了人们对工作的一种"厌烦感",可是,要问的是,"为什么工作给人感觉这么烦",这主要在于工作的"精神性"要素不断被剥离、进而丧失,而这种"精神性"

[①] 马克思:《资本论》,中央编译局编译:《马克思恩格斯文集》(第5卷),人民出版社2009年版,第282—283页。
[②] 马克思:《资本论》,中央编译局编译:《马克思恩格斯文集》(第5卷),人民出版社2009年版,第268页。

要素包括"工作之外"的"职业神圣感"和"工作本身"的"劳动创造性"的丧失,在此情形下,"工作"一步步地沦为"做工",从事工作的"人"成为了"机器"。当人成为机器时,就走上"慢性自杀"的途路。

工具化与职业神圣感的丧失

"人类最令人难解的一件事便是他对工作所抱的观念,……整个大自然尽在过悠闲的日子,只有人类为着生活而工作。"什么是"工作"? 今天我们很少问这个问题,因为答案是显而易见的,对今天的人来说,工作就是"谋生的必要的,甚至是惟一的手段"。"不工作者不得食"。林语堂称,人类的生活太复杂了,"只是一个供养自己的问题,已经要费去我们十分之九以上的活动力。文明大体说来,等于是寻觅食物的问题,而进步便是使食物更加难于获得的一种进展。如果人类不是这样难于得到食物,人类就绝对不用这样辛苦地工作"。①只一个觅食就如此费劲,更何况,对今天人们来说,除过"觅食"外,他们还要面临着住房、子女教育、健康等问题。此等高昂的生活成本需要"工作"来承担。因此,对今天人们来说,由于生活的压迫和要求使得"工作"的意义逐渐等同于"谋生"。

假如有朝一日,人们解除了"饥饿",人们还要工作吗? 丹尼尔·贝尔告诉我们,在今天,对美国人来说,生理的饥饿很大程度上已不再是工作的驱动力,美国人面临着一种"新的饥饿"。"诱人的报酬和对物品的渴望已经代替了棍棒;生活水准已经变成了一个内在的自动驱力。受自从发明枪炮以来最杰出的两个发明——广告和分期付款办法——的激励和煽动,销售活动已经变成了当代美国最引人注目的活动。"②美国工人不再被机器原则驯服,他们被"消费社会"所驯服。这种现象在中国亦可以看到。

自然,人类生存靠劳动,人们生活靠工作,谋生确是工作的重要功用,但今天人们忘了这只是其"功用之一",除过谋生而外,工作的意义和价值还体现于其自身的一种"职业神圣感",亦即一种超越了具体的、形下的、功利的意义的精神和价值追求。而这后者更为重要。比如,教师这一职业不只是像一个"教书匠人"那样去传授知识("教书"),而且更要像一个"灵魂的工程师"那样去"位育人格"("育人")。也就是说,工作有既有其功利性一面,更有其超越性一面。

然而,今天,在一切以金钱来衡量价值的社会里,工作神圣感就无法外化以显现,无法量化以衡量、无法表现以感知,工作的意义和价值就"简化"和体现为"工资"的高低。职业神圣感带给劳动者的成就感和满足感也已不复存在。于是,工作就失去本身本该具备的灵魂和"精气神","工作"就变成为一种作为"谋生的工具和手段"的"做工"。这有如一个生气勃勃的人顿时变得行尸走肉。正是基于这样的普遍认识,我们就会看到这样的现象,考上公务员的学生,会毫

---

① 林语堂:《生活的艺术》,安徽文艺出版社1988年版,第126—127页。
② [美]丹尼尔·贝尔:《意识形态的终结:50年代政治观念衰微之考察》,张国清译,中国社会科学出版社2013年版,第229页。

不犹豫地放弃免试直升读博的机会(当然在他们看来,读博的目的仍然是为了谋得一个"理想"的工作)。只要有"高枝可栖",公司职员就会毫不犹豫频繁跳槽,人们的职业选择不再是基于兴趣、基于理想,而是基于报酬、基于"钱途"。

加尔布雷斯说,一个中小学老师跳槽到工资更高的工厂去工作,往往会成为报纸的头条新闻,这是"因为它代表了一种非同寻常的趋势:即放弃了赋予新兴阶层尊严的那种职业。"在他看来,劳动(或者说工作)之于人们有两种含义,一种对大多数人来说,"对劳动的报偿不是在劳动的本身,而在于劳动报酬",这样劳动就是"辛苦的、单调枯燥的","至少不是某种特定快乐的源泉";另一种对"新兴阶层"来说,"工作理所当然是一种享受。如果不是这样,就完全有理由产生不满或挫折感。如果一个人对公司经理或科学家说,他们生活的主要动机是他们将要得到的工资,那么这不啻是对他们的一种屈辱。但工资并非无足轻重。尽管还包括其他方面,工资却是声望的主要指标。声望就是其他人的尊重、关注和尊敬,实际上是与这种工作密切相关的满足感的一个重要来源"。[①]用大白话来说,工作对大部分人来说"只是赚钱",而对另一小部分人来说"不只是赚钱"。而我们对工作的认识正是从"不只是赚钱"到"只是赚钱"的观念的转变。

不过,对加尔布雷思来说,视工作为赚钱工具的多为"体力劳动者",而视工作不只为赚钱工具的多为"脑力劳动者"。也就是说,很大程度上,不只是"工作者"出现了问题,而是"工作"本身有问题,似乎体力劳动比脑力劳动要更少职业神圣感。

对此,笔者不敢苟同,可能造成普遍视工作为赚钱工具现象之原因是"工作者"出现了问题,而不是哪一类"工作"有问题。可以说,一切工作(无论是体力劳动,还是脑力劳动)本身既是谋生的"职业",也是超越的"事业"。比如,我们说脑力劳动者(教授、律师等)有其高远的理想和崇高的目标,那么体力劳动(建筑工人、农民等)何尝就没有高远的理想和崇高的目标? 比如,开垦北大荒、开发大庆油田、建造南京长江大桥这其中固然有农业科学家,地质学家,设计师的激情在,但众多在生产劳动一线工作的"苦干者"内心何尝没有一个"建设祖国"的万丈豪情在? 钻井是体力活,可是对"铁人"来说,又何尝是只是体力活? 这激发出的奉献精神和工作热情岂非工作之外的神圣感所致? 谁说体力劳动就没有"精神性"一面呢?

同样,对"脑力劳动者"("新兴阶层")来说,"报酬"次于"声望",居于"第二位",这可能只是加尔布雷思看到的现象。实际上,"报酬"压倒"声望",甚至为了"报酬"而不惜玷污"声望"(即我们俗话所说的"要钱不要脸")在今天社会何尝鲜见? 马克思曾说到这种"报酬"压倒"声望"的现象。他说:"资产阶级抹去了一切向来受人尊崇和令人敬畏的职业的神圣光环。它把医生、律师、教士、诗人和学者变成了它出钱招雇的雇佣劳动者。"[②]社会将他们视为出钱招雇的雇佣劳动者,他们也将自己看作是"赚钱者"。那些"新兴阶层"何尝"视金钱如粪土"过? 他们何曾感受过他们职业的"神圣光环"?

---

① [美]约翰·肯尼思·加尔布雷斯:《富裕社会》,赵勇、周定瑛、舒小昀译,江苏人民出版社 2009 年版,第 241—242 页。

② 马克思,恩格斯:《共产党宣言》,中央编译局编译:《马克思恩格斯文集》(第 2 卷),人民出版社 2009 年版,第 34 页。

为了追求利益,斯文早已扫地,哪管尊严体面。于是我们就能看到,医生不再救死扶伤,而是忙于拿提成收红包。律师不再伸张正义,而是直奔"人傻钱多"的地方"捞人捞钱"。和尚不去念经打拳,而是忙于开药局秀功夫,演员不去安分演戏,而是和母亲合谋拍摄裸体洗澡视频放到网上去"炒作",学者不再诲人不倦,而是"激励"学生"到四十岁要赚四千万"。昔日的"受人尊崇和令人敬畏"的职业在金钱的刺激和腐蚀下在今天已经变得丑陋不堪。

因此,可以说,一切工作无论是脑力劳动与是体力劳动都具有功利性和超越性,而在"金钱价值观"的社会里,几乎所有职业的超越性的一面都为资本的功利性和市侩性所抹擦。因为"工作"的职业神圣感无法"兑换"成货币,自然就无法体现其价值,自然就失去了其意义,于是,无论对资本家来说,还是对劳动者来说,工作就等同于赚钱。对自己从事工作的职业神圣感不再珍视,自然就丧失工作的热情和动力,以及带给精神上的满足感和成就感。

细分化与劳动创造性的丧失

如果说具有超越性的职业神圣感是"工作以外"的精神属性的话,"工作本身"同样有其精神属性。也就是说,即使工作已经沦为赚钱的工具,我们还是有可能从"工作"中获得精神的满足感。而这种精神上满足感即来自于工作/劳动过程中的"创造性"。这一点在今天时代中愈显严重,但又为我们所忽视,在此我们会较为详细地加以论述。

比如一个建筑工人固然不再考虑"将城市建设的更美好","让将来居住者住得更舒服"这些"工作以外"的内容,他工作的目的只是为了赚更多的钱为孩子将来读书、结婚用,然而,即便如此,他在建筑的过程中,他还是可以从其创造性的劳动中获得一种精神的满足感。这种工作创造性带来的满足感是什么呢?我们再以我们熟悉的"庖丁解牛"的故事为例,对庖丁来说,与其说是在"杀牛",不如说是他在享受并陶醉于这游刃有余的杀牛的"过程"。因此,庖丁解牛与其说是一种"技术",不如说是一门"艺术"。他对旁边看得目瞪口呆的梁惠王说,他所好者"进乎技矣",显然说明他所从事的工作是超越了杀牛的技术。当然据他所说他不光超越了技术,而且超越了艺术,甚至进入到"道术"层面,也就是从这杀牛一事中领悟到了道的神妙,当然这恐怕更多的是作者的意图。那么,当庖丁小施牛刀,一个庞然大物"如土委地"的时候,这时,我们注意他的表现,这个杀牛的人,"提刀而立,为之四顾,为之踌躇满志,善刀而藏之"。[①]那种"牛烘烘"的神情正是杀牛的"过程"带给他的精神满足感,因此他虽然杀牛无数,但却还没有枯燥乏味的感觉。因此,"工作以外"的精神享受很难找到,但"工作本身"的精神享受却容易感受。中国传统文化中的另一个故事"卖油翁"的故事与庖丁的故事有些神似,卖油翁将油自钱孔沥入,油"自钱孔入,而钱不湿"的本领,固然是为了说明"熟能生巧",但对卖油翁来说,这不如说是一种"艺术"。

[①] 陈鼓应注译:《庄子今注今译》(上),中华书局 2008 年版,第 96 页。

然而,今天"工作本身"的创造性也被剥夺殆尽,问题严重性就在这里。其要害在于"分工"。"工作外在精神性丧失"使得"人"变成"机器人",[①]"工作本身的精神性丧失"使得"机器人"进而变成"机器手"。至此,工作中的人的精神体验已经荡然无存了。

利润导致了对效率的追求,效率追求导致了流水线的作业,流水线作业就需要分工。对于资本家来说,分工,而且不断地细化分工是必须的,因为只有尽可能细致的分工,才能降低对劳动力的技术要求,以至可能达到这样的程度,一个劳动者不经培训或简单培训就可以马上投入某项工作之中。

这并不是天方夜谭,而是事实。比如,要一个人或几个人组装一部 iPad,一定是一件相当复杂的技术活,这活一定不是谁都能干的,但是工作本身的乐趣也正在于此("组装 iPad"与"庖丁解牛"的道理是一样的)。可是将组装一部 iPad 分解成七八十道工序的话,任何一个几乎不需要任何劳动技能的人立马就可以上任! 比如往 iPad 外壳里边放主板,往 iPad 主页键的地方滴胶水等,这活一定是谁都能干的。今天我们的"苹果"代工厂正是这样组装 iPad 的。在那里只要年轻,有足够的体力和忍耐力,只需要简单的劳动技能,你都能迅速上任且胜任。

通过"不厌其细"分工可以降低对工人技术水平的要求,这是分工的秘密所在。对资本家来说,这一方面可以因此降低劳动力成本,因为你所做的活没有任何技术含量,也因此任何人都可以马上替代。另一方面,分工可以简化劳动,可以提升工人工作的熟练程度,进而提高工作效率。

这种分工作业现象不光在制造、生产领域,在我们工作生活的方方面面都普遍存在,医疗诊断、学术研究、软件开发、建筑等领域无不如是。每人都只局限在被划定的"一亩三分地"耕种一辈子。至于此一领域以外的范围,你不必沾惹。

分工降低了劳动成本,提高了工作效率,与此同时,分工也将"机器人"变成了"机器手"。"机器人"好歹还能做一系列简单组合,甚至复杂的"类人"动作,比如,下棋、伴奏、做家务、陪护等,而"机器手"只能"机械地重复同一动作"。马克思说:"分工使工人越来越片面化和越来越有依赖性;分工不仅导致人的竞争,而且导致机器的竞争。因为工人被贬低为机器,所以机器就能作为竞争者与他相对抗。"[②]分工使人成为"单调地机械地终身重复同一的动作"的"某种局部劳动的自动的工具"。

于是我们就能在 iPad 组装工厂里看到这样的情形,"员工被牢牢套在生产线上,随着流水线上不断下来的等待组装的 iPad mini,工人操作的速度被按秒来计,完成一个组装要花多少秒"。我们知道就连机器也有维修、保养、损坏的情形,对人来说至少也有吃饭、上洗手间的时间,但是在工厂流水线作业下,吃饭上卫生间的时间都有所规定,"上厕所规定了时间,每天除了吃饭时间,只有两个时间段可以去上厕所,这两个时间段只有十分钟"。[③]人们常说"管天管地,你还管人

---

① 这里"机器人"的意思的"像机器一样的人",而我们通常说的"机器人"是"像人一样的机器"。
② 马克思:《1844 年经济学哲学手稿》,中央编译局编译:《马克思恩格斯文集》(第 1 卷),人民出版社 2009 年版,第 121 页。
③ 《卧底苹果代工厂》,《城市信报》2013 年 2 月 20 日。

屙屎撒尿",对,在流水线上,你不能因为你要有吃饭解手的自由而不顾工作的进度和程序,这并不是说你上厕所就可以停下手中的活,真正需要上厕所的工人要找到一个"万能工"过去顶岗才可以,这样才能保证生产不会因为你上厕所而有所停顿。在生产线前,上厕所是一件多余的和尽可能要避免的事。

在生产和利润面前,人又算得了什么?这才是劳动/工作之所以压迫人折磨人的根本所在。可以说劳动不一定使人痛苦,但是"分工后的劳动"一定会使人痛苦。恩格斯在《反杜林论》中告诉我们"人的这种畸形发展和分工齐头并进"的情形。从"城市和乡村的分离的""第一次大分工",到工场手工业,再到大工业的机器,越来越细致的分工牺牲了劳动者的"肉体的和精神的能力",使得他们成为"某种局部劳动的自动的工具",进而成为"局部机器的一部分"。

第一次大分工,即城市和乡村的分离,立即使农村居民陷于数千年的愚昧状况,使城市居民受到各自的专门手艺的奴役。它破坏了农村居民的精神发展的基础和城市居民的肉体发展的基础。如果说农民占有土地,城市居民占有手艺,那么,土地也同样占有农民,手艺也同样占有手工业者。由于劳动被分割,人也被分割了。为了训练某种单一的活动,其他一切肉体的和精神的能力都成了牺牲品。人的这种畸形发展和分工齐头并进,分工在工场手工业中达到了最高的发展。工场手工业把一种手艺分成各种局部操作,把每种操作分给各个工人,作为终身的职业,从而使他们一生束缚于一定的局部职能和一定的工具。"工场手工业把工人变成畸形物,它压抑工人的多种多样的生产志趣和生产才能,人为地培植工人片面的技巧……个体本身也被分割开来,转化为某种局部劳动的自动的工具"(马克思),这种自动工具在许多情况下只有通过工人的肉体的和精神的真正的畸形发展才达到完善的程度。大工业的机器使工人从一台机器下降为机器的单纯附属物。"过去是终身专门使用一种局部工具,现在是终身专门服侍一台局部机器。滥用机器的目的是要使工人自己从小就转化为局部机器的一部分。"(马克思)

劳动者只是分工的受害者"之一",包括资本家和其他上层阶层,一切人都逃脱不了"片面"和"局限"的工作的奴役。要知道机械简单重复的劳动只是对工人的奴役的一种方式而已。分工的问题正在于事物(这里是"劳动")的片面性和局限性。"不仅是工人,而且直接或间接剥削工人的阶级,也都因分工而被自己用来从事活动的工具所奴役;精神空虚的资产者为他自己的资本和利润欲所奴役;法学家为他的僵化的法律观念所奴役,这种观念作为独立的力量支配着他;一切'有教养的等级'都为各式各样的地方局限性和片面性所奴役,为他们自己的肉体上和精神上的短视所奴役,为他们的由于接受专门教育和终身从事一个专业而造成的畸形发展所奴役,——哪怕这种专业纯属无所事事,情况也是这样。"[1]这样的分析真让人醍醐灌顶,当年恩格斯所分析的今天不仅仍然存在,而且愈发严重,也就是说,表面上踌躇满志、意气风发的资本家、中产阶级、公务员、医生、律师、教授都不是他们在支配工作,而是工作在支配的他们,他们的肉

---

[1] 恩格斯:《反杜林论》,中央编译局编译:《马克思恩格斯文集》(第9卷),人民出版社2009年版,第308—309页。

体和精神上的畸形发展和富士康里的工人并无二致。

恩格斯还在《英国工人阶级状况》中考察了分工如何剥夺英国工人的身体和精神的发展,如何使他们成为一头头"牲口"。

如果说自愿的生产活动是我们所知道的最高的享受,那么强制劳动就是一种最残酷最带侮辱性的痛苦。没有什么比必须从早到晚整天做那种自己讨厌的事情更可怕了。工人越是感到自己是人,他就越是痛恨自己的工作,因为他感觉到这种工作是被迫的,对他来说是没有目的的。他为什么工作呢?是由于喜欢干活?是由于本能?决不是这样!他是为了钱,为了和工作本身毫无关系的东西而工作。他工作,因为他不得不工作,而且他要长时间地、不间断地做这种单调的工作,如果他还保有一点人的性情,仅仅这一点就足以使他在最初几个星期内感到工作是一种折磨。分工把强制劳动的这种使人动物化的作用增强了好多倍。在大多数的劳动部门,工人的活动都局限在琐碎的纯机械性的操作上,一分钟又一分钟地重复着,年年如此。……这种情形在使用蒸汽动力和机器以后也没有改变。工人的劳动减轻了,肌肉不紧张了,工作本身是无足轻重的,但也是极其单调的到了极点。这种工作不让工人有精神活动的余地,并且要他投入很大的注意力,除了把工作做好,别的什么也不能想。这种强制劳动剥夺了工人的一切可支配时间,工人只有一点时间用于吃饭和睡觉,而没有时间从事户外活动,在大自然中获得一点享受,更不用说从事精神活动了,这种工作怎能不使人沦为牲口呢?[①]

"只要换一个名字,这正是说的阁下的事情!"今天,我们同样可以这样说,"这种情形在使用电脑和科技动力以后也没有改变。工人的劳动减轻了,肌肉不需要紧张了,工作本身成了一些琐碎的事情,但同时也单调到了极点。"恩格斯当年对英国工人的观察和分析几乎仍然完全适用于当下现实!

在19世纪末期机器工业时代的欧洲,一个叫陈季同的中国人用流利的法语,曾对法国人骄傲地述说中国刺绣、雕刻中丰富的艺术创造,并批评机械复制对个性的损害。他说:"我们没有大工业,也没有'劳动细分'这种大工业的产物;我们的工人不在不停复制的机械操作上耗费精力,机械操作对于生产者的智力以及产品的美感都有致命的损害;机械环节的不断改进,正是以艺术品质的丧失和对个性的戕害为代价的。"[②]1919年,陈独秀发表《新青年宣言》,今天重读这个宣言,在笔者看来,其中他对劳动的思考对今天社会很有启发,在这个宣言中,他将劳动的创造性(艺术性)看得很重:

> 我们新社会的新青年,当然尊重劳动,但应该随个人的才能与兴趣,把劳动放在自由愉快艺术美化的地位,不应该把一件神圣的东西当作维持衣食的条件。[③]

[①] 恩格斯:《英国工人阶级状况》,中央编译局编译:《马克思恩格斯文集》(第1卷),人民出版社2009年版,第432—433页。
[②] 陈季同:《吾国》,李华川译,广西师范大学出版社2006年版,第168页。
[③] 陈独秀:《新青年宣言》,《新青年》7卷1号(1919年12月1日),第1—4页。

其实,劳动并不可怕,而且可以很有趣。我们从学龄前儿童身上就能发现这一点:"他的游戏时间与工作时间是不分的。他会严肃而富于想象力地玩耍,直到筋疲力尽。他可以完全渲染在自我的世界中,而无须行色匆匆。在游戏结束时,通常他都是感到满足的。"①"是否属于休闲,是由活动使人愉快的性质所决定的。"②只要能带来愉快,既便是"劳动"也算休闲。我们时常能在傍晚的楼下小区空地上看到孩子们在尖叫、在打闹,他们玩得气喘吁吁,大汗淋漓,一点也不比建筑工地上的工人轻松,但他们却乐此不疲。可是建筑工人在流汗的时候被称劳动,孩子们在流汗的时候却被称为游戏,何故? 一为机械性的"被迫劳动",一为创造性的"自愿劳动"。

因此劳动并不可怕,可怕的是无从选择的"强制劳动""机械单调的劳动"。我们还可以看到一些人在休闲时间所做的事情其实与劳动的形式完全无异,但内涵却与劳动大相径庭。"例如我们看到,许多劳动者在休闲时间里搞室内装修。这种类型的休闲与任何一种形式的劳动相似,然而又与之不同,因为它是创造性的,它恢复了个人物质生产过程中的技巧。一些人相信从休闲活动中能看到人被异化的证明,在劳动中,劳动者不能发挥任何创造性,而且他在整体上不掌握创造过程。无疑,这一事实被室内装修活动的惊人发展所证实。这种迹象反映了想干一项实在的、有想象力和个性化的劳动的愿望。"③

恩格斯还在《政治经济学批判大纲》中说到那些日夜从事简单劳动的工人命运只能如此,无从改变。他说:"由于我们的文明,分工无止境地增多,在这种情况下,工人只有在一定的机器上被用来做一定的细小工作才能生存,成年工人几乎在任何时候都根本不可能从一种职业转到另一种新的职业,这一点为什么经济学家又忘记了呢?"④工人的工作就是如此简单机械,如此单调枯燥。"这种工作不让工人有精神活动的余地",这也是这类工厂工人时常大量流失,自然也在大量招工,工人们没有固定的室友、熟知的朋友的原因所在。

那些无法长期忍受简单的、机械的、毫无精神生活的、强制性劳动的人精神就会崩溃,有的就走上自杀的道路。2010年1月到5月,深圳富士康科技集团园区里接连发生了12起员工连续跳楼事件,据公开的消息来看,无所不在的加班制度,仅能维持基本生活的低工资,枯燥乏味的业余生活,野蛮的管理方式,机械化的考核制度,将这些年轻的员工推向了死地。有学者调查后称:"富士康的工作时间实行'两班倒'制。在每班12个小时中,8个小时为基本工作时间,2个小时算加班时间,另外2个小时是吃饭时间,每工作两个小时可以休息10分钟。但实际情况比上述规定要复杂。比如,许多班组要求员工提前半小时到位,以便布置工作;中餐和晚餐各有1小时吃饭时间,看上去比较宽裕,但是一个园区25万人在20个食堂就餐,有时排队要花掉半个小时;2个小时加班时间只是一般情况,在生产任务重时,也有加班3个或4个小时的情况。""每

---

① [美]查尔斯·K.布赖特比尔:《休闲教育的当代价值》,托尼·A.莫布莱修订,陈发兵等译,中国经济出版社2009年版,第103页。
② 于光远:《论普遍有闲的社会》,《自然辩证法研究》2002年第1期。
③ [法]罗歇·苏:《休闲》,姜依群译,商务印书馆1996年版,第26页。
④ 恩格斯:《国民经济学批判大纲》,中央编译局译:《马克思恩格斯文集》(第1卷),人民出版社2009年版,第86页。

天工作时间在10小时以下的员工占19％,10小时的占60.7％,10小时以上的占20.3％。"①将富士康工人推向自杀之途,一方面与高强度长时间的工作量相关,另一方面恐怕与那简单、重复、机械、毫无创造性的工作方式相关。在富士康园区里,几十万工人被简化为一个个重复地、机械地、无何止地"机器手",没有情感需求,没有文化娱乐,没有业余爱好,没有交流交往,日复一日地为每月一千多块的工资劳作着。

那么,郭台铭与其请五台山的高僧祈福,请顶级心理学专家集体会诊,不如想办法去改变工人那机械简单的生产方式,可是,如果没有这样的生产方式,利润何来?

"从一种负担变成一种快乐"的可能

职业神圣感和工作创造性的陆续丧失,使得工作的精神性一面消失殆尽,本来充满激情,讲究"艺术"的"工作"今天变成铜臭弥漫,面目可憎的"做工"。这是今天"工作"之所以"烦人"的原因所在。

这种情形必须改变。当务之急是首先恢复工作的创造性,至于职业神圣感则又与社会理想、意识形态建设、文化重建等系统工程息息相关,非一朝一夕能见效的。为了使得劳动"重新获得它由于分工而丧失的那种吸引力",就要打破这种生产过程中过细的分工,甚至打破专一的职业,最好是劳动者可以自主地从事多种职业,如果真的是这样的话,劳动至少不那么面目可憎,至少不那么令人厌烦。

如何增加工作/劳动的魅力,以往的思想家都有过相应的思考。空想社会主义者欧文、傅立叶等人设想要求"每个人尽可能多地调换工种,并且要求相应地训练青年从事尽可能全面的技术活动"。马克思、恩格斯也如是设想。马克思在《德意志意识形态》中说,只要人们在"自然形成的社会"中,"只要分工还不是出于自愿,而是自然形成的,那么人本身的活动对人来说就成为一种异己的、同他对立的力量,这种力量压迫着人,而不是人驾驭着这种力量。"可是,在将来的共产主义社会里,"任何人都没有特殊的活动范围,而是都可以在任何部门内发展,社会调节着整个生产,因而使我有可能随自己的兴趣今天干这事,明天干那事,上午打猎,下午捕鱼,傍晚从事畜牧,晚饭后从事批判,这样就不会使我老是一个猎人、渔夫、牧人或批判者"。②你一会猎兔,一会摸鱼,一会放牛,一会写文学评论,这倒是理想的工作,问题是,你有做得了这么多的事的能力吗?恩格斯则将劳动者拥有宽泛的职业能力寄托在"教育"之上。"教育将使年轻人能够很快熟悉整个生产系统,将使他们能够根据社会需要或他们自己的爱好,轮流从一个生产部门转到另一个生产部门。因此,教育将使他们摆脱现在这种分工给每个人造成的片面性。"③

---

① 徐道稳:《深圳富士康员工的生存境遇、心理压力与生活满意度》,《中国社会科学文摘》2010年第12期。
② 马克思:《德意志意识形态》,中央编译局译:《马克思恩格斯文集》(第1卷),人民出版社2009年版,第537页。
③ 恩格斯:《共产主义原理》,中央编译局译:《马克思恩格斯文集》(第1卷),人民出版社2009年版,第689页。

现在来看，马恩所说的"自愿做事""做想做的任何事"，何尝也不是"空想"？即使你有强大的职业能力，但也不见得有你发挥你的职业能力的从业单位。

马、恩关于共产主义社会的劳动方式是空想，但新中国却曾尝试将这种空想予以实现。刘少奇就曾说，"要改变中国的面貌除开建工厂、修水库、修马路等等，最重要的就是改造人。"改造成什么样的人呢，那就是通过一种半农半读、半工半读的学校（按，注意，上面恩格斯就说过通过教育来培养人的多方面的职业能力）培养出一种"能文能武"的新人。刘少奇称："他学了一门生产技术，既能当工人、农民，又能够在工厂的科室里面办事，在研究机关工作，有的还当了技术员。我觉得这些半工半读中等技术学校的毕业生，已经是一种新的人了。这些人跟我们不一样，跟你们不一样，跟现在的工人不一样，跟现在的农民不一样，跟现在的知识分子也不一样。他们是在我们新社会，在社会主义社会里面教育出来的一种新人。"①他说的这种"新人"其实就是"多面手"的"能人"。

陆定一则称工人兼农民，农民兼工人，学生即工人农民，工人农民即学生，干部从事生产，生产者参加管理，工农知识化，知识分子劳动化是新中国出现的"共产主义社会的萌芽"。"这种既有分工又能转业的办法，适合于社会的需要，比资本主义制度下的分工合理得多"，只是我们这样做的出发点是"不仅增加了生产，而且在社会发生某种需要的时候，国家可以合理地调配生产力而不会引起社会的震动"，②他的出发点虽不是为了解除劳动的枯燥和单调，但客观如果一个人能够不断地"转业"的话，总比长期从事单一工作，甚至长期从事单一工作的某一细小环节来的有趣。当然，这会带来以下几个问题：一般人是否能够同时具备从事数种职业的能力？特别是一般人的职业选择能否如其所愿，社会能否为其提供不断转业的机会和可能？

恩格斯认为只有"当社会成为全部生产资料的主人"时，劳动才有可能成为一种快乐和享受，而不是压迫和负担。他在《反杜林论》中也讲到将劳动从一种负担变成一种快乐的可能性。只不过其前提是"当社会成为全部生产资料的主人，可以在社会范围内有计划地利用这些生产资料的时候，社会就消灭了迄今为止的人自己的生产资料对人的奴役。"那时，"旧的生产方式必须彻底变革，特别是旧的分工必须消灭"。

> 代替它们的应该是这样的生产组织：在这样的组织中，一方面，任何个人都不能把自己在生产劳动这个人类生存的必要条件中所应承担的部分推给别人；另一方面，生产劳动给每一个人提供全面发展和表现自己全部能力即体能和智能的机会，这样，生产劳动就不再是奴役人的手段，而成了解放人的手段，因此，生产劳动就从一种负担变成一种快乐。③

---

① 刘少奇：《关于两种劳动制度和两种教育制度》(1964年8月22日)，中共中央文献研究室编：《建国以来重要文献选编》(第19卷)，中央文献出版社1995年版，第167页。
② 陆定一：《教育必须与生产劳动相结合》(1958年8月16日)，中共中央文献研究室编：《建国以来重要文献选编》(第11卷)，中央文献出版社1995年版，第415页。
③ 恩格斯：《反杜林论》，中央编译局编译：《马克思恩格斯文集》(第9卷)，人民出版社2009年版，第310—311页。

显然,无论是空想社会主义,还是科学社会主义,还是中国社会主义,他们对如何使人不再成为"局部劳动的自动的工具",如何解除劳动的奴役下的痛苦都有所思考。其解决之道不只是随心所欲地做自己想做的任何事,而是尽可能做种种不同的事以消除单调重复劳动的枯燥和痛苦,更不是说我们可以有推脱劳动责任的自由。当然,这些都是"纸上谈兵"的话,在一个生产资料不完全公有、讲求效益、追求利润的社会里,这样的设想其实是无法实现的。

但是,对工作的讨论和探索为我们提供了这样的一种认识,多元的而不是单一的,创造性的而不是机械的,主动的而不是被迫的,才是有效缓解分工对人之折磨,缓解劳动之"烦"的总体目标和方针,我们似乎可以循此进行深入的思考和实践。

总之,当今时代,"工作"精神层面的丧失体现在"工作之外"的"职业神圣感"的丧失与"工作本身"的"劳动创造性"的丧失两个方面,这使得本来充满激情,讲究"艺术"的"工作"变异成死灰槁木、面目可憎的"做工",而如何恢复工作的创造性和神圣感,对今天的我们来说,依然任重而道远。

(原载《马克思主义与现实》2015年第4期)

焦虑中的性别与都市想象
——以《上海漫画》和《时代漫画》为中心的考察

郑崇选

漫画滥觞于民国初期,在 20 世纪二三十年代的上海渐至蔚为大观。对于漫画在民国时期的繁荣,魏绍昌先生曾有这样的判断:"唐诗、宋词、元曲、明清小说以及民国漫画,都是代表一个时代的最富有特色、创造力以及名家荟萃的文艺种类。"这样的定位虽有一定程度的拔高,但也充分说明漫画在此期间的一时兴盛。都市中新鲜和时髦的事物不仅通过各种新的生活方式得以表现,而且也反映在了各种形态的艺术作品中,不同的艺术形式创作出基于不同创作观念的文艺作品。与二三十年代上海流行的其他艺术形式相比,如电影、文学、摄影等,漫画所营造的文化艺术空间与人们的日常生活高度融合,更擅长以普通市民的视角观察、想象、营造他们心目中的都市形象,传达出他们的生存体验和生活感悟,有时虽显得肤浅和表层,但却鲜活和生动地反映了普通市民的生活状况和文化想象,所以特别受到他们的欢迎。

一、两性漫画的兴起

"漫画在人类社会的活动里面发掘资料的题材,而抓住一个时代的社会病态加以夸大的描写,表现着时间上存在的历史背景。某一个时代的作家,他所发表的漫画就含有当时的政治情形与社会状态,若以过去的漫画加以检讨,无异看到一部经济变迁史,一本社会文化史,或一本政治的流水账记录。"[1]然而,吊诡的是,在这些主要编者事后的回忆当中,以及一些为数不多的漫画史籍中,这些关于男女两性的漫画内容几乎是忽略不计的。在毕克宫的《中国漫画史》中对《上海漫画》的封面图是这样评价的:"当时,上海风靡一种抒情画,这是受外国的影响。英国的抒情画家比亚兹莱,影响着很多人。《上海漫画》也开辟了不少篇幅给这类作品,有许多抒情画是被当着封面画来发表的。像《快乐的爱神》《女性幻想曲》《迷惑的享受,诱惑的贡献》,等等,多属于满足青年读者和小知识者欣赏趣味的,无非表现青年男女的精神苦闷,对生活不健康的欲求,以达到心灵上的满足与安慰,内容多较庸俗无聊。它们的作者多为刊物的骨干张光宇、叶浅

---

[1] 黄士英:《中国漫画发展史》。

予、鲁少飞。"①但这样的认识显然是有失公允的,谢其章在其关于漫画的著作《漫话漫画》中对《上海漫画》的封面就曾经有过截然不同的论述:"这个漫画刊物(《上海漫画》)于漫史上占有极其重要之地位,第一版是封面画,张张是名家之精品,其水准足以傲视一百年而不落伍。"②但为什么这些内容大多时候被漫画作者和漫画史家所忽略呢?一个重要的原因是男女关系的内容不能被纳入到革命的历史进程中,与长期所形成的正统的革命史观是相悖逆的,与民族国家的构建好像也不甚合拍。以政治性的需要来衡量漫画的好坏,艺术倒退居其次了,这也是很有一部分漫画画家以后不再创作两性漫画的原因。叶浅予当年的一段自白也许可以帮助我们约略认识到许多漫画家后来放弃漫画创作的原因:"大家知道我的漫画工作有许多弱点和缺点,在我的能力上一时不能补救不能克服的。政治性思想性所付与漫画艺术的重担,决不是像我这样的能力所能胜任,因此,动摇了自己在这方面的信心。我意识到时代的进展,已经远远把我抛在后面了。由于自尊的心理,不愿丢这个脸,只好退下阵来,另觅方向。"③这样的自嘲与自谦显然不是出于作者的本意,其中政治形势的原因才是众多漫画家放弃漫画创作的决定因素。据《时代漫画》主编者称,刊登两性生活的漫画是为了避开当局的严酷出版检查,也为了争取更广泛的读者群,以使刊物能尽可能地延长出版寿命,不得不在内容上打主意,大量发表迎合小市民的内容消极的作品。漫画艺术的主要接收群体其实就是广大的市民群众,而在这里主编者却认为这只是不得已而为之的举措,从中可见有关性别描绘的漫画虽大量出现却被有意忽略的尴尬。男女两性关系是一个时代最为明显的社会特征,对于一个时代性别状况的考察是社会文化史研究的重要内容。因此,对于很多漫画史家所定义的"不健康"的两性关系漫画,其实有着重新考察的必要,从中我们可以更加形象地触摸到那一时代的两性建构和文化状况。

二、女性身体的文化想象

女性身体及其形象大规模的被商品化,成为公众欲望的消费对象,是随着现代都市的进程而形成的,这在二三十年代的上海表现得尤为明显。"20 世纪 30 年代的上海,是中国大众流行文化的摇篮,到处充斥着女性诱惑的意象,最早预示着中国文化的一次巨大转型。……女性诱惑已经构成了一种独特的都市语言,它们通过各种各样的意符显现出来……"④身体,尤其是摩登女性的身体也成为漫画的重要题材。其中,《时代画报》《万象》《时代电影》《良友画报》《唯美》《上海漫画》《时代漫画》等许多上海杂志中的漫画作品,都出现了大量女性身体形象。若从女性主义的角度来看,漫画对于女性身体过多的描绘无疑使之有"物化"的倾向,不过若从社会历史的发展角度来看,女性的身体挣脱家庭的束缚,不断见诸于各种大众媒体,则助于开拓女性活动

---

① 毕克官:《中国漫画史》,文化艺术出版社 2006 年版,第 100 页。
② 谢其章:《漫话漫画》,新星出版社 2006 年版,第 120 页。
③ 叶浅予:《从漫画到国画(自我批判)》,《人民美术》1950 年创刊号。
④ 殷国明:《女性诱惑与大众流行文化》,华东师范大学出版社 2008 年版,第 216 页。

的公共空间。漫画因为自身的艺术特质和艺术目的,对于身体的描绘反映出了漫画家和受众群体对女性身体的复杂态度。"凝聚在她们身上的性格象征着半殖民地都市的城市文化,以及迅速、商品化、异域情调和色情的魅惑。由此她们在男性主人公身上激起的情感——极端令人迷惑又极端背叛的——其实复制了这个城市对他们的诱惑和疏离。"①

在《上海漫画》中,描绘女性身体,尤其是女性裸体画占据了不少的篇幅,可以说这也是该画报获得读者青睐的原因之一,而很多反映男女两性关系的漫画也正是通过女性身体的描绘来具体展开的。《上海漫画》的漫画家群体从漫画活动之始就开始浸淫于西方绘画的营养之中,对于日益增多泛滥的女性身体形象不可能无动于衷,一方面是想因此吸引读者的视线,当然也同时融进了许多自身对于女性的文化想象。在一幅名为《视线》②的漫画中,描绘了三个不同阶层的男性对于摩登女性凝视部位的不同及所表现的表情的迥异,画面中的女子身穿旗袍,脚蹬高跟皮鞋,留着时髦的齐耳短发。一名系着领结的文明绅士看的是女子的面部,表情平和;光头戴着墨镜的男子则盯着女子的臀部,呈现出惊讶的表情;而戴着毡帽的男子,则看的是女子穿的高跟皮鞋,目光中充满了艳羡的表情。漫画《青年人前面的视线》③中一个头戴礼帽,身穿西服的男子正饶有兴致地看着前边穿着高跟鞋的女士的修长的腿部。《欲的一刹那,在电车里》④,两个站着的摩登男士正低头窥视三个身穿裙子、叉开腿坐着的摩登女性。还有更为夸张的两幅漫画,一幅是黄文农作的《凡心》⑤,一个手带佛珠、双手合十的和尚正一脸难受和向往地盯着女性夹着香烟的修长手指,内心激烈的心理斗争在漫画中得到了很好的表现。而《妹妹我爱你》⑥中竟然是撮合男女两性的月老对面前的摩登女士做出如此的表白。从中我们可以感觉到摩登女性的身体对于各个阶层所造成的不同的影响,摩登女郎的身体形象被各种社会阶层所注视或接受,展示出巨大的诱惑性。比如高校学生、知识分子、年轻的妻子以及妓女。它开始被认为是标示女性的第一特征,同时也成为一种通向机会的凭证、实现社会阶层转化的有力工具以及都市中的现代符号,皇后、校花一类的评比随处可见。

而在当时欧美裸体运动的影响下,《时代漫画》中关于女性身体的漫画远远超过《上海漫画》时代,甚至很多时候描绘的是富有色情意味的女性身体,这种虚构的欲望世界不断地生产男性话语,使女性成为男性欲望的服从者,甚至沦为性的象征物。例如郭建英所作的插图《黑、红,残忍性与女性》,⑦绘有三个袒胸露乳、身姿婀娜的青年女子。配文为:"娇萨芬培克(Josephine Baker)黑色之魅力,梅蕙丝脱(Mae West)桃色之魅力,如黑蛇般,如红蛇般,爬进了都市女人的细胞里……尽量地,然后把吐了出来;黑与红曲线之错杂,绕着,透入于男子生命中,于是男子们

---

① 李欧梵:《上海摩登:一种新都市文化在中国》,北京大学出版社 2001 年版。
② 《上海漫画》第 68 期。上海书店出版社 1996 年影印版(全两册)。
③ 《上海漫画》第 58 期。
④ 《上海漫画》第 102 期。
⑤ 《上海漫画》第 46 期。
⑥ 《上海漫画》第 63 期。
⑦ 《时代漫画》第 1 期。沈建中主编,上海社会科学院出版社 2005 年版(全两册)。

喘息了，疲乏了，而上海的色情文化又展开了新的方向。"在此，男性创作者操控着女性的身体模式，她被动地遵循着男人制造的女性形象标准。鲁少飞所绘的《时代漫画》第3期封面，表现了这样的情景：画面右上部分，绘女性裸体仰卧于环状物上，丰乳美腿，脚着高跟鞋；其左绘一秀发裸女，昂首、挺胸、翘臀而立，足蹬高跟鞋。在这里，女人是被动的，她们的形象只是乳房、臀部和大腿的程式化的组装。同期，张英超还画了这样一幅漫画，一个画家正在对着赤裸的女模特作画，一个朋友突然来访，女模特马上背对朋友，用手遮盖着隐私部位高傲的站着，朋友一边与画家握手，视线却对准了女模特的身体，并说："亲爱的朋友，喔呦，模特儿曲线实在不差。"类似的漫画，在《时代漫画》中比比皆是，暴露的女体激起了都市男性无穷的欲望。不仅如此，《时代漫画》还比较多地描绘了都市男性对女体的色情想象。在陶谋基作的插图《唯心的嗅觉》①里，描绘了一个摩登女郎分腿斜坐草坡之上，赤身裸乳，下体短裤，左手持果，腿间长出花朵一支；右边一男士探头入画面，作嗅花状。配文："不贪果味甜，只信花有香！"显然，这个摩登女郎意味着性感的身体，她呈现的是一种被男性欲望扭曲的色情姿势，其中的性、权力、色情、身体被混合为一体。蔡若虹作《都市里的色情商人》②同样呈现了此类的色情欲望，一个穿暴露旗袍的女人双手高举，被铁铐固定在木板上，一条腿高高抬起，也被锁链固定，一个戴眼镜的大腹便便的男士站在一个小板凳上，双眼盯着女士丰满的乳房；而一个拿照相机的男人正弯腰对着女人的腿下拍照，女人的身体在男性的欲望之中，已经转化成可以买卖的商品。在《时代漫画》中，女性身体作为男性欲望的形象投射，在男性话语的建构中，生产出一系列丰乳、肥臀、蜂腰的性感女性裸体的摩登样式。在某种定程度上，性感女性裸体的摩登样式暗示了男性权力与男性自我的扩张。"女性存在的意义，只是为挑动男人的情欲而存在的被动性主体，女性只作为男性欲望的投射而被男性所消费。通过张扬男性权力并贬低女性身体，性感女性裸体的摩登样式构建了情欲领域的意识形态，强化了男性的绝对统治和女性的屈从地位。"③

就当时的历史背景而言，经过张竞生、刘海粟等人对于女性裸体大张旗鼓地宣扬以及多种现代文化形式的表现，女性的身体虽然得以进入各种公共媒体，然而围绕女性身体所产生的两性冲突依然在各种层面得到了反映，在漫画中我们同样感觉到漫画家们对于女性身体的焦虑不安。《上海漫画》第4期封面叶浅予所画的《蛇与妇人》，用马蒂斯式的线条勾勒出一个妖媚的女人体，与一条大蟒蛇纠缠在一起，可以说是一幅带有唯美主义颓废情调的"蛇蝎美人图"，鲁了了对这幅画作了这样的解释："在旧礼教权威所压制之下，一切的毒质：如虚荣、顽固、沉沦，酿成了一个乌烟瘴气的社会！———般女性们是素向病弱的：最会吸收这些毒质，她们亦最会传布这些毒质！遂使人群中有此恶毒的染化。"此种观点明显把女性当成了所有丑恶现象的替代物。在《新山海经》中，女人同样也以蛇的形象出现。女人与蛇的联系其实在中国的文化传统中很早既有表现，"大人占之，维熊维罴，男子之祥。维虺维蛇，女子之祥"（诗经）。朱熹在他的《诗集

---

① 《时代漫画》第5期。
② 《时代漫画》第24期。
③ 苏滨：《艺术形象的社会构造》，《文化研究》第5辑，广西师范大学出版社2005年版。

传》里给出的注解说得更直接:"虺蛇阴物也,穴处,柔弱隐伏,女子之祥也"。这里,蛇的柔软、盘绕、蛰居似乎和女性的依附性、羼弱、远离公众场合达成了高度的契合。而当象征着女性的柔弱与依赖性的蛇游入二三十年代的现代都市时,就化身为野性十足的摩登女郎,它的喻义也发生了巨大的改变。由都市文化培育出的女子一扫传统女性的矜持、柔弱、封闭、牺牲,变得贪婪、自我、放肆、性感,在事实上完成了中国文化传统对西方异质文化的接受。这样的女性想象显然是接受了现代都市文化的熏陶,由此产生了男性对女性占有力、控制力的实际丧失,并在内心深处生发了深深的焦虑感,对于女性身体的异化是其心理的一种明显投射。但是,这种异化仍然没有化解男性内心深处的恐惧和不安,在另外的一些封面画中,甚至还出现了斩杀女性身体的有点血腥味的绘画表现。如在名为《人肉市场》①的封面画中,漫画家飞飞就勾勒了这样一个恐怖的场景,一个凶神恶煞般的传统中国女性正在手拿菜刀砍向放在砧板上的女性肉体,背后的铁钩上还挂了两个长发的女性身体,一个身穿对襟马褂的传统男子正提了一条女性的肉腿离去,从中我们可以感觉到当时中国刚刚走出封建统治的普通民众对于女性身体的极度仇恨。另外一幅名为《火坑》②的封面画也产生了同样的效果,同样是一个凶狠的传统女性正在拿着铁叉叉向被束缚了手脚的女性身体,旁边的几个裸体女性眼中充满了恐惧。在张光宇画的《堕落》③中,一个倒挂的女性身体则被处理成了树叶的形状,从远处观之,则又是一个女阴的形状,女性的身体和女性最明显的性特征画上了等号,并赤裸裸的被命名为"堕落"。漫画《面孔与屁股》④画的是一个身穿时髦西服的男子颇为震惊地看着面前比自己大三倍之多的摩登女子。她身穿凸显女性身体曲线的紧身印花旗袍,两边的高开衩跳露出撩人的腿部,短袖刚遮住肉感的双肩。这个漫画很清楚地表现出了男性由于感到传统权力可能被剥夺而感到的恐惧。漫画后边还附了一篇非常有趣的短文:"现在人的思想,的确太猛进。尤其是女人。她们本身差不多全告解放,她们感觉得还有个大屁股仍深藏在裤裆里边,于是想出奇巧的花样,把衣服腰身制作得窄窄地,高跟鞋穿得抖抖地,已显示出那个圆而肥大且富有曲线的屁股。更有的想入非非,里面不穿裤子,外身只穿着旗大褂子,隐约地闪现着丰富的肌肉,把整个的屁股都烘托出来……唉,我真恨不得抱住屁股而痛苦!""抱住"和"痛苦"两个词语的连用非常形象地表达出了男性对于摩登女性身体的矛盾情感,既充满欲求,又无可奈何。

20世纪二三十年代的中国,正是新女性开始走上历史舞台的时刻,经过了五四新文化运动的洗礼,关于女性的种种进步言论开始活跃于中国的公共舆论,然而,透过这几幅很有代表性的关于女性身体的漫画,我们分明感觉到了所谓新女性的种种尴尬。民国的"新女性",还仅仅是某些思想先行者的理想,而试图使女性身体形象得到张扬的裸体艺术也只能是某些艺术革命推动者的理想蓝图,只不过是建构了另一种形态的男性统治机制。因此,有悖于性压抑道德原则的

---

① 《上海漫画》第40期。
② 《上海漫画》第56期。
③ 《上海漫画》第88期。
④ 《时代漫画》第9期。

女性身体的艺术表现,一旦对旧道德的现实秩序构成威胁时,根植于传统中国的男权思想便会横加干涉,都市化现代进程的女性身体自然也难以逃脱无法预测的围剿。女性身体的张扬与上海都市文化的紧密关系使我们很容易理解为什么二三十年代对于摩登女性的谴责和管控往往伴随着对都市上海的批判甚至诅咒,在很多漫画作品都出现了对于上海都市社会黑暗和污浊的控诉,因为也正是在上海大都市这样"异质"和"邪恶"的空间中才滋生了摩登女郎的产生,因此,对于摩登女郎的态度其实就是对都市文化的态度的一种典型象征意象。《王先生》的背景,是我们这个被人颂扬同时被人诅咒的上海。"在第 100 期的《上海漫画》上,叶浅予是这样定位王先生所生活的上海的:"(上海)城内,人家告诉我,是一切阴谋的发源地,是罪犯和危险的渊薮;是粗暴残酷的劳动街。它被看作是一切阴谋据地,完全是一种杀人地带,好像但丁的地狱篇所说的那种地方。"[1]

三、都市形象的性别译解

对于女性身体的矛盾心态甚至仇恨同时也深刻地影响到了漫画家们对于男女两性关系的构想,在多幅以两性关系为主题的封面画中,我们同样感到了两性之间不可化解的矛盾。在漫画家的笔下,都市环境中的男女两性关系早已失去了本应该具有的和谐,双方都不再怀有任何的信任与纯洁,有的只是欺诈与利用。《上海漫画》第 2 期封面画"迷惑的享受,诱惑的贡献"中黄文农以古代埃及男女题材,用二十年代在法国开始流行的装饰艺术法 Art Deco 表达了自己的思考:"在男女两性中间,许多发生冲突的痕迹:是互相都以虚伪,贪欲为对等的利器;这样的自相残摧残起来,使现代的人类中间,完成一种苟延残喘的世界!"之所以会造成这种状态的两性状况,漫画家首先把直接的原因归结为都市化进程所带来的物欲横流的社会,对于金钱和物质的赤裸裸的欲望蒙蔽了男女两性对于情感的追求,在欲望大潮中遂生出两性之间的利用和欺诈。第 41 期封面画《爱之可怖》中一个女性的身体被几个线条和巨大的黑影所勾勒出的男人的大手所拥抱,旁边是一瓶酒和倾倒的酒杯,鲁少飞作了这样的阐发:"哎!妖艳的肉体,麻痹的灵魂,啊!贪欲的恶魔,扑的蛾痴春蠢,末一场不免残伤了人的四肢五官!末一场不免毁坏了人的三魂六魄。"男女两性美好的感情被描绘得如此恐怖,而恐怖的来源显然与女性主体性的张扬密不可分。

在普通的社会家庭模式中,女性与男性相比,一般认为女性更容易受到婚姻与家庭的束缚,但在二三十年代的上海,这种传统的两性关系时常被表现为一种性别角色上的倒置。这类女性不是以革命还是不革命、走出还是没有走出家庭为标志的,而是无视传统的性别观念,充分享受男女社交自由的一些女子,她们能够对两性都市中的公开交往抱爽直的态度,她们不再扭扭捏捏,不再寻找旧的思想武器,敢于表达新的观念,尽管新的不一定是正确的,但绝对是"摩登"的。

---

[1] 《漫画生活》第 1 期。

她们并不随便出卖"性",但却能提高"性"的价码,玩弄性于股掌之间,让男性所代表的整个社会降为"性"的努力,这类摩登女郎充满了神秘感,在漫画家笔下就表现为"她想要怎么都是为她所有"。在《上海漫画》104 期封面画中,一个身材颀长、烫发、脚蹬高跟鞋的摩登女子前后张开双臂,眼中充满坚定,身体的幅度摆动得很大,仿佛整个世界都是为她所准备的,这种以男性为视角的漫画方式可以明显地传达出背后男性的嫉妒和不安,以及对摩登女子张扬姿态的暗中嘲讽。《上海漫画》的漫画中有相当大的比例是对于摩登女郎的反映,其中特别侧重于对摩登女郎主体性的张扬,充满了对于男性的挑逗、嘲弄以及不屑。在鲁少飞画的一幅漫画中,提供了种种摩登女郎生活的样态,诸如"呵呵呵""伸懒腰""等一回""撒个娇""换衣服""出去了"①等摩登女性的生活场景,而在另一幅漫画"女性啊! 她是欲疯狂起来了! 这是 1930 年代的潮流啊!"②中同样也出现了多个这样的生活画面,其生活之悠闲与惬意与当时上海男子生活的沉重与压力形成了鲜明的对比。《上海漫画》第 41 期的封面画了一个穿高跟鞋的女人的大腿,几个男子正在使劲地沿着大腿向上攀登,说明了男性对于摩登女性艰难的追逐。张文元在《时代漫画》第 30 期发表了一组名为《未来的上海风光的狂测》,用 12 幅漫画描画了女性地位在未来的全面崛起,并配了详细的文字解释,如"在女子心目中,(男子)已被认为封建的余孽","当时男子已由失业而退化到无业可做,全回到家里","马路上的男子已成为女子的附属品","雇用年轻美貌的男子充当招待","舞男与男妓的盛行"等等,这样的"狂测"显然无法实现,但女性地位在当时的提高也是一个明显的事实,在字里行间也流露了男性对女性的嘲讽与不满。

在两性之间的交往中,由于女性对个体自信心的增强,男女之间的关系不仅是平等的,甚至天平的重量正在向女性倾斜。然而,这种平等是客观的社会事实吗? 女性的自信又来自哪里呢? 显然这都与物质的包装有密切的关系,我们可以发现在《上海漫画》所描绘的摩登女郎中,无不与物质有密切的关系。摩登女郎,又被直译为摩登狗儿(Modern Girl),在西方,这些活跃于社交界的新女性,是叫(Flappers),在中国则主要是指 1920 年代和 1930 年代都市化进程加快过程中出现的一批新潮女性形象,和正在兴起的消费文化以及商业的发展密切相关。当时一般市民对于摩登的理解,有娱乐化与物质化的倾向,很多时候都有嘲讽的意思,她们主要被理解为在外表上追逐时尚,讲究品位,以此象征新潮与时髦。女性的身体与香烟、汽车、化妆品、服装、首饰、高跟鞋、娱乐场所等紧紧连在一起,它们共同被对象化、物质化,肢解成为代表女性符号的各种物质生活的零部件,并且上升为一种女性摩登与否的标准,审美的平面化、心灵的物质化也就在这里悄悄地同化着都市中的女性群体。比如,叶浅予画的《摩登姑娘之条件:肉体之供应》③,为我们提供了摩登女郎所应该具备的一些条件,那就是:眼影、口红、夹在染银指甲之间的香烟、穿着高跟鞋的双脚与项链。封面画《美人的立场》④画了一个在一个巨大钱币上跳舞的女体,手

---

① 《上海漫画》第 93 期。
② 《上海漫画》第 102 期。
③ 《上海漫画》第 101 期。
④ 《上海漫画》第 10 期。

里却碰了一个死人的头颅,鲁少飞作了这样的阐释:"金钱与美人,是万人不惜重大的牺牲而欲望攫有的,美人因万人崇拜金钱,遂以金钱为一己胜利者的夸炫。"《上海漫画》第 8 期的封面画《魔力》,这幅画的主人公是一位短发、细眉、涂眼影、身穿紧身旗袍的女郎,她拿了一个很长的烟管,烟管正点燃了一根香烟,戴着项链、耳环、手镯、戒指、指甲被涂成了银色,她的手掌上有一个跪倒的时髦男青年,而女郎正在微笑着低头看他,充分显示了她的优越感。《男子啊!你须着力的追求》[1],画面上一个占据了大部分面积的摩登女郎正在用一根很长的带子耍弄、挑逗一个只占了一角位置的男子,而男子正在女郎的逗引下奋力地奔跑,显示了"摩登女郎"在男性面的强烈的主体性。类似的漫画在《上海漫画》的正文内容也有不少反映,比如,鲁少飞的作品《摩登先生不敌摩登姑娘一举足》[2],画了一个身材修长的摩登女子一脚把一个体积相对小很多的摩登男子踢出去好远。鲁少飞另一幅名为《紧涨》[3]的漫画,一个青年男子弯曲在摩登女子的掌心之中,他随时会有因女子松手而被弹出去的危险,而是否要弹出去则全在于女子的高兴与否。鲁少飞对于女性主体性的这种过度强调,既是对女性主体性的承认,同时也用漫画的手法表达了自己的讽刺。黄文农则画了一幅女子用拳头捶击男子下巴的漫画,用以描绘《女权膨胀》[4]的情况。第 107 期封面画《Baby Austin》(张振宇作),一个爱打扮、烫发的"摩登女郎"正在专心地用粉扑儿涂抹脸蛋,旁边还有一个口叼烟斗、身穿和女郎同样颜色衣服的"摩登先生"正在驾驶一辆红色的英国 Austin 牌敞车。从中可以看出女郎对于时尚物质的追逐。第 48 期封面画《征服》(张振宇作)中,一只高跟皮鞋压在了一只男士皮鞋上,象征着摩登女郎对于现代男性的征服和压制。高跟鞋在 1925 年之后的东西方女界开始盛行,可以理解为妇女已自觉地开始强调胴体美和曲线美,高跟鞋的流行也成为妇女解放的开端。"高跟鞋是爱的象征——也是侵略的象征,它象征着权力,暗示着统治(男性)。"[5]

在上海这样一个充满着现代气息的大都市,两性关系开始逐渐出现了松动的现象。女性受到物质享受的诱惑,被奢侈的物质欲望所吞噬的故事,不仅是城市化进程中女性命运的真实写照,同时也表达了男性对女性热衷踏足公共空间的恐惧。在这些漫画中我们感到了男性漫画家对于摩登女郎兴起的焦虑和不安,摩登女郎正在成为阶层流动以及占有更多公共空间的符号,深刻触犯到了传统男性的地位。对于物质消费生活的强烈欲求并不必然导致女性身体的物化,物质消费成为与身份表演有密切关系的道具,也是在城市化进程中才得到强调和重视的,女性对这些装扮物的欲望,背后是女性越来越多地踏足公众场合的欲望。因为与乡土社会不同,在城市公共空间内,一个人的阶层、身份首先是通过其外表来被人认定的,而由发型、服饰、姿态构成的外部形象,无疑具有某种可表演性,也是都市女性踏入公共空间和实现阶层流动的必要条

---

[1] 《上海漫画》第 106 期。
[2] 《上海漫画》第 107 期。
[3] 《上海漫画》第 109 期。
[4] 《上海漫画》第 36 期。
[5] 转引自吴昊:《中国妇女服饰与身体革命(1911—1935)》,东方出版中心 2008 年版,第 136 页。

件。1920年代和1930年代,在物质消费文化逻辑占主导的上海都市,女性逐渐走出昔日的私闭空间,更多地成为公众场合的中心人物。她们经常出现在公共或娱乐场合:咖啡馆、百货公司、舞厅、公园、城市的街道,男女之间权力关系的颠倒和强大女性与软弱男性的对照在这些漫画中非常明显,女性的身体语言也与传统的角色定位也发生了很大的变化。漫画中的男士形象比起摩登女郎的面积,相对都被画得很小,只不过充当了烘托女郎的配角。她们的姿势不再是回应性的,相反,她们经常发起进攻和与男性的互动。她们的面部表情经常比男性更有个性更分明。她们的眼睛直视前方,笑得很轻浮、纤细的腰身、光亮的手指、抹红的嘴唇、拔光的眉毛、细心的妆容、时髦的服饰、精致的高跟鞋,摩登女郎被描绘成一个进攻性的完美形象。她们总是与男性保持罗曼蒂克的关系,但她们对男性爱的坦白装作没听见,她们对父系制家庭是个威胁——不做饭、不打扫卫生、不缝制衣物,也没有孩子。这好像是两性之间权力关系的完全颠倒:女性征服男性,不再是男性的玩物,反而威胁男性做她们的玩物。布希亚说:"主体拥有欲望,但只有客体才能引诱。""有谁曾感到客体特殊、无上的权利?在我们的欲望观念里,主体拥有一个绝对的特权,因为它能够欲望。但当我们考虑到引诱这个概念时,一切就因之反转。于是,不再是主体有所渴求,而是客体在引诱。每一件事均由客体发出,再回到客体,一如凡事均由引诱启始,而非欲望。主体原本即具有的特权因之而逆转。"①传统男性对于女性的绝对主导地位在这里发生了改变,作为客体的女人一跃成为这种关系中的主角,由她自身所散发出来的魅力成功吸引了男性,使男性成为了自己的附庸。

　　女性由深闺走向了街头,并成为刺激大众消费的一种象征,这样的女性代表了都市的美与都市的谜,同时代表都市的诱惑与都市的危险,既引诱男性反复不断的都市探险,又挑战男性自以为是的认知能力。现代都市文明的发展为女性提供了更为自由宽松舒适的生活空间,但同时,生活空间的增大也使女性面临着再度沦为玩物甚至商品的危险。男性画家不约而同地把摩登女郎的身体与众多现代商品放置在一起,很明显有使之物化的心理动机,在内心深处依然是把女性当作可以追逐并进而占有的物品来对待,体现了男权思想的内在控制。《胜利品》②中画了一个骑在马上的士兵正在弯腰掠夺一个赤裸的女性,显然女性被当成了胜利之后的战利品。鲁少飞"省已不成,不省已不成(支票上的钱数)"③中的坐在沙发上的摩登女郎拿了一支笔和一个账本正在为省钱与否而发愁。《闲闲何所思?》④中,一个穿着暴露的摩登女郎,脚蹬高跟鞋躺在沙发上,吸着香烟,看她的表情正在迷醉的幻想,沙发的旁边丢了一地的衣服和首饰,还有一个比例很小的男性跪倒在地上,头顶了一块银元,显然,摩登女郎的幻想是与物质消费生活密切相关的。《她,这样埋没时刻!》⑤,一个裸体的女郎正跪倒在一大堆金银珠宝首饰面前,不停地把

---

①　张虹:《性别研究读本》,台湾麦田出版股份有限公司1998年版,第24页。
②　《上海漫画》第90期。
③　《上海漫画》第87期。
④　《上海漫画》第73期。
⑤　《上海漫画》第65期。

玩，而他的背后一个骷髅面容的魔鬼正在向她伸出了魔爪。从这些漫画中，我们可以看到漫画家对于女性沉醉于物质消费生活中的不满，他们试图用女性对于物质生活的强调进而将其纳入被看的"物"的层面，充分揭示了当时女性的生存现状，都市女性风光的表面之下，实际发生的是她们从对男性的服从转为对金钱、享受的服从以及依附性的延续和独立性的缺失，同时也无处不在地暴露了固执的男权心理。

　　漫画家对于摩登女郎的复杂感情在很大程度上代表了普通市民群众对于都市女性的典型心态。都市男性在男性艺术家的漫画中被描写为受害者和嘲笑者的对象，嘲笑者想为这种不平衡的社会关系挑起一个滑稽的回应，漫画方式的译解释放了观众的认知和理解。两性关系中表露的紧张和焦虑一定程度上暗示了都市人与现代都市的微妙关系，男性将对城市的种种感情投射在女性身上，男性主人公对女性迷恋又厌倦，向往又疑惧，这种情绪和心态同样映照在都市人对现代都市的观感上，男性与城市之间的关系在漫画中被置换为男女两性之间的关系。

　　（原载《上海文化》2016年第8期，"人大复印资料"2016年12月全文转载）

世界先进文化的内涵与我们的吸收

吴文娟

一、吸收世界先进文化是发展中国特色社会主义的客观需要

历史上，世界先进文化曾指导人类社会由低级阶段向高级阶段发展，创下无数的历史辉煌。如今，世界先进文化又成为人类社会发展的导向，欲将人类引向更高更新的阶段。

随着高新技术的不断发明，一个数字化、智能化、网络化的时代正在形成。这将彻底改变人类原有的生存方式，将人类带进一个全新的更为先进的现代化时代，人类社会由此发生根本性的变革：社会生产力和生产关系将出现质的飞跃；人类的生产活动和经营活动将突破国界在更广阔的世界范围内展开；人类的思想文化交流也显得频繁快捷；世界因计算机互联网的诞生而连成一片，经济全球化便在这样的背景下展开。

面对经济全球化的发展潮流，中国政府站在时代的高度审视世界发展走向，理性地做出抉择：向世界开放，融入世界经济发展潮流，努力实现中华民族的伟大复兴。做出这样的抉择所面临的压力是重大的，面临的考验是严峻的。中华民族与世界发达国家相比，无论是经济实力还是综合国力抑或竞争能力确实相差甚远。但是，机遇与挑战同在。中华民族选择了开放，以海纳百川的胸怀，博采世界各国先进文化，作为提升发展中国综合国力的重要方式，同时又积极主动走向世界，与世界各国友好往来，密切合作，在交流合作中充实提高自己，在融进世界经济的潮流中迅速发展自己，以求实现中华民族的伟大复兴。

1. 经济全球化推动世界文化日益广泛交流

经济全球化将世界经济融入一体化的秩序中，世界各国的关系更为密切，国与国之间、地区与地区之间、集团与集团之间的交流更为频繁，世界先进文化通过这种广泛的传播与交流，极大地促进了各民族国家的进步。增强了相互合作，这就为相互吸收先进文化提供了有利的条件。

高新技术的互联网、电子传媒、卫星技术的诞生，为世界交流提供了极大的便利。大量信息通过互联网、电子传媒、卫星技术等得以迅速传播。彻底改变人类信息交流的方式，最大程度地提升信息交流的速度和质量，预示着世界文明进入崭新的阶段。人类毋需费力就能通过信息网络获得大量信息，并随信息量的激增，视野更开阔，思维更敏捷，更能激发人的创造性思维，培养人的创造能力。

人类发展的历史,从一定的意义上讲也是相互交流的历史。历史上,中国文化通过与周边国家的密切交流,促成周边国家文化的发展。同时,中国文化也在交流中吸取营养,在一定程度上丰富了中国的文化。世界文明的发展也是如此。罗素在《中西文化比较》一文中说:"希腊学习埃及,罗马借鉴希腊,阿拉伯参照罗马帝国。中世纪的欧洲又模仿阿拉伯,而文艺复兴的欧洲则仿效拜占庭帝国。"世界文明就在这样相互学习、相互借鉴中得到发展。

中国要发展,就要加强同世界的联系与交流。通过交流,中国可以更好地了解世界,更好地学习、吸收世界先进文化,更快地提升中国特色的社会主义文化。通过交流,又能增强世界对中国的了解,将中华民族的优秀文化推向世界。这是沟通中国与世界的最好方式。

2. 中国特色的社会主义文化是世界先进文化的重要组成部分

在当今世界多元文化格局中,中国特色的社会主义文化以其独特的内涵与方式自立于世界文化的丛林中,以耀眼的光芒,赢得世界的注目,成为世界先进文化的重要组成部分。

中国特色的社会主义文化渊源于中华民族5 000年的文明史,植根于中国特色的社会主义文化的伟大实践,体现着社会主义政治经济的本质要求,代表着广大人民群众的利益,具有鲜明的社会主义意识形态特征和民族传统特质。

中国特色的社会主义文化既有别于世界先进文化,又与世界先进文化有着千丝万缕的联系。中华民族的优秀文化曾对世界做出过重要的贡献:15世纪以前,中国的科学技术处于世界领先地位,对世界文明的进步和发展作出了重要贡献;中国古代四大科技发明,对人类的文明发展起到了极大的促进作用,加速了世界文明的进程;中国古代的天文学、物理学、化学、医学等都曾获得显著成绩,对世界产生过深刻影响。恩格斯在《自然辩证法》中指出,欧洲新世界"实有赖于东方文化的输入,造成了它的有利的各种条件"。中国的文学艺术更对世界产生过深远的影响。中国古代四大名著流传到欧洲,获得很高的评价。英国《百科全书》1980年第10卷条目中称《三国演义》作者罗贯中是"第一位知名艺术家"。《纽约时报·书刊》就《西游记》全译本在美国问世发表哥伦比亚大学研究专家文章,认为英语文学将"通过这部头等重要的外国名著获取营养,从而得到永久丰富"。世界人民对中国的书法、绘画、雕塑更是非常崇拜。

尤其值得关注的是,中国文化对世界历次革命运动产生过重要影响。据戴密微《中国和欧洲最早在哲学方面的交流》一文载,文艺复兴时期,反映中国文明的书籍传入欧洲,给欧洲人树立了一个理想的国家而令人向往。他们称赞中国"是文艺复兴时代的西班牙、葡萄牙及英、法各国人民的梦想佳境"。启蒙运动时期,中国成为欧洲思想界谈论的话题中心,他们了解到欧洲之外还有一个同样具有高度文明的称之为中国的非基督教国家,并因此而受到启发,"打消了许多人的偏见,使西方人茅塞顿开,懂得欧洲和基督教的相对性"。

中国文化对法国、德国、美国等国家的革命都不同程度地产生过影响,德国启蒙思想家布莱尼茨是西方第一个确认中国文化对于辅助欧洲文化发展十分有用的哲学家。他在《中国近况》的序言中指出:"我们从前谁也不信在这世界上还有比我们伦理更完善的、立身处世之道更进步的民族存在,现在从中国竟使我们觉醒了"。

当代中国特色的社会主义文化同样对世界具有不可低估的价值和影响。邓小平为我们选择了走中国特色的社会主义道路,使我们懂得:一个民族一个国家要不受别国的控制或欺侮,维护民族的尊严和主权,坚持走民族特色的道路,积极开拓寻求更大发展,是立于不败之地的根本保证。中国的改革开放,努力实现四个现代化的思想观念和具体实践,也给发展中国家作了示范。发展中国家从中获益匪浅,明白了小国实现现代化的途径和目标。

中国文化与世界文化既有差异性,又有兼容性和互补性。这是由东西文化产生于不同的地理环境、有着不同的发展历史所决定的。东西文化存在差异是必然的,但这些差异有时恰好可以互补。例如,中国文化主静,西方文化求动;中国文化基于自然经济,西方文化基于商品经济;中国人重视集体,西方人重视个体;中国人讲究和合,西方人倡导竞争;中国文化属内向型的,西方文化属外向型的。凡此种种,东西文化的差异是很明显的,几乎是对立的。然而,恰恰从这些对立中,我们看到互补的可能性和必要性。互补之后,文化会显得更完整。倘若不进行互补,东西文化的片面性显而易见,终将影响文化的先进性。因此世界需要中国文化,中国更需要融入世界。中国特色的社会主义文化对促进世界文明的建设具有重要意义,是世界先进文化不可或缺的重要组成部分。

二、世界先进文化的内涵

世界先进文化是一个内涵极其丰富、宽泛的概念,涵盖着世界上每一个国家和民族在人类进步和社会发展中所产生的具有积极指导意义和推动作用的文化。这种文化,涉及社会的方方面面,如政治的、经济的、文化的、军事的、科学的、技术的、观念的、习俗的、物态的等诸多方面,大致可分如下几个层面:(1)能够保障并促进社会发展的政治制度文化;(2)能够引导人类前进的思想观念文化;(3)能够不断解放生产力,推动社会经济迅速发展的科学技术文化;(4)能为人类提供享乐的、蕴涵精品意识的娱乐文化和物态文化。

世界先进文化既是一定历史发展的产物,具有鲜明的时代特征,但又不是凝固不变,永世传承的。不同的历史时期,世界文化具有不同的先进内涵。随着历史的嬗变,世界先进文化的内涵也将不断地翻新、发展,注入新的内容。一些不适应社会发展的先进文化,只能成为历史的遗产载入史册;而一些具有强大生命力的先进文化则可以跨越时空,跨越时代,随同人类一起进入新的历史阶段,经过人类的继承、扬弃和发展,依然具有积极的指导意义,依然会显示其应有的先进性。例如马克思主义学说自诞生之日起,就成为指导人类社会发展的伟大学说,直到今天,对人类的发展、社会的进步依然具有重要的指导意义,显示其强大的生命力。人类在马克思主义理论指导下,进行新的历史里程的实践,并在新的具体的社会实践中,进一步丰富、发展了马克思主义理论,赋予马克思主义理论以新的生命。当今人类社会具有强大的生命力的其他先进文化亦无不以这样的方式演绎着,发展着,成为当今世界先进文化的一部分。

鉴于中国现有的国情和国际发展走向,学习世界先进文化应对如下方面有清醒的认识:

1. 世界先进文化是世界各地区积极健康、具有鲜明时代特征和时代精神的民族文化

当今世界是由2 000多个民族所组成的。这些民族分布在世界的各个地区、各个领域,经过历史的积淀,形成了各自独特的民族文化。这些民族文化,既有浓郁的民族特色,又具有鲜明的时代特征,体现着时代精神,表现得积极健康,对推动本民族的发展起着很大的作用,是构成世界先进文化的重要一部分。

应该说,世界先进文化中的民族文化应具有相对的独立性,既对他民族有一定的借鉴意义,但又不能全盘照搬。因为民族特色的文化有着本民族的传统,在显示本民族特色的先进性的同时又难免包含着局限性,不完全适用于他民族。因此,必须根据自己的国情有选择地吸取他民族的文化精品。

越是民族的文化越容易走向世界。我们的世界不会因为经济全球化而导致文化的单一化,这是因为,民族文化的传统已经深深地融入民族成员的心灵深处,形成不可磨灭的思维定势和情感积淀。他们可能在经济全球化的过程中,在与他民族的交流中,部分地接受异质文化,却很难完全同化。与此相反,各民族经受经济全球化浪潮的冲击,民族意识受到刺激而得到加强。各民族在吸取世界先进文化的同时,决不肯轻易放弃符合本民族利益的文化。如美国邻居加拿大,看到美国的文化产品充塞自己的市场深表忧虑,意识到任凭美国文化大举入侵,本民族文化有被美国文化淹没的危险,为此加大了对美国文化产品的限制,1995年,将美国"乡村音乐电视台"逐出加拿大后,又在1999年开始实施C-S5法案,规定加拿大企业不得在加拿大发行的外国期刊上做广告,否则将受到高额罚款的惩罚。以此来切断美国期刊杂志在加拿大的财源,以达到保护本国文化产业的目的。

法国也采取相应措施,规定法国电视广播节目至少有40%的时间用法语广播,规定全国4 500家电影院放映美国的好莱坞电影最多只能占1/4,以确保本国文化生存的比例。

世界文化由各民族文化所组成,民族文化的强大生命力,使世界文化的多元格局不会因经济全球化而改变。世界各民族会竭尽全力保护自己的民族文化。与此同时,民族间的先进文化时而也会发生冲突和碰撞,但经过激荡,先进的民族文化依然可供各民族相互借鉴,相互吸收,相互激励,可以成为促进各民族发展的参照系。

2. 世界先进文化是特别注重科技领先、注重人才、注重激励发明创造的制度保障文化

当今世界激烈竞争的焦点,无不围绕科技领先、争抢人才、发明创造而展开。科技领先、注重人才、发明创造是三个有机联系的结合链。要实现科技领先,优秀人才必须是具有发明创造能力的有用人才,能在高新技术领域大有作为,可以引导科技领先。这二者是互为因果、密切联系的结合体,缺一不可。如今,围绕人才的争夺战正在全球范围内紧锣密鼓地展开,这是一场没有硝烟的战争,却比有硝烟的战争更为激烈。从西半球到东半球争抢人才越演越烈,发达国家不惜巨资争抢人才已到了白热化的程度。发达国家已将高科技的发明创造、吸引人才作为现代制度的重要内容,给予相应的制度保障。现代制度不再仅仅是维系社会生活秩序的制度,更是融进了为社会文化的变迁确立新的坐标内容的制度。当美国高科技人才紧缺之时,美国参议院

司法委员会马上通过法案,改革不适应的制度,将原来签发的 H-IB 签证由 6.5 万人,猛升到 19.5 万人,并另行制定一系列有利于引进人才的新政策和新措施,为促进高新技术发展提供了极其有利的制度保障,这无疑在制度创新方面迈出了重要的一步,更体现了制度与现实发展的密切关系,充分调动制度保障的能动性,给予高科技发展以有力的支撑,成为推进高科技发展重要的外在动力之源。世界其他国家也都制定相应的政策和措施,以高工资、高报酬等优厚待遇吸引人才。大家心里清楚,谁拥有高新技术,谁就能控制天下;谁拥有创新人才,谁就拥有未来世界。因此,发展高新技术,积极争抢优秀人才,已成为每个国家的重要战略,成为制度保障的重要内容。

中国是人才资源大国,我们要向发达国家那样高度重视人才,爱惜人才,视人才为国家至宝,为发展我国高新技术的栋梁。我国应制定相应的制度予以保障,并创造一种良好的氛围吸引一切优秀人才,让优秀人才为国家作贡献。

美国在引进人才方面处于领先地位。1995 年美国国家科学基金会的数字显示,该国从事科学和工程项目的 1 200 万工作人员中,有 72% 是来自发展中国家。法国报界也指出,全世界科技移民总数的 40% 被吸引到美国。很明显,科技创新能力处于世界第一的美国,在很大程度上是利用别国的人才为他们创造高新技术,创造财富,这是美国精明于别国之处。

联合国指出,引进人才,是一种颠倒的技术转让,不是北方向南方转让,而是南方向北方转让,使第三世界损失了一批宝贵财富。联合国认为这是不合理的,因为发展中国家为教育和培养人才进行了投资,而被工业化国家进口的这些人的母国却得不到任何代价。

对这种不合理的人才使用现象,应该通过建立一种国际通用的制度予以纠正。现代制度应该成为合理使用人才的保障文化。

3. 世界先进文化是推动经济快速发展的市场文化

市场文化伴随市场经济的诞生而产生,随同资本主义一起成长。这种市场文化已有近百年的历史,经受了历史的严峻考验,积累了无数适应市场经济运作的成功经验。如以资本为纽带的市场运作,已形成一套与市场经济接轨的体制和机制,产生了一整套与市场经济密切相关的经营理念和竞争意识,所有这些,对我们今天的经济发展依然具有积极的指导意义。

我们应该学习西方发达国家的企业集团对市场敏锐的洞察能力、识别能力、判断能力、营销能力以及很强的抗风险能力。这些能力是应对变化无常的市场经济所必须具备的,不可或缺,否则就有被市场吞噬的危险。

我们要学习西方发达国家的企业集团运筹帷幄的市场谋略与市场经营理念。这是市场文化中智慧较量的关键部分。缺乏对市场高屋建瓴的把握,缺乏先进的经营理念指导,要在市场中取胜的成功概率极小。市场竞争,关键是谋略竞争、经营理念的竞争。如 70 年代,日本雄心勃勃进军美国,买下美国许多重要企业,显示了日本实力的强悍,着实让日本风光了一回。岂不知,日本在战略的谋略上却输给了智胜一筹的美国。美国趁机转手出让传统工业,腾出财力和精力去开发高新技术产业,一跃成为当今世界高新技术的龙头老大。日本却因谋略失当,一头栽进泥潭,难以自拔。这有力说明,市场经济的激烈竞争,谋略取胜至关重要,谋略得当,可以如日中天,赢得辉煌。谋略失当,则将一落千丈跌进深渊。当今市场中,无时不在演绎一幕幕这样的悲欢戏剧,从而启示人们:决策者的谋略至关重要,直接影响企业的兴衰存亡;决策者必须在谋略上下功夫,练就真本领以应对复杂的市场经济。

我们应该学习西方发达国家的企业集团追求高速度高效率的机制运作,优化经济结构,合理配置包括自然资源、信息资源、人才资源在内的所有资源,以最低的成本换取最高的效益。这是先进生产力的重要标志,也是促进企业快速成长的关键所在。这是现代企业集团运作的重要方式,是企业集团具有竞争实力的具体表现。

4. 世界先进文化是推进民主、尊重人权,精细调节各利益群体相互关系的法制文化

加强法制建设,真正实施"依法行政""依法治国"的战略,用法律规范每个人的思想行为,靠法律保障民主进程的推进,靠法律保障公民的权利,靠法律精细调节各利益群体相互关系,是保障人类社会在健全的法律规范下,正常有序发展的根本所在。

今天,随着经济全球化的发展,如何实施民主、人权、调节各集团利益关系的问题,已被提到国际性的层面上加以探讨。为此需要建立一套具有约束力或制约力的国际法规,用以约束每一个国家、每一个集团,乃至每个人的行为准则,以保障经济全球化顺利开展。

经济全球化更需要推进民主化进程。世界经济只有在民主的基础上才能实现公平竞争、和平协商、相互合作,走共同发展的道路。缺乏民主的氛围,全球化发展只能导致个别国家的霸权主义和强权政治独霸世界的局面产生,丝毫不利于发展中国家的发展。因此民主化既是增强国际间合作的基础,又是促进共同发展的保障。

民主又是保障人权的重要前提。没有民主,难以维护人的尊严和权利。只有在民主的环境中,人的自主权利、人的选择权利、人的自我理想实现的权利才有可能得以维护。

精细调节各利益群体的相互关系,是经济全球化过程中必须面对的重要问题。各利益群体的相互关系调节得好,有利于协商合作、有利于发展。各利益群体的相互关系调节得不好,就会影响合作,影响协商,严重的就要影响发展。

无论是推进民主化还是尊重人权,抑或精细调节各利益群体的关系,都需要健全的法制保障。法制文化应是先进文化的精确体现。只有在法制的保障下,民主进程才能顺利推进,人的尊严与权利才能真正得到维护,各利益群体间的相互关系才能在法律的精细调节下正常发展。

5. 世界先进文化是爱护环境、注重可持续发展的生态文化

人与自然的和谐,人与环境的和谐,人与生态的和谐,这不仅关系到人类眼前的生存状态,更是关系到人类可持续发展的根本问题。西方发达国家在迅速发展经济的同时很注意国内生态环境的保护,尽量不使生态环境遭受污染、破坏。不管是城市还是乡村都努力营造一种像花园般的生活环境,那儿天蓝水清,空气清爽,环境优美,为人类提供了十分舒适安逸的居住环境,可谓是一种生态文明的展示。

然而,我们毋庸讳言,当今世界绝大部分国家和地区对人类生态环境的建设与保护很不重

视,只顾眼前利益,不顾长远利益,只注重经济效益不顾社会效益,空气污染、水质污染十分严重,极大破坏了生态环境,破坏了生态平衡,导致资源严重短缺,严重影响可持续发展。一些发达国家采用非法倾倒或"合法出口"等手段,把有毒的废物转移到发展中国家,非洲已成为他们的垃圾场。目前,占世界1/4的发达国家消耗能源占世界总消耗量的90%,木材的85%,钢材的72%,发达国家的资源人均消耗量是发展中国家的9—12倍。对此,俄国作家格·戈雷申曾指出,如果在考虑与人类命运攸关的各种问题时不以最广义的人道主义精神作指导思想,如果不仅在对待自然资源的利用,而且在对待文化和人的个性上的生物学立场不能成为人类行为的准则,那么即使不发生核战争,人类也会灭亡。温哥尔大学教授比尔·里斯也曾经警告说,如果所有人都这样生活和生产,那么,我们为了得到原料和排放有害物质,需要20个地球。

破坏生态环境,必然会受到生态环境的严厉惩罚,会直接威胁到人类的生存。因此保护资源,保护生态环境并不是一国一域的局部之事,而是关系到整个人类的繁衍和发展的大问题,需要人类高度重视,凭借人类的智慧和利用现有的高新技术,共同担负起整治环境的重任。让世界变得更美丽,让人类生活得更美好。

国外的环保公司多为系统公司,是集设计、生产、安装、服务于一体的经营公司。目前,我国的环保设施大都是分段实施管理,规划设计、生产制造、安装施工、运营维护等分别由不同单位负责,导致管理运作不协调、不配套,影响管理质量与效率。我们应该学习发达国家的先进的环保机制,让中国的环保工作上一个新台阶。

6. 世界先进文化是健全的福利机制与提倡爱心救助的社会公德相结合的社会福利文化

健全的福利机制与提倡爱心救助的社会公德相结合的保障文化是世界精神文明的重要体现,是世界先进文化的重要内容,是体现国家对每个公民切身利益的终极关怀。欧美国家建立福利机制的初衷,是为了安抚民心,避免动乱,维护社会稳定。德国是最早建立养老福利制度的国家,1889年德意志帝国政府颁布了《伤残及养老保险法》,为那些年满70岁的退休者或伤残者提供保险,从而形成了现代养老保障体系。德国宣称:这是"消除革命"的投资,"一个期望得到养老金的人是最本分的人,最便于统治的人"。确实,保障制度的建立,客观上对社会的稳定起了决定性的作用,于是保障文化被欧美许多国家所采纳。

由于各个国家经济状况不一,世界各国的保障文化呈现不同态势。

瑞典是世界上崇尚平等的高福利国家。该国的保障制度无所不包,是"从摇篮到坟墓"的保障制度。瑞典的保障制度是以英国经济学家贝弗里奇的报告为依据的。1942年12月,贝弗里奇受政府的委托,起草了一份报告《社会保险和有关的福利问题》,认为享受社会保障是每个公民的权利;受保障者应按统一标准交款,按统一标准领取津贴或救济;发放的津贴或救济应足以维持正常生活而不再需要其他资助。享受救济或津贴的时间以需要为准,不受其他限制;保障范围,包括生活必需的各个方面。瑞典的保障制度比较彻底地贯彻了这一报告的主要精神,成为西欧国家首屈一指的高福利国家而为人称道。

苏联的社会保障制度最早是十月革命胜利后建立的,它的最大特点是一切社会保险费用均由国家和企业负担,个人不交保险费。这种保障制度是以生产资料公有制为基础的,被确定为社会主义的保障制度,从而使公民充分享受保障的权利"老有所养,险后有保"。

尽管当今世界保障制度不完全一样,但保障性质是一致的,其积极意义在于保障人民生活,促进社会稳定。

保障制度与每个国家的经济发展有密切关系,与社会制度有直接联系。作为社会主义制度的国家,对公民的保障更应体现制度的优越性。苏联的社会实践应引起我们深刻的反思:为什么列宁时代的社会主义保障制度难以为继？我们应该吸取哪些经验教训,如何在保障制度方面有所创新,能充分体现中国特色社会主义制度的优越性,给予人民生活以根本的保障。

最近,英国正在努力创新社会福利机制,试图变被动的恩赐型的福利机制为主动的投资型的机制。英国的安东尼·吉登斯在《第三条道路》中提出:积极合理的社会,应该提出用社会投资概念来取代福利概念,将自上而下的分配福利资金转化为更加地方化投资分配体制。这样,使许多领取养老金者不会感到失去自尊。新的投资社会,把老年人作为资源,而不是作为负担。他还认为,任何人可在任何年龄选择停止工作,废除控制性退休。如果把老年人归入退休群体,这样就把他们同大多数人隔离开来,他认为这不是一种包容性社会。他设想的新的社会是一种伙伴关系,年轻一代应以年长为模范,而年长的人应为年轻人服务。在老龄化社会,老年人越来越成为不可忽视的力量。英国政府正准备吸纳他的设想在国内实施。

三、怎样吸收世界先进文化

1. 加大对世界先进文化研究力度,创建新的研究机制,使研究产生实际效益

目前,我国的研究规模和研究力度都远远落后于世界发达国家,世界发达国家搞开发,都集中专门人才、投入巨资进行研究与开发。如诺基亚已在世界12个国家建立研究开发中心;英特尔公司、微软公司、IBM公司也都分别在中国建立研究机构,利用当地资源开发产品。他们的精明之处在于:借他山之石,发他山之财,以小成本换取大收获。中国则为他人发财提供有利条件。

国外有一套科学的研究开发规则与经验,他们对科研项目有明确的指标规定,如国际"经济与合作组织"对研究开发提出明确的投入指标:(1)投入指标,包括研究开发的专业人数、研究开发经费。(2)活动指标,包括举行国际会议和参加人数。(3)产出指标,包括直接产出的研究成果与间接产出的经济效益等等。

中国要加大研究力度,除了各级政府管辖的研究机构外,各省市的企业集团都应该建立专门的研究开发机构,根据各自产业发展的需要,进行相关的跟踪研究,为企业领导决策提供较全面的资料,同时对产品开发、技术提升、集团发展都有益处,不至于因盲目而导致失误。这是发达国家特别注重研究开发的意义所在。例如日本经济迅速发展,并没有什么绝招,只是凭借善于吸取别国的先进技术,发展壮大自己。70年代,日本的精工表之所以能打败瑞士表,道理很简

单,日本组织一些人每天观察世界上几十个对手企业一点一滴的变化,列出这些企业的产量、质量、品种、价格以及市场销售情况,形成快报迅速递交给领导,使领导及时了解世界行情,对企业发展决策做到胸有成竹。1969 年瑞士人研究出了世界上第一块石英电子表,崇尚"华贵"的瑞士人却瞧不起这种简陋的"玩具商品",一甩手给扔了。日本人却如获至宝,花大力气进行研究开发,组织规模生产。不久,日本生产的石英电子表占领市场,瑞士表受到强烈冲击,瑞士国内 178 家表厂倒闭,3 万人失业。瑞士表在世界中的王者地位成为历史,取而代之的却是他们自己发明的石英电子钟表被日本人研究开发并占领市场。

随着中国进入 WTO 的临近,美国各大电影公司已开始蠢蠢欲动,特意从中国进口了 50 部影片,意欲对中国电影市场进行研究。好莱坞已拟定好一份研究中国电影市场的调查表,已交调研人员手中,目的想了解中国人对好莱坞电影风格、题材、演员等的意见,以便更好地适应中国市场,占领中国市场。时代—华纳集团不仅要向中国输入美国影片,而且更想帮助中国拍摄自己的"大片"。外国公司已经开始行动,我们是否有所准备? 是否应该认真研究一下,好好筹划自己的未来。我们的行动不能滞后,机遇与风险同在,谁能抢得先机谁就是赢家。

2. 提高吸收的整合能力,使吸收的世界先进文化更适合中国国情

吸收世界先进文化,有各种各样的途径和方式。如果能够优化选择,那么会产生出人意料的效果。

优化选择,是吸取世界先进文化的重要方式。世界先进文化纷呈多彩,我们不可能全盘吸收。有的放矢,优化选择,将世界上最先进的、对我们国家最有用的文化吸收过来,花最少的时间和精力,吸取最有价值的文化,这不失为一种明智的行为,也是最讲效率的方式。

创造性地吸收,更是智胜一筹的好方法。创造性地吸取世界先进文化,犹如站在巨人肩上求发展,技高一筹。如果能敏锐地发现处于萌芽状态的先进文化,吸取之后进行再创造,更能获得与世界先进文化同步效应。如果再进一步,就有可能赶超世界先进水平,此可谓青出于蓝而胜于蓝。当代世界的激烈竞争,高手之间都是采用这种方法参与竞争,制胜对手。

批判性地吸取,这种方法虽然不是新方法,但在今天依然具有积极意义。在世界文化中,有些观念文化很值得商榷,但其中某些理论内核或某些观点却很有价值,我们不能因为水脏连同孩子一起倒掉,而应采取马克思主义唯物辩证法的科学态度,批判性地吸取有用的东西,化腐朽为神奇,同样不失为一种科学的态度。这种方法对遗产文化研究尤其有用。

整合吸收,是吸取世界先进文化的重要一环。世界先进文化产生于不同的国家、不同的现实,将其移植他国,必须经过整合,使其能够适合他国的实际,这样才能产生相应的效果。否则,不切实际地盲目引进,生搬硬套,即便是世界先进文化也会走样,产生不了先进的效果。对待世界先进文化,需要整合吸收,倡导总体考察,力求将世界先进文化整合为"本土文化",使其适合本国国情,这样吸取的世界先进文化才能在本土开花,才会产生先进的效果。

3. 在吸收中创新,在创新中发展

人类社会的进步总是依靠创新来促成,没有创新就不会有人类进步。人类社会是在不断地

吸取先进文化、不断地创造发明先进文化中前进的。

　　创新是一个国家和一个民族的灵魂。创新更是促进社会发展的真正动力。在当今追赶式发展的进程中,创新能力成为衡量有无竞争实力的标志。1995年日本研制出高清晰度的电视机,中国准备引进日本的生产线。可美国则派出人员做调查,发现高清晰度的电视机并不是人们的迫切要求,人们期待能变被动式看电视为交互式,于是数字化电视机问世,美国又一次走在了世界竞争的潮头。日本发明了传真机,美国另辟蹊径,发明了电子邮件。真是道高一尺,魔高一丈。当今世界的激烈竞争,完全是智慧的较量,创新意识的搏斗。谁的创新意识强,谁就是强者。在这场竞争赛中,中国明显地暴露了自己的弱点,缺少创新意识,往往盲目地照搬学样。我们要以此为警示,提高民族的创新意识,在吸收世界先进文化的同时不忘增强自己的创造能力。努力在吸收中创新,在创新中发展。

(原载《上海社会科学院学术季刊》2001年第4期)

"风俗志"编写的体例、特点及其民俗观

——以《上海府县旧志丛书》和《上海乡镇旧志丛书》为例

黄江平

上海旧方志品种数量繁多。据上海方志办统计,1949年时,上海有各类方志397种,其中,宋代8种,元代6种,明代59种,清代223种,民国时期101种,存世243种。[①]目前,现存最早的上海方志为南宋绍熙四年(1193)由华亭知县杨潜主修,胡林卿、朱瑞常等纂修的《云间志》,亦称《绍熙云间志》。首部松江府志为明正德七年(1512)由知府陈威等修、顾清等编纂的《松江府志》。此后,府、县二志并行于世。明清以来,民间私人修志层出不穷,乡镇志、村志、园林志、庙宇志等陆续出现,呈现出一种独特的文化景观。

上海地区重视修志的传统,突出表现在对民俗的记述。明正德《松江府志》在我国方志编纂中率先将"风俗"列为专卷,使得"风俗"在方志编纂中的地位大为提高。而在较早的志书中,"风俗"或附于山川地理,或与历史、地理、人物等并列记述。上海历代修志者都极为重视对风俗的记述。崇明知县朱衣点在清康熙《重修崇明县志》(朱衣点修,吴标等纂)的序中说:"修史重任也,而修志亦巨举也。史以传信,记一代之得失存亡,志以备考,辩一方民风土俗。二者名异而实同。"说明修纂方志的目的在于为后世保留风俗史料。黄炎培在其主纂的民国《川沙县志》的导言中说,风俗是了解"底层社会思想之表现",是"探求一般邑人之思想与性情",说出了"风俗"在志书中的重要作用。当然,府县志因卷帙浩繁,体例上具备将一些门类独立列为专卷的条件,而卷数较少的乡镇志,比如康熙《紫隄小志》只有2卷,"风俗"只能作为其中一卷中的一个子目。但无论如何,"风俗"的记述都是方志中不可缺少的重要内容。上海历来重视地方文献的整理与研究,十余年来,对旧方志进行了有计划地挖掘、整理与出版工作。陆续整理出版了《上海乡镇旧志丛书》(上海社会科学院出版社出版)和《上海府县旧志丛书》(上海古籍出版社出版)。本文拟以这两部丛书为例,探讨其中"风俗志"编写的体例、特点及其所反映的民俗观念。

一、上海地方旧志风俗志的编写体例

明清上海方志在"风俗志"编写时的名称和体例大致有这样几种情况:在命名上,比较统一

[①] 上海市地方志办公室编:《上海方志提要》,上海社会科学院出版社2005年版,第2页。

地称为"风俗"。但在体例上则比较多样化。在府县志中,有将"风俗"专门列为一卷的,明正德《松江府志》开此先河,继之有崇祯《松江府志》。有与其他门类合为一卷的,如康熙《松江府志》、正德《华亭县志》、乾隆《金山县志》等。有的以风物志、风土志、风俗志为卷目,下列风俗、物产、方言等,如康熙《崇明县志》、乾隆《崇明县志》、光绪《重辑奉贤县志》、光绪《南汇县志》等。也有的归在疆域志下,如弘治《上海县志》、乾隆《娄县志》;有的归在地理志下,如万历《上海县志》、乾隆《宝山县志》;还有的归在杂志卷、志余卷中,如乾隆《南汇县新志》、光绪《重修华亭县志》、光绪《宝山县志》等。

在乡镇志中,情况大致类似。在命名上,基本以"风俗"称之。在体例上,因卷数较府县志为少,多数与其他内容合为一卷,只有嘉庆《珠里小志》、同治《张泽志稿》、光绪《月浦志》等例外。其他有的将"风俗"归在疆域志、区域志,如嘉庆《石冈广福合志》、咸丰《黄渡镇志》、光绪《重辑枫泾小志》等;有的归在杂类志,杂志卷,如嘉庆《马陆志》、乾隆《南翔镇志》等。还有些乡镇志只有卷次,没有卷名,此种情况下,"风俗"则归于某一卷次之下,与其他内容并列,以安排在前三卷中为多。有在卷一的,如崇祯《外冈志》、康熙《紫隄小志》、乾隆《真如里志》、道光《金泽小志》、嘉庆《方泰志》、嘉庆《石冈广福合志》、嘉庆《朱泾志》、道光《七宝镇小志》、光绪《淀湖小志》、光绪《罗店镇志》、光绪《江东志》、清末《二十六保志》等。有在卷二的,如康熙《淞南志》、嘉庆《法华镇志》、咸丰《紫隄村志》等。有在其他卷次的,等等。

由于修志者对"风俗"范畴理解的不同,影响了"风俗"这部分内容在志书中涵盖面的多寡以及篇目的安排。

首先,从府县志来分析。一是在"风俗"中涵盖多项内容。如崇祯《松江府志》卷七"风俗"包括了总论、习尚、岁时、俗业、占候、俗变等。二是将岁时、占候等内容单列,如嘉庆《松江府志》卷五"疆域志"中除"风俗"外,首次增加"方言"一项。同样,在县志中,乾隆《娄县志》卷三"疆域志"中的"风俗"则包含了民风、生产习俗、婚丧习尚、岁时习俗、方言、占验等。光绪《娄县续志》卷三"疆域志"下列:星野、界至、街巷、坊表、邮铺、村镇、桥梁、形胜、风俗、方言、占验等11个名目,将方言、占验各列为一目。由此,在府县志中将岁时、方言、占候等共同作为"风俗"的组成部分已成为共识。

其次,在乡镇志中,情况各异,大体有四种编排方式:

一是在"风俗"项中包括方言、岁时(时序)、占验等内容,不再单列方言、岁时、占验等项。如嘉庆《方泰志》、嘉庆《朱泾志》、咸丰《黄渡镇志》、嘉庆《寒圩志》、光绪《重辑枫泾小志》、宣统《续修枫泾小志》、清末《张泽志》等,皆包括时序。乾隆《丁山志》包括时序、方言、占验;嘉庆《法华镇志》包括岁时、占验、方言、谚语等。康熙《紫隄小志》包括时序、民间信仰等。康熙《紫隄村小志》包括时序、信仰、巫术迷信等。

二是不包括方言、岁时(时序、节序)、占验等内容,而单独立其为一项,如光绪《罗店镇志》卷一"疆域志"下列有风俗、节序、岁占、方音;清末民初《二十六保志》卷一下列风俗、岁时、方言等;康熙《淞南志》卷二下列风俗、节序、土产等。光绪《江东志》卷之一地理志下列风俗、节序、岁占、土语、物产、祥异等。

三是不包括也未载录方言、岁时、占验等内容,如嘉庆《石冈广福合志》、嘉庆《安亭志》、同治《张泽志稿》、光绪《盘龙镇志》、光绪《淀湖小志》等。

四是虽将方言、岁时(时序、节序)、占验等单独立项,但并不追求齐全,如有的只有岁时或称时序、节序,有的只有方言。如崇祯《外冈志》列有时序、嘉庆《马陆志》列有岁时、乾隆《真如里志》列有节序、同治《厂头镇志》列有方言等。

此外,嘉庆《珠里小志》共18卷中,不仅卷三为"风俗"专卷,且卷四将方言与物产合为一卷。可见对风俗的重视。

由上述可知,"风俗"编写在方志中不仅十分重要,而且内容逐渐丰富。

二、上海地方旧志风俗志的编写特点

与文人笔记相比较,方志中"风俗"的记载呈现出更为详细和完备的状态,个性特征也很明显。就上海府县旧志、乡镇旧志的编写情况来看,大致有如下几个特点:

(一) 注重对社会风尚的记载

社会风尚反映的是一个地方的民俗的总体性特征,往往在风俗志的开头部分进行概述,例如,顾清在正德《松江府志》卷四《风俗》中,对当时的社会风尚进行了如下概括:"松故吴之裔壤,僻远之乡也,然负海枕江,水环山拱,自成一都会。民生其间,多秀而敏。其习尚亦各有所宗。盖自东都以后,陆氏居之,康、绩以行谊闻,逊、抗以功业显,而机、云之词学尤著,国人化之。梁有顾希冯,唐有陆敬舆,至宋而科名盛矣,故其俗文。原泽沃衍,有鱼稻海盐之富,商贾辐辏,故其俗侈。有康僧会、船子、夹山之遗踪,故尚佛。有金山、柘湖之灵迹,故信鬼神、好淫祀。……百余年来,文物衣冠蔚为东南之望,经学辞章,下至书翰,咸有师法,各称名家。田野小民,生理裁足,皆知以教子孙读书为事。"顾清把明代中期松江社会风尚概括为"俗文""俗侈""尚佛""信神""重教"等特点,并分别论述其源流,其体例特征为后来修志者所尊崇。比如关于"重教"的记述,乾隆《金山县志》曰:"田野小民生理裁足,皆知以教子孙读书为事,故士奋于学,民兴于仁。"[①]

在乡镇志中,其记载更为具体。如道光《金泽小志》曰:"男子生五岁至十岁,上学识字。贫者多出就外傅,贽见于师,行一揖三拜礼。及经书通后,作为文章,一遵先正法程,授受渊源如是。或别有生理,也不废幼学焉。"[②]嘉庆《珠里小志》还详细记载了女子入学就读的程序:"女子六七岁,亦就傅读《闺门女训》、《孝经》、《列女传》,写字习算法。……习女红,间有学为韵语者。"[③]可见读书风气遍及城乡。

---

① 乾隆《金山县志》卷之十七《风俗》。
② 道光《金泽小志》卷之一《风俗》。
③ 嘉庆《珠里小志》卷三《风俗》。

（二）注重对风俗变迁的记述

文化变迁是一种连续不断的运动,民俗文化变迁、变异与民俗的稳定性一样,也是民俗文化的基本特征。促使民俗文化变迁的原因,一是由社会内部的变化而引起,如经济发展快慢、社会控制强弱等;二是由外部环境变化而造成,如政权更替、民族迁徙等。明清时期,上海风俗经过几次较大的变化,先是明代中后期的"由俭入奢",然后是清初的"返朴",再是乾嘉时期重又掀起对"奢华"的追逐。晚清至民国时期,"求新求变"更是成为社会风尚的主流。对此,上海方志作者给予了高度重视,并进行了详细记载,为研究上海民俗发展史提供了十分珍贵的资料。正如崇祯《松江府志》总纂陈继儒所说:"松之风俗,见于志者,几变矣。观其变,而世可知。"①

明代中后期,随着江南经济的发展,人们生活水平有所提高,出现了奢侈消费的风气。最先起于苏州、杭州等繁华都市,然后逐渐向周边地区蔓延。嘉靖时松江人何良俊指出:"年来风俗之薄,大率起于苏州,波及松江。二郡接壤,习气近也。"②其奢侈消费表现在社会生活的各个方面。比如,在饮食习俗方面,万历《嘉定县志》说:"富室召客,颇以饮馔相高。水陆之珍常至方丈。至于中人,亦慕效之,一会之费,常耗数月之食。"③即使在距离嘉定县城十五里的外冈镇也是如此:"宾朋宴会,丧葬冠婚,富者竭力以侈观,贫者至弃产称贷,以饰世俗之耳目,相习成风,莫可移易。"④

崇祯《松江府志》对民俗变迁进行了全面的记述,并将其变迁归纳为"二十四变",如婚娶之变、丧祭之变、服饰之变、舟楫之变等,分别进行具体描述。乡镇志作者对此也比较关注。殷聘尹在崇祯《外冈志》中说:"予犹记少年时多见人以紫花布为衣,今已绝无,即衣之,群相嗤以为鄙,市中浮薄子弟,家无担石,妻孥冻馁不顾,而华其躬,美其服。"⑤说明他们的日常生活消费已经从温饱型消费向体面型消费、炫耀型消费转变。按照现代消费理论,体面型消费、炫耀型消费都属于"奢侈"型消费。

入清之后,松江、嘉定、上海、南汇、川沙等县饱受战火荼毒。"奏销案"又使大批士绅元气大伤,再加上连年水旱灾害,经济一度陷入萧条,社会风尚回归俭朴。但到了乾嘉时期,江南经济再度繁荣,奢侈之风再起。清代学者、青浦朱家角人王昶说:"俗渐骄侈,婚嫁宴会率尚虚礼。"⑥比如,金山县:"习俗奢靡,今非昔比。……衣帽华丽,妇女亦为宫妆等名色。"⑦嘉定县外冈镇:"迩来世当承平,日趋华伪,由今溯昔,六十年间已觉前后改观矣。"⑧

鸦片战争后,上海社会风气日益浇薄。上海县:"吾邑城市,游手好闲之徒骄侈弥甚。"⑨华亭

---

① 崇祯《松江府志》卷七《风俗》。
② （明）何良俊:《四友商丛说》卷三十五《正俗二》。
③ 万历《嘉定县志》卷二《疆域考下·风俗》。
④⑤ 崇祯《外冈志》卷一《风俗》。
⑥ 光绪《青浦县志》卷二《疆域志·风俗》。
⑦ 乾隆《金山县志》卷之十七《风俗》。
⑧ 乾隆《续外冈志》卷一《风俗》。
⑨ 同治《上海县志》卷一《风俗》。

县:"今俗奢靡无等,男子衣服无论士庶、舆台,但力所可为,即缎衣貂帽,亦所不忌。寻常宴会,无山珍海错,群以为羞。"①由此可见,晚清时上海的社会风气已经"奢靡"之极。这些现象在光绪、同治年间编纂的方志中都有所记述。

(三)注重对女性民俗的记录

"男耕女织"是基于男女性别特点所形成的一种家庭劳动模式,反映了自然经济基础上男女劳动的角色定位。恩格斯指出:人类最初的"分工是纯粹自然产生的,它只存在于两性之间。男子作战、打猎、捕鱼,获取食物的原料,并制作为此所必需的工具。妇女管家,制备衣食——做饭、纺织、缝纫。男女分别是自己活动领域的主人:男子是森林中的主人,妇女是家里的主人"。②这种天经地义的男女两性角色分工模式也普遍适用于中国古代社会,所谓"男司耕读,女司纺织,自是生理"。③但在明清时期的江南地区,包括今上海地区,女性在家庭中所承担的劳动远远超过天然性别特点所赋予她们的角色定位,形成"夫妇并作"甚至"女劳男逸"的生产生活习俗。女性不但要承担生儿育女、照顾公婆、洗衣做饭、纺纱织布等繁重的家务劳动,还"大量投入户外劳动,和男子共同担负起那些在其他地区都由男子承担的田间劳动"。而且此时的家庭纺织已经"大大超过平常的居家纺织"。④作为一个独立经济单位的家庭在交租完赋后,"衣食全赖于此"。⑤妇女成为家庭经济生活的主要来源。这种情形,引起了方志作者的极大重视。笔者通过对上海旧志的梳理,发现方志作者对妇女民俗的描写和记述大致有这样几个方面:

一是充分肯定上海妇女对家庭经济的贡献。上海地区赋税极重,棉纺织业在家庭经济生活中起着举足轻重的作用,妇女是家庭棉纺业的主体。尽管男子也参加一些辅助性工作,但毕竟不是主角。因此,棉纺织成为上海女性民俗叙事中的最大亮点。方志作者对城乡妇女"勤于纺织"的良风美俗极力加以赞美,农村妇女:"乡村纺织,尤尚精敏。农暇之时,所出布匹日以万计,以织助耕。"⑥市镇妇女:"躬耕之家无论丰歉,必资纺织以供衣食,即我镇所称大户,亦不废焉,每夜静,机杼之声达于户外。"⑦

二是充分肯定上海妇女吃苦耐劳的品质。明清时期的上海地区,女性普遍参与大田劳动。此类记载在上海正德以后编纂的方志中十分普遍。顾清在编纂《松江府志》时,首先注意到了这一变化:"妇女馌饷外,耘获车灌,率与男子共事,故视他郡虽劳苦倍之。而男女皆能自立。"⑧对此,在县志以及私人编纂的乡镇志中,对此几乎都有记述。雍正《分建南汇县志》记载:"农家戽水,率令妇女从事。赤日炎风,无所畏避。"⑨女性不仅参与稻作生产中的"耘获车灌",还要全力

---

① 光绪《重修华亭县志》卷二十三《杂志上·风俗》。
② 恩格斯:《家庭、私有制和国家的起源》,人民出版社 1999 年版,第 165 页。
③ 《九江义门总谱·推广家法》,转引自雷扬:《我国妇女政治权利虚化问题探析》,《江西社会科学》2012 年第 3 期。
④ 王仲:《明清江南农业劳动中妇女的角色、地位》,《中国农史》1995 年第 4 期。
⑤ 康熙《松江府志》卷五《风俗》。
⑥ 嘉庆《松江府志》卷五《疆域志五·风俗》,参见光绪《重修华亭县志》卷二十三《杂志上·风俗》。
⑦ 乾隆《续外冈志》卷一《风俗》。
⑧ 正德《松江府志》卷四《风俗》。
⑨ 雍正《分建南汇县志》卷十五《杂志上·风俗》。

投入棉花种植及田间管理。光绪《松江府续志》记载:"妇女与男子共作苦,盛夏秉锄耨草于棉田,俗谓脱花。不特贫家为然,即温饱之家,亦躬亲操作,谓之领脱花。"①奉贤、上海、南汇、川沙等沿海各县的妇女普遍参与棉花种植的劳动。道光《川沙抚民厅》曰:"夏日秉锄耨草棉田,曰'脱花血汗'。"②光绪《南汇县志》中记述道:"盛夏赤日中,耨草棉田,俗谓脱花,汗雨交流。热极,就塘掬水饮之,甚或和衣入水浸片时。不特贫家妇女为然,即温饱家亦必躬亲操作,俗谓领脱花。"对农家妇女表示了深切的同情。南汇县妇女除了普遍参与水稻、棉花种植外,还参与晒盐、卖盐活动:"一、二团皆妇女摊晒,耐饥寒。健者能负盐行百里余,无业者赖以给衣食。"③金山县妇女编织渔网作为副业以助家用:"近城妇女每织麻为网。"④有时还从事商贸活动:"三月二十八日游秦山,男妇如蚁,兼贩货。"⑤其辛苦程度可见一斑。

三是充分肯定上海妇女的创造创新精神。上海妇女不仅勤劳而且心灵手巧。上海棉纺织业的发展归功于黄道婆对棉纺织技术革新和改造。在明清时期方志中,不乏对黄道婆的称颂。最早记述黄道婆事迹的是元末陶宗仪,他在《南村辍耕录》中记述道:"国初时,有一妪名黄道婆者,自崖州来,乃教以做造捍、弹、纺、织之具,……人既受教,竞相作为,转货他郡,家既就殷。"⑥后来又有诗人王逢作《黄道婆祠并序》歌颂黄道婆的丰功伟绩。在此后的方志中往往对陶、王二氏的记述加以引用。如弘治《上海县志》记载了黄道婆祠的兴废,同治《上海县志》载录张之象的《听莺桥重立黄道婆祠记》、张所望的《移建黄道婆祠记》等。明清时期,上海棉布品种繁多:"精线绫、三梭布、漆纱、方巾、剪绒毯皆为天下第一。"而且"皆切于实用,如绫、布二物,衣被天下"。⑦方志作者对纺织能手丁娘子,顾绣名家缪氏等女性,都不遗余力地给予赞颂。

三、上海地方旧志风俗志的民俗观

民俗观是人们对民俗的见解,而方志民俗观则反映了方志作者对于民俗的理解和看法。其民俗见解,除表现在对民俗的记述与取舍方面之外,还表现在方志的总论及风俗卷的序言或开篇的引言之中,往往带有理论性、倾向性与时代性。从上海府县旧志和乡镇旧志来看,上海地方志作者的民俗观,大致可以概括为以下几个方面:

(一) 关于民俗性质以及对民俗事象的区分

一般而言,方志只是从正面列举民俗事象,并不对民俗事象进行评价,而且对不良风俗也较少提及。但从作者对良俗与恶俗的区分中,还是能够清楚地看出作者的倾向。况且,从上海地

---

① 光绪《松江府续志》卷五《疆域志五·风俗》。
② 道光《川沙抚民厅》卷十五《杂志·风俗》。
③ 光绪《南汇县志》卷二十《风俗志·风俗》。
④ 乾隆《金山县志》卷十七《风俗》。
⑤ 光绪《金山县志》卷十七《志余·风俗》。
⑥ 陶宗仪《南村辍耕录》卷二十四《黄道婆》。
⑦ 正德《松江府志》卷四《风俗》。

方志的实际情况来看,上海方志作者在张扬良风美俗的同时,对恶俗陋习也有所记载。且时间越近,记载的内容也越深刻,显示出鲜明的时代特征。

首先,俭朴、淳厚为美俗;奢华、侈靡为陋俗。对俭朴、淳厚之风持肯定、赞扬的态度,而对奢华、侈靡之俗持否定、贬斥的态度。崇祯《松江府志》称:"吾松正德辛巳以来,日新月异,自俭入奢,即自盛入衰之兆也。"①将奢靡之风看作是社会衰败的原因。康熙《嘉定县志》称,清初,社会普遍崇尚简朴,"稍不简即诽笑随之。以故重廉耻,畏名义者甚多"。②显然,作者对社会风气重归俭朴表现出了极大的赞赏。

其次,勤劳、吃苦耐劳为良俗;懒惰、游手好闲为恶俗。上海方志作者对勤劳俭朴的民风大加赞扬,反之,则持批评的态度。嘉庆《杨行志》称:"杨行风俗俭朴,居民稠密,士勤读,农勤耕,女勤纺,而工勤业。……文人过往,罔不仰朝阳鸣凤而停骖;贡赋经由,靡不望紫气东来而驻足。"③嘉庆《法华镇志》称:"法华人物朴茂,不事雕饰。士尚气节,农勤耕织。商贾务本安分,向称仁里。"④对"城市无赖,率尚赌博,夜聚晓散,在在成伙,酿成奸盗"⑤的不务正业之徒提出严正警告,并被斥之为"无赖"。

再次,尚礼重义、知廉耻为厚俗,疏礼忘义、寡廉耻为薄俗。仁、义、礼、智、信是中华传统伦理道德规范,也是方志作者用来区分风俗厚薄的标准。乾隆《续外冈志》称:"居斯土者,莫不爱廉节,明礼仪,以竞奔为耻,以浮薄为戒,一乡观感而化,为农为贾,言孝言慈,下至贩夫竖子,皆知自食其力。"⑥相反,对寡廉鲜耻、为非作歹、迷信风水巫术的恶俗、陋俗,则受到作者的严厉批评。殷聘尹在编纂《外冈志》时增《俗蠹》一项,揭露恶俗陋习。如打行、访行、讼师、盗窃、春状、扛台、丐户等。这些人或三五成群,或百十为伍,欺行霸市,危害乡里。所以,作者称之为"俗蠹"。

(二) 关于风俗形成的评价

对于风俗变迁的记载,上文已有论述,那么,上海方志作者是怎样看待风俗形成的呢?

首先,与地理环境有关。顾清等指出:松江"原泽沃衍,有鱼稻海盐之富,商贾辐辏,故其俗侈。"⑦陈继儒说:松江,"负海枕江,土膏沃饶",故"风俗淳秀"。他还分析了松江府附近城镇与上海县城的发展差异,认为"诸州外县,多质朴,附郭多繁华。吾松则反是。盖东北五乡,故为海商驰骛之地;而其南纯事耕织,故所习不同如此"。⑧

其次,与人文环境有关。顾清等还指出:"自东都以后,陆氏居之,康、绩以行谊闻,逊、抗以功业显,机、云以词学著,国人化之。梁有顾希冯,唐有陆敬舆,至宋而科名盛矣,故其俗文。"⑨陆

---

① 崇祯《松江府志》卷七《风俗》。
② 康熙《嘉定县志》卷之四《风俗》。
③ 嘉庆《杨行志·风俗》。
④ 嘉庆《法华镇志》卷第二《风俗》。
⑤ 万历《嘉定县志》卷二《疆域考下·风俗》。
⑥ 乾隆《续外冈志》卷一《风俗》。
⑦⑨ 正德《松江府志》卷四《风俗》。
⑧ 崇祯《松江府志》卷之七《风俗》。

氏开创了松江文化的新纪元。至宋代,已是科名鼎盛。康熙《松江府志》曰:"我松僻在海隅,而文物财富甲于东南,实其人奋拔使然。"①

再次,与统治者的提倡有关。如康熙《嘉定县志》说:"观豳岐之在西周,则曾孙皆知稼穑,在嬴秦则妇女亦习戎车",并非"地气顿殊",而是"上之有以风之也"。②认为风俗的变迁是统治者提倡的结果。所以,嘉庆《南翔镇志》也说:"风俗行于上而成于下。"③光绪《罗店镇志》的作者阐述得更为详细:"秦风强悍,矛戟同仇,齐俗轻儇,狼肩竞逐。积习相沿,虽贤者亦或不免,况其下者乎。然而转移之权操之自上,譬彼狂澜障焉而可回既倒,比诸劲草风焉而尽偃以从。官斯土者,苟能整躬率物,化导有方,革今之薄俗,复古之休风,安见罗店一乡不可成仁里哉!"④

此外,还认为风俗的形成与政教有关:"风俗,政教所由见也。"⑤风俗可以通过教化而改变:"礼教可化,俗习相沿。"⑥也有的作者把风俗的形成看得比较神秘:"大块噫气为风,风者鼓动焉,而人弗知者也,人吹息于其中,而因以成风俗。"⑦也有的作者把风俗的形成看作与人心有关:"风俗系乎人心,人心淑慝,风俗之贞淫见焉。"⑧

(三) 关于风俗变迁的原因

方志作者论风俗变化的原因很多,笔者仅就风俗由优变劣,由好变坏的原因概括如下:

首先,易代之变导致人民饱受战乱,民风衰败。唐宋以后,上海经历了元明易代之变、明清易代之变。那么,这两次易代之变,对民风都产生了什么影响呢? 元明之际的变化,上海方志中虽然记录不多,但还是有迹可循。光绪《青浦县志》写道:"元至正间苗兵滋扰,嘉靖间岛夷内讧,兵燹频仍。"加之"市舶迁徙,民业渐衰",而"习俗一变,市井轻佻",⑨每当政权更替之时,几乎都伴随着激烈战争,造成市镇破坏,经济萧条,民生凋敝,继而影响民俗变迁:"兵燹之后,文事渐迟,加以岁歉赋繁,未免以治生为急,而士习稍衰矣。"⑩虽然委婉含蓄,但字里行间还是透露出清代入关以后对民风的严重影响。

其次,外敌入侵导致民生凋敝,恶俗孳生。嘉靖三十三年至三十五年(1554—1556年)是明代历史上江南地区遭遇的最大一次倭寇入侵,它对上海地区造成的破坏非常严重。著名历史学家唐振常在《上海史》一书中描述道:"县邑连遭兵洗,备受蹂躏,里闾半化为墟。县境西北的青龙、蟠龙诸镇,县南的乌泥泾镇,昔称繁华,经过倭寇的焚荡,屋舍颓败,鞠为茂草。县境东南的下砂、新场,往日歌楼酒肆,尽成瓦砾。南汇、青村两千户所城,都被倭寇攻破,城圮屋倒,人烟灭

---

① 康熙《松江府志》卷五《风俗》。
②⑩ 康熙《嘉定县志》卷之四《风俗》。
③ 嘉庆《南翔镇志·凡例》。
④ 光绪《罗店镇志》卷之一《疆里志上·风俗》。
⑤ 嘉庆《马陆志》卷七《杂类志》。
⑥ 民国《真如志》卷八《礼俗志·风俗》。
⑦ 崇祯《外冈志》卷一《风俗》。
⑧ 道光《金泽小志》卷之一《风俗》。
⑨ 光绪《青浦县志》卷二《疆域下·风俗》。

绝。松江郡城也两被围攻,纵火城外,庐舍焚毁殆尽。一时沿海数百里,满目疮痍。"①战后,民生凋敝,恶习陋俗潜生暗长。例如,上海县曾经是"名士辈出,博古慕礼,诚东南一名区也"。然而,"嘉靖癸丑岛夷内讧,间阎凋瘵,习俗一变,市井轻佻"。"桀黠者舞智告讦","右族以侈靡争雄长"。②社会风气遭到极大破坏。这些都表现了方志作者对战争之于民俗变迁的基本观点。

  总之,上海的方志修纂者,非常重视社会风俗的采录和撰述。除"风俗"卷外,在"土产""桥梁""寺观""祠庙""仙释""镇市""杂志""拾遗"等门类下,也有大量关于风俗的记述,是研究上海民俗文化的重要资料。总之,无论是研究上海民俗史,还是研究上海民俗学史,上海旧志风俗志都是最为重要的文献。但是,目前还鲜有学者对地方旧志风俗志做专门研究,上海旧志风俗志的研究更属空白。笔者不揣浅陋,对上海旧方志进行爬梳剔抉,偶有心得,撰述成文,以就教于方家。

(原载《吕梁学院学报》2018 年第 5 期)

---

① 唐振常主编:《上海史》,上海人民出版社 1998 年版,第 74 页。
② 同治《上海县志》卷一《风俗》。

江南游风初探

沈习康

一

江南民俗中,喜好游赏占有重要一席。范成大《吴郡志》卷二云:"俗多奢少俭,竞节物,好遨游。"吴自牧《梦粱录》卷四《观潮》云:"临安风俗,四时奢侈,赏玩殆无虚日。"这样的叙述也许简单了些,再举内容稍为丰富的两例以见一斑:

> 鹁鸠唤晴,江南春矣。山温水软,堤平似掌,韶光满眼,煖律回暄,桃李吐芳,岸草舒绿,都人士女相率为踏青游。……南园、北园之间,虎阜、灵岩之畔,舆者则褰,骑者则驰。蔗浆茗饮,榼榼挈携。棚席幕青,毡地藉草。宝榭珠楼,红妆按曲。画桥乌榜,诗客传觞。歌舞百戏,乐声嘈杂,数里并无阒境。厥有娇妓勤优,呈技争巧:筑球过顶,踏索凌虚,扒竿斤斗,翻旋蹬空;弦拔嘌唱,谐杂嘲诨;筒藏戏法,鸽飞兔伏,鱼跳刀斗,猴扮戏剧,使唤蜂蝶,驱蚁战斗,教蛙读书。其余卖药买卦,沙书地谜,奇巧百端,日新耳目。人乱相失,花迷途径。意所畅,极目;目所畅,极趾。尘香十里,川原四望,琳宫佛刹。掩映芳林,宝马香舆,纵横绣陌。梵宇各钟磬,园墅各笙歌,其致乃在遥见遥闻,隔花隔水相赏。既而,夕阳在山,风在柳,花香在衣,春泥在屐,山影在酒杯,人致醺醺然。芳草绿阴中,备极冶游春事。①

> 是日,倾城上冢,南北两山之间,车马阗集,而酒尊食罍,山家村店,享俊遨游。或张幕藉草,并舫随波,日暮忘返。苏堤一带,桃柳阴浓,红翠间错,走索骠骑、飞钱抛钹、踢木撒沙、吞刀吐火、跃圈斤斗、舞盘及诸色禽虫之戏,纷然丛集;而外方优妓、歌吹觅钱者,水陆有之,接踵承应。又有买卖赶趁,香茶细果,酒中所需;而彩妆傀儡、莲船战马、饧笙鼗鼓、琐碎戏具,以诱悦童曹者,在在成市。②

以上两节文字非常精炼而又传神地记载了每年清明前后苏、杭两地最常见的春游踏青活

---

① 袁景澜.吴郡岁华纪丽[M].南京:江苏古籍出版社,1998.
② 田汝成.西湖游览志余[M].北京:中华书局,1958.

动,无论是留连山光水色,观赏花草树木,还是瞻仰琳宫佛刹,欣赏百戏杂技,就其活动内容来看,两者如出一辙,如果不是"虎阜""苏堤"这些地名的出现,孰为苏州,孰为杭州,几乎无法分清。然而游赏节目尽管丰富多彩,我们更在意于苏、杭两地游人的参与,"相率为踏青游"也好,"倾城上冢"也罢,正是凭着这样的数量为基础,才出现了道路上熙熙攘攘、景点内沸沸腾腾的热闹景观。尤其引起我们关注的地方是,这两段有着惊人相似内容的文字,还对苏、杭两地游人参与游赏活动时的身心状态进行了描述,所谓"人乱相失,花迷途径","日暮忘返",清晰地点出了游人因贪图游赏而有点控制不住自己的意思,至于其极致点乃在"意所畅,极目;目所畅,极趾"的最大付出和最高享受。换句话说,在整个游赏活动过程中,为了获得"意畅、目畅"的最大身心快乐,人们几乎调动了全身的体力,几乎可以这么认为,在最终呈现出"人致醺醺然"的境界里,美酒仅仅起了很小一部分的辅助作用,主要和关键的作用还是人们游赏时的积极投入状态,只要有了这种积极投入的身心状态,即使没有美酒辅助,人们同样会在游赏活动中陶醉。

事实上,苏、杭两地的各类游赏活动一年四季几乎从不间断,明代钱塘(今杭州)人高濂喜好游赏,《遵生八笺》是他专论养生之道的一部专著,其中列举了杭州一年四季春夏秋冬共四十八条"幽赏"项目,其中"春季幽赏"的十二条分别是:"孤山月下看梅花,八卦田看菜花,虎跑泉试新茶,宝俶塔看晓山,西溪楼啖煨笋,登东城望桑麦,三塔基看春草,初阳台望春树,山满楼观柳,苏堤看桃花,西泠桥玩落花,天然阁上看雨。"①很清楚,这十二条"幽赏"项目全都与游赏相关,其中"虎跑泉试新茶"与"西溪楼啖煨笋"两条,更是游赏与饮食紧密结合的典型项目,既是养生之道,又能够在欣赏美景的同时充分享受着美味,如此美事,还有谁不愿参与呢! 如果对这些游赏项目稍加观察,我们很容易发现从梅花开始,经历菜花、春草、柳树、桃花等依次排列、花开花落的整个时间过程,实际上就是一个连绵不断的整个春季,当人们依次欣赏着各种花草树柳之际,实际上也就意味着整个春季的游赏活动没有间断。比起杭州这边丰富多彩的游赏项目来,苏州那边的游赏活动也同样是如火如荼:"虎丘山塘,游赏者春秋为盛。当花朝月夕,仙侣同舟,佳人拾翠,四方宦游之辈,靡不毕集。花市则红紫缤纷,古玩则金玉灿烂,孩童弄具、竹器用物、鱼龙杂戏,罗布星列,令人目不给赏。"②其实,前往虎丘游赏的人一年四季不断,这里记载的只是春秋两季游赏高潮时的情形。每当"花朝月夕",前来观花赏月的人流中不仅有大量的当地民众,甚至连那些因种种原因而暂时到苏州来的"四方宦游之辈",居然也被吸引得"靡不毕集",其中一个很重要的原因恐怕就是受到当地精彩的游赏活动感染入乡随俗,自觉或不自觉地参加了进来,而他们的参加反过来又对整个游赏活动起了推波助澜的作用,增添了更加丰富的异样色彩。明代湖北公安人袁宏道平生爱好游赏,大江南北,遍留足迹,在他担任吴县知县期间,或公或私,饱览当地风光,辞官之后,并未急于回乡,而是继续游赏苏杭两地之间山水名胜,留下了几十篇游

---

① 高濂.遵生八笺[M].兰州:甘肃文化出版社,2004:84—86.
② 顾禄.清嘉录[M].南京:江苏古籍出版社,1999:77.

赏文章,在此期间,他也亲眼目睹了当地人喜好游赏的热烈程度,有感之下,发出了"苏人好游,自其一癖"的评论。①

江南人好游赏的习俗究竟形成于何时,限于材料,短时间内很难作出准确的判断,大约在东晋以后,相关的文献日见丰富:如山阴人孔愉,"未仕宦时,常独寝歌吹自箴诲。自称孔郎,游散名山"②。再如句容人许迈,虽结庐于余杭悬雷山,因父母尚存,不时往来两地,及双亲既终,遂放绝世务,遣妇孙氏还家,自己则"携其同志遍游名山焉",甚至"改名玄,字远游",最后"莫测所终"(《晋书》本传)。当然有一个著名的例子不能不提。东晋穆帝永和九年(公元353年)三月三日,王羲之与谢安、孙绰等四十一人在山阴兰亭举行"修禊"活动,王羲之写了著名的《兰亭集序》,"是日也,天朗气清,惠风和畅,仰观宇宙之大,俯察品类之盛,所以游目骋怀,足以极视听之娱,信可乐也。"此后,由南北朝、隋、唐而入宋,这种在其他地方也许只能算是一种生活点缀的游赏活动,在江南地区则日益深入人心,渐渐地融入了普通民众的日常生活,并演化成一种风俗。

二

"上有天堂,下有苏杭",伴随着这类语言赞美的同时,苏、杭两地的风俗习尚也成了崇尚和效仿的榜样:"苏人以为雅者,则四方随而雅之;俗者,则随而俗之。"③这里所指的"四方"范围,由于地域和交通的缘故,追随最紧的当是江南地区的城镇乡村。1841年10月,英国军队攻陷浙江定海、宁波等地,清军在鸦片战争中节节败退,形势十分危急,然而就在上个月,浙江绍兴城中却在张灯结彩,供人游览,其时"城中江桥笔飞坊,至东昌坊大街,十里廛肆鳞栉,各出灯样,以工巧相尚,鸾回鹤耸,云实日华。又尽出奇器宝物、青鼎绿彝、玉屏珠帘以及古书名画、珍禽异瑰草奇花之属,无不护以栏楯,夹道列观。入夜则星火渐繁,笙歌迭起。而各寺庙中复结彩台榭,标云矗霞,敷金散靥,绛天百仞,繁曜缀空。游人多饰香车宝马,一片光明锦绣中,钗钿咽衢,褂襦薰巷,真谢康乐所谓'路曜便娟,肆列窈窕'者。……盖吾越繁盛之观,极于此矣"(李慈铭《萝庵游赏小志》)。如此严峻背景下居然还在举行如此大型的游赏活动,其原因之一就是绍兴人经过多年效仿苏、杭"渐习华侈"的过程后,才出现了"与苏、杭埒"的社会景观。

绍兴在效仿,江南地区的其他城乡也在竞相效仿,以至在江南地区很多地方都流行着苏、杭两地风俗习尚,游赏风习就是其中之一。比方说苏、杭两地游赏活动中最常见到的游船,直至明代嘉靖年间,松江境内尚未发现存在踪影,"自隆庆初年,仅数航入郡,而松人用以设酒者无虚日,自是游船渐增,而夏秋间泛集龙潭,颇与虎丘河争胜矣……其后游船箫管不绝"(范濂《云间据目钞》)。正是凭着自身处于江南地区的地域条件,凭着同一地域内广大城乡追随苏、杭风习这样的特殊关系,苏、杭两地好游赏的风习,也可以被看成是江南地区好游赏风习的典型;苏、杭

---

① 钱伯城.袁宏道集笺校[M].上海:上海古籍出版社,1981:164.
② 徐震堮.世说新语校笺[M].北京:中华书局,1984:357—358.
③ 王士性.广志绎[M].北京:中华书局,1981:33.

人因喜好游赏而形成的文化传统,也可以说成是江南人好游赏的文化传统了。

既然风俗的形成来自于多少年的累积,那么风俗形成后就不但不会轻易改变,而且还会随着时代的前进而丰富和发展,为这一风俗增添更多的精彩。果然,当游赏成为江南地区的风俗后,无论在形式上还是在内容上,这种丰富和发展呈现出了更精彩的面貌。

如果说我们前面所举例子中的游人都是城市里的士女,那么我们现在可以看到乡村的农人也喜好游赏了:"城乡并有岳庙……入夜,庙中陈设供席,张灯演剧,百戏竞陈,游观若狂。……是日,村农尽出游遨,看会烧香,摇双橹出跳快船,翱翔市镇,或观戏春台。其有荒村僻堡,民贫无资财,亦复摇小艇,载童冠妇女六七人,赴闹市,赶春场,或探亲朋谋醉饱,熙熙攘攘,以了一年游愿。田家雇工客作之夫,亦俱舍业以嬉。香会到处,观者林林总总,山填海咽。俄顷会过,桑柘影斜,绿云遍野,酒人满路,日夕乃归。盖自是田事将兴,农家浸种,布谷催耕,无暇游赏矣。"① 农历三月二十八日是东岳大帝诞辰,相传该神掌管人间生命禄籍,所以香火一直很旺。有意思的是,这些村农来此不只是祭拜祷告,祈求冥冥中的保佑,乘机游赏,"以了一年游愿"才是他们更现实的目的。由于这是一次春忙之前的闲暇良机,包括那些田家雇工在内的贫民都愿意"舍业以嬉",因此在整个活动中他们显得特别酣畅尽兴,甚至带上了妻子儿女,全家一起出游。

成为风俗后的游赏活动固然使更多的江南人乐意参加,更多的江南人反过来又借助风俗来举行更频繁的游赏活动,以满足他们的游赏癖好,这不但可以在一年四季所举行各种游赏活动中得到证实,而且还可以在人们寻找各种借口、不断地创造游赏机会方面得到强烈印证。比方说清明上坟祭祀已是人人皆知的郊游踏青的借口,再如八月十八"借串月之名,日间遨游山水"②,九月初九"借登高之名,遨游虎阜"等③,都是典型的例子。"吴郡去杭四百里。天竺灵隐香市,春时最盛。城乡士女,买舟结队,檀香柏烛,置办精虔。富豪之族则买画舫,两三人为伴,或挈眷偕行,留连弥月。比户小家,则数十人结伴,雇赁楼船,为首醵金之人曰香头。船中杂坐喧嘈,来往只七日,谓之报香。船上多插小黄旗,书'天竺进香'四字,或书'朝山进香'字。二月初旬,途间即络绎不绝,名为进香,实则藉游山水。六桥花柳,三竺云烟,得以纵情吟赏。故俗有'借佛游春'之说。"④照理说,朝山进香、拜神礼佛本应是一件相当严肃认真之事,然而在好游者面前,这只是一个天赐游赏的好机会,一个巧得不能再巧的好借口。四百里的路程,来回七日的时间,用来满足一下游赏的需求,实在是一件快快乐乐的好事,在他们眼里,如果能把游船上那面书写着"朝山进香"的小黄旗改成大书"游山玩水"的旌旗,也许才可以算是真的过瘾。

与下面这个有着某种极端性质的例子相比,寻找借口来创造游赏机会,说到底也不过是一种特殊的满足游赏癖好的解馋之方,还没有达到令人震惊的程度:明天启壬戌(公元 1622 年)农历六月二十四日,正是一年中最炎热的夏天,山阴(今浙江绍兴)人张岱偶至苏州,见士女倾城而出,毕集于葑门之外一个叫荷花宕的地方,以致各种画舫小艇,均被雇觅一空,大量的远方游客,

---

① 袁景澜.吴郡岁华纪丽[M].南京:江苏古籍出版社,1998:132—133.
②③④ 袁景澜.吴郡岁华纪丽[M].南京:江苏古籍出版社,1998:262, 276, 101.

手持数万钱却无法觅得一舟,只能如同蚂蚁般地徘徊于岸上干着急。张岱移舟往观,原来"宕中以大船为经,小船为纬,游冶子弟,轻舟鼓吹,往来如梭。舟中丽人,皆倩妆淡服,摩肩簇舄,汗透重纱。舟楫之胜以挤,鼓吹之胜以集,男女之胜以溷,歊暑燀烁,靡沸终日而已"。然而就是这样一个"挤""集""溷"糅合在一起带有几分乱哄哄场面的游赏活动,竟令当地人向往不已,"是日,士女以鞋靸不至为耻"(张岱《陶庵梦忆》)。什么叫"耻"? 耻在中国人的思想范畴中具有怎样的位置? 这可不是一个简简单单可以随便说说的小问题,简而言之,在它广阔的含义范围内,小则与个人、家庭的荣辱相连,大则与国家、朝廷的兴亡相关。人而无耻,可谓人乎? 为了雪耻,生命尚不足惜,何况其他! 然而就是这么一个比生命价值还重要的"耻",如今却与能不能到荷花宕去游赏一番画上了等号,癖好游赏至此地步,大概可以称之为惊世骇俗了。

三

毫无疑问,惊世骇俗心态的产生必然有其合理存在的理由,游人蜂拥而至荷花宕,除了癖好游赏的风习外,当然与荷花宕本身所具有的某种吸引力有关。根据有关材料记载,"荷花宕"又写作"荷花荡","其地皆洼下田,不能艺禾黍……土人植荷为生息,花年年盛一方……是地荡田与荷性宜,故植易蕃。值荷诞日,画船箫鼓,群集于此"①。可见这是一个夏季观荷纳凉的好地方。其实在张岱到来之前,荷花荡早已是一个著名的游赏景点,袁宏道在明万历年间曾写过一篇专门记载苏州风俗的《岁时纪异》,其中就有"吴俗最重六月廿四日荷花荡"的话,并曾亲自前往游赏,撰写了游记《荷花荡》一文:"荷花荡在葑门外,每年六月廿四日,游人最盛。画舫云集,渔刀小艇,雇觅一空。远方游客,至有持数万钱,无所得舟,蚁旋岸上者。舟中丽人,皆时妆淡服,摩肩簇舄,汗透重纱如雨。其男女之杂,灿烂之景,不可名状。大约露帏则千花竞笑,举袂则乱云出峡,挥扇则星流月映,闻歌则雷辊涛趋。苏人游冶之盛,至是日极矣。"②根据民间传说,六月二十四日为荷花生日,因此这一天前来观荷赏花的人比平时多些,也在情理之中。有意思的是,无论是张岱还是袁宏道,他们所见的前来荷花荡的游人似乎并非为了观荷纳凉,且不说那些"蚁旋岸上者"最终能否弄到舟船进入荷花荡,单就那些已经坐着各种大小船只进入荷花荡的游人来说,试看他们浑身上下"汗透重纱如雨"的模样,显然就不是那种常见的置身阴凉处悠闲地摇着扇子的纳凉者;再看这些人箫鼓歌吹"靡沸终日"的举动,显然要比观荷者所应做的举动激烈了许多。既然此行的主要内容已不是观荷纳凉,那么对游人拥到荷花荡来游赏的原因就只能从别的内容或形式方面予以追寻和解释。其实,事情明显地摆在那里,根本用不着曲里拐弯,一切都围绕着那些浮行在水面上的大大小小的舟船展开:游人要到荷花荡来,必须借助于舟船,没有舟船,就只能在岸上徘徊。箫鼓歌吹的活动,也是发生在舟船上,没有舟船,这热闹的场景全

---

① 袁景澜.吴郡岁华纪丽[M].南京:江苏古籍出版社,1998:220.
② 钱伯城.袁宏道集笺校[M].上海:上海古籍出版社,1981:170.

归于无。凭借着舟船，荷花荡有声有色的水上游赏活动开展得轰轰烈烈；也正是凭借着舟船，荷花荡水上游赏活动的鲜明特色得到了充分展示，游人们蜂拥而来，就是冲着这个特色，至于纳不纳得了凉、观不观得了荷，自然也就不是主要内容了。

  由于常年和水打交道的缘故，江南人的水上游赏活动非常丰富，除了观荷纳凉，龙舟竞技也是大家所熟悉的一个经典项目，撇开活动开展前进行的各种准备工作和竞赛结束后的扫尾事项不谈，现场所见的大致情况是："四角枋柱，扬旌拽旗，中舱伏鼓吹手，两旁划桨十六……篙师执长钩立船头者曰挡头篙……选端好小儿，装扮台阁故事，俗呼龙头太子。尾高丈许，牵彩绳，令小儿水嬉，有'独占鳌头、童子拜观音、指日高升、扬妃春睡'诸戏……画舫游客，争买土罐掷诸河，视龙舟中人执戈竞斗，入水相夺，以为娱乐……多者受上赏，号为做胜会。胜会之时，先有葛袍缨帽之人鞠躬声喏于前舱，手执五色小旗，插画舫之楣，而后诸龙各认旗色，回朝盘旋，谓之打招。一招，水如溅珠，金鼓之声与水声相激……男女耆稚，倾城出游，高楼邃阁，罗绮如云，山塘七里，几无驻足之地。河中画楫栉比如鱼鳞，亦无行舟之路。欢呼笑语之声，遝迱震动……入夜，燃灯万盏，烛星吐丹，波月摇白，尤为奇观，俗称灯划龙船。"①需要说明的是，我国很多地方都有龙舟竞技的活动，特别是这项活动和纪念屈原联系在一起后，每年入夏之后的端午节似乎成了龙舟竞技的特定日子。但是江南的龙舟竞技不受端午节的限制，因为早在唐代，"江南风俗，春中有竞渡之戏"（《旧唐书》）。等到龙舟竞技演变成江南的游赏项目时，"西湖春中，浙江秋中，皆有龙舟争标，轻捷可观"（《都城纪胜》）。只要达到了"可观"的游赏需要，春季也好，秋季也好，随时都可举行龙舟竞技。

  然而龙舟竞技在我国实在太普及了，尽管江南地区的龙舟竞技有着鲜明的特色，若要作为江南地区水上游赏项目的特色代表，难免被人质疑，因此，从更具独特性的角度而言，恐怕非画舫之游莫属了。"画舫之游，始于清明。其船四面垂帘帏，屏后另设小室如巷，香枣厕筹，位置洁净，粉奁镜屉，陈设精工，以备名姬美妓之需……每至未申。始联络出游。或以大船载酒肴，穹篷如亭榭，数艘并集，衔尾而进，如驾山而来。舱中男女杂坐，箫管并奏，宾朋喧笑。船娘特善烹饪，后艄厨具……靡不毕具。湖鲜海错，野禽山兽，复压皮阁。拙工司炬，窥伺厨夫颜色以施火候。于是画舫在前，酒船在后，篙橹相应，放乎中流。传餐有声，炊烟渐上，飘摇柳外，掩映花间，水辔回环，往时而复。"②很清楚，这段话不仅能使我们大致了解画舫的装饰、结构，了解画舫"如驾山而来"的不凡气势；还能使我们知道画舫上有"名姬美妓""箫管并奏"可以满足声色之好，知道画舫上有"湖鲜海错，野禽山兽"可以满足口腹之欲。这就是说，大凡陆地上所能得到的享受，画舫上也都可以得到；而画舫上所能得到的享受，陆地上可能就体会不到了。比方说夏日纳凉："伏日炎灼如焚，游闲子弟争携画舫，载酒肴，招佳丽，呼朋引类，舣棹于胥江万年桥谼，或虎阜十字洋边。水窗敞开，风来四面。荷香柳影之间，青幔遮阳，碧筒消暑，佳人雪藕，公子调冰，随意

---

① 顾禄.清嘉录[M].南京：江苏古籍出版社，1999：113—114.
② 袁景澜.吴郡岁华纪丽[M].南京：江苏古籍出版社，1998：70—71.

留连……盖当烁石流金,无可消遣,因借乘凉为行乐计也。"①显然,这种结合行乐与乘凉的乐趣,如果不是亲身在画舫上体验,光是站在岸边,也许永远也体会不到。更有意思的是,由于画舫基本上活动在风景区内,在它的周围又散布着酒船之类的小舟,这种不经意的组合造化天然,构成了一道别有情趣的水上风景,载着游人泛水游赏的画舫又成了别人观赏的对象。

四

清道光己酉(公元 1849 年)春日,袁景澜游赏了有"香雪海"之称的著名景点邓尉后来到了个地名叫店街的小村庄,只见这里"红袴稚儿,青裙游女,肩负花枝,随风弱步。富豪侠少,宝骑珊鞭,结队闲行,翱翔容与……道旁柳阴,鸟唤提壶,酒人扶醉,呼侪袒臂。复有伙郎地摊,童孺戏具,筠篮木盏、泥孩竹马、地铃丝鹞、蚕帘柳桊诸物。男妇争买,论价聒杂,声如潮沸。路侧杂厕茶篷、酒肆、饼炉、香铺,赶趁春场,蜂屯蚁聚。老僧因果,瞽者说书,立者林立,行者摩肩,遗簪堕珥,睹不暇拾。笼袖骄民,莺抄燕掠,奔凑若织。日暮霞生,归者纷沓。闺房淑秀,帏幕尽开,婢媵后随,山花插髻,芳草绿绣,软椽双跌,臻臻簇簇,联络十里,笑语盈路,众情熙熙"②,看到这么多人在这里快快乐乐地游赏,袁景澜发出的评论是:"无不各遂其乐,亦不知其何以乐也。"有意思,前一句刚刚说这些游人在游赏中得到了各自的快乐,后一句马上又说他们不知道为了什么而快乐,既然游人不知道为了什么而快乐,那么他们又怎么快乐得起来呢? 显然,这似乎有点矛盾的话是从两个不同的角度发出的,如果说前一句出自对游人面容神情等方面的观察而得到的直接感觉,那么后一句则关系到对游赏的乐趣究竟应怎样认识,怎样做才算是体会到了游赏的乐趣。

袁宏道游赏西湖后说过这样的话:"杭人游湖,止午、未、申三时,其实湖光染翠之工,山岚设色之妙,皆在朝日始出,夕舂未下,始极其浓媚。月景尤不可言,花态柳情,山容水意,别是一种趣味。此乐留与山僧游客受用,安可为俗士道哉!"③原来,袁宏道和袁景澜基本上观点相同,在他们的眼里,游赏者可以分为两类:一类是那些善于在游赏中寻找"别是一种趣味"的世外高人,游赏之乐就是为他们而保留的,他们也是能真正体会到游赏快乐的人;另一种则是在店街道上和西湖水面随处可见的俗人,他们不知道另寻别种趣味,只是随着大流往热闹处凑,因此看上去很快乐,而实际上并"不知其何以乐也"。不能说袁景澜和袁宏道的话没有道理,游赏的乐趣确实离不开个人的追寻,然而游赏的乐趣又不仅仅只限于个人的追寻,尤其是作为群众性的游赏活动,它与以个人兴趣为主的游赏有很大的不同,如果说后者在游赏时主要追寻的"别是一种趣味",那么前者在游赏时讲究的就是一种以游人积极参与而形成的热闹气氛,或者说因游人众多而形成的人气高潮。

---

①② 袁景澜.吴郡岁华纪丽[M].南京:江苏古籍出版社,1998:88,212.
③ 钱伯城.袁宏道集笺校[M].上海:上海古籍出版社,1981:423.

吴自牧《梦粱录》卷二《八日祠山圣诞》记载了这样一件事："初八日,西湖画舫尽开,苏堤游人来往如蚁……帅守出城,往一清堂弹压。……湖山游人,至暮不绝。……至如贫者,亦解质借兑,带妻挟子,竟日嬉游,不醉不归。"二月初八本是传说中的祠山神君诞辰,杭州百姓借机游赏,掀起了一次游赏高潮,人数之多,声势之大,竟然连当地的"帅守"也坐不住,不得不亲自出马出城弹压,维持社会治安,这确实不是袁景澜和袁宏道所愿想象的那种在游赏中别寻另一种趣味,但它恰恰又是江南游风喜欢热闹的重要表现。其实江南游风中喜欢热闹的特点贯穿在整个游赏活动中,比方说出门时"富豪之族则买画舫,两三人为伴,或挈眷偕行……比户小家,则数十人结伴,雇赁楼船",而"归时必向松木场买竹篮、灯盏、藕粉、刨花之物,分送亲友,以示远游"①。显然,结伴而行的热闹及快乐还局限于出游者之间,而向亲友分送土特产"以示远游",这就将出游的热闹引向了那些未出游者,并让他们一起分享游赏带来的快乐。当然,最能显示江南游风中这一特点的地方是在游人高度集中的特定景点内,前引张岱记叙荷花荡游赏活动中"舟楫之胜以挤,鼓吹之胜以集,男女之胜以溷,歊暑燀烁,靡沸终日"的场景就是如此,尽管这个场景"挤、集、溷"糅合一体混乱不堪,谈不上雅致,更与清幽无关,然而"士女以鞋靸不至为耻",耻的是没有能参加到这样一个人气高涨的游赏活动,耻的是自己被热闹的群体活动抛在了一边。"壬申夏六月,医士高鹤琴南园开琼花一朵,状似莲,色微红,时人以为金莲宝相,观者如市。"(范濂《云间据目钞》)老实说,这朵琼花的形状、颜色并没有什么神奇之处,那么多前来观瞻的游人中肯定有不以为然者,然而恰恰是由于这么多游人前来观瞻,造就了这个景点的热闹景象,并因这种沸腾的人气而形成了游赏高潮,几乎可以肯定的是,有不少游人就是冲着这股人气而来,冲着这里的热闹而快乐。

行文至此,我们应该看到这样一个事实,江南游风中喜欢人气追寻热闹的特点实际上已经提示人们游赏不仅仅是将目光盯在客观的自然景观和人文景观上,游赏活动的主体也就是游人,也不容忽视。换句话说,江南游风中喜欢人气追寻热闹的特点实际上是把游人本身与客观的自然景观和人文景观放在了同等的位置上,也就是说,热闹的游人本身也可以成为观赏的对象,对此,前人已略有认识:"朋侪游兴略相同,里外湖桥宛转通。觌面几番成一笑,刚才分路又相逢。"②"赤日当天驻火轮,龙船旗帜一时新。东家女笑西家女,桥上人看桥下人。"③前一首记的是杭州西湖游赏情景,后一首记的是苏州六月二十四日荷花生日士女出游的情景。无论是"刚才分路又相逢",还是"桥上人看桥下人",在每一个游赏者的眼里,其他的游赏者都成了观赏的对象,而在诗歌作者的眼里,所有参加游赏活动的游人又共同组成了观赏的对象。由此,我们又产生了一个新的观点,即江南游风中也并非将热闹与趣味截然对立,有了热闹就不要趣味,而是趣味已经包藏在热闹之中,或者说热闹就是更大的趣味。

(原载《上海大学学报》2007 年第 5 期)

---

① 袁景澜.吴郡岁华纪丽[M].南京:江苏古籍出版社,1998:101.
②③ 袁枚.随园诗话[M].北京:人民文学出版社,1982:152,247.

"文化折扣"理论的提出与应用
——跨文化视野中的电影研究

任 明

"文化折扣"一词由加拿大学者霍斯金斯和米卢斯于1988年首次提出,描述了文化产品在跨越国界时在价值上的递减,在当今日益频繁的跨国文化交流与贸易中具有重要意义。本文主要梳理"文化折扣"一词的理论与应用内涵及国内学界所进行的相关研究。目前国内学界围绕"文化折扣"理论的研究主要分为两方面:一是通过实证研究来验证与分析"文化折扣"理论的应用价值,二是借助"文化距离"等相关理论来分析与探讨"文化折扣"存在的原因及解决办法。

一、"文化折扣"理论的提出

"文化折扣"(Cultural Discount)这一概念由加拿大学者霍斯金斯和米卢斯在1988年发表的论文 Reasons for the US dominance of the international trade in television programmes(《美国主导电视节目国际市场的原因》)中首次提出,用来指代文化产品在跨国贸易中与其他产品相比所具有的特殊性。其对"文化折扣"的定义为:根植于某一文化的节目虽然在该文化中可能很有吸引力,但在其他文化环境中可能吸引力减弱,因为其他环境中的观众可能难以对节目中所体现出来的风格、价值观、信仰、社会制度及行为方式等产生认同。[1]在假设国与国之间在进行文化贸易时"折扣率"相等的情况下,霍斯金斯和米卢斯通过经济学的计算发现,单是美国庞大的国内市场及"文化折扣"在国际文化贸易中确实存在这两项基本事实,就决定了美国电视节目在国际市场中必然占优势:首先,庞大的国内市场使得美国电视节目制作商愿意投入巨额成本制作高质量节目——因为国内市场规模使得收回成本不成问题——这就使得在投资规模与节目质量上别的国家难以与之相匹敌;此外,"文化折扣"的存在使得拥有巨大国内市场的美国制片商们占有更多优势,因为与试图将节目出口到美国的其他国家的制片商相比,他们无需面对庞

---

[1] Hoskins & Mirus, Reasons for the US dominance of the international trade in television programmes, *Media, Culture and Society*, Vol.10, 1988, 499—515.

大的美国市场的"文化折扣"问题。

这是在假设国与国之间在进行文化贸易时"折扣率"相等的情况下所得出的结论,实际上——两位作者指出——美国影视产品出口其他国家时所面对的文化折扣要远远低于其他国家节目出口美国时所面对的文化折扣,这是由美国电视台之间的竞争本质及好莱坞长期的出口经验所决定的。与很多电视台属于"国有资产"的国家不同,美国电视台的主要收入来自广告,争取最大观众群是节目商的首要目的;为了测试节目的受欢迎程度,美国形成了一种测试——检验,以吸引最大多数观众的节目检验系统,以保证所放映的节目确实是受观众欢迎的;由于美国市场的广大及种族的多样化,在这种测试——检验的环境中表现成功的节目通常对其他地方的观众也具有吸引力。此外,好莱坞电影长期出口的经验使得美国制片人对国内、国外观众的喜好很敏感,大量出口的美国电影也培养了外国观众对美国影视作品的熟悉度与亲近感,从而使得外国观众对美国影视节目的文化折扣大大降低。可以看出,霍斯金斯与米卢斯在"文化折扣"一词中对"文化"的使用既指的是文化"民族性"的一面,也蕴含着在全球经济与社会交往中有着千丝万缕联系的文化流动与共通的一面。这与该论文是以两人1987年5月为UNESCO所作的一项研究"美国出品的电视节目在国际上受欢迎优势的经济、社会与文化原因"为基础有关。两位作者在论文结尾处指出,他们的研究发现也适用于电影、录影带、CD等其他娱乐产品,因为这些产品的经济特征与电视节目相同。

可以看出,"文化折扣"一词概括了文化产品在跨国贸易中的核心特征,即文化产品在跨越国境时在价值上的递减,这一递减,既可以指经济学意义上的价值递减,也是指文化意义上的价值递减;也因此,"文化折扣"与"文化距离""文化认同"等概念有着紧密联系:"文化认同"在心理学层面解释了"文化折扣"存在的原因,"文化距离"则作为一个变量,指出了不同国家之间的文化差异与"文化折扣"之间的关系,即:文化距离愈远,文化折扣愈大。

自霍斯金斯和米卢斯第一次提出"文化折扣"概念并以之解释美国娱乐节目在国际贸易中的优势地位以来,27年过去了,美国影视娱乐产业在全世界的统治地位并无衰减之迹——美国电影的海外票房常年占全世界总票房的70%以上;据联合国最新调研数据显示,全球最受欢迎的前30部电影中,2010年排在前20位的皆为美国出品(其中8部为联合出品);2011年排在前20位的电影中,有18部为美国出品(其中6部为联合出品);这些影片全部由好莱坞六大制片厂发行。[①]在全球文化贸易日益频繁、文化产品出口量在很大程度上代表着一个国家的软实力的背景下,我们需要加快对"文化折扣"理论的研究与实践,加快我国文化走出去的步伐。

二、国内相关研究情况

我国学界对"文化折扣"理论的引进与研究开始得比较晚。2003年,胡正荣(2003)在《结

---

① UNESCO institute for statistics, Emerging Markets and the Digitalization of the Film Industry, August, 2013.

构·组织·供应链·制度安排——对当前西方媒介产业的经济学分析》[①]一文中提到霍斯金斯等人的"文化折扣"研究,开始引起国内学术界的注意[②]。需要注意的是,此前及此后的一些学者虽然没有采用"文化折扣"这一具有经济学指向的说法,但有大量研究站在中西方文化差异的立场上,探讨以电影为首的文化产品在跨文化交流中所存在的各种问题[③]。

(一) 有关"文化折扣"的实证研究

国内较早借助霍斯金斯与米卢斯的"文化折扣"理论进行实证研究的是香港中文大学的学者李立峰,他的两篇发表在英文学术期刊上(Francis L.F.Lee,2006,2009)的论文后来都被翻译成中文刊载在国内学术刊物上(Francis L.F.Lee,2008,2010)。其《文化折扣与跨文化预测:以美国电影在香港的票房绩效为例》(2008)一文,通过分析1989—2004年在香港上映的好莱坞影片的票房数据,检验了喜剧片、动作片、惊险片、爱情片、科幻片、冒险片、家庭片、歌剧片及恐怖片等九大类型的好莱坞影片在香港市场的文化折扣及票房的可预测性。其研究结果表明:喜剧的文化特定性最高,科幻片最为普遍,其他电影类型的结果较为混合;媒介产品的国内成功可以在一定程度上预测该产品的国际成功程度,但在两个市场之间的文化差异增加时,可预测性进一步减弱。其另一篇被翻译成中文的论文——《电影成就的文化折扣:奥斯卡金像奖与美国东亚票房》(2010),以奥斯卡金像奖为例,研究文化差异如何影响美国电影在东亚地区的接受过程。通过对2002—2007年间9个东亚国家/地区的电影市场上所放映的585部美国电影进行实证研究,其研究结果表明:奥斯卡剧情类奖项与特定文化的联系更紧密,文化特异性更强,更容易受到文化差异所引起的文化折扣的影响;剧情类奖项的获奖影片不是总能够吸引东亚影迷,但获得非剧情类奖项(配乐、视觉效果、特技等)对美国电影在东亚的票房表现有着重要促进作用,这解释了为什么美国制片人越来越倾向于制作那种场面恢弘的电影。他因此得出一个结论:美国电影吸引全世界观众的是其恢弘壮观的场面,而不是其叙事和情节。可以说,作者的这一判断与美国近年来越来越倾向于制作续集、前传并且往往以动漫人物为主角的倾向是吻合的。

借鉴Francis L. F.Lee(2008)的研究方法,程静薇、马玉霞(2014)同样采用"票房比率"作为文化折扣的初步参照指标,对美国电影在中国大陆的"文化折扣"情况进行了研究。两位作者采用2009—2013年美国影片的中美票房横截面数据进行计量分析,以同一部电影的美国票房(转换成人民币单位:元)除以内地票房,建立"票房比率"指标,检验不同类型及不同版权属性的美国影片在中国市场的文化折扣度问题。其计量分析结果表明:不同电影类型的文化折扣情况与

---

① 胡正荣.结构·组织·供应链·制度安排(上、下)——对当前西方媒介产业的经济学分析[J].现代传播,2003(5—6).
② 郑雪梅.中国电影在美国的文化折扣现象及因素分析[J].商品与质量,2010(6).
③ 譬如尹鸿.全球化背景下中国电影的国际化策略[J].文艺理论与批评,2005(5);骆思典,刘宇清.全球化时代的华语电影:参照美国看中国电影的国际市场前景[J].当代电影,2006(1);邵培仁,潘祥辉.论全球化语境下中国电影的跨文化传播策略[J].浙江大学学报(人文社会科学版).2006(1)等.

Francis L.F.Lee 的研究发现相吻合,动作片、科幻片、冒险片、灾难片的文化折扣度相对较低,剧情片、家庭片的文化折扣度相对较高。此外,她们发现引进片的版权属性在文化折扣度问题上的检验也是显著的;"买断片"的文化折扣度相对较高,"分账片"的文化折扣度较低,合拍片的票房与分账片相比有较大差距、文化折扣也高于分账片,原因一是中方一直在中美合拍片中处于弱势,一些合拍片的主要目的是为占领中国市场,但质量比不上分账大片,导致我国观众不买账;二是中美合拍片很大程度上只是资本和明星的简单叠加,一味打"明星牌",内容并不适合本土观众口味。

同样对文化折扣问题进行计量分析的还有陈林侠、杜颖(2013)对韩国电影的研究。他们以韩国电影在北美的票房为样本,研究了文化区隔所带来的文化折扣现象,指出韩国电影在海外的市场远逊于电视剧、音乐等,是因为其以极端叙事推进商业化的方式,在跨文化传播中出现文化折扣现象。两位作者列举了一系列数据说明韩国电影在北美市场表现不佳:自 1980 年代以来截至 2013 年 3 月 25 日,北美电影市场的外语片数量为 1 405 部,但韩国电影仅顺利发行了 35 部;35 部韩国电影总票房为 1 167 万美元,单片票房仅 33.35 万美元,与北美市场外语片单片平均票房 115 万美元相差甚远;9 部具有国家主义倾向的韩国电影单片票房平均仅有 30.9 万美元,低于 33.35 万美元的平均票房。作者由此得出结论:北美市场对外语片宣扬国家至上、民族主义的战争类型越来越冷淡;韩国电影具有较强的政治传播意识,过于注重民族主义的表达,试图在当下朝鲜半岛南北对峙的紧张形势中营造有利于自身的公共舆论,但并未取得理想效果。

陈林侠(2014)随后在另一篇论文中对中韩电影进行了比较,指出中韩电影的市场消费、情感结构与人物形象具有明显差异。韩国电影通过血缘亲情的现代性维护,提供了一种经由本民族文化传统特定选择之后特殊的现代性形态,如何在保持地方性、民族性的前提下充分接受现代性的可能;而中国电影强调传统的现代性消费,造成传统与现代的断裂;中国电影的公共媒介意识薄弱,主要面向国内观众,缺乏国际政治的层次,回避社会发展出现的现实缺陷,试图维护、整固当下的社会现状,这些都表明现阶段中国社会现代性、公众媒介及电影发展尚未充分。在比较研究的基础上,陈林侠认为韩国电影已经隐现在国际市场上突破文化折扣的潜能,而中国电影尚有很大差距。

(二)"文化折扣"存在的原因及其复杂性——理论及分析研究

对文化折扣的定量与实证研究可以考察文化折扣存在的方式及程度。对文化折扣的定性研究则主要是借助于已有的理论及分析工具,揭示文化折扣存在的原因及其复杂性。

项欣(2008)根据文化研究学者在进行文化阐释时所提出的"冰山模式",提出电影解读也有"冰山模式"存在。文化作为社会生活方式和内在关系的总和,人们从外部所能观察到的只是它的由服饰、语言行为及建筑等等构成的显性部分,而电影作为一种视觉艺术和文化载体,不仅仅传播了文化的"显性部分",同样也传播了文化的"隐性部分"。与之相对应,电影的解读模式也存在三个层次:第一层次为视听层,建立在直观元素之上,包括语言、行为、景观、构图等视听符号;第二层次为故事层,建立在第一层次之上,通过视听语言构成一个连贯的、具有意义的故事;

第三层次是更为深层的内在结构,在这一层次上观众结合自身的文化语境对影片所表达的社会意义做出阐释。作者提出中国电影在进行跨文化传播时除了要采取"民族性策略"及"题材策略"以外,还必须考虑观众的文化背景,或者选取与观众文化所相通之处以使其顺利解读,或者选取与观众文化的相对之处来吸引观众的注意。

任德强、兴旭(2010)借助传播学的"把关人"与"受众"概念,对中美电影贸易中的文化折扣现象进行了比较,指出,美国电影进入中国市场,经过中影公司等"把关人"的选择后,在中国市场上映的影片通常已较少呈现与中国人文化差异较大的价值观;就中国市场的"受众"来说,中国观众已经部分形成了对美国电影的"刻板印象",不符合"刻板印象"的美国电影可能遭遇较大的文化折扣;譬如尽管美国出品的电影也不乏浪漫温情的影片,但中国观众去影院观赏美国电影的主要动力往往是炫目的视听效果,这造成具有较多美国真实社会生活关联性的电影情节与人物可能令大部分中国观众读解困难,遭遇文化折扣。就中国电影进入美国市场来说,在"把关人"环节遭遇文化折扣的主要因素在于影片的类型归属,目前中国只有动作片类型在美国主流商业院线有所突破;而美国的分级制度很容易将具有暴力打斗情节的中国动作片定级为PG-13以下的级别,在发行上受到限制。就受众层面来说,美国观众对中国电影形成了以武侠功夫大片为主的类型偏好,同时美国观众对于中国的陌生和刻板印象很容易造成对影片主题的"误读"。

为了进一步揭示"文化折扣"与国家之间文化差异的关系,国内一些学者借助霍夫斯泰德(Hofstede)的"文化距离"理论,对文化折扣与文化距离的5个维度之间的相关关系进行了研究。邵军(2014)基于2003年至2011年的相关数据,以文化折扣和市场规模两个因素为重点,对我国核心文化产品出口贸易的决定因素进行了分析。他的研究证实了市场规模因素对文化贸易的正面影响以及文化折扣因素对文化贸易的负面影响;经济实力雄厚、市场规模较大的国家或地区如欧美发达国家等,往往既是传统产品也是文化产品需求规模较大的出口目的地;结合Hofstede的文化距离维度体系,他的研究结果表明,东亚及东南亚的近邻国家及地区包括中国台湾、日本、韩国、新加坡等,由于受相同文化传统的影响,这些市场对于中国文化产品具有很强的偏好。王洪涛(2014)借助修正贸易引力模型和Hofstede的国家文化距离调查数据,以2002—2011年中国创意产品出口35个国家和地区的面板数据为样本,检验文化差异是否为影响中国创意产品出口的阻碍因素。其研究结果表明,文化差异总体上确是影响中国创意产品出口的重要阻碍因素之一,但是5个维度文化差异的影响方向又不尽相同;文化差异对中国创意产品出口发展中经济体有阻碍作用,对出口发达经济体却有促进作用,出口商应对发展中经济体采取产品"同质化"策略,对发达经济体采取产品"异质化"策略。

更多学者则是根据我国包括电影在内的文化产品"走出去"遭遇"文化折扣"的现实,分析原因,试图找出解决问题的办法。刘也良(2008)通过华语电影冲击奥斯卡金像奖屡遭失败的过程,分析中西方的文化差异如何影响跨文化传播的成功,指出我国在跨文化传播上存在着自我定位和如何发展认识不清等问题,并以《与狼共舞》《撞车》及李安的《喜宴》《饮食男女》等影片的成功为例,指出根据美国文化的特点,在中美文化交流中要关注冲突与融合等文化问题,并以《卧虎藏龙》在北美及中国地区的票房差距为例,指出电影的文化策略再高明,要同时满足多种文化认同也是极其困难的;中国电影的出路不是如何制作西方人想看的电影,而是如何满足国人或是华夏文化圈的电影需求。李小丽(2010)为中国电影降低文化折扣,成功进行跨文化传播提出"普适主题"策略和跨国合作的"混合"策略。郑雪梅(2010)根据在美国上映的中国影片的票房排行,指出电影类型、导演和演员、输出模式、文本语言等都会影响中国电影在美国的文化折扣程度。从类型来说美国青睐两种中国电影:成龙式的时装动作片和以《卧虎藏龙》为代表的古装武侠片;以剧情和对白取胜的中国电影几乎不会出现在美国影院中;从导演来看,在美国上映的中国影片几乎都是大腕级的导演制作或者是在各种举足轻重的电影节中获奖的年轻导演。

郭必恒(2011)指出当下我们呈现给外国的多数是中国文化一些比较表层的东西,比如功夫、舞狮、杂技以及民俗等等,这些能推动世界对中国的了解但却很难真正打动人心;新鲜感一过剩下的可能更多的是感官疲劳。陈谊(2011)指出中外文化存在着较大差异,这为外国观众对我国电影进行跨文化解读增加了困难,导致像《赤壁》等文化历史背景稍微复杂一点的电影,外国观众就感到理解费力;美国大片多选用既保留美国文化内涵又能被人类共同认可的、宣扬真、善、美的题材;这类题材的优点在于既能为所有观众所接受而又不需要太多文化背景知识。

徐亮红(2011)通过对比冯小刚植根中国文化土壤的"贺岁系列"电影及其以"国际配方"制作的《夜宴》,从文化亲缘性市场、电影题材的选择、文化价值观的适应性几个方面,指出中国电影如要有效降低"文化折扣",要借助市场细分和文化认同;借助霍夫斯泰德对世界各国文化和价值观所进行的版图划分,指出价值观的冲突给电影带来不同程度的"文化折扣",导致《那山那人那狗》在崇尚个人主义的欧美无人问津,在崇尚集体主义、提倡忠孝和自我牺牲精神、服从权威的日本赢得了一亿多日元的票房。

聂伟(2012)针对海外市场的重要性,提出建立"泛亚电影共同体"的战略。指出,历史地看,评判一个国家是否是世界性电影产业强国的重要考量指标就是其海外票房市场的拓展规模;美国之所以长期稳居世界电影产业龙头,就在于它长期保持了本土市场的相对稳定以外,还能够依靠庞大的海外市场分销体系牢牢确立自己的优势地位。新时期以来,中国电影过多地将注意力集中于"走向世界",努力迁就西方观众的普适性口味,却显得一厢情愿;目前应该立足海外华裔社群,将视点从好莱坞转向亚洲市场,重点培育区域产业文化链,通过跨国/区竞争合作提升中国电影产业实力;发掘全球 3 500 万海外华人的票房潜力,着力培育他们对华语电影的忠诚度。

邹超、庞祯(2013)详细分析了我国电影出口贸易中文化折扣的成因:1.文化场域的权力结构。西方国家在世界政治经济格局中占据优势地位,使得"向西方文化学习"成为"向先进文化学习""与国际接轨"的代名词;西方文化中表现出来的某些与本民族传统文化相冲突的意识和观点非但没有遭到排斥,还有可能引发人们对文化差异的反思和吸纳。这导致美国大片能畅通无阻地打入我国市场,我国电影走向国际市场却遭遇了重重阻碍。2.文化背景差异造成解码失真。以中国和美国为例,中国传统文化属于高语境文化,以儒家伦理为基础,倡导集体主义、天人合一,语言表达上含蓄、谦虚;而美国传统文化属于低语境文化,以新教伦理为基础,倡导个人主义、民主平等,语言表达上直白、坦率。3.电影类型。不同电影类型蕴含的文化含量不同,产生不同程度的文化折扣。4.语言障碍。语言是文化的表征,电影作为声音和影像并重的文化艺术形式,语言的重要性不言而喻;我国电影在对外传播时往往采用配字幕的方式,而欧美观众一般都不愿意看字幕;另外我国缺乏专门的译制机构和标准,翻译水平低,大大影响对外传播效果。

此外,何建平、赵毅岗(2007)对中西方纪录片的"文化折扣"现象从哲学、美学、制作等层面进行了研究。李法宝(2013)以"文化折扣"为视角,指出中国电视剧在东南亚推广过程中遇到的一些问题:一是喜欢历史题材的当地观众大多为40多岁以上的中老年观众,与年轻一代相比,他们显然更了解中国的文化与历史,然而年轻观众大多更喜欢韩国及港台所引领的青春偶像剧;二是中国电视剧在对演员的包装和营销上仍显不足,经验不够;三是当地华人祖辈大多来自中国南部,与港台之间的地域文化差异小,而与反映中国当代生活特别是北方人生活场景的电视剧具有较大地域文化的差异;鸿篇巨制《甄嬛传》在东南亚收视率惨淡,主要原因是外国观众对中国这种宫廷争斗无法理解,更不感兴趣。

可以看出,围绕"文化折扣"问题我国学界正在进行的各种研究为我们更好地理解文化折扣出现的原因及存在的领域提供了很大帮助。

三、评价与总结

"文化折扣"是文化贸易特别是电影贸易中必须重视的一个问题,不仅因为其对影视作品的国际竞争力有着重要影响,也是因为只有在了解并重视"文化折扣"产生的原因的基础上,我们才能有的放矢,针对目标市场在文化理解上的差异,通过加强背景介绍等手段,提升目标市场对我国文化产品的好奇心与理解力。刘建华(2014)在《论文化差异影响传媒走出去的七大机理》中指出,文化差异以其独特的工作原理影响着国际传媒产品的消费者,而这七大机理主要包括新奇性趋近机理、陌生化排斥机理、偏向性理解机理、反向性误读机理、认同性因应机理、认可性兼容机理、思想场同啸机理等。影视文化产品在跨越国界之后面临着"本土接受"这样一个过程;受众研究证明"意义"是在一定语境里通过受众、文本的互动而产生的,受众将自己的经验和知识用于对意义的阐释之中,从而形成自己的理解。因此,正如项欣、邵军、王洪涛等几位研究者所指出的,因文化差异而导致的"文化折扣"不可以一概而论,可以根据消费者在不同阶段对"求同"与"求异"的不同需求,进行有针对性的编码与解码。

目前国内学界对"文化折扣"的研究,尚有以下不足及值得进一步探索之处:一是缺少以具体电影为例的研究文化折扣所导致的文化交流与贸易损失的深入分析;二是缺少从产业与文化的宏观角度综合展开的对中国电影走出去的优劣势的具体分析;三是缺少对文化折扣、文化认同、文化距离等学术观点及其交叉关系的辨析与辩证。

霍斯金斯和米卢斯(1988)在其论文中指出,对其他国家的观众来说,美国节目提供了一种逃避性娱乐,而这种逃避性娱乐是国内制片人通常不提供或者提供得不够的。就电影来说,美国电影在娱乐以外建立了一种以正义、公平、勇敢、探索等为话语体系的言说方式,这种话语体系具有一种普世诉求,很少受文化折扣的影响。娱乐本质与普世诉求的里应外合,是别的国家的文化产品很难与美国相匹敌的原因。从这一点来说,美国在全世界娱乐产业的统治地位又预示了另一种更为深刻的意识形态的危机,即我们正在形成一种对由美国主导的文化消费的消费,这种消费并没有真实的、与现实生活相关的文化内容;消费就是它所代表的文化内容。

"文化折扣"理论提醒我们关注文化产品在跨境过程中价值的流失,提醒我们思考文化交流与文化消费领域所隐含的不同维度。在全球化大背景下,如何在"文化折扣"理论的启示下进一步关注市场规模、市场定位、目标观众、公共性、文化认同、文化差异等对外文化交流与贸易中所遇到的种种问题,值得我们进行更深入的思考与研究。

(原载《文学与文化理论前沿》,上海社会科学院出版社 2016 年版)

"石佛浮海"神话与上海地域形象建构

毕旭玲

在地方文化史的研究过程中,往往会有一些与地方早期历史密切相关的神话传说进入研究视野。这些神话传说在不断重复的过程中保留了地方民众的集体记忆,取得了地方民众的认同,并被地方文化学者写入方志,流播于口头,成为引以为傲的地方文化资源。

后现代历史观认为历史本身是一个建构的过程,是运用各种材料进行的创作,其代表人物海登·怀特说:"在历史写作中,形式和内容是无法分离的,历史学家具有一部分可以任意支配的修辞可能性,它们事先决定了形式并在某种程度上事先决定了它们的陈述,因此历史叙事是词语的构造,其内容既可以说是发现的,也可以说是创作的,而其形式与其说是与科学的共性多,不如说是与文学的共性多。"[1]保罗·康纳顿对"过去的知识"与"现在的体验"关系的论述也可以启发我们。"我们对现在的体验在很大程度上取决于我们有关过去的知识。我们在一个与过去的事情和事件有因果联系的脉络中体验现在的世界,从而,当我们体验现在的时候,会参照我们未曾体验的事件和事物。相应于我们能够加以追溯的不同的过去,我们对现在有不同的体验。"[2]也就是说,神话传说作为一种"过去的知识",必然会对文化史的形成产生影响,因而构建地方文化史时需要参照作为"过去的知识"的神话传说。

"石佛浮海"(或称"石佛浮江")神话是六朝时期上海地区的著名神话。该神话中石佛的发现地是"沪渎",因而与上海地域建立起联系。该神话后来发生了变异,形成了系列衍生神话。沪渎石佛浮海的神话从沪渎发生,初为吴郡(苏州)得其圣地之利,后为国家控制占有,于唐代传播到西部都城长安,并被图画到敦煌壁画之中,甚至远播海外。宋代以来,随着上海地区社会文化的进步,遂对石佛浮海神话进行了在地化建构,并成为该神话的话语控制者。这一神话的发展图谱,演绎出一部神话资源与社会建构的文化史诗。

"石佛浮海"神话在中国佛教发展史上具有重要意义,在一定程度上甚至可以与汉明帝"夜

---

[1] [美]海登·怀特:《后设历史学》,转引自赵世瑜:《传说历史历史记忆——从20世纪的新史学到后现代史学》,《中国社会科学》2003年第2期。

[2] [美]保罗·康纳顿:《社会如何记忆》,纳日碧力戈译,上海人民出版社,2000年,第2页。

梦金人"神话相媲美,是中国佛教传播史上的大事。该神话最早见于梁《高僧传》卷13《慧达传》:"释慧达,姓刘,本名萨河,并州西河离石人。……后东游于吴县,礼拜石像。以像于西晋将末,建兴元年(313)癸酉之岁,浮在吴松江沪渎口。渔人疑为海神,延巫祝以迎之,于是风涛俱盛,骇惧而还。时有奉黄老者,谓是天师之神,复共往接,飘浪如初。后有奉佛居士吴县民朱应,闻而叹曰:'将非大觉之垂应乎?'乃洁斋,共东云寺帛尼及信者数人到沪渎口,稽首尽虔,歌呗至德。即风潮调静,遥见二人浮江而至,乃是石像。背有铭志一名惟卫,二名迦叶。即接还,安置通玄寺。吴中士庶嗟其灵异,归心者众矣。达停止通玄寺首尾三年,昼夜虔礼未尝暂废。……后不知所之。"[1]

按照梁《高僧传》记录,"石佛浮海"神话当时在以通玄寺[2]为中心的地区较为流行,慧达东游到吴县时听闻了该故事,特意去礼拜石像。《高僧传》对神话的记录较为详细:石像自己渡海而来,漂浮在吴县的沪渎口,被渔民发现。民间巫祝与道士先后试图迎其上岸,但都因遭遇大风浪未果,只有佛教信徒将其顺利迎上岸,并安置于通玄寺中。"石佛浮海"神话从一开始就与上海地区建立了密切的关系,沪渎作为浮海石佛的发现地出现。"沪渎"是上海的古称,即使在上海地区出现第一个县级行政单位名称——华亭县之后,还常常用"沪渎"指称上海地区。而今天的上海,简称为"沪",与这个神话的表述密切联系在一起。

南朝梁简文帝曾作《浮海石像铭》[3],也记录了该神话:

> 晋建兴元年癸酉之岁,吴郡娄县界松江之下,号曰沪渎,此处有居人,以渔者为业。挂此簦纶,无甄小鲂,布斯九罭,常待六鳌。遥望海中,若二人像。朝视沉浮,疑诸蜃气。夕复显晦,乍若潜灭。于是谓为海神,即兴巫祝前往祈候。七盘圆鼓,先奏盛唐之歌;百味椒浆,屡上东皇之曲。遂乃风波骇吐,光景晦冥。咸起渡河之悲,窃有覆舟之惧,相顾失色,于斯而返。……
>
> 吴县华里朱膺,清信士也,……乘船至沪渎口,顶礼归依,歌呗赞德。……虽舟子招招,弗能远骛;而灵相峨峨,渐来就浦。……于是时众踊跃,得未曾有。复惧金仙之姿,非凡所徒。试就提捧,豁尔胜舟。指燕宫而西归,望莩门而一息。道俗侧塞,人祗协庆。膺家住近通玄寺,乃孙权为乳母陈氏之所立也,亦一邦之胜地,臂山之神塔,乃迁像于此寺。

该文首次对石像的发现地"沪渎"地区民众生产生活进行了描述,居民"以渔者为业",这就是后来人们说开埠前上海不过是一个普通渔村的依据。与前述文献相比,该文花费较多的笔墨

---

[1] [隋]费长房:《历代三宝记》卷三编年记事,《大正藏》卷49,第38页。
[2] 通玄寺,即吴县通玄寺是苏州历史上著名佛寺之一,始建年代不详,于唐开元年间更名为开元寺,五代时期改称报恩寺,寺塔至今仍存,即苏州北寺塔。
[3] 萧纲:《浮海石像铭》,见范成大:《吴郡志》卷31"开元寺",《丛书集成初编》第3150册,第299—300页。此文后来又被收入宋代《吴都文萃》卷7,并改题为《开元寺浮海石像铭》,见郑虎臣:《吴都文萃》卷7,影印《文渊阁四库全书》第1358册,台湾商务印书馆,1986年,第783页。

描述朱应等迎接石佛上岸的过程,突出了石像的神异。神话的情节没有很多的扩展,但该铭文辞华美,进一步扩大了该神话的传播范围。据说石像安置于开元寺(即通玄寺)后,有外国和尚来礼拜佛像,据称他们的国家已有关于这两尊东方神圣佛像的记录,流露出该神话可能在域外也有流传的信息。梁简文帝的铭文,将一个地方神话提升到国家神话的高度,因此,古代苏州与上海两地对于这一神话资源的争夺是必然的。在隋唐及以前的时候,作为苏州附庸的上海,自然是占据下风的。

隋唐以后,"石佛浮海"神话得到广泛流传,于佛典记载尤多。如隋代费长房《历代三宝记》卷三"编年记事"中就记录了该传说的梗概[1],唐代道宣在《释迦方志》卷下"通局篇"[2]中的"西晋吴郡石像浮江缘"也记录了此神话,且都载录了石佛发现地——沪渎,有"吴郡吴县松江沪渎,渔者萃焉"[3]等描述。《集神州三宝感通录》补充说"今京邑咸阳长公主闻斯瑞迹,故遣人往通玄寺图之,在京起模,方欲显相云"[4],说明该神话在唐代已经声闻宫闱,成为国家重视的文化资源。唐代的"石佛浮海"神话还被绘于敦煌莫高窟壁画第323窟的南壁上,"江水上游漂浮着两尊站立的佛像。沿江两岸,由远而近是:渔人巫师拜像,道人设醮拜佛。最下面是高僧居士礼佛,僧俗大众迎佛的情景。江中有一渡船,几个僧人扶着佛像,一船夫掌舵,一船工撑篙,岸边有跪拜的僧人,近处有骑水牛观佛像的农人。妇人手中还拿着供佛的鲜花"[5]。该壁画充满想象,写意绘写了古代上海地区沪渎口的社会风情。以壁画形式表现"石佛浮海"神话以及上文提及的咸阳公主命人描摹石像异地重造之事,说明这个本来是地域性的神话,已经成为全国,甚至具有国际影响的神话,显示了该神话在唐代社会的广泛影响。

"石佛浮海"神话流传至广阔的世俗社会,在以通玄寺为中心的地域有了进一步的发展变化。吴地最早的方志——唐《吴地记》"通玄寺"条记录说:"晋建兴二年(314),郡东南二百六十里有沪渎。渔人夜见海上光明,照水彻天。明日,睹二石像浮水上。众言曰:'水神也。'以三牲日祝迎之。像背身泛流而去。时郡有信士朱应及东陵寺尼,率众,香花钟磬,入海迎之,载入郡城(即苏州)。"石像迎入苏州后,竟发生了一件奇异的事。"像至通玄寺前,诸寺竞争,数百人牵拽不动。众议云:'像应居此寺。'言毕,数人舁试,像乃轻举。便登宝殿,神验屡彰,光明七日七夜不绝。梁简文帝制《石佛碑》。"[6]

此段文字指出了石佛发现地——沪渎相对于郡城的具体方位,大体上是今上海与苏州之间的距离。与南朝和唐初文献相比,这里有两点变化引人注目,第一是佛像的两次放光,第二是佛像进入苏州后"诸寺竞争","数百人牵拽不动"的情节,两者都突出了石像的神异。《吴地记》可以视作"石佛浮海"神话在吴地的一种资源分配,占据政治话语权的苏州的通玄寺拔得头筹。从西晋

---

[1] 费长房:《历代三宝记》卷三"编年记事",见《大正藏》卷49,第38页。
[2] 释道宣:《释迦方志》卷下"通局篇",《释迦方志》,中华书局,2000年,第105—106页。
[3][4] 释道宣:《集神州三宝感通录》卷中,《大正藏》卷52,第412页。
[5] 王兰英:《从石窟艺术中透视宗教题材所反映的世俗生活》,《四川文物》1999年第5期。
[6] 陆广微:《吴地记》,中华书局,1985年,第13页。

到唐,"石佛浮海"神话的细节不断得到增加修饰,突出了石佛的灵异。作为古代上海的一个小地名"沪渎"一词也随着神话的流传而渐渐为人所知。

二

到了宋代,"石佛浮海"神话在吴地也发生了新的变化。南宋绍熙年间(1190—1194),时任华亭知县的杨潜主持修纂了地方志《云间志》,卷中"静安寺"条是这样记录的:"静安寺,在沪渎。按《寺记》:吴大帝赤乌中建,号沪渎重玄寺。佛法入中国虽始于汉,而吴地未有寺也。赤乌十年,僧康会入境,孙仲谋始为立寺建业,曰建初。建初者,言江东初有佛法也,岂沪渎寺相继创建耶。景筠《石幢记》:中间号永泰禅院,本朝祥符元年改今额。《释迦方志》云:晋建兴元年,有二石像浮于吴松江口,吴人朱膺等迎至沪渎重玄寺,像背题曰维卫,曰迦叶。《松陵集》:建兴八年,渔者于沪渎沙汭获石钵,以为臼类,荤而用之。佛像见于外,渔者异之,乃以供二圣。今佛与钵皆在平江开元寺。"①

"静安寺"引述"石佛浮海"神话作为静安寺的早期历史资料。《云间志》中该神话与前述神话内容最大区别在于其发展出一个佛像安置的中转站——沪渎重玄寺,明显地沪渎地方化本土化了,石像首先被安置于沪渎重玄寺(即静安寺),而不是安置到当地的政治中心苏州。沪渎不仅是石佛的发生地,也是石佛的供奉地,这是该神话的重大发展。《云间志》在"石佛浮海"神话后又引述了"佛钵"神话,讲述在发现佛像7年以后,沪渎渔民又在海边的沙滩里发现了"佛钵"之事。开始时渔民只当它是一般石臼,盛放了荤腥食物后有异象发生,渔民被这种异像所震惊,于是用它去供奉先前发现的两尊石像。在这两个神话中,发现佛像和佛钵的地点相同,都在上海沪渎,两个神话所述之事发生的时间相近,而且事件前后相关,因此"佛钵"神话可以视为"石佛浮海"神话的衍生。"佛钵"神话初见于皮日休《开元寺佛钵诗序》:"晋建兴二年,二圣像浮海而至沪渎,僧尼辈取之以归,今存于开元寺。后建兴八年,渔者于沪渎沙汭上获之,以为臼类,乃荤而用焉。俄有佛像见于外,渔者始为异,意沪渎二圣之遗祥也,乃以钵供之,迄今尚存。余遂观而为之咏,因寄天随子。"②

"佛钵"神话产生的时间可能晚于"石佛浮海"神话许久,关键在于其中出现了"建兴八年"一词。西晋的"建兴"年号只使用了5年(313—317),记录"佛钵"神话的皮日休生活于834—902年之间③,离建兴已经过去了五百多年,对其年号的使用情况并不十分清楚。可能是他偶然听闻"佛钵"神话,随手记录下来,因为离晋代很遥远,神话的传播者和记录者们都没有关注到年号的错误问题。从"余遂观而为之咏"一句来看,皮日休先听闻了"佛钵"神话然后才去看了佛钵,并

---

① 杨潜:《云间志》卷中"寺观",《续修四库全书》第 687 册,第 22 页。
② 皮日休、陆龟蒙:《松陵集》卷 7,影印《文渊阁四库全书》第 1332 册,第 235 页。又见:《全唐诗》卷 613,上海古籍出版社,第 1553 页。
③ 也有人认为皮日休的生卒年为公元 839—902 年。

作了诗及序。

诗序也记录了"石佛浮海"神话,但与此前文献有明显不同。此前文献都明确说佛像从海上直接被迎入通玄寺(即开元寺),但皮日休只记录说"僧尼辈取之以归",归哪里并不明确,只是"今存于开元寺"。这里隐藏着佛像以前不在开元寺,后来存放于开元寺的信息。这与《云间志》记录的石像先被安置于沪渎重玄寺,后来到了苏州开元寺的情节相当吻合。联系皮日休到访过沪渎的事实[①],该诗序很可能记录了晚唐时期沪渎流传的"石佛浮海"神话,包括"石佛浮海"与其衍生的"佛钵"神话两部分,该神话暗示:石佛上岸后先安置于沪渎本地寺庙,后来进入开元寺。

上海地区于春秋战国时期曾先后归属于吴、越、楚三国,但它长期远离各政权的政治经济中心,文化资源相对贫乏。考察一下《云间志》之前历代方志对上海地区不过寥寥数语,且常常语焉不详的记录就能明白这点。唐元和八年(813)的《元和郡县图志》,其中只有"天宝十年,吴郡太守赵居贞奏割昆山、嘉兴、海盐三县地置(华亭县)"[②]的记录;唐代乾符二年(875)的《吴地记》有"沿松江、下沪渎"和"晋将军袁山松,隆安二年在沪渎江滨筑城,以御孙恩"[③]等简短记录。到了宋代,有关华亭的记录渐多,但依旧很简单。北宋元丰三年(1080)的《元丰九域志》记录了华亭县所管十三个乡的名称,包括县东北境、后来成为上海县的高昌、长人、新江、北亭、海隅五乡。北宋元丰七年(1084)《吴郡图经续记》提及华亭最繁华的海港青龙镇。政和年间(1111—1117)的《舆地广记》在卷二十二的两浙路中有秀州华亭的记载。杨潜在《云间志》"古迹"小序中也说"云间所谓古迹往往多自袁陆之旧"[④]。这样的文化史显然过于单薄,而且缺乏重大或者神圣的事件。从晋流传至唐的"石佛浮海"神话具有深远的社会影响,因此《云间志》引述该神话为本地建构起静安古寺的历史,营造地域的空间神圣性。在"寺观"一目中,"静安寺"排列第一,这对于华亭的文化地位的提升具有十分重要的意义。

《云间志》引述"石佛浮海"神话从地理的角度,强化了"沪渎"的神圣性。浮海石佛的发现地点是"沪渎",石佛被迎入的寺庙名也为"沪渎重玄寺"。静安寺因为"沪渎"而获得地位,因为"沪渎"是圣地,静安寺就显得与众不同。《云间志》记载:"《吴郡记》:松江东泻海曰沪海,亦谓之沪渎。《广韵》:沪,水名也。《白虎通》:发源而注海曰渎。陆鲁望《渔具诗》序:列竹于海澨曰沪,吴之沪渎是也。"[⑤]从《云间志》成书之前的地方志对华亭县的记录来看,"沪渎垒"也是华亭县最出名的地方。而《云间志》引述的"石佛浮海"神话再次将人们的目光引向了"沪渎",强调了"沪渎"一词在本地文化史上的重要意义。而"沪渎静安寺"的表述,以及石佛首先安置于沪渎重玄寺的

---

① 皮日休在吴地活动颇多,曾仕苏州军事判官,毗陵(今江苏常州)副使。位于吴地边缘的古代上海地区也曾留下他的足迹,他的诗作《吴中苦雨因书一百韵寄鲁望》就描绘了晚唐华亭县青龙港渔业生产繁荣发达的景象:"全吴临巨溟,百里到沪渎。海物竞骈罗,水怪争渗漉。"
② 李吉甫:《元和郡县图志》卷25"江南道一",《龙之魂:影响中国的一百本书》第14卷,中国戏剧出版社,2000年,第618页。
③ 陆广微:《吴地记》,中华书局,1985年,第7页。
④ 杨潜:《云间志》卷上"古迹",《续修四库全书》第687册,第16页。
⑤ 杨潜:《云间志》卷中"水",《续修四库全书》第687册,第34页。

神话表述,将"石佛浮海"神话与"沪渎静安寺"加以联系,沪渎、静安寺的神圣空间得到强化。随着后世上海地方志对"石佛浮海"神话不断的引述和重复,"沪渎"一词也不断得到强调,"沪"一词最终成为上海的简称,具有了文化识别的意义①。宋《云间志》将唐《吴地记》的神话资源从郡城通玄寺转为沪渎静安寺,很大程度上是古代上海地方社会地位的提高所致,如杨潜在《云间志》序言所说:"华亭为今壮县,生齿繁夥,财赋浩穰。"因为有了经济方面的底气,所以就有了文化上的挑战权。因此,南宋开始,上海地区开始了"石佛浮海"神话回家的建构历程。

三

《云间志》之后的历代上海地方学者不断借助地方神话传说完善神圣文化史,"石佛浮海"神话在不断重述改写之中,其中"沪渎"与"静安寺"的神圣地位不断提升。南宋嘉定九年(1216),静安寺迁至芦浦沸井浜畔重建,周弼为其撰《寺记》,同样采用记录本地神话传说的方式构筑静安寺的历史:"华亭县东北百里,松江绕焉。有寺在沪渎,曰重玄。大中祥符元年(1008),因避圣祖讳,改今额为静安。嘉定九年(1216),僧仲依以旧基迫近江岸,涛水冲汇,迁基于芦浦之涌泉,即沸井浜也。中流数尺,特深如井,昼夜腾沸,或指为海眼,因寺迁而改其名焉。寺之灵验最显著者,西晋建兴元年,有两石像浮于江浦,吴县人朱膺迎置于寺,视其背侧有铭,盖七佛中之二,曰维卫,曰迦叶。后六年,渔者又获两石钵于沙际,大如臼,膻辛稍触之则变怪辄见,因以为石佛供具。……孙吴赤乌十年(247),康僧会始至建业,建寺以居,谓之建初。此寺实相踵而成。当是时,诸寺盖悉未有也。……石像既迁于吴门开元寺……"②

从内容上看,周弼《寺记》对静安寺历史的构建更完整,并对《云间志》"静安寺"条进行了修饰和增益。《云间志》引用的那份《寺记》说静安寺创于吴赤乌年间,号沪渎重玄寺。而周弼《寺记》不引用任何文献,直接肯定了静安寺的初名是重玄寺,在沪渎旁。强化了《云间志》中静安寺曾名"沪渎重玄寺"的记录。《寺记》叙述了"沸井"传说"中流数尺,特深如井,昼夜腾沸,或指为海眼",这是关于"沸井浜"来历的解释性地方传说。在"沸井浜"传说之后,《寺记》便引述了已经誉满天下的"石佛浮海"神话以表明静安寺的神圣。《寺记》的撰写是在《云间志》成书二十多年以后,两者相距不远,因此所引述的当地"石佛浮海"神话情节基本相同,只是后者语气更加肯定,把一则神话坐实了。

静安寺迁址重建的 51 年后(1267),吴淞江的支流上海浦的西岸设置了上海镇。"上海"一词正式作为行政单位出现。又 25 年后(1292),也就是元代至元二十九年,上海镇升级为上海县。而静安寺所在区域正隶属于上海县高昌乡。元代的静安寺经过不断扩建成为"巨刹",寺内及周边名胜有八处:赤乌碑、陈桧、虾子禅、讲经台、沪渎垒、涌泉、芦子渡、绿云洞。当时的静安寺主

---

① 上海还有一个"申"的别称,得名自楚国春申君开凿黄浦江(又称春申江、黄歇浦)的神话。随着黄浦江取代吴淞江成为上海境内最重要的水道,"申"也成为上海的别称。这是利用神话构建地方称谓的另一个例子。
② 正德《松江府志》卷 19《寺观下》,《天一阁明代地方志选刊续编》第 6 册,上海书店,1990 年,第 200 页。

持寿宁将题咏这些名胜的作品结集为《静安八咏集》。《静安八咏集》虽不是方志,但依然采用了以神话传说构建历史的方式,且对方志有所补充。比如"八景"中的第一景"赤乌碑",《静安八咏集》把"赤乌碑"传说历史化了:"孙吴赤乌中,天竺康僧会始入建业,创寺曰建初,华亭继有重玄,勒碑纪事。宋祥符间,敕名静安。至嘉定依师以址薄江,迁是地,碑未徙而水啮没之。"①明正德《松江府志》将此碑列为"古迹",并重复记录了"赤乌碑"传说②,将静安寺塑造为一座历史悠久、人文资源丰富、神异非常的寺庙。在历代方志学者们不断的宣传和构建下,在《静安八咏集》的散播下,静安寺声名远扬,成为上海县乃至松江府的文化名片,明清两代慕名前往游览者络绎不绝,相关的歌咏作品散见于各方志和各家文集中。

静安寺的历史文化建构一直是与"沪渎"一词分不开的,《静安八咏集》中随处可见"沪渎"的记录,如:"按《吴郡志》,松江东泻海,而灵怪者曰沪渎。"③作为地名的"沪渎"在这里甚至具有了神异色彩。清代光绪九年,静安寺在当地乡绅的支持下进行了修缮,李朝觐为此作记,曰:"沪渎迤西行四五里,蔚然环村落闲者,曰芦浦。有古丛林居僧焉,则静安寺也。"④可见"沪渎"与"静安寺"是密切联系在一起的。清代同治元年(1862),租界的跑马道修筑到静安寺,逐渐形成了静安寺路,也就是后来鼎鼎大名的南京西路。静安寺路的修建为沪西一带的繁荣奠定了基础。在此后的一百多年间,以静安寺为中心构成的交通网络成为沪西城市化进程的起点。静安寺是静安区的历史源头,民国三十四年十二月,国民政府按原警区在上海设 32 个行政区,静安寺所属第十区因寺名区,被命名为静安区。上海解放后,静安区还曾一度被称为静安寺区。改革开放以后,静安区因优越的地理位置及深厚的文化积淀,成为上海最发达的中心城区和核心商务区之一。

四

现代静安寺及其周边的持续繁荣,为借助神话构筑神圣文化史的行为提供了有力的支持。1948 年,上海中国图书杂志公司出版了《上海市大观》,沿袭了前人利用神话构建历史的资料介绍静安寺:"初在沪渎,吴赤乌中建,号重元寺,唐更名永泰禅院。宋嘉定中,僧仲依迁芦浦,即今寺。"⑤1957 年出版的《上海及近郊一日游》将静安寺作为上海最早的一座寺庙进行介绍:"静安寺是上海创建最早的一座寺庙,系第三世纪三国时东吴孙权赤乌十年所造,初名重元寺(也叫重玄寺),在吴淞江旧道旁。"⑥更值得一提的是,中国最大的综合性词典——《辞海》1979 年修订版"静安寺"条肯定了"沪渎重玄寺"之名:"在上海市内,原名沪渎重玄寺,在吴淞江滨,相传三国时

---

① 钱鼐:《静安八咏集·事迹》"赤乌碑",《丛书集成初编》,商务印书馆,1936 年,第 1 页。
② 正德《松江府志》卷 21"古迹",成文出版社,1983 年,第 929 页。
③ 钱鼐:《静安八咏集·事迹》"沪渎",《丛书集成初编》,1936 年 6 月,商务印书馆,第 2 页。
④ 李朝觐:《重建静安寺记》,见《(上海史料丛刊)上海碑刻资料选辑》,上海人民出版社,1980 年,第 1 页。
⑤ 屠诗聘编著:《上海市大观》,"静安寺"条,中国图书杂志公司,1948 年。
⑥ 任微音、静观著:《上海及近郊一日游》"静安寺"条,上海文化出版社,1957 年。

吴赤乌十年(247)始建。"这说明经由方志学者们努力构建的上海神圣文化史已经得到广泛的认同。上海本地学者更是努力证明这段神圣历史的真实性。1992年出版的《上海宗教史》一书经过重重考证后得出"静安寺创始于三国吴赤乌年间的神话,是有一定的历史根据的,不能完全加以否定"的结论,并在总结其发展历史时完全采信了神话,"西晋建兴元年有二石佛像浮于吴淞江口,置于重元寺;建兴八年又获石钵供二圣,寺内还有吴越王瑜伽道场所供毗卢遮那佛像等。似乎当时已初具规模"①。学者胡道静也认同"石佛浮海"神话,他在2000年说:"公元三一三年(晋建兴元年),两座石雕(实际上其石质为'浮石')从印度洋漂流进了吴淞江的沪渎段(今静安寺附近),被捞起来安置在当时的静安寺内。"②在以上这些论述中,"石佛浮海"神话已经成为上海神圣文化史的一个重要组成部分,而一个入海河口"沪渎"也因此成为神圣空间。

作为事件主角的静安寺依据《云间志》等典籍的记录,将建寺历史上溯至赤乌十年(247),该寺山门照壁上书"赤乌古刹"四个大字,并曾于1997年举行过建寺1750年纪念活动,同时出版了《赤乌古刹——上海静安寺建寺1750周年纪念集》③。2007年,该寺也举行过建寺1760年的纪念活动。当代上海市政府官方对该静安寺史也持认同态度,不仅积极参与静安寺的建寺纪念活动,还在相关部门的官方网站上称:"佛教在上海的传播可追溯到三国吴赤乌年间(238—251),相传龙华寺和静安寺均在这一时期创建。"④

也有一些学者对利用神话建构文化史的方式持否定意见,他们试图用考据学的方法证明静安寺始建历史的不可靠。早在1937年,《上海研究资料续编》就在"上海佛教史话"中提出疑问,"静安寺始建于三国时,亦无确证,大抵为晋代所创建。"1981年,吴贵芳发表《静安寺始建年代辨讹》一文,对静安寺的始建年代提出了强烈的质疑和否定,认为静安寺"赤乌中建是不足信的",《云间志》中关于静安寺始建年代的叙述"牵强附会,多数虚构"⑤。张伟然等在《西晋泛海石佛神话与吴淞江边相关寺院历史》一文中对静安寺始建的历史予以彻底否定:"自绍熙《云间志》及周弼《寺记》以降所谓静安寺始创于吴、初名'重玄寺'的历史,其唐以前的事实全无可考;所引证的石佛泛海以及佛钵神话,并皮日休、陆龟蒙诗篇,完全是苏州通玄(开元寺)、重玄两寺的文化资源。"⑥这些解构派学者的研究将《高僧传》《释迦方志》《吴地记》等先出的文献记录认作是真实历史,而记录有所出入的后出的《云间志》等地方文献就变成了虚构和附会,这种认识是有偏差的。实际上,《吴地记》在"通玄寺"条下载录"石佛浮海"神话的目的也是为了构筑通玄寺的历史,与《云间志》在"静安寺"条下引述"石佛浮海"神话构筑静安寺的历史的方法及目的并无实质差别。

---

① 阮仁泽,高振农:《上海宗教史》,上海人民出版社,1992年,第50页。
② 胡道静:《申城历史之佳作——〈上海七百年(修订本)〉序》,见《胡道静文集序跋题记、学事杂忆》,上海人民出版社,2011年,136页。
③ 德悟:《赤乌古刹——上海静安寺建寺1750周年纪念集》,文汇出版社,1997年。
④ 上海民族和宗教事务委员会官方网站"上海民族和宗教网","上海市佛教概况",http: www.shmzw.gov.cn/gb/mzw/shzj/fj/index.html。
⑤ 吴贵芳:《静安寺始建年代辩讹》,《中华文史论丛》1981年第1辑,第181页。
⑥ 张伟然等:《西晋泛海石佛传说与吴淞江边相关寺院历史》,《觉群佛学》(2007),第421页。

苏州与上海都是在利用"石佛浮海"神话来建构地方神圣的文化史，都是对于神话资源的采用，都是一种文化建构。我们今天对于这段历史的研究，不可能考证出上海静安寺和苏州通玄寺中的谁获得石佛供奉的真实历史，因为根本不存在漂在海上的石佛，那是一个神话！我们所能够考察出来的是文化认同的历史，文化建构的历史，这是神话研究的基本立足点。

"沪渎"一词在"石佛浮海"神话不断强化的过程中逐渐具有了独立的文化意义。从六朝的梁代开始，沪渎开始与神话关联，到"沪渎重玄寺""沪渎静安寺"的表述，其神圣性进一步加深，到了晚清，由"沪渎"衍生的"沪"，已经作为上海的简称出现，具有了文化识别的意义。光绪年间（1871—1908）集中出现了一批本地掌故笔记，不少在书名中就以"沪"指称上海，如《沪江商业市景词》《沪上新画百美图》《沪游杂记》《沪游梦影》等。此后，"沪"作为上海简称的使用在文化领域迅速普及，似乎成为一种文化潮流，即使那些书名中没有"沪"的作品，在其内容中也言必及"沪"，显示了一种地方文化自豪感。不久又集中出现了《沪人宝鉴》《沪谚》《沪谚外编》等一批上海掌故笔记作品。以"沪"指代上海的用法不仅在文化界得到了广泛认同，还扩展到其他领域。甚至连当时由美国基督教南北浸礼会创办的上海浸会大学也因为"沪"一词明确的文化识别意义而更名为沪江大学。此后，"沪"作为上海的简称出现于政治、经济、文化的方方面面，直到今天，"沪"的文化识别意义依然超过其他简称、别称，成为上海的法定标识。这一切，均拜"石佛浮海"神话所赐。

"石佛浮海"由一个区域神话，六朝时一发生就为帝王所重视，变成为国家神话，演变为苏州与上海两地竞相争夺的文化资源。隋唐大统一后，"石佛浮海"神话由东部区域进入西部政治中心，为皇家所重，并在遥远的敦煌现身，实现了长距离的空间传播，并远播海外。但是，由于该神话负载有"沪渎"这一空间信息，所以该神话最终又回到它发生的故土——上海，演变传播，从苏州手中夺回了话语权，成为上海文化建构的重要的民俗资源。这一传播路线图，是神话自身功能扩展的过程呈现，也是上海地方实现其在地化努力的呈现。

(原载《华东师范大学学报[社会科学版]》，2014年第2期)

崇明海上丝绸之路文化旅游政策的路径借鉴
——日本文化资源与旅游开发政策研究

王海冬

崇明文化资源丰富,1 300多年的历史使崇明人才辈出,文物古迹丰富,尤其是具有高质量文化资源——元代崇明朱清等人对世界"海上丝绸之路起源"的历史贡献。这些文化资源远远没有被利用起来。因此,本文从日本"文化资源"大国战略借鉴、理念和思路借鉴、法律政策借鉴、发展模式借鉴四个方面,全面论述日本的文化资源与旅游开发政策,为崇明"海上丝绸之路"文化旅游发展提供政策路径借鉴。

一、文化战略借鉴——日本"文化资源"大国战略

(一) 确立"文化资源"大国战略的认识与发掘

日本在第二次世界大战之后,用了30年时间从战争废墟上迅速崛起,成为世界第二经济大国[①]。然而,日本国土狭小,资源匮乏,在发展过程中并不是从"资源大国"变成"经济大国"的。其实支撑日本经济成长的是日本的民族文化力,这种文化力又是通过日本人日常的衣、食、住、行等大众生活的各个层面和侧面表现出来的。日本是拥有传统和最高端科技的国家,不仅有充分利用"文化资源"的潜力,而且还通过各种各样的方式不断扩大其"文化资源"。

日本在现代化的过程中学习了西方欧美国家的科技、教育,甚至包括政治制度、法律等各个方面,"脱亚入欧"的口号曾响彻云霄。但实际上,日本仍较好地继承了其本民族的传统文化,并使之现代化。20世纪90年代,日本经济发展速度开始减速,然而,其文化产业却继续保持了快速增长的态势,蓬勃发展成仅次于美国的世界第二大文化产业大国。

日本政府高度重视文化产业,并形成了中央政府推动、地方政府和民间一起投入的机制。日本的各级地方政府从实践中认识到发展文化产业对振兴地方经济的重要作用,因而积极支持文化产业。

日本政府和学界认为,为了推进文化产业战略,首要的是日本人自己再认识、再评价"日本

---

① 2010年中国的国民经济总值已经超过日本,日本在世界排名第三。

的魅力"。因此,在发展文化产业中,十分强调上至总理大臣,下至平民百姓,不断地深化对日本文化的认识、感受和评价,从而形成展示"日本的魅力"的文化自觉和习惯,并借此推进支持"感性价值创造"的国民化活动。被称之为"日本的魅力"是指包括日本人的日常消费的生活方式和价值观、审美观,传统的文化、仪式、风俗习惯等。日本人自信日本是一个艺术、设计、内容、文化遗产、包括孕育衣食住等生活方式的文化因素与传统技术交织而成的文化资源大国。

(二) 培育"文化资源"发掘保护的社会环境

日本人自己重新认识和重新评价"日本的魅力"对发展文化产业是十分重要的,因为只有全社会深化对自己国家文化的认识,才能形成培育关心支持文化产业发展的社会基础和环境。如此,意味深长的传统文化的现代化运动,以不同的形态与命题出现了,如"寻找地方之宝运动""创造地方之华运动"等。本质上都是使日本自己传统民族优秀文化中的文化精神得以继承与发扬。

日本很重视文化遗产的保护。坚持认为文化遗产是全体国民珍贵的文化资源与财产,这一基本理念在日本深入人心,所以把文化传承人统称为(财产)"持有者"。日本通过对无形文化财保护的有关法律,建立了"人间国宝"等文化遗产保护制度,采取一系列的实际措施,如:出版有关非遗起源的系列民俗地图;每个社区都有相应的"地域文化振兴课程"等。值得一提的是,日本非常重视地区节庆祭祀等传统文化活动的继承,特别是群众的参与非常广泛。对振兴地区和地方文化,日本政府有明确的规定。比如,政府应支援地区文化活动,包括重新挖掘、振兴具有地方特色的文化遗产、民间艺术、传统工艺和祭祀活动等;制定长期规划,对具有地方特色的文化艺术提供综合援助;中央政府与地方政府联手举办全国规模的文化节。日本有 47 个都道府县以及众多的市町村等各级地方政府,他们充分认识到发展文化产业对于振兴地方经济的重要作用,并根据当地实际,举办各具特色的文化活动。京都、冲绳等地利用当地的文化资源和旅游资源优势,提出了文化立市、旅游立县的战略口号,都获得了良好回报。

二、理念和思路借鉴——日本"文化资源"的内发性开发理论

20 世纪 80 年代末日本著名经济学家宫本宪一教授提出了内发式发展理论。经过了 20 多年的探索及实践,这一理论得到了进一步完善,成为指导日本地域经济发展的重要理论,也使日本经济不断取得进步。崇明未来的建设可以借鉴。

(一) 文化振兴新视角——树立"文化资源"开发的内发性主体

内发性开发是指在地域建设中,由居民内部产生出来的构想和提案,某些提案也可经外部的诱导而产生,但这些提案的主体是当地的居民,或者决定城市乡镇建设方向的主体是居民。一个地区用自己的自然与文化资源推动城市乡镇建设计划,称为内发型。相反地,完全靠外界的帮助而进行的城市乡镇建设计划,则称为外发型。一般而言,大部分的城市建设计划都是在内发型与外发型计划的相互作用之下进行的。城市乡镇建设应以本地区的历史和风土紧密结

合的方式崛起。

通常,城市乡镇建设这场戏的导演(居民们)隐藏在错综复杂的问题中,真正的主题为何,常常不明确。此时,将许多问题加以整理,使主题明确化是当地行政部门的一项任务。提供建言、制造机会、暗示方向等,是担当副导演的行政任务,扮演引路人的角色,作为城市乡镇建设的引爆剂。当地的居民与行政部门成为内发的城市乡镇建设的两大支柱,彼此协调,携手共进。

简言之,这种"内发性开发"理论强调了当地居民是开发的主体,为当地居民建设美好生活是开发的主旨,在此基础上,充分吸收行政、专家、客人的外来指导。看上去,这种理论平凡无华,但很接近"人民是创造历史的主体"的唯物史观。实际上该理论解决了文化遗产的保护主体是当地居民的内在动力问题。崇明的开发的主题应该是崇明人。

(二)地方即历史、即个性——找准地方文化基因

任何地方都有各自的历史,以及祖先所建立,后人加以创新、继承的各种生活文化。每个地方的历史、生活文化都和人类各自的人格一样获得公众的认同,并受到保护,任何人都不可予以毁伤、揶揄,它具有"地方格"。"地方格"即"地方的个性",因此各地的城市乡镇建设的手段、内容、目的、方法、程序等便会因地而异。

城市乡镇建设无通解,无论对于任何地方,皆不存在高效率的普适性良方。城市乡镇营造方案的形成,仅存在于该地区内,因为地方即历史,即个性。乡镇设计的展开,是从调查自己居住的地方有哪些财产、特色开始的。首先要作地方的生活文化调查,所谓调查是指踏查(仔细踏遍地方,五官总动员,实地走访、调查)。无论任何一个地方都有丰富的自然资源、人类的智慧、生活的技术,以及借由这些所产生出来的各种事物。在调查中,找出"特色",再度认识地方的文化意蕴,是城市乡镇营造与设计的出发点。[①]崇明也应如此。

(三)"文化资源"活化的新载体——发展特色文化旅游业

笔者曾经考察过日本的藤岛町、中富町、今田町、三岛町、早川町等地,亲身经历了那些地方的地域振兴过程。如山梨县中富町,当地的成年人几乎人人都在尽心尽力为传承"西岛和纸"民俗工艺做贡献。日本人对传统工艺传承的重视,为地域振兴活性化和文化旅游业的发展带来源源不断的动力和创意。

福岛县三岛町地处于高寒山区,30年的工业化运动曾使人口大量流失,经济凋敝,地域文化传承遇到前所未有的困境。我的导师宫琦清教授为了帮助那里的人们重新找回地域发展的活力,到那里去了200多次,带领居民一起挖掘传统文化的珍宝。如今,经济效益提高了10倍,传统手工艺也得到了恢复,还建立了一个博物馆。传统的"冬之祭""工人祭"文化旅游活动吸引了众多国内外游客,蓬勃发展的地方文化旅游业和手工艺业的发展开始不断也吸引了年轻人重返故乡。

日本郊区5个町的昨天就是中国现代化的今天,有很大的相似性。因为相邻的城市实现了

[①] 本文宫崎清教授的论点据文集《人心之华》(台湾省手工业研究所千叶大学宫崎研究室编,1996年)归纳整理。

现代化,吸引了以年轻人为主的社会劳动力,5个町的人口都减少了60%以上,一度在日本引以为荣的地方工艺也濒于失传,后来在宫崎清教授等以内发性开发理论为地域振兴基础的研究学者的指导下,勇于发现自己的个性,即利用该地域在历史上形成的传统工艺发展文化产业和文化旅游业,使地域恢复了活力,人口也有所增加。

日本境港市仅4万人口,规模相当于上海的一个镇,该市在市政建设中以当地一组古老的民间传说——鬼太郎的故事作主题,渗透到居民的衣食住行,不仅整个城市建设(包括街道布局、城市公共雕塑、建筑风格、公园广场等)成了一个美丽的童话世界,而且预留了与鬼太郎相关民俗活动的文化空间,全城居民都成为本土文化资源的传承者、开发者,不但丰富了自己的精神生活,还吸引了大批海内外的游客,境港市成为国际旅游胜地。其文化设计实在精妙!

崇明应充分利用海上丝绸之路起源的文化故事性,开发丰富个性的旅游节目,与农家乐(渔家乐)互相配合,形成自己的特色和文化个性。

三、法律政策借鉴——日本"文化资源"保护的对策与措施

理论是实践的导向,制定法律法规和政策措施是保护文化资源、发展文化产业的根本保障。

(一)日本"文化资源"保护的法律制度

早在1950年日本颁布的《文化财保护法》中,就明确规定了日本文部省拥有认定和解除"人间国宝"的权限和程序。具体执行这一制度的是日本文部省下属的文化厅。

日本文部省的认定有三种:"个别认定"[①]"综合认定"及"团体认定"。在表演艺术领域实行"个人认定"和"综合认定";在工艺技术领域实行"个人认定"和"团体认定"。"人间国宝"只是针对日本国家给予"个别认定"的个人而言的,并不针对团体。"人间国宝"传承人与中国的国家级"非遗"项目传承人的性质相似,但数量比中国少得多,到目前为止,日本的"人间国宝"仅一百多人。因为在日本评选"人间国宝"很不易。文化厅从各地的申请者中挑选出候选人,交由文化审议会审议。审议通过后,由文部大臣批准再颁发认定书。而之前都道府县的文化部门每年为了争取自己所在地方独有的工艺、手艺、民艺能够得到"人间国宝"的认证,要准备一系列的材料,很多地方还成立了"人间国宝"的民间后援会。除了国家认定的"人间国宝"外,都道府县各地方还认定"无形文化财",规格上比国家级低一些,但都对地方传统民艺和工艺,起了保护作用。

日本法律规定:文化财产持有者同时也是文化财产的传承人,如果文化财产的持有者将自己的技艺密不传人,那么,无论他的技术有多高,都不会被政府指定为"人间国宝"或"重要无形文化财产的持有人"。这对无形文化财产的传承与保护起到了良好的促进作用。

日本法律规定:综合性无形文化遗产具有群体参与的属性,以群体传承为主要传承方式,如时令节庆活动、各种仪式活动等等。所有的无形民俗文化财都为各种保存会、研究会等集体组

---

① 个人认定,对体现高超的表演艺术或拥有高超工艺技艺的个人给予认定。

织所有,在这个领域里没有像"人间国宝"那样的个人认定称号,传承人不是个人而是群体。让当地拥有该文化的社团或群体做真正的主人,使生活在那里的人们产生真正的文化自觉性与自豪感,进行有组织有系统的保护,使无形文化遗产成为全社会的共同财富。在保护非物质文化遗产的巨大工程中,当地社团或族群才是传承的主体,而政府、企业及学者只能起到引导和参与的作用。

保护和利用好本辖区内的文化资源,对于发展和提高地方文化具有非常重要的意义,因此,它同时也是地方政府不可推卸的责任。根据《文化财保护法》和其他相关的法律法规,日本的都、道、府、县及市、町、村亦即各级地方公共团体(地方政府)在文化资源的保护与利用方面,同样肩负着一定的责任和义务。它们主要是:

1. 制定及改定各自地方的《文化遗产保护条例》。各级地方政府对于各自辖区内的文化遗产(除国家指定或选定的之外),可以通过制定保护条例予以指定,并实施必要的保护和活用。

2. 指定和选定本地重要的文化遗产(除国家指定的之外)。在日本,文化遗产的保护体系中,除了国家指定或选定的文化遗产之外,还有都、道、府、县或由市、町、村所分别指定的文化遗产。

3. 对于指定文化遗产的所有者,就文化遗产的管理、维修、公开等发出指示、劝告以及限制其现状的变更等。

4. 就指定文化遗产的管理、维修和公开,对其所有者或管理者进行补助。

5. 设置和运营旨在保护和公开文化遗产的地方公立设施,如各自地方的美术馆、博物馆、历史民俗资料馆等。

6. 通过社会教育和学校教育等多种方式,大力推进学习、爱护和传承文化遗产等方面的活动,推进以普通市民为对象的启发和普及活动,推进旨在保护和利用文化遗产的各种地方性的活动。

7. 作为国家指定的管理团体,对于由国家指定、选定及登录的文化遗产予以管理和维护,其中包括配合指定等进行基础性的调查、指导组织或培育无形民俗文化遗产的保护团体等。

据 2008 年的统计数据,日本全国所有的都道府县和 3 249 个市町村中 3 139 个市町村,亦即大约有 97% 的地方自治体均已制定了各自的"文化遗产保护条例"。根据这些保护条例,地方政府对各自辖区内的文化遗产积极地予以"指定""管理""维护"和"公开",同时还对文化遗产所有者的管理、维修和公开事业给予必要的经费补助。

(二) 日本"文化资源"保护的政策措施

根据 1975 年对《文化财保护法》的修订,日本在各都、道、府、县教育委员会内还设置了《文化遗产保护指导委员》,其职责主要就是巡回视察当地的文化遗产并给予细致的工作指导。一方面,国家的文化遗产保护工作往往需要落实在地方,甚至需要落实在具体的社区;另一方面,认真保护好各自辖区内的文化遗产,也被认为对于提高和发展地方文化具有非同寻常的意义,因此也是地方政府不可推卸和理所当然的责任。

政府、企业、市民、NPO(非营利组织)等多元主体共治,共同构建中央与地方、市民和谐共处的"分权型社会"成为日本上下的共识。尤其是1998年,日本颁布《特定非营利活动促进法》(以下称为NPO法)到2000年4月《地方分权通则》实施,日本迈出了向分权型社会迈进的坚实一步。例如横滨,2004年,由专家学者组成的"振兴文化艺术与旅游——再建城市中心倡议委员会"向市议会提出《构建创意都市横滨——文化艺术创意都市》的提案。2004年3月至2006年3月,将位于横滨市中心的两座已经废弃的古建筑(原第一银行总店和原富士银行)交予NPO管理运营,该NPO由"都市中心理事建筑文化艺术开发实验事业推进委员会"选出。通过了《影像文化都市》的提案,并为相关企业开辟了专属产业区。近年每年举办主题为"横滨EIZONE"的电影节。这样使"创意都市"与"地方分权"并举,充分发挥地方的自主性与创意性;垂直的"中央—地方"型规划整合手段让位于地方,NPO、市民等多元主体参与决策,从而激发了个性的创造力,使"创新"变成全体国民的事。[①]崇明要发展文化产业,需要重视文化体制与机制的改革,进一步发挥全体居民的文化创新活力。

四、发展模式借鉴——日本文化旅游业的发展模式

此外,日本能将文化资源与发展文化产业紧密结合,他们运行的一些具体模式值得崇明学习。

(一)官民连携投资模式

早在2005年,《日本品牌战略的推进 向世界宣传魅力日本》的报告书中提出:日本文化名牌构筑的四个基本理念是:自由的竞争,发挥日本人的能力和个性,传统与创造,从消费者角度出发。日本将政府的主要扶植方向定为—日本文化整体的海外推广。同时,在以数码影像、网络视讯等为载体的内容产业,重点明确,针对高投入、高风险(回报不确定)、关联度高(与其他产业)等特点,官民连携设立风险基金。截至2013年年底,政府(经济产业省)承诺出资计500亿日元,民间出资共计100亿日元,政府控股50%。"出资民企"几乎涵盖了文化产业,无论是上游的"广告""出版",还是下游的"玩具""零售""旅游"等产业,使日本第二产业"工业"有了向文化产业靠拢的机会,由此产生新的附加值。[②]

(二)文化旅游"整体宣传"模式

在重金打造海外推广项目的同时,对产业整体性的宣传以及对单一推广活动效率性的追求,使得日本政府将本土文化产业关联企业捆绑在一起。如从2007年开始,"综合文化节"就开始集合文化产业相关的各类企业,通过会展形式,强化日本文化产业整体形象。其中,较为知名的有"东京国际音乐市场""东京国际电影节""东京国际动漫节秋季展"等等。这类"综合文

[①] 程曦:《一边是传统;一边是先锋——日本文化产业振兴之路的经验研究》,《北方文学》2014年第5期。
[②] 袁畅、程曦:《不止动漫,日本文化产业的"COOL JAPAN(酷日本)战略"》,《环球市场信息导报》2014年第19期。

节"上,与"内容产业"(漫画、动画、人偶、影像、音乐等)更具关联度的时尚、设计等产业,聚集合拢、相辅相成;并设计单一主题,在主题下分设"市场"单元,既以"日本文化产业"为整体形象对外,又于现场设置商务空间方便厂商交流与交易。此外,日本政府还将驻外使领馆作为宣传阵地,外务省还在预算中特别设置使领馆在驻在国宣传日本文化的资金投入项目。[1]

(三) 文化旅游推进模式

2013年6月20日,日本旅游行政主管部门观光厅与经济产业省、日本贸易振兴机构(JETRO)、日本政府观光局(JNTO)四部门联合制定了《增加访日外国游客的共同计划》,提出建设"酷日本"形象吸引外国游客,结合"投资日本"活动推进观光立国,把日本建设成为人、技术和信息汇集的国际中转站。根据这个计划,通过各种渠道向外国游客大力宣传能够提升软实力的各种日本元素(如日本动漫、日本制造的知名商品、日本美食、自然风景以及日本时尚等)来吸引外国游客。日本贸易振兴机构则充分利用37个驻外分支机构,在世界各地展示日本质地精良的各种工业产品,努力宣传日本饮食文化、流行音乐等现代日本人的生活方式,免费发放由观光厅和日本政府观光局制作的旅游宣传手册,增强了日本文化吸引力和文化辐射力。[2]

(四) 国际旅游文化本土化模式

文化产业的重要组成部分之一是文化旅游业,日本巧妙地利用自己的本土文化资源,发展自己的文化旅游业。这里以东京迪士尼乐园本土化为例来说明这个问题。

笔者在东京迪士尼工作过一年多,曾亲身体验到:东京迪士尼最核心的价值是"魔法",从主题设计、建筑风格、经营理念、管理制度、员工培训等都围绕这个关键词展开,为所有来客打造了一个梦幻、欢乐、单纯、完全区别于现实生活的童话世界。但这个美国企业在日本国土上能够欣欣向荣的另外一个奥秘是很好地和本土文化融合在了一起,很多内容和主题都蕴含着丰富的日本民族本土文化的元素。我在东京迪士尼工作期间看到至少有5个场景有日本元素:

1. 东京迪士尼有一个"宠物小精灵中心",其实是一个动漫宠物玩具专卖店,里面有各种各样的动漫形象玩具。东京是动漫业集聚发展的中心。专卖店的动漫宠物形象不仅是日本电视剧、电影、游戏的主要角色,也是画报、书籍的主角。主人公大部分是日本人,吸引了世界各地的游客前来购买。

2. 在迪士尼的路上有身着日本传统服饰——和服的可爱的双胞胎在玩耍,游客会情不自禁地和他们嬉戏或者拍照留影。

3. 迪士尼的两个主角——米老鼠与唐老鸭,有时也会穿着地道的和服参加表演,如歌舞、花车表演等。

4. 东京迪士尼的许多建筑之间装上了套顶、长廊,以适应日本潮湿多雨的气候。

5. 东京迪士尼是美国迪士尼的两倍大,在它的主题乐园中开设了大面积的野餐区,这是日

---

[1] 袁畅、程曦:《不止动漫,日本文化产业的"COOL JAPAN(酷日本)战略"》,《环球市场信息导报》2014年第19期。
[2] 金春梅、凌强《文化软实力视角下的日本观光立国战略》,《世界地理研究》2014年第3期。

本人赏樱花养成的习俗,被迪士尼巧妙地引入园中。

由于本土元素采用得好,1983年开放的东京迪士尼接待的游客中97%是本国人。2001年9月日本投资方在东京迪士尼旁边又建起了一座海上迪士尼。如今迪士尼乐园在日本取得了空前的成功,实现了良好的经济效益和社会效益。2012年东京迪士尼乐园和海洋公园合计入园人数达到2750万人次,大地震、海啸都没有减少人数。

为了保持这个梦幻世界的生命力,东京迪士尼基本上每3个月就有一次内容上的更新,包括主题的变换、游乐设施的改造和新建,人们会看到很多为未来预留的空间和场景,这是对未来长期规划的一种表现。

现在上海浦东也在建造迪士尼乐园,崇明岛先民为海上漕运而发明的沙船已经成为了上海市标图案元素之一,其模型已经展示在人民广场地铁站。我们建议崇明可以考虑在上海迪士尼乐园推广崇明的文化成就,如可以建立一个海上丝绸之路专卖店,其中沙船模型也能进迪士尼乐园,扩大崇明的文化影响力。另外,在崇明本地的公园也应该展示沙船模型,或者建造模拟航海乐园、开辟沙船旅游线等。

五、结　语

日本"文化资源"大国战略,对崇明的启迪是:重新认识和评价扎根于地方传统文化的崇明"海上丝绸之路"文化资源价值,并通过文化资源发掘、文化旅游开发、文化政策推进,能够振兴地方经济,实现文化软实力大国目标。

(原载《上海文化》2014年第12期)

当代图书馆重要实践问题的理论探索
——公共图书馆与其他业态融合发展的思考

冯 佳

"倡导全民阅读,建设书香社会",既是丰富人们精神文化生活、提高科学文化素养的重要途径,也是统筹公共文化服务建设、推动经济社会全面发展的重要平台。随着《全民阅读促进条例(征求意见稿)》(以下简称《条例》)的公布,要求公共图书馆作为全民阅读设施,应与各级学校加强合作;同时,国家鼓励学校图书馆、科研机构图书馆及实体书店开展全民阅读服务活动;要求车站、机场、码头、游客中心、宾馆、银行、医院等公共服务机构和场所,以及公园、绿地等公共场所的管理单位根据自身条件,设立相应的全民阅读设施,为阅读提供便利。《条例》肯定了公共图书馆与学校、书店、车站、宾馆、银行、公园、绿地等其他业态共同作为传承文化使命和担当的践行者的地位,肯定了它们拥有智慧扩散、文化传播和知识供应等相同的任务。在此背景下,基于国内公共图书馆领域已有的一些卓有成效的探索,传统公共图书馆的功能、职责与使命会发生怎样的变化?公共图书馆是否终会与其他业态相融共生、创新共赢?值得探讨、思考与研究。

一、公共图书馆与其他业态融合发展的现实基础

始于2011年的国家公共文化服务体系示范区(项目)创建工作为公共图书馆与其他业态的融合发展提供了重要契机,并且伴随着中央一系列文化领域重要文件的相继出台,公共图书馆与其他业态的融合有了刺激并推动其发展的软环境。

(一) 公共图书馆现代治理助力实现融合发展

以党的十八届三中全会为标志,文化事业单位建立法人治理结构的现代治理方式已经由理论问题变为实践问题,它要求治理主体更加多元、治理结构更加开放包容、治理方式更加民主与法治。而公共图书馆与其他业态的融合发展,从本质上讲,就是在公共文化服务体系的框架内,在社会主体积极参与、公共图书馆专业协助的情况下,把政府直接向社会公众提供的一部分全民阅读的相关事项,交由具备良好资质和条件的社会主体去承担。可见,现代治理的理念作为有助于实现"小政府、大社会",有助于改变政府单一主体从事公共生产供给格局,从而缓解供给单一性与需求多样性之间深刻矛盾的有效举措,为公共图书馆与其他业态融合发展提供了机遇。

（二）社会力量参与公共文化服务推进融合发展

2015年初出台的中办、国办《关于加快构建现代公共文化服务体系的意见》（以下简称《意见》）中说："鼓励和引导社会力量参与。进一步简政放权，减少行政审批项目，吸引社会资本投入公共文化领域。建立健全政府向社会力量购买公共文化服务机制。"同年5月，国务院办公厅转发文化部、财政部、新闻出版广电总局、体育总局《关于做好政府向社会力量购买公共文化服务工作的意见》，重点部署了建立健全政府向社会力量购买公共文化服务机制等方面的内容。特别是《中华人民共和国公共文化服务保障法》的出台，再次明确了公共文化服务是由政府主导，社会力量参与的法律地位。在此背景下，全国多地积极探索尝试，通过鼓励和引导社会力量参与公共文化服务，打破了由政府及公共文化机构包办公共文化活动的固有体制框架，促使书店、宾馆、银行、咖啡馆等各种所有制形式主体积极介入全民阅读服务，有更多的社会力量主动参与到全民阅读等公共文化服务的提供过程中，有助于丰富以书为媒的公共文化活动内容并提升活动的质量，促进了公共图书馆与其他业态的融合发展。

（三）政府促进文化消费刺激融合发展

文化消费作为促进文化繁荣和经济社会发展的重要动力，两办《意见》也将培育和促进文化消费作为构建现代公共文化服务体系的重要内容纳入其中。明确了这一发展方向和思路，推动一些公共图书馆开始转变思路、突破传统，在兼顾政府立场的同时，尝试站在市场角度创新服务思维与模式，在提供基本的优质阅读产品和服务上动脑筋，积极开展与其他阅读提供主体的主动对接，以期带动阅读活动组织开展走向丰富，使阅读行业的上下链共生发展，推动全社会阅读兴趣显著提升，改善全社会文化消费结构，激发公众阅读文化消费热情，提高公众阅读文化消费水平，这也就必然刺激了公共图书馆与其他业态融合发展。

二、公共图书馆与其他业态融合发展的特点

在公共图书馆在与社会各主体合作开展全民阅读等公共文化服务的探索过程中，公共图书馆作为政府投入的公共文化机构，针对参与合作的性质不同的服务提供主体，理应守好自身底线，明确各自的职能定位，方能保证合作共赢局面的长效发展。

（一）公共图书馆担当主导

在现代治理的理念下，在公共图书馆与其他业态合作开展以书为媒的全民阅读活动中，虽然政府、社会组织机构、个人等不同主体之间形成了一种积极的合作关系，允许更多的社会主体以管理者、合作方等身份来承担公共责任，但仍应当明确，政府依然是社会公共管理功能和责任的承担者，强调馆本为体、社会为用的大原则。为此，公共图书馆作为公益性事业单位，其中心和主导地位毋庸置疑，并作为龙头，推动全社会全民阅读活动地开展。

如成立于2014年10月的苏州市全民阅读促进会，苏州图书馆作为其会长单位，负责通盘考虑并协调全市全民阅读服务的各参与主体，取得了良好的成效。由此也可以看出，公共图书馆

既要代表全民阅读活动服务提供主体利益,向政府主管部门反映行业诉求,为政府相关政策制定出台提供咨询建议;公共图书馆还应当通盘考虑公共文化服务体系的均衡布局,充分履行其对其他各服务提供主体在资源、人才、技术、服务、平台、管理等方面的专业指导职能,组织相应地培训、研讨等学习交流活动,并对其他各参与主体的相关服务工作进行评价、监管。

(二) 公共图书馆职能得以拓展

公共图书馆的职能在不同历史阶段,有不同的主导职能。传统上而言,学界普遍认可的是,目前,公共图书馆的社会职能包括:社会文献信息流整序、传递信息、开发智力资源与进行社会教育、搜集和保存文献遗产、消遣娱乐等多个职能。然而,在 WeChat 等信息通信技术飞速发展的今天,人际沟通与情感交流明显降低。在这一新的时代背景下,当全社会共同参与构建公共文化服务体系的同时,上述职能显然已不能囊括社会对当前公共图书馆的诉求。

公共图书馆已经在悄无声息间实现了社会职能地拓展,开始从传统的文献信息传递与获取等职能,开始向社会公共沟通、交流的功能延伸。公共图书馆为人与人之间进行精神文化交流搭建了丰富多彩的广阔平台,人们通过公共图书馆的服务增加了区域归属感。特别是公共图书馆与各类型社会主体共同构筑的社区分馆,正以其多样的活动形式、丰富的活动内容吸引着越来越多的社区群众参与其中,引领了社会教育,并引导公众向社会主流靠拢,推动了区域内的社会共识和共同关注。

(三) 运营资本来源众多

公共图书馆与其他业态的融合发展必然会改变传统上公共文化服务资金由政府提供的单一状况。一方面,包括全民阅读在内的公共文化服务需要依靠政府的资金支持,如苏州市、江阴市等地均将全民阅读活动经费纳入政府年度预算,以保证活动的持续性、长效性。另一方面,由于倡导社会主体的全面参与,除社会基金、个人与企业捐助外,深度参与其中的社会组织、企业等主体无疑会在参与过程中给予一定的人力、物力与资本的投入,如苏州新华书店每年拨付专款用于全民阅读资源采购、人员培训、采编外包等工作,仅 2015 年就拨付了 270 万元。全社会资本的支持成为政府公共文化资金投入的有益补充。

(四) 社会化管理多元一体

推动社会力量参与全民阅读的管理运营,在多元互动的全民阅读活动中发挥着不可替代的作用,能够有效弥补政府和市场的缺陷。这种方式充分整合了各方资源,使得包括公共图书馆在内的全社会阅读服务提供主体等各方资源实现了最优化配置,使人民群众最大程度地获益。在这种多元业态融合发展的背景下,公共图书馆服务体系的管理运营也开始随着产生变化,并逐渐开始适应这种新的发展格局。

当前,在国内探索公共图书馆与社会其他业态融合发展的实践中,较多采用的社会化运营管理模式主要有以下几种类型:一是政府购买服务项目。通过扩大政府购买服务,引导企业和社会力量参与全民阅读服务供给,逐步将部分全民阅读服务的职能归还、转移或委托给有相应能力的社会组织承担,进一步丰富全民阅读供给形式和内容。二是委托团队运营管理机构。探索全民阅读服务外包,重点吸引有经济实力、有专业能力、有服务品牌、有管理经验的各类社会团队参与全民阅读机构的管理外包竞争。三是选择阅读推广人。按照规范的政府采购程序,通过采取政府购买公益岗位的方式,推行阅读推广人专职岗位的购买,并根据合同约定的形式进行补助、监管、评估和验收,有效解决基层阅读推广人队伍难以稳定的问题。

(五)活动空间强调设计感

公共文化空间需要设计感,在多业态融合发展的过程中,公共图书馆及其服务点强化设计的趋势愈发明显。特别是近几年来,在"全面建成小康社会"的战略目标指引下,群众对公共文化的诉求不断提升,如何使公共阅读空间环境与建设小康社会的发展水平相适应,使公共阅读空间体现小而精,且在个性中彰显品质,成为各地实践探索公共文化发展中特别关注的问题。为此,各地专门聘请设计师进行公共阅读空间的室内设计,强调空间设计的高雅、清新,并因此吸引到越来越多的百姓放慢脚步、流连书海。如以上海市嘉定区图书馆、菊园新区文化体育服务中心、绿地嘉唐公司为联合运行主体,菊园新区社区党建服务中心、菊园新区成人(社区)学校、菊园新区社区志愿服务中心、菊园新区教育共建联盟等诸多社会主体共同参与管理运行的"我嘉书房",聘请专门的设计师,结合美式工业风,将"我嘉书房"打造成了简约朴素、吸睛指数颇高的高颜值24小时图书馆,广受群众欢迎。

三、公共图书馆在融合发展中的主要任务

综观全国,在与其他业态的融合发展中,公共图书馆如何才能提高全社会参与全民阅读等公共文化服务的积极性,推动全社会投入以书为媒活动的资本比重不断提高,笔者以为,需要从几个方面重点着手。

(一)推进阅读推广为主要内容的总分馆服务体系

2016年,中央"深改组"的重点工作任务之一即是以县级文化馆、图书馆为中心的总分馆制建设。2016年底,文化部、新闻出版广电总局、体育总局、发展改革委、财政部联合印发《关于推进县级文化馆图书馆总分馆制建设的指导意见》,以及2017年出台的《文化部"十三五"时期文化发展改革规划》《国务院关于印发"十三五"推进基本公共服务均等化规划的通知》等重要文件,无不推动公共图书馆总分馆服务体系向纵深发展。以此为契机,全国不少公共图书馆在着力推进县域总分馆服务体系建设的同时,还探索联合学校、书店、车站、宾馆、银行、车站、机场、码头、游客中心、宾馆、银行、医院、公园、绿地等全社会一切可以联合的力量,共同打造覆盖整个区域的总分馆阅读推广服务体系。

1. 建设城乡村居阅读服务体系。以现有农家书屋、居委阅览室、公共阅报栏等基层阅读点为基础,在尚无阅读点的村居,由当地县级公共图书馆发挥总馆职能,通过与当地政府各部门进行统筹协商、布点,设立基层阅读推广服务点,并采取统一装修、统一风格、统一编号的方式,将其纳入公共图书馆总分馆服务体系,进一步加强总分馆体系标准化建设,规范阅读服务,推动公共图书馆与

村居的深化互助与合作,形成连锁式的基层阅读服务体系,保障城乡居民的基本阅读权益。

2. 实现未成年人阅读服务体系。以县域范围内教育系统的幼儿园、中小学校为基础,由县域公共图书馆与教育机构进行合作,选择开展阅读活动基础较好的教育机构,设立与公共图书馆合作运营的延伸阅读服务点,定期组织开展学前儿童、中小学生经典诵读、阅读分享等活动,并将其纳入中小学校教育教学活动计划,由公共图书馆定期开展向低幼儿童、学龄前儿童、中小学生等未成年人推荐优秀出版物、影片、戏曲等工作,实现公共图书馆与教育系统合作构建未成年人阅读服务体系的目标。

3. 形成企事业单位职工阅读服务体系。以辖区范围内企事业机构工会团体的职工书屋为基础,公共图书馆主动与其进行对接,选取合适机构,设立企事业单位阅读推广服务点。通过积极配置阅读设施设备、配送各类阅读资源,实现资源的共建共享,并通过定期组织开展真人图书馆、吟诵会等丰富多彩的阅读活动,努力营造阅读文化,形成良好的企业文化氛围。

4. 推进旅游休闲阅读服务体系。以当地旅游景区、公园、绿地、历史文化街区、公共交通枢纽、银行、宾馆、商场、书店、咖啡店、花店等涉及旅游休闲商业或公共服务的机构设施为基础,由当地县域公共图书馆为牵头主体,与相关机构管理部门进行沟通协调,在上述机构内选取适当的位置设立阅读服务点,为其配置凸显地方历史、人文特色的各类阅读资源,使阅读成为日常习惯,使地域文化深入人心。

(二) 打造以书为媒的综合服务平台

公共文化的数字化建设是公共文化发展与时俱进的必然选择,也是促进公共文化服务均衡发展、普遍均等全覆盖的必然选择。以公共图书馆为主导和核心,全社会多主体共同参与的全民阅读公共文化活动,同样需要调动各方积极性,充分依托信息技术平台为其提供支撑。

1. 建立阅读推广综合服务平台。在公共图书馆数字化服务平台基础上,联合辖区范围内的教育机构、企事业单位、书店等,共同打造融阅读活动、图书购买、文创产品研发、线上线下互动反馈等为一体的全民阅读一站式服务平台,通过交互式网站的模块化建设管理,不断优化和完善顾客对阅读网络服务平台的体验,并为之提供线下线上互动、汇聚各类阅读需求与反馈的信息,提供阅读活动组织与支持服务,提供阅读活动菜单、订单式"一站式"服务,培养全社会对阅读与学习的热爱,使之成为全民文化素养提升的重要手段。

2. 做大做强公共数字图书馆。加强县域公共图书馆、特别是总馆建设,确立县级公共图书馆在全民阅读活动的中心地位,在统筹建设数字化资源过程中,公共图书馆不仅要完善自身服务平台建设,将管理和激励、资源建设和提供、活动开展和参与、培训和辅导、宣传和推广、评价和反馈等多系统、多功能进行集成,使公众能够通过多种网络终端便捷、高效地获取和享受图书馆的各项服务,更要为总分馆服务体系内的各类阅读服务点的数字化服务提供设施设备、资源、技术与专业协助与指导。

3. 夯实其他参与主体的优势地位。充分发挥阅读推广服务体系各参与主体的优势作用,如书店可以在读书会、新书发布、网络购书、试听影音等方面发挥前沿阵地的优势,宾馆、商场、咖啡店、花店、公园、绿地、历史文化街区等可以在生活沙龙、艺术品展示、创意集市、精致餐饮等阅读文化领域发挥自身特点,而教育机构则可重点围绕写作研讨开展活动。全社会围绕服务社会、增强公民阅读意识、为读者营造优良的阅读体验空间和氛围,与公共图书馆并肩携手,在推进全民阅读的过程中逐步发挥更大的作用。

(三) 拓宽阅读推广人队伍

2012年,深圳市举办了阅读推广人培训班,设立了"深圳市阅读推广人数据库",并出台了《深圳市阅读推广人管理办法》,成为国内首个组织阅读推广的政府,在国内具有开创意义。此后,苏州、上海、北京等地纷纷借鉴深圳成功经验,不断深化探索,以期通过一支有规模、有层次区分的阅读推广人队伍,推动阅读推广人的普及性和专业化相结合,实现阅读推广人队伍遍地开花,为全民阅读奠定了扎实的基础。

1. 培育阅读推广人。公共图书馆要主动发挥其专业素养和行业号召力,为全社会对阅读感兴趣、有意愿参与阅读推广活动的所有团体与个人,定期组织举办阅读推广人培训班,使阅读推广人不局限于公共图书馆从业者。比如:浦东图书馆,每年都会开设阅读推广人培训班。培训班针对阅读推广的理念、基本理论、实践技能、推广技巧等内容,聘请一批阅读推广能力突出、经验丰富的专家与学者,用理论与实践相结合的方式进行培训与考核。经培训合格后,颁布结业证书,持证者才有资格作为阅读推广人开展阅读推广活动。阅读推广人培训班无疑为阅读推广人队伍储备了大量专业人才。

2. 建立阅读推广人数据库。公共图书馆针对持有阅读推广人培训班结业证书,有时间和精力,乐于加入阅读推广人队伍的社会各类人群,在尊重个人意愿的基础上,将其个人信息录入地方阅读推广人数据库,并按照就近从便原则,根据活动需求,在公共图书馆的指导下,为入库的在地阅读推广人安排开展总分馆服务体系内的专、兼职阅读推广活动。

3. 激励阅读推广人队伍。在阅读推广人数据库中,建立相应的志愿服务活动电子台账,记录每位阅读推广人开展活动的服务对象、数量、活动内容、活动形式、服务成效等。在此基础上,借鉴互联网行业的相关做法,采用积分激励机制,通过积分累积方式,定期对阅读推广人进行考核,拥有高积分的年度优秀阅读推广人除获得精神奖励外,还将优先享受全民阅读各主体组织的各项活动、公共文化机构的各类展览和演出票券等各种形式的文化物质奖励。

(四) 促进阅读链条的文化消费

随着两办《意见》中明确提出"培育和促进文化消费",紧随其后,北京市政府正式印发《关于促进文化消费的意见》。文化消费在公共文化领域一时间引发热议,这也迫使公共图书馆在与全社会各主体合作过程中,不断寻求公共图书馆领域适宜培育和促进的文化消费之策。

1. 鼓励全社会参与全民阅读,扩大文化消费。为吸引公众连续性参与阅读活动,保证全民阅读活动持续推进,应由当地公共图书馆总馆牵头,提议地方政府每年拿出专项资金用于向社会发放含有一定金额的文化活动积分卡,全民阅读活动积分作为其中一项重要内容,依据参加活动的次数和时长,计算个人阅读总积分,该积分可用于抵消兑换文化消费产品和服务。这种由政府推动培育和促进文化消费的方式,必定会使全社会在参与全民阅读的过程中,逐渐催生出越来越多的文化消费群体,最终实现市场规律下的文化消费。

2. 支持阅读衍生品的研发。文创产品研发是当下热议的话题,特别是 2016 年 5 月,国务院办公厅转发了文化部、国家发展改革委、财政部、国家文物局等部门颁发的《关于推动文化文物单位文化创意产品开发的若干意见》,其中对推动图书馆等文化文物单位文化创意产品开发工作做出部署,引发了"国图旺店"(国家图书馆文创艺术品商店)的出现,越来越多的图书馆学人开始思考如何深度发掘公共图书馆馆藏资源,进行文化创意产品的研发。2017 年 1 月,中共中央办公厅、国务院办公厅又印发了《关于实施中华优秀传统文化传承发展工程的意见》,提出要充分发挥图书馆、文化馆、博物馆、群艺馆、美术馆等公共文化机构在传承发展中华优秀传统文化中的作用。通过活化公共图书馆馆藏资源,传播并宣传地方传统文化,成为传承发展传统优秀文化的重要手段。为此,政府应每年设立用于文化文物单位进行文创产品研发的专项经费,通过公共图书馆与书店、旅游景区、宾馆、交通枢纽等各阅读服务提供主体的合作,在保护知识产权的基础上,研发并推广阅读系列优质衍生产品,实现相互促进发展的多方共赢,用文化促进地方经济社会向前迈进。

四、引发的思考

上海、苏州、温州、无锡、扬州、台州、铜陵等国内在公共图书馆与新华书店、城市社区、旅游景点、咖啡店、花店、公共交通枢纽等机构合作的实践探索表明,我国公共阅读的趋势已然开始向政府与社会资本合作的模式转变,也即公共图书馆与各类社会主体进行合作,公共图书馆与其他业态融合发展已然成为一种新的趋势。在此背景下,在公共图书馆职能发生拓展的基础上,公共图书馆从业者的工作重点也将势必发生改变,从文献资源采编、流通、用户服务等工作内容开始向主动加强社会沟通与联系、社区服务等方向拓展,这必然会对公共图书馆工作人员提出更多、更高的要求。

在这种新的形势下,一方面,要通过多业态融合的新路径,创新发展,着力解决包括不少欠发达地区在内的公共图书馆依然面临的"门庭冷落车马稀"的现状;另一方面,也要注意避免在鼓励文化消费、促进阅读衍生品研发的浪潮中冲昏头脑,重新回到上世纪后半期公共图书馆以经营创收为目的的"以文养文"的老路上来。这就要求公共图书馆不能固步自封,要发挥自身传统优势,以弘扬优秀传统文化、创新各类服务手段为宗旨,既要寻求适合本地公共图书馆繁荣发展的转方式、调结构、提效能、扩影响的全新融合发展之道,也要防止政府在融合发展的过程中甩包袱。各级各类公共图书馆应以此为契机,努力增加"造血"功能,想方设法开展更具吸引力的多元服务,使其在全面推行全民阅读过程中切实发挥具有中流砥柱的龙头作用。

(原载《图书馆》2017 年第 12 期)

是枝裕和:"看见"看不见的力量

刘 春

1995年,33岁的是枝裕和拍摄了首部剧情长片《幻之光》,入围威尼斯国际电影节。影片讲述了多年以后妻子终于理解了丈夫毫无征兆突然自杀的弃世心绪,并和儿子一起在时光的流逝中慢慢融入新组成的家庭。《幻之光》里,青年是枝裕和对人物命运跌宕的探究、刹那心理的刻画都十分出彩,影片并未给出指向明确的价值评判,一切的发生都宛如夏日午后阳光下轻晃的树枝,情绪饱满又意义含混,日常生活中的普通点滴被赋予不可言说的神性光彩。饶有意味的是该片拍摄的缘起,恰为《但是……在福利削减的时代》这一是枝裕和执导的纪录片,其"以福利这个社会题材为切入口,将视角放在因丈夫自杀而服丧的妻子身上……与《幻之光》描述的主题相似"。[①]自此片始,命运、情感、自我与他人以及对社会问题的关注和剖析,成为了理解是枝裕和迄今所有影片的关键词。

"何为家庭"与社会弃民

2018年,是枝裕和新片《小偷家族》获戛纳国际电影节"最佳影片"金棕榈奖。这是今村昌平的《鳗鱼》之后,日本电影时隔21年戛纳再获殊荣,然而影片在日本国内却颇受争议。赞叹其艺术成就者有之,批评其"丑化""抹黑"日本,认为导演具有"反日"倾向的论调更大行其道。某种程度上可以说,是枝裕和的影片在日本国内的欢迎度远不及其在海外的追捧,是枝裕和甚至被某些日本观众认为是专拍电影节获奖作品的导演。[②]

诚然几大推崇艺术探索的欧洲国际电影节,是枝裕和多有斩获[③],这种被西方文化认可的跨文化传播,其意义远比范围更值得关注。如果说是枝裕和的影片因摒弃"造梦""美化",而太"贴

[①] [日]是枝裕和:《拍电影时我在想的事》,褚方叶译,南海出版公司,2018年,第7页。
[②] 开寅:《是枝裕和不就是一个温吞吞家庭剧导演吗?凭什么世界最高荣誉要给他?》,载《虹膜》(微信公众号),https://mp.weixin.qq.com/s/xs7kL9T0rRlkd5ftrVfjNg,2018年8月5日。
[③] 《距离》(2001)、《无人知晓》(2004)、《如父如子》(2013)、《海街日记》(2015)、《小偷家族》(2018)五部长片入围戛纳国际电影节主竞赛单元,《小偷家族》获金棕榈最佳影片奖、《如父如子》获评审团大奖。《幻之光》(1995)、《第三度嫌疑犯》(2017)入围威尼斯国际电影节主竞赛单元。《奇迹》(2011)获圣塞巴斯蒂安国际电影节最佳剧本奖。引自百度百科"是枝裕和",https://baike.baidu.com/item/是枝裕和/5118528? fr=aladdin#3。

近"日本社会普通人的平凡生活,揭露出身处其中却易被忽略的社会问题和庸常中人性的复杂深刻,令一些本国观众不适,正是其细腻展示的日本社会风貌、东方家庭伦理、日本都市文化,使得是枝裕和的电影作品成为了解当代日本的重要窗口之一。然而仅仅在民族/地域文化的层面讨论是枝裕和,显然忽略了影片"写实"面相中蕴含的深层寓意,尤其是他电影中的"家庭",对于当下全球普遍性的情感结构极为精准而深刻地表现。

《幻之光》后,是枝裕和也拍过《距离》《充气人偶》《花之武者》等命题之作或商业片,却从未停止对"家庭"这一核心意象的主题探索,并且在"何为家庭"的探讨中愈行愈远。2004 年影片《无人知晓》,改编自真实的社会新闻,讲述了被母亲遗弃的四个同母异父孩子,彼此支持艰难度日;2008 年《步履不停》(亦译〈横山家之味〉),以亲生父子、母女、母子、兄妹、再婚夫妻、继父与继子等亲人之间,情感混杂的疏离、误解、理解和伤痛、遗憾,描述了家庭成员间难以弥合的情感罅隙和隐藏心底的温情;2011 年影片《奇迹》,讲述了离婚后分属父母的兄弟二人,在家庭重聚的强烈希望中逐步接受分离的现实并走向不同的人生;2013 年影片《如父如子》,探讨对于抱错婴孩的家庭而言,面对血缘与随时间付出的感情之间的选择如何取舍;2015 年影片《海街日记》,同父异母的四姐妹,怀着彼此矛盾、迥异的价值观,带着成长中缺席父亲、自私母亲造成的伤害,在海边小镇的老宅构建温情女子宿舍;2015 年影片《比海更深》,讲述了身处中年危机的失意男子与寡居母亲、离异妻子、已归属前妻的亲生儿子,在台风来临之日,经历往日家庭温暖的回光返照;而到了 2018 年亦改编自社会新闻的影片《小偷家族》,以"家庭"的形式安妥精神和维持物质生活的成员,彼此已经毫无血缘关系。

不同于传统家庭的稳定结构,这些"流动着"的家庭,并非处于物理空间意义上的迁徙,而是其自身的组成带有某种程度的偶然性和临时性。绕有意味的是,这些家庭并未由于某个成员的缺失而失衡。一方面家庭成员的实质角色、责任,并非一成不变,总有他人填补"空缺"。例如《无人知晓》中的长子、《海街日记》中的长姐,就承担着家长的责任,《小偷家族》中的治和信代,实际拥有三代同堂中的中年父母身份;另一方面,家庭内部也会彼此分享一些共通的情感、记忆,尤其子一代与父一代虽有差异和隔阂,却无形中延续了某些家庭独有的食物、爱好、处世方式等,家庭内在的精神气质于一代代成员间流动。诚如是枝裕和所言,"不管你喜不喜欢,你都会继承一些父母的问题,这是我电影的主题。这种继承,有一些是你看得见,另一些是看不见……是潜在的"。[①]例如《海街日记》中的亲子关系——父亲移情别恋抛妻弃子重组家庭,长女痛恨第三者的同时交往已婚男友;女儿们谅解离开孩子追求个人幸福的母亲,母女分享用家中梅子自制的青梅酒。在此,是枝裕和想要探讨的正是残破的"家庭"形式之中,是否有什么被存留的珍贵的东西,即当"家庭"受到冲击甚至破裂时,是什么维系了成员间的情感和共处。虽然这种共处,是艰难、晦暗、前途不明的,但至少维持了眼前的平静。《如父如子》中,是枝裕和借

[①] 绒司:《对话是枝裕和:想象中的一幕,变成了电影中的场景》,载《深焦 Deep Focus》(微信公众号),http://blog.sina.com.cn/s/blog_160ddad5b0102x03i.html,2018 年 8 月 5 日。

影片中的母亲之口说出,"像不像什么的,只有没有感受到与孩子羁绊的男人,才会纠结于这种事情",表明比起血缘,共度的时光、付出和收获的情感,才是家庭维系的基石。《小偷家族》则进一步追问,是否可能建立超越血缘的新型家庭。

如同很多优秀作家终其一生都是书写同一部作品,是枝裕和的电影作品也继续着同一个母题。法国电影"新浪潮"的代表人物特吕弗,把电影的"作者"解释为,一个把某种真正个人的东西带进作品题材的人,[1]而是枝裕和带入这些处于流动状态的"家庭"的个人追问,正是孤独、自我甚至冷漠、自私的现代人,如何突破自我的藩篱与他人建立"羁绊"。电影《小偷家族》被普遍认为集以往作品之大成,其原因不仅在于影像风格、内容题材的相似,更在于导演对重建以"家庭"为表征的"共同体"的可能性这一主题的推进。是枝裕和在采访中表示:"通过这部电影,我重回了更广阔的视野——不仅探索了家庭的个体,而且探索了身处社会的家庭,以及小家庭与大社会的关系与摩擦。"[2]不再是血缘或法律意义上的家庭,《小偷家族》的成员组成,完全抛弃了主流家庭的构成形式;剧中主动或被动处于社会边缘的人们,或遭家人遗弃,或没有基本的社会福利保障,或失学或失业,都未与外界建立真正的联系。

正如当下日本流行的《下流社会:一个新社会阶层的出现》[3]等社会学著作所揭示,日本社会阶层固化的同时,带来部分群体的"向下流动",直至成为社会的弃民。激烈残酷的社会竞争,日益加剧的贫富差距,公司、工会、社团等集体从个人生活中的退场,以及"宅文化""丧文化"的大肆流行,都在加剧日本社会各种传统关系的瓦解。这一资本全球化时代既自由又衰退的历史图景,成为理解是枝裕和电影的关键所在。是枝裕和影片中的人物,多是经历过日本经济飞速发展和泡沫的一代,以及成长在经济衰退期的一代。在《小偷家族》的前一部作品《比海更深》中,是枝裕和已经开始着重讨论时代弃民或者说失败者的问题。《比海更深》中,弃民的失败即是家庭的失败,事业失败的男主角只能眼睁睁看着前妻的新男友,以成功学教导着自己的儿子"要争取打出本垒打哦";而在《小偷家族》中,是枝裕和充满挑战性地跳脱出了农业文明和资本主义文明所预设的"家庭"范畴,让弃民们超越以血缘为纽带的家庭结构,思考着一种全新的人与人在日常生活层面团结起来的可能性。

"日常生活"与"共同体"的重建

做饭、吃饭、闲谈、散步、洗澡等家庭日常生活场景,在是枝裕和的作品中高频出现,与之相配的是自然无痕、贴近生活的表演、布光和场面调度。这既是纪录片导演出身的是枝裕和所选

---

[1] [美]爱德华·巴斯科姆(Edward Buscomebe):《有关作者身份的一些概念》,王义国译,载杨远婴主编:《电影理论读本》,世界图书出版公司,2012年,第250页。
[2] 甘甘:《〈小偷家族〉贫穷和爱,不是是枝裕和拿下金棕榈的原因》,载《导演帮》(微信公众号),http://www.sohu.com/a/245160351_603734,2018年8月4日。
[3] [日]三浦展:《下流社会:一个新社会阶层的出现》,陆求实、戴铮译,上海译文出版社,2018年。

择的影像风格,也承载了他对现实主义的追求。现实主义电影倾向于探索日常生活潜流中,人们不易觉察、无处不在,充满弹性又改变缓慢、难以名状的力量。如若将这一力量的流动和产生,归结于民族性、社会伦理、地方风俗、传统文化等恐怕都有失偏颇。具体到是枝裕和的影片,导演对日本家庭日常生活的表现,即在于捕捉、再现这种因深陷其中而常常漠视却又被裹挟的能量,并探讨其在不同代际、价值冲突中何去何从。影片中以家庭日常生活为表相的现实主义,既为影片提供丰富细腻的肌理,也是一切意义生长的土壤。

德国电影理论家克拉考尔认为日常生活的瞬间,"启示了一个远比它们所推进的情节要表现的领域广泛得多的领域。这个领域可以说是绵亘在特定的故事内容的上层建筑底下的"。①意大利"新现实主义"代表编剧之一的柴伐梯尼,阐释"新现实主义"的社会学意义,即令观众看到自我之外的世界,"最平凡的小事件,都有一种意义,一种人性的、社会的、戏剧的意义,并且向我们提出了一些重大问题"。②是枝裕和的影片,很少从某个片中人物的视角出发,在宛如第三人的摄影镜头中,影片缓缓展开的叙述,正是由这些日常、平凡的细节组成。是枝裕和认为:"电影不是用来审判人的,导演不是上帝也不是法官。涉及一个坏蛋可能会令故事(世界)更易于理解,但是不这样做,反而能让观众将电影中的问题带入日常生活中去思考。"③颇见功力的是,密集琐碎的家常对话、波澜不惊的情节推进居然不显沉闷。从是枝裕和的影片中,我们得知能够传家的和服是要夹着纸张平铺收藏、临时工没有工伤赔偿、上世纪廉租房的小区布局、玉米天妇罗的做法……可大可小的日本社会真实面向,如同转动的万花筒,每一细微皆成一画。

日常生活是个体"看见"并身居其中的"自我"之外的世界,同时更为重要的,这也是个体和他人建立"羁绊"的载体。《小偷家族》中,家庭成员经济利益的互相利用之外,同一个浴缸泡澡、分享同一种食物、用偷来的鱼竿一起钓鱼、兄妹偷东西之前都会做的颇具仪式感的手指操等等,都是从身体到情感与他人建立联系的表征。男主角治(化名)给捡来的儿子取了自己的真实名字,更是对所建立"羁绊"的认可。现实主义记录风格冷峻的外表之下,隐藏着是枝裕和的深情;不设批判立场的叙述和灰色的现实、杂乱的环境中,蕴含着是枝裕和的宽容和理解。影片中的日常生活被赋予深度、诗意、美与超越庸常的光彩。

与以往单纯的现实主义作品不同,是枝裕和认为《小偷家族》的"现实主义底色中增加了寓言性这一特征"。④影片最后,女主角信代直面镜头(观众)。她与女警的对话否认"生了孩子就算母亲,每个孩子都需要亲生妈妈"的主流论调,表明如果没有由衷的情感和认可,得不到尊重和关爱,个人可以摆脱世俗关系中最牢不可破的血缘维系。对是枝裕和而言,这正是可以抛却的

---

① [德]齐格弗里德·克拉考尔:《物质现实的复原》,邵牧君译,载杨远婴主编:《电影理论读本》,世界图书出版公司,2012年,第209页。
② [法]亨利·阿杰尔(Henri Agel):《对现实主义的各种解释》,徐崇业译,杨远婴主编:《电影理论读本》,世界图书出版公司,2012年,第183页。
③ [日]是枝裕和:《拍电影时我在想的事》,褚方叶译,南海出版公司,2018年,第145页。
④ [日]是枝裕和、朱峰:《生命在银幕上流淌:从〈幻之光〉到〈小偷家族〉——是枝裕和对谈录》,《当代电影》2018年第7期。

外部因素，只有立足人与人内心形成的"羁绊"，才有重建"共同体"的可能。至于重建的"共同体"本身，影片中儿子祥太所朗读的李欧·李奥尼的童话《小黑鱼》即是象征——"共同体"的成员是如同小黑鱼一般被边缘和被欺凌的弱者，而建立"共同体"的目的则在于大家"不分开，一起保护自己的领地"。

被誉为片场脾气最好，看上去温文尔雅的是枝裕和，不乏温情与温暖的影片实则探讨了甚为沉重又具有未来感的问题——"家庭"这一古老的社会结构，在现代经济、人文、伦理的冲击中，如何应对并维系、安妥成员间的精神、情感；如何理解我们这个时代的弃民之生存尊严，以及弃民与他人的关系。是枝裕和的思考基本上囿于中产阶级文化内部，即在解构各种社会关系包括最坚固的血缘关系之外，相信日常生活的"本真性"，并围绕保卫日常生活展开人性的斗争。《小偷家族》中一个极具隐喻性细节"钓鱼"堪为表征。电影结束于"父子"二人以偷来的鱼竿去钓鱼，然而其实只是一场模拟的钓鱼，即作为弃民的父子对于中产阶级生活的模拟，事实上他们无力消费昂贵的鱼竿，也没有更为昂贵的闲暇。是枝裕和在影片中的处理，是将"钓鱼"本身抽象化，还原为先在于政治经济关系的——即不论是"买"还是"偷"——生活的本质。其中确实有令人感动的温情，但这种温情共同体，不得不说还是过于脆弱了，只是一种善良的信仰。

时代选择与中国导演的回应

《小偷家族》国内上映时，网友们曾戏谑地以《红灯记》的著名台词予以概括："爹不是你的亲爹，奶奶也不是你的亲奶奶"。戏谑之外不能遗忘的是，对于血缘家庭结构的挑战，早在是枝裕和出生前我们就有过尝试，也曾构想过一个别样的共同体。面对社会阶层分化凝滞、"弃民"离散，是否只能是在温情的人性中寻求慰藉？在资本全球化的负面效应愈发彰显的时代，是枝裕和以电影的方式提出了重要的问题，有助于激活真正的思索。正是这一具有普世意义的问题意识及其突破的力量，令是枝裕和成为时下讨论颇多的日本导演。

改革开放以来，中国影迷曾经迷恋岩井俊二迷茫残酷又清新美好的青春，也曾推崇北野武的叛逆、率真，时至今日同样讨论陌生人如何建立"羁绊"的新海诚和是枝裕和大受欢迎，不得不说是一种时代的选择。以《情书》为代表，岩井俊二以看似"他恋"实则"自恋"的青春故事，呈现了孤独的现代人的自我寓言[①]。这一主题无论在日本国内还是中国，都被许多青春商业片不断庸俗地复写。然而缺少了岩井俊二充满矛盾的深刻"反思"，在一个高度自我的时代，跟风之作对于青春的怀旧抑或伤悼似乎永无完结，且往往只能在"自我"的内部展开。主人公大多沉浸于自己的情感世界，哪怕身边的父母、师长、同学都面目模糊，无法真正进入他们的内心世界。《致青春》《小时代》《同桌的你》《匆匆那年》莫不如此；《花火》《奏鸣曲》等影片中，"个人"对于共同体的挣脱、对同质化状态的反抗和对秩序与规则的反思，构成了北野武影片的主题。而《那年夏

[①] 参见戴锦华：《精神分析的视野与现代人的自我寓言：〈情书〉》，载《电影批评》，北京大学出版社，2004年。

天,宁静的海》《菊次郎的夏天》《玩偶》等作品表达的温情和纯真,恰是一枚硬币的两面,与《花火》等影片体现的"暴力美学",同构了现代化过程中,个体对"自我"的寻找和期望;新海诚的《你的名字》,则借用青春片的情感外壳,以男女主角身体的互换、跨越时空的互助,以及最终突破界限建立的联系,预示了当下青年走出"二次元"壁垒,真正与他人产生互动的可能。

  沿着自我、个体、他人、共同体这一思维范式,同样处在现代化历程中面临类似挑战的中国导演,也用影像对身处时代中涌现出的包含是枝裕和提问在内的关键问题作出思考。贾樟柯曾坦言,《小武》的问世,受益于谢飞导演《本命年》、宁瀛导演《找乐》《民警故事》等影片的影响。[①]这些作品,不仅在影片的写实风格上有所突破,更为重要的是开启了银幕上意识形态讨论之外对普通人"日常生活"的回归。其后《一个都不能少》《和你在一起》《假装没感觉》《三峡好人》《落叶归根》,以及《钢的琴》《白日焰火》《八月》《黑处有什么》等影片都探讨了时代剧变中,当原有的价值体系、生活模式受到冲击,人与人的情感维系如何应对。近期颇受好评的《我不是药神》《找到你》《江湖儿女》等影片更是直接回应是枝裕和重建"共同体"的可能。《我不是药神》以对他人病苦和不幸遭遇的感同身受,完成对自我灵魂自私、狭隘的救赎;《找到你》以不同阶层女性对"母亲"这一共同身份的认同,帮助彼此实现自我的成长和完善,用"母爱"对抗阶级、资本、父权等带来的种种不公;《江湖儿女》则忠实地表达了当代中国"符号先于生活"的真相,以及现实生活中人们如何通过对于江湖、关帝、民间等"符号"创造性的挪用建立民间社区的"共同体"。是枝裕和的流行提醒我们,直指人心、回应时代真问题的文艺才是有效的文艺;就电影而言,如何创造性地重建电影与时代的关系,无疑是摆在有抱负的导演面前的挑战。

(原载《艺术广角》2019年第2期)

[①] 参见汪方华:《贾樟柯谈电影》,《电影评介》2000年第1期。

拉丁美洲中国文学传播现状与市场分析

张瑞燕

一、拉丁美洲文学对中国文学的影响

从文学角度来说,中国和拉丁美洲都是极其富饶的大陆,文学传统深厚,成就斐然,对人类文化传承的贡献举足轻重。拉丁美洲文学对中国当代文学影响巨大,译介开始得非常早。1921年,我国开始介绍和翻译拉美文学作品,当时被视为"被损害民族的文学"。目前我们能看到的最早专门介绍拉美文学的文章是发表于1921年2月《小说月报》上的《巴西文学家的一本小说》,作者茅盾。在《小说月报》的引言里,茅盾指出,虽然拉美文学同原宗主国西班牙和葡萄牙文学使用相同的文字,但和欧洲宗主国文学绝对不同,强调了拉美文学的自主性。"译介者翻译拉美文学的初衷不是被拉美文学灿烂成就所吸引,也不是想从中吸收能够影响中国文学创作的艺术经验,而是将那些文学作品作为拉美历史与社会现实的真实呈现引入。"[①]

在现代,拉美文学已进入中国读者的视野,但这种译介非常零星,而且几乎都是通过转译完成的。新中国成立以后,国家开设了西班牙语专业,培养了西班牙语人才,直接译自西班牙语的拉美文学汉译作品越来越多,20世纪50—70年代,杂志上开始出现拉美文学专辑,出版了各种拉美文学丛书、拉美文学史。大约出版了300种有关拉美的出版物,近80种文学类著作,涵盖了16个国家,总印数超过60万册,拉美丛书2种,文学史2种。纵观30年间的拉美文学汉译,译介最多的是被当作革命或进步作家的聂鲁达、马蒂、亚马多、纪廉等人的作品,反帝反殖民的题材占了多数,当代的、现实主义的作品占了绝对主流。20世纪60年代声誉鹊起的拉丁美洲文学,真正震动并影响中国文学创作界其实是80年代的事情。当时发表和出版的拉美文学作品数量大增,总共出版了130种,《外国文学》杂志上译介最多的依次马尔克斯、博尔赫斯、略萨。[②]拉美小说大家几乎都有了汉译本,拉美文学的转译现象日渐减少。20世纪80年代,由于 方面已有近30年历史的西语专业,培养了众多的西语人才,另一方面文学在80年代成为一种社会批判与启蒙力量而占据着社会的中心地位,作家、翻译家被视为"社会精英",此外又成立了专门的外国文学出版机构,出版渠道相对畅通,而且在社会上容易产生影响。因此很多人甚至将文学

[①②] 滕威:《拉美文学汉译史话》,《东方翻译》2010年第5期。

翻译当作自己真正的事业。一些在20世纪50—70年代出于政治原因不能翻译的西方当代文学经典,在80年代出版社都争相出版文学译本,虽然从数量上来看,拉美文学译介仍远远不能和欧洲文学相比,但对中国当代文学产生了直接而深刻的影响。某种程度上代表着80年代中国文学艺术水准的寻根文学和先锋文学在文学的民族性与世界性、文学与政治、文学与历史等问题的思考上,以及在语言、叙事、时空等方面,都不同程度受到拉美文学的影响。1982年,哥伦比亚作家加西亚·马尔克斯获得了诺贝尔文学奖,随之引发的拉美文学旋风席卷了整个中国。在中国文坛上掀起了一股学习马尔克斯创作方式的热潮。当时许多中国作家们深受马尔克斯的影响,他们似乎从马尔克斯的成功中看到了中国文学走向世界的希望。此后的二十余载,马尔克斯的作品和他的创作方式一直持续地启迪着中国本土作家们的创作以及叙事角度。中国多名著名作家,包括莫言、阿来、余华、残雪、麦家、徐则臣、陈忠实,等等,都公开表示自己的创作受到了拉美文学的影响。在《我与加西亚·马尔克斯:中国作家的秘密文本》这本书汇集了莫言、余华等众多名家、学者对加西亚·马尔克斯作品和本人评介的文章,莫言依据个人体会,从各个角度分析了加西亚·马尔克斯对中国现当代文学的巨大影响。[1]加西亚·马尔克斯的小说《百年孤独》是拉丁美洲魔幻现实主义文学的代表作品,反映了哥伦比亚乃至整个拉丁美洲风云变幻的历史。而中国当代作家陈忠实的小说《白鹿原》以陕西关中平原白鹿原为背景,细腻地描写出白姓和鹿姓两大家族祖孙三代的恩怨纷争及社会现实。魔幻现实主义的表现手法在两部作品中均有所体现和运用。[2]著名作家阿来应邀出访南美洲,谈到智利诗人聂鲁达诗歌对中国当地文学的深刻影响,他说"聂鲁达召唤我来到拉丁美洲",并承认自己曾深受到拉美文学的影响"我就是略萨笔下的阿尔贝托"。

20世纪50年代以来,从智利诗人聂鲁达、巴西作家亚马多、危地马拉作家阿斯图里亚斯等开始,尤其是拉丁美洲"文学爆炸"时期的作家作品,大量被译介到中国,至今已有50多位墨西哥作家被翻译成中文在中国出版,40多位巴西作家、30多位智利作家,连乌拉圭都有14位作家被译介到中国。智利作家波拉尼奥的《2666》中文版于2004年在中国出版,当年销售10万册,超过作品在整个拉丁美洲西语国家的销量总和。可以说,从20世纪20年代至今,尤其80年代以来,拉丁美洲文学对当代中国文学产生了深远而广泛的影响。

二、中国当代文学走向拉丁美洲

拉丁美洲文学曾经对中国当代文学的创作产生了深远的影响,在普通中国读者中接受度也很高,与此形成鲜明对比的是,虽然当代中国文学成就很高,已成为世界文学重要的组成部分(中国作家近年来频频获得国际文学大奖),但并不为拉丁美洲读者所了解。中国文学对于拉美

---

[1] 莫言:《我与加西亚·马尔克斯:中国作家的秘密文本》,华文出版社2014年版。
[2] 阎燕:《〈百年孤独〉与〈白鹿原〉中的魔幻现实主义比较》,《南风》2014年第5期。

读者距离太遥远，很多受过高等教育的学者、教授都说不出一部中国文学作品的完整名称。拉丁美洲西班牙语国家对中国文学译介和出版起步非常晚。直到近十年来，尤其是莫言获得诺贝尔文学奖之后，中国文学在拉美的译介和出版开始有了起色。中国当代文学在21世纪伊始加大了"走出去"的步伐。近几年来，随着各国文化交流活动日益繁盛，也因为2012年莫言获得诺贝尔奖等一系列突出成果的取得，中国和西语国家都更加主动地开展并进行着"走出去"和"引进来"的工作。2013年6月，习近平主席访问墨西哥期间，在奇琴伊察收到墨方赠送的由五洲传播出版社出版的西文版中国小说，包括《手机》《十爱》《中国当代短篇小说集》和《中国当代中篇小说集》。这些作品由墨西哥总统的首席中文翻译、墨西哥学院研究员丽莉亚娜女士赠送给中墨两国领导人。2015年李克强总理访问拉美时，莫言和麦家都带了他们的作品西文版随同访问。文学是一个民族的精神食粮，一个国家的文学水平是这个国家文明水平的重要表现。中国历史上文学精品多如繁星，当代文学伴随着中国改革大业的起步，也进入了新的创作时期。为了更好地推广和传播中国当代文化，孔子学院拉美中心设立了"中国作家讲坛"和"中国电影人拉美行"项目，近年来邀请了一系列当代中国知名的作家、诗人到访南美洲，与南美的读者观众进行面对面的交流，更好地促进了当代中国文学在南美洲大陆落地生根、开花结果。

2017年，应孔院拉美中心之邀，著名中国作家刘震云赴圣托马斯大学孔子学院主校区、伊基克校区、阿里卡校区做了题为"一句顶一万句：文学与电影对话"的讲座和座谈会。伊基克市市长索里亚、中国大使馆驻伊基克总领事陈平、圣托马斯大学伊基克校区校长埃切瓦利、阿里卡校区副校长托雷斯以及当地孔院师生、文学爱好者、华人华侨近300人参加了活动。刘震云和导演刘雨霖还参加了在智利前国会大厦总统厅举办的文学对话活动。智利国会议员艾尔文、国会议员兼国会图书馆副馆长比约塔、亚太政策研究中心主任卡尔沃、智利教育部外语教育司负责人卡丽娜、智利文协主席穆尼奥斯、中国驻智利大使馆参赞刘如涛、陈小鸥，以及当地其他作家、导演、孔子学院师生、文学爱好者及华人华侨200余人参加了活动。对话活动由圣地亚哥乌尔塔多大学比较文学教授费尔南多·佩雷斯博士主持。他从专业的文学和创作角度出发，向刘震云提出了关于其作品最显著特征、中拉文学以及中智文学的对比、中国古典文学对刘震云作品的影响和价值等问题。关于中拉文学的对比，刘震云指出，拉美文学具有浓厚的荒诞气质，而中国的《聊斋志异》就荒诞性来说有过之而无不及。他同时将智利诗人贡萨洛·罗哈斯和中国唐代诗人李商隐作了对比，指出尽管两人的诗歌所写内容不同，但是诗歌中浓厚的感情和时空穿越的写作手法非常相似。在谈论中国古典文学的价值时，刘震云认为中国的古典文学从《诗经》到《红楼梦》可谓博大精深，源远流长，写出了当时中华民族的生活面貌和情感经历。他进一步阐述道："就古典文学而论，全世界古典文学的价值就在于记录了现在已经不存在的人、事、情，让我们有机会了解民族的过去，这也是文学存在的重要意义之一。"

著名作家阿来也在2017年应邀出访南美洲，访问了智利天主教大学孔子学院，向50多名孔子学院的学生讲述了人们对陌生文化不断认知的过程以及自己创作《尘埃落定》的心路历程以及传统文化的发展问题。阿来指出，人们在对于陌生文化的认知过程是一个不断纠错的过程。

至今外界还对西藏存在很多误解。同样的错误也发生在对拉美的认识。事实都告诉人们由于历史和认知的局限,自认为先进的文化习惯对其他文化妖魔化、扭曲化,最终导致了文化隔阂。他表示,每个作家不应该人云亦云地写作,而是要努力地探寻自己对社会、历史的认识并在此基础上去创作。正如创作《尘埃落定》前,他曾深入西藏的各个角落去从心灵深处体会西藏的文化源头。此外,阿来还分享了自己对传统文化发展的观点。他说,传统文化不是也不应一成不变,正如汉字"化",表达的就是"变化"的意思。当整个世界都处于迅速的变化中,我们也应该鼓励传统文化顺势发展。这样才是活的、有生命力的文化。阿来所谈论的很多问题不仅是西藏是中国的问题,也是拉美共同的问题。阿来又来到印加文化的发源地——秘鲁,分别在秘鲁天主教大学孔子学院和秘鲁里卡多帕尔马大学孔子学院举办题为"我就是洛萨笔下的阿尔贝托"的文学讲座,与秘鲁大学生和文学爱好者一起分享自己对秘鲁著名作家、2010年诺贝尔文学奖获得者马里奥巴尔加斯略萨作品的认识和对中国传统文化的解读。阿来还从阿尔贝托的反思精神引申到中国圣贤孔子倡导的"见贤思齐""吾日三省吾身"等中国传统思想和文化内涵。阿来解释,中国传统的诗歌形式与当今社会的宽广和复杂不适应,虽然中国在新文化运动以后也开始一些自由诗歌的写作实验,但是历史依然很短。究竟什么样的方式才是真正的自由诗歌的方式,而且能够全面、宽广地表达现代社会?像聂鲁达这样的诗人,就提供了过去中国诗歌传统当中所不包含的经验。他承认年轻时深受智利诗人巴勃罗·聂鲁达影响。在阿来眼中,文学在世界人民之中是一个有最大公约数的沟通工具:"世界上有不同的国家和民族,他们的制度是如此的不同,有如此多的表面的差异,但是在我看来、在文学的眼光看来,人与人之间的差异远远小于他们的共同性。"①

在来到拉美之前,阿来的作品已经被世界各国的读者所熟知。代表作《尘埃落定》的中文版销售超过200万册,英文版在2003年被美国买走版权的时候,创下了15万美元的版权交易记录。《尘埃落定》在2003年就有了西班牙语译本,书名为"Las amapolas del emperador",不过早已售罄,孔子学院拉美中心的孙新堂主任费尽周折,才在阿来到智利之前拿到了两册旧书。在孙新堂的协调下,阿来的更多作品西文译本也正在翻译进行之中:他的短篇《月光下的银匠》计划收录到《人民文学》的外文杂志《路灯》的西班牙文版中;其长篇小说《蘑菇圈》已经交由墨西哥汉学家莉亚娜(Liljana Arsovska)翻译,计划2018年5月由中国的五洲出版社、智利的罗姆出版社(LOM)在北京和圣地亚哥同时出版。

今天,通过拉丁美洲孔子学院这样的重要机构,越来越多的中国作家、诗人和电影人、文化人正不断走向西语世界。他们开始有机会和远在拉美的读者、学者、研究者近距离地接触和交流,介绍他们的作品,比较中拉文化的异同,传播当代中华文化精神,同时也充分肯定和承认了拉美文学对20世纪80年代以来的中国先锋文学的影响。

---

① 安薪竹:《用文学搭建中拉沟通的桥梁——中国作家阿来得拉美之行》,《今日中国》2017年7月6日,http://www.chinatoday.com.cn/chinese/sz/news/201707/t20170706_800099866.html。

三、拉丁美洲孔子文化学院致力于打造中国文化传播品牌

2015年10月,习近平主席在全英孔子学院和孔子课堂年会上讲话时说:"孔子学院是世界认识中国的一个重要的平台。"设在智利的孔子学院拉丁美洲中心重点推介开发的中国当代文化传播项目有中国作家讲坛、中国电影人拉美行、"360度中国"等项目。孔子文化学院拉美中心首先推出了"中国文学讲坛"项目,先后邀请了韩少功、刘震云、张洁、阿来、方方、曹文轩、周大新、徐则臣、喻荣军、存文学、叶多多,诗人、严力、于坚、蓝蓝、西川、周瑟瑟、鲁若迪基、李成恩、健如风,导演丁荫楠、刘雨霖,汉学家白佩兰、马豪恩等中国当代最具影响力的作家、诗人、剧作家赴拉美和加勒比孔子学院,面向当地作家学者、大学师生、孔院学生、文学爱好者举办西班牙语作品发布、主题讲座、中拉作家对话等各类文学活动。"中国作家讲坛"项目经过两年多的不懈努力,已在拉美和加勒比孔子学院和拉美文艺界拥有广泛的知名度和影响力,成为当地孔子学院重要的高端文化项目。目前,墨西哥城国际诗歌节、尤卡坦国际书香节、麦德林国际诗歌节、智利圣地亚哥国际书展、至瓦尔迪维亚国际书展、阿根廷罗莎里奥国际诗歌节、阿根廷雷西斯滕西亚国际读书节均已成为孔子学院拉美中心"中国作家讲坛"项目的固定合作伙伴,每年加入项目的孔子学院和主动寻求合作的当地文学节、基金会等络绎不绝极大地促进了中国文学与拉美和加勒比文学的交流,创造了中国作家与拉美作家的对话平台,增强了孔子学院学生和当地民众对中国文学、中国文化以及当今中国国情的了解和认识,有效推动了"中国文化走出去"战略落地实施。在孔子文化学院拉美中心的协调下,2016年秘鲁天主教大学孔子学院与该大学戏剧学院共同把中国剧作家喻荣军的《乌合之众》用西班牙语搬上舞台,在利马上演30多场,不仅成为当地的文化盛事,该剧还获得了当年秘鲁戏剧最佳导演奖。2016年习近平主席访问秘鲁、出席APEC会议期间,秘鲁国家电视台专门还播出了这台中国话剧。2017年3月,拉美中心邀请作家方方访问墨西哥和古巴,由尤卡坦自治大学孔子学院促成方方小说《声音低回》在墨西哥出版。哈瓦那大学孔子学院协调方方访问古巴作家协会和古巴书局,就增进中古双方作家交流和联合翻译出版等项目达成具体协议,三部中国当代文学作品即将由古巴作协直属出版社出版。7月,诗人周瑟瑟受邀参加麦德林国际诗歌节,他的朗诵会场场座无虚席。拉美中心还联合美洲作家联盟、古巴作家协会、智利聂鲁达基金会等举办活动。通过邀请作家讲座交流、发布作品、推广中国当代文学,取得了广泛的社会影响力。继续致力于打造高质量的中拉人文交流品牌项目。

麦德林诗歌节是美洲最大的诗歌节、世界四大诗歌节之一,每年举办一届。麦德林国际诗歌节自1991年至今,一年一度的诗歌节已连续举办了27届,吸引了全球上千名诗人参与。该诗歌节获得了哥伦比亚政府、麦德林市政府、联合国教科文组织以及中国、荷兰等多国、多方面机构的支持。本届诗歌节共有来自46个国家的110名诗人参加130多场活动,为期一周。诗歌节组委会在麦德林市及附近城市的图书馆、剧院、学校、公园等公共场所设立分会场,举办形式各异的读诗会,有数千诗歌爱好者参与其中。北岛、于坚、舒婷等中国著名诗人参加过往届麦德林

国际诗歌节。2017 开幕式之前,诗歌节组委会举办了媒体和诗人见面会,有哥伦比亚《时代报》、埃菲社等十多家媒体参加。诗歌节组委会主席费尔南多·冉东先生(Fernando Rendón)亲自主持,表示本届诗歌节主题为"建设梦想之国",是对哥伦比亚刚刚签署的和平协议后的第一个大型盛会,是为哥伦比亚的集体祈福。开幕式上,孔子学院拉丁美洲中心执行主任孙新堂表示孔子学院将继续通过协调中国诗人来支持盛会。中国诗人代表周瑟瑟参加多场读诗会,与大家分享他的代表作《林中鸟》,以及《妈妈》《动物园》《父亲的灵魂》等 10 首作品。他与组委会指派的读诗人分别以汉语和西班牙语朗诵了诗作。周瑟瑟谈到中国新诗已经 100 年了,在古典与现代两个伟大的传统中获得的巨大成就,中国当代诗歌建立起了语言与精神的双重高度,他以《诗的怀抱》阐述了他对本届诗歌节主题的理解,他还朗诵了来麦德林当天创作的诗歌《用你的双手抱住胸口》。翻译家孙新堂同时举行一场中国新诗讲座。活动现场还有中国著名诗人吉狄马加的西班牙文诗集《火焰与词语》出售。诗歌节主席费尔南多·冉东(Fernando Rendón)、孔子学院拉丁美洲中心执行主任、翻译家孙新堂、哥伦比亚麦德林孔子学院院长黎妮女士,以及墨西哥、土耳其、美国、巴西等国诗人与周瑟瑟进行了深入交流。周瑟瑟介绍了中国当代诗歌的发展现状,了解了其他国家诗人的写作,并且与孙新堂共同推动中国与各国诗人的互相翻译和出版计划,决定编选出版《百年诗库》系列西班牙文版。同时将"卡丘·沃伦诗歌奖"与"栗山诗会"扩展为国际诗歌奖与国际诗会,从 2018 年起邀请国外诗人参加。此外,中国诗人周瑟瑟还参加了哥伦比亚波哥大塔德奥大学孔子学院在该大学图书馆举行的诗歌朗诵会,中国驻哥伦比亚大使馆文化参赞赵晓明、波哥大塔德奥大学孔子学院中方院长李四清与玛塔女士参加了当天的活动。周瑟瑟接受了哥伦比亚驻华原代理大使、波哥大塔德奥大学亚太观察中心主任、孔子学院外方院长老恩,哥伦比亚中部大学文学评论家等人的访谈,还与波哥大塔德奥大学孔子学院开展诗歌写作坊计划。

除了开展一系列重要的国际文学交流活动,孔子学院拉美中心还开展了"中国电影人拉美行",协调孔子学院放映中国当代电影,举办"中国电影展""中国电影周"等,并邀请中国导演前来与观众互动。著名导演谢飞在 2016 年来巴西、智利和秘鲁的孔子学院参加活动后,宣布把他的六部影片赠送给孔子学院作为影视教材,永久免费在孔子学院课堂使用。目前,孔子学院拉美中心正在开发"汉学家讲堂"项目,计划邀请拉丁美洲和世界各国的汉学家走进孔子学院,讲授汉学研究成果,激励孔子学院学生深入了解和研究中国文化。文明因交流而精彩,因互鉴而丰富。拉美孔子学院正在成为中拉交流和文明互鉴的重要桥梁和平台。①

四、拉丁美洲的中国文学作品译介工程

中国当代文学是中国最重要、影响力最大的文化标签之一。推广中国文学,可以在更高的

---

① 《中国诗人周瑟瑟参加拉美"中国作家讲坛"》,《中国诗歌网》2017 年 7 月 14 日,http://www.zgshige.com/c/2017-07-14/3811444.shtml。

层面推广中国文化,提高中国影响力,让世界了解当代中国。正如阿来在孔子学院拉美中演讲时所说:"中国在早期的中外文化交流中,中国文化极大程度上处于向内传播的状态,但是随着经济发展及孔子学院在世界范围内的开办,中国文化已经开始积极主动而且非常自信地走出去。"

中国文学翻译工程呈现出以下特点:

第一,拉丁美洲出版社主动推广的作家和作品。

除了莫言以外,一般是以政治色彩、猎奇、情色、畅销题材为主,作家多为海外华裔作家。比较例外的是麦家和刘慈欣(但卖点分别是中共情报系统和科幻)。麦家的《解密》西班牙文版在拉美销量7 000多册,在拉美是中国作家之最。刘慈欣的《三体》也比较畅销。都是由知名出版社推出(如《解密》是由西语国家最大的出版社行星出版社出版),宣传力度比较大。

第二,中国文学走出去战略下推广的作家和作品。

这类作品近几年译介和出版增速最快。中国作协、各地作协、新闻出版总局、各类出版社都推出了中国文学走出去项目资助,设计和开发西班牙语国家出版计划和项目,与拉美出版社合作翻译出版,可以说初见成效。很多项目逐渐在拉美落地。

1. 五洲传播出版社通过版权输出,在古巴出版了《手机》《中国当代中篇小说选》《我的丈夫溥仪》等。

2. 孔子学院依托当地大学出版社推动文学出版。墨西哥尤卡坦自治大学孔子学院推动了方方《声音低回》在墨西哥出版,智利的孔子学院推动了《路灯》(《人民文学》杂志)在智利出版。

3. 中图集团推动了李敬泽《飞鸟故事集》在智利出版。

4. 中国驻智利大使馆资助翻译了阿乙《下面我们该干些什么》在智利出版。

5. 湖北作协与古巴作协合作,推动了《湖北小说新作选》在古巴出版(计划2018年1月出版)。

6. 最成功的作家是刘震云,经长江文艺出版社推动,其《一句顶一万句》《我不是潘金莲》《我叫刘跃进》等多部作品译成西文,2017年在墨西哥出版。

第三,拉美汉学家和翻译家的译介。

拉美汉学家和翻译家从无到有,逐渐成长,根据自己的研究领域和专长进行译介,从零星状态渐成气候。比如,早在2002年,哥伦比亚诗人、翻译家Raúl Jaime在哥伦比亚翻译出版了蔡天新的诗作《古之裸》。墨西哥汉学家莉亚娜翻译出版了《生生不息——中国短篇小说选》《中国当代小说选》,墨西哥汉学家白佩兰也翻译过王蒙的作品,发表在杂志上,但未成书出版。阿根廷翻译家明雷翻译了《思维的国度——中国当代诗歌一百首》《当代中国短篇小说十篇》《卡他出塔的石头——于坚诗选》《孔乙己——鲁迅小说选》《夕光中的蝙蝠——西川诗选》《下面我们该干些什么》,分别在阿根廷和智利出版。阿根廷三名汉学家在阿根廷合作翻译出版了《回声与透明——中国古诗选》。古巴的汉学家近年也出版了中国古诗选集。

第四,拉美出版社对中国文学的关注度逐渐加大。

拉丁美洲的出版社多为私营和独立出版社,尤其是文学类、严肃出版社,开始关注中国文学,挖掘中国文学作品。比如墨西哥普埃布拉大学出版社 2016 年出版了中国当代文学作品集,墨西哥 Pasodelgato 出版社是一家专业戏剧文学出版社,希望出版中国剧作家喻荣军的作品。阿根廷 Todoslosmares 出版社希望出版中国当代诗歌,阿根廷 Páprika 出版社对中国青年作家感兴趣,等等。古巴特别值得一提的是两家出版社:一个是智利罗姆出版社,在孔子学院拉丁美洲中心推动下,罗姆出版社正在占领中国文学在拉美传播的高地。该出版社近年来连续出版了多部中国文学作品,包括《思维的国度——中国当代诗歌一百首》《当代中国短篇小说十篇》《孔乙己——鲁迅小说选》,编委会增加了中国文学专家,计划每年出版三到五部中国文学作品,面向拉丁美洲地区西语国家发行。《人民文学》杂志西班牙文版在智利落地,就是罗姆出版社出版,并面向整个拉美地区发行。另外一个是墨西哥二十一世纪出版社,从去年起专门设立中国项目编辑室,出版中国图书。目前主要出版了刘震云三部长篇小说。

第五,中国文学在拉美文学杂志上出境率增高。

除了中国文学图书在拉美出版外,中国文学作品在拉美的文学报刊上的出镜率也上升。墨西哥学院的《亚非研究》学术刊物 20 多年前不定期开始有中国当代文学译介,至今没有间断。墨西哥的《诗歌报》月刊 2016 年连续刊登了四位中国诗人的作品,2017 年刊登了四位诗人的作品。墨西哥《诗歌界》2016 年发表了诗人臧棣的作品。《剑与笔》杂志 2016 年刊登了韩少功的随笔。阿根廷《当代》杂志 2016 年发表了中国诗歌和文学评论。哥伦比亚《普罗米修斯》杂志每年都有多位中国诗人的身影。智利《语言文学研究》2016 年发表了智利著名作家 Jorge Guzmán 为周大新写的书评。智利 Punto Final 半月刊 2016 年发表了智利作家拉蒙·迪亚斯为中国作家写的四篇书评。

智利著名作家、前作家协会主席拉蒙·迪亚斯多次参与作家对话活动,并从此开始阅读中国当代文学作品,而且为阿来《尘埃落定》、麦家《解密》、韩少功《马桥词典》、刘震云《手机》、徐则臣《跑步穿过中关村》、于坚《卡他出塔的石头》等撰写书评,发表在他在当地媒体的文学专栏上,吸引了一大批读者关注和阅读中国当代文学。

总之,改革开放以来,随着中央政策的逐步放宽、国家经济的迅速崛起,我国的综合国力日益增强,国际影响力与日俱增。早在 21 世纪伊始,就有国际媒体称"21 世纪是中国发展的世纪",中国的优秀人才已经在各领域获得出色成果。尤其在文化方面,中国已经纷纷在文学、电影、音乐、美术等领域的国际性重大奖项中斩获桂冠。莫言获得诺贝尔文学奖后,拉美世界对中国当代文学的成就日益关注和重视,许多拉美翻译家、汉学家主动关心、翻译当代中国文学,拉美出版社、文学期刊加大了对中国文学的关注力度,这种主动交流的要求十分难能可贵。渴望更多接近、了解当代中国,希望通过阅读中国当代作家作品来观察和考量今日中国的变化,与中国保持更加密切的合作关系,这是拉美世界对中国当代文学翻译介绍从无到有,不断兴盛的内在原因。古往今来,古今中外,文学和政治无论如何都脱离不了关系。弱国无外交,而强国不仅有强权政治经济做后盾,还有大量丰富多彩的文化外交手段,文学翻译和交流是其中重要的一个手段。输出本国当代文化、先进文明和意识形态,进入和影响他国文化异质文明,这就是所谓文化软实力。为了增加中国文化的影响力,我国近年来也加大了中国当代文学主动"走出去"的步伐,各地作协组织了很多翻译项目,孔子文化学院也有系统的翻译工程,这些优秀的国家项目、翻译工程不同于原来在南美市场畅销的以谋取商业利益为目的的通俗文学,它们代表着当代中国文学创作领域几乎最高的水平。这种"请进来"和"走出去",被动和主动的文化输出和交流不断交织下去,中国当代文学作品将在那块产生了魔幻现实主义和众多文学大师的拉美文学大陆上不断繁衍生长,从而让更多的拉美人民通过这些优秀的中国文学作品了解真正的今日中国。

五、西语地区中国当代文学图书出版和被收藏情况

"西班牙语市场有 22 个讲西班牙语的国家,出版市场潜力无限。"[1]西班牙语市场很大,4.7 亿西班牙语母语使用者,加上第二语言的人数达到 5 亿。从企业角度看,西班牙和拉美平分了西班牙语市场份额,随着时间的推移,拉美西班牙语市场增速将比伊比利亚西班牙语市场更快更大,或将成为拉美重要的出版领域。西语大型出版集团有:行星集团(Grupoplaneta)、兰登书屋(Random House Mondadori),而 Santillana 集团和行星集团,并在拉丁美洲主要国家都设有办事处,在市场份额上占主导地位,也有规模小的,如迈阿密(Miami)的行星出版业。其次,Santillana 集团在美国非常活跃,有 3 个巨型企业,其控股呈多元化,如:媒体和教科书出版,是拉丁美洲的主要扮演者,此外还有墨西哥的传媒集团 Grupo Zeta,等等。当今呈现三个市场层面:首先是美国、墨西哥、加勒比和中美洲;第二是委内瑞拉和秘鲁;最后是阿根廷、智利和乌拉圭。可见公众阅读群之分散,跨越地理区域之广大,其中多数在省会城市,若不衡量其商业规模,任何类型的大型分配都非常困难。出版言论最多的群体来自墨西哥城、布宜诺斯艾利斯、洛杉矶和加利福尼亚州。[2]

毋庸置疑,图书出版是一个国家文化输出的重要组成部分之一。新世纪以来,越来越多的中国图书进入了外国出版界的视线。改革开放以来,随着中央政策的逐步放宽、国家经济的迅速崛起,我国的综合国力日益增强,国际影响力与日俱增。早在 21 世纪伊始,就有国际媒体称"21 世纪是中国发展的世纪",中国的优秀人才已经在各领域获得出色成果。尤其在文化方面,中国已经纷纷在文学、电影、音乐、美术等领域的国际性重大奖项中斩获桂冠。进入新世纪以来,西语地区对中国当代文学图书的翻译和出版工作较之前有了长足的发展,反映了我国出版社在助力中国当代文学对西班牙语地区"走出去"过程中的不懈努力。仅 2012 年举办的三大国际图书博览会上,中国图书版权输出数量就达 6 135 项,而 2011 年全年图书版权输出品种仅有 5 922 项。中方外方共同合作带来的是商业和文化交流领域的双赢。自 2012 年以来,五洲传

---

[1] 傅西平:《聚焦阿根廷出版业》,《出版参考》2015 年 9 月 20 日。
[2] 傅西平:《西班牙出版观察系列之一:西班牙语出版市场一瞥》,《出版参考》2007 年 12 月 5 日。

播出版社承担了新闻出版改革发展项目库项目"中国当代作家及作品海外推广（西班牙语地区）"，将包括了莫言、刘震云、麦家、周大新、迟子建、王蒙、王安忆等十几位茅盾文学奖得主的作品翻译成了西班牙文出版；向西班牙、墨西哥、古巴和阿根廷等国实现版权输出 21 项，不少作品都成为所在国出版的第一部中国当代文学作品。这是中国当代作家和文学作品第一次大规模、成系列地被翻译成西班牙语，呈现给西语地区的 4.72 亿读者，为外国读者认识中国社会的巨大变迁、了解中国人深层次的思想变化提供了丰富资源。

为分析我国当代文学图书在西语地区的传播现状，五洲传播出版社对以西班牙语为官方语言的 21 个国家和地区的国家图书馆和该国两所知名高等院校收藏中国当代文学图书的情况开展了详细的调研和分析。截至 2016 年 9 月 30 日，在收集到的 645 条有效书目信息中，从书籍出版地来看，排名前五位的国家依次是：西班牙、中国、墨西哥、阿根廷和哥伦比亚。在整个西语地区的文化出版界，无论是西语文学还是翻译文学，西班牙出版企业历来占有重要地位，在出版中国当代文学图书西语译本方面也是如此。从统计数据来看，各国图书馆收藏的相关图书中，西班牙出版社出版图书数量占总量的 73%。而值得注意的是，进入 21 世纪以来，中国不断加大开拓西语地区市场的步伐，使得由我国出版社推出的中国当代文学作品馆藏量持续增长。目前在总排名中位列第二，占总比重的 14%，比排名第三至第五位的墨西哥（6%）、阿根廷（4%）、哥伦比亚（2%）三国的总和还要多。而从出版社来看，五洲传播出版社在相关馆藏图书来源出版社中拔得头筹。被各国图书馆收藏的该社中国当代文学图书占全部中国出版社相关图书的 80%，而排名紧随其后的外文出版社、人民文学出版社和北京出版社相关图书占比及数量都仅为个位数。在五洲传播出社已出版的 32 种西语版中国当代文学作品中，25 种已经被收藏。另有一些图书馆选择收藏了同一本书由五洲输出版权的版本。如西班牙国家图书馆收藏了韩少功著、凯伊拉斯出版社出版的《爸爸爸》；智利国家图书馆收藏了何家弘著、大众出版社出版的《血之罪》。

2012 年 11 月莫言获得诺贝尔文学奖，在世界各地掀起了一股迫切了解中国当代文学的热潮，也大大鼓舞了中国作家、中国出版机构参与世界舞台的积极性。一方面，越来越多的外国人渴望通过阅读中国题材的出版物，进一步了解中国尤其是当代中国。而当代文学图书不仅丰富了国外主流图书市场为数不多的中国题材图书种类，打破了外国读者对中国印象仅停留在传统文化、中医保健、汉语教材的固有观念，还有效地把当代中国作家和他们的文学作品推向国外，扩大了中国文化的影响力。另一方面，西班牙语作为"世界第二大国际语言"，在世界文化舞台上具有鲜明的特点和强大的影响力。一些最终获得诺贝尔文学奖的非英语作品，都是先译成西班牙语并获得广泛认可之后，才得以进入诺奖评委的视野。西班牙及拉美地区出版社和图书馆对中国文学表现出的兴趣也证明了中国当代文学图书的推广在世界范围内具有极大潜力。

近年来，随着中国当代作家在国际上屡获大奖，在国内备受瞩目的知名作家如刘震云、麦家、毕飞宇等在西班牙语国家也逐渐享有盛誉。与作家的直接互动是缩短作家与读者距离的良好方式，可以有效地促进其作品在当地的传播。自 2012 年起，五洲社与西语地区最大的普拉内塔出版集团、墨西哥国立自治大学孔子学院合作开展"中国作家讲坛"（中国作家拉美行）系列活动,先后邀请陕西省作家协会书记雷涛、著名诗人蔡天新、于坚,著名作家刘震云、麦家、何家弘等,少数民族作家存文学和叶多多等在西班牙、墨西哥、古巴、阿根廷、哥斯达黎加举行多场交流活动。到场观众中既有当地著名的作家、汉学家,也有文学评论家;既有资深的研究者和出版界从业人员,也有热心文学的普通公众,他们纷纷表示对该社推出一大批西文版的当代文学作品表示支持和期待。连续四年的"中国作家讲坛"活动已经成为备受拉美汉学界关注的文学盛事。根据活动现场情况以及活动后的媒体报道和销量数据显示,新书发布会、与当地著名作家座谈、对话当地读者、朗诵会等形式的活动反响热烈、颇受欢迎。以 2014 年麦家的《解密》为例。这部作品由西语地区最大的出版集团——普拉内塔集团出版,首印 3 万册,创下中国作家在海外首印数的记录。麦家访问西班牙及拉美期间,在马德里和巴塞罗那分别举行了《解密》(Eldon)的图书介绍会。会上西班牙著名作家哈维尔·西耶拉(Javier Sierra)向读者介绍了麦家的作品,并分享了他阅读麦家作品的感想。在墨西哥国家美术宫,两位墨西哥作家哈根贝克(F.G.Haghenbeck)和贝尔纳多·费尔南德斯(Bernardo Fernández)在麦家《解密》介绍会上都表示了对麦家的喜爱,并将他的写作与马尔克斯的《百年孤独》类比。在阿根廷的麦家《解密》介绍会上,阿根廷作协主席和博尔赫斯生前秘书更是将麦家与阿根廷的文学英雄博尔赫斯分析对比,将他们的写作高度和追求画上等号。这次三个国家的巡回宣传,不仅获得了媒体的广泛关注,也得到了大量读者的追捧。每到一处所做的介绍会,都吸引了百余位读者到场。其中在墨西哥国家美术宫的图书介绍会,更是吸引了 400 多位业内专家及读者,让原本 350 人的场地座无虚席,还有很多人站满了过道。每一场活动都得到了读者热烈的掌声,活动过后的签售会持续一个小时之久。在包括西班牙最大连锁商店"El Corte Inglés"、最著名的"Casadel Libro"书店,墨西哥最美最大书店潘多拉书店,阿根廷最大连锁书店雅典人书店在内的所有大小书店里都能看到《解密》的码堆,而且都被精心安排在了书店最重要最显眼的位置。这与中国当代图书很少在国外大众书店上架、被放在学术性图书馆角落的境遇大不相同,让海外的读者能够在第一时间看到相关作品,使中国文学真正的"走出去"迈出了重要的一步。在阿根廷,该书上市不到一个月,媒体还未正式宣传之前,阿根廷的《解密》已经卖出了 4 000 册,当月《解密》销量便跃居综合图书排行榜第二和文学排行榜第一。麦家也因其作品《解密》的西文版,一举成为西班牙语文学市场上一个崭新的"中国符号"。

  五洲出版社还不断借助西语版新媒体平台实现有效数字传播,项目实施期间,五洲社自主开发了 that's book 西文版电子商务网站和客户端(android 和 ios 系统),将数百种中国主题西文图书转码上线,目前已经打造成为国内最大的西文版数字内容平台。that's books 西文客户端得到了拉美地区第二大内容分发平台 mobogenie 的青睐,目前正在完成进驻的相关程序。而且,that's books 西语平台还得到来自墨西哥出版商协会的积极肯定,正与其协会成员洽谈西语数字内容的授权合作。此外,墨西哥和智利的电信运营商也对 that's books 西语客户端表示极大的兴趣。值得一提的是,五洲社的西语数字平台还与华为等中国品牌在海外的发展战略相契合,华为看重五洲已整合的本土图书资源,以及目前已经开发的西语数字平台,双方目前已经签订了合作协议。

五洲传播出版社出版的"中国当代文学精选"西班牙语版本概览

序号	书 名	作 者	序号	书 名	作 者
1	师父越来越幽默	莫 言	17	古 船	张 炜
2	手 机	刘震云	18	黄花绣	刘庆邦
3	我不是潘金莲	刘震云	19	血之罪	何家弘
4	温故一九四二	刘震云	20	人生黑洞	何家弘
5	银 饰	周大新	21	十 爱	张悦然
6	安 魂	周大新	22	碧洛雪山	存文学
7	解 密	麦 家	23	拉祜女子生活日记	叶多多
8	暗 算	麦 家	24	快跑！妈妈牛	曹保印
9	小城之恋	王安忆	25	我的丈夫溥仪	王庆祥、李淑贤
10	荒山之恋	王安忆	26	末代太监孙耀庭	贾英华
11	锦绣谷之恋	王安忆	27	卡塔出他的石头	于 坚
12	额尔古纳河右岸	迟子建	28	顾城诗选	顾 城
13	跑步通过中关村	徐则臣	29	蔡天新诗选	蔡天新
14	青 衣	毕飞宇	30	陕西作家短篇小说选	陈忠实、贾平凹、路遥、叶广岑等20人
15	爸爸爸	韩少功	31	中国当代中篇小说选	蒋韵、晓航、王十月
16	我与地坛	史铁生	32	中国当代短篇小说集	王蒙、毕飞宇、苏童、张抗抗、阿来等

从市场调查和分析来看，目前拉美关于中国的图书，卖的最好的还是关于风水、中国生肖、美食等类书籍。但中国儿童文学和绘画书籍也在吸引着拉美出版社的目光，智利、阿根廷等有出版社对中国儿童绘画故事表示出兴趣和版权引进意愿。总体来看，中国当代文学走向西语地区的时间还比较短，西语读者对中国还不够了解，但开拓西语地区文学图书市场所能带来的社会效益和长期经济效益，已经引起了政府和越来越多出版企业的重视。五洲传播出版社实施的"中国当代作家及作品海外推广（西班牙语地区）"项目为新闻出版改革发展项目库入库项目，已得到财政部文化产业发展专项资金的资助。2016年该项目还入选国家首批35个新闻出版产业示范项目。综观目前西语地区国家图书馆和高校图书馆收藏中国当代文学图书的现状，五洲社的调查认为相关图书的西语市场具有良好的发展前景，五洲社积极开拓该地区市场的正确战略为中国当代文学走向世界积累了宝贵的经验，也鼓舞了中国出版业"走出去"的信心。高端的文学作品市场需要慢慢培养，目前趋势较好，前景乐观，但仍需要中国相关部门进行资金投入来推动（比如资助翻译、印刷等等），需要像国内"精准扶贫"一样，对拉美出版社及其中国出版项目进行点对点资助，省去中间环节，这样才能竞争激烈的西班牙语拉美区赢得更多的市场份额和文化空间。

六、结　语

中国古代文明曾经辉煌灿烂，经过长达几个世纪的不断传播和输出，中华古典文化的核心价值和经典之作已为世界各国人民所了解和熟知，但改革开放以来中国当代文化的最新成就，当代文学的成果显然还未被充分认知和广泛传播，当代文学的很多经典之作还停留在向内的传播上，未能及时走出国门，影响世界。拉丁美洲作为西班牙语的主要使用地区，未来市场潜力十分巨大，将是中华当代文化对外交流传播的重要区域。拉丁美洲文学从20世纪20年代被译介到中国，80年代拉美文学风暴影响了一代中国作家的文学创作，至今已对中国文学产生了深远的影响。而当代中国文学、文化在拉美地区的传播、推广，由于种种原因比较滞后，但在拉美孔子学院、五洲传播出版社这些重要机构的努力推广下，已有和将有更多的中国当代作家作品被系统翻译、研究、介绍到拉美国家，中国文学将会被越来越多的拉美人民所了解、接受和喜爱。中国当代文化、文学不仅通过将拉美文学"请进来"，也将通过"走出去"的主动交流在南美大陆不断生发影响。中国当代文学、中华当代文明将会和拉美当代文化文学一起在这双向传播之中得到双赢。

（原载《上海文化交流发展报告2018》，上海人民出版社2018年版）

美国大都会艺术博物馆的多元投入机制研究

钱泽红

一、大都会博物馆创建的初衷

早在1866年,一群美国社会的精英人士就动议创建一座博物馆,当时,美国著名律师约翰·杰伊宣称:"对美国人来说,目前已进入为创建国家公共机构和艺术博物馆打基础的时代。"①杰伊在出任美国联合同盟俱乐部主席之后,便开始着手创立一家独立于政府之外的艺术机构。

1870年1月,首届博物馆董事会成立,27名董事包括实业家、金融家、律师、政府官员、作家、建筑家以及职业艺术家,董事长由铁路公司经理、艺术收藏家泰勒·约翰斯顿出任。这群人同属于纽约新教徒中的社会精英,他们共同的特点是崇尚欧洲文化,对社会抱有使命感,怀着提高国民教育水平和道德水平、实现社会改良的愿望,相信文化艺术有利于推动社会进步,将出任博物馆董事视为体现公共服务精神的最佳途径。

1870年4月13日,纽约立法局投票通过法案,同意成立以"大都会艺术博物馆"为名的组织机构,随即制定了组织机构章程,明确其宗旨是基于在纽约建立和保护艺术博物馆的目的,"鼓励并推动美术研究、艺术生产及其在实际生活中的应用,普及艺术相关知识,进而向公众提供艺术指导和娱乐"。②自此博物馆正式成立。

决定创建大都会艺术博物馆的目的是公共教育。约瑟夫·乔特在1872年2月大都会博物馆开幕礼致辞中强调,大都会博物馆创建的目的在于"或多或少收集一套体现艺术史的藏品,包括从最早时期至今的所有门类。这些藏品不仅应给人指导、娱乐,还应以最高知识水平的形式和色彩,向各行各业的研究者和工匠展示过去取得的成就,供其模仿和超越"。③在博物馆1873年的年度报告中明确表示:"董事们铭记于心的是公共教育和在我国培育高标准的艺术品位。"④

---

① [美]卡尔文·汤姆金斯著,张建新译《商人与收藏:大都会艺术博物馆创建记》,南京:译林出版社,2014年5月第1版,第21—22页。

② [美]卡尔文·汤姆金斯著,张建新译《商人与收藏:大都会艺术博物馆创建记》,南京:译林出版社,2014年5月第1版,第27页。

③ [美]卡尔文·汤姆金斯著,张建新译《商人与收藏:大都会艺术博物馆创建记》,南京:译林出版社,2014年5月第1版,第16页。

④ [美]卡尔文·汤姆金斯著,张建新译《商人与收藏:大都会艺术博物馆创建记》,南京:译林出版社,2014年5月第1版,第35页。

到1876年,博物馆年度报告中自豪地宣称:"作为公民教育机构,今天的博物馆已超越了大都市的所有大学、学院或神学院。"①

二、大都会艺术博物馆的基本运营模式

大都会艺术博物馆在成立之际没有藏品,也没有收藏和展示藏品的场馆。为筹集博物馆经费,董事会首先发起了向纽约市民筹款的活动,筹款目标为25万美元。首任董事长约翰斯顿设计了三级会员制:赞助人的标准是1 000美元;永久会员500美元;终身会员200美元。但筹款活动第二年以失败告终——社会名流和市民们拒绝捐助,他们普遍认为,没有国家和政府的大力支持,博物馆的生存几率极小。公募集资的失败,迫使大都会艺术博物馆董事会改变筹款模式,要求董事们自掏腰包,慷慨解囊——每位董事至少认捐1 000美元。这笔捐款,为博物馆建设提供了第一笔资金。

在筹款的同时,董事会还就博物馆场馆建设问题与纽约市政府进行沟通,一方面,董事们不希望政府干预博物馆的管理;另一方面,又希望市政府在土地和财政资助馆舍建设方面给予支持。经过复杂的谈判,1871年4月,州立法局通过法案,授权中央公园委员会"在中央公园树立、建立、经营和维持……一个艺术博物馆和美术馆,为艺术提供必要的机构、装备和设施"。②大都会艺术博物馆落户位于纽约郊区的中央公园。根据法案规定,"拨款50万美元建立一座建筑物,其所有权属于本市,其容纳物——艺术藏品,属于博物馆董事并由他们支配。"③自此政府与董事会对博物馆资产的所有权归属问题得到清晰的界定,即纽约市政府拥有大都会艺术博物馆建筑及所占用土地的所有权,而博物馆董事会拥有对博物馆藏品的所有权。

在收藏方面,大都会艺术博物馆开始广泛征集艺术品,其征集艺术品的主要方式是接受捐赠和董事会出资购买。1872年2月20日,博物馆临时展馆开始对公众开放。在1873年的《年度报告》里,大都会艺术博物馆宣称:"博物馆创建工作已经完成,作为美国的主要艺术类博物馆,其未来的持续发展已确信无疑。"大都会艺术博物馆的创建,在很大程度上得益于纽约富裕阶层的个人捐赠。董事会通过向全社会公开募集和接受赠予的方式,为博物馆征集到大批资金和藏品。

这家博物馆的性质是一间私人公司。在1885年博物馆副董事长威廉·柯珀·普莱姆给董事长约翰斯顿的信件中宣称:"目前,公众认为大都会博物馆是一家公共机构,公众对其管理具有发言权;一定要使公众认识到大都会博物馆是一家私人机构……必须使公众明白拥有和支撑大都会博物馆的是我们而不是他们(政府),是我们在以纯粹慈善的方式让大都会博物馆服务于

---

① [美]卡尔文·汤姆金斯著,张建新译《商人与收藏:大都会艺术博物馆创建记》,南京:译林出版社,2014年5月第1版,第37页。

②③ [美]南希·艾因瑞恩胡弗著、金眉译《美国艺术博物馆》,长沙:湖南美术出版社2007年第1版,第34页。

公共教育。"①这段文字清晰地显示了大都会艺术博物馆非政府、非营利、独立经营以服务社会的属性,"大都会"名称虽然是博物馆,但实质是一个由私人董事会创建、筹集资金、管理以维持运营的公司,它创立的时候如此,一直到今天仍然如此。对于大都会艺术博物馆而言,它的基本运营模式是吸收来自全社会的资金,用于博物馆的建设和发展。

三、大都会艺术博物馆投入机制的构成及影响

大都会艺术博物馆是由一群社会精英创办,采用非营利模式经营的艺术慈善机构。大都会艺术博物馆的投入机制,是美国艺术类博物馆颇具代表性的投入模式之一,它体现了多元社会力量的参与,大都会艺术博物馆投入模式的构成主要包括政府、社会富裕阶层和公众三个方面。

1. 政府财政资助及相关政策支持

大都会艺术博物馆从政府方面获得的资助来自纽约市政府和联邦政府。其中,纽约市政府主要为馆舍的建设和日常基本运营提供财政拨款支持。纽约市政府对大都会艺术博物馆财政拨款始于1873年,当时市政府同意每年给大都会艺术博物馆财政拨款3万美元,用于支付馆舍运营费用。此后,财政拨款逐步增加,1893年,来自政府的财政拨款为7万美元;②1904年提高到15万美元;1913年,政府拨款达到20万美元。③

进入20世纪,大都会艺术博物馆获得空前发展,藏品数量大幅增加,博物馆规模急剧膨胀,而政府的财政拨款额度虽然不断增加,但在博物馆运营投入中所占的比例却在下降。1954年,博物馆董事会接受了纽约市政府的新合作规则。根据此项规则,"对于大都会博物馆的基建和翻修工程,市政府的出资将不会超过总费用的一半,市政府不会为博物馆任何布展项目掏钱。同时,市政府不到100万美元的拨款份额不能纳入大都会博物馆任何一年的年度基建预算,这意味着博物馆不得不将长期重建项目分割成几个阶段并逐段实施。大都会博物馆1954年完成的整修属于第一阶段,共耗资960万美元,市政府出资不到三分之一"。④到2014年度,在大都会艺术博物馆的运营收入中,政府拨款为2 600万美元,分为两部分,一部分是公共事业经费,用以保障博物馆基本运营;另一部分用以支付场馆的安保和维护,这两部分共计占博物馆运营投入总额的10%,⑤纽约市政府的财政拨款,在大都会艺术博物馆的运营中,起到"托底"的作用,即保证博物馆可以开放,但不对具体的文化项目、文化服务提供支持。

---

① 见[美]卡尔文·汤姆金斯著,张建新译《商人与收藏:大都会艺术博物馆创建记》,南京:译林出版社,2014年5月第1版,第64页。

② 见[美]卡尔文·汤姆金斯著,张建新译《商人与收藏:大都会艺术博物馆创建记》,南京:译林出版社,2014年5月第1版,第162页。

③ [美]南希·艾因瑞恩胡弗著,金眉译《美国艺术博物馆》,长沙:湖南美术出版社2007年第1版,第45页。

④ 见[美]卡尔文·汤姆金斯著,张建新译《商人与收藏:大都会艺术博物馆创建记》,南京:译林出版社,2014年5月第1版,第273页。

⑤ 数据来自大都会艺术博物馆官方网站发布的《大都会艺术博物馆2013—2014年度报告》。

虽然纽约市政府直接的财政拨款在博物馆运营总投入中所占比例在下降，但是另一方面，美国联邦政府通过相关税收政策的调整，为博物馆募集资金提供了制度性的保证，相当于间接资助了文化艺术的发展，大都会艺术博物馆正是这一系列税收政策的直接受益者。

美国在相当长的时间里，对所有进口艺术品施以重税，征税额至少是申报价值的两成，使艺术品入境非常困难。1909年，美国国会通过佩恩—阿尔德里奇关税法，规定进口20年以上的艺术品免税，1913年又修订为对所有进口艺术品实行免税，这项关税法废除了已经实行百年之久的艺术品进口税，美国富豪购买的大批高质量欧洲艺术品得以进入美国，而大都会博物馆也是此项税法改革最早的受益者。1911—1912年，皮尔庞特·摩根将其在英国购买的大批艺术品装箱351箱运往美国，而这批艺术品中，有近四成后来永久落户大都会艺术博物馆。

美国1913年通过了税法修正案，其中规定，凡致力于文化、教育及其他公益目的的非营利机构，可列入税收豁免实体，这些机构不用为其运行所得收入向联邦政府纳税；凡向这些机构进行捐助者可以将其捐赠用于减免纳税额。美国艺术类博物馆的收入包括社会捐赠收入、营业收入、投资收入等，都在免税范围内。1917年，国会通过联邦遗产税法，鼓励个人和企业向非营利文化组织捐赠金钱、艺术品和其他物质，遗产税法的推行，"使捐助绘画或其他艺术品给美国博物馆比将其传给子孙或交给拍卖行更加有利可图"。①

资金在社会中原本处于流动的、零散的状态，资金的流向是无序的，联邦政府在大都会艺术博物馆投入机制中扮演的是一个引导者的角色——不是引导博物馆的发展，也不是引导文化和艺术，而是引导资金的流向。美国联邦政府避免了在行政上和财政上直接干预博物馆，而是通过一系列税收优惠政策，将社会财富引向非营利文化艺术机构。美国文化社会学家戴安娜·克兰就曾经指出："以税收为基础的对艺术的间接襄助是美国艺术基金的主要来源。这种襄助主要对博物馆有利。"②正是这些来自社会的财富，为大都会艺术博物馆提供了保证其持续发展的巨额资金。税收政策体现为政府对博物馆的隐性投入和间接支持，总体看，政府在大都会艺术博物馆运营投入中所占的比例并不高，政府并不是投入的主体。

2. 社会精英和富裕阶层的捐赠

大都会艺术博物馆最初的运营资金来自董事会自掏腰包。纽约富豪阶层基于基督教价值观、重视教育的传统，信奉"尽其所能获取，尽其所能给予"，乐意通过资助各种教育、科学、文化事业，培养社会人才，缓冲社会矛盾，以此谋求社会地位和声誉，使金钱产生最大的社会效益，博物馆是其理想的捐赠对象。政府通过立法实施各种税收优惠政策，更是从制度上对捐赠行为的鼓励。

艺术品的流向和资本的流向往往保持着惊人的一致性。美国从19世纪中叶以后涌现了大批百万富翁和实业巨子，他们凭借雄厚的经济实力，在短短的几十年间买走了欧洲大批一流的

---

① [美]南希·艾因瑞恩胡弗著、金眉译《美国艺术博物馆》，长沙：湖南美术出版社2007年第1版，第42页。
② [美]戴安娜·克兰著、赵国新译《文化生产：媒体与都市艺术》，南京：译林出版社2012年第1版，第154页。

艺术品,更更重要的是,美国富裕阶层带动了通过捐款、捐赠等方式支持博物馆和美术馆的风气。大都会艺术博物馆诞生之后,大量接受来自这一阶层的捐款和捐赠,完成了早期的发展。

在博物馆资金拮据的前 30 年,富豪和精英的捐赠,是一个非常高效的投入机制,这个阶层,在相当长的时间里,是大都会艺术博物馆运营投入的主体,尤其是在博物馆出现经费不足的时候,凭借富豪的"雪中送炭"和董事们慷慨的临时认捐,往往帮助博物馆渡过难关,并为购置艺术珍品提供强有力的支持。除了捐款以外,大都会艺术博物馆还得到了当时纽约社会贤达和慈善人士的大批艺术品捐赠,其中威廉·伯纳杰特、皮尔庞特·摩根、凯瑟琳·洛里亚尔·伍尔夫、亨利·马昆德、约翰·雅各布·阿斯特、罗伯特·利曼等人的慷慨捐赠,对大都会艺术博物馆百科全书式的收藏功不可没。经由捐献、捐赠、捐款起步的大都会艺术博物馆,成就了令人震惊的规模和伟大珍藏。

富豪在捐赠的同时,为了谋求社会声誉和地位,往往会提出附带条件和限制性条款,博物馆董事会在接受馈赠的同时,也必须严格履行相关的合约。于是在大都会艺术博物馆发展的最初几十年,这座基于公共教育而建立的博物馆一直保持着高傲的精英品味,这是由捐赠者的品位决定的。在和公众的关系方面,博物馆常常流露出一种盛气凌人的姿态。1897 年,大都会博物馆拒绝了一名穿工装裤的水管工参观,此事经媒体报道,引发了一场舆论风波。面对社会一边倒的批评,馆长切斯诺拉却坚持认为,大都会博物馆"是一个严密的公司",因此有权选择观众:"我们不想也不会允许一个一直在挖肮脏下水道或与动物油脂和油状物打交道的人进入博物馆,而且,他身上的污秽发出令人讨厌的气味,使周围的其他人感觉难受。"①从这件曾引起巨大争议的公共事件不难看出,当时精英和富豪是博物馆运营投入的绝对主体,而博物馆的定位也是与之相应的精英主义的立场,管理层并不在乎公众的感受,博物馆也因此被批评为"从开始起,大都会博物馆就是一个唯我独尊社会的玩具"。②大都会艺术博物馆开馆以后,长期奉行"收藏+学术+展览"的模式,它相当于一座庞大的艺术品收藏库房,占据了大量社会资源,是一个满足于收藏、鉴赏和研究的高级文化圈。

3. 公众的参与和支持

20 世纪 60 年代,美国博物馆普遍面临财政难题,城镇、教育和福利危机持续恶化,文化机构的公共拨款被削减。而在政治民主化,娱乐大众化的背景下,大都会艺术博物馆的精英定位显得越来越落伍——在公众眼里,这座博物馆显得"不友善、过于精英化和无所作为"。③

大都会艺术博物馆面临着严峻的挑战:一方面,政府补贴和富有阶层的捐助已经无法支付急剧膨胀的运营开销;另一方面,越来越多的纽约市民成为艺术爱好者,愿意到艺术类博物馆参

---

① 见[美]卡尔文·汤姆金斯著,张建新译《商人与收藏:大都会艺术博物馆创建记》,南京:译林出版社,2014 年 5 月第 1 版,第 71 页。
② [美]卡尔文·汤姆金斯著,张建新译《商人与收藏:大都会艺术博物馆创建记》,南京:译林出版社,2014 年 5 月第 1 版,第 47 页。
③ [美]托马斯·霍文著,张建新译《让木乃伊跳舞:大都会艺术博物馆变革记》,南京:译林出版社,2012 年 8 月第 1 版,第 16 页。

观,大都会博物馆的年观众量已经超过500万。经费的缺口和观众的大幅增加,迫使博物馆寻找新的、可以弥补经费不足的渠道。

1967年,托马斯·霍文就任大都会艺术博物馆馆长,标志着大都会艺术博物馆改革时代的到来。霍文批评当时的大都会艺术博物馆只是"死气沉沉的精英分子和伪学者的小天地"[①],认为真正的博物馆应该是"人民的文化天堂"[②],霍文认为管理好大都会艺术博物馆唯一的办法是引入民主制,并提出了一个响亮的口号——"博物馆是民主的接生婆"。霍文要求对展品从"收藏"、"保护"、"研究"上升到"表现"的高度,即"努力传达展品自身的精彩,传达它们被创造出来的那个时代以及创造者们的激情"。[③]所谓"表现",意在把艺术品的魅力展现给观众,打动观众。霍文进而强调博物馆务必要以人为本:"我想利用所有可能的技术服务公共教育——电子媒体讲座,新的灯光——通过一切可以想见的手段,使不同年龄的观众,甚至在步入展厅之前,都能接受、并享受他们在博物馆的所见所闻。"[④]霍文基于公众需求,在馆内施展了一连串大刀阔斧的改革——集资改扩建博物馆馆舍,重新设计参观路线,策划体现文化多元性的展览和大型特展,这一系列举措,将大都会艺术博物馆引入一个焕发活力的新时代。

霍文深知,资金投入是困扰博物馆发展的首要问题,维持这个庞大博物馆的运营,光靠政府拨款和富豪捐助、临时筹款和馆内基金拆借只能是杯水车薪。霍文认为博物馆实现现代化应该走"学术+大众"模式:"艺术展不应只是单纯的学术展,我希望展览具有知识性、教育性和普及性,以满足不同观众的需要;我坚持认为,所有展览必须兼顾学术性和公众需求,既要有深刻的意义,又要有门票收益。"[⑤]很显然,霍文把"公众需求"和"门票收益"挂钩,为了增加收益,霍文实施了一系列市场化运营手段,包括扩大消费,如开设收费停车场,在馆内增设餐厅,扩大博物馆商店,特许经营或独家垄断藏品仿制品和博物馆文化衍生品;邀请时尚明星为展览代言;拉美国企业赞助大型特展;通过公开拍卖或私下交易,秘密淘汰藏品等种种方式筹措博物馆经费,霍文将这一系列举措比喻为"让木乃伊跳舞"。

在霍文的经营思路下,博物馆的资源和公众的身份都发生了微妙的变化:公众由"参观者"变为"消费者";博物馆及其藏品变成了文化资产;各种大型展览、特展以及相关辅助服务成为文化产品。公众的参观过程,是在博物馆内的消费过程。在文化消费面前,博物馆资源全面资产化,博物馆本身也成为了一场生意,每年500多万的参观者(公众)由被动的受教育者变成为博物馆提供长久、稳定资金支持的投入群体。这套源自美国公司"以钱生钱"的经营逻辑被美国艺术界称为"霍文主义"。

---

①② [美]托马斯·霍文著,张建新译《让木乃伊跳舞:大都会艺术博物馆变革记》,南京:译林出版社,2012年8月第1版,第353页。

③④ [美]托马斯·霍文著,张建新译《让木乃伊跳舞:大都会艺术博物馆变革记》,南京:译林出版社,2012年8月第1版,第31页。

⑤ [美]托马斯·霍文著,张建新译《让木乃伊跳舞:大都会艺术博物馆变革记》,南京:译林出版社,2012年8月第1版,第360页。

"霍文主义"的推行,效果显著。1967年,霍文上任,大都会艺术博物馆的总预算698万美元,其中62%来自捐助基金,29%来自纽约市政府补贴,5%来自会员费。①到1976年,因"霍文主义"的实施,给大都会艺术博物馆带来1633.4万美元的收入,包括门票、博物馆商店销售、餐馆及停车费等项目,占年度总预算(2777.7万美元)的58.9%;市政府的资助占不到10%(267.8万美元);捐赠基金占17.7%(492.9万美元),②从这组数据不难看出,从1967—1976年的近十年间,大都会艺术博物馆投入的社会要素没有改变,仍然是政府、精英阶层和公众,但各要素在投入中所占的比例却发生了根本变化,投入的主体,不再是精英阶层,而是公众。

"霍文主义"的实质,是在博物馆体制中盘活各类资源,并使之发挥最大的效益。霍文从不断飙升的观众数量敏锐地意识到,在消费的时代,公众将有可能成为博物馆未来最稳定的支持者,并因此确定了"艺术博物馆的参观者同时也是消费者"的理念。霍文的尝试,在当时颇具改革者的勇气和胆识,其积极意义在于,使博物馆不再只是被动地等待政府和富豪们的资助,而是主动寻找市场,最大限度依靠公众和自身力量解决资金短缺问题。从大都会艺术博物馆发展来看,在它创立的时候,性质就是一家私立的公司,博物馆的董事会结构也与美国公司董事会模式基本一致。公司关注的是通过有效的财产运作实现资产的保值和增值,即追求利润,从这个角度看,霍文在公司的思路下推行的改革似乎顺理成章,因为他不仅实现了资产的增值,而且把增值的部分投入到博物馆运营中,实现了资金的再循环。

但是,在公众视野里,"大都会"是一座博物馆。作为体现文化价值的博物馆,它不等同于追逐利润的公司,更不是文化商品的交易市场,它承担着公共价值和使命。霍文的"公司策略"在实现了机构可持续发展的同时,也不可避免地伤害了博物馆的公共形象,尽管他强调博物馆的教育功能,但是,其过分公司化的营销手段本身也存在对教育的玩弄。于是"霍文主义"成为了一把双刃剑———方面成为博物馆资金投入的有力保障;另一方面又威胁到博物馆的道德操守。

在霍文任职博物馆馆长期间,不断受到美国社会各派的批评。保守派艺术评论家、《新准则》杂志的主编希尔顿·克莱默立足于精英主义的立场,宣称:"霍文时代的大都会处处都在抹煞着一种宝贵的特征——博物馆之存在的初始原因……大都会正在艺术与伪艺术间摇晃。霍文先生拿走了我们的信心:即博物馆可以被完全信赖的、对高雅艺术加以保护的场所。"③艺术家汉斯·哈克站在自由派的角度,通过研究美国重要艺术博物馆吸引企业赞助特展的行为,揭示出在这些博物馆中存在着一种权力共生结构:博物馆通过与企业的合作,不仅为企业赞助展览铺平了道路,而且使企业获利。哈克指出,艺术博物馆在企业赞助的光环之下,使艺术沦为企业的公关工具。企业借赞助展览提升自身的品牌形象,疏通游说渠道,减缓社会舆论对企业的

---

① 李澂著:《国家艺术支持:西方艺术政策与体制研究》,杭州:中国美术学院出版社2013年11月第1版,第186页。
② 以上数据来自[美]南希·艾因瑞恩胡弗著、金眉译《美国艺术博物馆》,长沙:湖南美术出版社2007年第1版,第121页。
③ 见[美]南希·艾因瑞恩胡弗著、金眉译《美国艺术博物馆》,长沙:湖南美术出版社2007年第1版,第122页。

批评。而谋求公司赞助的博物馆不得不努力取悦赞助者,并担保其通过赞助受益,因此博物馆不得不对于即将举办的展览进行自我审查和自我限制,尽量推出能刺激观众的、流行的展览,这种博物馆与企业的伙伴关系不仅侵蚀了博物馆学术研究的基本核心,更有损公众的文化权益。大都会艺术博物馆发放给企业的营销手册中印证了哈克的判断:"许多建立公共关系的机会通过捐助活动、定期展览及服务等变得易于获得。捐助艺术经常可以为特定市场目标提供建设性且有效的回应,特别在国际间、政府间或消费者间可能会生成至关重要的联系。"①

戴安娜·克兰也研究了文化生产中的企业赞助行为,她认为:"公司出于两种目的赞助艺术,一是把赞助当做负起社会责任的行为,二是为了创造良好的公共关系。在某些情况下,赞助被当做一种间接销售形式来使用。这种策略导致了强调艺术是产品。"②霍文显然抱着"艺术是产品"的策略。在筹办"佛罗伦萨文艺复兴时期壁画展"期间,霍文及其团队找到了"欧力伟迪·安德伍德公司"作为赞助方——"那是一家正努力在意大利塑造新形象的电子公司,也期待着来美国市场一展身手。它试图树立自身的高科技公司形象:现代、设计精良、生龙活虎、充满人性、致力于卓越、融合传统与现代、专注于公共服务。"③该公司同意赞助展览 60 万美元,但在双方合作的过程中,赞助方却"根本不在乎具体展品目录,只关心展览宣传材料上自己名字的尺寸,以及如何'在博物馆门面上'凸显这个名字。"④从这个策展的案例可以看到,汉斯·哈克的批评,绝非空穴来风,他指出企业在艺术赞助的幌子下的出资行为意味着一种"财产交换":"是出资人的金融财产与受惠人的 symbolique(象征)财产之间的交换。"⑤美国大量艺术机构都是私立的,博物馆的运营一度依赖慷慨的捐赠和赞助,"私有化使文化机构付出了昂贵的代价。共和国,res publica,即公共事务被抛弃了"。⑥

霍文允许企业将其形象和产品强加于博物馆的做法,引起社会强烈质疑,如艺术学者希尔曼·李认为:"艺术博物馆是不等同于公司的机构。我不认为许多商人的任职对艺术博物馆来说是合理的。我们不能以财务平衡表来考虑问题。我认为许多博物馆已被拖入财政思维的泥沼中,正被滥用的商业原则不当管理着。"⑦甚至霍文自己也承认,他的这一套做法"损害了博物馆传统,迫使博物馆变为它永远不可能变成的机构——一家公司"。⑧其实,作为大都会艺术博物馆的馆长,霍文最清楚这个机构的性质就是一家公司,但是,他同时意识到,公共形象的受损,却极有可能带来更加严重的后果——失去公众。博物馆与企业合作赞助特展的营销行为如图所示,在这个结构中,博物馆作为运营者,通过提供艺术收藏品、策展创意等方式投入文化资源,通

---

① 见[美]南希·艾因瑞恩胡弗著、金眉译《美国艺术博物馆》,长沙:湖南美术出版社 2007 年第 1 版,第 126 页。
② [美]戴安娜·克兰著、赵国新译《文化生产:媒体与都市艺术》,南京:译林出版社 2012 年第 1 版,第 155 页。
③④ [美]托马斯·霍文著,张建新译《让木乃伊跳舞:大都会艺术博物馆变革记》,南京:译林出版社,2012 年 8 月第 1 版,第 131 页。
⑤⑥ [法]布尔迪厄、[美]哈克著,桂裕芳译《自由交流》,北京:生活·读书·新知三联书店,1996 年 6 月第 1 版,第 16 页。
⑦ 见[美]南希·艾因瑞恩胡弗著、金眉译《美国艺术博物馆》,长沙:湖南美术出版社 2007 年第 1 版,第 141 页。
⑧ [美]托马斯·霍文著,张建新译《让木乃伊跳舞:大都会艺术博物馆变革记》,南京:译林出版社,2012 年 8 月第 1 版,第 288 页。

过展览吸引公众文化消费,获得经济资本作为回报;企业作为赞助者,投入了经济资本,同样通过展览,完成企业公关,获得提升品牌形象、疏通游说渠道、收买社会舆论等社会资本;而公众参观展览的消费行为,为博物馆提供了经济资本,并成为博物馆真正的投入者,但是,博物馆与企业的共生结构的存在,使公众的收益变得模糊不清。公众在博物馆的"消费"行为,并不是购买一件有形的商品,其实质是寻求文化和教育。公众选择博物馆,是基于对博物馆崇高声誉、权威的信任。一旦对这种声誉、权威和信任产生怀疑,这一场"社会炼金术"便很难持续下去,博物馆极有可能因此失去公众的支持。霍文的改革回避了两个问题,第一市场化运作的底线在哪里?第二,怎样真正赢得公众?这成为霍文留给大都会艺术博物馆的一大课题。

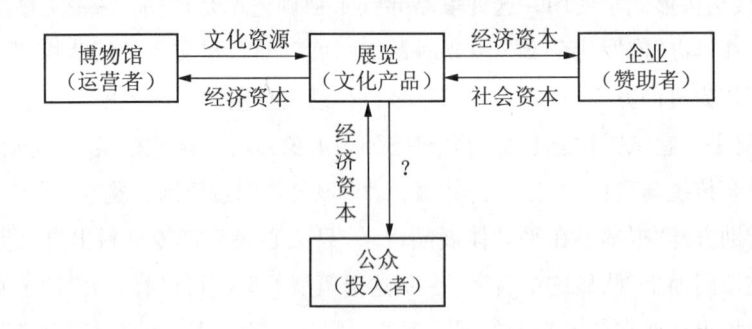

```
博物馆       文化资源      展览        经济资本      企业
(运营者)  ←──────────→  (文化产品) ←──────────→  (赞助者)
         经济资本                  社会资本
                         ↕
                       经济资本
                         ?
                       公众
                     (投入者)
```

接替霍文的菲利普·蒙特柏罗馆长反思公司赞助行为是一套内部机制:"这是一种隐藏的、邪恶的审查形式。"[①]开始致力于营造博物馆良好的公共形象。霍文的继任者们继承了霍文改革的积极成果——"从以藏品为中心到以公众为中心"的基本观念,努力通过教育和服务体现博物馆的公共价值。1990年美国博物馆协会将"教育"与"为公众服务"共同看作博物馆的核心要素。大都会艺术博物馆不断拓展教育项目,博物馆教育部根据观众的差异进行项目设计,使其能够服务不同类型、不同需求的公众,包括幼儿、学生、成人、女性、残疾人、老人、低收入者、少数族裔、残疾人和劳教人员等,这种以观众需求为导向的趋势,引导着博物馆完成了从传统向现代的转型,并成为美国社会一股充满活力的教育力量。大都会艺术博物馆第九任馆长托马斯·坎贝尔上任之际,适逢2008年全球性经济衰退,他将博物馆营销战略重新界定为:"服务博物馆的品牌战略、发展趋势而在公众中推介博物馆的行为。"[②]这一战略包括五个具体目标:"一是机构的权威化。就是告诉观众博物馆是权威机构,博物馆的行为是正确的。二是新的学习体验。观众每次来参观都能获得新的发现,这种发现源于他自己的体验。三是可信度。就是让观众相信当年人们的生活就是这样的。四是精神是超越宗教以外的力量。观众在博物馆里能体会到传统文化的正能量。五是观众参观享受的是艺术。总之,博物馆营销就是让公众'更了解',大都会将此归结为'认同'。"[③]从这段表述中不难看到,大都会艺术博物馆的"营销",正在淡化商业和资

[①] [法]布尔迪厄、[美]哈克著,桂裕芳译《自由交流》,北京:生活·读书·新知三联书店,1996年6月第1版,第139页。
[②③] 龚良、毛颖《全球视野下中国博物馆的建设发展:借鉴大都会博物馆——龚良院长专访》,《东南文化》2014年第3期。

本的色彩,努力营造一种建立在文化体验上的认同感。面对全球性的金融风暴,大都会博物馆认识到需要更多地依靠社会资源,需要建立和观众更良好的互动关系,不仅靠特展吸引观众,还要能留住观众,使其成为博物馆的常客。"与观众一起成长""让博物馆成为您一生的朋友",这些口号的提出,反映了大都会博物馆不仅鼓励公众参与,还意识到提高公众"重复参与"的几率,将成为博物馆的成功之道。大都会艺术博物馆新的营销策略当然有商业的考虑,但我们不能简单地将这种表述理解为更高明和和隐蔽的商业骗局,虽然大都会艺术博物馆几乎保留了所有霍文留下的商业运营模式。我们不能否认,1870 年一群纽约精英创建这座博物馆时的理想,那个基于公共教育的理想,今天的确在大都会推出的一系列高质量的教育计划、导览服务、网络延伸服务中得到了传承和延续。文化和教育,是博物馆能够给公众提供的最丰厚和最好的回报。比起 19 世纪,今天的大都会艺术博物馆对公众而言,更具亲和力,也更友善,正是对公众的尊重,和不断提升的服务精神,使大都会艺术博物馆赢得了公众持续的支持。

2015 年 1 月,大都会艺术博物馆将其宗旨修订为:"大都会艺术博物馆收藏、研究、保存并展示跨时代与跨文化的伟大艺术作品,并向民众传播创造力、知识和理念。"与 1870 年的表述相比,这个宗旨更加清晰地凸显了一座传播文化的博物馆的定位。

通过对大都会艺术博物馆多元投入机制中各种要素的分析,我们发现,投入的要素固然重要,但各个要素在投入中所占的比重才是关键,投入比例最高的那个要素,是投入的主体,并最终决定着博物馆发展的方向。在 145 年间,投入主体从精英阶层转移到公众,使大都会艺术博物馆的定位也发生了相应的调整。这座博物馆的伟大之处在于,经过漫长的探索和努力,它实现了博物馆所蕴藏的文化价值,从精英阶层向公众的流动和传递,它不仅使纽约人民获益,也使全世界范围内更广泛的公众获益。

四、余 论

根据国家文物局发布的数据显示,截至 2014 年底,中国博物馆总数已经达到 4 510 座。中国是目前世界上拥有在建博物馆数量最多的国家,在未来 10 年内,预计将有 1 000 座新博物馆建成。毫无疑问,博物馆是为社会发展服务的文化机构,它的运作必须通过合法的、负责任的职业精神保护文化遗存和遗产。

按照国际博物馆协会(ICOM)的定义,"博物馆是一个不追求营利的,为社会和社会发展服务、向公众开放的永久性机构。它为研究、教育、欣赏之目的搜集、保存、研究、传播并展出有关人类及人类环境的见证物"。[①] 随着社会变革速度的加快,权力、财富、知识快速转移,博物馆亟需适应这种变化,以更加开放的姿态,采取更加包容的措施,积极服务于社会。今天,随着中国博

---

① 《国际博物馆协会章程(2007 版)》,该章程于 2007 年 8 月 24 日在维也纳召开的国际博物馆协会第 21 届全体大会上通过。

物馆的高速发展,单一依赖政府的投入模式已难以适应时代的步伐,鼓励各种社会力量参与,构建更加灵活和有弹性的多元投入机制已经势在必行。同时,中国博物馆的发展也不得不面对一系列随之而来的问题:我们需要什么样的博物馆?博物馆如何体现文化的多样性?如何尊重并保护公众的文化权利?通过对大都会艺术博物馆的考察,不难发现,在吸引公众,实现博物馆的良性循环方面,这种多元投入机制曾经有过成功的探索;但在保护公民文化权益方面,过度的公司化运作,却曾经把博物馆带进了误区。大都会艺术博物馆145年来走过的路,对于中国博物馆乃至公共文化多元投入机制的探索,有值得借鉴之处,也有应引起警醒之处。

(原载《2016年上海公共文化服务发展报告》,上海人民出版社2016年版)

如何实现社区信息服务均等化与性别平等
——基于上海东方社区信息苑的调研[①]

陈亚亚

"数字鸿沟"(Digital Divide)又称为"信息鸿沟",指不同社会群体之间在信息获取上存在的差异。早在1995年,美国就有调研报告指出数字鸿沟主要来自低收入、少数民族、低学历、未成年人、老年人等群体的信息劣势,美国应对该问题的措施被称为美国模式,归结起来有三大特征:1.设置社区信息服务中心;2.以政府力量为主导;3.重视大众信息意识和技能的培养。

国内近十年来也开始关注数字鸿沟问题。从2005年起,国家信息中心就组建了"中国数字鸿沟研究"课题组,对国内的"数字鸿沟指数"进行跟踪测算,主要关注城乡差异和地区差异。上海是国内较早关注数字鸿沟的地区,2002年就曾出台过相关的工作意见,采取过许多积极措施,如"扶老上网工程"和"百万家庭网上行"等,前者帮助老年人上网,后者则重点关注女性上网。

那么在相关项目结束后,上海社区弱势群体的上网问题如何了呢?本文拟通过对上海社区信息服务的现状进行调研,从如何促进信息服务均等化尤其是性别平等的角度出发,提出相关的工作建议。

一、上海社区信息服务的载体:东方信息苑

信息公共服务是指为满足公民在信息获取方面的基本需求,由政府(支持的)机构以公共、平等、免费为原则提供的服务。基本的网络信息服务属于信息公共服务的一种,也应由政府(支持的)机构提供。上海公共文化服务体系在全国领先,有不少新的探索与实践,其中为改善数字鸿沟,促进信息服务均等化,在社区设立信息苑为居民提供免费上网服务即是其中之一[②]。该举措与美国模式较为接近,即由政府提供,在社区设立服务点,以提升居民的信息获取能力为目标。

[①] "基于新媒体的性别平等倡导与实践"是上海社科院文学所"性别与城市文化研究中心"承担的联合国—中国社会性别研究和倡导基金第五批招标项目(编号 GA-CHN-2011-010)。

[②] 有资料显示其他地区的网络公共服务基本是由公共图书馆提供,例如2014年发表在《图书馆论坛》的"从《南方周末》看我国社会弱势群体公共信息服务权益观念及其发展"一文中说,通过检索1984年2月(创刊)至2012年12月的《南方周末》发现,相关报道中有45篇涉及公共信息服务权益,其中3篇是关注社会弱势群体的,而这些文章中公共信息服务提供方均为图书馆。

2003年,由中共上海市委宣传部、市文明办、市信息委、市文广局、上海图书馆、东方网等联合推出"上海市社区文化信息化综合服务工程——东方社区信息苑项目"(简称信息苑),由新组建的上海东方数字社区发展有限公司负责营运,具体业务分为三大块:社区信息综合服务、电子政务和文化传播,目标服务对象是老年人和未成年人。项目推出后社会反响较好,屡获殊荣,例如2006年荣获第二届文化部创新奖,2009年成为文化部立项的首批国家文化创新工程项目等。

尽管得到许多肯定,但也有研究认为信息苑的运行效果还不够理想,存在一些问题。首先,信息苑集中分布在市区,郊区的数量较少,可能使得市区和郊区的数字鸿沟进一步扩大;其次,退休人员以及蓝领是目前信息苑的主要服务对象,这些人多是低收入、低学历和网络初级使用者,对信息技术的需求不强烈,上网仅限于简单的娱乐休闲。所以,信息苑在弥合城市数字鸿沟上尚有一定的提升空间。

为促进上海社区信息服务的均等化,同时基于女性主义社会工作的立场,试图通过关注其中女性的独特境遇来为促进社会性别平等建言,上海社会科学院"基于新媒体的性别平等倡导与实践"项目组在2013年3—5月间展开了对信息苑的调研,在全市9个区共16个信息苑[1]进行实地考察,期间共访问了56位上网居民,23位信息苑工作人员[2],另外还召开信息苑工作人员座谈会一次,在了解现状的基础上,听取了各方面的意见和建议。

二、社区信息服务对象及其性别差异

走访中,我们发现信息苑的主要用户是低收入、学历和文化不高的老年人,在职成年人和在学的青少年都很少,因为他们平时上班或上学,而多数信息苑在晚上又不开放;其次,信息苑的设备老化,人多时需要排队,所以网络技能较好、家庭条件优越的居民,更愿意在家上网或者去商业性网吧。基于此,我们主要是了解到上海中低阶层老年人的上网情况,而未能覆盖到其他弱势群体。

1. 社区老人的互联网使用状况

据2012年美国PEW统计中心的调研数据显示,美国超过53%的65岁以上老年人会使用网络或邮件,互联网已成为老年人的重要信息来源。而从我们调研的情况来看,我国老人的上网能力不容乐观,与国外存在显著差异。即使是在上海这样的大都市,能熟练使用网络的老年人也非常少,且大多仅限于简单浏览网页、看在线影视节目等。

首先,老年人很少使用互联网的交际功能。在受访者中,仅有7位老人提到会用电子邮箱,但使用率也都不高,主要是与子女或熟识的朋友联系,用于维护和巩固既有的人际关系,并不会拓展其社交范围。造成这一现象的原因主要是意愿的匮乏,不少老年人对网络有很深的戒备心理,当问到是否有网友时,多数人的反应是立即否认,说网上太乱了,不想也不敢跟

---

[1] 9个区是徐汇、闵行、浦东、长宁、虹口、杨浦、闸北、普陀、黄浦,信息苑有较大的中心苑也有小区苑,多数挂靠在社区文化中心,有一个挂靠在社区学校,还有一个挂靠在物业公司。

[2] 包括15位前台(最基层的服务者),1位值班长,6位中层干部,1位高层干部。

陌生人交流。

其次,老年人在互联网空间的话语权不足。信息苑上网的老年人文化水平不高,文字表达能力有限,大多数都不会在网上发言,表达自己的观点或情感。仅有受访4位用户说会经常发表意见,其中3位是老年人。比如一位60多岁的退休男性,文章主要发在99关爱网和"02路网"[①],他讲"上网很充实,原来觉得被遗忘了,现在找到了归属感"。唯一访问到的女士则主要经营博客,也写过一段时间的微博,后来因为要手机验证,她不会设置就放弃了。

从访谈来看,老年人的兴趣匮乏、能力不足是导致其互联网使用不足的主因,但也有许多客观因素的影响,如符合他们审美偏好的网站太少,某些网站的注册、发文操作较复杂,不易掌握,网络防骗机制的不完善等,这些都可能使得老人不想上网。此外还有硬件问题,如网速太慢,未配备写字板(许多老人没学过拼音,打字困难)等,也在很大程度上阻碍了老年人上网。

2. 社区信息服务对象的性别差异

有研究认为老年网民中性别差异不突出,这跟我们调研所得有点出入。据信息苑提供的2013年数据,每个年龄段用户都是男多女少,只有50—60岁例外,这应该是女性早退休所致。实地考察中,看到的用户也主要是男性,多数受访者认为原因是女性家务繁重、对网络兴趣不大。然而,也有两个信息苑女性更多,位于市中心的徐家汇苑尤其明显。笔者猜测这里女性文化水平高,喜欢上网,在女性相对集中后,就会形成良好氛围,其他女性更容易进入。

调研发现,老年用户中存在明显的性别差异。首先是能力上的差异,一般男性上网技能更高,有人认为这是生理差异,因为男性更聪明,也有人对此不认同,例如徐家汇苑的一位受访女性:"男同志讲起来是要聪明一点,这是客气的说法。其实我不认为他们聪明,我以为女同志更聪明。"访谈工作人员时,我们也了解到培训班里女学员更多,她们更好学,经常围着讲师提问,这似乎从侧面印证了女性更有发展潜能。

其次在浏览偏好上,两性也有很大不同。男性喜欢看时政新闻,女性偏爱社会新闻和生活信息。当一位老年女性被问到为何不看时政新闻时,她反问道:"女性家务事情多,娱乐本来就少,为啥上网还要看新闻?为啥非要关心国家大事?"这点给访谈者留下深刻印象,让我们反思预设浏览时政新闻更有价值,是否一种偏见?因为在访谈中,并没有问到男性为何不看生活类信息。

最后,性别并非决定网络技能、浏览偏好的唯一因素。受访者普遍提到,比起性别来,年龄对上网的影响更大。因为年轻人的网络技能普遍更好,性别差异也不明显。此外,老年人上网还受到文化程度差异的影响,比如有一位男性被访者讲自己的上网技能不如妻子:"我爱人在家上网,她觉得这里不高档。她是处级干部,电脑水平比我高。"

综合来看,信息苑老年用户存在明显的性别差异,主要表现为男多女少,男性的网络技能更高,两性浏览偏好不同。女性虽然技能不高,但学习态度更积极,提升可能性更大。由于网络技

[①] 99关爱网(www.99care.cn),为老年用户提供资讯、服务、技术、资源、娱乐的公益性网站,主办单位是上海市老年基金会和上海盛大网络发展有限公司。02路网是东方数字社区发展有限公司开发的社区交际网络,现已改版为邻里网。

能与学历等因素有关,所以互联网使用中的性别差异应是社会性别不平等的体现,随着时代进步,年轻人在网络使用上的性别差异已不那么明显了。

三、社区信息服务提供者及其性别差异

社区信息服务的对象(受益者)更多是男性,但为他们提供服务的却主要是女性。据上海东方数字社区发展有限公司(信息苑运营方)2013年提供的数据显示,公司76%的员工均为女性,在数量上绝对占优。而在我们对工作人员进行的访谈中,也常听到这样的说法:"公司更适合女性发展。""男性不存在任何优势。"然而,事实真的如此吗?

1. 一线女员工占多数,工作更认真积极

在一线员工(前台①)中,女性占78.6%,略高于整个公司的女性比例,可见在基层女性化现象更为突出。走访中我们对此也深有体会,16家门店仅访到1位男前台,而他也说自己想离职,当时进来是因下岗待业、急切找工作的缘故。②造成这一现象的原因主要是收入太低,多数人只能拿上海市的最低工资,而且没有多少上升空间。其次是跟刻板印象有关,不少人强调女性更适合做这个工作,因为它属于服务业。

尽管认为女性更适合这个岗位,但男员工似乎并不遭受歧视。例如那位唯一访到的男前台就讲,当"有些人有怪癖,吃东西,不遵守纪律。来了立即要上网,时间到了不下来。看色情网页"时,女管理者难以应付③,男性则更有优势。此外,有人提到某些门店设晚班(一般到下午8点),女性晚上出门不安全;中心苑有货物调拨,需要劳力搬运等,都需要男员工。这些因素有的是生理差异,但也有不少是性别偏见。

在工作态度上,女性更为积极。受访的多数女性都对自己的工作表示认可,原因除本身对薪水期望值较低,更看重其稳定性外,大致还有这样一些因素:热爱做公益,对工作有认同感;喜欢跟人沟通,在社区可以接触很多人;退休后再来做,不影响退休金,还有额外收入。④可见女性员工在选择这份工作时,更多是出于对工作本身的认同和喜爱,所以她们工作更认真,也有更多的成就感。

2. 女性员工晋升难,遭遇"玻璃天花板"⑤

多数受访者认为公司在招聘和晋升时没有性别偏好,甚至有人认为"女性更容易升迁"。

---

① 信息苑的驻点服务人员,也称营业助理。小的信息苑一般是2人,大的信息苑则有3人。
② 有一位女性营业助理提到自己的男同事很喜欢这份工作,遗憾的是我们并未访到其本人。
③ 一位女员工对这种说法表示认同,但更多女员工不同意,认为实际上男女都一样。一位上网居民也表明了自己的看法,即管理员是否有威信不取决于性别,而在于年龄,年龄大的女性也能管理好,小姑娘可能管不住。我问小男孩行不行?她想了想说,那也危险。
④ 信息苑聘用了一些已退休的女性,这样可以节约成本,因为不需要再给她们交社保。另外聘用退休人员还可以跟当地社区建立良好关系,因为这些工作人员一般就来自这个社区。
⑤ "玻璃天花板"(glass ceiling),指在许多大公司中,女性职员大多从事底层工作,难以升迁,高层管理者中女性所占比例很少。

然而在仔细分析后，我们发现事实并非如此。首先来看数据统计，一线员工（即前台）中女性占78.6%，基层管理岗位女性占56.25%，中层管理岗位女性占42.86%，高层管理岗位女性只占33.33%（参见下图）。明显可见级别越高时，女性所占比例越低，呈递减趋势。

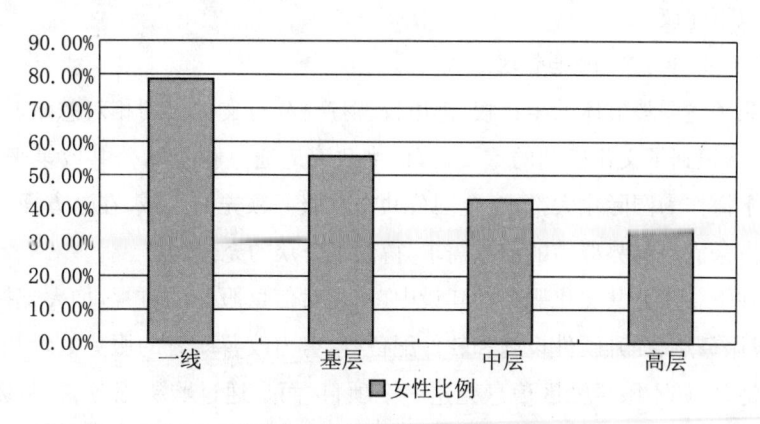

女性员工在不同阶层所占比例

造成这种现象的原因很复杂。一是男员工因为数量少，反而更受重视，比如有培训机会时，领导倾向于让他们去，这使得他们经常得到锻炼，从而更容易被提升；其次也跟社会大环境有关，即来应聘高职位的人中本来就是男性更多，所以。当然，也可能是在招聘或晋升中，中层以上管理岗位确实对男性更偏好所致。但不论原因是什么，公司的整体结构并未体现出性别平等，是不争的事实。

3. 性别隔离普遍存在，女性员工待遇低

公司在岗位上有明显的性别隔离现象。例如一线员工中，女员工多是前台，男性做讲师较多。原因是讲师收入略高，看起来更上档次。有人认为男性技术强、声音大，更适合做讲师，但这点未得到普遍认同。更多人认为讲师不需要太多技术，关键是耐心细致，因学员年龄偏大，记忆力衰退，文化程度不高，接受新事物的能力弱。从这个角度来看，似乎女性（尤其中年以上者）更适合做讲师，因为她们更有耐心，更擅长与老年人沟通。

整体来看，公司的男员工集中在技术含量高、收入更高和相对体面的岗位，如讲师、维修工程师等，女性则更多做基础和行政服务，如前台、文秘等。尽管一线女员工对工作更热情，更认真负责，但其贡献在既有评价体系中得不到公平对待，她们收入更低，更少晋升机会。造成这种现象的深层次原因，应该是社会工作中的情绪劳动（指对服务对象的情感付出，如耐心细致地辅导等）被认为是女性应该做的，价值不高，不必为此额外奖赏。

四、促进社区信息服务均等化，兼顾性别平等

在互联网已深度融入公众日常生活的今天，社区信息服务对于丰富和改善基层人民的生活

具有重要意义。如何有效弥合城市中的数字鸿沟,提升弱势群体例如老年妇女的信息使用能力,进一步促进社区信息服务的均等化,是非常重要的议题。上海的有关工作在全国居于领先地位,他们的探索可以给其他地区提供宝贵的经验。基于此次调研的情况,我们对上海的社区信息服务提出以下建议。

1. 政府:加大支持力度,改进管理方式

通常人们只关注弱势群体的生存权、健康权、财产权,对文化权利相对忽略。而随着时代的发展,公众逐渐认识到了文化权利的重要性,认为政府应通过积极的公共政策来保障弱势群体的文化权利。上海作为国际化大都市、全国公共文化服务领先的区域,在这方面已先行一步,通过项目和服务点来满足弱势群体的信息需求,得到了公众的充分认可。

建议政府在下一步公共文化服务的建设中,加强对信息服务的重视,加大支持力度,如加大资金投入、增设服务点、提升硬件设施和软件配备等,努力改善既有的服务数量和质量。同时管理方式上更灵活,比如不限于社区信息苑这一个项目,而是通过购买服务、补贴资金等方式,鼓励更多民间机构进入,通过良性竞争的方式,为居民提供更优质和更完善的服务。

2. 信息苑:关注群体差异,兼顾性别平等

信息苑为许多居民提供了信息服务,许多门店都是人满为患,很受欢迎。但目前以办卡数、上网人次及时间来衡量工作量的方式,对服务对象的差异性关注不够,可能导致只有部分居民能享受到这类服务,具体体现为经常来的人就那么一些,而能力不足、行动不便的居民则被排斥在外。

建议信息苑在日常工作中兼顾所有弱势群体的需求,尤其是身心障碍者、外来务工者和蓝领工人的需求。同时力求性别均衡,不让单一性别成为某群体的当然代表,尤其要切实考虑到女性的现实状况,在电脑硬件配备、软件开发、培训课程设计等多个方面,努力听取她们的意见,确保她们有机会、也有能力参与进来。

3. 社工:改善工作环境,帮助女员工成长

社区信息服务与其他社会工作一样,存在女性从业者多、收入低且难以晋升的现象,它一方面解决了许多女性的工作,另一方面给她们提供的发展空间又极其有限。调研中,一些管理者承认女员工的服务更细致,工作更有积极性,但也有部分人提到女性家里事情多,经常要请假,容易给工作带来负面影响,这对她们的职业发展造成了阻碍。

建议从两方面来解决这个问题:一是公司重新审视管理岗位中的性别失衡现象,调整既有工作评价和晋升标准,将女性的积极贡献(如情感劳动)等考虑在内,给予她们更多机会和补偿;二是针对女员工家累重的情况,可举办员工家属座谈会,鼓励家属分担家务,公司也适当增加相应的公共服务,解决女员工的后顾之忧。

(本文系未刊稿)

被背叛的英国知识人
——文化冷战中的《文汇》杂志

盛 韵

1991年，曾经在英美文化圈名噪一时的人文刊物《文汇》(*Encounter*)寿终正寝，文坛一片寂静，无人哀悼。当过该刊首任主编，已是耄耋之年的英国诗人斯蒂芬·斯彭德(Stephen Spender)旧恨未消，冷冷地说："死得好。"

《文汇》在上世纪五六十年代有多风光，随之而来的坠落就有多惨。如今人们若还提起它，也只有一句话：那份美国中央情报局(CIA)秘密资助的宣传刊。因为这层幕后关系，英国知识圈几乎与美国同行彻底决裂，无法原谅，也不再信任。"《文汇》丑闻"是高等新闻刻骨之痛，其牵涉范围之广，几乎波及六十年代英美最有影响力的知识分子，它对英国文化人造成的心理创伤之深，更是难以计量。

1953年《文汇》在伦敦创刊，地址位于大英权力中心威斯敏斯特附近的秣市街，其初衷（确切地说是表面上的说法）是跨越大西洋的英美思想联姻，从欧洲西马学派手中抢夺思想高地。创刊之初由英国诗人、前共产党员（后来摈弃共产主义）斯彭德和前托派美国政论家欧文·克里斯托(Irving Kristol，新保守主义之父)携手主政，后者从纽约搬去伦敦监管杂志的政治路线。斯彭德出身牛津文化贵族，少年得志，与诗人艾略特、奥登交往甚密，他在西里尔·康诺利(Cyril Connolly)主编的《地平线》(*Horizon*)当编辑时也积累了许多文坛人脉。克里斯托则在1945年创刊的纽约犹太知识分子喉舌刊物《评论》(*Commentary*)当过编辑，锻炼出了意识形态问题上的辩论精神。

《文汇》在许多方面和《评论》相似，比如深受犹太知识分子如阿瑟·库斯勒(Arthur Koestler)的影响。库斯勒写过反斯大林经典小说《中午的黑暗》，在1950年柏林的文化自由代表大会的组织和成立中扮演了关键角色。1963年他担任客座主编的那一期《文汇》引发了巨大争议，封面上大标题盛气凌人地质问大不列颠的衰落："一个国家的自杀？"

1950年代的《文汇》是英美知识圈的蜜月期。彼时美国刚刚成为西方世界的主导力量，欧洲弥漫着反美情绪。但年轻的英国知识分子和作家被朝气蓬勃的美国文化迷住了，美式英语甚至美国口音都成了一时风尚。《文汇》紧紧拥抱了这一潮流，美国学者马库斯·坎利夫、政治记者亨利·费尔利等人都成了撰稿人。1958年，克里斯托搬回纽约，纽约犹太背景的梅尔文·拉斯基(Melvin Lasky)搬去伦敦接替他的工作,并成为《文汇》历史上任期最久的主编。拉斯基曾在柏林主编过一份反共书评《月刊》(Der Monat),他一去伦敦就与英国文坛和政界的领军人物打得火热。

与此同时,欧洲左翼对《文汇》一直心存戒备,他们将所有在《文汇》上写文章的作者视为美帝的走狗。英国的马克思主义史家、共产党员霍布斯鲍姆严词拒绝为之撰稿,尽管编辑不停向他强调刊物的独立性和兼容左右的胸襟。就连与斯彭德交好的 E.M.福斯特、艾略特和燕卜荪都婉拒了稿约,艾略特明言正是那份美国"好意"让他感到不自在,燕卜荪甚至在派对上砸了红酒杯。不过很快《文汇》就吸引了全世界读者的关注,它的页面上既有南希·米特福德现身说法写英国贵族,也有沙文主义批评家莱斯利·菲德勒热情吹捧美国保守主义,还能向英国工党暗送秋波。极少有人像霍布斯鲍姆那样坚信《文汇》背后的政治图谋,大多数人都认为它是诚心实意的开明智性论坛。

然而 1967 年 4 月 27 日,真相慢慢浮出水面。《纽约时报》刊登了一系列讨论美国知识分子的文章,直言不讳地指出:"CIA 资助了许多反共组织,比如文化自由代表大会及其旗下的报纸和杂志。《文汇》在很长一段时间里(现在已不是)是 CIA 资金的间接受益者。"这一系列报道引爆了战后高等新闻界的最大丑闻。除了《文汇》之外,受到 CIA 资助的刊物还有英国的《中国季刊》(China Quarterly)、《密涅瓦》(Minerva)、《审查》(Censorship),法国的 Preuves,意大利的 Tempo Presente,西班牙的 Cuadernos(其辐射力不仅限于西班牙本土,波及拉丁美洲国家),印度的 Quest,澳大利亚的 Quadrant,甚至乌干达的 Transition。

《文汇》在知识界影响虽大,但巅峰期发行量仅三万份,不足以自给自足,一直由文化自由代表大会资助。该组织在巴黎和日内瓦运作,声称其资金来自于慈善性质的费尔菲尔德基金(Fairfield Foundation)。该基金的脸面人物是以生产人造黄油发家的百万富翁尤利乌斯·弗莱施曼,但实际上 CIA 才是真正的金主。

斯彭德当了 14 年编辑,也被骗了 14 年。后来公开的往来信件显示,每次在提及资金来源问题时,他都被欺骗了。克里斯托也说自己全不知情,晚年甚至威胁要起诉任何声称他知情的人诽谤罪。嫌疑最大的是拉斯基,后来的深度报道普遍认为他是 CIA 安插的间谍,尽管从未得到证实。

《纽约时报》爆料之时,斯彭德已在美国教书,只担任《文汇》的特约编辑。他的主编位置不久前由文学评论界的领军人物弗兰克·科莫德(Frank Kermode)接替。科莫德一样对 CIA 的资助毫不知情,也一直被拉斯基蒙蔽到最后一刻。媒体对英国和美国的情报机构在文化界的渗透紧追不舍,被欺骗的大编辑愤然与刊物断绝关系,《文汇》此后由拉斯基一人主编,苟延残喘至苏联解体冷战结束。文化自由代表大会被解散,不过从某种意义上说,它的使命早已完成。

梅尔文·拉斯基自然是知情的关键人物。他是俄国犹太移民,留着像列宁似的铲形胡须,1930 年代在纽约城市大学接受了雄辩和诡辩的教育,当时激进的政治生态影响了克里斯托等一大批知识分子。早在去伦敦编辑《文汇》之前,拉斯基已经是老练的冷战斗士。第二次世界大战中他在美国部队中战斗,战争结束时,他在柏林参与各种各样的作家大会,发表反苏联暴政的演讲,游说美国军方高官出资办报,旨在激励那些生活在东欧共产党政权压制下的作家。1950 年他与阿瑟·库斯勒一起在柏林动员知识分子进行反苏极权聚会,后来成为实体组织的文化自由代表大会。

正是在这段时间,拉斯基遇到了同是犹太知识分子、语言学家的迈克尔·乔塞尔森(Michael Josselson),立刻结为挚交。乔塞尔森在二战中曾为美国情报机构效力,CIA 成立之初即被招募。1917 年出生于爱沙尼亚的乔塞尔森,一家人因布尔什维克革命被迫流亡海外。在柏林读完大学后,他在巴黎的一间美国百货店工作,直到当上经理。当纳粹阴影笼罩欧洲时,他再度被迫流亡来到美国,1942 年入籍。乔塞尔森既是文化人也是 CIA 间谍,他在 CIA 的文化冷战大计划中起了至关重要的作用,通过复杂路径向各种反共政治文化刊物秘密注资,他注定要背上雷蒙·阿隆所言的"白色谎言"之重负。据坊间传说,1940 年代末的某天,乔塞尔森和拉斯基在柏林看到一火车流亡者被送去古拉格,于是这两个俄国犹太人决定不惜代价"拯救西方文明"。

乔塞尔森和拉斯基为文化自由代表大会拉拢了一批认为共产主义是"失败之神"的欧美知识分子名流,包括意大利作家斯隆、乔洛蒙蒂,瑞士作家鲁治蒙,白俄企业家尼古拉·纳博科夫(小说家纳博科夫的堂兄弟,后来担任文化自由代表大会的秘书长),美国知识分子西德尼·胡克、德怀特·麦克唐纳德、詹姆斯·伯纳姆等等,英国情报官马尔肯·马格里奇视苏联为不共戴天之敌,落力为代表大会洗钱。CIA 的暗钱经过几轮操作,变成富翁的慈善基金注入了《文汇》之类的新生刊物。

当时英伦相当有影响的周刊《新政治家》由社会主义者金斯利·马丁主编,倾向于为苏联辩解,对美国毫无敬意,在知识界竟然很受欢迎,几乎人手一份,这让拉斯基及其同伴忍无可忍。拉斯基认为《新政治家》无法区分"自由社会"和"奴隶社会",《文汇》的诞生必须纠正这种政治无能。

然而知识分子圈向来高眉世故,尤其是美国知识界当时普遍有反麦卡锡主义情绪,任何标语口号式的写作都会招致奚落和反感。于是《文汇》小心翼翼地选取了中间偏左的自由派立场,这样最有机会赢得非共产主义左派知识分子的青睐;在英国本土则亲近工党。克里斯托在任期间,花了许多时间与工党中亲美的政要、社会民主派交好,并获得了巨大回报。正是在《文汇》上,工党思想巨子安东尼·克罗斯兰(Anthony Crosland)发表了《社会主义的未来》(1956 年)中的重要观点,声称英国的未来是现代化和美国化,英国需要清除的是旧社会阶级偏见的流毒,而不是资本主义。1964 年工党赢得大选组阁时,有多位内阁成员是《文汇》的撰稿人,都是亲美派。要不是休·盖茨克尔于 1963 年暴毙,《文汇》会有一位撰稿人成为英国首相。

克里斯托自己也写了不少文章,嘲弄英国上流社会的古板和墨守传统。但尽管如此,乔塞尔森还是不满意克里斯托的工作,认为《文汇》没有达到与《新政治家》竞技的目的,没有阻止反美情绪的增长。直到拉斯基接替了克里斯托的位置,乔塞尔森才算真正放心。

斯蒂芬·斯彭德此时满足于穿梭于国际作家会议,时常去他天真相信的天使投资人弗莱施曼的豪华游艇上度假。不少明眼人都看出来斯彭德不过是《文汇》的装饰,包括斯彭德的老友、精明的以赛亚·伯林就曾告诉别人,斯彭德的角色是为刊物招徕"体面有脸"的英国知识精英。

身为主编的斯彭德没有话事权,从克里斯托回美国之后的情况便能看出。斯彭德心目中接替克里斯托的理想人物是纽约"黄蜂"德怀特·麦克唐纳德,他已经在杂志当了一两年特约编辑,而且有极度"恋英癖"。而在真正的幕后金主眼里,麦克唐纳德虽然亲英,但他对祖国有点太严厉了,竟然打算在《文汇》上刊发一篇将美国描绘成充满拜金狂和神经病的地狱的谤文。结果,斯彭德的人事提议落空,麦克唐纳德的谤文也未能发表,乔塞尔森安排拉斯基接替克里斯托,斯彭德除了被动接受别无其他选择。

乔塞尔森平日要监控全球的重要刊物,尤其是 CIA 秘密资助的那些。对他来说,《文汇》是一张王牌,因为英语的普及程度使之可以面对最广的读者,要比法国、意大利那些杂志重要得多。如何用润物细无声的方式对知识圈进行劝导,施加微妙的影响,要与《新政治家》平起平坐,抵消其反美偏见,又绝不能冒犯那些将《新政治家》视为圣经的读者尤其是印度作家,这其中的分寸感和平衡能力是多么难控制,简直堪比走钢索的杂技演员。

然而随着《文汇》声誉越来越高,乔塞尔森也越来越担心文化自由代表大会与 CIA 的关系一旦被揭露会成为负面累赘。1964 年《纽约时报》开始调查私人基金会的税务问题,结果发现有些基金会是 CIA 的资金管道。从那时起,乔塞尔森的当务之急是重组代表大会,以面对随时可能曝光的丑闻。令他绝望的是,这些做法在 1950 年代尚能被人理解为善意的谎言或是必要之恶,但 1960 年代的舆论环境已非昔比。六十年代西方对苏联的威胁已不那么重视,倒是美国在东南亚的军事干预引起了全世界的道德反感。乔塞尔森考虑让福特基金会单独资助代表大会,让英国报业巨子塞西尔·金(Cecil King)出面收购《文汇》。

美国在越战中越陷越深时,乔塞尔森为了避免惹人怀疑,不得不默许了阿瑟·施莱辛格、理查德·洛温塔尔等人发表质疑越战的文章。不过可怕的对手还是出现了。以反反共(anti-anti-communist)姿态著称的左翼大神康纳·克鲁斯·奥布莱恩(Conor Cruise O'Brien)于 1963 年发表了一篇攻击《文汇》的致命檄文,精准地分析了该刊的策略——尽管表面上骄傲声称自己的独立身份,但其发表的文章往往对苏联的恶行落力曝光,而对美国的负面影响则尽量弱化处理。《文汇》巧妙地利用了一批有名望有原则的作家的影响力,然后夹带那些有明显政治倾向的二流作家的文章,好像他们也得到了名作家的背书似的。1966 年奥布莱恩在纽约的一次公开演讲中,用特洛伊木马比喻美国人偷偷打入了英国知识圈。奥布莱恩的评论成了一枚重磅炸弹,令乔塞尔森阵营一片大乱。他派出了拉斯基的同事格伦韦·里斯(Goronwy Rees)出来应战,这位里斯曾是叛逃苏联的剑桥间谍盖伊·伯吉斯的朋友,自己似乎也为苏联方面工作过,但后来变成了激进的冷战斗士。里斯在《文汇》的定期专栏里说奥布莱恩的评论不值得被认真对待,然后各种人身攻击冷嘲热讽。奥布莱恩读到后,决定以诽谤罪把《文汇》告上法庭。很快他就被警告,《文汇》拥有一份他在非洲当外交官时的黑材料,如果不撤销起诉就公之于众。奥布莱恩没有退缩,决定去都柏林法庭起诉,这样受伦敦影响的几率较小。

就在这时，事情发生了戏剧性的转折。1967年3月，一份旧金山的揭黑小报刊发了CIA秘密行动的调查报告，很快《周六晚邮报》又刊发了前CIA特工托马斯·布莱登的爆炸性回忆录。这两篇报道都印证了《文汇》和自由文化代表大会由CIA资助的事实。4月的《纽约时报》系列报道更是将丑闻推向了巅峰。信用扫地的拉斯基与奥布莱恩求得庭外和解，在杂志上刊登了道歉声明。此时终于得知真相的斯彭德和科莫德对美国同事大发雷霆，在编辑部掀起了一场内战。科莫德冲进新老板塞西尔·金在《每日镜报》的办公室，说除非让拉斯基滚蛋不然刊物没脸继续。金可没有科莫德那么高的道德标准，他觉得拉斯基更有编辑天分。科莫德和斯彭德在《泰晤士报》上公开谴责欺骗行为，一批英国知识精英也跟着与《文汇》划清界限。以赛亚·伯林虽然与两边都是朋友，但也公开表示，乔塞尔森和拉斯基隐瞒了《文汇》与CIA的关系，"陷体面人于不义"。

除了文化策略遭遇重创之外，美国的整体外交政策因越战被抨击的体无完肤。《新政治家》趁热打铁刊发了美国记者安德鲁·科普坎德的文章《CIA：巨大的腐蚀剂》。乔塞尔森珍视的文化自由代表大会也背上了恶名，他得出结论该事业已无前途，辞去了领导职务。不久他得了中风，接下来的几年中健康每况愈下。灰心丧气的他去日内瓦养病，并且对自己效忠的国度产生了怀疑。水门事件发生后，他给尼古拉·纳博科夫的信中写道："看看你我当年选择的社会现在变成了什么鬼样子。"

1978年乔塞尔森去世，葬礼来宾寥寥。一位CIA官员问他的遗孀想怎样安排接受荣誉勋章的仪式，她径自走开了。雷蒙·阿隆等老朋友发来了诚意悼文，但没有报刊以任何形式刊登他去世的消息。只有《文汇》发表了乔塞尔森去世前写的俄国元帅巴克莱·德·托利的传记节选，拉斯基在作者介绍一栏写了一句话："这是一位男子汉。"

拉斯基以无比的韧性挺过了1967年的信誉危机，虽然被伦敦知识圈彻底排斥在外，他依然主编《文汇》直至1991年停刊（科莫德称之为"半死不活"，斯彭德再也没看过它一眼）。这期间刊物更换过许多赞助人，也雇用过不少听话的英国编辑，它的声誉虽跌至谷底，但内容却很少沉闷无聊。它依旧坚持不懈地揭露苏联的邪恶，热情吹捧里根和撒切尔这样的冷战将领。冷战结束后《文汇》终于因为失去资助而停刊，成为它一向追捧的自由市场的牺牲品。最后两期杂志全是昔日战友撰稿人庆祝本刊为共产主义崩溃所作的贡献。《泰晤士报文学增刊》当时的主编费迪南·芒特说："拉斯基是一位先知，只不过在他生活的国度里毫无荣誉可言。"奥布莱恩则说他是"冷战老千"。

美国文艺批评家乔治·斯坦纳是拉斯基的拥趸，他在研究《文汇》这一案例时下的判语是：水土不服(ill-met)。意志刚强的犹太人和优柔寡断的盎格鲁—萨克逊人之间的结合注定不会完满。斯坦纳兴致勃勃地回忆了盛怒的科莫德冲进塞西尔·金的办公室讨说法时却被金反呛了一口："难道你的钱就比别人要香？"当时科莫德在伦敦大学学院担任教授的讲席是小报巨头诺斯克利夫勋爵(Lord Northcliffe)捐助的，而金恰好又是诺斯克利夫的外甥。他当时甚至威胁了斯彭德和科莫德："我拥有180份报纸，可别惹火我。"

被蒙蔽多年的斯彭德更是怨念难消,《文汇》停刊后他接受采访时说:"最让人没法接受的是,你发现自己的名字被用来欺骗公众,那处境看上去就是一帮骗子和蠢货在一起,骗子说他们之所以要保守一个可怕的秘密是为了不伤蠢货的感情。"

斯彭德离开《文汇》后,左思右想觉得唯一的报复方式是创办一份与之叫板的刊物,卡尔·米勒、奥登、伯林、约翰·格罗斯都很支持这个想法,他们接洽了迈克尔·阿斯特、罗斯柴尔德夫人、艾伦·莱恩等巨贾,商讨资助事宜。当时预估的启动资金是五万英镑,发行量三万份,单价五先令。《纽约书评》的罗伯特·西尔弗斯和杰森·爱泼斯坦都表示支持。他们在柏林的美国寓所里起草了新闻稿和计划书,不过短期内并没有付诸实施。多年后卡尔·米勒在西尔弗斯的支持下创办的《伦敦书评》正是这一想法的体现(从这点上看,不难理解它多年来对美国和以色列说客满满的恶意)。

如今冷战早已结束多年,当时西方共同的敌人苏联也早已解体。然而英国文人今天提起《文汇》,那道受骗的伤口仍在隐隐作痛。英国政客对美国亦步亦趋,而英国知识圈尤其是左翼则对美国恨之入骨,不论是作家还是电影导演,只要一有机会便对美国文化冷嘲热讽或是激烈抨击其内政外交,文艺作品中也时常出现诡诈的犹太知识分子形象。《文汇》也许为美国赢得文化冷战出过力,但也制造了永远不会宽恕美国的敌人——曾在热恋中被背叛的英国知识人。

(本文写作参考了 *Stephen Spender: A Literary Life* by John Sutherland(Oxford 2004),*Articles of Faith: The Story of British Intellectual Journalism* by Neil Berry(The Waywiser Press,2002)及英美媒体相关报道)

(原载《文汇报》2015年3月20日)

跨层级认同:汉族族群身份的情境性研究
——以江西傩艺人族群身份问题的艺术人类学解析为例

曾 澜

一、问题与方法

国内族群①认同理论的建构是随着西方族群理论的引介和本国族群问题的探讨而展开的。国内学者在借鉴西方族群理论的同时,也注重国内族群身份认同的本土化研究,在族群理论的本土化探讨方面取得了很大的进展。然而,"长期以来,尽管前辈学者在民族认同研究领域进行了不懈的努力,做出了辛勤的探索并取得了可喜的成果,但族群认同研究的面仍不够广,来自田野调查的个案研究还不够,难以形成基于实证调查材料之上的理论体系","所以族群问题的研究亟待深入,族群理论本土化有待加强"。

笔者以为,族群认同理论本土化未能深入的关键原因在于汉族族群身份认同在研究中的边缘化和扁平化。

一方面,中国是一个汉族占人口 90% 以上的多民族国家,汉族族群关系及其认同特殊性问题的探讨无疑对我国族群理论的本土化起着关键作用。然而在事实上,国内族群理论因受西方族群理论关注异文化的影响,往往以"少数"或"异质"族群为其主要的研究对象,汉族族群问题的复杂性和特殊性在研究中反而被极大地边缘化了。近些年国内一些学者也意识到这个问题,由传统的研究少数民族转向对汉族的族群问题进行重新思考。②但是很显然地,与"少数"族群认同研究相比,汉族族群认同的研究并未成为族群研究的重要内容。这一点尤其体现在中国民族民间艺术的汉族族群身份研究上:汉族族群认同问题在族群认同的艺术研究视阈中几乎处于不

---

① "族群"与"民族"在概念的所指方面往往有所重叠,在应用上也多有交叉。两个概念往往因其所应用的情境和业界学者的理论背景不同而发生着变化。在本文行文中,笔者在使用"族群"概念时更多地侧重于其文化内涵,而"民族"则偏向于其政治蕴含。

② 譬如徐杰舜先生就应用人类学的方法考察了汉族的族群起源、族群文化、族群关系等问题,其成果包括《汉民族发展史》(武汉大学出版社,2012)、《从磨合到整合——贺州族群关系研究》(广西民族出版社,2001)等;黄淑娉的《广东族群与区域文化研究》(广东高等教育出版社,1999)从区域文化的视角探讨了广东汉族三民系广府人、潮汕人、客家人的文化特征;周大鸣主编的《中国的族群与族群关系》(广西民族出版社,2002)亦重新思考了相关的汉族族群问题。

在场的状态。以傩戏①研究为例。目前学界对傩戏族群身份问题的关注往往聚焦于"少数"族群,傩戏汉族族群身份的研究阙如。事实上,从傩戏族群身份所涉及的主体——傩戏及傩艺人的实际存在状态来看,汉族村落与汉族人口往往占据了一个压倒性的比重。这就意味着,对于中国的傩戏与傩艺人而言,其身份所隐含的族群性更多指向中国这一多民族国家的主体民族——汉族,经由傩戏投射出来的地方文化认同与民族文化认同之间的关联,能够在很大程度上投射出中国族群文化认同的复杂性和本土化特色。

另一方面,已有的汉族族群认同研究架设仍然显得比较扁平。这主要表现在:第一,在研究调式上过于侧重于宏观研究,即把汉族或某一区域汉族作为一个文化认同主体,在宏观的面上做出整体的把握;而微观研究和情境性个案分析则显得非常薄弱,未能与已有的宏观研究形成点面结合的呼应态势。第二,问题视阈较为单一。现有的汉族族群认同主要从汉族的历史形成、文化特征及其与周边族群的互动关系等视阈上来进行分析,而关于汉民族艺术的、宗教的、文化生态等维度上引发的族群认同专门性研究则比较欠缺。这就使得汉族族群认同研究在问题视阈上显得比较局促、空疏,无法与"少数"族群认同研究的丰满程度相比。第三,由于大多数的"少数"族群研究仍然是文化上的"他者"研究,因此,已有的汉族族群认同研究并未能够与"少数"族群认同研究构成人类学意义上自我与他者的联动,更未能在把汉族"自我"当做"他者"研究,从而在与"少数"族群认同研究形成"互为他者"的基础上实现族群研究上"多维他者"的立体化研究。

历史哲学家 W·H·沃尔什(W·H·Walsh)认为,"除非历史学家设法使自己渗入到他所研究的事件内部,并且能够像这些事件当年展开在有关当事人面前那样看到它们,否则就无法达到对历史的理解"。也就是说,深入到历史发生的具体情境之中是把握历史的必由途径。与纷繁复杂的历史相类似的是,汉民族文化亦是在历史变迁中如雪球般不断吸收融合其他族群文化而得以形塑的,汉民族文化的杂糅性使其成员的族群认同也呈现出多样性的复杂形态。这就要求我们在对待纷繁复杂的汉族族群认同问题时,除了宏观了解之外,更需理解历史,深入身份实践的具体情境中去把握认同发生变化的纹路肌理,以便更为精细地把握汉族族群认同的多样化形态。

本文正是借由艺术人类学所倡导的从艺术发生的细微处入手,勾连宏观的情境阐释方法,以江西傩戏及其艺人为研究个案,在田野调查基础上②将江西傩艺人族群身份认同的具体实践情境呈现出来,并与其他族群傩艺人的族群身份认同进行比较,以揭示出当代文化语境中汉族族群身份认同在江西傩文化呈现上的特殊性和复杂性。本文希望能够借由这一艺术维度上的

---

① 中国遗留的傩是以面具形式施行的驱鬼逐疫、求愿祈福的祭祀仪式。傩在中国的分布非常广泛,且已与地方文化相结合,形成了具有独特称谓的地方傩文化,如傩堂戏、"变人戏"等等。本文为叙述方便,以"傩戏"概而言之。

② 除特殊注明外,本文所用材料均来源于笔者在 2009 年 12 月、2010 年 2—3 月、2011 年 2—3 月在江西抚州、宜春、萍乡等地做的田野调查(江西傩祭仪式的展开大都是在每年的正月进行,往往延续一至两个月,其核心功能是驱鬼逐疫。因此,笔者的田野调查大都集中在正月期间)以及 2012 年 10 月所做的田野补充调查。

认同思考来丰富国内已有的对汉族族群认同的理解,为将来建构具有中国本土话语特色的身份认同理论提供一个范例启示。

二、被唤醒情境与惯例性情境的观念张力

身份与认同本身就是一个关系的建构(relational construction),"最孤立隔离的传统群体,可能是在自我族群意识上最弱的群体"。因此,族群身份的自我意识从潜隐到被唤醒进而成为一种自觉,往往发生在族群交往的情境之中,且在很大程度上涉及族群之间根本性的文化差异比较,并直接关联于各个族群整体利益的获得或族群情感的维护。这一点即便是对于"少数"族群成员来说亦不例外。

然而,与"少数"族群成员族群身份意识较为自觉因而无须刻意唤醒所不同的是,江西傩艺人的族群身份意识需要被唤醒。这一方面缘于江西人口的构成。江西境内汉族人口占总人口的99.66%,[1]绝大多数江西人的日常生活几乎不存在族际交往。族际交往的阙如使得身份维度中固有的族群身份意识总是被忽略。另一方面,江西在历史上就是一个崇尚儒学的地方,家族宗族支系盘生,加之族际交往极其缺乏,个体成员身份的群体属性在很大程度上是由当地乡村的宗亲血缘关系所决定的。地方性的家族宗族文化及其价值观念弥散于当地人的日常身份体验和认同之中,以地方性血缘宗亲关系构拟的家族宗族身份成为当地乡民的首要身份,而族群身份意识则以潜隐的方式存在。

对于江西傩艺人来说,他们无疑是通过傩戏的展演来获取并实践自身作为艺人的身份内涵和身份意义。江西傩戏展演的惯例性情境及其呈现的观念形态则是以地方的家族宗族文化观念为核心。

据笔者田野调查,江西大多数傩乡遗存的傩戏自发源始,便依附于当地的家族或宗族。无论是傩神信仰的来源传说、仪式禁忌、仪式规则、仪式操办、仪式传承及仪式内容吟诵,都与当地的家族宗族历史及其文化紧密关联。江西傩戏由此成为当地家族宗族文化的一种具体化形态,获得其家族宗族身份属性。[2]作为当地傩戏的展演者,江西傩艺人的文化身份亦具有极强的家族宗族文化属性。在日常生活中,尤其是在依着时空惯例而展演的傩祭仪式情境中,江西傩艺人的身份认同与当地的家族宗族文化认同在很大程度上契合在一起,具有高度的一致性。[3]因此,尽管在族群身份的官方界定上他们是汉族,但在傩戏的惯例性展演情境中,他们体验到的并非是汉族族群身份,而是以宗亲血缘关系规约的地方性家族宗族身份。质而言之,在江西傩戏的

---

[1] 该数据来源于中华人民共和国国家统计局公布的"2010年江西省第六次全国人口普查主要数据公报"网址:http://www.stats.gov.cn/tigb/rkpcgb/dfrkpcgb/。

[2] 关于江西傩戏及傩艺人的家族宗族身份属性可参见笔者已刊论文,《宗族权力与边缘人身份的形塑——明清时期南丰县石邮村傩艺人身份的人类学探析》《中国学研究》(第13辑),山东:济南出版社,2010。

[3] 关于傩艺人家族或宗族身份的认同和自我证实可参见笔者已刊论文,《空间的隐喻与人神中介身份的确证》,《理论界》2011年第6期。

惯例性展演情境中,江西傩艺人是以当地的家族宗族文化观念为其身份的表述核心。

这一点区别于"少数"族群的惯例性展演情境。大多数"少数"族群在族群变迁的过程中经历了某种压迫或歧视,这种共享的历史经验使他们能够超越血缘宗亲的限囿而自觉地以族群的方式凝聚在一起,族群身份对他们的影响在很大程度上要高于他们在实际生活中所具有的其他身份如家族、地域、性别身份等等。因此对于"少数"族群而言,族群文化的归属意识具有极强的身份规约性,它代替了血缘成为身份识别的总体框架。大多数"少数"族群的傩戏亦显著地体现了这种族群身份的归属,呈现的往往是族群历史及其文化观念。譬如湖南土家族的傩堂戏所崇拜的傩神"傩公傩母",便是土家族族源先祖"土家族兄妹"的化身。而在黔西南威宁县板底乡发现的与汉族傩戏相类的彝族"变人戏"(彝语"撮泰吉")来看,仪式表演中的"阿布摩"形象及其动作,表现的亦是当地彝族人对于自己部族远祖的模仿,是当地彝族人对于他们想象中的动物祖先神及其族群历史记忆的复现。仅就"少数"族群傩戏对族"群"的远祖崇拜这一点,就与江西傩戏祖先崇拜中仅是对当地家"族"的肇基祖崇拜有着极大的区别。很显然,"少数"族群傩戏惯例性展演情境表述的文化身份无疑超越了地方文化的限囿而以族群身份为核心。这也使得"少数"族群的傩艺人不需要特定情境的唤醒就能够自觉地意识到自身的族群身份。

正是由于江西傩戏及其傩艺人的惯常身份意识以家族宗族身份意识为核心,因此,江西傩艺人的族群身份意识需要特定情境的唤醒,且这一特定的被唤醒情境必须围绕着呈现和体验差异性的族群文化这一内核而构建。而族群,作为"社会亲近和亲属制体验的最上限",是以某种涵括最大化的文化记忆作为框架而凝聚的文化想象共同体。族群身份中的"族群"在很大程度上并不强调地方文化的家族宗族血缘归属,而是超越了家族宗族的血缘范畴,是血缘关系最大范围的延伸,因而族群身份更多地侧重于想象性的文化亲缘群体归属。因此,无论是对该情境中的展演者还是参与者来说,它都要求实现一种更大时空范围的文化体验。这种体验对于江西的傩艺人来说在很大程度上要求之于地方性家族宗族文化的超越。

然而,族群这一想象性的文化归属对于远离中心、偏于一隅且缺乏族际交往的江西乡民而言,并不具有某种强烈的、必不可少的规约作用。江西傩戏承载的家族宗族文化记忆虽然投射出汉族文化的族群性,但其表现内容和表现形式却是地方性的,是地方性知识的具体化形态。这种具体独特的地方性知识与作为一个概念呈现出来的,以集约化、包容性为特征的汉族族群文化并不处于文化理解和接受的同一个层面。事实上,不仅汉族文化的族群属性及其特征概括,即便是江西傩戏对汉族族群性的投射在很大程度上都是在置身其外的阐释者而不是在置身其中的乡民的层面上发生意义并构成一种阐释的。这种以想象性族群文化为表征的族群身份被唤醒情境实际上已经超越了以地方性家族宗族观念为核心指向的江西乡村生活情境和文化情境。

由此,以族群文化观念为核心建构的被唤醒情境便与以家族宗族文化观念为核心形成的惯例性情境在观念形态上形成了某种张力。张力的形成意味着,在族群身份意识被唤醒的傩戏展演情境中,江西傩艺人对于族群身份的体验首先就必须跨越家族宗族文化所代表的地方性文化层面而进入到具有想象性的、超越乡村时空观念的汉族族群文化层面。

很显然,以汉民族文化为归属目标和承载母体的族群文化形象对于江西大多数傩乡的傩艺人[①]来说是抽象的。笔者在调查中就发现,江西傩艺人通常把当地傩仪的文化归属集中于某家族或宗族,然后在笔者的递进访谈下,才指出傩戏是中华民族的传统文化。这就意味着江西傩艺人在族际交往稀疏且在汉族文化作为主流文化的观念情境中并未能够形成像少数族群成员一样的对所属族群文化某种定型化认知,族群文化形象及其内涵在江西傩艺人的认知体验中,亦是模糊的。

因此,在族群所内含之超越地方血缘的文化亲缘想象与家族宗族所强调之地方血缘凝聚的乡村文化现实之间,在族群身份与家族宗族身份之间,如若没有任何情境性要素的引导,两者总是处于某种占比程度极不平衡的显一隐张力之中,这种张力造成了江西傩艺人族群身份体验的不确定性。

三、族群身份的跨层级认同

既然族群身份被唤醒情境与江西傩戏的惯例性情境之间存在着观念上的张力,那么,族群身份能够被江西傩艺人意识到并形成某种认知甚至认同,显然是这种张力得以消解或调适的结果。也就是说,在被唤醒情境中,江西傩艺人在情境性要素的介入之下,经过某种调适而在主观上使得地方性家族宗族文化所赋予他们的家族宗族身份意识暂时让渡于被唤醒情境所强调的某种族群身份意识,并体验到了相异于少数族群成员的族群身份意义。笔者在对江西傩艺人的采访中发现,当傩艺人在笔者的提醒下转向傩戏更大的文化属性时,他们绝大多数人都认为,傩戏是中华民族的传统文化或文化遗产。类似于傩戏"是中华民族传统文化"这样一种经过一番思索而给出的并非十分肯定且不明其所以然的答复,仍然普遍存在于江西傩艺人及其他乡民中。

这就意味着,惯例性情境与被唤醒情境之间的观念张力经由情境性要素的介入,江西傩艺人的族群身份认同呈现出跨层级认同的特征。具体而言,江西傩艺人在族群身份意识被唤醒之后,所体验到的并非是由指向汉族的族群文化身份,如一般情况下少数族群所做出的族群身份体验反馈一样,而是中华民族所代表的民族国家文化身份。而且他们对于傩戏之为中华民族文化身份的认知既不是建立在以汉族族群文化为基点向外扩延至中华民族文化的理解之上,亦不是建立在中华民族文化整合层面的确切认知之上,而更多地倾向于一种基于自身为"中国人"这一政治实体归属意义上的认知。在这里,他们的族群身份认同实质上等同于国民身份认同。

---

① 据笔者田野调查,大多数江西傩艺人都是小学教育水平,也有一些人是初中未毕业水平,总体而言,他们的知识面和认知水平并不能够使得他们确切地认知到民族身份的内涵和意义。当然,也有极个别跳傩弟子能够比其他人更多地接触到关于民族身份的一些内涵,他们接受过初中教育,普通话比较标准,善于与人沟通,是傩班的活跃分子,他们从外来者所获取的关于傩的知识也比其他傩班弟子多。

笔者以为,江西傩艺人族群身份从汉民族身份到国民身份的跨层级认同在很大程度上是由族群身份意识被唤醒情境导向的。在这里,作为该情境构成要素的情境建构者,主要指代表了主流文化的文艺界、学术界及相应媒体的宣传,发挥了重要的导向作用。与其他民族民间文化展演情境的建构方式和目的类似的是,傩戏族群身份被唤醒情境的建构也是以差异性的族群文化呈现为方式,其目的在于通过展现各个族群,其中包括不同民族属性、同一民族不同族群、不同地域傩戏所承载之族群文化的差异,来呈现并宣传中国民族民间文化在傩戏表现上的多样性和丰富性,并由此多样性和丰富性来整合民族文化,强化民族国家的文化身份认同。

唤醒情境建构者对于中国民族民间文化多样性和丰富性的强调显然与全球化进程这一宏大历史背景有着密切关联。全球化使得民族文化身份边界模糊不清,全球,尤其是第三世界都陷入文化身份认同的大危机之中:"中国和西方的多元文化论者与后殖民主义批评家都认定,西方资本主义的文化扩张导致了第三世界民族文化传统与文化认同的危机,使得他们的文化身份变得模糊、分裂,产生了深刻的身份焦虑。"在这种背景下,文化本土化的诉求无疑成为抵制文化殖民、重建民族文化身份认同的一个重要方式。民间传统文化和艺术则借此进入国家主流话语的表述语境,并与整个华夏文明以及中华民族的精神及其身份认同联系在一起。与此同时,象征着国家历史文化记忆的"非物质文化遗产"项目在全国范围内的推行亦促成了民族文化身份的重建。

在本文语境中,傩,这一自西周便有文字记载且广泛地遗存于乡村中的古老仪式,承载了族群历史记忆亦在很大程度上并未被现代化完全碾磨的本土乡村仪式亦被艺术界、学术界发掘出来,被寻求文化本土化的学者当做文化本土化研究的对象。20世纪90年代在全国范围内组织海峡两岸学者挖掘傩文化,承担民俗曲艺系列丛书的重大项目负责人就曾明确指出,傩的挖掘和研究成为"中国人类学本土化的一项工作"。

由此,以民族民间文化呈现为主要方式,以民族文化整合和民族身份重建为深层动机的各类展演情境在全国范围内展开。江西傩戏及其傩艺人就是在这样一个特定的历史大环境中不断地参与到各类展演情境的建构之中。据笔者所能掌握到的材料,自八十年代改革开放之后,江西傩艺人外出参与的傩戏表演情境主要有两大类,一类是国内举办的民族民间文化展演,如江西南丰傩班1995年参加了"中国泉州广场民间文化艺术节"演出;萍乡傩班参与了1991年底广州"中华百绝"民间艺术博览会展演等等。另一类便是国际文化比较展演。前者如萍乡傩班参与了2001年10月在杭州举办的"第五届国际民间艺术节",后者如江西南丰石邮傩班2001年赴日本东京参加中日韩戏剧节演出,2008年赴法国参加原生态艺术节表演,等等。

在傩戏的各类表演情境中,情境建构者是傩戏身份表述的核心,而没有话语表述权的江西傩艺人则成为情境中的信息接受者及信息传播介质。对于傩戏表演情境的建构者来说,傩戏表演情境建构背后的意义非常明确,即借由本土文化尤其是民间传统文化的发掘、展演和研究,重建学术的中国话语,进而为重建民族文化身份认同做出一些努力尝试;并将这样一种试图重建的民族文化身份通过媒体进行传播,实现中华民族民间文化整合基础之上多民族国家的凝聚和文化身份的认同。因此，在族群身份被唤醒的特定傩戏情境中，情境建构者掌握了傩文化的话语权和傩戏身份的表述权。而江西傩艺人大多数是乡村社会中并不具有多少文化书写与表述能力的农民，与主流文化中的艺术家不同的是，他们并没有宣传自身傩戏的文化自主性，只是因为自身所掌握的傩仪程序和表演技艺而被用来作为传播文化的介质。①因此，傩戏展演情境中江西傩艺人的族群身份是被表述出来的。

需要提醒的是，族群身份意识被唤醒情境是基于文化整合之上达致中华民族文化身份认同的一种诉求方式，其动机主要不是为了唤醒艺人对于自身族群文化身份的归属意识。但是情境中族群文化差异比较这一呈现方式却在事实上不同程度地唤醒了参与情境的傩艺人尤其是"少数"族群傩艺人的族群身份意识。与同一情境中"少数"族群傩艺人倾向于体验自身族群文化身份不同的是，江西傩艺人则更多地唤醒了身份意识中最高层次的国民身份意识，而不是家族宗族身份意识之上的汉族族群身份意识。因此，情境中江西傩艺人的身份实际上是由地方性家族宗族身份和中华民族身份两个层次叠加而成。他们能够超越地方性家族宗族身份，直接跨越汉族族群身份而达致国民身份的认同，不仅是因为汉族族群文化形象及其内涵外在于他们的生活文化，更是特定傩戏情境性要素的导向作用使然。

我们可以江西傩艺人族群身份被唤醒的具体情境为例，来探究江西傩艺人这一情境性的族群身份跨层级认同是如何达成的。由于国际表演情境强调的就是傩戏所表征之同属一个国家的文化传统在最大程度上的同质性归属，及其与不同国家的文化传统哪怕是在最小程度上的异质性比较，因此在这类表演情境中，傩戏之为中华民族传统文化的身份表述使得傩戏本身就已经凸显成为国家身份的象征符号。此类情境中民族国家情感的维护和强调无疑更能促使对国家的身份认同升腾为被唤醒情境中傩艺人的主导身份意识，江西傩艺人也就自然而然地超越地方性家族宗族身份认同、跨越汉族族群身份认同而直接进入国家身份认同这一更高层次的认同层面。

更为复杂和值得关注的是国内民族民间文化展演情境。这类情境以中华民族民间文化上的多样性与本土性为展演形式，呈现了形态各异的"本土""民间"文化，如"中国泉州广场民间文化艺术节""中华百绝"民间艺术博览会名称中所明确标识的那样。但是该类情境将民族、民间文化导向民族文化的整合和多民族国家整体认同的深层动机亦经由傩戏之民族文化身份的表述及其权力彰显而表征出来。比如在萍乡傩艺人参与的"中华百绝"博览会上，时任全国人大常委会副委员长廖汉生在看完萍乡傩舞演出之后，在现场即挥毫写下了"弘扬民族文化，展现民族风采"的题词，赠予萍乡傩班。1992年南丰石邮傩班赴广西桂林参加中国广西傩戏国际学术研讨会进行专场演出之后，被授予的荣誉锦旗上"弘扬民族文化"的表述便明确标识了傩文化的中华民族性。

---

① 笔者使用"介质"一词就说明了信息传播的过程中存在着因为傩艺人个体认知水平的差异而导致的信息理解及信息传播的个体差异。关于这一点，笔者另有专文讨论，此处从略。

在这里,傩戏"民族文化"的界定使得江西傩戏的民间性和地方性被拔高到了文化的中华民族性这一层次,且其表述者如全国人大副委员长或如某荣誉锦旗上署名的"广西傩戏国际学术研讨会",则因其所代表的无可辩驳的政治权力或文化权力对傩戏文化的民族性予以了肯定和彰显。"民族"的概念使人民享有相互的认同感,民族作为一种促进"融合"且提供"意义"的涵盖一切的象征或符号而发挥作用,这样的民族性呼应了"需要有根深蒂固的有疆界限定的、全面完整的和真实可信的同一性的感觉"。这样,傩戏之为多民族国家文化的身份认同理念藉由这类特定的具有娱乐性质的民间文化表演情境而弥散于民间大众的集体话语和身份意识之中,使得无论是该情境中的表演者还是观赏者都能够在一种自觉或不自觉的状态中接收并接受国家文化身份认同的话语表述和意识宣示。与此同时,作为一种地方性文化景观的江西傩戏,其原本所具有的浓郁地方文化色彩被民族文化身份的表述所覆盖,而与一种抽象的民族观念联系起来,并通过权力的彰显和辅助而被强力植入江西傩艺人对于傩戏的身份认知之中。由此,被唤醒情境就能够唤醒江西傩艺人身份意识层次中最高的国家身份意识,而进一步弱化了身份意识中原本就很淡薄且潜隐着的汉民族身份意识。

当然,在被唤醒情境中江西傩艺人族群身份跨层次认同的达成,并不意味着同一情境中"少数"族群成员的身份转化亦能如此顺利。"少数"族群文化对于"少数"族群成员来说具有极强的身份规约性,族群身份往往是"少数"族群成员的首要身份意识。而且,当把傩戏当成一种文化资本进行资源竞争时,与江西傩乡强调江西傩戏之民族文化特色不同的是,"少数"族群傩戏则更多地成为"少数"族群文化的一个特色,这就进一步强化傩戏的"少数"族群文化归属。因此,在国内以族际文化比较为表现形式的族群身份被唤醒情境中,"少数"族群成员体验到的族群身份意识更多地倾向于本族群的族群身份,国家的身份意识反而有时会被淡化,有时则可能出现族群身份认同的困境。

比如有研究者在调查中就发现,保安族在参与因国家政治生活需要而建构的仪式展演情境中,就存在着回族之族群身份与保安族之民族身份认同的困境。由于中国的民族分类与识别更多地体现了国家的政治治理逻辑,"少数"族群身份的界定与实际上"少数"族群个体成员对于自身族群文化的认同并非总是一致的,这就有可能造成"少数"族群成员族群身份、经由民族识别认定的民族身份与国家身份等各身份意识之间不同程度的不完全吻合现象。

四、余 论

江西傩艺人的族群身份依据特定情境的建构及情境所传达出来的文化身份表述出现了跨层级认同,他们跨越原有的汉族族群身份意识而表现出特定情境中的国家身份意识。这种国家身份意识往往是通过类似于"我是中国人""傩戏是中华民族传统文化"这样一种身份态度或立场呈现出来的,是一种经由传播而形塑的"情境化"的身份态度和立场。因此,江西傩艺人族群身份的跨层级认同显然具有极强的情境性特征。

当然,江西傩艺人的族群身份能够完成情境性跨层级认同,更为深层的原因尚在于,中华民族国家的文化整合仍然是以汉族传统文化为基调展开的,江西文化小传统与汉族文化大传统在很大程度上具有同质性。因此,江西傩戏所表征的地方性家族宗族文化与汉族大传统文化及以汉族大传统文化为凝聚核心的多民族国家文化在核心表述上呈现的是以同心圆的方式勾连的不同文化圈层,这就使得在以文化整合为隐性动机构建的族群身份被唤醒情境中,江西地方文化能够很快地调适于多民族国家的文化大传统,从而在较大程度上避免了如"少数"族群成员在身份转换之间认同意识发生冲突的可能。

值得注意的是,绝大多数江西傩艺人的民族身份意识虽然是一种情境性的身份意识,还未能真正内化到江西傩艺人的惯常身份意识之中。但随着傩戏因被赋予的民族文化身份不断开发成为文化资源,而逐步丧失其原有的生态环境和生存情境,江西傩戏原本所具有的家族宗族身份受到新生成的各种情境性身份的不断挤压。江西文化小传统亦在与文化大传统甚至西方文化进行程度不同的身份博弈。这种种身份博弈及其间所内蕴的认同复杂性既可以丰富汉族族群认同的研究,又为既要走向世界又须极力保持本土化特色的中华文化身份认同理论研究提供了特殊的样本借鉴。尤其是当某江西傩乡被命名为"最后的汉族"[①]的典型群落时,这种借鉴意义就显得更加突出了。

(原载《中央民族大学学报》2014 年第 2 期)

---

① 《最后的汉族》主要描述了江西南丰石邮村的傩戏。在书中,作者认为"汉族作为世界上最大的民族,它的民族性却最不明显,从史书来看,汉族在不断对其他民族进行同化的过程中,使自身变成了包罗万象的一个大口袋,特性也越来越丧失。石邮村由于地理位置比较偏僻,不发达,受外界影响小,而且村里的整个秩序都依附于极有表现力的傩舞而形成独特的根系,使传统观得到了很好的保留。从这个意义来说,我们很难再找到这样地道的汉族村落了,它是人们研究汉族文化和组织形式的一块微雕艺术品。"详见陈彤、刘春著,《最后的汉族》,北京:中国编译出版社,2001。

博物馆文创产品的价值、设计方式和原则

陈凌云

随着博物馆建设热潮的不断升温,不同时代、不同类别的文物藏品以其内涵丰富的文化和艺术元素,为创意产业提供了素材,成为创意思维的灵感源泉。各地博物馆提取、应用馆藏文物创意元素设计开发的文创产品越来越多地进入了公众视野,取得了良好的经济效益和社会影响。截至目前,北京故宫博物院开发的各类文创产品数量已达8 000多种,2015年销售总额超过9亿元;上海博物馆、南京博物院、国家博物馆等研发的文创产品也各具特色,销量不俗。然而,与欧美及台湾地区相比,大陆博物馆文创产品品种单一、质量粗糙、设计简单等问题依然突出,在研发队伍、营销模式、品牌推广等方面仍存在较大差距。在肯定大陆博物馆近年来开发文创产品取得成绩的同时,也有不少人提出质疑,如指出北京故宫博物院文创产品为迎合市场,一味模仿清宫戏造型,品位和质量上远不及同类型的台北故宫博物院文创产品[①]。本文拟运用博物馆学和艺术创意学的相关理论,首先界定博物馆文创产品的内涵和价值属性,其次通过对大陆和欧美、台湾地区博物馆文创产品进行比较,归纳出文创产品设计的主要方式和原则,以期为大陆博物馆设计研发文创产品提供借鉴。

一、"博物馆文创产品"的内涵和价值构成

"博物馆文化创意产品"(museum cultural and creative products),简称"博物馆文创产品",是指在博物馆实体商店或者电商平台销售的,创新性提取、运用馆藏文物的文化艺术元素设计、制作的融观赏性、纪念性、实用性为一体的特殊商品。这一概念是我国博物馆界在发展文创产业的实践中概括出来并推广使用的,西方类似的概念有"博物馆商品"和"艺术衍生品"。在媒体报道和学术界相关研究论著中,除了"艺术衍生品"和"博物馆商品"这两个"别名"之外,还有"博物馆文化产品""旅游纪念品"等称谓。名称的不统一导致对博物馆文创产品概念的内涵和外延存在模糊认识,其价值构成也难以得到准确分析。因此,有必要对这些相似概念进行辨析,厘清其

---

① 潮白:故宫文创产品应该把握的底线[N].南方日报,2015年8月11日。
王钟的:北京故宫文创产品被批太Low[N].中国青年报,2016年1月6日。

中的联系与区别。

"艺术衍生品"（art derivatives），是指以艺术家的艺术作品或具有艺术价值的历史遗产作为原型，继承了原作的特色艺术元素与符号，采用创意设计的手法将符号价值寓于新的载体之中，设计、生产的兼具美感与实用性的特殊艺术产品[①]。艺术衍生品既可以在博物馆商店出售，又可以在画廊和艺术超市交易，就销售范围而言，明显广于仅能在博物馆商店出售的文创产品。但由于博物馆具有不同的类型，艺术类、历史类、综合类博物馆的文创产品多基于具有较高艺术观赏价值的文物开发，因而可被纳入艺术衍生品的范畴，而自然科技类、行业类博物馆开发的文创产品似不能简单归为艺术衍生品。

"博物馆文化产品"（museum products），狭义上讲主要包括两个方面：一是展览，即把独立的具有历史、艺术和科学价值的藏品连接起来组成一个具有思想性的文化产品；二是通过一些商品作为媒介，把展览的信息传达给观众，帮助观众进一步了解和认知展览[②]。后者即博物馆文创产品。广义上讲，博物馆文化产品是指博物馆作为公共文化服务机构，对外提供的所有有形和无形的产品。人们观赏展览时的审美体验，以及博物馆围绕教育功能开展的社会服务活动等，也可纳入其中。因此，博物馆文创产品是博物馆文化产品的一部分。

"博物馆商品"（museum store product），起初来源于西方博物馆零售业的语境，特指在博物馆商店中出售的产品。与博物馆文创产品相比，更加强调此类物品的商业交易性质，对其中蕴含的文化创意要素指向不明确。因此，虽然"博物馆商品"的概念范畴和"博物馆文创产品"基本重合，在具体使用时，采用"博物馆文创产品"的说法更加能够凸显文创产品有别于一般商品的文化创意特性。

"旅游纪念品"（tourist souvenirs），是统称旅游市场上出售的具有纪念性质的商品。随着博物馆和旅游行业的深度融合，当博物馆兼具旅游景点身份时，观众购买的文创产品便同时成为旅游纪念品的一种形式。但总体而言，以"旅游纪念品"指代博物馆文创产品，含义过于宽泛粗放，亦无法彰显文创产品的独特属性。

二、博物馆文创产品的价值构成

品类繁多、琳琅满目的博物馆文创产品虽然体量较小、规模不大，却是博物馆知识传播、审美欣赏和艺术教育等功能的延伸和拓展，同时可以为博物馆增加经营性收入，提高博物馆的经济效益和可持续运营能力。对于购买者而言，文创产品又具有实用性、观赏性、知识性、文化性、收藏性等多重意义，并且，由于其承载有观者博物馆之旅的记忆，亦可作为"有文化、懂艺术"的身份认同和标榜，从而具有相当的情感意义。分析博物馆文创产品在不同层面的

---

① 张爱红：博物馆艺术衍生品创意开发模式研究［J］.艺术百家，2015年第4期。
② 国家文物局博物馆司博物馆处："博物馆文化产品研讨会"综述［N］.中国文物报，2007年10月26日。

价值构成,可以为研发设计文创产品提供思路。概括起来,对博物馆而言,文创产品主要具有传播价值和经济价值;对购买观众而言,文创产品主要具有审美价值、实用价值、收藏价值和情感价值。

对博物馆来说,首先,博物馆商店被称为"最后一个展厅",文创产品给观众提供了把博物馆藏品"带回家"慢慢欣赏的机会,具有宣传博物馆馆藏特色和文化内涵,无形中扩大博物馆品牌社会影响力的传播价值。其次,放眼全球,文创产品的营销早已成为博物馆自筹资金的重要来源,如大英博物馆文创产品年营收高达两亿美元,美国大都会博物馆、史密森尼博物馆文创产品年均销售收入都超过了1亿美元,文创产品拥有可观的经济价值是毋庸置疑的。

对购买文创产品的观众来说,首先,文创产品的重要门类就是各类日用商品,如文具用品、服饰、家居用品等,可以在日常生活中直接使用,具有实用价值。相较于普通日用品,制作精良的文创类日用品因融入了文化艺术元素而具有较高的审美价值,是日常生活审美化的体现。文创产品中的仿真品、复制品更是被直接用于家居装饰,最大限度地发挥了审美价值。其次,收藏一件文物展品代价高昂,多数博物馆文化爱好者难以承担,而文物原型的复制品或者微缩模型保留了原作的外观,本身也具有不菲的经济价值,可被用于替代原作满足购买者拥有展品的欲望,因而具有一定的收藏价值。再次,博物馆文创产品的情感价值在于,一是产品承载了购买者参观博物馆的美好回忆,可以弥补其在展厅内由于时间、距离和人流因素而未能尽情欣赏展品的遗憾;二是作为拥有文化和艺术内涵的产品,在无形中促进了主人对自身"知识文化人"身份的认同,较之一般奢侈品而言,更可用以对外炫耀主人的文化品位。

三、国内外博物馆文创产品品类比较

以下选取上海博物馆、台北故宫博物院和美国大都会艺术博物馆三家网上商店分别作为大陆、台湾和欧美博物馆开发销售文创产品的代表性案例,统计目前在售文创产品的品种、类型和数量[①]。

上海博物馆网上商店在售文创产品共计28个类别,240个品种。其中,数量最多的是各类出版物;各种文物仿真复制品约占六分之一,属于售价较高的高端商品;丝巾、领带、桌旗等属于中端商品;低端商品品类丰富,主要是各种文具用品和生活用品。

台北故宫博物院网上商店在售文创产品共计8大类别,2 487个品种。其中,各大类均可细分为若干小类,如"流行趣味"下设3C周边、趣味生活、贴纸DIY、随身镜、手机吊饰、钥匙圈6个子类;"生活风格"下设品茗时光、生活摆饰、餐桌用品、个人用品4个子类;"设计文具"下设文房四宝、笔、家庭办公、胶带、书桌收纳、书签、明信片、名片夹、笔记本9个子类。

[①] 说明:因北京故宫博物院仅有低端商品在"故宫淘宝"上售卖,中、高端商品尚未通过网络渠道营销,因此大陆方面选择品类较为全面的上海博物馆网上商店作为分析案例。

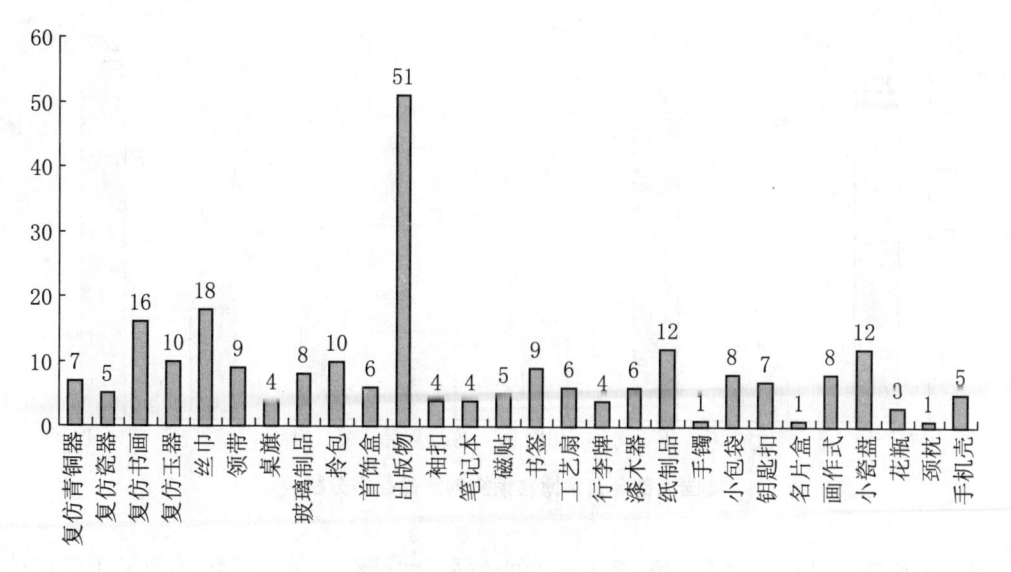

上海博物馆文创产品品类分析①

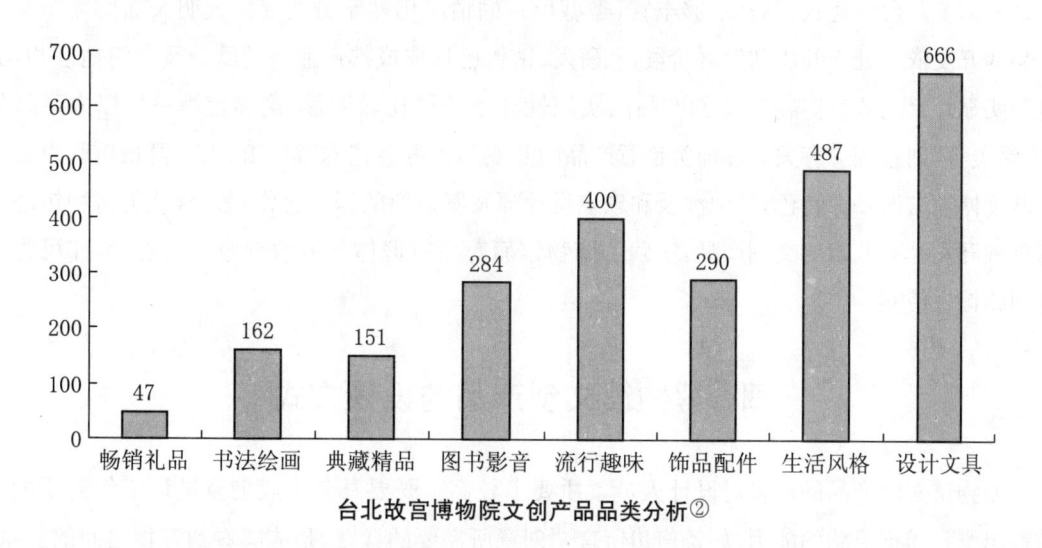

台北故宫博物院文创产品品类分析②

  大都会艺术博物馆网上商店在售文创产品共计 8 大类别，1 133 个品种。和台北故宫博物院一样，每个大类下又分为若干小类，如"首饰和手表"条目下有耳环 74 种、项链 42 种、项坠 39 种、胸针 34 种、手镯 33 种、戒指 7 种、手表 17 种；"服饰及配件"条目下有围巾、丝巾、T 恤、外套、睡衣、手帕、领带、拎包、雨伞等分类，品种非常丰富。大都会商店网站还提供根据价格区间、展览系列、产品材质等分类搜索的功能，并且列出每一季销量最好的产品(best seller)和打折出售商品(clearance)。

---

  ① 数据来源：上海博物馆网上商店：http://www.shanghaimuseum.net/museum/frontend/shop/index.action。
  ② 数据来源：故宫精品网络商城：http://www.npmshops.com/main/modules/MySpace/index.php。

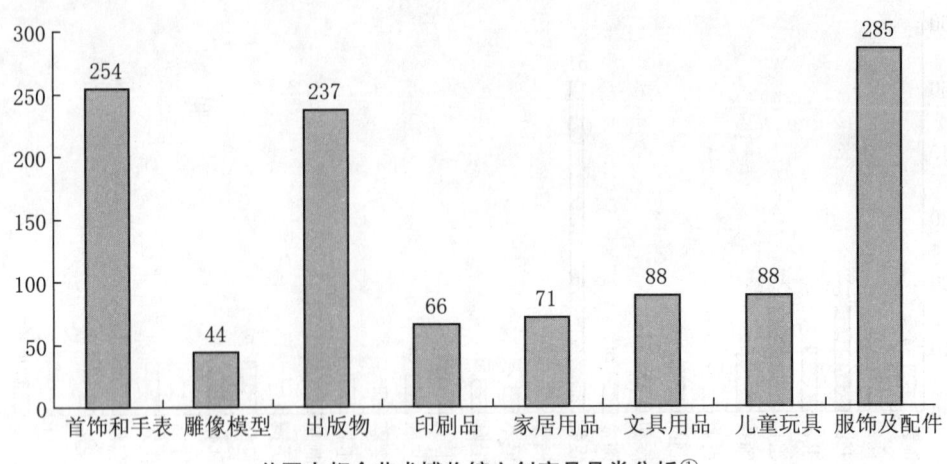

美国大都会艺术博物馆文创产品品类分析①

品类	数量
首饰和手表	254
雕像模型	44
出版物	237
印刷品	66
家居用品	71
文具用品	88
儿童玩具	88
服饰及配件	285

从以上比较可以看出,大陆博物馆开发文创产品虽然已经拓展了门类,注意和生活相结合,但是与欧美及台湾比较,品种不够丰富、类型单一的情况仍然十分明显。说明大陆博物馆文创产品的开发依然处于起步和发展阶段,和研发、销售已形成成熟产业链的欧美及台湾地区相比,差距明显。台北故宫博物院文创产品的实用性和趣味性比较明显,这和台湾一贯以来奉行的"生活美学"创意理念有关。首饰类创意产品的开发是大都会艺术博物馆、大英博物馆和卢浮宫等欧美博物馆的一大特色,其中涉及和珠宝设计师及制造商的深入合作;另外,欧美博物馆还普遍重视开发针对儿童的文创产品,实践了博物馆面对所有群体开展教育服务的理念,亦可为国内博物馆之借鉴。

四、博物馆文创产品的设计方式

博物馆文创产品的研发对设计人员素质要求较高。既要具备一般创意设计工作需要的发散性思维和捕捉灵感的能力,如赖声川所言:"创意所需要的智慧,是能够看到万物之间的关系,首先需要看到万物的整体性,自然界一切的相互连接性。有了这种智慧,创意工作才可能有深度。"②又要对馆藏文物的文化内涵、形式风格、审美意蕴有充分的了解,以此为原型和基点展开设计。如果仅仅把握了展品的色彩、材质、图案、器型等外观因素,对创意元素的应用必然只能流于表面,无法将文物特有的"精、气、神"转化为文创产品的内在神韵。从创意元素的提取和运用方式看,文创产品的设计可以大体上分为整体复刻、元素提取和意境诠释三种。

"**整体复刻**"式设计。即将文物整体造型进行复制、缩小后,直接应用于文创产品的设计方法。通过这种方式设计,文物造型不变,比例一般和原作等同或者小于原作。从功能上看,具体

---

① 数据来源:大都会艺术博物馆网上商店:http://store.metmuseum.org/.
② 赖声川:赖声川的创意学[M].广西师范大学出版社 2011 年.

又可分为"功能保留"和"功能转换"两种情况。"功能保留"见于各种文物仿真复制品,如仿真书画、青铜玉器等,多用于家居装饰,保留了其在博物馆中的观赏功能;又如按照文物原型复制的茶杯碗盏等物,保留了其在制作年代作为饮食器皿的最初功能,可用于日常生活。"功能转换"是指文物形制虽然基本保持不变,但是进行微缩后作为装饰性元素加以运用,与文物原有的功能大相径庭,如台北故宫博物院根据馆藏珍品"翠玉白菜"开发的系列产品。

"元素提取"式设计。即提取文物造型上具有代表性的局部图案或元素,创新性运用于不同品类的文创产品。根据空间形态是否改变,又可分为"形态转换"和"形态不变"两种情形。前者是指将平面元素立体化,或者立体元素平面化展现,如台北故宫博物院的"坠马髻颈枕"提取馆藏《唐人宫乐图》中的女子发髻形态,利用造型上的相似性,设计为颈枕。后者指平面的元素仍以平面化的形态展现,如提取瓷器上的纹饰、书画作品中的片段作为创意元素融入诸多产品之中,是文创设计中比较简便和常用的做法。需要注意的是,要提取文物上具有代表性和特色的图案及纹样,合理运用于文创产品,使人既可以联想到原作,又不至于有突兀之感。

"意境诠释"式设计。不囿于文物外在造型、纹饰等元素,通过解读文物深层的文化历史意蕴,探究符号的象征意义,结合大众生活需求和时尚元素开发的与原作"形不同而神似"的创意产品。"意境诠释"属于较高层次的文创设计,既需要对原型作品的内涵和意韵有深刻的理解与把握,又有能力将之通过符号转换、创意表达的方式用于文创产品。通过这种方式开发的文创产品,单从外观造型上可能看不出和原作的联系,仔细欣赏、涵泳、把玩方能领略和原作一脉相承的文化意涵及艺术趣味。该种设计方法常用于首饰配件和生活用品等小型文创产品的制作。

五、博物馆文创产品的设计原则

博物馆文创产品特有的传播价值、经济价值、实用价值、审美价值、收藏价值和情感价值决定了其设计需要遵循文化性原则、美观性原则、实用性原则、适度趣味性原则、独特性原则、系列性原则和多样性原则。

1. 文化性原则

文化性是博物馆文创产品的根本特性,也是设计的第一要则。广义上看,"文化性"不仅指文创产品具有原型的文化元素,也包括延续原作的艺术风格和工艺技术,还原和再现原型创作的社会、历史、人文和自然情境。如此,文创产品才能在远离博物馆场域的日常环境中持续发挥传播博物馆和展览、展品文化的作用。因此,要选择提取展品上强烈表达、浓缩文化意蕴的元素,在文创产品上加以扩大、突显,使人一目了然地感受到文化的冲击。如上海博物馆开发了大量运用馆藏文物如意纹、蝠桃纹、婴戏图等元素的产品,这些图样有效传达了祈愿如意吉祥、瓜瓞绵绵的传统文化。

2. 美观性原则

美观性和文化性一样,是博物馆文创产品与生俱来的特性,也是设计时要遵循的重要原则。

艺术源于对美的追寻,创意和灵感来自对美的发现和利用。缺乏美感的设计,即使质量再好,也会显得黯淡无光。观众欣赏博物馆展品,不仅为其厚重的文化底蕴所震撼,也为其难以言喻的美感所打动。尤其是绘画、雕塑等艺术类展品,审美性是附着其上的重要价值,以此类作品为原型设计的文创产品,应特别留意对原作美感的传达。同样,精致华美的衣饰、品味不凡的文具、熠熠生辉的餐具,如果与文化元素紧密结合,自然更能激发观众的购买欲望。

3. 实用性原则

博物馆文创产品除了一小部分复刻模型用于家居装饰和收藏外,大量的品种属于日常生活用品,注重生活化和实用性是其重要的设计原则。调查表明,文创产品中销量最高的正是日用品类型,如"故宫淘宝"上卖得最好的是书签、化妆镜、便签夹、车贴、行李牌等实用小物件。文创产品的开发必须考虑使用的便利性,使得文物"可欣赏、可把玩、可触碰、可穿戴、可食用",真正融入日常生活。在充分展示文化元素时,日用型文创产品的研发要结合人体工程学研究成果,尽可能提高产品的耐用性和舒适度。如台北故宫博物院的"坠马髻颈枕"就是一款舒适度和便利性都很高的文创产品,苏州博物院开发的"越窑秘色瓷莲花碗曲奇抹茶饼干"采用进口上等黄油和抹茶粉制作,造型独特,口感也十分美好。

4. 适度趣味性原则

开发博物馆文创产品还要注意趣味性和时尚性。风靡一时的"朕知道了"胶带、"朕就是这样汉子"折扇、故宫朝珠耳机、大英博物馆小黄鸭等文创产品,巧妙结合了传统文化元素当下流行的"卖萌"时尚创意设计,为年轻人所喜爱和购买。文创产品趣味性设计可以改变人们对博物馆僵化、保守、呆板面貌的主观认识,强调改进中的博物馆亲民和有趣的一面,提高观展欲望。应当注意的是,博物馆"卖萌"应适度,如果"卖过了头",就容易消解文创产品的文化内涵和艺术品质,沦为一款"好玩""有趣"的普通产品。综观大都会艺术博物馆和大英博物馆、卢浮宫等的文创产品,流行趣味的"卖萌"产品只是其中的一小部分,而且多为低端价位商品,销售对象以儿童为主。而在"故宫淘宝"网站上,三分之二是通过对王公贵族肖像的变形、"萌化"和"动漫化"开发的展品,虽然销售火爆,但恐怕和清宫戏的流行一样,难以有效提升国人的审美和文化品位。

大陆博物馆文创产品同质化现象比较严重,"跟风"现象比较明显,如文物"胶带"系列的流行,造成原因之一是博物馆不够重视产品的独特性。每家博物馆都有特色馆藏文物,适合开发的产品形式并不相同,与设计商的合作资源也各有侧重,不同地区、国度的博物馆观众构成及审美品位也有差异,如果开发的文创产品千篇一律,不仅无法起到有效传播博物馆文化和展品的作用,也难以取得较高的销量和口碑。因此,博物馆应围绕馆藏特色文物资源,设计开发具有独特性和创新性的系列"拳头产品",对外打造博物馆品牌,更好传递展品价值和特色。如台北故宫博物院文创产品以生活化和趣味性为主要特征,"不止正经,也要淘气";大都会艺术博物馆的首饰类文创产品模拟了不同时期、地域工艺展品的技术特征及艺术风格;大英博物馆根据丰富的馆藏埃及文物开发了大量以象形文字、木乃伊、狮身人面像等埃及元素为特色的产品。

5. 系列性原则

系列性原则即将同样的文物元素运用于不同品种的文创产品开发,相同的图样、纹饰密集、大量地出现于各式各样的产品上,在博物馆商店里集中摆放,给人造成相当的视觉冲击力,同时提供多样的选择空间。系列性原则的实施有两种形式,一是围绕主题展览开发系列产品,二是围绕馆藏名作开发系列产品。围绕展览开发产品,如大英博物馆18次特展分别开发了相应的产品系列,并在网上商店提供根据主题展览搜索文创产品的路径。以莎士比亚展为例,研发设计的文创产品有图册、文具、首饰、围巾、手表、书签、明信片等。围绕作品开发产品,如法国卢浮宫博物馆通过提取、挪用馆藏名画《蒙娜丽莎》的艺术元素开发设计了43款文创产品;大英博物馆以镇馆之宝罗塞塔石碑为原型开发了69种文创产品,包括围巾、手机壳、钱包、水杯、伞、钟、书签、钢笔、U盘、耳环、手表、拼图、扑克牌、减压海绵、巧克力等;台北故宫博物院也围绕馆藏珍品"翡翠白菜"开发了挂饰、明信片、手机壳、摆件、书签、笔记本等产品。

6. 多样性原则

博物馆开发文创产品的多样性原则体现在三个方面:类型的多样化、对象的多样化和价位的多样化。创新的核心是在看似"风马牛不相及"的两个物体上看到创意的连接点,"脑洞大开"创造出令人耳目一新的产品。对于同一件文物,综合运用整体复刻、元素提取和意境诠释等方式,可以生发出各种不同类型的文创产品。其中和原作类型相差甚远,却又能巧妙传达原作意蕴的产品,更能反映设计者的匠心独运和灵光乍现。博物馆观众的日趋多元化催生分众传播策略的实施,针对不同对象设计的文创产品更能体现博物馆精细、周到的人性化服务。如国外知名博物馆均设有专门出售给儿童观众的产品,集娱乐性和教育性于一体。博物馆在以后的发展中或可考虑开发针对老年观众及残障人士的产品,如手杖和眼镜等。针对不同观众群体的前期调研及市场定位也须纳入产品开发环节。根据营销学原理和产品销售实践,开发不同档次和价位的产品是十分必要的,有助于满足不同购买群体、不同购买动机的差异化消费需求。国外博物馆商店经过多年的实践和调整,已经形成了比较成熟的产品价格体系,在每一类产品中均提供不同价位的搜索方式,如大英博物馆"雕塑"(sculpture)类产品下设6个价格区间,涵盖了售价从9英镑到1 500英镑的118件产品,给消费者提供了多样化的选择。

(原载《文化产业研究》2016年第3期)

论中国基督教版画对朝鲜时代中后期绘画的影响

——以申润福作品为例

王 韧

朝鲜时代中后期(1392—1910),随着传教士在中国广泛传播基督教教义,基督教绘画特别是版画在中国得以流传和发展。这一时期,朝鲜与清代中国文化交流频繁,朝鲜风俗画家申润福(1758—1813)的作品就昭示了这段文化交流史。本文将深入分析中国基督教版画传入朝鲜的途径和申润福作品中的中国基督教版画因素,以探讨中国基督教版画对朝鲜时代中后期绘画的影响。

一、中国基督教版画传入朝鲜的途径

朝鲜半岛自"箕子率众东走朝鲜"始,半岛上的国家都自觉地接受、认同以儒家纲常学说为基础的封建礼法制度与"天朝礼制体系",与中国一直保持稳定的宗藩关系。1637 年,丙子之役后,朝鲜王朝与清朝确立了宗藩关系,并成为其朝贡国。此后,两国文化交流极为频繁。绘画上,主要表现为大量艺术书籍的交流,其中包括汉译西书。由此,笔者认为中国基督教版画传入朝鲜的途径主要有两条:一是通过朝贡使臣采购汉译西书;二是通过传教士直接赠予汉译西书。

朝鲜时代后期,作为藩属国的朝鲜,每年都会定期不定期地派遣使臣到中国朝贡,此朝贡之行称为"燕行"(到燕京旅行),派遣的使臣即称"燕行使臣"。据统计,仅 1639 年至 1893 年的 253 年间,朝鲜使行到中国进行外交文化活动达五百余次。[①]"燕行"的各类朝贡使团人员情况据《通文馆志》记载,大致使团正官每次 50 人左右,[②]除了担任重要职责的正官"三使",正使、副使、书状官之外,还有包括译官、医官、画官、通事官、军官等的正官以及仆役和随从。这些使臣作为朝鲜王朝对外交往的渠道,在中国清朝书籍东传朝鲜的过程中起到了主要的作用。《朝鲜王朝实录》中有以下这样的记载:

[①] 胡光华、李书琴:《清代中国与朝鲜绘画交流蠡论》,《美术观察》2005 年第 1 期。
[②] 《通文馆志》卷三。

1 年[1777 丁酉(乾隆)四十二年]2 月 24 日,庚申"进贺兼谢恩正使李澂、副使徐浩修……觅出《古今图书集成》,共五千二十卷,五百二匣。给价银子二千一百五十两,今方载运"。①

上述材料简要说明了朝鲜朝贡使臣购书的过程,对于有些珍贵书籍,他们也是不吝重金的。此外,购书作为朝贡使臣的一项职能,承载着引进先进文化,促进两国文化交流的重任。

与此同时,朝贡使臣们来京期间,与清代学术界精英结交朋友。他们互相建立的深厚友谊,也为朝鲜时代后期学者、画家赴华进行书画交流积累了经验。朴齐家(约 1750—约 1805)和柳得恭(1745—?),二人作为使臣于 1778 年、1795 年和 1801 年三度"燕行"中国,开创了朝鲜时代与清代绘画交流之先河。他们相继与清代文人纪晓岚、阮元、翁方纲、陈鳢、李调元、潘庭筠,书画家罗聘、吴照、张道渥、孙星衍和铁保等人开展了广泛的交流,在中国留下了良好的声誉,为后期学者、画家来华交流奠定了基础。②朴趾源(1737—1805)是继朴、柳二家之后,1780 年作为随员随其堂兄进贺兼谢恩正使朴明源抵京的,他此行的目的主要是考察中国文化,其接触最多是举人王民皞、山东都司志亭郝成、举人邹舍是、贵州按察使丽川奇丰额、大理寺卿亨山尹嘉铨等人。在其《热河日记》中曾记载:"亦多先寓太学者。为参贺班来也。同寓一馆。昼宵相从。彼此羁旅。互为客主。凡六日而散。"③《日记》还记述他在中国所获书画艺术的见闻,并把中国画坛的情况介绍给自己的国家。

16 世纪末起,西方文化开始由传教士带入中国,与中国传统文化相碰撞,并激起了文人士大夫探求新知识的极大热情。清时出现了大量的汉译西书,且广为传播。随后,西学对中国文化与社会产生的影响很快引起了朝鲜朝贡使臣们的关注,他们开始大量购置汉译西书。鉴于朝贡使臣皆通文史地理,有极高的修养,所挑选的书籍均应为各部之所长,故画官在挑选时,尤为注意印有各种西洋绘画形式的书籍。这些印有西洋绘画形式的书籍,主要为西洋宗教教理,且书内绘画形式多为版画。

中国基督教版画传入朝鲜除经朝鲜贡朝使臣之途径外,还通过传教士直接赠予汉译西书。西学自传入中国后,便深深吸引了作为传播中国文化媒介的朝鲜朝贡使臣的关注。他们在京期间,大量阅览汉译西书,拜访天主教堂。随后,使臣们开始与西方传教士交往,并与他们进行深入细致的笔谈,期间传教士会通过赠书等方式增进彼此的友谊。据史料记载,这段交流史始自明末④,一直延续到清代,与以往中外交流的规模相比,其频率达到顶峰。

使臣们在与西方传教士的交流过程中,陆续获得了传教士直接赠予的汉译西书。这些蕴含西方先进文化的书籍经使臣带回国后,开阔了朝鲜国内士人们的眼界,且有力地推动了本国的

---

① 《朝鲜王朝实录》,《正祖实录》3 卷,"1 年[1777 丁酉(乾隆)四十二年]2 月 24 日,庚申"。44 册,第 653 页。
② 胡光华、李书琴:《清代中国与朝鲜绘画交流蠡论》,《美术观察》2005 年第 1 期。
③ (朝)朴趾源:《燕岩集》,13 卷,别集,《热河日记》,倾盖录,252 册,第 229 页。
④ 1631 年(仁祖九年,明崇祯四年),陈奏使行郑斗源一行与陆若汉(葡萄牙人,耶稣会士)的交往是有明确纪年的朝鲜使臣与西方传教士交流的最早记录。

文化发展。其中一些绘有基督版画插图的西书便对朝鲜当时一批画家的画风产生了一定的影响。如专以描绘市井乡村庶民节气之际的娱乐嬉戏为主的风俗画代表画家——申润福。

申润福,祖籍高灵,字笠父,号蕙园,与金弘道(1745—1816)、金得臣(1754—1822)并称朝鲜三大风俗画家。他的父亲申汉枰(1726—?)和祖父均为画员。申润福从小习画,初期受其亲、金弘道、金得臣画风影响,后独创绘画风格。喜画风俗画、女俗画、春意画等。现藏于首尔涧松美术馆的《蕙园风俗画帖》是申润福存世的经典之作,详细地描绘出了当时男女情爱和享乐的生活,该画帖共30幅作品,均是在纸上用水墨和色彩颜料画的(大小是28.2×35.6厘米),画帖创作于1805年至1810年间①。

以画帖中《舟游清江》《莲塘野游》二幅作品为例,画风不同于朝鲜时代其他画家和申润福此前创作的作品。画面的场景、人物的构图以及人物自然和随意的姿势的描绘在朝鲜时代中后期美术史上是史无前例的。然而,在儒教道德观念盛行的时代,画家如何会画出不被社会所接受的表现男女间的情爱的作品呢?何为画家作品主题和风格转变的重要原因呢?按照时间和两国交往中的重要历史事件,笔者发现,画家作品呈现的新的特点可能与他接触过欧洲绘画元素有关,而这元素最有可能的来源是中国传入朝鲜的汉译西书中的基督教版画插图。此版画插图最早可追溯到1644年11月,日耳曼籍耶稣会士清钦天监监正传教士汤若望(Johann Adam Schall Von Bell,1591—1666)赠送给昭显世子并带回国的《进呈书像》。

1622年,作为著名传教士利玛窦(Matteo Ricci,1552—1610)最重要的追随者之一的汤若望来到中国,随后成为第一位在北京的天文局担任重要官员的外国人。在北京居住期间,汤若望和昭显世子②熟悉起来,常常去拜访他,而世子也对基督教教义和知识非常感兴趣,常常回访,因此二人建立了良好的私人关系。至1644年11月26日昭显世子回国时,他已对基督教有了大致的了解,并得到汤若望赠送的大量有关基督教和科学技术方面的书籍(包括汤若望亲译的26本汉译西书),《进呈书像》也在带回的书之列。

黄伯禄《正教奉褒》中记载:

> 顺治元年(1644年),朝鲜国王李倧之世子,质于京,闻汤若望名,时来天主堂,考问天文等学。若望亦屡诣世子馆舍谈叙。久之,深相契合。若望频讲天主教正道,世子颇喜闻详询。及世子回国,若望赠以所以天文、算学、圣教正道书籍多种,并与地球一架,天主像一幅。世子敬领,手书致谢。③

---

① [韩]李泰浩:《朝鲜后期绘画的写实精神》,学古材,1996年,第248页。
② 1637年"丙子之役"后,朝鲜仁祖与皇太极签订"三田渡之盟",盟约提出"以长子并再令一子为质",之后朝鲜昭显世子及其胞弟凤林大君李淏(即为后来的孝宗)便作为人质被皇太极押送到盛京沈阳。8年后,清军入关,二人也被带到北京,在文渊阁居住了70天左右。也就是在这段时间内,昭显世子结识了汤若望。参见《清太宗文皇帝实录》(卷33,崇德二年正月丁卯条),中华书局影印本,1986年,第432页;李元淳著,朴英姬等译:《朝鲜西学史研究》,中国社会科学出版社,2001年,第46页。
③ 黄伯禄《正教奉褒》,载《熙朝崇正集 熙朝定案》(外三种),中华书局,2006年,第280—281页。

上述资料确实地证明了昭显世子与汤若望二人结交甚深,且世子对汤若望所赠天主像、西方科学著作等期望甚高,故后来在致谢书中写道:

很高兴得到贵下所赠天主像、与地球和有关天文学等西方科学著作,非常感谢!我已经读了几卷,其中发现了修身养性最合适的上乘教理,它闪耀着知识的光辉,但至今却不为我国所知。我想如果回国,不仅要在宫廷中使用,而且要出版,将它们普及到知识层。相信它们将来不仅在学术殿堂成为受宠之物,而且将帮助朝鲜人民完全学到西方科学。①

昭显世子与传教士汤若望的这段奇缘为朝鲜引进西学带来了一丝曙光,惜世子回国两个月后神秘猝死,其宏图伟业也随之夭折,但是汤若望的《进呈书像》已然被收藏于朝鲜宫廷。申润福可能是通过其曾为宫廷画师的父亲获悉了此书,并受其影响,遂形成了他独有的画风。可见,世子与汤若望的交往史,佐证了笔者提出的中国基督教版画传入朝鲜第二条途径,即传教士直接赠予汉译西书。

二、申润福作品中的中国基督教版画因素

上文在论述中国基督教版画传入朝鲜途径之二——传教士直接赠予汉译西书中,对朝鲜时代后期画家申润福所作《蕙园风俗画帖》受中国基督教版画影响的外因作了诠释,即可能与传教士汤若望赠送给昭显世子的《进呈书像》有直接的关系。那么申润福作品在表现手法、人物构图,背景空间设计等方面具体是如何体现中国基督教版画因素的?下文中笔者试将申的作品与《进呈书像》中的基督教版画作品进行比较,从而找出两者的内在联系。

申润福的《蕙园风俗画帖》与他之前《卖鱼商人》《美人图》《戴着毡帽的女人》等描绘的反映儒家学者高贵追求和平民日常生活的作品风格不同,画帖中许多作品反映的是朝鲜时代国都汉阳(今首尔)上流社会的娱乐场景。特别是画帖中《舟游清江》《莲塘野游》二幅作品,主题上,用新颖大胆的自然主义手法描绘了正宗(1776—1800)和纯宗(1800—1834)统治时期高级娱乐场所女性与两班贵族、中人之间的暧昧关系。画面构图形式上,受汉译西书中基督教版画作品的影响,画面中的场景安排是非传统的,不同身份人物的面部都朝向观画者,且人物姿态生动、组合随意自然,人物间甚至还有亲密的身体接触,这些在当时画坛是不多见的。

《舟游清江》描绘了二位上流社会的男士,在三名官妓的陪伴下,乘坐一艘由一位男侍者掌舵的篷木头船,耳边聆听着横笛手演奏的曼妙乐曲游历清江的情境。其中一位站在船篷下的男士,手扣在背后,似乎很享受夏日里迎面吹来的凉爽微风,另两位则更多地被官妓所吸引。这些

---

① 杨雨蕾:《十六至十九世纪初中韩文化交流研究——以朝鲜赴京使臣为中心》,复旦大学博士学位论文,2005 年,第 110 页。

官妓发型时髦、着装时尚、举止优雅,且能歌善舞,足以在小型的聚会或者大型的宴会上取悦富人。其中坐在船右后方的一位宫妓,正配合男笛手音乐的节奏,吹笙来增强船上的浪漫气氛。当船缓缓驶进一处群山环绕的河段时,另两位男士开始朝官妓靠近。其中一位斜靠在船边,右手托着脸颊,他满足地看着边上正轻轻把玩着凉爽河水的年轻官妓。这种人物动态组合自然随意的描绘在朝鲜时代晚期绘画作品中是史无前例的。靠近笛手的这位男性有了一个更为大胆的举动,其左臂揽着一名宫妓的肩并轻轻地抚摸着,同时其右手提着一支细长的烟管。这种对于进一步可能展开亲密行为的前奏的生动描写是非比寻常的,因为在申润福之前的画家从未描写过此类有着亲密身体接触的男性和女性。

从画面构图、人物动态组合等角度比较分析,申润福《舟游清江》可能受到来自《进呈书像》中两幅版画作品的影响。其中的一幅名为《天主耶稣渡海圣迹像》,讲述的是耶稣平息一场暴风雨的一个故事,画面中耶稣正在一艘船上小憩,他的信徒担心狂风暴雨、河水上涨会造成灾难,因此试图叫醒他。这幅画与申的《舟游清江》在结构上有着密切的联系。画面中的船占据着整幅画的显著位置,画面左下角较低处是一些巨石,巨石间以大量的短波浪线勾勒出波浪。船上,一群构图较大的人物在三维空间自然互动。画中大多数人物的脸都朝观画者的方向,这点与申润福作品中人物脸部朝向一致,适合作为一种虔诚的宗教画。人物构图中,耶稣站在船的边缘,其左手支撑着半边脸,与申润福画中的一位斜靠在船边的贵族男性正好成180°的翻版。版画作品中还有一男性人物侧坐在左边船尾,他的脸转向观画者,与申的作品中坐在右侧船尾吹笙官妓的动作也恰成180°翻制。

《舟游清江》中对于贵族男性人物拥揽宫妓的这个动态描绘与另一幅名为《天主耶稣就执像》版画插图中耶稣、犹大二人的动作较为相近。这幅插图刻画了耶稣被其门徒犹大出卖后,在逮捕过程中治愈一名被士兵割掉耳朵的奴隶的场景。图中犹大左手勾着耶稣,右手臂靠近耶稣的胸部的姿势,与申作品中居中间位置的一位贵族男性正挑逗一名官妓的动作有异曲同工之处,且耶稣站立方式与官妓的姿势皆为面朝观画者。画面构图上,二组人物都被画家置于了画面的中心位置。

此外,《舟游清江》画面中人物的组合关系、人物面部的清晰表情、以及人物服饰的三维效果(描绘有褶皱感的布的线条),都表明申润福对《进呈书像》里的版画作品非常熟悉。而且可以想象,当他接触到这些新的国外版画插图作品时,会对描绘不同人物的方式、人物脸部的特征以及空间自然的运动表现出极大的兴趣。特别当他看到版画中描绘的人物之间如此近距离的接触,促使他联想到朝鲜时代晚期上层贵族人士和官妓之间亲密的爱情活动,从而进行了独特的风俗画创作。

与《舟游清江》相比,申润福《蕙园风俗画帖》中另一幅作品《莲塘野游》,描绘了一个更为大胆的暧昧场景:身处优雅僻静花园的三位男性贵族,在三位官妓的陪伴下听琴赏莲。构图上,这幅作品中的人物比例相当大,目的是为了突出人物间互动的场面。且人物脸部角度皆采取正面描绘的手法,主要是为了清晰地展现他们脸部表情和身体姿势。画面中坐在偏右的一位男性贵族,申润福将其置于一位手持烟管官妓的前面,真实地表现了人物的心理,即近距离欣赏弹伽耶琴的宫妓。更令人叹绝的是,申润福对于左侧贵族男性的大胆描绘:他端坐着,并从后拥着一位坐在他大腿上的美艳宫妓。画面中间还绘了一位贵族男性(笔者推测为这个宅子的主人),他站着且头正转向右侧,看着他热情的朋友,脸上露出愉快的表情。这幅作品对于在上层阶级花园私密境地的秘密情欲集会的大胆描写,在当时是非常不寻常的。他在绘画主题和风格上都有根本性的变化,颠覆了之前的传统题材画。

同样,笔者从《莲塘野游》的背景构图何人物动作的处理中,发现这幅作品与《进呈书像》中两幅基督教版画作品存在某种联系。背景处理上,《莲塘野游》中集会的建筑背景与《天主耶稣论善恶殊报像》中拉撒路在富人门前乞讨食物的背景有相似之处,两幅作品皆用石头材质的墙和树作为背景,以强烈的空间纵深感来凸显画面中心。且申润福画中以右侧的树突出中间的贵族男性和画中右侧两宫妓的所处位置的处理方式,恰与《天主像》中利用船篷来强调版画中富人的方式相一致。除了背景之外,两幅画中一些人物的姿势也有共通之处。如《莲塘野游》中右侧男性独特的坐式,即后背半倚靠着靠垫,推向前弯曲伸出,与《天主像》中拉撒路坐式较为形似。《莲》中站立的男性姿态怡然,他微低头右转看着他热情的朋友,这与版画左下角一人物朝着拉撒路方向转头的动势,基本一致。

《莲塘野游》画面左侧一贵族男性迷恋地拥吻着官妓的姿势,还与救世主耶稣从十字架受苦受难后的另一幅版画作品有关。该版画作品名为《天主耶稣受死受瘞像》,画面右下角描绘的圣母玛利亚和她随从两人的坐姿与申润福作品中这对男女的拥姿如出一辙,即随从的右手从后挽着前面圣母玛利亚的腰,并支撑着她坐着。据笔者推测,申润福可能在看完这幅版画后,被画中新颖的搂抱姿势深深吸引,激发了他的创作灵感,从而绘制了《莲塘野游》。我们还可从另一点进一步论证两幅画的关联。版画中站在耶稣左侧的这位男性(阿里玛西亚的约瑟芬),身着宽松的长袍、戴着包头巾似的帽子,扫视着图中右下角的圣母玛利亚和她的随从,约瑟芬的这个动态与《莲塘野游》中站着的那位贵族男性有异曲同工之处。画面中这些相似性,皆可以说明申润福在接触《进呈书像》之后,对其中的一些版画插图做了创造性的利用。

除了《舟游清江》《莲塘野游》二幅作品之外,申润福《蕙园风俗画帖》中其他一些作品与《进呈书像》中的基督教版画作品也存在共通点。如《端午风情》,画面背景山石间的两位小僧侣正偷窥着端午节洗澡的妇女们的情境,与《天主耶稣受死受瘞像》中面带微笑的耶稣信徒们在一堵矮墙后观看耶稣受难的场景极为形似。《月夜密会》描绘了当值的捕校没有理会其他女人的偷看,热烈地拥抱着情人。画面中三人的构图布局与版画《圣母玛利亚感天神言徃见表姐》中玛利亚、伊丽莎白、撒加利亚三人的位置较为相近。而且,两幅作品中的建筑背景和树的细节刻画,都起到了增强画面空间感的作用。

通过将申润福《蕙园风俗画帖》中一些重要作品与汤若望《进呈书像》中几幅基督教版画作品进行比较,我们在人物动态、人物组合构图、背景空间布局等方面找到了两者的内在联系。这也从一个侧面论证了申润福的确有接触过《进呈书像》,且受版画中新颖的人物姿势等因素的影响,激发了他创作具有本民族时代生活特色的非传统风格作品的灵感,从而将朝鲜时代中后期风俗画领域发展到一个更成熟的水平。

综上所述,朝鲜时代中后期,中朝两国频繁的文化交流,为朝鲜绘画注入了新的活力。在文化交流过程中,作为传播媒介的燕行使臣引进了汉译西方基督教的书籍,此举对国内的艺术发展无疑是一种极大的推动。汤若望《进呈书像》的输入一定程度上影响了申润福的画风,相反,我们也能从画家的作品中明悉来自异国文化熏染下的成果。当然,画家申润福在借鉴了中国基督教版画因素的基础上,也有自己新的探索和创新,尤其在展示人物和场景方面,倾向于采用更加新颖的方式以达到近距离视觉体验的效果,对朝鲜后期画坛影响颇具。

(原载《艺术工作》2009 年第 5 期)

旅游民俗学何为:建设旅游民俗学的基本理论问题研究

程 鹏

旅游作为一种特殊的社会现象,不仅是旅游学研究的对象,也被社会学、人类学、民俗学等学科所关注。而且因为旅游与民俗有着紧密的联系,所以民俗学在旅游研究方面有着特殊的优势。早在1935年,中国民俗学家江绍原先生就撰写了《中国古代旅行之研究》,这本书也被认为是中国旅游学研究的源头之一。1989年,何学威更是创新性地提出了建立"旅游民俗学"的倡议。但是多年来,旅游民俗学仍然只是一句口号,并没有建立起强大的学科体系。民俗学对旅游的研究仍然与社会学和人类学等其他学科有很大差距,这种差距不仅表现在研究成果的匮乏和研究人员的缺少上,而且在研究的广度和深度上也深感不足,未能形成系统、科学的理论体系和方法论。面对旅游社会学、旅游人类学的强势发展,民俗学不能只是坐以待毙,应从根本上进行反思,为旅游民俗学的建设与发展打好基础。

一、旅游与民俗的互动逻辑

多年来,旅游民俗学这一分支学科没有建立起来,除了研究人才和成果的缺乏外,对于学科体系缺少相关理论的探讨也是一个重要原因。欲构建旅游民俗学的学科体系,需要先厘清旅游与民俗的关系及相关概念。

(一)民俗与旅游的内在关系

旅游与民俗,两者之间有着千丝万缕的联系。无论是旅游的最早发展形态,还是当今蓬勃发展的大众旅游业,都贯穿着民俗的身影。这些存在于旅游活动当中的民俗事象是民俗学研究旅游的主要关注对象,为民俗学研究旅游提供了可能性与必要性。

在现代大众旅游兴起之前,人们离开惯常居住地到他乡去而形成的人口流动,可以称之为迁徙或旅行。迁徙往往是由于生计所需,具有长期性的特点,历史上中原居民为逃避战乱的南迁、湖广填四川等出于人口政策需要的移民、中国北方游牧民族的逐水草而居等都可以称为迁徙。在迁徙的时候,其原有的民俗文化也在传播、传承的过程中发生着保留、变迁或重构。相对而言,旅行这一出行则更具有短期性和暂时性的特点,其出游目的更为多样,由此也形成了帝王巡游、官吏出使赴任、商贾贸易经商、学子求读修学、信众朝圣进香、文人墨客的游历等旅行形式。旅行当中同样存在着许多民俗，江绍原先生于 1935 年所撰写的《中国古代旅行之研究》，就是以民俗学的视角对汉前的旅游环境、旅游心理、旅游风俗及旅游设施、设备等进行了初步研究。虽然有学者认为其开创了中国旅游学学术研究的先河，但也有人认为这是一部典型的民俗学著作，只"重视旅行和旅游的民俗形式和意见，不太重视旅游的经济效应"①。换句话说，这部未完成的著作并不是借民俗发展旅游的实用之作，它关注的是旅游中的信仰民俗，其研究的侧重点在旅游民俗而非民俗旅游。

现代大众旅游兴起之后，民俗被作为重要的旅游资源而受到关注。中国的旅游业起步较晚，发展也相对滞后，尤其是建国后很长一段时间，旅游都是作为政务接待而存在，国内旅游仍是处于各种旅行阶段。20 世纪 80 年代以后，伴随着改革开放的热潮，国内大众旅游开始逐渐兴盛，人们在名胜古迹与自然风光之外，也希望对目的地的民俗文化有所了解，游客的这种需求也激发了民俗旅游资源的开发。这一时期，许多学者对旅游的研究也就主要集中在民俗旅游资源的开发等角度，围绕作为旅游资源的民俗文化特征、属性及开发价值等问题展开探讨。1982 年，莫高在《浙江民俗》上发表《民俗学与旅游学》，探讨两者的关系，对民俗文化之于旅游的意义进行了研究。之后在《民俗研究》1985 年的试刊号上所发表的《民俗与旅游》，进一步探讨了民俗应用于旅游的方式和方法。1988 年，陆景川的《民俗旅游发展浅探》一文也对开展民俗旅游的意义及方式进行了探讨。以《民俗研究》这一民俗学研究的重要阵地为例，从 20 世纪 80 年代末至 90 年代中后期，关于民俗与旅游的文章可谓不胜枚举，甚至为此开设专栏，足见这一问题的关注度之高。1989 年，何学威更是创新性地提出了"旅游民俗学"的概念，认为其是应用民俗学中功利性极强的一门分支。除了建议在全国范围内因地制宜设置几个极富代表性的"民俗旅游村"外，还对旅游民俗学的教育、科研方面提出了设想。但这一提法并没有在学界引起较大反响，甚至直到现在，各大学术刊物上也很少出现旅游民俗学的概念，而是直接论述民俗旅游。

相比起旅游民俗，对民俗旅游的研究已经成为多学科所关注的对象，旅游学、人类学、社会学等学科都有大量的研究论文及著作，而且无论是学术成果的数量还是研究的深度都远远超过了民俗学。出现这种现象的原因，除了介入旅游民俗研究的学科较少和研究人员的匮乏外，相关概念的混淆和局限也是一个重要原因。因此，重新思考民俗旅游与旅游民俗等概念也就非常必要。

（二）民俗旅游与旅游民俗

关于民俗旅游的概念，有多位学者都在自己的论文中有所表述。如 1990 年，西敬亭、叶涛提出的"民俗旅游"的概念："民俗旅游是民俗与旅游的结缘，是以民俗事象为主体内容的旅游活动。"②相似的表述，还有刘其印所提出的"民俗旅游是借助民俗来开展的旅游项目，如寻根祭祖、朝山进香、民间艺术表演……一句话，就是'到民间去旅游'，到民俗氛围里去切身体验"③。这些

---

① 张群.江绍原.《中国古代旅行之研究》新探[J].旅游论坛，2013(1).
② 西敬亭，叶涛.民俗旅游，一个尚待开拓的领域[J].民间文艺季刊，1990(3).
③ 刘其印.让游客到民俗气氛中去感受异域风情团[J].民俗研究，1995(1).

表述简单直白,但仔细思考就会发现问题所在,什么是民俗? 是不是所有的民俗都可以转化为旅游资源? 答案显然是否定的。对于什么是民俗,这些文章中很少提及,似乎这是一个不言自明的事实。虽然也有学者在文章中提及民俗概念,如李慕寒在其文章中就提出"民俗是'民间风俗'的简称,广泛的含义是:一个民族里流行于民间的全部风俗习惯,具有世代相习的传统文化现象。所谓民俗旅游,是以一国或一个地区的民俗事象活动为旅游资源,为满足旅游者开阔知识视野,促进人类相互了解的一种社会经济现象"。①这种表述虽然相对来说更为严谨,但同样存在泛化的问题。正如陶思炎在其《略论民俗旅游》中所指出的,因为对民俗的概念和特征认识不清,导致民俗旅游的泛化问题,一些诸如祭孔仪典、天子朝拜仪礼、历史遗迹、佛道寺观、"恐怖城"、"魔幻宫"等都被归入"民俗旅游"的范畴。他将"民俗旅游"的特征归纳为五点:"质朴的民间性、鲜明的民族性和地方性、文化背景的可靠性、情趣的乐观性、时空的混融性。"但他认为"民俗旅游是通过实物(景点)和活动(项目)而动态展示的民俗旅游产品,它不是静态的博物陈列,也不是以观光为主的旅游项目,而是以'入乡随俗'为追求目标所营造的旨在使游人亲历和参与的文化与生活空间"。②这种观点虽然强调了民俗旅游的体验性,但却排除了其观赏性,所以也具有一定的局限。众所周知,许多的民俗博物馆同样也是重要的民俗旅游资源,而民俗旅游发展的早期,其主要形势依然是传统的观光旅游,只是所观赏的对象是异域的民俗风情。实际上,民俗旅游既包括静态的民俗事象如建筑、服饰、器物等的展示,也包括动态的歌舞曲艺等表演艺术的呈现,还包括游客对异域他族各种生产生活风俗的体验与互动。

  从诸多的概念中我们可以发现,许多学者的表述受其时代背景的局限,传统、民间、中下层文化等成为描述民俗的关键词,但当民俗学的发展日益抛弃文化遗留物的观点、挣脱政治意识形态的束缚时,这些概念和观点显然存在着不足之处。当我们将民俗扩大到日常生活时,我们可以说任何旅游活动都含有民俗的元素。因为有人在就有民俗存在,旅游是一种人的活动,是游客与东道主之间的交流与文化碰撞,所以我们可以在所有的旅游活动中都找到民俗的元素。"十里不同风,百里不同俗",与旅游的异地性相对应的是异地民俗的差异性,而对差异性的追求也就使得民俗成为目的地重要的旅游资源。虽然在许多学术研究中都将旅游资源做自然、人文等划分,但是在实际旅游开发中,各类旅游资源往往是并行不悖相互促进共同构成一个旅游资源体系,以此提高旅游目的地的吸引力。以国内的大众旅游为例,无论是风景秀丽的自然山水还是历史悠久的名胜古迹,都无法与民俗完全脱离,它们背后都有许多神话、传说、民间故事等元素,这些民俗元素往往极大地提升了当地旅游资源的吸引力。除此之外,当地的衣食住行、婚丧嫁娶等民俗文化也有意或无意地参与构成了当地的旅游资源体系,让游客在欣赏自然风光和名胜古迹的同时,也可以感受到当地的民俗风情。即便是小众的探险旅游,往往也需要雇佣当地向导,运用地方性知识来应对挑战。这些地方性知识,就是当地民俗文化中所蕴含的伟大智

---

① 李慕寒.试论民俗旅游的类型及其区域特征[J].民俗研究,1993(2).
② 陶思炎.略论民俗旅游[J].旅游学刊,1997(2).

慧和信仰。因此,"从广义上来说,归根结底,旅游实际上就是民俗旅游。没有一种旅游行为是能脱离开所到地区或民族的民俗文化的"。①简言之,所有旅游都含有民俗的元素,所有旅游都是民俗旅游。既然如此,我们在研究的时候又何必刻意去强调民俗旅游呢? 这一方面是由于学科的局限和学者思维的狭隘,另一方面则是由于对相关概念的理解存在偏差。

那么我们再来看旅游民俗这一概念。比起对民俗旅游的研究,对旅游民俗的关注简直可以说是少之又少,而且鲜有文章探讨这一概念。黄德烈曾对民俗旅游与旅游民俗进行过辨析,他认为:"民俗旅游,是指旅游主体通过对异域民俗文化的游览和探秘,来满足自己旅游审美意愿的一种文化休闲行为。而旅游民俗则是某一区域的一种具有旅游影响力的民俗活动。"②这种观点将民俗旅游看作是一种为发展旅游而有意为之的行为,其参与主体是外地游客;而将旅游民俗看作是一种当地民众主动参与的民俗活动,只是具有旅游影响力,可以成为潜在的旅游资源。这种观点显然具有很大的局限性。他所列举的许多旅游民俗实际已被作为民俗旅游进行了开发,而且以旅游和民俗是依附还是共生、是否容易产生伪民俗、是否容易商业化等标准作为区分二者的界限并不清晰。这种以词源为基准的线性思考,实际上还是围绕着旅游资源开发而打转,并没有考虑到旅游中的民俗行为。依笔者之见,旅游民俗的概念显然更为广泛,它不仅包括旅游目的地作为旅游资源的民俗事象,还包括在旅游活动中游客所遵循和产生的民俗。作为旅游资源的民俗事象也即"民俗旅游"中的"民俗",已经被研究者所普遍关注,但是诸如江绍原先生所研究的在旅游活动中的民俗行为则鲜有学者触及。而且受文化遗留物观念的影响,人们一直将民俗等同于传统文化,对于当代旅游活动中所产生的民俗事象并没有加以关注。

综上所述,民俗旅游与旅游民俗是一对相伴相生的概念,两者既有联系,又有区别。从民俗学研究的视角来看,民俗旅游主要是从东道主或旅游目的地的角度来思考,重点关注作为旅游资源的民俗,而旅游民俗则主要是从游客的角度来思考,重点关注旅游活动中游客所遵循、感知、体验和产生的民俗。游客所感知体验的民俗事象实际上也是目的地作为旅游资源的民俗事象,因此,旅游民俗所包含的范围显然更广。在当下多学科参与民俗旅游研究的情况下,民俗学应该更多的将研究的重点放在旅游民俗上,这不仅可以体现民俗学的学科优势,也可以体现其学术责任和社会责任。所以,对旅游民俗学学科体系的建设也就势在必行。

二、旅游民俗学的学科体系建设

虽然早在 1989 年,何学威就开创性地提出了"旅游民俗学"的概念,指出其是应用民俗学中功利性极强的一门分支,并且认为"旅游民俗学"也可以称作"民俗旅游学"。但是多年以来在民

---

① 刘锡诚.民俗旅游与旅游民俗[J].民间文化论坛,1995(1).
② 黄德烈.民俗旅游与旅游民俗的辨析[J].黑龙江社会科学,2006(3).

俗学界都缺少回应和讨论,直到2013年,刘铁梁才在其《村庄记忆——民俗学参与文化发展的一种学术路径》一文中,再次提出建立旅游民俗学的倡议,而他指导的山东大学博士生于凤贵在其学位论文《人际交往模式的改变与社会组织的重构——现代旅游的民俗学研究》中则对旅游民俗学进行了更加全面的论述。但是相比起"民俗旅游学",我们仍然有很大差距,"旅游民俗学"研究成果寥寥无几,这一分支学科并没有真正建设起来。反观"民俗旅游学"却成果丰硕,已经有多位学者撰写了相关著作和论文,仅以著作为例,就有邱扶东所著的《民俗旅游学》、梁福兴与吴忠军所主编的《民俗旅游学概论》、周作明所著的《中国民俗旅游学新论》等几部作品。他山之石可以攻玉,对比民俗旅游学的学术成果,可以为建设旅游民俗学的学科体系提供借鉴与帮助。故本文选取较早论述"民俗旅游学"的吴忠军和邱扶东的观点与何学威、刘铁梁、于凤贵的"旅游民俗学"观点进行对比分析,并从中反思旅游民俗学的学科体系建设问题。

(一) 学科性质

在何学威的"旅游民俗学"概念中,我们可以发现,他不仅认为"旅游民俗学"与"民俗旅游学"两个概念是对等的,"是以研究民俗与旅游事业的关系为主要对象的科学,研究的目的是为了揭示'旅游'这一特殊商品在民俗文化圈内的流通规律"。[①]而且也将之看作一门交叉学科,从其为旅游民俗学划分的内容中,我们可以看出这些内容主要还是围绕着民俗旅游进行的研究,这也就不难理解其"旅游民俗学"与"民俗旅游学"等同的观点了,二者虽然表述有差异,但都是研究民俗旅游的一门学问,故可以互换。他的这种观点,被旅游学者所进一步发展,成为他们构建民俗旅游学的基础。吴忠军就认为,"民俗旅游学是运用民俗学有关的资料、观点和方法,结合旅游学的基本理论、成果,对旅游同民俗事象相互密切关联本质、规律等进行综合性研究的一门人文学科。其研究对象就是旅游同民俗相互密切关联的本质及其规律。简言之,民俗旅游学是作为一门专门研究民俗旅游现象及过程的科学"。[②]他的这种表述更为直接,将民俗旅游学看作是民俗学与旅游学的交叉学科,而且研究对象就是民俗旅游现象及过程。邱扶东在充分参考二者观点的基础上,提出自己的观点:"民俗旅游学是研究民俗旅游的形式、内容、类型、特征、社会影响以及民俗旅游发生、发展、变化规律的科学。民俗旅游学的研究对象,一言以蔽之,就是民俗旅游。"[③]虽然他也将民俗旅游学的研究对象定为民俗旅游,但是他认为民俗旅游绝不仅仅是民俗加旅游,民俗旅游学也不是单纯运用民俗学和旅游学的资料、观点、理论、方法来研究民俗与旅游的关系。他将民俗旅游学定位为"一门由多学科交叉而产生的边缘学科,主要涉及民俗学、旅游学、文化人类学、社会学、心理学、经济学、管理学等学科",[④]也就是不再是民俗学与旅游学二者的交叉学科,而是一门多学科交叉的独立学科。

从三位学者的著述中,我们可以看出其观点的差异,虽然三者都将研究对象定为民俗旅游,但对学科性质的界定却从分支学科变为交叉学科再到独立学科。三者的区别主要在于研究中

---

① 何学威.旅游民俗学:极富魅力的应用科学[J].民俗研究,1989(2).
② 吴忠军.民俗旅游学论纲[J].旅游学刊·旅游教育专刊,1998(12).
③④ 邱扶东.民俗旅游学[M].上海:立信会计出版社,2006年,第73页.

所使用的理论方法是来自一门学科、两门学科还是多门学科。因此,我们要建立旅游民俗学,首先要思考这是一门运用民俗学理论研究旅游现象的学科还是一门研究"旅游民俗"或"民俗旅游"的学科?抑或是一门运用多学科理论进行研究的独立学科?依笔者之见,运用民俗学与旅游学两门学科理论方法研究"旅游民俗"或"民俗旅游"则与"民俗旅游学"无异;同时,运用多学科理论方法进行的研究,并没有在原有学科理论的基础上有重大推动和发展,所以构建独立学科的时机也并不成熟。

我们再来看另外两个概念,刘铁梁认为"所谓旅游民俗学,就是从民俗学的角度来研究旅游现象的一种学问,是将旅游作为现代人的一种生活方式,一种显要的生活文化现象来研究的"。[①] 而于凤贵在其基础上作了进一步的阐释:"旅游民俗学是以民俗学的视角,把现代旅游休闲作为民俗事象,对其发生、发展、原因及规律,基本事象分类及特点、人文意义及社会意义等进行分析、抽象、综合、概括的专门学科。"[②]

在此,笔者与刘铁梁、于凤贵的观点较为一致,我们要建立的旅游民俗学应是民俗学下的一门分支学科,是运用民俗学的理论方法来研究旅游中的民俗事象及旅游发展诸问题的一门学科。但是笔者认为除了将旅游视为民俗事象的宏观研究视角,对于以往关注具体民俗事象的微观研究也应有所保留。

(二) 研究对象与内容

研究对象上,前三位学者虽然都聚焦于民俗旅游,但是吴忠军的观点显然更为开阔。他认为"旅游实际上就是民俗旅游。没有一种旅游行为是能脱离开所在地区的民俗文化的"。[③]既然如此,那我们在定义的时候为什么要特别强调民俗旅游呢?从他对民俗的概念中我们就可以发现,他对民俗的认识存在一定的局限性。虽然他认为民俗与旅游都是文化与生活的复合体,但是他认为"民俗就是民间广泛流传的各种风俗习尚的总称。这个概念包含了三层意思:一是民俗的创造者为民间大众;二是民俗是一种传统文化;三是民俗存在于我们的生活当中"。[④]这种将民俗等同于传统文化的观点,实际上还深受"文化遗留物"观点的影响,无疑对当代生活当中的民俗变迁及新民俗关注不够。所以虽然他认为"旅游实际上就是民俗旅游",但其观点还是有些保守。依照某些观点,旅游本身完全也可以看作是一种民俗,而且在旅游当中还在不断的产生谚语、笑话、传说、故事、习俗等,这些也是民俗学研究的重要对象。所以我们在确定旅游民俗学的研究对象时,需要开阔视野,我们不仅要关注作为旅游资源的传统民俗,也要研究旅游发展过程中的民俗变迁,还要注意旅游过程中产生的新民俗。类别上,不管是物质民俗、社会民俗、精神民俗还是语言民俗,只要与旅游相关,都可以纳入我们的研究视野。

---

① 刘铁梁.村庄记忆——民俗学参与文化发展的一种学术路径[J].温州大学学报(社会科学版),2013(5).
② 于凤贵.人际交往模式的改变与社会组织的重构——现代旅游的民俗学研究[D].山东大学博士学位论文,2014年,第17页.
③④ 吴忠军.民俗旅游学的几个问题[J].桂林旅游高等专科学校学报,1999(1).

我们再来看一下前三位学者关于研究内容的具体划分。何学威在《旅游民俗学:极富魅力的应用科学》中,就认为旅游民俗学的研究内容包括旅游民俗的概述、民俗旅游产品的策略和设计、旅游者的民俗心理机制等内容。①这些内容虽然以民俗旅游为主,但是对旅游中的民俗稍有偏重,这也正体现了作者所说这一学科的"研究的目的是为了揭示'旅游'这一特殊商品在民俗文化圈内的流通规律"。②

而吴忠军在其《民俗旅游学论纲》中,则认为民俗旅游学的研究内容主要包括民俗与旅游的关系、民俗旅游现象和过程的产生与发展及特征、民俗旅游者及其心理等内容。③这些研究内容就明显是以旅游为中心,从规划到产品到市场,其关注点都在民俗旅游业上,这与作者的旅游学学科背景有着重要关系。

邱扶东在其《民俗旅游学》一书中,在参考借鉴了前两位学者的观点的基础上,提出民俗旅游学的研究范围,主要包括民俗旅游的形式、内容、类型、特征、社会影响和民俗旅游发生、发展、变化的规律等六个方面。④虽然作者对民俗资源开发与保护的关注,也是其多学科交叉主张的一个反映。但这些内容仍然是以旅游为主,而且我们也可以从中看出作者将"民俗旅游学"视为社会科学,主张在实际研究中大量使用数学工具进行量化研究的观点。

我们再来看刘铁梁和于凤贵的观点,刘铁梁认为:"旅游民俗学大体可以包括以下一些基本问题:旅游是怎样进入人们生活的?它何以成为一种新的和普遍的社会交往方式?有哪些不同类型的旅游生活现象?它给予生活文化的传统造成怎样的影响?"⑤而于凤贵则将旅游民俗学的研究宗旨直接归为"寻找旅游休闲生活的基本范式"。⑥这种宏观式的研究视角与以往的研究有很大不同,作者想开拓一条全新的道路,将旅游作为一种民俗事象来进行整体研究。但这一研究范式在实际研究中可能并不容易操作,而且视角单一,容易与旅游社会学、旅游人类学的研究有所趋同。另外,以往的诸多研究还是有很多借鉴价值的,不宜一概否定。

笔者认为,旅游民俗学的研究对象主要有两个方面:一个是旅游民俗,它主要指旅游活动中的民俗行为,包括为民俗心理所影响和控制的行为;另一个是民俗旅游,它主要包括作为旅游资源的民俗事象,以及旅游对象的民俗呈现。民俗旅游之所以可能,是由民俗的可感知性、认同性、独特性所决定的,作为旅游资源的民俗事象,不仅可以通过视觉、听觉、触觉等感官获得,更重要的是在于心意上的认同。而实现这一途径的方式,就是民俗叙事。通过物象、语言与行为的三位一体叙事体系,不仅可以实现旅游地权威的提升、资源的掌控和优势的建立,而且可以提升旅游地的文化品位,传承其文化内涵,构建认同性经济。

---

①② 何学威.旅游民俗学:极富魅力的应用科学[J].民俗研究,1989(2).
③ 吴忠军.民俗旅游学论纲[J].旅游学刊·旅游教育专刊,1998(12).
④ 邱扶东.民俗旅游学[M].上海:立信会计出版社,2006年,第75页.
⑤ 刘铁梁.村庄记忆——民俗学参与文化发展的一种学术路径[J].温州大学学报(社会科学版),2013(5).
⑥ 于凤贵.人际交往模式的改变与社会组织的重构——现代旅游的民俗学研究[D].山东大学博士学位论文,2014年,第17页.

旅游民俗学学科体系的构成,可以分为以下几个部分:

1. 旅游民俗史。主要研究历史上的旅游活动和相关旅游民俗的历史,借助历史民俗学的研究方法,通过对历史文献和诸如《徐霞客游记》《马可·波罗游记》等古今中外旅行家们的游记进行考据分析,追溯旅游民俗的历史。江绍原的《中国古代旅行之研究》就开了这一研究的先河。

2. 旅游民俗志。通过对某一社区或民族村寨旅游开发过程的全记录,做民俗志式的调查研究,撰写一村一寨或某一地区的旅游民俗志。徐赣丽的《民俗旅游与民族文化变迁——桂北壮瑶三村考察》,就是一部典型的民俗志式的论著,通过对桂北三个民俗旅游村的民俗传统变迁和文化再造过程的研究,分析其中变迁的形态、特点、方向、程度及影响因素,揭示了旅游开发和民俗旅游村建设的互动关系。

3. 旅游民俗学专题研究。民俗的包罗万象既为旅游民俗学的研究提供了丰富的研究内容,也为全面研究增添了难度,因此做某一领域的专题研究也就比较合适也非常必要。例如杨利慧通过对河北娲皇宫景区的导游词以及导游叙事表演的研究,展示了旅游语境中神话主义的具体表现和特点,为这一专题研究提供了很好的范例。

4. 旅游民俗学应用研究。民俗学对旅游的研究,最初就是从民俗旅游的开发开始的应用研究,相关的学术研究和实践都有较多积累。主要的研究内容包括对民俗旅游资源的开发、利用和保护,民俗旅游产品的规划设计与促销,民俗旅游纪念品的生产与销售,民俗旅游的管理,民俗旅游市场的调研预测,民俗旅游人才的教育与培训等。

5. 旅游民俗比较研究。包括东道主与游客之间民俗文化的比较,来自不同地区游客之间民俗文化的比较,不同年龄、性别、职业等特点的游客之间民俗文化的比较,不同地区同一类型民俗旅游之间的比较等。

(三)理论方法

既然我们将旅游民俗学定位为民俗学的一门分支学科,那么关注点还是应以民俗为中心,运用民俗学的理论方法对旅游中的民俗事象进行研究。长期以来,民俗学在理论的创新发展上,一直为学人所诟病,甚至很多人认为民俗学没有什么特殊的理论,只不过借用社会学、人类学等学科的理论来研究民俗事象,从根本上否定了民俗学的学科价值。在民俗旅游的研究中,当我们长期步社会学、人类学后尘,从文化变迁、文化资本化中苦寻出路而不得的时候,不妨回归民俗学民间文学研究的传统,进行民俗学式的旅游研究。在旅游当中,存在着大量的神话、传说、民间故事、歌谣、谚语等民间文学作品,而且在旅游活动中还在不断产生谚语、笑话、传说、故事等新民俗,这些完全可以成为民俗学研究旅游的一个切口,而民俗学所积累的口头程式、表演理论、故事形态等理论都是研究的重要方法。早年刘锡诚在《旅游与传说》一文中,就通过名城名地、宗教圣地与地方风物三类传说的举例分析,对传说作为旅游资源的特质进行了研究,并指出旅游与传说相互作用,传说可以丰富旅游景点的文化蕴涵,而旅游则可以促进传说的传播。近年来杨利慧和她的学生通过对河北涉县娲皇宫景区导游词底本以及导游个体叙事表演的分析,详细展示了遗产旅游语境中神话主义的具体表现,并且认为导游与社区内的故事讲述家和歌手的叙事表演有异曲同工之处，也是当代口承神话的重要承载者。这些研究都是很好的尝试，当然也只是其中的一种研究路径。刘铁梁所提倡的从旅游交往形式入手，关注身体感受，对游客与东道主之间诸种关系进行研究；于凤贵以山东贺年会为例对关于"游缘"这种新型的人际交往模式的探索，都是开拓旅游民俗学的实践之举。然而面对浩如烟海的资源，我们的研究成果还不到九牛一毛，许多研究问题仍亟待我们去努力解决。

在方法论上，民俗学最基本的田野调查和文献搜集整理同样也是旅游民俗学研究的重要方法，已有的民俗旅游研究的许多论著都是综合运用这两种方法的典型案例。具体方法上，民俗学所使用的分类法、分析综合的方法、比较方法、统计方法等也同样适用于旅游民俗学的研究。还有田野调查中所具体运用的参与观察法、访谈法、问卷法等，在研究中也可以灵活运用。当然在运用这些方法的时候，我们需要充分考虑民俗所在旅游场域的特殊性，在运用的时候根据具体情况灵活选择。同时，我们在运用民俗学原有理论方法的时候，也要注意推动民俗学理论方法的创新与发展。旅游民俗学的研究既要服务现实，也要有理论提升，如此才能建构起这一分支学科。

结　语

旅游与民俗，两者之间联系密切，无论是旅游的早期形态，还是当代的大众旅游，都贯穿着民俗的元素。民俗与旅游的交叉互动构成民俗旅游与旅游民俗，两者相伴相生。从民俗学研究的视角来看，民俗旅游主要是从东道主或旅游目的地的角度来思考，重点关注作为旅游资源的民俗，而旅游民俗则主要是从游客的角度来思考，重点关注旅游活动中游客所遵循、体验和产生的民俗。在当下多学科参与民俗旅游研究的情况下，民俗学应该更多的将研究重点放在旅游民俗上，这不仅可以体现民俗学的学科优势，也可以体现其学术责任和社会责任。因此，对旅游民俗学学科体系的建设也就势在必行。

旅游民俗学是民俗学的一门分支学科，它是运用民俗学的理论方法来研究旅游中的民俗事象及旅游发展诸问题的一门学科。在研究范围上，它的视野不再仅限于民俗旅游，而是扩展至所有旅游活动。其研究对象，包括民俗旅游和旅游民俗，但目前研究的重点应更偏向于旅游民俗。旅游民俗学的学科体系包括旅游民俗史、旅游民俗志、旅游民俗学专题研究、旅游民俗学应用研究、旅游民俗比较研究五个部分。在理论方法上，可以充分利用民俗学研究民间文学的传统和积累，进行民俗学式的旅游研究，走出自己的特色。同时，我们在运用原有理论方法的时候，也要注意推动民俗学理论方法的创新与发展。

（本文系未刊稿）

基于社会融入视角的上海农民工文化消费状况研究

陈云霞

一、问题的提出

文化消费是指人们为了满足自身精神文化需要而采取不同的方式来消费精神文化产品和精神文化服务的行为。后现代文化消费主义认为消费是建构认同的重要手段,文化消费作为一种社会行为,受到社会脉络与社会关系的影响,是一种重要的社会区隔方式。人们在消费领域中的文化实践,无不表征着行动者在社会中所处的位置。[1]由于文化消费是一种个体差异性消费,相同收入水平的群体可能产生不同的消费内容、形式或感受,因此,文化消费群体间的差异非常显著,已经逐渐成为建构社会认同的新机制。

上海作为长江经济带的中心城市,自近代以来无论是经济还是文化方面对周边省份都起到一定的带动、辐射作用。而这一作用除了地方政府间的合作,还存在一个重要的方式,就是区域间劳动力流动带来的改变,旅沪农民工将先进的生活方式、技术器物、消费理念等带回家乡,对当地的经济、生活产生重大的影响。同时,他们也将籍贯地的文化消费习惯带到上海,所形成的社会关系成为区域间文化、经济交流的一条重要纽带,并帮助他们更好地适应城市生活。

根据上海市统计局的调查,截至2015年6月30日的最新统计显示,上海市15岁至34岁的新生代农民工规模已经达到502.36万人,占到全市农民工的55.5%,占全市同年龄段人群的61.3%。[2]2016年文化部、国务院农民工工作领导小组办公室、全国总工会联合发布《关于进一步做好为农民工文化服务工作的意见》。从文化消费服务供给端来看,近年来上海在加强农民工的公共文化服务方面加大投入,但上海农民工在文化消费方面仍然存在许多待解决的问题。2014年外来农民工家庭生活消费支出中,人均生活消费支出为18 987元,但教育文化娱乐方面的支出仅约占1 300元左右。[3]在2017年上海外来人口享受公共文化服务的统计中只占26.7%,

---

[1] Comaroff J, Comaroff J L. Millennial capitalism: First thoughts on a second coming. Public Culture, 2000, 12(2): 291—343.
[2] 杨雄等:《上海社会发展报告蓝皮书》,社会科学文献出版社,2016年。
[3] 上海网上政务大厅,2016年上海年鉴·社会调查·上海外来农民工生活情况。

体育馆占 8.8%,图书馆占 13.9%,社区活动中心占 25.9%,图书馆占 7.7%,而这一数据中农民工的比重更低。[1]

农民工作为上海四大品牌铸造的参与者,其文化生活不仅是打造上海高品质生活的一部分,也为更好地服务四大品牌打牢基础。通过对农民工文化消费的研究,有可能寻找出帮助其实现城市社会适应的新方法和路径,提高他们的获得感、幸福感、安全感,以文化融入带动社会融入,从而增加城市基层治理的有效性。目前这方面的研究主要涉及文化消费、移民社会融入、身份认同等几方面。

对文化消费社会学意义的深入探讨,集中体现于20世纪60年代后现代文化消费主义的发展。其主要观点是强调文化消费对于社会群体的区隔标示作用。正因为文化消费所具有的社会区隔功能,使得其对于社会认同的建构发挥着不可小觑的作用。社会认同即个体对自身所属社会群体以及群体带给自身的情感和价值意义的认识。[2]凡勃伦和波得里亚分别提出炫耀性消费和符号消费,指出消费与身份建构的关系。布迪厄从文化资本的角度出发,最为明确地提出了文化消费是实现社会区分的一种独特模式。他认为文化消费表现并证明了个体在社会中所处的位置和等级。[3]

我国学者对文化消费的关注开始于20世纪80年代,王宁、罗钢、王仲忱等都研究了文化消费作为建构认同的手段。[4]对农民工群体的文化消费研究很少,占绍文等(2014)对西安农民工的文化消费进行了调查研究,金晓彤等对新生代农民工教育型文化消费进行讨论,认为它是社会认同建构的新路径。[5]

对移民社会融入的研究主要来自社会学领域,其中跨境移民适应通过建立同乡组织、校友会等各种团体、组织来实现,具体是以语言、文化习俗为媒介。学者们通过对美国20世纪60年代纽约等大城市研究发现,移民越来越多地保留来源地的传统和习惯。这一发现开启了移民社会融合的多元文化论(Glazer & Moyniham, 1970)。西方学者认为移民是基于家庭、社区等关系的社会网络,因此强调群体在移民适应中的作用(广田康生、罗威廉,2005)。国内关于农民工社会融合的研究主要集中在概念体系的构建,以及选择不同维度对融合程度进行量化,探索相关影响因素。杨菊华(2009)将文化接纳作为移民社会融入的一个指标。王春光(2010)对新生代农民工城市融入进程进行了社会学的探索。李培林、田丰(2012)、孙文中(2015)分别对中国农民工社会融入进行了代际间的比较。

---

[1] 参凡上海网上政务大厅,2017上海外来人口社会管理与公共服务情况。
[2] Tajfel H. The social identity theory of intergroup behavior. In Worchel S, Austin W (ed.) Psychology of intergroup relations.Chicago: Nelson Hall, 1986.
[3] 皮埃尔·布迪厄:《区隔:判断力的社会批判》,商务印书馆,2015年。
[4] 王宁:《消费社会学——一个分析的视角》,社会科学文献出版社,2001年;罗钢、王中忱:《消费文化读本》,中国社会科学出版社,2003年。
[5] 金晓彤、崔宏静:《新生代农民工教育型文化消费探析:社会认同建构的路径选择》,《吉林大学社会科学学报》,2015年第1期。

身份认同决定人的价值取舍和行为指导,从而决定移民参与何种社会组织、是否适应城市生活。对城市中不同移民群体的身份认同研究,以美国大城市中意大利、中国等国移民社区为代表。美国社会学家威廉·富特·怀特(2009)的《街角社会》对波士顿东区的意大利人贫民区进行研究,通过"参与行动"研究法分析了诺顿帮的身份认同、形成、内部结构、活动方式以及他们与周围社会的关系。裴宜理(2001)、顾德曼(2004)、韩起澜(2004)、宋钻友(2007)对上海外省移民的籍贯身份认同都有所关注,分别从地缘关系、职业关系等角度研究上海基层的社会组织及在此影响下的文化生活。

目前对农民工群体社会融合的研究几乎都是从社会学的角度切入,重点包括经济层次、社会层次、心理层次等方面解决,但很少有人从文化生活层面去探讨。

本文拟解决的问题是发现农民工文化消费在不同行业、不同年龄段等间的差异,以及与社会融合的关系。有针对性地提出解决的方案,为提升上海农民工文化消费生活水平探索出可行的实施路径。

选取上海主要城区及近郊进行纸质问卷发放,并选取某几位代表进行深度访谈获得口述资料。同时通过网络随机发放问卷,利用问卷中职业和户籍栏目进行筛选。共发放问卷348份,回收有效问卷300份,回收率86%。其中被调查对象中男性工201位,占67%,女性99位,占33%。年龄分层是26—30岁、18—25岁、31—40岁分别位居第一、二、三位。如表1所示:

表1 研究对象年龄比例

选项	小计	比例
18岁以下	8	2.67%
18—25岁	87	29%
26—30岁	107	35.67%
31—40岁	63	21%
41—50岁	25	8.33%
51—60岁	8	2.67%
60岁以上	2	0.67%
本题有效填写人次	300	

问卷由三部分构成,包括农民工的基本信息、农民工的文化消费现状、农民工的城市文化融合情况。具体包括:受访者的户籍地及类型、年龄、职业、居住地点、爱好、工作时间、在沪居住时间、居住类型等基本信息;文化消费项目、频次、时间段、时间长短、花费金额;得知/购买文化消费项目的途径;文化消费的同伴;是否考虑品牌;是否考虑距离远近;居住地最近的文化消费场所距离;工作后有无职业培训等;是否愿意参与社区组织的文化消费项目;在社交网络中,上海本地人所占比例;对收入、身份与文化消费的关系看法。

从已经收回的300份问卷来看,涵盖了上海主要城区及部分近郊,其中来自上海徐汇、闵行、杨浦、宝山、浦东、黄浦、嘉定的样本量较大,长宁、静安、普陀、虹口等区相对偏小。

二、上海农民工文化消费基本特征

农民工作为城市的一个特殊群体,由于原生成长环境和经济水平的影响,他们的文化消费群体特征十分明显,表现出总体水平低,但消费潜力大。从上海的情况来看,伴随互联网移动终端的推广,农民工传统的文化消费方式比例大幅度降低。

1. 总体消费能力较低,收入水平不是决定性的因素

美国经济学家霍利斯·钱纳里(Hollis B.Chenery)指出:当人均GDP为3 000美元时,文化消费应该占比总消费的23%,当人均GDP达到5 000美元时,文化消费将快速增长(即钱纳里临界点)。当然,这一界限的设定应该是与所在国的消费水平一致的。

受访农民工收入中用于文化消费的比例非常低,200元以下占到37%,200—500元间占27.33%,2 000—4 000元及以上的仅分别占3%。因此,上海农民工的文化消费总水平依然很低,用于文化消费占比微乎其微。

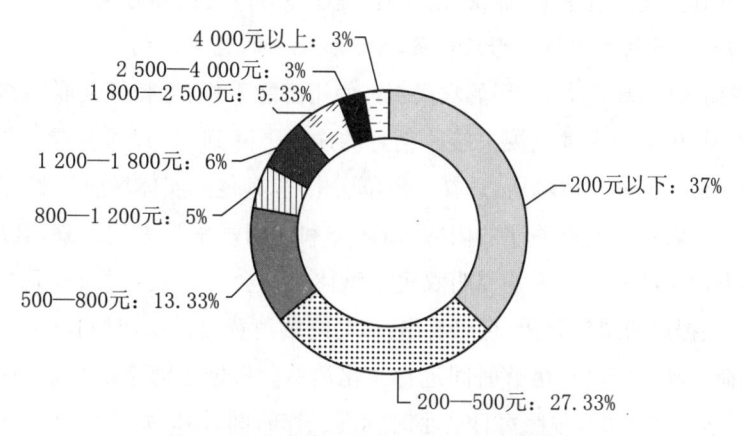

图1 上海农民工每月文化消费金额情况

但另一方面,从工资水平来看,受访对象中月工资在7 000元以上的占35.67%,与上海的人均收入相比差距并不大,部分工人工资达到15 000元以上。尤其是新生代农民工由于具备新的职业技能,他们的工资水平已经完全突破了老一代农民工所从事的传统行业。受访者中河南籍的王某,25岁,职业是杨浦区某商业中心健身教练,月收入在15 000元以上。除了比其他农民工多接触了一些新的文化消费种类之外,他用在文化消费上的支出在工资收入中占比也同样很低。

这就说明一点,对于上海农民工来说,他们文化消费水平较低的原因并不完全来自其收入水平。从未来的趋势来看,其文化消费的潜力十分可观。尤其是新生代农民工,他们的文化认知水平比老一代农民工高,学习能力更强,往往具备某种新的职业技能。这就使得他们有能力从事某些新兴的行业,工资水平也远远高于群体的平均水平。

表 2　上海农民工月收入

选　项(元)	小计(人)	比　例
1 000—3 000 元	24	8%
3 001—5 000 元	101	33.67%
5 001—7 000 元	68	22.67%
7 001—9 000 元	41	13.67%
9 001—11 000 元	28	9.33%
11 001—15 000 元	18	6%
15 000 元以上	20	6.67%
本题有效填写人次	300	

从这一程度上说,对农民工文化消费的提升是有很大空间可以实现的,除了提高工资水平最受关注的要素之外,还有其他更重要的因素限制了其文化消费水平。同时,这也为今后做好农民工工作,提升其文化消费水平,加快社会融合提供更好的路径和方法。

2. 互联网移动终端的文化消费形式普及,为其提供新的适应方式

在 300 位受访者中,高达 76.33% 的农民工都使用智能手机、电脑等互联网移动终端进行文化消费。相对来说,传统的通过电视来接收信息的途径下降到 25.67% 左右。电影院、公园、网吧、景点等消费门槛较低的实体场所,选择人数位居中间,其他的实体场所消费人数非常少。

在移动终端上,农民工们所关注的内容,新闻类和休闲娱乐类占比最高,其次是社交类,而对财经、教育等方面关注较少。这就说明农民工整体对社会现象较为关心,但对实体文化消费场所涉猎很少。根据调研统计分析,可以看出:移动终端消费门槛低,时间灵活是他们选择的最主要原因,超负荷劳动致使没有足够时间进行文化消费。根据上海市统计局数据,上海农民工平均周劳动时间达 47.9 小时,按照每日 8 小时标准工作时间计算,每周实际工作 6 天。部分外来农民工反映,他们常以超时劳动来提高收入。根据 300 位农民工的调研结果,他们当中有 60% 在傍晚 17:00 以后下班,甚至有部分的工作时间要延续到深夜 23:00。因此,他们一般进行手机、网络等文化消费的时间都是在晚间和深夜。

杨浦区虬江码头为外来人口的一个集中居住区,其中许多是来自四川籍。调研中发现一个叫"十字线的颤动"的网络写手写作了一部网络穿越小说。小说主人公是一个四川籍的应届毕业生,租住在城乡接合部的棚户区,穿越到 1937 年参加虬江码头的抗战活动。作者重点描述虬江码头区域的环境,并提到家乡四川是没有遭到战火的,希望回到家乡。大致可以推测主人公李雷目前是租住在虬江码头区域。网络文化生活已经成为他们非常重要的一部分。

工作时间决定了其文化消费形式,反过来文化消费作为社交形式的一种也限制了农民工与其他城市群体的深入交流、融合。智能手机的普及使他们可以不再完全依赖同乡、同业团体来适应城市生活。

表 3 上海农民工年龄与文化消费种类关系

年龄/项目	电视	手机、电脑、pad	电影院	参观景点	公园	购书看书	社区活动室	文化广场	网吧等娱乐场所	游戏厅电玩城	儿童教育项目、场所	游乐场	图书馆	博物馆美术馆	体育馆运动馆	棋牌室	文化馆艺术馆	剧院
18岁以下	1 (12.5%)	5 (62.5%)	4 (50%)	3 (37.5%)	4 (50%)	1 (12.5%)	0 (0%)	0 (0%)	3 (37.5%)	2 (25%)	1 (12.5%)	4 (50%)	0 (0%)	0 (0%)	0 (0%)	1 (12.5%)	0 (0%)	0 (0%)
18—25岁	15 (17.24%)	71 (81.61%)	34 (39.08%)	23 (26.44%)	22 (25.29%)	16 (18.39%)	1 (1.15%)	11 (12.64%)	20 (22.99%)	12 (13.79%)	2 (2.3%)	23 (26.44%)	11 (12.64%)	6 (6.9%)	12 (13.79%)	5 (5.75%)	8 (9.2%)	3 (3.45%)
26—30岁	25 (23.36%)	79 (73.83%)	44 (41.12%)	25 (23.36%)	38 (35.51%)	21 (19.63%)	2 (1.87%)	12 (11.21%)	5 (4.67%)	3 (2.8%)	4 (3.74%)	11 (10.28%)	14 (13.08%)	14 (13.0%)	18 (16.82%)	11 (10.28%)	7 (6.54%)	4 (3.74%)
31—40岁	19 (30.16%)	50 (79.37%)	21 (33.33%)	18 (28.57%)	24 (38.1%)	12 (19.05%)	1 (1.59%)	5 (7.94%)	2 (3.17%)	0 (0%)	10 (15.87%)	5 (7.94%)	3 (4.76%)	4 (6.35%)	12 (19.05%)	6 (9.52%)	4 (6.35%)	0 (0%)
41—50岁	10 (40%)	18 (72%)	3 (12%)	2 (8%)	6 (24%)	2 (8%)	1 (4%)	1 (4%)	0 (0%)	0 (0%)	2 (8%)	1 (4%)	0 (0%)	1 (4%)	0 (0%)	3 (12%)	0 (0%)	0 (0%)
51—60岁	6 (75%)	5 (62.5%)	0 (0%)	0 (0%)	3 (37.5%)	0 (0%)	1 (12.5%)	0 (0%)	0 (0%)	0 (0%)	0 (0%)	0 (0%)	0 (0%)	0 (0%)	0 (0%)	1 (12.5%)	0 (0%)	0 (0%)
60岁以上	1 (50%)	1 (50%)	0 (0%)	0 (0%)	0 (0%)	0 (0%)	0 (0%)	0 (0%)	0 (0%)	0 (0%)	0 (0%)	0 (0%)	0 (0%)	0 (0%)	0 (0%)	0 (0%)	0 (0%)	0 (0%)

3. 新生代农民工文化消费内容有所拓展,但仍存在局限

从表3可以看出,18—30岁的农民工由于突破了传统农民工所从事的行业,他们的文化消费样式也呈现出多样化。

调研对象中19.98%的人会参观博物馆、美术馆,进行体育馆、运动场馆文化消费的比例占到30.61%,他们都是在18—30岁之间的新生代农民工。这一群体去往文化馆、艺术馆的比例也较其他群体高,购书的比例占到整个调研对象的38.68%,去图书馆等相关场所的比例占25.72%。此外,健身、美容、旅游等新生代农民工都相当关注。这就说明新生代农民工在学习、汲取知识方面存在一定的需求,对包括审美、健康在内的高品质生活有追求的倾向和动力。

另一方面,他们虽然对博物馆、电影、体育馆、文化广场、书店等场所比传统农民工更加感兴趣,但对歌剧、话剧、交响乐、美术展等高雅艺术类型仍然处在空白状态。通过调研发现原因主要在于价格太高、觉得没必要进行这个花费,以及不了解、不懂欣赏等。

40岁以上的农民工比他们初到上海时文化消费的类型有了很大的拓展。主要倾向于教育方面,以及与教育相关的旅游、展览等,原因在于子女养育问题促使他们文化消费类型有了转型。但另一方面,他们也不知道如何拓展、寻找更高层次的文化消费。

就文化消费的内容来看,新老农民工对高层次的文化消费都出于严重缺乏状态,除了经济原因外最主要的是消费观、欣赏水平跟不上,以及缺乏了解的途径。

三、文化消费背后的社会融入状况

1. 社会融入程度低与很少参加社区等公共基层文化活动互为因果

在所有研究对象中,只有2%的人会参加社区、居委等形式的公共文化活动。这一现象与当前上海农民工的社会融入存在一定的相关性。

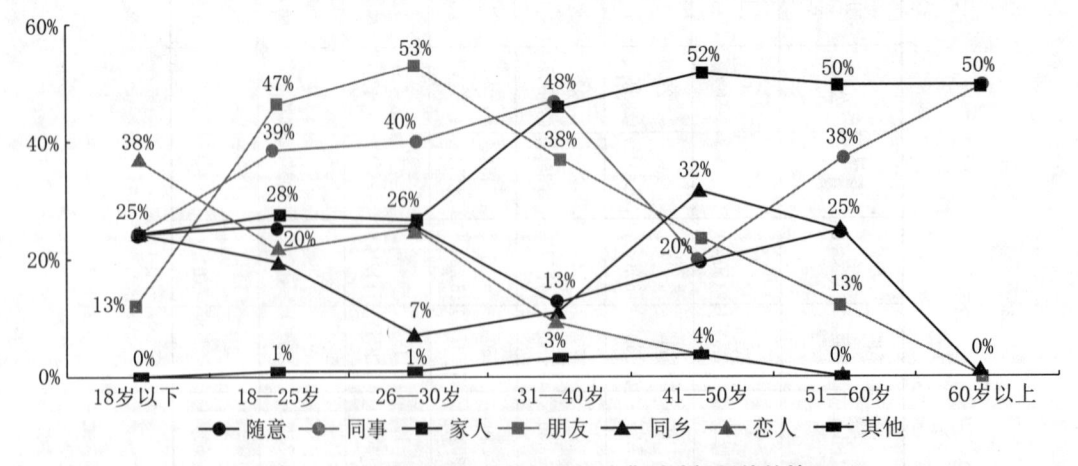

图2 上海农民工年龄与进行文化消费时选择同伴的情况

本次调研中,研究者设计了有关社会适应的问题,包括平时进行文化消费时选择的同伴有哪些,以及在上海的社交网络中本地人占多少比例。结果显示,41—50岁、50—60岁的老一代农民工选择同乡的比例最高,其次是25岁以下来到上海不久的最新一代农民工。而26—40岁中间的农民工选择同乡一起文化消费的比例最低,他们大多会选择与朋友、同事、其他伙伴同行。同时,这项调查与他们与本地人交往的程度是相一致的,25岁以下、40岁以上两个年龄段群体中社会关系中本地人几乎没有。

这就表明了很重要的一点,老一代农民工和最新一代农民工在上海的社交网络比较单一,还是以同乡为主。在他们的社交关系中,乡缘依然占主导位置,在上海的社会融入程度很低。

社区等基层免费的文化活动项目是城市市民最先最易接触到的文化消费项目,是居民文化消费的最低保障。目前上海各个城区都大力推动社区文化服务功能,加大服务种类和力度的改善。但是由于农民工的居住条件、消费习惯、社会心理等原因,导致他们很少参与到其中。在本次调研对象当中,90.33%的农民工是农村户口。其余9.67%是在近5年以内通过在家乡中小城市购置房产,从而将户口迁至城市。但是,这一部分人消费心理和社会文化观念仍然具备农村的特征。在居住形式上,有41.67%的农民工与他人合租,33.67%的农民工独租,其他大多是群租、用人单位提供租住、借住等形式。居住条件和农村户口带来所带来的长期消费习惯和心理的落差,导致他们对城市的社会融入程度低,很少利用城市基层公共文化设施这一现象。

从整体上讲,居住条件和农村户口带来所带来的长期消费习惯和心理的落差,导致他们很少利用城市基层公共文化设施这一现象。

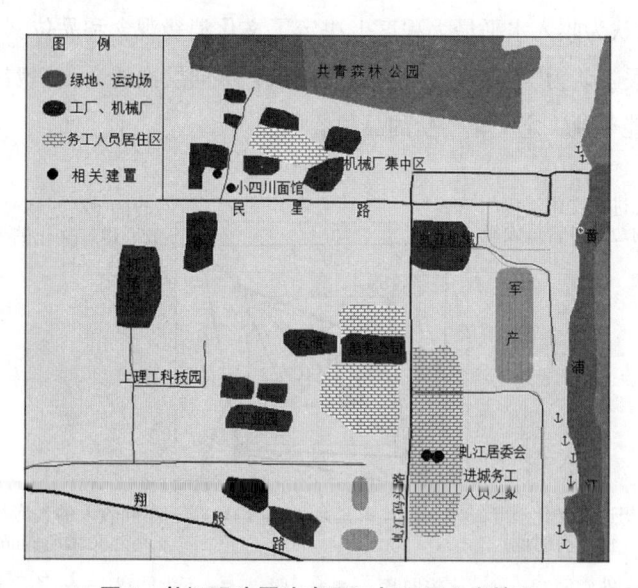

图3　虬江码头周边农民工与工厂分布情况

以上文虬江码头地段农民工王某居住地为例,这一地段总的来说比较封闭,东南北三面分别是黄浦江、翔殷路(隧道)、共青森林公园,而西面也是条繁忙的军工路所阻隔。该区域内有多处机械厂、两处工业园、船务公司等,因此也分布着大量的农民工。如图,他们主要分布在虬江码头路东西两侧以及民星路东段北侧,王某就是居住在后者。从空间上看,这里除了一家四川人开的生活超市与面馆外,几乎没有其他娱乐、文化设施。在虬江码头路东侧是虬江居委会以及五角场镇外来务工人员服务中心在这里设立的进城务工人员之家,西侧是两处社区公共运动场,也是这一地块中唯一的休闲场所,但实际上他们很少利用,更没有与其他区域人群的互动。王某的孩子上小学需要上兴趣班,也是开车送到将近10公里以外的虹口。可见,农民工居住区在空间上就很难参与基层文化活动,也带来社会融入度低。

上海,是新生代农民工极其向往的城市。已有的调查显示,在"我喜欢我现在居住的城市""我关注我现在居住城市的变化""我很愿意融入本地人当中""我觉得本地人愿意接受我成为其中一员"等选项中,新生代农民工都给出了极高的肯定,其比例全部超过88%以上。其中,"我喜欢我现在居住的城市"的比例最高,为97.5%;"我关注我现在居住城市的变化"也达到了95.5%;而"我很愿意融入本地人当中"为94.8%。有73%的新生代农民工明确表示,希望能在上海长期居住,从而用自身的努力,在城市中实现自己的梦想。不过,通过调查发现,新生代农民工虽然表达出了强烈的在沪长期居住的愿望,但在实际中,其融入城市生活依然存在着许多不足。[1]

2. 社会心理隔阂下农民工文化消费观念的转变与保守

从调研统计图4可以看出,非常同意"我的工资足够让我放心进行文化消费"的农民工只占8%,比较同意的有17%,大部分人表示不赞同。他们认为工资水平和工作时间影响了他们的文化消费水平,同时也认为收入水平最大程度上决定了文化消费观念和品位。

60%以上的农民工认为"不同收入水平的人应当有不同层次的文化消费品位",只有10%的人认为经济收入不能单独决定文化消费的品位。

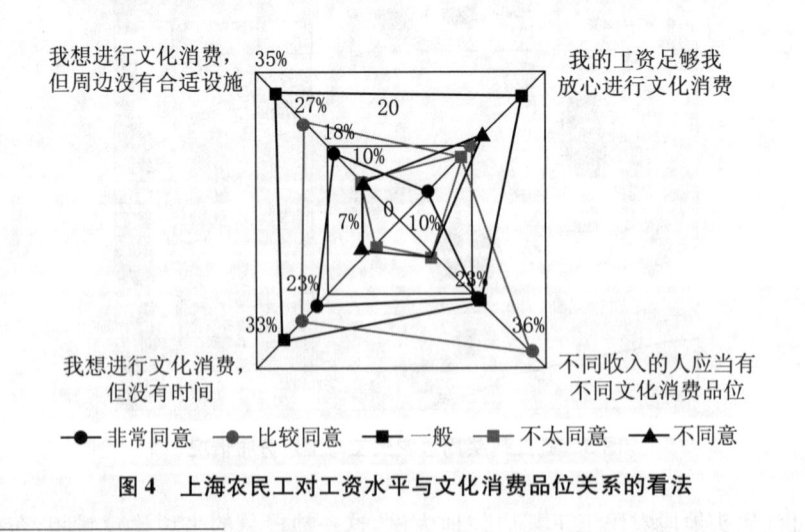

图4 上海农民工对工资水平与文化消费品位关系的看法

---

[1] http://sh.bendibao.com/news/2017417/179758.shtm.

在调研中，笔者对居住在杨浦区某农民工聚居区进行集中访谈，其中来自四川的王某42岁，从事机械装配行业。在上海工作约15年，全家居住在厂房搭建的临时居住点。王某认为：他的工资在每月7 000元左右，厂家提供集体住宿，但他会买书、参观博物馆等文化场馆，与孩子一起学习。除此之外，他自己会阅读一些哲学、佛学、古典文学的书籍，他说自己的学历就是初中，但是非常喜欢看一些感兴趣的读物。在他看来，一个人的文化消费的品位与工资水平没有直接的关系，而是个人修养的体现。

事实上，王某的文化消费观念有一定的代表性，40岁以上的农民工比他们初到上海时文化消费的类型有了很大的拓展。主要倾向于教育方面，以及与教育相关的旅游、展览等，原因在于子女养育问题促使他们文化消费类型有了转型。

在受访的对象中，月工资在7 000元以上的农民工占到35.67%。总的来说，他们的工资水平普遍较低，这在很大程度上限定了他们的消费观念。但是，身份认同影响下社会心理的隔阂才是决定他们文化消费观念的关键要素。例如在对杨浦区某中介公司职员赵某进行深度访谈时了解到，他的工资水平一个月可以达到15 000元左右，但是他的文化消费观念依然很保守。除了自己爱好打球，偶尔去附近的球场运动外，他所有的文化娱乐时间都是手机。他认为：他自己是农村人，在上海挣钱只是为了回老家买房，或者运气好了在上海买房。但是从来不认为自己是上海人，将来也没有可能成为上海人。

文化消费的品位直接决定了消费的类型和内容，而决定文化消费品位的因素有很多，受访者的学历水平、从事的行业、生长环境都很重要。

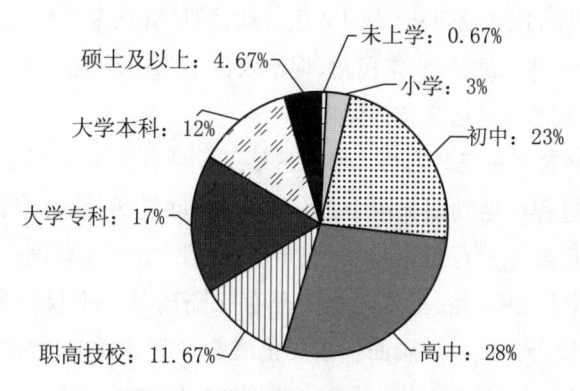

图5　上海农民工学历水平比例

在受访者中，只有7.33%从事教育、投资理财等领域，其他几乎全部是从事制造业、建筑业、餐饮等生活服务、中介咨询、物流安保等行业。学历上，初中、高中、职高技校、大学专科的比重最大。他们由于文化水平相对较低，且多从事服务行业，对身份认同仍然保守，认为自己是农村人口。当然，这种社会心理的隔阂是由中国长期以来包括户籍制度在内的城乡二元体制带来的，它直接导致进城农民工不知文化消费、不愿文化消费、不敢文化消费。

四、相关理论指导下的问题分析及对策、建议

1. 根据实际情况,适当提供具有地域特色的文化消费项目

根据调研,90%以上的农民工认为包含家乡要素的文化消费项目,他们会更加偏爱,这就提示农民工的文化消费不可能完全脱离其早期生长环境而独立存在。具有家乡要素的文化类型,使他们更有安全感,并帮助他们适应城市生活。

近代以来,上海城市分别经历了19世纪末至20世纪前期、20世纪80—90年代、21世纪初的三次移民浪潮。各行各业的外省移民进入上海城市,其文化生活往往秉承籍贯地的传统,以帮助他们适应城市社会。从历史上来看,近代上海开埠以后吸收的大量外省移民,除商人外,大部分是失地或者弃地的农民,但他们与城市间的隔阂较浅。直到20世纪八九十年代,城市化大规模开展,以及计划经济体制下城乡二元结构的形成,导致农村户口和城市户口在待遇上有很大差别。纺织业、建筑业等大力发展,大量农民工来到上海。这两个阶段,进入上海的农民工大多是通过同乡组织或者同业行会等社会组织适应新的城市生活,他们的文化生活内容最多的就是看地方戏、电影、群体聚会等消费活动。这当中,文化消费行为是其主动选择的社会活动,能反映其对自身及社会某一领域的认同。

进入21世纪,政府文化服务功能提升,所提供的基层文化服务更加多元,同时互联网手机终端带来了消费形式的转变,使得农民工的文化生活有所升级,主观的文化消费行为更加明显。

因此,在政府为农民工提供的文化消费类型时,不仅要引导他们参与城市文化类型,还要承认文化差异的存在,为他们提供不同形式的文化活动,满足群众多样性需求。提供多种类、多层次的文化消费供给;高雅艺术的普及、市民化,促使农民工从被动地通过乡土文化来适应城市生活,转变为主动地参与到城市社区文化生活中去。

2. 构建城市空间理论框架下的农民工社交网络是带动农民工文化消费的有效途径

在调查问卷发放过程中遇到很大阻力,表现出网络问卷传播远远慢于纸质问卷。尽管互联网手机终端的使用已经十分普遍,但在农民工的社交网络中互联网并不能完全代替传统的社交网络。正是如此,才反映出农民工与城市是存在隔离的。不仅仅表现在物理空间上,更主要的是网络关系和社会文化心理层面。在文化消费时所选择的伙伴上和社交网络中,农民工绝大多数几乎不会参与到上海本地人的社交网络中,仅一成人表示与上海户籍市民来往最多,八成以上的交往对象依然是外地户籍为主。大多选择与同事、同乡、家人等进行一起文化消费。

社会融入限制了农民工的文化消费升级,但反过来拓展农民工在城市的社交网络以加快社会融入,也是带动其进行文化消费的一条路径。而拓展社交网络最重要的前提除了实现布迪厄所提社会空间的公平,还要在物理空间上农民工与城市其他群体具有平等性。

在列斐伏尔对空间的论述中,认为现代哲学已经把空间定位为一个"精神的场所",并认为

空间是社会关系的映射。①由于工作时间的原因以及空间使用的限制,许多农民工通过时间差来换取对空间的使用,在空间的使用上他们与普通的上班族可能没有时间上的交叉点,也不可能产生任何"不必要"的交往。一些文化空间打上城乡二元体制的烙印,在空间上进行区隔。因此,在文化消费时间上,许多农民工选择在夜晚或深夜,甚至没有任何时间参与消费。在这一空间使用模式基础上建立起来的社交网络是单一的、隔离的,阻碍了社会流动,影响了社会融合的进程。

对此,上海社区应该发挥基层组织的优势,鼓励新生代农民工参与社区生活和社区自治,增加他们与本地人的交往和交流机会,增进彼此互相了解和理解。在此基础上,公共文化空间实现低门槛开放,为农民工与其他城市群体提供平等交流的空间。

3. 加强文化心理疏导,提升基层公共文化服务功能

农民工消费心理的转变是释放农民工文化消费潜力的根本。扭转农民工文化消费观念,让文化消费从生活中的"调味品"向"必需品"转换,从源头上释放文化消费潜力。因此,第一,要引导农民工树立正确的文化观。依托现代媒介等传播载体开展健康文化宣传活动。第二,要缓解现存文化消费中的文化焦虑。文化焦虑是文化矛盾的社会体现,折射出文化认同危机。在中国居民消费转型时期,必须加快建立新的文化消费观、新的行为范导;平衡多元文化冲突,满足进城农民工新的文化价值诉求,使农民工群众敢消费、爱消费。

提升基层公共文化服务功能,打造触手可及的文化消费场所,提供量身打造的个性化文化消费类型。引导培育不同的文化消费群体,根据个体特征,形成多元文化消费结构。如针对高收入农民工群体消费群,提供高档精品的文化消费产品,实施个性化文化消费模式;针对中等和低收入群体,提供大众消费模式。利用"互联网+"提供多样化文化产品的同时,也要拓展文化线上消费,提供多时段文化消费项目供给,使大多数农民工都有机会接触线上文化产品。

政府应该扮演引导文化消费的角色。让高雅艺术的普及化、市民化,拓展高雅文化消费项目的宣传途径,在基层社区提供免费的、身边的高雅消费项目。如定时开展一些免费画展、举办读书阅读活动、全民健身、书法比赛等等,让农民工切身感受文化的魅力。2018年1月15日《今日头条》的一篇文章《寻找Wi-Fi:地铁口"蹭网"农民工走红背后》,来自河南周口的老葛在地铁站"蹭"免费Wi-Fi和家人视频通话。因此,文化消费相关的公共设施例如公共网络等既是目前文化消费形势的短板,也是今后提升农民工文化消费的突破点所在。利用网络这种最便捷的方式去让农民工了解文化消费、参与文化消费。

文化消费作为现阶段经济增长力最大的消费形式,不仅催生经济结构升级,也带动城市空间的合理转型。在此过程中,不同社会群体的文化消费呈现出很大的不同,但反过来文化消费也一定程度上对不同群体产生自然区分。新时代上海城市要想解决文化发展的不平衡不充分、

---

① Lefebvre. The Production of Space [M]. Wiley-Blackwell, 1991. (146).

打造高品质生活,就必须重视所有群体的消费升级。农民工由于户籍和原生文化的限制,消极参与城市社会生活是他们文化消费水平受限的重要原因,同时也是解决目前许多城市社会问题的突破口。

(原载《上海公共文化服务发展报告[2019]》,上海人民出版社 2019 年版)

国际博物馆专业人员培养及管理体制初探

张 昱

博物馆是知识形态的文化设施,承担着保存、保护、研究、利用和推广人类自然、文化和科学遗产的重要使命。因此,博物馆的工作也呈现了专业性、学术性、应用性、创造性强等特点。基于博物馆及博物馆工作的特殊性,博物馆从业人员相应地也需要具备一定的专业素养和实践技能。意大利的《博物馆职业国家纲领》中有过阐述:"从业人员的专业性、才干和能力是博物馆有效运行的重要保障。他们代表了博物馆的现在和未来。"[1]为了提高博物馆从业人员,尤其是核心业务岗位专业人员的整体水平,积极发展博物馆事业,各国纷纷对博物馆专业人员实行了不同的管理措施,并为专业人员能够达到这些要求提供了培养和培训等机会。

回观我国,随着博物馆事业的蓬勃发展,对博物馆专业人才的需求与日俱增,却也涌现出不少问题。首先,博物馆行业整体及从业人员的入职方式和专业资质评价体系还存在着许多乱象。我国博物馆长久以来都被视为一个"养老机构",许多没有任何专业背景的转业人员都进入了博物馆工作。就入职考核而言,目前我国不少博物馆的入职考试都被纳入在事业单位的统一考试之中,考试所涉及的内容与博物馆实际工作和专业知识的联系甚微,这种审核方式显然存在着诸多值得商榷的地方。对于我国博物馆专业人员资质的审查,一直都以单一的学历文凭为主,这不但妨碍和限制了专业人员的个人职业发展,也造成了博物馆专业人员重视理论知识、轻视操作技能的倾向,严重违背了博物馆工作对实践性、操作性和专业性的要求。近几年,我国博物馆安全事故频发,虽然其中存在不可抗因素,但是相关人员的职业资质也倍受社会各界的质疑。此外,我国博物馆的不少项目,包括展览策划、教育活动开发、文物保护等工作都存在外包的情况,这有其有利的一面,但也反映出博物馆内缺乏符合资质的项目执行人。与此同时,高校培养呈现陈旧化及脱离实际等问题,而相应的专业教育和人才培训在我国也尚未形成完善的体系,无法很好地适应博物馆实际工作的要求。

其次,从相关数据来看,据《中国文化文物统计年鉴2012》显示,截至2011年底,我国博物馆从业人员共有62 181人,其中专业技术人才仅占38.79%。在职称方面,正高级职称967人,占

---

[1] Angelika Ruge, Museum Professions—A European Frame of Reference, 2008, http://icom.museum/fileadmin/user_upload/pdf/professions/frame_of_reference_2008.pdf.

1.56%,副高级职称 2 945 人,占 4.74%,中级职称 9 467 人,占 15.22%。[1]另据 2009 年 7 月 29 日新华社电,在国家文物局针对全国 2 300 多家博物馆运行状况的一项调查问卷中显示,中国近 90%的博物馆工作人员的学历是大专、中学甚至小学毕业。[2]在一成左右的拥有大本以上学历的从业者中,从文博相关专业毕业的人员比重或更低。而根据美国博物馆协会 2011 年的调查报告可见,截至 2009 年底,美国博物馆从业人员共有 402 924 人,平均年龄 40 岁,超过三分之二的博物馆从业人员具备高等专科学校学历,其中拥有专科学位的占 32.0%,学士学位的占 27.1%,硕士及以上学位的占 11.0%。[3]相比之下,我国博物馆从业人员无论是在整体数量,还是在学历水平上,都存在着一定差距。此外,目前我国博物馆从业人员还呈现出专业人才的总量不足、专业化程度低、队伍结构不合理、高尖人才极其匮乏、自然科技类人才稀少、经营型和创意型人才紧缺等诸多方面的问题。

上述现象和问题严重影响了我国博物馆的专业化程度和创新活力,究其根本原因就是我国博物馆专业人员培养及管理体制尚需进一步完善。在此情况下,国外已有的一些做法可以为我们提供一些参考。这些国家都非常注重对博物馆从业人员专业知识、职业技能和道德伦理等方面的培养和考察,有不同的考核和评价方式,同时也非常注重博物馆专业人员管理体制的建设,使得博物馆从业人员,尤其是核心岗位专业人员的整体素质和专业性得以保障。具体表现在以下几个方面。

一、博物馆职业在国家法律体系中的体现

为了更有效地提升博物馆从业人员的专业化水平,建立培养和管理体系,在相关法律中体现博物馆从业人员的专业性需求是十分重要的保障。不少国家都早已有专门的博物馆法律法规,并在具体条款中进行了相关规定。例如,《波兰博物馆法案》第五章"博物馆工作人员"第三十二条规定:"1.为博物馆基本活动的开展构成一支专业的博物馆工作人员队伍。2.第一节中所涉及的人员应具有博物馆任职资格。……4.为确保博物馆工作人员在履行职责时具备专业水平,负责文化和国家遗产保护工作的部长应通过法规对第一节中的特定博物馆职位的任职资格要求和候选人的法定资格加以规定。"[4]《日本博物馆法》中规定:"博物馆应设置学艺员和专业人员。"[5]此外,《法国博物馆法》第七条款规定:"每个法国博物馆均应设置专门负责公众接待、传

---

[1] 中华人民共和国文化部,《中国文化文物统计年鉴 2012·文物业 6》,国家图书馆出版社,2012 年,第 386 页。
[2] 赵颖、吉哲鹏,《调查显示:中国博物馆从业人员专业素质普遍偏低》,新华网,2009-07-29,http://news.xinhuanet.com/politics/2009-07/29/content_11793731.htm。
[3] American Association of Museums, The Museum Workforce in the United States (2009) A Data Snapshot from the American Association of Museums. 2011. http://www.aam-us.org/docs/center-for-the-future-of-museums/museum-workforce.pdf?sfvrsn=0.
[4] 中国国家文物局、中国博物馆协会编:《博物馆法规文件选编》,科学出版社,2010 年,第 202 页。
[5] 中国国家文物局、中国博物馆协会编:《博物馆法规文件选编》,科学出版社,2010 年,第 179 页。

播、集体活动组织以及文化解说的服务处。这些服务需由具有资质的专业人员提供。"①《爱沙尼亚博物馆法案》第六条说:"国家博物馆馆长应当通过公开竞聘选举产生,任期五年,国家博物馆馆长职位申请人的要求以及公开竞聘的程序和条件应获得批准……"②这些博物馆法律法规中一部分明确规定了博物馆整体从业人员都需要具备一定的专业资质,另一部分又对一些特定岗位的从业资质和任职办法进行了描述。博物馆法律对博物馆从业人员专业资质的阐述一般起指导性作用,更详细的要求则会出现在其他形式的细则中,例如相关机构、行业协会和就业服务部门的相关文件。

此外,将博物馆职业纳入国家职业体系也是确立博物馆职业法律地位的重要体现。在新加坡人力资源部门所罗列的职业类别中有"遗产大类",其中包括了博物馆馆长、策展人/助理策展人、文物保护员/助理文物保护员、档案管理员/助理档案管理员、遗产教育和外延项目经理/助理经理。英国国家就业服务处的职业分类中也包括了博物馆助理、博物馆策展人、美术馆策展人、展览设计师、文物保护员等。纳入国家职业体系,一方面有助于明确博物馆各职业具体的工作实质和任职资格,另一方面也为有意愿进入博物馆工作的人员提供了就业指导,了解相关岗位的任职要求,进行有针对性的准备。

二、博物馆专业人员职业类型的划定

明确博物馆的职业构成,对每一个岗位有清晰的认识和描述是健全博物馆专业人员培养和管理体制的重要基础。1994年,在瑞士《博物馆职业》一书中就对15种博物馆职业类型进行了描述,包括行政官员、图书馆馆员、展览策划者、馆藏协调员、文化协调员、公众关系与媒体协调员、文物保护员、馆长、看守人员、文物摄影师、标本制作人员、安保人员、文物修复人员、秘书长、馆藏技术员。③这一分类虽未被广泛采用,却成为了后续工作的模本。

意大利《博物馆职业国家纲领》于2006年10月通过并颁布,是意大利不同博物馆协会共同合作的产物。《国家纲领》中的《博物馆主要专业导览》明确了博物馆工作由藏品研究、保护和管理;行政、经费、经营和传播;公众服务与公共关系;建筑、展览设计和安全保障四方面组成。④《导览》将博物馆中的主要专业岗位细分为相互联系和影响的工作领域,例如馆长不仅需要基本的领导才能,也需要对博物馆的一切事务负责。

2008年,法国、德国、瑞士的博物馆协会共同提出了针对博物馆从业人员的《博物馆职业——欧洲参考框架》。《参考框架》将博物馆岗位分为了20种,具体包括馆长、策展人、馆藏协调员、登录人员、文物保护员、助理策展人、文献中心经理、展览设计师、教育和观众服务经理、教

---

① 中国国家文物局,中国博物馆协会编:《博物馆法规文件选编》,科学出版社,2010年,第171页。
② 中国国家文物局,中国博物馆协会编:《博物馆法规文件选编》,科学出版社,2010年,第186页。
③④ Angelika Ruge, Museum Professions—A European Frame of Reference, 2008, http://icom.museum/fileadmin/user_upload/pdf/professions/frame_of_reference_2008.pdf.

育和观众服务人员、观众接待和安保经理、观众接待和安保助理、图书馆和媒体中心经理、网络管理员、行政主管、新闻和媒体中心主任。①

经过上述多年的探索,目前国际博协各类委员会所认定的专业分类包括博物馆馆长与主要行政人员;在特定类型的博物馆或效力于博物馆特别藏品工作的管理人员;维护/修复人员与拥有其他专长的技术人员;登录人员与其他建档专家;博物馆教师和其他教育者;传播与社区联络人员;以博物馆为基础的研究人员;博物馆建筑师、设计师与诠释人员;展览人员;图像与新科技专家;博物馆的图书馆员、文献人员、建档与信息专家;博物馆安全专家;一般与专业的管理与行政人员;公共关系、市场营销与其他商务活动;馆员培训人员。②

三、博物馆专业人员从业资格标准的设立

博物馆的从业资格是对博物馆各个工作岗位划定的最低任职标准,是从大量的专业实践中得出的一系列原则。在一些国家,博物馆从业资格的标准是由法律或政府制定的。例如,《日本博物馆法》明确规定了学艺员的资格认定条件。认定工作由日本文部科学省、独立行政法人国立文化财机构、地方公共团体的教育委员会共同协作执行,并连同博物馆行业组织和高校不断完善培养和培训体系。

而更多国家是从博物馆专业化建设的角度出发,设立了博物馆从业资格的一个参考性标准,制定主体可能是行业协会、组织、各地区的专家或特定的博物馆等。例如在挪威或法国的自然历史博物馆中,优秀的学术和研究能力及表现都有一定的评判标准。挪威博物馆的最低从业标准是要拥有全日制的大学学位。如果要晋升到高层博物馆岗位,诸如负责重要藏品的高级策展人,则至少需要拥有博士学位,如果没有博士学位,则需附加相关领域成功的研究和发文记录。③对于参考性标准而言,同一国家内的不同地区或不同博物馆个体为了能够更好地满足不同的发展需求,设定的标准也不尽相同。例如丹麦《博物馆法》规定,博物馆必须有一名全职的"具备职业资格"的领导者。而这些"职业资格"则由丹麦博物馆的理事会针对任职者的学术资格和博物馆工作经验水平制定标准,由此构成与每一座博物馆相关的"职业资格"。④又如,美国史密森尼博物馆学会对协会内各个岗位的任职要求也有自己的评判标准,涉及藏品管理、策展、保护、教育、行政、财务等30余种岗位。

目前,国际上博物馆专业人员职业资格的标准基本包括学历和研究能力、工作经历,以及职业道德这三方面。在上述三方面中,学历标准是最易设定的。在英国,教育体系分为学术导向的教育和职业导向的教育,学生可二中选一。若以学术为导向,英国博物馆协会规定博物馆从

---

① Angelika Ruge, Museum Professions—A European Frame of Reference, 2008, http://icom.museum/fileadmin/user_upload/pdf/professions/frame_of_reference_2008.pdf.
② [英]帕特里克·博伊兰主编,黄静雅,韦清琦译:《经营博物馆》,译林出版社,2010年,第216页。
③④ Gaynor Kavanagh, Museum Provision and Professionalism, Routledge, 2005, p.145.

业人员需要有 GCSEs(普通中等教育证书)和 A Levels(普通中等教育证书考试高级水平课程)资格,若想成为一名文物保护员,那么博物馆希望申请者具备化学学科的 A Levels 资格。若想专门研究一个领域,那么至少需要相应的大学学位证明。大多数在英国博物馆从事专业或管理工作的人都具有研究生资质。若以职业为导向,博物馆则希望从业人员能够达到 NVQs(国家职业资格)2 级至 5 级,在观众服务岗位上 2 级和 3 级最为常见,但也有要求达到 4 级和 5 级的。① 此外,在丹麦,与博物馆工作相关学科的硕士学位是博物馆专业岗位的最低准入资格。然而,相关专业的博士学位对于晋升至更高级别岗位而言是必要的,例如在规模更大、地位更高的博物馆中担任部门主任或馆长。在瑞典,相关专业的大学学位是从事博物馆专业工作的最低要求,而博士学位也是担任更大型的国家、地区和地方博物馆所应具备的必要条件之一。此外,专业人员的研究能力一般通过研究成果来评判,包括参与过的项目、发文和著作情况等。例如,新加坡规定博物馆馆长、策展人和文物保护员都需要有一定的发文能力,甚至与其收入水平的高低挂钩。

除学历之外,工作经历也是博物馆中专业岗位任职的必备条件之一。新加坡要求文物保护员具有至少 5 年的相关工作经历,少于 5 年则需要从助理文物保护员做起。英国国家就业服务指南中提到博物馆策展人需要有从事过助理策展人、教育人员或藏品部门主任的经历。在《博物馆职业——欧洲参考框架》内,对于馆长、展览设计师、教育和观众服务经理、观众接待和安保经理、行政主管、设备和安全经理、市场营销和筹资经理、新闻和媒体中心主任等岗位也设立了工作经历的要求。

学历和工作经历是对于博物馆专业人员知识和技能水平的判断,而职业道德是对于博物馆专业人员职业操守和职业精神的判断。国际博协在 2013 年修订发布了《博物馆职业道德准则》,被视为博物馆从业人员职业道德的最低标准,需在 140 个成员国中执行。英国文物保护协会对文物保护技术员进行评判时也将"职业判断和职业道德"列为重要标准。职业道德存在于博物馆工作的方方面面,是博物馆从业人员用于自律的职业道德规范。职业道德标准的划定将在约束专业人员思想意识和工作行为,以及进行专业人员的评估与自我评估等方面起到积极作用。

四、博物馆专业人员职业资格的评判

从国际上各个国家的做法来看,博物馆专业人员职业资格的评判方式有许多种,而且不同岗位也有相应的变化,主要借助学历文凭、考试评估、工作实践等渠道。多种评判方式符合了各国不同的国情和博物馆行业情况,对不同背景的博物馆岗位的申请对象都提供了满足博物馆工作要求的机会。具体而言,博物馆职业资格的评判方式包括:

1. 学历文凭。学历在许多国家都是博物馆设立职业资格时的准入标准之一。学历的评判内容包括相应的文凭,以及所修的科目和获得的学分。对于博物馆中的有些岗位而言,专业背

---

① Gaynor Kavanagh, Museum Provision and Professionalism, Routledge, 2005, p.145.

景并不局限,只要满足相应的学历和个人能力便能达到入职要求,但对于有些岗位例如馆长、文物保护、策展人、展览设计和教育人员等则需要有相关专业的背景,这也是对专业知识和技能掌握情况的衡量方式之一。

2. 考试与评估。一些国家或博物馆会举办专门的考试,形式包括笔试、面试、实务操作等,以成绩来评判参考人员的职业资格水平。最典型的国家博物馆职业资格考试范例当属日本文部科学省每年定期举行的博物馆学艺员资格认定考试。学艺员资格认定考试的形式分为笔试和口试两种,考试的科目分为必修和选修两大部分。除了国家统一的资格考试之外,一些博物馆也会设立针对本馆要求的考试,例如英国自然历史博物馆会对应聘者举办考试。无论这些资格考试的组织主体和考试形式如何,所涉及的内容都与博物馆实际工作息息相关,在一定程度上能反映出参试者的专业知识和实践技能水平。此外,资格评估也是一些国家评判申请者职业资格的常用方式。例如,英国文物保护协会对文物保护员和保护技术员制定了相关的职业资格要求,并用职业技能评判,连同职业道德、必修及选修这三部分内容对申请者的资格进行评估,并予以一定的资格证明。

3. 工作实践。这是基于博物馆工作实践经验的一种评判方式。例如,日本对学艺员资格的授予可通过工作经历的审查,包括高校从教经历、博物馆工作经历等。此外,许多博物馆都提供了实习机会,实习的准入门槛或高或低,有些申请者经过实习后可直接入职工作。而另一些国家则设立了学徒制,尤其针对技术性和操作性较强的博物馆岗位。例如英国文物保护协会和美国史密森尼博物馆学会等机构都为文物保护和修复员提供了学徒机会。在学徒过程中,可以在资深者的引导和帮助之下,较全面地掌握操作技术,将书面知识实物化,尤其可以学习资深者的可贵经验,以更快更好地进入工作状态。一般学徒周期完成后申请者都能获得相应的资质证明,并进入博物馆工作。

4. 职业晋升。对于已在博物馆内工作的专业人员,也需要有一定的职业发展和晋升路径。在新加坡,大型博物馆或机构中馆长的职业发展路径一般为助理策展人—策展人—高级策展人—主策展人—博物馆馆长;策展人的职业发展路径一般为助理策展人—策展人—高级策展人—主策展人—首席策划人/博物馆馆长;文物保护员的职业发展路径一般为助理文物保护员—文物保护员—高级文物保护员—主要文物保护员—主任。[1]日本大型博物馆中对学艺员设立的职业发展路径为助理学艺员—学艺员—主任学艺员—专门学艺员—上席学艺员—课长—副馆长—馆长等。而在挪威,国立博物馆的馆长不是被任命的,取而代之的是一个博物馆领导者的轮岗系统,他们定期由博物馆的专业人员在具备合适资格的高级策展人中选举产生,他们的任期一般来说是五年,最多连任一次。任期满之后,他们会回到博物馆策展人或研究岗位上。[2]合理的晋升路径一方面使得博物馆从业人员逐级拥有更丰富的经验,保证了各岗位人员的

---

[1] Occupation Details, Ministry of Manpower, http://www.careercompass.gov.sg/Pages/OccupationDetail.aspx? OccupationName=Museum+Director.

[2] Gaynor Kavanagh, Museum Provision and Professionalism, Routledge, 2005, p.145.

资质,另一方面也是对博物馆专业人员职业发展的激励。

大多数情况下,通过上述各个渠道获得相应的博物馆职业资格只是帮助有意愿从事相关工作的人员更好地向用人单位证明自身能力,以便获得到更好的工作机会。而博物馆及其他文博机构在任用人员时也能够有更明确的参考依据,以便择中最佳人选,也有助于博物馆的规范化管理,保障馆内工作人员的专业水平。因此,这些职业资格的获取多是自愿的,非强制性的,是能够在博物馆相应岗位上任职的充分非必要条件。

五、博物馆专业人员的培养与培训

为了更好地帮助博物馆专业人员达到相应的职业资格,配套的培训系统需要不断充实和完善。这些培训既要涉及基础的专业知识,也要包含一定的工作实践技能,才能迎合博物馆实际工作的需求。国际上,对博物馆从业人员的培训形式多种多样,包括课程、实习、职业发展项目、展览、讲习班和研讨会等,举办主体有政府相关部门、行业协会、高校、专业性机构等,在培训结束后,参训人员一般会获得培训证明。

国际博协下属有专业人才培训委员会(ICTOP),其旨在提供培训和职业发展机会,并为博物馆专业人员设定从业标准,以及提供指导和支持。ICTOP研究和提供有关博物馆职业教育的信息,并组织年会。同时也扮演着建议者的角色,协同国际博协的其他专业委员会,为博物馆学人员培训设立相关课程,达到培训目标。其中,由ICTOP与史密森尼博物馆学会合作编订的国际博协《博物馆职业发展课程指南》一方面可以作为各国开发合理、有效的培训计划的引导框架,另一方面也为管理机构提出发展战略和建立个人职业发展路径提供了参考。

在国际博协不断推进博物馆专业人员培训的同时,各国也开展了各自的培训计划。一方面,博物馆行业协会和专业机构培训开展得十分广泛和深入。英国博物馆协会提供了一系列针对博物馆专业人员的培训计划,主要包括博物馆协会为准会员(AMA)、持续性职业发展(CPD Plus)、研究奖学金(Fellowship)等。此外,英国其他的一些资助项目也为申请者提供了培训机会,甚至可以在完成后直接获得就业机会。例如,乐透遗产基金实行"未来的技术"项目和大英博物馆有"未来策展人"项目等都向受训者提供了奖学金,以及实践工作的机会。苏格兰博物馆和美术馆组织的实习项目每年在苏格兰境内指定的博物馆中提供20个有薪酬的就业机会。文物保护协会协同英国境内的博物馆,针对未来的文物保护员实行着基于工作实务的实习项目。此外,《澳大利亚博物馆与美术馆国家标准》也要求:"博物馆需要告知从业人员应具备的专业技能,并向他们提供获取或加强这些技能的机会。"[1]博物馆需要向工作人员提供合适的培训,形式可以包括:提供接触行业期刊、网站和其他资源的机会;正式入职;辅导制,辅导员可以是博物馆

---

[1] Arts Tasmania, National Standards for Australian Museums and Galleries, http://www.collectionsaustralia.net/sector_info_item/107, 2013.

资深工作者;支持工作人员参加进修课程、研讨班、讲习班和专业会议等。

另一方面,高校拥有师资和教学资源优势,也是培养和培训博物馆专业人员的重要场所。在史密森尼博物馆学会的官网上显示近百所美国高校提供了与博物馆相关专业的学士、硕士和博士培养点,以及其他的培训计划。授课形式包括课堂学习、远程教育和实际操作等。日本现有300所大学开设有学艺员养成课程,其中4年制大学有291所,短期大学有9所,从国立、公立到私立大学,遍布于日本各地,课程安排极其针对学艺员资格认定制度,同时能够满足博物馆实际工作的需要。①其他包括英国、澳大利亚、加拿大、希腊、新西兰、葡萄牙、西班牙、瑞典、瑞士、荷兰在内的国家也有高校提供了博物馆相关的专业培训。

六、对我国博物馆专业人员培养和管理体制建立的启示

国际上有关博物馆专业人员培养及职业管理的做法,上文只略述一二。虽然每个国家的国情和制度都有所不同,但博物馆各岗位的工作实质应该是一致的,基于上述探讨,我国能够从中获得不少启示,具体包括:

1. 明确博物馆的核心业务岗位。为了更好地对博物馆各个岗位的工作实质有全面的认知,清晰划分博物馆业务岗位,尤其是核心业务岗位是十分重要的基础性工作。这一方面可以参考国际上对于博物馆职业分类和博物馆主要工作领域的探讨和研究,另一方面也可以依据我国博物馆业务部门设置的实际情况,明确我国博物馆的核心业务岗位,可以包括:藏品管理人员、文物保护人员、藏品研究人员、展览设计人员和教育人员等。

2. 确立博物馆职业的法律地位。2015年3月20日起《博物馆条例》正式施行,其中明确提到设立博物馆的条件之一是具备"与其规模和功能相适应的专业技术人员……博物馆专业技术人员按照国家有关规定评定专业技术职称"。②这里所提到的专业技术人员虽没有具体细分,但应是与博物馆核心业务相关岗位的从业人员,具体涉及藏品保管人员、展览设计人员、藏品研究人员、文物保护人员、教育人员等。这些博物馆职业都需进一步明确其法律地位,而目前考古工作者、文物鉴定和保管人员、文物保护专业人员和其他考古及文物保护专业人员已被纳入了《中华人民共和国职业分类大典》,而其他的博物馆职业也亟待被纳入。

3. 提出博物馆各岗位职业资格的参考性标准,尤其是核心业务岗位。由于我国不同地区的差异较大,博物馆馆际之间的差异也较大,发展需求存在显著不同,因此在提出标准时需考虑围绕学历、学科背景、实际操作能力、个人综合素养、职业道德等方面进行区别化的划分。标准可以作为博物馆任用专业人员的评判指南,也是申请者审视自身职业资格的重要依据。

---

① 学芸员养成课程开讲大学一览(平成二十五年四月一日现在)300大学,文部科学省,http://www.mext.go.jp/a_menu/shougai/gakugei/04060102.htm。

② 《中华人民共和国国务院令第659号》,中国政府网官网,2015-03-02,http://www.gov.cn/zhengce/content/2015-03/02/content_9508.htm。

4. 丰富博物馆专业人员职业素养的评价形式。对我国博物馆专业人员职业素养的评价应该结合各国经验，也实行多元化的评价方式，即融合学历、考核评估、工作实践、职位晋升等各种方式，从而不仅让尚未进入博物馆工作的人员获得对自身职业素养的认可，也让目前已经在博物馆工作的专业人员能够获得更好的职业发展机会，以满足博物馆不断提升和扩充的工作要求。

5. 完善专业人才培养和培训体系，连同高校、政府机构、行业组织和博物馆提升现有专业人员素养和增强成长后劲。一方面，设有文博相关专业的高校应结合博物馆事业的发展需求，不断更新课程体系和教学内容形式，加强师资和教学条件。另一方面，政府机构、行业组织和博物馆也应丰富博物馆专业人员的培训形式，增加培训数量，扩大受众范围，使越来越多的博物馆专业人员获得专业知识、操作技能和职业道德等方面的培训。

（原载《中国博物馆》2015年第2期，文章原标题为《博物馆职业资格认证的国际经验浅析》，收入本书时略有修改）

从"轴心都市"到"多元宇宙":
超级英雄电影的空间图景建构

杜 梁

在类型电影中,空间景观往往作为共性视觉图谱的基本组成元素而存在。经由类型的反复书写与描摹,某种银幕空间景观逐渐"定影"并且与特定的意识形态、文化诉求或权力运行机制相勾连。在建立起叙事闭环的同时,类型电影往往也达成了契合特定社会意识的、想象性的"空间正义"①的生产。举例而言,西部片中,无垠旷野、碑式山岩与尘土飞扬的小镇往往被视为白人英雄践行拓荒意识和进取精神的试炼场;黑色电影中,阴暗、肮脏与低照度的底层空间构成了对城市秩序的严重威胁;②公路片中,始终"在路上"的主人公们主动叛逃繁复、乏味的都市生活,将旷野、村落等"流动景观"③视为契合其精神诉求的心理舒适区。

近年来,超级英雄电影快速崛起并引领了新一轮"类型更替"热潮。该类型在对青年文化狂欢的迎合中迅速抢占了全球市场的高地,跃升为电影产业的"头部内容"。截至2018年上半年,超级英雄电影占全球影史票房前十名榜单的4席,占百强榜单的23席。④该类型业已在市场上反复验证其叙事"配方"的有效性。从类型叙事的角度看,超级英雄电影之所以独占鳌头,很大程度上缘于该类型在承继正邪二元对立模式的基础上,构筑起相对稳定且极具吸引力的幻想空间图景。

超级英雄电影中的空间图景建构呈现出一定的阶段性特征。该类型的早期作品往往围绕着作为现代性典型空间的大都市讲述超能力者的守望故事,将英雄叙事模型与普罗大众的城市生活经验嫁接在一起。在2008年和2014年,漫威与DC两家公司一改此前以销售版权为主的漫画翻拍模式,开始尝试将创作主动权把握在手中,分别正式启动"漫威电影宇宙(Marvel Cinematic Universe,简称MCU)"⑤和"DC扩展宇宙(DC Extended Universe,简称

---

① "空间正义"是社会理论中的重要概念,着重探讨的是如何使得空间资源的生产、分配符合正义原则的命题。
② [英]迈克·克朗《文化地理学》,杨淑华、宋慧敏译,南京:南京大学出版社2003年版,第104—105页。
③ 邵培仁、方玲玲《流动的景观——媒介地理学视野下公路电影的地理再现》,《当代电影》2006年第6期。
④ 进入影史票房前十名的四部超级英雄电影分别为《复仇者联盟:无限战争》《复仇者联盟》《复仇者联盟2:奥创纪元》与《黑豹》。数据来源:http://www.boxofficemojo.com/alltime/world/。
⑤ "漫威电影宇宙"的概念最早由时任漫威影业负责人的凯文·费奇提出。Edward Douglas, Exclusive: Marvel Studios Production Head Kevin Feige, http://www.superherohype.com/features/100681-exclusive-marvel-studios-production-head-kevin-feige。

DCEU)"[①]计划。此后,超级英雄电影的叙事视野从当下转向未来,尝试清除广阔的宇宙星河的"迷雾",寻求类型叙事的新的可能性。

一、轴心都市:超机体生成与空间正义难题

通过对象征着物质现代性的繁华城市的反复书写,早期超级英雄电影逐步建构、生产出一种共性的空间景观——"轴心都市"。轴心都市并非是简单地对现代城市进行镜像化再现,而是代表着资本主义意识形态指引下全球范围内空间权力机制的生产与定型。在超级英雄电影中,纽约最为典型地代表了轴心都市的应有样貌,不仅《超人》(Superman)系列电影中的大都会和《蝙蝠侠》(Batman)系列电影中的哥谭市均将其视为构思蓝本,以蜘蛛侠为代表的漫威英雄们更是大多寄居其中。从欧洲殖民者建立的普通贸易港口逐步成长为美国经济中心,甚至被视为"全国的真正心脏",[②]纽约城市空间的不断扩张可被视作美国资本主义精神的绝佳体现。在该类型对纽约进行银幕复现的过程中,美国"心脏"被进一步想象性地表述为地球"心脏"。至此,一个新的空间原点以及与之适配的运行秩序被建构起来,整个星球都要围绕着这个轴心都市进行运作。

进一步看,超级英雄电影想象性地将轴心城市建构为能够驱动空间秩序运行、具备整合与排异能力的"超机体(superorganic)"景观。在文化地理学领域,超机体的概念较早在以爱德华·索亚(Edward W. Soja)为代表的伯克利学派的研究中得到阐释,他们认为,人类文化作为一个整体发挥作用并产生规律,是一种稳定的、排他性的超级体制。[③]就轴心都市而言,这类银幕景观被塑造成为理想的现代社会空间,其存在在一定程度上遮蔽了村庄、郊野乃至异域等地域的重要性,更有甚者,超级英雄维护地球和平的职责常常被简单表述为守护核心都市。超级英雄电影不但赋予轴心都市以"超机体"属性,更生产出一套与之相适配的空间权力秩序:就轴心城市内部而言,维护既有的资本主义运行体制被视作最高层级的空间正义,超级英雄们承担着维护秩序稳定、去除危险因素的社会职责;就轴心城市与外部空间的关系而言,这类大都会稳居于全球空间秩序链条的顶点位置,其他地域均处于其权力辐射范围以内,呈"卫星"姿态向心运行。

先来看轴心都市内部的权力机制构建。在超级英雄电影中,轴心城市的存在,为资本主义意识形态齿轮的运行提供了完美"容器"和展示性"橱窗"。出于维护超机体自身完整性的目的,面对空间系统内部可能出现的混乱因子,在警察局、监狱等统治工具之外,轴心城市还引入了超

[①] "DC扩展宇宙"并非DC公司官方提出的概念,而是在媒体与受众中流传的与"漫威电影宇宙"相对的说法。《蝙蝠侠大战超人:正义黎明》的导演扎克·施耐德(Zack Snyder)也曾在接受媒体访问时使用过这一概念。Jeremy Owens. Batman V Superman Empire Cover Revealed; Zack Snyder on the DCEU. https://screenrant.com/batman-v-superman-empire-cover-september-2015/.

[②] [美]乔治·J·兰克维奇《纽约简史》,上海:上海人民出版社2005年版,第62页。

[③] James S. Duncan. The Superorganic in American Cultural Geography. Annals of the Association of American Geographers, 1980, 70(2), pp.181—198.

级英雄体系来维系正常秩序。事实上,超级英雄群体不仅表现出对于轴心都市的强烈迷恋与依附,更心甘情愿地将自我身份转化为维持超机体运作的"权力之眼"。

超级英雄作为权力之眼发挥作用,客观上致使轴心都市沦为"全景式监狱"。在米歇尔·福柯看来,全景式监狱指的是一种同时作用于个体的肉体和精神的监禁建筑。这种监狱呈现为圆形结构,圆心处设有监视塔,特殊的建筑设计使得囚室中的犯人无所遁形,但是监控者自身却处于完全隐匿的状态。①超人克拉克·肯特的双重身份建构可算作权力之眼运作模式的典型例证,平时,他可以借助《星球日报》记者的身份外衣在都市空间中尽情"漫游",与此同时,他通过报社热线与遍布在城市各个角落的观察者们建立起联系渠道,随时监察空间系统的运行状态并准备履行超级英雄的除暴职能。蝙蝠侠和蜘蛛侠也各自建立起专属的监视渠道,前者的信息来源以哥谭警察为主,每次蝙蝠灯亮起都意味着新一轮的空间正义大战开场;后者则直接扮演起高空巡警的角色,于高楼大厦之间穿行并寻找罪恶的身影。超级英雄们利用可见的被监控者与隐匿的监控者之间明显的信息不对称,得以尽享"猫捉老鼠"式的心理快感。至此,轴心都市中的阴暗空间均被置于超级英雄的监视体系之中。

问题在于,尽管超级英雄们兢兢业业地履行着灭除城市罪恶、拯救民众于危难的城市卫士职责,但是轴心城市内部的危险因素始终未曾得到根除。究其原因,由于维护资本主义秩序被设定为轴心都市内部最高层级的空间正义,因此,超级英雄们始终只能疲于拔除超机体表层不断生出的"脓疮",却难以从根本上消除制度不合理引发的深层坏死。尽管超级英雄的队列不断扩容,但是他们"净化"都市的愿景却从未真正实现。

再来看轴心都市与外部空间的关系。在超级英雄电影的银幕想象中,轴心都市无疑居于全球空间"金字塔"的顶端位置,外部的异域空间均被置于这一超机体的权力辐射范围之内。以轴心都市为核心的空间等级链条的生产,即为超级英雄电影基于美国中心意识对当前全球政治经济秩序的映射。从历史的层面来看,构建全球性空间霸权的努力贯穿了资本主义发展的全过程,自地理大发现时代开始,英国缔造"日不落帝国"、德意日联组"轴心国"和美国打造全球唯一超级大国的努力均可以被视作构建空间权力超级机制的典型体现。由此而言,电影中的超级英雄群体终究难以完成对空间正义的守护,盖因轴心都市本身就意味着一种外向型的空间霸权。

在上述空间秩序中,现实地理中不同区域之间原有的空间界限遭到刻意模糊。有两则案例可以作为印证:其一,《蝙蝠侠:侠影之谜》(*Batman Begins*,2005)中,布鲁斯·韦恩在成长为蝙蝠侠之前,曾经巡游世界各地寻求灭除罪恶的救世良方,并最终在一座东方寺庙中完成习艺、进阶之旅。姑且不论该寺庙内部人员由僧侣加日本武士的怪异组合构成,这一具备东方武学圣地意味的场所面对韦恩之时几乎是毫不设防的,仅仅是作为供其窥探奥秘、累积经验的试炼场而存在。其二,尽管超人来自遥远的氪星,但他的人生目的并非重建毁灭的家乡,而是毫无缘由、不计回报地服务于大都会。显然,此处大都会的情感吸附力要明显强于氪星,轴心都市的空间

---

① [法]米歇尔·福柯《规训与惩罚》,刘北成、杨远婴译,北京:生活·读书·新知三联书店1999年版,第224—225页。

影响力由此可见一斑。

时至今日,尽管超级英雄电影中的轴心都市景观仍然在持续不断的毁灭危机与末日焦虑中延续自身生命力,但是如何实现银幕层面的空间正义的命题尚未得到有效回答。以《黑豹》(Black Panther,2018)为例,这部影片并未将坐落于非洲丛林之中的瓦坎达首都描述为贫穷、落后和原始的,而是现代科技与自然风物和谐共生的融合空间。但问题在于,瓦坎达首都的现代性仅仅体现在器物层面,当地土著居民的思维意识却仍然是充满原始的野性,他们以决斗的方式来选任国王,以冷兵器时代的战列阵法来应对敌人的入侵。影片中现代科技与原始思维的冲突未能够有效得到调和,瓦坎达首都最终沦为带有几分滑稽性和矛盾性的怪异空间景观。对于超级英雄电影而言,多样性都市景观的构建,还需避免白人中心思维的立场预设。

二、多元宇宙:"块茎"式星际空间与"同伴物种"时代

在漫威电影宇宙和 DC 扩展宇宙的计划相继提出后,超级英雄电影开始探索白人男性超能力者守卫都市秩序的固有类型程式中的可变量。此间较为明显的变化,不仅在于以神奇女侠为代表的女性超能力者和以黑豹为代表的黑人超能力者开始作为主人公出场,更在于原本各自独立、几无联系的超级英雄电影的银幕世界之间产生了供主人公们往返穿越的叙事"虫洞",超能力者们从原本的"单兵作战"转向"群体攻防",前有美国队长、钢铁侠、绿巨人、绯红女巫、幻视、蜘蛛侠等英雄组成的"复仇者联盟",后有蝙蝠侠、超人、神奇女侠、闪电侠、海王和钢骨等人聚合而成的"正义联盟",尽管这类"打包"模式颇有"关公战秦琼"的嫌疑,但却也有助于超级英雄电影突破原有的类型叙事边界,形塑起整合性的"多元宇宙"图景。

当前,超级英雄电影将多元宇宙模式呈现出的星际空间图景描述为"块茎"式的。在吉尔·德勒兹(Gilles Louis Rene Deleuze)看来,块茎结构没有统一的原点,而是从生成论的角度来喻指不同的思想辖域共同拼凑起以连接性、异质性、多元体、非示意的断裂、绘图式与转印式为原则的平滑空间与游牧空间。①超级英雄电影所试图搭建的块茎式星际空间即为一种去中心、开放性的多元宇宙系统。在这一空间图景中,地球也不再是独自行进于浩渺星空中的一叶"孤舟",人类社会与地外空间的关联与交往渐趋成为一种常态化的情节设置:既有雷神随意穿行于仙都与人间,又有复仇者联盟、正义联盟倾力抵御太空侵略者,还有星爵、绿灯侠以守卫银河系乃至宇宙为己任。

尽管现实生活中人类仍然在尝试寻找地外生命存在的可能性,但是超级英雄电影业已尝试利用"开放宇宙"②的观念指引,从超验的角度展现了不同的宇宙缘起、进化路线与星际景观相互碰撞之后可能产生的杂糅性图景。虽然近年来多数超级英雄电影仍然以人类世界作为主要故

---

① [法]德勒兹、加塔利《资本主义与精神分裂:千高原》,姜宇辉译,上海:上海书店出版社2010年版,第7—15页。
② 英国哲学家卡尔·波普尔曾引用"量子跃迁"的概念论证了概率可能会导致因果关系出现偏差,并提倡以开放的视点来审视宇宙的无限可能性。参见[英]卡尔·波普尔:《开放的宇宙》,李本正译,杭州:中国美术学院出版社1999年版。

事发生地,但是相比其他星球而言,地球显然并不在星际空间秩序中居于主导地位,而是需要时刻防范外星打击的脆弱机体。地球与雷神的家乡仙都、灭霸的故土泰坦星球和拥有自我意识的行星伊戈等星体共同拼凑起块茎式多元宇宙的星系图谱。

伴随着超级英雄电影叙事空间从轴心都市向宇宙星河外扩,该类型所涉及的空间内部权力议题也随之发生转向。在《雷神》(Thor)《银河护卫队》(Guardians of the Galaxy)和《复仇者联盟》(The Avengers)等系列电影所描绘的宇宙空间景观中,地外空间的影像化书写并非是对人类世界的简单复制,而是各自具备独特性与生长性。与之相对应,不同的地理环境孕育出天神、泰坦乃至拥有自我意识的行星等奇特物种。当这些"后人类"乃至"超人类"族群与人类共处于多元宇宙图景中,后者原有的、对于生存空间的掌控与统治地位遭遇空前危机。

后人类的概念指的是随着生物工程、人工智能、信息技术、天体物理等科技的发展以及信息论、控制论思维的勃兴而产生的,包括电子人、人工义体、基因变种、虚拟生命、机器人乃至外星人在内的新的有机体组织形式。唐娜·哈拉维(Donna Haraway)曾论及高新科技文化的发展导致人与动物、人与机器、物质与非物质之间界限的坍塌,①她还认为,这种情形会推动跨界限的赛博格(cyborg)主体的生成,并断言"我们都是复合体,理论与制造层面的有机体与机械物的混合体,简而言之,即赛博格"。②

在超级英雄电影中,区别于智人的智慧生命大致分为三种:一是基因变种,包括以美国队长、蜘蛛侠、绿巨人为代表的经由人工干预而形成的超级英雄和以X战警为代表的物种演化而来的未来人类;二是人工智能,其中最为典型的代表是《复仇者联盟2:奥创纪元》(Avengers: Age of Ultron, 2015)中的奥创,该形象的设计遵从了多数科幻电影描写人工智能的惯用套路,曾在其自主思考能力觉醒后,试图取代人类的统治,创造属于机械生命的时代;三是外星来客,譬如超人、雷神、灭霸以及《银河护卫队》系列中的跨种族联盟,该群体热衷于星际旅行乃至空间迁徙,从叙事层面将原本各自独立的星球连缀起来。随着愈发多样的新物种出现在超级英雄电影中,人类如何处理与上述智慧生命的相互关系,成为相关文本讨论的重点伦理议题。

从线性发展的层面来看,超级英雄电影中的后人类想象经历了从对拥有超能力的地域守护者的寻求转向了对新的智慧生命族群崛起带来的生物间等级秩序变化的想象性解读。就早期超级英雄电影而言,多数文本中,尽管超能力者与普通人类之间界限明确,但两者之间却较少存在认同问题,前者守护、服务后者是此类故事的基本叙事前提。超人、蝙蝠侠与蜘蛛侠均是典型的轴心都市的守卫者,作为无处不在的城市正义守护机制的组成部分,他们的存在削减了普通居民对于城市生活中可能出现的种种危机的心理焦虑。然而,在《X战警》(X-Men)系列中,通

---

① Donna Haraway. A Cyborg Manifesto: Science, Technology, and Socialist-Feminism in the Late Twentieth Century. Manifestly Haraway. Minneapolis: University of Minnesota Press, 2016, pp.10—12.

② Donna Haraway. A Cyborg Manifesto: Science, Technology, and Socialist-Feminism in the Late Twentieth Century. Manifestly Haraway. Minneapolis: University of Minnesota Press, 2016, p.7.

过基因异变获得超能力的"变种人"群体的出现,诱发了"旧"与"新"两个人类族群之间的大规模斗争,这也是该类型较早注意到后人类崛起对传统的人类中心主义意识的挑战。尽管该系列巧妙地将一群沿袭了超人式守卫者意识的 X 战警表述为居中缓和两个族群关系的"调和剂",但却难掩影片所传达出的人类丧失主导性地位的危机感。

时至今日,超级英雄电影中形态各异的后人类族群业已蔚为壮观,该群体的大规模入场导致地球乃至宇宙空间内部的主体性认同问题更趋严峻。更准确地说,该类型电影中,人类与后人类族群争议的焦点就在于是否能够将对方确定为"同伴物种"。在 2003 年发表的《同伴物种宣言》(*The Companion Species Manifesto*)中,哈拉维从物种平等的角度来探讨人类、动物与其他生命形式之间的互构性关系。①尽管哈拉维言说中同伴物种概念具有明确的指涉和对抗现实生活中性别、种族与阶级的身份认同困境的意味,但却提示出后人类时代智人群体生存的一个根本性命题:人类与新的智慧生命族群之间的关系并不必然是对抗性的,而有可能是互构性的。

事实上,超级英雄电影中的主体性认同焦虑更多地源自正处于形塑过程中的宇宙间物种等级秩序的不确定性。就身处弱势地位、缺乏超能力的普通人类来说,该群体面对后人类的感情尤显复杂,他们既渴望向人体力量得到极大延伸的新族群转变,又试图统御超能力者并令其服务于己,还对超能力失控的可能性抱有极大担忧,故而不断试图将超级英雄们纳入既有的统治机制中。在《蝙蝠侠大战超人:正义黎明》(*Batman v Superman：Dawn of Justice*, 2016)中,由于超能力的破坏性一面凸显,原本游离于人类社会监督体系之外的超人不再是受到普罗大众所敬仰的超级英雄,而是沦为世俗律法审判的对象,无奈被拉下神坛的超人也因此产生了对人类的认同障碍。在《美国队长 3:内战》(*Captain America：Civil War*, 2016)中,美国政府出台"超级英雄注册法案"并试图询唤超能力者群体,由于美国队长与钢铁侠关于是否应该"给巨兽套上枷锁"持不同立场,致使曾经铁板一块的复仇者联盟面临分裂危机。无奈之处在于,当人类仍然执著于如何将超能力收为己用之时,地球乃至整个宇宙早已演变为后人类族群的舞台。

尽管超级英雄电影中后人类族群构成复杂多样,但这并未妨碍超能力者们相互间确认同伴物种关系,并以群体联盟的方式来应对宇宙末日危机。在多元宇宙的空间图景中,星球毁灭与星际流亡成为较为常见的情节设置方式,后人类族群表现出较强的空间流动性,他们时常穿梭、游走于各个星球之间,具备较为充足的应对其他种族的智慧生命的经验。在族群认同之外,超级英雄们更易于产生跨族群乃至跨物种的情感勾连。同伴物种联盟的建立,往往以超能者力者们守卫浩瀚星宇中的空间正义的共同志向作为基本前提。多元宇宙模式中的反派角色动辄以星球乃至星系为单位展开空间入侵与资源掠夺,甚至其中极端者如伊戈妄想同化其他星球乃至统治宇宙、灭霸将净化宇宙视为个体终极目标。正是在应对宇宙危机的过程中,复仇者联盟、正

---

① Donna Haraway. The Companion Species Manifesto：Dogs, People, and Significant Otherness. Manifestly Haraway. Minneapolis：University of Minnesota Press, 2016, p.99.

义联盟以及银河护卫队等怪奇组合建构起跨族群的同伴物种认同。

三、"情感地理"影像：面向未来的银幕空间幻想

多元宇宙模式的建构,可被视作超级英雄电影对未来星际空间图景的预演式描摹,其核心则在于将仍处于迷雾中的未知时空纳入超现实的幻想世界中。按照亨利·詹金斯的看法,"叙事日益成为一种构筑世界的艺术",[1]他将《人猿星球》(*Planet of the Apes*, 2001)和《爱丽丝漫游仙境》(*Alice in Wonderland*, 2010)的导演蒂姆·伯顿(Tim Burton)称为文化地理学者而非讲故事的人,还借鉴过《银翼杀手》(*Blade Runner*, 1982)制作方延请都市学家席德·米德以洛杉矶为蓝本构思未来大都会形态的例子,以此来证明幻想题材影片中银幕空间的想象性书写与现实地理仍然存在千丝万缕的联系。[2]就超级英雄电影来说,层出不穷的外星种族、常态化的星际旅行和此起彼伏的星球战争虽然尚未在现实生活中得到印证,却是该类型基于人类长期累积起的生存空间斗争经验,对未来开放性的宇宙系统展开的超前想象。

如若将主导性的意识形态系统与内在的权力分配关系催生的空间景观视为衡量人类社会关系的"标尺"(scale),[3]那么超级英雄电影中的多元宇宙景观无疑具备了"丈量"未来的意味。更重要的问题在于,超级英雄电影中的未来空间想象具备反过来指引现实的可能性,其中多元宇宙图景的构筑也具备演变为正向度的"情感地理"影像的潜力。在情感地理学的研究中,个体与环境之间的感性关系与感情联系决定了空间景观的具象化表现。[4]显然,超级英雄电影面向未知时空预设了虚拟影像田野,并探讨了开放宇宙与后人类崛起等未来社会或将面临的重要议题。或许提前经受过影像化预演的洗礼之后,社会大众在遭遇未来世界生发出的无限可能性时,能够更加容易地完成对同伴物种的精确识别并寻找到不同族群之间的情感公约数,由此推动地球向着多元、和谐的生活乐园景观演变。

(原载于《当代电影》2018年第11期)

---

[1] [美]亨利·詹金斯《融合文化：新媒体和旧媒体的冲突地带》,杜永明译,北京：商务印书馆2012年版,第182页。
[2] [美]亨利·詹金斯《融合文化：新媒体和旧媒体的冲突地带》,杜永明译,北京：商务印书馆2012年版,第184页。
[3] [英]R.J.约翰斯顿《人文地理学词典》,柴彦威等译,北京：商务印书馆2004年版,第630—632页。
[4] Davidson J, Bondi L, Smith M. Introduction: Geography's 'emotional turn'. In: Davidson J, Bondi L, Smith M. Emotional Geographies. Burlington Vermont: Ashgate, 2005, pp.1—16.

编后记

自 1979 年建所至今，上海社会科学院文学研究所已经走过四十年的历程。问学求道四十载，文学所立足于基础研究，在中国古代文学、中国现当代文学、文艺学、比较文学和世界文学、民俗学等学科取得一系列重要成果；同时也因应学术和时代的发展需求，积极拓展研究视野和领域，特别是20世纪90年代中期以来在国内较早开展文化研究，有力推进了当代中国文化研究领域的发展，也随之不断更新着本所的科研布局。面对转型和巨变，文学所几代同仁不改扎根学术、奉献社会之志，孜孜矻矻，薪火相传，以文培元，以学铸魂。

为了更好地回顾本所学术发展道路，总结各学科领域研究成果，进而前瞻科研发展方向，我们受命汇编所庆学术文选。经所务会商定，汇编工作大体这样进行：收入本所在职同仁提交的代表性成果，同时向离退休同仁征集代表性成果，也向离所后供职于本院的同仁征集在所期间的代表性成果。感谢所领导和新老同仁的倾力支持，但种种原因仍未能如愿汇齐离退休同仁的大作。众多曾在此工作、后来外调或出国出境的同仁也对文学所发展作出过重要贡献，惜乎时间篇幅所限，难以荟萃其全貌。遗珠之憾，颇令人扼腕，期待四十周年所庆之际能以各种形式展现更多同仁的学术成果和社会影响力。

本书的编辑出版既是对上海社会科学院文学研究所建所四十周年的纪念，更是为了承前启后、开拓创新，进一步与国内外同行同道加强交流。感谢上海社会科学院出版社不惮繁难成全此事。而在短时间内编成这样一部包含诸多学科及论题的学术文选，对编辑组成员也殊为不易，分辑编排未尽合理，疏漏在所难免，尚乞新老同仁鉴谅，也盼同行同道与读者诸君不吝批评。

上海社会科学院文学研究所成立四十周年学术文选编辑组
2019 年 6 月

图书在版编目(CIP)数据

以文培元四十载:上海社会科学院文学研究所成立四十周年学术文选/荣跃明主编.--上海:上海社会科学院出版社,2019
 ISBN 978-7-5520-2911-6

Ⅰ.①以… Ⅱ.①荣… Ⅲ.①社会科学-文集 Ⅳ.①C53

中国版本图书馆CIP数据核字(2019)第177204号

以文培元四十载
——上海社会科学院文学研究所成立四十周年学术文选

主　　编：荣跃明
责任编辑：陈如江
封面设计：周清华
出版发行：上海社会科学院出版社
　　　　　上海顺昌路622号　邮编200025
　　　　　电话总机021-63315947　销售热线021-53063735
　　　　　http://www.sassp.org.cn　E-mail:sassp@sassp.cn
照　　排：南京理工出版信息技术有限公司
印　　刷：江阴金马印刷有限公司
开　　本：787×1092毫米　1/16开
印　　张：42.5
插　　页：4
字　　数：926千字
版　　次：2019年9月第1版　2019年9月第1次印刷

ISBN 978-7-5520-2911-6/C·187　　　　定价：198.00元

版权所有　翻印必究